Das Ravensburger

SCHÜLER LEXIKON

Das Ravensburger SCHÜLER LEXIKON

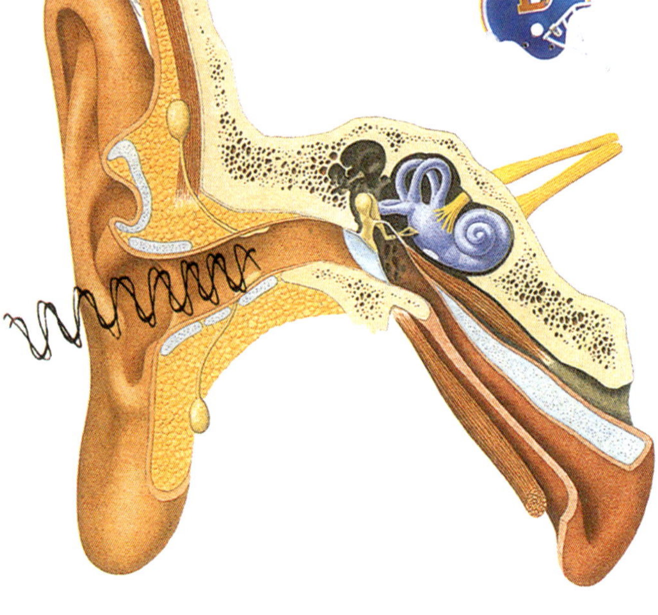

Ravensburger Buchverlag

Ein Dorling Kindersley Buch

Die anatomischen Modelle wurden von der Firma SOMSO Modelle, Coburg,
zur Verfügung gestellt.

Bibliografische Information Der Deutschen Bibliothek

Die Deutsche Bibliothek verzeichnet diese Publikation in der
Deutschen Nationalbibliografie; detaillierte bibliografische
Daten sind im Internet über http://dnb.ddb.de abrufbar.

1 2 3 4 5 6 10 09 08

Wir danken dem Verlag Beltz & Gelberg für die
Abdruckgenehmigung des Gedichts „Kaspar Hausers Fragen" von Jürg Amann.
Aus: Hans-Joachim Gelberg (Hrsg.), Überall und neben dir.

Titel der Originalausgabe:
The Dorling Kindersley Illustrated Factopedia

Übersetzung aus dem Englischen: Dr. W. Hensel,
Annegret Hunke-Wormser, Bernd Koch, Gottfried Röckelein,
Rita Röckelein, Michaela Strick, Claudia Theis-Passaro
Redaktion der deutschen Ausgabe: Sabine Zürn
Printed in Germany
ISBN 978-3-473-55073-9

www.ravensburger.de

ZU DIESEM BUCH

„Das Ravensburger Schülerlexikon“ behandelt in 11 Kapiteln die Wissensgebiete Astronomie, Geologie, Biologie, Religion, Gemeinschaftskunde, die schönen Künste, die Massenmedien, Sport, Chemie, Mathematik, Physik, Technik, Geographie und Geschichte. Tabellarische Übersichten sollen dabei helfen, einen schnellen Überblick über einen Themenkreis zu gewinnen. Über 15 000 farbige Fotos und Illustrationen laden zum ausgiebigen Betrachten ein. Das detaillierte Register führt schnell zu jeder gewünschten Auskunft.
Ein Lexikon, das Lust zum Schmökern macht, und das geeignete Nachschlagewerk für Hausaufgaben, Referate oder Arbeitsgruppen.

KASPAR HAUSERS FRAGEN

Warum heißt warum warum?
Warum ist die Welt bunt?
Warum ist das Gras grün?
Warum ist die Luft blau?
Warum ist das Wasser klar?
Warum ist die Wüste rot?
Warum ist die Weste weiß?
Warum ist das Geld schmutzig?
Wo ist die Sonne, wenn sie nicht scheint?
Wo ist der Wind, wenn er nicht bläst?
Wo ist die Nacht, wenn es Tag ist?
Wo ist die Frau, wenn sie ein Mann ist?
Wo ist der Tag in der Nacht?
Warum ist der Himmel ein Loch?
Warum brennt mich das Licht, obwohl es nicht da ist?
Warum scheint mir der Mond in den Kopf?
Warum kann ich die Flammen nicht pflücken?
Warum sind nicht alle Tiere ein Pferd?
Warum wiehert der Apfel nicht, wenn er
vom Baum springt?
Warum isst die Katze nicht mit den Händen?
Wer hat die Kühe erfunden?
Wer hat die Blätter an die Bäume gehängt?
Warum beißt mich der Schnee in die Hand?
Warum friert der Winter im Winter nicht?
Warum habe ich auf dem Rücken kein Auge?
Worin besteht die Höhe der Berge?
Warum schlafe ich nicht, wenn die Natur schläft?
Was ist die Schrecklichkeit der Wälder und Wiesen?
Warum bin ich hier und nicht dort?
Warum sagt Gott kein Wort?

Warum?

Warum macht die Medizin krank?
Warum tut die Musik weh?
Warum ist das Leben traurig?
Und das Schwarze macht Angst?
Und das Licht blendet?
Und das Eis brennt?
Und der Schweiß kühlt?
Warum ist der Teufel ein Mann?
Warum haben die Herren einen so dicken Bauch?
Warum muss man die Damen zum Gruß
in die Hand beißen?
Warum muss ich Fleisch essen?
Warum muss ich Wein trinken?
Warum muss ich groß werden?
Warum soll ich einer wie die anderen werden?
Was gibt es zu lachen?
Warum vertrage ich Kümmel und sonst kein Gewürz?
Warum gab mich die Mutter fort?
Warum spricht Gott kein Wort?

Warum?

Warum muss ich noch vieles lernen,
obwohl ich schon so vieles gelernt habe?
Warum kann ich nicht immer auf einem Bein stehen?
Warum soll ich nicht mehr auf allen vieren gehen?
Warum weiß ich von nichts?
Warum steht mir die Welt vor den Augen?
Warum liegt mir die Welt in den Ohren?
Warum ist das Leise so laut wie das Laute?
Warum ist das Kleine so groß wie das Große?
Warum verstellt mir das, was ich sehe, die Aussicht?
Täusche ich mich?
Täuscht mich das Gefühl oder der Kopf?
Warum ist die Wirklichkeit flach?
Wo habe ich die Flügel verloren?
Warum ist die Wirklichkeit nicht die Wahrheit?
Warum heiße ich du?
Warum heiße ich er?
Warum heiße ich Kaspar?
Warum bin ich ein anderer?
Warum ist der Vater an einem anderen Ort?
Warum sagt Gott kein Wort?

JÜRG AMANN

ZU DIESEM BUCH

Dieses Lexikon ist in insgesamt 11 Kapitel gegliedert. Jedes Kapitel enthält einen in sich abgeschlossenen Themenkreis. Die Kapitel sind in einzelne Artikel unterteilt. Diese sind mit Überschriften (den Hauptstichwörtern) kenntlich gemacht.

ABBILDUNGEN
Fotos und Grafiken zeigen Tiere, Pflanzen, Menschen, Querschnitte, technische Vorgänge und vieles mehr, um die einzelnen Sachverhalte und Vorgänge zu veranschaulichen.

KOLUMNENTITEL
Der Kolumnentitel der linken Seite entspricht der Überschrift des Kapitels, zu der der jeweilige Artikel gehört. »Die Welt der Lebewesen« ist die Überschrift des dritten Kapitels.

EINLEITUNG
Jeder Artikel beginnt mit einer Einleitung. Sie enthält wichtige Angaben, die man kennen sollte, bevor man weiterliest.

UNTERSTICHWORT
Unter dem Unterstichwort werden weitere Themen erklärt bzw. Einzelheiten aus der Einleitung ausführlich dargestellt. Hier werden z.B. die verschiedenen Dinosaurierarten erklärt.

WISSENSWERTES
Unter der Überschrift »Wissenswertes« oder »Schon gewusst?« finden sich besonders interessante, überraschende oder ergänzende Angaben zu einem Thema.

KÄSTCHEN
Umrahmte Kästchen behandeln eine bestimmte Seite eines Themas oder einen Fachbegriff ausführlicher. Oder sie bieten, wie hier, eine Übersicht über Tier- oder Pflanzenarten, um einen raschen Überblick zu ermöglichen.

BILDUNTERSCHRIFTEN
Zu allen Abbildungen und Fotos gibt es Bildunterschriften, die auf wichtige und interessante Einzelheiten hinweisen.

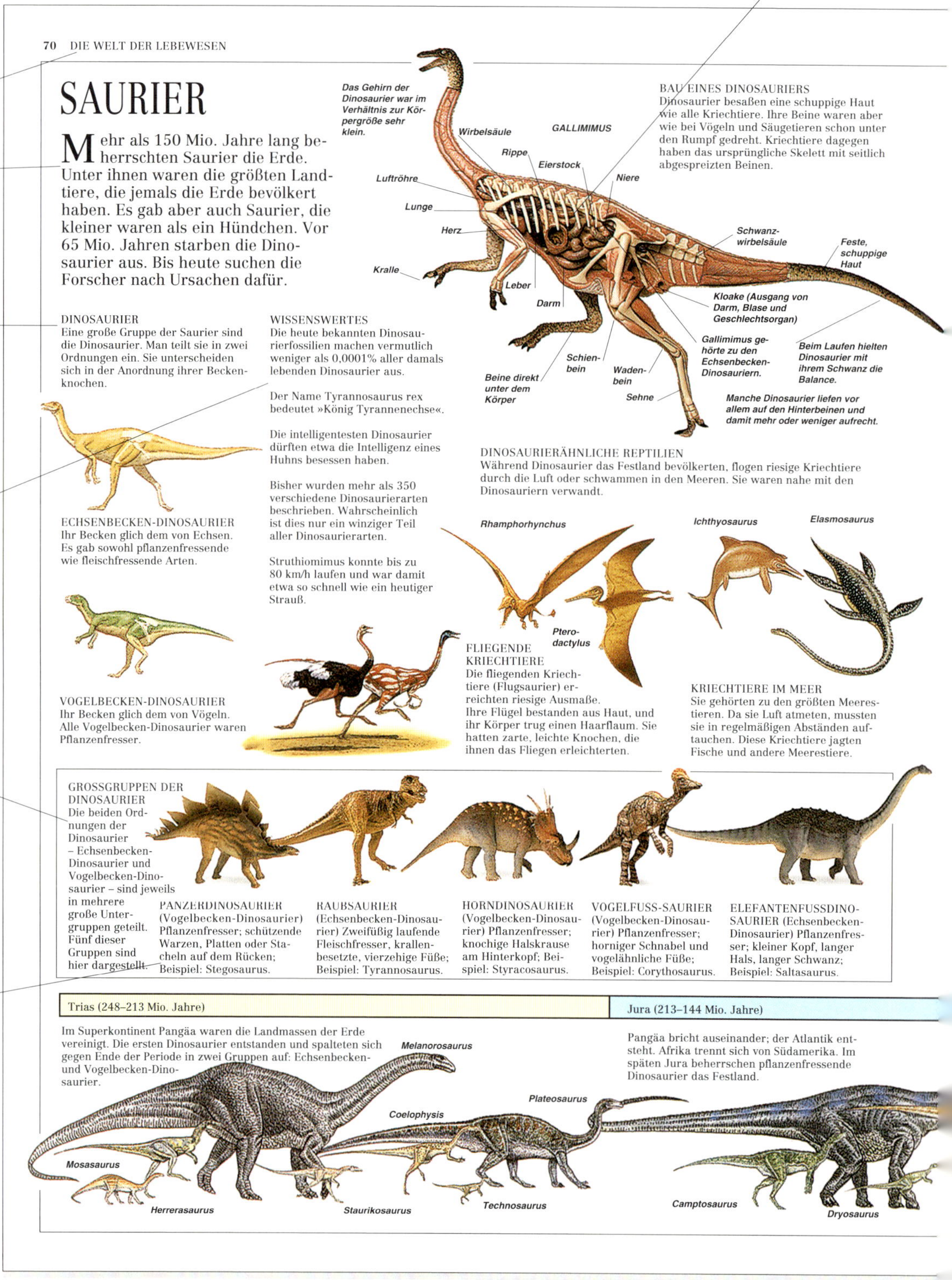
70 DIE WELT DER LEBEWESEN

SAURIER

Mehr als 150 Mio. Jahre lang beherrschten Saurier die Erde. Unter ihnen waren die größten Landtiere, die jemals die Erde bevölkert haben. Es gab aber auch Saurier, die kleiner waren als ein Hündchen. Vor 65 Mio. Jahren starben die Dinosaurier aus. Bis heute suchen die Forscher nach Ursachen dafür.

DINOSAURIER
Eine große Gruppe der Saurier sind die Dinosaurier. Man teilt sie in zwei Ordnungen ein. Sie unterscheiden sich in der Anordnung ihrer Beckenknochen.

ECHSENBECKEN-DINOSAURIER
Ihr Becken glich dem von Echsen. Es gab sowohl pflanzenfressende wie fleischfressende Arten.

VOGELBECKEN-DINOSAURIER
Ihr Becken glich dem von Vögeln. Alle Vogelbecken-Dinosaurier waren Pflanzenfresser.

WISSENSWERTES
Die heute bekannten Dinosaurierfossilien machen vermutlich weniger als 0,0001% aller damals lebenden Dinosaurier aus.

Der Name Tyrannosaurus rex bedeutet »König Tyrannenechse«.

Die intelligentesten Dinosaurier dürften etwa die Intelligenz eines Huhns besessen haben.

Bisher wurden mehr als 350 verschiedene Dinosaurierarten beschrieben. Wahrscheinlich ist dies nur ein winziger Teil aller Dinosaurierarten.

Struthiomimus konnte bis zu 80 km/h laufen und war damit etwa so schnell wie ein heutiger Strauß.

BAU EINES DINOSAURIERS
Dinosaurier besaßen eine schuppige Haut wie alle Kriechtiere. Ihre Beine waren aber wie bei Vögeln und Säugetieren schon unter den Rumpf gedreht. Kriechtiere dagegen haben das ursprüngliche Skelett mit seitlich abgespreizten Beinen.

DINOSAURIERÄHNLICHE REPTILIEN
Während Dinosaurier das Festland bevölkerten, flogen riesige Kriechtiere durch die Luft oder schwammen in den Meeren. Sie waren nahe mit den Dinosauriern verwandt.

FLIEGENDE KRIECHTIERE
Die fliegenden Kriechtiere (Flugsaurier) erreichten riesige Ausmaße. Ihre Flügel bestanden aus Haut, und ihr Körper trug einen Haarflaum. Sie hatten zarte, leichte Knochen, die ihnen das Fliegen erleichterten.

KRIECHTIERE IM MEER
Sie gehörten zu den größten Meerestieren. Da sie Luft atmeten, mussten sie in regelmäßigen Abständen auftauchen. Diese Kriechtiere jagten Fische und andere Meerestiere.

GROSSGRUPPEN DER DINOSAURIER
Die beiden Ordnungen der Dinosaurier – Echsenbecken-Dinosaurier und Vogelbecken-Dinosaurier – sind jeweils in mehrere große Untergruppen geteilt. Fünf dieser Gruppen sind hier dargestellt.

PANZERDINOSAURIER (Vogelbecken-Dinosaurier) Pflanzenfresser; schützende Warzen, Platten oder Stacheln auf dem Rücken; Beispiel: Stegosaurus.

RAUBSAURIER (Echsenbecken-Dinosaurier) Zweifüßig laufende Fleischfresser, krallenbesetzte, vierzehige Füße; Beispiel: Tyrannosaurus.

HORNDINOSAURIER (Vogelbecken-Dinosaurier) Pflanzenfresser; knochige Halskrause am Hinterkopf; Beispiel: Styracosaurus.

VOGELFUSS-SAURIER (Vogelbecken-Dinosaurier) Pflanzenfresser; horniger Schnabel und vogelähnliche Füße; Beispiel: Corythosaurus.

ELEFANTENFUSSDINOSAURIER (Echsenbecken-Dinosaurier) Pflanzenfresser; kleiner Kopf, langer Hals, langer Schwanz; Beispiel: Saltasaurus.

Trias (248–213 Mio. Jahre)
Im Superkontinent Pangäa waren die Landmassen der Erde vereinigt. Die ersten Dinosaurier entstanden und spalteten sich gegen Ende der Periode in zwei Gruppen auf: Echsenbecken- und Vogelbecken-Dinosaurier.

Jura (213–144 Mio. Jahre)
Pangäa bricht auseinander; der Atlantik entsteht. Afrika trennt sich von Südamerika. Im späten Jura beherrschen pflanzenfressende Dinosaurier das Festland.

ABKÜRZUNGEN

Im Lexikon werden verschiedene Abkürzungen verwendet. Hier steht, was sie bedeuten:

°C = Grad Celsius
mm = Millimeter
cm = Zentimeter
m = Meter
km = Kilometer

m^2 = Quadratmeter
km^2 = Quadratkilometer
km/h = Kilometer pro Stunde
g = Gramm
kg = Kilogramm
t = Tonne
BRT = Bruttoregistertonne
l = Liter
hl = Hektoliter
Sek. = Sekunde

Min. = Minute
Std. = Stunde
Mio. = Millionen
Mrd. = Milliarden
Jh. = Jahrhundert
v.Chr. = vor Christi Geburt
n.Chr. = nach Christi Geburt
v.u.Z. = vor unserer Zeitrechnung
u.Z. = unserer Zeitrechnung
z.B. = zum Beispiel

u.a. = unter anderem
d.h. = das heißt
usw. = und so weiter
bzw. = beziehungsweise
ca. = zirka
BSP = Bruttosozialprodukt

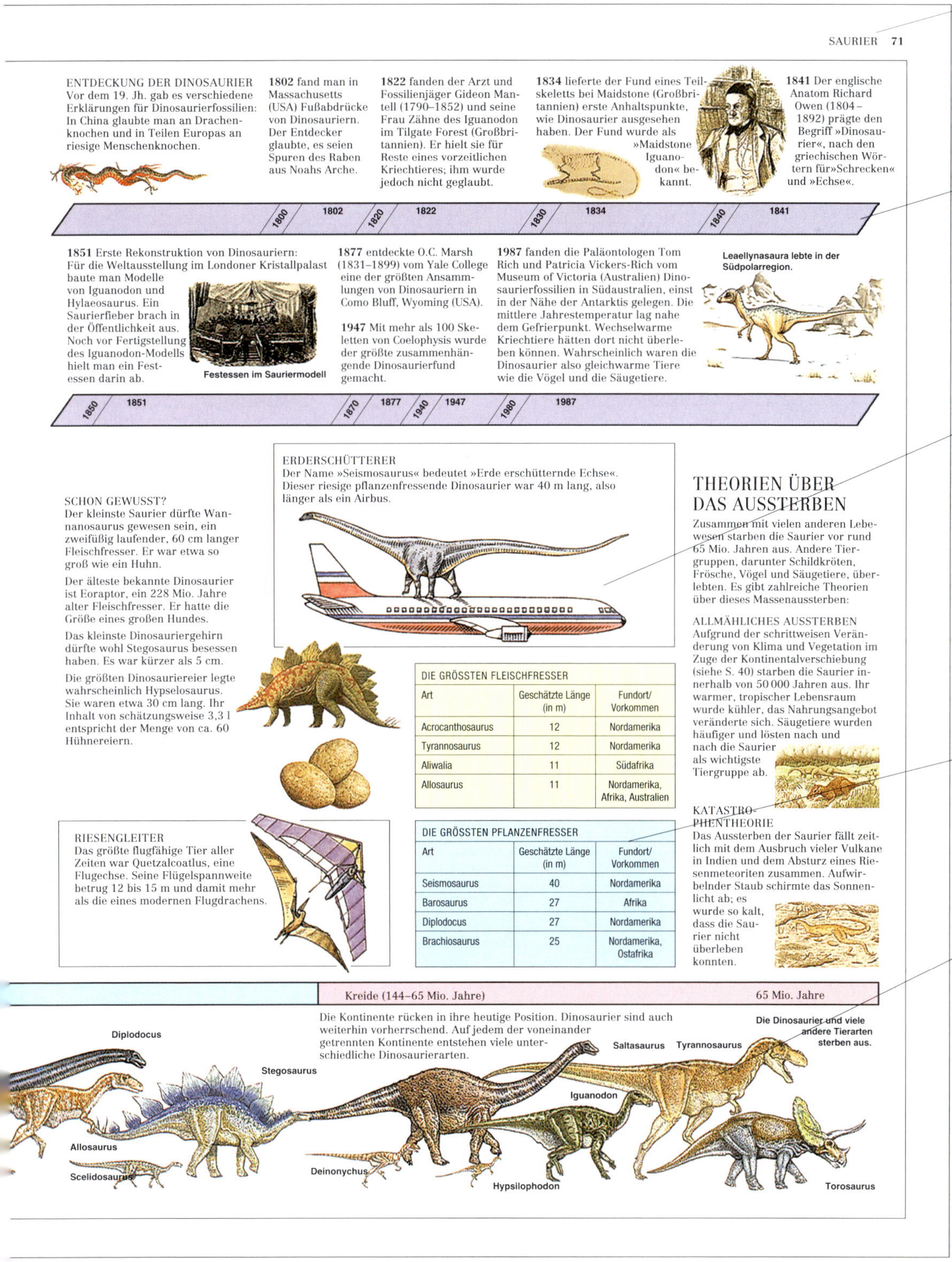

SAURIER 71

ENTDECKUNG DER DINOSAURIER
Vor dem 19. Jh. gab es verschiedene Erklärungen für Dinosaurierfossilien: In China glaubte man an Drachenknochen und in Teilen Europas an riesige Menschenknochen.

1802 fand man in Massachusetts (USA) Fußabdrücke von Dinosauriern. Der Entdecker glaubte, es seien Spuren des Raben aus Noahs Arche.

1822 fanden der Arzt und Fossilienjäger Gideon Mantell (1790–1852) und seine Frau Zähne des Iguanodon im Tilgate Forest (Großbritannien). Er hielt sie für Reste eines vorzeitlichen Kriechtieres; ihm wurde jedoch nicht geglaubt.

1834 lieferte der Fund eines Teilskeletts bei Maidstone (Großbritannien) erste Anhaltspunkte, wie Dinosaurier ausgesehen haben. Der Fund wurde als »Maidstone Iguanodon« bekannt.

1841 Der englische Anatom Richard Owen (1804–1892) prägte den Begriff »Dinosaurier«, nach den griechischen Wörtern für»Schrecken« und »Echse«.

1800 1802 1820 1822 1830 1834 1840 1841

1851 Erste Rekonstruktion von Dinosauriern: Für die Weltausstellung im Londoner Kristallpalast baute man Modelle von Iguanodon und Hylaeosaurus. Ein Saurierfieber brach in der Öffentlichkeit aus. Noch vor Fertigstellung des Iguanodon-Modells hielt man ein Festessen darin ab.

Festessen im Sauriermodell

1877 entdeckte O.C. Marsh (1831–1899) vom Yale College eine der größten Ansammlungen von Dinosauriern in Como Bluff, Wyoming (USA).

1947 Mit mehr als 100 Skeletten von Coelophysis wurde der größte zusammenhängende Dinosaurierfund gemacht.

1987 fanden die Paläontologen Tom Rich und Patricia Vickers-Rich vom Museum of Victoria (Australien) Dinosaurierfossilien in Südaustralien, einst in der Nähe der Antarktis gelegen. Die mittlere Jahrestemperatur lag nahe dem Gefrierpunkt. Wechselwarme Kriechtiere hätten dort nicht überleben können. Wahrscheinlich waren die Dinosaurier also gleichwarme Tiere wie die Vögel und die Säugetiere.

Leaellynasaura lebte in der Südpolarregion.

1850 1851 1870 1877 1940 1947 1980 1987

SCHON GEWUSST?
Der kleinste Saurier dürfte Wannanosaurus gewesen sein, ein zweifüßig laufender, 60 cm langer Fleischfresser. Er war etwa so groß wie ein Huhn.

Der älteste bekannte Dinosaurier ist Eoraptor, ein 228 Mio. Jahre alter Fleischfresser. Er hatte die Größe eines großen Hundes.

Das kleinste Dinosauriergehirn dürfte wohl Stegosaurus besessen haben. Es war kürzer als 5 cm.

Die größten Dinosauriereier legte wahrscheinlich Hypselosaurus. Sie waren etwa 30 cm lang. Ihr Inhalt von schätzungsweise 3,3 l entspricht der Menge von ca. 60 Hühnereiern.

ERDERSCHÜTTERER
Der Name »Seismosaurus« bedeutet »Erde erschütternde Echse«. Dieser riesige pflanzenfressende Dinosaurier war 40 m lang, also länger als ein Airbus.

DIE GRÖSSTEN FLEISCHFRESSER

Art	Geschätzte Länge (in m)	Fundort/ Vorkommen
Acrocanthosaurus	12	Nordamerika
Tyrannosaurus	12	Nordamerika
Aliwalia	11	Südafrika
Allosaurus	11	Nordamerika, Afrika, Australien

DIE GRÖSSTEN PFLANZENFRESSER

Art	Geschätzte Länge (in m)	Fundort/ Vorkommen
Seismosaurus	40	Nordamerika
Barosaurus	27	Afrika
Diplodocus	27	Nordamerika
Brachiosaurus	25	Nordamerika, Ostafrika

RIESENGLEITER
Das größte flugfähige Tier aller Zeiten war Quetzalcoatlus, eine Flugechse. Seine Flügelspannweite betrug 12 bis 15 m und damit mehr als die eines modernen Flugdrachens.

THEORIEN ÜBER DAS AUSSTERBEN
Zusammen mit vielen anderen Lebewesen starben die Saurier vor rund 65 Mio. Jahren aus. Andere Tiergruppen, darunter Schildkröten, Frösche, Vögel und Säugetiere, überlebten. Es gibt zahlreiche Theorien über dieses Massenaussterben:

ALLMÄHLICHES AUSSTERBEN
Aufgrund der schrittweisen Veränderung von Klima und Vegetation im Zuge der Kontinentalverschiebung (siehe S. 40) starben die Saurier innerhalb von 50 000 Jahren aus. Ihr warmer, tropischer Lebensraum wurde kühler, das Nahrungsangebot veränderte sich. Säugetiere wurden häufiger und lösten nach und nach die Saurier als wichtigste Tiergruppe ab.

KATASTROPHENTHEORIE
Das Aussterben der Saurier fällt zeitlich mit dem Ausbruch vieler Vulkane in Indien und dem Absturz eines Riesenmeteoriten zusammen. Aufwirbelnder Staub schirmte das Sonnenlicht ab; es wurde so kalt, dass die Saurier nicht überleben konnten.

Kreide (144–65 Mio. Jahre) 65 Mio. Jahre

Die Kontinente rücken in ihre heutige Position. Dinosaurier sind auch weiterhin vorherrschend. Auf jedem der voneinander getrennten Kontinente entstehen viele unterschiedliche Dinosaurierarten.

Die Dinosaurier und viele andere Tierarten sterben aus.

KOLUMNENTITEL
Der Kolumnentitel auf der rechten Seite wiederholt die Überschrift der jeweiligen Doppelseite zur schnellen Orientierung.

ZEITTAFELN
Sie zeigen anhand von Jahresangaben und kurzen Informationstexten an, wie und in welchen Zeiträumen technische Entwicklungen oder historische und künstlerische Ereignisse stattgefunden haben. Zur Illustration und Veranschaulichung sind diese Übersichten reich mit Fotos und Grafiken gestaltet.

VERGLEICHE
Vergleiche dienen dazu, den Lesern eine Vorstellung von Größe, Gewicht oder Aussehen von Lebewesen oder Gegenständen zu geben. Hier wird ein Dinosaurier mit einem Airbus verglichen, um zu zeigen, wie riesig diese Tiere waren.

INFO-KÄSTCHEN
Zum schnellen Nachschlagen: Die Info-Kästchen enthalten statistische Angaben, Rekorde, Übersichten über sportliche Erfolge und Ereignisse, Angaben zu Ländern und ihren Hauptstädten, Kurzinformationen zu wichtigen historischen Persönlichkeiten, Künstlern und vieles mehr.

ILLUSTRATIONEN
Das Lexikon enthält über 15 000 Illustrationen und Fotos. Die Illustrationen sind wirklichkeitsgetreu. Sie werden dann eingesetzt, wenn es kein Fotomaterial zu einem Thema gibt, also z.B. zu den Dinosauriern. Die Grafiken folgen wissenschaftlichen Erkenntnissen oder Fotovorlagen, um so authentisch wie möglich zu sein und gesichertes Wissen zu transportieren.

Hinweis: Die hier abgebildete Seite ist kleiner als im Original.

INHALT

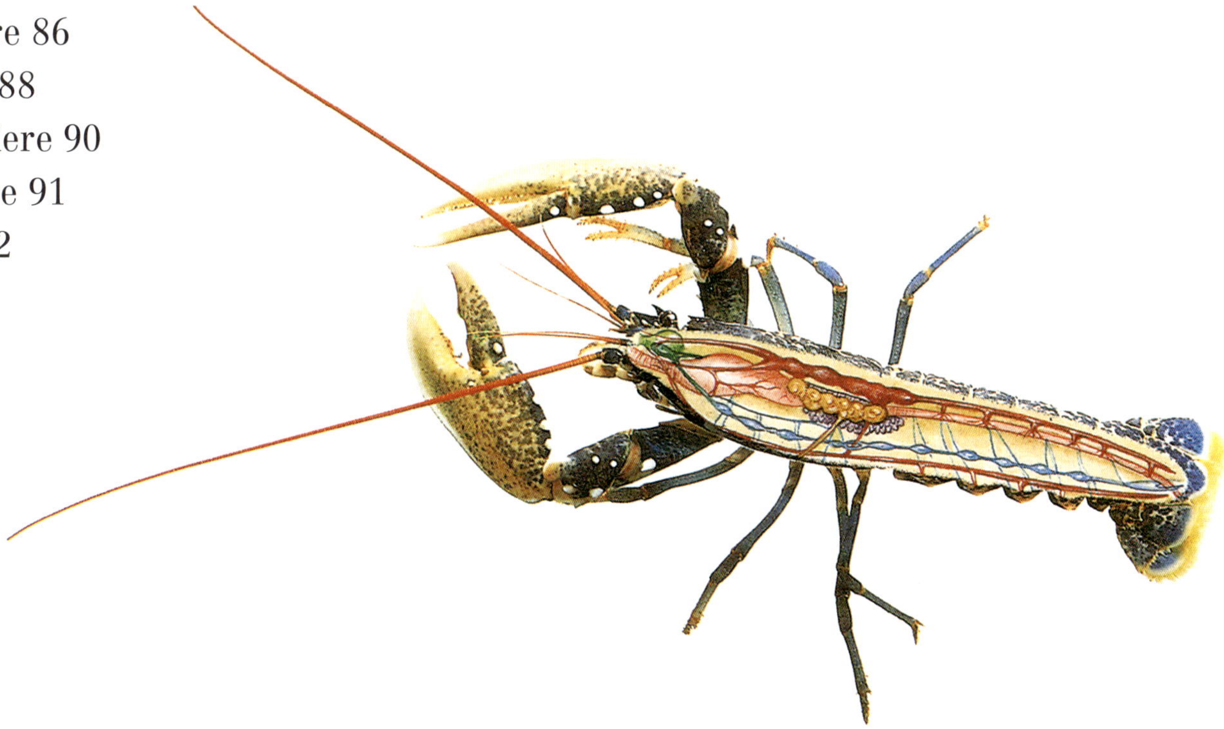

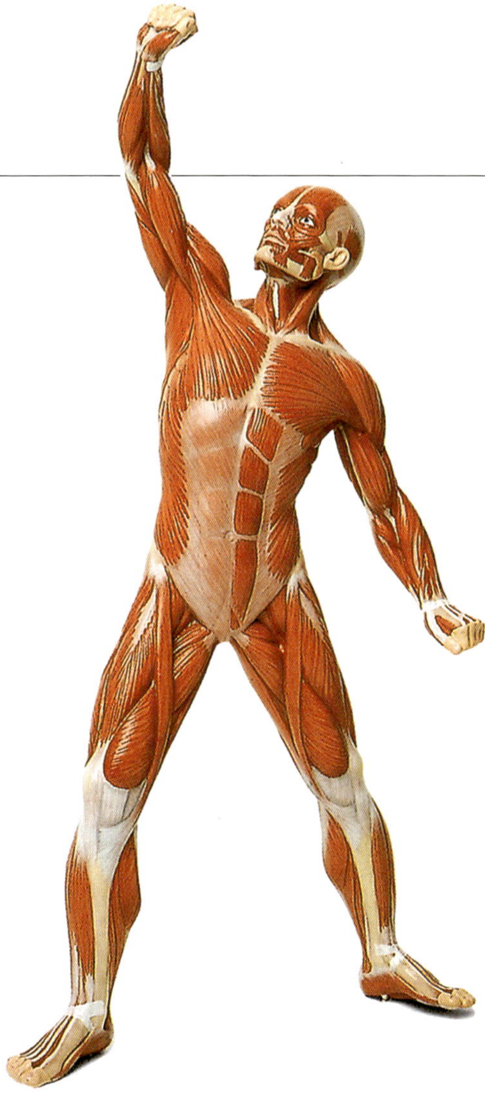

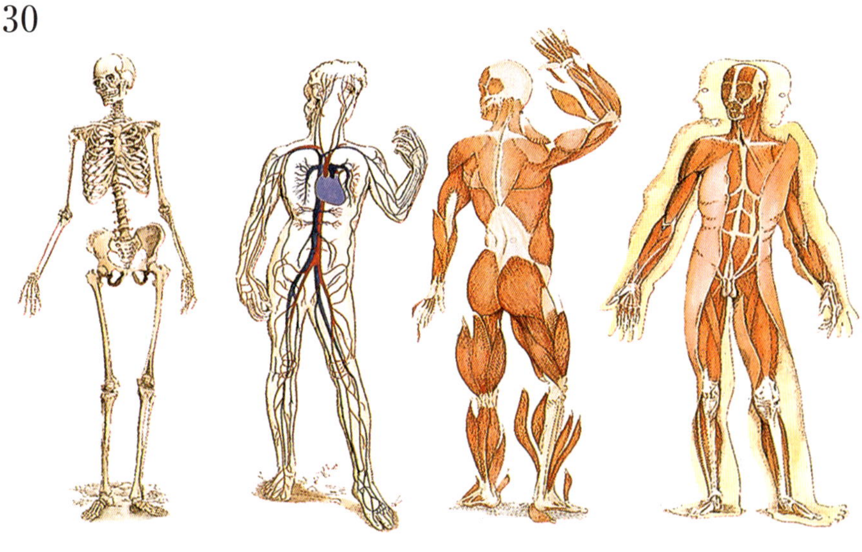

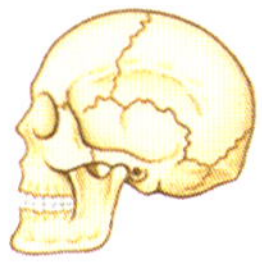

RELIGIONEN, BRAUCHTUM UND GESELLSCHAFT 137

DIE SCHÖNEN KÜNSTE UND DIE MASSENMEDIEN 155

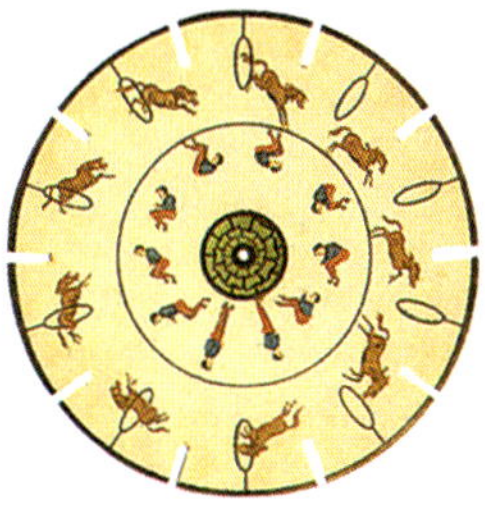

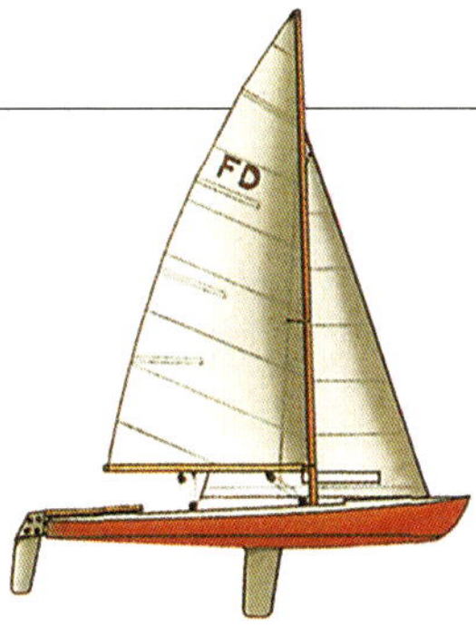

SPORT 189

WISSENSCHAFT UND TECHNIK 215

KOMMUNIKATION, TRANSPORT UND PRODUKTION 247

LÄNDER DER ERDE 273

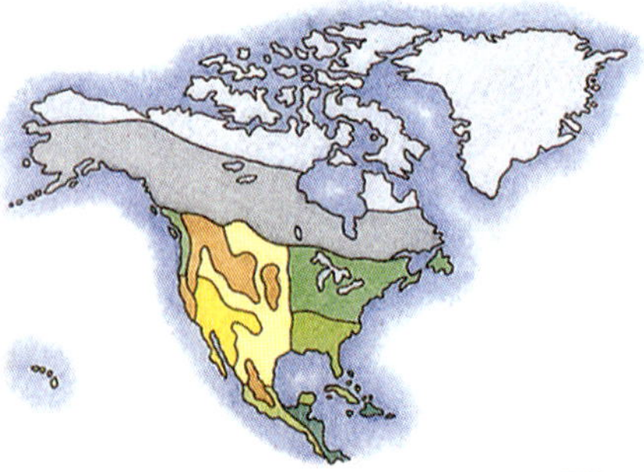

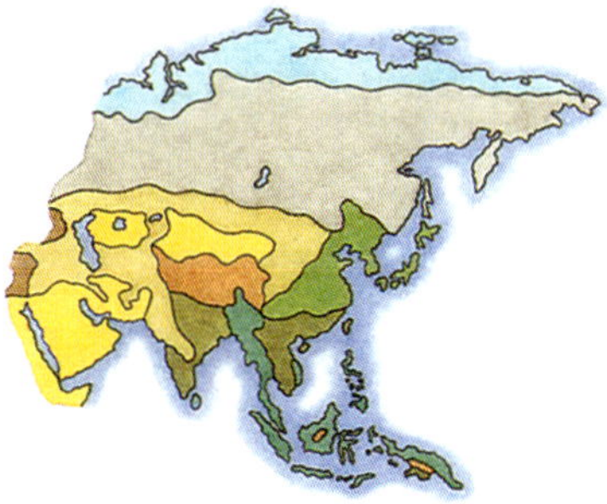

DAS UNIVERSUM

Am Nachthimmel sehen wir die Milchstraße und unzählige Sterne. Sie bewegen sich zusammen mit Milliarden anderer Galaxien durch das Universum. Niemand weiß, ob oder wann es endet und wie viele Lebensformen es in ihm gibt. In diesem Kapitel werden Galaxien, Sterne, Planeten, Sonne und Mond, Kometen und Planetoiden erklärt. Außerdem erfahren wir, welche astronomischen Entdeckungen gemacht wurden und wie durch die Raumfahrt das Weltall erkundet wird.

Das Universum • Die Sterne • Der Sternenhimmel • Die Sonne und das Sonnensystem • Die Planeten • Der Mond
Kometen, Meteore und Planetoiden • Die Astronomie
Raumfahrt • Raketen

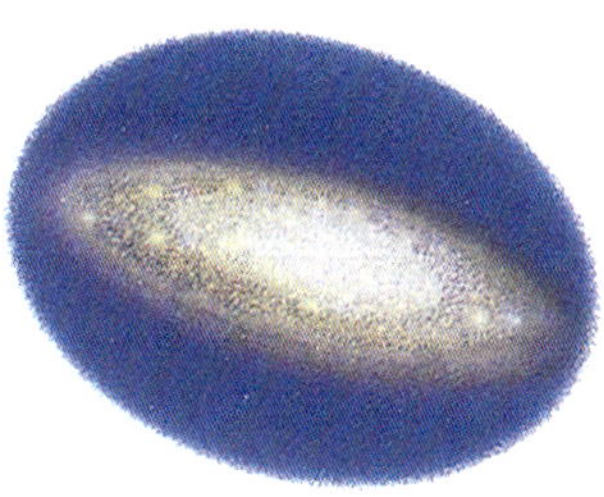

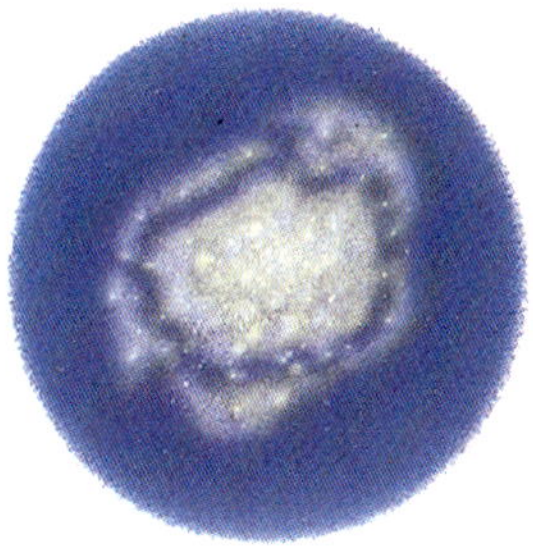

DAS UNIVERSUM

Der uns bekannte Teil des Universums enthält schätzungsweise 100 Mrd. Galaxien. Diese häufen sich zu gigantischen Galaxienhaufen an, zwischen denen das Weltall leer an Materie zu sein scheint.

DIE ENTWICKLUNG DES UNIVERSUMS
Unser Weltall entstand vor rund 15 Mrd. Jahren im so genannten Urknall. Rund 300000 Jahre später fügte sich die Materie zu den ersten feinen Strukturen zusammen, und nach etwa 11 Mrd. Jahren bildeten sich die ersten Lebensformen auf der Erde.

VOR 15 MRD. JAHREN
Energie und Materie sind nicht unterscheidbar in einem einzigen winzigen Punkt konzentriert.

3 MINUTEN SPÄTER
Atomkerne formen sich aus der »Ursuppe« der Kernteilchen.

300000 JAHRE NACH DEM URKNALL
Die Materie bildet die ersten Strukturen.

VOR CA. 14 MRD. JAHREN
Nach etwa 1 Mrd. Jahre könnten die ersten Galaxien entstanden sein.

VOR CA. 13 MRD. JAHREN
Die Sterne der ersten Generation entstehen in unserer Galaxis, der Milchstraße.

VOR 4,6 MRD. JAHREN
In einer rotierenden Gas- und Staubwolke werden die Sonne und ihre Planeten geboren.

VOR 3,8 MRD. JAHREN
Entwicklung erster Lebensformen auf der Erde. Bisher konnte noch auf keinem anderen Himmelskörper Leben nachgewiesen werden.

DIE ZUKÜNFTIGE ENTWICKLUNG
Die scheinbar leeren Weiten des Universums könnten mit »dunkler Materie« angefüllt sein, die uns aber noch unbekannt ist. Ist eine bestimmte Menge an dunkler Materie vorhanden, so würde deren Massenanziehung ausreichen, die Ausdehnung des Universums zu stoppen oder gar umzukehren: Es würde wieder in sich zusammenstürzen. Man bezeichnet dies als »Big Crunch«.

EWIGE AUSDEHNUNG
Ist zu wenig dunkle Materie vorhanden, wird sich das Universum für immer ausdehnen. Galaxien enden als schwarze Löcher, die schließlich zu Kernteilchen »verdampfen«.

DER WENDEPUNKT
Die dunkle Materie sorgt überall für eine starke Massenanziehung.

NACH DEM URKNALL
Das Universum könnte sich auf unterschiedliche Weise weiterentwickeln.

DER BIG CRUNCH
Alles zieht sich wieder auf einen winzigen Punkt mit unendlich hoher Dichte zusammen.

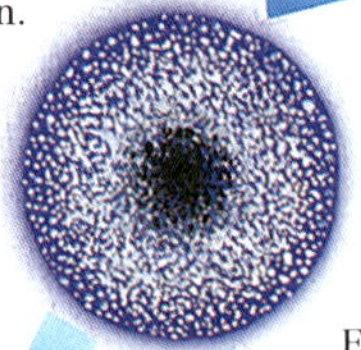

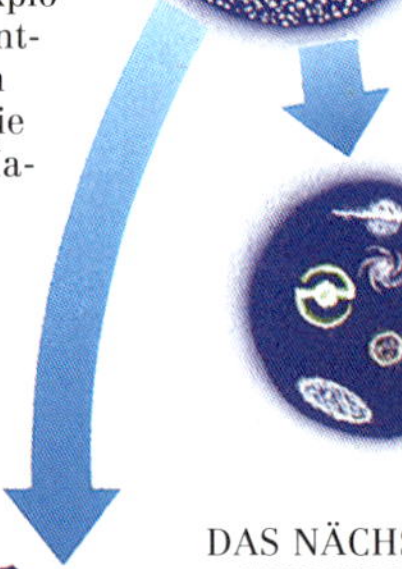

DER URKNALL
In einer ungeheuren Explosion entstehen Energie und Materie.

ENTWICKLUNG
Galaxien und Sterne bilden sich.

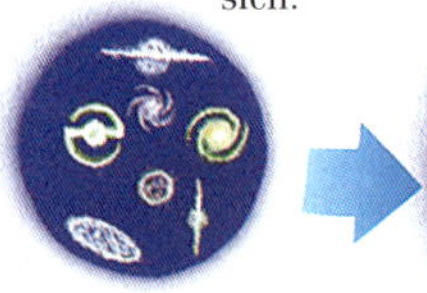

AUSDEHNUNG ODER SCHRUMPFUNG?
Das Universum könnte sich für immer ausdehnen oder aber eine bestimmte Maximalgröße erreichen.

GEGENWART
Das Universum dehnt sich aus.

DAS NÄCHSTE UNIVERSUM?
Der Big Crunch könnte das Ende unseres Universums sein, aber auch der Beginn eines völlig anders gestalteten Universums.

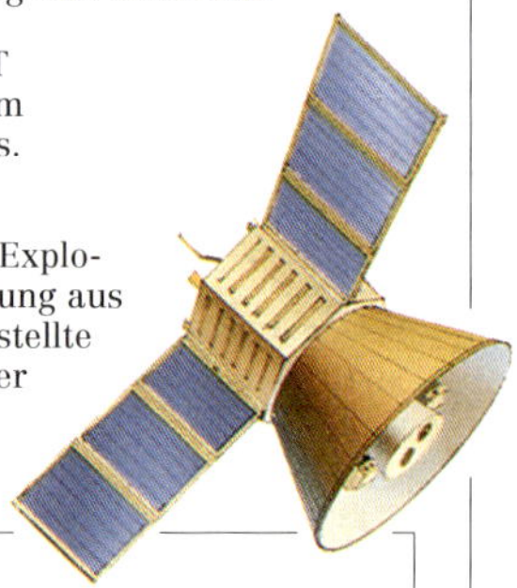

COBE
Der Satellit »Cosmic background Explorer« (COBE) erforschte die Strahlung aus der Frühzeit des Universums. Er stellte 1992 Unregelmäßigkeiten in dieser Strahlung fest – ein Hinweis auf den Urknall.

BERÜHMTE KOSMOLOGEN
Kosmologen untersuchen die Entstehung und die Entwicklung des Universums.

SIR ISAAC NEWTON (1643–1727)
legte mit seiner Gravitationstheorie den Grundstein der modernen Astrophysik. Er fand heraus, dass die Anziehungskraft der Sonne die Planeten auf ihren Bahnen hält.

MAX PLANCK (1858–1947)
begründete 1900 mit seiner Entdeckung des Strahlungsgesetzes und der Quantelung des Lichts die Quantentheorie: Licht kann sowohl als Welle als auch als Teilchen aufgefasst werden.

ALBERT EINSTEIN (1879–1955)
fand heraus, dass Energie und Materie ineinander umgewandelt werden können. Seine Relativitätstheorie erklärt, warum sich nichts schneller fortbewegen kann als das Licht.

EDWIN HUBBLE (1889–1953)
entdeckte 1923, dass unsere Milchstraße nicht die einzige Galaxie ist. Er fand 1929 heraus, dass sich das Weltall ausdehnt.

ARNO PENZIAS (GEB. 1933)
ROBERT WILSON (GEB. 1936)
Sie entdeckten 1965 eine Hintergrundstrahlung, die als Beweis für den Urknall gedeutet wurde.

STEPHEN HAWKING (GEB. 1942)
schuf eine Theorie der schwarzen Löcher und ist bemüht, die Theorie der Schwerkraft mit der Quantentheorie zu verbinden.

KOSMISCHER MASSSTAB
Das Universum erstreckt sich über mehr als 30 Mrd. Lichtjahre. Ein Lichtjahr ist die Strecke, die das Licht in einem Jahr mit Lichtgeschwindigkeit zurücklegt: 9461 Mrd. Kilometer.

Erdoberfläche

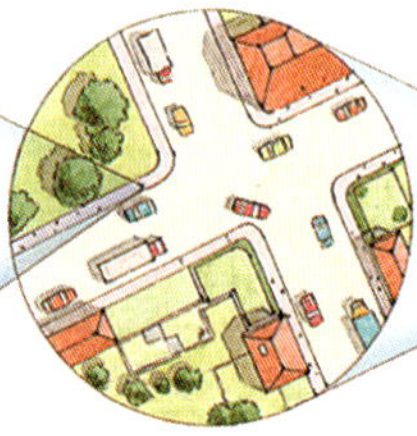

Niedrige Flughöhe 1 km

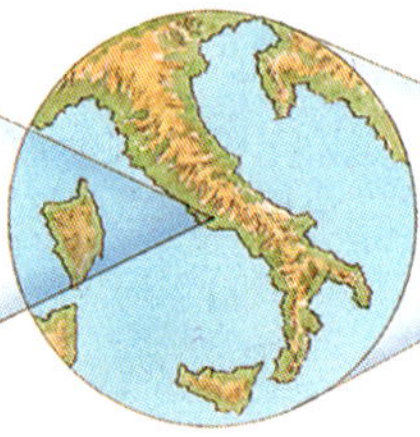

Erdumkreisung in großer Höhe 1 000 km

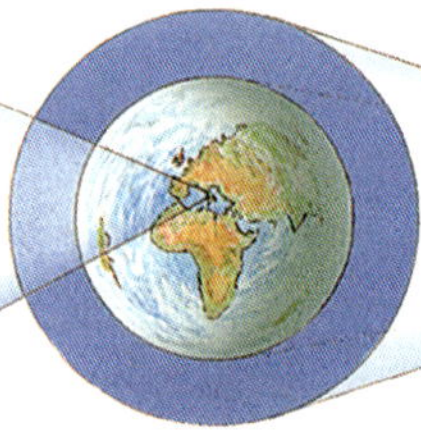

Die Erde aus dem Weltraum gesehen 100 000 km

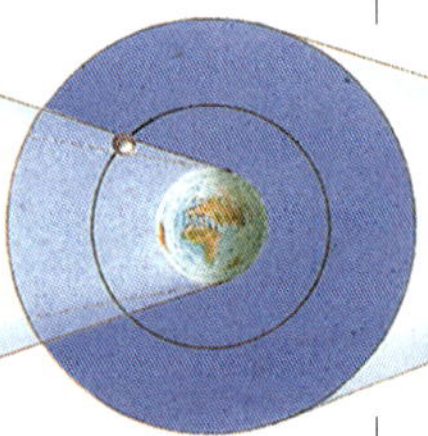

Erde und Mond 1 Million km

GALAXIENTYPEN
Galaxien sind riesige Sternansammlungen, die durch die Schwerkraft zusammengehalten werden. Sie können sehr unterschiedlich geformt sein. So ist z.B. unsere Milchstraße eine Spiralgalaxie. Weitere Typen sind elliptische Galaxien, Balkenspiralen oder irregulär geformte Galaxien.

SPIRALGALAXIEN
Spiralgalaxien sind abgeflachte, scheibenförmige Anordnungen von Sternen mit einer Verdickung in der Mitte und mindestens zwei Spiralarmen, die um das Zentrum kreisen.

BALKENSPIRALEN
Die Spiralarme setzen an den beiden Enden der balkenförmigen Verdickung in der Mitte an.

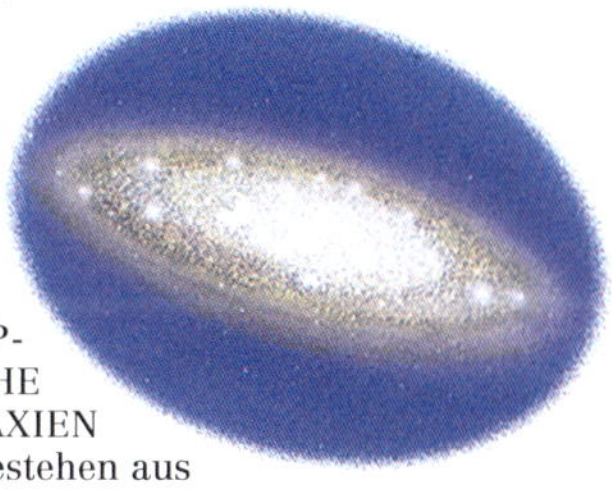

ELLIPTISCHE GALAXIEN
Sie bestehen aus alten roten Sternen und enthalten im Gegensatz zu den Spiralgalaxien nur noch wenig Gas und Staub.

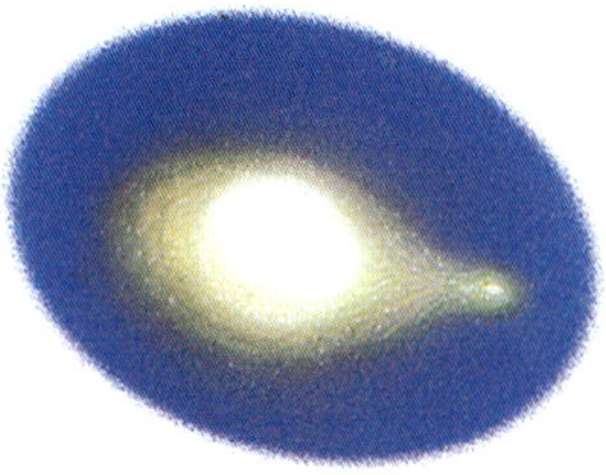

»GALAXIENKANNIBALISMUS«
Riesengalaxien üben eine so starke Anziehungskraft aus, dass sie kleine Nachbargalaxien einfach »verschlucken« können.

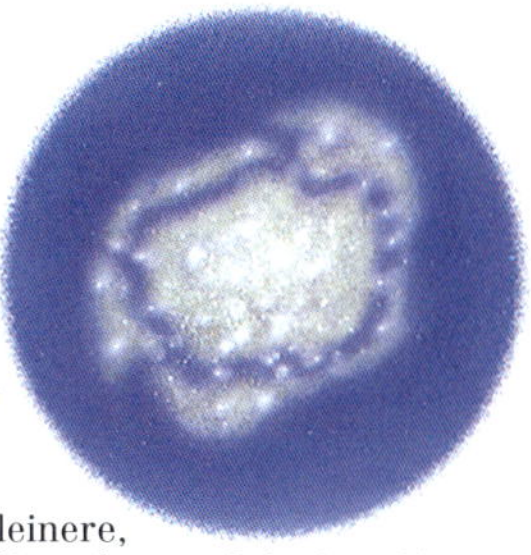

IRREGULÄRE GALAXIEN
Es handelt sich in der Regel um kleinere, unregelmäßig geformte Galaxien. Sie sind reich an Gas und Staub, den Grundbaustoffen für die Entstehung neuer Sterne.

EINIGE NACHBARGALAXIEN UNSERER MILCHSTRASSE			
Galaxie	Typ	Masse (in Milliarden Sonnenmassen)	Entfernung (in Lichtjahren)
Andromedanebel (M31)	Spiralförmig	300	2 250 000
Milchstraße	Spiralförmig	150	0
M33	Spiralförmig	10	2 350 000
Große Magellan'sche Wolke	Irregulär, evtl. Balkenstruktur	10	160 000
NGC 205	Elliptisch	10	2 250 000
NGC 221	Elliptisch	3	2 200 000
Kleine Magellan'sche Wolke	Irregulär	2	185 000
NGC 185	Elliptisch	1	2 250 000
NGC 147	Elliptisch	1	2 250 000

VERDUNKLUNG DURCH STAUB ZWISCHEN DEN STERNEN
Staubteilchen im Weltraum zwischen den Sternen sind mit einem Millionstel Millimeter Größe noch kleiner als Rauchteilchen. Doch ihre große Anhäufung in unserer Milchstraße bewirkt, dass wir an vielen Stellen weder in die Milchstraße hinein noch durch sie hindurchsehen können.

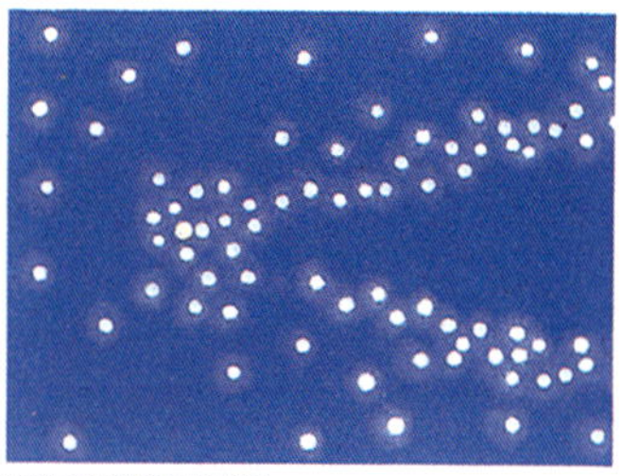

VERDUNKELTE MILCHSTRASSENZONE
Noch in den 50er Jahren rätselten Astronomen über eine Zone, die völlig frei von Sternen und fernen Galaxien erschien.

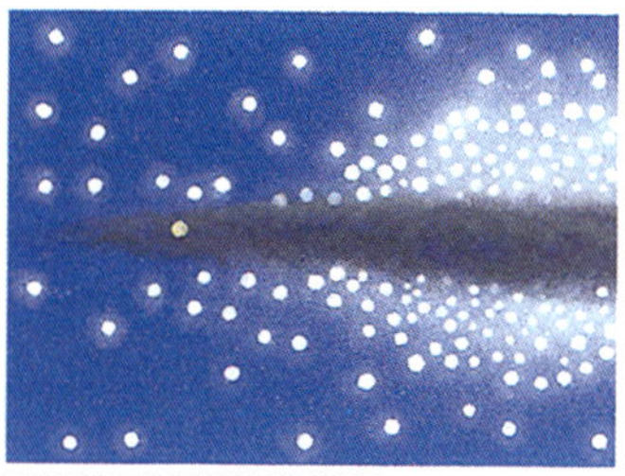

UNTERSUCHUNG DER VERDUNKELTEN ZONE
Mit Hilfe von Infrarot- und Radioteleskopen ist es möglich, tief in die durch Staub verdunkelten Milchstraßenregionen zu blicken.

UNSERE MILCHSTRASSE	
Alter	ca. 13 Mrd. Jahre
Anzahl der Sterne	ca. 100 Mrd.
Durchmesser	100 000 Lichtjahre
Dicke im Kernbereich	18 000 Lichtjahre
Dicke am Ort der Sonne	700 Lichtjahre
Entfernung der Sonne vom galaktischen Zentrum	28 000 Lichtjahre
Umlaufszeit um das galaktische Zentrum am Ort der Sonne	200 Mrd. Jahre

QUASARE
Quasare liegen in den Zentren sehr alter, ferner Galaxien.

Sie sind bei einem Bruchteil der Größe von durchschnittlichen Galaxien einige hundertmal heller als sie.

Der Quasar PC 1247+3406 ist mit rund 13 Mrd. Lichtjahren eines der entferntesten Objekte.

1989 hat der Quasar PKS 0558-504 in 3 Min. soviel Energie abgestrahlt wie die Sonne in 340 000 Jahren.

3C-273 ist mit ca. 2 Mrd. Lichtjahren Entfernung einer der nächstgelegenen Quasare. Seine Leuchtkraft entspricht der von 200 normalen Galaxien.

REISEN INS ALL
Ein Flug zum nächsten Stern, zu Proxima Centauri, würde mit einem Jumbo-Jet 5 Mio. Jahre dauern.

Die Flugzeit eines Jumbos zur Sonne würde 20 Jahre betragen.

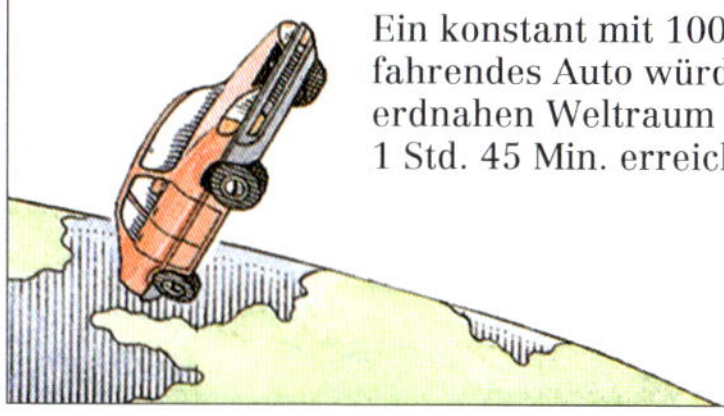

Ein konstant mit 100 km/h fahrendes Auto würde den erdnahen Weltraum in 1 Std. 45 Min. erreichen.

DAS GALAKTISCHE ZENTRUM
Diese radioteleskopische Aufnahme zeigt das Zentrum der Milchstraße, das möglicherweise ein schwarzes Loch enthält.

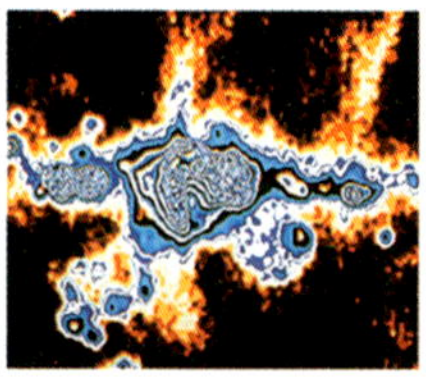

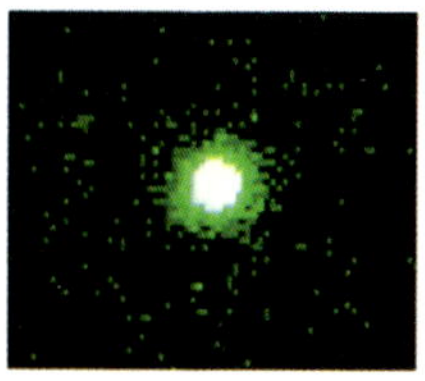

Aufnahme des Quasars 3C-273 im Röntgenlicht

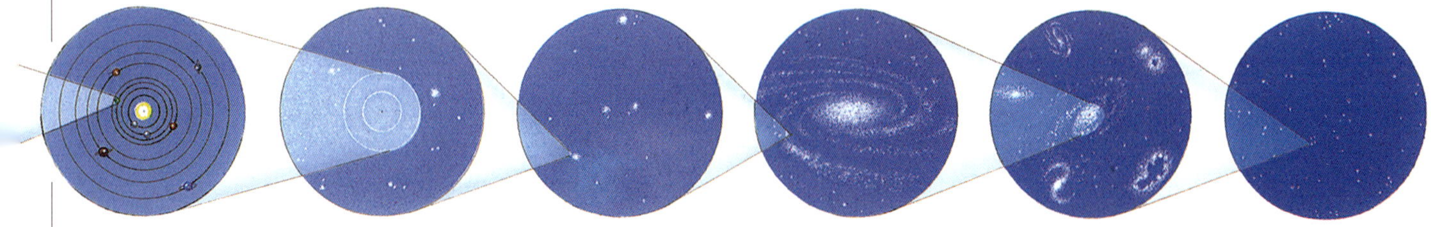

Das Sonnensystem 10 Mrd. Kilometer · *Der interstellare Raum 1 000 Mrd. Kilometer* · *Die nächsten Sterne 100 Lichtjahre* · *Die Milchstraße 100 000 Lichtjahre* · *Die lokale Gruppe 10 Mio. Lichtjahre* · *Das bekannte Universum 15 Mrd. Lichtjahre*

DIE STERNE

Ein Stern ist ein riesiger selbst leuchtender Gasball, der durch Kernreaktionen in seinem Inneren Energie erzeugt. Seine eigene Schwerkraft verhindert, dass er dabei explodiert. In seiner frühen Lebensphase wird Wasserstoff zu Helium »verbrannt«; bei dieser Kernfusion wird ein Teil der frei werdenden Energie als sichtbares Licht abgestrahlt.

STERNTYPEN

Die meisten Sterne sind keine Einzelsonnen wie unsere Sonne: Sie bilden Mehrfachsysteme von zwei Sternen oder mehr. Mintaka, der Stern Delta im Sternbild Orion beispielsweise, ist ein Dreifachsystem. Castor, der Hauptstern in den Zwillingen, hat sogar fünf Begleitsterne. In einem gasförmigen Wasserstoffnebel entstehen Sterne meist in Gruppen, »offene Sternhaufen« genannt. Rund 60% der Sterne bleiben in Form eines Sternhaufens nur durch die Schwerkraft miteinander verbunden.

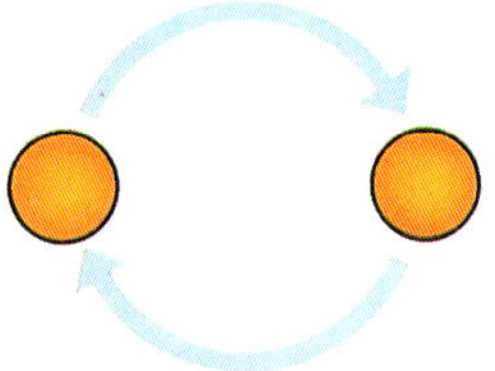

DOPPELSTERNE

Ein Doppelsternsystem ist ein Sternenpaar, das um den gemeinsamen Schwerpunkt kreist.

BEDECKUNGSVERÄNDERLICHER STERN

Liegt die Bahn zweier sich umkreisender Sterne genau in unserer Sichtlinie, kann der dunklere der beiden Sterne den helleren regelmäßig, teilweise oder ganz verdecken und dessen Licht somit abschwächen.

VERÄNDERLICHER STERN

Ein Stern ändert seine Helligkeit, wenn er sich ausdehnt und wieder zusammenzieht oder Explosionen nahe seiner Oberfläche stattfinden.

DER LEBENSZYKLUS EINES MASSEREICHEN STERNS

Sterne entstehen in staubdurchsetzten Wasserstoffgaswolken. Irgendwann zieht sich die Wolke an vielen Stellen durch die eigene Schwerkraft zusammen und erhitzt sich dabei. Bei etwa 15 Mio. Grad Celsius fängt der Stern an, Wasserstoff zu Helium zu verbrennen und Energie zu erzeugen: Ein neuer Stern ist geboren. Das Ende eines Sternenlebens hängt von seiner Masse, der Menge an Materie, ab. »Leichte« Sterne, wie z.B. unsere Sonne, blähen sich auf und verlieren den größten Teil der Sternenhülle in einem sanften Ablösungsprozess, »schwere« Sterne explodieren als Supernova.

1. Eine Wolke mit überwiegend Wasserstoffgas und Staubbestandteilen zieht sich zusammen und wird immer dichter.

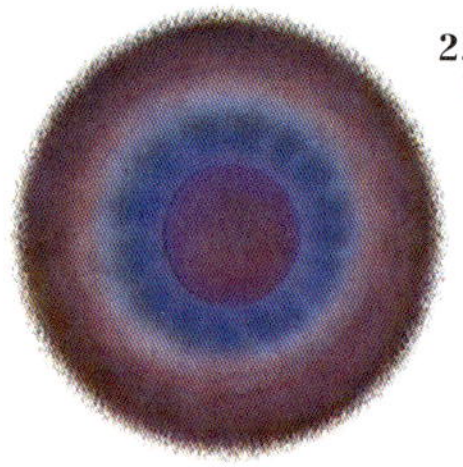

2. An vielen Stellen in der Wolke bilden sich rotierende Verklumpungen, die so genannten Protosterne, die sich weiter zusammenziehen und dabei aufheizen.

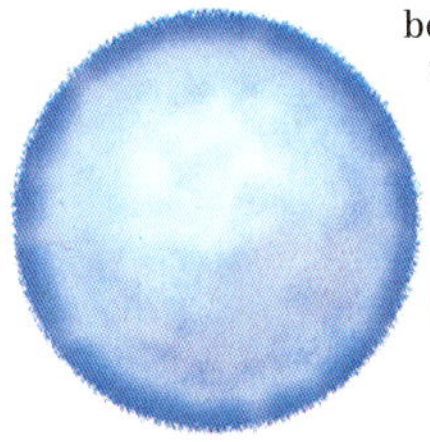

3. Bei etwa 15 Mio. Grad beginnt die Wasserstoffverbrennung; die dabei entstehende Strahlung bläst den Staub fort, der sich in größerem Abstand zu Planeten zusammenklumpen kann.

4. Ein Stern wie unsere Sonne strahlt nun viele Milliarden Jahre lang relativ konstant Energie ab. Ein massereicher Stern hingegen verbraucht seinen Energievorrat in wenigen 100 Mio. Jahren.

STERNE IM VERGLEICH

Die Masse eines Sterns bestimmt seine Größe, Helligkeit, Farbe, Oberflächentemperatur und seine Lebensdauer. Unsere Sonne ist ein durchschnittlicher gelber Stern, der mehr als 10 Mrd. Jahre alt werden wird. Die folgenden Temperaturwerte geben die Oberflächentemperatur an.

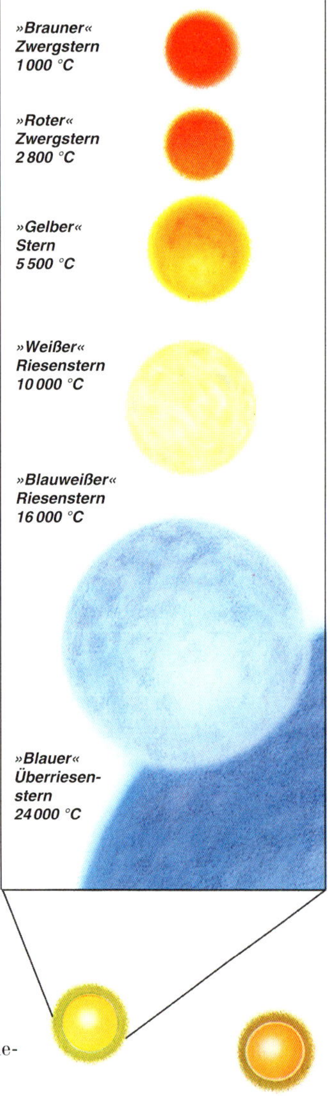

REKORDE

Der bislang kleinste bekannte Stern ist der braune Zwergstern Gliese 623b, der nur geringfügig größer als der Planet Jupiter ist.

Die hellste bekannte Supernova erschien im April des Jahres 1006. Der explodierende Stern wurde so hell, dass er auch am Tageshimmel sichtbar war.

Der schnellste Pulsar ist PSR 1937 +214, der sich in der Sekunde 642-mal um seine Achse dreht.

STERNE

Ein roter Riesenstern ist bis zu hundertmal so groß wie unsere Sonne, ein Überriesenstern sogar bis zu tausendmal.

In einer einzigen Supernovaexplosion wird so viel Energie freigesetzt, wie unsere Sonne in 9 Mrd. Jahren erzeugt.

Eine durchschnittliche Galaxie wie die unsere enthält über 100 Mrd. Sterne. Würde man sie zählen wollen, so bräuchte man dazu über 1000 Jahre.

FEDERGEWICHT

Auf der Erde wiegt eine Vogelfeder nur wenige Gramm. Auf der Oberfläche eines ungeheuer »schweren« Neutronensterns würde die Feder so viel wiegen wie zwei »Apollo«-Mondlandefähren auf der Erde.

DIE NÄCHSTEN STERNE

Stern	Sterntyp	Entfernung (Lichtjahre)
Sonne	Gelber Stern	0,0
Proxima Centauri	Roter Zwergstern	4,3
Alpha Centauri A	Gelber Stern	4,3
Alpha Centauri B	Orangefarbener Stern	4,3
Barnards Pfeilstern	Roter Zwergstern	5,9
Wolf 359	Roter Zwergstern	7,6
Lalande 21185	Roter Zwergstern	8,1
Sirius A	Weißer Riesenstern	8,6
Sirius B	Weißer Zwergstern	8,6
UV Ceti A	Roter Zwergstern	8,9

7. Der Kern, in dem nun keine Energie mehr erzeugt wird, hält dem Druck der äußeren Hülle nicht mehr stand. In Sekundenbruchteilen stürzt der Kern in sich zusammen und explodiert schließlich in einer gewaltigen Supernova-Explosion, in der der Stern so hell strahlt wie 1 Mrd. Sonnen zusammen.

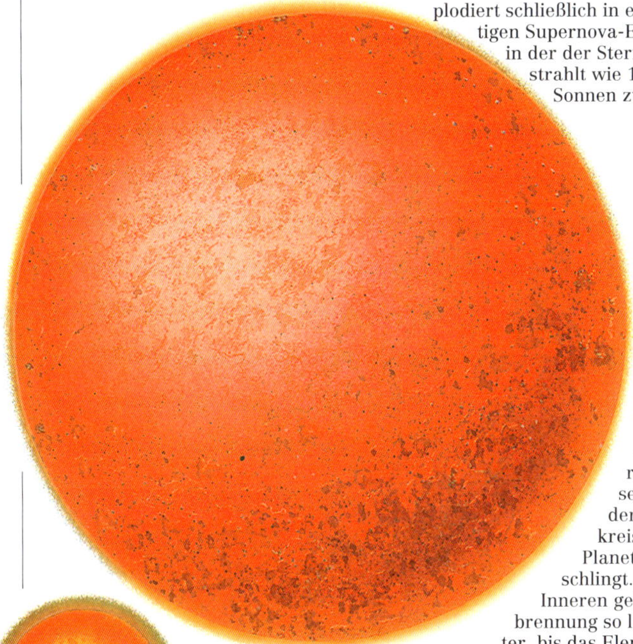

6. Der Stern dehnt sich zu einem roten Riesenstern aus, der um ihn kreisende Planeten verschlingt. In seinem Inneren geht die Verbrennung so lange weiter, bis das Element Eisen erzeugt wird: Dann erlischt der innere Ofen.

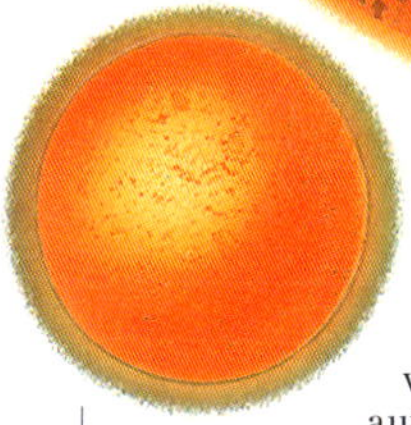

5. Ist der Wasserstoff im Zentrum des Sterns vollständig in Helium umgewandelt worden, wird das Helium nun seinerseits zu Kohlenstoff verbrannt. Die äußere Hülle des Sterns bläht sich auf und leuchtet rötlich.

DIE HELLSTEN STERNE AM HIMMEL		
Stern	Sterntyp	Entfernung (Lichtjahre)
Sonne	Gelber Stern	0,0
Sirius A	Weißer Riesenstern	8,6
Canopus	Weißer Überriese	200
Alpha Centauri	Gelber Stern	4,3
Arktur	Roter Riesenstern	36
Wega	Weißer Riesenstern	26
Capella	Gelber Riesenstern	42
Rigel	Blauweißer Überriese	910
Procyon	Gelber Stern	11
Achernar	Blauweißer Überriese	85

SUPERNOVA-ÜBERREST

Im Jahr 1054 erschien ein »neuer« Stern am Himmel, dessen Aufleuchten seinerzeit nur von den Chinesen aufgezeichnet wurde. Es war eine Supernova-Explosion. Heute findet man am Ort der Explosion ein nebliges Gebilde, das wir »Krebsnebel« nennen. Er dehnt sich mit einer Geschwindigkeit von 1 500 km/s aus und ist damit 130-mal schneller als die Mondrakete »Saturn V«.

Krebsnebel

DAS ENDE EINES STERNENLEBENS

Ob ein Stern am Ende seines Lebens einen planetarischen Nebel bildet oder als Supernova explodiert und als weißer Zwergstern, Neutronenstern oder schwarzes Loch zurückbleibt, hängt von seiner Masse ab.

WEISSER ZWERGSTERN

Hat ein Stern weniger als das 1,4fache der Sonnenmasse, dehnt er sich zum roten Riesen aus und stößt sanft eine Gashülle ab, die als planetarischer Nebel bezeichnet wird (dieser Nebel sieht wie das grünliche Bild des Planeten Uranus im Fernrohr aus, daher die Bezeichnung). Zurück bleibt ein dichter Kern, der weiße Zwerg.

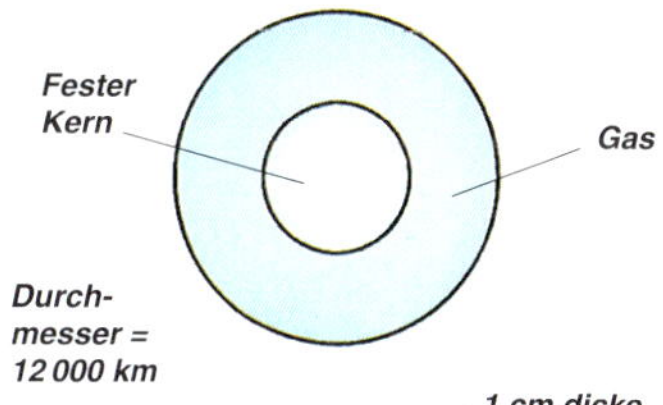

NEUTRONENSTERN

Ist der Stern zwischen 1,4- und 3-mal so »schwer« wie die Sonne, endet er in einer Supernova-Explosion. Es bildet sich ein Stern mit hoher Dichte, der aus dicht an dicht gepackten Neutronen besteht: Seine Anziehungskraft ist so groß, dass auf seiner Oberfläche ein Stück Würfelzucker Millionen Tonnen wiegen würde.

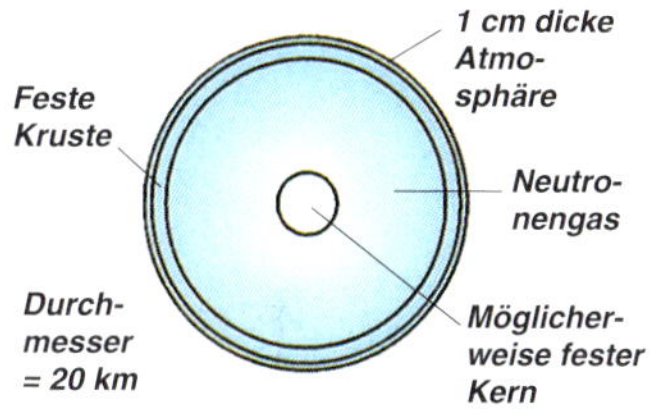

PULSAR

Ein schnell rotierender Neutronenstern hat ein millionenfach stärkeres Magnetfeld als die Erde. Heiße Stellen an den Magnetpolen senden Licht aus, das vom Magnetfeld zu einem engen Lichtkegel gebündelt wird. Befindet sich die Erde zufällig in diesem Lichtkegel, so wird dieses Leuchtfeuer als ständiges Ein- und Ausknipsen des Sternenlichtes wahrgenommen: Das Licht des Sterns scheint zu pulsieren, daher der Name »Pulsar«.

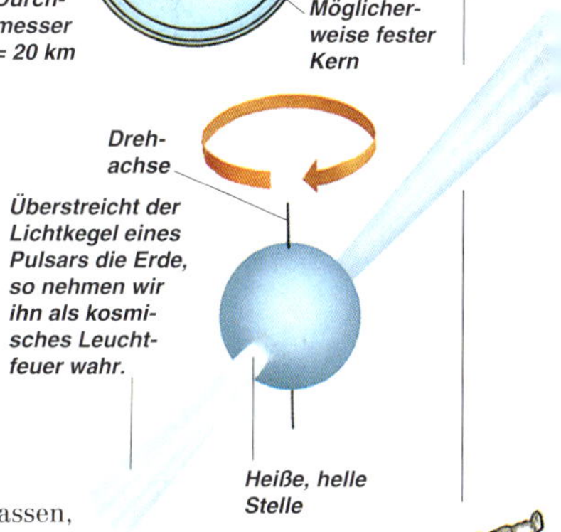

SCHWARZES LOCH

Hat der nach der Supernova-Explosion zurückbleibende Stern mehr als 3 Sonnenmassen, stürzt er in sich zusammen auf einen winzig kleinen Punkt unendlich hoher Anziehungskraft, in dem sogar das Licht gefangen ist: Wir können dieses Gebilde deshalb nicht direkt sehen und nennen es »schwarzes Loch«.

VOM SCHWARZEN LOCH VERSCHLUNGEN

Die ungeheure Anziehungskraft eines schwarzen Lochs kann man sich bildlich wie einen glatten Trichter vorstellen, in den alles unwiederbringlich hineinrutscht, das den Trichterrand erreicht hat.

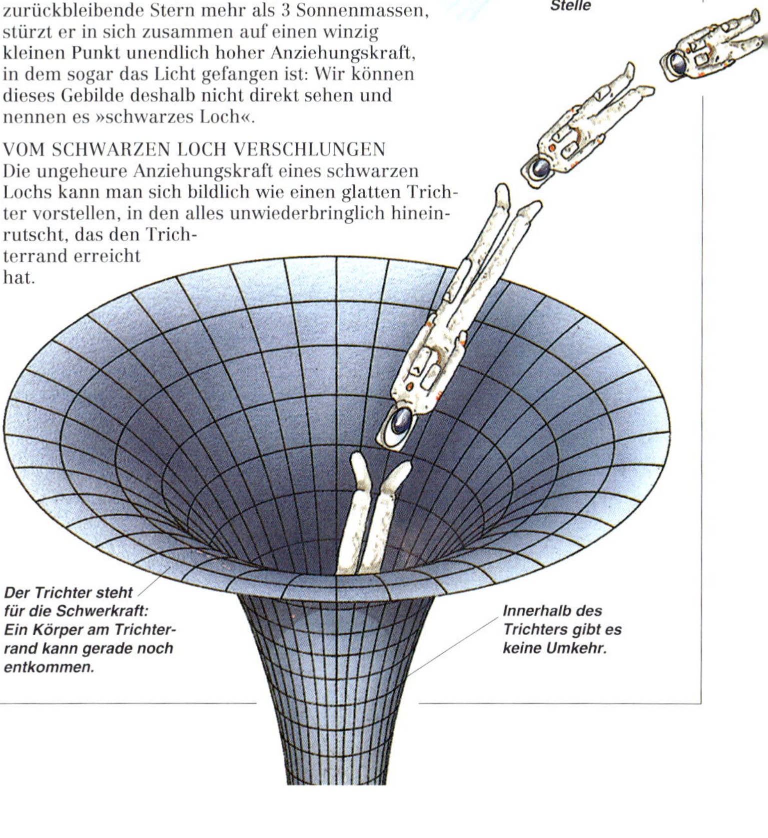

DER STERNENHIMMEL

Schon unsere frühen Vorfahren fügten die Sterne zu Sternbildern zusammen und gaben ihnen Namen. So konnten sie sich einfacher am Nachthimmel zurechtfinden und den Lauf der Sterne beispielsweise als verlässlichen Jahreskalender benutzen.

DIE HIMMELSKUGEL

So stellte man sich in der Antike das Weltall vor: Die Erde befindet sich in der Mitte einer unendlich ausgedehnten, hohlen und sich drehenden Kugel, an deren Oberfläche die Sterne haften. Seit Kopernikus wissen wir, dass es die Erde ist, die sich unter dem »ruhenden« Sternenhimmel dreht.

Karte des nördlichen Sternenhimmels: Abbildung der nördlichen Halbkugel auf eine ebene Fläche

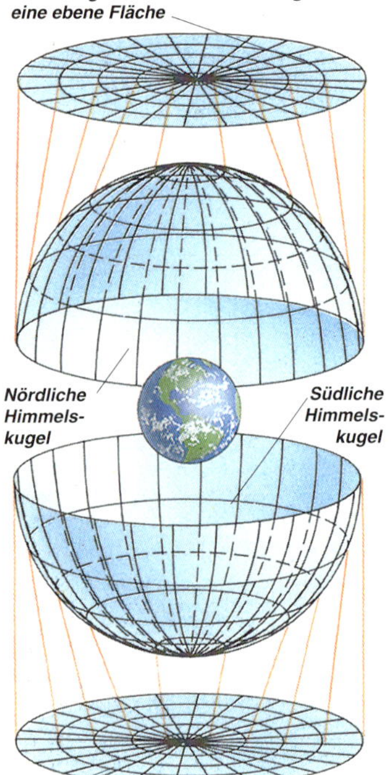

Karte des südlichen Sternenhimmels: Abbildung der südlichen Halbkugel auf eine ebene Fläche

ÄLTESTE STERNKARTE

Die älteste überlieferte Sternkarte stammt aus dem Jahr 25 v. Chr. und wurde 1987 an der Decke einer Grabkammer in Jiaotong (China) entdeckt.

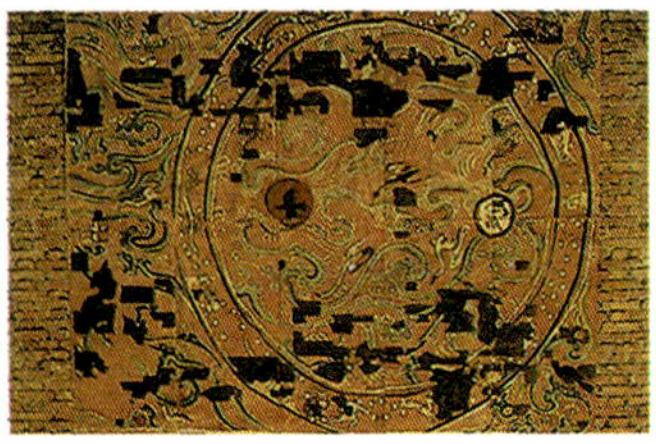

DIE STERNBILDER DES NÖRDLICHEN HIMMELS

Diesen kreisförmigen Himmelsausschnitt sieht ein Beobachter am Nordpol, wenn er senkrecht nach oben schaut.

NÖRDLICHER HIMMELSPOL

Alle Sterne des Nordhimmels drehen sich scheinbar um den Stern im Zentrum der Karte, den Polarstern. Dieser liegt nämlich genau an dem Punkt, an dem die Erddrehachse die gedachte Himmelskugel durchsticht.

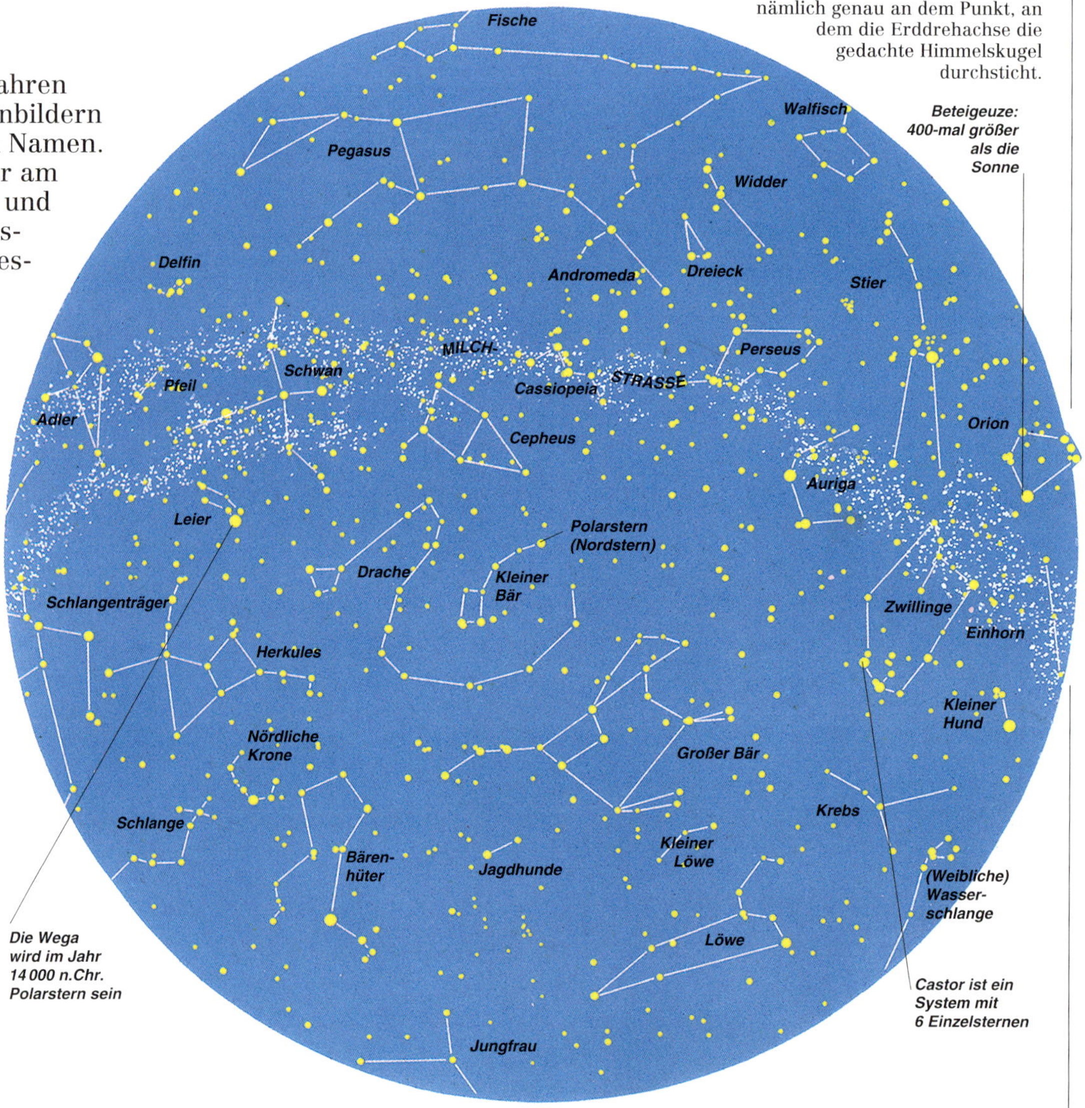

HIMMEL IM JAHRESLAUF

Sterne stehen auch tagsüber am Himmel, nur werden sie dann vom Glanz der Sonne überstrahlt. Da sich die Erde um die Sonne bewegt, sehen wir im Lauf des Jahres verschiedene Sternbilder. Die 12 Sternbilder, die die Sonne innerhalb eines Jahres durchquert, bilden den Tierkreis.

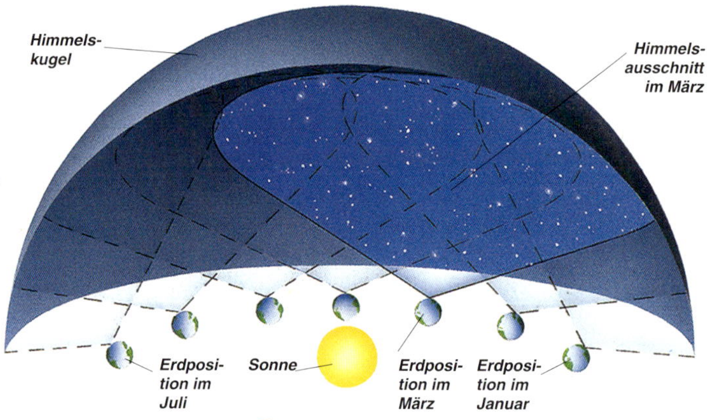

DIE EINTEILUNG DER STERNBILDER

Schon vor Jahrtausenden teilten die ersten Astronomen die Sterne in Gruppen ein. Sie zeichneten gedachte Bilder um die Sterne, sodass man sie sich leichter merken konnte und sie am Nachthimmel schneller fand, zum Beispiel einen Skorpion oder einen Bären. So entstand unser heutiges System von 88 Sternbildern. Zwölf davon bilden den Tierkreis.

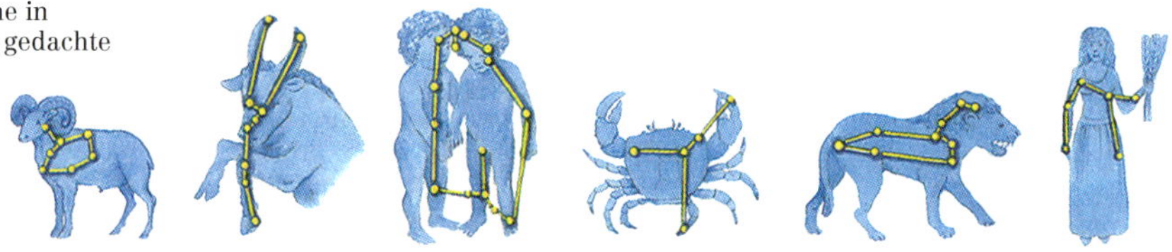

Widder 21. März–20. April
Stier 21. April–20. Mai
Zwillinge 21. Mai–21. Juni
Krebs 22. Juni–22. Juli
Löwe 23. Juli–23. August
Jungfrau 24. August–23. September

DIE STERNBILDER DES SÜDLICHEN HIMMELS

Am südlichen Sternenhimmel befindet sich kein heller »Polarstern« in der Nähe des südlichen Himmelspols. Dafür ist der Anblick des Südhimmels aufgrund seines Reichtums an hellen Sternen wesentlich beeindruckender.

DIE MILCHSTRASSE

Unser Sonnensystem liegt in der Ebene der flachen Milchstraßenscheibe, sodass wir auf die Kante der Milchstraße blicken und diese als ein Band von Milliarden leuchtender Sterne sehen. Die Spiralstruktur können wir nicht direkt erkennen.

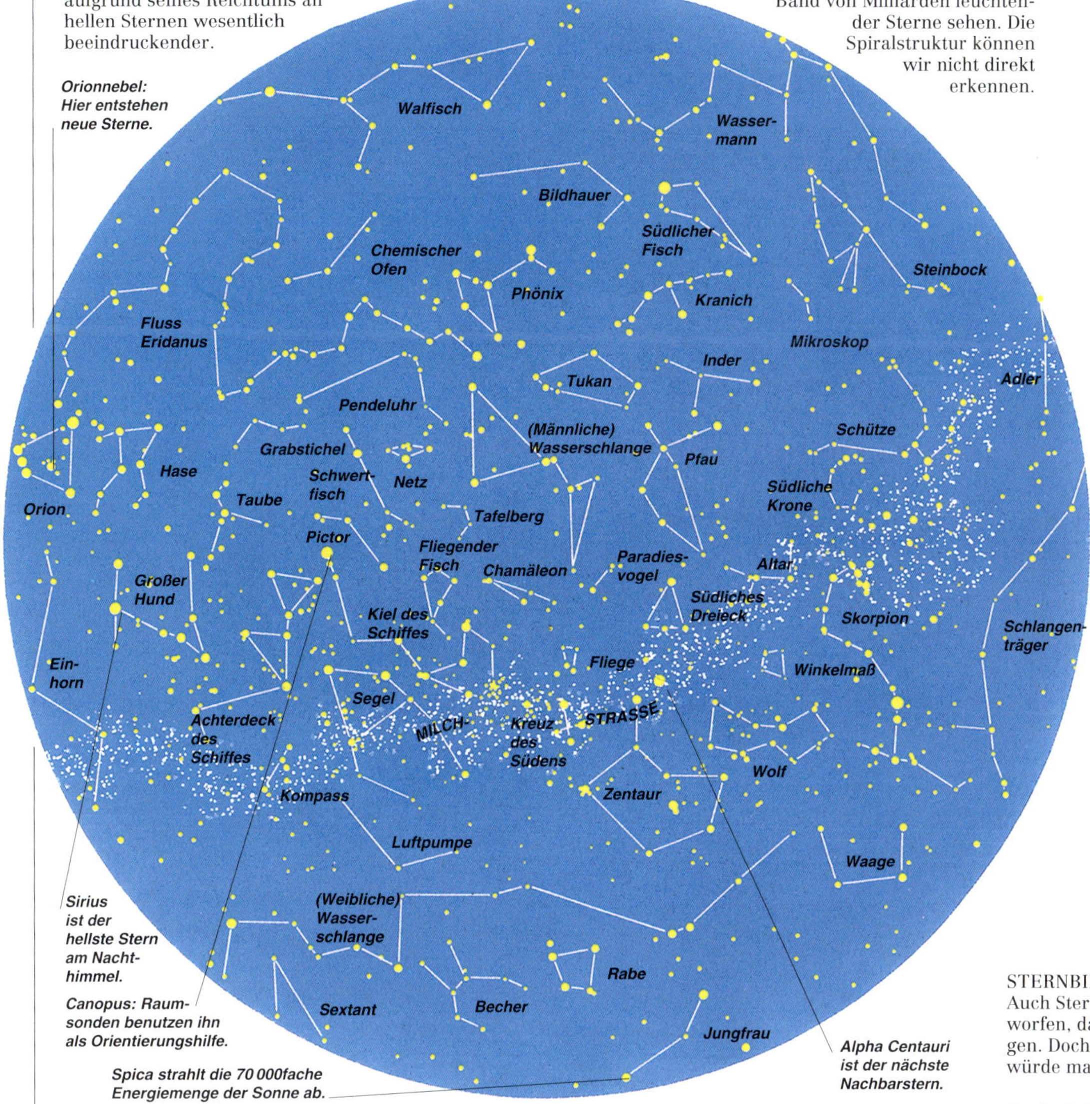

SCHON GEWUSST?

Im alten Ägypten war das erste Erscheinen von Sirius in der Morgendämmerung Mitte des Jahres ein Hinweis auf die nahende Überschwemmung des Niltals.

Sieht man einen Lichtpunkt zügig über den Himmel ziehen, handelt es sich um einen Satelliten, der von der Sonne beleuchtet wird.

Die Galaxie M33 im Sternbild Dreieck ist mit 2,4 Mio. Lichtjahren Entfernung das fernste mit dem bloßen Auge sichtbare Himmelsobjekt.

Die alten chinesischen Sternbilder stellten häufig Dinge des täglichen Lebens dar. So gab es z. B. die Sternbilder »Gefängnis« und »Stall«.

DAS POLARLICHT

Das Polarlicht (bei uns auch Nordlicht genannt) sieht man am besten in Nordeuropa. Es entsteht, wenn die elektrisch geladenen Teilchen des Sonnenwindes auf die Moleküle der Erdatmosphäre treffen und diese zum Leuchten anregen.

DIE ENTFERNUNGEN DER STERNE

Die Sterne eines Sternbildes scheinen für uns alle gleich weit entfernt zu sein. In Wirklichkeit sind manche Sterne näher an der Erde, andere weiter entfernt. Weil sie ähnlich hell leuchten, erwecken sie den Eindruck, zusammenzugehören.

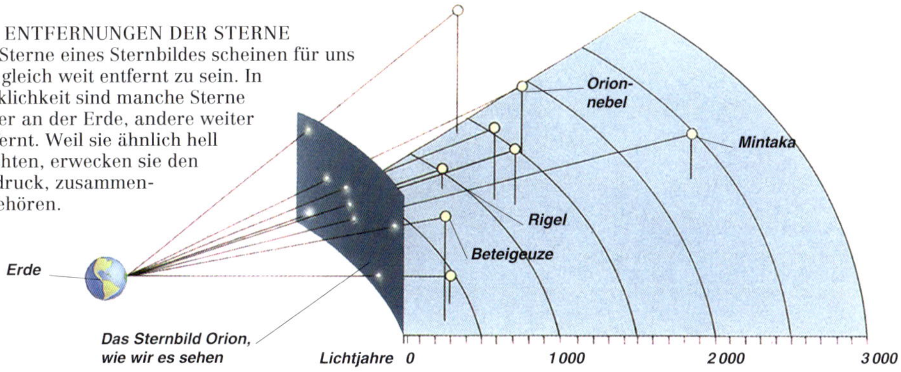

STERNBILDER WANDELN SICH

Auch Sternbilder sind dem steten Wandel unterworfen, da sich die einzelnen Sterne weiterbewegen. Doch erst in einigen hunderttausend Jahren würde man die Änderung ihrer Gestalt bemerken.

Der Große Wagen vor 100 000 Jahren

Der Große Wagen, wie er uns heute erscheint

Der Große Wagen in 100 000 Jahren

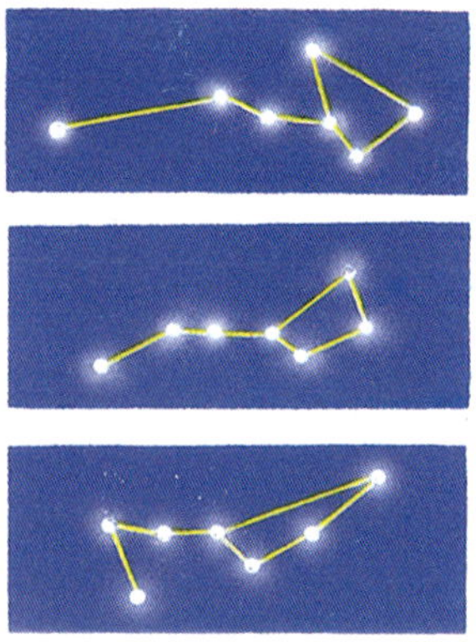

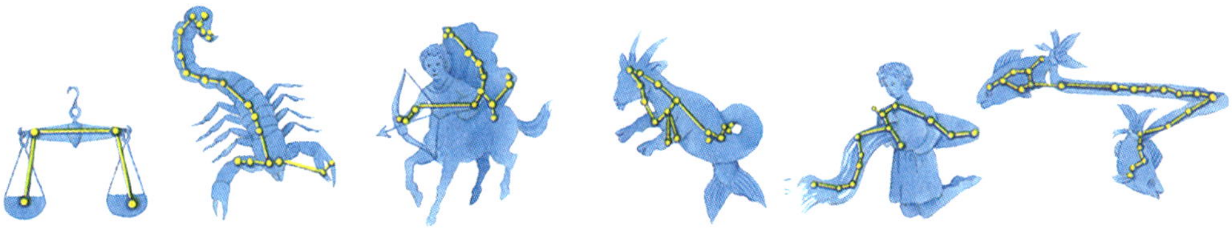

Waage 24. September – 23. Oktober

Skorpion 24. Oktober – 22. November

Schütze 23. November – 21. Dezember

Steinbock 22. Dezember – 20. Januar

Wassermann 21. Januar – 19. Februar

Fische 20. Februar – 20. März

DIE GRÖSSTEN STERNBILDER

Sternbild	Lat. Name	Fläche (in Prozent)
Weibliche Wasserschlange	Hydra	6,32
Jungfrau	Virgo	6,28
Großer Bär	Ursa Maior	6,20
Walfisch	Cetus	5,97
Herkules	Hercules	5,94

DIE SONNE UND DAS SONNENSYSTEM

Die Sonne ist das Zentralgestirn unseres Sonnensystems. Sie erzeugt Energie, die wir zum Teil als sichtbares Licht sehen und als Wärmestrahlung auf der Haut spüren können. Die große Anziehungskraft der Sonne hält die neun großen Planeten, mehr als 10 000 Asteroiden und Hunderte von Kometen auf ihren Umlaufbahnen.

DIE KORONA
Die Korona ist eine ausgedehnte und sehr dünne, rund 1 Mio. °C heiße Gashülle um die Sonne.

Die Korona ist bei einer totalen Sonnenfinsternis sichtbar.

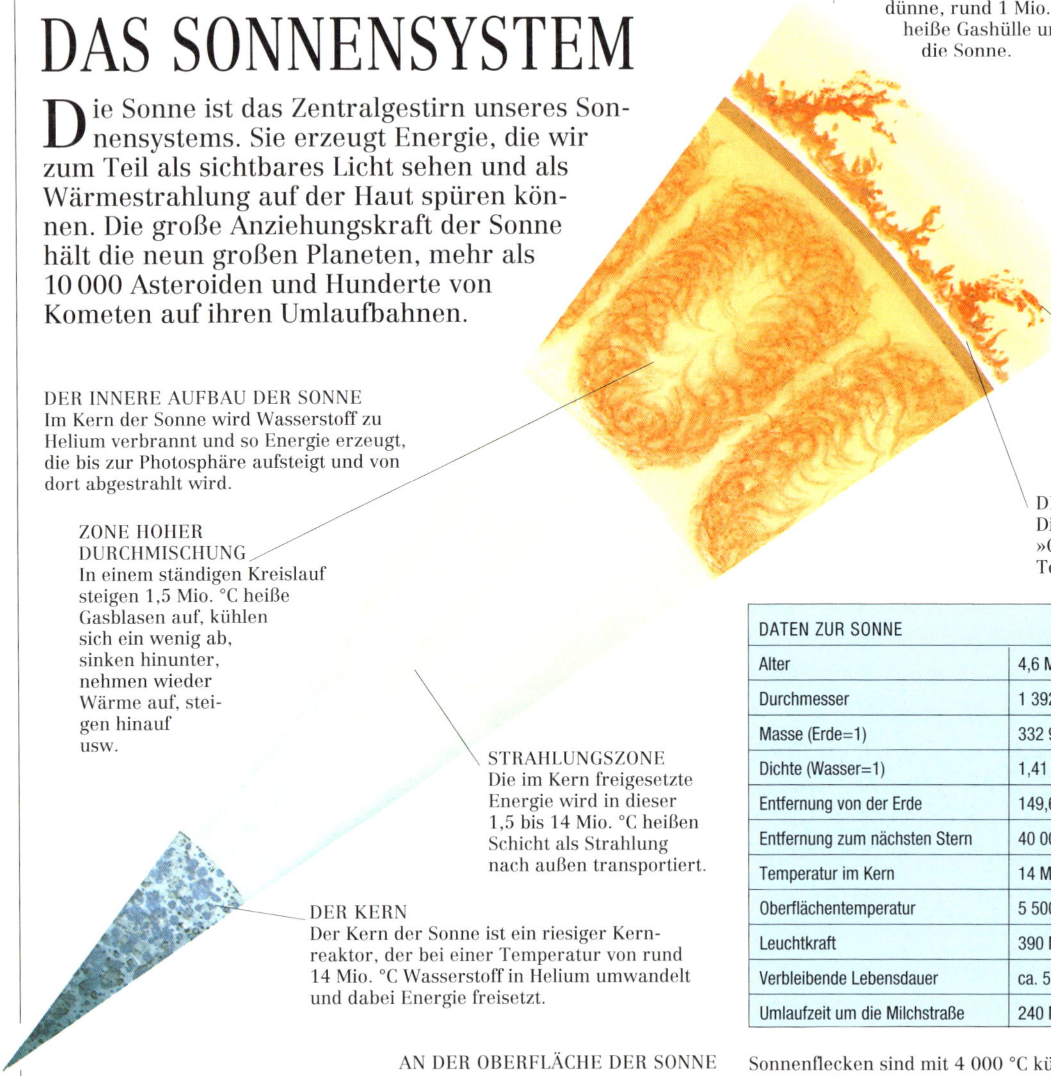

DER INNERE AUFBAU DER SONNE
Im Kern der Sonne wird Wasserstoff zu Helium verbrannt und so Energie erzeugt, die bis zur Photosphäre aufsteigt und von dort abgestrahlt wird.

ZONE HOHER DURCHMISCHUNG
In einem ständigen Kreislauf steigen 1,5 Mio. °C heiße Gasblasen auf, kühlen sich ein wenig ab, sinken hinunter, nehmen wieder Wärme auf, steigen hinauf usw.

STRAHLUNGSZONE
Die im Kern freigesetzte Energie wird in dieser 1,5 bis 14 Mio. °C heißen Schicht als Strahlung nach außen transportiert.

DER KERN
Der Kern der Sonne ist ein riesiger Kernreaktor, der bei einer Temperatur von rund 14 Mio. °C Wasserstoff in Helium umwandelt und dabei Energie freisetzt.

DIE CHROMOSPHÄRE
Die unsichtbare Chromosphäre reicht bis in eine Höhe von 1 000 km über der Photosphäre; ihre Temperatur beträgt 4 000 bis 8 000 °C.

DIE PHOTOSPHÄRE
Dies ist die für uns sichtbare »Oberfläche« der Sonne mit einer Temperatur von 5 500 °C.

DATEN ZUR SONNE	
Alter	4,6 Mrd. Jahre
Durchmesser	1 392 000 km
Masse (Erde=1)	332 946
Dichte (Wasser=1)	1,41
Entfernung von der Erde	149,6 Mio. km
Entfernung zum nächsten Stern	40 000 000 Mio. km
Temperatur im Kern	14 Mio. °C
Oberflächentemperatur	5 500 °C
Leuchtkraft	390 Mrd. Mrd. Megawatt
Verbleibende Lebensdauer	ca. 5 Mrd. Jahre
Umlaufzeit um die Milchstraße	240 Mio. Jahre

WISSENSWERTES
Ein Quadratmeter Sonnenoberfläche strahlt so hell wie 600 000 Glühbirnen mit je 100 W.

Die größte beobachtete Protuberanz wurde 1946 registriert: Sie reichte bis in eine Höhe von 700 000 km.

In einer Sekunde strahlt die Sonne so viel Energie ab, wie die USA in einem Jahr an elektrischer Energie verbrauchen.

Gas, das explosionsartig aus der Chromosphäre in Richtung Erde herausgeschleudert wird, kann den Radio- und Funkverkehr auf der Erde erheblich stören.

Die Sonne rotiert nicht wie ein fester Körper. Sie benötigt am Äquator 25 Tage und an den Polen 35 Tage für einen Umlauf.

Wären die kühleren äußeren Schichten der Sonne nicht vorhanden, würde die energiereiche Strahlung aus dem Kernbereich nach außen dringen und könnte alles Leben auf der Erde zerstören.

AN DER OBERFLÄCHE DER SONNE
»Spikulen« nennt man die wie Spieße aus der Chromosphäre herausragenden Gasfontänen, die eine Höhe von 10 000 km erreichen können. Wenige Minuten nach dem Gasausbruch lösen sie sich in der umgebenden Korona auf. Rund 100 000 Spikulen bedecken jederzeit die Sonnenoberfläche und geben ihr ein stacheliges Aussehen.

GRANULEN
Die Sonnenoberfläche ist wie ein brodelnder Kochtopf, aus dem ständig heiße Dampfblasen nach oben steigen: die sogenannten »Granulen«. Eine Granule auf der Sonne entspricht in ihrer Größe etwa dem Land Frankreich.

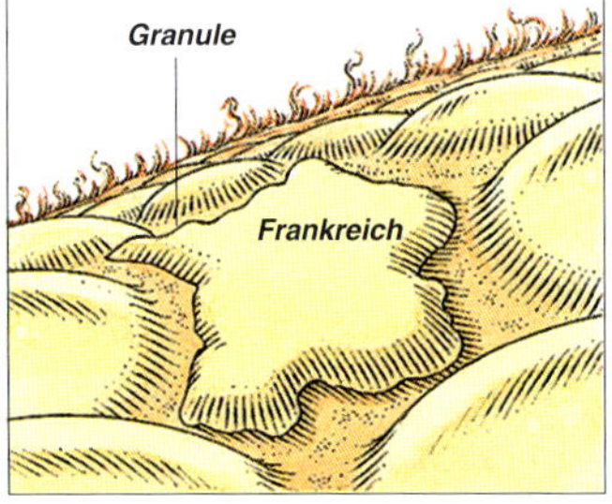

Sonnenflecken sind mit 4 000 °C kühler als die umgebende Sonnenoberfläche und heben sich deshalb dunkel davon ab. Sie treten immer dort auf, wo das Magnetfeld den Nachschub an heißem Gas behindert. Sonnenflecken treten in elfjährigem Zyklus auf. Erst entstehen einige Flecken oben und unten auf der Sonnenoberfläche, die dann wieder verschwinden. Danach bilden sich neue Flecken immer näher am Sonnenäquator.

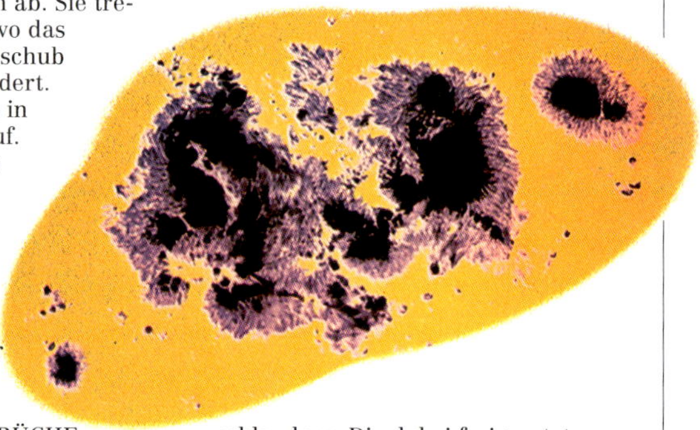

STRAHLUNGSAUSBRÜCHE
Kurzfristige Strahlungsausbrüche können Milliarden von Tonnen an Gas explosionsartig in den Weltraum schleudern. Die dabei freigesetzte Energie entspricht dem millionenmal Millionenfachen der ersten Atombombe.

PROTUBERANZEN
Protuberanzen sind büschelförmige oder wie hier bogenförmige Gebilde aus heißem Wasserstoffgas, die sich entlang von Magnetfeldlinien bilden. Manche Protuberanzen können sich explosionsartig ablösen und erreichen dabei eine Geschwindigkeit von 400 m/s.

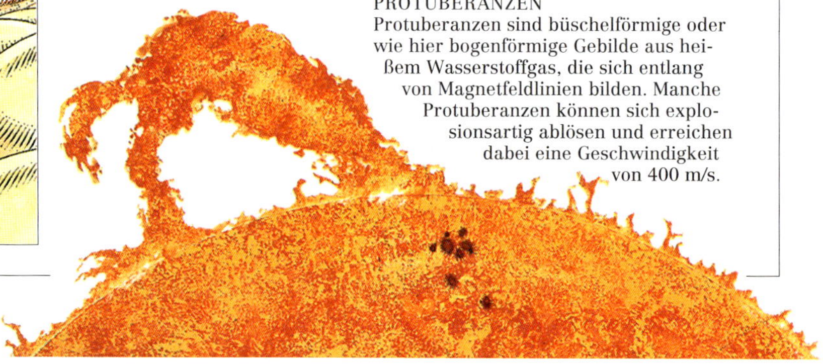

DIE ENTSTEHUNG DES SONNENSYSTEMS

Vor ca. 4,6 Mrd. Jahren entstand unser Sonnensystem aus einer rotierenden Gas- und Staubwolke. In deren Zentrum verdichtete sich das Gas zu unserer Sonne, der Staub klumpte sich zu den Planeten zusammen.

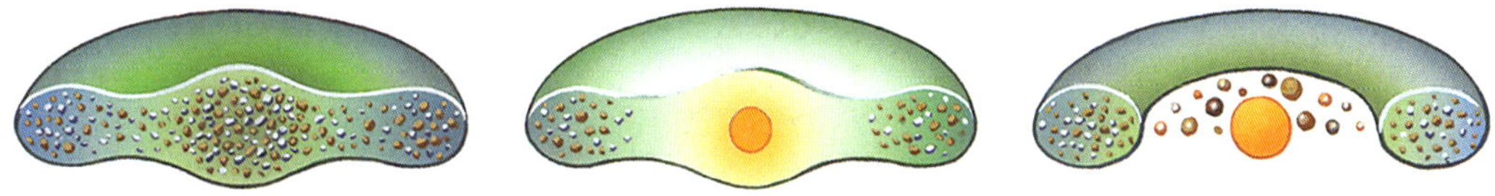

1. Das Rohmaterial des Sonnensystems war eine rotierende Wolke aus Gas, Staub und eisbedeckten Gesteinsbrocken.

2. Die Schwerkraft bewirkte, dass sich das Gas im Zentrum zu unserer Sonne zusammenzog. Die Sonne erwärmte nun den inneren Bereich der Wolke.

3. Staub und Gesteinsbrocken klumpten sich zu Planetenbruchstücken zusammen, die im äußeren Bereich des Sonnensystems mit Eis bedeckt waren.

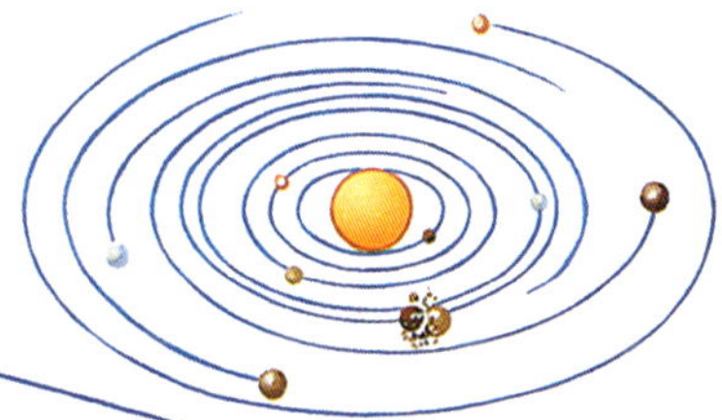

4. Die Planetenbruchstücke zogen sich gegenseitig an und verschmolzen miteinander zu Planeten.

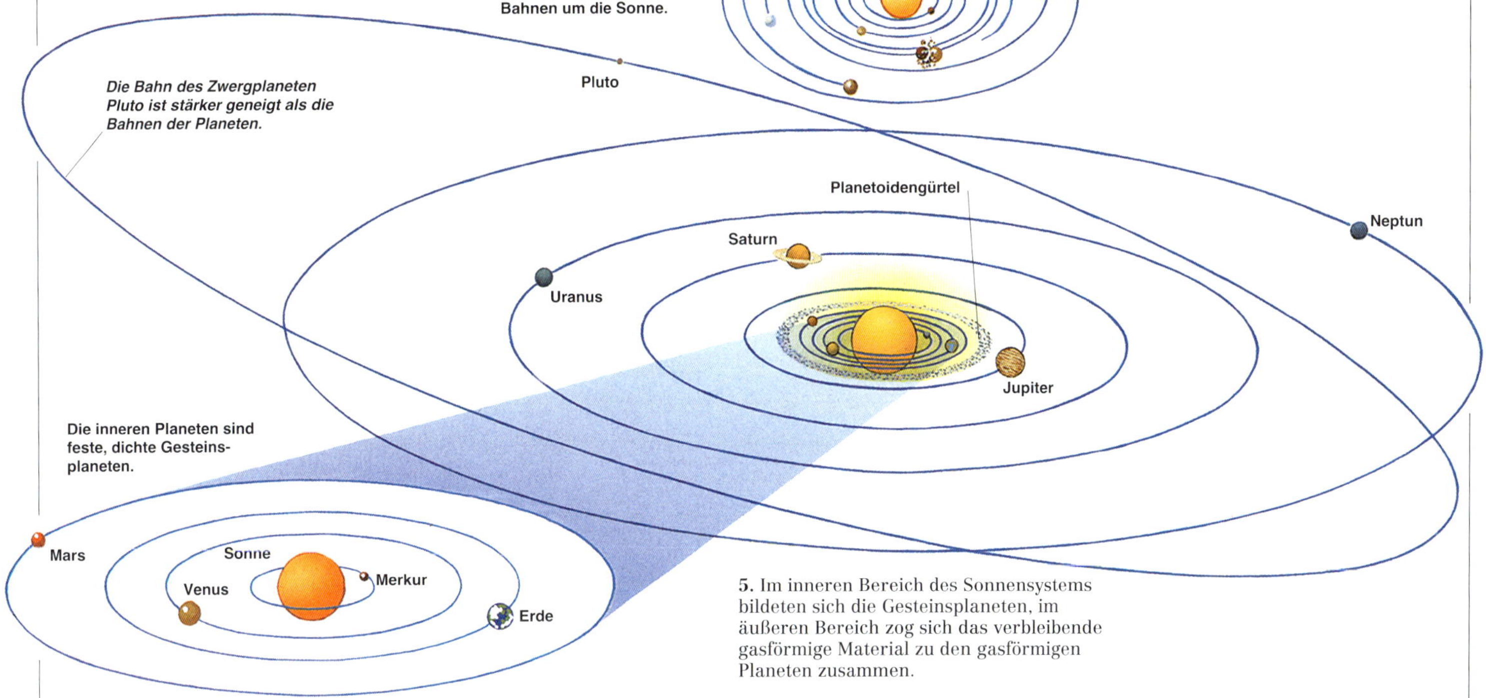

5. Im inneren Bereich des Sonnensystems bildeten sich die Gesteinsplaneten, im äußeren Bereich zog sich das verbleibende gasförmige Material zu den gasförmigen Planeten zusammen.

GRÖSSENVERGLEICH

Hätte die Sonne einen Durchmesser, der der Größe eines Erwachsenen entspricht, dann wäre Jupiter so groß wie der Kopf. Die Erde wäre nur wenig größer als die Iris des Auges.

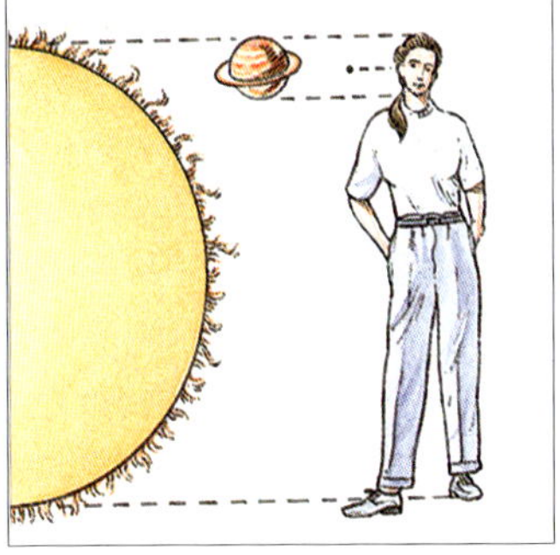

DAS MAGNETFELD DER SONNE

Die Sonne erzeugt ein starkes Magnetfeld. Es sorgt dafür, dass uns von weit außerhalb kommende energiereiche kosmische Strahlung nicht erreichen kann, und lenkt Ströme geladener Teilchen von uns ab. Das Leben auf der Erde ist gegen den von der Sonne ausgehenden Strom elektrisch geladener Teilchen durch das Erdmagnetfeld geschützt.

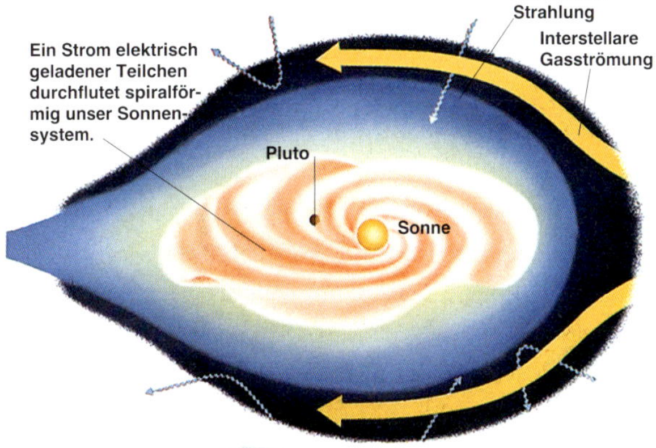

DIE GRÖSSTEN KÖRPER IM SONNENSYSTEM	
Körper	Durchmesser
Sonne	1 392 000 km
Jupiter	142 984 km
Saturn	120 536 km
Uranus	51 118 km
Neptun	49 528 km
Erde	12 756 km
Venus	12 103 km
Mars	6 794 km
Ganymed (Jupitermond)	5 262 km
Titan (Saturnmond)	5 150 km

WANN STIRBT DIE SONNE?

1. In 5 Mrd. Jahren, wenn sich der Energievorrat der Sonne dem Ende entgegenneigt, wird sie sich zu einem Riesenstern aufblähen, der die inneren Planeten verschlingt.

2. Etwa eine weitere Mrd. Jahre später ist der Energievorrat dann völlig erschöpft. Die äußere Gashülle wird sich langsam von der Sonne ablösen und einen »planetarischen Nebel« bilden, eine dünne Gas- und Staubwolke.

3. Der Kern der Sonne schrumpft dann zu einem langsam auskühlenden weißen Zwergstern in der Größe der Erdkugel. Die äußeren Planeten kreisen nach wie vor um die Sonne, aber in viel größerer Entfernung zu ihr.

DIE PLANETEN

Ein Planet ist ein Himmelskörper, der um einen Stern kreist. Unsere Sonne hat acht Planeten: die inneren, erdähnlichen Gesteinsplaneten und die äußeren, jupiterähnlichen Gasplaneten.

DIE INNEREN PLANETEN

Merkur, Venus, Erde und Mars sind die vier erdähnlichen inneren Planeten, die hauptsächlich aus Gesteinen und Metallen bestehen. Sie sind sehr viel kleiner als die äußeren gasförmigen Riesenplaneten, die hauptsächlich aus Wasserstoff und Helium aufgebaut sind.

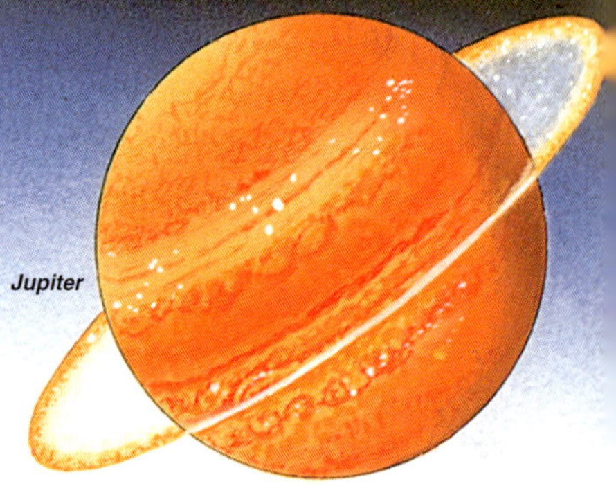

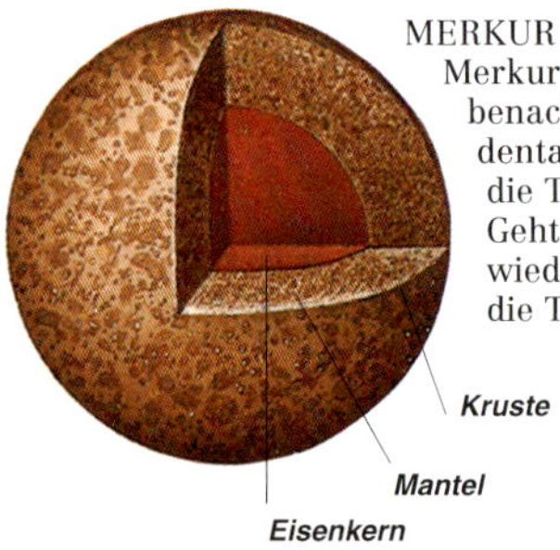

MERKUR

Merkur ist der Sonne benachbart. In der 176 Erdentage langen Nacht sinkt die Temperatur auf –180 °C. Geht nach 6 Monaten wieder die Sonne auf, steigt die Temperatur auf 400 °C.

ENTFERNUNGSVERGLEICH

Die vier inneren Planeten kreisen relativ nahe um die Sonne. Pluto ist 100-mal weiter von der Sonne entfernt als Merkur.

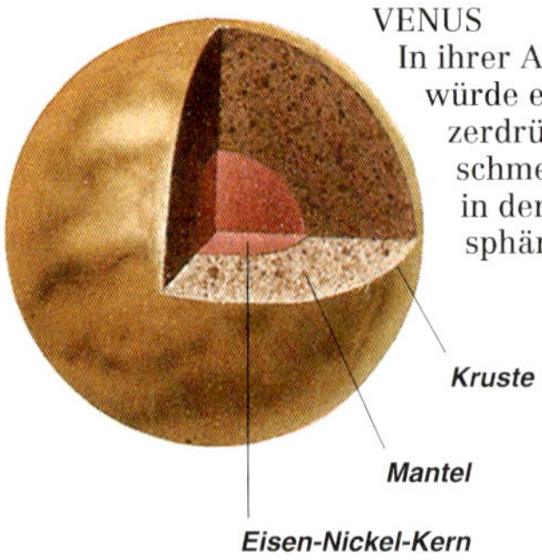

VENUS

In ihrer Atmosphäre würde eine Blechdose zerdrückt werden, schmelzen bzw. sich in der sauren Atmosphäre auflösen.

DIE INNEREN PLANETEN	Merkur	Venus	Erde	Mars
Mittlere Entfernung von der Sonne (Mio. km)	57,9	108,2	149,6	227,9
Durchmesser (km)	4 878	12 103	12 756	6 786
Umlaufszeit um die Sonne (Tage)	87,96	224,70	365,26	686,98
Bahngeschwindigkeit (km/s)	47,89	35,03	29,79	24,13
Zeit für Drehung um die eigene Achse	58 Tage, 16 Std.	243 Tage, 14 Min.	23 Std., 56 Min.	24 Std., 37 Min.
Masse (Erde=1)	0,055	0,82	1	0,11
Dichte (Wasser=1)	5,43	5,25	5,52	3,95
Oberflächentemperatur	–180 bis +430 °C	465 °C	–70 bis +55 °C	–120 bis +25 °C
Anzahl der Monde	0	0	1	2

ERDE

Die Erde ist der einzige Planet, der über genügend Wasser und Sauerstoff verfügt und Leben beherbergt. Die Oberfläche ist durch Verschiebungen in der Erdkruste ständig in Bewegung (siehe S. 40).

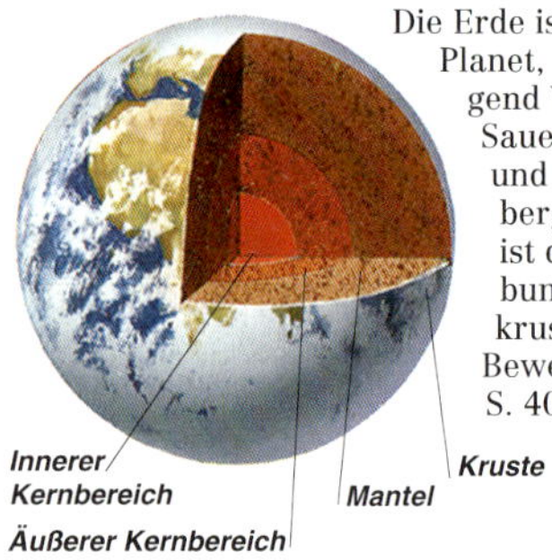

HÖCHSTER BERG

Der Vulkankegel Olympus Mons auf dem Mars ist der höchste Berg im Sonnensystem.

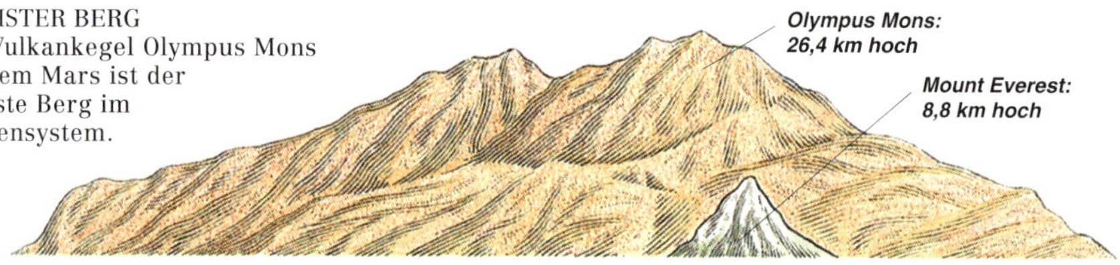

MARS

Der Rote Planet. Er verdankt seinen Namen dem eisenoxidhaltigen Staub auf seiner Oberfläche. Der größte Canyon auf dem Mars heißt Valles Marineris. Er ist zehnmal so lang wie der Grand Canyon in Arizona (USA).

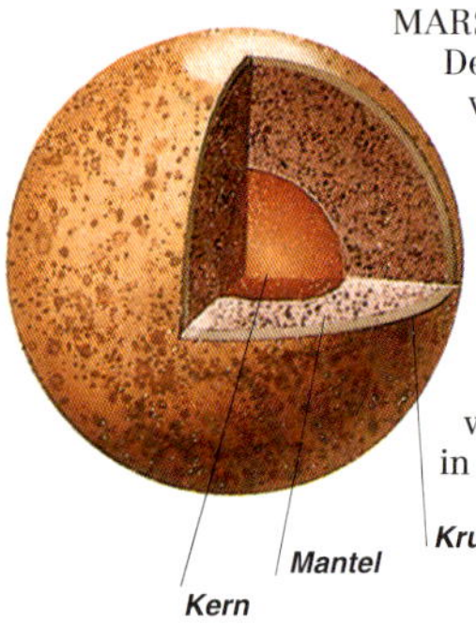

PLANETENATMOSPHÄREN

Alle Planeten haben mehr oder weniger dichte, teils sehr unterschiedlich zusammengesetzte Atmosphären.

ATMOSPHÄRISCHE GASE

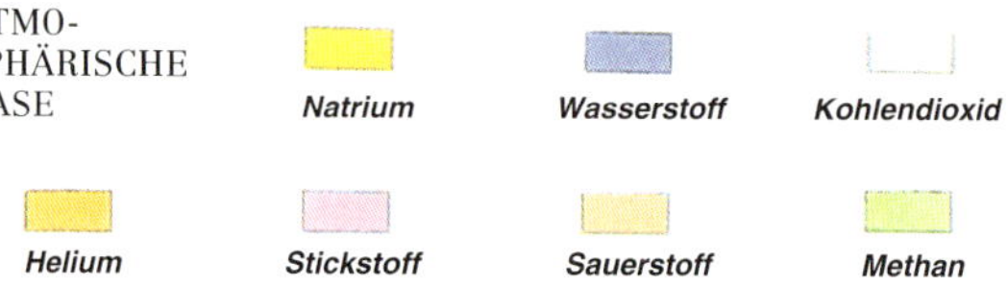

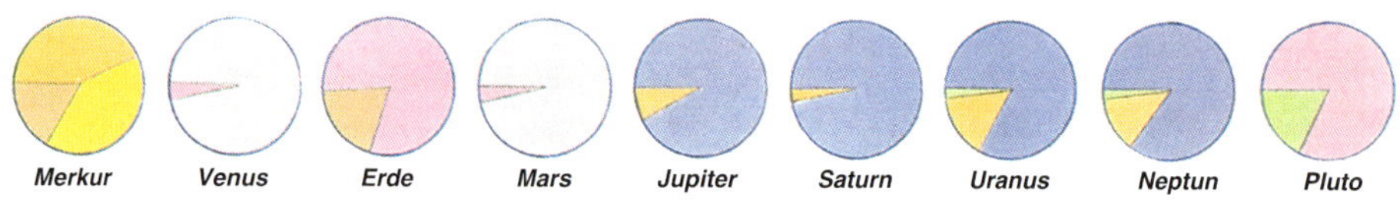

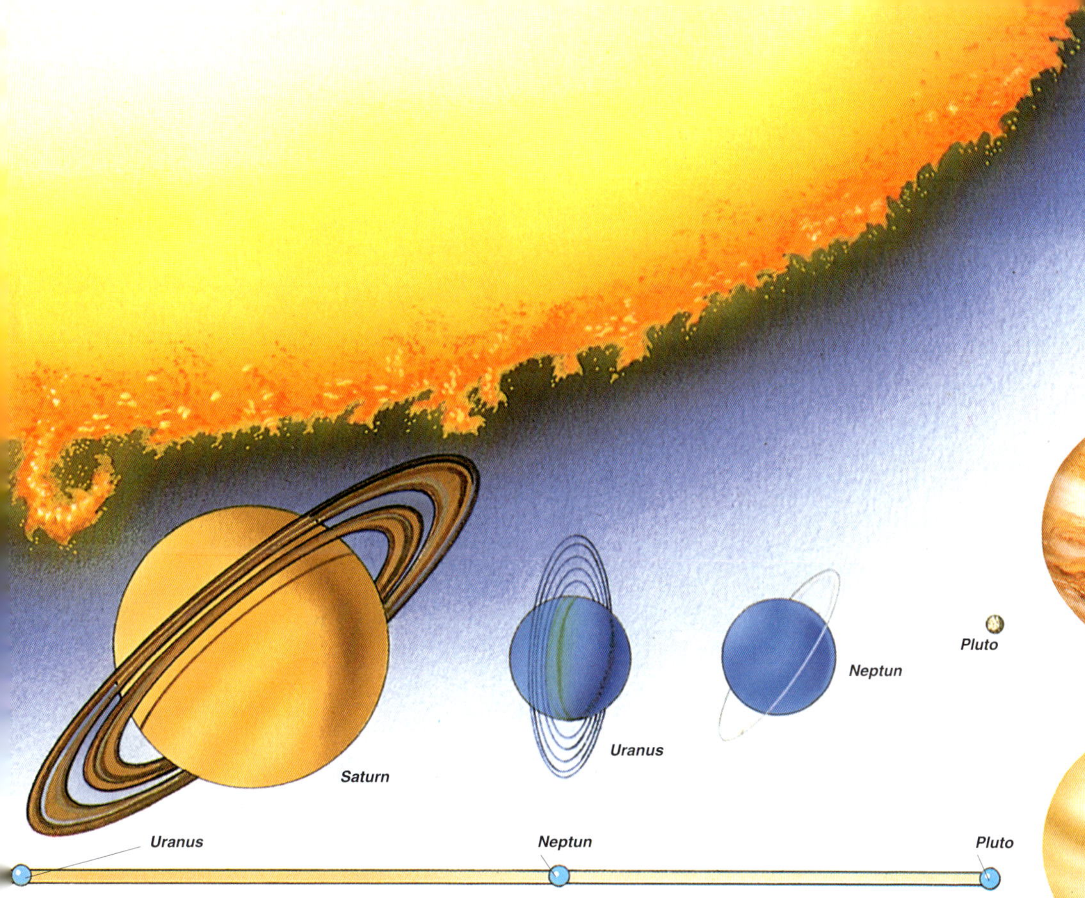

DIE ÄUSSEREN PLANETEN

Jenseits der Umlaufbahn des Planeten Mars finden wir die äußeren Planeten Jupiter, Saturn, Uranus, Neptun und den Zwergplaneten Pluto. Mit Ausnahme von Pluto, der aus einem Gemisch von Gestein und Eis besteht, sind die äußeren Planeten gasförmig mit einem flüssigen Kern.

DIE ÄUSSEREN PLANETEN				
Jupiter	Saturn	Uranus	Neptun	Pluto (Zwergplanet)
778,3	1 427	2 871	4 497	5 914
142 984	120 536	51 118	49 528	2 302
11,86 Jahre	29,46 Jahre	84,01 Jahre	164,79 Jahre	248,54 Jahre
13,06	9,64	6,81	5,43	4,74
9 Std., 55 Min.	10 Std., 40 Min.	17 Std., 14 Min.	16 Std.,7 Min.	6 Tage, 9 Std.
317,8	95,2	14,5	17,14	0,002
1,33	0,70	1,30	1,76	1,1
(obere Wolkengrenze) –150 °C	(obere Wolkengrenze) –180 °C	(obere Wolkengrenze) –210 °C	(obere Wolkengrenze) –210 °C	(obere Wolkengrenze) –220 °C
16	23	15	8	1

PLANETENMONDE

Saturn hat mit 23 bekannten Monden die meisten Begleiter, gefolgt von Jupiter mit 16.

Der Jupitermond Europa hat einen 97 km dicken Eispanzer.

Auf Titan, Saturns größtem Mond, könnten Flüsse mit flüssigem Methan gefüllt sein, umgeben von Methaneisbergen.

Der kartoffelförmige Marsmond Phobos wird von der Anziehungskraft seines Mutterplaneten langsam zerrissen und in etwa 30 Mio. Jahren auf ihm zerschellen.

Der Uranusmond Miranda hat Schluchten, die zehnmal tiefer sind als der Grand Canyon in den USA. Seine Eisklippen erreichen eine Höhe von 5 000 m.

Callisto, vierter Mond Jupiters, weist die meisten Krater aller Körper im Sonnensystem auf.

HOCHSPRUNG

Der Weltrekord im Hochsprung der Frauen liegt bei etwa 2,10 m. Auf Merkur ist die Schwerkraft sehr viel geringer als auf der Erde, sodass die gleiche Athletin in der Lage wäre, mit einem Satz über einen Elefanten zu springen.

JUPITER

Jupiter, der größte Planet, rotiert am schnellsten um seine Achse. Rund 1 300 Erdkugeln würden in ihm Platz finden.

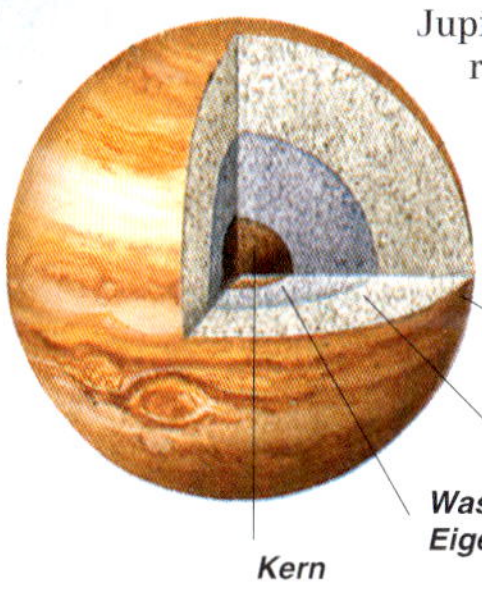

SATURN

Saturn besitzt ein Ringsystem, das sich in sieben Hauptbänder gliedert. Das äußerste Band ragt bis zu 400 000 km in den Weltraum hinein.

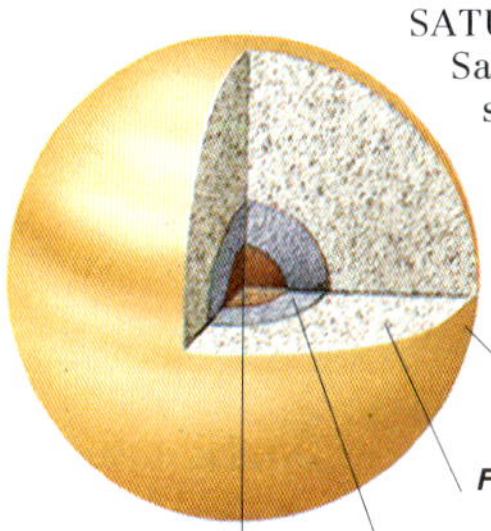

URANUS

Seine Drehachse liegt fast genau in der Bahnebene, d.h. er rotiert auf der Seite liegend.

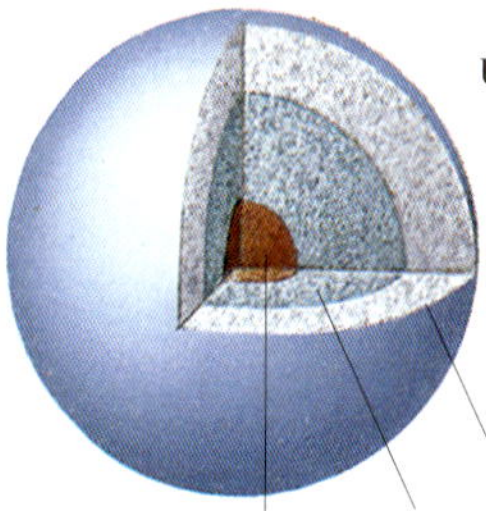

NEPTUN

In Neptuns Atmosphäre stellte man mit 2 000 km/h die höchste Windgeschwindigkeit im Sonnensystem fest. Sein großer dunkler Fleck ist so groß wie die Erde.

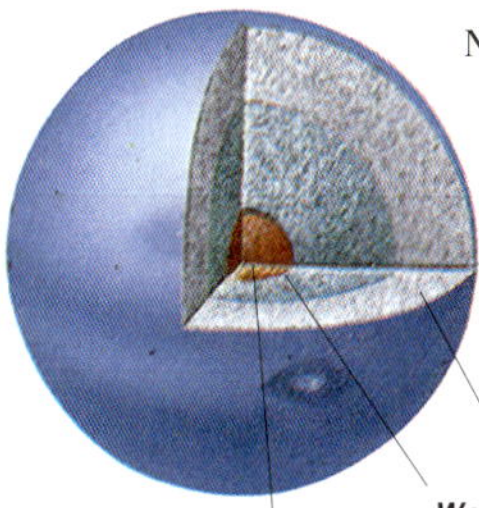

PLUTO

Pluto wird seit 2006 nicht mehr zu den Planeten gezählt. Sein Mond Charon ist zwanzigmal näher an Pluto als der Mond an der Erde.

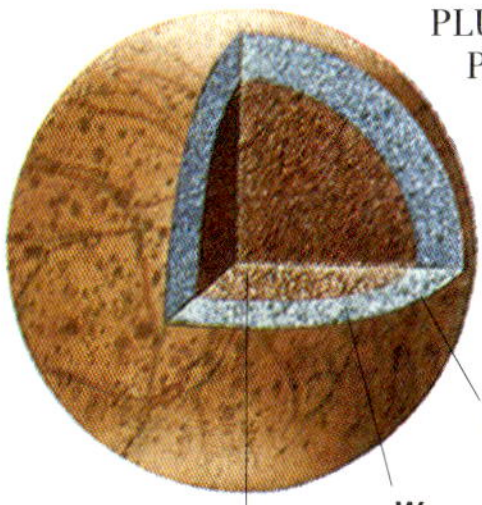

DER MOND

Der Mond begleitet die Erde auf ihrer Bahn um die Sonne. Die starke Anziehungskraft der Erde hält ihn auf einer Umlaufbahn. Während der Mond die Erde umkreist, wendet er ihr immer die gleiche Seite zu. Erde und Mond sind beide vor etwa 4,6 Mrd. Jahren entstanden, doch im Gegensatz zur Erde ist der Mond eine luftleere, öde Welt ohne Wasser und Leben.

WIE DER MOND ENTSTAND
Viele Wissenschaftler sind der Auffassung, dass der Mond folgendermaßen entstanden ist: In der Frühzeit des Sonnensystems streifte ein Körper, etwa so groß wie der Mars, unseren Planeten und schleuderte dabei Teile der Erde in den Weltraum. Diese Bruchstücke klumpten sich dann später zu unserem Mond zusammen.

DATEN ZUM MOND	
Alter	4,6 Mrd. Jahre
Durchmesser	3 476 km
Masse (Erde=1)	0,012
Schwerkraft (Erde=1)	0,16
Mittlere Entfernung von der Erde	384 400 km
Umlaufszeit um die Erde	27,3 Tage
Zeit für Drehung um seine Achse	27,3 Tage
Oberflächentemperatur	–155 °C bis +105 °C

DIE MONDPHASEN
Der Mond kreist um die Erde und wird dabei von der Sonne beschienen. Von der Erde aus sehen wir den jeweils beleuchteten Teil des Mondes.

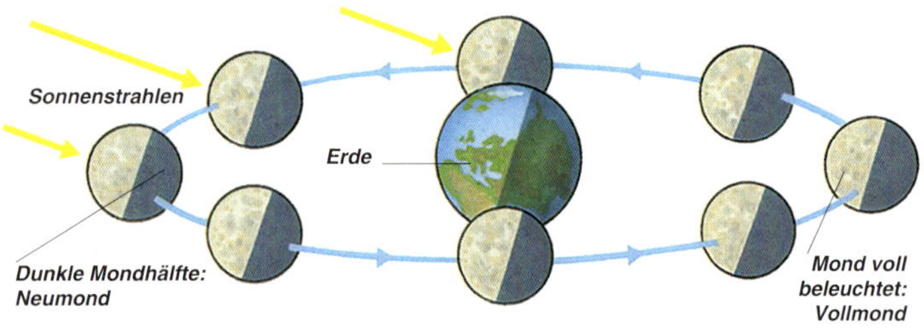

MONDVORDERSEITE
Die Vorderseite des Mondes ist immer der Erde zugewandt, und wir sehen während eines Mondumlaufs (außer zu Neumond) immer einen Teil von ihr.

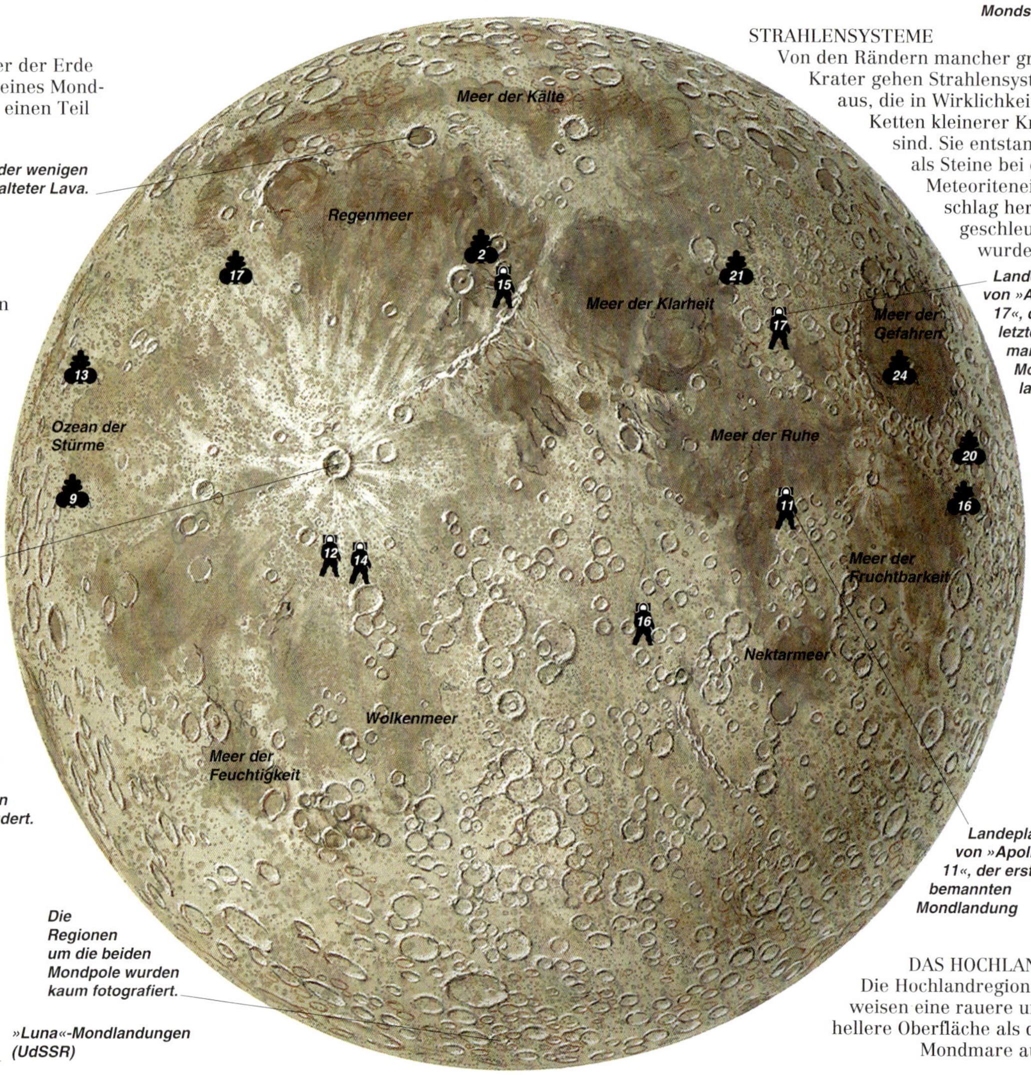

MONDMEERE
Die Einschläge unzähliger Meteoriten erzeugten große Becken, die sich langsam mit glühend flüssiger, aus der Mondkruste aufsteigender Lava auffüllten. Die erkaltete Lava in diesen »Mondmeeren« (»Mare«) ist sehr dunkel.

STRAHLENSYSTEME
Von den Rändern mancher großer Krater gehen Strahlensysteme aus, die in Wirklichkeit Ketten kleinerer Krater sind. Sie entstanden, als Steine bei einem Meteoriteneinschlag herausgeschleudert wurden.

KRATER
Schon seit Milliarden von Jahren schlagen Meteoriten auf der Mondoberfläche ein. Deshalb hat der Mond eine wüste Kraterlandschaft.

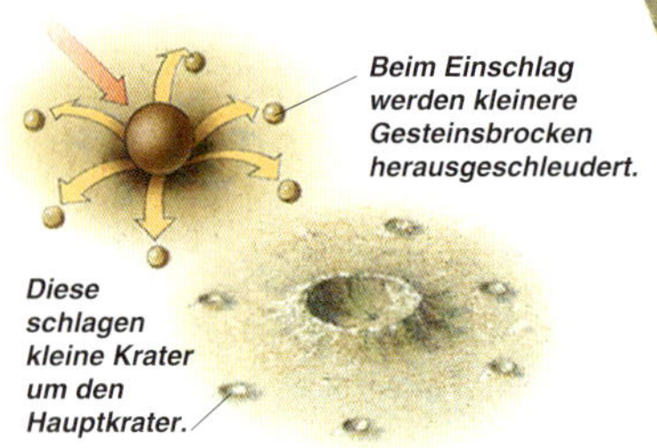

DAS HOCHLAND
Die Hochlandregionen weisen eine rauere und hellere Oberfläche als die Mondmare auf.

MONDLANDUNGEN

15 »Apollo«-Mondlandungen (USA)

2 »Luna«-Mondlandungen (UdSSR)

DIE GEZEITEN

Durch die Anziehungskraft des Mondes sowie die Zentrifugalkraft des rotierenden Erde-Mond-Systems türmt sich das Wasser auf beiden Seiten der Erde zur Flut auf. An den Küsten bewirkt dies einen regelmäßigen Wechsel von ablaufendem und steigendem Wasser – Ebbe und Flut. Sie folgen in einem Rhythmus von etwas mehr als 6 Stunden aufeinander. Der Unterschied zwischen dem höchsten und dem niedrigsten Wasserstand kann 12 m betragen.

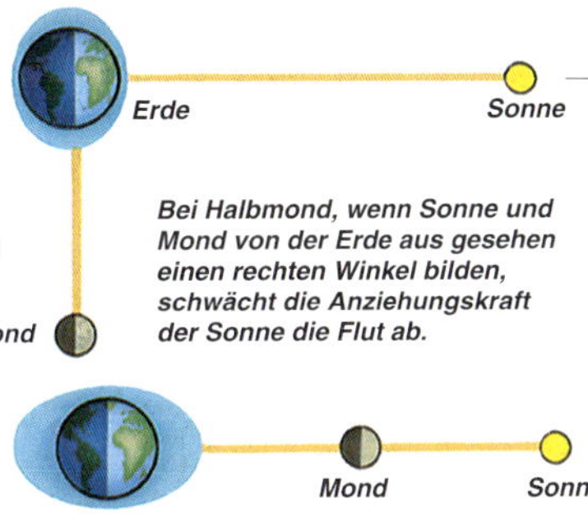

Bei Halbmond, wenn Sonne und Mond von der Erde aus gesehen einen rechten Winkel bilden, schwächt die Anziehungskraft der Sonne die Flut ab.

Bei Neumond addieren sich die Anziehungskräfte von Sonne und Mond zu einer besonders hohen Flut (Springflut).

VORDER- UND RÜCKSEITE

Der Mond dreht sich in exakt der gleichen Zeit um seine Achse, die er benötigt, um einmal um die Erde zu kreisen. Deshalb wendet er uns immer die gleiche Seite zu, sodass wir niemals die Rückseite sehen können. Die Rückseite ähnelt der Vorderseite bis auf wenige Unterschiede weitgehend. Es gibt dort weniger und kleinere Mare.

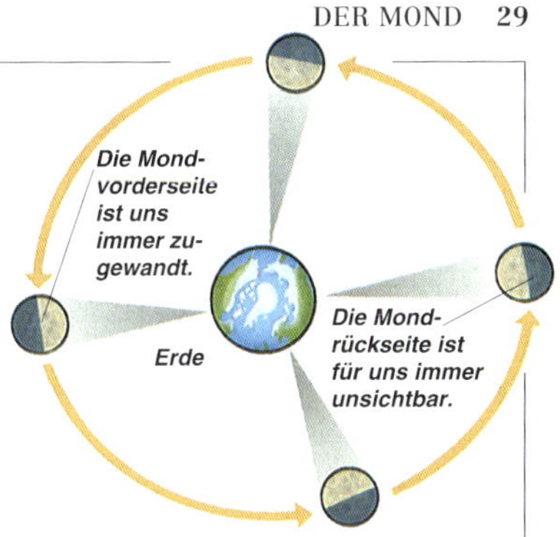

Die Mondvorderseite ist uns immer zugewandt.

Die Mondrückseite ist für uns immer unsichtbar.

MONDFINSTERNIS

Während einer Mondfinsternis tritt der Mond in den Erdschatten ein. Er wird dunkler und scheint nur noch in einem matten, meist rötlichen Licht. Ein- bis zweimal im Jahr kommt es zu einer Mondfinsternis.

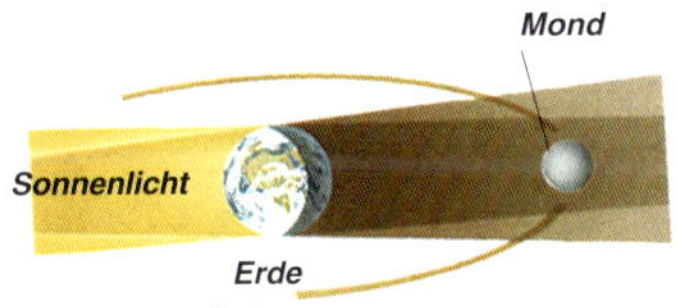

SONNENFINSTERNIS

Eine Sonnenfinsternis findet dann statt, wenn sich der Mond genau zwischen Erde und Sonne befindet. Der Mondschatten bedeckt aber nur einen kleinen Teil der Erdoberfläche. Wer genau in dieser Schattenzone steht, sieht die vom Mond komplett verdeckte Sonne nicht.

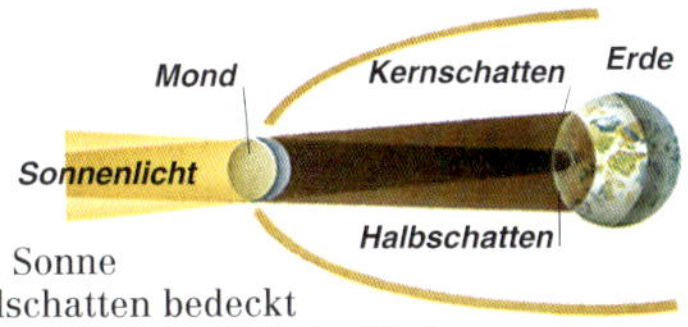

FÜR DIE EWIGKEIT

Ohne die abtragende Wirkung von Wind, Wasser und Vulkanismus erhalten sich die Fußabdrücke der Astronauten und die Reifenspuren ihrer Mondautos rund 100 Mio. Jahre.

TOTALE MONDFINSTERNISSE	
Datum	Sichtbar in
21.12.2010	Amerika, Westeuropa, Westafrika, Ostasien
15.06.2011	Alle Kontinente außer Nordamerika
10.12.2011	Alle Kontinente außer Südamerika
15.04.2014	Australien, Pazifik-Region, Amerika
08.10.2014	Asien, Australien, Pacifik-Region, Amerika

TOTALE SONNENFINSTERNISSE	
Datum	Sichtbar in
01.08.2008	Kanada, Kasachstan, China
22.07.2009	Indien, China
11.07.2010	Chile, Argentinien
13.11.2012	Nord-Australien, Pazifik-Region
20.03.2015	Island, Nordatlantik

DIE MONDRÜCKSEITE

Die von der Erde aus niemals sichtbare Mondrückseite weist mehr Krater auf als die Vorderseite.

DAS RÄTSEL DER MONDMEERE

Die Mondrückseite weist nur wenige Meere auf. Das könnte daran liegen, dass dort die Kruste dicker ist und somit das Aufsteigen von Lava behindert wird.

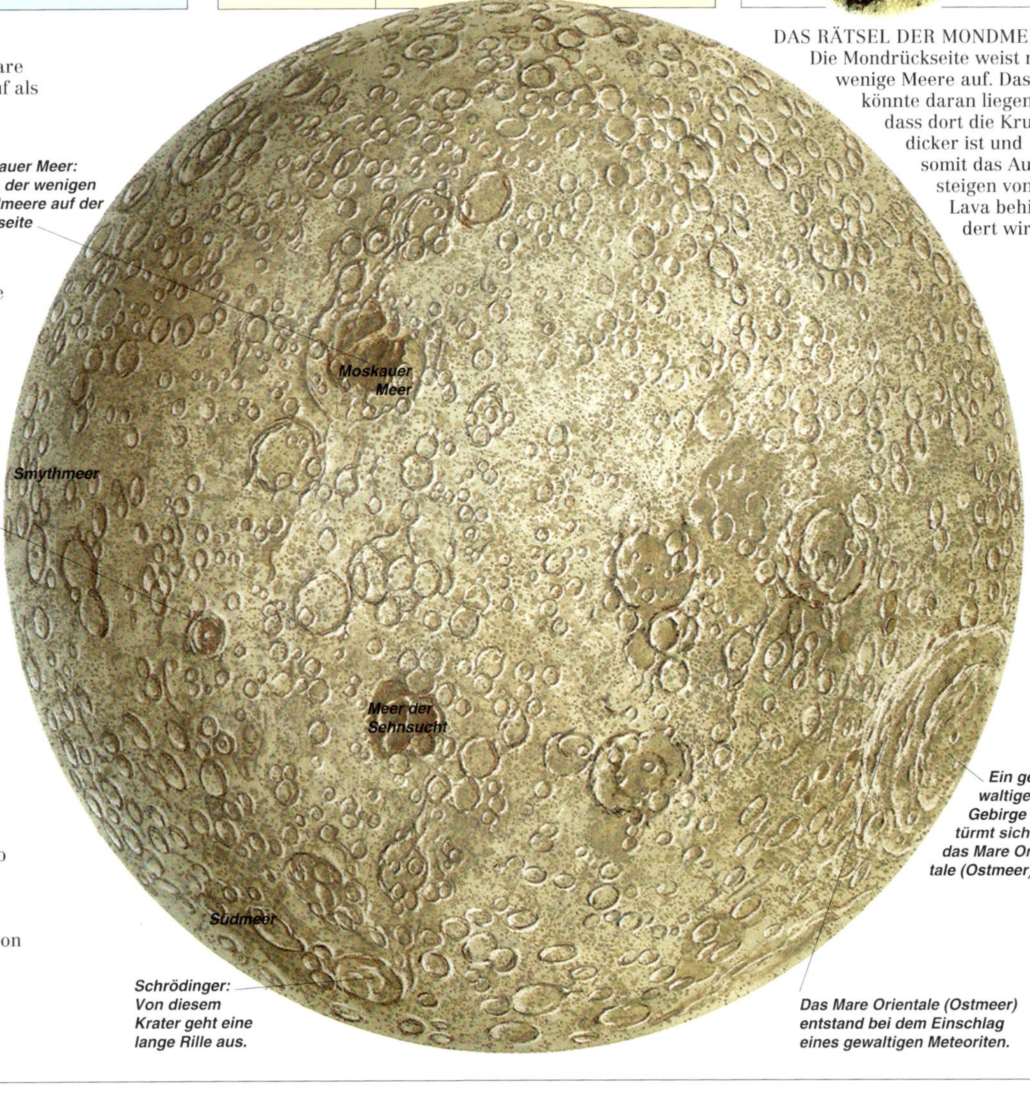

Moskauer Meer: Eines der wenigen Mondmeere auf der Rückseite

Tsiolkovskij: Ein Krater mit terrassenartigem Kraterwall und einem gewaltigen Zentralberg

Ein gewaltiges Gebirge türmt sich um das Mare Orientale (Ostmeer) auf.

Schrödinger: Von diesem Krater geht eine lange Rille aus.

Das Mare Orientale (Ostmeer) entstand bei dem Einschlag eines gewaltigen Meteoriten.

STERNWARTE AUF DEM MOND?

Eine Sternwarte auf dem Mond wäre ideal. Ohne eine den Blick auf die Sterne trübende Atmosphäre und geschützt vor dem gleißenden Licht der Erde ist der Nachthimmel dort absolut dunkel.

ÜBER DEN MOND

Die ersten Astronauten, die 1969 mit »Apollo 11« auf dem Mond landeten, waren die Amerikaner Neil Armstrong und Edward Aldrin.

1970 war »Luna 16« die erste unbemannte russische Mondsonde, die es schaffte, Gesteinsproben von der Oberfläche des Mondes zu holen.

Ein schwerer Waldbrand in British Columbia (Kanada) erzeugte 1950 so viele Rauchpartikel, dass der Mond lange Zeit bläulich erschien.

Wäre die Maximalgeschwindigkeit von »Apollo 11« nur um 1,6 km/h falsch gewesen, hätte die Raumfähre den Mond um 1 600 km verfehlt.

KOMETEN, METEORE UND PLANETOIDEN

Staub, Gesteins- und Metallbrocken sowie schmutzige Eisklumpen formten sich vor rund 4,6 Mrd. Jahren zu den Planetoiden (Kleinplaneten, Asteroiden) und Kometen. Übrig gebliebene Brocken stürzten als Meteorite auf die Planeten und schlugen zum Teil tiefe Krater.

KOMETEN
Kometen kann man sich wie schmutzige, mit Staub und Steinen durchsetzte Eisklumpen vorstellen, die erst in Sonnennähe auftauen und dann ihre prächtigen Schweife entwickeln können. Immer wieder tauchen neue Kometen aus einer Zone weit außerhalb des Zwergplaneten Pluto auf, die nach dem holländischen Astronomen Jan Oort (1900–1992) die »Oort'sche Wolke« genannt wird.

FACHBEGRIFFE

Komet: Schmutziger Eisklumpen, der in Sonnennähe auftaut und einen Gas- sowie einen Staubschweif bildet

Planetoid: Gesteins- und Metallbrocken, von Staubkorngröße bis 1 023 km Durchmesser (Ceres) vorkommend

Meteor: Taucht ein kleiner Gesteins- oder Metallbrocken in die Erdatmosphäre ein, verglüht er als am Himmel sichtbare Sternschnuppe.

Meteorit: Verglüht der Brocken nicht vollständig, kann man seine Reste mit etwas Glück im Gelände entdecken.

HÄUFIG WIEDERKEHRENDE KOMETEN	
Name	Umlaufszeit um die Sonne (Jahre)
Encke	3,3
Grigg-Skjellerup	4,9
Honda-Mrkos-Pajdusakova	5,2
Tempel 2	5,3
Neujmin 2	5,4
Tuttle-Giacobini-Kresak	5,5
Tempel-Swift	5,7
Tempel 1	6,0
Pons-Winnecke	6,3
De Vico-Swift	6,3

Der Halley'sche Komet in einer Aufnahme aus dem Jahre 1986

KOMET HALLEY
Alle 76 Jahre kommt der berühmteste aller Kometen in Sonnen- und Erdnähe. Der Komet wurde nach dem englischen Astronomen Sir Edmond Halley (1656–1742) benannt, der 1705 die Wiederkehr für das Jahr 1758 treffend vorausberechnete. Bei der letzten Erscheinung 1986 näherte sich die Kometensonde Giotto dem Kometenkern bis auf 660 km Abstand.

KOMETENKERN
Eine Mischung von Gestein und Eis bildet den Kern eines Kometen. Bei Annäherung an die Sonne taut die Oberfläche auf, und es bilden sich Gasfontänen und Staubfahnen, die in Form von Schweifen sichtbar werden.

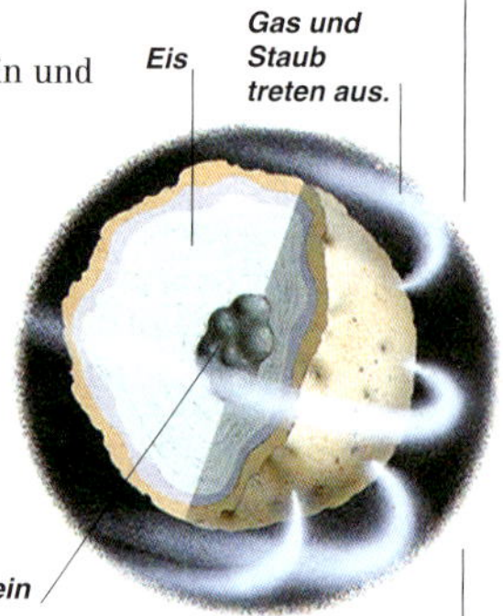

KOMETENSCHWEIFE
Ein Komet hat in Sonnennähe einen Gas- und einen Staubschweif. Der Sonnenwind bläst den Gasschweif in gerader Linie weg, der Staubschweif bleibt in der Kometenbahn zurück.

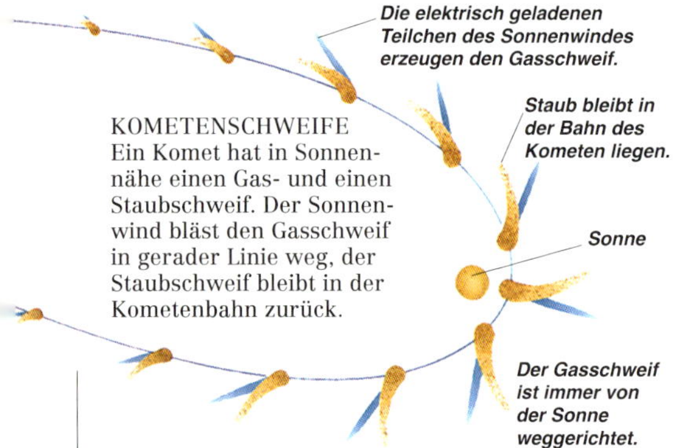

LÄNGSTER SCHWEIF
Den mit 330 Mio. Kilometer Länge bislang längsten Schweif bildete der Große Komet von 1843 aus: 7000-mal hätte man ihn um die Erde wickeln können. Erst im Jahr 2536 wird dieser Komet wieder in Erdnähe kommen.

REKORDE
Die mit 24 Mio. Jahren längste Umlaufzeit hat der Komet Delavan aus dem Jahr 1914.

Die kürzeste Umlaufzeit hat Komet Encke mit 3,3 Jahren.

Der Große Komet von 1910 war so hell wie die Venus und wurde von vielen mit dem Halley'schen Kometen in diesem Jahr verwechselt.

METEORE
Als Meteor oder Sternschnuppe bezeichnet man die Leuchterscheinung, die entsteht, wenn ein kleines Bröckchen mit bis zu 70 km/s in die Erdatmosphäre eindringt und verglüht.

METEORSCHAUER
Kometen hinterlassen auf ihrer Bahn eine Staubspur. Jedes Jahr, wenn die Erde dieselben Kometenbahnen kreuzt, tauchen Staubpartikel in die Erdatmosphäre ein. Sie verglühen rasch nacheinander und erzeugen einen spektakulären Meteorschauer.

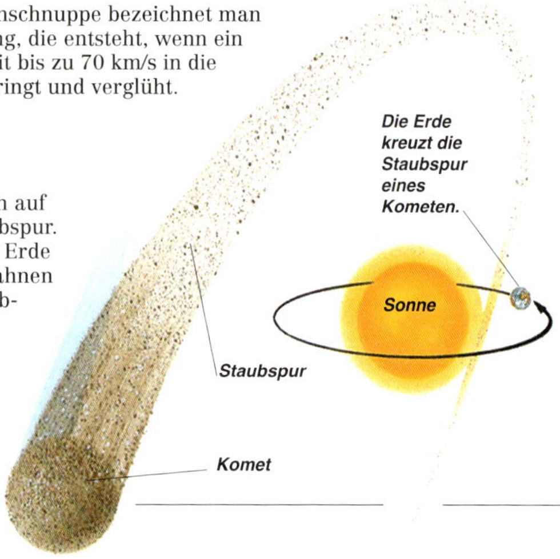

STERNSCHNUPPE
Diese Aufnahme zeigt die Lichtspur einer Sternschnuppe aus dem Meteorschauer der Ursiden, der jedes Jahr im Dezember erscheint.

METEORSCHAUER		
Name	Datum	Maximale Anzahl der Meteore pro Stunde
Quadrantiden	03./04.01.	50
Lyriden	22.04.	10
Delta Aquariden	31.07.	25
Perseiden	12.08	50
Orioniden	21.10.	20
Tauriden	08.11.	10
Leoniden	17.11.	10
Geminiden	14.12.	50
Ursiden	22.12.	15

PLANETOIDEN
Mehr als 10 000 kleinere Himmelskörper, die man Planetoiden, Asteroiden oder auch Kleinplaneten nennt, umkreisen die Sonne. Von einigen Metern bis rund 1 000 km reichen ihre Durchmesser.

CERES
Ceres wurde am 1. 1. 1801 von Piazzi in Palermo entdeckt und ist mit 1 023 km Durchmesser der größte der Kleinplaneten. Ceres ist in etwa so groß wie die Fläche Frankreichs.

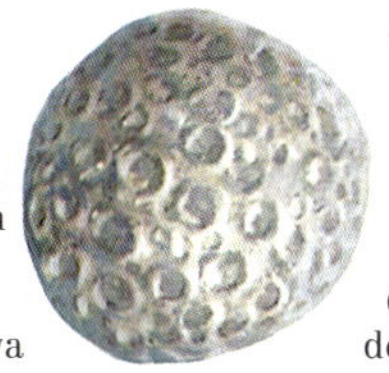

VESTA
Vesta ist mit 538 km Durchmesser kleiner als Ceres, aufgrund der stark reflektierenden Oberfläche jedoch der hellste Planetoid.

PSYCHE
Psyche ist ein unregelmäßig geformter, aus Eisen bestehender Planetoid. Er ist mit 250 km so groß wie die Insel Jamaika.

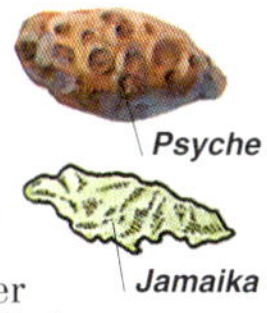

DER PLANETOIDENGÜRTEL
Die meisten Planetoiden kreisen im so genannten Planetoidengürtel zwischen Mars und Jupiter um die Sonne. Die Trojaner bilden zwei Gruppen von Planetoiden in der Jupiterbahn.

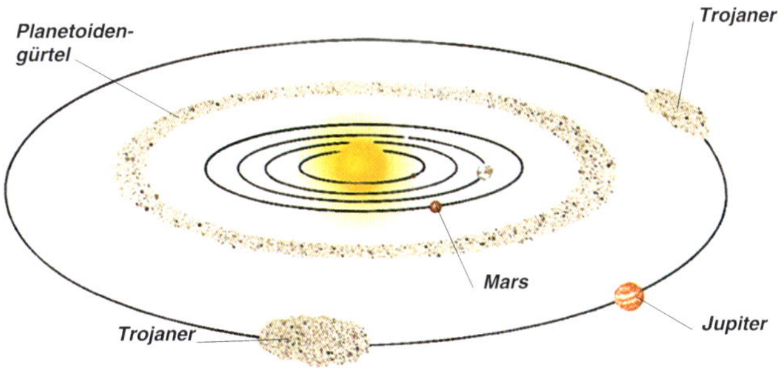

WISSENSWERTES
In den vergangenen 600 Mio. Jahren hat es mehr als 2 000 heftige Zusammenstöße mit Planetoiden gegeben.

Der Einschlag eines nur 100 m großen Planetoiden hätte die Verwüstung ganzer Landstriche zur Folge.

Im Januar 1991 flog ein 10 m großer Planetoid in geringerer Entfernung als der Mond an der Erde vorbei.

In ferner Zukunft könnten Planetoiden zur Rohstoffgewinnung genutzt werden.

Kapitän James T. Kirk und Mr Spock

Der Planetoid Nummer 2309 wurde nach dem legendären Mr Spock aus der Fernsehserie »Raumschiff Enterprise« benannt.

Ceres enthält als größter Planetoid ein Viertel der Gesteinsmenge im Planetoidengürtel.

DIE GRÖSSTEN PLANETOIDEN		
Name	Entdeckt am	Durchmesser (km)
Ceres	01. 01. 1801	1 023
Pallas	28. 03. 1802	608
Vesta	29. 03. 1807	538
Hygiea	12. 04. 1849	409
Euphrosyne	01. 09. 1854	370
Interamnia	02. 10. 1910	349
Davida	30. 05. 1903	322
Cybele	08. 03. 1861	308
Europa	04. 02. 1858	288
Patientia	04. 12. 1899	275

DER ARIZONA-KRATER
Ein bekannter Einschlagskrater liegt im US-Bundesstaat Arizona. Er ist 1,2 km groß, 180 m tief und rund 50 000 Jahre alt.

MONDSPAZIERGANG
An den Hängen des Arizona-Kraters trainierten die »Apollo«-Astronauten mit ihren Raumanzügen und Mondautos für die Landungen auf dem Mond.

DAS EREIGNIS VON TUNGUSKA
Im Juni 1908 vernichtete eine mächtige Druckwelle in der sibirischen Region Tunguska 3 900 km^2 Wald. Man glaubt heute, dass ein Planetoid in der Erdatmosphäre explodiert ist: Der Explosionsknall wurde noch in 1 000 km Entfernung wahrgenommen.

METEORITEN

Ein Meteorit ist das Fundstück eines in der Erdatmosphäre fast vollständig verglühten Brockens. Manche Meteoriten enthalten überwiegend Gestein, andere mehr Eisen und manche beides zu ähnlichen Teilen.

STEIN-METEORITEN
Sie kommen mit 95% Häufigkeit vor und enthalten vorwiegend die Mineralien Olivin und Pyroxen.

EISEN-METEORITEN
Diese überwiegend aus Eisen und Nickel bestehenden Meteoriten sind Bruchstücke von Planetoiden.

STEIN-EISEN-METEORITEN
Sie enthalten Stein und Eisen in etwa gleichem Gewichtsanteil. Das Bild zeigt das glänzende Metall mit Olivineinschlüssen.

SCHON GEWUSST?
Spezielle Steinmeteoriten, die kohligen Chondrite, sind etwa 4,55 Mrd. Jahre alt.

Der Hoba-Meteorit bei Grootfontein (Afrika) ist der mit 2,75 m Durchmesser größte bislang gefundene Eisenmeteorit. Er wiegt 59 t, so viel wie acht Elefanten!

Im November 1954 wurde eine Amerikanerin von einem Meteoriten getroffen und verletzt.

1969 wurden erstmals Aminosäuren, (biologische »Bausteine«, die für die Entstehung von Leben wichtig sind (s. S. 134), in einem Meteoriten nachgewiesen.

AUS DER HAND ALLAHS
Die Kaaba (arab. für »Würfel«) im saudiarabischen Mekka ist die heilige Kultstätte des Islam. An einer ihrer Seiten ist ein schwarzer Meteorit eingearbeitet, der von den Gläubigen geküsst wird.

KOSMISCHER STAUBSAUGER
Rund 10 000 t Meteoritenstaub »saugt« die Erde auf ihrer Bahn jedes Jahr auf. Genug, um jedem Menschen 2 g davon abgeben zu können.

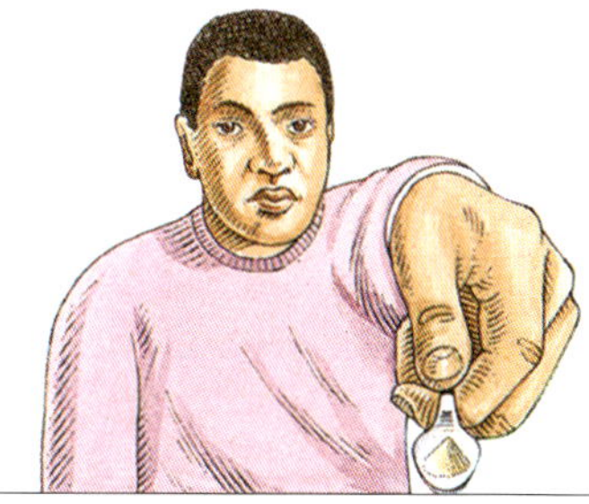

DIE ASTRONOMIE

Die Astronomie befasst sich mit der Erforschung des Universums durch Beobachtung mit Fernrohren, Spiegel- und Radioteleskopen, Satelliten und durch Flüge ins Weltall.

335–323 v. Chr. Der griechische Philosoph Aristoteles (384–322 v. Chr.) lehrt, dass die Erde im Zentrum des Universums steht.

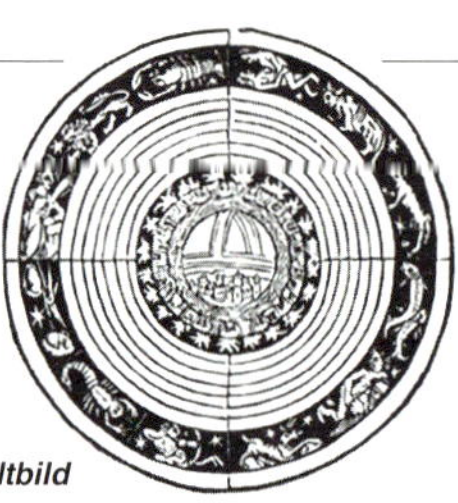

Das aristotelische Weltbild

137–145 n. Chr. Für den griechischen Astronomen Claudius Ptolemäus (ca. 100–170 n. Chr.) ist die Erde der ruhende Mittelpunkt des Universums, um den herum sich die Sonne und alle anderen Planeten drehen.

Ptolemäus

400 v. Chr. | 335 | 200 v. Chr. | 0 | 137 | 200

1543 Der polnische Gelehrte Nikolaus Kopernikus (1473–1543) vertritt die Auffassung, dass die Sonne im Mittelpunkt des Universums steht.

Nikolaus Kopernikus

1596 Der dänische Astronom Tycho Brahe (1546–1601) misst mit hoher Genauigkeit von 1575 bis 1595 die Position von 770 Sternen und erstellt damit den ersten Sternenkatalog.

Tycho Brahe

1608 Das erste Teleskop wird von dem holländischen Brillenmacher Hans Lippershey (1570–1619) aus Middelburg angefertigt.

1609 Der deutsche Astronom Johannes Kepler (1571–1630) erkennt nach Auswertung der Unterlagen Tycho Brahes, dass sich die Planeten auf elliptischen Bahnen um die Sonne bewegen.

1500 | 1543 | 1596 | 1600 | 1608 | 1609

Teleskop im 17. Jh.

Galileo Galilei

1610 Galileo Galilei (1564–1642) entdeckt vier Monde um den Planeten Jupiter, die Saturnringe, Mondkrater und Sonnenflecken. Er ist der Überzeugung, dass die Sonne und nicht die Erde im Mittelpunkt des Universums steht.

Isaac Newton

1667 Der englische Wissenschaftler Isaac Newton (1643–1727) begründet mit seiner Theorie über die Schwerkraft die moderne Astronomie. Er erfindet 1668 ein leistungsfähiges Spiegelteleskop.

1705 Der englische Astronom Edmond Halley (1656–1742) entdeckt einen großen, häufig wiederkehrenden Kometen.

Edmond Halley

1610 | 1667 | 1700 | 1705

1781 Der Astronom Friedrich Wilhelm Herschel (1738–1822) entdeckt den Planeten Uranus und konstruiert ein Spiegelteleskop von bis dahin unerreichter Schärfe.

Friedrich Wilhelm Herschel

1846 Der deutsche Astronom Johann Gottfried Galle (1812–1910) entdeckt den Planeten Neptun.

1850 Die Wega wird als erster Stern fotografiert (Harvard-Observatorium, USA).

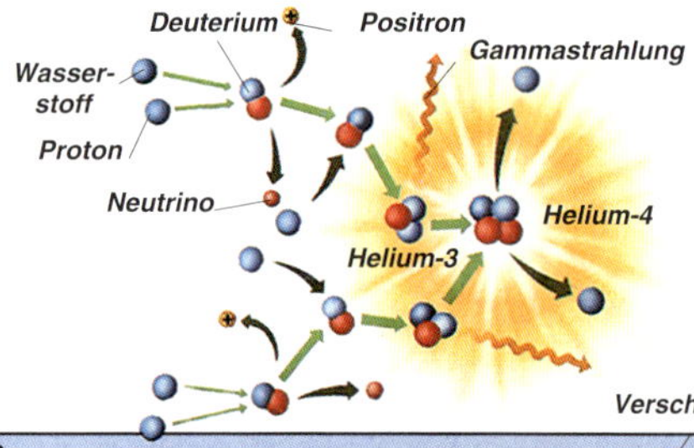

Verschmelzung von Wasserstoffkernen

1907 Der deutsche Physiker Albert Einstein (1879–1955) begründet mit dem Gesetz von der Gleichheit von Masse und Energie neben der allgemeinen Relativitätstheorie die Theorie von der Kernverschmelzung in der Sonne.

1781 | 1800 | 1846 | 1850 | 1900 | 1907

1919 Der amerikanische Astronom Vesto M. Slipher (1875–1969) liefert erste Hinweise für die Expansion des Universums.

1924–1930 Unabhängig voneinander entwickeln der belgische Astronom Abbé Lemaître (1894–1966) und der russische Mathematiker Alexander Friedmann (1888–1925) die Theorie vom Urknall.

Edwin Hubble

1929 Edwin Hubble (1889–1953) weist nach, dass die Spiralnebel nicht zu unserem Milchstraßensystem gehören.

1930 Der amerikanische Astronom Clyde Tombaugh (1906–1997) entdeckt Pluto.

Karl Jansky

1932 Der amerikanische Ingenieur Karl Jansky (1905–1950) entdeckt Radiosignale von Objekten unserer Milchstraße.

1919 | 1920 | 1924 | 1929 | 1930 | 1932 | 1950

Radioantenne, empfängt die kosmische Reststrahlung

1965 Die kosmische 3-Kelvin-Reststrahlung, die noch heute vom Urknall zeugt, wird von den amerikanischen Ingenieuren Arno Penzias (geb. 1933) und Robert Wilson (geb. 1936) entdeckt.

Jocelyn Bell

1967 Der erste Pulsar CP1919 wird von der nordirischen Astronomin Jocelyn Bell (geb. 1943) identifiziert.

1986 Die europäische Kometensonde »Giotto« fotografiert den Kern des Halley'schen Kometen.

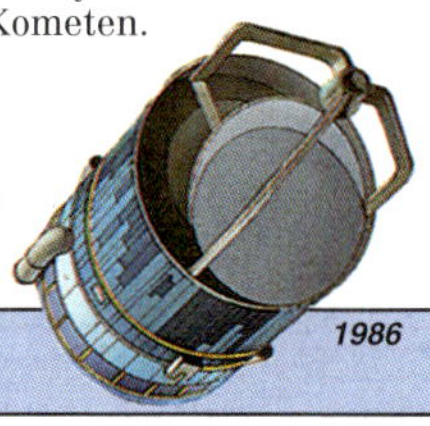

Kometensonde »Giotto«

1990 Das Weltraumteleskop »Hubble« macht in der Erdumlaufbahn oberhalb der störenden Atmosphäre die schärfsten Bilder von Himmelsobjekten.

2007 Ein Team um den Schweizer Astronomen Stéphane Udry entdeckt den ersten Exoplaneten Gliese 581 c, auf dem theoretisch Leben existieren könnte.

1960 | 1965 | 1967 | 1980 | 1986 | 1990 | 1992 | 2007

DIE OPTISCHEN TELESKOPE

Mit leistungsstarken Teleskopen kann man große Himmelsfelder punktscharf und ohne störende Farbfehler abbilden.

LINSENTELESKOP

Die ersten Fernrohre waren Linsenteleskope, die das Licht der Sterne mit Linsen sammelten. Mit einem Okular (das ist nichts anderes als eine Lupe) wird das Licht vergrößert betrachtet.

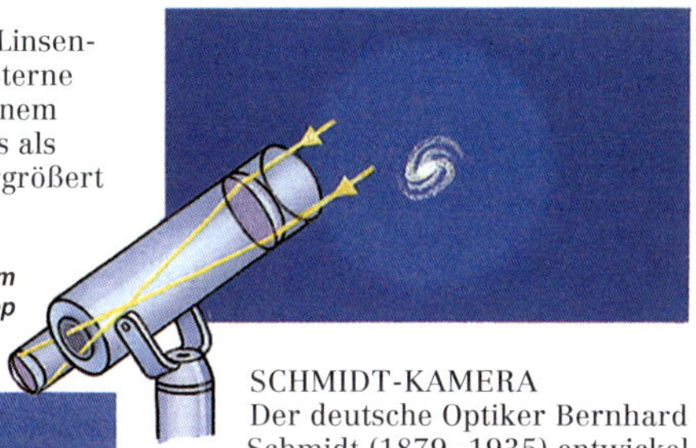

Bild einer Galaxie in einem Linsenteleskop

SCHMIDT-KAMERA

Der deutsche Optiker Bernhard Schmidt (1879–1935) entwickelte um 1930 an der Hamburger Sternwarte ein speziell für die Fotografie großer Himmelsfelder konstruiertes Spiegelteleskop. Es bildet auf großen Fotoplatten die Himmelsobjekte ohne jegliche Fehler scharf ab.

Die Schmidt-Kamera erfasst große Himmelsfelder.

SPIEGELTELESKOP

Lichtempfindliche Fernrohre benutzen Spiegel statt Linsen, um das Licht weit entfernter Sterne zu sammeln. Je größer der Spiegel, desto lichtschwächere Objekte können erforscht werden. Doch trübt die Lufthülle der Erde ihren scharfen »Blick«. Riesenfernrohre stehen deshalb auf Berggipfeln mit klarer Sicht.

Große Spiegelteleskope dringen tief in den Kosmos ein.

SCHON GEWUSST?

Das tiefstgelegene Observatorium befindet sich in 1,5 km Tiefe in der Mine Homestake, Süddakota (USA). Ein riesiger Tank mit einer speziellen Flüssigkeit soll dort die Neutrinos aufspüren. Das sind schnelle und masselose Teilchen, die mit normaler Materie fast nie in Wechselwirkung treten.

Die größte Radioantenne ist mit 305 m Durchmesser das Radioteleskop von Arecibo auf Puerto Rico (USA).

Das älteste erhaltene Observatorium ist Chomsung-Dae in Kyongju (Südkorea); es wurde im Jahr 632 erbaut.

Tiefstgelegenes Observatorium

MESSMETHODEN IN DER ASTRONOMIE

LICHTJAHR

Die gewaltigen Entfernungen im Weltraum werden in Lichtjahren gemessen. Ein Lichtjahr ist die Strecke, die ein Lichtstrahl in einem Jahr zurücklegt. Bei einer Geschwindigkeit von 300 000 km/s sind das 9 460 Mrd. Kilometer.

ENTFERNUNGSBESTIMMUNG

Misst man die Position eines nahen Sterns mehrmals im Abstand von sechs Monaten, so stellt man fest, dass er seine Position scheinbar verändert hat. Je kleiner die Verschiebung ist, umso weiter ist der Stern von der Erde entfernt.

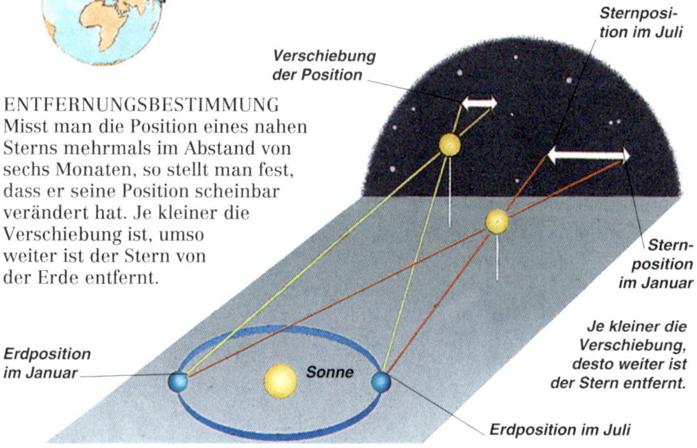

GESCHWINDIGKEITSMESSUNG

Wie schnell sich eine Galaxie bewegt, findet man durch Zerlegen ihres Lichts in seine Einzelfarben heraus. Kurzwelliges Licht ist blau, langwelliges rot. Dazwischen liegen die anderen Spektralfarben und bestimmte dunkle Linien. Diese Linien sind zum roten Ende hin verschoben, wenn sich die Galaxie von uns entfernt. Die so genannte »Rotverschiebung« ist umso stärker, je schneller sich die Galaxie bewegt.

GALAXIE RUHT

Bewegt sich die Galaxie nicht, so sehen wir das Licht mit seiner normalen Wellenlänge.

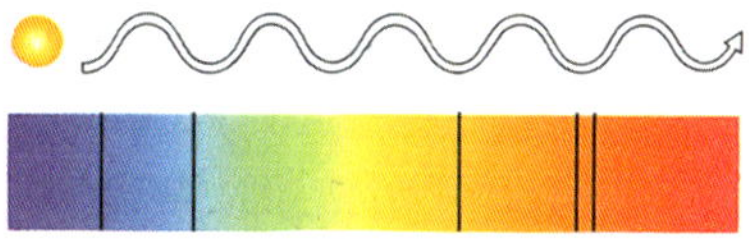

GALAXIE ENTFERNT SICH

Bewegt sich die Galaxie von uns fort, ist ihr Licht langwelliger und in den roten Bereich des Spektrums verschoben.

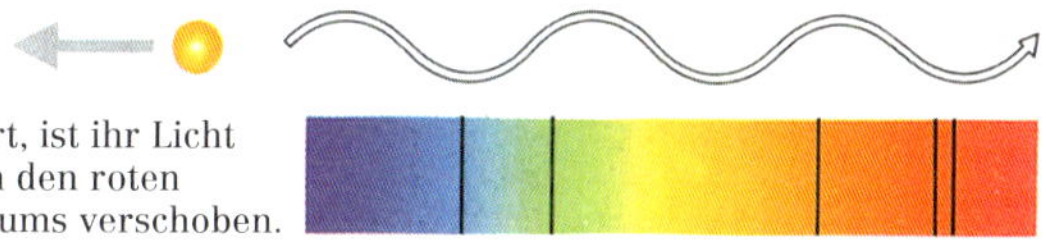

BEDEUTENDE OBSERVATORIEN		
Oberservatorium	Betrieben von	Höhe (m)
Weltraumteleskop Hubble	USA	600 000
Keck-Observatorium, Mauna Kea, Hawaii	USA	4 205
Europäische Südsternwarte, La Silla, Chile	Europa	2 347
Anglo-Australisches Observatorium, Siding Spring	Australien	1 165
Hale-Observatorium, Mount Palomar	USA	1 706
VLA-Radioteleskop, Socorro	USA	2 124

TELESKOPE FÜR JEDE WELLENLÄNGE

Wenn wir durch ein Teleskop blicken, sehen wir nur den für uns sichtbaren Teil des gesamten Lichtspektrums. Spezielle Teleskope haben »Augen« für die Röntgen-, UV-, Infrarot- und Radiostrahlung der Himmelsobjekte.

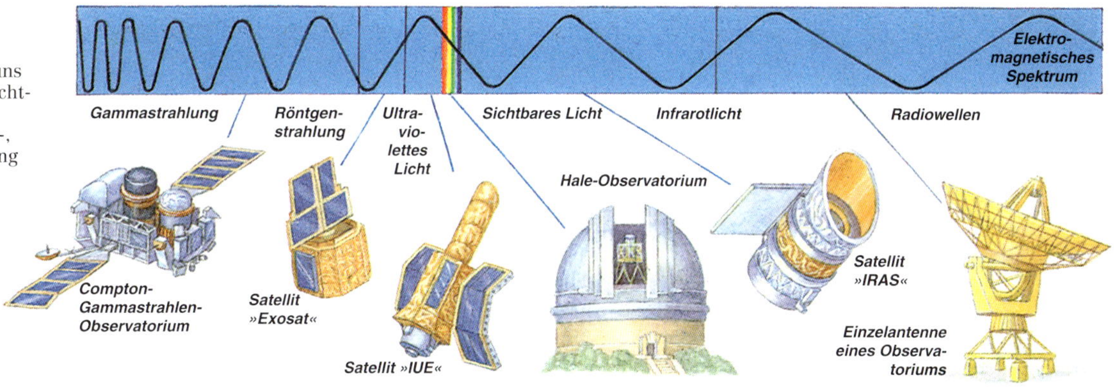

RAUMFAHRT

Das Raumfahrtzeitalter begann im Oktober 1957, als es der ehemaligen UdSSR gelang, den ersten Satelliten (»Sputnik 1«) in die Erdumlaufbahn zu bringen.

ca. 1200 Die Chinesen setzen erste von Schießpulver betriebene Schusswaffen ein.

1926 Der Amerikaner Robert Goddard startet Flüssigtreibstoffraketen.

1934 Mit flüssigem Sauerstoff und Alkohol als Antriebsmittel experimentiert Wernher von Braun (1912–1977).

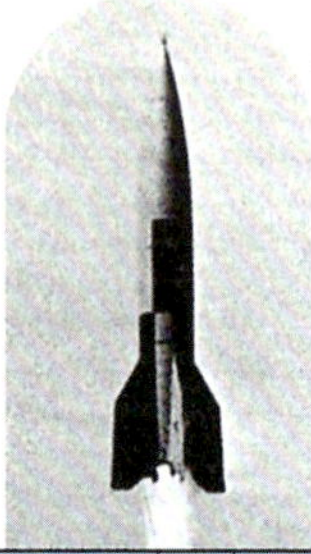

V2-Rakete

1942 Die deutsche V2-Rakete wird im Zweiten Weltkrieg eingesetzt.

ca. 1200 | 1920 | 1926 | 1930 | 1934

1965 »Mariner 4« (USA) fotografiert die Marsoberfläche. Erster Raumspaziergang des sowjetischen Kosmonauten Alexei Leonow. »Gemini 6« und »Gemini 7« (USA) treffen sich in der Erdumlaufbahn.

Leonows Raumspaziergang

1966 Erste weiche Mondlandung (»Luna 1«, UdSSR). Erste Panoramafotos der Mondoberfläche (»Luna-Orbiter 1«, USA). Andockmanöver von »Gemini 8« mit Agena-Raketenstufe (USA).

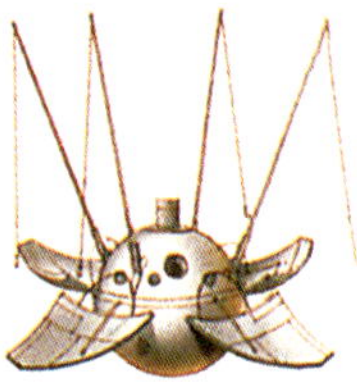

»Luna 9«

1968 »Apollo 8« (USA) umrundet den Mond. Start eines Erdsatelliten zum Studium der kosmischen UV-Strahlung.

1969 Erste bemannte Mondlandung (»Apollo 11«, USA). Astronauten bringen Mondgestein mit.

Edwin Aldrin betritt den Mond.

1965 | 1966 | 1968 | 1969

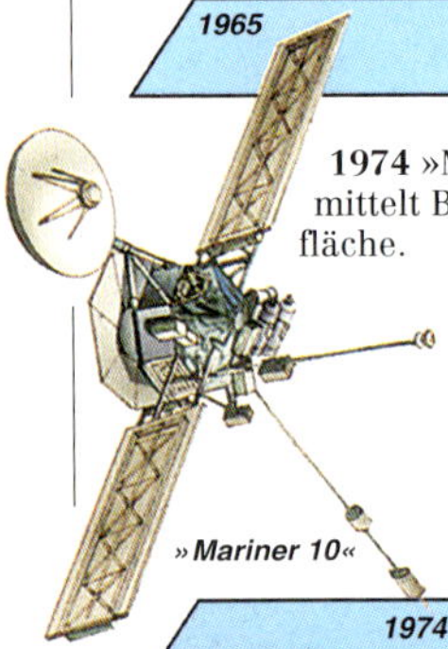

»Mariner 10«

1974 »Mariner 10« (USA) übermittelt Bilder der Merkuroberfläche.

1975 »Venera 9« (UdSSR) sendet für kurze Zeit Bilder der Venusoberfläche. »Apollo 18« (USA) und »Sojus 19« (UdSSR) treffen sich in der Erdumlaufbahn.

»Venera 9«

Marsoberfläche

1976 »Viking 1« (USA) landet auf dem Mars, findet aber keine Spur von Leben. Täglicher Wetterbericht vom Mars bis Frühjahr 1983.

1977 »Voyager 1« und »Voyager 2« (USA) beginnen ihre Reise zu den äußeren Planeten.

Raumsonde »Voyager«

1974 | 1975 | 1976 | 1977

Venusoberfläche

1982 Erstes Farbfoto der Venusoberfläche durch »Venera 13« (UdSSR)

Bruce McCandless

1984 Der US-Astronaut Bruce McCandless verlässt das Spaceshuttle »Challenger« ohne Verbindungsleine. Der Sonnensatellit »Solar Maximum Mission« wird eingefangen und repariert.

Uranus

1986 »Voyager 2« (USA) entdeckt zehn Uranusmonde und ein Ringsystem. Das Spaceshuttle »Challenger« explodiert kurz nach dem Start und tötet sieben Astronauten. Komet Halley wird von vier Raumsonden besucht.

1982 | 1984 | 1986

WISSENSWERTES

Ende der 50er Jahre kam es zwischen den USA und der ehemaligen UdSSR zu einem Wettlauf ins All. Der UdSSR gelang der erste Satellitenstart, den USA die erste bemannte Mondlandung.

Ein Drittel der Weltbevölkerung verfolgte die Mondlandung von »Apollo 11« live am Fernseher.

Bislang sind mehr als 750 Menschen in den erdnahen Weltraum geflogen.

An die im Weltraum herrschende Schwerelosigkeit muss man sich erst gewöhnen. Gegenstände können herumfliegen, Nahrung muss aus abgedichteten Behältern aufgenommen werden.

Raumanzüge sind nach dem Zwiebelprinzip aufgebaut: Mehr als 15 Lagen unterschiedlichen Materials müssen den Astronauten luftdicht vor Kälte schützen.

Der Sauerstoffvorrat einer Raumstation ist kostbar, sodass die verbrauchte Atemluft ständig gereinigt werden muss.

Die Montagehalle der 111 m hohen »Saturn V«-Rakete ragte so hoch in den Himmel, dass sich am Dach manchmal kleine Wolken bildeten.

Die beiden »Voyager«-Raumsonden waren in Hinblick auf Zuverlässigkeit und wissenschaftliche Ausbeute die erfolgreichsten Missionen der unbemannten Raumfahrt. Sie besuchten zwischen 1978 und 1989 die Riesenplaneten Jupiter, Saturn (»Voyager 1« und »Voyager 2«), Uranus und Neptun (»Voyager 2«) und trugen mit ihren sensationellen Fotos maßgeblich zur Kenntnis unseres Sonnensystems bei.

»Saljut 4«

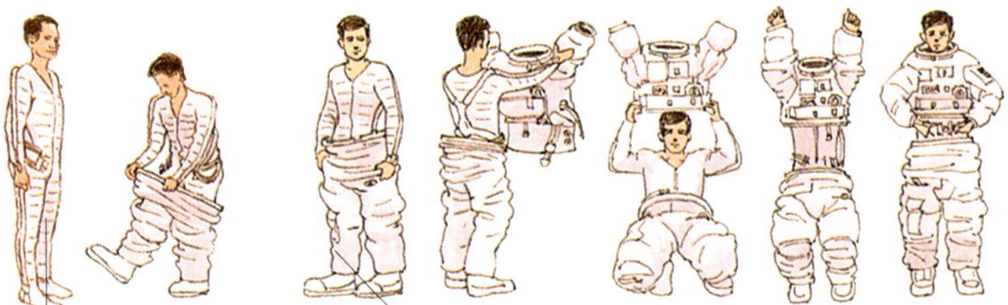

Die Unterwäsche enthält ein Kühlsystem zum Schutz vor starker Erwärmung durch Sonneneinstrahlung.

Ein Raumanzug besteht aus mehreren Schichten.

RAUMANZUG

Ein Raumanzug muss den Astronauten vor der Sonnenhitze schützen und verfügt daher über ein internes Kühlsystem. Das Material des Anzugs muss so fest sein, dass es staubkorngroßen Meteoriten, die mit hoher Geschwindigkeit einschlagen, standhalten kann. Zum Schutz gegen die ungefilterte und sehr gefährliche UV-Strahlung wirkt die Helmverglasung wie eine besonders starke Sonnenbrille.

SCHON GEWUSST?

Den längsten Weltraumaufenthalt hat der russische Kosmonaut Valery Polyakov hinter sich. Er arbeitete 679 Tage an Bord der russischen Raumstation »Mir«, davon 438 (von Januar 1994 bis Mai 1995) in einem Einsatz.

Die beiden Amerikaner Mark Lee und Judy Davis waren das erste Ehepaar im Weltraum. Sie flogen im September 1992 mit dem Spaceshuttle »Endeavour«.

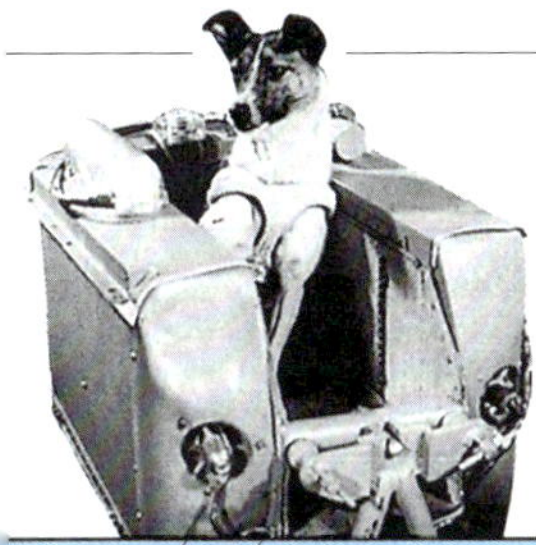

1957 Start des ersten Satelliten (»Sputnik 1«, UdSSR). Die Hündin Laika ist das erste Lebewesen im Erdumlauf (mit »Sputnik 2«).

1959 »Luna 3« (UdSSR) fotografiert die Mondrückseite.

Laika in »Sputnik 2«

1961 Der russische Kosmonaut Juri Gagarin (1934–1968) ist der erste Mensch im All (»Vostok 1«, UdSSR).

1962 »Mariner 2« (USA) nähert sich der Venus.

Juri Gagarin

1963 Valentina Tereschkowa ist die erste Frau im Weltraum (»Vostok 6«, UdSSR).

1964 Nahaufnahmen der Mondoberfläche durch »Ranger 7« (USA).

Valentina Tereschkowa

1950 · 1957 · 1959 · 1960 · 1961 · 1962 · 1963 · 1964

1970 »Venera 7« (UdSSR) landet als erste Raumsonde auf einem Planeten (Venus). Die unbemannte Sonde »Luna 16« (UdSSR) schickt Mondproben zur Erde.

Venus

1971 »Mars 3« (UdSSR) landet auf dem Mars. »Mariner 9« (USA) fotografiert erloschene Vulkane auf dem Mars. »Saljut 1« (UdSSR) ist die erste Raumstation in der Erdumlaufbahn.

Mars

1972 Letzte bemannte Mission zum Mond (»Apollo 17«, USA).

1973 Erstes Raumsondenfoto von Jupiter (»Pioneer 10«, USA). »Skylab« ist die erste bemannte amerikanische Raumstation.

Jupiter

1970 · 1971 · 1972 · 1973

1979 »Pioneer 11« (USA) entdeckt nach sechsjährigem Flug neue Monde und Ringe um Saturn. »Voyager 1« und »Voyager 2« (USA) entdecken drei neue Jupitermonde sowie aktive Vulkane auf dem Mond Io.

Schwefelvulkane auf Io

1980 »Voyager 1« erkundet den Saturnring und entdeckt sechs neue Monde.

Saturn

1981 »Voyager 2« entdeckt vier neue Saturnmonde. Start der ersten wieder verwendbaren Raumfähre »Columbia« (USA).

Start von »Columbia«

1979 · 1980 · 1981

1988 Nach der »Challenger«-Katastrophe von 1986 erster Shuttlestart (Columbia, USA). Erfolgreicher Start der Raumfähre »Buran« (UdSSR).

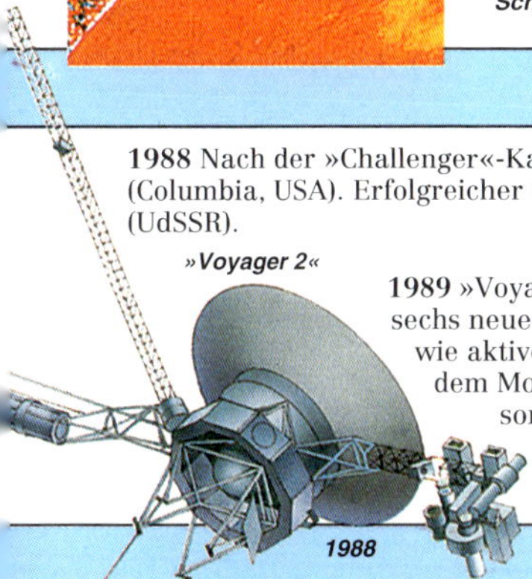

»Voyager 2«

1989 »Voyager 2« entdeckt sechs neue Neptunmonde sowie aktive Stickstoffvulkane auf dem Mond Triton. Die Raumsonde »COBE« (USA) erforscht die Reststrahlung des Urknalls.

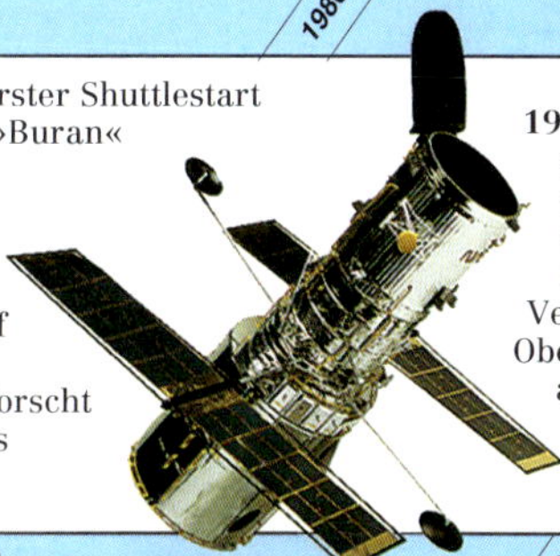

1990 Start des Weltraumteleskops »Hubble« (USA). Die Sonde »Magellan« (USA) umkreist die Venus und nimmt die Oberfläche mit Radar auf.

Weltraumteleskop »Hubble«

2000 Die erste Mannschaft besetzt die Raumstation »ISS«.

2003 Am 15. Oktober 2003 gelingt es China mit einer Rakete vom Typ »Langer Marsch CZ-2F« nach der Sowjetunion und den USA Menschen ins All zu bringen.

Langer Marsch CZ-2F

1988 · 1989 · 1990 · 2000 · 2003

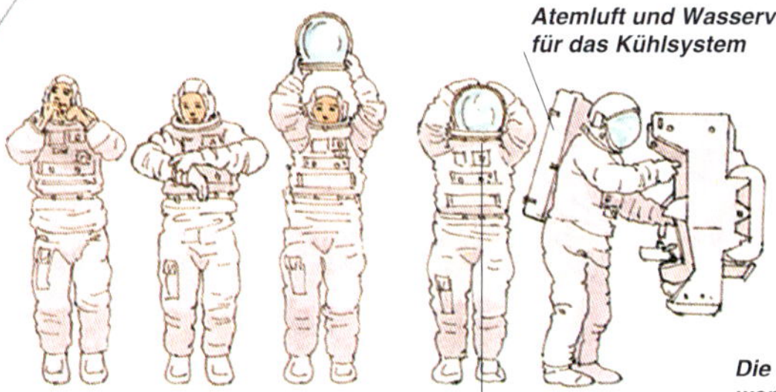

RAUMSTATION

Eine Raumstation in der Erdumlaufbahn ermöglicht die Durchführung wissenschaftlicher Experimente unter Schwerelosigkeit über einen längeren Zeitraum. Sie wird in Einzelteilen in den Weltraum gebracht und vor Ort zusammengebaut bzw. erweitert.

Die rechts abgebildete Raumstation »Mir« war von 1986 bis 2001 im All.

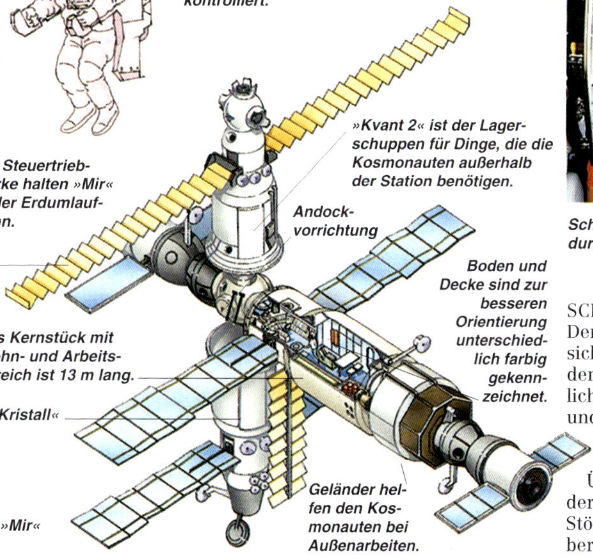

Russische Raumstation »Mir« (»Friede«)

Schwerelos bewegen sich die Kosmonauten durch die Raumstation »Mir«.

SCHWERELOSIGKEIT

Der menschliche Körper verändert sich in der Schwerelosigkeit. Schwindende Muskeln müssen durch sportliche Aktivitäten gestärkt werden, und regelmäßige medizinische Untersuchungen stehen auf der Tagesordnung. Unwohlsein und Übelkeit sind sichere Anzeichen der Raumkrankheit, die auf einer Störung des Gleichgewichtssinns beruht.

RAKETEN

Eine Rakete muss mindestens 40 000 km/h schnell sein, um in den Weltraum zu gelangen. Die dafür nötige hohe Schubkraft wird durch extrem leistungsstarke Triebwerke erreicht.

KRAFTPROTZ

Die Mondrakete »Saturn V« besitzt das leistungsstärkste Triebwerk, das jemals gebaut wurde. Jede der fünf Triebwerksdüsen misst 3,80 m im Durchmesser und ist 5,80 m hoch – wie eine Giraffe. Beim Start verbrennt jede Triebwerksdüse 3 t Kraftstoff pro Sekunde.

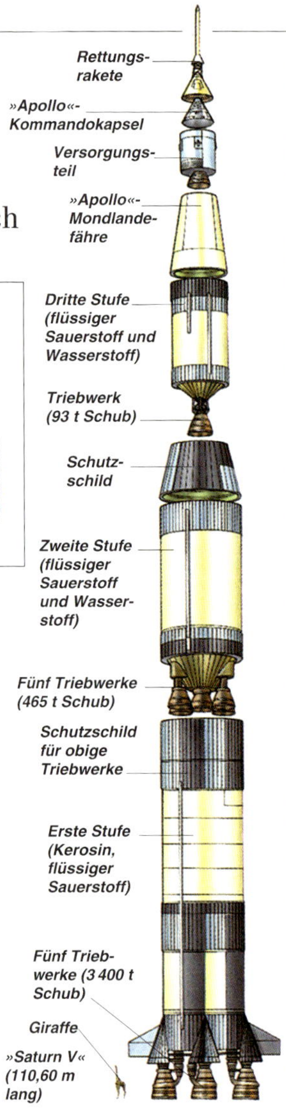

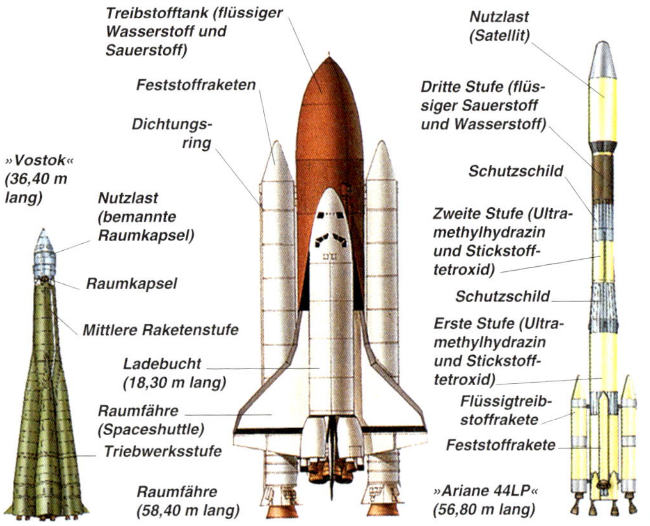

WISSENSWERTES

Weltraumraketen sind in der Regel aus mehreren Stufen zusammengesetzt. Ist der Treibstoff der ersten Stufe verbraucht, wird diese abgestoßen und die zweite Stufe übernimmt den Schub. Danach folgt die dritte Stufe.

Von den neun zwischen 1961 und 1965 gestarteten amerikanischen Mondsonden waren nur die letzten drei erfolgreich. »Ranger 9« landete im Krater Alphonsus und übermittelte 5 814 Bilder zur Erde.

Ein herber Rückschlag für das Raumfährenprogramm der NASA: Am 28. Januar 1986 explodierte die Raumfähre »Challenger« 73 Sek. nach dem Start und riss sieben Menschen in den Tod.

Ein Schaden am Hitzeschild verursachte am 1. 2. 2003 den Absturz der Raumfähre Columbia. sieben Astronauten kamen dabei ums Leben.

Die »Apollo«-Astronauten hinterließen auf dem Mond sechs Landefähren, drei Mondautos und mehr als 50 t Abfall.

Der Raketenstartplatz der ESA (European Space Agency befindet sich in Kourou, Franz. Guayana, Südamerika. Hier starten die Ariane Raketen, da man in Äquatornähe die Zentrifugalkraft der Erde ausnutzen kann.

ABFALL IM WELTRAUM

Astronauten und Satelliten sind in der Erdumlaufbahn durch umherfliegenden Satelliten- und Raketenschrott stark gefährdet. Dieser winzige Krater in der Außenhaut des Satelliten »Solar Max« wurde durch einen Farbstoffpartikel bewirkt, der mit hoher Geschwindigkeit einschlug.

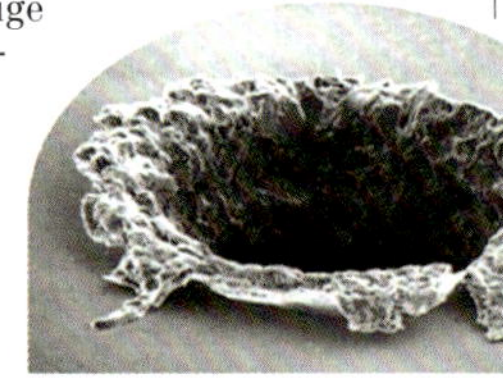

Bis zu zehnmal können die Feststoffraketen wiederverwendet werden, die nach dem Ausbrennen abgestoßen und aus dem Atlantik gefischt werden.

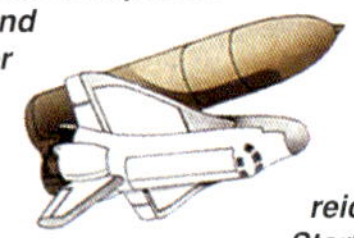

Nach rund neun Minuten wird der ausgebrannte Haupttank abgestoßen und verglüht in der Atmosphäre.

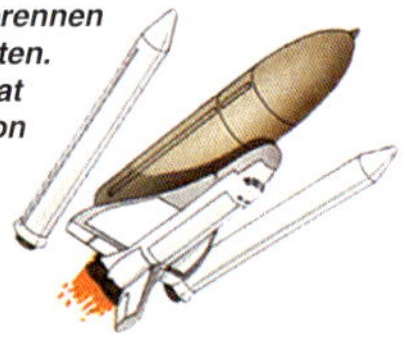

Rund zwei Min. brennen die Feststoffraketen. Die Raumfähre hat nun eine Höhe von 45 km erreicht und fliegt mit viereinhalbfacher Schallgeschwindigkeit.

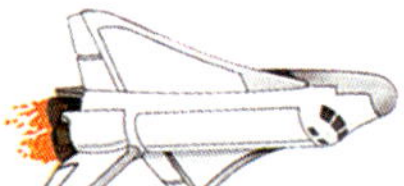

Die Raumfähre erreicht 46 Min. nach dem Start ihre Erdumlaufbahn in ca. 300 km Höhe.

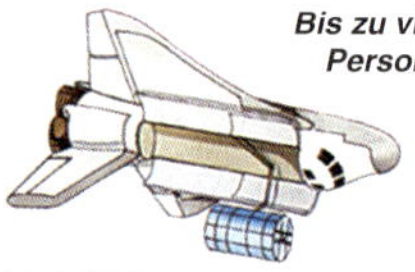

Bis zu vier Wochen lang können jeweils vier Personen Besatzung und Wissenschaftler Experimente durchführen oder Satelliten reparieren.

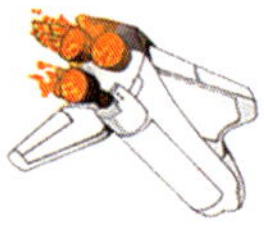

Die Ladebucht wird geschlossen, und die Raumfähre dreht sich für den Wiedereintritt.

Der Wiedereintritt erfolgt mit 22facher Schallgeschwindigkeit.

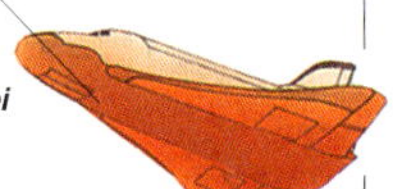

32 000 von Hand an der Unterseite angeklebte Hitzeschutztafeln verhindern, dass die Raumfähre bei einer Temperaturentwicklung von 1 460 °C beim Wiedereintritt in die Erdatmosphäre verglüht.

Antriebslos wie ein Segelflugzeug gleitet die Raumfähre zur Erde zurück.

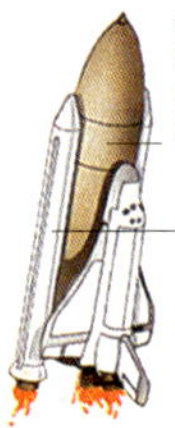

Der Haupttank versorgt das Triebwerk der Raumfähre mit flüssigem Wasserstoff und flüssigem Sauerstoff.

Jede der beiden Feststoffraketen hat den Schub von elf Jumbojets beim Start.

Ein Riss in einer Dichtung der linken Feststoffrakete verursachte die Explosion der »Challenger« 1986.

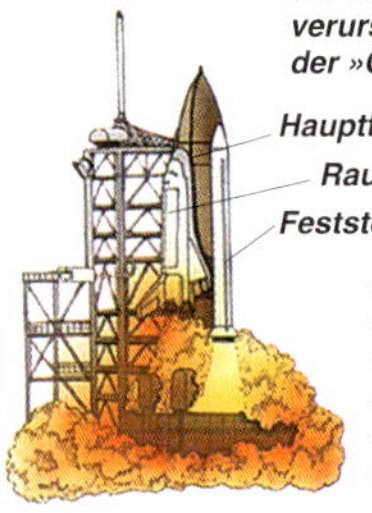

Der Haupttank versorgt die Triebwerke mit Treibstoff. Die beiden Feststoffraketen brennen nur beim Start.

REPARATURAUFTRÄGE

1984 reparierte die »Challenger«-Besatzung erfolgreich den Satelliten »Solar Max«. Nach Ausfall einer der Lageregelungsdüsen drohte der Satellit in der Erdatmosphäre zu verglühen. Mit dem Greifarm wurde der Satellit in die Ladebucht gebracht, dort repariert und dann wieder ausgesetzt.

RAUMFAHRTZENTREN		
Startgebiet	Anzahl Starts	Zweck
Plesetsk (Russland)	über 1 500	Militärsatelliten
Baikonur (Kasachstan)	ca. 693	Raumflüge, Raumsonden
Cape Canaveral (USA)	über 1 110	Raumflüge, Raumsonden, Raumfähre
Kourou (Frz. Guayana)	176	Satelliten

DIE RAUMFÄHRE

Die amerikanische Raumfähre »Spaceshuttle« ist das erste wiederverwendbare Raumfahrzeug. In den meist einwöchigen Missionen setzen die Astronauten Satelliten aus, fangen sie wieder ein, reparieren sie und führen wissenschaftliche Experimente unter Schwerelosigkeit durch.

Bremsfallschirme müssen die mit 345 km/h landende Raumfähre abbremsen.

DIE ERDE

Die Erde ist bisher der einzige uns bekannte Planet, auf dem es Leben gibt.
Dieses Kapitel stellt die Erde, ihre Entstehung, die Besonderheiten ihrer Oberfläche und der Atmosphäre, das Erdinnere, das Klima und die Zukunft der Erde vor.

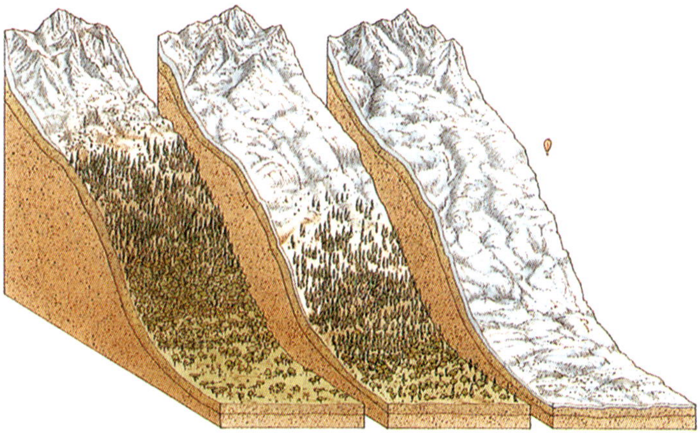

DIE ERDE

Die Erde ist der fünftgrößte der acht Planeten des Sonnensystems. Sie ist der einzige Planet, auf dem Sauerstoff und Wasser in großen Mengen vorkommen: die Voraussetzung für die Entstehung von Leben.

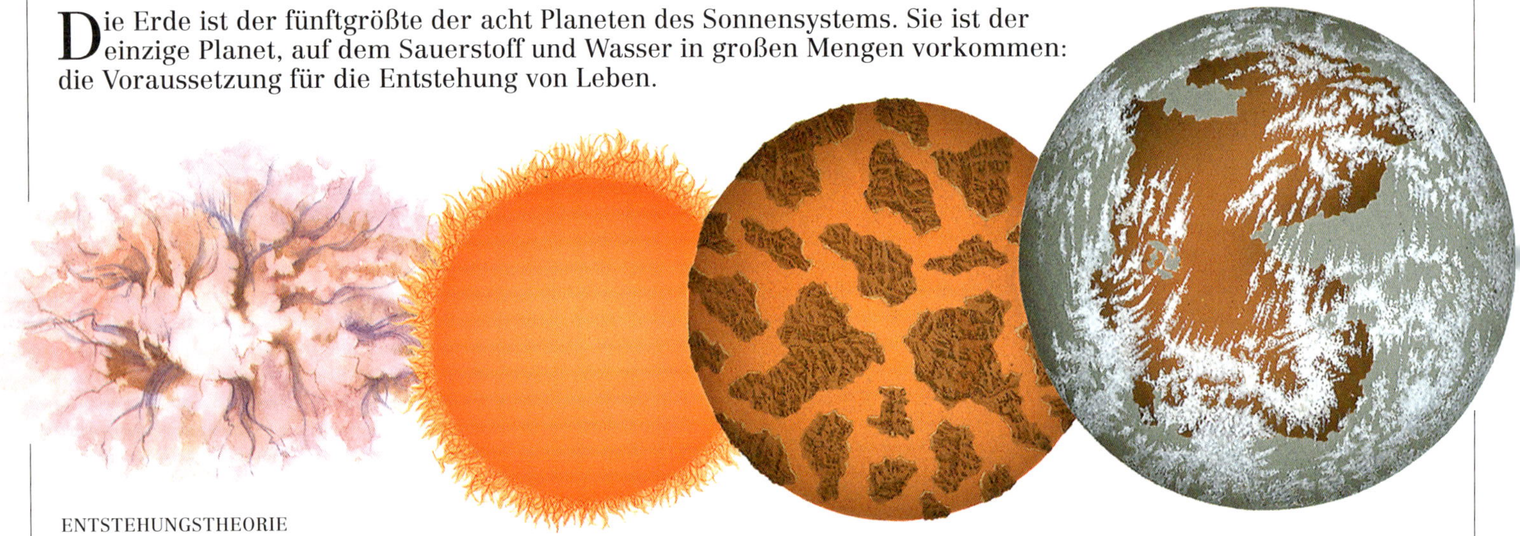

ENTSTEHUNGSTHEORIE

1. Vor etwa 4,6 Mrd. Jahren zog sich eine große Wolke aus Gas und Staub zusammen, aus der die Sonne entstand. Andere Bestandteile aus der Wolke formten feste Körper aus Eis und Gesteinen und verdichteten sich zu den einzelnen Planeten.

2. Im Gestein vorhandene Radioaktivität bewirkte eine so starke Erhitzung, dass sich die Erde verflüssigte: Die Bestandteile mit größerer Dichte, wie Eisen und Nickel, sanken zum Mittelpunkt und bildeten den Erdkern, um den herum riesige Mengen von geschmolzenem Gestein schwammen.

3. Die Erdkruste begann sich vor etwa 4 Mrd. Jahren zu bilden. Sie bestand zu Beginn vermutlich aus vielen kleineren Schollen, die auf der zähflüssigen Masse des Erdmantels schwammen.

4. Über einen Zeitraum von vielen Jahrmillionen verfestigte sich die Erdkruste. Bei zahlreichen Vulkanausbrüchen entwichen Gase, die die erste Atmosphäre bildeten. Der ebenfalls ausgetretene Wasserdampf verflüssigte sich und bildete die Ozeane.

DER AUFBAU DER ERDE

Die Erde setzt sich aus mehreren Schichten zusammen, die um den sehr heißen Kern aus Eisen und Nickel herum gelagert sind. Um den Kern herum liegen Erdmantel und Erdkruste.

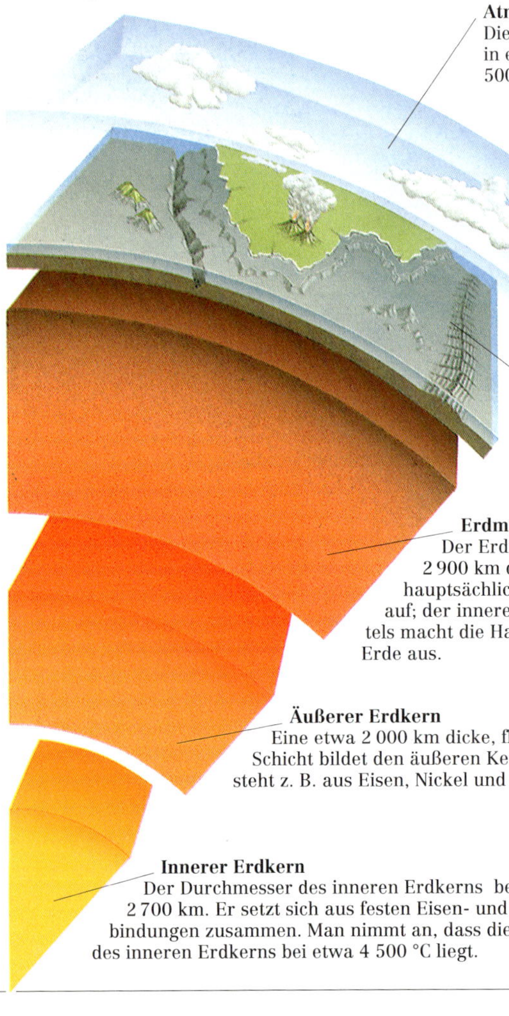

Atmosphäre
Die Lufthülle reicht bis in eine Höhe von etwa 500 km.

Erdkruste
Die Erdkruste ist unter dem Ozean etwa 5 km und unter den Landflächen etwa 35 km dick.

Erdmantel
Der Erdmantel ist etwa 2 900 km dick und weist hauptsächlich festes Gestein auf; der innere Teil des Mantels macht die Hauptmasse der Erde aus.

Äußerer Erdkern
Eine etwa 2 000 km dicke, flüssige Schicht bildet den äußeren Kern. Er besteht z. B. aus Eisen, Nickel und Schwefel.

Innerer Erdkern
Der Durchmesser des inneren Erdkerns beträgt etwa 2 700 km. Er setzt sich aus festen Eisen- und Nickelverbindungen zusammen. Man nimmt an, dass die Temperatur des inneren Erdkerns bei etwa 4 500 °C liegt.

DIE TIEFSTEN BOHRUNGEN IN DIE ERDKRUSTE

Das tiefste Bergwerk der Erde geht 3,7 km tief. Bei einer geologischen Untersuchung wurde mehr als 12 km tief in die Erdoberfläche gebohrt. Doch keine dieser Bohrungen erreicht auch nur annähernd das untere Ende der Erdkruste.

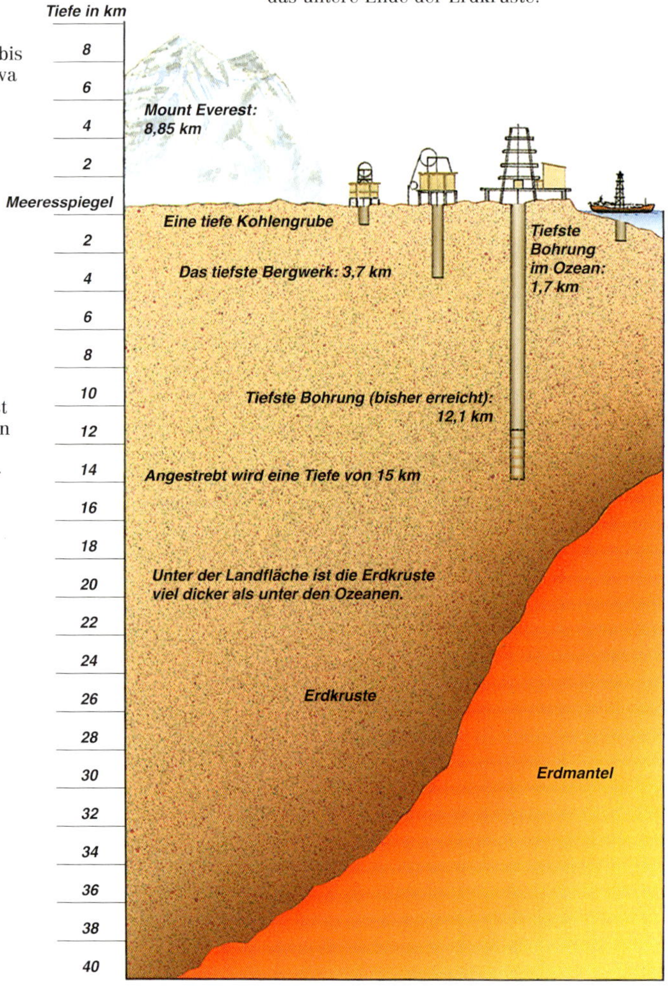

5. Vor etwa 3,5 bis 4 Mrd. Jahren war die Bildung der Erdkruste abgeschlossen. Die Erdteile sahen anders aus als die heutigen Kontinente.

6. Vor etwa 200 Mio. Jahren entstanden die heutigen Kontinente. Sie bewegen sich jedes Jahr um einige Zentimeter. Ihre heutige Position haben sie nur vorübergehend. In der Zukunft wird Australien weiter nördlich liegen, Nord- und Südamerika werden voneinander getrennt sein.

ZAHLEN ZUR ERDE

Alter	4,6 Mrd. Jahre
Gewicht	5,974 x 10^{24} kg (fast 6 Mrd. Billionen t)
Volumen	1 083 218 915 000 km^3
Durchmesser am Äquator	12 756 km
Durchmesser an den Polen	12 713 km
Erdumfang am Äquator	40 076 km
Erdumfang über die Pole	40 009 km
Entfernung zur Sonne	149,6 Mio. km
Dauer einer Erdumdrehung	23 Std., 56 Min., 4 Sek.
Dauer eines Umlaufs um die Sonne	365 Tage, 6 Std., 9 Min., 9,5 Sek.

DAS MAGNETFELD DER ERDE
Der Erdmagnetismus entsteht vermutlich durch die Bewegung des inneren und des äußeren Kerns. Das Magnetfeld der Erde, die Magnetosphäre, reicht am Äquator mehr als 60 000 km weit in den Weltraum und wird »Van-Allen-Gürtel« genannt. Es verändert seine Richtung und Stärke: Nord- und Südpol werden vertauscht. Die letzte Umpolung fand vor etwa 30 000 Jahren statt.

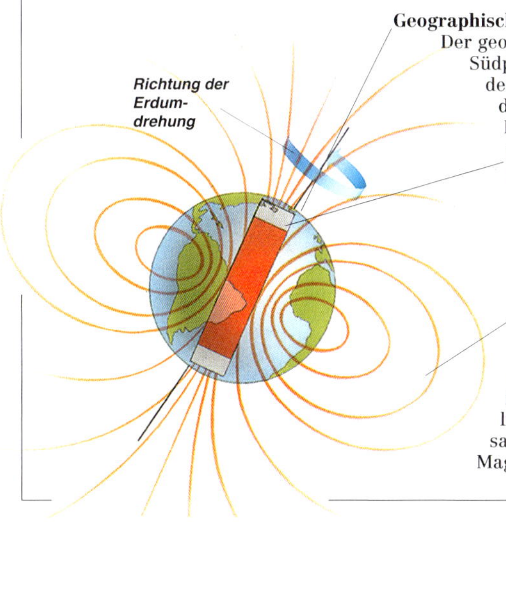

Geographische Pole
Der geographische Nord- und Südpol bilden die Endpunkte der Erdachse (eine gedachte Linie, um die die Erde rotiert).

Magnetische Pole
Der magnetische Nord- und Südpol entsprechen nicht genau den geographischen Polen, sie sind ein Stück von ihnen entfernt.

Schema eines Magnetfeldes
Diese Linien zeigen schematisch das Erdmagnetfeld. Dort, wo die Kraftlinien am dichtesten zusammenliegen, ist das Magnetfeld am stärksten.

WISSENSWERTES
Verhältnis von Land zu Wasser:
Landfläche: 29,2%
Meeresfläche: 70,8%

Wenn ein Auto ohne Pause bei einer Geschwindigkeit von 100 km/h um den Äquator fahren könnte, würde es

16 Tage, 16 Std. und 45 Min. brauchen. Ein Auto, das vom Nordpol zum Südpol und auf der anderen Seite zurück um die Erde führe, würde etwa 80 Min. früher ankommen, da die Form der Erde nicht exakt einer Kugel entspricht. Die Nord- und Südpolregionen sind durch die nach außen wirkenden Kräfte der Erdumdrehung abgeflacht.

Wenn ein Bagger mit einer Geschwindigkeit von einem Meter pro Minute ein Loch durch die Erde graben würde, so bräuchte er 24 Jahre, um auf der anderen Seite anzukommen.

NUR EIN NADELSTICH
Wenn die Erde die Größe eines Hühnereis hätte, so würde das tiefste Loch, das je von Menschen gebohrt wurde, noch nicht einmal seine Schale durchstoßen.

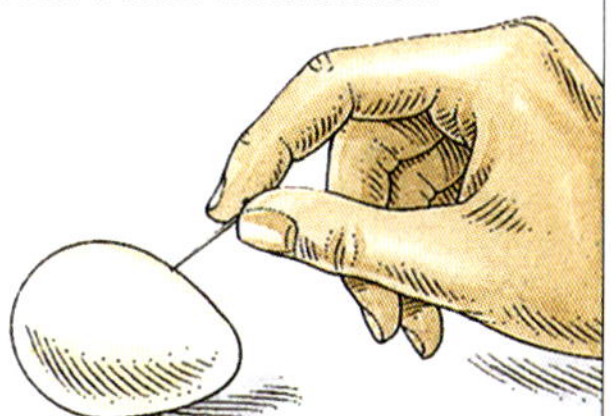

DIE ERDATMOSPHÄRE
Die Erdatmosphäre, also die Lufthülle der Erde, ist in vier Hauptschichten unterteilt: die Troposphäre, die Stratosphäre, die Mesosphäre und die Thermosphäre. Die Zusammensetzung der Atmosphäre besteht zu 78% aus Stickstoff, zu 21% aus Sauerstoff und zu 1% aus Wasserdampf und anderen Gasen. Die Atmosphäre schützt die Erde vor Auskühlung oder Überhitzung und schirmt den Planeten vor den schädlichen ultravioletten Strahlen der Sonne ab.

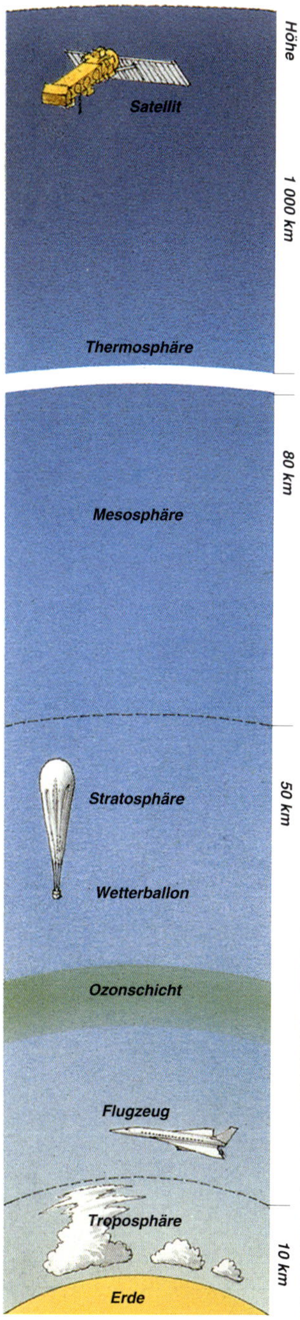

DIE KONTINENTE

Als Kontinente bezeichnet man die sieben riesigen Landmassen, die den größten Teil der Landfläche der Erde ausmachen. Durch tief aus dem Erdinneren wirkende Kräfte befinden sich die Kontinente in ständiger Bewegung. Diesen Vorgang nennt man Kontinentalverschiebung oder Kontinentaldrift.

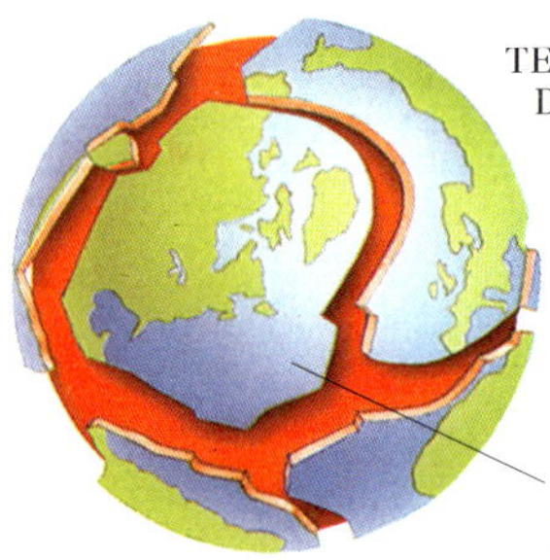

TEKTONISCHE PLATTEN

Die Erdkruste setzt sich aus großen Gesteinsschollen zusammen, den tektonischen Platten. Diese Schollen fügen sich ineinander wie ein großes Puzzle. Dort, wo sich die Platten über den Meeresspiegel erheben, liegen Kontinente und Inseln.

Die Erdkruste ist an ihrer dicksten Stelle nur 70 km stark.

KONTINENTALVERSCHIEBUNG

1. Vor etwa 300 Mio. Jahren bildeten die Kontinente mit Ausnahme weniger Inseln eine einzige große Landmasse, die die Geologen »Pangäa« nennen (griechisch= Gesamtland). Sie zerbrach vor etwa 200 Mio. Jahren.

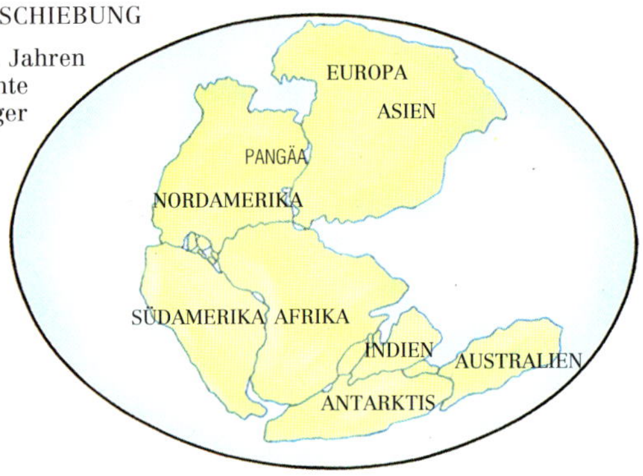

2. Pangäa teilte sich in zwei Landmassen, Gondwanaland (südlicher Teil) und Laurasia (nördlicher Teil). Daraus bildeten sich die heutigen Kontinente. Nordamerika und Europa brachen auseinander, und vor etwa 120 Mio. Jahren begann Indien, sich nördlich nach Asien hin zu bewegen.

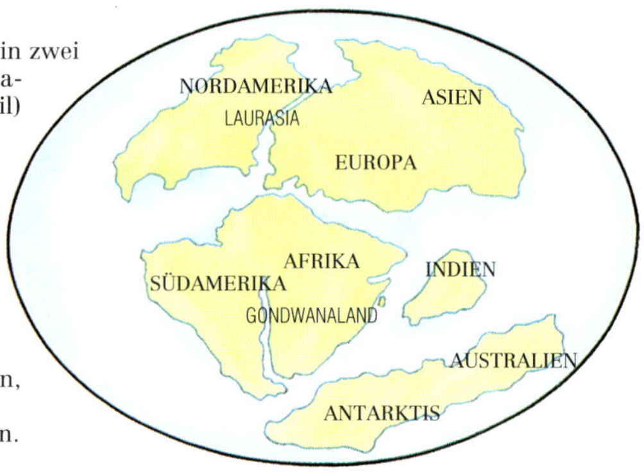

3. Die Kontinente verschoben sich in ihre heutige Position. Die beiden amerikanischen Kontinente bewegten sich von Europa und Afrika weg; Indien verband sich mit Asien; Australien und die Antarktis trennten sich.

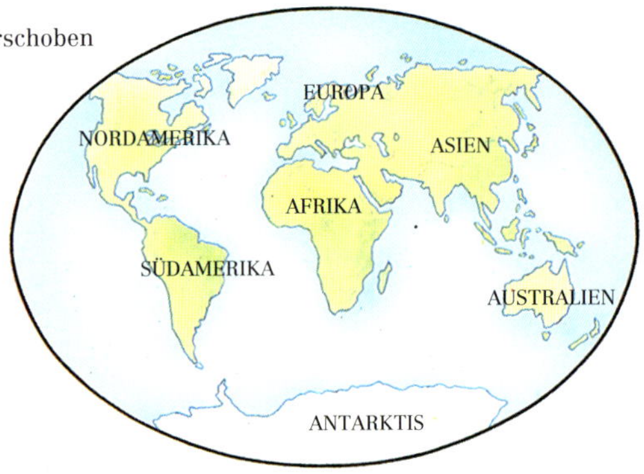

4. So könnte die Erde in 150 Mio. Jahren aussehen. Afrika ist zweigeteilt, der größere Teil hat sich nach Norden bewegt und Europa erreicht. Die Antarktis hat sich mit Australien verbunden und Kalifornien mit Alaska.

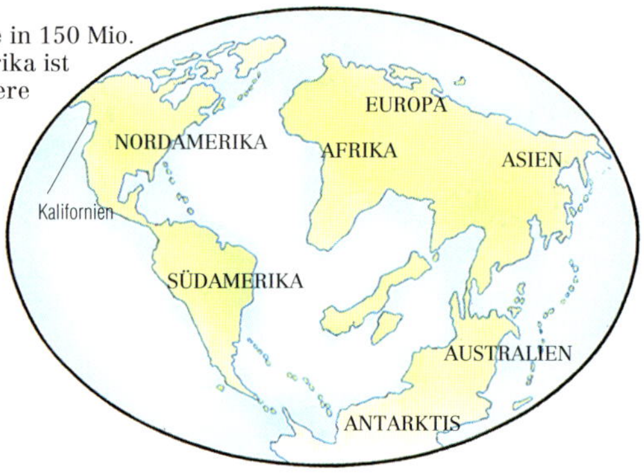

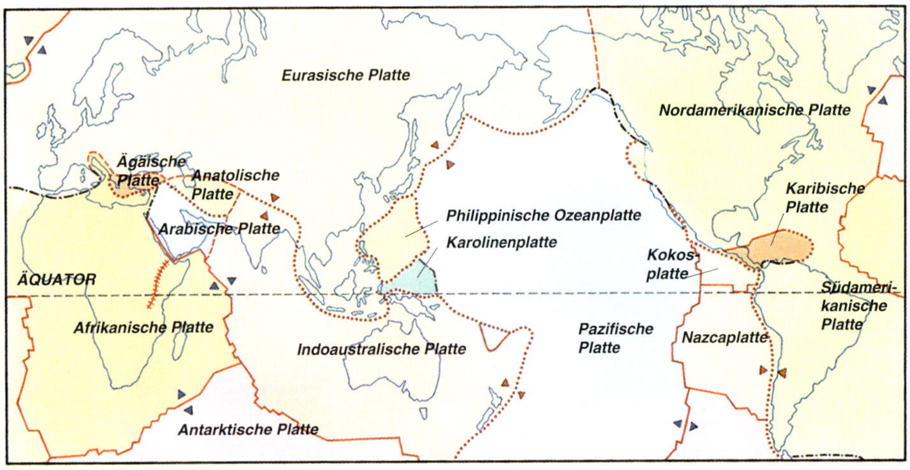

DIE PLATTEN UND IHRE RÄNDER

Die Erdkruste untergliedert sich in 15 größere Platten. Ozeanische Platten bilden den Meeresboden, kontinentale Platten die Landfläche. Die meisten Platten sind sowohl ozeanisch als auch kontinental. Durch Aufzeichnungen von Erdbeben und Vulkanausbrüchen sowie durch die Auswertung von Bohrungen ist es möglich, die Lage der Plattenränder zu bestimmen.

ZEICHENERKLÄRUNG

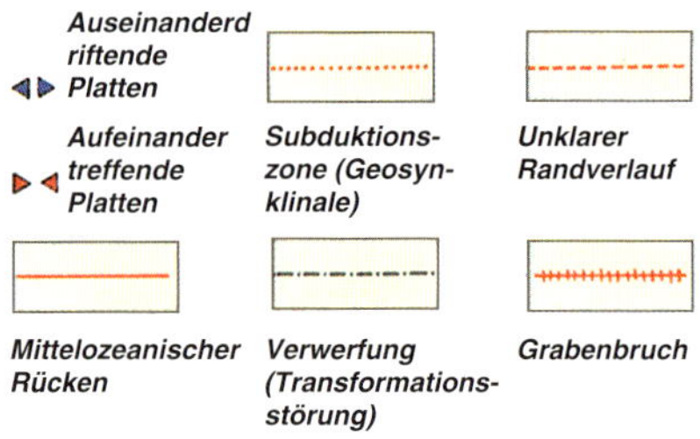

EIN SCHNITT DURCH DIE ERDKRUSTE

Die Zeichnung zeigt einen Querschnitt duch die Erdkruste in Äquatornähe.

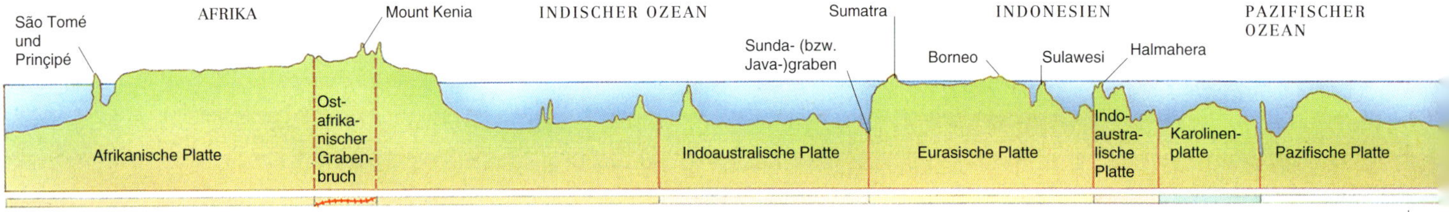

GRÖSSE DER KONTINENTE	
Kontinent	Fläche in km²
Asien	44 485 900
Afrika	30 269 680
Nordamerika	24 235 280
Südamerika	17 820 770
Antarktis	13 209 000
Europa	10 530 750
Australien und Ozeanien	8 924 100

WISSENSWERTES

Europa und Afrika zusammen sind kleiner als Asien.

Die Entfernung zwischen Europa und Amerika vergrößert sich pro Jahr um etwa 4 cm.

Der ostafrikanische Grabenbruch verbreitert sich in jedem Jahr um etwa 1 mm.

Fossilien von tropischen Pflanzen sind sogar in Alaska gefunden worden: ein Hinweis darauf, dass die nordamerikanische Landmasse einmal in den Tropen lag.

Die Westküste Afrikas und die Ostküste Südamerikas sehen aus wie Puzzleteile, die zusammengehören.

ANTEIL DER KONTINENTE AN DER LANDFLÄCHE DER ERDE

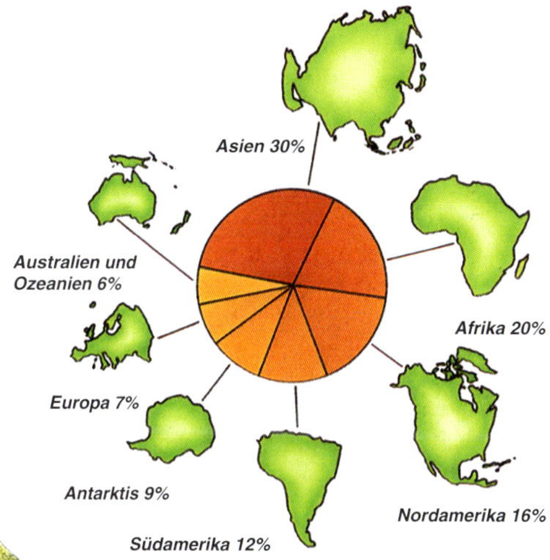

PLATTENTEKTONIK
Die Theorie der Plattentektonik beschäftigt sich mit der Frage, wie und warum sich die Erdplatten bewegen. An den Rändern können die Platten aufeinander prallen, sich voneinander entfernen, sich übereinander schieben oder aneinander reiben. Dadurch entstehen Gebirge und Tiefseegräben. Erdbeben und Vulkanausbrüche werden ausgelöst.

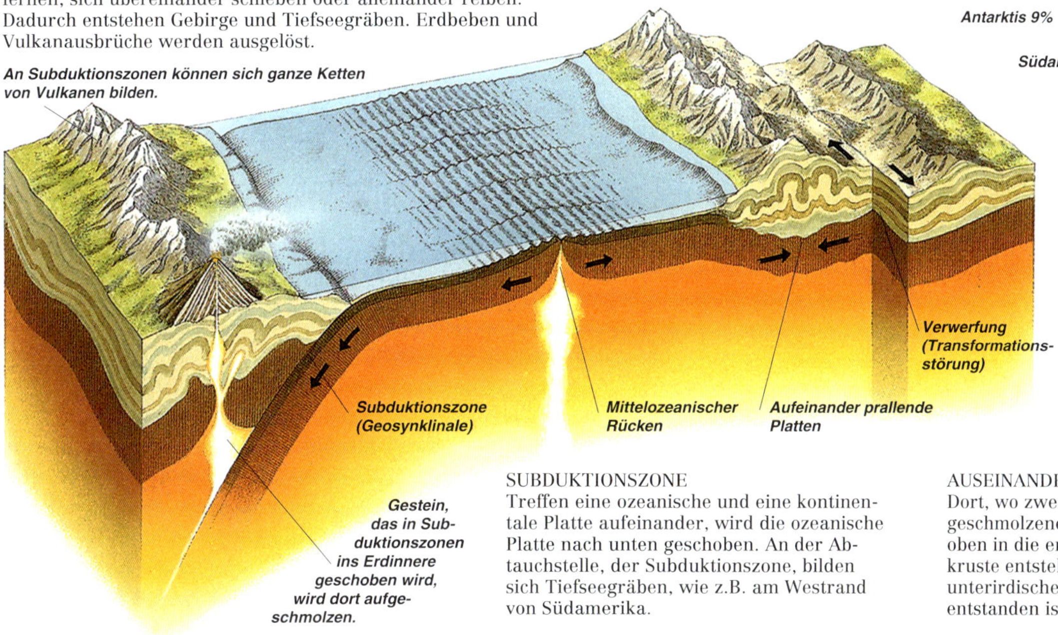

VERWERFUNGEN
Eine Platte zerbricht, die Schollen werden gegeneinander verschoben. An der San-Andreas-Verwerfung in Kalifornien (USA) verschieben sich zwei Platten; die ruckartigen Verschiebungen lösen Erdbeben und Seebeben aus.

AUFEINANDER PRALLENDE PLATTEN
Wenn zwei kontinentale Platten aufeinander treffen, können an ihren Rändern Faltengebirge entstehen, wie z.B. der Himalaja und die Alpen. Dabei faltet sich die Erdkruste auf.

SUBDUKTIONSZONE
Treffen eine ozeanische und eine kontinentale Platte aufeinander, wird die ozeanische Platte nach unten geschoben. An der Abtauchstelle, der Subduktionszone, bilden sich Tiefseegräben, wie z.B. am Westrand von Südamerika.

AUSEINANDER DRIFTENDE PLATTEN
Dort, wo zwei Platten auseinander driften, steigt geschmolzenes Gestein aus dem Erdmantel nach oben in die entstandene Spalte: eine neue Erdkruste entsteht. Durch die Ozeane zieht sich ein unterirdisches Gebirge, das auf diese Weise entstanden ist: der mittelozeanische Rücken.

THEORIEN ÜBER DIE URSACHE DER BEWEGUNGEN

Die Wissenschaft konnte bis heute noch nicht eindeutig feststellen, wodurch die Bewegung der tektonischen Platten der Erde ausgelöst wird. Es gibt aber verschiedene Theorien darüber: Die drei wichtigsten nennen das unterschiedliche Gewicht von heißem und kaltem Gestein, Konvektionsströme oder die Schwerkraft als mögliche Ursachen.

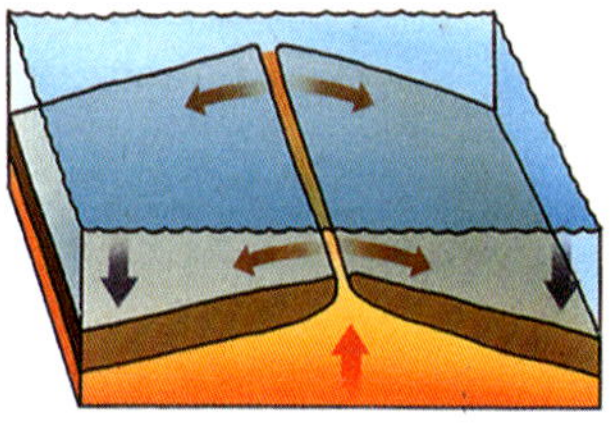

DAS GEWICHT DES GESTEINS
Heißes Gestein, das am mittelozeanischen Rücken nach oben steigt, kühlt sich mit zunehmender Entfernung von der Zentralspalte ab. Dabei wird es schwerer und sinkt; der Rest der Platte wird dabei mit nach unten gezogen.

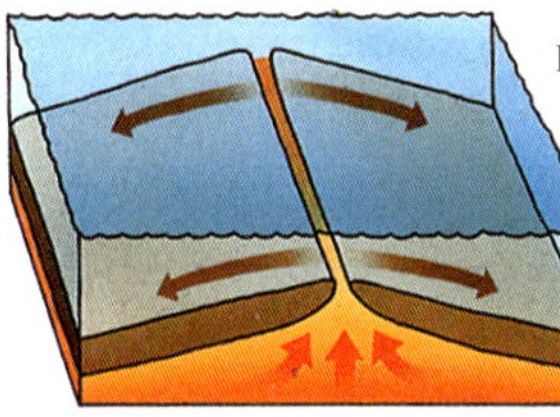

KONVEKTIONSSTRÖMUNG
Erhitzte Flüssigkeit oder Gas steigt auf und nimmt dabei Wärme mit. Dies bezeichnet man als Konvektionsströmung. Tief im Erdinneren erzeugte Hitze lässt im Erdmantel Konvektionsströme entstehen. Die nach oben gerichteten Ströme bewirken eine langsame Verschiebung der auf der Oberfläche liegenden Platten.

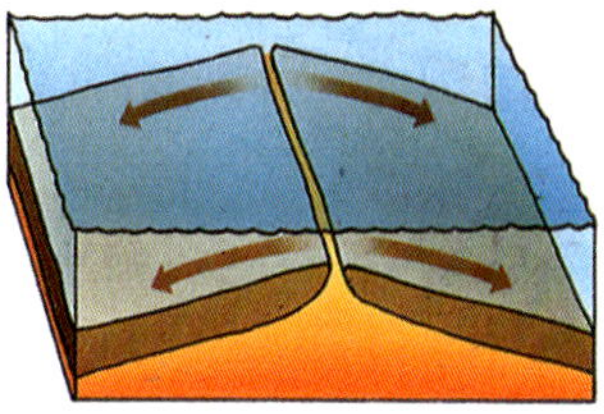

SCHWERKRAFT
Die Platten liegen am mittelozeanischen Rücken etwa 2 bis 3 km höher als an den Ozeanrändern, sodass sie durch die Schwerkraft langsam nach unten gleiten.

SO SCHNELL WIE EIN FINGERNAGEL WÄCHST
Die Driftgeschwindigkeit der tektonischen Platten ist unterschiedlich hoch, manche sind schneller, manche langsamer. Im Durchschnitt bewegen sich die Platten mit einer Geschwindigkeit von ungefähr 2,5 cm pro Jahr: Dies entspricht etwa dem Tempo, in dem ein Fingernagel wächst.

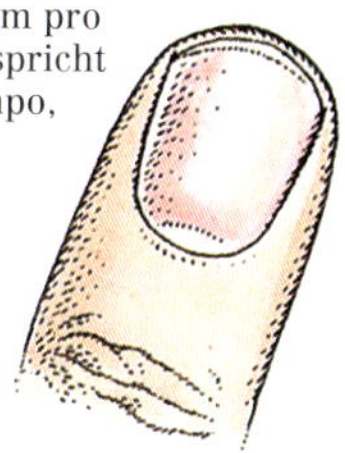

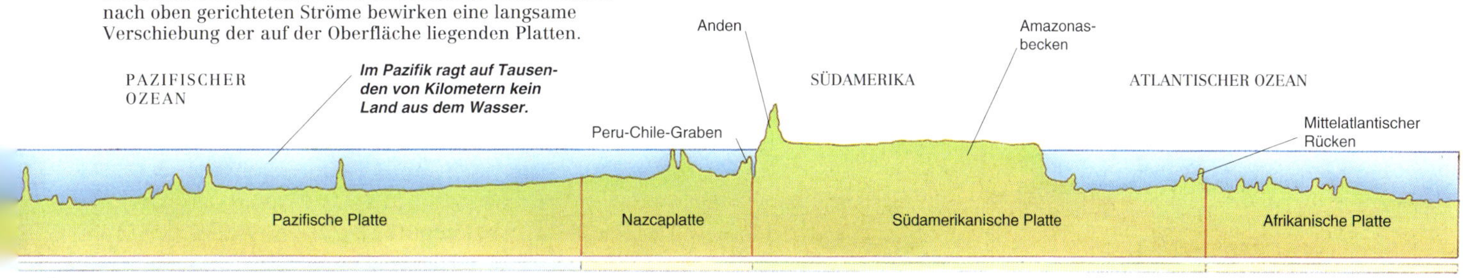

VULKANE

Vulkane entstehen dort, wo Magma (geschmolzenes Gestein) sich mit Druck aus dem Erdinneren seinen Weg nach oben bahnt. Bei einer Eruption entstehen gewaltige Aschewolken. Rot glühende Lava fließt die Berghänge hinunter. Wasser, das durch Vulkangestein aufgeheizt wird, kommt als sprudelnde Geysire oder blubbernde Schlammbecken an die Erdoberfläche.

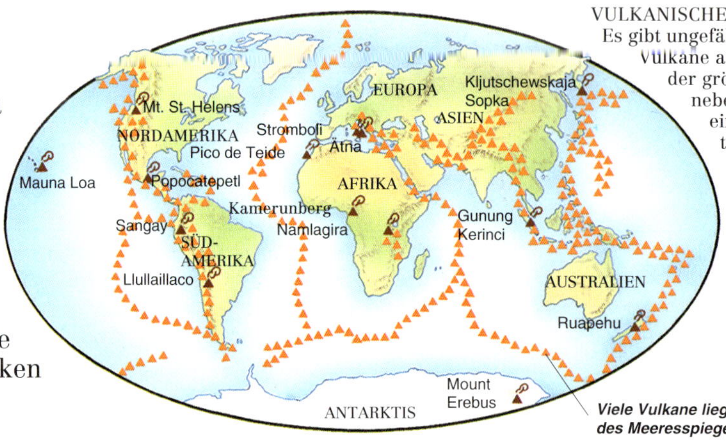

VULKANISCHE GEBIETE

Es gibt ungefähr 1300 aktive Vulkane auf der Erde. Einige der größten sind auf der nebenstehenden Karte eingezeichnet. Die meisten Vulkane befinden sich auf oder in der Nähe der Ränder der tektonischen Platten oder über besonders aktiven Stellen des Erdmantels.

DIE GRÖSSTEN ERUPTIONEN

Der Vulkanausbruch am Mount Saint Helens, Washington (USA)

Der Mount Saint Helens brach im Mai 1980 aus. Die Explosion war noch in mehr als 350 km Entfernung zu hören. Durch die heiße Asche und die austretenden Gase fanden 62 Menschen den Tod.

Die größte vulkanische Explosion, bei der Steine bis zu 55 km hoch geschleudert wurden, fand in Krakatau in Indonesien im Jahr 1883 statt. Die Wucht der Explosion war selbst in 3 600 km Entfernung in Australien noch zu hören. Sie löste eine 40 m hohe Flutwelle, ein Tsunami, aus (siehe S.45); 36 000 Menschen starben.

Bei einem Vulkanausbruch im Jahr 1815 auf der Insel Sumbawa in Indonesien wurden über 100 km³ Asche und Gestein aufgesprengt. Die Höhe der Insel verringerte sich um etwa 1 250 m, und 92 000 Menschen kamen ums Leben.

DIE GRÖSSTEN AKTIVEN VULKANE

Die Zahl der in der Vergangenheit aktiven Vulkane wird in Klammern im Anschluss an die jeweilige Region angezeigt.

Name	Höhe in Meter	Letzte Eruption
Afrika und Indischer Ozean (14)		
Namlagira	3 053	1989
Kamerunberg	4 070	1982
Antarktis (9)		
Mount Erebus, Ross Island	3 794	1989
Asien (210)		
Kljutschewskaja Sopka, Sibirien	4 850	1990
Gunung Kerinci, Indonesien	3 805	1970
Südwestpazifik (54)		
Ruapehu, Neuseeland	2 796	1989
Europa und Naher Osten (20)		
Ätna, Sizilien, Italien	3 350	1992
Stromboli, Italien	926	1990
Nordamerika und Hawaii (56)		
Mount Saint Helens, USA	2 549	1988
Mauna Loa, Hawaii	4 170	1984
Island und Atlantik (54)		
Pico de Teide, Kanarische Inseln	3 713	1909
Mittel- und Südamerika (100)		
Sangay, Ecuador	5 230	1989
Popocatepetl, Mexiko	5 465	1943
Llullaillaco, Chile	6 723	1877

DIE STÄRKE DER ERUPTIONEN

Die Menge an ausgetretener Asche ist ein Anhaltspunkt für das Ausmaß der Eruption.

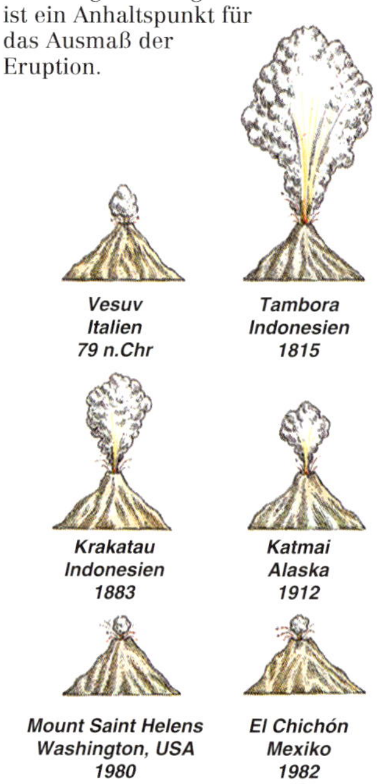

AUFBAU VON VULKANEN

Die Form eines Vulkans hängt in erster Linie von der Art der austretenden Lava ab. Dicke, zähflüssige Lava baut hohe, steile Vulkankegel auf; dünnflüssige Lava bildet sanft ansteigende Lavahügel oder -plateaus.

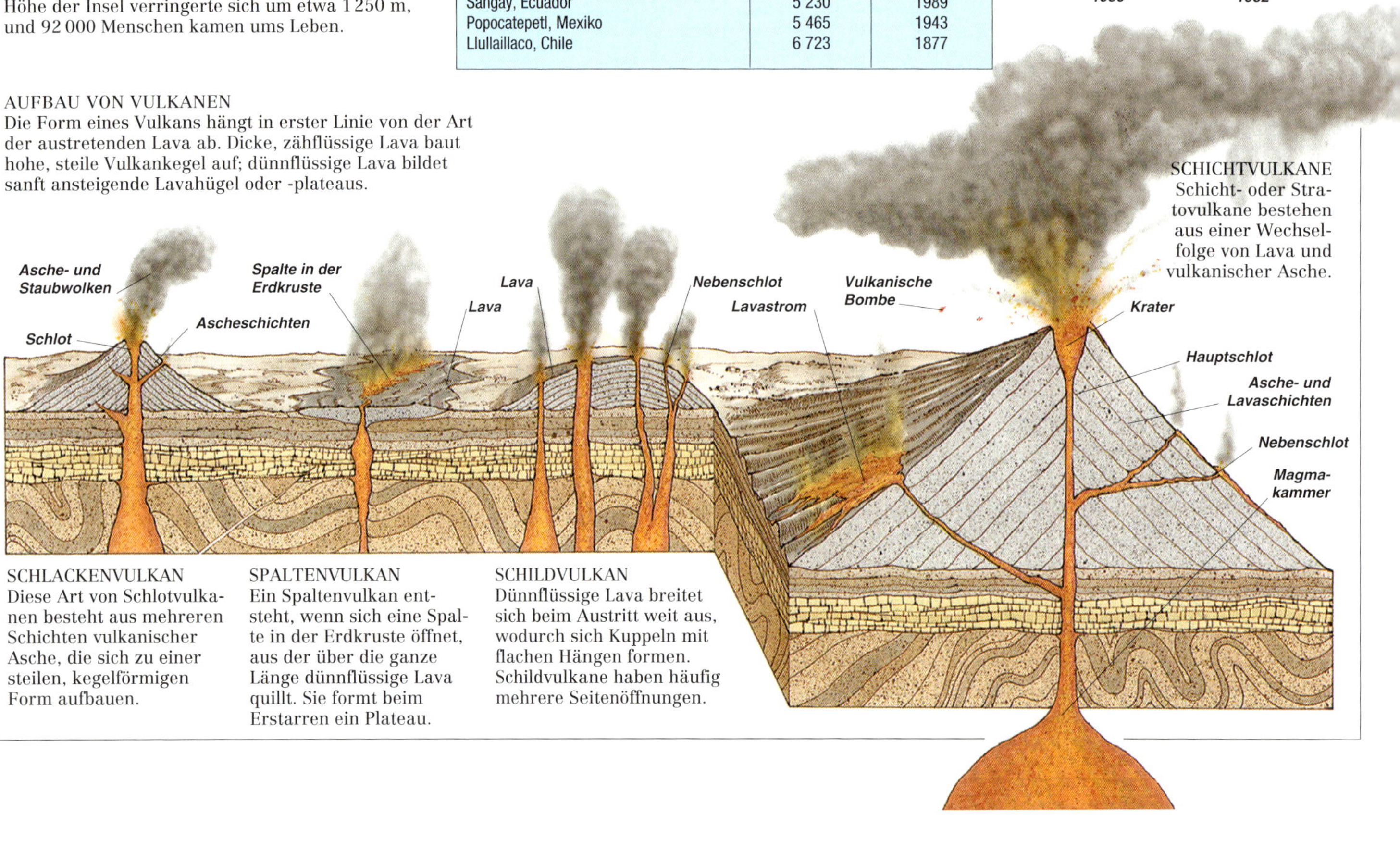

SCHICHTVULKANE
Schicht- oder Stratovulkane bestehen aus einer Wechselfolge von Lava und vulkanischer Asche.

SCHLACKENVULKAN
Diese Art von Schlotvulkanen besteht aus mehreren Schichten vulkanischer Asche, die sich zu einer steilen, kegelförmigen Form aufbauen.

SPALTENVULKAN
Ein Spaltenvulkan entsteht, wenn sich eine Spalte in der Erdkruste öffnet, aus der über die ganze Länge dünnflüssige Lava quillt. Sie formt beim Erstarren ein Plateau.

SCHILDVULKAN
Dünnflüssige Lava breitet sich beim Austritt weit aus, wodurch sich Kuppeln mit flachen Hängen formen. Schildvulkane haben häufig mehrere Seitenöffnungen.

LAVAARTEN

Lavaarten unterscheiden sich durch die Menge des enthaltenen Gases sowie dadurch, ob sich die Lava auf Land oder in Wasser ergießt. Die zwei am häufigsten vorkommenden Lavaarten sind die Aa-Lava und die Pahoehoe-Lava.

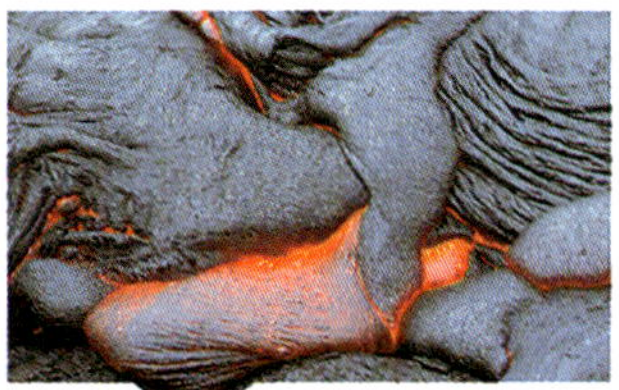

PAHOEHOE-LAVA
ist dünnflüssig und fließt schnell. Während des Abkühlens bildet sie wellenartige Falten und Runzeln.

PILLOW-LAVA
Unter Wasser austretende Lava erstarrt sehr schnell und lässt kissenförmige Gebilde, die auch als Kissenlava bezeichnet werden, entstehen.

AA-LAVA
ist dicker und zähflüssiger als Pahoehoe-Lava. In erstarrtem Zustand bildet sie Blöcke mit rauer Oberfläche.

DER GRÖSSTE GEYSIR
Der Waimangu Geysir in Neuseeland brach 1904 aus und wirbelte Wasser bis zu 450 m empor. Damit überragte er sogar das dritthöchste Gebäude der Welt, den 442 m hohen Sears Tower in Chicago (USA). Der Waimangu Geysir ist heute nicht mehr aktiv. Das mit 508 m höchste Gebäude steht seit 2003 in Taipeh, Taiwan.

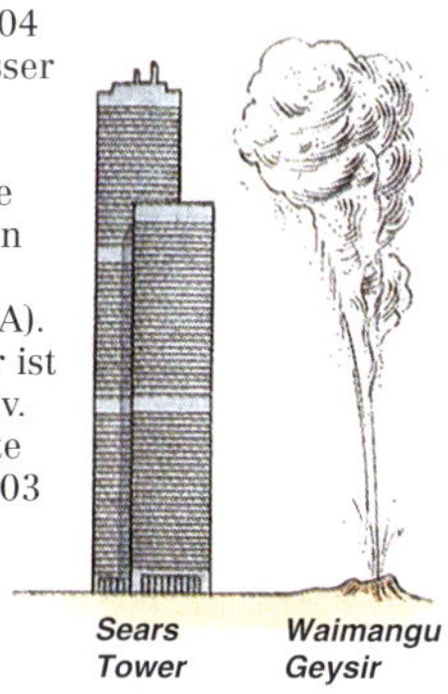

VULKANISCHER AUSWURF

Die festen Bestandteile, die ein Vulkan bei einer Explosion oder Eruption auswirft, nennt man »Pyroklastika«. Dazu gehören Schlacken, vulkanische Asche und große Brocken erstarrter Lava. Schlacken und Lava bedecken nach einem Ausbruch oft ein großes Gebiet.

VULKANISCHE BOMBEN
Fetzen von heißer Lava werden in die Luft gewirbelt und fallen erstarrt als »vulkanische Bomben« auf die Erde.

LAPILLI
Kleine Lavabruchstücke; der Begriff kommt aus dem Italienischen und bedeutet »Steinchen«.

BIMSSTEIN
Bimsstein entsteht aus Lava, die durch einen sehr hohen Gasgehalt aufgeschäumt wird. Sein Gewicht ist so gering, dass er auf dem Wasser schwimmt.

VULKANISCHER STAUB
Staub, der während einer Eruption in die Atmosphäre geschleudert wird, fällt möglicherweise erst Hunderte von Kilometer entfernt wieder auf die Erde.

REKORDE
Der größte aktive Vulkan ist der Mauna Loa auf Hawaii. Er hat einen Durchmesser von 100 km.

Der höchste tätige Vulkan ist der Ojos del Salado in Chile mit einer Höhe von 6 887 m.

Der größte aktive Geysir ist der Steamboat-Geysir in Wyoming (USA). Seine Ausbrüche erreichen Höhen von 60 bis 115 m.

VERSCHIEDENE VULKANE
Aktive Vulkane brechen immer wieder aus; ein ruhender Vulkan hat über einen längeren Zeitraum keine Tätigkeit gezeigt, könnte aber wieder ausbrechen; ein erloschener Vulkan ist schon lange nicht mehr aktiv, und ein erneuter Ausbruch ist so gut wie ausgeschlossen.

Castle Rock in Edinburgh (Schottland): die Reste eines erloschenen Vulkans

DIE GRÖSSTEN VULKANISCHEN EXPLOSIONEN

Wissenschaftler stufen vulkanische Explosionen je nach ihrer Stärke ein. Diese wird nach dem »VEI« (Volcanic Explosivity Index) bemessen und auf einer Skala von 0 (eine nicht explosive Eruption) bis 7 oder 8 für die stärksten Eruptionen eingeteilt. Bis heute sind keine Eruptionen mit einer Stärke von 8 bekannt.

Name des Vulkans und Ort	Jahr	VEI
Crater Lake, Oregon, USA	ca. 4895 v.Chr.	7
Kikai, Ryukyu Island, Japan	ca. 4340 v.Chr.	7
Santorini (Thera), Griechenland	ca. 1390 v.Chr.	6
Taupo, Neuseeland	ca. 130	7
Ilopango, El Salvador	ca. 260	6
Öräfajökull, Island	1362	6
Long Island, Neuguinea	ca. 1660	6
Tambora, Indonesien	1815	7
Krakatau, Indonesien	1883	6
Santa Maria, Guatemala	1902	6
Katmai (Novarupta), Alaska	1912	6

VULKANE AUF ANDEREN PLANETEN UND MONDEN
Der höchste Berg in unserem Sonnensystem, der Mons Olympus auf dem Mars, ist ein erloschener Vulkan. Auch der Mond weist erloschene Vulkane auf, und vielleicht gibt es auf der Venus aktive Vulkane. Io, einer der 16 Monde des Jupiters, hat aktive Vulkane, die bis zu 160 km hohe Gaswolken ausstoßen.

Wolke aus schwefelhaltigem Gas auf Io

VULKANISCHE LANDSCHAFTEN

Vulkanische Tätigkeit im Erdinneren heizt Wasser über und unter der Erde auf. So entstehen außergewöhnliche Landschaften vulkanischen Ursprungs, in denen Wasser, Schlamm und Gase aus Öffnungen im Boden herausbrodeln, -dampfen oder -schießen.

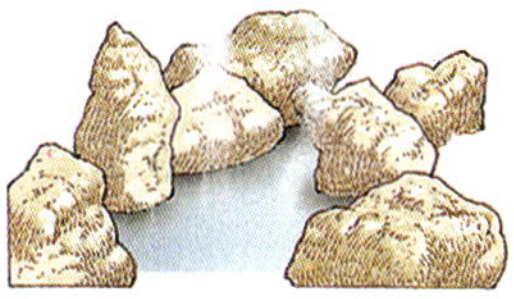

HEISSE QUELLEN
Eine dampfende heiße Quelle entsteht, wenn das Grundwasser durch heiße Gesteinsschichten aufgeheizt wird und an die Oberfläche steigt.

BRODELNDE SCHLAMMBECKEN
Ein Becken mit heißem, brodelndem Schlamm entsteht, wo sich heißes Wasser mit mineralischen Teilchen vermischt, die durch saure vulkanische Gase aus den Felsen gelöst werden.

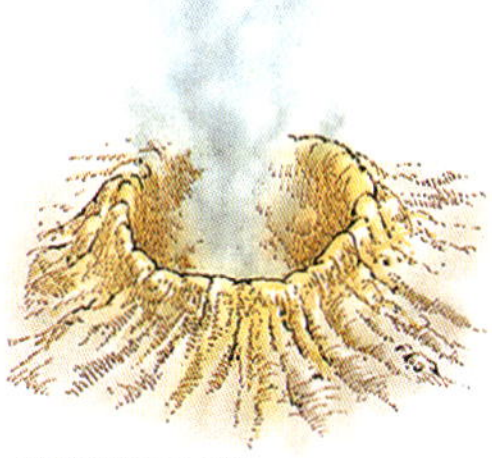

FUMAROLEN
Fumarolen sind Austrittsstellen von Wasserdampf und heißen vulkanischen Gasen. Diese schwefelhaltigen Gase verbreiten häufig einen Geruch nach faulenden Eiern.

GEYSIRE
Ein Geysir ist eine Springquelle, die Wasser in die Luft schleudert, das sich unterirdisch sammelt und durch die heißen Gesteinsschichten erhitzt wird.

SINTERTERRASSE
In heißen Quellen enthaltene Mineralien bilden bei ihrem Austritt an die Oberfläche wunderschöne, teils bunt gefärbte Sinterterrassen.

ERDBEBEN

Erdbeben werden ausgelöst durch Bewegungen der großen Platten, aus denen die Erdkruste besteht. Wissenschaftler verzeichnen jährlich über 500 000 Erdbeben und kleinere Erschütterungen. Die meisten davon sind von Menschen kaum zu bemerken, aber mehr als 1 000 Erdbeben verursachen größere Schäden. Schwere Erdbeben können ganze Städte in Schutt und Asche legen.

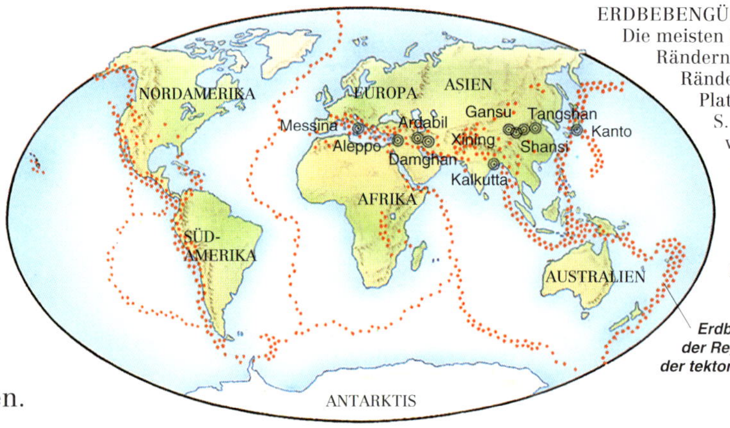

Erdbebenzonen liegen in der Regel an den Rändern der tektonischen Platten.

ERDBEBENGÜRTEL

Die meisten Erdbeben finden an Rändern oder in der Nähe der Ränder von tektonischen Platten statt (siehe S. 40/41). Diese Gebiete werden Erdbebengürtel genannt. Die zehn Erdbeben mit der höchsten Zahl an Opfern sind auf der nebenstehenden Karte eingezeichnet.

ERDBEBENHERD UND EPIZENTRUM

Die Stelle im Erdinneren, von der ein Erdbeben ausgeht, ist der Erdbebenherd. Der direkt darüber liegende Punkt auf der Erdoberfläche ist das Epizentrum.

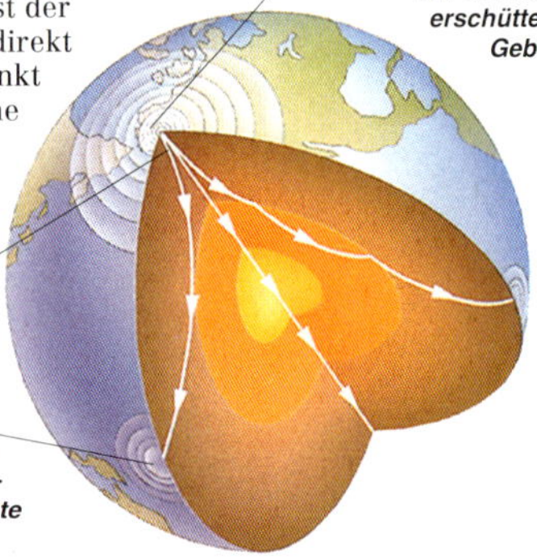

Das Epizentrum ist das am stärksten erschütterte Gebiet.

Der Erdbebenherd liegt meist tief (bis zu 720 km) im Erdinneren.

Druckwellen können sich bis auf die andere Seite der Erde fortpflanzen und dort so genannte Fernbeben auslösen.

NAHAUFNAHME EINES ERDBEBENS

Viele Erdbeben kommen an Verwerfungen vor (siehe S. 40/41), wenn sich die zerklüfteten Ränder zweier sich bewegender Platten verkanten. In diesen Bereichen baut sich eine Spannung auf, die sich ruckartig entlädt, wenn die Platten sich lösen: der Boden beginnt zu beben.

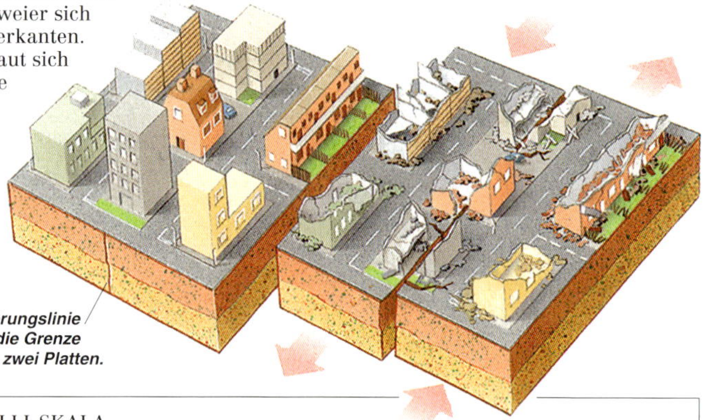

Die tektonischen Platten verschieben sich ruckartig gegeneinander und lösen so ein Erdbeben aus.

Diese Störungslinie markiert die Grenze zwischen zwei Platten.

MESSUNG VON ERDBEBEN

Die Wissenschaft von der Entstehung, Ausbreitung und Auswirkung von Erdbeben ist die Seismologie. Zur Messung und Aufzeichnung von Erdbeben setzen die Wissenschaftler Seismographen ein. Die Stärke eines Erdbebens wird entweder anhand der Magnituden, d.h. der Stärke der Druckwellen und der Energie des Erdbebens gemessen, oder anhand seiner Auswirkungen. Magnituden werden in der Regel auf der Richter-Skala gemessen, die Intensität von Erdbeben auf der modifizierten Mercalli-Skala.

DIE RICHTER-SKALA

Die Richter-Skala wurde in den 30er Jahren des 20. Jahrhunderts von dem Amerikaner Charles F. Richter entwickelt.

Charles F. Richter (1900–1985)

Größe	Wahrscheinliche Auswirkungen
1	Nur von Instrumenten messbar
2–3	Von Menschen nur leicht spürbar
4–5	Im Umkreis von 32 km vom Epizentrum aus feststellbar. Leichte Beschädigungen in einem kleineren Gebiet möglich
6	Ruft erhebliche Schäden hervor
7	Sehr starkes Erdbeben
8	Sehr zerstörerisches Erdbeben

DIE MODIFIZIERTE MERCALLI-SKALA

Die zwölfteilige Mercalli-Skala stuft Erdbeben nach der Intensität ihrer Auswirkungen ein, z.B. Schäden an Gebäuden. Die ursprüngliche Mercalli-Skala hatte der Italiener Giuseppe Mercalli (1850–1914) im Jahr 1902 aufgestellt. Später wurde sie zur modifizierten Mercalli-Skala aktualisiert.

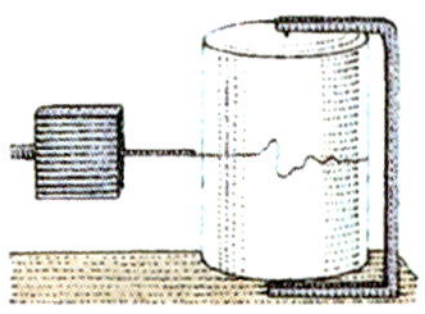

I. Von Menschen nicht wahrnehmbar, aber von Instrumenten verzeichnet. Tiere können unruhig werden.

II. Wird nur von wenigen Personen in Häusern, besonders in den oberen Stockwerken, gespürt.

III. Wird in Gebäuden von einigen Personen als kurze, leichte Erschütterung wahrgenommen.

IV. Das Beben wird in Gebäuden von vielen, im Freien von wenigen bemerkt. Stehende Autos schwanken. Geschirr und Fensterscheiben klirren.

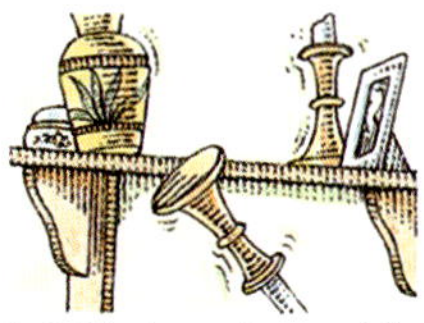

V. Gebäude werden erschüttert. Kleinere Gegenstände fallen um, Türen schlagen auf und zu.

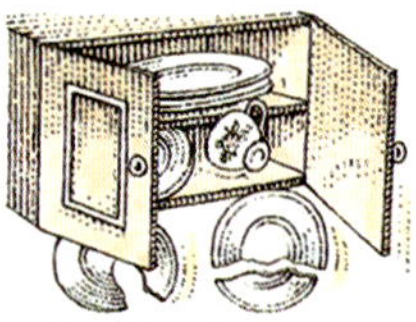

VI. Wird überall wahrgenommen. Bäume bewegen sich. Geschirr zerbricht. Bilder und Bücher fallen herab.

VII. Alarmierend! Schornsteine bekommen Risse, der Putz fällt von den Wänden. Fensterscheiben zerbrechen.

VIII. Beträchtliche Zerstörungen an Gebäuden. Schornsteine knicken ab. Äste brechen von den Bäumen.

IX. Allgemeine Panik. Im Boden zeigen sich breite Risse. Gebäude stürzen ein.

X. Wasser schwappt über die Flussufer aufs Land. Erdleitungen reißen auseinander. Die meisten Häuser sind zerstört.

XI. Wenige Gebäude bleiben stehen. Brücken und Eisenbahnlinien werden unbrauchbar. Heftige Erdrutsche.

XII. Fast alle Bauten werden zerstört. Auf der Erdoberfläche treten starke Veränderungen auf. Flüsse verändern ihren Lauf.

FOLGEWIRKUNGEN VON ERDBEBEN

Erdbeben an Land können ganze Städte dem Erdboden gleichmachen, Erdrutsche und Lawinen auslösen und Brände hervorrufen. Erdbeben unter dem Meeresspiegel verursachen riesige seismische Meereswellen. Diese so genannten Tsunamis, die sich über Hunderte von Kilometer im Ozean fortpflanzen, türmen sich in Küstennähe bis zu 30 m hoch auf.

FEUER
Wenn bei einem Erdbeben Gasleitungen zerstört werden, kann das kleinste Fünkchen einen gewaltigen Brand verursachen.

ERDRUTSCH
Ausgelöst durch ein Erdbeben kann ein ganzer Berghang abstürzen, der alles unter sich begräbt.

TSUNAMIS
Tsunamis können schreckliche Verwüstungen auslösen, wenn sie auf die Küste treffen.

DIE SCHLIMMSTE VERWÜSTUNG DURCH ERDBEBEN
Das verheerendste Erdbeben fand 1923 in Kanto (Japan) statt. Im nahe gelegenen Tokio, wo zahlreiche Häuser aus Holz und Papier gebaut waren, stürzten durch die Erschütterung Herde um und setzten die Häuser in Brand. Daraufhin wütete ein Feuersturm über die gesamte Stadt. Beinahe 144 000 Menschen kamen ums Leben, und 650 000 Häuser wurden zerstört.

Tokio wurde 1923 von einem Erdbeben verwüstet.

TSUNAMIS
»Tsunami« bedeutet »Hochwasser« oder »große Welle im Hafen«. Sie breitet sich nach Erdbeben, Erdrutschen oder Vulkanausbrüchen mit bis zu 720 km/h aus und kann einen ganzen Ozean erfassen.

Ein Seebeben im Indischen Ozean verursachte am 26. Dezember 2004 in Südasien die bisher größte Flutkatastrophe. Durch das Beben wurden große Flutwellen ausgelöst. Die Wassermassen überschwemmten ohne Vorwarnung die Küstengebiete von Thailand, Sri Lanka, Indonesien, Indien und anderen Ländern. Man nimmt an, dass etwa 280 000 Menschen – Einheimische und Touristen – starben.

SAN-ANDREAS-VERWERFUNG
An der San-Andreas-Verwerfung in Kalifornien (USA) schieben zwei tektonische Platten mit einer Geschwindigkeit von etwa 5 cm pro Jahr aneinander vorbei. Erdbeben und Erschütterungen kommen hier häufig vor, manchmal mit schweren Auswirkungen. San Francisco liegt genau auf dieser Spalte.

San-Andreas-Verwerfung, Kalifornien (USA)

ERDBEBEN MIT DEN MEISTEN TODESOPFERN

Ort	Jahr	Geschätzte Zahl der Opfer
Shensi, China	1556	830 000
Nordostchina	1976	650 000
Kalkutta, Indien	1737	300 000
Tangshan, China	1976	255 000
Aleppo, Syrien	1138	230 000
Damghan, Iran	856	200 000
Kansu, China	1920	200 000
Xining, China	1927	200 000
Ardabil, Iran	893	150 000
Kanto, Japan	1923	144 000
Messina, Italien	1908	70–100 000

DIE STÄRKSTEN BEKANNTEN ERDBEBEN

Ort	Jahr	Stärke auf der Richter-Skala
Kolumbien	1906	8,9
Morioka, Japan	1933	8,9
Lissabon, Portugal	1755	8,75
Assam, Indien	1897	8,7

ERDBEBENSICHERE GEBÄUDE
In erdbebengefährdeten Gebieten können spezielle Baumaßnahmen die Auswirkungen von starken Erdbeben mildern. So wird z.B. ein pyramiden- oder kegelförmiges Gebäude nicht so schnell ins Wanken geraten wie eine Konstruktion mit senkrechten Wänden.

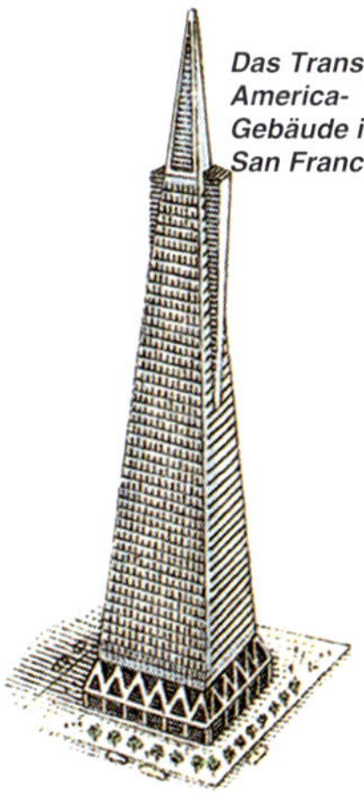

Das Trans-America-Gebäude in San Francisco

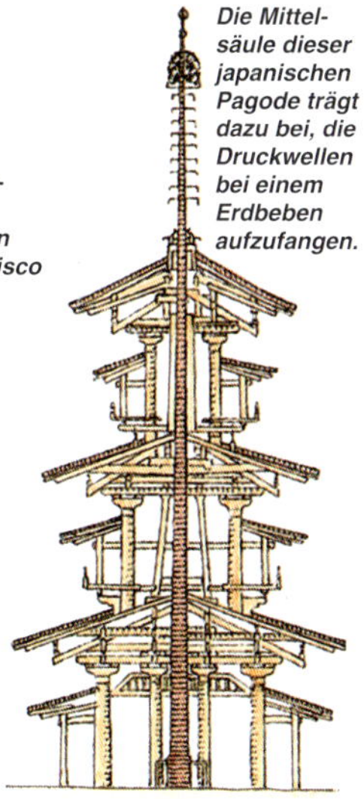

Die Mittelsäule dieser japanischen Pagode trägt dazu bei, die Druckwellen bei einem Erdbeben aufzufangen.

WISSENSWERTES

Die meisten Erdbeben dauern weniger als eine Minute.

Das längste erfasste Erdbeben dauerte 4 Minuten und wurde am 27. März 1964 in Alaska (USA) registriert. Es war eines der stärksten bekannten Erdbeben, aber aufgrund der geringen Bevölkerungsdichte kamen dabei nur 65 Menschen ums Leben.

Das erste Instrument zur Erfassung von Erdbeben war das in China im Jahre 132 n.Chr. entwickelte Seismoskop.

Druckwellen nach einem Erdbeben pflanzen sich durch Stein mit einer Geschwindigkeit von etwa 25 000 km/h fort, das ist mehr als 20-mal so schnell wie die Schallgeschwindigkeit. In Sand und Schlamm verringert sich ihre Geschwindigkeit.

Tiere spüren ein bevorstehendes Erdbeben eher als Menschen, sie verhalten sich deshalb auffällig: Hunde heulen, Hühner fliehen aus ihrem Stall, Ratten und Mäuse verlassen ihre Bauten.

MONDBEBEN
Die meisten Mondbeben werden durch Meteoriten verursacht, die auf der Mondoberfläche aufschlagen. Seismographen, die von amerikanischen Astronauten dort platziert wurden, zeichnen die Mondbeben auf.

Seismographen auf dem Mond

STEINE UND MINERALIEN

Gestein ist das Baumaterial der Erdkruste. Alles Gestein setzt sich aus chemischen Verbindungen zusammen, die man Mineralien nennt.

Kalkstein ist ein Sedimentgestein (siehe unten). Etwa 75% der Landfläche ist von Sedimentgestein bedeckt.

GESTEINE

Die Wissenschaft, die sich mit den Gesteinen befasst, ist die Petrographie oder Petrologie. Man unterscheidet drei Gesteinsarten: magmatische Gesteine, Sedimentgesteine und metamorphe Gesteine.

MAGMATISCHE GESTEINE

Ausgangsmaterial für magmatische Gesteine ist das zähflüssige Magma, also das aufgeschmolzene Gestein im Erdinneren. Das Magma steigt nach oben und wird entweder bei einem Vulkanausbruch ausgeworfen oder kühlt beim Eintritt in die Erdkruste ab, bildet Kristalle und wird fest.

Basalt ist ein magmatisches Gestein.

ERGUSS- UND TIEFENGESTEIN

Magmatische Gesteine, die bei einer Eruption ausgeworfen werden, nennt man Ergussgesteine oder Vulkanite. Verfestigen sich magmatische Gesteine in der Erdkruste, bevor sie die Oberfläche erreichen, werden sie Tiefengesteine oder Plutonite genannt.

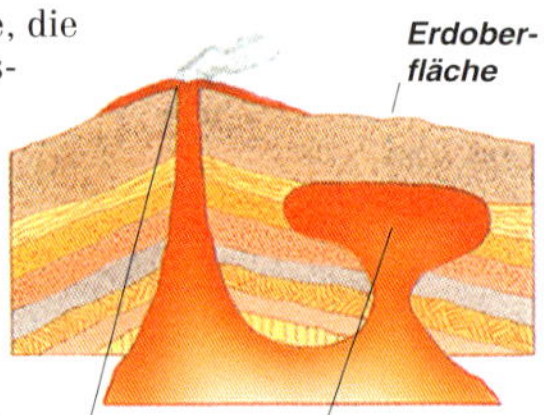

Der Giant's Causeway (Riesendamm) in Nordirland hat sich aus Basalt, einem Ergussgestein, geformt.

Granitisches Gebirgsmassiv in Yosemite (USA); wurde durch Erosion von darüber liegenden Gesteinsschichten freigelegt.

SEDIMENTGESTEIN

Das Verwitterungsmaterial von Gesteinen wird von Wasser, Wind und Eis fortgetragen und lagert sich in Seen, Flüssen, Sanddünen und auf dem Meeresboden ab. Über Jahrmillionen wird es zusammengepresst und bildet so Schichten von Sedimentgestein.

Sandstein ist ein Sedimentgestein.

Der Ayers Rock in Zentralaustralien besteht aus einem großen Sandstein.

METAMORPHES GESTEIN

Es entsteht durch Umwandlung von magmatischen oder sedimentären Gesteinen durch großen Druck und/oder hohe Temperaturen. Hitze kann durch aufsteigendes Magma erzeugt werden. Druck baut sich auf, wenn das Gestein während der Entstehung eines Gebirges zusammengepresst wird.

Gneis ist ein metamorphes Gestein.

Diese Landschaft im nordwestlichen Schottland ist aus Gneis entstanden.

DIE GEOLOGISCHE ZEITTAFEL

Das Alter von Gesteinen wird anhand einer geologischen Zeittafel eingestuft.

Ära	System	Beginn (vor Mio. Jahren)
Känozoikum	Quartär	
	Holozän	0,01
	Pleistozän	2,5
	Tertiär	
	Pliozän	5
	Miozän	25
	Oligozän	38
	Eozän	55
	Paläozän	65
Mesozoikum	Kreide	144
	Jura	213
	Trias	248
Paläozoikum	Perm	286
	Karbon	360
	Devon	408
	Silur	438
	Ordovizium	505
	Kambrium	590
	Präkambrium (etwa siebenmal so lang wie alle anderen Systeme zusammen) geht zurück bis zur Entstehung der Erde	

KREISLAUF DER GESTEINE

Alle Gesteine sind einem ständigen Kreislauf von Entstehung und Abbau unterworfen.

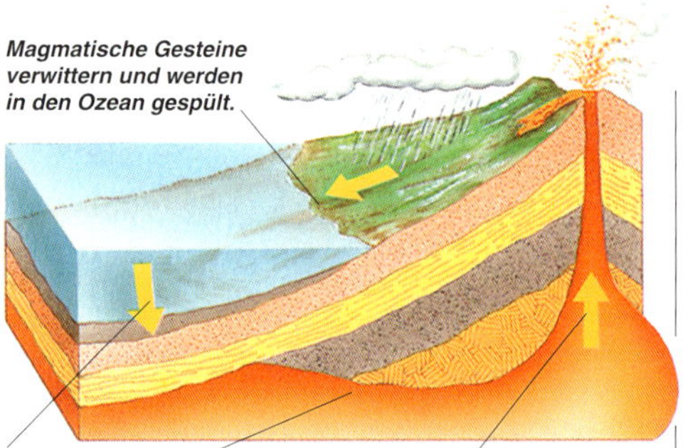

Magmatische Gesteine verwittern und werden in den Ozean gespült.

Mineralische Teilchen sinken auf den Meeresboden und werden zu Sedimentgesteinen verfestigt.

Hitze von aufgeschmolzenen Gesteinen wandelt Sedimentgesteine und magmatische Gesteine in metamorphe Gesteine um.

Metamorphe Gesteine schmelzen und kühlen an der Oberfläche zu magmatischen Gesteinen ab.

MINERALIEN

Natürliche, anorganische Substanzen. Beispiele sind Gold, Silber, Gips, Quarz und Schwefel.

GESTEINSBILDENDE MINERALIEN

Unterschiedliche Mineraliengemenge bilden verschiedene Gesteinsarten.

Granit setzt sich aus den Mineralien Feldspat, Quarz und Glimmer zusammen.

ERZE

Metallhaltige Mineralien, aus denen etwa 80 verschiedene Metalle gewonnen werden.

TITAN

Leichtes, widerstandsfähiges Metall; Flugzeugbau

Rutil-Titanerz

Düsenflugzeug

ALUMINIUM

Zur Gewinnung von Aluminium wird hauptsächlich das Erz Bauxit verwendet.

Bauxit-Aluminiumerz

Aluminiumdose

BLEI

Blei ist das weichste Metall. Wird in Batterien und im Maschinenbau genutzt.

Galenit-Bleierz (Bleiglanz)

Autobatterie

EISEN

Eisen entsteht durch ein carbothermisches Verfahren.

Hämatit-Eisenerz

Rostfreie Edelstahlgabel

KUPFER

Ein sehr leitfähiges Metall, findet in der Elektroindustrie breite Anwendung.

Chalkopyrit-Kupfererz (Kupferkies)

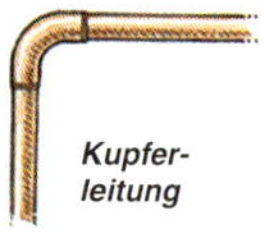

Kupferleitung

QUECKSILBER

Ein Metall, das z.B. bei Messgeräten und der Herstellung von Medikamenten verwendet wird.

Zinnober-Quecksilbererz

Quecksilberthermometer

KRISTALLE

Kristalle entstehen, wenn sich geschmolzene Mineralien oder in Flüssigkeiten gelöste Mineralien verfestigen. 85% aller Gesteine und Mineralien haben eine kristalline Form.

Bergkristall – eine Form des Quarzes

QUARZ
Mohshärte: 7
System: hexagonal/trigonal
Quarz ist eines der am häufigsten vorkommenden Mineralien. Grundstoff für die Glaserzeugung.

Azurit kommt in Gebieten von Kupferlagerstätten vor.

AZURIT
Mohshärte: 3,5
System: monoklin
Tiefblaues Mineral, das früher als Farbgrundstoff (Azurblau) verwendet wurde.

Schwefel bildet gelbe Kristalle aus.

SCHWEFEL
Mohshärte: 2,0–2,1
System: rhombisch
Schwefel entsteht in vulkanischen Bereichen.

Pyrit schimmert metallisch.

PYRIT
Mohshärte: 6–6,5
System: kubisch
Wegen seines gelblichen Glanzes wird Pyrit auch Katzengold genannt.

HÄRTE VON MINERALIEN
Die Härte eines Minerals wird mit Hilfe einer 10-stufigen Skala angegeben, die der österreichische Mineraloge Friedrich Mohs (1773–1839) entwickelt hat.

KRISTALLSYSTEME
Die Form, die ein Mineral bei der Kristallisierung annimmt, wird Kristallsystem genannt. Man unterscheidet zwischen sechs Systemen.

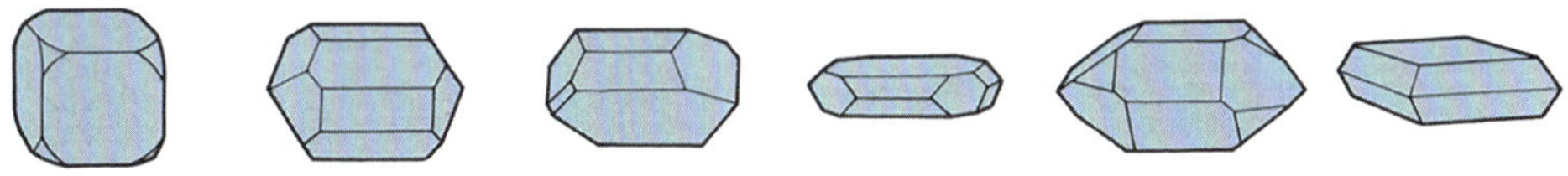

KUBISCH
Beispiele: Diamant, Bleiglanz, Granat

TETRAGONAL
Beispiele: Zirkon, Rutil, Vesuvian

HEXAGONAL/ TRIGONAL
Beispiele: Korund, Beryll

RHOMBISCH
Beispiele: Schwefel, Olivin, Topas

MONOKLIN
Beispiele: Malachit, Gipsspat

TRIKLIN
Beispiele: Rhodonit, Kyanit, Türkis

MOHS'SCHE HÄRTESKALA

1: Talk
2: Gips
3: Kalkspat (Calcit)
4: Flussspat (Fluorit)
5: Apatit
6: Orthoklas
7: Quarz
8: Topas
9: Korund
10: Diamant

EDELSTEINE

Edelsteine sind Mineralien, die aufgrund ihrer Schönheit, Seltenheit und Dauerhaftigkeit besonders geschätzt werden. Es gibt mehr als 100 Edelsteinarten. Zu den wertvollsten gehören Diamant, Smaragd, Rubin und Saphir.

Diamant

DIAMANT
Mohshärte: 10
System: kubisch
Fundorte u.a. in: Russland, Südafrika, Australien, Brasilien

Rubin

RUBIN
Mohshärte: 9
System: trigonal
Fundorte u.a. in: Indien, Thailand, Birma, Sri Lanka

Smaragd

SMARAGD
Mohshärte: 7–8
System: hexagonal
Fundorte u.a. in: Russland, USA, Sambia, Kolumbien

ORGANISCHE EDELSTEINE
Organische Edelsteine haben einen pflanzlichen oder tierischen Ursprung. Zu ihnen gehören Perlen, Muscheln und Bernstein.

Bernstein ist fossiles Harz von Nadelbäumen.

GEBURTSSTEINE
Einige Edelsteine sind mit bestimmten Monaten des Jahres verbunden. Das Tragen von Geburtssteinen wurde im 18. Jh. sehr beliebt.

Januar: Granat
Februar: Amethyst
März: Aquamarin
April: Diamant
Mai: Smaragd
Juni: Perle
Juli: Rubin
August: Peridot
September: Saphir
Oktober: Opal
November: Topas
Dezember: Türkis

RIESENEDELSTEINE
Der größte Diamant, der Cullinan, mit dem Gewicht einer kleinen Ananas, wurde 1905 in Südafrika gefunden.

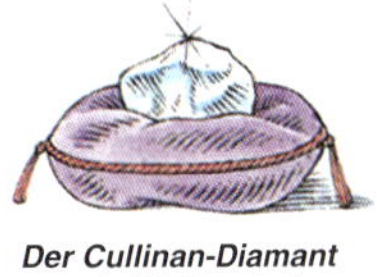

Der Cullinan-Diamant wog 3 106 Karat, das sind etwa 0,6 kg.

Ananas

Die größte Perle ist die Lao-tse-Perle. Sie wurde 1934 auf den Philippinen gefunden und wiegt etwa so viel wie ein vier Monate altes Baby.

Die Lao-tse-Perle mit einem Gewicht von 6,37 kg.

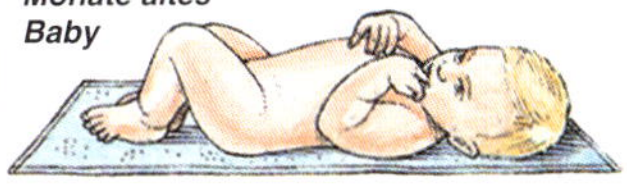

Vier Monate altes Baby

AUFBAU VON MINERALIEN
Die Härte eines Minerals hängt von der Struktur seiner Atome ab. Diamant und Graphit sind verschiedene Formen der Kohle; ihre Härtegrade aber weichen wegen der unterschiedlichen Strukturen voneinander ab.

DIAMANT
Der Diamant ist das härteste Mineral. Jedes seiner Atome ist fest mit jeweils vier anderen Atomen verbunden und bildet ein kompaktes Material.

Diamantring

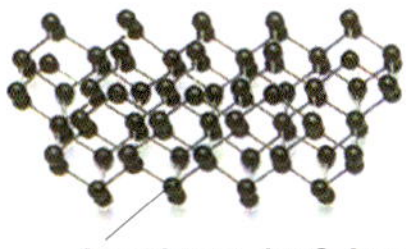

Anordnung der C-Atome in einem Diamanten

GRAPHIT
Im Graphit sind die Atome in Schichten angeordnet, wodurch sie nur schwach zusammengehalten werden.

Graphit ist in Bleistiftminen enthalten.

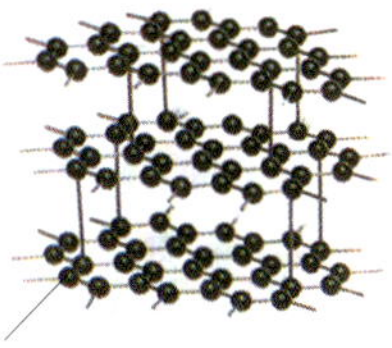

Anordnung der C-Atome in Graphit

DAS GEWICHT VON EDELSTEINEN
Das Gewicht von Edelsteinen wird in Karat gemessen: ein Karat entspricht 0,2 g. »Karat« kommt aus dem Griechischen und bezeichnet den Samen des Johannisbrotbaums. Dieser Samen wurde früher zum Wiegen von Gold und Edelsteinen benutzt.

Johannisbrotbaum-Samen

Rubin: 1 Karat

Auch der Goldgehalt einer Legierung (das heißt eines Metallgemischs) wird in Karat angegeben: reines Gold hat 24 Karat. Der hier gezeigte Goldbarren hat 23,5 Karat.

WISSENSWERTES
Ein Fossil ist ein früheres Lebewesen (Tier oder Pflanze), das als Versteinerung erhalten geblieben ist. Fossilien geben Aufschluss über frühere Lebensformen und helfen bei der Altersbestimmung von Gesteinen.

Eine Perle ist etwa in einer von 1 000 Austern und in einer von 3 000 Muscheln enthalten.

DER MEERESBODEN

Am Meeresboden befindet sich eine Landschaft aus Bergketten, Tälern und riesigen Ebenen, die zusammen etwa zwei Drittel der Erdoberfläche einnehmen. Diese Landschaft ist entstanden und wird geformt durch die Bewegungen der Erdplatten.

RAUCHENDE SCHLOTE
Diese rauchenden Schlote, es handelt sich um heiße vulkanische Quellen, sind hohe, an Kamine erinnernde Formen auf dem Meeresboden, die in Abständen sehr heißes Wasser ausstoßen. Sie kommen an vulkanisch aktiven Stellen auf den mittelozeanischen Rücken vor.

DIE GRÖSSTEN MITTELOZEANISCHEN RÜCKEN UND GRÄBEN
Die wichtigsten Großformen des Meeresbodens bilden sich an den Grenzen der tektonischen Platten, aus denen die Erdkruste zusammengesetzt ist (siehe S. 40/41). Mittelozeanische Rücken entstehen dort, wo sich zwei Platten auseinander bewegen. Gräben entstehen an Subduktionszonen, wo eine Platte unter die andere abtaucht.

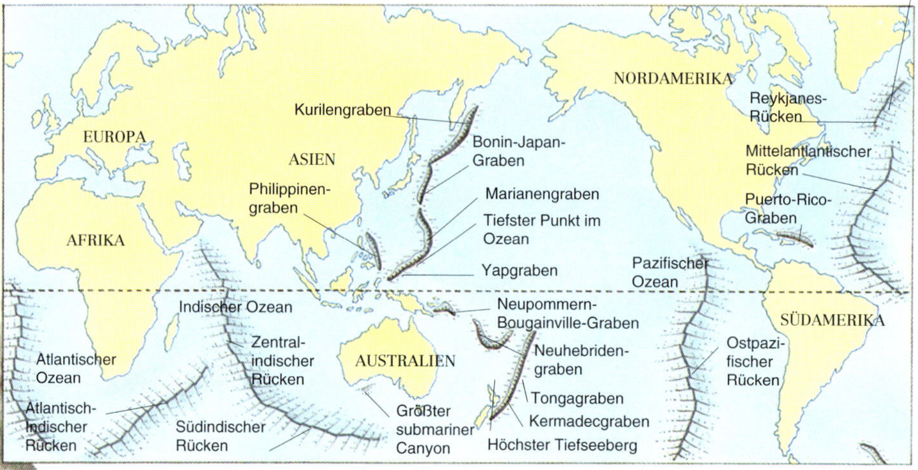

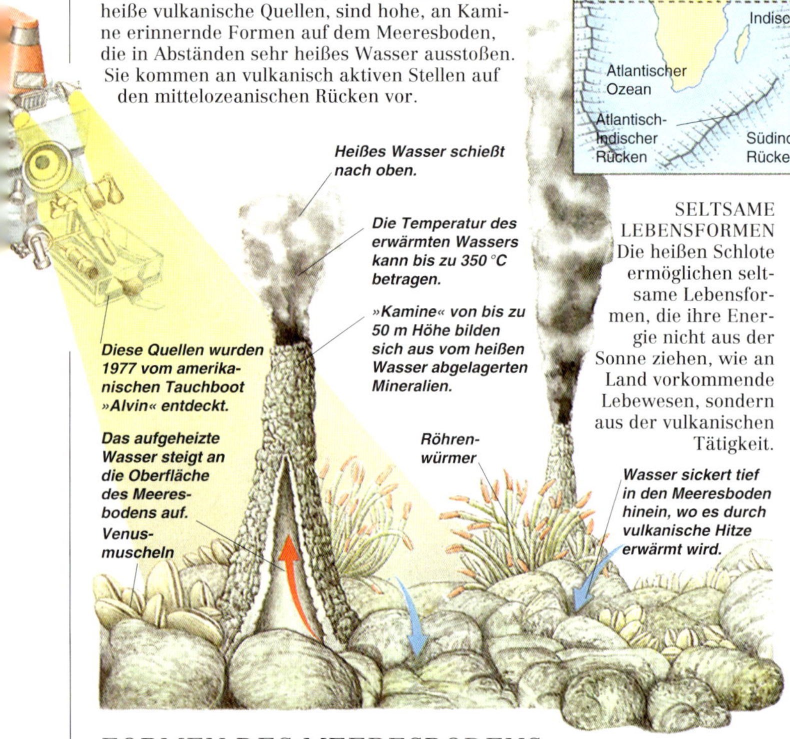

SELTSAME LEBENSFORMEN
Die heißen Schlote ermöglichen seltsame Lebensformen, die ihre Energie nicht aus der Sonne ziehen, wie an Land vorkommende Lebewesen, sondern aus der vulkanischen Tätigkeit.

TIEFSEEGRÄBEN

Die Tiefe von Tiefseegräben wird vom Meeresspiegel aus gemessen.

Graben	Ozean	Tiefe in m
Marianengraben	Westpazifik	10 920
Tongagraben	Südpazifik	10 800
Philippinengraben	Westpazifik	10 057
Kermadecgraben	Südpazifik	10 047
Bonin-Japan-Graben	Westpazifik	9 780
Kurilengraben	Westpazifik	9 550
Neuhebridengraben	Südpazifik	9 175
Neupommern-Bougainville-Graben	Südpazifik	8 940
Puerto-Rico-Graben	Westatlantik	8 605
Yapgraben	Westpazifik	8 527

FORMEN DES MEERESBODENS

Auf dem Meeresboden wird Erdkruste auf- und abgebaut. Vulkanische Tätigkeit in Verbindung mit mittelozeanischen Rücken und Subduktionszonen lassen in der Tiefe des Ozeans viele unterschiedliche Formen entstehen.

SUBMARINE CANYONS
Flüsse, die vom Land ins Meer fließen, können tiefe Einschnitte in den Kontinentalhang graben.

TIEFSEEBECKEN
Etwa 3 500 bis 5 500 m unter der Wasseroberfläche liegt eine weite Ebene aus tiefen Sedimentschichten.

TIEFSEEBERG
Ein Tiefseeberg ist ein unterseeischer Vulkan, der 1 000 m und mehr über die ihn umgebende Ebene herausragt.

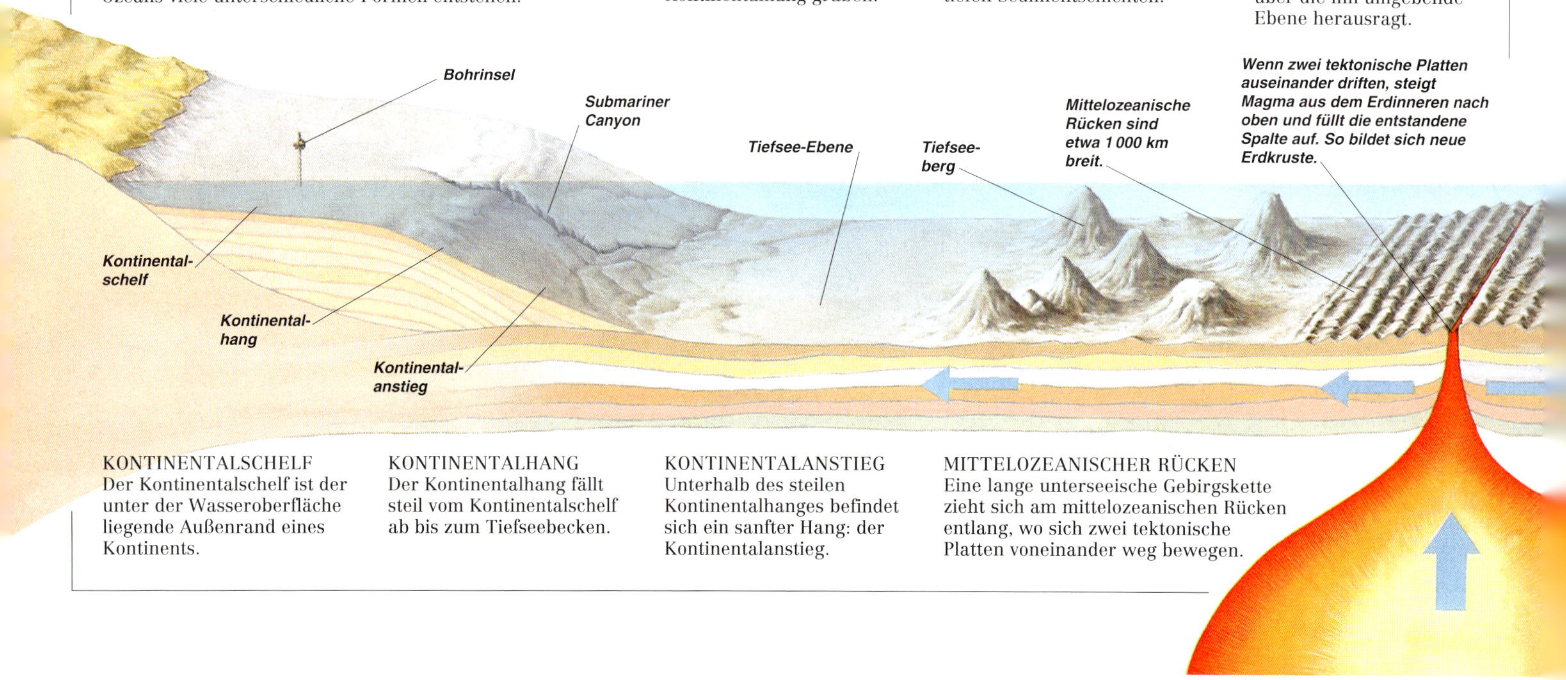

KONTINENTALSCHELF
Der Kontinentalschelf ist der unter der Wasseroberfläche liegende Außenrand eines Kontinents.

KONTINENTALHANG
Der Kontinentalhang fällt steil vom Kontinentalschelf ab bis zum Tiefseebecken.

KONTINENTALANSTIEG
Unterhalb des steilen Kontinentalhanges befindet sich ein sanfter Hang: der Kontinentalanstieg.

MITTELOZEANISCHER RÜCKEN
Eine lange unterseeische Gebirgskette zieht sich am mittelozeanischen Rücken entlang, wo sich zwei tektonische Platten voneinander weg bewegen.

MEERESBODENSEDIMENTE

In Küstennähe bestehen die Ablagerungen (Sedimente) hauptsächlich aus Schlamm, Sand und Schlick, die mit den Flüssen ins Meer gespült werden. Tiefer im Meer befindet sich Schlick, der hauptsächlich aus den Schalen abgestorbener Meeresorganismen besteht (Muschelkalk). Die Menge an Sedimenten und die Zusammensetzung des Schlicks gibt der Wissenschaft die Möglichkeit, das Alter des Meeresbodens zu berechnen.

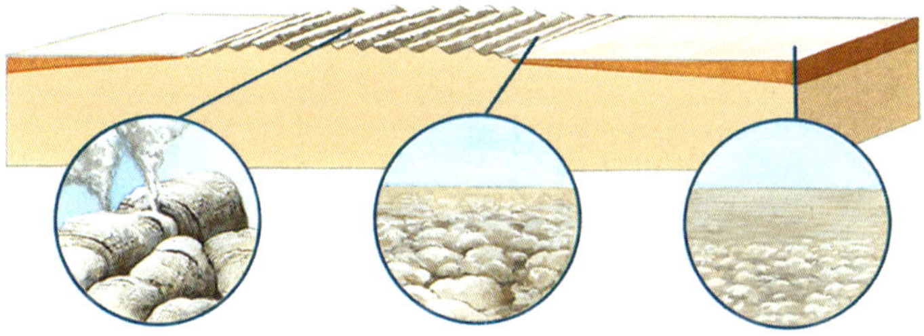

NEUES GESTEIN
Das am mittelozeanischen Rücken neu entstandene vulkanische Gestein ist so gut wie frei von Sedimenten.

5 MIO. JAHRE SPÄTER
Das Gestein hat sich 500 km von der Spalte entfernt. In Vertiefungen beginnen sich Sedimente anzusammeln.

10 MIO. JAHRE SPÄTER
Das Gestein hat sich 1 000 km von der Spalte entfernt. Es ist von einer dicken Sedimentschicht bedeckt.

DIE VERMESSUNG DES MEERESBODENS

Die ersten Erforschungen des Meeresbodens erfolgten mit Bleigewichten an einer Leine. Damit konnte man annähernd die Meerestiefe feststellen. Heutzutage geben Echolot und spezielle Unterseeboote exakte Auskünfte über die Meerestiefen.

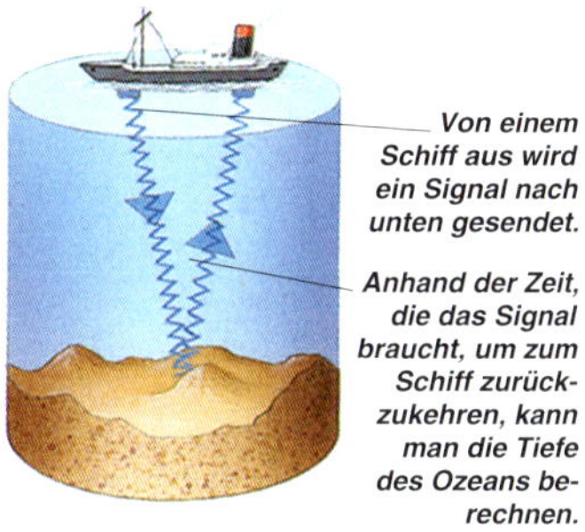

WISSENSWERTES

Ein Schlickteilchen sinkt mit einer Geschwindigkeit von 0,3 bis 3 m pro Tag. Bei diesem Tempo dauert es bis zu 25 Jahre, bis die Reste einer toten Garnele von der Oberfläche des Ozeans bis auf den Grund eines Tiefseegrabens gesunken sind.

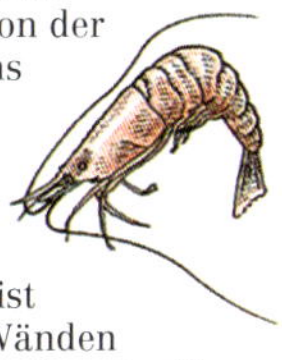

Der Röhrenwurm Alvinella pompejana ist in der Lage, an den Wänden von heißen, unterseeischen Quellen zu leben. Hier herrscht eine Temperatur von 105 °C, das ist mehr, als irgendein Tier an Land ertragen könnte.

Im Marianengraben könnten etwa 28 Empire State Buildings übereinander stehen.

Die ältesten Abschnitte des Meeresbodens sind etwa 200 Mio. Jahre alt. Die ältesten Gesteine an Land haben ein Alter von ungefähr 3,5 Mrd. Jahren.

In 4000 bis 5000 m Wassertiefe bilden sich oft Manganknollen. Bei einer Wachstumsgeschwindigkeit von etwa 2 mm in einer Million Jahre dauert es 10 Mio. Jahre, bis eine Manganknolle die Größe einer Weintraube erreicht hat.

FUNDE AUF DEM MEERESBODEN

Viele nützliche Produkte finden sich auf oder unter dem Meeresboden, wie etwa Diamanten, Öl, Gas, Kohle, Sand und Metalle aus Manganknollen (kartoffelähnliche erzreiche Mineralklumpen).

DIAMANTEN
Diamanten findet man in den flachen Gewässern vor den Küsten Afrikas und Indonesiens.

SAND, KIES UND KALKSTEIN
Dienen als Baumaterialien.

KOHLE
Kohle wird ebenso unter Wasser wie an Land gefördert.

ERDÖL UND ERDGAS
Etwa 20% des Erdöls kommt aus dem Meeresboden. Zusammen mit dem Erdöl tritt vielfach auch Erdgas auf.

ENTSTEHUNG VON ERDÖL UND ERDGAS

Unter bestimmten Voraussetzungen bilden sich aus den Überresten von abgestorbenen Pflanzen und Tieren, die sich auf dem Grund flacher Gewässer ansammeln, Erdöl und Gas.

1. Überreste toter Tiere und Pflanzen sinken auf den Boden der Kontinentalschelfe ab. Bakterien zersetzen diese Überreste in organisches Material.

2. Sedimente aus Sand und Schlamm, die mit den Flüssen ins Meer gespült werden, bilden Sandsteinschichten, die die organischen Überreste einschließen.

3. Durch immer neue Sandsteinschichten und andere Sedimentsgesteine wächst der Druck ständig und wandelt die organischen Überreste in Erdöl und Gas um.

HÖCHSTER TIEFSEEBERG UND TIEFSTER SUBMARINER CANYON

Der höchste Tiefseeberg befindet sich in der Nähe des Tongagrabens zwischen Samoa und Neuseeland. Der tiefste submarine Canyon liegt 40 km südlich von Esperance vor der Küste Australiens.

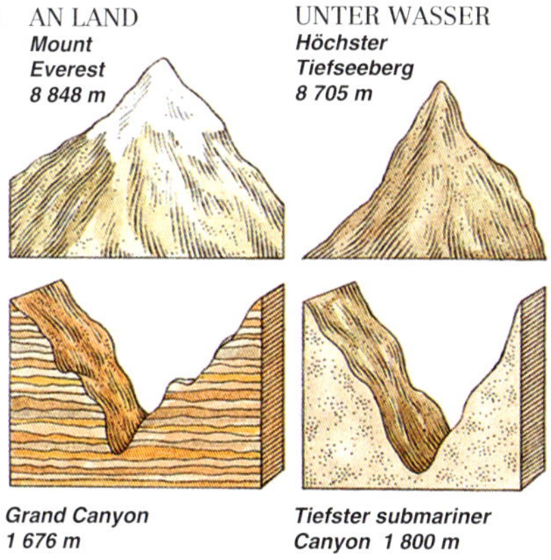

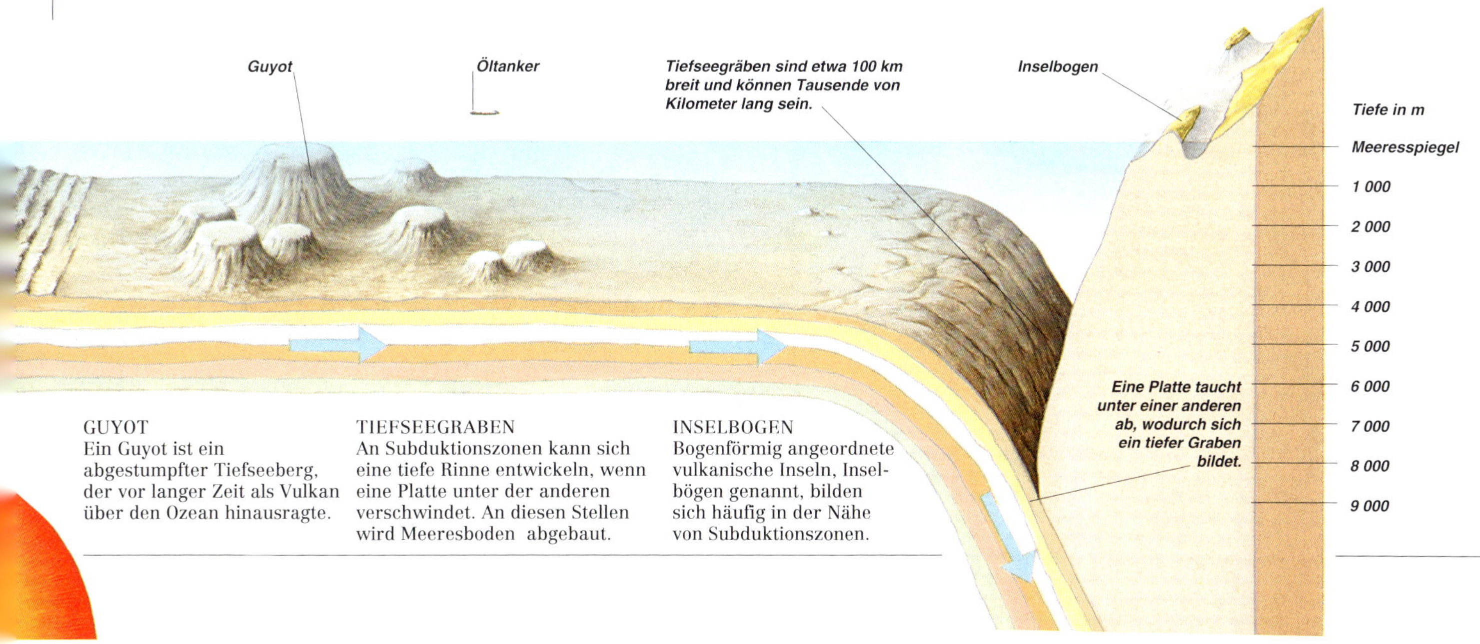

GUYOT
Ein Guyot ist ein abgestumpfter Tiefseeberg, der vor langer Zeit als Vulkan über den Ozean hinausragte.

TIEFSEEGRABEN
An Subduktionszonen kann sich eine tiefe Rinne entwickeln, wenn eine Platte unter der anderen verschwindet. An diesen Stellen wird Meeresboden abgebaut.

INSELBOGEN
Bogenförmig angeordnete vulkanische Inseln, Inselbögen genannt, bilden sich häufig in der Nähe von Subduktionszonen.

OZEANE UND INSELN

Mehr als zwei Drittel der Erdoberfläche liegt unterhalb des Meeresspiegels. Wo sich Land über das Wasser erhebt, sind Kontinente und Inseln entstanden. Eine Insel ist ein von Wasser umgebener Teil des Festlandes, der kleiner ist als ein Kontinent. Kontinente sind also keine Inseln.

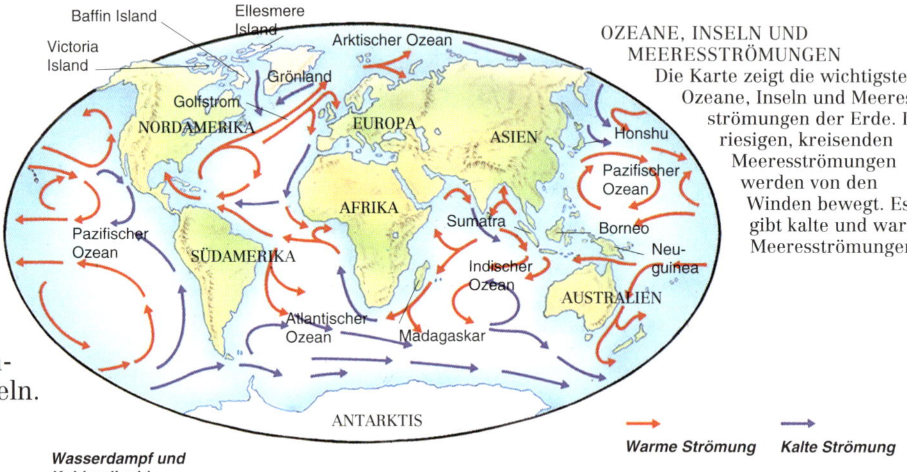

OZEANE, INSELN UND MEERESSTRÖMUNGEN

Die Karte zeigt die wichtigsten Ozeane, Inseln und Meeresströmungen der Erde. Die riesigen, kreisenden Meeresströmungen werden von den Winden bewegt. Es gibt kalte und warme Meeresströmungen.

BILDUNG DES UROZEANS

Die Ozeane begannen sich vor Millionen von Jahren zu bilden, als die Erde sich noch abkühlte. Das erste Wasser des Planeten Erde stieg als Dampf aus den Vulkanschloten auf. Der Wasserdampf kühlte sich ab, bildete Wolken und fiel als Regentropfen vom Himmel.

1. Beim Abkühlungsprozess der noch jungen Erde brachen unzählige Vulkane aus, wobei eine Mischung von Gasen entwich, aus der sich die frühe Atmosphäre zusammensetzte.

2. Als die Atmosphäre keinen weiteren Wasserdampf mehr aufnehmen konnte, kondensierte der Dampf, fiel als Regen wieder auf die Erde und verdampfte auf dem heißen Gestein.

3. Als sich das Gestein abgekühlt hatte, entstanden in den Senken und Vertiefungen Wasserbecken. Schließlich bedeckte der Urozean fast die ganze Oberfläche der Erde.

WELLEN

Wellen werden meist durch Wind verursacht, der über die Wasseroberfläche weht. Die Höhe und die Stärke der Wellen hängen von der Schubkraft des Windes ab.

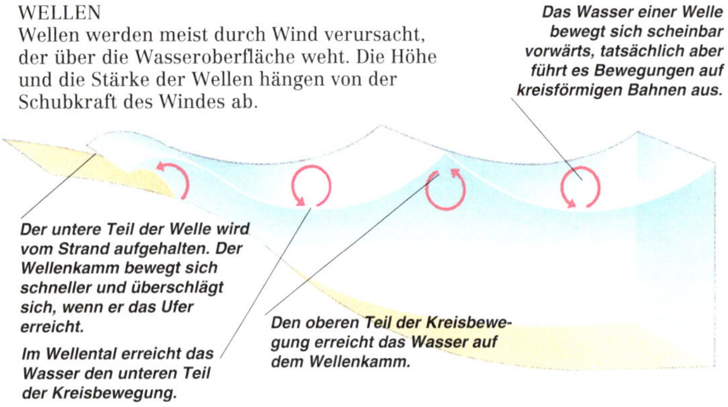

OZEANDATEN	
Gesamtfläche	362 Mio. km²
Gesamtvolumen	1 349 Mio km³
Mittlere Tiefe	3 729 m
Masse des Meerwassers	1,4 x 10^{21} kg
Anteil an der Wassermenge der Erde	94%
Temperaturspanne	–1,9 °C bis 36 °C
Gefrierpunkt von Meerwasser	–1,9 °C
Maximale bekannte Tiefe	11 034 m

KRAFT DER WELLEN

Wenn Wellen am Ufer brechen, entwickeln sie eine ungeheure Kraft. Das Gewicht des am Ufer aufprallenden Wassers kann einen Druck von mehr als 25 t pro Quadratmeter erzeugen.

WISSENSWERTES

Mehr als 60% der Erdoberfläche ist von Wasser mit einer Tiefe von mehr als 1 600 m bedeckt.

Im Pazifischen Ozean beträgt die mittlere Tiefe 3 940 m, im Atlantischen Ozean 3 290 m.

Die Menge an in Meerwasser gelöstem Gold ist größer als an Land. Die Konzentration beträgt 0,000 004 mg auf 1 kg Meerwasser.

Der Golfstrom transportiert etwa 100-mal so viel Wasser, wie in allen Flüssen der Welt zusammengenommen enthalten ist.

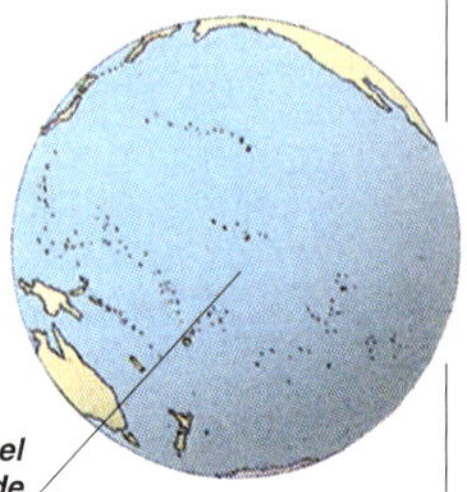

Der Pazifische Ozean bedeckt mehr als ein Drittel der gesamten Erde.

OZEAN- UND MEERESGEBIETE

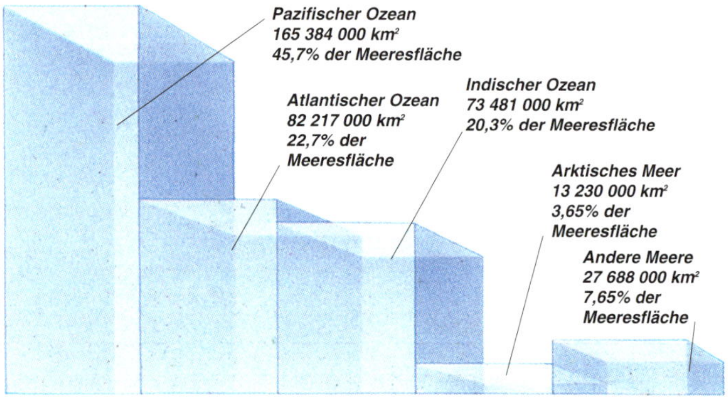

WIRBEL

Wirbel entstehen, wenn Gezeitenströmungen an Stellen zusammenprallen, wo der Meeresboden Unebenheiten aufweist. Wenn Strömungen, die sich aufeinander zu bewegen, auf dem Meeresboden auf ein Felsenriff stoßen, schießt das Wasser nach oben.

TIEFENSTUFEN DES OZEANS

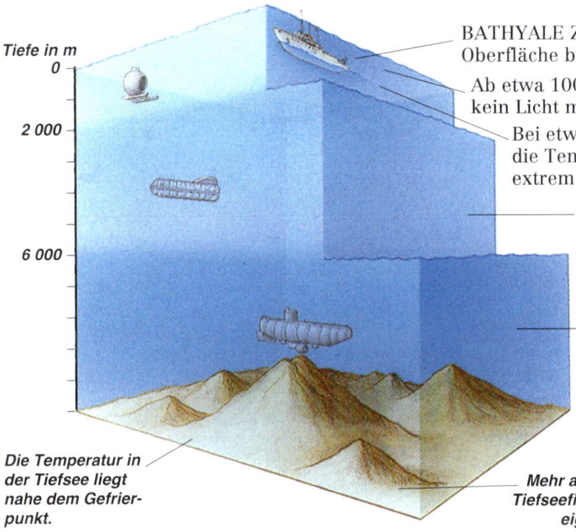

Die Temperatur in der Tiefsee liegt nahe dem Gefrierpunkt.

Mehr als die Hälfte aller Tiefseefische besitzt eine eigene Lichtquelle.

MINERALIEN IM MEER

Flüsse leiten die von Gesteinen gelösten Mineralien ins Meer. Die am häufigsten vorkommenden Mineralien sind dabei Natrium und Chlor: die Stoffe, aus denen Kochsalz besteht. Der mittlere Salzgehalt der Meere liegt zwischen 33 und 38 g auf 1 kg Seewasser.

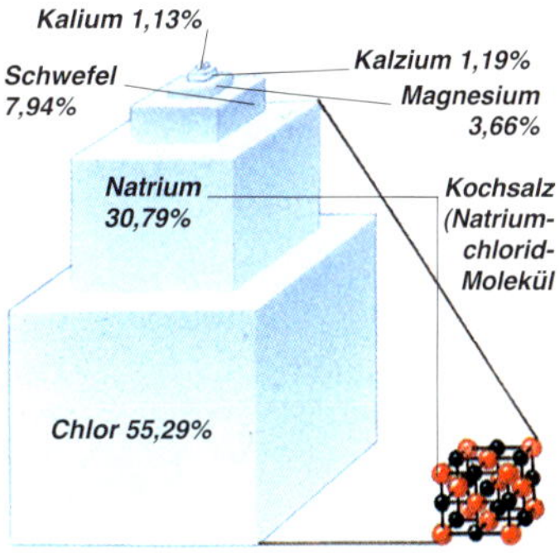

BERGE VON SALZ

Die insgesamt in allen Ozeanen und Meeren vorkommende Salzmenge würde Europa unter einer 5 km dicken Salzschicht begraben.

INSELN

Inseln kann man in Meeren, Flüssen und Seen finden. Ihre Größe reicht von kleinen, wenige Quadratmeter großen Schlamm- und Sandinseln bis hin zur größten Insel, Grönland, die mehr als 2 Mio. km² groß ist.

DIE GRÖSSTEN INSELN DER WELT

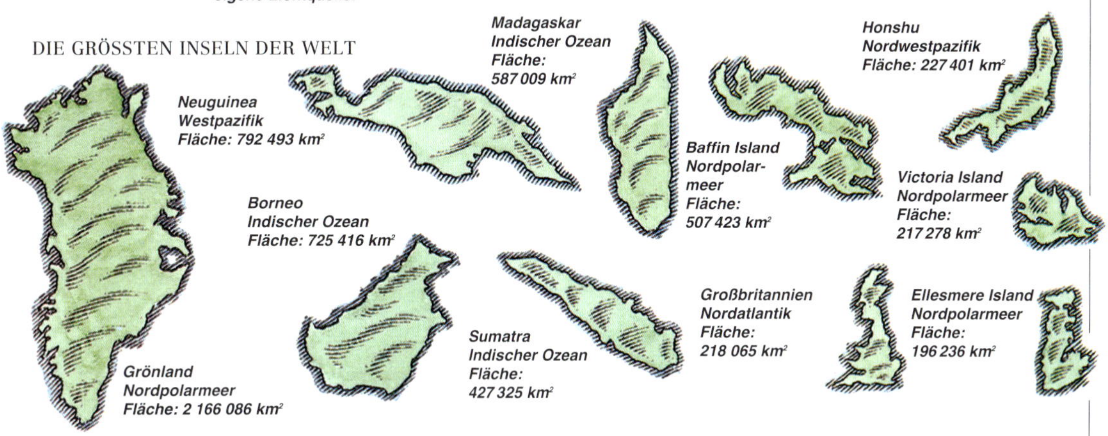

INSELARTEN

KORALLENINSELN

Eine Koralleninsel entsteht, wenn Korallen (kleine Meeresorganismen) von einer unterseeischen Ebene in flachen Gewässern, wie z.B. von der Spitze von Tiefseebergen, nach oben zur Wasseroberfläche wachsen. Bevor die verzweigten Kalkgerüste der Korallen an die Oberfläche gelangen, vergehen viele Jahre.

Die Malediven im Indischen Ozean sind Koralleninseln.

INSELN, DURCH ANSTEIGEN DES MEERESSPIEGELS ENTSTANDEN

Eine Anhebung des Meeresspiegels, z.B. am Ende einer Eiszeit, kann zur Folge haben, dass ein Gebiet vom Kontinent abgeschnitten wird. Auf diese Weise entstand Großbritannien. Bei Flut werden manche Landstriche zu Inseln.

Bei Flut wird Mont St. Michel in Frankreich zu einer Insel.

VULKANINSELN

Vulkane, die unterhalb des Meeresspiegels ausbrechen, können mit der Zeit so groß werden, dass sie als Inseln aus dem Wasser emporwachsen. Vulkanische Inseln finden sich vor allem in der Nähe der Ränder von tektonischen Platten (siehe S. 40/41).

Die Vulkaninsel Surtsey südlich von Island im Atlantik wurde 1963 »geboren«.

INSELBOGEN

Ein Inselbogen ist eine lange, kurvenartig angeordnete Reihe von Vulkanen, die sich in der Regel in der Nähe von Subduktionszonen bilden. Die japanischen Inseln sind ein Beispiel für einen Inselbogen.

Ein Teil Indonesiens, 1983 vom Weltall aus aufgenommen. Der indonesische Archipel ist der längste Inselbogen der Welt.

ATOLLE

Ein Atoll ist eine ringförmige Koralleninsel, die eine Lagune einschließt. Atolle entstehen, wenn sich um eine vulkanische Insel herum ein Korallenriff aufbaut; die Insel sinkt mit der Zeit unter den Meeresspiegel ab, die Korallen jedoch bauen an ihren Kalkstöcken weiter.

Ein Korallenriff entsteht rings um eine vulkanische Insel.

Die Insel beginnt abzusinken, die Korallen jedoch wachsen weiter nach oben.

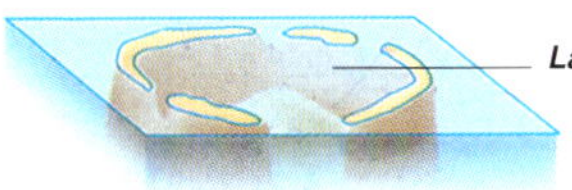

Die Insel ist verschwunden, zurück bleibt ein Atoll.

REKORDE

Die größte Meeresströmung ist die Westwinddrift, die rund um den Südpol verläuft. Sie trägt etwa 130 000 000 m³ Wasser pro Sekunde mit sich.

Die höchste jemals beobachtete Welle (Tsunamis ausgenommen) maß vom Wellental bis zum Wellenkamm 34 m und wurde 1933 auf dem Weg von den Philippinen zu den Vereinigten Staaten beobachtet.

Die abgelegenste Insel ist Bouvet Island. Sie liegt etwa 1 700 km vom nächstgelegenen Festland entfernt (Queen-Maud-Land an der östlichen Küste der Antarktis).

Das größte Atoll ist Kwajalein und gehört zu den Marshall-Inseln mitten im Pazifischen Ozean. Das dazugehörige Korallenriff ist 283 km lang und umschließt eine Lagune von 2 850 km².

GEBIRGE

Gebirge bilden sich durch die Kräfte der Plattentektonik: Bewegungen der Erdkruste drücken die Kontinente an den Rändern zusammen und schieben Berge in die Höhe.

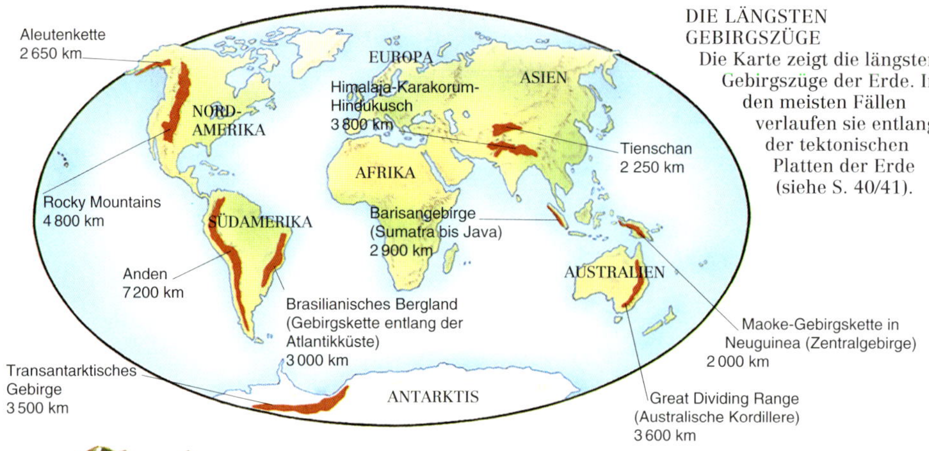

DIE LÄNGSTEN GEBIRGSZÜGE
Die Karte zeigt die längsten Gebirgszüge der Erde. In den meisten Fällen verlaufen sie entlang der tektonischen Platten der Erde (siehe S. 40/41).

BERGTYPEN

FALTENGEBIRGE
Die Kontinentalplatte wirft Falten, wenn sie mit einer ozeanischen Platte zusammenstößt.

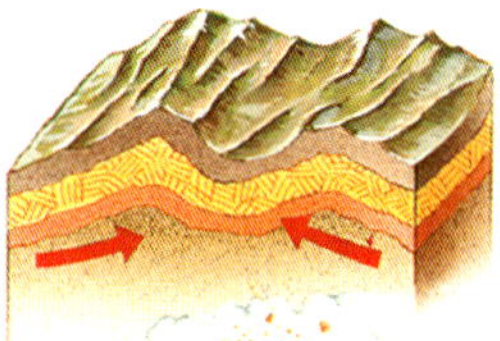

Faltengebirge bilden sich an den Rändern der Kontinente.

VULKANE
Ein Vulkan entsteht, wenn Magma (aufgeschmolzenes Gestein) tief aus dem Erdinneren an die Oberfläche steigt und einen hohen kegelförmigen Berg aufschichtet. Einige der höchsten Berge der Erde sind Vulkane.

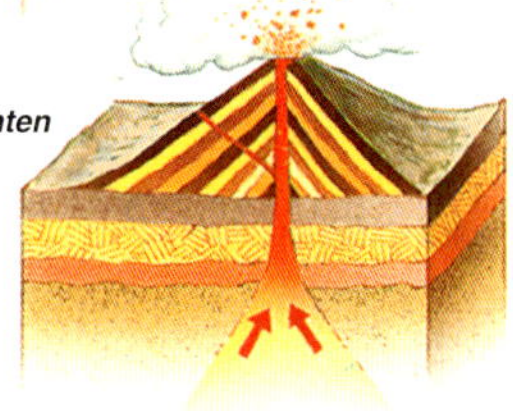

Aus Lavaschichten wächst mit der Zeit ein Berg.

SCHOLLENGEBIRGE ODER HORSTE
Durch die Bewegungen der tektonischen Platten können Gesteinsschichten zerbrechen; die dabei entstehenden Brüche nennt man auch Verwerfungen. Wenn eine Gesteinsscholle angehoben wird oder sich die Umgebung absenkt, entsteht ein Berg.

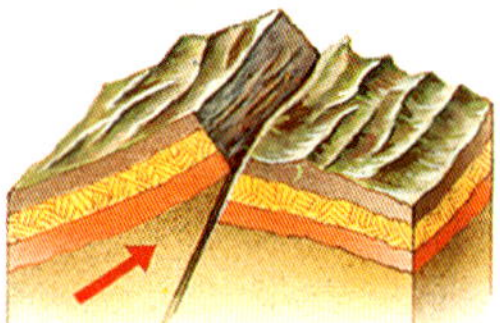

Horste entstehen, wenn eine Gesteinsscholle sich über eine andere schiebt, oder infolge des Absinkens der Umgebung.

KUPPELBERGE
Wenn aufgeschmolzenes Gestein unterhalb der Erdkruste aufsteigt, werden die darüber liegenden Schichten zu einem großen Hügel aufgetürmt. Solche Berge nennt man Kuppelberge.

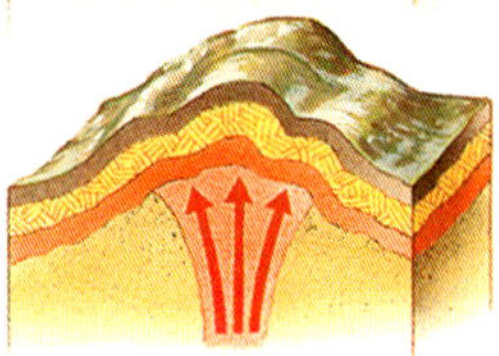

Aufsteigendes schmelzflüssiges Gestein zwingt die darüber liegenden Schichten in die Höhe.

DIE HÖCHSTEN BERGE DER WELT		
Alle 14 Achttausender befinden sich im Himalaja. Hier die zehn höchsten:		
Name	Ort	Höhe in m
Mount Everest	Nepal/China	8 850
K2	Kaschmir/China	8 611
Kantschindschinga	Nepal/Sikkim	8 598
Lhotse	Nepal/Tibet	8 511
Makalu	Nepal/Tibet	8 480
Cho Oyu	Nepal	8 201
Dhaulagiri	Nepal	8 172
Manaslu	Nepal	8 156
Nanga Parbat	Kashmir	8 126
Annapurna	Nepal	8 078

NAHAUFNAHME EINES BERGS
Hohe Berge haben verschiedene Vegetationsstufen. Mit steigender Höhe sinkt die Temperatur ständig ab.

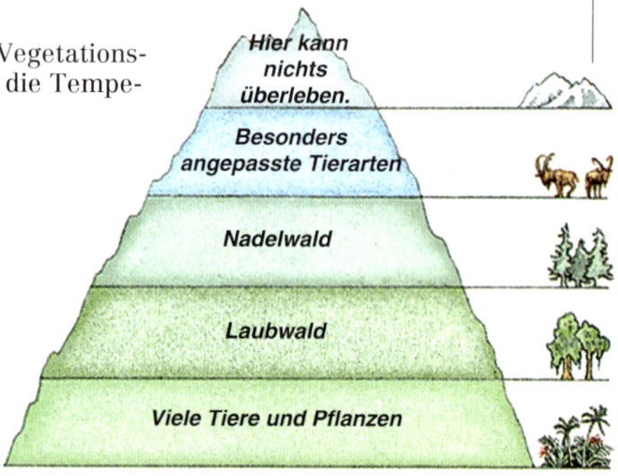

»LEBENSABSCHNITTE« EINES BERGS

Jung

JUNG
Berge, die während der letzten Jahrmillionen entstanden sind, wie z.B. die Alpen, oder noch wachsen, wie z.B. das Himalaja-Gebirge.

Reif

REIF
Berge, die mehrere 100 Mio. Jahre alt sind und durch die Erosion nur noch einen Bruchteil ihrer ursprünglichen Größe haben, z.B. der Ural.

Ehemalig

EHEMALIG
Berge, die durch Erosion völlig abgetragen wurden, bis auf einige Hügel auf einer tief gelegenen, flachwelligen Fläche.

DIE HÖCHSTEN BERGE DER EINZELNEN KONTINENTE
Die nebenstehende Darstellung ermöglicht den Vergleich der höchsten Berge der einzelnen Kontinente.

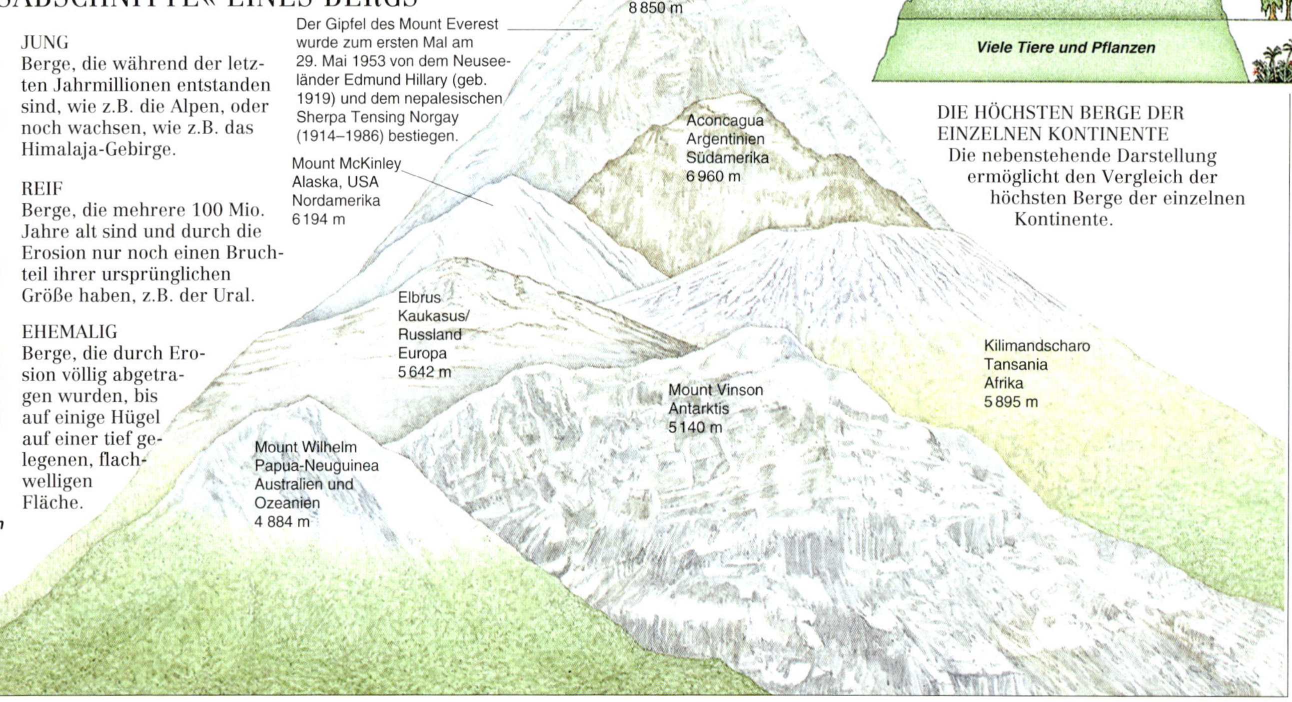

TÄLER UND HÖHLEN

Fließendes Wasser wirkt bei der Gestaltung der Landschaft mit. Es trägt den Schutt der Berge herab und wäscht als Regen poröses Gestein aus. Flüsse schneiden Täler in Landschaften.

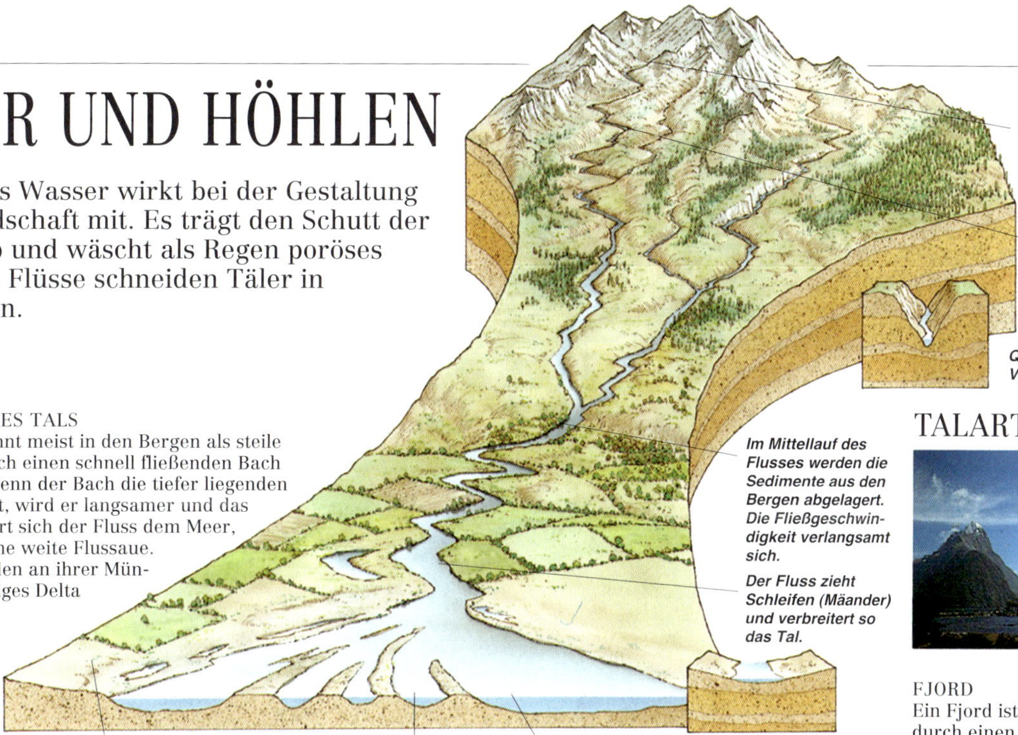

MERKMALE EINES TALS
Ein Flusstal beginnt meist in den Bergen als steile Schlucht, die durch einen schnell fließenden Bach entstanden ist. Wenn der Bach die tiefer liegenden Regionen erreicht, wird er langsamer und das Tal breiter. Nähert sich der Fluss dem Meer, fließt er durch eine weite Flussaue. Einige Flüsse bilden an ihrer Mündung ein vielarmiges Delta (siehe S. 56/57).

HÖHLEN

Höhlen sind große, natürlich entstandene Hohlräume im Boden, in Fels oder in Eis.

TROPFSTEINHÖHLE
Das durch das poröse Kalkgestein eindringende Wasser wäscht eine Höhle aus.

BRANDUNGSHÖHLE
Wenn Wellen immer wieder gegen die Felsen branden, erodiert das Gestein, und es bilden sich Hohlräume: die Brandungshöhlen.

EISHÖHLE
Ein Schmelzwasserbach, der unter einem Gletscher fließt, kann dort eine Höhle entstehen lassen.

LAVAHÖHLE
Wenn die Oberfläche eines Lavaflusses erstarrt, kann die darunter liegende, noch heiße Lava wie aus einem Tunnel abfließen und eine Höhle hinterlassen.

QUERSCHNITT DURCH EINE TROPFSTEINHÖHLE

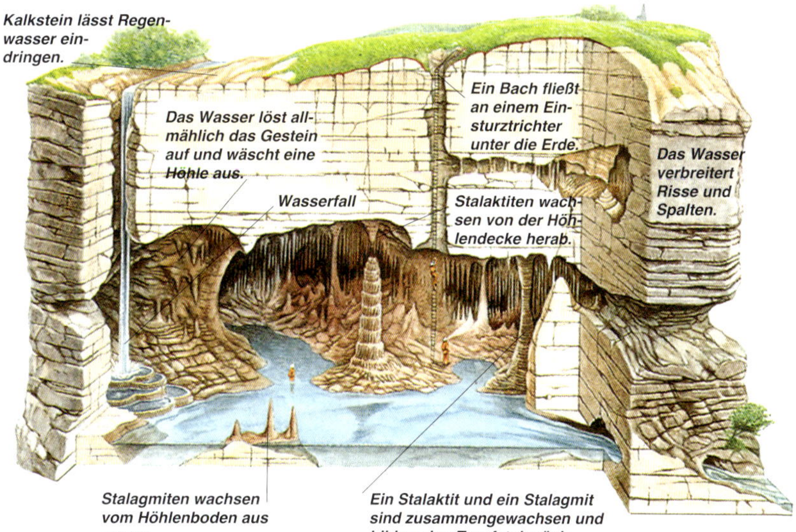

TROPFSTEINFORMEN
Wasser, das in Tropfsteinhöhlen hineinsickert, lagert dort geringe Mengen an Kalkstein (Kalzit) ab. Diese Mineralablagerungen lassen die verschiedensten Tropfsteinformen entstehen. Es kann zwischen 4 und 4 000 Jahre dauern, bis ein Stalaktit um 3 cm gewachsen ist.

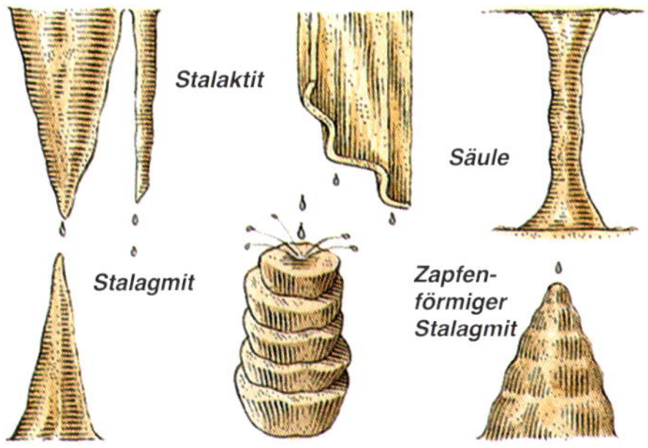

DIE GRÖSSTEN TÄLER UND HÖHLEN

Der längste Fjord ist der Nordvest Fjord in Grönland. Er erstreckt sich 313 km weit ins Land hinein.

Die größte Schlucht ist der Grand Canyon in Arizona (USA) mit einer Länge von 349 km und einer Tiefe von bis zu 1 676 m.

Die größte Höhlenkammer ist die Sarawak-Kammer in Sarawak (Malaysia). Sie erstreckt sich über eine Fläche von 162 700 m^2. Die Höhlenkammer ist 700 m lang und etwa 300 m breit. An der niedrigsten Stelle ist die Höhlendecke 70 m hoch.

Das längste Höhlensystem ist das Mammoth Cave System in Kentucky (USA) mit einer Länge von mehr als 560 km.

Der längste frei hängende Stalaktit ist ca. 28 m lang und befindet sich in der Gruta do Janelão in Minas Gerais, Brasilien.

Der höchste Stalagmit ist 32 m hoch. Er ist in der Krásnohorska-Höhle in Tschechien.

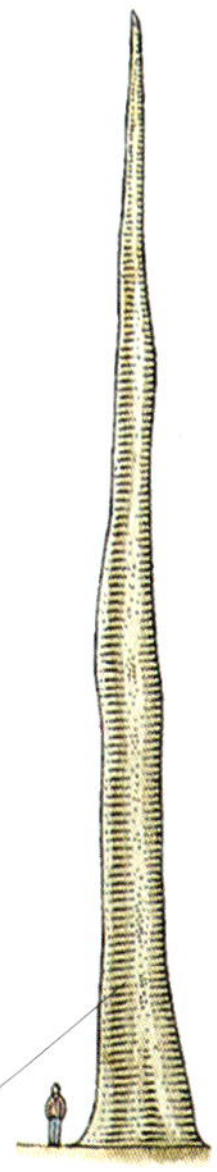
Der höchste Stalagmit im Größenvergleich zu einem Menschen.

TALARTEN

Milford Sound, Neuseeland

FJORD
Ein Fjord ist ein während einer Eiszeit durch einen Gletscher ausgeräumtes Tal. Am Ende der Eiszeit schmolzen Gletscher, der Meeresspiegel stieg an, und diese Meeresarme wurden überflutet.

Das afrikanische Rift Valley

GRABENBRUCH
Ein Grabenbruch (Rift Valley) entsteht, wo zwei tektonische Platten sich voneinander fortbewegen und die Erdkruste einsinkt.

Grand Canyon, Arizona (USA)

CANYON
Ein Canyon ist eine Schlucht, die sich meist in Trockengebieten befindet, wo die Erosion des fließenden Wassers nur in der Tiefe wirksam ist. Die Quelle des Flusses liegt häufig außerhalb der Wüste.

Das Tal der Könige, Ägypten

WADI
Ein Wadi ist ein schmales, steilwandiges Tal in der Wüste, das meist trocken ist. Seine charakteristische Form erhält es durch seltene flutartige Überschwemmungen.

GLETSCHER

Mehr als ein Zehntel der Erdoberfläche ist von ewigem Eis bedeckt. Kontinentales Inlandeis und Meereis bedecken die Polargebiete. Eiskappen und Gletscher schieben sich an den Hängen hoher Bergketten hinunter. Selbst auf Bergen in Äquatornähe gibt es Gletscher.

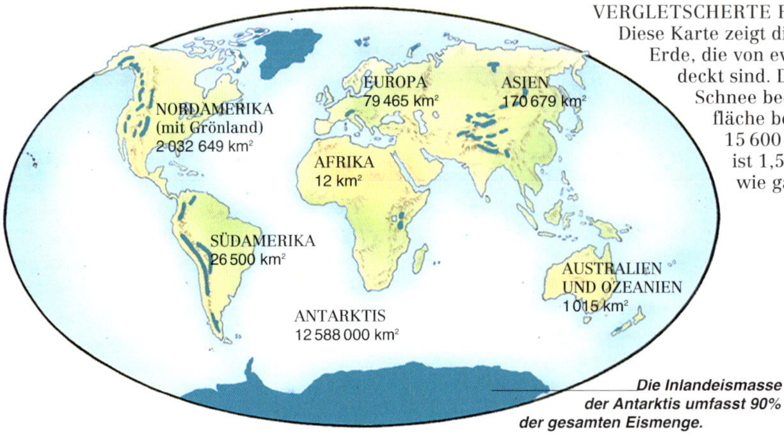

VERGLETSCHERTE REGIONEN

Diese Karte zeigt die Regionen der Erde, die von ewigem Eis bedeckt sind. Die von Eis und Schnee bedeckte Gesamtfläche beträgt etwa 15 600 000 km²: Das ist 1,5-mal so groß wie ganz Europa.

DIE BILDUNG EINER EISKAPPE

1. Heftiger Schneefall im Winter bedeckt das Land. Frisch gefallene Schichten drücken den darunter liegenden Schnee zusammen. Es entsteht Firn.

2. Im Sommer steigt die Temperatur, aber in großen Höhen reicht sie nicht aus, um das Eis zu schmelzen. So wird die Firnschicht über mehrere aufeinander folgende Winter immer dicker.

3. Unter zunehmendem Druck geht das Firneis schließlich in Gletschereis über, das sich der Schwerkraft folgend bewegt. Als Gletscherzunge schiebt sich das Eis durch die Täler immer weiter nach unten.

EIN GLETSCHER

Gletscher beginnen ihren Weg meist weit oben in den Bergen. Im Durchschnitt legen sie eine Strecke von etwa 2 m am Tag zurück. An steilen Hängen können sie aber auch weitaus schneller fließen. Bei der Wanderung wird das Eis rissig und zeigt Spalten.

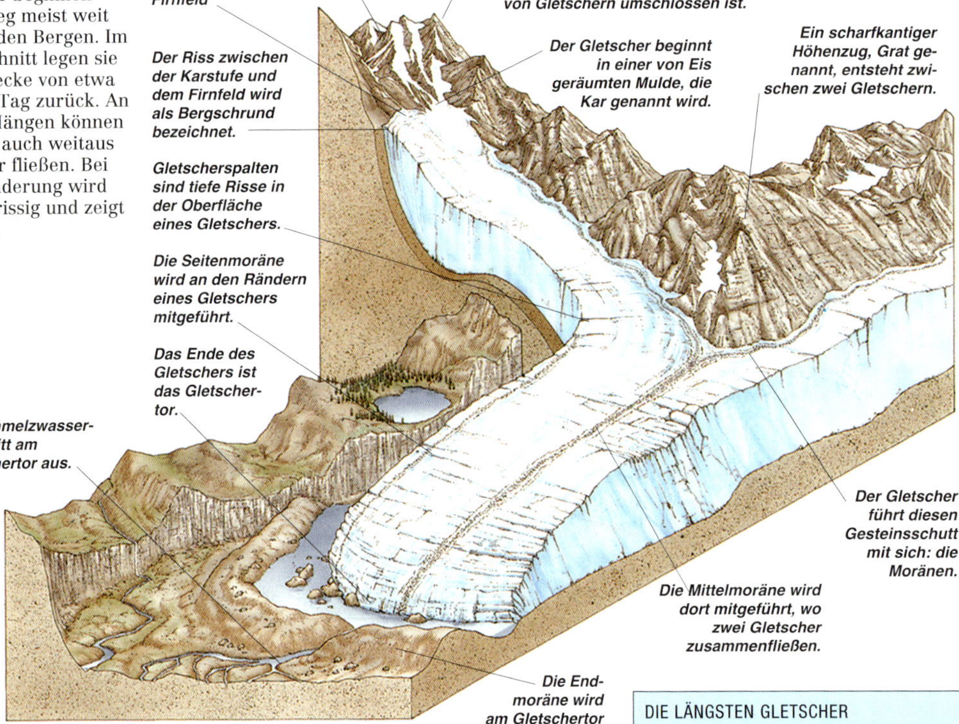

SÜSSWASSERSPEICHER

Mehr als 75% der Süßwassermenge der Erde sind in Inlandeismassen, Firneis und Gletschern gespeichert.

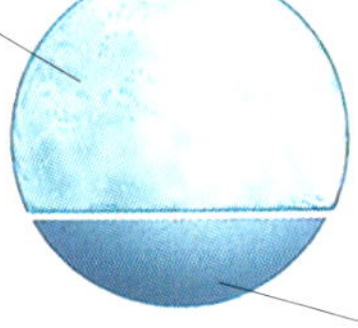

EISMENGE

Etwa 12% der Meere und 10% des Festlands ist von ewigem Eis bedeckt.

VOM EIS GEFORMTE LANDSCHAFTEN

Wenn Gletscher schmelzen, z.B. am Ende einer Eiszeit, hinterlassen sie U-förmige Täler (Trogtäler), Fjorde (siehe S.53) und tiefe Seen. Unmengen von Moränenmaterial lassen Drumlins (Hügel mit elliptischem Grundriss) und Moränenwälle entstehen.

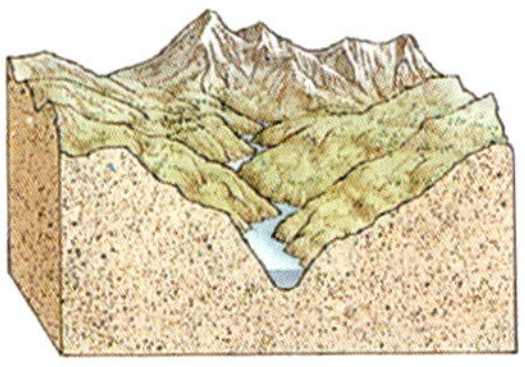

Vor der Vergletscherung: ein V-förmiges Flusstal (Kerbtal)

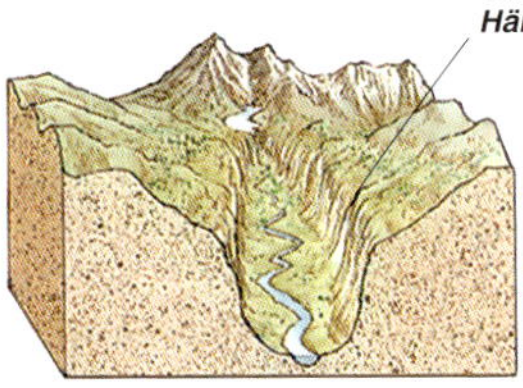

Nach der Vergletscherung: ein U-förmiges Flusstal (Trogtal)

DIE LÄNGSTEN GLETSCHER

Die unten aufgeführten Gletscher sind die längsten in den entsprechend großen Gletscherregionen der Welt.

Gletscher	Region	Länge (in km)
Lambert-Fisher-Gletscher	Antarktis	515
Petermanns-Gletscher	Grönland	200
Vatnajökull	Island	142
Hubbard-Gletscher	Alaska-Yukon, Nordamerika	122
Siachen-Gletscher	Karadoram, Asien	74
Tasman-Gletscher	Neuseeland	29
Aletsch-Gletscher	Alpen	24
Gyabrag-Gletscher	Himalaja	21

DIE SCHNEEGRENZE

Die Schneegrenze ist die Linie, die die Bereiche zwischen ewigem Schnee und dem Schnee, der bei wärmerem Wetter schmilzt, trennt. Je näher eine Region sich am Äquator befindet, desto höher steigt die Schneegrenze.

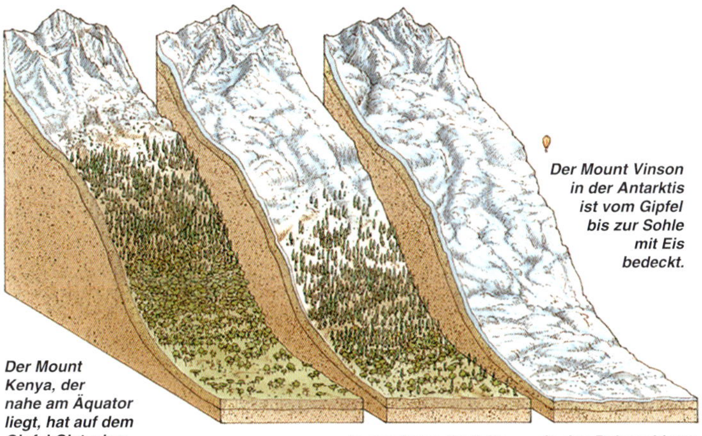

EISZEITEN

Eiszeiten finden statt, wenn sich die Durchschnittstemperatur der Erde beträchtlich vermindert, wodurch sich die von Eis bedeckten Flächen ausdehnen.

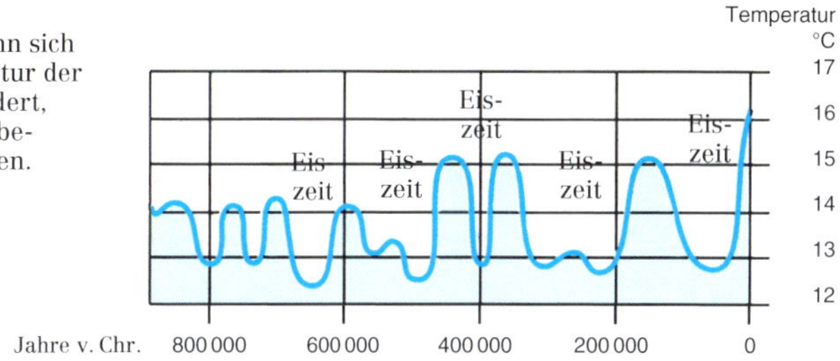

DIE JÜNGSTEN EISZEITEN

Die letzten Eiszeiten begannen vor etwa 1,6 Mio. Jahren und endeten vor etwa 10 000 Jahren. Auf dieser Karte sind die Gebiete zu sehen, die mit Eis bedeckt waren. Der Meeresspiegel lag etwa 150 m niedriger als heute, da Unmengen von Wasser im Eis gespeichert waren.

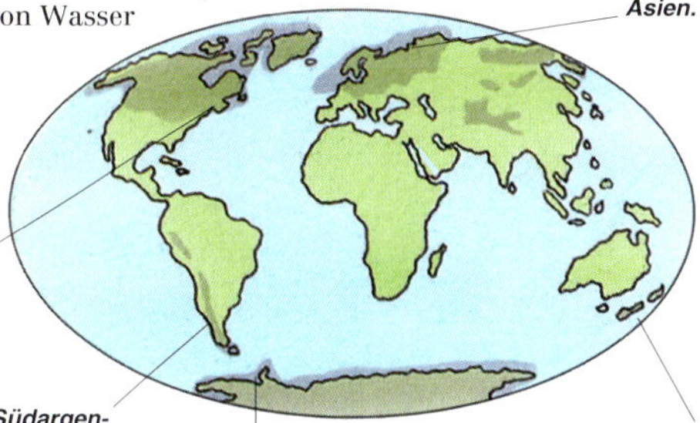

LAWINEN

Als Lawinen werden die an Gebirgshängen plötzlich abrutschenden Schnee- und Eismassen bezeichnet. Eine Lawine kann bis zu 1 km breit sein und eine Geschwindigkeit von bis zu 320 km/h erreichen. Durch Lawinen können Häuser zerstört und Menschen getötet werden.

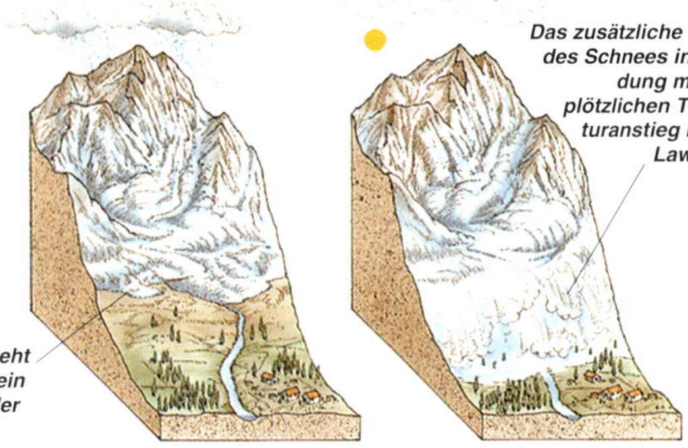

WISSENSWERTES

Eine Lawine kann einen Sturm von bis zu 300 km/h erzeugen.

Etwa 18 000 österreichische und italienische Soldaten sind 1916 vermutlich an einem einzigen Tag durch mehr als 100 Lawinen in den norditalienischen Dolomiten ums Leben gekommen. Viele der Lawinen waren durch Schüsse ausgelöst worden.

Die größten Lawinen entstehen in der Regel an Hängen mit einem Winkel von 30 bis 40°.

MEEREIS

Das Meer vereist, wenn die Wassertemperatur weniger als –1,9 °C beträgt. Meereis ist nie dicker als ungefähr 5 m.

Meereis vor der antarktischen Küste

DER HÖCHSTE EISBERG

Der höchste Eisberg, von dem je berichtet wurde, war 167 m hoch – das ist höher als die St. Pauls Kathedrale in London. Er wurde 1958 vor Grönland gesichtet.

EISBERGE

Eisberge sind mächtige Eisbrocken, die sich von einem Gletscher, von Inlandeismassen oder Eiskappen lösen und aufs Meer hinausschwimmen. Das Abbrechen von Eisbergen wird »kalben« genannt.

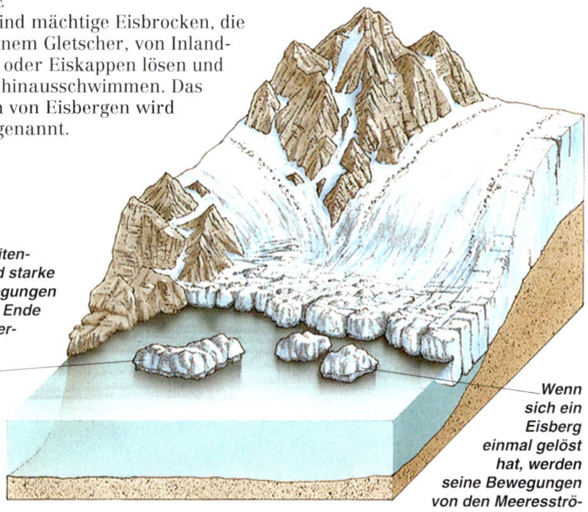

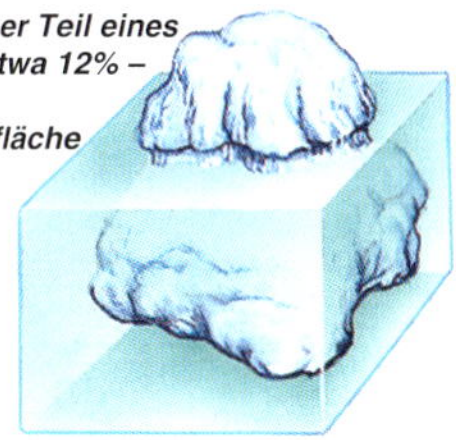

REKORDE

Die dickste Eisschicht wurde in Wilkes Land in der Antarktis gemessen, sie reichte 5 km tief. Das ist mehr als die halbe Höhe des Mount Everest.

Der schnellste Gletscher ist der »Kutiah« in Pakistan; er legte im Jahre 1953 innerhalb von drei Monaten eine Strecke von zwölf Kilometern zurück – rund 112 Meter pro Tag.

Der größte Eisberg bisher war mehr als 335 km lang und 97 km breit – ein Gebiet, das dreimal so groß ist wie Zypern.

1990 stieß der »Bering-Gletscher« in Alaska in vier Monaten zwölf Kilometer vor. Dieser 200 Kilometer lange Gletscher zermalmte dabei einen ganzen Kiefernwald.

WISSENSWERTES

Etwa 10 000 Eisberge lösen sich jährlich von den Gletschern Westgrönlands ab.

Wissenschaftler schätzen, dass das durchschnittliche Alter des Eises in Eisbergen bei 5 000 Jahren liegt.

FLÜSSE UND SEEN

Regenwasser sickert in den Boden und kommt als Quelle wieder zum Vorschein. Aus der Quelle wird ein Bach, der sich zum Fluss erweitern kann und in einen See oder direkt in das Meer fließt.

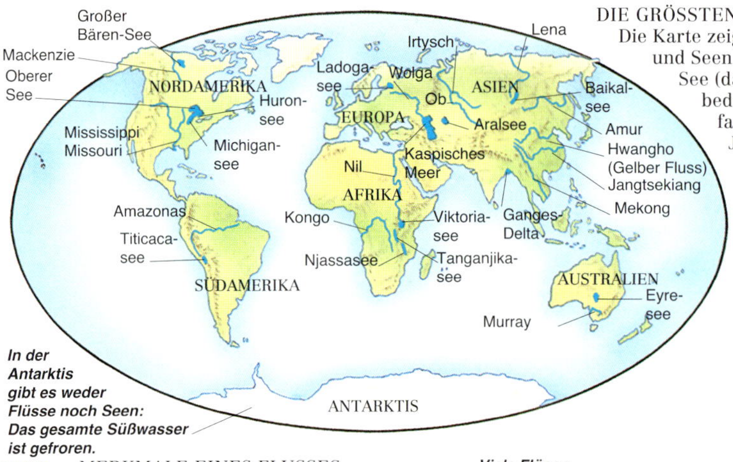

DIE GRÖSSTEN FLÜSSE UND SEEN
Die Karte zeigt die größten Flüsse und Seen der Welt. Der größte See (das Kaspische Meer) bedeckt eine Fläche, die fast so groß ist wie Japan. Der längste Fluss hingegen (der Nil) könnte sich von New York nach Berlin erstrecken.

FLUSSARTEN

PERMANENTER FLUSS

In permanenten Flüssen fließt das ganze Jahr über Wasser. Sie sind gewöhnlich in gemäßigten und tropischen Regionen zu finden (siehe S. 60/61), in denen über das ganze Jahr verteilt Regen fällt.

Der Nil: ein permanenter Fluss

PERIODISCHE FLÜSSE

Periodische Flüsse führen nur während der regelmäßigen Regenzeiten Wasser. Viele Mittelmeerländer haben periodische Flüsse, die während der kühleren Wintermonate Wasser führen, im Sommer aber trocken sind.

Periodischer Fluss auf Kreta im Sommer

EPISODISCHE FLÜSSE

Episodische Flüsse sind meistens trocken. Viele Wüstenflüsse sind episodisch und bilden die sogenannten Wadis, wie z.B. der Todd River in Zentralaustralien. Er führt so gut wie nie Wasser.

Der Todd River in Zentralaustralien

REKORDE

Der längste Fluss Europas ist mit einer Länge von 3 521 km die Wolga in Russland.

Der längste Fluss in Australien ist der Murray. Er ist 2 589 km lang.

Das größte Delta ist das Delta von Ganges und Brahmaputra. Es erstreckt sich über eine Fläche von etwa 75 000 km². Sri Lanka würde in dieses Gebiet hineinpassen, und es wäre immer noch Platz übrig.

In Sibirien gibt es rund 53 000 Flüsse. 80% der in Russland gewonnenen Energie wird durch Wasserkraft erzeugt.

DER HÖCHSTE WASSERFALL
Die Angel-Fälle in Venezuela stürzen 979 m in die Tiefe: Das ist beinahe dreimal so hoch wie das Empire State Building.

MERKMALE EINES FLUSSES

Ein Fluss fließt in einem »Bett« in Richtung eines Meeres. Flüsse bestehen aus drei Abschnitten: dem Oberlauf, dem Mittellauf und dem Unterlauf.

OBERLAUF

Der junge, schnell fließende Fluß schießt über ein starkes Gefälle nach unten, wobei er eine V-förmige Schlucht in den Boden einschneidet.

MITTELLAUF

Im Flusstal ist das Gefälle nicht mehr so stark, die Fließgeschwindigkeit nimmt ab. Der Fluss umfließt die Hindernisse, sodass sich Mäander bilden.

UNTERLAUF

Im Abschnitt, der kaum Gefälle hat, fließt der Fluss träge und lagert seine Sedimente ab. Er tritt häufig über die Ufer und ändert seinen Lauf.

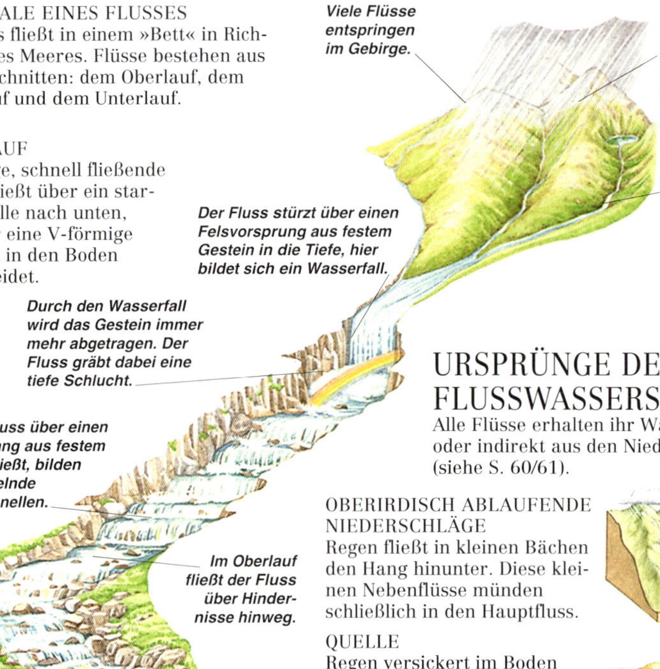
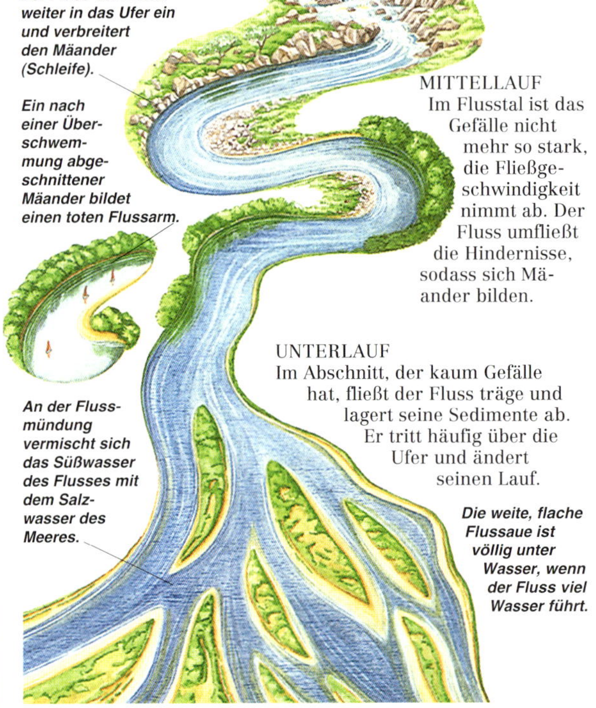

Der Fluss kann sich durch Sedimente seinen Lauf versperren und teilt sich fächerförmig auf. Diese Form der Flussmündung wird Delta genannt.

URSPRÜNGE DES FLUSSWASSERS

Alle Flüsse erhalten ihr Wasser direkt oder indirekt aus den Niederschlägen (siehe S. 60/61).

OBERIRDISCH ABLAUFENDE NIEDERSCHLÄGE

Regen fließt in kleinen Bächen den Hang hinunter. Diese kleinen Nebenflüsse münden schließlich in den Hauptfluss.

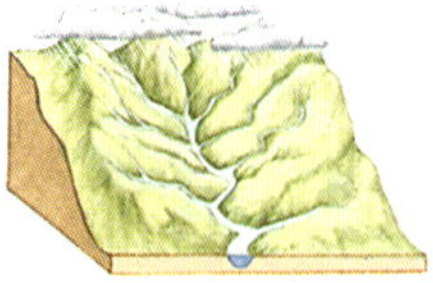

QUELLE

Regen versickert im Boden und wird von einer wasserführenden Schicht aufgenommen. Wo der Grundwasserspiegel die Erdoberfläche schneidet, kann Wasser austreten, es bildet sich eine Quelle.

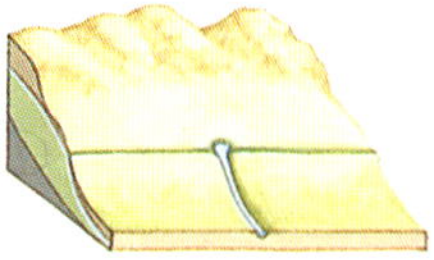

SCHMELZWASSER

Viele Flüsse entspringen in Gletscherregionen, wo sie mit geschmolzenem Schnee und Eis gespeist werden.

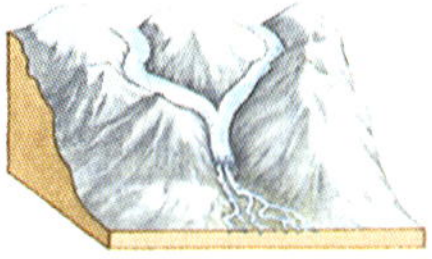

DIE LÄNGSTEN FLÜSSE

Fluss	Ort	Länge in km
Nil	Afrika	6 671
Amazonas	Südamerika	6 437
Jangtsekiang	Asien	6 379
Mississippi	Nordamerika	6 021
Hwangho (Gelber Fluss)	Asien	5 464
Ob-Irytsch	Asien	5 410
Mekong	Asien	4 500
Lena	Asien	4 400
Kongo	Afrika	4 374
Mackenzie	Nordamerika	4 241

ARTEN VON SEEN

Ein See ist eine Ansammlung von Wasser in einer Mulde auf dem Festland. Die Art des Sees wird durch seine Entstehung bestimmt. Die meisten Seen werden von Flüssen (und einer geringen Menge von Niederschlag) gespeist, und die meisten geben auch wieder Wasser ab. Einige Seen hingegen haben keinen Abfluss, sie verlieren nur durch Verdunstung Wasser. Solche Seen, wie z.B. der Eyresee in Australien, sind häufig salzig.

ERDBEWEGUNG

Wenn sich die Erdkruste anhebt (siehe S. 52), kann dabei eine Wassermasse vom Meer abgeschnitten werden, es entsteht ein See. Ähnlich ist es bei einem Grabenbruch (siehe S. 53): Das Wasser sammelt sich in einem lang gestreckten, schmalen Tal. Ein Beispiel hierfür ist der Njassasee in Afrika.

Durch Anhebung der Erdkruste entstandener See

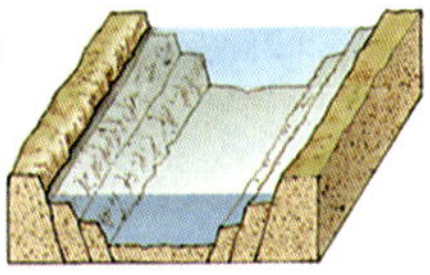

Grabenbruchsee

VULKANTÄTIGKEIT

In Vulkankratern sammelt sich häufig Regenwasser und bildet Kraterseen, wie z.B. den Crater Lake in Oregon (USA). Manche Seen, wie der See von Tiberias, entstehen, wenn der Fluss durch einen Lavastrom aufgestaut wird (siehe S. 42).

Kratersee

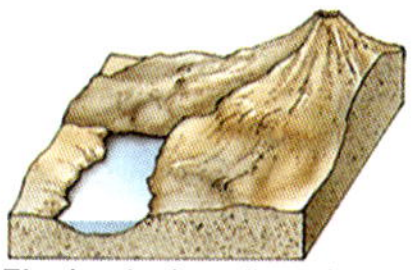

Ein durch einen Lavadamm entstandener See

EROSION

Seen füllen Vertiefungen, die Gletscher während Eiszeiten hinterlassen haben, z. B. die Seenplatte in Kuopio in Finnland. Wenn in der Wüste der Wind feines Gesteinsmaterial bis zum Grundwasserspiegel abträgt, kann sich die entstandene Vertiefung mit dem Grundwasser füllen.

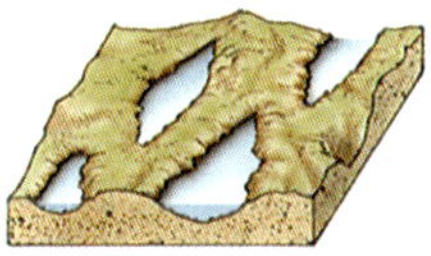

Vom Eis ausgewaschene Vertiefungen

Vom Wind ausgeblasene Mulde

ABLAGERUNG

Ein Altwasserarm entsteht, wenn ein Mäander durch Ablagerung von Sedimenten von seinem Fluss abgeschnitten wird. Ein See kann auch durch Ablagerung entstehen, wenn ein Fluss durch einen Erdrutsch aufgestaut wird und wenn Sandbänke und Dünen Küstengewässer vom Meer abschneiden.

Altwassersee

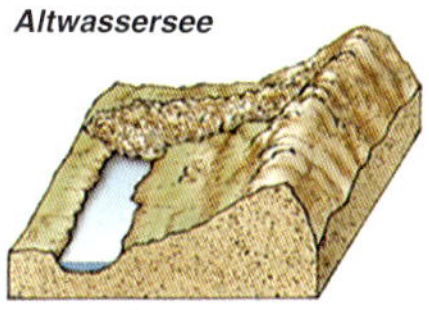

Ein durch Erdrutsch entstandener See

EROSION UND ABLAGERUNG

Gletscher schneiden U-förmige Täler und Kare in die Landschaft und hinterlassen Moränenablagerungen, wenn das Eis zurückgeht. Lange, schmale Rinnenseen füllen diese Täler, und kleine, runde Bergseen füllen die Kare.

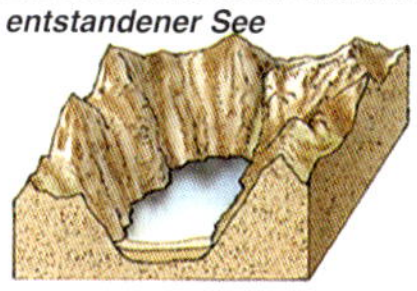

Rinnensee

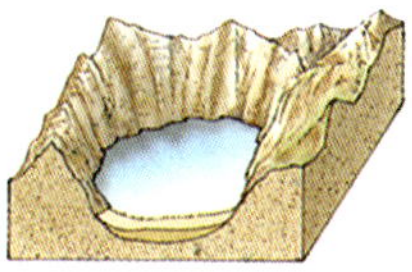

Bergsee

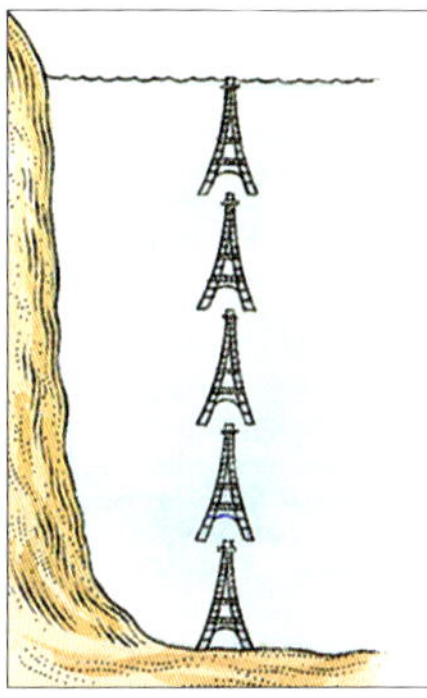

DER TIEFSTE SEE

Die größte Tiefe des Baikalsees in Sibirien beträgt 1 637 m. An seinem tiefsten Punkt hätte der Eiffelturm fünfmal übereinander Platz.

DIE GRÖSSTEN SEEN

See	Ort	Fläche in km²
Kaspisches Meer	Asien	371 800
Oberer See	Nordamerika	82 098
Viktoriasee	Afrika	69 480
Huronsee	Nordamerika	59 566
Michigansee	Nordamerika	57 754
Tanganjikasee	Afrika	32 891
Baikalsee	Sibirien	31 498
Großer Bären-See	Kanada	31 327
Njassasee	Afrika	28 877
Großer Sklavensee	Kanada	28 570

REKORDE

Der größte europäische See ist der Ladogasee in Russland mit einer Fläche von 17 702 km².

Der größte australische See ist der Eyresee. Dieser Salzsee hat eine Fläche von 9 323 km² und ist meistens ausgetrocknet.

Der größte südamerikanische See ist der Titicacasee in Peru und Bolivien. Seine Fläche beträgt 8 288 km².

Der Baikalsee enthält 20% der weltweiten Süßwasservorräte.

NUTZUNG VON FLÜSSEN UND SEEN

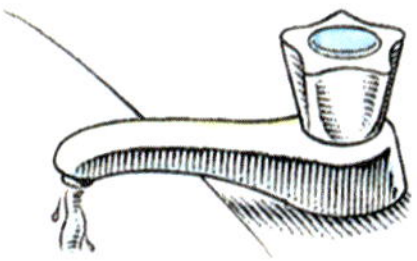

SÜSSWASSERSPEICHER

Flüsse und Seen versorgen die Menschen mit Wasser.

TRANSPORTWEGE

Flüsse und Seen werden seit Jahrhunderten zum Transport von Waren, Tieren und Menschen genutzt.

STROMERZEUGUNG

Turbinen werden durch aufgestaute Flüsse und Wasserfälle angetrieben und erzeugen elektrischen Strom.

FISCHEREI

An einigen der größeren Seen und Flüssen der Welt werden wichtige Fischereiindustrien betrieben.

SPORT

Sportarten wie Segeln und Windsurfing werden auf Seen getrieben, Kanu- und Floßfahren dagegen auf Flüssen.

BEWÄSSERUNG

Mit dem Wasser aus Flüssen werden in vielen trockenen Regionen die Felder bewässert.

VERLANDENDE SEEN

Das Leben der meisten Seen ist geologisch gesehen von kurzer Dauer. In weniger als 1 Mio. Jahre trocknen sie aus. Die meisten werden im Lauf der Zeit durch die Flussablagerungen aufgefüllt; andere verlanden, wenn die Niederschlagsmenge zurückgeht. Aus den Überresten der Seen werden Sümpfe und Moore.

1. Der Fluss lagert seinen mitgeführten Schlamm und Schotter im See ab.

2. Die Sedimente schichten sich auf, wodurch an einem Ende des Sees ein Sedimentdelta entsteht.

3. Hinzukommende Sedimente erweitern das Delta in den See hinein, bis der See zu einem flachen Sumpf wird.

4. Der See ist völlig mit Sedimenten aufgefüllt. Am Ende wachsen dort Pflanzen, wo früher einmal der See war.

WISSENSWERTES

In jeder Sekunde fließen etwa 180 000 m³ Wasser aus der Amazonasmündung in den Ozean: Es würde etwas mehr als eine Sekunde dauern, um die St. Pauls Kathedrale in London mit Wasser zu füllen.

Jedes Jahr lagern die Flüsse etwa 20 Mrd. t Sediment im Meer ab. Das bedeutet, dass alle 1 000 Jahre 3,13 cm von der Landoberfläche abgetragen werden.

In etwa 40 000 Jahren wird die Rhône den Genfer See aufgefüllt haben.

Der Bodensee hat eine Fläche von 538 km² und ist an der tiefsten Stelle 254 m tief. Der Rhein fließt durch den Bodensee hindurch. Der Bodensee ist ein wichtiger Trinkwasserspeicher. Deutschland, Österreich und Schweiz »teilen sich« den Bodensee.

DAS WETTER

Alles das, was man unter Wetter versteht – von Sonne und Regen bis hin zu Schnee und Orkan –, spielt sich in der unteren Schicht der Erdatmosphäre (Troposphäre) ab. Diese wirbelnde Gasschicht wird ständig durch Wind, Wasser und die Sonne aufgeheizt und wieder abgekühlt.

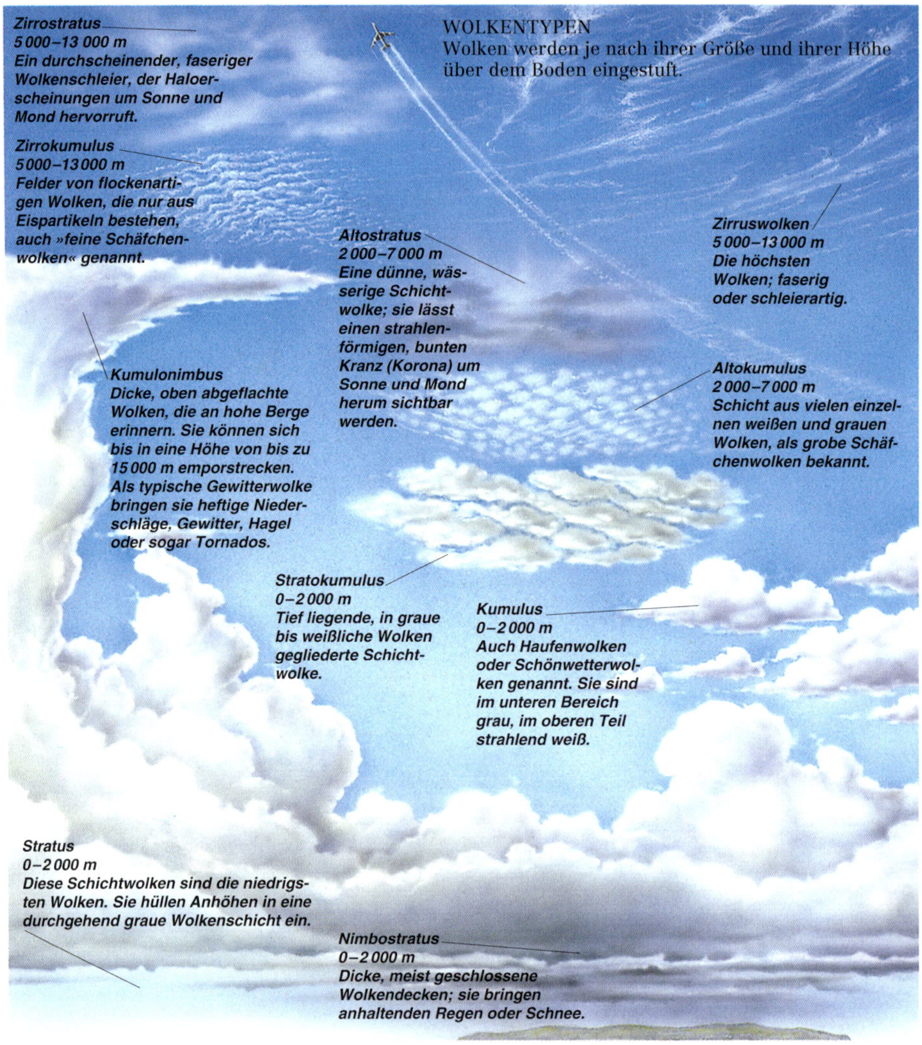

DER WASSERKREISLAUF

Wasser bewegt sich in einem nie endenden Kreislauf. Durch die Sonnenhitze verdunstet Wasser aus den Meeren, den Seen und den Flüssen. Beim Aufsteigen in die Atmosphäre kühlt sich der Wasserdampf ab und verdichtet sich zu Wolken (Kondensation). Aus den Wolken fallen die Tröpfchen wieder als Regen zur Erde.

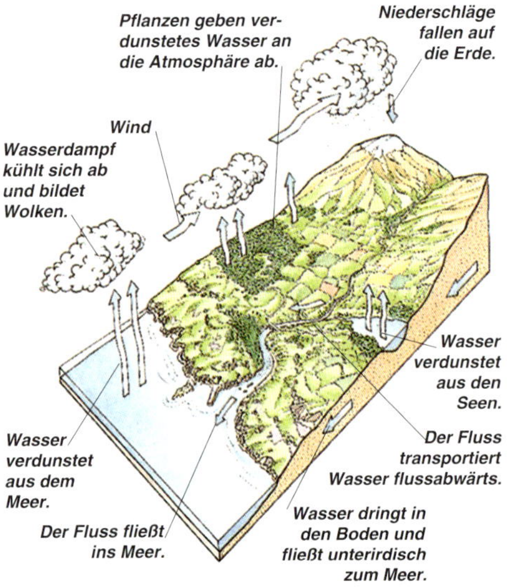

DIE WOLKENBILDUNG

Wolken entstehen, wenn sich die bodennahe Luft erwärmt und aufsteigt, sich abkühlt und zu winzigen Tröpfchen kondensiert. Die höchsten Wolken bestehen normalerweise aus feinen Eiskristallen, niedrigere Wolken meist aus Wassertröpfchen.

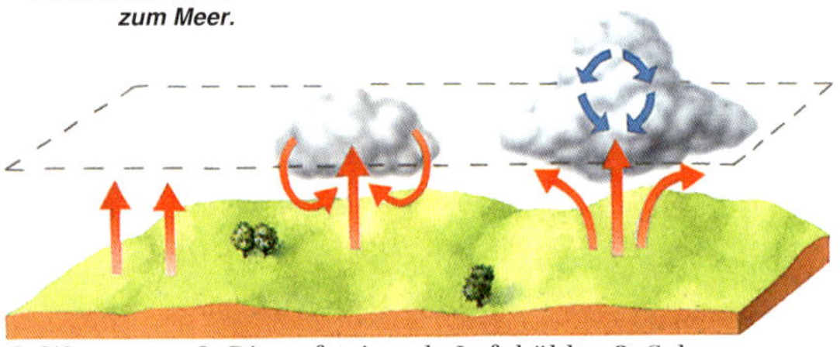

1. Warme Luft steigt vom Boden auf.

2. Die aufsteigende Luft kühlt sich ab, und der in ihr enthaltene Wasserdampf kondensiert zu Wassertröpfchen, die sich zu einer Wolke verbinden.

3. Solange warme Luft aufsteigt, vergrößert sich die Wolke immer mehr.

WISSENSWERTES

Das erste Thermometer hat der italienische Naturwissenschaftler Galileo Galilei etwa im Jahre 1600 hergestellt.

In der Troposphäre (siehe S. 39) ist genügend Wasser, um die ganze Welt 1 m hoch zu überfluten.

Der Apotheker Luke Howard (1772–1864) entwickelte 1903 das Schema zur Einteilung der Wolkentypen.

In den USA hat es über einen Zeitraum von 30 Jahren durchschnittlich 730 Tornados pro Jahr gegeben, wodurch jährlich mehr als 100 Menschen starben.

Bei einem Tornado kann es vorkommen, dass ein Haus zerstört wird, während ein anderes, nur 20 m entferntes nicht beschädigt wird.

WINDE

Wind ist eine Bewegung der Luft, die nie zum Stillstand kommt. Winde wehen immer von Gebieten mit hohem Luftdruck in Gebiete mit niedrigem Luftdruck.

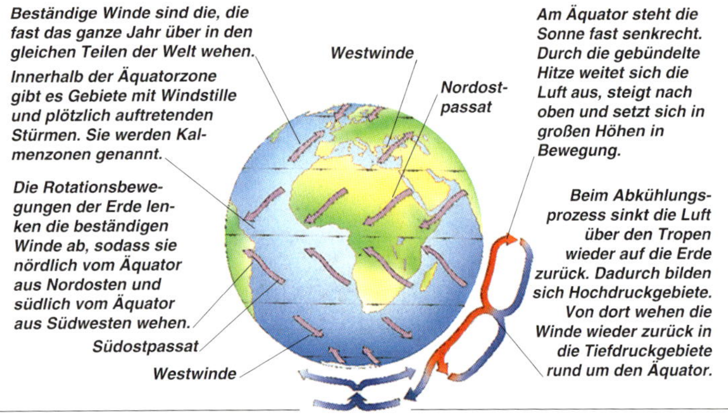

DER LUFTDRUCK

Kalte Luft sinkt zur Erde; dort entsteht ein höherer Druck. Das Wetter wird schön. Warme Luft steigt nach oben, dadurch sinkt der Luftdruck. Sinkender Luftdruck kann Regen bedeuten.

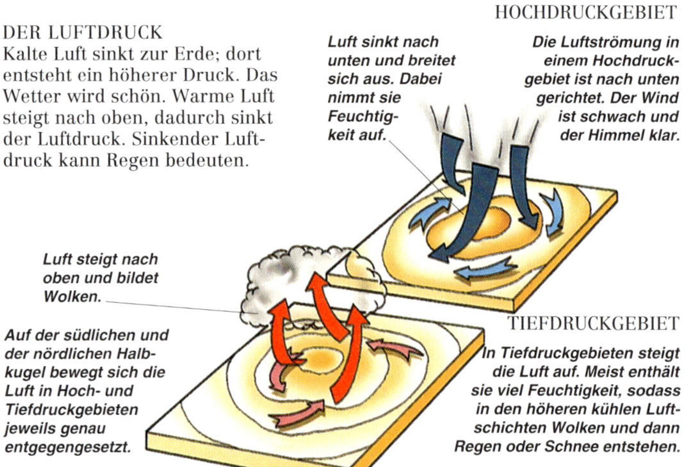

LUFTMASSEN UND FRONTEN

Luftmassen sind große Mengen an Luft, die sich über Kontinenten und Ozeanen bilden. Sie beeinflussen das Wetter der Gebiete, über denen sie entstehen. Sie können warm, kalt, feucht oder trocken sein. An der Grenze zwischen Warm- und Kaltluft bilden sich »Wetterfronten«. Man unterscheidet Kalt- und Warmfronten.

KALTFRONT

Die kältere Luft schiebt sich unter die warme Luft. Der aufsteigende Wasserdampf kondensiert zu Wolken und Regen.

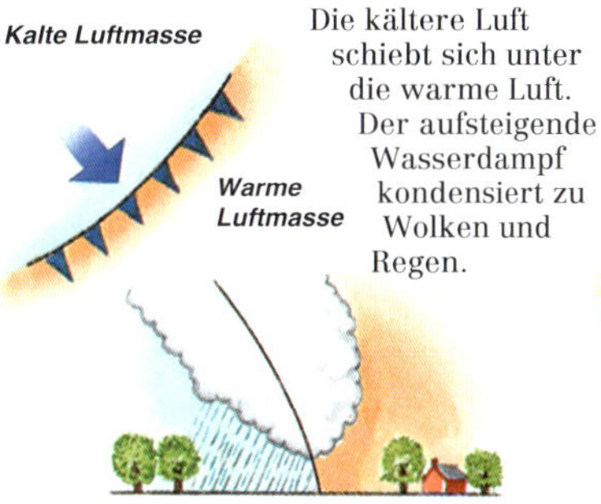

WARMFRONT

Warme, feuchte Luft steigt über die kalte Luft auf und bildet Wolken. Es herrscht trockenes Wetter.

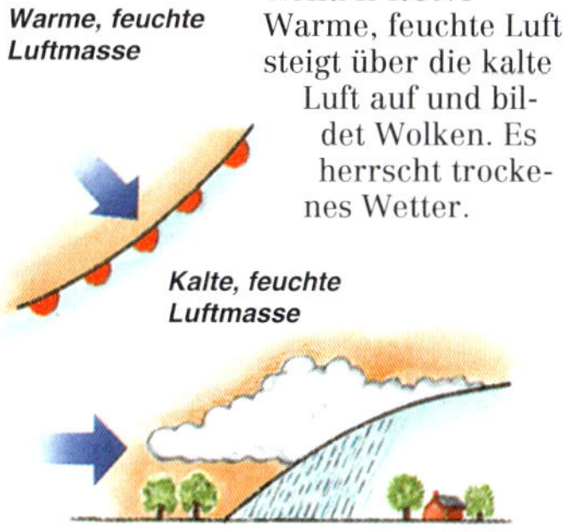

OKKLUSION

Wenn ein Tiefdruckgebiet wandert, treffen oft eine Kalt- und eine Warmfront aufeinander. Die Vereinigung einer Kalt- mit einer Warmfront bezeichnet man als »Okklusion«.

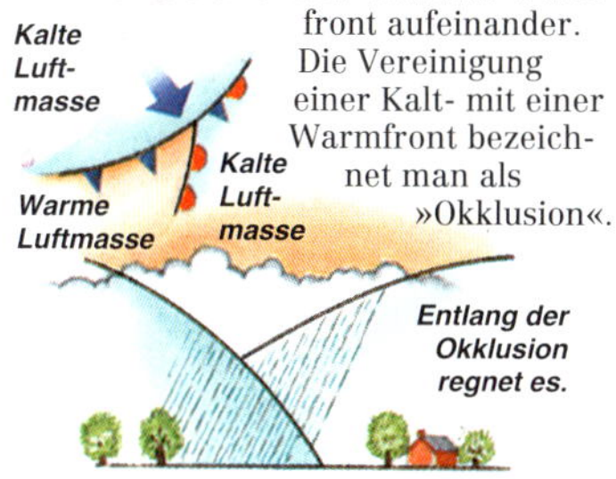

WETTERBEGRIFFE

Blizzard Ein in Nordamerika auftretender heftiger Schneesturm

Bö Ein heftiger Windstoß, begleitet von Regen

Hagel Kleine bis taubeneigroße Eiskörner

Nebel Kondensierter Wasserdampf in der Luftschicht über dem Boden; Luft und Boden haben unterschiedliche Temperaturen; die Sichtweite beträgt weniger als 1 km.

Niederschlag Regen, Sprühregen, Hagel, Graupel oder Schnee

Raureif Winzige Eiskristalle, die sich meist in kalten Nächten auf dem Boden bilden

Regenbogen Ein vielfarbiger Bogen, der entsteht, wenn sich Sonnenlicht an der Oberfläche von Regentropfen bricht

Tau Die Wärme des Bodens steigt auf und kondensiert zu Tröpfchen. Bei Kälte werden diese zu Raureif.

Wasserhose Ein Wirbelwind, der sich über dem Meer oder einem See bildet und Wasser nach oben saugt

BLITZE

Der Blitz ist die zuckende Lichterscheinung am Himmel, wenn Wolken ihre statische Elektrizität entladen. Häufig wird er von Donner begleitet – einem lauten Knall, der durch die sich explosionsartig ausdehnende Luft verursacht wird.

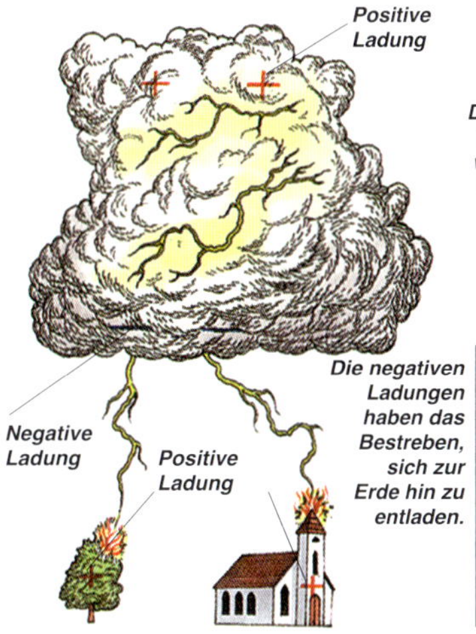

TORNADO

Ein Tornado ist eine wirbelnde Windsäule mit einem durchschnittlichen Durchmesser von 100 m. Wie in einem Trichter kann die Luft mit bis zu 550 km/h herumwirbeln und dabei Gegenstände in die Höhe ziehen.

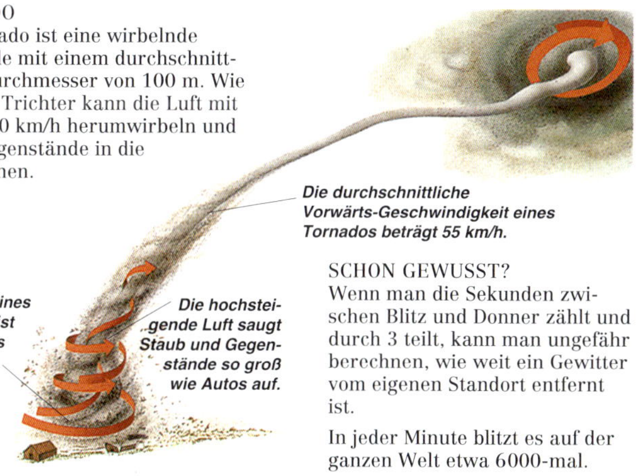

PECHVOGEL

Der ehemalige Parkranger Roy Sullivan wurde in 35 Jahren siebenmal vom Blitz getroffen.

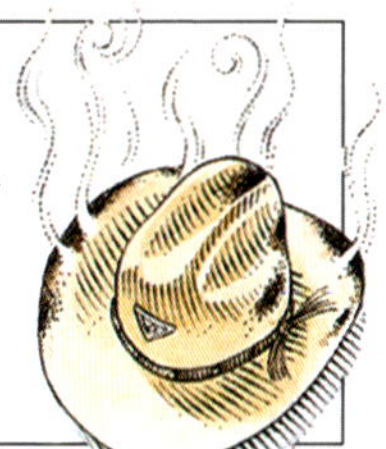

SCHON GEWUSST?

Wenn man die Sekunden zwischen Blitz und Donner zählt und durch 3 teilt, kann man ungefähr berechnen, wie weit ein Gewitter vom eigenen Standort entfernt ist.

In jeder Minute blitzt es auf der ganzen Welt etwa 6000-mal.

Die längsten Blitze werden bis zu 32 km lang. Sie kommen in ebenen Gebieten mit sehr hohen Wolken vor.

DIE BEAUFORTSKALA

Der englische Admiral Francis Beaufort (1774–1857) stellte im Jahr 1805 eine in 12 Windstärken unterteilte Skala für die Schiffahrt auf. Lange Jahre wurde diese Skala sowohl auf See als auch an Land verwendet, obwohl Stürme der Windstärken 10, 11 und 12 selten an Land vorkommen.

HURRIKAN

Ein Hurrikan, auch »Taifun«, ist ein tropischer Wirbelsturm. Der Wind wirbelt um einen inneren, runden Tiefdruckbereich herum, das Auge. Manche Hurrikans halten sich lange über dem Ozean auf und dauern nur einige Tage; andere dauern drei bis fünf Wochen und verwüsten Inseln und Küstenregionen mit verheerenden Stürmen, sintflutartigen Regenfällen und enormen Wellen.

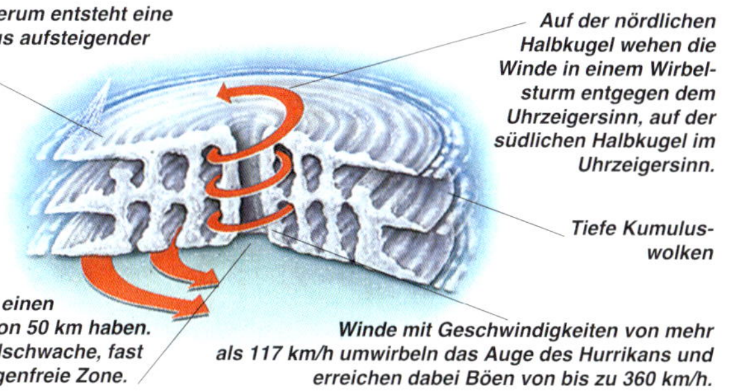

REKORDE

Der feuchteste Tag, der gemessen wurde, war im März 1952 in Cilaos auf Reunion Island. Die Niederschlagsmenge betrug mehr als 1870 mm.

Der Windgeschwindigkeitsrekord war 371 km/h. Er wurde 1934 auf dem Mount Washington in New Hampshire (USA) gemessen.

Die höchste Temperatur von 58 °C im Schatten wurde 1922 in al'Azizija (Libyen) gemessen.

Die niedrigste Temperatur wurde im Juli 1983 mit –89 °C in Wostok in der Antarktis gemessen.

DAS KLIMA

Mit »Klima« bezeichnet man die Wetterbedingungen, die hauptsächlich in einer Region herrschen: Temperatur, Feuchtigkeit, Wind, Niederschlag und Bewölkung. Die Art des Klimas wird dadurch bestimmt, wie nahe ein Gebiet am Äquator liegt und wie viel Sonnenstrahlung es erhält.

KLIMAZONEN

Die Klimazonen der Welt ziehen sich in großräumigen Gürteln beidseitig des Äquators entlang. Man unterscheidet verschiedene Klimazonen, wobei die einzelnen Zonen nicht scharf voneinander zu trennen sind, da sie vielfältig aufeinander einwirken. Das Klima einer Region bestimmt auch die Vegetation, die es dort gibt.

KLIMAKARTE

Diese Karte gibt einen Überblick über die wichtigsten Klimazonen der Welt. Ebenso sind Orte eingezeichnet, die auf der nächsten Seite erwähnt werden, Orte, die einen Klimarekord aufweisen können, Städte, die in der Stadtklimagraphik vorkommen, und auch einige der Orte, die in der Tabelle zu den Temperaturschwankungen aufgeführt sind.

STEPPE

Im Zentrum mancher Kontinente gibt es große Gebiete mit trockenem Grasland und extremen Temperaturen. In diesen Gebieten sind die Sommer sehr heiß und die Winter sehr kalt.

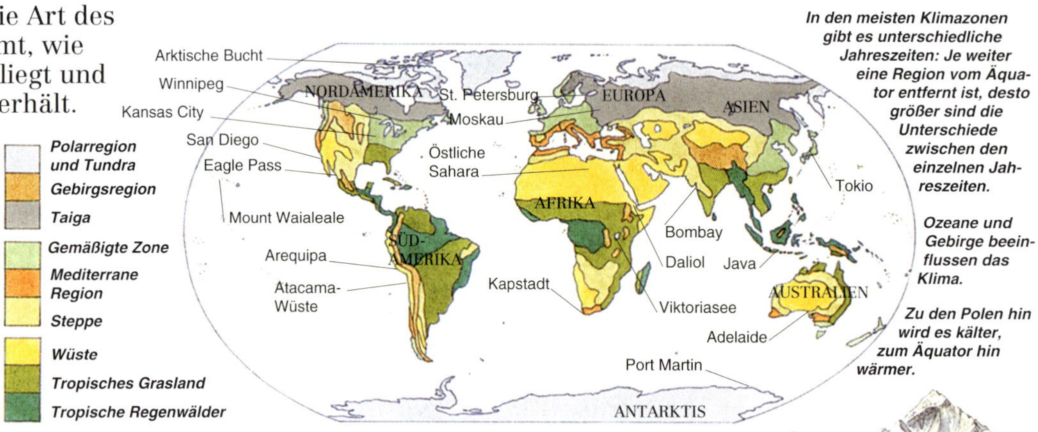

WÜSTE

Das heißeste Wetter herrscht in den trockenen Wüsten. Hier fällt weniger als 250 mm Regen im Jahr. Wüsten liegen in einem Gürtel, der sich einige tausend Kilometer nördlich und südlich des Äquators um die Erde zieht.

POLARREGION UND TUNDRA

Das Polarklima ist kalt und trocken. Die Sonne steht immer tief über dem Horizont, sogar mittags. Im Sommer herrschen an der Küste nur 10 °C. Das an die eisbedeckten Zonen angrenzende Gebiet ist die Tundra. Die Temperatur steigt nur in wenigen Monaten des Jahres über den Gefrierpunkt.

TAIGA

Die Taiga ist ein Teil des borealen Nadelwaldgebiets südlich der Tundra, das sich über Nordkanada, Skandinavien und Russland erstreckt. Vier bis sechs Monate des Jahres herrscht hier Nacht, und die Temperaturen sinken bis weit unter 0 °C.

GEBIRGSREGION

Auf Gebirgszügen sinkt die Temperatur mit zunehmender Höhe. Ab der Baumgrenze ist es zu kalt und zu windig, dass Bäume wachsen können. Die Schneegrenze bezeichnet die Höhe, ab der das ganze Jahr über Schnee liegt.

TROPISCHES GRASLAND

Tropisches Grasland, wie die afrikanische Savanne, kommen in dem Gebiet zwischen den tropischen Regenwäldern und den trockenen, heißen Wüsten vor. Hier ist das Klima immer heiß; es gibt Regen- und Trockenzeit. Die Vegetation besteht aus Graspflanzen, die während der Regenzeit bis zu 2 m hoch wachsen, und niedrigen Bäumen und Büschen.

MEDITERRANE REGION

Das rund um das Mittelmeer vorherrschende Klima findet sich auch in einigen anderen Teilen der Welt, wie z.B. in Kalifornien (USA). Die Sommer sind heiß und trocken, die Winter kühl und nass. Die Pflanzen, etwa Olivenbäume, haben sich den trockenen Bedingungen des Sommers angepasst.

GEMÄSSIGTE ZONE

Gemäßigte Klimazonen sind selten sehr heiß oder sehr kalt: Die Durchschnittstemperatur beträgt für vier Monate des Jahres meist 10 °C oder mehr und für mindestens einen Monat weniger als 5 °C. In den gemäßigten Breiten haben viele Pflanzenarten über Winter eine Wachstumspause, wie z.B. die Laubbäume.

TROPISCHER REGENWALD

In Äquatorialgebieten ist das Klima das ganze Jahr hindurch heiß und feucht. Die Temperatur liegt zwischen 24 und 27 °C. Es regnet kurz beinahe jeden Tag. Hier gibt es die größte Vielfalt an Tier- und Pflanzenarten.

BUNTE GIPFEL

Es kommt vor, dass der Wind Staub und Sand mit sich trägt, die irgendwann schließlich als bunter Regen oder Schnee zur Erde fallen. In den Alpen ist schon rosafarbener Schnee gefallen, der durch roten Sand, den Winde aus der Sahara angeweht hatten, verursacht worden war.

ANTEIL DER KLIMAZONEN

Diese Tabelle zeigt, wie groß der Anteil der einzelnen fünf Hauptklimazonen an der Fläche der Erde ist.

Klima	Kontinent %	Ozean %	Erde gesamt %
Polar	17	19,5	18,8
Taiga	21,3	1,7	7,3
Gemäßigt	15,5	31,9	27,2
Tropen	19,9	42,7	36,1
Trocken	26,3	4,2	10,6

MIKROKLIMATE

Mikroklimate sind kleine Regionen, die ein eigenständiges Klima aufweisen. Dazu gehören Städte, wo die Temperatur 6 °C höher sein kann als in der umliegenden Region. Auf diesem mit Spezialsatelliten aufgenommenen Bild von Paris sind die heißesten Gebiete in der Stadtmitte in Blau zu sehen, die Gebiete in den Randbezirken mit niedriger Temperatur in Grün.

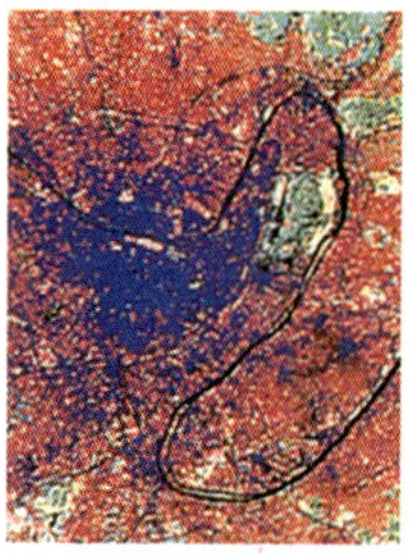

WISSENSWERTES

Eine Niederschlagshöhe von 1 mm entspricht einer Wassermenge von 1 l/m².

Während des Sommermonsuns fällt in Indien manchmal innerhalb von nur drei Monaten bis zu 75% der jährlichen Niederschlagsmenge.

In den Tropen kann es vorkommen, dass der Unterschied zwischen der höchsten und der niedrigsten Mittagstemperatur im Jahr nur 2 °C beträgt.

DIE JAHRESZEITEN

Je nach Jahreszeit bekommt eine Halbkugel der Erde mehr Sonnenlicht und Wärme als die andere. Die Temperaturveränderung während des Jahres verursacht die Jahreszeiten.

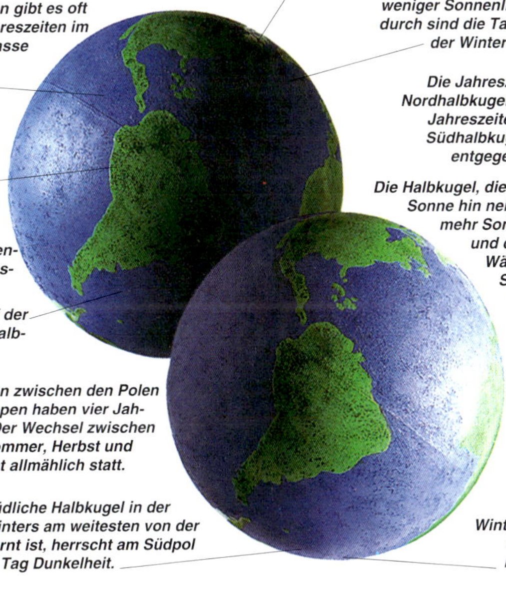

TEMPERATURSCHWANKUNGEN

Die nachstehende Tabelle verdeutlicht, wie sich die Temperaturen einer Region je nach ihrer Entfernung zum Äquator ändern. Die nordamerikanischen Orte liegen alle etwa auf dem gleichen Längengrad.

Ort/ Höchste Temp.	Niedrigste Temperatur
Arktische Bucht 11 °C	−28 °C
Churchill 18 °C	−24 °C
Winnipeg 26 °C	−14 °C
Minneapolis 28 °C	−6 °C
Kansas City 33 °C	3 °C
Dallas 35 °C	13 °C
Eagle Pass 38 °C	19 °C

MONSUN

Monsune sind Luftströmungen, die halbjährlich ihre Richtung wechseln. Im Nordwesten Indiens beispielsweise bläst trockener Nordostwind 6 Monate vom Land zum Meer. Die andere Hälfte des Jahres bringt Südwind vom Meer her starke Regenfälle.

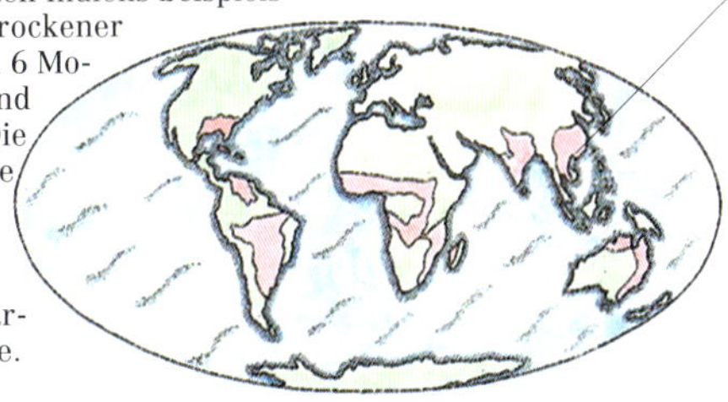

Die Gebiete der Erde, in denen am häufigsten Monsunwinde auftreten, sind rosa gekennzeichnet.

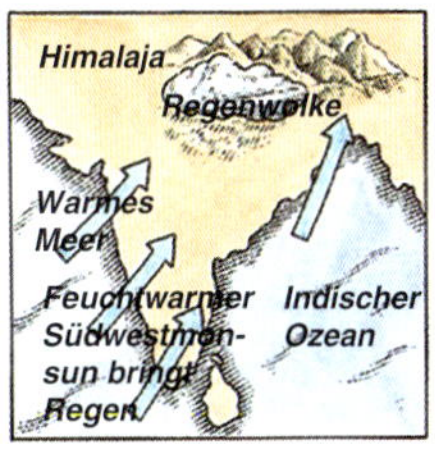

SÜDWESTMONSUN

Im Frühsommer ziehen die heißen, trockenen Landstriche Asiens feuchtwarme Luft vom Indischen Ozean an.

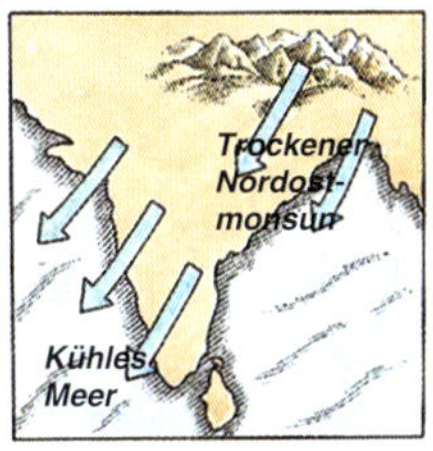

NORDOSTMONSUN

Im Winter breitet sich kalte, trockene Luft von Zentralasien her aus und bringt kühles Wetter mit sich.

KLIMAVERÄNDERUNGEN

Das Klima verändert sich von Natur aus. Auch Eingriffe des Menschen können Klimaveränderungen hervorrufen. Durch die Produktion von zu viel Kohlendioxid, z.B. durch Autos, Kohlekraftwerke oder Heizungen, wird der »Treibhauseffekt« verursacht. Er führt zu einer Erwärmung der Erde.

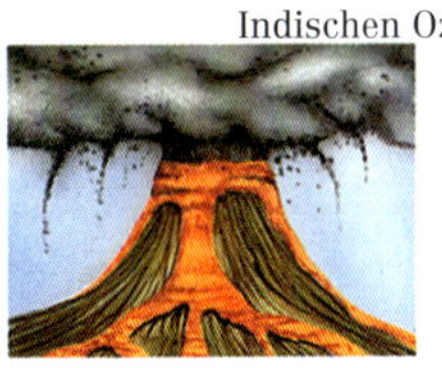

Vulkanausbrüche können das Klima beeinflussen. Asche und Schwefeldioxidgase bilden in der Atmosphäre eine feine Dunstschicht, durch die die Sonnenstrahlung teilweise blockiert wird. Die Temperaturen sinken.

Klimaforscher haben festgestellt, dass in den letzten 100 Jahren die Durchschnittstemperatur um ein halbes Grad gestiegen ist.

WISSENSWERTES

Am Äquator liegt die Temperatur immer zwischen 25 bis 30 °C.

Die Durchschnittstemperatur nahe am Südpol ist –50 °C. Das ist viel kälter als die normale Temperatur in einem Gefrierschrank, die bei etwa –20 °C liegt.

Die Regionen der Tundra werden manchmal auch als »Kaltwüsten« bezeichnet, da dort ein sehr trockenes Klima herrscht.

KLIMAWANDEL

Es bestehen heute kaum mehr Zweifel daran, dass die Erwärmung der Erde vom Menschen beeinflusst ist und katastrophale Folgen (Dürren, Missernten, Überflutungen weiter Landstriche) haben kann. Im Klimaprotokoll von Kyoto haben sich deshalb die meisten Industrienationen verpflichtet, den Ausstoß von CO_2 zu reduzieren. Umweltschützer kritisieren, dass die Klimaschutzziele zu niedrig sind und durch die einzelnen Staaten nicht in ausreichendem Maße umgesetzt werden. Die USA haben das Kyoto-Protokoll überhaupt nicht unterzeichnet, sich aber auf dem G8-Gipfel 2007 in Heiligendamm dazu bereiterklärt, an Klima-Verhandlungen unter dem Dach der UNO mit dem Ziel bindender Vereinbarungen teilzunehmen.

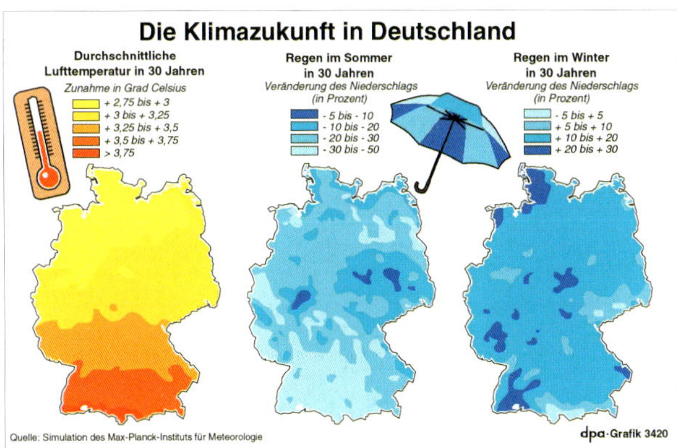

REKORDE

Die meisten dieser Klimarekorde beruhen auf jährlichen Durchschnittswerten.

Die meisten Donner erlebt man in einigen Gebieten auf Java und rund um den Viktoriasee: etwa 200 bis 250 Gewitter gibt es hier jährlich.

Die trockenste Gegend ist die Atacama-Wüste in Chile. Nur etwa 0,51 mm Regen fallen hier durchschnittlich im Jahr.

Die sonnigste Gegend ist die Ostsahara. Während mehr als 90% der Dauer des Tageslichts scheint die Sonne.

Die heißeste Gegend ist Daliol in Äthiopien. Über einen Zeitraum von sechs Jahren lag die Durchschnittstemperatur bei 34,4 °C.

Der kälteste Ort ist Polus Nedostupnost in der Antarktis. Die jährliche Durchschnittstemperatur beträgt −57,8 °C.

Der windigste Ort ist Port Martin in der Antarktis. Die mittlere Windgeschwindigkeit über einen Monat ist 105 km/h.

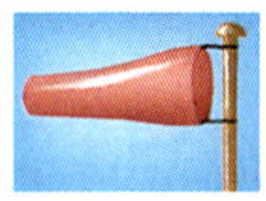

Die meisten Regentage erlebt der Mount Waialeale (1 569 m) auf der hawaiischen Insel Kauai. An bis zu 350 Tagen regnet es hier im Jahr.

SCHON GEWUSST?

Durch die globale Erwärmung war die Temperaturzunahme der letzten 50 Jahre doppelt so hoch wie die der letzten 100 Jahre.

Wenn sich die Jahreszeiten verschieben, kommt auch der Lebensrhythmus der Tiere durcheinander. Dies betrifft z.B. Zugvögel: Sie erreichen Europa später als die Hauptnahrungsquelle ihrer Küken, die Raupen, schlüpfen und finden dann schwer Nahrung für ihren Nachwuchs.

WÜSTEN

Wüsten sind Landgebiete, in denen weniger als 250 mm Niederschlag im Jahr fällt. Diese unfruchtbaren Gebiete bestehen meist aus zerklüfteten Bergen, felsigen Canyons und stein- oder sandbedeckten Ebenen. Aufgrund der geringen Niederschlagsmenge und der hohen Temperaturen ist das Leben in der Wüste sehr hart: Nur einige Tier- und Pflanzenarten können hier überleben.

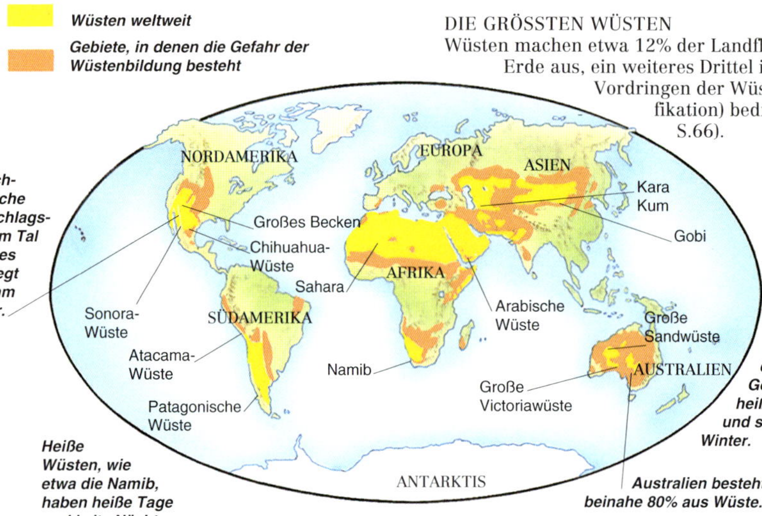

DIE GRÖSSTEN WÜSTEN

Wüsten machen etwa 12% der Landfläche der Erde aus, ein weiteres Drittel ist vom Vordringen der Wüste (Desertifikation) bedroht (siehe S.66).

MERKMALE VON WÜSTEN

Starke Winde, große Temperaturunterschiede zwischen Tag und Nacht und seltene, aber heftige Regenfälle verursachen charakteristische Verwitterungen.

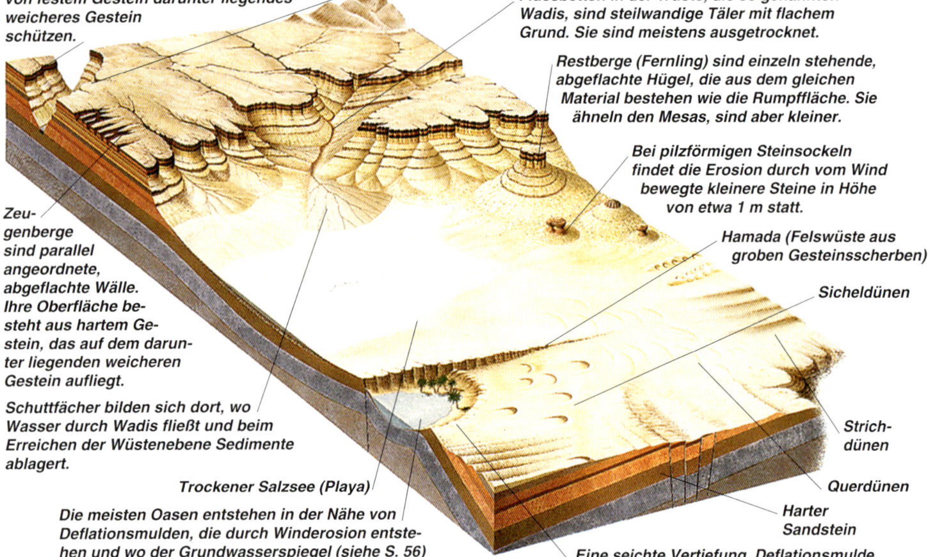

SANDDÜNEN

Der lockere Wüstensand wird vom Wind zu Dünen aufgetürmt, die bis zu 200 m hoch sein können.

SICHELDÜNE

Diese sichelförmigen Dünen entstehen, weil der Wind den Sand an den Enden schneller vorantreibt als in der Mitte.

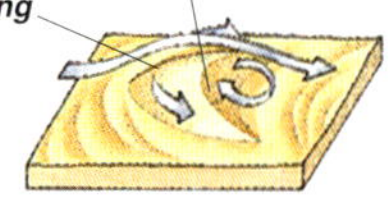

STRICHDÜNEN

Längs- oder Strichdünen sind lange Wälle aus Sand, die parallel zur Windrichtung verlaufen.

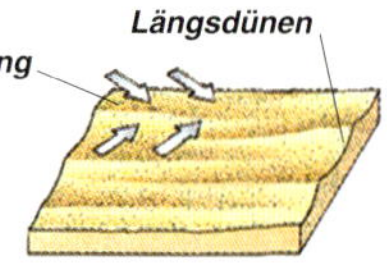

QUERDÜNEN

Diese lang gestreckten Sandwälle sind durch tiefe Furchen voneinander getrennt. Sie verlaufen quer zur Windrichtung.

STERNDÜNEN

Sterndünen bilden sich, wenn mehrere Sandwälle aufeinander treffen und der Wind aus verschiedenen Richtungen weht.

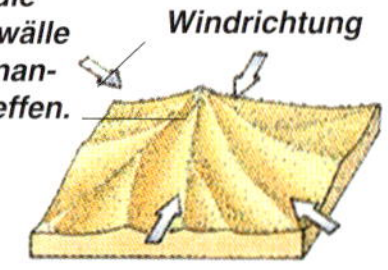

WÜSTENARTEN

KONTINENTALWÜSTE

Kontinentalwüsten, wie z.B. die Sahara in Afrika (rechts), entstehen, weil sie zu weit vom Meer entfernt sind, als dass der Wind ihnen Regen bringen könnte. In der Sahara ist der Himmel fast immer wolkenlos.

REGENSCHATTENWÜSTEN

Regenschattenwüsten, wie etwa die Atacama in Chile (rechts), bilden sich in der Nähe von hohen Gebirgsmauern. Die Wolken regnen sich schon vor den Bergen ab, das Gebiet hinter den Bergen erhält keinen Niederschlag.

TODESHITZE

Würde ein Mensch einen Tag in der Sahara ohne Schatten, Essen, Wasser und Kleidung verbringen, so würde seine Körpertemperatur bis zum Sonnenuntergang auf etwa 46 °C ansteigen, und er würde bis dahin 2 bis 3,5 l Wasser verlieren. Bei Einbruch der Nacht wäre er tot.

FATA MORGANA

In heißen Wüsten kann man Fata Morganas erleben. Sie entstehen, wenn sich eine bodennahe Schicht warmer Luft unter einer kühleren Schicht befindet. Die warme Luftschicht reflektiert ein auf dem Kopf stehendes Bild, z.B. einen See, Palmen oder Berge.

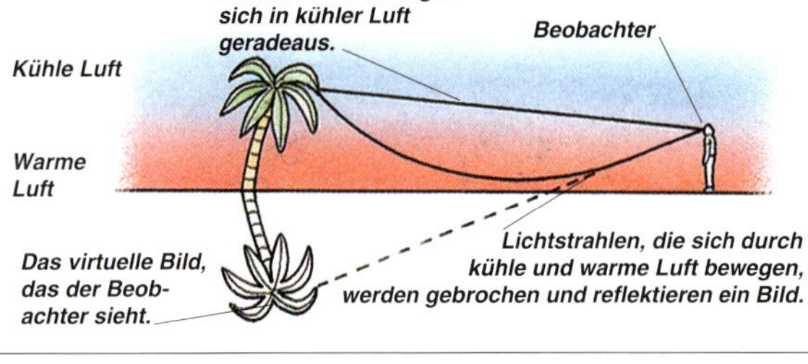

DIE GRÖSSTEN WÜSTEN

Wüste	Fläche (km²)
Sahara	8 600 000
Arabische Wüste	2 330 000
Gobi	1 200 000
Patagonische Wüste	673 000
Große Victoriawüste	647 000
Großes Becken	492 000
Chihuahua-Wüste	450 000
Große Sandwüste	407 000
Kara Kum	350 000
Sonora-Wüste	310 000

WÄLDER

Ein Drittel der Landfläche der Erde ist bedeckt von Gebieten mit geschlossenem Baumbestand, den Wäldern. Neben dem tropischen Regenwald gibt es in Gebieten mit gemäßigtem Klima ausgedehnte Laub- und Nadelwälder.

BAUMRIESEN
Die Baumkronen der weit über das übrige Kronendach herausragenden Urwaldriesen bilden die oberste Schicht im Regenwald.

KRONENDACH
Diese geschlossene Decke aus Baumkronen befindet sich etwa 30 bis 40 m über dem Waldboden.

Die meisten Tierarten des Regenwaldes leben im Kronendach. Hier finden sie ausreichend Licht, Wärme, Feuchtigkeit und Nahrung.

Die Bäume des Regenwaldes haben lange, schmale Stämme.

UNTERHOLZ
Im Unterholz wachsen Lianen und andere Kletterpflanzen.

In diesem warmen, feuchten Klima werden am Boden vorhandene tote Organismen und abgefallene Blätter schnell zersetzt.

QUERSCHNITT DURCH EINEN WALD
Wälder bestehen aus verschiedenen Pflanzenschichten. Das nebenstehende Bild zeigt die verschiedenen Schichten eines Regenwaldes. Regenwälder wachsen in den Gebieten der Erde, wo die Niederschlagsmenge mehr als 200 cm im Jahr beträgt. Sie bestehen aus großblättrigen immergrünen Bäumen und bedecken etwa 6% der Landfläche der Erde.

Im Unterholz wachsen Pflanzen, die wenig Licht benötigen.

WALDBODEN
Die Humusschicht des Bodens im Regenwald besteht nur aus einer dünnen Schicht von Blättern. Viele der Pflanzen, die in diesem schattigen Bereich leben, sind Pilze oder Parasiten, die für ihr Wachstum kein Licht brauchen.

DIE VIELFALT DES REGENWALDES
Auf einem nur 10 Hektar großen Stück Regenwald wachsen etwa 750 verschiedene Baumarten. In ganz Nordamerika gibt es nur 700 Arten.

WISSENSWERTES
In jeder Sekunde verschwindet ein Regenwaldgebiet von der Größe eines Fußballfeldes, und täglich sterben mehr als 50 Tier- und Pflanzenarten des Regenwaldes aus.

Ein einziger Baum kann 43 Ameisenarten beherbergen.

Die Vernichtung des Regenwaldes kann das Klima der ganzen Erde verändern.

In den abgeholzten Gebieten Nepals kann es während des Monsunregens an einem einzigen Tag zu 20 000 Erdrutschen kommen.

20% aller Vogelarten leben im amazonischen Regenwald.

Hellroter Ara

DIE ZERSTÖRUNG DER WÄLDER
Vor 10 000 Jahren war etwa die Hälfte der Landfläche der Erde mit Bäumen bedeckt. Bis heute sind 33% dieser Wälder abgeholzt worden, um Ackerland zu gewinnen. Seit 1945 ist die Hälfte der tropischen Regenwälder gefällt worden: zur Holzgewinnung, für Weiden und Ackerland oder für die Suche nach Öl.

In Nordamerika sind große Teile des Waldes verloren gegangen: 60% des kanadischen Waldes und 90% des Waldes der Vereinigten Staaten wurden abgeholzt.

Ursprünglich waren 95% der Fläche in West- und Mitteleuropa mit Bäumen bedeckt. Bis zum späten Mittelalter waren nur noch 20% davon übrig.

90% des mittelamerikanischen Regenwaldes ist vernichtet worden.

Der Regenwald am Amazonas bedeckte ursprünglich eine Fläche, die beinahe zwei Drittel der Fläche der USA ausmachte. Ein Gebiet der Größe Europas wurde weltweit abgeholzt.

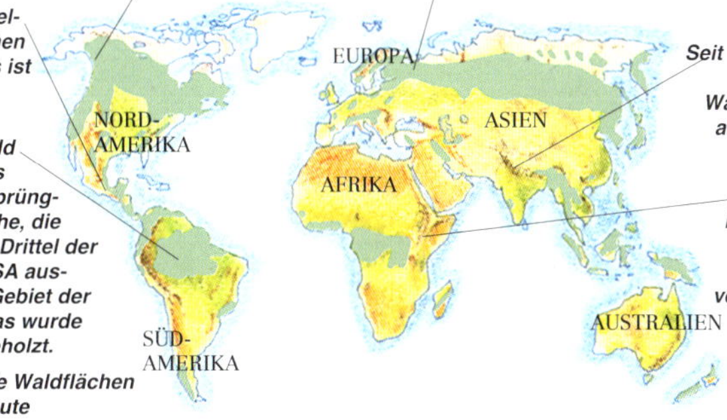

Seit 1950 sind mindestens 40% des Waldes im Himalaja abgeholzt worden.

Im äthiopischen Hochland sind im 20. Jahrhundert 90% der Wälder vernichtet worden.

Die Waldflächen heute

PRODUKTE AUS DEM REGENWALD

PARFÜM
Pflanzen des Regenwaldes werden für die Herstellung von Parfüms und Duftstoffen verwendet.

KAUTSCHUK
Kautschuk wird zur Gewinnung von Gummi gezapft.

RATTAN
Aus Rattan, einer holzartigen Kletterpflanze des Regenwaldes, werden Möbel hergestellt.

ARZNEIMITTEL
Jede vierte Arznei enthält chemische Substanzen aus im Regenwald vorkommenden Pflanzen.

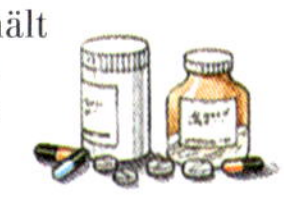

INSEKTEN
Ein aus den Regenwäldern Kameruns stammender Rüsselkäfer wird in Malaysia zur Bestäubung der Ölpalmen genutzt: eine Aufgabe, die früher von Hand erledigt wurde.

REKORDE

Der größte Wald ist die Taiga (siehe S. 60). Sie erstreckt sich in einem breiten Gürtel über Nordeuropa, Asien und Nordamerika.

REGENERIERUNG DES REGENWALDES
Wenn im Regenwald größere Lücken entstehen, verursacht durch natürliche Prozesse oder aber durch Eingriffe des Menschen, dauert es mindestens 100 Jahre, bis der Regenwald seinen ursprünglichen Zustand wiedererlangt hat.

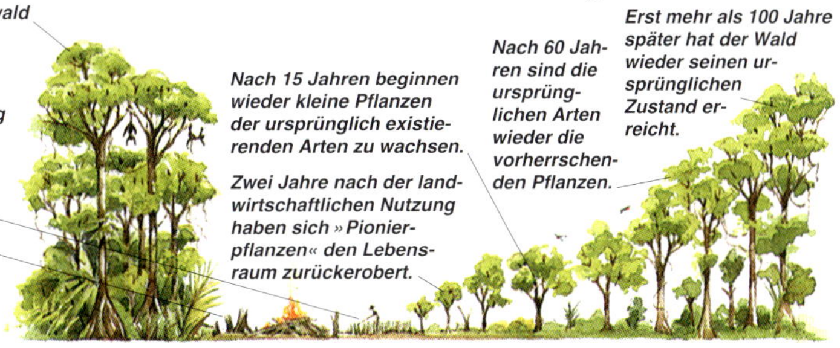

Der größte Regenwald ist der amazonische Regenwald mit einer Fläche von 7 Mio. km^2.

DIE BIOSPHÄRE DER ERDE

Die Biosphäre umfasst die gesamte Erdoberfläche und den untersten Bereich der Atmosphäre. Sie reicht von der Tiefe der Meere bis hinauf in etwa 15 km Höhe.

BEREICHE DER BIOSPHÄRE

Die Ökologen (Wissenschaftler, die die Wechselbeziehungen zwischen den Lebewesen und ihrer Umgebung erforschen) unterteilen die Biosphäre in einzelne Ökosysteme: Bereiche mit typischen Eigenschaften.

NISCHE
Die Stellung einer Pflanze oder eines Tieres innerhalb des Ökosystems. Dazu gehören auch die Wechselbeziehungen mit anderen Arten.

HABITAT
Lebensbereich einer Pflanze oder eines Tieres. Pflanzen und Tiere eines Lebensraumes bezeichnet man als »Lebensgemeinschaft«.

ÖKOSYSTEM
Der Lebensraum und die Lebensgemeinschaft von Pflanzen und Tieren.

BIOSPHÄRE
Zu diesem mit Leben erfüllten Teil der Erde gehört auch die Atmosphäre. In der Biosphäre sind viele verschiedene Ökosysteme enthalten.

ERDE
Vermutlich ist die Erde der einzige Planet unseres Sonnensystems, auf dem Leben möglich ist.

OZONSCHICHT
Die Ozonschicht umgibt die Erde in einer Höhe von 15 bis 50 km. Wie ein Schutzschild hält sie einen großen Teil der schädlichen UV-Strahlung der Sonne ab.

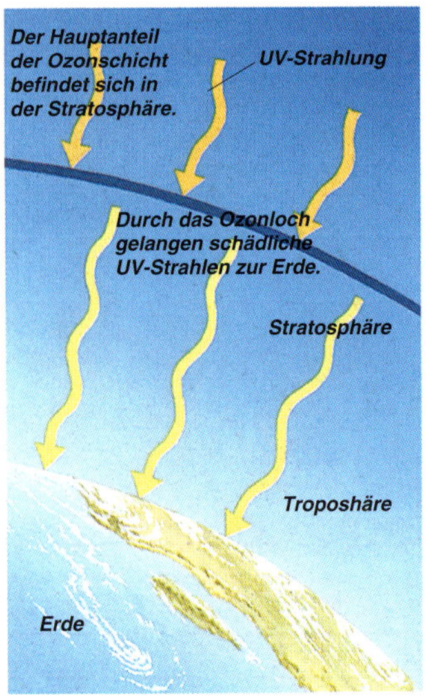

STOFFKREISLÄUFE DER ERDE

Ein ewiger Kreislauf der Natur: Lebewesen nehmen für ihr Wachstum und Überleben Wasser, Kohlenstoff, Stickstoff und Sauerstoff auf. Nach ihrem Tod werden die Organismen zersetzt. Die Stoffe, aus denen sie bestehen, werden wieder der Biosphäre zugeführt und kommen der Entwicklung von neuem Leben zugute.

DER KOHLENSTOFFKREISLAUF

Alle Lebewesen enthalten das Element Kohlenstoff. Er stammt ursprünglich aus dem in der Erdatmosphäre enthaltenen Kohlendioxid (CO_2). Pflanzen und einige Bakterien bauen daraus Stoffe auf. Tiere, die Pflanzen fressen, nehmen Kohlenstoff auf. Kohlendioxid wird wieder an die Atmosphäre abgegeben, wenn Tiere ausatmen, Ausscheidungen abgeben und nach ihrem Tod zersetzt werden.

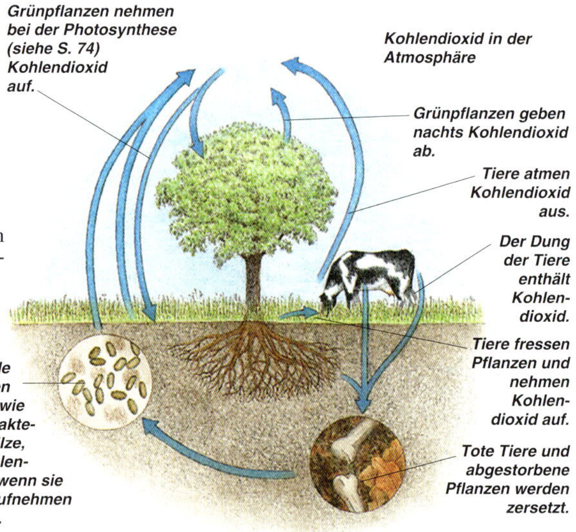

SAUERSTOFFKREISLAUF

Menschen und Tiere beziehen ihre Energie aus der Nahrung. In den Körperzellen werden die Nahrungsbausteine mit Hilfe des eingeatmeten Sauerstoffs weiterverarbeitet. Auch Pflanzen nehmen Sauerstoff bzw. Kohlendioxid auf.

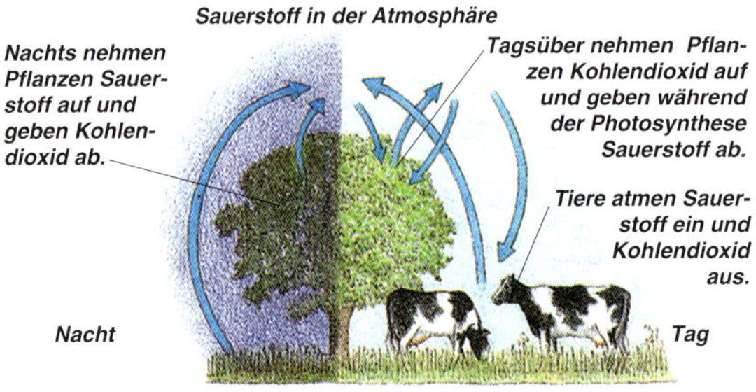

DER STICKSTOFFKREISLAUF

Alle Pflanzen und Tiere brauchen Stickstoff zur Herstellung von Eiweiß, aber nur bestimmte Bakterien, Algen und einige Flechten sind in der Lage, den Stickstoff direkt zu verwerten. Tiere decken ihren Stickstoffbedarf, indem sie Pflanzen fressen. Diese enthalten stickstoffhaltige Verbindungen (Nitrate und Nitrite).

WÄSSRIGE KÖRPER

Wasser bewegt sich innerhalb der Biosphäre in einem ewigen Kreislauf, in den Meeren, Flüssen, Wolken und als Regen und Schnee. Auch die Lebewesen sind ein Teil dieses Wasserkreislaufs: Fast alle Pflanzen und Tiere, auch der Mensch, bestehen zu fast 75% aus Wasser.

WISSENSWERTES

Ozon ist ein so fein verteiltes Gas, dass es in konzentrierter Form einen Ring um die Erde bilden würde, der kaum dicker ist als eine Schuhsohle.

Die Ozonschicht schützt die Erde vor den ultravioletten Strahlen der Sonne. Die Ausdünnung der Ozonschicht wird als »Ozonloch« bezeichnet. Die wichtigste Ursache für das Ozonloch sind die Fluorchlorkohlenwasserstoffe (FCKW), die in Spraydosen, Kühlschränken oder Klimaanlagen enthalten sind. Deshalb wurde die Herstellung und Anwendung von FCKW im Jahr 2000 verboten bzw. stark eingeschränkt.

Flechten reagieren besonders empfindlich auf Umweltverschmutzung. Giftstoffe sammeln sich in ihnen und lassen sie absterben.

DIE GAIA-HYPOTHESE

Die Gaia-Hypothese wurde 1979 von dem englischen Wissenschaftler James Lovelock (geb. 1919) und dem amerikanischen Biologen Lynn Margulis (geb. 1938) entwickelt. Sie geht davon aus, dass alle Lebewesen den großen Organismus Gaia bilden, der seine Umwelt nach seinen Bedürfnissen reguliert. Diese Hypothese wurde nach Gaia, der griechischen Göttin der Erde, benannt.

GEFAHREN FÜR DIE ERDE

Die schnell ansteigende Bevölkerungszahl verursacht Umweltprobleme, durch die das Gleichgewicht der Biosphäre nachhaltig gestört werden kann. Umweltverschmutzung und die Zerstörung der Regenwälder bedrohen das Leben auf der Erde.

GLOBALER TEMPERATURANSTIEG

TREIBHAUSEFFEKT

Kohlendioxid und andere Gase in der Atmosphäre verhalten sich wie das Glas eines Treibhauses. Sie lassen Sonnenstrahlen durch, halten aber Wärme zurück, die sonst in das Weltall abgestrahlt würde.

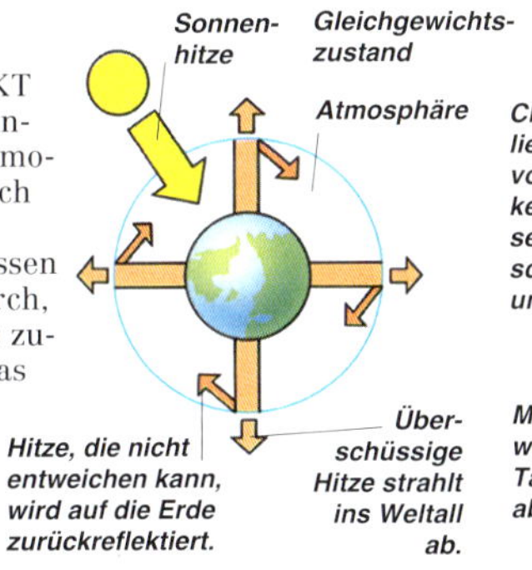

Aus dem Gleichgewicht geraten

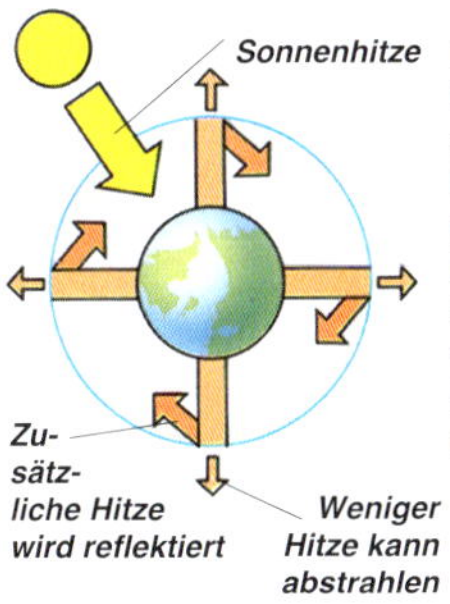

ERDERWÄRMUNG

Das Verbrennen fossiler Brennstoffe (Kohle, Öl, Holz) lässt den Kohlendioxidgehalt in der Erdatmosphäre ansteigen, was zu einer zusätzlichen Erwärmung der Erde führt.

VERSCHMUTZUNG DER STADTLUFT

In vielen großen Städten ist die durch Autos und Industrie verursachte Luftverschmutzung ein ernstzunehmendes Problem geworden. Gesundheitsprobleme wie Augenbrennen, Husten und Asthma sind darauf zurückzuführen. Außerdem nehmen Pflanzen und Gebäude Schaden.

OZONLOCH

Jedes Jahr im Frühling öffnet sich über der Antarktis ein Loch in der Ozonschicht. Die Hauptursache für dieses Loch sind in die Atmosphäre ausgestoßene Chemikalien, die die Ozonschicht zerstören, wie z.B. Fluorchlorkohlenwasserstoffe (FCKW). Die Abnahme der Ozonschicht hat zur Folge, dass mehr ultraviolette Sonnenstrahlen die Erde erreichen, was zu einem Anstieg an Hautkrebserkrankungen und zu Ernteschäden führt.

SAURER REGEN

Saurer Regen wird durch Schwefeldioxid und Stickstoffoxid verursacht, die von Kraftwerken, Industrie und Fahrzeugmotoren ausgestoßen werden. Wenn sich diese Schadstoffe mit Wasserdampf, Sonnenlicht und Sauerstoff in der Atmosphäre verbinden, entstehen schwache Schwefel- und Salpetersäuren. Diese Mischung fällt als Regen auf die Erde und trägt so zum Anstieg des Säuregehaltes in Seen und Flüssen bei.

GEFÄHRLICHE CHEMIE

Chemikalien, wie z.B. Schädlingsvertilgungsmittel (Pestizide), können sich negativ auf die Stoffkreisläufe der Erde auswirken. Stickstoff wird in der Landwirtschaft zur Düngung eingesetzt, er kann zur Verschmutzung des Wassers führen.

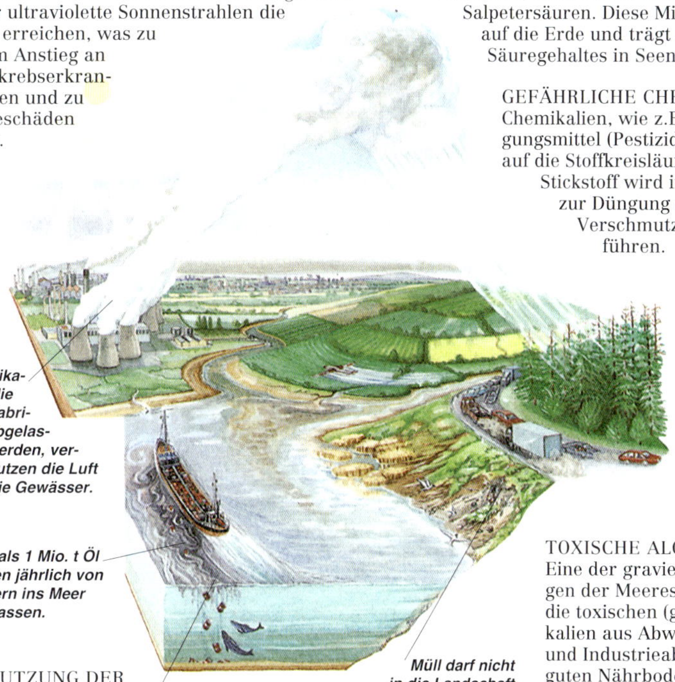

VERNICHTUNG DER WÄLDER

Wälder werden gefällt, um Holz zu gewinnen und um neue Flächen zur landwirtschaftlichen Nutzung zu schaffen. Außerdem lässt der saure Regen aus Auto- und Industrieabgasen die Bäume sterben.

TOXISCHE ALGEN

Eine der gravierendsten Auswirkungen der Meeresverschmutzung sind die toxischen (giftigen) Algen. Chemikalien aus Abwässern, Düngemitteln und Industrieabfällen bilden einen guten Nährboden für Algen, die sich stark vermehren können und Gifte bilden. Als Folge davon gelangt Gift in die Nahrungskette (siehe S. 108)

Toxische Algen

MEERESVERSCHMUTZUNG

Schon immer haben die Menschen das Meer als Müllkippe benutzt, aber im vergangenen Jahrhundert hat die Menge der ins Meer abgelassenen Schadstoffe dramatisch zugenommen. Die Folgen sind z.B. giftige (toxische) Algen, Gesundheitsrisiken für Badende und die Bedrohung der im Wasser lebenden Organismen.

VERSCHMUTZTE STÄDTE

Das amerikanische Blacksmith Institute hat 2006 eine Liste der 10 Städte der Erde mit der schlimmsten Umweltverschmutzung veröffentlicht:

Stadt	Ursache
Dzerzhinsk, Russland	Chemikalien aus der Produktion chemischer Waffen
Haina, Dominikanische Republik	Blei (Batterierecycling)
Kabwe, Sambia	Blei, Kadmium (Abbautätigkeit)
La Oroya, Peru	Blei, Kupfer, Zink, Schwefeldioxid (Abbautätigkeit)
Linfen, China	Kohlenstaub
Maiuu Suu, Kirgisistan	Radioaktivität durch Uranabbau
Norilsk, Russland	Schwermetalle (Schmelzöfen)
Ranipet, Indien	Gerberei-Rückstände
Rudnaya Pristan/Dalnegorsk, Russland	Bleischmelze
Tschernobyl, Ukraine	Atomunfall

EIN WALD PRO WOCHE

Ein ganzer Wald – mehr als eine halbe Million Bäume – ist notwendig, um die Amerikaner jeden Sonntag mit ihrer Sonntagszeitung zu versorgen.

BEVÖLKERUNGSWACHSTUM

Gegen Ende des 21. Jh. wird die Weltbevölkerung bei über 10 Mrd. Menschen liegen. Diese Graphik zeigt die Entwicklung der Bevölkerungszahl in den vergangenen 1000 Jahren.

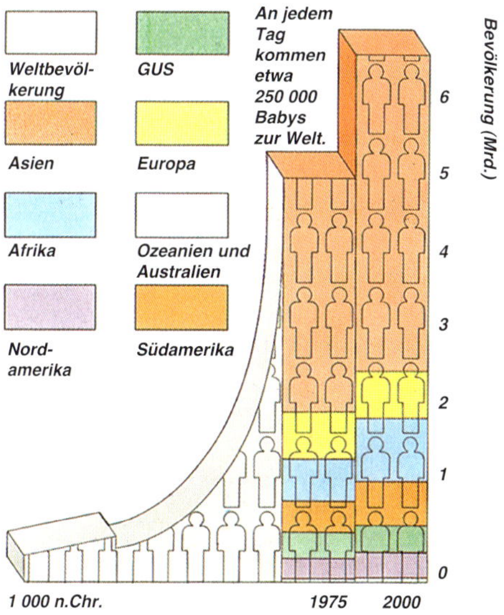

DIE VERSCHWENDUNG DER ERDRESSOURCEN

Die industrialisierten Staaten der Erde verbrauchen einen weit größeren Anteil der natürlichen Ressourcen als die Entwicklungsländer, obwohl ihre Gesamtbevölkerung kleiner ist. Die reichsten 20% der Weltbevölkerung verbrauchen 70% der Gesamtenergiemenge, 75% des Metalls, 85% des Waldes und 60% der Nahrungsmittel. Viele Ressourcen werden in völlig unnötiger Weise verschwendet: vieles von dem, was die Menschen konsumieren, endet auf der Müllhalde.

DIE ERDE RETTEN

Die Menschen beginnen, sich der Verantwortung gegenüber der Zukunft der Erde bewusst zu werden. Die großen Umweltprobleme sind erkannt, Wege zur Verringerung ihrer Auswirkungen werden erforscht. Einige positive Schritte zum langfristigen Überleben unseres Planeten werden hier aufgezeigt, aber vieles bleibt noch zu tun.

NAHRUNG FÜR ALLE

Etwa 800 Mio. Menschen in Afrika und Asien hungern. Um alle Menschen ausreichend zu ernähren, sollen die Anbauflächen in diesen Ländern neu verteilt und umwelt- und bedarfsorientiert angebaut werden. Außerdem wird versucht, mit Empfängnisverhütung der steigenden Bevölkerungszahl zu begegnen.

FÖRDERUNG DES ÖKOTOURISMUS

Ein Tourismus, der der Umwelt zugute kommt, wird »Ökotourismus« genannt. Zum Beispiel kann durch Tourismus eingenommenes Geld für die Schaffung und den Unterhalt von Nationalparks ausgegeben werden. Ein Bericht des amerikanischen Forest Service hat gezeigt, dass durch Urlaubsaktivitäten in den Wäldern, wie etwa Camping oder Kanusport, doppelt so hohe Einnahmen erreicht werden können wie durch den Handel mit dem Holz.

VERMINDERUNG DER LUFTVERSCHMUTZUNG IN DEN STÄDTEN

Fahrgemeinschaften, das Fahren mit öffentlichen Verkehrsmitteln, Radfahren und Laufen tragen zu einer Verringerung des Autoverkehrs in den Städten bei. Auch die Arbeit von zu Hause aus, die durch moderne Technologien wie Computer und Datenfernübertragung möglich sein wird, verringert den Verkehr.

DIE AUSWEITUNG VON WÜSTEN VERHINDERN

Landwirtschaftliche Methoden, wie der Terrassenanbau (rechts), können das Vordringen von Wüsten (Desertifikation) aufhalten und den Verlust an fruchtbarem Boden verringern. In China ist eine »große grüne Mauer« (der San-Bei-Waldgürtel) angepflanzt worden, um die voranschreitende Wüste zurückzuhalten.

Speziell angepflanzte Bäume, die die Ausbreitung der Wüste aufhalten sollen

ERHALTUNG VON LEBENSRÄUMEN UND ARTEN

Weltweit wurden Projekte gestartet, die den Erhalt von Lebensräumen und die darin enthaltenen Arten zum Ziel haben, z. B. die Errichtung von Nationalparks und anderen Schutzgebieten – momentan sind 5% der Landfläche der Erde geschützt. 122 Staaten haben das »Washingtoner Artenschutzübereinkommen« unterschrieben, dessen Ziel es ist, den Handel mit gefährdeten Tier- und Pflanzenarten und mit Produkten wie Tierfellen und Elfenbein zu verhindern.

Der Tiger ist eine gefährdete Tierart.

VERRINGERUNG DER UMWELTVERSCHMUTZUNG

Einige Länder verringern jetzt die Emissionen von Schwefeldioxid, um gegen den sauren Regen und die globale Erwärmung anzugehen. Die EU hat sich auf dem Treffen des Europarats im März 2007 bindend verpflichtet, die Treibhausgasemissionen um 20 Prozent unter den Wert von 1990 zu senken. Der Anteil erneuerbarer Energien am Verbrauch in Europa soll bis 2020 auf 20 Prozent steigen.

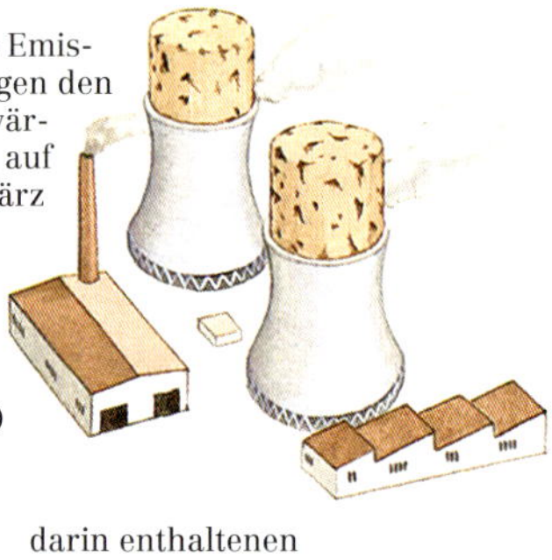

NUTZUNG ERNEUERBARER ENERGIEN

Die fossilen Brennstoffe Kohle und Öl werden irgendwann erschöpft sein. Saubere, erneuerbare Methoden zur Energieerzeugung werden entwickelt. Dazu gehören Wind, Wellen, Sonnenstrahlung und die Kraft der Gezeiten. Einige Staaten, darunter Norwegen und Brasilien, beziehen schon jetzt mehr als die Hälfte ihres Stroms aus erneuerbaren Energiequellen.

Wasserkraft (rechts) ist eine saubere, erneuerbare Energiequelle.

Windturbinen

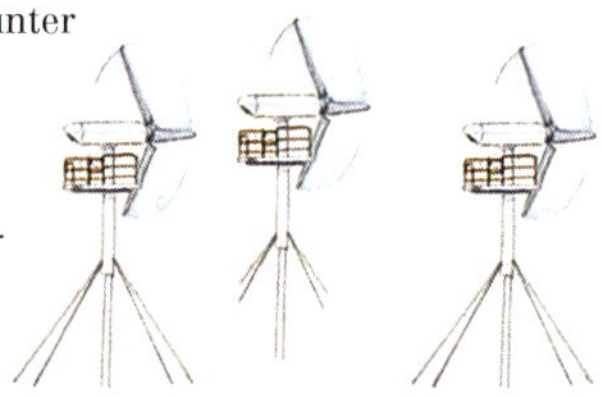

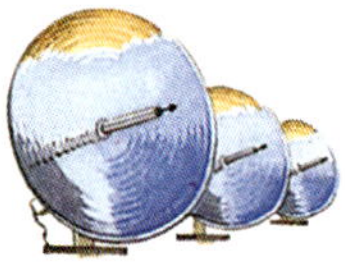

Sonnenkollektoren fangen Sonnenlicht zur Erzeugung von Strom ein.

VERRINGERUNG DER BRENNHOLZNUTZUNG

Wenn große Mengen Holz als Brennholz dienen, verringern sich die Baumbestände. Es besteht die Gefahr, dass sich Wüsten ausbreiten bzw. dass der fruchtbare Erdboden durch Wind abgetragen wird. Alternative Heizmethoden werden in einigen der Länder eingeführt, die von der Zerstörung des Waldes betroffen sind, z.B. in Kenia.

RETTUNG DER REGENWÄLDER

Viele Initiativen sind gestartet worden, um die verbleibenden Regenwaldgebiete zu retten. Über Schuldentauschgeschäfte wurde verhandelt: Ein Land verpflichtet sich, ein Waldgebiet zu schützen; im Gegenzug verringern sich seine Auslandsschulden. Die wirtschaftliche Nutzung des Waldes, wie z.B. das Kautschukzapfen, wird gefördert. Ebenso der Handel mit Regenwaldprodukten wie Gewürzen, Rattan, Nüssen und Arzneimittelpflanzen.

Kautschukzapfen

Paranüsse

SCHUTZGEBIETE DER WELT		
Die Tabelle zeigt den Anteil an Landfläche weltweit (mit Ausnahme der Antarktis), die in Nationalparks oder anderen Reservaten geschützt wird. Auch der Staat mit der größten geschützten Landfläche ist aufgeführt.		
Gebiet	geschützte Fläche (%)	Land mit den meisten Schutzgebieten (%)
Nord- und Mittelamerika	10,4	Panama 17,2
Europa	7,5	Österreich 19
Südamerika	5,7	Ecuador 37,7
Ozeanien	5,7	Neuseeland 10,5
Afrika	3,9	Botswana 17,2
Asien	2,1	Bhutan 19,7

WAS JEDER FÜR DIE UMWELT TUN KANN

Verwende Papier und Pappe aus Altpapier.

Kaufe keine Getränkedosen und -kartons, sondern Flaschen.

Kaufe möglichst keine Gegenstände aus tropischen Harthölzern.

Gehe so oft wie möglich zu Fuß, fahre mit dem Rad oder benutze öffentliche Verkehrsmittel.

Schalte das Licht und andere Geräte aus, wenn sie nicht gebraucht werden. Auch die Standby-Schaltung verbraucht viel Strom.

Wird ein alter Kühlschrank ausrangiert, sollte man sicherstellen, dass die darin enthaltenen Fluorchlorkohlenwasserstoffe (FCKW) sicher entsorgt werden.

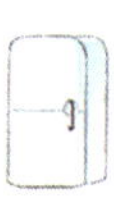

Lege einen Komposthaufen für Küchen- und Gartenabfälle, wie z.B. Blätter und Grasschnitt, an.

Tausche herkömmliche Glühbirnen gegen Energiesparlampen aus.

DIE WELT DER LEBEWESEN

In der folgenden Übersicht über die faszinierende Welt der Natur sind die Lebewesen nach ihrer Verwandtschaft angeordnet. Zahlreiche farbige Abbildungen zeigen die wichtigsten Pflanzen- und Tiergruppen. Das Kapitel gibt vielfältige Informationen zum Bau der Lebewesen, aber auch zu deren Lebensweise und Verhalten, beispielsweise zu Bewegung und Fortpflanzung, zu Angriff und Verteidigung. Zusätzliche Tabellen informieren über Rekorde in der Natur, über die größten Pflanzen, die größten Tiere und diejenigen Tiere, die am gefährlichsten sind.

Evolution • Fossilien • Saurier • Lebewesen im Überblick • Pflanzen
Blüten • Blätter • Bäume • Nutzpflanzen • Pilze und Flechten
Mikroorganismen • Tiere • Wirbellose Tiere • Weichtiere • Insekten
Spinnentiere • Krebstiere • Lurche • Kriechtiere • Fische • Vögel
Vögel als Haustiere • Säugetiere • Säugetiere als Haustiere
Wahrnehmung und Verhalten • Wanderungen und Wohnungen
Nahrungsketten und Nahrungsnetze • Bedrohte Arten
Rekorde im Tierreich

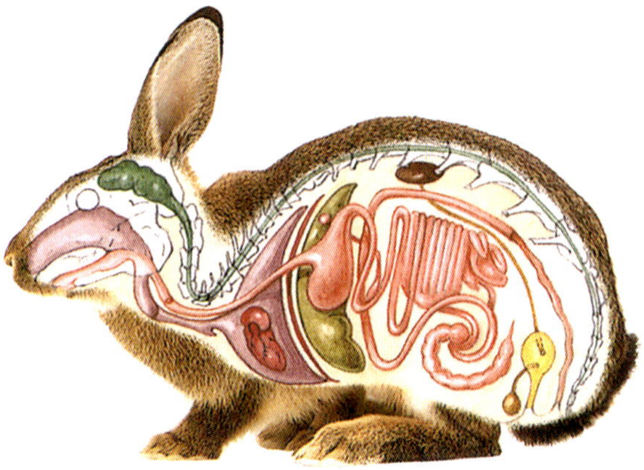

EVOLUTION

Wahrscheinlich entstand das Leben auf unserer Erde aus sehr einfachen Verbindungen, die im Wasser des Urmeeres gelöst waren. Allmählich entwickelte sich eine immer größere Vielfalt an Lebewesen, wobei jede Generation sich von der Vorhergehenden etwas unterschied. Diesen Vorgang nennt man Evolution.

ENTWICKLUNG DES ELEFANTEN

Aus Fossilienfunden wissen wir, dass es mehrere Arten von Elefanten gab, die in den letzten 40 Mio. Jahren ausgestorben sind. Wahrscheinlich waren sie miteinander verwandt, und wahrscheinlich stammen die heutigen Elefanten von ihnen ab.

BEGRIFFE ZUR EVOLUTION

Variation Fast alle Lebewesen unterscheiden sich in Größe, Form, Farbe oder anderen Eigenschaften. Es gibt keine zwei Pflanzen oder Tiere, die einander völlig gleichen.

Anpassung Bestimmte Eigenschaften können die Überlebenschancen eines Tieres oder einer Pflanze verbessern. So wird ein Tier mit guter Tarnfärbung nicht so leicht aufgespürt und gefressen wie ein auffällig gefärbtes Tier.

Vererbung Pflanzt sich ein Lebewesen fort, werden seine Eigenschaften an die Nachkommen weitergegeben oder vererbt.

Natürliche Selektion Es werden immer viel mehr Junge einer Art geboren als überleben. Wer gut an seine Umgebung angepasst ist, lebt lange; ein schlechter angepasstes Lebewesen hat keine so guten Überlebenschancen.

ANPASSUNG

Die 28 Arten der Kleidervögel auf Hawaii stammen wahrscheinlich alle von einer einzigen Art ab. Jede Art besitzt einen speziell an eine bestimmte Nahrung angepassten Schnabel. Einige Arten sind ausgestorben.

Schnabel und Zunge des Kiwi sind an das Nektarsaugen angepasst.

Der Kona-Papageischnäbler (ausgestorben) knackte mit seinem starken Schnabel Samen entzwei.

Mit seinem langen Schnabel stocherte der Akialoa nach Insekten.

WISSENSWERTES

95 % aller Pflanzen- und Tierarten, die jemals auf der Erde gelebt haben, sind ausgestorben.

Vor 35 bis 20 Mio. Jahren durchstreiften riesige Nashörner das heutige Amerika. Paraceratherium beispielsweise wurde 8 m lang und war so hoch wie eine Giraffe.

Die Darwinfinken auf den Galapagos-Inseln stammen von Vorfahren ab, die vom südamerikanischen Festland auf die Inseln kamen. Da es auf den Inseln keine ähnlichen Vögel gab, konnten sich mehrere Arten mit unterschiedlicher Ernährungs- und Lebensweise entwickeln. Der Spechtfink beispielsweise benutzt spitze Stöckchen, um Insekten aus Baumlöchern zu holen. Eine andere Art hat sich darauf spezialisiert, das Blut anderer Tiere aufzupicken.

Das größte Beuteltier Australiens (siehe S. 102) war Diprotodon australe. Es war so groß wie ein Nashorn und wog 1 500 kg.

CHARLES DARWIN (1809–1882)

Der englische Naturforscher Charles Darwin entwickelte die bis heute gültige Vorstellung von der Evolution. Darwins Evolutionslehre basiert auf der natürlichen Selektion: Eine gut an ihre Umwelt angepasste Art wird sich stärker vermehren als schlechter angepasste Formen (»Überleben des Stärkeren«).

RIESENFAULTIERE

Während des Tertiärs war Südamerika von den übrigen Landmassen abgetrennt. Es gab kaum räuberisch lebende Tiere, und so konnten sich Tiere entwickeln, die es anderswo nicht gab. Megatherium, ein Riesenfaultier, war mehr als 6 m lang.

Das älteste Pferd (Hyracotherium) erreichte gerade die Größe eines heutigen Foxterriers.

Präkambrium	Paläozoikum						Mesozoikum
	Kambrium	Ordovizium	Silur	Devon	Karbon	Perm	Trias

Präkambrium	Kambrium	Ordovizium	Silur	Devon	Karbon	Perm	Trias
4 600–590 Mio. Jahre Die Erde entsteht und kühlt langsam ab; die Atmosphäre ist frei von Sauerstoff. Erste Bakterien treten auf. Blaualgen (auch Blaugrüne Algen oder Blaugrüne Bakterien genannt) entstehen und produzieren eine sauerstoffreiche Atmosphäre. Echte Einzeller entwickeln sich. Im Meer entstehen mehrzellige Algenpflanzen. Die ersten Tiere, darunter Würmer und Quallen, treten auf.	**590–505 Mio. Jahre** Wirbellose Tiere breiten sich in den Ozeanen aus. Trilobiten sind häufig. Die ersten Weichtiere entwickeln sich.	**505–438 Mio. Jahre** Die ersten Krebstiere entstehen. Erste, fischähnliche Wirbeltiere tauchen auf; sie haben weder Flossen noch Kiefer.	**438–408 Mio. Jahre** Die ersten Fische mit Kiemen entwickeln sich. Korallenriffe wachsen in den Meeren. Riesenskorpione bevölkern die Meere. Auf dem Land entwickeln sich erste kleine Pflanzen.	**408–360 Mio. Jahre** »Zeitalter der Fische«; in den Meeren leben überwiegend Fische. Die ersten Insekten entstehen. Erste Lurche tauchen an Land auf.	**360–286 Mio. Jahre** »Zeitalter der Steinkohle«: Im warmen, feuchten Klima entstehen riesige Wälder; wenn sie verrotten, werden sie zu Steinkohle. Aus den Lurchen entwickeln sich erste Kriechtiere. Insekten vermehren sich.	**286–248 Mio. Jahre** Die Erde wird kälter. Die Zahl der Lurche nimmt ab. Die Kriechtiere spalten sich in viele Arten auf. Farne und Nadelbäume sind weit verbreitet. Zahlreiche Arten sterben aus.	**248–213 Mio Jahre** Es wird wied wärmer. Wäl der aus Nade bäumen und Farnen entst hen. Die erst Saurier und ersten Sä getiere e wickeln si

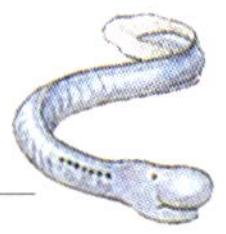

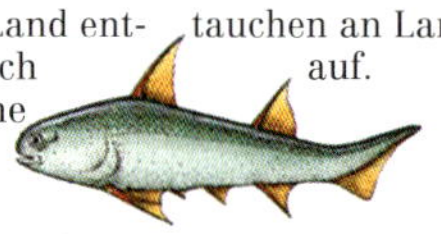

FOSSILIEN

Fossilien sind Überreste abgestorbener Pflanzen und Tiere, die sich über Tausende oder sogar Millionen von Jahren erhalten haben. Die Lehre von den Lebewesen vergangener Erdzeitalter heißt Paläontologie.

FORMEN VON FOSSILIEN

Fossilien bilden sich auf unterschiedliche Weise. Die meisten Fossilien findet man im Gestein, aber auch in Eis, Teer, Mooren (Torf) und in Bernstein.

VERSTEINERUNG

Bei diesem Vorgang wird das organische Material eines Lebewesens durch Mineralien ersetzt. Als Versteinerungen sind meist nur widerstandsfähige Teile, z.B. Zähne, Knochen und Holz, erhalten. Weiche Teile wie Federn, Haut und Blätter findet man sehr viel seltener.

Versteinertes Holz

FROST

Bei tiefen Temperaturen werden die Überreste von Tieren und Pflanzen konserviert. Im Dauerfrostboden (Permafrost) Sibiriens hat man gut erhaltene Mammuts gefunden. Fleisch und Fell sind ebenso gut erhalten geblieben wie Knochen und Zähne.

Fossiles Mammut

BERNSTEIN

Kleine Tiere, z.B. Insekten und Spinnen, aber auch Pflanzenteile wurden von Baumharz eingeschlossen und darin erhalten. Das erstarrte gelblich braune Harz wird Bernstein genannt.

Spinne in Bernstein

MOOR UND TEER

Tiere und Menschen können sich in Mooren (Torf) und Teer erhalten. Man hat Moorleichen gefunden, die älter als 2 000 Jahre waren. Reste von bis zu 20 000 Jahre alten Tieren lagerten in Teer.

Moorleiche

VERSTEINERUNGEN

Jedes Lebewesen kann versteinern, wenn es vor dem Verrotten von Sand oder Schlamm bedeckt wird. Die meisten Fossilien bilden sich am Meeresboden. Fossilien von Landlebewesen und Pflanzen sind sehr viel seltener.

AMMONITEN

Ammoniten waren meeresbewohnende Weichtiere, die vor etwa 65 Mio. Jahren ausstarben. Ihre Gehäuse wurden häufig zu Fossilien.

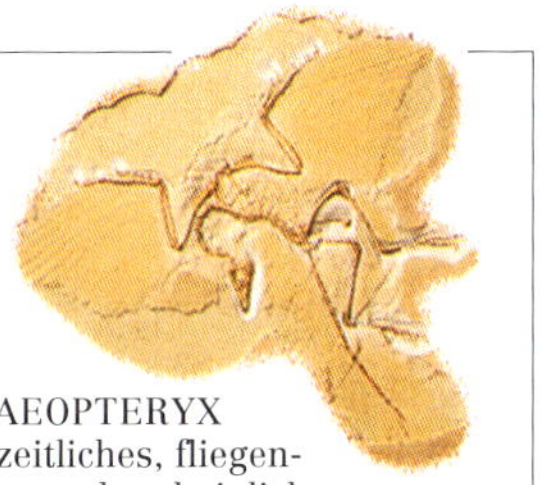

ARCHAEOPTERYX

Ein urzeitliches, fliegendes Tier, wahrscheinlich Bindeglied zwischen Reptilien und Vögeln. Sieben solcher Versteinerungen wurden gefunden.

TRILOBITEN

Meeresbewohnende Gliederfüßer, weitläufig verwandt mit den Asseln. Sie starben vor 248 Mio. Jahren aus.

FOSSILE LIBELLE

Fossilien bestehen aus den Überresten von Knochen oder Schalen. Fossilien von Tieren mit weichen Körpern sind selten.

KOPROLITHEN

Versteinerter Kot von Tieren. Koprolithen von Dinosauriern können bis zu 60 cm lang sein.

FOSSILE PFLANZEN

Dieses fossile Pappelblatt ist 25 Mio. Jahre alt. Heutige Pappelblätter sehen genauso aus; diese Bäume haben sich kaum verändert.

WISSENSWERTES

Fossilien findet man vorwiegend in Ablagerungs- oder Sedimentgesteinen. Kalksteine, Schiefer und bestimmte Sandsteine enthalten die meisten Fossilien.

Eine berühmte Fundstätte für Fossilien ist Solnhofen in der Fränkischen Alb.

FABELWESEN

Als im Jahr 1600 Mammutstoßzähne entdeckt wurden, hielt man sie für die Hörner der sagenhaften Einhörner.

SCHON GEWUSST?

Die ältesten Fossilien überhaupt stammen von Einzellern ohne Zellkern aus Westaustralien. Sie sind 3,5 Mrd. Jahre alt. Das größte vollständige Fossil ist ein 22 m langes Skelett von Brachiosaurus (siehe S. 71).

BILDUNG VON FOSSILIEN

Die Bildserie zeigt, wie die Überreste von Meeresbewohnern zu Fossilien werden und später wieder an die Erdoberfläche gelangen können.

1. Tote Tiere sinken auf den Meeresboden. Langsam werden sie unter Sand und Schlamm (Sediment) begraben.

2. Die unteren Sedimentschichten wandeln sich unter Druck zu Gestein um. Die Überreste der Tiere versteinern zu Fossilien.

3. Das Gestein wird gefaltet und emporgeschoben. Seine Oberfläche wird nach und nach abgetragen.

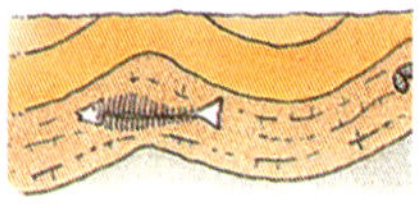

4. Wind und Wetter tragen das Gestein immer mehr ab. Die Fossilien kommen immer weiter an die Oberfläche.

		Känozoikum						
Jura	Kreide	Tertiär					Quartär	
		Paleozän	Eozän	Oligozän	Miozän	Pliozän	Pleistozän	Holozän

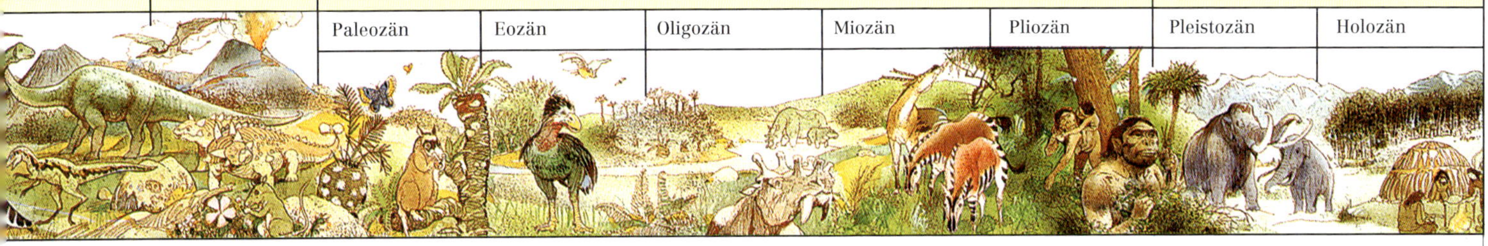

213–144 Mio. Jahre Die Saurier beherrschen die Erde. Aus Kriechtiervorfahren entsteht mit Archaeopteryx der erste bekannte Vogel.

144–65 Mio. Jahre Die ersten Blütenpflanzen entstehen. Höchste Entwicklung der Saurier. Das Erdzeitalter endet mit einem Massenaussterben: Viele Arten und alle Saurier verschwinden.

65–55 Mio. Jahre Warmes und feuchtes Klima: Die Blütenpflanzen entwickeln sich weiter, zusammen mit den sie bestäubenden Insekten.

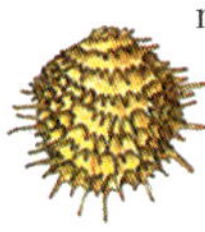

55–38 Mio. Jahre Viele neue Säugetierarten entstehen. Die Säugetiere werden größer und zahlreicher. Herrentiere oder Primaten (Affen und Lemuren) bilden viele Formen aus.

38–25 Mio. Jahre Erste menschenähnliche Lebewesen tauchen auf. Viele der frühen Säugetiere sterben aus.

25–5 Mio. Jahre Das Klima ändert sich wieder; es kühlt sich ab. Die Wälder gehen weltweit zurück. Huftiere, etwa Hirscharten, entwickeln sich stark. Gegen Ende dieser Epoche tauchen die Vormenschen auf.

5–2 Mio. Jahre Kaltes, trockenes Klima. Säugetiere auf dem Höhepunkt ihrer Entwicklung. Viele Landtiere ähneln bereits den heutigen. Knochenfische beherrschen das Meer.

2 Mio.–10 000 Jahre Eiszeitalter. Zahlreiche Säugetiere, darunter Mammuts und Säbelzahntiger, sterben aus. Der heutige Mensch, Homo sapiens, taucht auf.

10 000 Jahre bis heute Die Menschen entwickeln Ackerbau und Technik. Die Bevölkerung nimmt zu.

SAURIER

Mehr als 150 Mio. Jahre lang beherrschten Saurier die Erde. Unter ihnen waren die größten Landtiere, die jemals die Erde bevölkert haben. Es gab aber auch Saurier, die kleiner waren als ein Hündchen. Vor 65 Mio. Jahren starben die Dinosaurier aus. Bis heute suchen die Forscher nach Ursachen dafür.

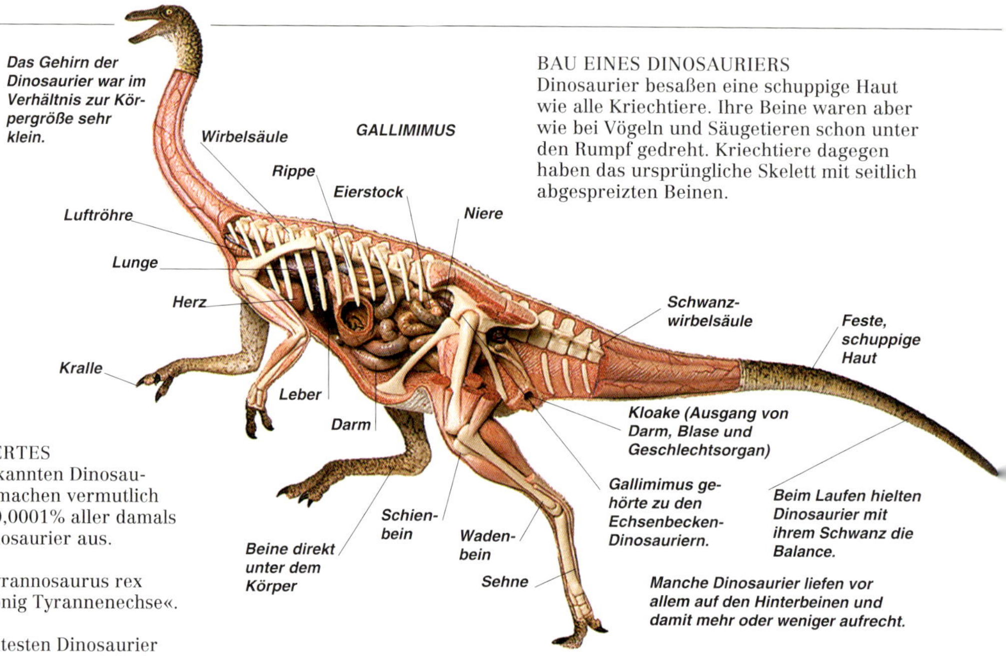

BAU EINES DINOSAURIERS

Dinosaurier besaßen eine schuppige Haut wie alle Kriechtiere. Ihre Beine waren aber wie bei Vögeln und Säugetieren schon unter den Rumpf gedreht. Kriechtiere dagegen haben das ursprüngliche Skelett mit seitlich abgespreizten Beinen.

DINOSAURIER

Eine große Gruppe der Saurier sind die Dinosaurier. Man teilt sie in zwei Ordnungen ein. Sie unterscheiden sich in der Anordnung ihrer Beckenknochen.

ECHSENBECKEN-DINOSAURIER

Ihr Becken glich dem von Echsen. Es gab sowohl Pflanzen fressende wie Fleisch fressende Arten.

VOGELBECKEN-DINOSAURIER

Ihr Becken glich dem von Vögeln. Alle Vogelbecken-Dinosaurier waren Pflanzenfresser.

WISSENSWERTES

Die heute bekannten Dinosaurierfossilien machen vermutlich weniger als 0,0001% aller damals lebenden Dinosaurier aus.

Der Name Tyrannosaurus rex bedeutet »König Tyrannenechse«.

Die intelligentesten Dinosaurier dürften etwa die Intelligenz eines Huhns besessen haben.

Bisher wurden mehr als 350 verschiedene Dinosaurierarten beschrieben. Wahrscheinlich ist dies nur ein winziger Teil aller Dinosaurierarten.

Struthiomimus konnte bis zu 80 km/h laufen und war damit etwa so schnell wie ein heutiger Strauß.

DINOSAURIERÄHNLICHE REPTILIEN

Während Dinosaurier das Festland bevölkerten, flogen riesige Kriechtiere durch die Luft oder schwammen in den Meeren. Sie waren nahe mit den Dinosauriern verwandt.

FLIEGENDE KRIECHTIERE

Die fliegenden Kriechtiere (Flugsaurier) erreichten riesige Ausmaße. Ihre Flügel bestanden aus Haut, und ihr Körper trug einen Haarflaum. Sie hatten zarte, leichte Knochen, die ihnen das Fliegen erleichterten.

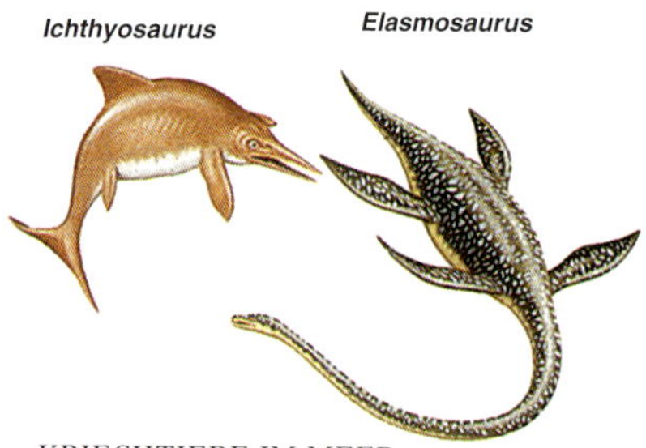

KRIECHTIERE IM MEER

Sie gehörten zu den größten Meerestieren. Da sie Luft atmeten, mussten sie in regelmäßigen Abständen auftauchen. Diese Kriechtiere jagten Fische und andere Meerestiere.

GROSSGRUPPEN DER DINOSAURIER

Die beiden Ordnungen der Dinosaurier – Echsenbecken-Dinosaurier und Vogelbecken-Dinosaurier – sind jeweils in mehrere große Untergruppen geteilt. Fünf dieser Gruppen sind hier dargestellt.

PANZERDINOSAURIER (Vogelbecken-Dinosaurier) Pflanzenfresser; schützende Warzen, Platten oder Stacheln auf dem Rücken; Beispiel: Stegosaurus.

RAUBSAURIER (Echsenbecken-Dinosaurier) Zweifüßig laufende Fleischfresser, krallenbesetzte, vierzehige Füße; Beispiel: Tyrannosaurus.

HORNDINOSAURIER (Vogelbecken-Dinosaurier) Pflanzenfresser; knochige Halskrause am Hinterkopf; Beispiel: Styracosaurus.

VOGELFUSS-SAURIER (Vogelbecken-Dinosaurier) Pflanzenfresser; horniger Schnabel und vogelähnliche Füße; Beispiel: Corythosaurus.

ELEFANTENFUSSDINOSAURIER (Echsenbecken-Dinosaurier) Pflanzenfresser; kleiner Kopf, langer Hals, langer Schwanz; Beispiel: Saltasaurus.

Trias (248–213 Mio. Jahre)

Im Superkontinent Pangäa waren die Landmassen der Erde vereinigt. Die ersten Dinosaurier entstanden und spalteten sich gegen Ende der Periode in zwei Gruppen auf: Echsenbecken- und Vogelbecken-Dinosaurier.

Jura (213–144 Mio. Jahre)

Pangäa bricht auseinander; der Atlantik entsteht. Afrika trennt sich von Südamerika. Im späten Jura beherrschen Pflanzen fressende Dinosaurier das Festland.

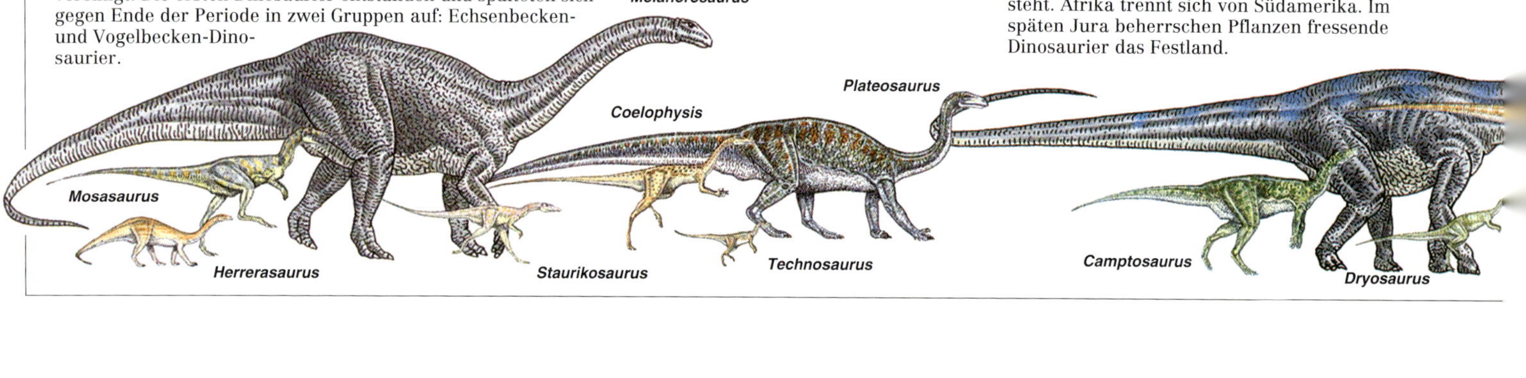

ENTDECKUNG DER DINOSAURIER
Vor dem 19. Jh. gab es verschiedene Erklärungen für Dinosaurierfossilien: In China glaubte man an Drachenknochen und in Teilen Europas an riesige Menschenknochen.

1802 fand man in Massachusetts (USA) Fußabdrücke von Dinosauriern. Der Entdecker glaubte, es seien Spuren des Raben aus Noahs Arche.

1822 fanden der Arzt und Fossilienjäger Gideon Mantell (1790–1852) und seine Frau Zähne des Iguanodon im Tilgate Forest (Großbritannien). Er hielt sie für Reste eines vorzeitlichen Kriechtieres; ihm wurde jedoch nicht geglaubt.

1834 lieferte der Fund eines Teilskeletts bei Maidstone (Großbritannien) erste Anhaltspunkte, wie Dinosaurier ausgesehen haben. Der Fund wurde als »Maidstone Iguanodon« bekannt.

1841 Der englische Anatom Richard Owen (1804–1892) prägte den Begriff »Dinosaurier«, nach den griechischen Wörtern für »Schrecken« und »Echse«.

1800 | 1802 | 1820 | 1822 | 1830 | 1834 | 1840 | 1841

1851 Erste Rekonstruktion von Dinosauriern: Für die Weltausstellung im Londoner Kristallpalast baute man Modelle von Iguanodon und Hylaeosaurus. Ein Saurierfieber brach in der Öffentlichkeit aus. Noch vor Fertigstellung des Iguanodon-Modells hielt man ein Festessen darin ab.

Festessen im Sauriermodell

1877 entdeckte O.C. Marsh (1831–1899) vom Yale College eine der größten Ansammlungen von Dinosauriern in Como Bluff, Wyoming (USA).

1947 Mit mehr als 100 Skeletten von Coelophysis wurde der größte zusammenhängende Dinosaurierfund gemacht.

1987 fanden die Paläontologen Tom Rich und Patricia Vickers-Rich vom Museum of Victoria (Australien) Dinosaurierfossilien in Südaustralien, einst in der Nähe der Antarktis gelegen. Die mittlere Jahrestemperatur lag nahe dem Gefrierpunkt. Wechselwarme Kriechtiere hätten dort nicht überleben können. Wahrscheinlich waren die Dinosaurier also gleichwarme Tiere wie die Vögel und die Säugetiere.

Leaellynasaura lebte in der Südpolarregion.

1850 | 1851 | 1870 | 1877 | 1940 | 1947 | 1980 | 1987

SCHON GEWUSST?
Der kleinste Saurier dürfte Wannanosaurus gewesen sein, ein zweifüßig laufender, 60 cm langer Fleischfresser. Er war etwa so groß wie ein Huhn.

Der älteste bekannte Dinosaurier ist Eoraptor, ein 228 Mio. Jahre alter Fleischfresser. Er hatte die Größe eines großen Hundes.

Das kleinste Dinosauriergehirn dürfte wohl Stegosaurus besessen haben. Es war kürzer als 5 cm.

Die größten Dinosauriereier legte wahrscheinlich Hypselosaurus. Sie waren etwa 30 cm lang. Ihr Inhalt von schätzungsweise 3,3 l entspricht der Menge von ca. 60 Hühnereiern.

ERDERSCHÜTTERER
Der Name »Seismosaurus« bedeutet »Erde erschütternde Echse«. Dieser riesige Pflanzen fressende Dinosaurier war 40 m lang, also länger als ein Airbus.

DIE GRÖSSTEN FLEISCHFRESSER

Art	Geschätzte Länge (in m)	Fundort/ Vorkommen
Acrocanthosaurus	12	Nordamerika
Tyrannosaurus	12	Nordamerika
Aliwalia	11	Südafrika
Allosaurus	11	Nordamerika, Afrika, Australien

RIESENGLEITER
Das größte flugfähige Tier aller Zeiten war Quetzalcoatlus, eine Flugechse. Seine Flügelspannweite betrug 12 bis 15 m und damit mehr als die eines modernen Flugdrachens.

DIE GRÖSSTEN PFLANZENFRESSER

Art	Geschätzte Länge (in m)	Fundort/ Vorkommen
Seismosaurus	40	Nordamerika
Barosaurus	27	Afrika
Diplodocus	27	Nordamerika
Brachiosaurus	25	Nordamerika, Ostafrika

THEORIEN ÜBER DAS AUSSTERBEN

Zusammen mit vielen anderen Lebewesen starben die Saurier vor rund 65 Mio. Jahren aus. Andere Tiergruppen, darunter Schildkröten, Frösche, Vögel und Säugetiere, überlebten. Es gibt zahlreiche Theorien über dieses Massenaussterben:

ALLMÄHLICHES AUSSTERBEN
Aufgrund der schrittweisen Veränderung von Klima und Vegetation im Zuge der Kontinentalverschiebung (siehe S. 40) starben die Saurier innerhalb von 50 000 Jahren aus. Ihr warmer, tropischer Lebensraum wurde kühler, das Nahrungsangebot veränderte sich. Säugetiere wurden häufiger und lösten nach und nach die Saurier als wichtigste Tiergruppe ab.

KATASTROPHENTHEORIE
Das Aussterben der Saurier fällt zeitlich mit dem Ausbruch vieler Vulkane in Indien und dem Absturz eines Riesenmeteoriten zusammen. Aufwirbelnder Staub schirmte das Sonnenlicht ab; es wurde so kalt, dass die Saurier nicht überleben konnten.

Kreide (144–65 Mio. Jahre) | 65 Mio. Jahre

Die Kontinente rücken in ihre heutige Position. Dinosaurier sind auch weiterhin vorherrschend. Auf jedem der voneinander getrennten Kontinente entstehen viele unterschiedliche Dinosaurierarten.

Die Dinosaurier und viele andere Tierarten sterben aus.

LEBEWESEN IM ÜBERBLICK

Alle Lebewesen lassen sich in ein System einordnen, das ihre jeweilige Verwandtschaft zeigt. Die größten Gruppen sind die fünf Organismenreiche: Tiere, Pflanzen, Pilze, Echte Einzeller und Kernlose Einzeller. Jedes Reich untergliedert sich in immer kleinere Gruppen.

Jede Verwandtschaftsgruppe in dieser Übersicht ist farbig markiert. Alle Artenzahlen sind geschätzt. Eine Abteilung bei den Pflanzen entspricht einem Stamm bei den Tieren.

- Reich
- Klasse
- Stamm
- Ordnung
- Unterstamm
- Abteilung

WISSENSCHAFTLICHE NAMEN
Lebewesen haben in vielen Sprachen der Welt unterschiedliche Namen. Um Verwirrung zu vermeiden, hat jede Art zusätzlich einen zweiteiligen wissenschaftlichen Namen, der weltweit gilt. Der erste Teil des Namens gibt die Gattung, der zweite die Art an. Diese Form der Benennung geht auf den schwedischen Botaniker Carl von Linné (1707–1778) zurück. Größere Verwandtschaftsgruppen, z.B. Ordnungen, haben ebenfalls einen wissenschaftlichen Namen.

KLASSIFIKATION EINES TIGERS
So würde ein Biologe einen Tiger in das System einordnen:

Reich: Tiere (Animalia)
Tiere sind vielzellige Lebewesen ohne feste Zellwände; sie können selbst keine Nahrung herstellen.

Stamm: Chordatiere (Chordata)
Diese Tiere bilden längs des Rückens einen Nervenstrang aus.

Klasse: Säugetiere (Mammalia)
Säugetiere geben ihren Jungen Milch.

Ordnung: Raubtiere (Carnivora)
Landtiere, die auf die Jagd spezialisiert sind.

Familie: Katzen (Felidae)
Raubtiere mit scharfen Vorderkrallen, die eingezogen werden können.

Gattung: Großkatzen (Panthera)
Es gibt fünf Arten: Löwe, Tiger, Leopard, Schneeleopard und Jaguar.

Art
Tiger
(Panthera tigris)

KERNLOSE EINZELLER

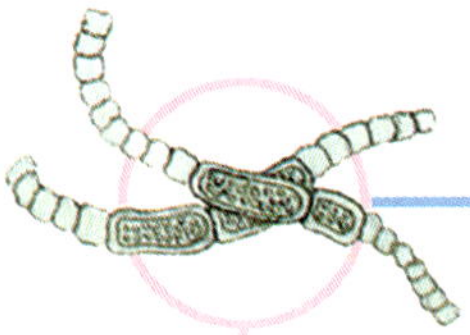

Blaualgen 1 700 Arten

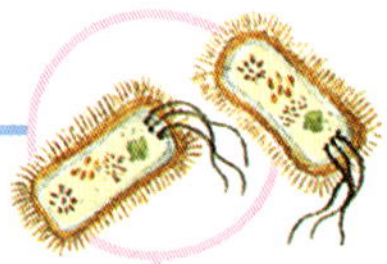

Bakterien 4 000 Arten

ECHTE EINZELLER

Goldalgen 650 Arten

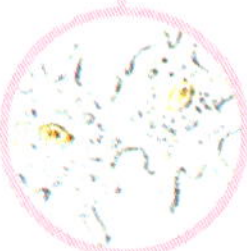

Wurzelfüßer und Geißeltierchen 27 000 Arten

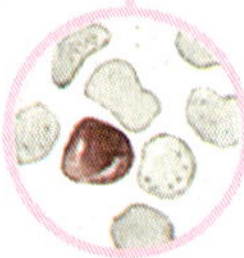

Sporentierchen 5 000 Arten

Wimperntierchen 8 000 Arten

PILZE

Rost- und Mehltaupilze 600 Arten

Jochpilze/Schimmelpilze 765 Arten

Schlauchpilze 30 000 Arten

Ständerpilze 30 000 Arten

Fungi imperfecti 17 000 Arten

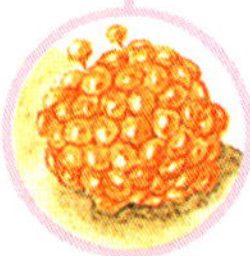

Schleimpilze 600 Arten

Schwämme 5 000 Arten

Nesseltiere (Polypen, Quallen, Blumentiere) 9 500 Arten

Rippenquallen 90 Arten

Plattwürmer (Strudelwürmer, Saugwürmer, Bandwürmer) 15 000 Arten

Fadenwürmer 20 000 Arten

Saitenwürmer 250 Arten

Kratzer 1 150 Arten

Rädertiere 2 000 Arten

Bärtierchen 600 Arten

Ringelwürmer 10 000 – 18 600 Arten

Weichtiere

Seescheiden 2 500 Arten

Rundmäuler 75 Arten

Knorpelfische 800 Arten

Haie, Rochen und Chimären

Knochenfische 20 000 Arten

Mehr als 20 Ordnungen, darunter: Störe, Aalartige, Heringsfische, Lachsfische, Karpfenfische, Welse, Dorschfische, Barschartige Fische, Plattfische

PFLANZEN

Grünalgen 14 000 Arten

Rotalgen 5 000 Arten

Braunalgen 1 500 – 2 000 Arten

Moose 14 000 Arten

Farne 12 000 Arten

Bärlappe 1 000 Arten

Schachtelhalme 40 Arten

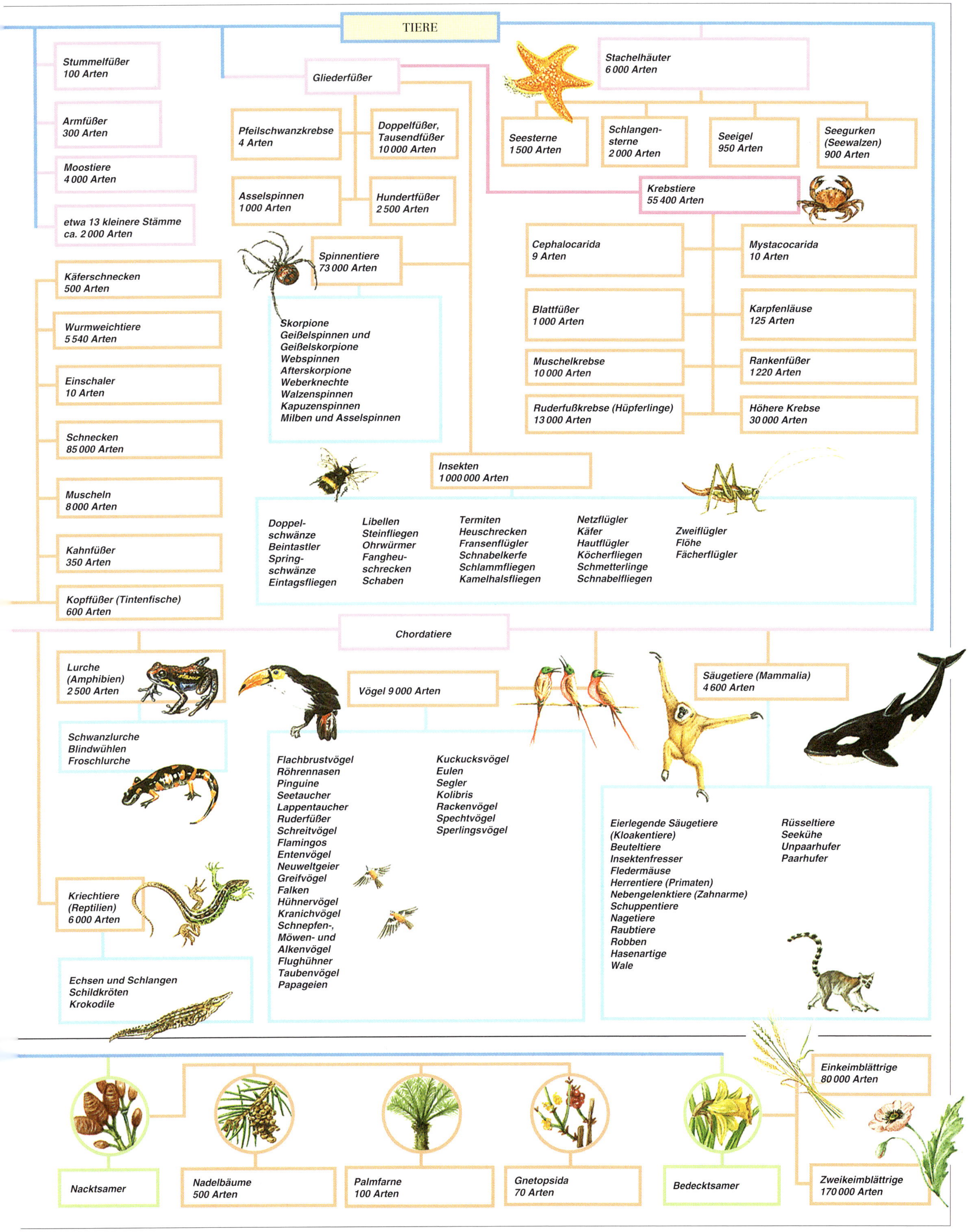
TIERE
Stummelfüßer 100 Arten
Armfüßer 300 Arten
Moostiere 4 000 Arten
etwa 13 kleinere Stämme ca. 2 000 Arten
Gliederfüßer
Pfeilschwanzkrebse 4 Arten
Doppelfüßer, Tausendfüßer 10 000 Arten
Asselspinnen 1 000 Arten
Hundertfüßer 2 500 Arten
Spinnentiere 73 000 Arten
Skorpione
Geißelspinnen und Geißelskorpione
Webspinnen
Afterskorpione
Weberknechte
Walzenspinnen
Kapuzenspinnen
Milben und Asselspinnen
Stachelhäuter 6 000 Arten
Seesterne 1 500 Arten
Schlangensterne 2 000 Arten
Seeigel 950 Arten
Seegurken (Seewalzen) 900 Arten
Krebstiere 55 400 Arten
Cephalocarida 9 Arten
Mystacocarida 10 Arten
Blattfüßer 1 000 Arten
Karpfenläuse 125 Arten
Muschelkrebse 10 000 Arten
Rankenfüßer 1 220 Arten
Ruderfußkrebse (Hüpferlinge) 13 000 Arten
Höhere Krebse 30 000 Arten
Käferschnecken 500 Arten
Wurmweichtiere 5 540 Arten
Einschaler 10 Arten
Schnecken 85 000 Arten
Muscheln 8 000 Arten
Kahnfüßer 350 Arten
Kopffüßer (Tintenfische) 600 Arten
Insekten 1 000 000 Arten
Doppelschwänze
Beintastler
Springschwänze
Eintagsfliegen
Libellen
Steinfliegen
Ohrwürmer
Fangheuschrecken
Schaben
Termiten
Heuschrecken
Fransenflügler
Schnabelkerfe
Schlammfliegen
Kamelhalsfliegen
Netzflügler
Käfer
Hautflügler
Köcherfliegen
Schmetterlinge
Schnabelfliegen
Zweiflügler
Flöhe
Fächerflügler
Chordatiere
Lurche (Amphibien) 2 500 Arten
Schwanzlurche
Blindwühlen
Froschlurche
Kriechtiere (Reptilien) 6 000 Arten
Echsen und Schlangen
Schildkröten
Krokodile
Vögel 9 000 Arten
Flachbrustvögel
Röhrennasen
Pinguine
Seetaucher
Lappentaucher
Ruderfüßer
Schreitvögel
Flamingos
Entenvögel
Neuweltgeier
Greifvögel
Falken
Hühnervögel
Kranichvögel
Schnepfen-, Möwen- und Alkenvögel
Flughühner
Taubenvögel
Papageien
Kuckucksvögel
Eulen
Segler
Kolibris
Rackenvögel
Spechtvögel
Sperlingsvögel
Säugetiere (Mammalia) 4 600 Arten
Eierlegende Säugetiere (Kloakentiere)
Beuteltiere
Insektenfresser
Fledermäuse
Herrentiere (Primaten)
Nebengelenktiere (Zahnarme)
Schuppentiere
Nagetiere
Raubtiere
Robben
Hasenartige
Wale
Rüsseltiere
Seekühe
Unpaarhufer
Paarhufer
Nacktsamer
Nadelbäume 500 Arten
Palmfarne 100 Arten
Gnetopsida 70 Arten
Bedecktsamer
Einkeimblättrige 80 000 Arten
Zweikeimblättrige 170 000 Arten

PFLANZEN

Im Unterschied zu Tieren produzieren Pflanzen mit Hilfe der Photosynthese selbst Nährstoffe. Daher stehen sie am Anfang der meisten Nahrungsketten. Fast alle Lebewesen sind von den Pflanzen abhängig.

BAU EINER PFLANZE
Die Feuerbohne ist eine typische Blütenpflanze.

VERSCHIEDENE PFLANZEN

BLÜTENLOSE PFLANZEN

ALGEN
Algen bilden eine große Pflanzengruppe. Sie haben keine Wurzeln, Sprosse oder Blätter.

TANG
Größere Meeresalgen, die rot, braun oder grün gefärbt sein können.

MOOSE
Moose haben Sprosse und Blättchen, aber keine echten Wurzeln.

FARNE
Farne besitzen Wurzeln, Sprosse und Blattwedel.

BLÜTENPFLANZEN

GRÄSER
Gräser haben unterteilte Halme und bilden schmale Blätter und samenähnliche Früchte aus.

STRÄUCHER
Verholzte Pflanzen, deren Sprossachse sich bereits unten verzweigt.

KRÄUTER
Kräuter sind Blütenpflanzen. Manche Kräuter sterben nach der Samenbildung ab.

BÄUME
Die meisten Bäume, auch die Palmen, sind Blütenpflanzen.

GESCHLECHTLICHE FORTPFLANZUNG
Viele Pflanzen vermehren sich über Eizellen, die durch Pollen befruchtet werden. Der Pollen kann aus derselben Blüte bzw. Pflanze oder von einer anderen Pflanze derselben Art stammen. Das wird »geschlechtliche Fortpflanzung« genannt.

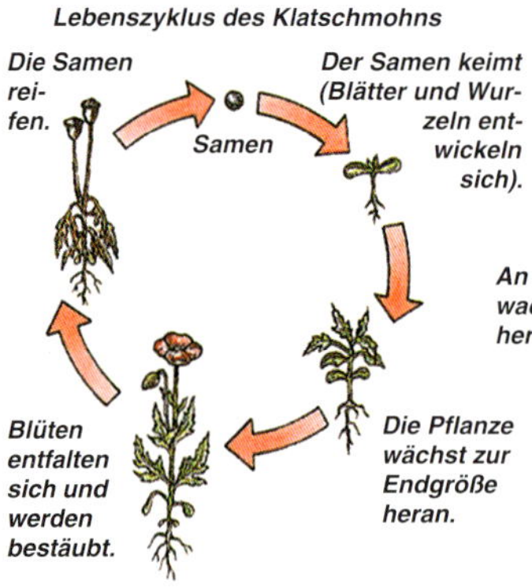

UNGESCHLECHTLICHE FORTPFLANZUNG
Viele Pflanzen vermehren sich ohne Bestäubung und Befruchtung. Das wird »ungeschlechtliche Fortpflanzung« genannt.

Erdbeere

PHOTOSYNTHESE
Bei der Photosynthese setzen Pflanzen mit Hilfe des Sonnenlichts Kohlendioxid und Wasser zu Traubenzucker und Sauerstoff um. Der Sauerstoff wird an die Luft abgegeben.

ATMUNG
Wie die Menschen atmen auch Pflanzen ständig. Dabei verbrauchen sie Sauerstoff und erzeugen Kohlenstoffdioxid. In der Photosynthese ist es genau umgekehrt. Bei schwachem Licht, z.B. in der Dämmerung, halten sich Sauerstoff- und Kohlenstoffdioxid-Produktion die Waage. Kohlenstoffdioxid wird am Tag und in der Nacht abgegeben, Sauerstoff nur am Tag.

WURZEL
Mit ihrer Wurzel ist die Pflanze in der Erde verankert und nimmt damit Wasser und Mineralien (Nährsalze) aus dem Boden auf.

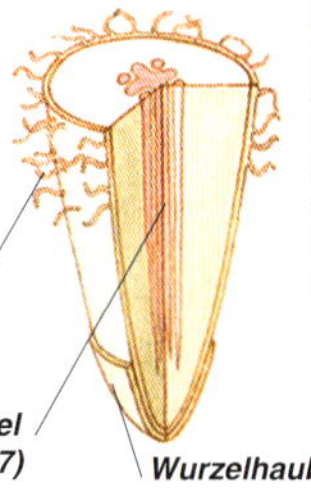

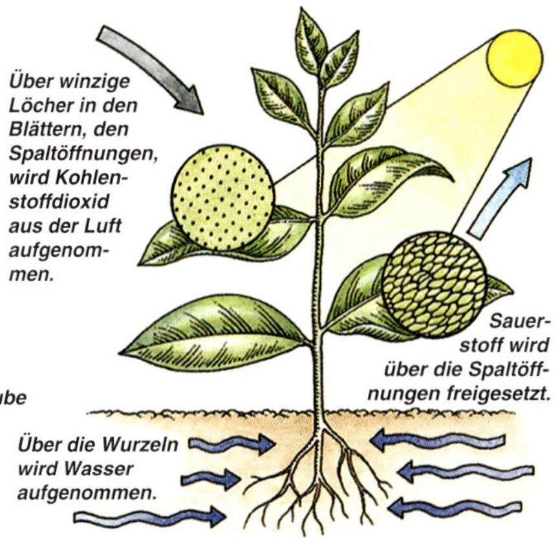

1. Am Tag
Die Pflanze erzeugt mehr Sauerstoff, als sie verbraucht.

2. Dämmerung
Die Pflanze bildet Sauerstoff und Kohlendioxid.

3. In der Nacht
Die Pflanze erzeugt mehr Kohlenstoffdioxid, als sie verbraucht.

UNTERIRDISCHE TEILE
Einige Pflanzen besitzen neben Wurzeln besondere Speicherorgane, wie z.B. Knollen.

PFAHLWURZEL
Sie besteht aus einer dicken Hauptwurzel und dünnen Seitenwurzeln.

Mohrrübe

KNOLLE
Eine Verdickung von Spross oder Wurzel zum Speichern von Nährstoffen.

Kartoffel

CHLOROPHYLL
Chlorophyll ist ein grüner Farbstoff, der den grünen Anteil des Sonnenlichts reflektiert (zurückstrahlt). Die roten und blauen Anteile des Lichts absorbiert es (nimmt es auf) für die Photosynthese.

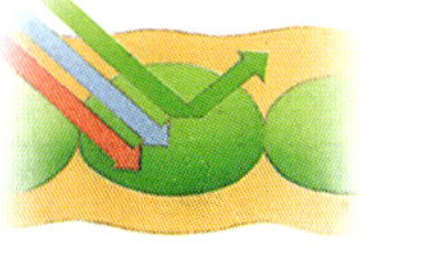

FARBSTOFFE
Nicht alle Pflanzen sind grün. Pflanzen wie die Blutbuche oder rote und braune Meeresalgen haben neben Chlorophyll noch andere Farbstoffe.

Braunalgen

Rotalgen

LEBENSRÄUME

Pflanzen wachsen überall, wo genügend Feuchtigkeit, Licht, Wärme und Mineralien zur Verfügung stehen. Einige Pflanzen sind aber auch an die Bedingungen extremer Lebensräume angepasst.

TROPEN
Die meisten Bromelien wachsen auf hohen Bäumen im tropischen Regenwald, wo das Sonnenlicht ihre Blätter erreicht.

GEWÄSSER
Seerosenblätter sind mit einer Wachsschicht überzogen und haben Luftkammern. Die schwimmenden Blätter tragen nur auf der Oberseite Spaltöffnungen.

BRACK- UND SALZWASSER
Die Wurzeln der Mangroven ragen aus dem Schlamm heraus. Mit besonderen Poren in diesen Atemwurzeln nehmen Mangroven Sauerstoff aus der Luft auf.

SAND UND WASSER
Die Haargerste hat sehr lange Wurzeln, die bis zum Grundwasser hinabreichen.

WÜSTE
Der Saguaro-Kaktus hat keine Blätter. Auf diese Weise wird der Wasserverlust vermindert. Seine Dornen schützen ihn vor weidenden Tieren.

HOCHGEBIRGE
Die Alpen-Kuhschelle trägt weiße Haare auf der Blattoberfläche, die die Strahlen der Hochgebirgssonne reflektieren.

HORMONE
Pflanzen bilden Botenstoffe oder Hormone – genau wie die Menschen. Sie steuern das Wachstum der Pflanzen und kontrollieren die Wuchsrichtung von Pflanzenorganen: Sprosse wachsen aufwärts in Richtung der Sonne und Wurzeln abwärts in Richtung des Grundwassers.

Legt man eine Pflanze auf die Seite, ändern Spross und Wurzeln die Richtung.

WISSENSWERTES
Einige Pflanzen haben keine Wurzeln. Sie wachsen auf Bäumen im tropischen und subtropischen Amerika. Ihr Wasser beziehen sie aus der Luftfeuchtigkeit.

Die »Rose von Jericho« ist eine Wüstenpflanze. Sie schrumpelt in trockenem Wetter völlig zusammen. Bei Regen wird sie wieder grün und beginnt, Photosynthese zu treiben.

Ameisenpflanzen haben Kammern in ihren Sprossen, die von Ameisen bewohnt werden. Die Ameisen schützen die Pflanze vor den Angriffen anderer Insekten, und die Pflanze bildet Knöllchen als Futter für die Ameisen.

Gänseblümchen

UNKRÄUTER
Unkräuter sind Pflanzen, die an Stellen wachsen, wo sie die Menschen stören, z.B. in Gärten oder Feldern. Manche sind so farbenprächtig wie Gartenblumen und duften genauso gut. Deshalb ist »Wildkräuter« ein viel besserer Name für sie.

WACHSTUMSRATEN VON PFLANZEN

PARASITEN UND EPIPHYTEN
Einige Pflanzen können keine Photosynthese betreiben. Stattdessen leben sie auf anderen Pflanzen und entziehen ihnen Nährstoffe aus Wurzeln oder Sprossen. Solche Pflanzen heißen Schmarotzer oder Parasiten. Aufsitzerpflanzen oder Epiphyten wachsen zwar auch auf anderen Pflanzen, entziehen ihnen aber weder Nährstoffe noch Wasser.

Diese Bromelie wächst auf der Rinde von Bäumen.

In ihren trichterförmig wachsenden Blättern fängt sie Wasser auf.

FLEISCH FRESSENDE PFLANZEN
Fleisch fressende Pflanzen ernähren sich von kleinen Tieren, z.B. Insekten, die sie fangen und verdauen. Diese liefern vor allem Mineralien, die die Pflanzen zum Leben brauchen.

1. Die Venusfliegenfalle lockt Insekten mit ihren Blättern an.
2. Sobald das Insekt die Fühlhärchen auf der Blattoberfläche berührt, klappt das Blatt blitzschnell zusammen.
3. Kammähnliche Zähne schließen das Insekt ein. Dann verdaut es die Pflanze langsam.

RIESENTANG
Der pazifische Riesentang bildet die längsten Teile aller Pflanzen aus. Die Alge kann mit 120 m Länge größer als die amerikanische Freiheitsstatue sein.

ROHSTOFFE AUS PFLANZEN

BLÄTTER

Panamahüte werden aus den Blättern der Panamapalme gemacht.

Hautcremes enthalten Öle aus den Blättern einer Aloe-Art.

Speiseeis kann mit Agar-Agar aus Braunalgen angedickt werden.

SAFT

Gummi wird z.B. aus dem Milchsaft (Kautschuk) des Gummibaumes hergestellt.

FASERN

Taue kann man aus Hanf machen (heute meist synthetisch).

Leinenstoff wird aus den Fasern von Flachs gewoben.

BEDROHTE PFLANZEN

Wissenschaftlicher Name	Deutscher Name	Vorkommen
Abies nebrodensis	Sizilianische Tanne	Mittelmeerraum
Femeniasia balearica	Balearen-Johanniskraut	Spanien (Balearen)
Hibiscus clayi	Clay-Hibiskus	Hawaii
Nothofagus nuda	Scheinbuchenart	Papua-Neuguinea
Pittosporum coriaceum	Madeira-Klebsame	Madeira
Sarracenia oreophila	Grüne Schlauchpflanze	USA
Scilla morrisii	Morris' Blaustern	Zypern
Sorbus decipiens	Täuschende Mehlbeere	Deutschland

BLÜTEN

Blüten bestehen aus Kelch- und Kronblättern, Staub- und Fruchtblättern. Bunt gefärbte oder duftende Blüten locken Insekten an, die für die Bestäubung mit Pollen sorgen. Andere Blüten sind unauffällig; sie werden oft vom Wind bestäubt. In der Blüte entwickeln sich die Früchte und Samen einer Pflanze.

BLÜTENSTÄNDE

Manche Pflanzen bilden nur eine einzige Blüte auf einem Blütenstiel aus. Viele andere Pflanzen haben jedoch mehrere Blüten, die oft in einer Gruppe zusammenstehen. Dies bezeichnet man als »Blütenstand«.

Einzelblüte Ruhmeskrone

Traube Cymbidium, eine Orchidee

Ähre Heliconie

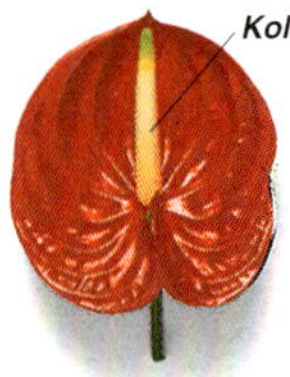

Kolben Flamingoblume

Zusammengesetzte Dolde Schwarzer Holunder

Winterlinde

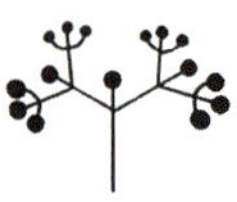

LILIE

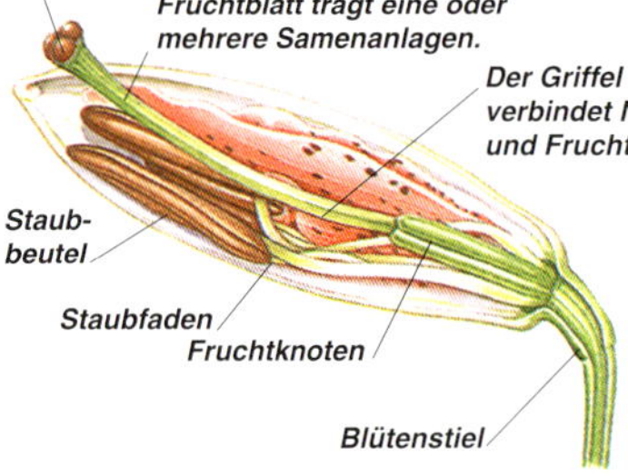

BAU DER BLÜTE

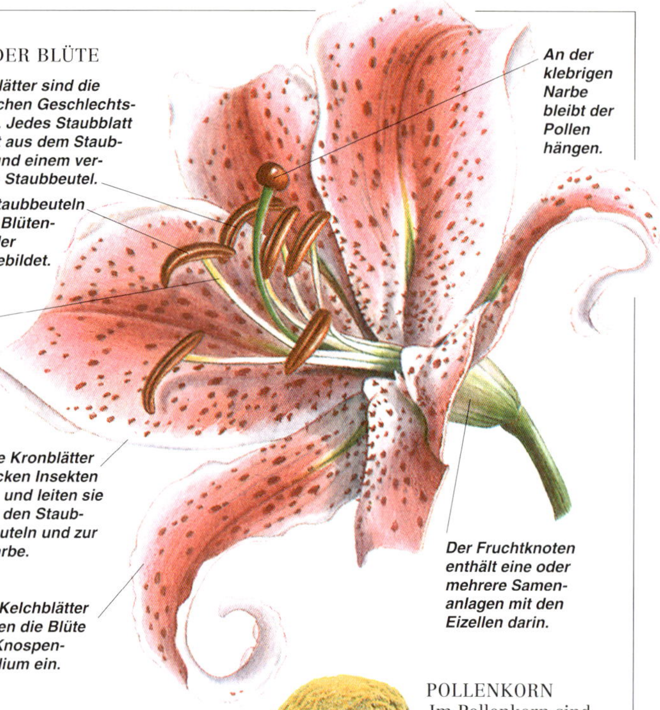

POLLENKORN

Im Pollenkorn sind die männlichen Geschlechtszellen eingeschlossen. Sie befruchten die weiblichen Geschlechtszellen im Fruchtknoten.

VERSCHIEDENE BLÜTEN

Hahnenkamm

Banksie

Zimmerkalla

Lachenalia aloides

Aechmea

Gemeiner Schneeball

Hyazinthe

Chrysantheme

Fetthenne

WISSENSWERTES

Bei den meisten Pflanzen enthalten die Blüten sowohl männliche wie weibliche Geschlechtsorgane. Einige Pflanzen, z.B. die Weiden, besitzen aber entweder männliche oder weibliche Blüten.

Die größte Blüte hat die Rafflesie. Sie erreicht einen Durchmesser von 1 m und wiegt bis zu 7 kg.

BESTÄUBUNG

Bestäubung nennt man die Übertragung des Pollens von den Staubbeuteln auf die Narbe. Sucht ein Insekt, z.B. eine Biene, nach Blütennektar, wird es mit Pollen eingestäubt und transportiert diesen zur nächsten Blüte.

BEFRUCHTUNG

Ist eine Blüte bestäubt, kann sie befruchtet werden.

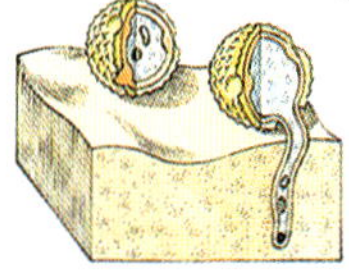

1. Aus dem Pollenkorn auf der Narbe der Blüte wächst ein dünner Schlauch bis zur Samenanlage im Fruchtknoten.

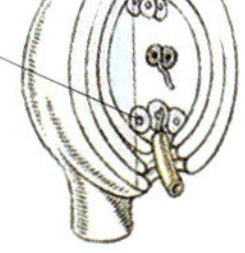

2. Die männliche Geschlechtszelle verschmilzt mit der weiblichen Zelle in der Samenanlage.

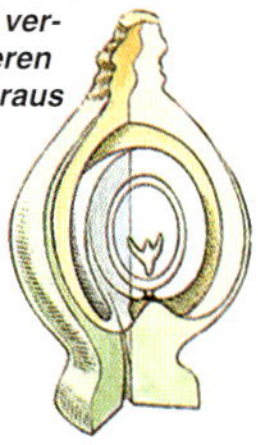

3. Die Samen bilden sich.

BLÄTTER

Die meisten Blätter haben einen Blattstiel und eine Blattspreite. Die wichtigste Aufgabe der Blätter ist die Photosynthese. Chlorophyll, der für die Photosynthese nötige Farbstoff, färbt die Blätter grün.

LEITBÜNDEL

In den Leitbündeln werden Wasser und Nährstoffe durch das Blatt und die gesamte Pflanze transportiert. Die Leitbündel bestehen aus Holz- und Siebteil.

BAU DES BLATTES

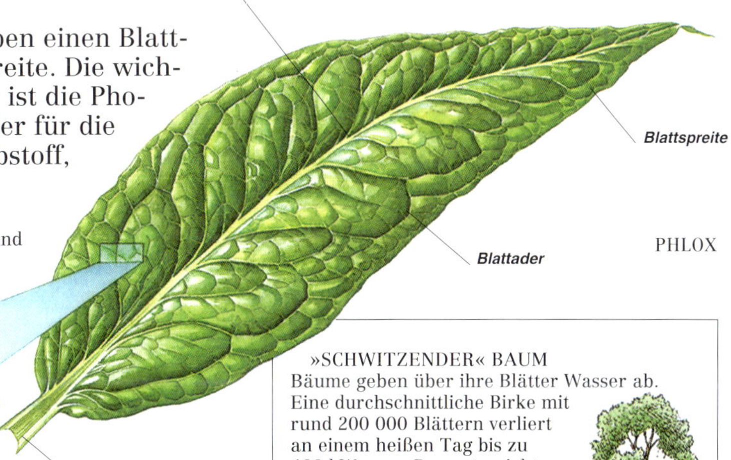

PHLOX

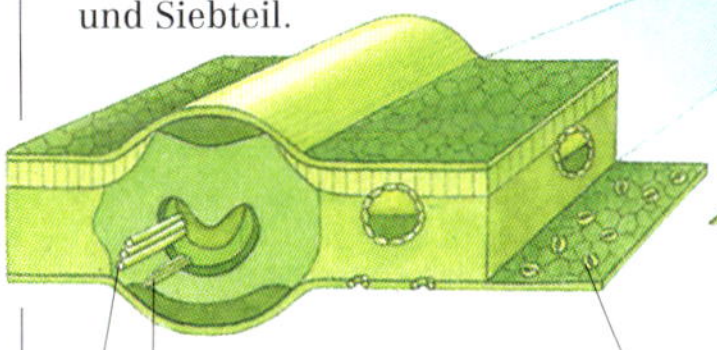

Im Siebteil werden Nährstoffe (Zucker und Stärke) durch die Pflanze transportiert.

Spaltöffnung für den Austausch von Gasen und Wasser

Im Holzteil werden Wasser und darin gelöste Nährsalze durch die Pflanze transportiert.

»SCHWITZENDER« BAUM

Bäume geben über ihre Blätter Wasser ab. Eine durchschnittliche Birke mit rund 200 000 Blättern verliert an einem heißen Tag bis zu 400 l Wasser. Das entspricht dem Inhalt von 1 200 Getränkedosen.

BLATTOBERFLÄCHEN

Von glatten, wachsigen Oberflächen fließt das Wasser gut ab. Deshalb weichen sie nicht durch.

Rhododendron

Feste Blätter mit Stacheln schützen Blüten und Blattknospen vor Tierfraß.

Stechpalme (Ilex)

Behaarte Blätter haben eine isolierende Luftschicht, sodass sie weder bei Hitze verbrennen noch bei Kälte erfrieren.

Rainfarn

Nadelartige Blätter bieten dem Wind wenig Widerstand. Daher kann er die Pflanze nicht beschädigen.

Zypresse

VERSCHIEDENE BLÄTTER

Hainbuchenblättriger Ahorn · *Taiwania* · *Kraftwurz* · *Spargel*

Eiche · *Fensterblatt* · *Lilie* · *Lungenkraut*

Robinie · *Sassafras* · *Echeverie* · *Akazie*

SCHON GEWUSST?

Die größten Blätter haben die Raffiapalmen. Sie werden bis zu 20 m lang.

Die kleinsten Blätter aller Blütenpflanzen hat die schwimmende Zwergwasserlinse. Sie werden nur 0,6 mm lang und 0,3 mm breit.

GIFTIGE BLÄTTER

Die Blätter vieler Pflanzen enthalten Gift. Rhabarberblätter enthalten hohe Mengen von Oxalsäure. Sie ist besonders gefährlich für Menschen, die unter Rheuma oder Arthritis leiden. Auch die Blätter des Stechapfels und Eisenhutes enthalten gefährliche Giftstoffe.

Die Blätter des Rhabarbers enthalten Oxalsäure.

In den Blättern des Stechapfels ist Atropin enthalten.

Die Blätter des Eisenhutes enthalten Aconitin und Ephedrin.

HUMUSBILDUNG

Aus abgestorbenen, verrottenden Pflanzen und Pflanzenteilen entsteht eine obere Bodenschicht, die lebenswichtige Nährstoffe enthält.

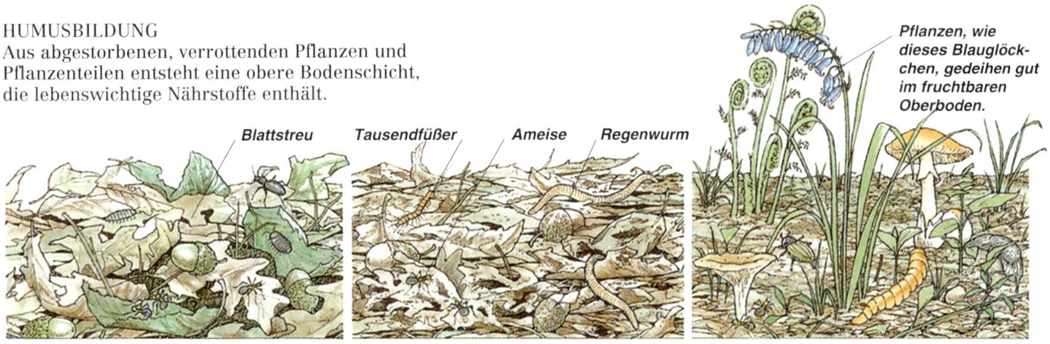

1. Herabgefallene Blätter und abgestorbene Pflanzen liegen auf der Bodenoberfläche. Sie werden langsam abgebaut und bilden die Humusschicht.

2. Kleine Tiere, z.B. Regenwürmer, fressen Humus und scheiden ihn wieder aus. Dabei wird er fein zerkleinert und mit dem Boden vermischt.

3. Durch die Tätigkeit von Kleintieren, Pilzen und Bakterien werden wertvolle Nährstoffe frei, die einen fruchtbaren Oberboden bilden.

BLATTFLOSS

Die Blätter der Riesenseerose haben einen Durchmesser von bis zu 2,40 m. Sie können etwa das Gewicht eines Kindes tragen.

BÄUME

Bäume haben einen Stamm, von dem die Äste und Zweige abgehen. Bäume können sehr alt werden, mache sogar mehrere hundert Jahre. Die meisten Baumarten gehören zu den Laubbäumen. Die Artenzahl bei den Nadelbäumen ist geringer.

LEBENSZYKLUS
Sobald ein Baum ausgereift ist, kann er jedes Jahr Blüten, Früchte und Samen bilden.

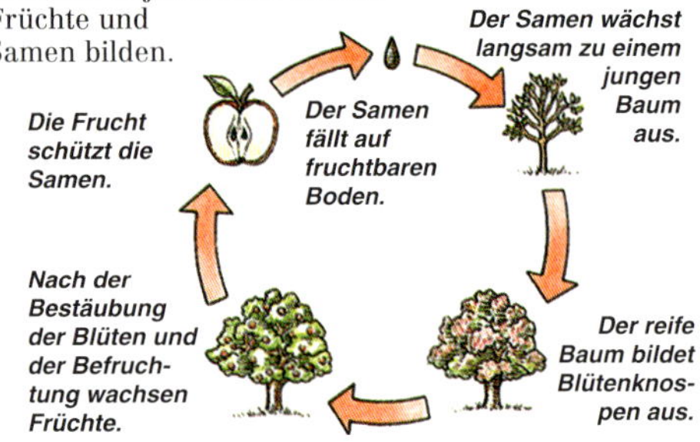

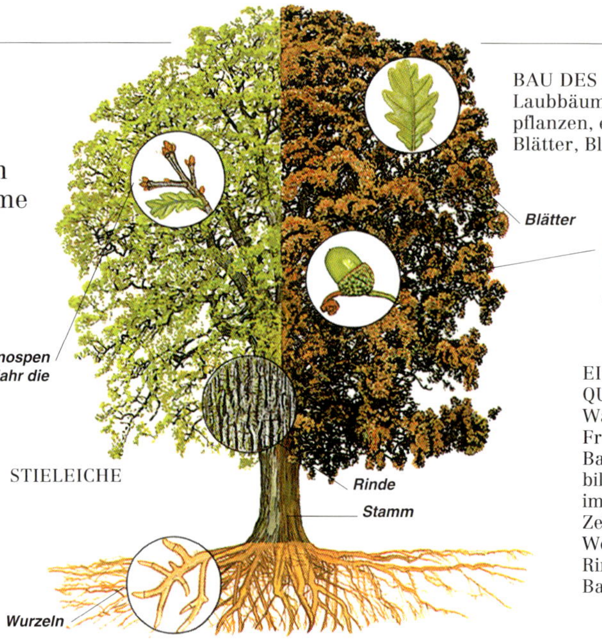

STIELEICHE

BAU DES BAUMES
Laubbäume besitzen, wie die meisten Blütenpflanzen, einen Hauptspross oder Stamm, Blätter, Blüten, Früchte und Samen.

WURZELN
Baumwurzeln nehmen Wasser aus dem Boden auf. In den Leitbündeln wird es durch den Baum transportiert.

EIN BAUMSTAMM IM QUERSCHNITT
Während des Wachstums im Frühling und im Sommer wird der Baumstamm dicker: Große Zellen bilden helleres Holz. Im Herbst und im Winter dagegen bilden kleinere Zellen dunkleres Holz. Durch diesen Wechsel entstehen im Holz sichtbare Ringe (Jahresringe). Je älter ein Baum ist, desto mehr Ringe hat er.

VERSCHIEDENE BÄUME

LAUBBÄUME
Laubbäume wie Eichen oder Buchen tragen Blätter, die sie im Herbst abwerfen. Sie gehören zu den »Bedecktsamern«.

Die Blätter der meisten Laubbäume haben flach ausgebreitete Spreiten.

Die Samenanlagen sind im Fruchtknoten eingeschlossen, der sich zur Frucht verwandelt.

NADELBÄUME
Zu den Nadelbäumen gehören z.B. Kiefern, Fichten und Eiben. Man kennt über 500 Arten von Nadelbäumen. Sie gehören zu den »Nacktsamern«.

Viele Nadelbäume haben nadelförmige Blätter, andere Blätter sind bandförmig oder sogar oval.

Die meisten Nadelbäume tragen ihre Samen in hölzernen Zapfen.

PALMEN
Die Familie der Palmen besteht aus etwa 3 400 Arten. Palmen wachsen im Mittelmeerraum und in den Tropen.

Manche Palmen haben fächerförmige, andere gefiederte Blätter.

Wie die Laubbäume gehören Palmen zu den »Bedecktsamern«.

HARTHOLZ UND WEICHHOLZ
Hartholz (Eiche, Buche, Esche) ist durch seinen hohen Anteil an Holzfasern und enge Gefäße sehr fest und schwer. Die Bäume wachsen langsam, und die Jahresringe stehen sehr eng. Birke oder Linde beispielsweise liefern Weichholz. Die schnell wachsenden Bäume haben saftreiches Splintholz. Balsaholz ist das leichteste Weichholz.

Kiefern sind Weichholzbäume.

Walnussholz ist ein Hartholz.

BÄUME IN ALLER WELT
Überall dort, wo die Niederschläge 20 cm pro Jahr übersteigen und die Durchschnittstemperatur im Sommer höher als 10 °C ist, wachsen Bäume. Für die weißen Flächen auf der Karte trifft das nicht zu. Weder in der arktischen Tundra noch in der Antarktis noch in den Hochlagen der Gebirge wachsen Bäume.

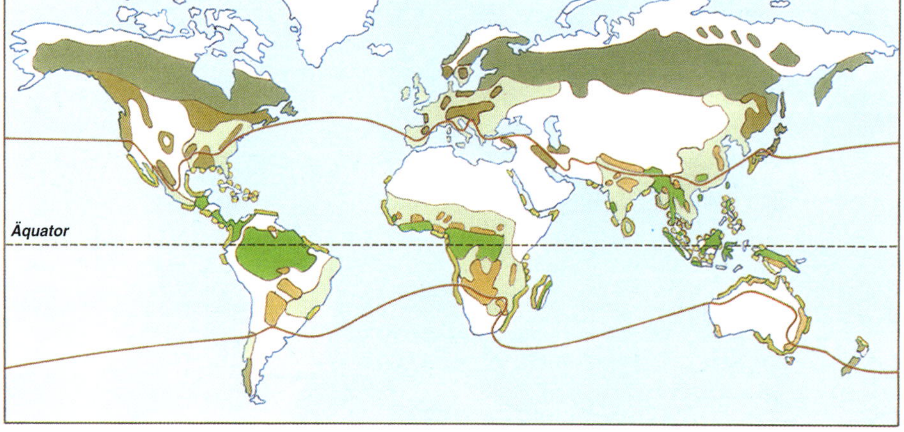

Borealer Nadelwald (an die Arktis nach Süden anschließend)
Tropischer Regenwald (Laubbäume)
Mangroven
Wald gemäßigter Breiten (Mischwald)
Spärliche Waldbedeckung
Tropische Trockenwälder
Verbreitungsgrenze der Palmen

RINDE
Die Rinde eines Baumes ist wie eine Haut, die das Holz vor Verletzungen, Hitze und Kälte schützt. Der abgestorbene äußere Teil der Rinde wird als »Borke« bezeichnet. Sie ist bräunlich gefärbt und schuppig.

Die Papierbirke besitzt eine sehr helle Rinde.

Dieser Kirschbaum hat eine dunkle, glänzende Rinde.

Die Rinde der Schwarzbirke schält sich schuppenartig ab.

SCHON GEWUSST?
Der höchste je gemessene Baum ist ein australischer Rieseneukalyptus. Er erreichte im 19. Jahrhundert eine Höhe von 132,58 m.

Der größte lebende Baum ist ein Mammutbaum. Er steht im Redwood National Park in den USA. Mit einer Höhe von 115,5 m ist er höher als eine Saturn-Rakete. Bis 1995 war der »Tall Tree« mit 112 m der größte lebende Baum. Doch dann brach seine Spitze ab.

Der älteste bekannte Baum, eine Borstenkiefer in Nevada (USA), ist mehr als 5 100 Jahre alt.

Die afrikanischen Affenbrotbäume halten Trockenheit am besten aus. In ihren Stämmen speichern sie bis zu 136 000 l Wasser.

LAUBFALL
Im Herbst werfen Laubbäume ihre Blätter ab, da diese große Wassermengen verdunsten. Ist der Boden trocken oder gefroren, kann der Wasserverlust nicht mehr ausgeglichen werden.

Herbstlicher Laubwald

WISSENSWERTES
Die Kiefer Pinus muricata pflanzt sich nur nach einem Waldbrand fort. Ihre Zapfen öffnen sich erst in der Hitze eines Feuers.

Ein Kubikmeter getrocknetes Ebenholz wiegt 1 030 kg. Das gleiche Volumen Balsaholz wiegt dagegen nur 160 kg.

Mangroven sind die einzigen Bäume, die in Salzwasser wachsen können. Sie besitzen besondere Atemwurzeln, die ihnen beim Gasaustausch helfen.

BAUMTUNNEL
Kalifornische Mammutbäume erreichen einen Durchmesser von 7,60 m. Manchmal ist es einfacher, einen Durchgang durch einen Stamm zu sägen als den Baum zu fällen.

WACHSTUMSRATEN
Bäume wachsen mit unterschiedlicher Geschwindigkeit. Die Abbildungen zeigen die Höhe von 15 Jahre alten Bäumen an.

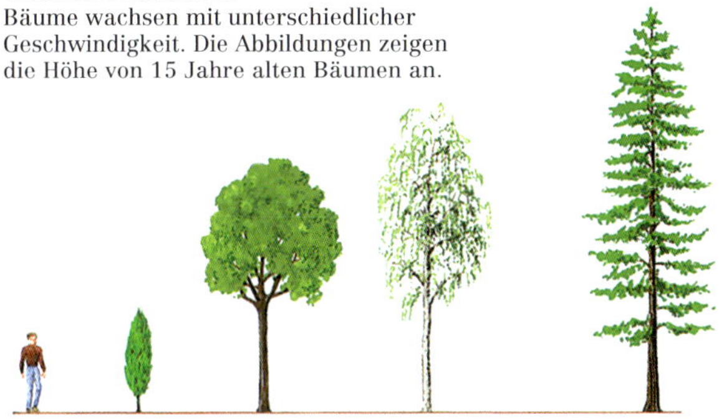

Erwachsener Mensch 1,80 m — *Wacholder 3 m* — *Eiche 7,50 m* — *Birke 9 m* — *Douglasie 12,20 m*

HERBSTFARBEN

1. Bei Herbstbeginn wird zuerst das grüne Chlorophyll abgebaut.
2. Andere Farbstoffe wie die gelben Carotinoide werden nun sichtbar.
3. Mit der Zeit dunkeln Carotinoide nach: Ihre gelbe Farbe ändert sich über Orange nach Rot.
4. Anthocyane aus Zucker in den Blättern bewirken eine scharlachrote Färbung.
5. Der Baum lagert Gerbstoffe im Blatt ab. Sie erscheinen als dunkelbraune Färbung.
6. Am Ansatz des Blattstiels bildet sich eine besondere Zellschicht. Dort bricht das Blatt ab.

Während es abstirbt, verändert ein Ahornblatt mehrmals seine Farbe.

BÄUME ALS ROHSTOFFLIEFERANTEN

HOLZ

Viele Möbel werden aus Eichenholz hergestellt.

Aus Cocobolo-Holz werden Streichinstrumente gebaut.

In manchen Ländern werden Gebäude aus dem Holz von Pappeln errichtet.

Afrikanische Schnitzerei aus Ebenholz

HOLZBREI
Papier wird aus einer breiähnlichen Masse aus Holz, Wasser, Altpapier oder Lumpen hergestellt.

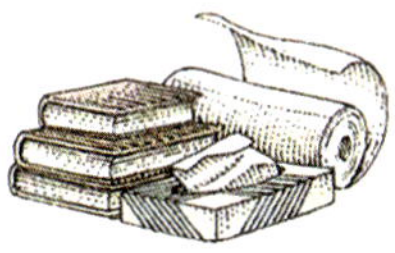

HOLZFASERN
Viskose ist eine Kunstfaser, die aus fast reiner Zellulose besteht, die aus Holzfasern gewonnen wird.

SAMEN
Aus den Haaren auf den Samen des Kapokbaumes wird Füllmaterial für Polster hergestellt.

RINDE
Das Gewürz Zimt stammt aus der Rinde der Zimtbäume.

Flaschenkorken werden aus der Rinde der Korkeiche hergestellt.

SAFT UND HARZ
Ahornsirup wird aus dem Saft des Zuckerahorns gewonnen.

Kaugummi enthält den eingedickten Saft des Breiapfelbaumes.

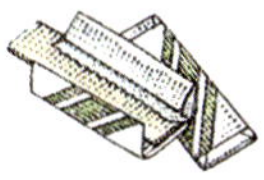

Terpentin gewinnt man aus dem Harz der Sumpfkiefer.

Bernstein ist ein fossiles Harz heute ausgestorbener Nadelbäume.

BEDROHTE NUTZHOLZBÄUME

Wissenschaftlicher Name	Deutscher Name	Vorkommen
Abies guatemalensis	(Familie der Tannen)	Nord- und Mittelamerika
Aniba ramageana	Falscher Lorbeer	Südamerika
Dalbergia nigra	Palisander	Südamerika
Hopea erosa	(Familie der Flügelfruchtgewächse)	Südostindien
Rousselia erratica	(Familie der Brennnesselgewächse)	Mittelamerika
Vatica soepadmoi	(Familie der Flügelfruchtgewächse)	Sumatra

NUTZPFLANZEN

Eine ganze Reihe von Pflanzen oder Pflanzenteilen werden vom Menschen gegessen: Früchte, Gemüse, Kräuter, Gewürze und Getreide.

VERSCHIEDENE FRÜCHTE

Früchte sind ein wichtiger Bestandteil der menschlichen Ernährung. Aus der Riesenauswahl wildwachsender und angebauter Früchte hier eine kleine Auswahl.

EUROPA

Apfel

Erdbeere

Kirsche

TROPEN

Papaya

Durian oder Stinkfrucht

Karambola

NÜSSE

Walnuss

Paranuss

Haselnuss

Mit einer einzigen Weltjahresernte von Weintrauben könnte man den New Yorker Stadtteil Manhattan bis zu einer Höhe von 124 m zuschütten.

DIE FÜNF HÄUFIGSTEN FRÜCHTE	
Frucht	Jährliche Produktion weltweit
Wassermelonen	83 199 791 t
Bananen	68 279 192 t
Orangen	62 170 503 t
Trauben	62 150 308 t
Äpfel	57 938 065 t

SCHON GEWUSST?

Den größten Samen bildet die Seychellennusspalme. Er wiegt bis zu 25 kg.

Die größte Baumfrucht ist die Jackfrucht. Sie wiegt bis zu 50 kg.

WILDFORMEN

Größe, Form und Aroma vieler Nutzpflanzen sind erst durch Züchtung entstanden.

Wilde Tomaten sind so groß wie Weintrauben und schmecken süßer als unsere Tomaten.

Wildmais hat einen viel kleineren Kolben als moderner Kulturmais.

FRUCHT

Die Frucht entsteht aus dem Fruchtknoten der Blüte. Sie enthält einen oder mehrere Samen. Früchte können fleischig oder trocken sein. Wildfrüchte werden oft von Tieren gefressen, die den Samen wieder ausscheiden und so zur Verbreitung der Pflanze beitragen. Die fleischige Frucht der Zitrone ist kräftig gelb gefärbt.

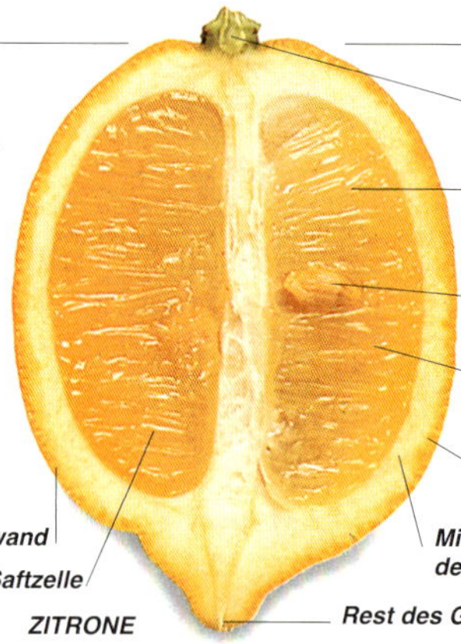

ZITRONE

NÜSSE

Nüsse sind trockene Früchte. Der Samen ist von einer harten Schale umgeben.

ESSKASTANIE

SAMEN

Jede Frucht enthält einen oder mehrere Samen. Unter günstigen Bedingungen keimen die Samen aus und wachsen zu neuen Pflanzen heran. Einige Früchte, wie Kirschen oder Pfirsiche, enthalten nur einen Samen. Andere Früchte, etwa Erdbeeren oder Äpfel, enthalten mehrere Samen.

Samen der Zitrone

ENTWICKLUNG EINER FRUCHT

Mit der Befruchtung (siehe S. 76) beginnt die Entwicklung einer Frucht.

BROMBEERE

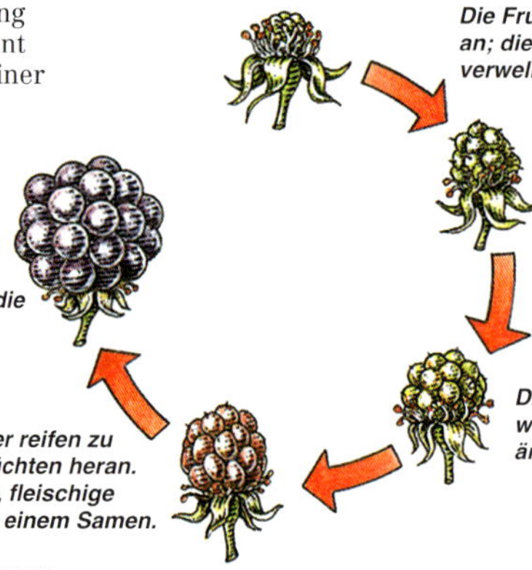

FRÜCHTE WELTWEIT

Diese Karte zeigt, aus welchem Teil der Welt einige Früchte ursprünglich stammen. Heute werden sie fast überall angebaut.

- Kirschen (Ägypten)
- Pfirsiche (China)
- Zitronen (Indien)
- Wassermelonen (Afrika)
- Erdbeeren (Amerika)
- Passionsfrucht, Maracuja (Brasilien)

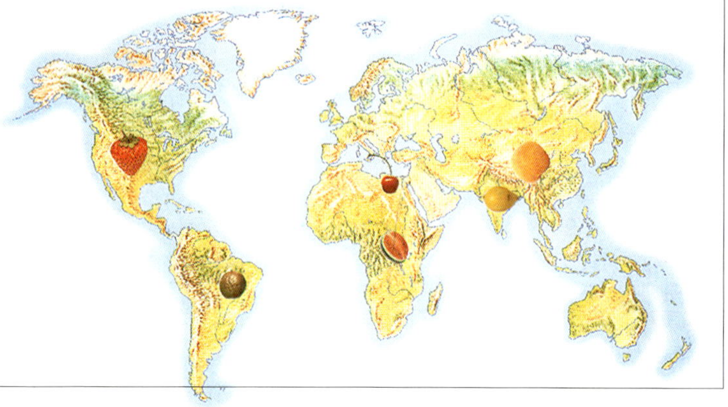

GEMÜSE

Wir essen Blätter, Spross- und Wurzelknollen, Blüten, Stängel, Blattstiele oder Sprosse von Pflanzen als Gemüse.

BLÄTTER

Kohl · *Spinat* · *Salat*

SPROSSE UND BLATTSTIELE

Spargel · *Staudensellerie* · *Bohnenkeimlinge*

BLÜTEN

Artischocke · *Blumenkohl* · *Brokkoli*

WURZELN

Karotte · *Rote Bete* · *Weiße Rübe*

GEMÜSE
Man nennt alle essbaren Teile einer Pflanze »Gemüse«. Auch manche Früchte, etwa Tomaten, Paprika oder Auberginen, werden als Gemüse bezeichnet. Manche Pflanzenteile sind nicht essbar: Sie schmecken bitter, sauer oder sind sogar giftig. Von der Kartoffel essen wir nur die Knollen, die unter der Erde wachsen. Die oberirdisch wachsenden Blätter sind ungenießbar; die Früchte sind sogar giftig.

PARTNERSCHAFT IM GARTEN
Nicht alle Gemüsesorten können im Garten in unmittelbarer Nähe gepflanzt werden: Tomaten und Gurken gedeihen nebeneinander ebenso wenig wie Gurken und Radieschen. Andere Pflanzen, wie z.B. Kohlrabi und Kartoffeln, vertragen sich dagegen gut und schützen sich gegenseitig vor Schädlingen. In alten Bauerngärten findet man deshalb auf einem Beet gemischt die verschiedensten Gemüsesorten, Kräuter und Blumen.

KENNST DU DIESE ZWIEBELN?
Küchenzwiebeln, Schnittlauch, Knoblauch und Porree gehören zur Gattung Allium (Familie der Liliengewächse). Wir essen verschiedene Pflanzenteile als Gemüse: Die Zwiebeln der Küchenzwiebel, die Nebenzwiebeln (Zehen) des Knoblauchs und die Blätter des Porrees und Schnittlauchs.

Küchenzwiebel · *Schnittlauch*

Knoblauch · *Porree*

WISSENSWERTES
In China galten die Litchis 2 000 Jahre lang als besonders edle Früchte. Reitende Boten versorgten den Kaiserhof mit frischen Litchis, und in einigen Regionen des Landes verlangten Steuereintreiber Litchis als Bezahlung.

Die Schärfe von Peperoni beruht auf einer Substanz, die nur 0,1% der Frucht ausmacht.

In Peru gibt es mehr als 6 000 Sorten von Kartoffeln.

DIE FÜNF HÄUFIGSTEN GEMÜSE

Gemüse	Jährliche Produktion weltweit
Tomaten	110 513 591 t
Kartoffeln	311 416 329 t
Sojabohnen	189 523 638 t
Süßkartoffeln	136 656 488 t
Kohlarten	62 013 881 t

FRÜCHTE, DIE ALS GEMÜSE GEGESSEN WERDEN
In Wirklichkeit sind eine Reihe von Gemüsearten Früchte. Hier einige bekannte Beispiele.

Tomate · *Paprika* · *Aubergine* · *Kürbis*

GEWÜRZE
Pflanzen mit kräftigem Aroma zählen zu den Gewürzen. Damit würzt man Speisen.

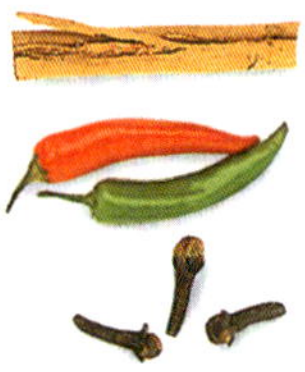

Zimt
Peperoni
Gewürznelken

WÜRZKRÄUTER
Mit Kräutern lassen sich nicht nur Speisen würzen, manche sind auch wichtige Heilpflanzen.

Basilikum
Koriander
Pfefferminze

FRÜCHTE UND GEMÜSE ALS ROHSTOFFE

Viele Dinge unseres täglichen Lebens werden aus Früchten oder Gemüse hergestellt.

KLEIDERFARBEN
werden aus Pflanzen wie Indigo und Henna gewonnen.

SPEISEÖL
Aus vielen Früchten und Samen lässt sich Speiseöl pressen. Besonders gutes Öl liefern Oliven, die Früchte des Ölbaumes.

GESICHTSPUDER
Sehr fein zerriebene Walnussschalen werden zur Herstellung von Puder gebraucht.

LUFFASCHWÄMME
Zum Massieren der Haut nimmt man die getrockneten Früchte der Schwammgurke.

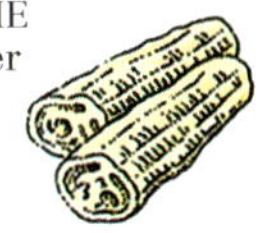

SCHOKOLADE
Die Bohnen des Kakaobaumes werden zu Schokolade und Kakao verarbeitet.

KAFFEE
Die Bohnen des Kaffeestrauches werden geröstet, gemahlen und zu Kaffee aufgebrüht.

RIESENGURKE
Die bisher größte Gurke wog 9,1 kg. Damit hätte man 1 137 Scheiben Toast belegen können.

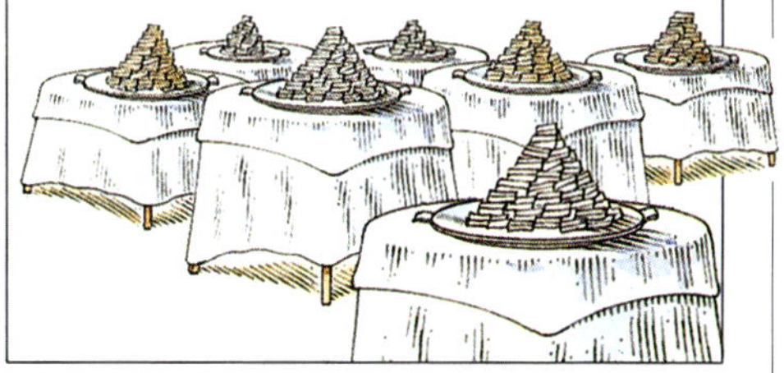

PILZE UND FLECHTEN

Die Pilze bilden ein eigenes Reich. Pilze ernähren sich, indem sie organisches Material, z.B. abgestorbene Pflanzen, zersetzen und die Nährsalze und Minerale aufnehmen.

GESCHMÜCKTER GÜRTELFUSS

BAU EINES PILZES

Was wir als Pilz im Wald sehen, ist nur der oberirdische Fruchtkörper. Der eigentliche Pilz wächst als unterirdisches Fadengeflecht im Waldboden. In den Fruchtkörpern werden Sporen gebildet. Sporen dienen der Verbreitung des Pilzes.

BAU EINER FLECHTE

Jede Flechte besteht aus zwei Partnern: einem Pilz und einer Alge. Statt der Alge enthalten manche Flechten auch Blaualgen (siehe S. 72), die einzigen Lebewesen außer den grünen Pflanzen, die Photosynthese betreiben.

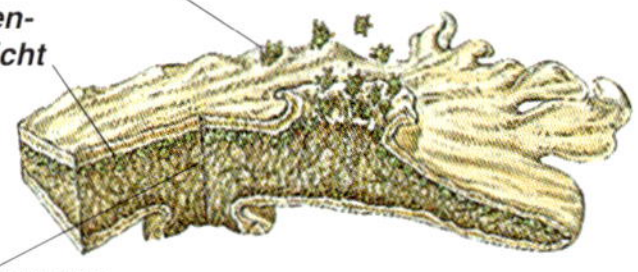

LIPPEN-SCHLÜSSELFLECHTE

VERSCHIEDENE PILZE

Insgesamt sind rund 65 000 Pilz- und 20 000 Flechtenarten bekannt. Wahrscheinlich warten aber noch sehr viel mehr auf ihre Entdeckung.

Orangebecherling

Eichen-Wirrling

Wetterstern

Fliegenpilz

Chlorosplenium aeruginascens

Clavulinopsis helvola

Kirschroter Saftling

Pfifferling

Stinkmorchel

FLECHTENFORMEN

Die zahlreichen Flechtenarten kommen in nur fünf Wuchsformen vor. Krustenflechten und Fadenflechten sind hier nicht abgebildet.

Strauchflechten

Blattflechten

Schuppenflechten

LEBENSZYKLUS

Pilze vermehren sich mit Hilfe von Sporen. Ein Pilzmyzel wächst unterirdisch, bis es auf ein Myzel derselben Art stößt. Die beiden verschmelzen miteinander. Unter günstigen Bedingungen wächst dann ein Fruchtkörper aus der Erde.

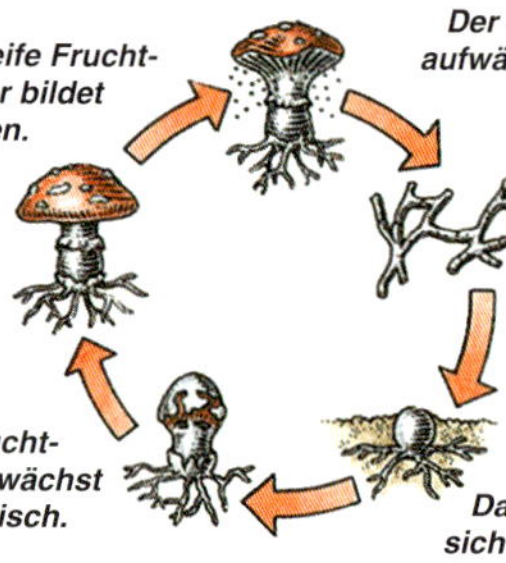

PILZE ALS PARTNER

Viele Pilze leben in enger Verbindung mit Tieren oder Pflanzen zusammen. Je nach dem Nutzen, den sie voneinander haben, nennt man diese Pilze Parasiten (Schmarotzer), Symbionten oder Saprophyten.

PARASITEN
Parasitische Pilze können Gallen, das sind schädliche Veränderungen, an den Pflanzen hervorrufen.

SYMBIONTEN
Viele Orchideensamen brauchen zum Keimen einen bestimmten Pilz.

SAPROPHYTEN
Pilze, die ihre Nährstoffe aus totem Holz, verendeten Tieren oder anderem organischem Material beziehen

REKORDE

Das größte Alter erreicht der Pilz Ganoderma applanatum. Er kann 50 Jahre alt werden.

Den größten Fruchtkörper hat der Riesenstäubling. Er kann einen Umfang von 2 m erreichen.

Zu den wichtigsten Pilzen für den Menschen gehört die Gattung Penicillium. Aus ihnen gewinnt man das Medikament Penicillin. Außerdem werden sie bei der Herstellung von Edelschimmelkäse verwendet.

KÖSTLICHE TRÜFFELN

Trüffeln bilden unterirdische Fruchtkörper. Sie schmecken hervorragend, sind aber nur mit Hilfe dressierter Hunde oder Schweine zu finden und deshalb sehr teuer.

WISSENSWERTES

Die Zellwände der Pilze bestehen aus Chitin. Chitin ist eine leichte, sehr stabile Substanz. Man findet sie außerdem im Außenskelett einiger Tiergruppen, z.B. der Insekten.

Aus Flechtenextrakten wird Lackmus gewonnen. Chemiker benutzen Lackmus-Papier, um Säuren und Laugen zu bestimmen. Früher färbte man die Wolle für Schottenröcke mit Lackmus.

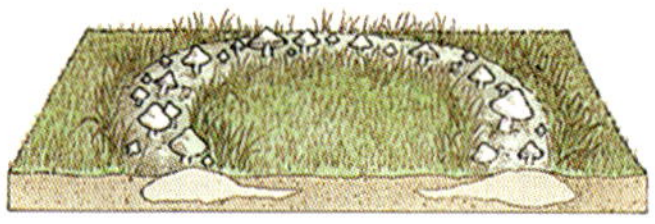
Hexenring

Hexenringe entstehen, wenn sich das Fadengeflecht (Myzel) eines Pilzes kreisförmig ausbreitet. Jeweils außen im jüngsten Teil wachsen die Fruchtkörper aus.

Flechten reagieren sehr empfindlich auf Luftverschmutzung. Verschiedene Flechtenarten eignen sich daher als Anzeiger für den Grad der Verschmutzung.

GIFTPILZE

Name	Gift	Symptome
Fliegenpilz (Amanita muscaria)	Muscarin	Magenschmerzen, Halluzinationen, Delirium, Krämpfe, selten tödlich
Knollenblätterpilz (Amanita phalloides)	Amanitin, Phalloidin	Übelkeit, Leber- und Nierenschäden, Unterleibsschmerzen, kann tödlich sein
Frühjahrsmorchel (Gyromitra esculenta)	Gyromitrin	Magenschmerzen, Übelkeit, Gelbsucht, kann tödlich sein

Pilze aus dem Wald dürfen nur dann verzehrt werden, wenn man absolut sicher ist, dass sie essbar sind! Im Zweifelsfall muss ein Pilzexperte gefragt werden!

MIKROORGANISMEN

Mikroorganismen sind Lebewesen, die man gewöhnlich nur unter dem Mikroskop sehen kann. Zu den bekanntesten gehören Echte Einzeller, Bakterien und Viren. Einige Mikroorganismen rufen Krankheiten hervor, andere sind lebenswichtig. Ohne sie wären viele Lebensvorgänge nicht möglich.

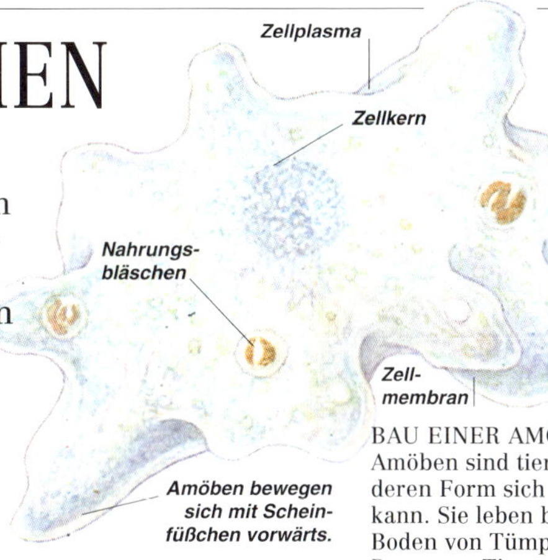

Amöben bewegen sich mit Scheinfüßchen vorwärts.

BAU EINER AMÖBE

Amöben sind tierische Einzeller, deren Form sich dauernd ändern kann. Sie leben beispielsweise am Boden von Tümpeln, aber auch im Darm von Tieren.

ECHTE EINZELLER

Die Echten Einzeller bilden ein eigenes Reich (siehe S. 72). Sie bestehen nur aus einer einzigen Zelle, in der alle Lebensvorgänge ablaufen. Sie leben in feuchtem Boden oder in Pfützen, aber auch in Seen und Meeren.

NAHRUNGSAUFNAHME

Amöben haben keinen Mund. Sie umfließen ihre Nahrung (Algen und andere Einzeller) mit den beweglichen Scheinfüßchen und schließen sie in die Zelle ein.

DIE ECHTEN EINZELLER

Man kennt mehr als 40 000 Echte Einzeller. Sie werden in mehrere Gruppen eingeteilt.

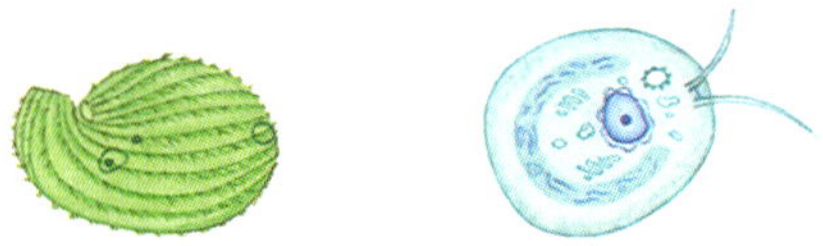

Wimperntierchen 8 000 Arten

Wurzelfüßer und Geißeltierchen 27 000 Arten

FORTPFLANZUNG

Zur Fortpflanzung teilen sich die meisten Echten Einzeller, indem sie sich in der Mitte einschnüren. Aus jeder der beiden Hälften entsteht eine neue Zelle mit demselben Erbgut wie die Mutterzelle. Auch zahlreiche Formen von Bakterien vermehren sich auf diese Weise.

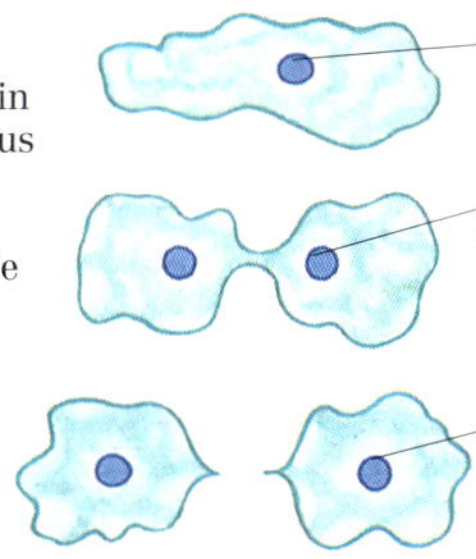

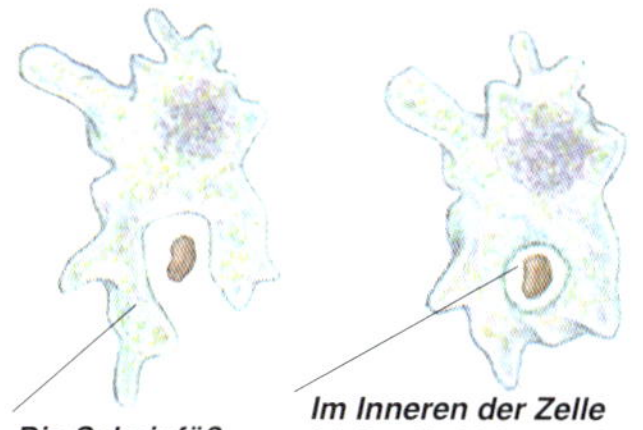

Die Scheinfüßchen umfließen einen Nahrungsbrocken.

Im Inneren der Zelle bleibt die Nahrung in einem Nahrungsbläschen eingeschlossen.

BAKTERIEN

Bakterien und Blaualgen bilden das Reich der Kernlosen Einzeller. Sie haben keinen Zellkern; ihr genetisches Material liegt frei in der Zelle. Bakterien gehören zu den einfachsten Lebewesen überhaupt, und wahrscheinlich begann mit ihnen das Leben auf der Erde. Sie kommen in allen Lebensräumen der Erde vor, vom tiefsten Ozean bis zu den obersten Schichten der Atmosphäre.

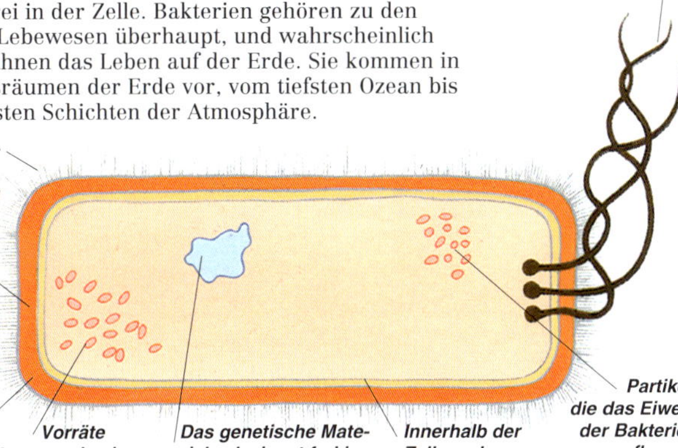

VIREN

Viren bestehen nur aus genetischem Material, das von einer Eiweißhülle umgeben ist. Die Form der Viren kann sehr unterschiedlich sein. Es gibt Stäbchen, Kugeln und vielflächige Formen. Alle sind so klein (die größten werden 0,0003 mm lang), dass man sie nur im Elektronenmikroskop bei starker Vergrößerung sehen kann.

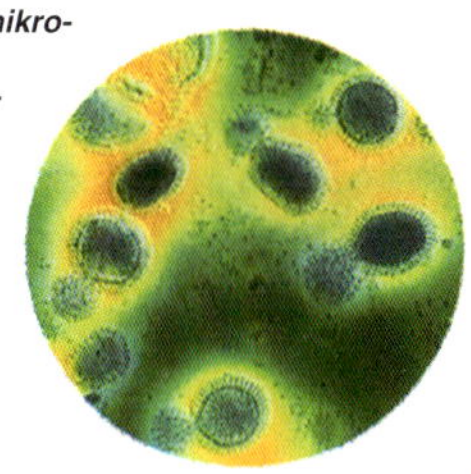

Grippeviren auf dem Schirm eines Elektronenmikroskops. Viele Viren sind Krankheitserreger. Sie rufen von einem einfachen Schnupfen bis zum Gelbfieber zahlreiche Krankheiten hervor.

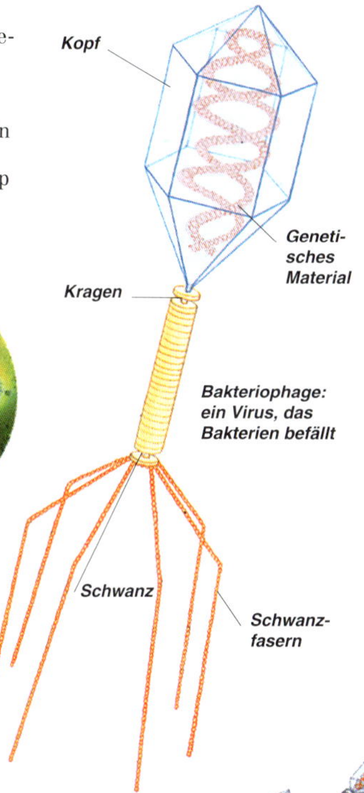

Bakteriophage: ein Virus, das Bakterien befällt

VERSCHIEDENE BAKTERIEN

Bakterien werden nach ihrer Form eingeteilt: kugelige, stäbchen- und wurmförmige.

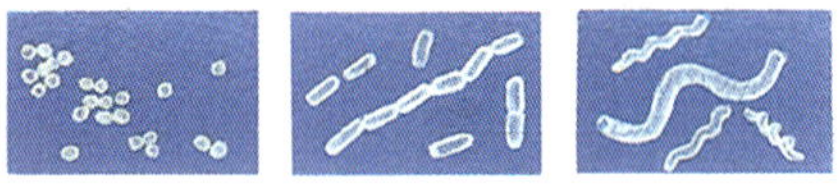

Kokken — Bazillen — Spirillen

VERMEHRUNG VON BAKTERIOPHAGEN

Viren und Bakteriophagen führen kein eigenständiges Leben. Sie sind auf eine lebende Zelle angewiesen, dringen in sie ein und vermehren sich dort. Bakteriophagen sind kompliziert aufgebaute Viren, die in Bakterienzellen eindringen. In nur einer halben Stunde entstehen 300 neue Bakteriophagen.

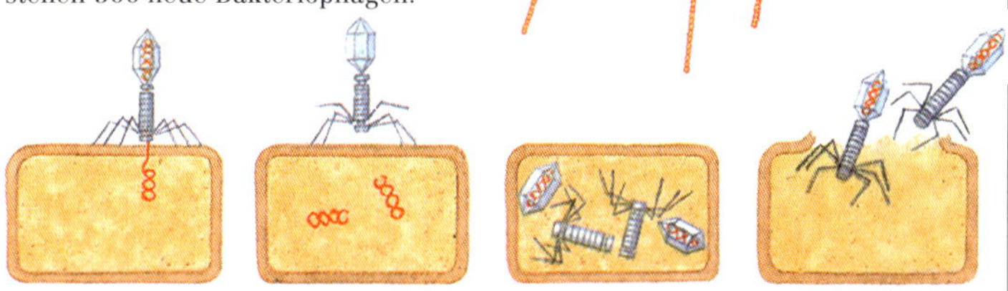

1. Das Virus verankert sich auf der Oberfläche eines Bakteriums.

2. Es injiziert sein genetisches Material ins Innere des Bakteriums.

3. Das Bakterium stellt Kopien des Virus-Materials und Hülleiweiße her.

4. Das Bakterium platzt auf und entlässt neue Viren ins Freie.

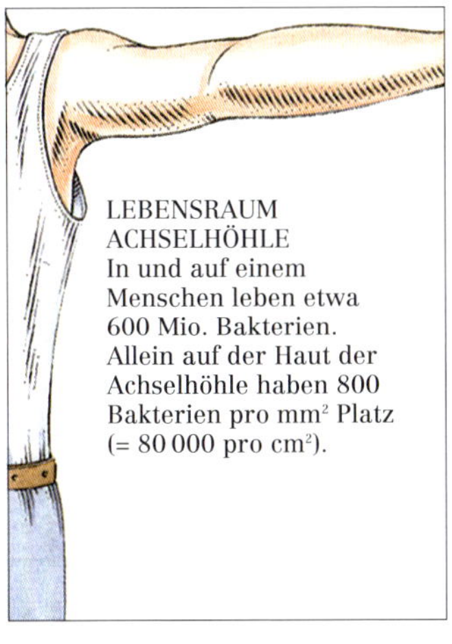

LEBENSRAUM ACHSELHÖHLE

In und auf einem Menschen leben etwa 600 Mio. Bakterien. Allein auf der Haut der Achselhöhle haben 800 Bakterien pro mm² Platz (= 80 000 pro cm²).

NÜTZLICHE BAKTERIEN

In der Natur spielen Bakterien eine wichtige Rolle. Sie bauen tote Pflanzen und Tiere ab und führen deren Nährstoffe wieder dem Ökosystem zu. Die meisten Bakterien schaden dem Menschen nicht, und einige sind sogar lebenswichtig.

Essig

Viele Nahrungsmittel entstehen nur mit Hilfe von Bakterien.

Käse

Joghurt

WISSENSWERTES

Ein Geißeltierchen braucht ungefähr 5 Min., um die Länge dieser Seite zu durchschwimmen.

In einem einzigen Gramm Erdboden können mehr als 150 000 Einzeller leben.

TIERE

Das Tierreich umfasst den größten Teil aller Lebewesen. Die Vielfalt der Tiere wird nach Körperbau und Verwandtschaft der Tiere in Gruppen geordnet.

WIE VIELE ARTEN GIBT ES?
Bis heute wurden etwa 1,4 Mio. Tierarten entdeckt, doch möglicherweise gibt es noch viel mehr. Heute lebt nur noch ein Bruchteil aller Tiere, die jemals auf der Erde existiert haben. Viele Arten, z. B. die Dinosaurier, sind ausgestorben, und viele Arten, etwa Elefanten oder Tiger, könnten durch den Menschen bald ausgerottet sein.

KRONENKRANICH

TIERGRUPPEN

WIRBELLOSE TIERE
Etwa 97% aller Tierarten gehören zu den Wirbellosen Tieren. Ihnen fehlt ein knöchernes Innenskelett. Einige der wichtigsten Stämme sind hier dargestellt.

NESSELTIERE
Alle besitzen einen Ring aus Tentakeln um den Mund, die mit Nesselkapseln besetzt sind.

WÜRMER
Es gibt rund zehn Stämme von Würmern, darunter Plattwürmer, Rundwürmer und Ringelwürmer.

WEICHTIERE
Fast alle besitzen harte Schalen, um ihren weichen Körper zu schützen. Zu den Weichtieren gehören Schnecken, Muscheln und Tintenfische.

GLIEDERFÜSSER
Sie haben ein festes Außenskelett und gegliederte Beine. Zu den Gliederfüßern zählen Spinnen- und Krebstiere.

STACHELHÄUTER
haben einen Körper, der aus fünf gleichartigen Segmenten besteht. Zu ihnen zählen Seesterne, Seeigel und Seegurken.

WIRBELTIERE
Nur 3% aller Tierarten gehören zu den Wirbeltieren. Alle haben eine Wirbelsäule und ein Skelett aus Knochen. Es gibt mehr als 40 000 Arten, die in sieben Klassen untergliedert sind. Drei dieser Klassen sind Fische.

FISCHE (Rundmäuler, Knorpel- und Knochenfische) Zu den Rundmäulern gehören die Neunaugen, zu den Knorpelfischen Haie und Rochen. Die größte Gruppe stellen die Knochenfische dar.

LURCHE (Amphibien)
Lurche leben an Land oder im Wasser; zur Eiablage kehren alle ins Wasser zurück. Molche, Salamander, Frösche und Kröten sind Lurche.

KRIECHTIERE (Reptilien)
Kriechtiere haben eine schuppige Haut. Fast alle legen Eier. Zu den Kriechtieren gehören Eidechsen, Schlangen, Schildkröten und Krokodile.

VÖGEL
Alle Vögel haben Federn, Flügel und einen Schnabel, aber keine Zähne. Fast alle können fliegen.

SÄUGETIERE
Die Weibchen ernähren ihre Jungen mit Milch. Die meisten Säugetiere haben Haare oder Fell.

FORTPFLANZUNG DER TIERE

Die wichtigste Aufgabe von Tieren ist die Fortpflanzung. Nur so wird die Art erhalten. Einige Tiere pflanzen sich ohne Geschlechtsakt fort (ungeschlechtliche Fortpflanzung), die meisten mit einem Partner des anderen Geschlechts (geschlechtliche Fortpflanzung).

UNGESCHLECHTLICHE FORTPFLANZUNG
Einige Organismen, z.B. Polypen, vermehren sich durch Knospenbildung: Ein Teil des Körpers wird abgeschnürt und lebt als neues Lebewesen weiter.

GESCHLECHTLICHE FORTPFLANZUNG
Die meisten Tiere pflanzen sich geschlechtlich fort: Eine männliche Geschlechtszelle (Spermium) verschmilzt dabei mit einer weiblichen Geschlechtszelle (Eizelle). So wächst ein neues Lebewesen heran.

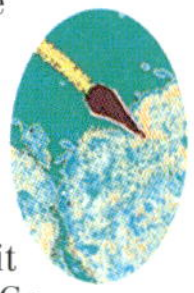

LEBENSALTER VON TIEREN
Das Lebensalter der einzelnen Tierarten weicht stark voneinander ab, von wenigen Tagen bei manchen Insekten bis zu 200 Jahren bei Riesenmuscheln.

Die Herzen von Elefanten und Spitzmäusen schlagen während ihres Lebens etwa gleich oft. Da die Spitzmaus eine viel kürzere Lebenserwartung hat, schlägt ihr Herz also schneller.

LEBENDE SPEISEKAMMER
Das Weibchen der Wegwespe Pepsis lähmt eine Tarantel mit ihrem Giftstachel. Sie beißt ihr die Beine ab, schleppt den Körper in einen unterirdischen Bau und legt ein Ei darauf ab. Schlüpft die Larve aus, ernährt sich diese von der Tarantel.

SCHON GEWUSST?
Nur etwa 0,3% aller Tierarten gehören zu den Säugetieren und nur 0,7% zu den Vögeln. Insekten und Würmer stellen die Mehrzahl aller auf der Erde lebenden Tierarten.

Ein großer Heuschreckenschwarm frisst täglich 80 000 t Nahrung; das entspricht der Menge an Nahrung, die 35 000 amerikanische Familien im Jahr benötigen.

NAHRUNGSAUFNAHME
Manche Tiere sind auf bestimmte Nahrung spezialisiert, andere können fast alles fressen. Bei Säugetieren lässt sich an der Form des Gebisses ablesen, an welche Nahrung sie jeweils angepasst sind.

Schädel eines Mungos

FLEISCHFRESSER *Scharfe Zähne, um Fleisch zu zerreißen.*

Schädel einer Gazelle

PFLANZENFRESSER *Flache Backenzähne zum Zermahlen von Pflanzen.*

Schädel eines Haarigels

INSEKTENFRESSER *Scharfe, spitze Zähne, um Beutetiere aufzuknacken.*

Schädel eines Affen

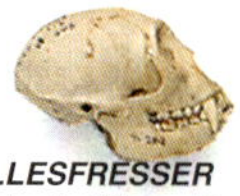

ALLESFRESSER *Scharfe Zähne für Fleisch und Mahlzähne für Pflanzen.*

TIERGRUPPEN
Falken leben in Paaren zusammen.
Löwen leben in Rudeln.
Katzen leben allein oder in Familiengruppen.
Füchse bilden Familien aus einem Männchen und mehreren Weibchen.
Nashörner sind Einzelgänger.
Delfine leben in großen Schulen.

WIRBELLOSE TIERE

Die überwiegende Mehrzahl aller Tiere gehört zu den Wirbellosen Tieren oder Wirbellosen. Sie haben weder eine Wirbelsäule noch überhaupt Knochen. Insekten, Spinnen, Krebse, Würmer, Quallen und Korallen gehören zu den Wirbellosen Tieren. Viele Wirbellose Tiere sind winzig klein, andere jedoch, wie der Riesenkalmar oder die Japanische Seespinne, können größer werden als Menschen.

WIRBELLOSE TIERE

Man kennt mehr als eine Million Arten von Wirbellosen Tieren, die in rund 30 Stämme untergliedert werden. Einige der größten und wichtigsten Stämme sind hier dargestellt.

Schwämme
9000 Arten

Nesseltiere
9 500 Arten

Plattwürmer
15000 Arten

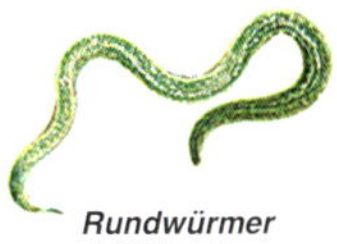

Rundwürmer
20000 Arten

Weichtiere
51000 Arten

Ringelwürmer
10000–18600 Arten

Gliederfüßer
1 092 000 Arten

Stachelhäuter
6000 Arten

BAU EINES WIRBELLOSEN TIERES

Manche Wirbellose Tiere sind sehr einfach gebaut und so winzig, dass sie nur unter dem Mikroskop sichtbar sind. Andere, wie die Kraken, wachsen zu kompliziert gebauten, intelligenten Tieren heran. Allen Wirbellosen Tieren fehlt ein Innenskelett. Ihre Körperform wird entweder durch eine stabile Außenhaut (das so genannte Außenskelett) aufrecht erhalten oder durch Körperflüssigkeit, die von innen gegen die Haut drückt.

Regenwürmer sind zweigeschlechtlich, d. h. ein und derselbe Wurm ist sowohl männlich als auch weiblich.

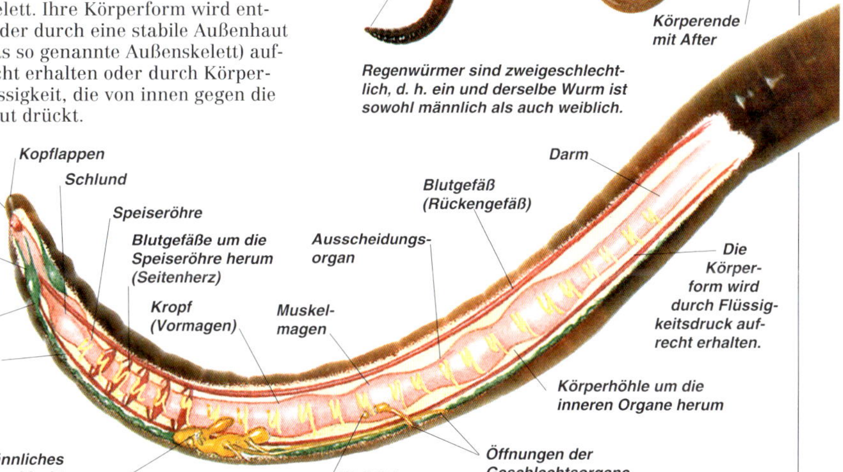

WACHSTUM UND ENTWICKLUNG

Die meisten Arten der Wirbellosen Tiere legen Eier, z.B. Seesterne. Aus ihnen bildet sich in mehreren Entwicklungsstufen neues Leben. Die Eier werden zu Larven, die im Lauf der Zeit das Aussehen ihrer Art annehmen. Andere Arten, z.B. Schnecken, legen Eier, aus denen fertig ausgebildete Junge schlüpfen.

LEBENSZYKLUS EINER QUALLE

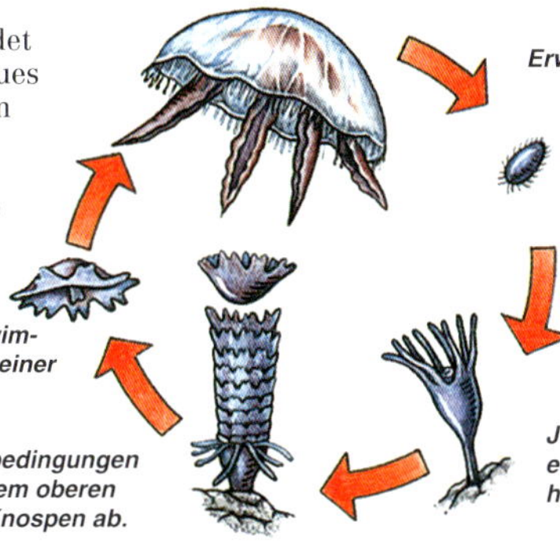

BANDWURMMASS

Der Schweinebandwurm kann im menschlichen Darm länger als 7 m werden; das entspricht der Größe von vier Erwachsenen. Ein Bandwurm besteht aus 1 500 Segmenten; jedes einzelne enthält 80 000 Bandwurm-Embryos. Gelingt es einem Bandwurm, in den Blutkreislauf einzudringen, kann ein Mensch daran sterben.

SCHON GEWUSST?

Von Rundwürmern sind bis jetzt 20 000 Arten bekannt.

Der Riesenregenwurm lebt in Australien und kann bis zu 3 m lang werden.

Früher wurden Blutegel zum Aderlass verwendet.

STACHELHÄUTER

Zu den Stachelhäutern gehören Seesterne, Seeigel und Seegurken (Seewalzen). Ihr Körper besteht aus fünf gleichartigen Teilen, die an einem Mittelpunkt zusammenstoßen. Dort sitzt auch der Mund mit den kräftigen Beißwerkzeugen. Stachelhäuter bewegen sich auf winzigen, röhrenartigen Saugfüßchen.

In den Spitzen der Arme von Seesternen liegen Lichtsinnesorgane. Mit ihrer Hilfe finden Seesterne dunkle Höhlen als Verstecke.

GLIEDERFÜSSER

Gliederfüßer bilden die größte Gruppe der Wirbellosen Tiere. Zu den Gliederfüßern gehören Pfeilschwanzkrebse, Spinnentiere, Krebstiere, Tausendfüßer und Insekten. Sie alle besitzen ein festes Außenskelett aus Chitin, gelenkartig verbundene Glieder und ein einfaches Nervensystem längs des Körpers.

Der Riesenläufer ist der größte aller Tausendfüßer. Er wird knapp 30 cm lang.

PLANKTON

Plankton nennt man die im freien Wasser schwebenden Lebewesen. Unter ihnen sind winzige Pflanzen (Phytoplankton) und winzige Tiere (Zooplankton). Zum Zooplankton zählen z.B. die Larven von Seesternen, Krabben und Polypen.

Zooplankton

WISSENSWERTES

Die Gelbe Haarqualle erreicht einen Durchmesser von mehr als 2 m, und ihre Tentakeln werden fast 37 m lang.

Die Schale der Riesenmuschel kann eine Länge von 1,35 m erreichen.

WEICHTIERE

Die Weichtiere bilden die zweitgrößte Gruppe aller Tiere auf der Erde. Von der winzigsten Schnecke bis zu den Riesenkalmaren (so groß wie ein Pottwal) sind alle Größen vertreten. Weichtiere kommen weltweit in Meeren, in Binnengewässern und auf dem Land vor.

WEICHTIERE

Wir kennen mehr als 50 000 Arten von Weichtieren. Man untergliedert sie in sieben Klassen.

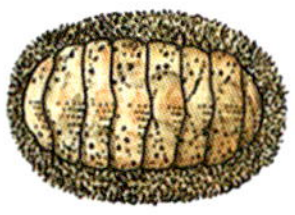

Käferschnecken
Sie haben einen festen Panzer.
500 Arten

Wurmweichtiere
Wurmähnliche Meerestiere ohne Schale
5 540 Arten

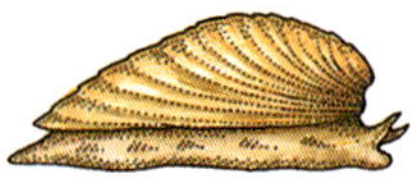

Einschaler
Tiefseetiere; weit verbreitet in der Urzeit
10 Arten

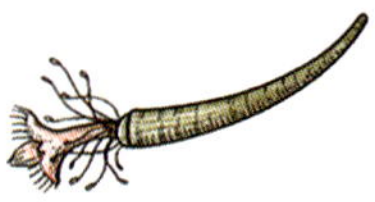

Kahnfüßer
Meeresbewohner
350 Arten

Schnecken
Salzwasser-, Süßwasser- oder Landbewohner
85 000 Arten

Muscheln
Süß- und Salzwasserbewohner mit zweiklappiger Schale
8 000 Arten

Kopffüßer (Tintenfische)
Ausschließlich Bewohner der Meere
600 Arten

BAU EINES WEICHTIERES

Ein typisches Weichtier hat einen weichen Körper, der in einen Kopf, einen Fuß und einen Eingeweidesack (darin liegen die wichtigsten Körperorgane) gegliedert ist. Oberhalb des Eingeweidesacks liegt eine Hautfalte, der Mantel. Er bildet das feste Gehäuse bzw. die Schale.

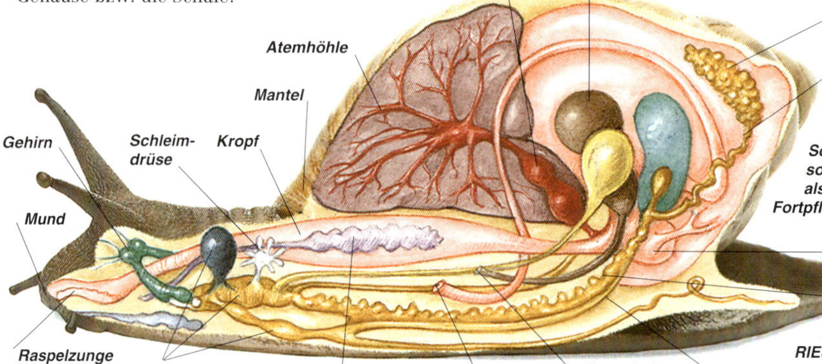

Schnecken haben sowohl männliche als auch weibliche Fortpflanzungsorgane.

AFRIKANISCHE RIESENSCHNECKE

LEBENSZYKLUS

Die meisten Weichtiere legen Eier. Bei vielen Meeresbewohnern entwickeln sich daraus winzige Larven. Aus den Eiern anderer Weichtiere, etwa den Schnecken, schlüpfen fertige Junge.

LEBENSZYKLUS EINER AUSTER

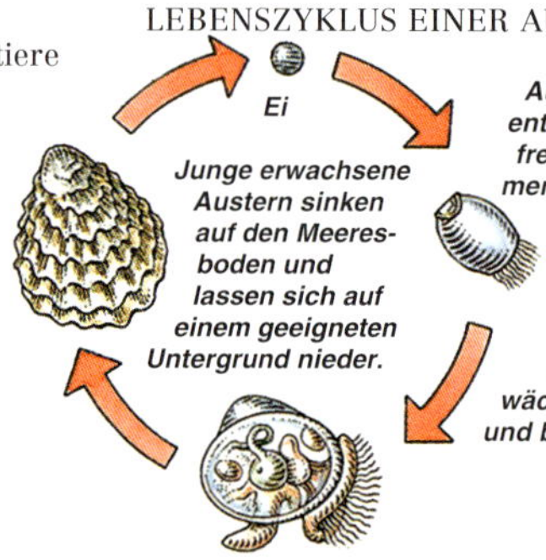

ERNÄHRUNG

Muscheln sind Strudler und Filtrierer. Sie leben von winzigen, im Wasser schwimmenden Organismen. Die meisten anderen Weichtiere besitzen eine mit Zähnchen besetzte Zunge (Radula). Damit raspeln sie Nahrung in ihren Mund.

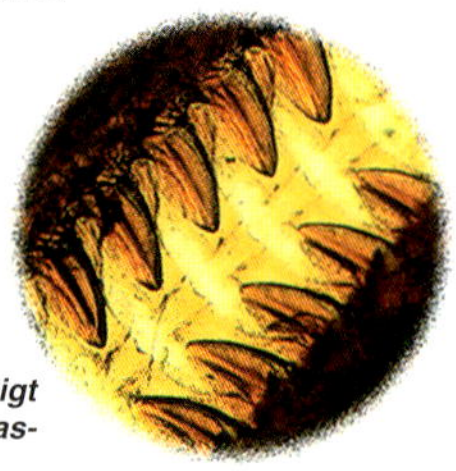

Diese Vergrößerung einer Schneckenradula zeigt Reihen von Raspelzähnchen.

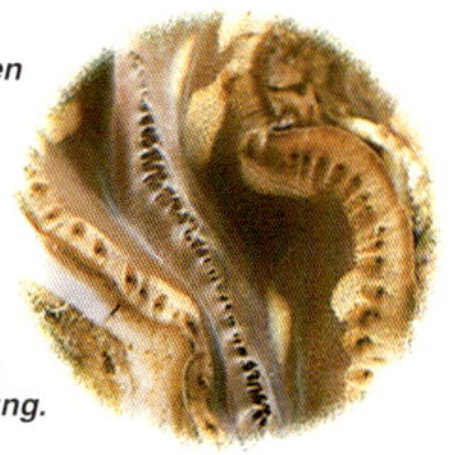

Mit den Kiemen filtriert die Riesenmuschel feine Nahrungspartikel aus dem Wasser. Die Kiemen dienen außerdem der Atmung.

SCHON GEWUSST?

Die Riesenmuschel erreicht das höchste Alter aller Tiere. Sie kann älter als 200 Jahre werden.

Größere Krakenarten erreichen mit ausgestreckten Armen eine Länge von 9 m.

Der Schleim, den Schnecken ausscheiden, ist so dicht, dass sie auf der Schnittfläche einer Rasierklinge kriechen können, ohne sich zu verletzen.

Die Zähnchen auf der Zunge von Napfschnecken sind so stark, dass sie beim Grasen Spuren auf Felsen hinterlassen.

BEWEGUNGSFORMEN

Einige Weichtiere, wie bestimmte Muscheln, verankern sich fest am Untergrund. Die meisten sind jedoch beweglich und können so nach Nahrung suchen oder vor Angreifern fliehen.

MUSCHELN

Einige Muscheln, z.B. die Pilgermuschel, bewegen sich fort, indem sie Wasser einsaugen und wieder ausstoßen. Durch den so entstehenden Rückstoß werden die Muscheln vorwärts getrieben.

SCHNECKEN

Eine Welle von Muskelbewegungen, beginnend am Hinterende des Fußes, setzt sich bis zum Vorderende fort. Durch diese Wellenbewegung kriecht die Schnecke langsam vorwärts.

Schnecken und Nacktschnecken scheiden den Schleim aus. Darauf gleiten sie leicht voran.

Diese Euglandina-Schnecke ist das schnellste landlebende Weichtier.

KOPFFÜSSER (TINTENFISCHE)

Kopffüßer, z.B. Kalmare, ziehen zur Fortbewegung ihre Mantelhöhle zusammen und pressen das Wasser heraus. Wie eine Rakete schießen sie dann davon. Mit Hilfe ihrer Flossensäume können sie auch langsam schwimmen.

Kalmare erreichen Geschwindigkeiten von 40 km/h.

SPITZENLEISTUNG

Kraken sind intelligente, lernfähige Tiere. Ein Krake im Londoner Zoo hat gelernt, den Schraubdeckel einer Dose mit seinen Fangarmen zu öffnen und die Krabben darin zu verspeisen.

QUERSCHNITT DURCH DEN MANTEL EINES KALMARS

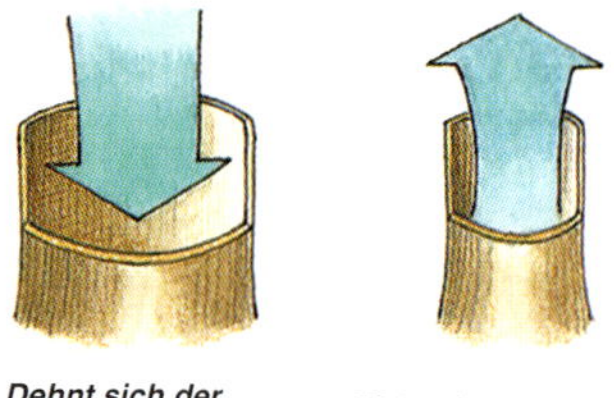

Dehnt sich der Mantel aus, strömt Wasser ein.

Zieht sich der Mantel zusammen, wird das Wasser hinausgepresst, und der Rückstoß treibt den Kraken voran.

ABWEHR UND ANGRIFF

Weichtiere haben besondere Methoden entwickelt, um sich vor Feinden zu schützen. Viele Fleisch fressende Weichtiere sind sehr erfolgreiche Räuber.

NESSELKAPSELN

Manche Meeresschnecken fressen Quallen. Sie verschlucken deren giftige Nesselkapseln und lagern diese zum Schutz vor Feinden in ihrem Rücken ab.

GIFTIGE HARPUNEN

Kegelschnecken besitzen auf ihrer Radula lange Zähnchen mit Widerhaken. Beim Angriff schlagen sie diese giftigen Zähnchen wie eine Harpune in ihr Beutetier. Dann können sie ihr aufgespießtes Opfer in Ruhe verspeisen.

TINTE

Kraken, Kalmare und Tintenfische verspritzen bei Gefahr eine dichte Wolke aus Tinte. Hinter dieser dunklen Tarnung können sie sich verstecken und fliehen. Der Tiefseekalmar Heteroteuthis verspritzt eine Wolke von Leuchtbakterien und verwirrt damit seine Feinde.

Ein Kalmar verspritzt Tinte aus seinem Tintenbeutel.

SICHERE GEHÄUSE

Viele Weichtiere, z.B. Schnecken und Muscheln, ziehen sich bei drohender Gefahr in ihre stabile Schale zurück.

WISSENSWERTES

Früher stellte man aus der Tinte der Tintenfische die Farbe »Sepia« her.

Es gibt eine Reihe von Kegelschnecken, deren Gift einen Menschen töten kann.

Die Steckmuschel aus dem Mittelmeer verankert sich mit festen braungoldenen Fäden am Meeresboden. Früher fertigte man aus diesen Fäden »golddurchwirkte« Kleidung.

FARBWECHSEL

Kraken, Kalmare und Tintenfische können die Farbe ihres Körpers innerhalb weniger Sekunden der Umgebung anpassen. Mit Farbsignalen zeigen sie auch ihre Stimmung an: Männliche Tintenfische werden schwarz vor Ärger; Kraken färben sich weiß vor Angst und blau in Kampfstimmung.

Ein Tintenfisch mit braun und weiß gefleckter Zeichnung

Derselbe Tintenfisch hat sich rot verfärbt. Wahrscheinlich gibt er seinen Artgenossen damit ein Zeichen.

WEICHTIERGEHÄUSE

Die Schalen bzw. Gehäuse von Weichtieren bestehen aus Schichten von Calciumcarbonat. Sie werden vom Mantel ausgeschieden und wachsen mit dem Tier mit. Schalen bzw. Gehäuse gibt es in einer schier unermesslichen Vielfalt von Formen, Größen, Mustern und Farben.

Pazifische Stachelauster

Nautilus ist der einzige Kopffüßer mit einem echten äußeren Gehäuse.

Brandhornschnecke

Pilgermuschel

Napfschnecke

Schraubenschnecke

Westafrikanische Schnecken

Herzmuscheln

Elefantenzahn (Kahnfüßer)

Landschnecken aus Kuba

Seeohrschnecke

WIE PERLEN ENTSTEHEN

In den Schalen mancher Weichtiere können sich Perlen bilden. Schmuckperlen aus Austern sind besonders wertvoll.

1. Ein winziges Sandkorn oder ein Schmarotzer gerät in die Auster. Die Muschel reagiert auf den Fremdkörper.

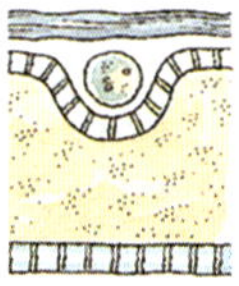

2. Sie scheidet Perlmutt ab (daraus besteht auch die Schale) und umhüllt das störende Korn damit.

3. Die Perle löst sich von der Schale, der Fremdkörper ist vollständig eingeschlossen.

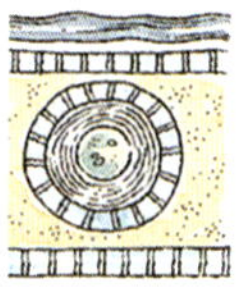

RIESENAUGEN

Der Atlantische Riesenkalmar besitzt die größten Augen aller Lebewesen. Jedes hat einen Durchmesser von mehr als 40 cm.

SCHON GEWUSST?

Das größte Weichtier und damit gleichzeitig das größte Wirbellose Tier ist der Atlantische Riesenkalmar. Er kann 20 m lang werden.

Die größte Muschel ist die Riesenmuschel, die mehr als 300 kg wiegen kann, so viel wie drei schwere Menschen.

Das kleinste Weichtier ist die Schnecke Ammonicera, die nur 1 mm lang wird.

Das größte jemals entdeckte Gehäuse gehörte einem urzeitlichen Kopffüßer; es ist 5 m lang.

Die größte Landschnecke lebt in Afrika. Sie misst von den Fühlern bis zum Körperende 39 cm.

Die Schnecke Euglandina hätte etwa eine Minute gebraucht, um über diese beiden Seiten zu kriechen.

INSEKTEN

Die Insekten stellen weltweit mehr Arten als alle anderen Tiergruppen zusammen. Ihre geschätzte Individuenzahl ist so groß, dass auf jeden Menschen auf der Erde rund 200 Mio. Insekten kommen. Sie haben jeden Lebensraum erobert, selbst eisige Polarregionen, Wüsten und sogar Benzinpfützen.

ANTEIL DER INSEKTEN

Der Kreis stellt die Gesamtzahl aller Tierarten auf der Erde dar. Die Anteile einzelner Tiergruppen sind farbig markiert.

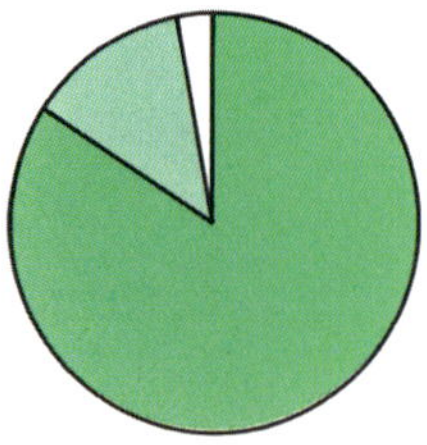

BAU EINES INSEKTS

Alle Insekten besitzen drei Körperabschnitte: Kopf, Brust und Hinterleib. Ihre sechs gegliederten Beine sitzen paarweise an den drei Brustsegmenten. Sie haben ein stabiles Außenskelett aus Chitin. Die meisten Insekten besitzen vier Flügel (Ausnahme: Flügellose Insekten und Zweiflügler).

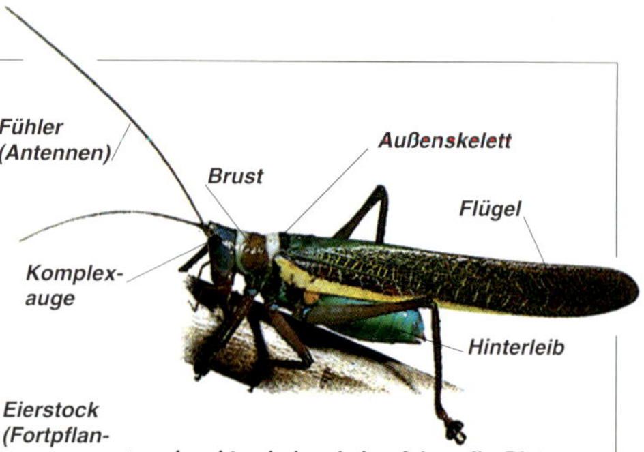

Insekten haben keine Adern. Ihr Blut strömt frei durch den Körper.

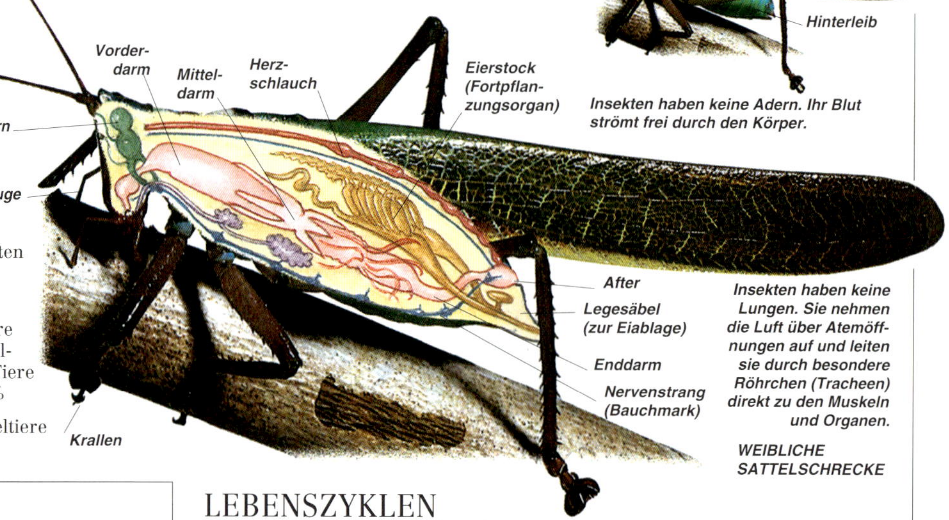

Insekten haben keine Lungen. Sie nehmen die Luft über Atemöffnungen auf und leiten sie durch besondere Röhrchen (Tracheen) direkt zu den Muskeln und Organen.

WEIBLICHE SATTELSCHRECKE

VERSCHIEDENE INSEKTEN

Wir kennen mehr als eine Million Insektenarten, rund 30 Mio. weitere Arten dürften noch auf ihre Entdeckung warten. Man teilt sie in 32 Ordnungen ein. Die wichtigsten sind hier dargestellt.

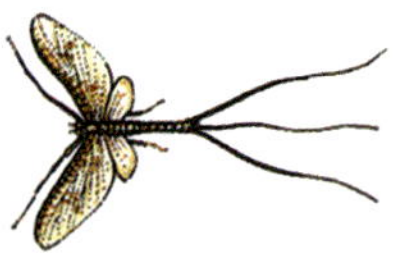
Eintagsfliegen
2 000 Arten

Libellen
5 000 Arten

Heuschrecken
20 000 Arten

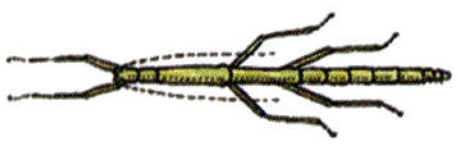
Gespenstschrecken
2 500 Arten

Ohrwürmer
1 500 Arten

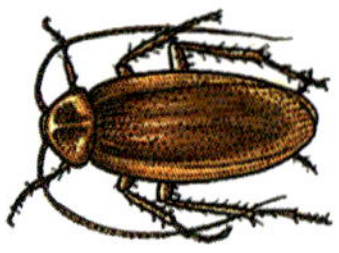
Schaben
3 700 Arten

Fangheuschrecken
1 800 Arten

Termiten
2 300 Arten

Kieferläuse
2 700 Arten

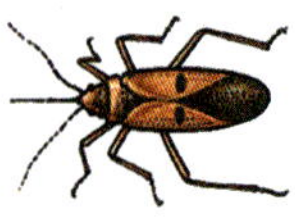
Schnabelkerfen
82 000 Arten

Käfer
300 000 Arten

Hautflügler
110 000 Arten

Schmetterlinge
136 800 Arten

Zweiflügler
98 500 Arten

Flöhe
1 800 Arten

LEBENSZYKLEN

Jedes Insekt durchläuft während seines Lebens mehrere Stadien; diese Entwicklung wird auch »Metamorphose« genannt.

VOLLSTÄNDIGE ENTWICKLUNG DES SCHMETTERLINGS

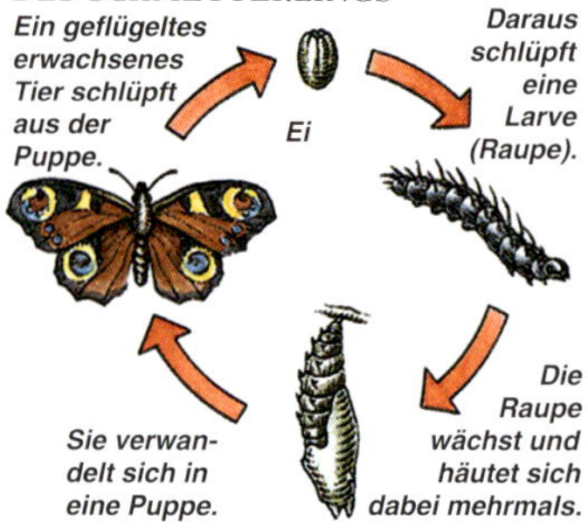

UNVOLLSTÄNDIGE ENTWICKLUNG EINER HEUSCHRECKE

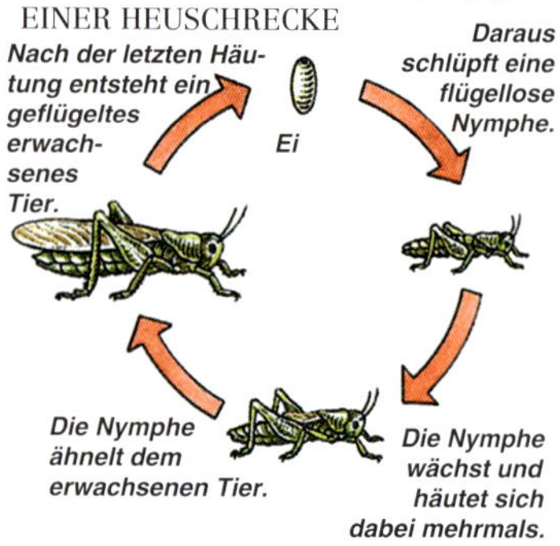

HÄUTUNG

Da die feste Außenhaut eines Insekts nicht mitwächst, muss sich ein Insekt mehrmals im Leben häuten. Es wirft die alte Haut ab und bekommt eine neue, größere Außenhaut. Die Bildfolge unten zeigt die letzte Häutung einer Kleinlibelle, in der sich die Nymphe (Jugendstadium) zum erwachsenen Tier verwandelt.

Die Larven der Kleinlibellen leben im Wasser. Kurz vor dem Erwachsenenstadium klettern sie aus dem Wasser.

Die alte Außenhaut ist am Rücken aufgerissen; der Kopf des erwachsenen Tieres schaut schon heraus.

Die Libelle hält sich am Pflanzenstängel fest und zieht sich mit eigener Kraft aus der alten Hülle heraus.

Zwei Stunden, nachdem die Nymphe das Wasser verlassen hat, hat sie sich in eine erwachsene Kleinlibelle verwandelt. Die alte Hülle bleibt auf der Pflanze zurück.

Es dauert noch einige Tage, dann ist die Kleinlibelle genauso schillernd gefärbt wie alle erwachsenen Tiere.

WISSENSWERTES

Würde man alle Tiere der Erde wiegen, machten die Ameisen 10% des Gesamtgewichts aus.

Termitenköniginnen legen 14 Jahre lang jede Sekunde ein Ei. Eine einzige Königin ist daher Mutter von 440 000 000 Termitenkindern.

Für einen einzigen Esslöffel Honig muss eine Biene 4 000 Blüten besuchen.

INSEKTENFLÜGEL
Mit Hilfe ihrer Flügel können Insekten vor Feinden fliehen, aber auch neue Nahrungsquellen erschließen.

Flügel eines Nachtschmetterlings

Flügel einer Libelle

Vorderflügel eines Käfers

INSEKTENAUGEN
Das Komplexauge eines Insektes besteht aus Hunderten von Einzelaugen.

Libellen haben die größten Augen aller Insekten.

SCHON GEWUSST?
Zikaden sind die lautesten Insekten. Sie sind noch in einer Entfernung von 400 m zu hören.

Libellen sind die schnellsten Flieger. Man hat schon Geschwindigkeiten von mehr als 50 km/h gemessen.

Die Amerikanische Küchenschabe ist der Schnelläufer unter den Insekten. Sie erreicht 5 km/h.

VERTEIDIGUNG UND ANGRIFF

Insekten haben vielerlei Möglichkeiten, um sich gegen Fressfeinde zu verteidigen. Dazu gehören Tarnung, wehrhafte Stacheln und das Verspritzen giftiger Chemikalien. Vielfach dienen dieselben Mittel auch dazu, Beutetiere zu überwältigen.

TARNUNG
Viele Insekten sind so perfekt getarnt, dass sie für einen Fressfeind fast unsichtbar sind. Dieses Wandelnde Blatt – es lebt auf der Insel Java – sieht dank seiner grünen Farbe, den Löchern und braunen Flecken genauso aus wie ein absterbendes Blatt.

Nachahmung einer Blattmittelrippe

Nachahmung von Blattadern

Die Orchideen-Fangschrecke lauert, gut getarnt als Orchideenblüte, auf Beute.

Rollt das Insekt seinen Körper ein, wird die Tarnung als Blatt perfekt.

Echtes Blatt

Lässt sich das Wandelnde Blatt auf einem Zweig nieder, ist es von den Blättern in seiner direkten Umgebung kaum zu unterscheiden.

CHEMISCHE STOFFE
Ameisen spritzen eine brennende Flüssigkeit (Ameisensäure) aus dem Hinterleib auf ihre Feinde.

STACHELN
Wespen und Bienen verteidigen sich mit schmerzhaften Stichen ihrer Stacheln.

MIMIKRY
Die Färbung dieser harmlosen Schwebfliege ähnelt den warnenden Streifen einer Wespe. Davon lassen sich Feinde abschrecken.

GRÖSSE VON INSEKTEN
Die Größe von Insekten reicht von winzigen Wespen, kaum größer als der Punkt am Satzende, bis zu Käfern von der Größe einer menschlichen Hand. (Die Insekten unten sind nicht in ihrer natürlichen Größe abgebildet.)

Das kleinste Insekt ist die Zwergwespe. Sie wird nur 0,2 mm lang.

Die schwersten Insekten sind die Goliathkäfer, die rund 110 g schwer werden können, etwa so schwer wie ein Apfel.

Das längste Insekt ist die Gespenstschrecke Pharnacia serratipes. Sie kann von Fußspitze zu Fußspitze 45 cm lang werden.

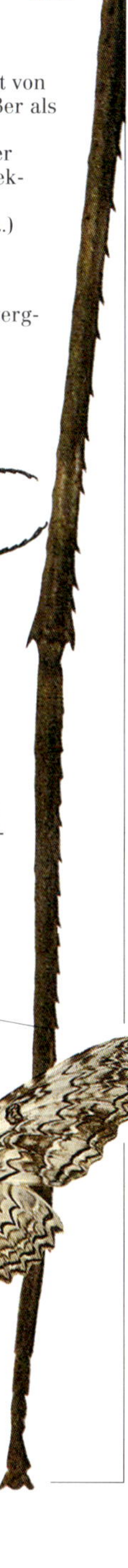

Das Bein der riesigen Gespenstschrecke in natürlicher Größe.

Die größte Flügelspannweite (30 cm) hat der Eulenfalter Thysania agrippina.

INSEKTENBAUTEN
Bienen, Wespen, Termiten und Ameisen legen als einzige Insekten dauerhafte Bauten an. Je nach Art gibt es einfache Erdlöcher (manche Wespen) bis hin zu innen kompliziert aufgebauten Hügeln von 12 m Höhe (Termiten).

Die afrikanischen Termiten der Gattung Cubitermes legen solche Bauten mit regenschirmartigen Dächern an. Daran läuft das Wasser gut ab.

Wespen bauen Nester aus zerkauten Holzfasern.

Wespennester und Bienenstöcke sind innen in Waben untergliedert. In jeder Zelle dieser Waben lebt eine Larve.

RIESENLIBELLE
Das größte Insekt aller Zeiten stammt aus der Urzeit. Diese ausgestorbene Riesenlibelle hatte eine Flügelspannweite von 75 cm (wie ein Turmfalke).

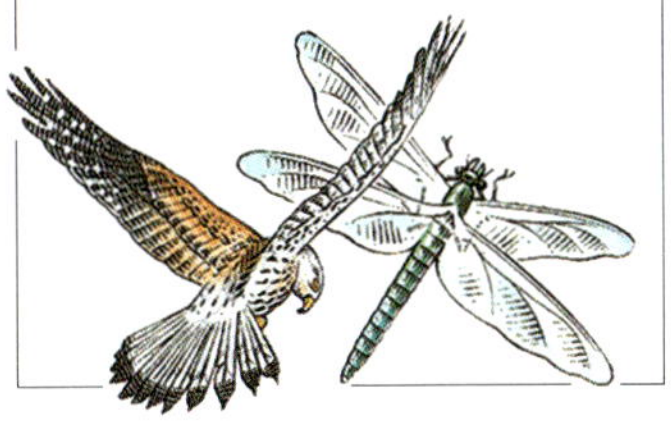

NÜTZLICHE INSEKTEN

BIENEN
Bienen sind wichtige Bestäuber vieler Nutzpflanzen. Sie stellen Honig und Bienenwachs her.

SEIDENSPINNER
Seide wird aus den Kokons (Hüllen) von Seidenspinnern hergestellt. Aus jedem Kokon lässt sich ein 1 km langer Seidenfaden gewinnen.

KOTKÄFER
Kotkäfer wurden nach Australien eingeführt, um die Kuhfladen der unzähligen Rinder aufzufressen.

SCHÄDLICHE INSEKTEN

FLÖHE
Die Pest wurde durch Rattenflöhe übertragen, die auf die Menschen übergingen.

KÖRPERLÄUSE
Läuse sind Blut saugende Insekten, die Krankheiten übertragen können.

KILLERBIENEN
Eine aggressive Form afrikanischer Honigbienen greift Menschen an, ohne bedroht zu werden. Inzwischen starben mehr als 300 Menschen an den Folgen dieser Stiche.

SPINNENTIERE

Zur Gruppe der Spinnentiere gehören Skorpione, Webspinnen, Weberknechte und Milben. Spinnentiere besiedeln fast alle Lebensräume der Erde, doch sie leben überwiegend an Land. Sogar auf dem Mount Everest hat man eine Spinnenart gefunden.

BAU EINES SPINNENTIERES

Alle Spinnentiere haben acht Beine, und ihr Körper ist in Kopfbrust und Hinterleib gegliedert. Am Kopf können große Kiefertaster und Kieferklauen sitzen, mit denen die Tiere ihre Umgebung ertasten und ihre Nahrung bearbeiten.

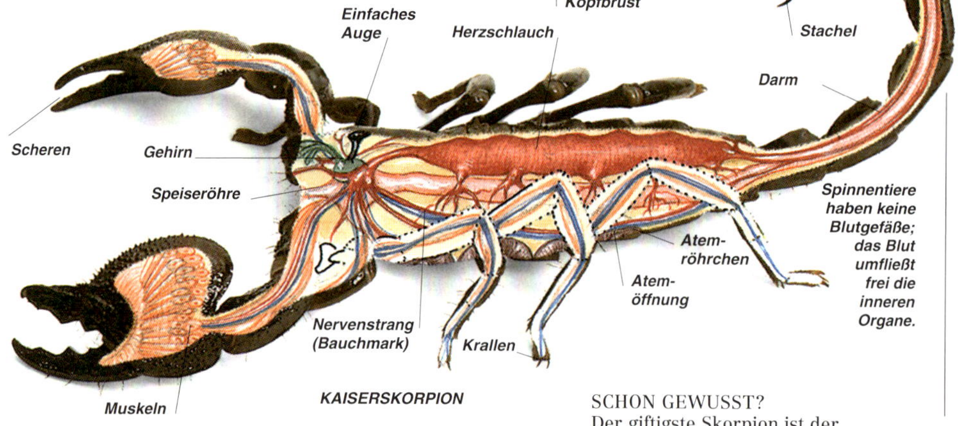

KAISERSKORPION

VERSCHIEDENE SPINNEN

Man kennt mehr als 73 000 Arten von Spinnentieren, die in 10 Ordnungen untergliedert werden. Sechs davon sind hier gezeigt.

SCHON GEWUSST?

Der giftigste Skorpion ist der israelische Goldskorpion.

Das größte Netz spinnt die tropische Haubennetzspinne Nephila. Es misst bis zu 3 m im Durchmesser.

An den Stichen von Bienen sterben mehr Menschen als an den Bissen und Stichen aller giftigen Spinnentiere zusammen.

Die größte Spinne ist die Leblondis Vogelspinne. Sie misst von Fußspitze zu Fußspitze 28 cm und würde einen Teller bedecken.

Auf einer Fläche von rund 4 000 m² (auf dem Land) leben mehr als 2 Mio. Spinnen.

LEBENSZYKLUS

Die meisten Spinnentiere legen Eier. Daraus schlüpfen Junge, die schon den erwachsenen Tieren ähneln. Bis sie ihre endgültige Größe erreicht haben, müssen sie sich mehrfach häuten. Manche Milben leben nur wenige Wochen, größere Spinnenarten dagegen erreichen ein Alter von 30 Jahren.

LEBENSZYKLUS EINER SPINNE

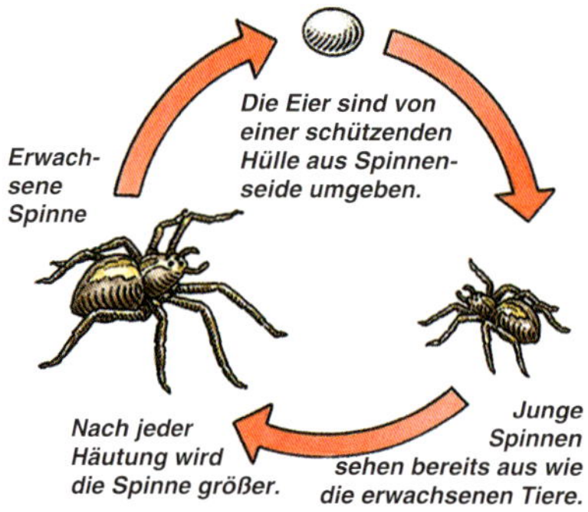

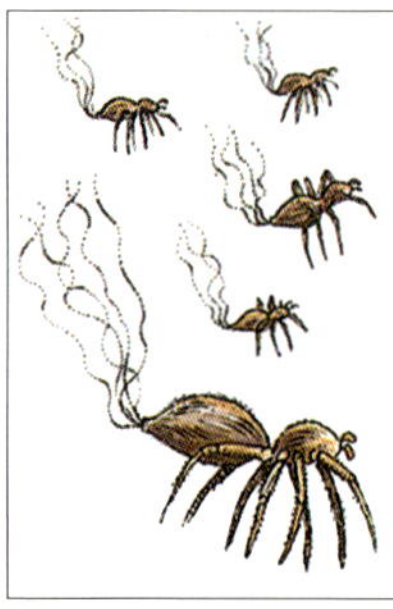

SPINNENFALLSCHIRME

Kleine Spinnen können sich wie an einem Fallschirm durch die Luft treiben lassen. Dabei legen sie in einer Höhe von mehr als 3 000 m Strecken von bis zu 2 000 km zurück. Sie spinnen Seidenfäden aus ihrem Hinterleib, die vom Wind erfasst werden.

NETZWERFENDE SPINNEN

Sie spinnen ein klebriges Netz, das sie zwischen ihren Vorderbeinen aufspannen. Kommt ein Insekt vorbei, fangen sie es mit diesem Netz ein.

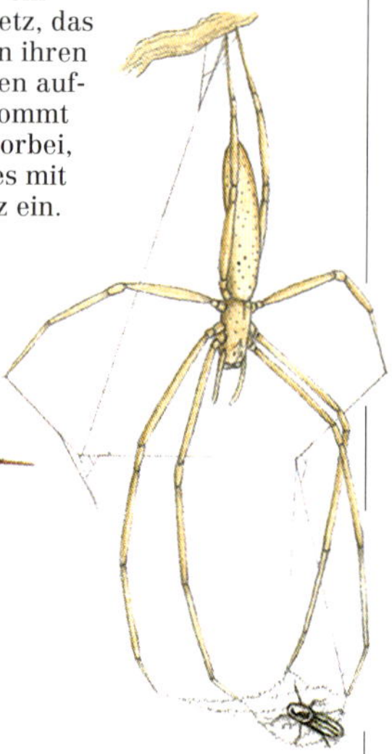

SPINNENANGRIFFE

Alle Spinnen sind Fleischfresser. Sie ernähren sich vorwiegend von Insekten und von anderen Spinnen. Spinnen sind ausgezeichnete Jäger und haben eine Vielzahl einfallsreicher Fangtechniken entwickelt. Haben sie ein Opfer erbeutet, lähmen sie es mit Gift und spinnen es als Vorrat in Seidenfäden ein.

Radnetzspinnen weben ein kompliziertes Netz aus Seidenfäden, um ihre Beute zu fangen.

FALLTÜRSPINNEN

Falltürspinnen leben in einem unterirdischen Bau. Sie verschließen ihn mit einer beweglichen Klappe aus Seidenfäden. Kommt ein Insekt vorbei, klappen sie die Tür blitzschnell auf und packen ihre Beute.

LASSOSPINNEN

Lassospinnen erzeugen einen Duft, der Nachtschmetterlinge anlockt. Mit einem Seidenfaden zielen sie auf ihre Beute. Am Ende des Fadens sitzt ein klebriger Tropfen. Folgt ein Nachtschmetterling dem Duft, wird er mit diesem Lasso eingefangen und klebt fest.

SPRINGSPINNEN

Springspinnen haben kurze, kräftige Beine und springen 40-mal weiter als ihre Körperlänge ist. Vor dem Absprung auf die Beute verankern sie sich mit einem Seidenfaden am Untergrund.

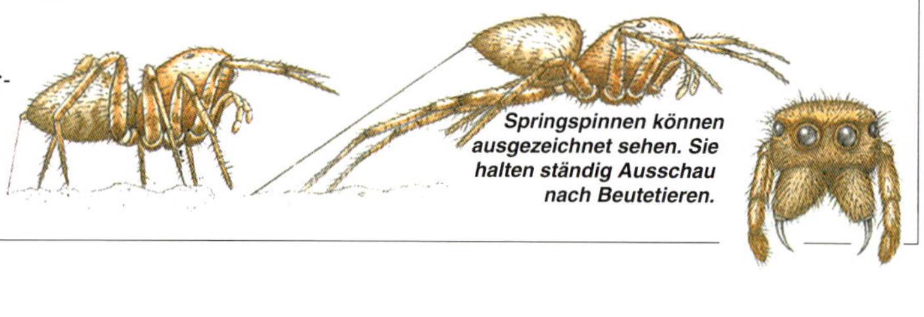

Springspinnen können ausgezeichnet sehen. Sie halten ständig Ausschau nach Beutetieren.

KREBSTIERE

Die Größe der Krebstiere schwankt von winzigen Wasserflöhen, die mit bloßem Auge kaum zu erkennen sind, bis zu den riesigen Seespinnen, deren Beine länger als ein Mensch sein können. Die meisten Krebstiere leben im Wasser. Man findet sie auf der ganzen Erde, in Flüssen, an Meeresküsten und selbst auf dem Boden der tiefsten Ozeane.

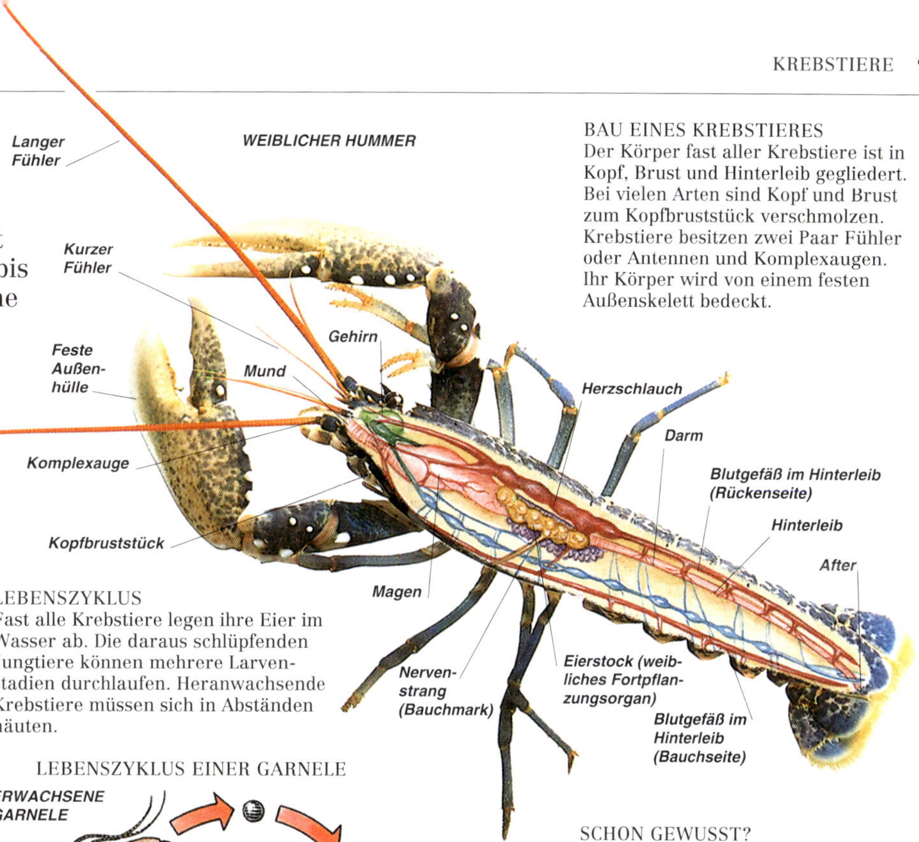

BAU EINES KREBSTIERES

Der Körper fast aller Krebstiere ist in Kopf, Brust und Hinterleib gegliedert. Bei vielen Arten sind Kopf und Brust zum Kopfbruststück verschmolzen. Krebstiere besitzen zwei Paar Fühler oder Antennen und Komplexaugen. Ihr Körper wird von einem festen Außenskelett bedeckt.

VERSCHIEDENE KREBSTIERE

Es gibt mehr als 55 000 Arten von Krebstieren. Sie werden in acht Klassen untergliedert, dazu gehören die vier hier abgebildeten Klassen.

Blattfußkrebse
1 000 Arten

Ruderfußkrebse (Hüpferlinge)
13 000 Arten

Rankenfüßer
1 220 Arten

Höhere Krebse
30 000 Arten

LEBENSZYKLUS

Fast alle Krebstiere legen ihre Eier im Wasser ab. Die daraus schlüpfenden Jungtiere können mehrere Larvenstadien durchlaufen. Heranwachsende Krebstiere müssen sich in Abständen häuten.

LEBENSZYKLUS EINER GARNELE

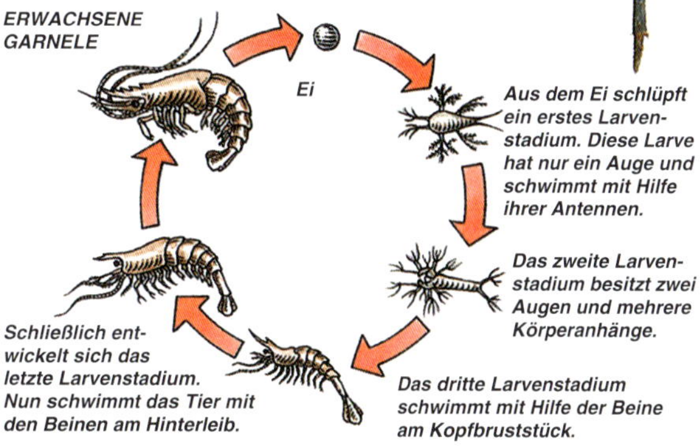

SCHON GEWUSST?

Die kleinsten Krebstiere sind Wasserflöhe aus der Gattung Alonella; sie werden nur 0,25 mm lang.

Das schwerste Krebstier ist der Amerikanische Hummer im Nordatlantik, der ein Gewicht von 20 kg erreichen kann.

Das größte Krebstier ist die Japanische Seespinne; die Spannweite ihrer Beine beträgt fast 4 m.

VERTEIDIGUNG VON KREBSEN

Fast alle Krebse sind durch ein festes Außenskelett vor Fressfeinden geschützt. Außerdem tarnen sich Krebse, verkriechen sich in Höhlen oder flüchten vor ihren Feinden.

HÖHLEN

Viele Krebse, z.B. diese Sandkrabbe, graben sich eine Höhle in den Sand, um Verfolgern zu entgehen. Nur ihre Augen ragen über die Oberfläche hinaus.

WISSENSWERTES

Ruderfußkrebse (Hüpferlinge) dürften wohl die häufigsten Tiere der Erde sein. Sie machen einen großen Anteil des Zooplanktons aus, das in den Meeren treibt.

Der Amerikanische Hummer und der Palmendieb werden älter als 50 Jahre.

Asseln sind die einzigen Krebstiere, die an das Landleben angepasst sind.

Krill ist die wichtigste Nahrung der großen Wale. Ein einziger Schwarm kann eine Fläche von 440 km² bedecken und mehr als 2 Mio. t wiegen.

Thermosbaena mirabilis, ein garnelenartiger Krebs, kommt nur in der heißen Quelle einer einzigen Oase in Tunesien vor. Dort lebt er in unterirdischen Spalten und einem Tümpel, der kaum größer ist als ein Badezimmer.

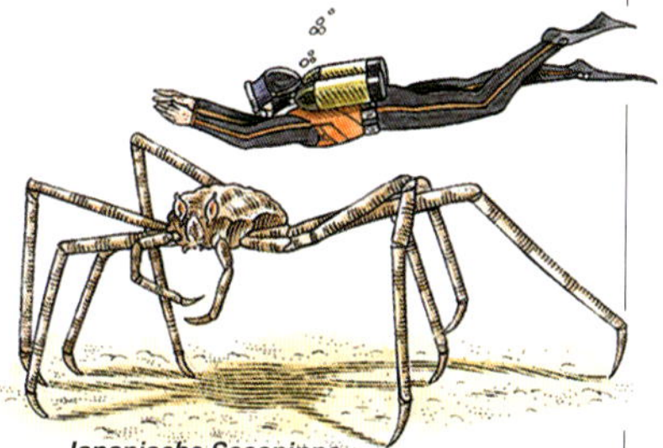

Japanische Seespinne

KNEIFZANGENTAKTIK

Der Palmendieb verteidigt sich mit seinen kneifzangenartigen Scheren. Der Krebs könnte damit sogar eine Konservendose durchschneiden.

TARNUNG

Einige Krebse häufen Pflanzen und Meeresgetier auf ihre Schale. Auf dem Meeresboden sind sie dann kaum zu entdecken.

SUPERKREBS

Der Pistolenkrebs kann mit seinen Scheren einen Wasserstrahl 1,80 m weit schleudern und damit kleine Beutetiere lähmen. Der Rückstoß entspricht der Wucht eines Kleinkalibergewehrs.

SEITWÄRTS LAUFEN

Viele Krebse laufen seitwärts schneller als vorwärts. Deshalb fliehen sie bei Gefahr im Seitwärtslauf. Wegen ihrer Körperform können sie seitlich auch besser in ihre Höhlen schlüpfen.

LURCHE

In der Haut der Lurche liegen Drüsen, die Schleim absondern. Dadurch wird die Haut feucht gehalten. Erwachsene Tiere leben an Land. Zur Fortpflanzung suchen sie Gewässer auf, um ihre Eier abzulegen.

BAU EINES LURCHS

Lurche gehören zu den Wirbeltieren (siehe S. 84). Ihre Haut trägt weder Schuppen noch Haare. Sie regelt den Wasserhaushalt des Körpers und muss ständig feucht sein. Fast alle erwachsenen Lurche atmen mit Lungen, nehmen aber auch Luft durch die Haut auf.

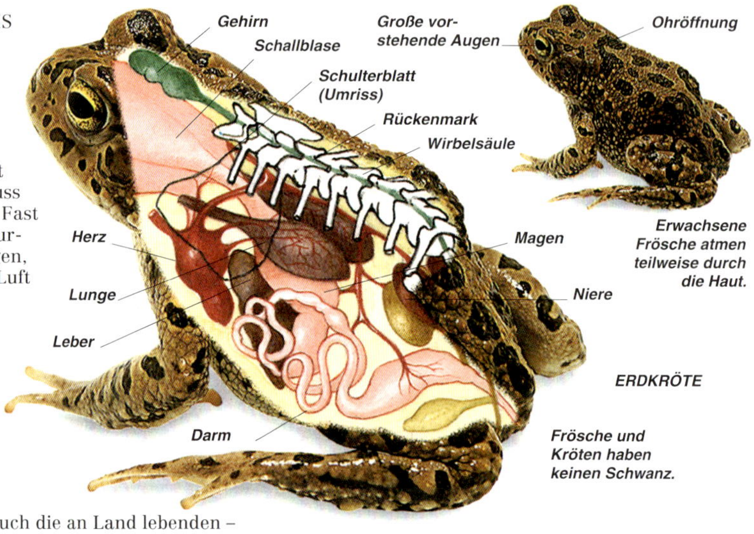

VERSCHIEDENE LURCHE

Man kennt mehr als 4200 Arten von Lurchen, die in drei Ordnungen untergliedert werden.

Froschlurche 3 700 Arten

Blindwühlen 170 Arten

Schwanzlurche 350 Arten

LEBENSZYKLUS

Fast alle Lurche – auch die an Land lebenden – legen ihre Eier im Wasser ab. Aus den Eiern schlüpfen Kaulquappen. Sie verändern sich im Wasser, bekommen Beine und verlieren ihren Ruderschwanz. Die Tiere können dann an Land leben.

LEBENSZYKLUS EINES MOLCHS

BRUTPFLEGE

Viele Lurche legen ihre Eier ab und kümmern sich danach nicht weiter darum. Andere Arten haben jedoch verschiedene Formen der Brutpflege entwickelt, um Eier und Junge zu schützen.

IN DER SCHALLBLASE
Das Männchen des Darwin-Frosches trägt seine Kaulquappen so lange in der Schallblase, bis sie zu kleinen Fröschen herangewachsen sind. Dann spuckt er sie aus.

TRANSPORT ZUM WASSER
Der Pfeilgiftfrosch trägt die frisch geschlüpften Kaulquappen auf seinem Rücken zu einem Tümpel.

EIER AUF DEN BEINEN
Das Männchen der Geburtshelferkröte wickelt sich die Eier (in Form von Laichschnüren) um die Hinterbeine. Er trägt sie so lange mit sich herum, bis die Kaulquappen schlüpfen.

UNTER DER HAUT
Das Weibchen der Wabenkröte trägt die Eier auf dem Rücken. Seine Haut schwillt an und hüllt die Eier fast ein. Bis zum Kaulquappenstadium bleiben die Jungen unter der Haut versteckt; dann schlüpfen sie aus.

Eier in der Haut eines Weibchens

LURCHFÜSSE

Die Füße der Lurche sind an die jeweilige Lebensweise der Tiere angepasst. Manche Lurche haben Schwimmhäute zwischen den Zehen, andere haben Füße, die zum Graben oder Klettern geeignet sind.

Der Fadenmolch hat Schwimmhäute zwischen den Zehen.

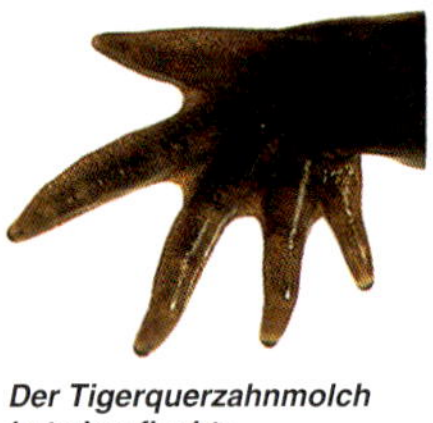

Der Tigerquerzahnmolch hat abgeflachte Grabfüße.

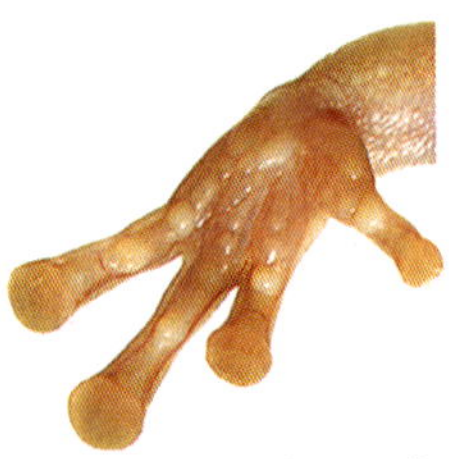

Der Weiße Baumfrosch trägt Haftscheiben an den Spitzen seiner Zehen. Damit findet er beim Klettern auf Blättern sicheren Halt.

Der afrikanische Krallenfrosch hat sowohl Schwimmhäute als auch Krallen, um sich an glitschigen Oberflächen festzuhalten.

WISSENSWERTES

Der wissenschaftliche Name »Anura« für die Ordnung der Froschlurche stammt sowohl aus dem Lateinischen als auch aus dem Griechischen und bedeutet »Schwanzlose«.

Der Name »Amphibien« beruht auf zwei griechischen Wörtern: »amphi« und »bios«, das bedeutet »doppeltes Leben«; die Amphibien leben ja sowohl im Wasser als auch an Land.

Der kleinste Frosch der Welt ist Stumpffia pygmaea. Er ist mit einer Länge von 10–12 mm kleiner als ein Fingernagel.

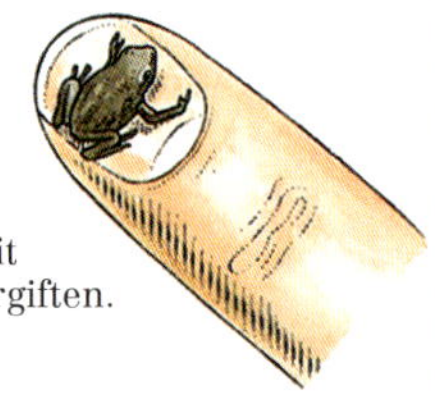

Die Pfeilgiftfrösche Südamerikas tragen ihren Namen, weil die Indios des Urwaldes ihre Pfeilspitzen mit dem Hautgift der Frösche vergiften.

DIE GRÖSSTEN FRÖSCHE UND KRÖTEN
Die Länge ist von der Schnauzenspitze bis zum Körperende angegeben.

Deutscher Name	Länge (in cm)	Vorkommen
Goliathfrosch	36,8	Afrika
Ochsenfrosch	23,0	Afrika
Aga-Kröte	23,0	Nord- und Südamerika
Riesenkröte	22,0	Kolumbien

GROSSE KAULQUAPPE, KLEINER FROSCH
In Südamerika lebt der Harlekinfrosch. Seine Kaulquappen sind größer als die erwachsenen Frösche.

FARBEN UND FORMEN BEI LURCHEN

In Anpassung an Lebensraum und Lebensweise haben sich Lurche in einer breiten Vielfalt von Formen und Farben entwickelt. Viele der giftigen Arten sind kräftig gefärbt (Signal- oder Warnfarbe), um Fressfeinde zu warnen und abzuschrecken. Andere nutzen Farben und Formen, um sich möglichst gut zu tarnen.

Sein geflecktes Aussehen dient dem südamerikanischen Hornfrosch als Tarnung.

Farbe und Form geben diesem asiatischen Blattfrosch das Aussehen eines toten Blattes.

Das kräftig gefärbte Goldfröschchen ist giftig. Es lebt auf der Insel Madagaskar.

Mit Hilfe seiner schaufelförmigen Schnauze kann sich der südafrikanische Punktierte Ferkelfrosch leicht in den Boden eingraben.

Die Flecken dieses Tigerquerzahnmolches warnen jeden Angreifer: Vorsicht, ich schmecke scheußlich!

Pfeilgiftfrösche sind die giftigsten Vertreter der Lurche. Ihre auffallenden Farben werden von Feinden erkannt.

Farbe und Form dieses Indischen Ochsenfrosches sollen Feinde täuschen: Der Frosch sieht aus wie ein feuchter Stein.

Mit ihrer abgeflachten Form ist diese Nasenkröte am Erdboden kaum zu erkennen.

ANGRIFF UND VERTEIDIGUNG

Lurche sind Fleischfresser. Viele Arten verlassen sich auf ihre Tarnung, um ihrer Beute aufzulauern oder um sich vor Angreifern unsichtbar zu machen. Sie schützen sich auch durch schleimige Gifte, besonders gefährliches Aussehen und das Erschrecken der Feinde.

WEITSPRUNG-WELTMEISTER

Der afrikanische Frosch Ptychadena oxyrhynchus hält den Weltrekord im Froschweitsprung. Er kann über 5 m weit springen.

SCHON GEWUSST?

Der größte Salamander ist der Japanische Riesensalamander. Er wird bis zu 1,50 m lang.

Die kleinsten Salamander leben in Mittelamerika. Der Mexikanische Pygmäensalamander wird gerade 14 mm lang.

Der giftigste Lurch ist der Goldene Pfeilgiftfrosch. Das Gift in der Haut eines einzigen Tieres würde reichen, um 20 000 Mäuse zu töten.

Die meisten Eier legt die weibliche Aga-Kröte: bis zu 35 000 Eier in einem einzigen Jahr.

ÜBERRASCHUNG

Die Rotbauchunke verlässt sich normalerweise auf ihre Tarnung und bleibt bei Gefahr im Versteck. Wird sie jedoch angegriffen, wirft sie sich auf den Rücken und zeigt die grellen Warnfarben auf ihrem Bauch, um den Angreifer zu erschrecken.

Die Gelbbauchunke ist auf einem Stück Borke fast nicht mehr zu erkennen.

Grüne Flecken verstärken noch den Tarneffekt.

EINSCHÜCHTERUNG

Wird der Chaco-Pfeiffrosch angegriffen, verwandelt er sich in ein Monster: Er öffnet das Maul und stößt laute, grunzende Laute aus. Wendet sich der Feind nicht erschrocken ab, kann der Frosch auch zubeißen.

GIFT

Viele Lurche scheiden ein schleimiges, scheußlich schmeckendes Hautgift aus, wenn ein Räuber versucht, sie zu fressen. Häufig werden sie dann wieder ausgespuckt.

Wird die Jugendform des Grünlichen Wassermolches angegriffen, scheidet sie aus rundlichen Hautdrüsen Gift aus.

KLEBRIGE ZUNGE

Frösche haben eine lange, klebrige Zunge. Damit schnappen sie blitzschnell nach Beute, z.B. nach Insekten.

Die Zunge ist vorn am Gaumen festgewachsen.

Ein Grasfrosch schnappt nach Beute.

Spitze Rippen

STECHENDE RIPPEN

Die Rippen des Spanischen Rippenmolches haben nadelspitze Enden. Versucht ein Fressfeind den Molch zu fressen, dringen die Rippen durch die Haut und verletzen ihn.

Die Kröte versucht, so groß wie möglich zu erscheinen.

GRIMMIGES AUSSEHEN

Die Erdkröte wurde von einem Feind überrascht. Sie bläht ihren Körper auf und stellt sich auf die Zehenspitzen. Auf diese Weise erscheint sie größer als sie ist.

SPRINGEN UND SCHWIMMEN

Wird ein Frosch angegriffen, z.B. von einem Vogel, bringt er sich mit einem weiten Satz in Sicherheit. Seine kräftigen Hinterbeine geben ihm eine enorme Sprungkraft. Ist er nahe am Wasser, hüpft er hinein, taucht unter und entkommt dem Feind schwimmend.

Eine Chinesische Rotbauchunke schwimmt weg, um einer Gefahr zu entfliehen.

KRIECHTIERE

Die Größe von Kriechtieren oder Reptilien reicht von winzigen Eidechsen bis hin zu 10 m langen Schlangen. Kriechtiere leben im Meer, in Seen und Flüssen und auf dem Land. Ihre Haut ist mit Schuppen bedeckt. Da sie – wie die Lurche – wechselwarme Tiere sind, findet man sie häufiger in warmen als in kalten Ländern.

BAU EINES KRIECHTIERES

Alle Kriechtiere mit Ausnahme der Schlangen haben vier Beine und einen Schwanz. Dank ihrer schuppigen Haut ist der Wasserverlust aus ihrem Körper sehr niedrig. Daher können sie auch in heißem, trockenem Wüstenklima leben.

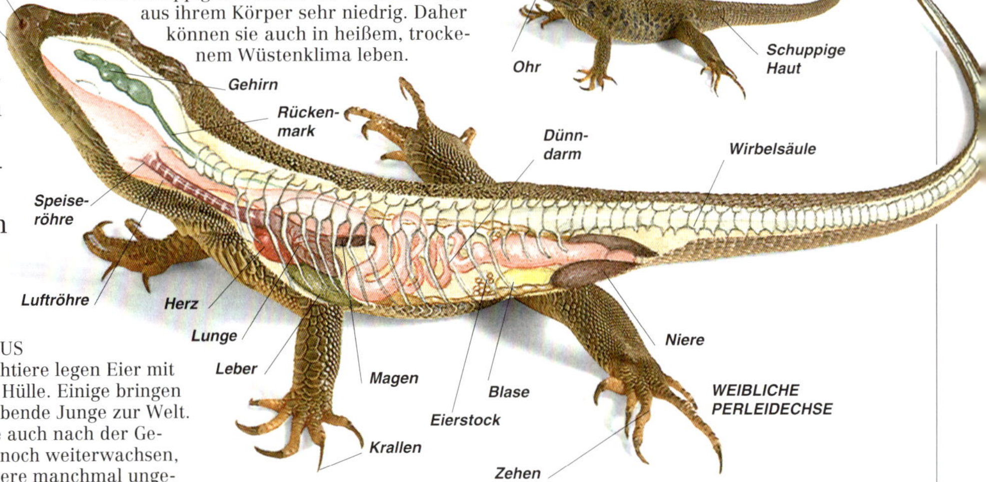

VERSCHIEDENE KRIECHTIERE

Rund 6 000 Kriechtierarten sind bekannt, die in vier Ordnungen gegliedert werden.

Echsen und Schlangen
5 700 Arten

Krokodile
23 Arten

Brückenechsen
1 Art

Schildkröten
200 Arten

LEBENSZYKLUS

Fast alle Kriechtiere legen Eier mit einer ledrigen Hülle. Einige bringen jedoch auch lebende Junge zur Welt. Da Kriechtiere auch nach der Geschlechtsreife noch weiterwachsen, können alte Tiere manchmal ungewöhnlich groß werden.

LEBENSZYKLUS EINES GECKOS

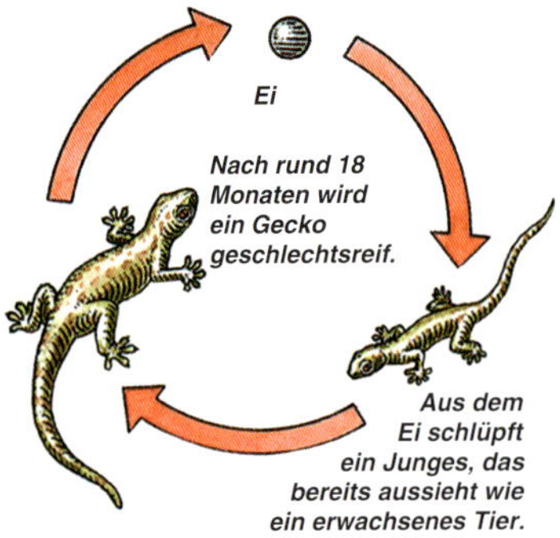

HÄUTUNG

Von Zeit zu Zeit müssen Eidechsen und Schlangen ihre alte Haut abstreifen. Die Haut platzt auf, dann schält sie sich vom Körper ab. Schlangen verlieren ihre Haut oft auf einmal.

DIE HAUT DER KRIECHTIERE

Die Körper von Kriechtieren sind mit Schuppen bedeckt. Sie sind aus Horn, dem Material, aus dem auch Hufe, Haare und Fingernägel bestehen.

KROKODILE

Große Schuppen bilden einen kräftigen Panzer auf der Haut der Krokodile. Die Rückenschuppen sind mit Knochen verstärkt.

Haut eines Kaimans

SCHLANGEN

Die Schuppen auf der Haut von Schlangen überlappen dachziegelartig.

Haut einer Schlange

EIDECHSEN

Die schuppige Haut der Eidechsen kann je nach Art unterschiedlich gefärbt sein.

Haut eines Geckos

PANZER BEI KRIECHTIEREN

Alle Schildkröten haben einen Knochenpanzer, der von hornigen Platten oder einer ledrigen Haut bedeckt ist. Der Panzer dient ihrem Schutz und manchmal auch der Tarnung.

MEERES- UND SUMPFSCHILDKRÖTE

Ihr Panzer ist flacher als der von Landschildkröten. Dank ihres stromlinienförmigen Baues können im Wasser lebende Schildkröten gut schwimmen.

LANDSCHILDKRÖTE

Der Panzer der Landschildkröte ist meistens sehr kräftig und kuppelförmig aufgewölbt. Er schützt den empfindlichen Körper vor Angriffen.

WEICHSCHILDKRÖTE

Der Panzer der Weichschildkröte ist leicht und flach. Sie können im Wasser schweben und sich damit gut im Sand und Schlamm der Flüsse verstecken.

DIE LÄNGSTE SCHLANGE

Die Anakonda ist die längste und schwerste Schlange der Welt. Das bisher längste gemessene Exemplar war 10,26 m lang und damit länger als ein Bus.

FÄRBUNG DER KRIECHTIERE

TARNUNG

Viele Kriechtiere haben Farben, die mit den Farben ihrer Umgebung übereinstimmen. Sie reichen vom hellen Grün von Eidechsen in Wäldern bis zum schmutzigen Braun von Schlangen in Wüsten.

WARNUNG

Viele Giftschlangen, wie die Korallenschlange, tragen grelle Warnfarben. Feinde erkennen diese Farben und meiden die gefährliche Beute. Einige harmlose Kriechtiere weisen dasselbe Farbmuster auf, um Feinden Gefährlichkeit vorzutäuschen.

Dank ihrer Tarnfärbung ist diese Diademnatter in ihrem Lebensraum, der Wüste, kaum zu entdecken.

Der Smaragdskink hebt sich kaum von den Blättern in seinem Lebensraum ab.

BEUTEFANG

Fast alle Kriechtiere sind Fleischfresser. Sie fangen ihre Beute mit tödlichen Giften, klebrigen Zungen und scharfen Zähnen in gewaltigen Kiefern.

GIFT
Giftschlangen wie diese Grüne Mamba schlagen ihre Giftzähne in die Beute. Das Gift fließt in die Wunde und lähmt das Opfer.

ERWÜRGEN
Riesenschlangen wie Pythons, Boas oder wie diese Anakonda umschlingen ihre Opfer mit dem Körper. Dann quetschen sie sie langsam zu Tode.

KLEBRIGE ZUNGE
Chamäleons haben eine Zunge, die so lang ist wie Körper und Schwanz zusammen. Sie können ihre Zunge gezielt auf ein Beutetier schleudern. An der klebrigen Spitze der Zunge bleibt das Opfer haften.

Diese Geierschildkröte ködert Fische mit ihrer rosafarbenen, wurmförmigen Zunge. Wagt sich ein Opfer zu nahe heran, wird es verschluckt.

FANGSCHNÄBEL
Schildkröten haben keine Zähne. Ihre Kiefer sind zu einem scharfen, hornigen »Schnabel« umgewandelt. Fleisch fressende Arten, z.B. Schnappschildkröten wie die Geierschildkröte, schnappen mit ihren kräftigen Kiefern nach der Beute und zerteilen sie in passende Stücke.

Alligatoren können ihre Zähne rund 50-mal in ihrem Leben erneuern.

SCHRECKLICHE ZÄHNE
Krokodile und ihre Verwandten packen ihre Beute mit scharfen, spitzen Zähnen. Da sie ihre Opfer nicht zerkauen können, reißen sie sie durch heftige Kopfbewegungen in Stücke.

SCHON GEWUSST?

Das größte Krokodil ist das australische Leistenkrokodil. Es wird bis zu 7 m lang.

Die größte Echse ist der Komodowaran. Er wird bis zu 3 m lang.

Das kleinste Kriechtier ist der Kugelfingergecko, der auf den Jungfern-Inseln lebt. Seine Körperlänge beträgt ganze 18 mm.

ABWEHR VON FEINDEN

Viele Kriechtiere können sich geschickt gegen Angreifer wehren. Wagt sich einer in ihre Nähe, erschrecken sie ihn durch überraschende Verhaltensweisen.

ZISCHEN UND SPUCKEN
Kobras richten ihren Vorderleib auf und beginnen zu zischen, um Angreifer abzuschrecken. Kobras haben Giftzähne, um ihre Opfer zu töten. Die Speikobras können das Gift aber auch in die Augen von Angreifern spucken.

Wird eine Brillenschlange bedroht, spreizt sie ihre Nackenhaut auseinander.

BRILLENSCHLANGE

SCHOCKTAKTIK
Fühlt sich die australische Kragenechse bedroht, klappt sie ihre Halskrause aus lockerer Haut auf. Fast jeder Angreifer erschrickt, und die Echse kann fliehen.

WIDERLICHER GERUCH
Die Moschusschildkröte verspritzt bei Gefahr eine übel riechende gelbe Flüssigkeit, um Angreifer abzuschrecken.

BLUT SPRITZEN
Einige Krötenechsen spritzen blutige Tropfen aus ihren Augenlidern auf den Angreifer. Im Blut können hautreizende Stoffe enthalten sein.

AUF DEM WASSER LAUFEN
Streifenbasilisken laufen ihren Angreifern auf der Wasseroberfläche davon – nur auf den Hinterbeinen.

SEGELN
Einige Flugechsen, z.B. der Flugdrache, können bei Gefahr von einem Ast springen und zum nächsten Baum segeln.

TÖDLICHE SCHLANGEN		
Jedes Jahr sterben 50 000 bis 100 000 Menschen an Schlangenbissen. Hier einige der gefährlichsten Giftschlangen.		
Deutscher Name	Verbreitung	Todesfälle pro Jahr (geschätzt)
Asiatische Kobras	Asien	15 000
Sandrasselottern	Asien, Afrika	10 000
Kettenviper	Asien	5 000
Krait	Asien	3 000
Lanzenottern	Mittel- und Südamerika	3 000

WISSENSWERTES

Manche Schlangen können ihre Luftröhre herausklappen. So ersticken sie nicht, wenn sie eine große Beute verschlucken.

Schlangenbeschwörer mit einer Flöte bewegen sich wiegend hin und her. Die Schlange tanzt nicht etwa, sondern folgt den Bewegungen der Flöte.

Ein Chamäleon kann seine Augen unabhängig voneinander bewegen. So kann ein Auge nach oben, das andere nach unten sehen.

Speikobras verspritzen ihr Gift bis zu einer Weite von 2,70 m.

SCHWANZ ABWERFEN
Viele Eidechsen werfen bei Gefahr ihren Schwanz ab. Das lenkt den Angreifer ab. Nach einiger Zeit wächst der Schwanz nach.

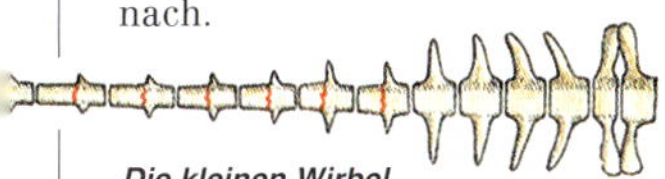

Die kleinen Wirbel am Schwanzende von Eidechsen haben Sollbruchstellen. Dort bricht der Schwanz ab, wenn ein Feind zupackt.

Diese Eidechse hat das Ende ihres Schwanzes abgeworfen.

Zwei Monate später ist ein Teil des Schwanzes nachgewachsen.

Nach acht Monaten hat der Schwanz fast wieder seine alte Länge erreicht.

FISCHE

Fische besiedeln alle Gewässer der Erde, von den finsteren Tiefen der Ozeane bis zu den schlammigen Gewässern der Tropen. Sie werden in drei Klassen eingeteilt. Der Körper von Fischen ist stromlinienförmig und meist mit Schuppen bedeckt. Fische atmen mit Kiemen.

VERSCHIEDENE FISCHE

Es gibt mehr als 20 000 Fischarten. Die größte Gruppe stellen die Knochenfische. Die drei Klassen der Fische sind hier dargestellt.

Rundmäuler
75 Arten

Knorpelfische
800 Arten

Knochenfische
20 000 – 22 000 Arten

BAU EINES FISCHES

Alle Fische sind Wirbeltiere (siehe S. 84). Fast alle der bekannteren Fische gehören zur Gruppe der Knochenfische. Diese Fische besitzen ein knöchernes Skelett (Gräten), eine Schwimmblase, mit der sie im Wasser schweben können, und bewegliche Kiemendeckel.

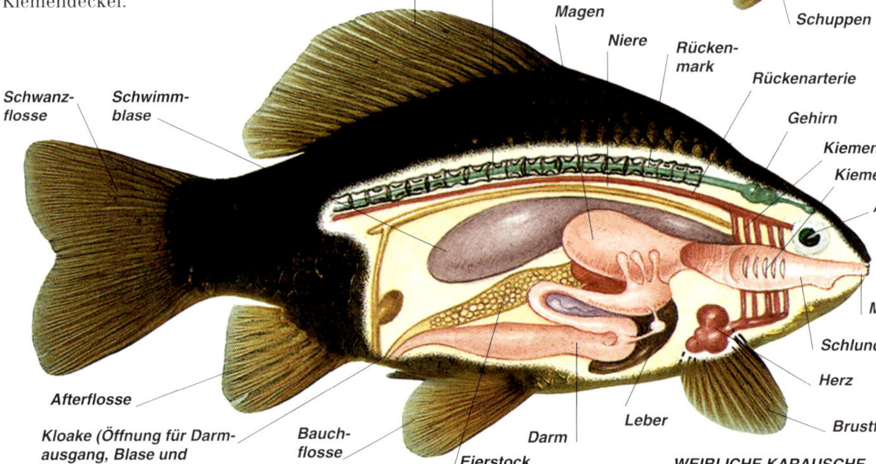

WEIBLICHE KARAUSCHE

LEBENSZYKLUS

Fast alle Fische schlüpfen aus Eiern, einige kommen aber auch als lebende Junge zur Welt. Die meisten Fische legen Tausende von Eiern, denn nur wenige der Jungen überleben bis zum Erwachsenenalter. Manche Fische werden nur einige Monate alt, andere erreichen ein Alter von bis zu 100 Jahren, z.B. der Europäische Hausen.

LEBENSZYKLUS EINER FORELLE

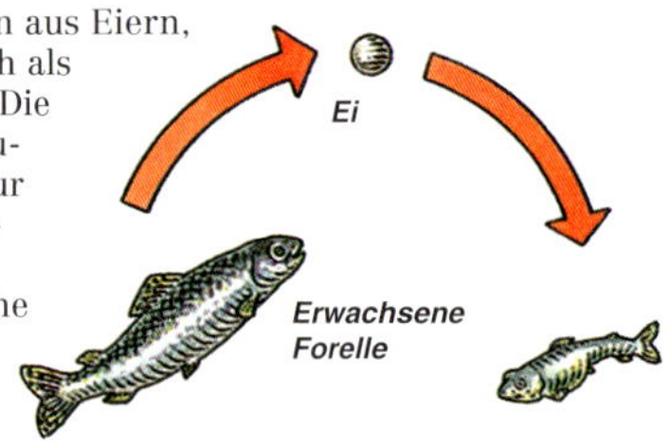

LEBENSZYKLUS EINES HAMMERHAIS

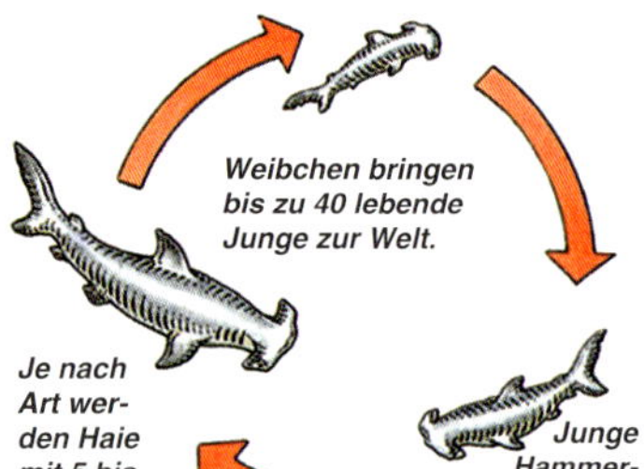

WIE FISCHE ATMEN

Fische atmen mit Hilfe von Kiemen. Während das Wasser über die Kiemen streicht, nimmt der Fisch über die durchblutete Haut der Kiemen Sauerstoff aus dem Wasser in sein Blut auf.

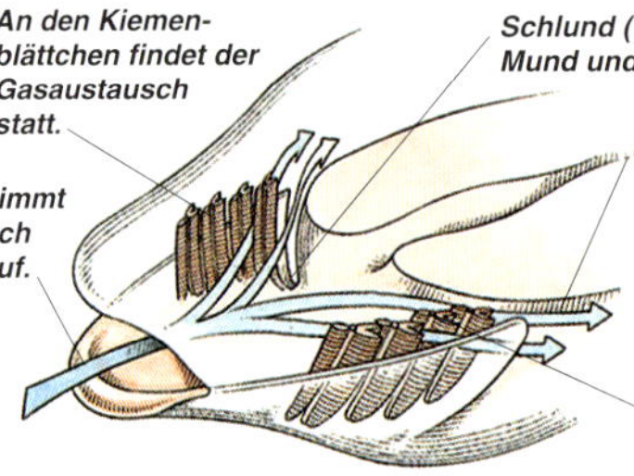

KLEINE ANFÄNGE

Ein ausgewachsener Mondfisch ist 50-mal größer als ein Jungfisch seiner Art. Gerade geschlüpfte Mondfische sind 6 mm lang, ein ausgewachsenes Tier kann eine Länge von 3 m erreichen.

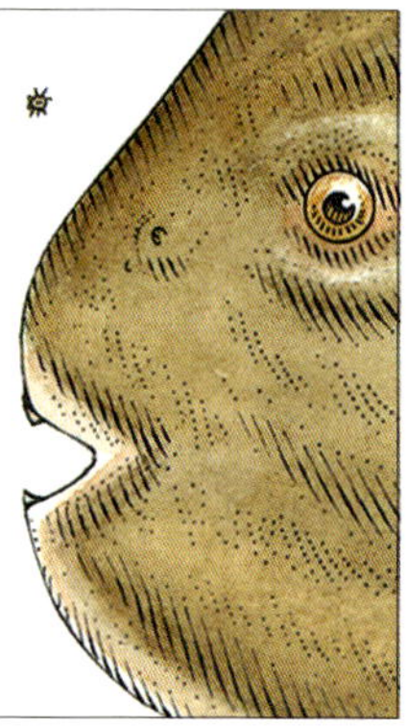

SCHON GEWUSST?

Der größte Fisch ist der Walhai. Gemessen wurden 12,65 m.

Der kleinste Fisch ist die Zwerggrundel. Mit nur 8,6 mm Länge ist sie kleiner als eine Stubenfliege.

Die schnellsten Schwimmer sind die indopazifischen Segelfische. Man hat schon Geschwindigkeiten von 109 km/h gemessen.

WIE SICH FISCHE BEWEGEN

Fische können sich in alle Raumrichtungen bewegen: vor und zurück, aufwärts und abwärts, nach links und nach rechts. Jede dieser Bewegungen wird durch bestimmte Flossen gesteuert.

Der Fisch macht mit Hilfe der Rücken-, Brust- und Bauchflossen eine Kippbewegung.

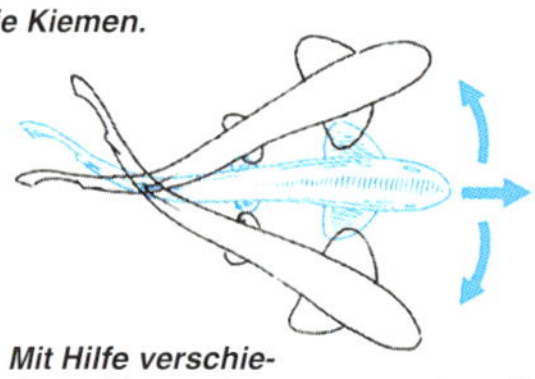

Mit Hilfe verschiedener Flossenbewegungen steuert der Fisch nach rechts und links.

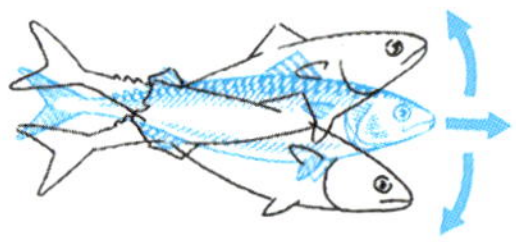

Durch drehende Bewegungen der Brust- und Bauchflossen kann ein Fisch abtauchen, auftauchen oder an Ort und Stelle stehenbleiben.

Fische bewegen sich vorwärts, indem sie ihren Körper in S-förmigen Wellen durch das Wasser schlängeln.

Bewegt der Fisch seinen Kopf nach rechts, beginnt die S-förmige Welle am Körperanfang.

Der Wellenberg ist bis zur Stelle zwischen Brust- und Rückenflosse gewandert.

Der Wellenberg liegt zwischen der Rücken- und der Schwanzflosse. Die Welle beginnt zur anderen Seite zu schwingen.

Der Wellenberg ist am Schwanz angekommen. Der Kopf schwingt zur Seite und beginnt eine neue Welle.

BRUTPFLEGE

Viele Fische legen ihre Eier ab und kümmern sich anschließend nicht mehr um die Jungen. Es gibt aber auch Arten, die ihre Jungen versorgen und sie vor Räubern schützen.

SCHUTZ IM BEUTEL
Das Seepferd-Weibchen legt seine Eier in einen Beutel am Bauch des Männchens. Darin bleiben sie, bis die Jungen voll entwickelt sind und ausschlüpfen.

MAULBRÜTER
Viele Buntbarsche tragen ihre Eier so lange im Maul, bis die Jungen schlüpfen. Bei Gefahr kehren die Jungen immer wieder ins Maul ihrer Eltern zurück.

ELTERN ALS SPEISEKAMMER
Der Braune Diskusfisch scheidet eine nahrhafte Substanz aus seiner Haut ab. Davon ernähren sich die Jungfische vier Wochen lang.

NAHRUNGSGEWOHNHEITEN

Fische haben unterschiedliche Fresstechniken. Es gibt Pflanzen fressende, Fleisch fressende, Aas fressende (tote Pflanzen und Fische) und parasitische Fische (ernähren sich von lebenden Opfern, ohne sie zu töten).

FILTRIERER
Filtrierer wie dieser Amerikanische Löffelstör filtern mit ihren Kiemen winzige Nahrungspartikel aus dem Wasser.

SCHARFE ZÄHNE
Viele Fische, wie dieser große Weiße Hai, reißen mit rasiermesserscharfen Zähnen große Brocken aus ihrer Beute heraus.

BLUTSAUGER
Neunaugen ernähren sich parasitisch. Mit einem Saugnapf saugen sie sich an einem Beutetier fest, raspeln die Haut auf und saugen sein Blut.

ABWEHR VON FEINDEN

Viele Fische machen sich durch Tarnung möglichst unsichtbar für Fressfeinde. Andere Arten sind giftig, während der Zitteraal seine Angreifer mit Stromstößen von 500 Volt lähmt.

Die scharfen Spitzen der Flossen enthalten ein Gift.

GIFT
Es gibt mehr als 50 Arten giftiger Fische. Dieser Rotfeuerfisch gehört zu den Giftfischen, die sogar einem Menschen gefährlich werden können.

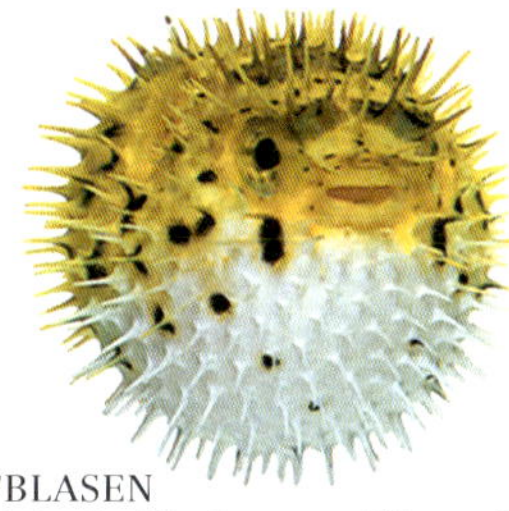

AUFBLASEN
Wird der Igelfisch angegriffen, schluckt er Wasser, bläht damit seinen Körper auf und spreizt die Stacheln ab. Dadurch erscheint er plötzlich viel größer und gefährlicher.

TARNUNG
Manche Fische ähneln täuschend der Umgebung, in der sie leben. Plattfische liegen gut getarnt flach auf dem Meeresboden. Andere Fische verstecken sich zwischen Wasserpflanzen.

Diese Seenadel ist kaum vom Tang zu unterscheiden.

BEUTEFANG

Fleisch fressende Fische fangen ihre Beute mit den unterschiedlichsten Methoden.

KÖDER
Einige Fische verwenden Köder, um Beute anzulocken. Die Anglerfische der Tiefsee haben am Ende ihrer verlängerten Flossenstrahlen ein Leuchtorgan. Neugierige Fische nähern sich dem Licht und werden vom lauernden Anglerfisch verschluckt.

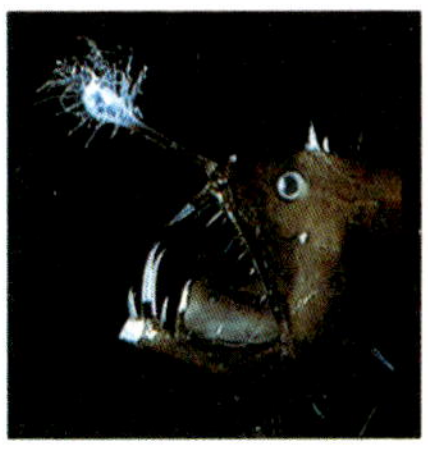

SPUCKEN
Der Schützenfisch schießt mit Wasser auf Beutetiere, die auf Blättern über dem Wasser sitzen. Trifft der Schuss, fällt die Beute ins Wasser.

WISSENSWERTES
Der Riesenhai filtert stündlich 1 500 m³ Wasser durch seine Kiemen. Diese Menge reicht aus, um 66 000 Badewannen zu füllen.

Nur Seenadeln haben grüne Gräten.

Reiht man 1 500 Zwerggrundeln (der kleinste Fisch) aneinander, ergibt das die Länge eines Walhais (der größte Fisch).

Manche Haie bringen nur ein lebendes Junges zur Welt. Das älteste Junge frisst nämlich alle übrigen Eier und Embryos im Bauch seiner Mutter auf.

In Trockenzeiten gräbt sich der afrikanische Lungenfisch im Schlamm ein. Dort kann er drei Jahre überleben, indem er seine eigenen Muskeln verdaut.

GESTALT VON FISCHEN
Umriss und Flossenform der Fische sind genau an ihren Lebensraum angepasst. Schnelle Schwimmer wie die Haie haben eine besonders ausgeprägte Stromlinienform. Die flach gedrückten Plattfische liegen bewegungslos und gut getarnt am Meeresboden.

Der Heringskönig hat einen seitlich zusammengedrückten Körper. Nähert er sich einer Beute, ist sein schmaler Umriss kaum auszumachen.

Knochenplatten unter der Haut geben dem Vierhorn-Kofferfisch sein Aussehen.

Der Beilbauchfisch kann mehrere Meter außerhalb des Wassers »fliegen«. Sein nach unten verlängerter Körper stabilisiert die Flugbahn.

Die Scholle hat einen abgeflachten Körper. Damit liegt sie fast unsichtbar auf dem Meeresboden.

Der Schlanke Knochenhecht hat eine lange, spitze Schnauze und einen schmalen Körper.

LEBENSRÄUME DER FISCHE

BERGSEEN UND FLÜSSE
Fische kommen noch in Höhen von 4 900 m vor.

Von allen Fischarten leben wahrscheinlich die Schmerlen in den höchstgelegenen Bergbächen.

SEEN UND FLÜSSE
Karpfen, Salmler und Welse gehören zu den bekanntesten Süßwasserfischen.

Ein Wels schwimmt auf dem Rücken.

KÜSTEN
Einige der küstenlebenden Arten können längere Zeit außerhalb des Wassers leben.

Mangrovenschlammspringer

FLACHWASSER
In den Korallenriffen tropischer Flachgewässer leben viele prachtvoll gefärbte Fische.

Mandarinfisch

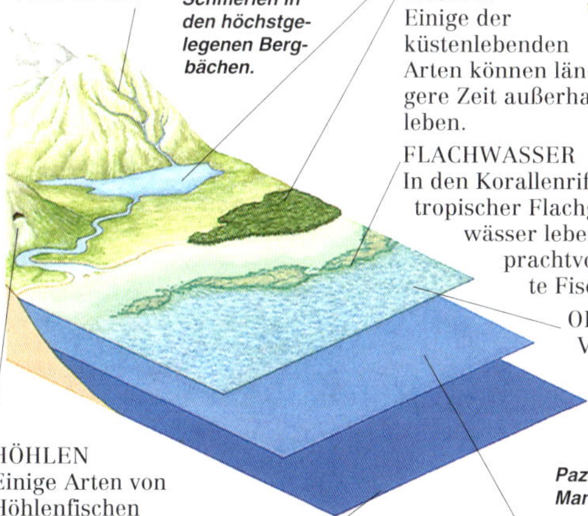

OFFENES MEER
Viele Fischarten des offenen Meeres wachsen zu riesiger Größe heran.

Pazifischer Manta-Rochen

HÖHLEN
Einige Arten von Höhlenfischen haben keine Augen, da sie immer im Dunkeln leben.

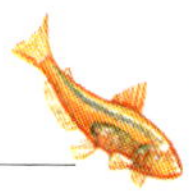

Blinder Höhlensalmler

TIEFSEE
Hier unten ist die Nahrung knapp. Deshalb haben viele Tiefseefische riesige Mäuler, um nach Beute zu schnappen.

Drachenfisch

MITTLERE TIEFEN DES MEERES
Das Licht nimmt ab und damit die Anzahl der Fische.

Bandfisch

VÖGEL

Wir kennen mehr als 9 000 Vogelarten, d.h. es gibt doppelt so viele Vogel- wie Säugetierarten. Alle Vögel haben Federn, und die meisten können fliegen. Winzige Kolibris sind die kleinsten Vögel; der Strauß ist ihr größter Vertreter. Alle Vogeljungen schlüpfen aus Eiern. Vögel haben fast alle Lebensräume der Erde erobert.

BAU EINES VOGELS
Körper und Organe eines Vogels sind hervorragend an das Fliegen angepasst. Ihre Arme sind zu Flügeln umgewandelt, und der Körper hat eine Stromlinienform. Da ihre größeren Knochen hohl sind, haben Vögel wenig Gewicht.

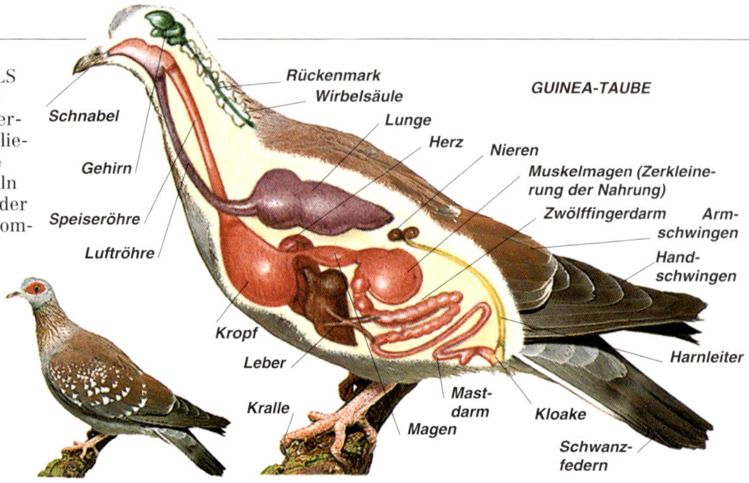

GUINEA-TAUBE

VERSCHIEDENE VÖGEL

Die rund 9 000 Vogelarten verteilen sich auf 28 Ordnungen.

Strauße
1 Art

Röhrennasen
110 Arten

Papageien
342 Arten

Ruderfüßer
55 Arten

Nandus
2 Arten

Eulen
174 Arten

Schreitvögel
117 Arten

Kuckucksvögel
159 Arten

Emus und Kasuare
4 Arten

Entenvögel
150 Arten

Nachtschwalben
109 Arten

Segler und Kolibris
429 Arten

Steißhühner
46 Arten

Greifvögel
290 Arten

Mausvögel
6 Arten

Trogons
39 Arten

Kiwis
3 Arten

Hühnervögel
274 Arten

Rackenvögel
204 Arten

Spechtvögel
381 Arten

Pinguine
18 Arten

Kranichvögel
190 Arten

Sperlingsvögel
5 414 Arten

Taubenvögel
300 Arten

Seetaucher
5 Arten

Schnepfen-, Möwen- und Alkenvögel
337 Arten

Flughühner
16 Arten

Lappentaucher
21 Arten

LEBENSZYKLEN

Alle Vögel legen hartschalige Eier, die von einem oder beiden Elternvögeln ausgebrütet werden. Die Jungen schlüpfen blind und völlig hilflos aus dem Ei. Sie müssen von ihren Eltern wochenlang versorgt werden. Sie sind Nesthocker. Nestflüchter kommen bereits voll ausgebildet zur Welt. Sie verlassen ihr Nest oft schon einen Tag nach dem Schlüpfen.
Manche Vögel, wie die Kolibris, werden nur 5 Jahre alt, andere, wie der Kondor, werden älter als 70 Jahre.

LEBENSZYKLUS EINES TEICHHUHNS

GIFTIGER VOGEL

Bisher sind nur sehr wenige Arten giftiger Vögel bekannt. Der giftigste ist der Zweifarben-Pitohui aus Neuguinea. Seine Haut, die Federn und die inneren Organe enthalten ein ähnliches Gift wie die Pfeilgiftfrösche (siehe S. 93).

SCHLÜPFVORGANG

Fast alle Küken schlüpfen wenige Wochen nach der Eiablage. Diese Bildfolge zeigt, wie ein Entenküken aus dem Ei schlüpft.

1. Mit dem Eizahn auf dem Schnabel stößt das Küken ein Loch in den stumpfen Pol des Eis. Nach dem Schlüpfen verliert es den Eizahn.

2. Das Küken dreht sich im Inneren des Eis und pickt eine ringförmige Öffnung in die Schale.

3. Sobald die Schale ganz durchbrochen ist, streckt das Küken seinen Hals und drückt die Schalenhälften auseinander.

4. Noch ein kräftiger Ruck mit Beinen und Schulter, und die Eierschale bricht ganz auf.

5. Das Küken fällt aus dem Ei. Seine Federn sind noch feucht.

6. Innerhalb von 2 bis 3 Stunden sind die weichen, flaumigen Daunenfedern getrocknet. Nun macht sich das Küken zusammen mit seinen Geschwistern auf den Weg zum Wasser.

BAU EINER FEDER

Federn sind gleichzeitig fest und biegsam. Wie Haare, Fingernägel oder Hufe bestehen sie aus Horn (Keratin).

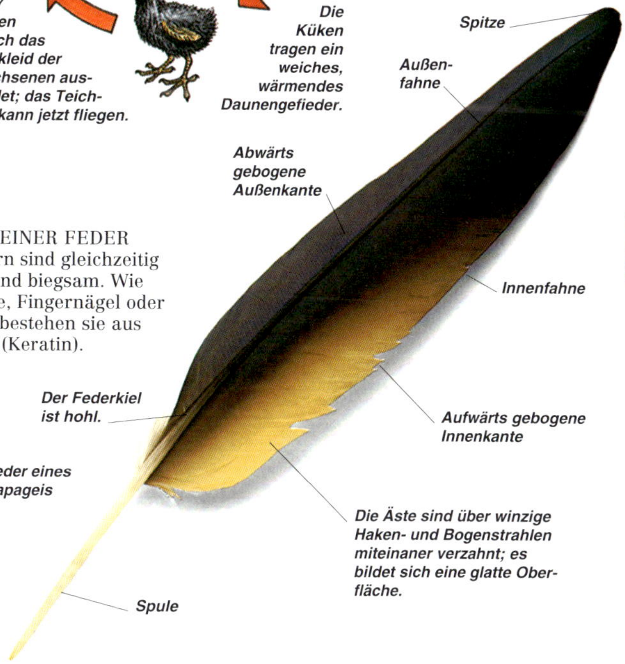

FLÜGELFORMEN

Je nach der Lebensweise unterscheiden sich die Flügel der Vögel. Es gibt großflächige und schlanke, lange und kurze Flügel.

Möwen haben schlanke, zugespitzte Flügel, die sich gut zum Gleiten eignen.

Spechte haben breite, abgerundete Flügel, mit denen sie hervorragend steuern können.

Die Flügel von Gänsen sind lang und breit. Nur damit können sie ihre schweren Körper vom Boden abheben und in der Luft halten.

Schwalben haben schlanke, gebogene Flügel, mit denen sie hohe Geschwindigkeiten erreichen können.

Der Nandu kann nicht fliegen. Seine Flügel sind stark zurückgebildet.

Pinguinflügel sind zu Paddeln umgewandelt. Im Wasser wirken sie wie Flossen.

FEDERTYPEN

Vögel besitzen vier unterschiedliche Typen von Federn. Jede dient einem anderen Zweck.

DAUNEN ODER DUNEN

Diese weichen, flaumigen Federchen halten den Vogel warm.

SCHWUNGFEDERN

Sie sitzen auf den Flügeln und bilden die Tragflächen.

DECKFEDERN

Diese glatten Federn geben dem Vogel seine stromlinienförmige Gestalt.

SCHWANZFEDERN

Mit den langen Schwanzfedern steuert ein Vogel, hält sich im Gleichgewicht und bremst seinen Flug ab.

FUSSTYPEN

Je nach Lebensweise haben alle Vögel besonders angepasste Füße.

Mit weit auseinander gespreizten Zehen laufen Teichhühner auf schlammigem Boden und auf Wasserpflanzen herum.

Wasservögel wie Enten und Gänse haben Schwimmhäute zwischen den Zehen, um sich im Wasser anzutreiben.

Zwei Zehen des Spechtfußes weisen nach vorn, zwei nach hinten. So findet ein Specht beim Klettern und Klopfen sicheren Halt auf der Baumrinde.

Bei den Krähen weist nur eine Zehe nach hinten. Ihre Füße umklammern den Ast, auf dem sie sitzen.

Beine und Füße der Eulen sind mit Federn besetzt. Das macht ihren Anflug auf eine Beute fast unhörbar.

Die Zehen von Greifvögeln enden in langen, scharfen Krallen. Damit packen sie ihre Beute und halten sie fest.

SÄUGETIERE

Säugetiere gibt es in allen Größen, von winzigen Spitzmäusen bis zum Blauwal – dem größten Tier, das jemals auf der Erde lebte. Säugetiere besiedeln alle Erdteile. Sie leben an Land, im Meer und in Flüssen und Seen. Die Fledermäuse haben sogar die Luft erobert.

BAU EINES SÄUGETIERES

In der Regel ist die Haut von Säugetieren mit Haaren oder einem Fell bedeckt. Fast alle Arten bringen lebende Junge zur Welt, die in der ersten Zeit ihres Lebens von der Mutter mit Milch versorgt werden.

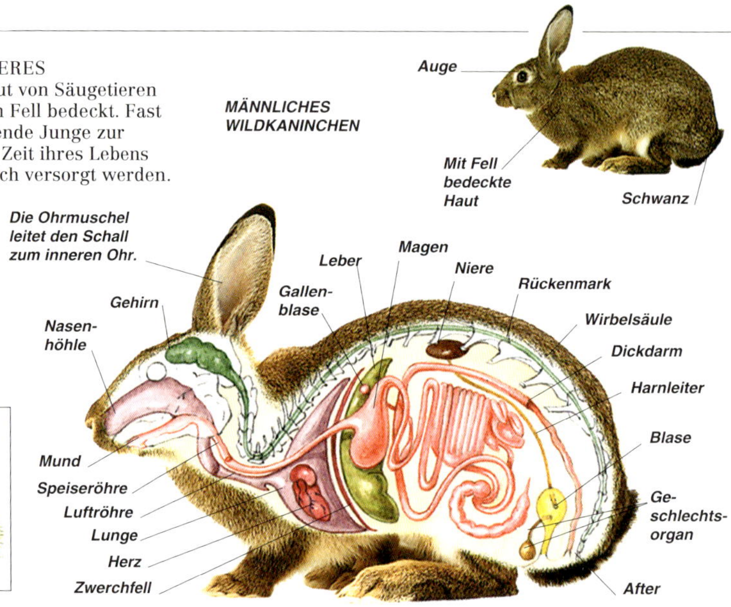

GÜRTELTIERHAUS

Einige der heute ausgestorbenen Säugetierarten erreichten riesige Ausmaße. Die Urahnen der heutigen Gürteltiere konnten bis zu 3 m lang werden. Südamerikanische Indianer benutzten ihre gewaltigen Panzer als Hüttendächer.

VERSCHIEDENE SÄUGETIERE

Es gibt mehr als 4 600 bekannte Säugetierarten, die in 21 Ordnungen untergliedert werden.

FORTPFLANZUNG

EIER LEGENDE SÄUGETIERE

Schnabeltier und Schnabeligel legen Eier, aus denen Junge schlüpfen. Diese ernähren sich von Muttermilch, die sie vom Bauch der Mutter ablecken.

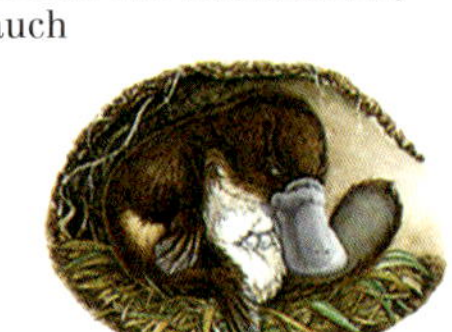

BEUTELTIERE

Die Jungen der Beuteltiere, z.B. der Kängurus, werden unausgereift geboren. Sofort nach der Geburt krabbelt das Junge in den Beutel am Bauch der Mutter. Dort saugt es sich an einer Zitze fest und ernährt sich von Muttermilch. Viele Wochen bleibt es im Beutel. Wird es größer, verlässt es seinen Beutel zu immer längeren Ausflügen.

Neugeborenes Känguru im Beutel der Mutter

PLAZENTATIERE

Die Weibchen aller anderen Säugetierarten haben eine Gebärmutter. Darin wächst das Junge heran. Es wird über den Mutterkuchen, die Plazenta ernährt; d.h. die Nährstoffe aus dem Blut der Mutter gelangen in das Blut des Jungen.

Neugeborene Kätzchen trinken die Milch ihrer Mutter.

DIE HAUT DER SÄUGETIERE

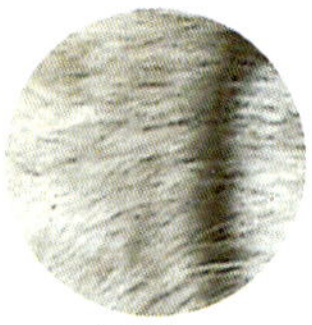
Fell des Polarfuchses

FELL
Dank ihres Haarkleides können Säugetiere in fast allen Klimazonen leben. Das dichte Fell des Polarfuchses bildet ein Luftpolster gegen die arktische Kälte. Es verhindert, dass die Körperwärme entweicht, und schützt das Tier vor Wind und Regen, aber auch vor starker Sonneneinstrahlung.

Jaguarfell

TARNFÄRBUNG
Das Fell vieler Säugetiere ist in besonderer Weise gefärbt oder gemustert und dient der Tarnung. So können sich die Tiere verstecken oder ihrer Beute auflauern. Das Fleckenmuster des Jaguars ist kaum von den Lichtflecken des Waldbodens zu unterscheiden, wo er auf Jagd geht.

Panzer eines Gürteltieres

PANZERUNG
Der Körper der Schuppentiere und der Gürteltiere ist mit knöchernen Platten und Schuppen bedeckt. Diese feste Panzerung schützt die Tiere vor Angreifern. Das Dreistreifengürteltier kann sich zu einer Kugel zusammenrollen und ist dann sogar vor den Zähnen und Krallen des Jaguars geschützt.

Zebrafell

VERWIRRENDE MUSTER
In der flimmernden Luft der Steppen verschwimmen die Zebras mit ihrem Streifenmuster. Löwen können ein einzelnes Tier innerhalb der Herde kaum erkennen, vor allem in der Dämmerung. Das Muster schützt die Zebras auch vor Tsetse-Fliegen.

Delfinhaut

NACKTE HAUT
Wale und Delfine haben fast keine Haare, da ein Fell unter Wasser zu viel Widerstand bedeuten würde. Auch die nackten Blindmulle haben keine Haare. In ihren unterirdischen Gängen wäre ein Fell nur hinderlich.

Stacheln eines Igels

STACHELN
Die Haare der Igel und Stachelschweine sind zu festen, scharfen Stacheln umgewandelt. Damit schützen sich die Tiere wirkungsvoll gegen Angreifer. Ein europäischer Igel hat bis zu 5 000 Stacheln. Bei Gefahr rollt er sich zu einer unangreifbaren Stachelkugel zusammen.

HÄNDE UND FÜSSE VON SÄUGETIEREN
Alle ursprünglichen Säugetiere hatten wie der Mensch Hände und Füße mit fünf Fingern oder Zehen. Je nach Lebensraum und Lebensweise hat sich dieser Grundbauplan mehr oder weniger verändert. Die der menschlichen Hand entsprechenden Knochen der verschiedenen Säugetiere haben auf den Abbildungen jeweils die gleiche Farbe.

Menschliche Hand

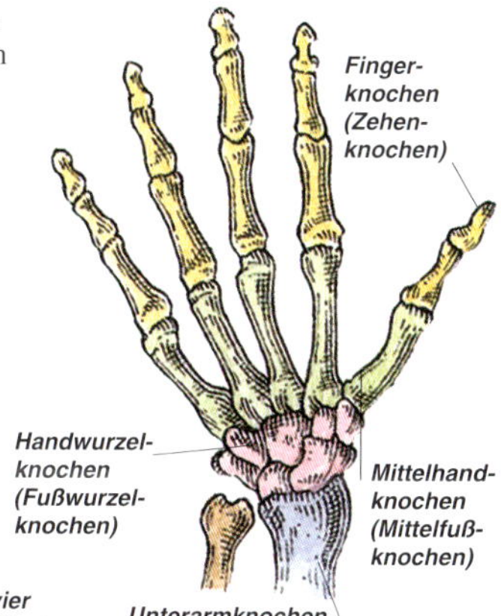

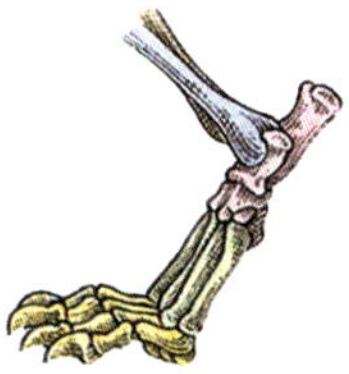
Katzen laufen auf den Zehenspitzen. Jede Zehe endet in einer scharfen Kralle, um Beute zu greifen.

Elefanten haben fünf Finger an jedem Fuß. Ihr gewaltiges Gewicht wird durch eine dicke Sohle abgepolstert.

Tapire haben vier Zehen an den Vorderfüßen und drei Zehen an den Hinterfüßen.

Gazellen haben zierliche Füße mit zwei Zehen. Damit können sie schnell laufen und springen.

Der Huf des Pferdes besteht aus Horn und umschließt den Zehenknochen.

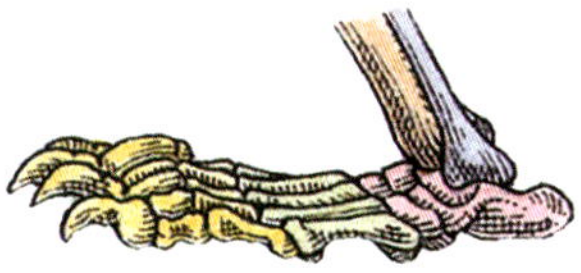
Hände und Füße des Dachses sind an das Graben angepasst. Sie sind breit und stark und tragen breite Krallen.

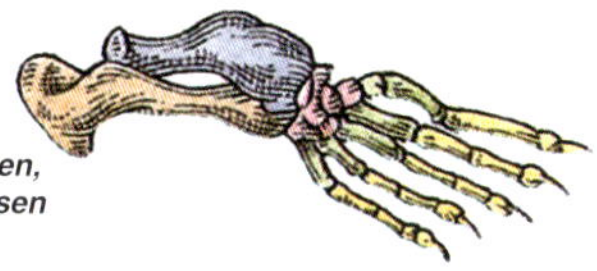
Hände und Füße der Robben sind zu großen, paddelförmigen Flossen umgewandelt.

WISSENSWERTES
Kängurus können dank ihrer kräftigen Hinterbeine bis zu 13 m weit springen.

Es gibt zwei giftige Säugetiere: Das Schnabeltier trägt eine Art Giftsporn an den Fußgelenken. Einige Spitzmäuse haben einen giftigen Speichel. Damit lähmen sie Regenwürmer – ihre wichtigste Beute – mit einem Biss.

SCHON GEWUSST?
– Das größte Säugetier ist der Blauwal. Er wiegt bis zu 130 Tonnen und kann 35 m lang werden.

– Das kleinste Säugetier ist die Schweinsnasen-Fledermaus. Sie wiegt nur 1,5 g und wird so groß wie eine dicke Hummel.

Schweinsnasen-Fledermaus und Hummel in natürlicher Größe

Die Giraffe ist das am höchsten gewachsene Säugetier. Sie erreicht 5,90 m Höhe, dreimal mehr als ein erwachsener Mensch.

Der schnellste Schwimmer ist der Schwertwal; er erreicht Geschwindigkeiten von über 55 km/h.

DIE LÄNGSTEN TRAGZEITEN
Tragzeit oder Schwangerschaft nennt man die Zeit, in der ein Junges bis zur Geburt in der Gebärmutter seiner Mutter heranreift.

Säugetier	Dauer der Tragzeit
Afrikanischer Elefant	22 Monate
Indischer Elefant	22 Monate
Vierzahnwal	17 Monate
Breitmaulnashorn	16 Monate

STAATEN UNTER DER PRÄRIE
Die unterirdischen Baue der Schwarzschwanz-Präriehunde können zusammen riesige Ausmaße annehmen. Eine Kolonie in Texas (USA) bedeckte eine Fläche von 62 160 km²; das ist doppelt so groß wie der Staat Belgien.

STOSSZÄHNE, GEWEIHE UND HÖRNER
Die Stoßzähne des Elefanten sind die verlängerten zweiten Schneidezähne des Oberkiefers. Sie bestehen aus Elfenbein. Wilderer töten Elefanten, um an die Zähne zu kommen. Geweihe bestehen aus Knochen und werden jedes Frühjahr abgeworfen. Nur männliche Tiere tragen Geweihe. Wie Stoßzähne und Geweihe dienen auch Hörner der Verteidigung und werden bei Kämpfen innerhalb einer Herde als Waffe eingesetzt.

Horn des Spitzmaulnashorns

Die Stoßzähne eines Elefanten wachsen jährlich um 17 cm.

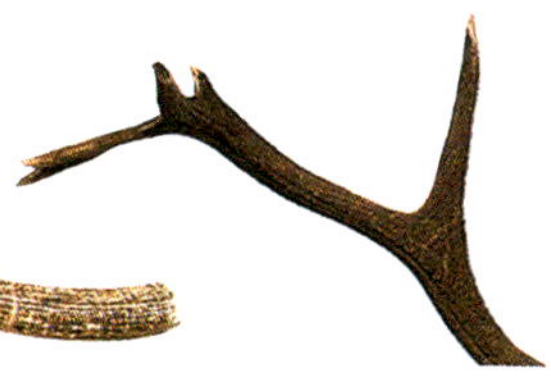
Geweih des Rothirsches

Horn der Hirschziegenantilope

SÄUGETIERSCHWÄNZE

Fast alle Säugetiere haben einen Schwanz. Damit können sie, je nach Art und Lebensweise, vielfältige Aufgaben erfüllen: Fliegen verscheuchen, sich untereinander verständigen und das Gleichgewicht halten.

Gleithörnchen haben einen abgeflachten Schwanz. Damit halten sie bei weiten Sprüngen das Gleichgewicht.

Pferdeschwänze bestehen aus zahlreichen langen, dicken Haaren. Die Tiere verscheuchen damit Fliegen und andere Insekten.

Einige Säugetiere haben einen Greifschwanz, um sich an Zweigen festzuhalten. Der Greifschwanz dieser Beutelratte ist an seiner Spitze haarlos und schuppig. Damit kann das Tier einen Ast fest umklammern.

Der Schwanz der Damhirsche ist oberseits dunkel und unterseits weiß. Bei drohender Gefahr richten Damhirsche ihren Schwanz auf. Die weiße Unterseite wird sichtbar und warnt die anderen Tiere im Rudel.

Elefantenschwänze enden in drahtigen Haaren. Manchmal halten sich die Tiere auf ihren Märschen mit dem Rüssel am Schwanz des Vordertieres fest.

Biber benutzen ihre flachen, schuppigen Schwänze als Ruder beim Schwimmen. Droht Gefahr, klatschen sie laut mit dem Schwanz auf das Wasser und warnen so ihre Artgenossen.

Die Halbaffenart der Kattas verbreitet mit ihrem geringelten Schwanz ihren persönlichen Duft.

Füchse wickeln bei Kälte ihren buschigen Schwanz um den Körper, um sich warm zu halten.

Der Schwanz einer Ratte ist lang, haarlos und mit Schuppen besetzt. Damit halten Ratten das Gleichgewicht.

SCHON GEWUSST?

Die kürzeste Schwangerschaft hat der Große Kurznasenbeutler. Die Jungen krabbeln schon nach 12,5 Tagen Schwangerschaft in den Beutel.

Die meisten Zitzen haben die Weibchen des Großen Tanrek: 29 Stück.

Der Pottwal kann am tiefsten tauchen. Er erreicht Tiefen über 2 000 m.

Von allen Säugetieren lebt der Indische Elefant am längsten. Er kann 90 Jahre alt werden.

Der größte Elefantenstoßzahn aller Zeiten maß 3,45 m und wog 117 kg.

Der größte Menschenaffe ist der Gorilla, der 220 kg wiegen kann.

Die Vampir-Fledermaus ist das einzige Säugetier, das sich nur von Blut ernährt. Innerhalb von 10 Minuten saugt sie ihrem Opfer, z.B. Rindern, so viel Blut aus dem Körper, wie sie selber wiegt. Dazu beißt sie eine Wunde in die Haut. Danach ist die Fledermaus so schwer, dass sie eine Zeit lang nicht mehr fliegen kann.

Der Blauwal ist mit 35 m Länge und 130 t Gewicht so schwer wie 150 Kleinwagen.

Der Gepard legt 100 m in 3,5 Sek. zurück. Das entspricht 103 km/h.

FORTBEWEGUNG VON SÄUGETIEREN

Fast alle Säugetiere bewegen sich auf vier Beinen fort. Einige Arten haben jedoch in Anpassung an ihren Lebensraum andere Formen der Fortbewegung entwickelt.

FLIEGEN

Fledermäuse sind die einzigen Säugetiere, die wirklich fliegen können. Einige andere Formen, wie das Gleithörnchen, besitzen jedoch Flughäute und können größere Entfernungen zwischen zwei Bäumen im Gleitflug zurücklegen.

SCHWIMMEN

Viele Säugetiere können schwimmen, aber nur wenige, wie die Delfine, verbringen ihr gesamtes Leben im Wasser.

HANGELN

Affen schwingen sich mit ihren Armen durch die Bäume. Diese Art der Fortbewegung heißt Hangeln. Gibbons können in einem einzigen Schwung eine Strecke von 3 m zurücklegen.

HÜPFEN

Um schnell vorwärtszukommen, hüpfen Kängurus auf ihren kräftigen Hinterbeinen. Der Schwanz dient ihnen als Balancestab und Steuer. Auch einige kleinere Nagetiere, z.B. die Springmäuse, hüpfen auf ihren Hinterbeinen vorwärts.

GRABEN

Manche Säugetiere, wie die Maulwürfe, bleiben lebenslang unter der Erde. Mit ihren schaufelartigen Vorderfüßen graben sie ihre Gänge, und mit den kräftigen Hinterfüßen stützen sie sich an den Wänden ab.

DIE SCHNELLSTEN SÄUGETIERE

Deutscher Name	Geschwindigkeit (in km/h)	Vorkommen
Gepard	120	Afrika
Gabelbock	86	Nordamerika
Mongolei-Antilope	80	Asien
Springbock	80	Afrika
Grantgazelle	76	Afrika
Thomsongazelle	76	Afrika
Feldhase	72	Europa
Pferd	70	weltweit

HUNGRIGE GROSSKATZE

Angeblich hat ein Tiger in der Region Champawat (Indien) 436 Menschen getötet. Im Jahr 1907 wurde dieser »Menschenfresser« erschossen.

SÄUGETIERE ALS HAUSTIERE

Alle Tiere, die von Menschen gehalten und gezüchtet werden, heißen Haustiere. Dazu gehören beispielsweise Schafe, Rinder, Hunde und Katzen. Viele Haustiere sind vom Menschen schon seit Hunderten oder sogar Tausenden von Jahren gezielt gezüchtet worden: Deshalb sehen Haustierrassen oft ganz anders aus als ihre wilden Vorfahren und verhalten sich völlig anders.

Chihuahua Bernhardiner

SCHON GEWUSST?

Ein Bernhardiner wird bis zu 77 kg schwer.

Eine der kleinsten Hunderassen ist der Chihuahua. Er erreicht ein Gewicht von nur 0,45 kg.

Die kleinste Katzenrasse ist die Singapura-Katze, die nur 2,7 kg wiegt.

Die größte Katzenrasse ist die Ragdoll-Katze. Männliche Tiere wiegen bis zu 9 kg.

Singapura

Ragdoll

Etwa die Hälfte der weltweit 835 Mio. Schweine werden in Asien gehalten.

Weltweit gibt es etwa 1 Mrd. Rinder.

ENTWICKLUNG DES HAUSHUNDES

Hunde waren die ersten Wildtiere, die vom Menschen gezähmt wurden. Dies geschah vor rund 12 000 Jahren. Alle Hunderassen stammen vom Wolf ab. Die Abbildung zeigt, von welchen Wölfen die verschiedenen Haushunde abstammen.

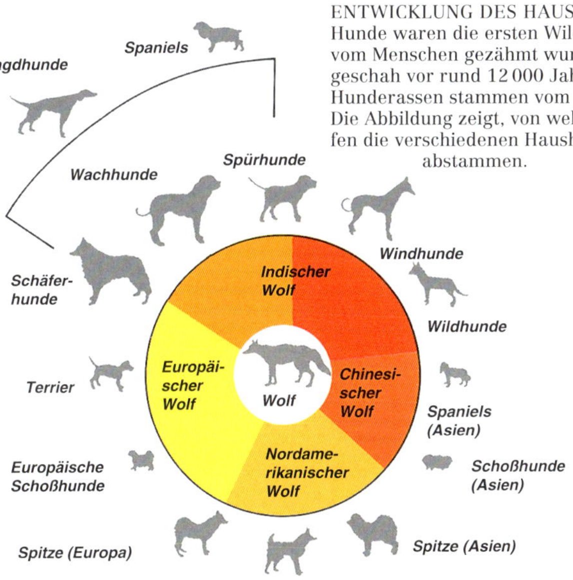

PERGAMENT

Im Mittelalter löste Pergament als Schreibmaterial den Papyrus aus getrocknetem Schilf ab, da es haltbarer und besser zur Beschriftung geeignet war. Pergament wurde aus besonders behandelten Tierhäuten von Rindern oder Schafen hergestellt. Über Jahrhunderte hinweg wurde das Pergament von Mönchen beschrieben und bemalt, aufgerollt oder zu Büchern gebunden.

VERSCHIEDENE HAUSTIERE		
Haustier	Nutzung	Zahl der Rassen (geschätzt)
Schaf	Fleisch, Wolle	300
Lama	Packtier, Fleisch, Wolle, Leder, getrockneter Dung als Brennmaterial, Talg für Kerzen	2
Ziege	Milch, Fleisch, Käse, Haare, Leder	300
Schwein	Fleisch, Leder	180
Rind	Fleisch, Milch und Milchprodukte, Leder, Lasttier	280
Katze	Mäuse- und Rattenjäger	110
Hund	Spür- und Blindenhunde, Sporthunde	186
Büffel	Milch, Butter, Lasttier	32
Trampeltier	Lasttier, Wolle, Milch, Leder, Fleisch, Dung	3
Dromedar	Lasttier, Wolle, Milch, Leder, Fleisch, Dung	4
Pferd, Esel, Maultier	Sport und Freizeit, Lasttier, Fleisch	100 (Pferd)

WISSENSWERTES

Im alten Ägypten galt die Katze als heiliges Tier der Göttin Bastet. Zu Ehren dieser Gottheit konnten auch Katzen mumifiziert werden.

Um zu ihrer Familie zu gelangen, wanderte eine Katze 2 414 km weit (von Kalifornien nach Oklahoma).

Schweine gelten als besonders schmutzige Tiere. In Wirklichkeit halten sie sich sauberer als die meisten anderen Haustiere.

Bereits vor 6 000 Jahren wurden Schafe domestiziert.

Eine schwarzbunte Kuh kann rund 6 000 Liter Milch im Jahr geben.

Weltweit gibt es etwa 1 Mrd. Schafe und 40 verschiedene Rassen.

Hausrinder stammen vom Auerochsen ab, der einst Asien und Europa bewohnte. Der letzte Auerochse starb im Jahr 1627.

Das Wildschwein ist die Stammform der Hausschweine.

RENNPFERDE

Angeblich stammen alle englischen Vollblut-Rennpferde von drei Zuchthengsten aus großen Wüsten ab: einem Araber-, einem Berber- und einem Turkmenenhengst. Zwischen 1689 und 1724 wurden diese Stammväter der heutigen Zuchten nach England gebracht. Reinrassige Vollblutpferde, die von diesen Ahnen abstammen, werden noch heute in Zuchtbücher eingetragen.

Maultier

MAULTIER UND MAULESEL

Aus einer Paarung zwischen einem Eselhengst und einer Pferdestute entsteht ein Maultier. Pferdehengst und Eselstute bringen einen Maulesel hervor.

WAHRNEHMUNG UND VERHALTEN

Mit ihren feinen Sinnen nehmen Tiere ihre Umwelt wahr. Manche ihrer Sinne sind weitaus empfindlicher als die der Menschen, z.B. der Geruchssinn des Hundes oder der Gehörsinn des Wüstenfuchses (Fennek). Neben ihren fünf Sinnen haben Tiere Fühler oder Tasthaare, die ihnen bei der Wahrnehmung helfen.

TIERISCHE SINNE

Viele Tiere können nicht nur hervorragend sehen und hören. Einige haben sogar einen »sechsten« Sinn, mit dem sie das Magnetfeld der Erde, elektrische Signale oder Wärmestrahlung wahrnehmen können.

Im Zentrum seines Gesichtsfeldes nimmt ein Adler alles vergrößert wahr.

Viele Tiere, z.B. Füchse, hören höhere Töne als Menschen.

Viele Tiere, z.B. Hunde, können Gerüche außerordentlich genau wahrnehmen.

Mit Hilfe empfindlicher Schnurrhaare finden sich Katzen auch in der Dunkelheit zurecht.

Die Fühler von Insekten können Berührungen, Geschmäcker und Gerüche ihrer Umgebung wahrnehmen.

Spinnen und Skorpione registrieren mit Hilfe besonders empfindlicher Tasthaare auch kleinste Luftbewegungen.

Fische haben ein Seitenlinienorgan aus einer Reihe von Sinnesgruben entlang den Körperseiten. Damit können sie Bewegungen im Wasser spüren.

Fledermäuse orientieren sich mit einem Echolot: Sie stoßen Ultraschalltöne aus, die von Hindernissen und Beutetieren zurückgeworfen werden.

Um den Kopf von Haien sitzen elektrische Sinnesorgane zum Aufspüren elektrischer Felder, die von Beutetieren ausgehen.

Viele Zugvögel finden ihren weiten Weg, indem sie auf das Magnetfeld der Erde reagieren.

Grubenottern »sehen« ein Wärmebild ihrer Beutetiere. Es entsteht durch die Körperwärme der Opfer.

BALZVERHALTEN

Um Weibchen zur Paarung anzulocken, haben die männlichen Tiere faszinierende Balzrituale. Dazu gehören das Imponierverhalten, das Vorzeigen prächtiger Körpermerkmale, Gesang oder auch Geschenke, die die Männchen den Weibchen anbieten.

Männliche Pfauen spreizen während der Balz ihre prachtvollen Schwanzfedern zu einem Rad, um die Weibchen zu beeindrucken.

ANGRIFFS- UND ABWEHRVERHALTEN

Tiere verfügen über mannigfaltige Techniken, um Beute zu fangen oder sich gegen Angreifer zu verteidigen. Wichtige Angriffstechniken sind das lautlose Anpirschen oder das blitzschnelle Anspringen der Beute. Zu den typischen Abwehrtechniken gehören Stiche oder das Verspritzen von Gift.

Der Karakal springt in die Luft, um einen Vogel zu fangen.

Der Bombardierkäfer spritzt Angreifern eine heiße, stinkende Flüssigkeit ins Gesicht.

TERRITORIALVERHALTEN

Viele Tiere verteidigen ein Territorium, d.h. ein bestimmtes Gebiet, in dem sie leben, Beute jagen und Junge aufziehen. Als Grenzmarkierungen rufen oder singen sie, sie markieren Büsche und Bäume mit ihrem persönlichen Duft oder sie legen ihre Kothaufen deutlich sichtbar ab.

Ein Gepard markiert sein Territorium.

ÜBERLEBEN

WINTERSCHLAF

Viele Tiere, die in kalten Gebieten leben, halten Winterschlaf. Ihre Körpertemperatur sinkt stark ab, der Herzschlag und die Atmung verringern sich, und sie leben von Fettreserven, die sie sich im Sommer angefressen haben.

SOMMERSCHLAF

Einige Tiere fallen auch in einen Sommerschlaf, um heiße und trockene Perioden zu überstehen.

Die Haselmaus rollt sich gegen Wärmeverlust eng zusammen.

Schnecken verbringen ihren Sommerschlaf an Halmen und Stengeln.

SINNESLEISTUNGEN UND VERHALTENSWEISEN

Die Augen einer Netz werfenden Spinne sind 19-mal empfindlicher als das menschliche Auge.

Der Gesang der Blauwale ist das lauteste Geräusch im Tierreich. Die Töne sind noch in 1 600 km Entfernung zu hören.

Die Thermometerhühner legen ihre Eier in einen Haufen verrottender Pflanzen. Mit dem Schnabel prüfen sie die Temperatur ihres Bruthaufens.

Die Körpertemperatur eines Tieres im Winterschlaf sinkt bis zu 32 °C unter seine normale Körpertemperatur.

MIMIKRY

Wehrlose Tiere ahmen das Aussehen wehrhafter Tiere nach, um Feinde abzuschrecken. Diese Raupe sieht wie eine Giftschlange aus.

SOZIALVERHALTEN

Viele Tiere leben in Gemeinschaften zusammen, wie z.B. Schimpansen oder Löwen. Es gibt eine Rangordnung, und jedes Tier kennt seine Stellung innerhalb der Gruppe. Oft beobachtet man eine Art Arbeitsteilung bei Nahrungssuche, Brutpflege und Verteidigung.

Mit besonderen Körperhaltungen zeigen in Wolfsrudeln höher gestellte Wölfe ihre Position gegenüber niederrangigen Tieren an.

Elefantenherden werden von einer älteren Elefantenkuh angeführt. Sie sorgt für Frieden und bestimmt, wohin die Herde zieht.

Leitkuh

Junges Männchen

Sechs Jahre alte Elefantenkuh

Eine Elefantenherde besteht aus erwachsenen Kühen und Jungtieren.

WERKZEUGE

Einige Tiere benutzen Werkzeuge, um an bestimmte Nahrung zu kommen. Schimpansen angeln mit Stöckchen nach Termiten, und Schmutzgeier werfen Steine, um Eier aufzuknacken.

Meerotter legen sich einen flachen Stein auf den Bauch und zerbrechen darauf die festen Gehäuse von Seeigeln und anderen Schalentieren.

WANDERUNGEN UND WOHNUNGEN

Viele Tiere halten sich ihr ganzes Leben lang in einem bestimmten Gebiet auf. Andere dagegen unternehmen Wanderungen, z.B. auf der Suche nach Nahrung, wärmerem Klima oder nach Plätzen, wo sie ihre Jungen gebären können.

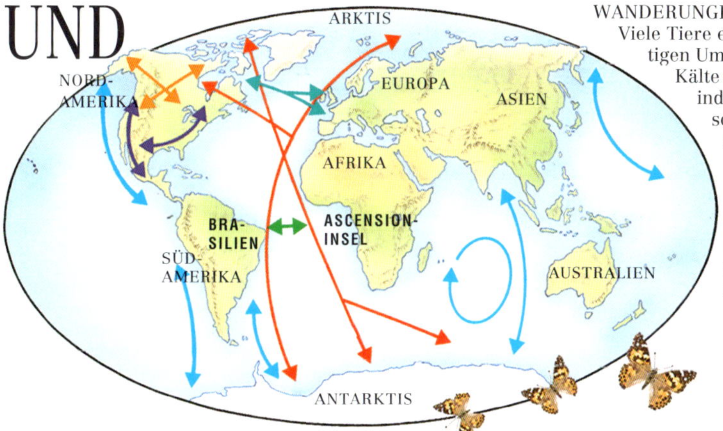

Blauwal
20 000 km

Küstenseeschwalbe
40 000 km

Karibu
2 250 km

Monarch-Falter
5 600 km

Suppenschildkröte
mehr als 2 000 km

Atlantischer Lachs
mehr als 2 000 km

WANDERUNGEN
Viele Tiere entziehen sich ungünstigen Umweltbedingungen wie Kälte oder Nahrungsmangel, indem sie auf Wanderschaft gehen. Manche Arten bleiben im Gebiet, ziehen aber beispielsweise vom Gebirge in die Ebene. Andere Tierarten legen riesige Entfernungen zurück – innerhalb eines Kontinents oder über Ozeane hinweg.

Der Distelfalter hält den Rekord bei den Insekten. Seine Flugstrecke beträgt 8 500 km. Da er sich nicht an eine festgelegte Route hält, ist sie nicht in die Karte eingetragen.

ORIENTIERUNG

Noch immer ist es ein Geheimnis, wie sich manche Tiere über große Entfernungen hin orientieren können. Fast alle Arten benutzen aber eine Mischung aus verschiedenen Methoden. Sie finden die Richtung beispielsweise mit Hilfe des Standes von Sonne und Sternen und bringen diese mit einer angeborenen »Karte im Kopf« in Verbindung.

SEHEN
Viele Vögel erkennen Geländemarken wie Küstenlinien, Bergketten und Wüsten.

ERDMAGNETFELD
Einige Tiere, z.B. der Monarch-Falter, steuern wahrscheinlich mit Hilfe eines magnetischen Sinnes.

GERUCH
Atlantische Lachse kehren zum Laichen in denselben Bach oder Fluss zurück, in dem sie aus dem Ei geschlüpft sind. Sie erkennen ihn mit Hilfe des Geruchssinnes.

REKORD-WANDERUNGEN
Der Zugvogel mit der längsten Zugstrecke ist die Küstenseeschwalbe (siehe Karte).

Unter den Säugetieren legt der Blauwal die weitesten Strecken zurück (siehe Karte).

TIERWOHNUNGEN
Einige Tiere bauen keine besonderen Wohnungen. Sie finden Schutz in einem Astloch, lassen sich auf einem Ast nieder oder verstecken sich unter einem Stein. Andere bauen komplizierte Nester oder Baue.

BEZEICHNUNGEN VON TIERWOHNUNGEN		
Tier	Art der Wohnung	Bezeichnung
Eichhörnchen	Nest aus Zweigen	Kobel
Dachs	Unterirdische Gänge und Kammern	Bau
Adler	Nest aus Zweigen	Horst
Kaninchen	Unterirdische Gänge und Kammern	Bau
Biber	Hügel aus Zweigen im See	Burg

ZUG DER LEMMINGE
Norwegische Lemminge wandern immer dann, wenn ihre Zahl an einem Ort zu groß und die Nahrung knapp wird. An Küsten, Flüssen oder Fjorden gehen die Tiere auch ins Wasser, um weiterzukommen. Obwohl Lemminge schwimmen können, ertrinken dabei viele. So entstand die Theorie vom Massenselbstmord der Lemminge.

ZUSAMMENLEBEN VON TIEREN

EINZELGÄNGER
Der Große Panda nimmt nur zur Paarungszeit Kontakt mit einem Weibchen auf.

PAARE UND FAMILIEN
Steinadler bleiben lebenslang als Paar zusammen. Sie ziehen jedes Jahr gemeinsam ihre Jungen auf.

GROSSE GRUPPEN
Erdmännchen leben in großen Gruppen mit einer ausgeprägten Arbeitsteilung und Rangordnung.

SYMBIOSE
Zusammenleben zweier Lebewesen zum gemeinsamen Nutzen: Ein Madenhacker pickt Zecken von einem Warzenschwein.

KOMMENSALISMUS
Hier profitiert nur ein Partner vom Zusammenleben: Die Nesselkapsel der Seeanemone schützt den Krebs.

PARASITISMUS
Parasiten leben auf oder in anderen Lebewesen. Dieser Floh saugt vom Blut seines Wirtes.

VERSCHIEDENE TIERWOHNUNGEN

NESTER
Viele Tiere, z.B. Vögel, Mäuse und Ameisen, bauen Nester. Dazu verwenden sie verschiedene Materialien wie Zweige, Schlamm, Blätter und Haare.

BAUE
Ein Bau ist eine Kammer oder ein Gang, der von einem oder mehreren Tieren gegraben wird. Das kann ein Loch in der Erde oder ein kompliziertes Gangsystem sein.

HÜGEL
Eine Termitenkolonie baut einen Hügel aus Lehm. Im Inneren gibt es Kammern, Galerien, Türmchen, eine Lüftung und ein Kühlsystem.

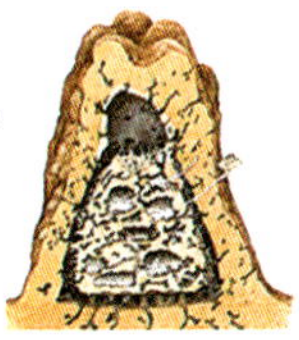

Termitenhügel

KRÜGE
Lehmwespen bauen für jedes Ei winzige Krüge aus Lehm. Darin legen sie außer dem Ei einen kleinen Futtervorrat ab.

Krug einer Lehmwespe

ASTLÖCHER UND HÖHLEN
Viele Tiere nutzen vorhandene Unterschlupfe. Eulen nisten in Astlöchern, Bären verkriechen sich in Höhlen.

Kaninchenbau

Nest einer Grasmücke

KORALLENRIFFE
Das 2 300 km lange Große Barriere-Riff vor Australien wurde von Korallenpolypen innerhalb von 800 Mio. Jahren aufgebaut.

BIBERDAMM
Biber stauen Flüsse zu Seen auf. In der Mitte dieses Sees bauen sie ihre stabile Burg. Das Wasser wird gerade so hoch gestaut, dass die Wohnkammer oberhalb des Wasserspiegels liegt.

Die Innenseite des Staudamms wird mit Schlamm abgedichtet.

Der einzige Zugang zur Burg führt durch eine Röhre, die sich ins Wasser öffnet.

Die kuppelförmige Burg wird aus Zweigen, Schilfrohr und Schlamm errichtet. Darin liegt die Wohnkammer.

Wintervorrat aus Zweigen

NAHRUNGSKETTEN UND NAHRUNGSNETZE

Pflanzen und Tiere eines Lebensraumes sind über Nahrungsketten miteinander verbunden. Nahrungsketten haben nur wenig Glieder, Nahrungsnetze verbinden mehrere Lebensgemeinschaften.

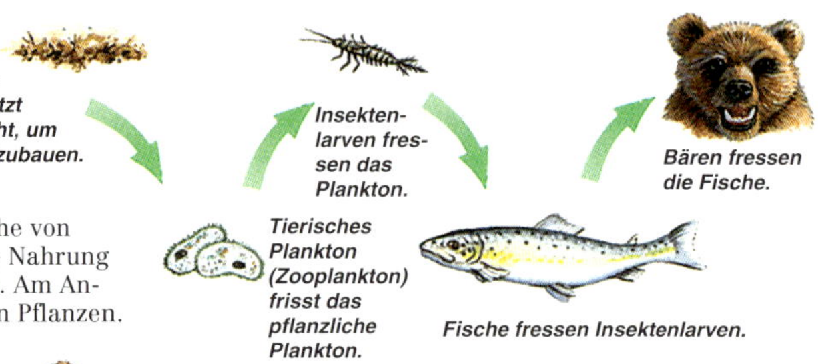

NAHRUNGSKETTE
Eine Nahrungskette ist eine Reihe von Lebewesen, von denen jedes die Nahrung für das jeweils nächste darstellt. Am Anfang einer Nahrungskette stehen Pflanzen.

NAHRUNGSNETZ
Die Verknüpfung verschiedener Nahrungsketten wird als Nahrungsnetz bezeichnet. Die Abbildung zeigt das Nahrungsnetz eines Sees. Es umfasst Land- und Wasserbewohner. Die Pfeile geben an, welcher Organismus jeweils von welchem anderen gefressen wird. Den Ausgangspunkt für dieses Nahrungsnetz bildet das pflanzliche Plankton (unten in der Abbildung).

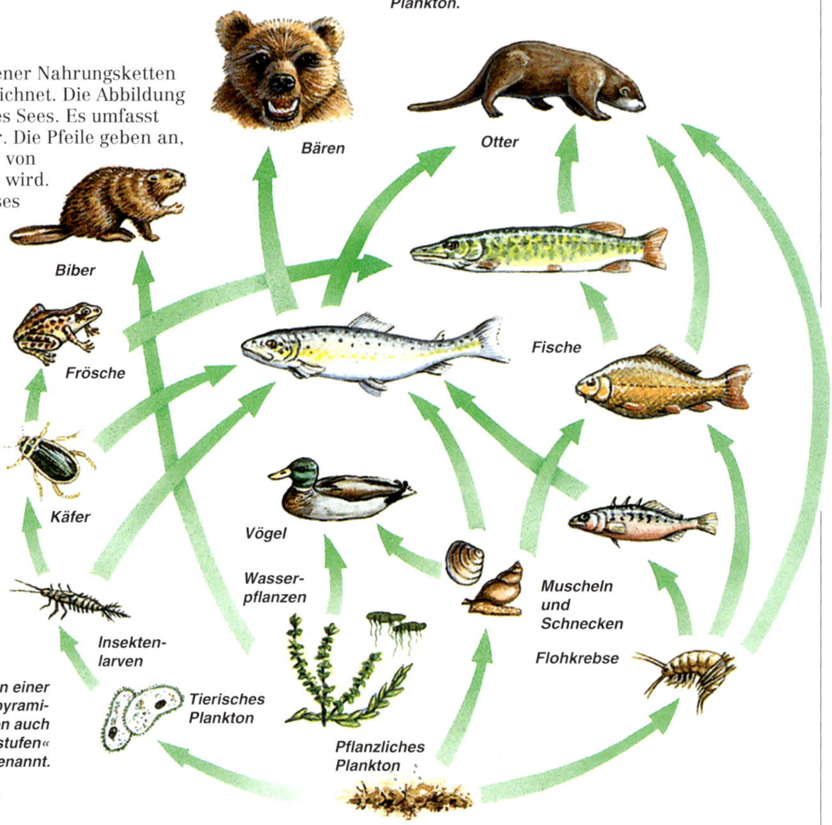

NAHRUNGSPYRAMIDE
Die Mitglieder einer Lebensgemeinschaft können in verschiedene Stufen einer Pyramide eingeordnet werden. Sehr viele Pflanzen können viele Pflanzenfresser ernähren, diese wiederum aber nur wenig Fleischfresser.

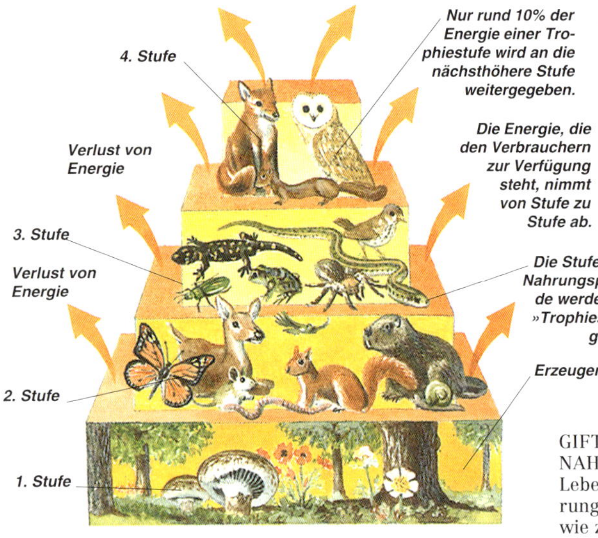

ERZEUGUNG IN LEBENSGEMEINSCHAFTEN Die Menge an organischem Material, das die grünen Pflanzen herstellen, ist nicht überall auf der Erde gleich. In dieser Tabelle sind einige Lebensgemeinschaften aufgelistet.	
Lebensraum	Erzeugung (Trockenes Pflanzenmaterial in Gramm pro m² und Jahr)
Korallenriff	2 500
Tropischer Regenwald	2 200
Gemäßigter Laubwald	1 250
Savanne	900
Ackerland	650
Ozeane	125
Halbwüsten	90

PFLANZENFRESSER
Pflanzen sind nicht sehr gehaltvoll, weshalb Pflanzenfresser, z.B. Raupen oder Elefanten, den größten Teil des Tages mit der Nahrungsaufnahme verbringen. Im Gegensatz zu Fleischfressern finden sie ihre Nahrung überall und müssen nicht jagen.

GIFTE IN DER NAHRUNGSKETTE
Lebewesen am Anfang der Nahrungskette nehmen Umweltgifte, wie z.B. Insektenvernichtungsmittel, mit der Nahrung auf. Die Gifte gelangen nach und nach in immer höhere Glieder der Nahrungskette und reichern sich in den Tieren in immer größeren Mengen an.

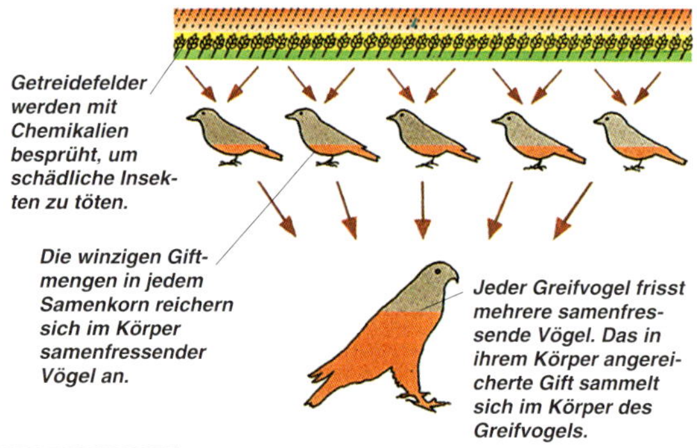

VERGIFTETE WALE
In den letzten 40 Jahren haben Umweltgifte den Sankt-Lorenz-Strom in Kanada immer stärker verseucht. Das Gift reicherte sich in den Nahrungsketten an. An der Spitze mancher Nahrungsketten steht der Belugawal. In seinem Körper sind oft so viele Gifte enthalten, dass ein toter Wal wie Giftmüll entsorgt werden muss.

SCHON GEWUSST?
Die kürzeste Nahrungskette besteht nur aus zwei Lebewesen: Der Große Panda frisst ausschließlich Bambus.

Die längsten Nahrungsketten entstehen, wenn wasser- und landlebende Pflanzen und Tiere beteiligt sind. Ein Beispiel: Kieselalgen werden von Wasserflöhen gefressen, Wasserflöhe von frisch geschlüpften Fischen, frisch geschlüpfte Fische von Libellenlarven, Libellenlarven von erwachsenen Fischen, erwachsene Fische von Reihern.

BEDROHTE ARTEN

Seit Beginn des Lebens auf der Erde sind schon Millionen von Tier- und Pflanzenarten ausgestorben. In den letzten 300 Jahren haben wir Menschen jedoch das Risiko des Aussterbens mehr als 1 000-fach erhöht. Nach Schätzungen stirbt heute alle 15 Minuten eine Art aus.

BEDROHUNG DER NATUR

Fast immer ist heute der Mensch durch Eingriffe in die Natur für das Aussterben von Pflanzen- oder Tierarten verantwortlich.

In Gebieten, in denen die Bevölkerungszahl stark anwächst, wird immer mehr Wald zugunsten von Anbauflächen, Siedlungen und Straßen gerodet.

Viele Tiere werden wegen ihrer Felle, Knochen oder Hörner getötet. Jaguar und Ozelot sind nur zwei der vielen Katzen, die von Wilderern abgeschossen und zu Pelzen verarbeitet werden.

Die größte Bedrohung für die Meere ist die Verschmutzung durch Abwässer, Industrieabfälle und Öl.

Tiere, die in ein Land eingeführt werden, können einheimische Wildtiere verdrängen. Weil natürliche Feinde fehlen, können sie sich schnell vermehren. Die nach Australien eingeführte Aga-Kröte hat die heimischen Lurche beinahe völlig verdrängt.

BEDROHTE TIERE

In dieser Tabelle sind die Zahlen der gefährdeten Arten jeder Tiergruppe aufgelistet. Bedrohte Tierarten werden weltweit von einer internationalen Organisation (IUCN = International Union for the Conservation of Nature) erfasst und in Roten Listen aufgeführt.

Tiergruppe	Zahl der gefährdeten Arten
Säugetiere	500
Vögel	880
Kriechtiere	170
Lurche	60
Fische	270
Insekten	875
andere Wirbellose Tiere	510

RETTUNG BEDROHTER ARTEN

Es gibt weltweit viele Versuche, bedrohte Tierarten vor dem Aussterben zu bewahren.

In Afrika ist die Jagd auf Wildtiere verboten. Wildhüter kontrollieren das Land, um Wilderer ausfindig zu machen.

Tiere, die in freier Wildbahn beinahe ausgerottet sind, wie die Weiße Oryxantilope, werden in Zoos gezüchtet und in ihren natürlichen Lebensräumen ausgesetzt.

SCHWINDENDER LEBENSRAUM FÜR TIGER

In den letzten 100 Jahren hat die Zahl der wild lebenden Tiger gefährlich abgenommen. Gründe dafür sind die Zerstörung ihrer natürlichen Lebensräume und die Wilderei. Besonders in Indien war der Königstiger schon beinahe ausgerottet. Die Karte zeigt, wie klein das Verbreitungsgebiet des Tigers geworden ist, und gibt geschätzte Zahlen für die verbliebenen Tiere an.

Ursprüngliches Verbreitungsgebiet

Heutiges Verbreitungsgebiet (inselhaft)

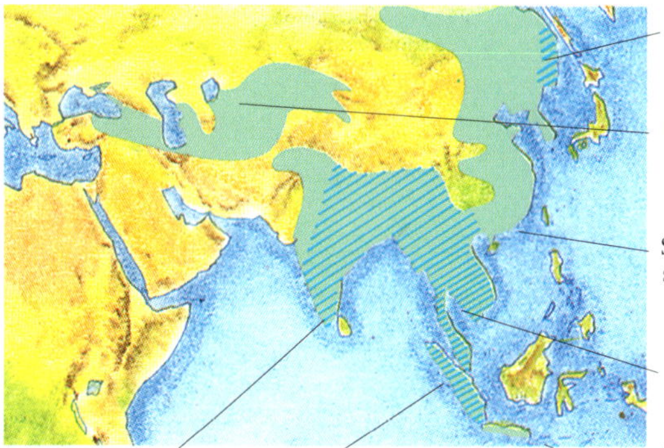

ARTENSTERBEN

Eine Art gilt als ausgestorben, wenn sie in freier Wildbahn länger als 50 Jahre nicht mehr beobachtet wurde. Diese Grafik zeigt, wie viele Arten in den letzten 300 Jahren ausgestorben sind.

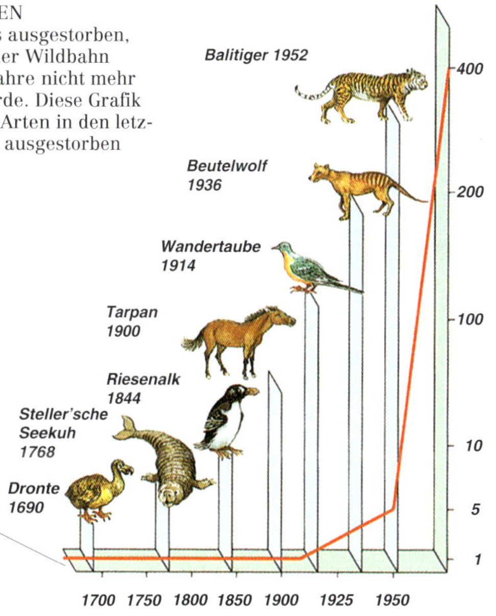

Die rote Kurve gibt die Anzahl der ausgestorbenen Arten im jeweiligen Jahr an.

DIE AM STÄRKSTEN BEDROHTEN TIERARTEN

In dieser Tabelle sind einige der seltensten Tiere der Erde erfaßt. Manche bedrohte Art kommt in Freiheit gar nicht mehr vor, sondern wird nur noch in Zoos gezüchtet. Vielleicht kann die eine oder andere Art eines Tages wieder in die Freiheit entlassen werden, wenn dort ihr Überleben gesichert ist.

Deutscher Name	Wissenschaftlicher Name	Verbreitung
Tiger	Panthera tigris	Asien
Spitzmaulnashorn	Diceros bicornis	Afrika
Großer Panda	Ailuropoda melanoleucal	China
Kragenbär	Ursus thibetanus	Asien
Gewöhnlicher Tunfisch	Thunnus thynnus	Atlantischer Ozean
Echte Karettschildkröte	Eretmochelys imbricata	tropische Riffe
Saiga	Saiga tatarical	Mongolei, Russland
Ägyptische Landschildkröte	Testudo Kelinmanni	Ägypten, Israel, Lybien
Java-Nashorn	Rhinoceros sondaicus	Südostasien
Rotlori	Eoshistrio	Indonesien
Dosenschildkröte	Terrapene spp	Kanada, USA, Mexiko
Katzenbär	Ailurus fulgens	Himalaya

REKORDE IM TIERREICH

Riesig, winzig, giftig, zahm, gefährlich – in der Tierwelt gibt es eine fast unglaubliche Vielfalt von Lebensweisen, Größen, Merkmalen und Besonderheiten, die hier in einer Auswahl vorgestellt werden.

GRÖSSTE FLÜGELSPANNWEITEN

VÖGEL
Der Wanderalbatros hat eine Flügelspannweite von rund 3,60 m.

FLEDERMÄUSE
Flughunde der Gattung Pteropus sind die größten Fledermäuse der Welt. Ihre Flügelspannweite beträgt bis zu 2 m.

Wanderalbatros

Flughund

DIE GRÖSSTEN TIERE

GRÖSSTES WEICHTIER
Riesenkalmar; 20 m lang; Nordatlantischer Ozean

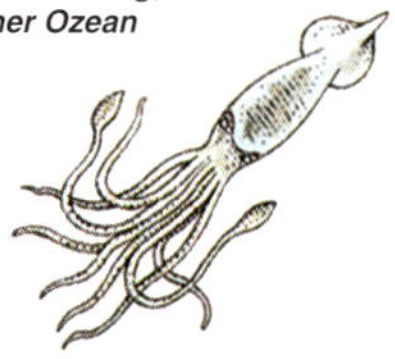

GRÖSSTES INSEKT
Goliathkäfer; 110 g; tropisches Afrika

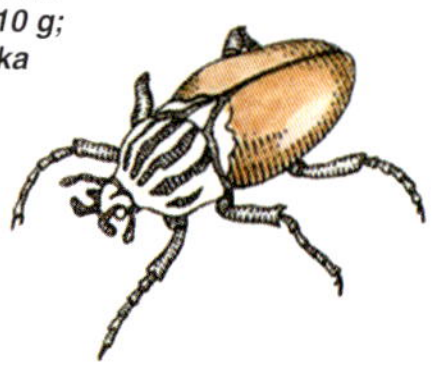

GRÖSSTE SPINNE
Leblondis Vogelspinne; Spannweite der Beine 28 cm; Brasilien, Venezuela, Guyana, Französisch Guyana

GRÖSSTES KREBSTIER
Japanische Seespinne; Spannweite der Beine fast 4 m Japan

GRÖSSTER LURCH
Japanischer Riesensalamander; 1,50 m lang; Japan

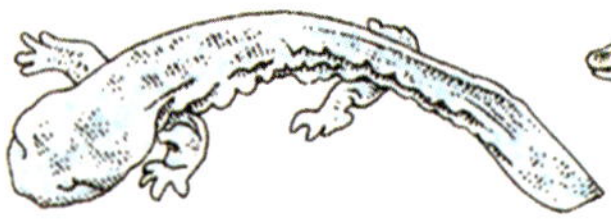

GRÖSSTES KRIECHTIER
Leistenkrokodil; 6 m lang; Südostasien, Indonesien, Philippinen, Neuguinea, Australien

GRÖSSTER FISCH
Walhai; 12,6 m lang; Atlantik, Pazifik, Indischer Ozean

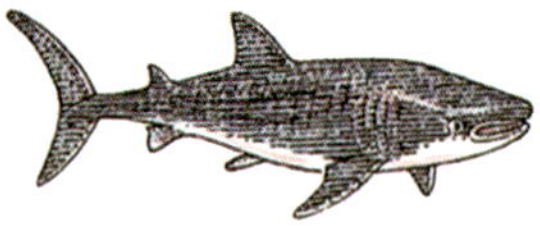

GRÖSSTER VOGEL
Strauß; 2,70 m hoch; vor allem östliches und südliches Afrika

GRÖSSTES SÄUGETIER
Blauwal; 35 m lang; weltweit, vor allem in Ozeanen der südlichen Halbkugel

DIE KLEINSTEN TIERE

KLEINSTES INSEKT
Zwergwespe; 0,2 mm lang; weltweit

KLEINSTER LURCH
Stumpffia pygmaea; 10–12 mm lang; Brasilien

KLEINSTER FISCH
Zwerggrundel; 8,6 mm lang; Philippinen

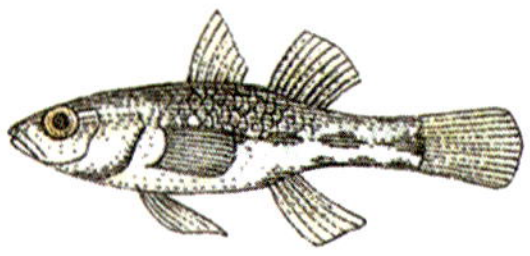

KLEINSTES KRIECHTIER
Kugelfingergecko; 18 mm lang; Jungferninseln

KLEINSTER VOGEL
Zwergkolibri; 5,7 cm lang; Kuba

KLEINSTES SÄUGETIER
Schweinsnasen-Fledermaus; 3,3 cm lang; Thailand

DIE LAUTESTEN TIERE

MEERESTIERE
Unter allen Tieren macht der Blauwal die lautesten Geräusche. Seine Gesänge sind 188 db (Dezibel) laut. Andere Wale können sie noch in 1600 km Entfernung hören.

LANDTIERE
Das Geschrei der Brüllaffen ist bis in 3 km Entfernung zu hören.

Brüllaffe

INSEKTEN
Zikaden sind noch aus einer Entfernung von 400 m zu hören.

Zikade

SCHON GEWUSST?
Der Kokoskrebs benutzt seine Scheren zum Klettern auf Palmen. Mit seinen kräftigen Scheren kann er Kokosnüsse knacken.

Der Schneeleopard ist die einzige Großkatze, die schnurren kann wie eine Kleinkatze.

Die Portugiesische Galeere, eine Quallenart, kann bis zu 50 m lange Fangarme haben.

LEBENSALTER
Es gibt Tiere, die nur einen bis wenige Tage leben, andere werden älter als 200 Jahre. Hier ist das geschätzte Höchstalter einiger Arten angegeben.

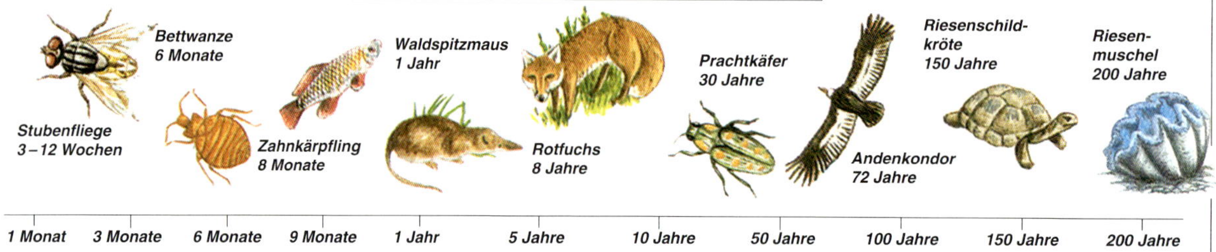

GIFTIGE TIERE

GIFTIGSTE WEICHTIERE
Ein einziger Biss des Kraken Hapalochlaena kann einen Menschen töten. Drei Arten von Kegelschnecken haben tödlich wirkende Giftstachel auf ihrer Raspelzunge.

GIFTIGSTER FISCH
Wer auf den Steinfisch tritt, der im Flachwasser des Pazifischen und Indischen Ozeans lebt, kann sich an den giftigen Stacheln der Rückenflosse verletzen. Das Gift ruft starke Schmerzen hervor und kann tödlich wirken.

GIFTIGSTER FROSCH
Der Goldene Pfeilgiftfrosch lebt in Kolumbien (Südamerika). Aus seiner Haut tritt das stärkste Gift aller Tierarten aus. Das Gift eines einzigen Frosches könnte 1 500 Menschen töten.

GIFTIGSTES SÄUGETIER
Das Schnabeltier spritzt sein Gift mit Hilfe eines Sporns auf einem seiner Hinterbeine ein.

GIFTIGSTE QUALLE
Wird ein Mensch mehr als sechsmal von einer Würfelqualle genesselt, kann er innerhalb von 2 bis 3 Minuten sterben. Diese Qualle lebt in riesigen Schwärmen vor der Nordküste Australiens.

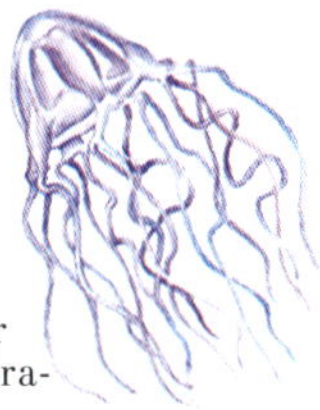

GIFTIGSTE SPINNE
Eine brasilianische Kammspinne der Gattung Phoneutria mit einer Fußspannweite von 10 cm ist die giftigste aller Spinnen. Da ihr Biss zu schwach ist, um Menschen zu verletzen, kommt es aber nur selten zu Todesfällen.

GIFTIGSTE SCHLANGE
Das Gift vieler Schlangen kann für den Menschen tödlich sein. Seeschlangen der Gattung Hydrophis haben unter allen Schlangen das stärkste Gift.

GIFTIGSTER VOGEL
Einer der wenigen bekannten Giftvögel ist der Zweifarben-Pitohui, der in Neuguinea vorkommt. Dieser auffällig gefärbte Vogel scheidet ein Gift aus, das dem der Pfeilgiftfrösche ähnlich ist.

TAIPAN
Der Taipan, eine bis zu 4 m lange Natter aus Nordost-Australien und Neuguinea, ist die gefährlichste australische Giftschlange. Das Gift einer einzigen Schlange könnte 125 000 Mäuse töten.

GRÖSSTE INSEKTENBAUTEN
Die Hügel einiger Termitenarten können bis zu 12 m hoch werden. Das ist mehr als sechsmal so groß wie ein erwachsener Mensch.

TIEFSEETIERE

GRÖSSTE TIERE

Eine Giraffe erreicht 5,90 m Höhe.

Der größte Vogel ist der Strauß; wegen seiner Größe kann er nicht mehr fliegen. Zu den größten flugfähigen Vögeln gehören die Kraniche: Einige Arten, wie der Mandschurenkranich, werden fast 2 m hoch.

DIE SCHWERSTEN TIERE

Deutscher Name	Gewicht (in kg)	Vorkommen
Blauwal	130 000	Ozeane
Afrikanischer Elefant	5 000	Afrika
Indischer Elefant	4 000	Asien
Breitmaulnashorn	2 200	Afrika
Flusspferd	2 000	Afrika
Giraffe	1 200	Afrika
Leistenkrokodil	1 100	Australien, Südostasien
Gaur	900	Südostasien
Bison	800	Nordamerika
Kodiakbär	800	Alaska
Yak	800	Tibet

GESCHWINDIGKEITEN VON TIEREN

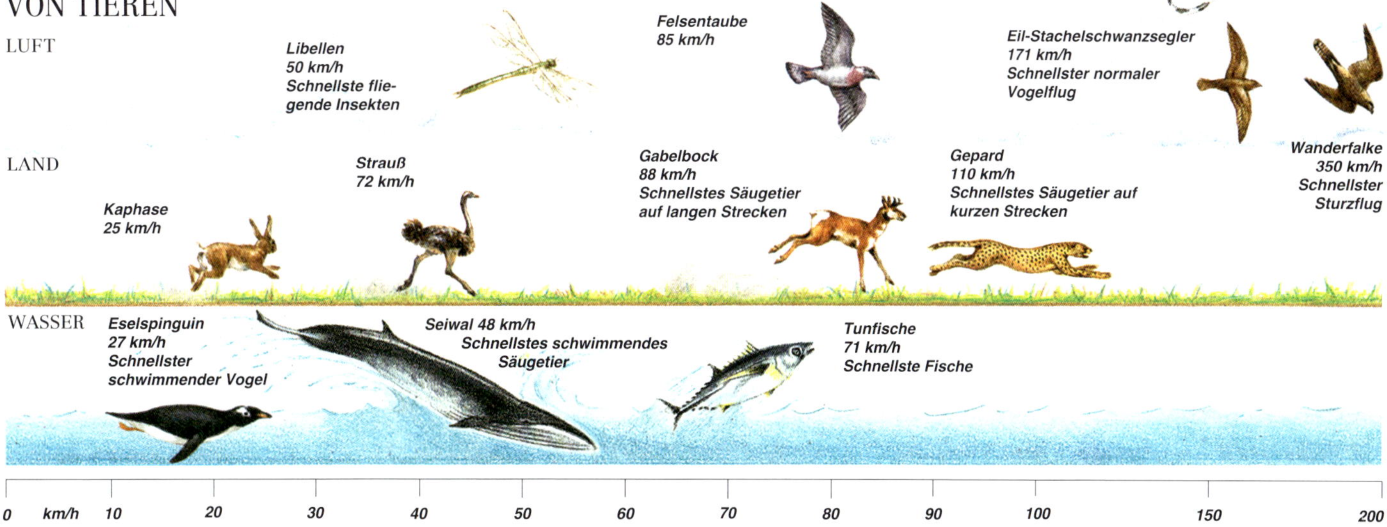

WEITE SPRÜNGE

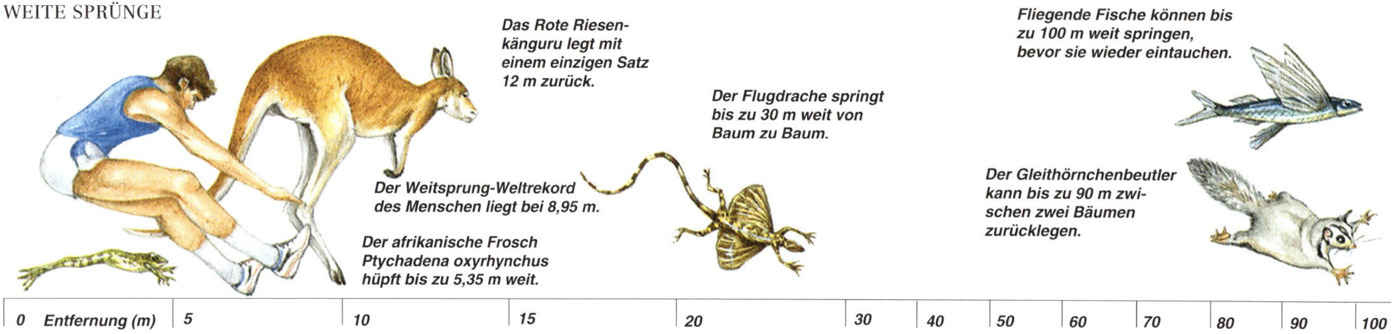

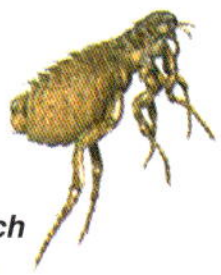

Im Verhältnis zu ihrer Körpergröße sind Flöhe Weltmeister im Springen. Der Menschenfloh kann 19 cm hoch springen. Das entspricht dem 130fachen seiner Körpergröße.

GRÖSSTE TIERGRUPPEN

KREBSTIERE
Krillschwärme können 440 km² Ozean bedecken. In solch riesigen Schwärmen leben rund 80 Mrd. Tiere; etwa 13-mal mehr als die gesamte Weltbevölkerung.

VÖGEL
Blutschnabelweber treten in Schwärmen von bis zu 10 Mio. Vögeln auf.

Heuschreckenschwarm

INSEKTEN
Heuschrecken können in riesigen Schwärmen auftreten. Im Jahr 1873 machte sich ein Schwarm von rund 10 000 Milliarden Heuschrecken von den Rocky Mountains auf den Weg durch die USA.

KÄFER ALS MUSKELPROTZ
Eines der stärksten Insekten ist der Riesenkäfer Chalcosoma atlas. Er hebt das 800fache seines Körpergewichtes an. Ein Mensch müsste im Vergleich einen ganzen Panzer hochstemmen.

ENERGIEVERBRAUCH
Diese Tabelle gibt an, wie viele Kilo-Joule (kJ) unterschiedliche Tiere und Menschen täglich brauchen, um zu überleben (ohne besondere Anstrengung).

Erwachsenes Tier	Energieverbauch (kJ)
Hausmaus	45,4
Rotkehlchen	89,9
Wanderfalke	277
Grauhörnchen	386
Wüstenfuchs	1 067
Hauskatze	1 554
Mantelpavian	6 762
Großer Ameisenbär	7 392
Frau	10 080
Mann	13 713
Lama	16 128
Tiger	33 600
Gorilla	34 020
Schwarzbär	38 556
Giraffe	152 754
Walross	159 852
Indischer Elefant (Bulle)	256 872

DIE GEFÄHRLICHSTEN TIERE

Jedes Jahr sterben Tausende von Menschen an den Folgen von Schlangenbissen.

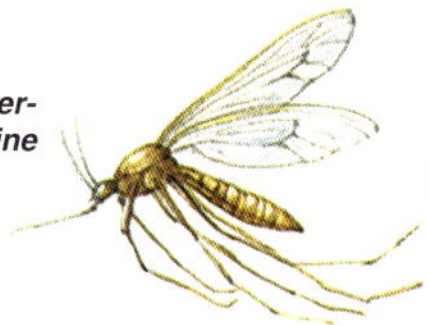

Stechmücken übertragen Malaria, eine Krankheit, an der jedes Jahr 3 Mio. Menschen sterben.

Der Biss einer Schwarzen Witwe, einer giftigen Spinne, kann tödlich sein.

Jedes Jahr werden rund 100 Menschen von Haien angegriffen; ein Viertel dieser Angriffe endet tödlich.

Leistenkrokodile (rechts) und Nilkrokodile können Menschen angreifen und töten.

Viele Menschen sind allergisch gegen Bienen- und Wespenstiche.

In Indien dringen immer wieder Tiger in kleinere Dörfer ein und fallen Menschen an.

TRAGZEIT
Unter Tragzeit (Schwangerschaft) versteht man die Zeit, die ein Junges in der Gebärmutter seiner Mutter verbringt. Die Tragzeit endet mit der Geburt. Angegeben ist hier auch die durchschnittliche Zahl der Jungen.

Virginia-Opossum
12 Tage; 8–14 Junge

Goldhamster
15 Tage; 6–8 Junge

Hausmaus
20 Tage; 6–8 Junge

Rotes Riesenkänguru
33 Tage; 1 Junges

Löwe
105–108 Tage; 3–4 Junge

Ziege
150 Tage; 1–2 Junge

Orang-Utan
250 Tage; 1 Junges

Mensch
267 Tage; 1–2 Kinder

Kuh
278 Tage; 1 Junges

Delfin
360 Tage; 1 Junges

Indischer Elefant
660 Tage; 1 Junges

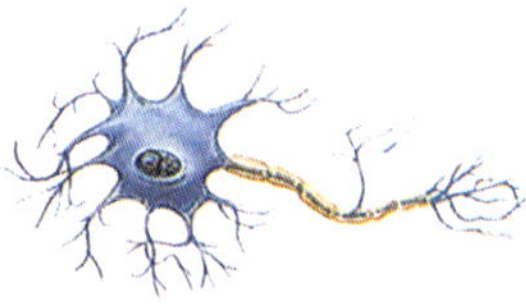

DER MENSCHLICHE KÖRPER

Dieses Kapitel befasst sich mit dem Körper des Menschen, der wächst, arbeitet, beweglich ist und sich vor Krankheiten schützen kann.
Verwandte Themenbereiche behandeln die Entwicklungsgeschichte des Menschen, Fortpflanzung und Wachstum, Geschichte der Medizin, Naturheilverfahren, Ernährung und erste Hilfe.

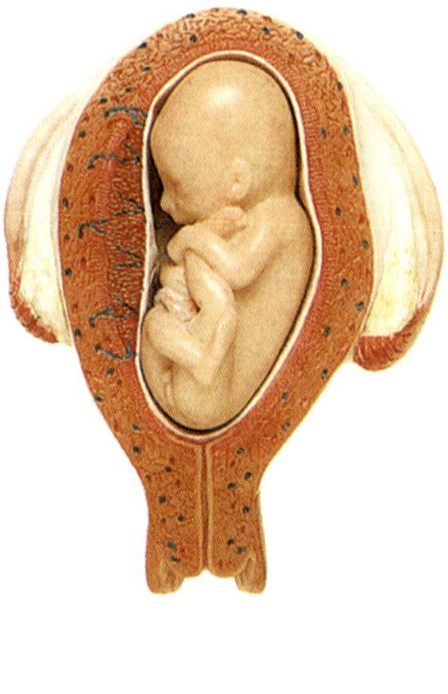

DIE GATTUNG MENSCH

Die Wissenschaftler gehen davon aus, dass das erste Lebewesen auf der Erde ein einzelliger Organismus war. Er entstand vor etwa 4 Mrd. Jahren. Aus den Einzellern entwickelten sich in unvorstellbar großen Zeiträumen Pflanzen und Tiere. Die ersten menschenähnlichen Geschöpfe, die Hominiden, erschienen vor ungefähr 5 Mio. Jahren auf unserem Planeten.

DER STAMMBAUM DES MENSCHEN

SIVAPITHECUS
vor 7 bis 13 Mio. Jahren
Früher Vorläufer des Orang-Utan

ORANG-UTAN
Wegen seiner unterschiedlichen Schädelform gehört er nicht zur Familie der Menschen, Schimpansen und Gorillas.

ÄGYPTOPITHECUS
vor 30 Mio. Jahren
Vorläufer von Affen, Affenmenschen und Menschen

AUSTRALOPITHECUS
vor 1,5 bis 5 Mio. Jahren
Der erste Affenmensch mit aufrechtem Gang.

SCHIMPANSE/GORILLA
Ihrer Schädelform nach zählen sie zur Familie der Menschenartigen. Sie gehen aber nicht aufrecht, und ihr Gehirn ist kleiner.

HOMO HABILIS
vor 1,5 bis 2 Mio. Jahren
Er stellte Werkzeuge her und war Jäger und Sammler.

HOMO ERECTUS
vor 0,5 bis 1,5 Mio. Jahren
Er benutzte Feuer und Behausungen, um in kühleren Gegenden zu überleben.

HOMO SAPIENS NEANDERTALIENSIS
vor 40 000 bis 100 000 Jahren
Unterart des heutigen Menschen mit wulstigem Überaugendach. Erste Bestattungen.

HOMO SAPIENS SAPIENS
vor 40 000 Jahren
Diese Art, zu der auch der heutige Mensch gehört, brachte die ersten Künstler hervor. Von Afrika aus verbreitete sich Homo sapiens sapiens vor 11 000 Jahren über alle Kontinente.

DIE ENTWICKLUNG DES GEHIRNS

Homo habilis, der erste Vertreter der Gattung Mensch, hatte ein größeres Gehirn als die ersten Affenmenschen. Es war trotzdem nur halb so groß wie unser Gehirn heute. Mit dem Gehirn nahmen auch das Denkvermögen des Menschen zu und seine Fähigkeit zu überleben.

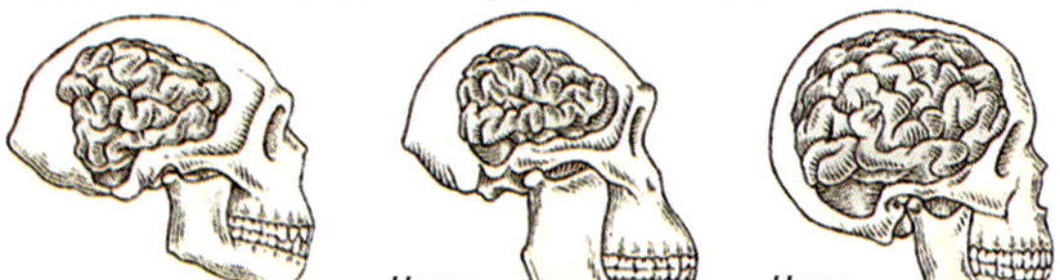

MENSCHLICHE SKELETTFUNDE

Die Grundstruktur des menschlichen Körpers ist im Wesentlichen gleich geblieben. Skelettfunde können uns daher viel über Ausbreitung und Entwicklung der menschlichen Rasse sagen.

Lucy
Ein 3 Millionen Jahre altes Skelett einer Australopithecus-Frau aus Äthiopien

Homo-habilis-Schädel
In Ostafrika fand man mehrere Skeletteile und Werkzeuge.

Der Peking-Mensch
Schädelfunde des Homo erectus in der Nähe von Peking

Neandertaler
Skelettfunde in ganz Europa

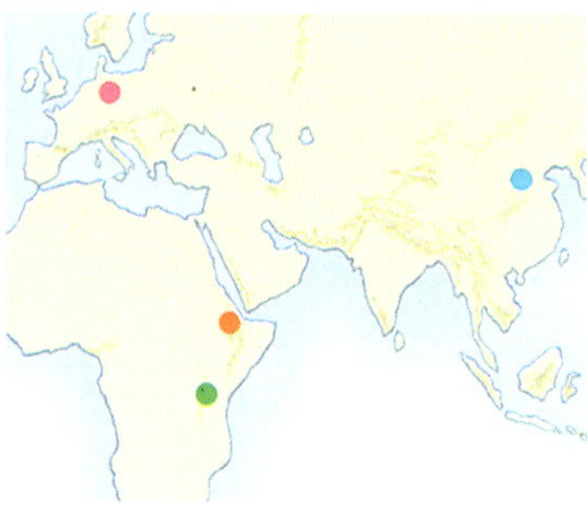

SKELETTBAU

Das menschliche Skelett ist für den aufrechten Gang gebaut. Einige Beispiele: Die Zehen des Menschen zeigen gerade nach vorn. Der Fuß kann beim Gehen abrollen und gibt festen Halt im Stehen. Der Fuß des Gorillas ist für Greifbewegungen geeignet. Die Hüftknochen des Homo sapiens sind schmaler als die des Gorillas. Dies erleichtert ebenfalls das Gehen. Der Kopf des Menschen sitzt, im Gegensatz zum Gorillaschädel, etwa im Gleichgewicht auf der Wirbelsäule.

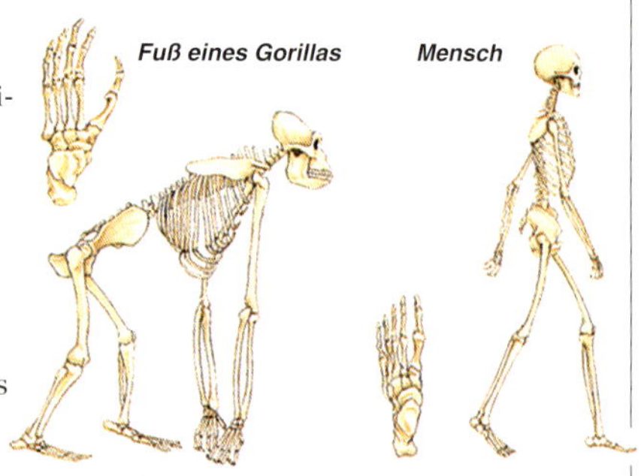

WISSENSWERTES

Die ersten Menschen hatten Weisheitszähne, um Wurzeln kauen zu können. Mit der Verfeinerung der Nahrung haben sich die Kiefer des Menschen zurückgebildet. Viele Menschen haben heute keine Weisheitszähne mehr.

Die Neandertaler hatten ein etwas größeres Gehirn als der heutige Mensch, obwohl sie nicht intelligenter waren. Der Grund liegt wahrscheinlich darin, dass ihr Körper insgesamt kräftiger gebaut war.

DIE UHR DER EVOLUTION

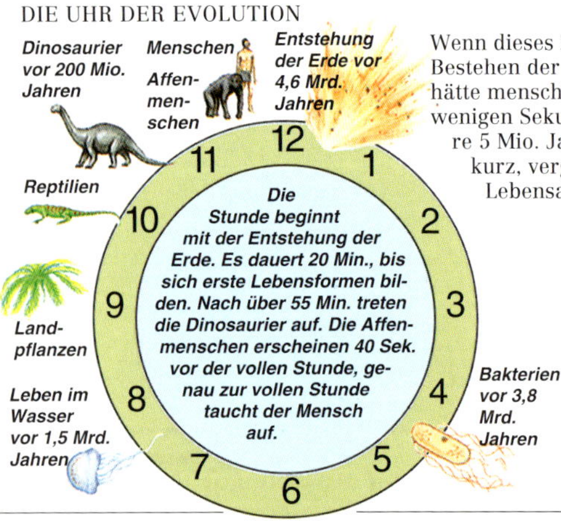

Wenn dieses Zifferblatt die Zeit seit Bestehen der Erde darstellen würde, hätte menschliches Leben erst vor wenigen Sekunden begonnen. Unsere 5 Mio. Jahre alte Geschichte ist kurz, verglichen mit der anderer Lebensarten.

»ÖTZI«

1991 wurde im Ötztal in den Alpen der älteste vollständige Körper eines Homo sapiens gefunden. Die inneren Organe, die Haut und sogar die Augen des »Ötzi« waren im Gletschereis unversehrt erhalten geblieben.

Der »Ötzi« starb vor 5300 Jahren.

DIE FÄLSCHUNG VON PILTDOWN

In Piltdown in England fand man Skelettteile, die man zunächst einer noch fehlenden Zwischenform zwischen Affenmenschen und Menschen zuschrieb. 1953 aber zeigten Untersuchungen, daß es sich um den Schädel eines Menschen aus dem 14. Jh. und den Kiefer eines Orang-Utan aus dem 15. Jh. handelte.

DIE FAMILIE DER MENSCHEN

Als die Menschen sich über die ganze Erde verbreiteten, entwickelten sie unterschiedliche äußere Merkmale entsprechend dem jeweiligen Klima. Die Haare z.B. wurden in nördlichen Ländern heller, in südlichen dunkler, ebenso die Hautfarbe.

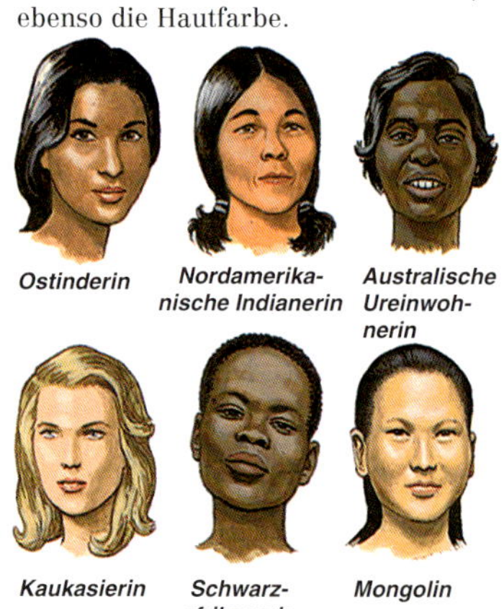

DER KÖRPER

Der menschliche Körper setzt sich aus verschienenen Organsysteme n zusammen. Die Organsysteme bestehen aus Einzelorganen, diese aus verschiedenen Arten von Geweben. Ein Gewebe wird aus Zellen gleichartiger Funktion gebildet.

ZELLWACHSTUM

Kinder und Jugendliche wachsen, indem sich die Körperzellen durch Teilung vervielfältigen. Einige Zellarten vermehren sich auch noch im Erwachsenenalter, um abgestorbene Zellen zu ersetzen, z. B. Knochen-, Haut- und Blutzellen.

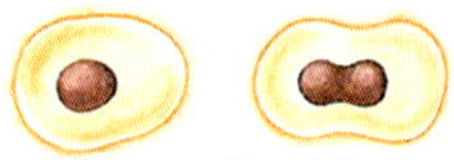

Der Zellkern vergrößert sich.

Der Zellkern beginnt sich zu teilen.

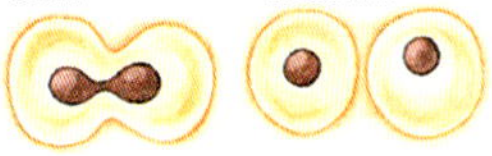

Zuerst teilt sich der Zellkern, dann die ganze Zelle.

Die Zellen werden so groß wie die Ursprungszelle.

WIE DER KÖRPER FUNKTIONIERT

Alle Vorgänge im Körper werden von Nervenzellen gesteuert.

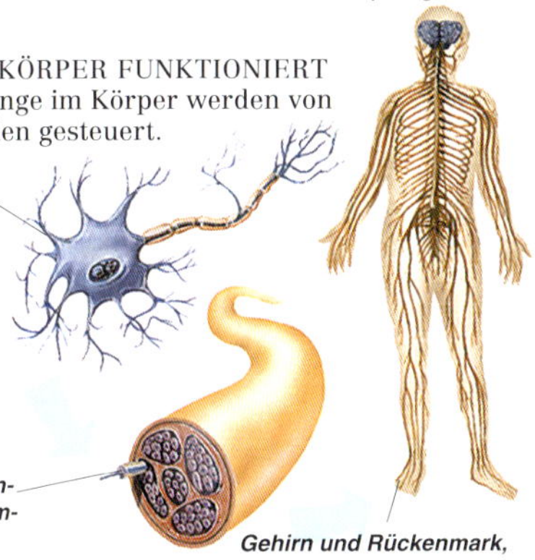

Der Körper des Menschen hat Milliarden von Nervenzellen.

Viele Nervenzellen zusammen bilden einen großen Nerv.

Gehirn und Rückenmark, die wichtigsten Organe unseres Nervensystems, bestehen aus lauter Einzelzellen, die sich zu Gewebe und Nervenbahnen verbinden.

DAS INNERE EINER ZELLE

Fast alle menschlichen Zellen sind so klein, dass man sie nur durch das Mikroskop sehen kann. Ihr Durchmesser beträgt im Durchschnitt 0,02 mm. Jede Zelle enthält Organellen: Wie Organe erhalten sie die Zelle am Leben.

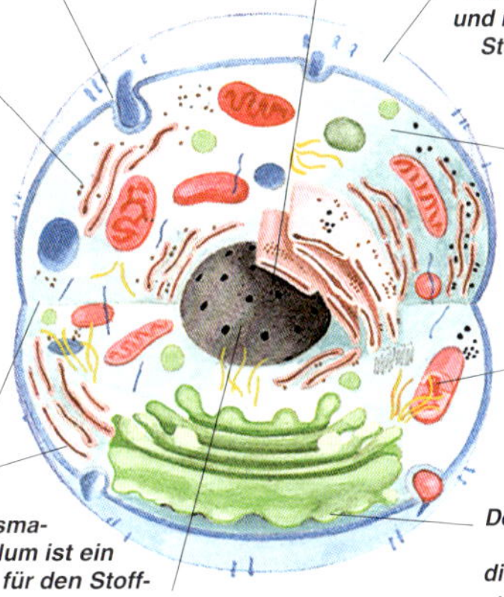

Poren sind Einbuchtungen der Zellmembran.

Der Zellkern ist die Steuerzentrale.

Die Zellmembran hält die Zelle zusammen und ist für bestimmte Stoffe durchlässig.

Die Ribosomen stellen Eiweiße her.

Die Lysosomen enthalten chemische Verbindungen, die die von der Zelle aufgenommenen Nahrungsteilchen zersetzen.

Das Zytoplasma besteht hauptsächlich aus Wasser und Eiweiß.

Die Mitochondrien versorgen die Zelle mit Energie.

Das Endoplasmatische Retikulum ist ein Kanalsystem für den Stofftransport innerhalb der Zelle.

Der Zellkern enthält die Erbanlagen.

Der Golgi-Apparat verpackt Stoffe, die ausgeschleust werden sollen, in winzige Membrankügelchen.

DIE ENTDECKUNG DER ZELLE

1838 entdeckte der deutsche Botaniker Matthias Schleiden, dass Pflanzen aus Zellen aufgebaut sind. 1839 wandte der deutsche Wissenschaftler Theodor Schwann diese Theorie auch auf Tiere an. Er befasste sich mit der Erforschung des Nervensystems. Deshalb wurden bestimmte Nervenzellen nach ihm benannt: die Schwann-Zellen.

Matthias Schleiden (1804–1881)

Theodor Schwann (1810–1882)

ZELLARTEN

Es gibt über 200 verschiedene Zellarten, von denen jede eine spezielle Aufgabe hat.

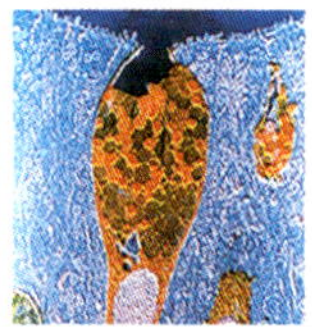

Zwölffingerdarmzellen erzeugen Schleim zum Schutz vor Magensäure.

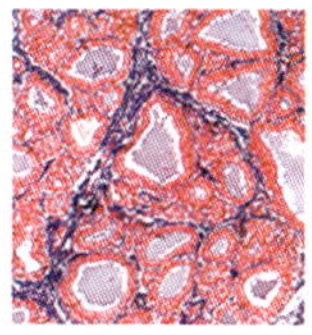

Absonderungen der Schilddrüsenzellen kontrollieren den Stoffwechsel.

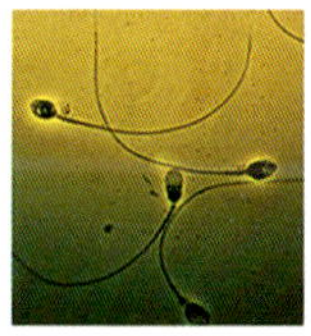

Spermazellen leben im weiblichen Fortpflanzungstrakt bis zu 7 Tage.

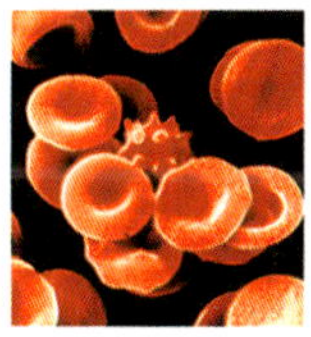

Rote Blutkörperchen befördern Sauerstoff. Sie werden etwa 120 Tage alt.

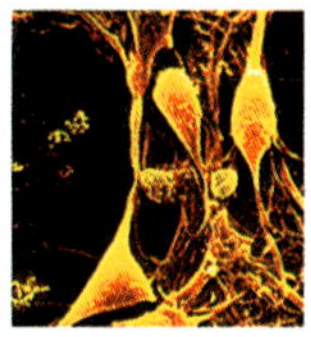

Gehirnzellen: Ab 18 Jahren verlieren wir ca. 1 000 Hirnzellen pro Tag.

Die Knochenzellen entstehen aus knochenbildenden Zellen.

ZELLEN

Die ungefähr 50 Mrd. Zellen des menschlichen Körpers ergäben aneinander gereiht eine Strecke von 1 000 km; dies entspräche der Entfernung Paris–Rom.

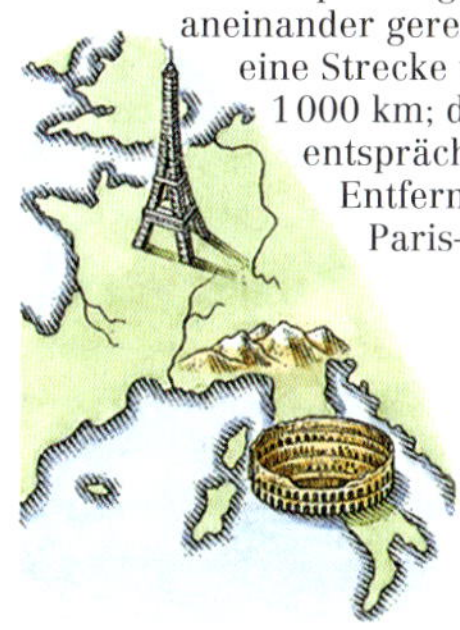

WISSENSWERTES

Einige Darmzellen leben nur 3 Tage lang. Eine Gehirnzelle kann ihre Funktion ein Leben lang erfüllen.

Die roten Blutkörperchen sind die einzigen Zellen ohne Zellkern.

Alle Menschen entstehen aus nur zwei Zellen, einer Eizelle und einem Spermium.

Die Eizelle (Ovum) ist so groß, dass sie ohne Mikroskop erkannt werden kann.

Krebszellen sind fehlentwickelte Gewebezellen, die sich schnell vermehren und Tumore bilden. Sie wachsen in angrenzende Gewebe ein und zerstören sie.

Neurone sind Nervenzellen mit langen Fortsätzen. Sie dienen als Nachrichtenübermittler und sind die längsten Zellen des Körpers. Einige werden bis zu 1,20 m lang.

ORGANSYSTEME

Die wichtigsten Organsysteme sind hier abgebildet. Sie arbeiten zusammen, damit der Körper einwandfrei funktionieren kann. Jedes Organsystem besteht aus mehreren Einzelorganen, die gleichartige Aufgaben haben.

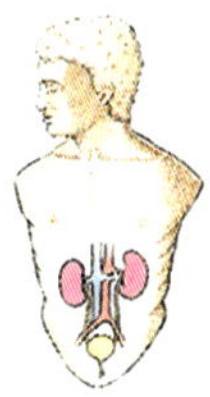

Das Harnsystem filtert Schadstoffe aus dem Blut.

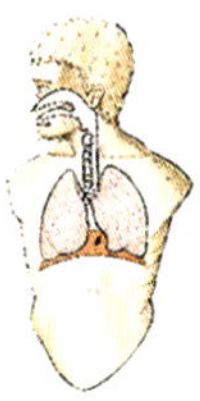

Das Atmungssystem führt dem Körper Sauerstoff zu und gibt Kohlendioxid ab.

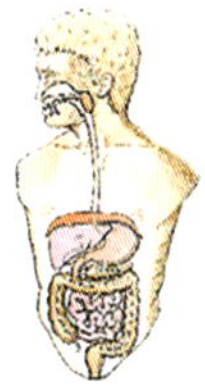

Das Verdauungssystem nimmt Nährstoffe auf und scheidet Abfallstoffe aus.

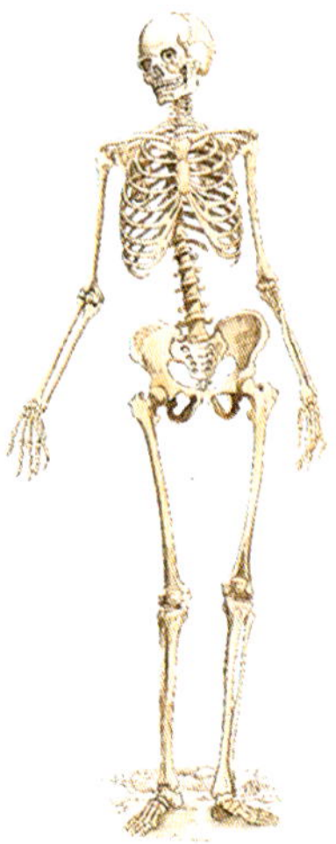

Das Skelettsystem setzt sich im Allgemeinen aus 206 einzelnen Knochen zusammen.

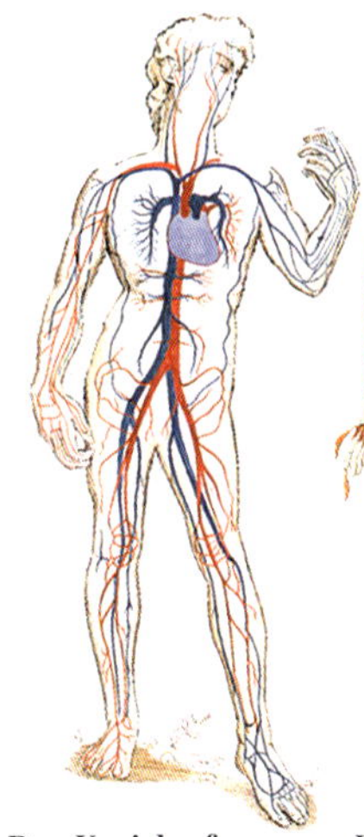

Das Kreislaufsystem besteht aus Herz, Blut und Blutgefäßen.

Das Muskelsystem verfügt über 650 Muskeln, die Zugkraft auf die Knochen ausüben.

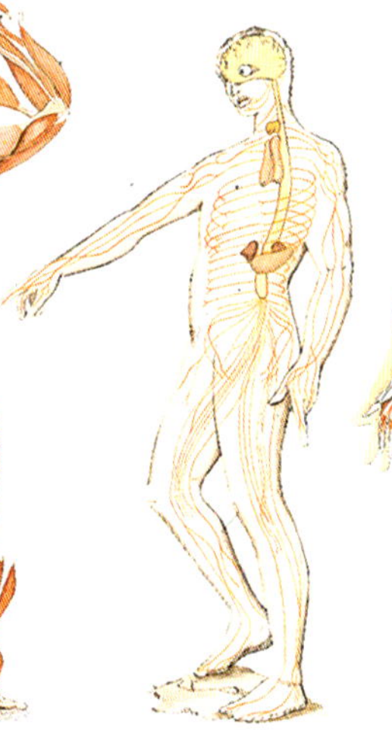

Das Nervensystem übermittelt Nachrichten vom und zum Gehirn. Das endokrine System produziert Hormone.

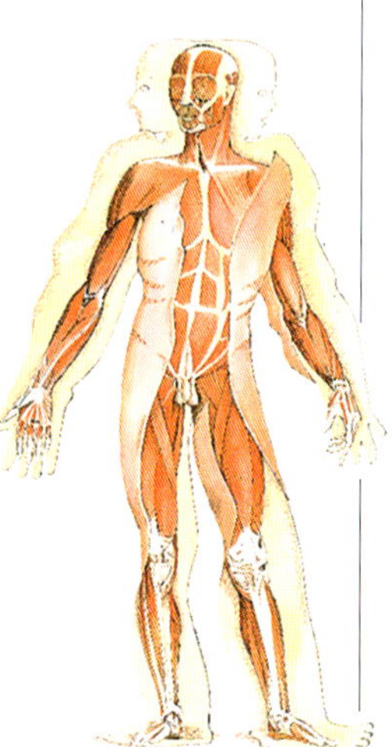

Die Haut besteht aus der Haut, Nägeln, Haaren, Drüsen, Nervenzellen des Tastsinns.

DAS GEHIRN

Das Gehirn ist das wichtigste Organ des Nervensystems: die Steuerzentrale des Körpers, verantwortlich für Denkvermögen, Gedächtnis, Sprache und Gefühle. Es liegt geschützt innerhalb des knöchernen Schädels, umgeben von der Gehirn-Rückenmarksflüssigkeit. Diese Flüssigkeit wirkt auch im Rückenmarkskanal wie ein Schutzpolster und dämpft Stöße ab.

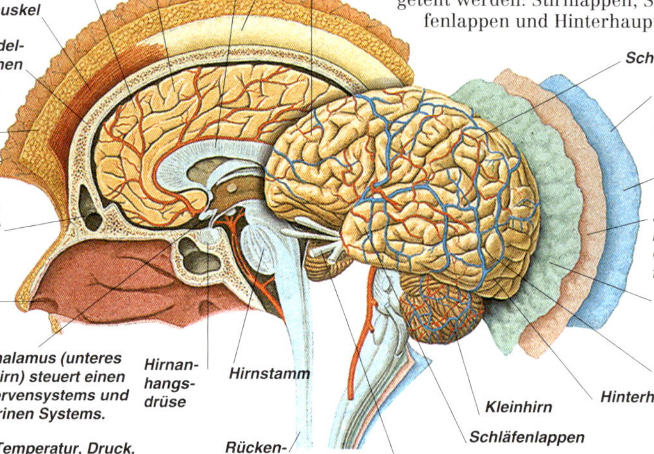

DER AUFBAU DES GEHIRNS

Das Gehirn besteht aus drei großen Abschnitten: dem Hirnstamm, der in das Rückenmark übergeht, dem Kleinhirn und dem Großhirn. Das Großhirn macht 90 % des gesamten Gehirns aus. Es besteht aus zwei Hälften, die jeweils in vier Lappen eingeteilt werden: Stirnlappen, Scheitellappen, Schläfenlappen und Hinterhauptslappen.

RINDENFELDER

Bestimmte Teile der Großhirnrinde, die man Rindenfelder nennt, sind verantwortlich für bestimmte Funktionen. Im Hinterhauptslappen liegt der für das Sehen zuständige Abschnitt. Der Stirnlappen enthält ein Kontrollzentrum für die Sprache. Rindenfelder des Schläfenlappens verarbeiten alles, was wir hören.

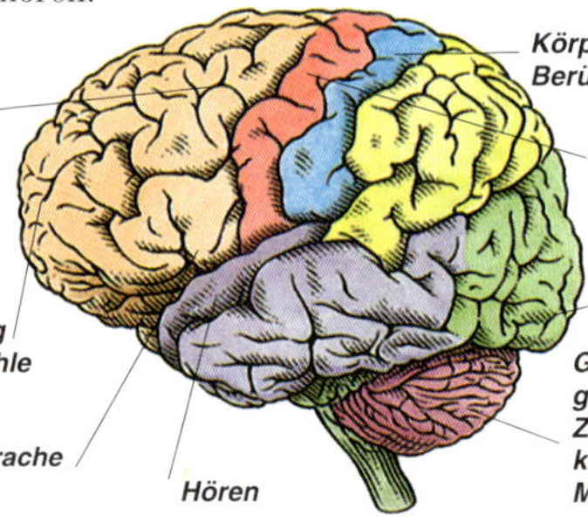

NACHRICHTENÜBERMITTLUNG

Das Gehirn sendet und erhält Botschaften in Form elektrischer Energie. Die Nervenzellen (Neurone) leiten diese winzigen elektrischen Ströme weiter. Sie ziehen durch den Rückenmarkskanal und verteilen sich von dort aus in den ganzen Körper. Das Ende einer Nervenfaser zweigt sich auf und trägt an den Spitzen kleine Knöpfchen, die Synapsen. Diese geben ihre elektrische Botschaft auf chemischem Weg an die nächste Nervenzelle weiter.

Synapsen sind Umschaltstellen. Sie übertragen ihre Informationen auf die nächste Zelle, welche auch Signale von den Synapsen anderer Neurone erhält.

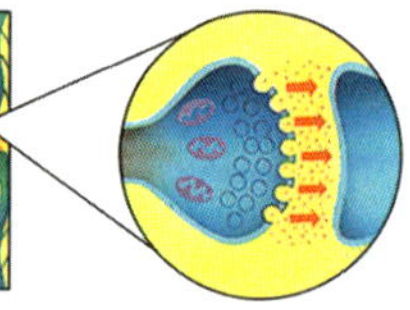

Stark vergrößerte Darstellung einer Synapse bei der Informationsübertragung.

FUNKTIONEN DES GEHIRNS

Der Hirnstamm steuert Verdauung, Atmung und Herzschlag. Das Kleinhirn stimmt die Bewegungen der Muskeln im Körper aufeinander ab und sorgt für die Aufrechterhaltung des Gleichgewichts. Diese Vorgänge sind nicht dem Willen unterworfen (siehe S. 117). Das Großhirn überwacht Funktionen, die vom Willen abhängig sind, z.B. Erinnerungsvermögen, Lernen, Sprechen und willentliche Körperbewegungen.

DIE HEMISPHÄREN

Das Großhirn besteht aus zwei Hälften, den Hemisphären. Bei den meisten Menschen ist die linke Hirnhälfte führend. Sie kontrolliert Sprache und Verstand. Die rechte Hemisphäre ist zuständig für künstlerische Fähigkeiten. Der Balken verbindet beide Hirnhälften miteinander.

Die linke Hirnhälfte ist verantwortlich für logisches Denken, für Sprache und Rechnen.

Die rechte Seite ist Sitz der Fantasie und künstlerischer Begabungen, wie Musik oder Malerei.

DAS GEDÄCHTNIS

Es gibt drei Arten von Gedächtnis. Im Ultrakurzzeitgedächtnis werden Wahrnehmungen nur für den Bruchteil einer Sekunde gespeichert. Das Kurzzeitgedächtnis speichert Sinneseindrücke etwa 5 Min. lang. Das Langzeitgedächtnis kann Erinnerungen ein Leben lang behalten.

HIRNWELLEN

Ein Elektroenzephalogramm (EEG) zeichnet die vom Gehirn produzierten winzigen elektrischen Ströme auf. Je nach Tätigkeit des Gehirns entstehen Wellen unterschiedlicher Form.

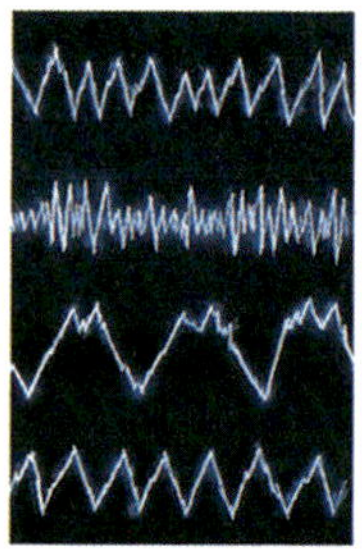

Alphawellen wach und entspannt

Betawellen normaler Wachzustand

Deltawellen leichter Schlaf

Thetawellen Tiefschlaf und Meditation

DAS GEHIRN DER TIERE

Tiere haben in Form und Größe unterschiedliche Gehirne. Einige Tierarten, wie Delfine, Elefanten und Wale, besitzen ein größeres Gehirn als der Mensch. Das Gehirn eines Elefanten wiegt viermal so viel wie das eines Erwachsenen. Im Vergleich zum Körpergewicht ist das Gehirn des Menschen schwerer als bei jedem anderen Lebewesen.

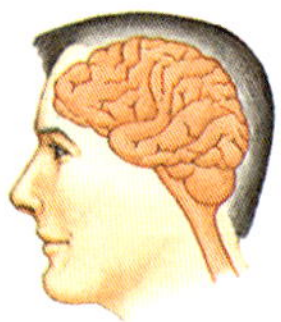

Das menschliche Gehirn: so groß wie ein Blumenkohl

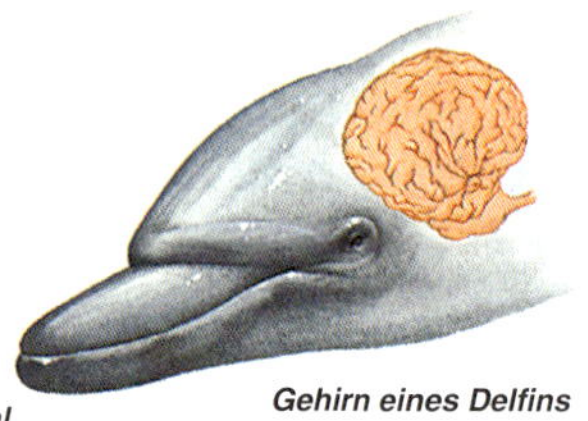

Gehirn eines Delfins

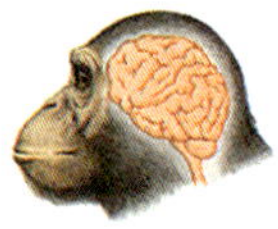

Gehirn eines Menschenaffen

Gehirn eines Vogels

Gehirn einer Schlange

Gehirn eines Fischs

MEGAGEDÄCHTNIS

1974 trat ein Mann mit dem Namen Bhandanta Vicitsara auf, der 16 000 Seiten buddhistischer Texte auswendig aufsagen konnte. Dies entspricht einem Stapel Bücher von der Höhe eines sechsjährigen Kindes.

WISSENSWERTES

Das Kurzzeitgedächtnis kann etwa sieben nicht verknüpfte Einzelinformationen auf einmal speichern.

Im Alter lässt das Kurzzeitgedächtnis nach. Das Langzeitgedächtnis dagegen bleibt erhalten.

Das Gehirn wählt selbstständig aus. Es vergisst Informationen, die ihm unwichtig erscheinen, um Platz zu schaffen für neue.

Das Gehirn eines Erwachsenen wiegt etwa 1,3 kg.

In der Minute fließen ca. 0,85 l Blut durch das Gehirn.

Ein menschliches Gehirn enthält 15 Mrd. Zellen.

Die Hirnrinde bildet Falten und Windungen. Würde man die graue Substanz einer Hirnrinde flach ausbreiten, würde sie einen ganzen Schreibtisch bedecken.

ERKRANKUNGEN DES GEHIRNS

Name	Beschreibung
Enzephalitis	Entzündung des Gehirns
Meningitis	Entzündung der Hirnhaut
Alzheimer-Krankheit	Fortschreitender Gedächtnisverlust

DAS NERVENSYSTEM

Das Nervensystem ist ein riesiges Netzwerk der Nachrichtenübermittlung, vergleichbar mit einem Telefon- oder Stromnetz. Es ermöglicht uns, durch Fühlen, Sehen und Hören unsere Umwelt wahrzunehmen, Veränderungen innerhalb und außerhalb unseres Körpers zu erkennen und sofort darauf zu reagieren.

DAS NEURON

Neurone (Nervenzellen) sind die Bausteine des Nervensystems. Sie leiten mit ihren Fortsätzen Signale in Form elektrischer Ströme weiter. Jedes Neuron besteht aus dem Zellkörper und einem fadenförmigen Fortsatz, dem Axon.

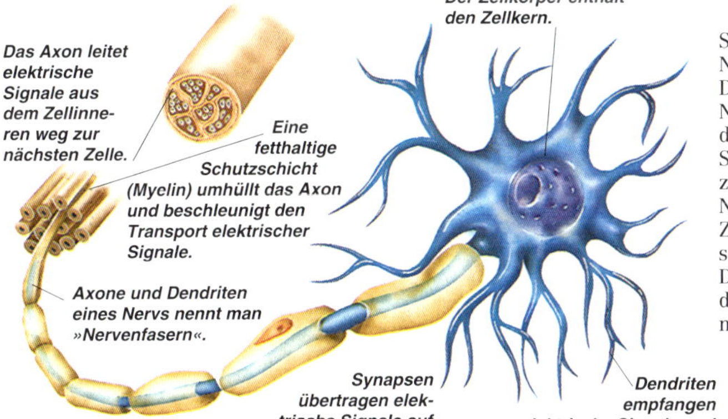

DER AUFBAU DES NERVENSYSTEMS

Das Nervensystem besteht aus dem Zentralnervensystem (ZNS) und dem peripheren (äußeren) Nervensystem. Zum zentralen Nervensystem gehören Gehirn und Rückenmark, zum peripheren alle Nerven außerhalb von Gehirn und Rückenmark.

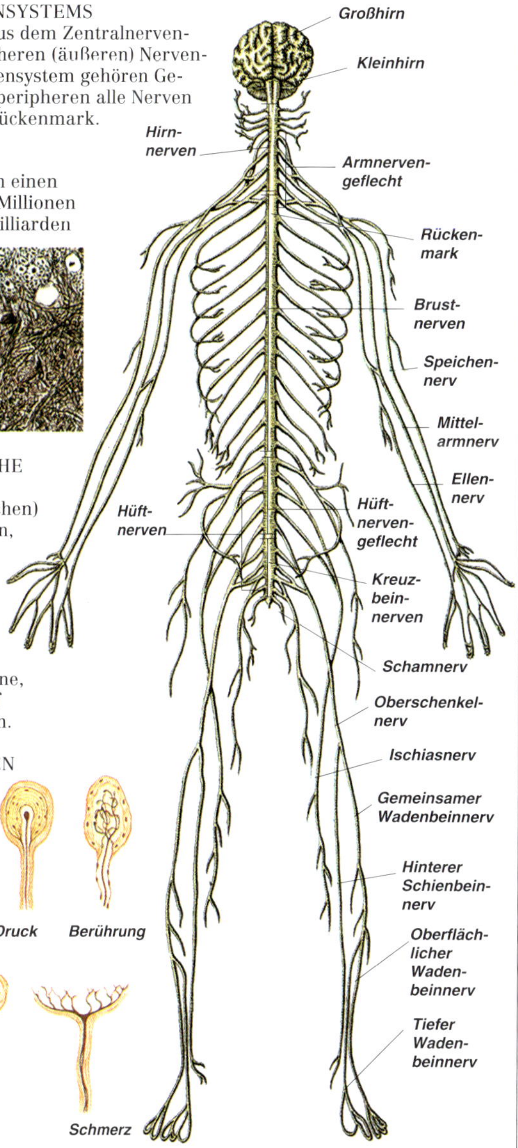

NERVEN

Viele Axone nebeneinander bilden einen Nerv. Unser Körper verfügt über Millionen großer und kleiner Nerven und Milliarden unterschiedlichster Nervenzellen. Diese stark vergrößerte Abbildung zeigt Nervenzellen des Gehirns.

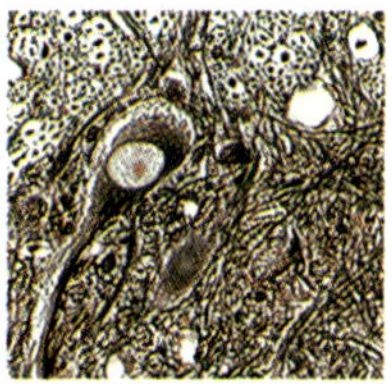

SENSIBLE UND MOTORISCHE NEURONE

Die sensiblen (oder sensorischen) Neurone bringen Nachrichten, die der Körper über seine Sinnesorgane empfängt, zum ZNS. Die motorischen Neurone leiten Befehle des ZNS zu den Muskeln, die sich dann zusammenziehen. Daneben gibt es Schaltneurone, die Signale von sensiblen auf motorische Neurone umleiten.

SINNESKÖRPERCHEN

Die Haut enthält unterschiedlich geformte Nervenzellen, die Sinneskörperchen.

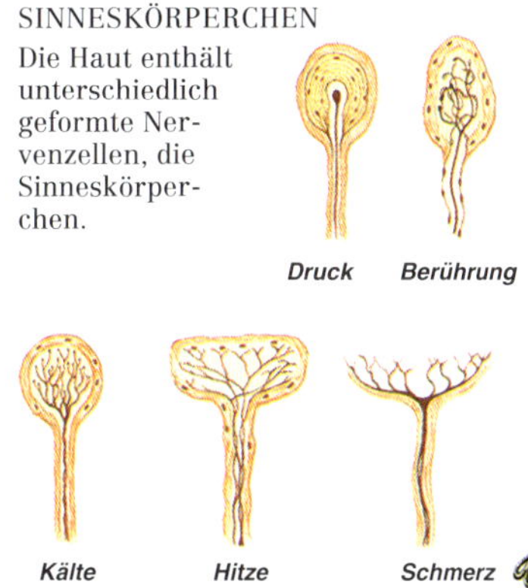

UNBEWUSSTE FUNKTIONEN

Bestimmte Vorgänge des Körpers werden vom Gehirn nicht bewusst gesteuert. Sie laufen automatisch und selbstständig (autonom) ab, wie z.B. die Tätigkeit des Herzens. Unwillkürliche Bewegungen der Muskeln nennt man Reflexe. Die Abbildung zeigt, wie beim Berühren einer Flamme eine solche Reflexbewegung ausgelöst wird.

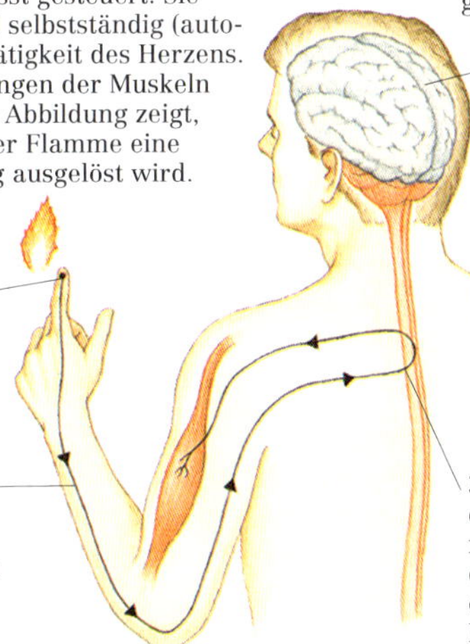

1. Wenn die Hand der Flamme zu nahe kommt, erzeugen sensible Neurone ein Signal.

2. Das Signal wird vom Axon eines sensiblen Neurons zu einem Schaltneuron im Rückenmark geleitet.

3. Die Synapse des Schaltneurons überträgt das Signal auf ein motorisches Neuron.

4. Das motorische Neuron gibt den Muskeln den Befehl, die Hand wegzuziehen.

5. Die Signale, die an das Gehirn weitergegeben werden, erzeugen dort die Empfindung Schmerz.

DAS RÜCKENMARK

Das Rückenmark besteht aus einem Strang von Nervenzellen und Nervenfasern, die vom Gehirn aus innerhalb der Wirbelsäule nach unten ziehen (siehe S. 122). Vom Rückenmark zweigen die Rückenmarksnerven (Spinalnerven) ab. Sie treten durch runde Löcher zwischen den einzelnen Wirbeln aus.

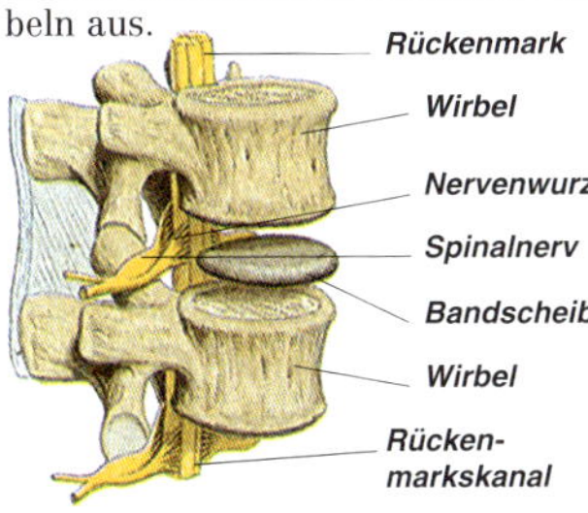

WISSENSWERTES

Einige Nervenfasern leiten elektrische Signale mit einer Geschwindigkeit von 400 km/h weiter. Dünnere Axone ohne Myelinschutzschicht erreichen weniger hohe Geschwindigkeiten.

Alle Nerven des Körpers ergäben aneinander gereiht eine Strecke von 75 km.

Die Zeigefingerspitze ist eine der empfindlichsten Stellen des Körpers. Sie enthält Tausende winziger Nervenenden.

Der längste Nerv des Körpers ist der Ischiasnerv. Er beginnt am Ende des Rückenmarks, verzweigt sich in Höhe des Knies und von dort zum großen Zeh.

AKUPUNKTUR

Die Akupunktur ist eine alte chinesische Heilmethode. Dünne Nadeln werden an bestimmten Punkten des Körpers in die Haut eingeführt. Man geht dabei von einem System von Längslinien (Meridiane) aus, die Energiekanäle darstellen. Sie entsprechen größtenteils den Leitungsbahnen des peripheren Nervensystems.

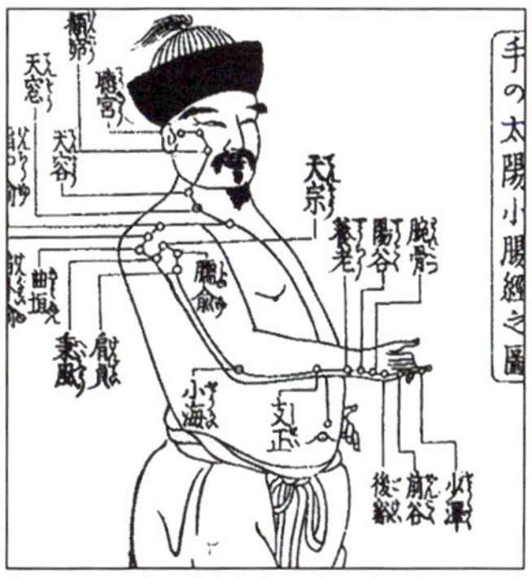

Dieser Holzschnitt aus dem 19. Jh. zeigt Akupunkturstellen auf Gesicht, Hals, Schulter und Hand.

PHANTOMSCHMERZEN

Menschen, die einen Arm oder ein Bein verloren haben, spüren manchmal noch Schmerzen in dem nicht mehr vorhandenen Körperteil. Phantomschmerzen entstehen in dem Rindenfeld der Großhirnrinde, das für Körperempfindungen zuständig ist.

ERKRANKUNGEN DES NERVENSYSTEMS	
Name	Beschreibung
Neuritis	Nervenentzündung
Neuralgie	Nervenschmerzen
Neurom	Gutartige Geschwulst aus Nervengewebe
Multiple Sklerose	Fortschreitende Erkrankung des ZNS

DIE AUGEN

Die Augen sind unser wichtigstes Sinnesorgan zur Wahrnehmung unserer Umwelt. Sie liegen von den Schädelknochen geschützt in den Augenhöhlen. Beide Augen arbeiten zusammen und leiten alles, was sie sehen, über den Sehnerv an das Gehirn weiter.

DER AUFBAU DES AUGES

Das Auge ist ein runder Ballon, der mit einer klaren geleeartigen Masse gefüllt ist. Diese durchsichtige Substanz heißt Glaskörper. Die Ballonwand besteht aus fester Lederhaut, der Sklera. Ein Augapfel hat einen Durchmesser von etwa 2,5 cm.

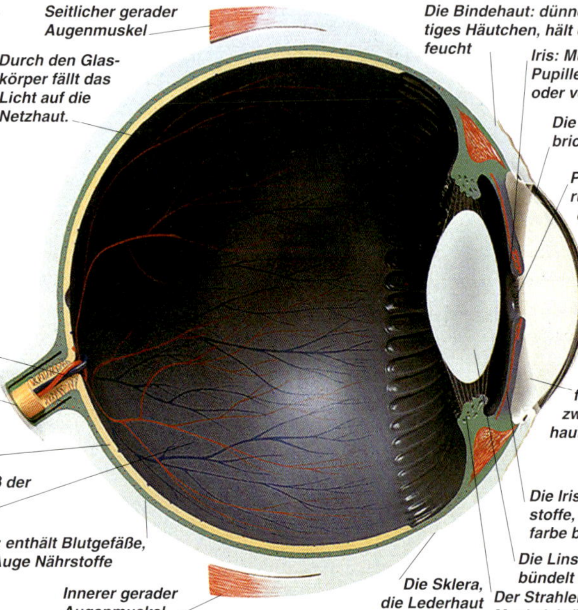

DER SEHVORGANG

Durch die Pupille treten die Lichtstrahlen in das Auge ein. Durch Hornhaut und Linse werden sie gebrochen und gebündelt und treffen dann auf der Netzhaut auf. Dort entsteht ein Bild. Lichtempfindliche Nervenzellen der Netzhaut wandeln dieses Bild in elektrische Signale um und leiten sie über den Sehnerv ans Gehirn weiter.

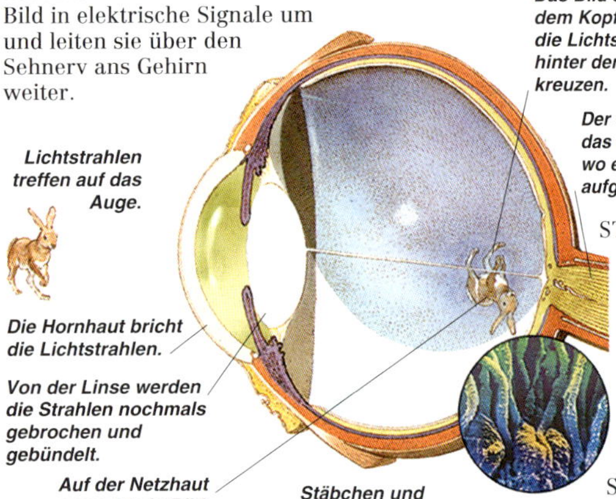

STÄBCHEN UND ZAPFEN

Die Netzhaut besteht aus Mio. lichtempfindlicher Nervenzellen, den Stäbchen und Zapfen. Sie entwerfen das Bild, das wir sehen. Stäbchen sehen schwarz-weiß, Zapfen nehmen Farben wahr.

RÄUMLICHES SEHEN

Das Zusammenwirken beider Augen bietet uns ein weites Blickfeld und ermöglicht räumliches Sehen. Wir können die Tiefe des Raumes, Entfernungen und Geschwindigkeiten einschätzen. Jedes Auge sieht den gleichen Gegenstand aus einem anderen Blickwinkel. Das Gehirn verschmilzt beide Bilder zu einem einzigen dreidimensionalen Bild, das Höhe, Breite und Tiefe von Gegenständen erfasst.

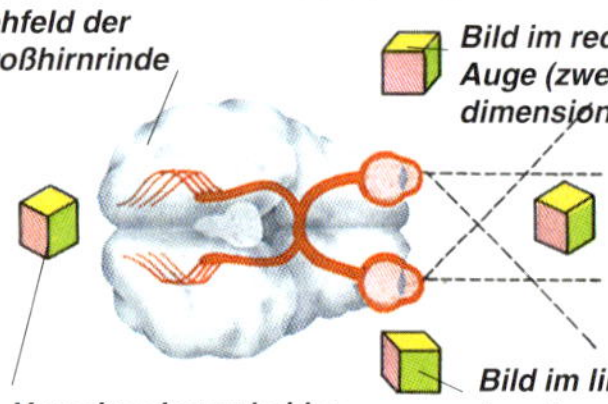

SEHFEHLER

FARBENBLINDHEIT

Farbenblinde Menschen können bestimmte Farben, meistens Rot und Grün, nicht voneinander unterscheiden. Bei ihnen sind bestimmte Zapfen der Netzhaut beschädigt.

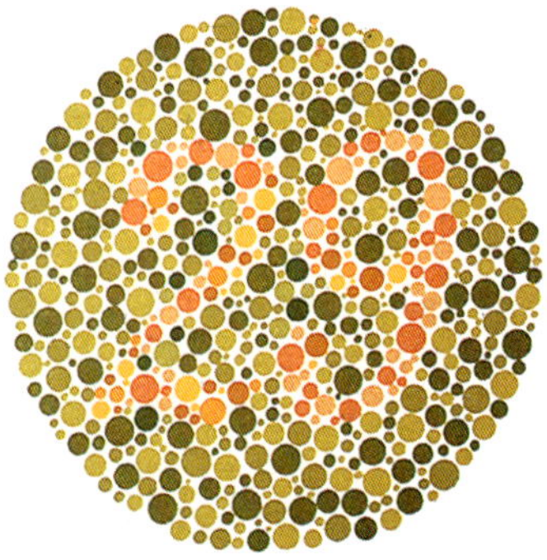

Dies ist ein Test zur Erkennung von Farbenblindheit. Normalerweise kann man hier die Zahl 29 lesen. Farbenblinde Menschen sehen hier die Zahl 70.

SEHSCHÄRFE

Das menschliche Auge kann eine brennende Kerze in der Dunkelheit auf 1,6 km Entfernung erkennen.

WEIT- UND KURZSICHTIGKEIT

Kurzsichtige Menschen können entfernte Gegenstände schlecht erkennen, weitsichtige sehen nahe Gegenstände verschwommen. Bei ihnen ist der Augapfel entweder zu lang oder zu kurz.

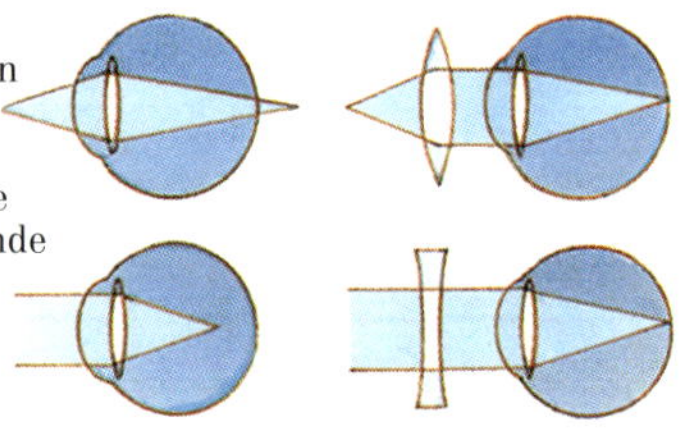

Weitsichtigkeit: Das Bild entsteht hinter der Netzhaut. Eine nach außen gewölbte Linse (Sammellinse) bringt das Bild direkt auf die Netzhaut.

Kurzsichtigkeit: Das Bild entsteht vor der Netzhaut. Hier ist eine nach innen gewölbte Linse (Zerstreuungslinse) nötig.

DER BLINDE FLECK

Der blinde Fleck ist die Stelle auf der Netzhaut, wo der Sehnerv aus dem Auge austritt und zum Gehirn zieht. Er enthält weder Stäbchen noch Zapfen. Deshalb können wir an diesem Punkt nichts sehen.

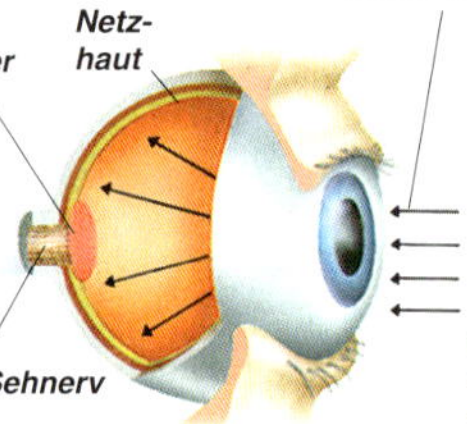

WISSENSWERTES

Bei den meisten Menschen blinzeln die Augenlider 15-mal in der Minute.

Eine von 30 Personen ist farbenblind. Männer sind häufiger betroffen als Frauen.

Der beste fotografische Film ist ungefähr 1 000-mal weniger lichtempfindlich als das menschliche Auge.

Männer haben etwa 0,5 mm größere Augen als Frauen.

Karotten verbessern die Sehfähigkeit im Dunkeln. Sie enthalten Vitamin A, aus dem die lichtempfindliche Substanz der Stäbchen gebildet wird.

Bei starken Gefühlen produzieren die Tränendrüsen vermehrt Tränenflüssigkeit. Wir müssen weinen.

DIE AUGENMUSKELN

Jedes Auge hat sechs Muskeln. Die Muskelbewegungen der Augen sind aufeinander abgestimmt, sodass es unmöglich ist, gleichzeitig in zwei verschiedene Richtungen zu schauen.

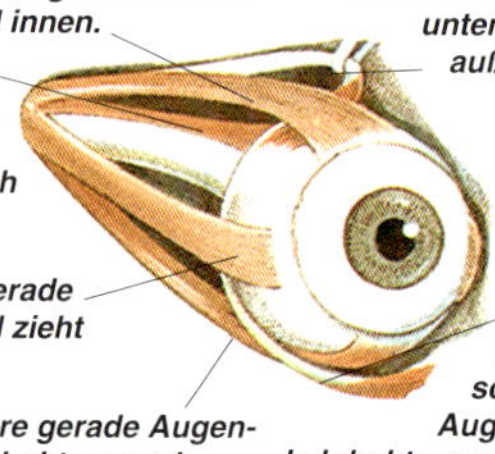

TRÄNENFLÜSSIGKEIT

Die Tränenflüssigkeit benetzt das Auge. Sie hält es feucht und sauber.

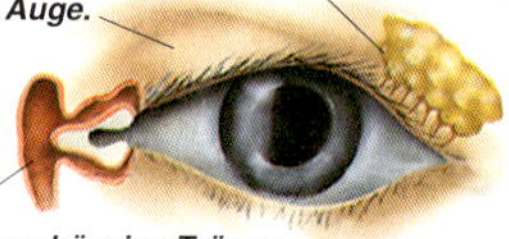

ERKRANKUNGEN DER AUGEN

Name	Beschreibung
Grauer Star	Die Linse verliert ihre Durchsichtigkeit und wird weißlich. Folge: Kurzsichtigkeit, verzerrtes Sehen und Erblindung
Bindehautentzündung	Die Bindehaut rötet sich, brennt oder juckt und sondert Flüssigkeit ab
Grüner Star	Zwischen Hornhaut und Linse befindet sich zu viel Kammerwasser. Dadurch erhöhter Druck auf den Augapfel. Folge: starke Schmerzen, Zerstörung der Netzhaut mit Erblindung

DIE OHREN

Die Ohren sind unsere Hör- und Gleichgewichtsorgane. Von außen sind nur die Ohrmuscheln zu sehen, die Organe selbst liegen gut geschützt innerhalb des Schädelknochens. Linkes und rechtes Ohr arbeiten zusammen. Sie nehmen Schallwellen auf, wandeln sie in elektrische Signale um und leiten diese dann an das Gehirn weiter.

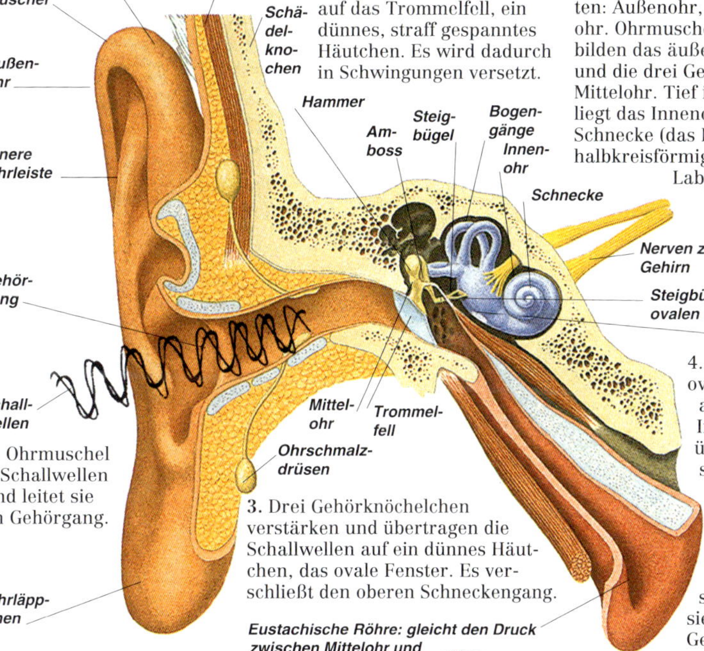

1. Die Ohrmuschel fängt Schallwellen auf und leitet sie in den Gehörgang.

2. Die Schallwellen treffen am Ende des Gehörgangs auf das Trommelfell, ein dünnes, straff gespanntes Häutchen. Es wird dadurch in Schwingungen versetzt.

3. Drei Gehörknöchelchen verstärken und übertragen die Schallwellen auf ein dünnes Häutchen, das ovale Fenster. Es verschließt den oberen Schneckengang.

4. Die Schwingungen des ovalen Fensters werden auf eine Flüssigkeit im Inneren der Schnecke übertragen. Wellen entstehen, durch die auch die feinen Härchen spezieller Sinneszellen bewegt werden. Sie verwandeln die Bewegung in elektrische Signale und leiten sie über den Hörnerv ans Gehirn weiter.

DER AUFBAU DES OHRS

Jedes Ohr besteht aus drei Abschnitten: Außenohr, Mittelohr und Innenohr. Ohrmuschel und Gehörgang bilden das äußere Ohr, Trommelfell und die drei Gehörknöchelchen das Mittelohr. Tief im Schädelknochen liegt das Innenohr. Es enthält die Schnecke (das Hörorgan) und drei halbkreisförmige Bogengänge, auch Labyrinth genannt.

GEHÖRKNÖCHELCHEN

Im Mittelohr befinden sich drei winzige Knöchelchen, die wegen ihrer Form Hammer, Amboss und Steigbügel genannt werden.

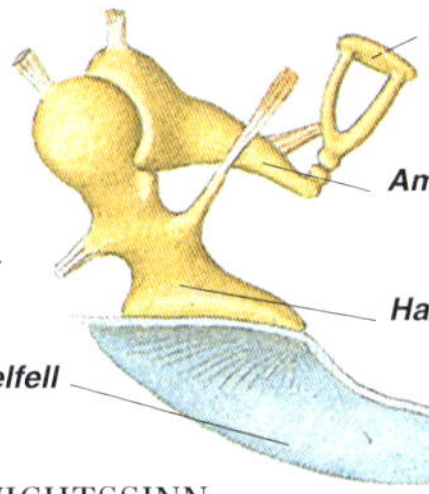

DER GLEICHGEWICHTSSINN

Jedes Mal, wenn wir die Lage unseres Körpers verändern, bewegt sich in den drei halbkreisförmigen Bogengängen eine Flüssigkeit. Haarzellen wandeln die Flüssigkeitsströmung in elektrische Signale um, die ans Gehirn weitergeleitet werden. So erkennt das Gehirn die Lage des Körpers im Raum und ermöglicht es uns, auch bei geschlossenen Augen das Gleichgewicht nicht zu verlieren.

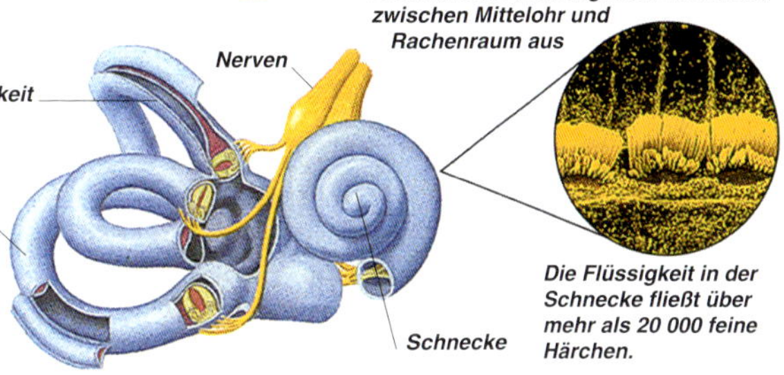

Die Flüssigkeit in der Schnecke fließt über mehr als 20 000 feine Härchen.

SCHALLDRUCK

Laute Geräusche erzeugen starke Schallwellen, die einen Druck auf das Trommelfell und das ganze Mittel- und Innenohr ausüben. Dieser Schalldruck wird in Dezibel (dB) gemessen. Geräusche von mehr als 90 dB verursachen Schmerzen im Ohr. Ein Schalldruck von 130 dB und darüber kann zu Gehörschäden und Taubheit führen.

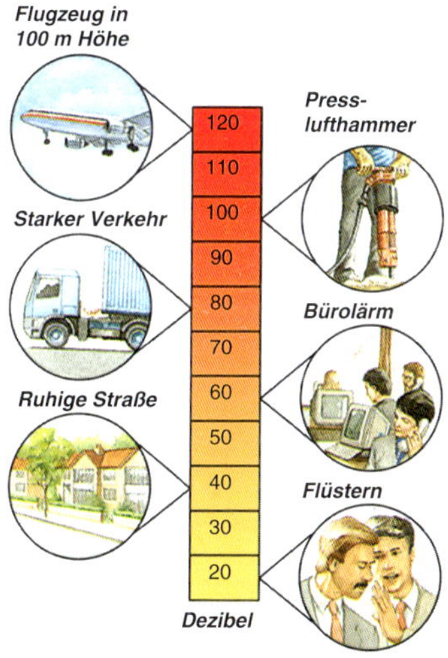

DAS GEHÖR DER TIERE

Manche Tiere hören Töne, die der Mensch nicht mehr wahrnehmen kann. Sie empfangen weitaus mehr Frequenzen (siehe S. 229) als wir. Diese Abbildung vergleicht den Hörbereich einiger Tierarten mit dem des Menschen.

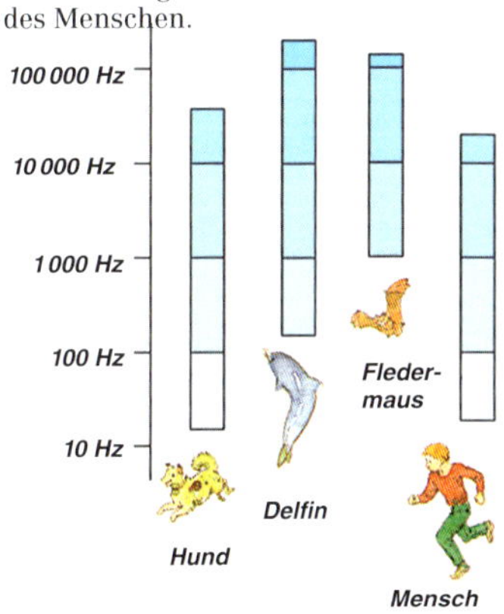

WISSENSWERTES

Der Steigbügel ist mit nur 3 mm Länge der kleinste Knochen unseres Körpers.

Ein leichtes Knacken im Ohr entsteht, wenn sich die Eustachische Röhre öffnet, um den Luftdruck im Mittelohr dem äußeren Luftdruck anzupassen.

Der Gehörgang ist etwa 2,5 cm lang.

Unsere Ohren können die Richtung eines Geräusches bis zu einem Winkel von 3° genau festlegen.

Kinder haben gewöhnlich empfindlichere Ohren als Erwachsene. Mit zunehmendem Alter nutzen sich die feinen Härchen der Sinneszellen nämlich ab.

Unsere Ohren können 1 500 verschiedene Töne und 350 verschiedene Lautstärken unterscheiden.

SCHWINDEL

Wenn man sich mehrmals um sich selbst dreht und dann plötzlich stehen bleibt, bewegt sich die Flüssigkeit in den Bogengängen des Gleichgewichtsorgans noch eine Weile weiter. Dies erzeugt Verwirrung im Gehirn und lässt Schwindelgefühle entstehen.

OHRENSCHMALZ

In der Haut, die den Gehörgang auskleidet, liegen Drüsen. Sie stellen Ohrenschmalz her, welches das Trommelfell schützt. Es fängt Schmutz und Staub ab und hält durch seinen unangenehmen Geruch Insekten fern.

EIN PERFEKTER GLEICHGEWICHTSSINN

1973 verbrachte der Franzose Henri Rochatain (geb. 1926) 185 Tage auf einem Drahtseil. Das Seil befand sich in 25 m Höhe über einem Supermarkt der französischen Stadt St.-Etienne.

HÖRGERÄTE

Früher mussten schwerhörige Menschen ein großes Hörrohr benutzen. Moderne Hörgeräte sind so klein, dass man sie kaum sieht.

Hörrohre wurden ans Ohr gehalten, um Schallwellen besser aufnehmen und verstärken zu können.

Dieses Hörrohr ist 30 cm lang.

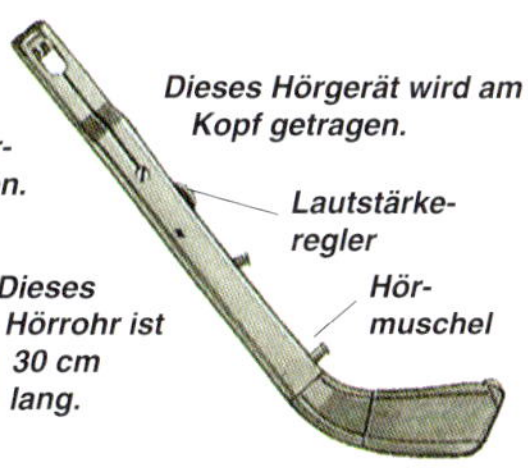

Dieses Hörgerät wird am Kopf getragen.

Dieses moderne Hörgerät besteht aus Mikrofon, Verstärker und Batterie. Es wird hinter dem Ohr getragen.

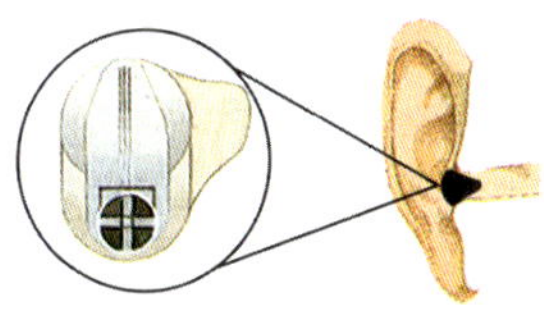

Dieses winzige Hörgerät trägt man im Ohr selbst, wo es fast nicht zu sehen ist.

ERKRANKUNGEN DES OHRS

Name	Beschreibung
Taubheit	Die Unfähigkeit zu hören
Ohrensausen	Ohrgeräusche, wie Rauschen, Klingeln oder Summen
Menière-Krankheit	Erkrankung des Innenohrs mit Ohrensausen, Schwerhörigkeit und Drehschwindel
Mittelohrentzündung	Schmerzhafte Entzündung des Mittelohrs

HAUT, HAARE UND NÄGEL

Die Haut ist das größte Organ des Körpers. Sie ist wasserdicht, schützt gegen Bakterien und kann sich selbst reparieren. Haare und Nägel bestehen aus Keratin, einem eiweißartigen Stoff. In der Haut liegen Sinneskörperchen, die auf Wärme, Kälte, Druck, Berührung und Schmerz reagieren (siehe S. 117). Haare und Nägel enthalten keine solchen Nervenzellen.

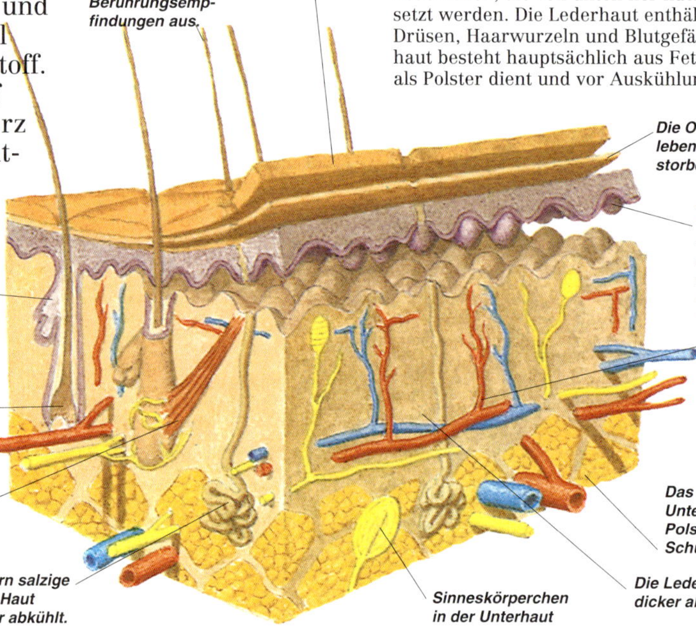

DER AUFBAU DER HAUT

Die Haut besteht aus drei Schichten, der Oberhaut, der Lederhaut und der Unterhaut. Die Oberfläche der Haut setzt sich aus abgestorbenen Zellen zusammen, die nach und nach abgestoßen und durch neue Zellen, die von unten her nachwachsen, ersetzt werden. Die Lederhaut enthält Nervenfasern, Drüsen, Haarwurzeln und Blutgefäße. Die Unterhaut besteht hauptsächlich aus Fettgewebe, das als Polster dient und vor Auskühlung schützt.

DER AUFBAU EINES HAARES

Das Haar besteht aus dem Schaft und der Wurzel. Die Wurzel steckt in einem Haarbalg. Hier wird Keratin hergestellt und nach oben geschoben. Es bildet den Haarschaft. Jedes Haar ist mit einem kleinen Muskel verbunden und somit frei beweglich.

DIE FORM DES HAARES

Die Art des Haarbalgs bestimmt, ob das Haar in Locken, in Wellen oder gerade wächst.

Ein ovaler Haarbalg lässt Locken wachsen.

Gewelltes Haar entsteht bei flachem Haarbalg.

Gerades Haar hat einen runden Haarbalg.

SCHON GEWUSST?

Der Mensch hat etwa 100 000 Haare auf dem Kopf. Etwa 80 davon fallen täglich aus.

Haare wachsen etwa 2–3 mm in der Woche.

AUSSERGEWÖHNLICHER HAARWUCHS

Bei diesen beiden Jungen ist eine seltene medizinische Erscheinung zu beobachten, die »Werwolf-Krankheit«. Im ganzen Gesicht und am Körper tritt übermäßig starker Haarwuchs auf.

WISSENSWERTES

Die Haut schützt unsere inneren Organe vor Verletzung und Entzündung.

Schweißdrüsen regeln die Körpertemperatur. Sie sondern Wasser und Salz ab, die an der Körperoberfläche verdunsten und somit Abkühlung erzeugen.

Die in der Lederhaut liegenden Talgdrüsen produzieren eine Art Öl, damit die Haut geschmeidig bleibt.

In der Haut liegen tausende von Sinneskörperchen für Berührung, Druck, Temperatur und Schmerz.

Die Haut enthält den Farbstoff Melanin. Es gibt der Haut ihre Farbe und schützt sie gegen Sonnenstrahlen. Dunkle Haut enthält mehr Melanin als helle.

An den meisten Stellen ist die Haut etwa 2 mm dick.

Sommersprossen entstehen durch ungleichmäßige Verteilung des Melanins.

Fingernägel brauchen 6 Monate, um vollständig herauszuwachsen. Nägel wachsen ungefähr 1 mm pro Woche.

BLUTGERINNUNG

Bei kleineren Verletzungen kann sich die Haut selbst reparieren. Wenn man sich z.B. in den Finger geschnitten hat, werden Blutgefäße durchtrennt und Blut tritt aus der Wunde. Nach kurzer Zeit gerinnt das Blut.

1. Zuerst erscheinen Blutplättchen an der Schnittstelle. Sie kleben zusammen und dichten die Wundränder ab.

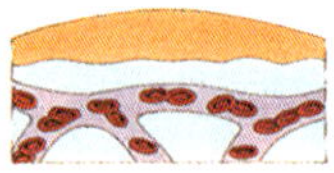

Rote Blutkörperchen

2. Weiße Blutkörperchen bekämpfen eindringende Krankheitserreger. Die Blutplättchen sorgen nun für die Bildung des Eiweißstoffes Fibrin.

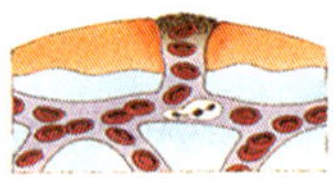

Weißes Blutkörperchen

3. Das Fibrin zieht klebrige Fäden, aus denen ein dichtes Netz entsteht, in dem sich Blutplättchen und Blutkörperchen sammeln. Es bildet sich Schorf. Darunter wächst die Haut nach.

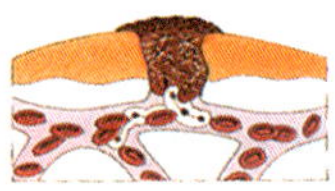

Fibrinfäden bilden Schorf

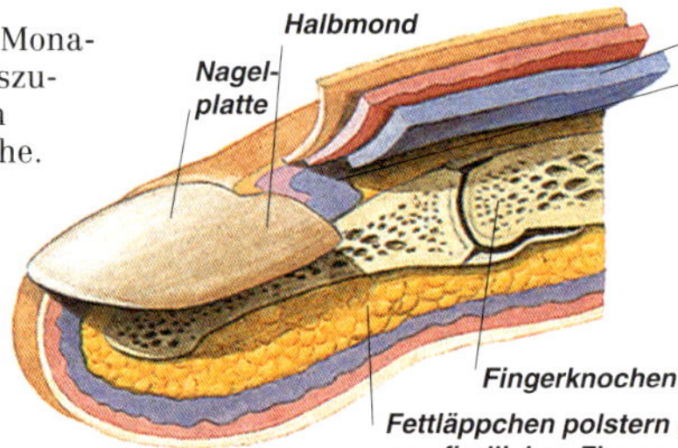

DER AUFBAU DER NÄGEL

Finger- und Zehennägel sind feste Platten aus Keratin (Hornstoff). Der helle Halbmond an der Nagelwurzel besteht aus Zellen, die das Keratin herstellen und nach vorne schieben. Der Halbmond wird hinten von einer Hautfalte, der Nageltasche, bedeckt.

FINGERABDRÜCKE

Das Muster, das die Hautleisten an den Fingerspitzen bilden, nennt man Fingerabdrücke. Sie entstehen bereits Monate vor der Geburt und sind bei jedem Menschen anders. Den Fingerabdruck eines Menschen gibt es nur einmal auf der Welt.

DER ZELLVERLUST DER HAUT

Während eines ganzen Lebens stößt der Körper etwa 18 kg toter Hautzellen ab. Dies entspricht dem Gewicht eines sechs- bis siebenjährigen Kindes.

DIE OBERFLÄCHE DER HAUT

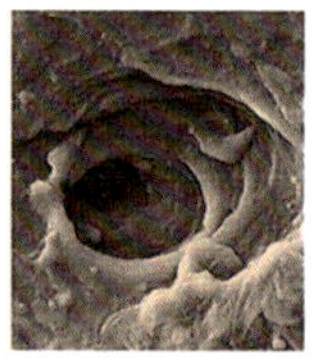

Durch die Poren dringt Schweiß nach außen; wenn er verdunstet, kühlt sich der Körper ab.

Die Haarwurzeln befinden sich im Haarbalg.

ERKRANKUNGEN DER HAUT	
Name	Beschreibung
Akne	Der Haarbalg ist verstopft und entzündet sich.
Ekzem	Entzündlicher Hautausschlag, häufig mit Schuppen
Schuppenflechte	Die Haut stößt ihre abgestorbenen Zellen viel zu schnell ab. Es bilden sich rote Flecken mit silbrigweißen Schuppen.
Alopezie	Krankhafter Haarausfall am Kopf mit stellenweiser Glatzenbildung

GERUCH, GESCHMACK UND STIMME

Geruchs- und Geschmackssinn hängen eng zusammen. Die Meldungen der Geschmackszellen der Zunge werden im Gehirn mit den Meldungen der Riechzellen aus der Nase verknüpft. Zudem erfühlen wir Temperatur, Beschaffenheit und Schärfe der Nahrung. Erst, wenn ein Geruch oder Geschmack um 30 % stärker oder schwächer wird, nimmt das Gehirn die Veränderung wahr. Der Mensch ist in der Lage, 2 000 bis 4 000 Gerüche zu unterscheiden.

DER GERUCHSSINN

Unser Riechzentrum befindet sich ganz oben am Dach der Nasenhöhle. Die Geruchsstoffe strömen mit der Atemluft in die Nase, werden in der Schleimhaut gelöst und können dann von den Riechzellen wahrgenommen werden.

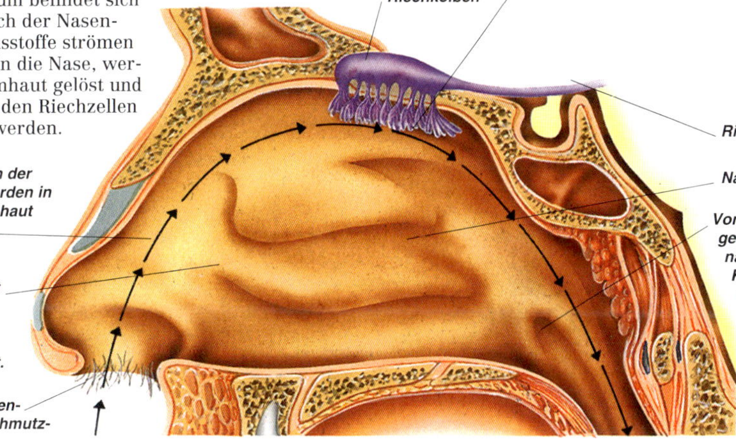

DER GESCHMACKSSINN

Die Zunge des Menschen ist etwa 10 cm lang. Auf der Oberseite trägt sie Geschmacksknospen. Diese wärzchenartigen Gebilde enthalten Nervenzellen und Nervenfasern. Sie stellen unsere Geschmacksorgane dar. Bestimmte Bereiche der Zunge sind jeweils für nur eine von vier Geschmacksrichtungen zuständig: süß, sauer, salzig und bitter.

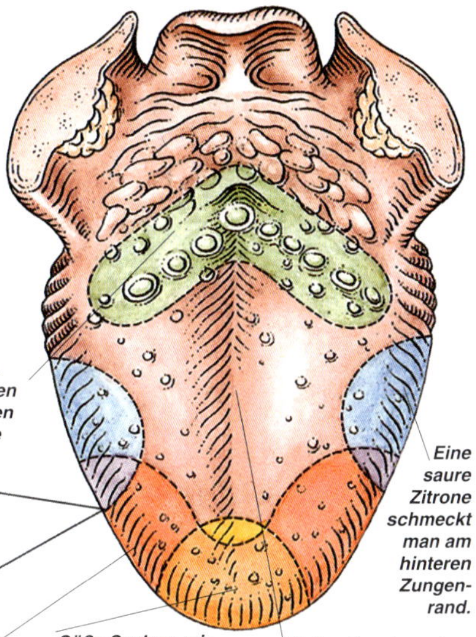

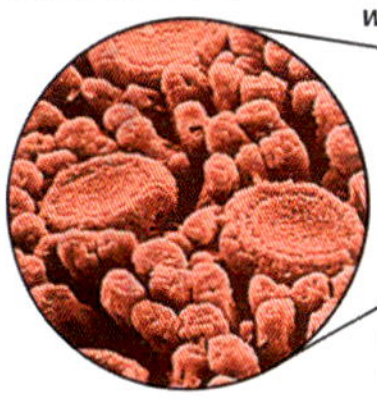
Vergrößerter Ausschnitt der Zungenoberfläche mit Geschmacksknospen

REKORDE

Der lauteste Schrei, der gemessen wurde, hatte 119 dB, mehr als ein Rockkonzert.

Schnelle Redner können über 300 Worte in der Minute sprechen, und man versteht sie noch.

NIESREKORD

Eine Frau aus England musste angeblich in 2,5 Jahren 2,7 Millionen Mal niesen. Bei jedem Niesen entwichen 6 l Luft aus ihrer Lunge. Mit der Luft, die sie ausstieß, hätte man schätzungsweise acht Heißluftballons füllen können.

GERUCHSSINN UND ALTER

Gleich nach der Geburt beginnt die Empfindlichkeit unserer Riechzellen nachzulassen. Diese Abbildung zeigt, wie der Geruchssinn mit zunehmendem Alter schwächer wird.

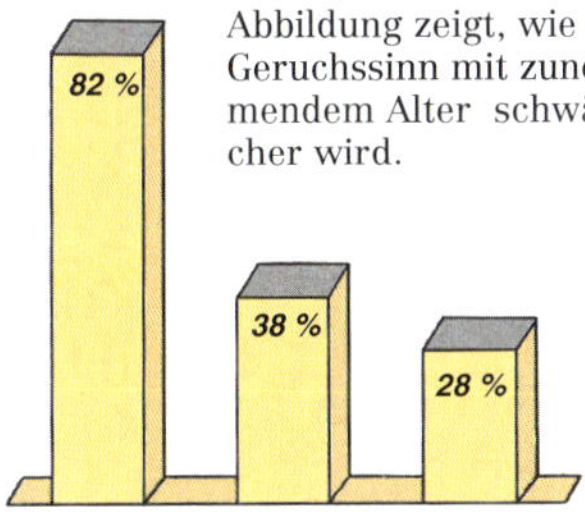

SCHON GEWUSST?

Man kann besser riechen, wenn man die Luft durch Schnüffeln hochzieht. Mehr Duftstoffe erreichen dann die Riechzellen oben in der Nase.

Die Riechzellen gewöhnen sich verhältnismäßig schnell an einen bestimmten Geruch, auch wenn er unangenehm ist. Nach einer Weile nehmen sie ihn nicht mehr wahr und geben keine Meldung mehr ans Gehirn.

DIE STIMME

Die Luft aus der Lunge strömt durch die Luftröhre nach oben und wird zwischen zwei Stimmbänder hindurchgepresst. Die Stimmbänder geraten in Schwingung, es entsteht ein Laut. Kehlkopf, Zunge, Mund und Lippen formen aus dem Laut Worte.

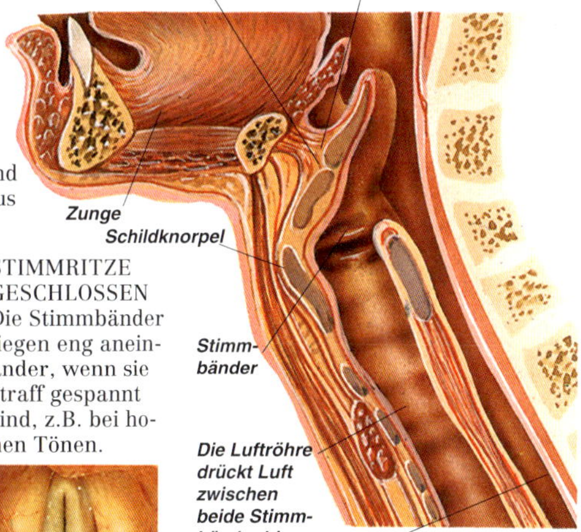

STIMMRITZE OFFEN

Die Stimmbänder stehen beim Atmen oder bei tiefen Tönen auseinander.

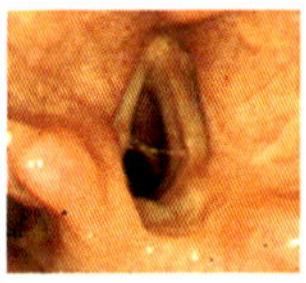

STIMMRITZE GESCHLOSSEN

Die Stimmbänder liegen eng aneinander, wenn sie straff gespannt sind, z.B. bei hohen Tönen.

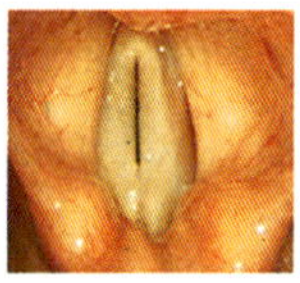

DER KEHLKOPF

Die Stimmbänder sind verdickte Ränder zweier Hautfalten im Kehlkopf. Ein Muskel spannt die Stimmbänder und lässt sie erschlaffen.

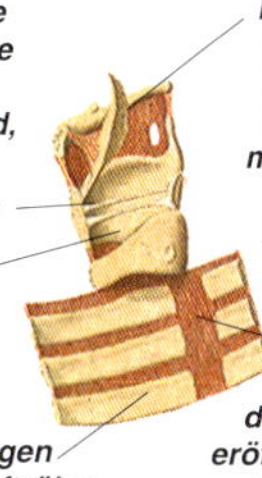

Glutamat, das in Spargel, Tomaten, Fleisch und reifem Käse vorkommt, hat einen Geschmack, der weder als salzig noch als süß, bitter oder sauer beschrieben werden kann. Man nennt ihn »Umami«.

Säuglinge haben überall im Mund Geschmacksknospen. Mit der Zeit verschwinden sie, nur die auf der Zunge bleiben. Erwachsene haben etwa 1 000 Geschmacksknospen.

WISSENSWERTES

Männer haben einen größeren Kehlkopf als Frauen. Somit sind auch die Stimmbänder länger und die Stimme tiefer.

Solange der Kehlkopf bei Jungen in der Pubertät wächst, sind sie im »Stimmbruch«.

Wenn ein Nahrungsteilchen die Schleimhaut des Kehlkopfes berührt, müssen wir automatisch husten. Dieser Reflex befördert den Fremdkörper wieder nach oben.

ERKRANKUNGEN

Name	Bezeichnung
Heuschnupfen	Entzündung der Nasenschleimhaut und der Bindehaut wegen Allergie gegen Blütenstaub
Erkältungsschnupfen	Entzündung der Nasenschleimhaut, durch Viren hervorgerufen
Kehlkopfentzündung	Entzündung des Kehlkopfs und der Stimmbänder

KNOCHEN UND ZÄHNE

Das Knochengerüst unseres Körpers einschließlich der Zähne nennt man Skelett. Es dient als Schutz und Stütze für lebenswichtige innere Organe, wie Gehirn, Lunge und Herz. Jeder Knochen hat Ansatzstellen für verschiedene Muskeln. Einige Knochen enthalten im Inneren Knochenmark, aus dem weiße und rote Blutkörperchen hervorgehen.

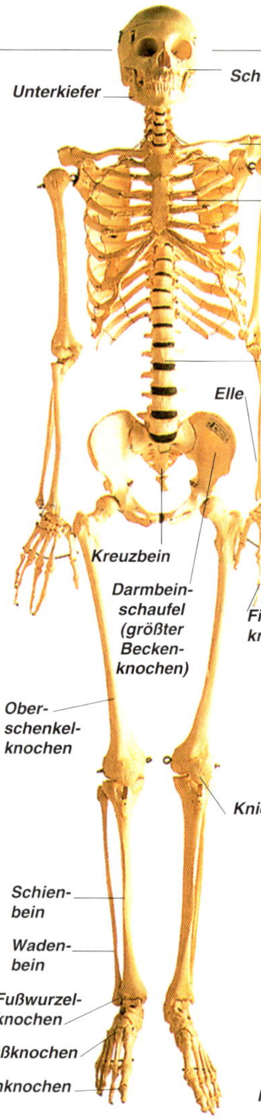

DER AUFBAU EINES KNOCHENS

Das Knochengewebe enthält Kalzium und Phosphor. Diese Mineralstoffe verleihen ihm Härte. Der widerstandsfähigste Teil des Knochens ist seine äußere Schicht, die Kompaktschicht. Lange Röhrenknochen sind innen mit gelbem Knochenmark gefüllt. Es besteht aus Fett. Kleinere und flache Knochen enthalten Spongiosa, ein gitterartiges Gerüstwerk. Es enthält rotes Knochenmark, aus dem weiße und rote Blutkörperchen entstehen.

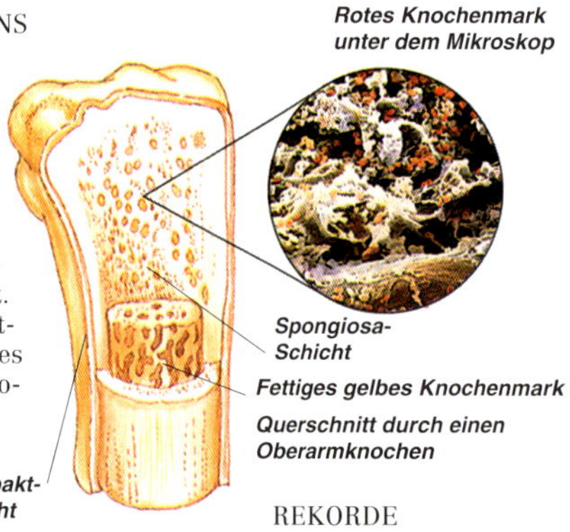

Querschnitt durch einen Oberarmknochen

GELENKE

Die meisten Knochen sind untereinander durch Gelenke verbunden. Bei einem beweglichen Gelenk ist die Gelenkoberfläche von glattem Knorpel überzogen. Eine zähe Flüssigkeit, die Gelenkschmiere, macht die Gelenkflächen gleitfähig. Feste Bänder halten die Gelenke zusammen. Es gibt verschiedene Gelenkarten und Knochenverbindungen:

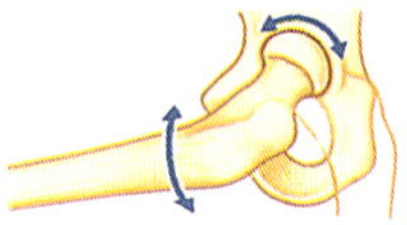

KUGELGELENKE (Schulter- und Hüftgelenk) ermöglichen Bewegungen in fast alle Richtungen.

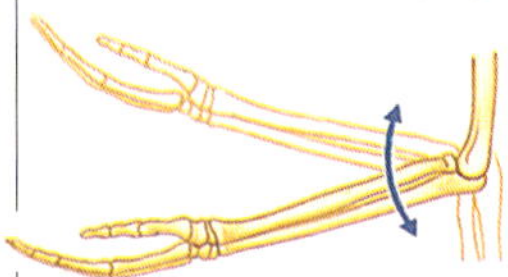

SCHARNIERGELENKE (Ellbogen- und Kniegelenk) lassen sich nur nach oben und unten bewegen.

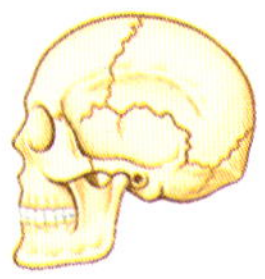

KNOCHENNÄHTE können nicht bewegt werden. Die Knochen sind an ihren Rändern miteinander verwachsen (Schädelknochen).

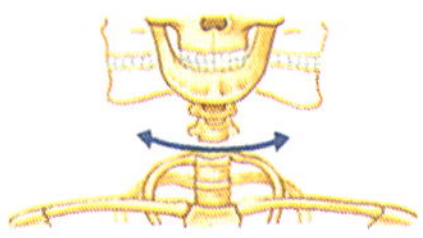

EIN DREHGELENK besteht aus einem knöchernen Vorsprung, der wie ein Zapfen in eine Vertiefung eingelassen ist und sich um seine eigene Achse dreht (Kopfgelenk).

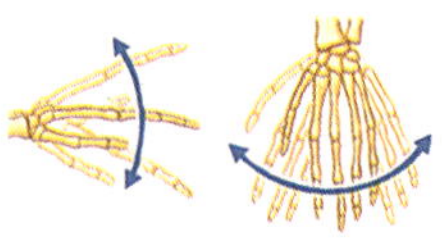

EIGELENKE haben ovale Gelenkflächen für Bewegungen von oben nach unten und von rechts nach links (Handgelenk).

KNOCHENHART

Ein kleines Stück Knochen kann 9 t Gewicht aushalten. Ein Stück Zement von gleicher Größe würde zerdrückt werden.

REKORDE

Der längste Knochen des Körpers ist der Oberschenkelknochen. Er ist beim Mann im Durchschnitt 46 cm lang.

Der kleinste Knochen ist der Steigbügel im Mittelohr. Er ist 2,6 bis 3,4 mm groß.

DIE ZÄHNE

Die Zähne sind mit Zahnschmelz überzogen, der härtesten Substanz, die bei Mensch und Tier vorkommt. Ein festes Fasergewebe verankert die Zähne im Kieferknochen, sodass sie beim Kauen und Beißen noch leicht beweglich sind. Beim Menschen wächst zweimal ein Gebiss. Das erste, das Milchgebiss, besteht aus 20 Zähnen und fällt etwa mit 6 Jahren aus. Das Dauergebiss hat 32 Zähne.

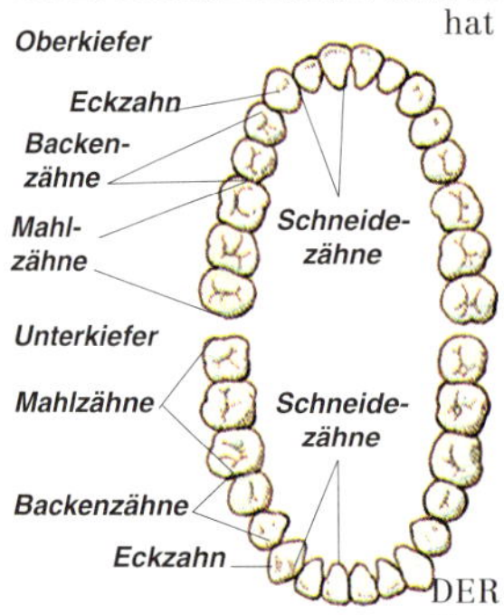

DAS GEBISS

Die 12 Vorderzähne (8 Schneide- und 4 Eckzähne) sind scharfkantig und zum Festhalten und Abbeißen geeignet. 8 Backen- und 12 Mahlzähne zerkleinern und zermahlen die Nahrung. 4 Weisheitszähne können durchbrechen. Allerdings bleiben sie oft unter dem Zahnfleisch im Kieferknochen stecken (siehe S. 114).

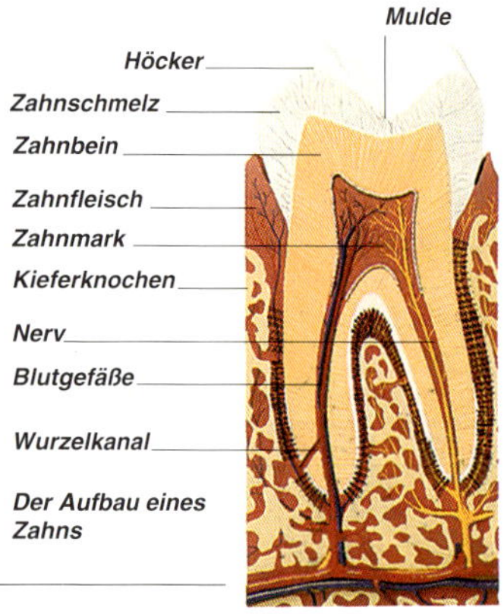

Der Aufbau eines Zahns

DER AUFBAU EINES ZAHNS

Der Zahnschmelz überzieht den sichtbaren Teil des Zahns. Darunter liegt das Zahnbein. Es formt den Zahnkörper. Das Mark (Pulpa) im Innern des Zahnes enthält Nerven und Blutgefäße, die den Zahn am Leben erhalten und wachsen lassen.

DAS SKELETT

Der Mensch hat im Durchschnitt 206 Knochen. Einige Leute haben am Daumen oder am großen Zeh noch je einen zusätzlichen Knochen, Sesambein genannt. Frauen haben ein flacheres und breiteres Becken als Männer. Dies ist günstiger bei der Geburt eines Kindes.

WISSENSWERTES

Einige Menschen haben noch ein zusätzliches, dreizehntes Rippenpaar.

Der Hals einer Giraffe besteht aus ebenso vielen Wirbeln wie der Hals eines Menschen.

Beim Säugling sind die Schädelknochen noch nicht zusammengewachsen. Sie können sich noch gegeneinander verschieben, um die Geburt zu erleichtern.

Säuglinge haben über 300 einzelne Knochen, die dann zum Teil später zusammenwachsen.

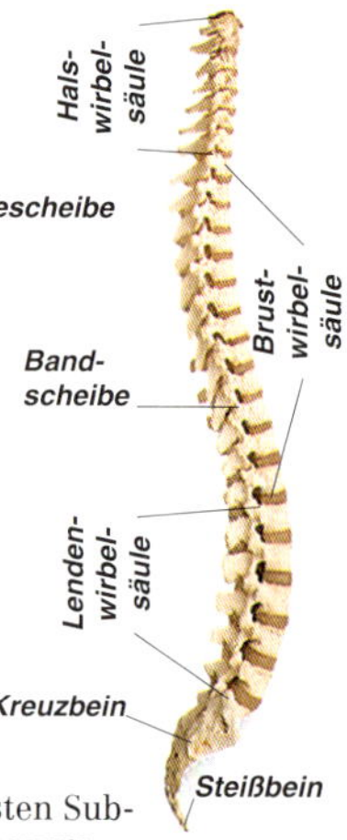

DIE WIRBELSÄULE

Die Wirbelsäule besteht aus vier Abschnitten: Hals- und Lendenwirbelsäule, Brustwirbelsäule und Kreuzbein. Das Rückgrat setzt sich aus einzelnen Wirbeln zusammen. Sie sind voneinander durch knorpelige Scheiben, die Bandscheiben, getrennt. Sie federn die Wirbelsäule beim Laufen und Springen. Seitlich sind die Wirbel untereinander durch kleine, flache Gelenke verbunden. Nur beim Kreuzbein und seinem Anhängsel, dem Steißbein, sind die Wirbel zusammengewachsen und nicht beweglich.

SCHON GEWUSST?

Während der ersten 25 Lebensjahre werden Zähne leichter krank. Erst danach hat sich der Zahnschmelz voll entwickelt und ist widerstandsfähiger gegen Beschädigungen.

Es gibt Babys, die mit einem vollständigen Gebiss zur Welt kommen, z.B. König Ludwig XIV. von Frankreich.

Bei einigen Erwachsenen wachsen die Weisheitszähne nicht.

ZAHNPFLEGE

Karies (Zahnfäule) kann bekämpft werden, indem man weniger zucker- und stärkehaltige Nahrungsmittel isst. Nach den Mahlzeiten bürstet man die Zähne mit einer Fluor-Zahnpasta und reinigt sie mit Zahnseide.

Richtiges Zähneputzen

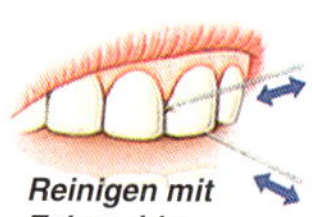
Reinigen mit Zahnseide

ERKRANKUNGEN	
Name	Beschreibung
Arthritis	Schmerzhafte Gelenkentzündung
Osteoporose	Knochenschwund; die Knochen brechen leichter
Karies	Zahnfäule
Zahnfleischentzündung	Rötung, Schwellung und Blutung des Zahnfleischs

DIE MUSKELN

Alle Bewegungen werden von Muskeln ausgeführt. Die über 600 Muskeln machen etwa die Hälfte unseres Körpergewichts aus. Ein Muskel besteht aus mehreren Faserbündeln. Wenn ein Nerv das Signal dazu gibt, zieht sich der Muskel zusammen. Durch regelmäßige Kraftanstrengung werden Muskeln größer.

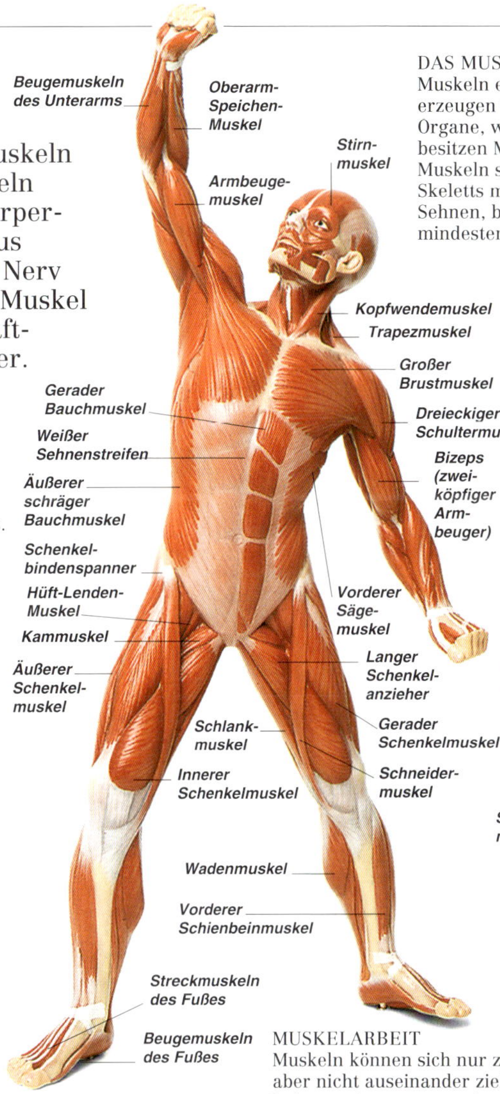

DAS MUSKELSYSTEM

Muskeln erwärmen sich, wenn sie bewegt werden. Sie erzeugen vier Fünftel der Körpertemperatur. Viele innere Organe, wie das Herz, die Eingeweide und die Blase, besitzen Muskeln. Unsere willkürlichen Muskeln sind an den Knochen des Skeletts mit festen Bändern, den Sehnen, befestigt. Jeder Muskel hat mindestens zwei solcher Ansatzstellen.

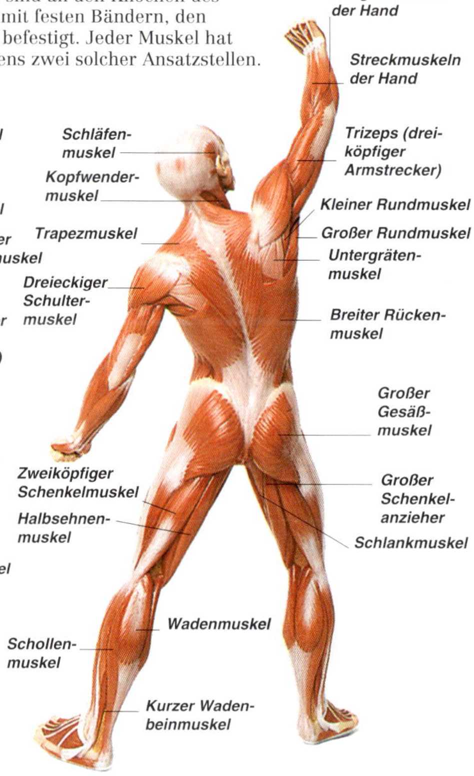

MUSKELARTEN

Willkürliche Muskeln, z.B. der Bizeps, unterliegen unserem Willen. Die Skelettmuskeln führen dann Bewegungen aus, wenn wir es wollen. Unwillkürliche Muskeln stehen nicht unter unserem Einfluss. Die Eingeweidemuskeln z.B. befördern Nahrung durch Magen und Darm ohne unser Zutun.

EIN WILLKÜRLICHER MUSKEL (Skelettmuskel) ist quer gestreift. Dieses Muster entsteht durch seine gleichmäßig angeordneten Fasern, die ein schnelles Zusammenziehen ermöglichen.

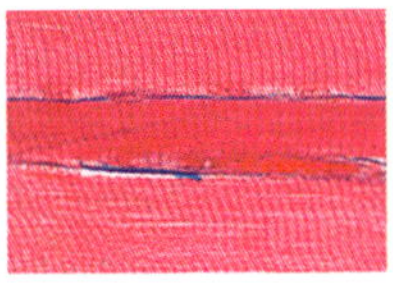

UNWILLKÜRLICHE MUSKELN (glatte) haben kein Muster, laufen an den Enden spitz zu und sind locker miteinander verwoben. Sie arbeiten langsamer, aber ausdauernd.

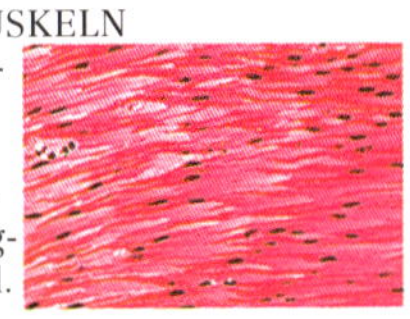

DER HERZMUSKEL hat kurze, sich verzweigende Zellen, die Nervensignale, die den Herzschlag steuern, schnell weiterleiten können.

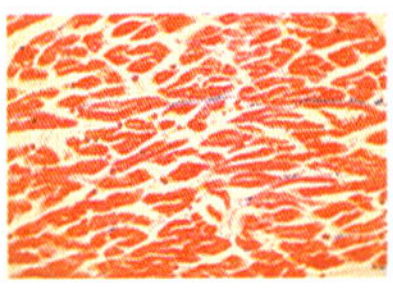

DIE MUSKELKONTRAKTION

Wenn ein Muskel sich zusammenzieht, spricht man von Kontraktion. Eine Muskelzelle enthält unzählige winzige Eiweißfäden, die Myofibrillen, die gleichlaufend nebeneinander angeordnet sind und sich überlappen. Es gibt zwei Arten solcher Myofibrillen: Aktin und Myosin. Wenn das elektrische Signal eines Nervs die Muskelzelle erreicht, verschieben sich die Aktin- und Myosinfäden ineinander. Die Muskelzelle zieht sich zusammen, der Muskel verkürzt sich.

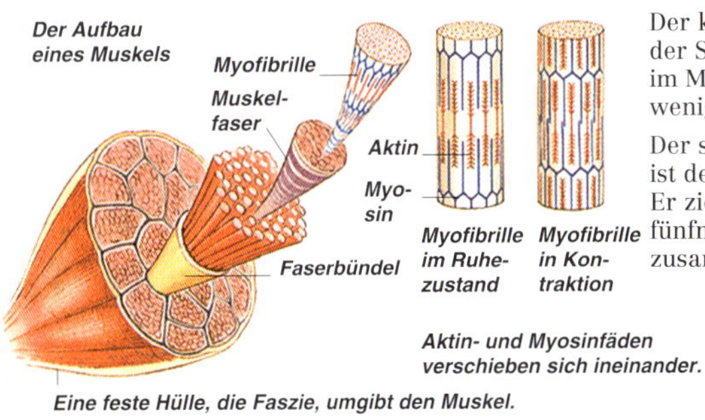

REKORDE

Der längste Muskel unseres Körpers ist der Schneidermuskel. Er zieht vom vorderen oberen Rand des Beckenknochens schräg nach innen bis unters Knie.

Der dickste Muskel ist der große Gesäßmuskel.

Der kleinste Muskel ist der Steigbügelmuskel im Mittelohr. Er misst weniger als 1,27 mm.

Der schnellste Muskel ist der Augenlidheber. Er zieht sich bis zu fünfmal in der Sekunde zusammen.

MUSKELARBEIT

Muskeln können sich nur zusammen, aber nicht auseinander ziehen. Sie arbeiten meistens paarweise. Man nennt sie Antagonisten. Während einer von beiden sich zusammenzieht, erschlafft der andere und wird auseinander gezogen.

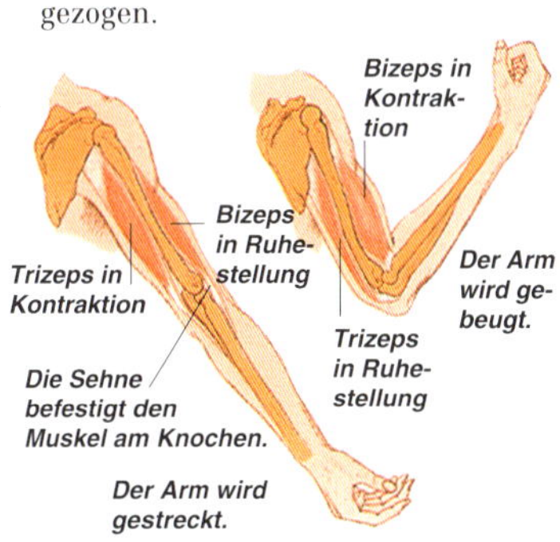

SPORTLICHE BETÄTIGUNG

Muskeln brauchen Traubenzucker und Sauerstoff für ihre Arbeit. Bei normalen Bewegungen genügt der Sauerstoff, der mit der Luft eingeatmet wird. Für große Kraftanstrengungen wird mehr Sauerstoff benötigt. Er wird zusätzlich im Inneren der Muskelzelle hergestellt.

MUSKELPROTZ

Der Mensch hat über 600 Muskeln. Eine Raupe mittlerer Größe hat mehr als 2 000.

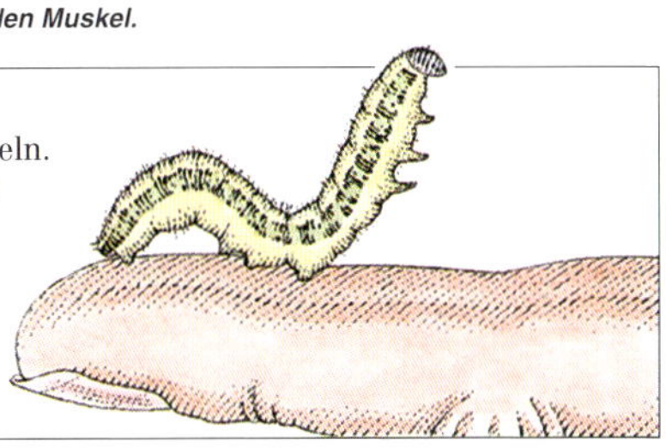

FUNKTIONEN DER MUSKELN

Sie bewegen Knochen und Gelenke.

Sie befördern Nahrung durch die Eingeweide.

Sie schützen das Auge durch den Lidschlag.

Sie lassen uns lächeln oder die Stirne runzeln.

Sie bewegen Rippen und Zwerchfell bei der Atmung.

Sie ziehen die Wände der Blutgefäße zusammen.

WISSENSWERTES

Muskelzellen können sich bis auf ein Drittel ihrer Länge zusammenziehen.

Die Muskeln, die die Flügel einer Fliege bewegen, führen über 1 000 Flügelschläge in der Sekunde aus.

Wenn wir gehen, sind mehr als 200 Muskeln in Aktion.

ERKRANKUNGEN DER MUSKULATUR

Name	Beschreibung
Krampf	Schmerzhafte, andauernde Kontraktion einer Gruppe von Muskeln
Muskelzerrung	Riss einzelner Muskelfasern mit Schwellung und Blutung
Wundstarrkrampf	Durch Bakteriengift verursachte Dauerkontraktion vor allem der Atemmuskulatur
Muskeldystrophie	Erbkrankheit mit fortschreitendem Muskelschwund
Sehnenscheidenentzündung	Entsteht durch Verletzung oder Überbeanspruchung

DAS HERZ

Das Herz ist eine faustgroße Muskelpumpe, die Blut in den Körper befördert. Es besteht aus zwei Hälften. Jede Hälfte hat einen Vorhof und eine Kammer. Der Kammermuskel treibt das Blut aus, indem er sich zusammenzieht. Dann erschlafft er, und die Kammer füllt sich wieder. Damit wird ein regelmäßiger Blutstrom aufrechterhalten.

Das Herz liegt schräg in der Mitte des Brustkorbs. Seine Spitze zeigt nach links unten.

DER AUFBAU DES HERZENS

Eine Scheidewand teilt das Herz in eine linke und eine rechte Hälfte. Jede Hälfte besteht aus einem Vorhof und einer Kammer, die beide durch Herzklappen voneinander getrennt sind. Die stärkere linke Seite pumpt sauerstoffhaltiges Blut aus der Lunge durch die Aorta (Hauptschlagader) in den ganzen Körper. Die rechte Herzseite befördert das sauerstoffarme Blut zurück in die Lunge. Dort wird es wieder mit Sauerstoff beladen.

Das Herz verfügt über ein eigenes Nervensystem. Es funktioniert wie ein automatischer Taktgeber (Schrittmacher). Daneben gibt es noch Herznerven, die vom Gehirn kommen. Sie lassen z.B. bei Aufregung das Herz schneller schlagen.

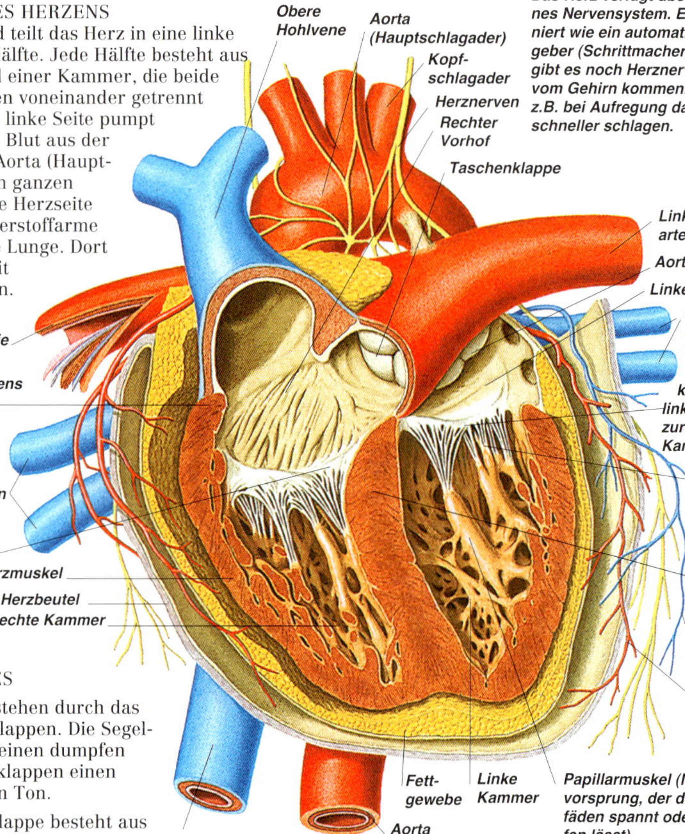

DIE ARBEIT DES HERZENS

Das Herz ist ein besonderer Muskel, der automatisch und ohne unser Zutun arbeitet. Ein Herzschlag dauert etwa 4/5 Sek. und besteht aus vier Abschnitten.

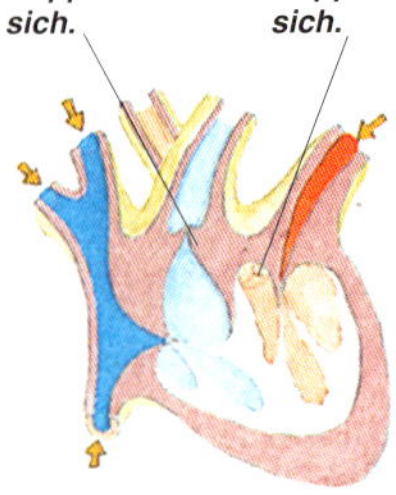

1. Rechter und linker Vorhof sind im Ruhezustand. Blut strömt in den rechten und in den linken Vorhof.

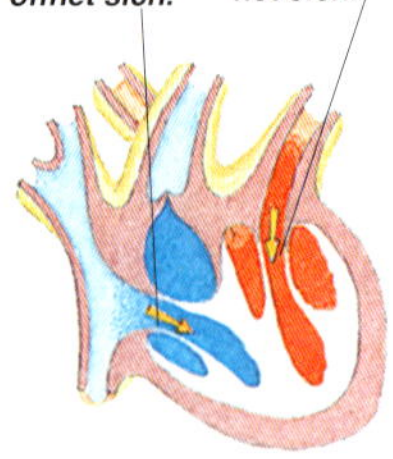

2. Die Segelklappen öffnen sich. Das Blut wird rechts und links von den Vorhöfen in die Kammern gepresst.

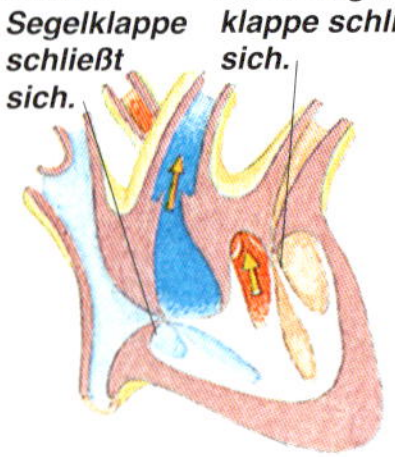

3. Die Taschenklappen öffnen sich. Links wird Blut in die Aorta, rechts in die Lungenarterie gepumpt.

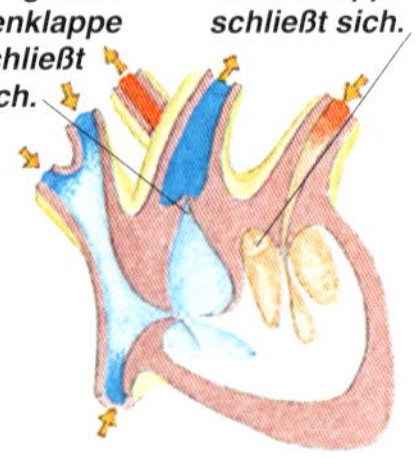

4. Die Taschenklappen schließen sich. Der Herzmuskel entspannt sich kurz, bis sich der ganze Vorgang wiederholt.

WISSENSWERTES

Die Herztöne entstehen durch das Zuschlagen der Klappen. Die Segelklappen ergeben einen dumpfen Ton, die Taschenklappen einen helleren, kürzeren Ton.

Die rechte Segelklappe besteht aus drei, die linke Segelklappe aus zwei Segeln.

Das Herz schlägt über 30 Mio. Mal in einem Jahr und 2 Mrd. Mal in einem ganzen Leben.

Wenn wir Sport treiben, schlägt unser Herz schneller, damit die Muskeln mit mehr Sauerstoff versorgt werden können.

Zwischen zwei Schlägen ruht sich das Herz aus. Bei einem durchschnittlichen Lebensalter von 70 Jahren befindet sich das Herz 40 Jahre lang im Ruhezustand.

REKORDE

Der längste Herzstillstand dauerte 4 Std. Der norwegische Fischer Egil Refsdahl (geb. 1936) kam danach wieder zu Bewusstsein und überlebte.

Die erste Herzverpflanzung beim Menschen gelang dem südafrikanischen Chirurgen Christiaan Barnard am 3. Dezember 1967.

Die längste Überlebenszeit nach einer Herzverpflanzung beträgt über 28 Jahre.

DER SCHRITTMACHER DES HERZENS

Das Herz besitzt einen Schrittmacher, den Sinusknoten. Er liegt am Dach des rechten Vorhofs. Kurz vor einem Herzschlag sendet der Sinusknoten an alle Herzmuskelzellen das Signal, sich zusammenzuziehen. Die dabei entstehenden elektrischen Ströme können aufgezeichnet werden. Man nennt dies ein Elektrokardiogramm (EKG).

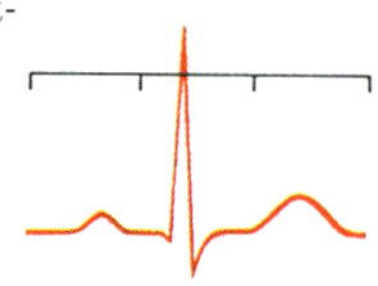

Dieser EKG-Ausschnitt zeigt die elektrischen Ströme vor einem Herzschlag.

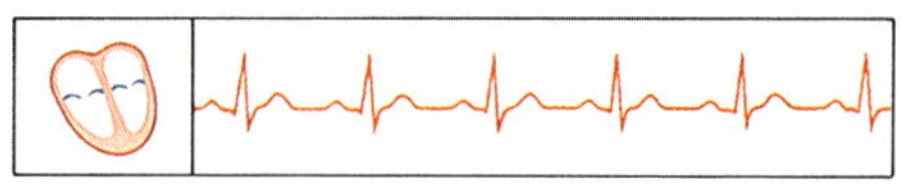

Normales Elektrokardiogramm (EKG)

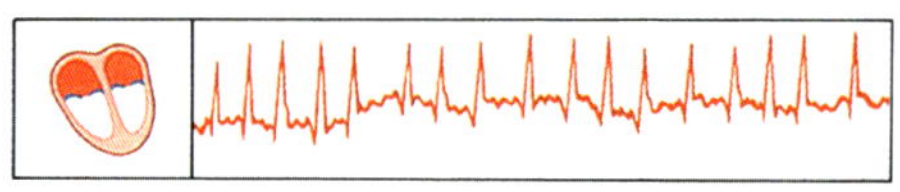

EKG mit unregelmäßigen Signalen

EIN TANK VOLL BLUT

Bei jedem Schlag befördert das Herz 80 ml Blut. Wenn man das Herz eines Erwachsenen an einen 8 000 l großen Tanklastwagen anschließen würde, könnte ihn das Herz in einem einzigen Tag füllen, und es wäre noch Blut übrig.

ANGEBORENE HERZFEHLER

Manche Menschen kommen mit einem Loch in der Herzscheidewand auf die Welt. Bei ihnen strömt ein großer Teil des Blutes von der linken Herzhälfte durch das Loch ins rechte Herz zurück und wieder in die Lungen, von wo es gerade gekommen ist. Die Organe des Körpers erhalten zu wenig Sauerstoff.

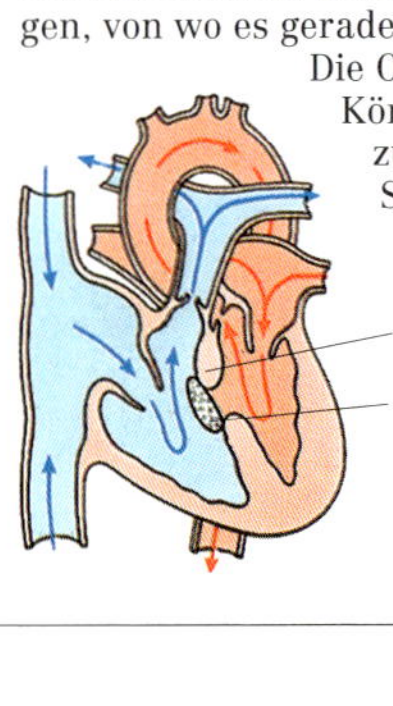

KÜNSTLICHE HERZKLAPPEN

Kugelventilklappe

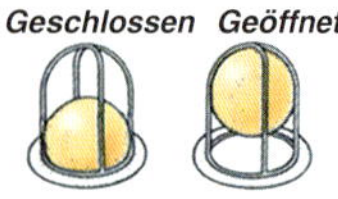

Kippscheibenklappe

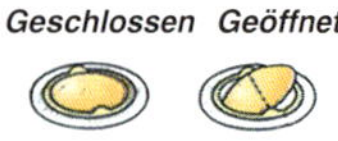

Klappenersatz aus Schweineherzklappen

Manchmal schließen die Herzklappen nicht richtig. Ein Teil des Blutes fließt in die falsche Richtung. Chirurgen setzen eine künstliche Klappe aus Kunststoff oder tierischem Gewebe ein.

ERKRANKUNGEN DES HERZENS

Name	Beschreibung
Koronare Herzkrankheit	Verengung der Herzkranzgefäße
Angina pectoris	Schmerzanfälle und Gefühl der Enge in der Brust
Herzstillstand	Das Herz hört auf zu schlagen.
Herzklappenentzündung	Meist eine Folge des durch Bakterien hervorgerufenen Rheumatischen Fiebers
Arrhythmie	Unregelmäßiger Herzschlag

KREISLAUFSYSTEM UND BLUT

Das Kreislaufsystem versorgt jede Zelle des Körpers mit Blut. In einem Netzwerk sich verzweigender Gefäße, das Tausende von Kilometern lang ist, fließt ein unaufhörlicher Blutstrom durch unseren Körper. Das Herz arbeitet wie eine Pumpe und hält das ganze System in Bewegung.

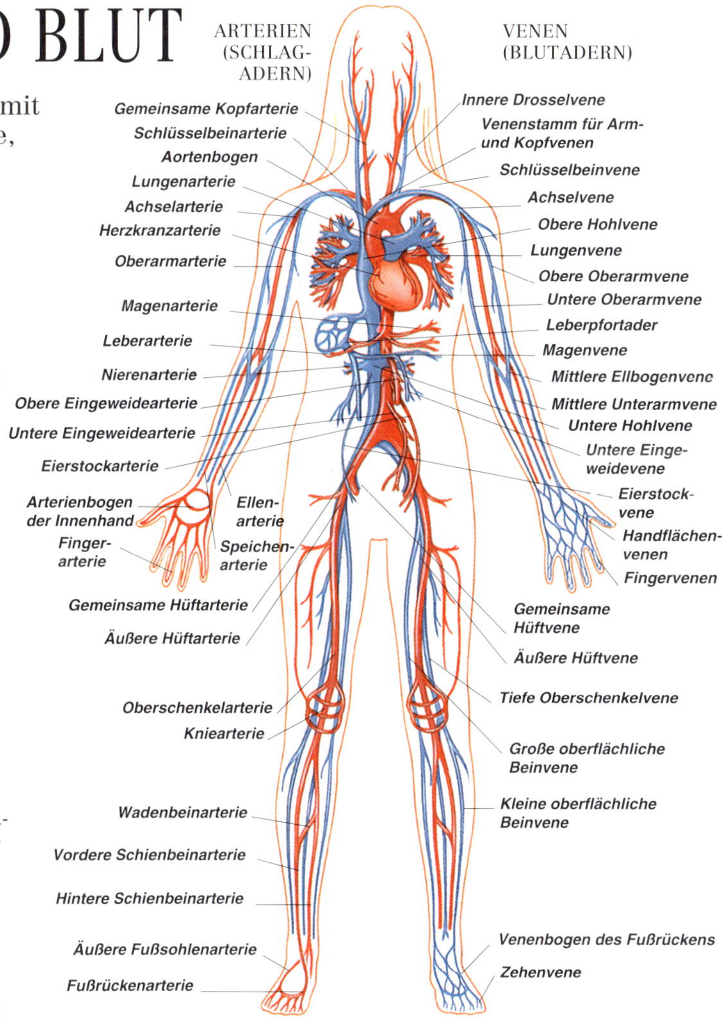

DER BLUTKREISLAUF

Venen (Blutadern) befördern sauerstoffarmes Blut aus dem Körper zur rechten Seite des Herzens. Die rechte Herzkammer pumpt es in die Lungen, wo es mit Sauerstoff beladen wird. Dieses sauerstoffreiche Blut fließt in den linken Vorhof und in die linke Kammer. Von dort wird es in die Arterien (Schlagadern) gepumpt, die sich verzweigen und den ganzen Körper gleichmäßig mit Sauerstoff versorgen.

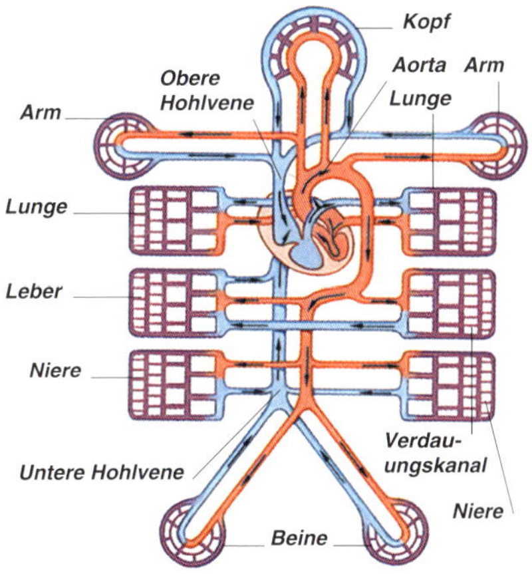

DAS BLUT

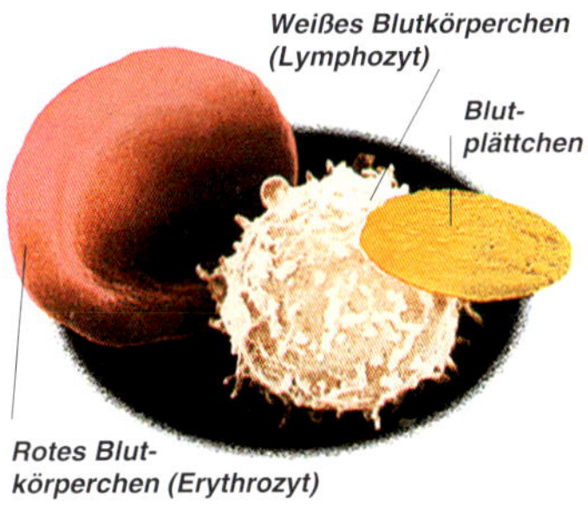

Im Blut befinden sich besondere Zellen, die roten und weißen Blutkörperchen, und bruchstückhafte Zellteile, die Blutplättchen. Sie alle schwimmen in einer wässrigen Flüssigkeit, dem Blutplasma. Das Plasma enthält Hormone (körpereigene chemische Wirkstoffe), Eiweiße und Mineralien in gelöster Form. Rote Blutkörperchen enthalten den roten Blutfarbstoff Hämoglobin, der Sauerstoff aufnehmen und abgeben kann. Weiße Blutkörperchen bekämpfen Krankheitserreger. Blutplättchen sorgen für die Blutgerinnung, wenn wir uns verletzt haben.

DIE GRÖSSTEN BLUTGEFÄSSE

Die größte Arterie ist die Aorta. Ihr innerer Durchmesser beträgt beim Austritt aus dem Herzen 2,5 cm.

Die größte Vene ist die Hohlvene. Ihr innerer Durchmesser beträgt 2,5 cm.

DIE BLUTGEFÄSSE

Arterien besitzen eine starke Muskelwand. Sie zweigen sich auf in schmalere Arterien (Arteriolen) und diese wiederum in feine Haargefäße, die Kapillaren. Sie haben durchlässige Wände, durch die Sauerstoff abgegeben wird. Das sauerstoffarme Blut fließt über Venolen (kleine Venen), die in größere Venen münden, zurück.

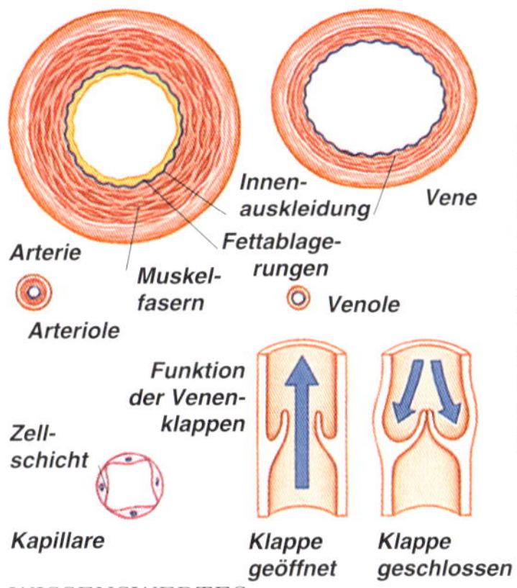

WISSENSWERTES

Rote Blutkörperchen haben an ihrer Oberfläche Haftstoffe, die nicht bei jedem Menschen gleich sind. Dieser Unterschied macht die Blutgruppe aus: A, B, AB und 0. Bei Blutübertragungen müssen die Blutgruppen zusammenpassen, sonst verklumpen die roten Blutkörperchen.

Rote Blutkörperchen werden etwa vier Monate alt und gehen 172 000-mal auf Rundreise durch den Körper.

DER BLUTDRUCK

Das Blut wird vom Herzen mit Druck durch die Gefäße gepumpt. Dieser Druck kann gemessen werden, wobei man zwei Werte erhält. Der erste, systolische Wert bezeichnet den Druck, der beim Zusammenziehen des Herzmuskels entsteht. Der zweite, diastolische Wert gibt den Druck an, der während der Ruhepause des Herzens herrscht.

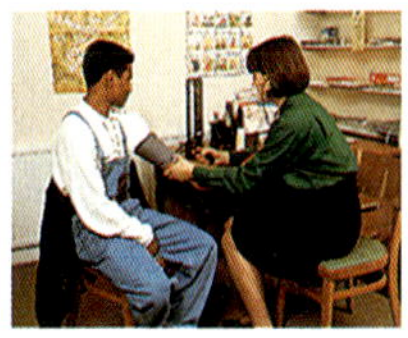

Eine Krankenschwester oder ein Arzt messen den Blutdruck.

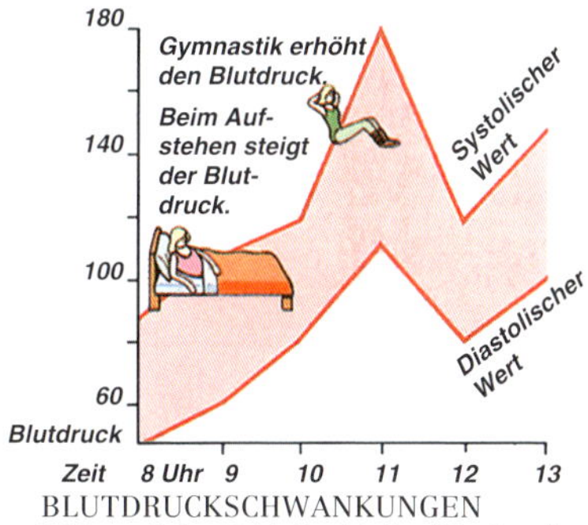

BLUTDRUCKSCHWANKUNGEN

Während des Schlafes ist der Blutdruck niedrig. Bei körperlicher Betätigung steigt er. Mit zunehmendem Alter erhöht er sich. Ein 20-Jähriger hat einen Blutdruck von 110/70 mm Quecksilbersäule, ein 60-Jähriger 160/90 mm.

HIV UND AIDS

Das HIV-Virus, das Aids verursacht, setzt das Abwehrsystem des Körpers außer Gefecht. Es zerstört die T4-Lymphozyten, eine besondere Art weißer Blutkörperchen. Sie helfen anderen weißen Blutkörperchen bei der Vernichtung von Krankheitserregern. Bei einem Aids-Kranken bricht die Abwehr des Körpers allmählich zusammen.

Mikroskopische Aufnahme eines HIV-Virus, das aus einem zerstörten T4-Lymphozyten austritt.

ERKRANKUNGEN

Name	Beschreibung
Bluterkrankheit	Ein zur Blutgerinnung nötiger Wirkstoff fehlt
Anämie (Blutarmut)	Mangel an rotem Blutfarbstoff und Sauerstoff
Arterienverkalkung	Verdickung der Arterienwände durch Fettablagerungen
Krampfadern	Erweiterung der Unterhautvenen, in denen sich das Blut staut
Aneurysma	Verdünnung und Ausbuchtung einer Gefäßwand

BLUTEGELMAHLZEIT

Blutegel hängen sich mit ihren Saugnäpfen an Tiere und Menschen und zapfen ihnen Blut ab. Sie können das Zehnfache ihres Körpergewichts an Blut zu sich nehmen. Das reicht dann für die nächsten 9 Monate.

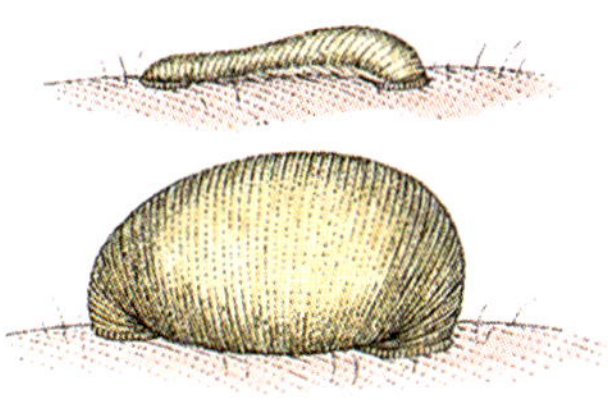

DAS ATMUNGSSYSTEM

Wenn wir einatmen, versorgen wir unseren Körper mit Sauerstoff aus der Luft. Wenn wir ausatmen, geben wir Kohlendioxid als Abfallprodukt ab. Wir atmen etwa 8 l Luft in der Minute ein und aus. Ein gesunder Erwachsener kann mit einem Atemzug 3 l Luft einatmen.

Lage des Atmungssystems im Körper

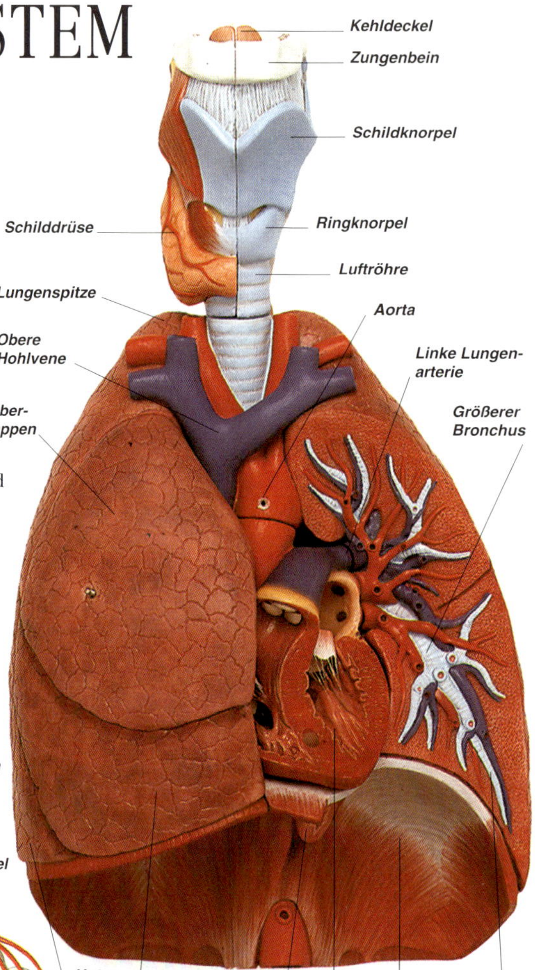

DER AUFBAU DER LUNGE

Die Luft gelangt zuerst in die oberen Atemwege (Nase, Mund und Luftröhre). Die Luftröhre teilt sich in zwei große Äste, die Bronchien, die sich wiederum aufzweigen in die Bronchiolen und in noch kleinere Bronchioli. Am Ende der Bronchioli sitzen feine Bläschen, die Lungenbläschen oder Alveolen. In ihnen findet der Gasaustausch statt. Ein- und Ausatmung kommen zustande durch die Tätigkeit der Brustkorbmuskeln und des Zwerchfells. Die Lunge besteht aus einem rechten und einem linken Lungenflügel.

DIE LUNGENBLÄSCHEN

Die 700 Mio. Lungenbläschen (Alveolen) sind mikroskopisch klein. Jedes ist von einem Netzwerk feinster Haargefäße (Kapillaren) überzogen. Kapillaren und Alveolen haben dünne, durchlässige Wände, durch die das Kohlendioxid im Blut in die Alveolen übergeht und ausgeatmet wird. Beim Einatmen tritt der in die Lungenbläschen einströmende Sauerstoff in die Kapillaren über. Die Kapillaren fließen zu größeren Venen zusammen und münden schließlich in die großen Lungenvenen und ins linke Herz.

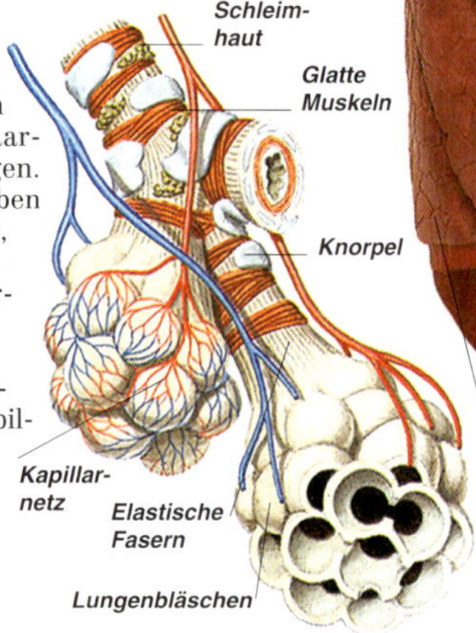

WISSENSWERTES

Der linke Lungenflügel besteht aus zwei, der rechte aus drei Lappen. Jeder Lungenflügel ist von einer feuchten Haut, dem Lungenfell, überzogen. Der Flüssigkeitsfilm, den das Lungenfell absondert, drückt die Lunge während des Atmens gegen die Brustkorbwand.

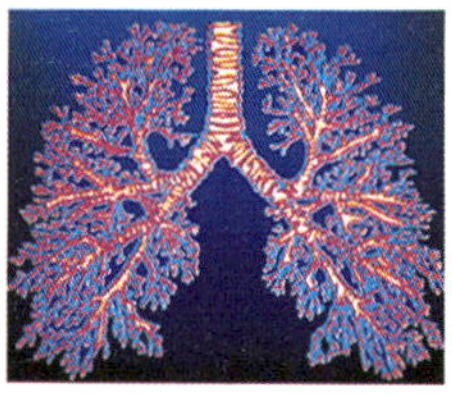

Röntgenbild der Lunge

Knorpelspangen halten Luftröhre und Bronchien offen. Sie verhindern, dass ihre Wände aneinander kleben.

Die Innenwände größerer Bronchien sind mit Schleimhaut ausgekleidet, die Tausende feiner Härchen trägt. Diese Flimmerhärchen befördern Schmutzteilchen und Bakterien wieder nach draußen.

Der Mensch kann mit nur einem gesunden Lungenflügel leben.

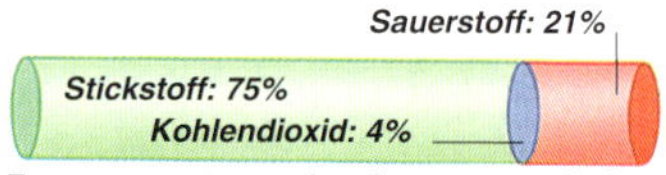

Zusammensetzung der eingeatmeten Luft

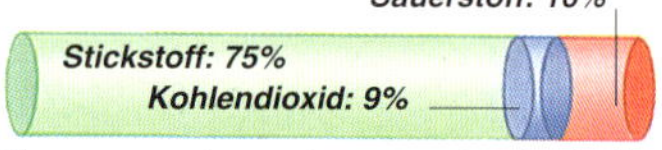

Zusammensetzung der ausgeatmeten Luft

Stickstoff geht in gelöster Form ins Blutplasma über. Er wird jedoch für die Vorgänge im Körper nicht gebraucht.

SCHLUCKAUF

Der amerikanische Landwirt Charles Osborne (1894–1991) bekam 1922 einen Schluckauf, der nicht mehr aufhörte. Erst 1990, nach 68 Jahren, verschwand er.

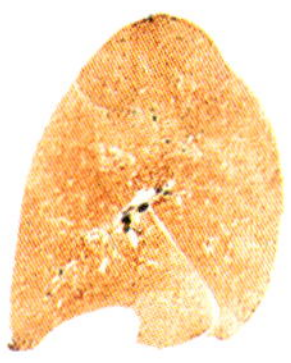

Gesunde Lunge

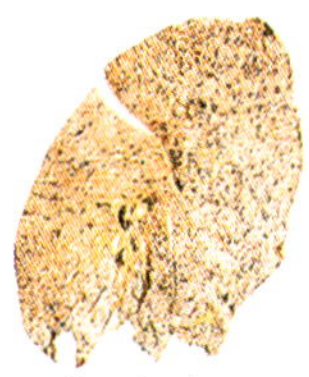

Raucherlunge

RAUCHEN

Mehr als 4 000 verschiedene chemische Verbindungen wurden im Zigarettenrauch gefunden. Die meisten dieser Stoffe schädigen die Lunge und verursachen Krebs. Jedes Jahr sterben viele Menschen an den Folgen des Rauchens.

GESUNDHEITSRISIKO EINES RAUCHERS	
Zigaretten pro Tag	An Lungenkrebs verstorbene Raucher, bezogen auf 100 000 männliche Raucher im Jahr
0	10
1–14	78
15–24	127

BEINAHE EIN TENNISPLATZ

Wenn man die innere Oberfläche der Lunge flach ausbreiten würde, ergäbe dies eine Fläche von 180 m². Damit könnte man über zwei Drittel eines Tennisplatzes abdecken.

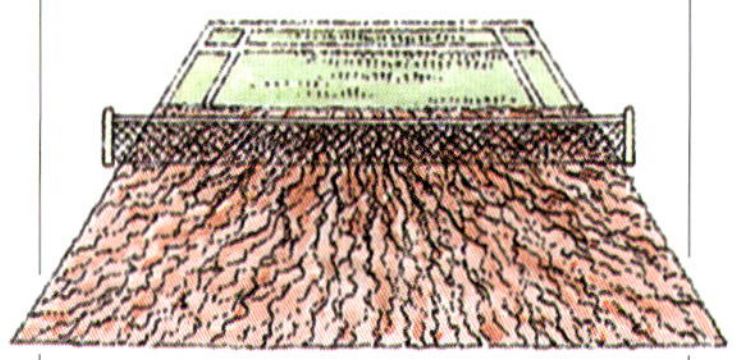

EINATMEN

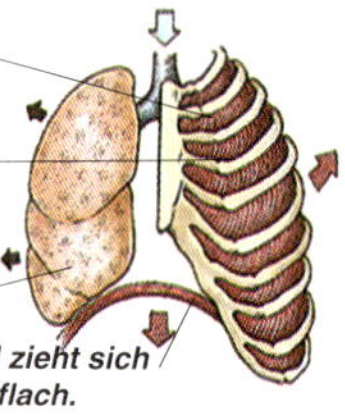

AUSATMEN

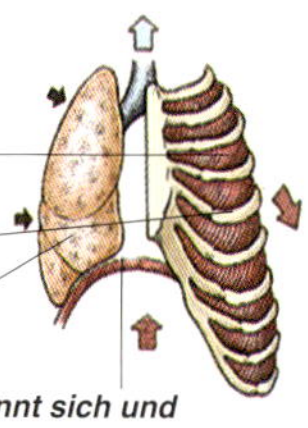

Die unteren Lungenlappen liegen auf dem Zwerchfell. Beim Einatmen zieht sich das Zwerchfell zusammen und wird flach. Es zieht die Lungenflügel mit nach unten. Gleichzeitig heben die Zwischenrippenmuskeln die Rippen. Der Brustkorb dehnt sich. Es entsteht ein Sog, der die Luft durch Luftröhre und Bronchien bis in die Lungenbläschen einströmen lässt.

SCHON GEWUSST?

Schluckauf entsteht folgendermaßen: Das Zwerchfell zieht sich unfreiwillig und sehr schnell zusammen, Luft füllt schlagartig die Lunge, die Stimmbänder schnappen zu und verursachen den Laut, den wir als Schluckauf kennen.

Von der Luftröhre bis zu den Lungenbläschen verzweigen sich die Luftwege 23-mal und ergeben insgesamt eine Strecke von 2 400 km.

ERKRANKUNGEN	
Name	Beschreibung
Asthma	Anfallsartiges Zusammenziehen der Bronchien, Atemnot mit keuchenden Atemgeräuschen
Bronchitis	Entzündung der Bronchien
Lungenentzündung	Entzündung der Bronchiolen und der Lungenbläschen
Lungenkrebs	Bösartige Geschwulst der Lunge
Lungenemphysem	Lungenblähung mit Atemnot

VERDAUUNG

Die Nahrung muss zuerst zerkleinert und in ihre chemischen Bestandteile zerlegt werden. Erst dann kann ihr der Körper Nährstoffe entziehen und in Energie umwandeln. Abfallstoffe, werden ausgeschieden. Den gesamten Vorgang nennt man Verdauung.

DER VERDAUUNGSKANAL

Der Verdauungskanal reicht vom Mund bis zum Darmausgang. Leber, Bauchspeicheldrüse und Gallenblase sind mit dem Darm verbunden und wirken mit bei der Zerlegung der Nahrung.

DIE LEBER

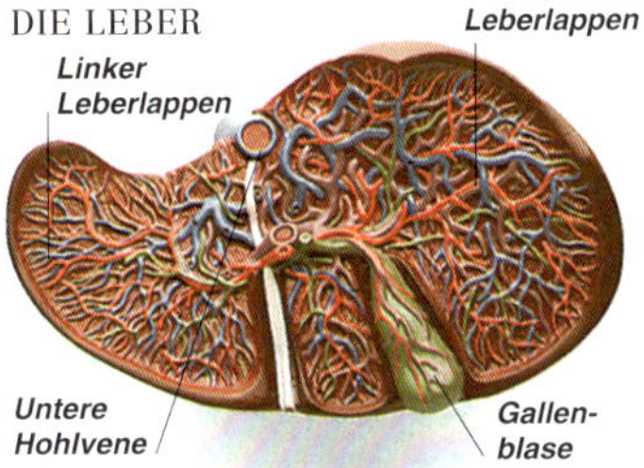

Die Leber erhält Blut von der Leberarterie (bringt sauerstoffreiches Blut vom Herzen) und der Pfortader (bringt nährstoffreiches Blut aus dem Darm). Die Leber erfüllt zahlreiche Aufgaben:

Sie stellt Gallenflüssigkeit her zur Verdauung fettreicher Nahrung.
Sie setzt bei Bedarf Traubenzucker frei.
Sie stellt wichtige Bluteiweiße her.
Sie produziert Stoffe zur Blutgerinnung.
Sie baut zerfallene rote Blutkörperchen ab.
Sie speichert Vitamine.
Sie entgiftet den Körper, indem sie Schadstoffe abbaut.
Sie speichert Energie.
Sie enthält Fresszellen, die Bakterien vernichten.

AUFNAHME VON NÄHRSTOFFEN

Die Innenwand des Dünndarms besitzt Millionen fingerförmiger Ausstülpungen, die Darmzotten. Sie sind dicht bepackt mit Blut- und Lymphgefäßen. Die Nährstoffe aus dem vorverdauten Nahrungsbrei können durch die dünnen Wände der Zotten leicht ins Blut übergehen. Fette werden von den Lymphgefäßen aufgenommen. (Die Lymphe ist eine wässrige Gewebeflüssigkeit.)

1. MUND UND RACHEN

Durch Kauen wird die Nahrung zerkleinert. Enzyme im Speichel spalten Stärke in einfachere Zuckerverbindungen. Enzyme sind Eiweiße, die chemische Vorgänge beschleunigen. Die Zunge befördert den Bissen nach hinten. Berührt er die hintere Rachenwand, entsteht ein Schluckreflex. Der Bissen gelangt über die Speiseröhre in den Magen.

2. DER MAGEN

Die Magenschleimhaut produziert einen Verdauungssaft, der Salzsäure in hoher Konzentration und Enzyme enthält. Wie die Enzyme zersetzt auch die Salzsäure die Nahrung und tötet außerdem Bakterien ab. Es entsteht ein flüssiger Speisebrei, Chymus genannt.

3. DER ZWÖLFFINGERDARM

In den Zwölffingerdarm fließen Gallensaft aus der Gallenblase und der Verdauungssaft der Bauchspeicheldrüse. Der Gallensaft zerlegt Fette in kleine Kügelchen.

4. DER DÜNNDARM

Hier werden Verdauungssäfte produziert, die Fette, verschiedene Zucker und andere Stoffe spalten. Diese gelangen durch die Dünndarmwand in Blut und Leber.

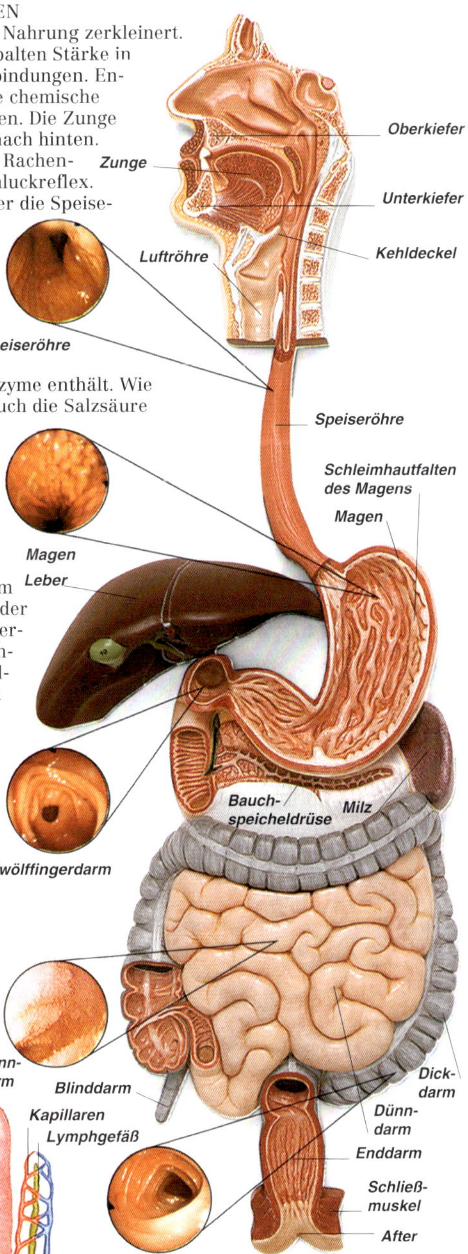

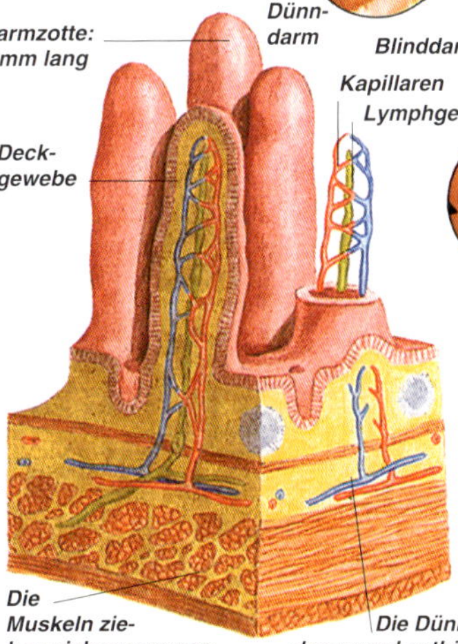

5. DER DICKDARM

Der durch die vielen Verdauungssäfte flüssig gewordene Inhalt des Dünndarms geht nun in den Dickdarm über. Hier wird ihm Wasser entzogen. Der Dickdarm produziert keine Verdauungsenzyme. Er enthält aber Bakterien, die Ballaststoffe und andere unverdauliche Überreste der Nahrung zersetzen. Diese eingedickten Abfallprodukte gelangen in den Enddarm und werden über den After ausgeschieden.

EISEN UND KUNSTSTOFF

Seit 1966 hat der Franzose Michel Lolito, »Monsieur Mangetout«, zehn Fahrräder, sieben Fernseher, sechs Kronleuchter und ein Sportflugzeug verspeist.

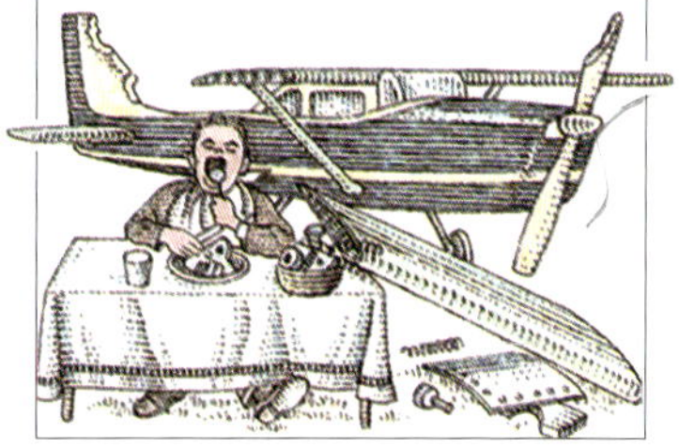

WISSENSWERTES

Eine Mahlzeit bleibt 3 bis 5 Std. im Magen und 6 bis 20 Std. im Dickdarm.

Die Schleimhaut des Magens produziert eine Schutzschicht, damit sich der Magen nicht selbst verdaut.

Beim Schlucken verschließt der Kehldeckel die Luftröhre, damit keine Nahrung hineingelangt.

PERISTALTIK

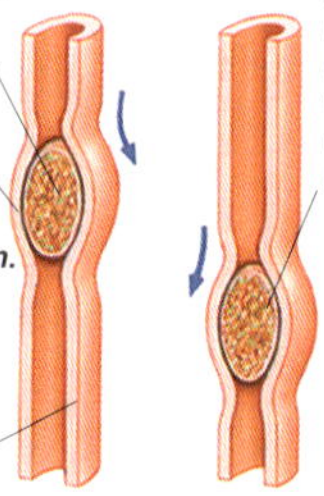

Eine wellenförmige Muskelbewegung, die »Peristaltik«, befördert die Nahrung durch den Verdauungskanal. Die Wand des gesamten Verdauungssystems hat eine innere Ringmuskelschicht und eine äußere Längsmuskelschicht. Sie ziehen sich in aufeinander folgenden Abschnitten zusammen und erschlaffen wieder. So wird der Inhalt weitertransportiert.

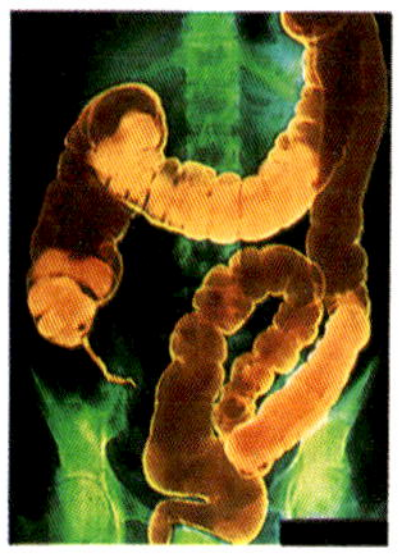

Röntgenaufnahme des Dickdarms mit Inhalt

DIE WICHTIGSTEN ENZYME		
Vorkommen	Enzym	Nahrungsbestandteil, der gespalten wird
Mund	Speichelamylase	Stärke (Kohlenhydrate)
Magen	Pepsin und Rennin	Eiweiße und Milcheiweiß
Zwölffingerdarm	Trypsin, Amylase, Lipase	Eiweiße, Stärke, Fette
Dünndarm	Trypsin, Amylase, Lipase	Eiweiße, Fette, Malzzucker, Rohrzucker, Milchzucker
Dickdarm	bakterielle Enzyme	Ballaststoffe und andere Abfallprodukte

ERKRANKUNGEN	
Name	Beschreibung
Magenverstimmung	Druckgefühl im Magen; zu viel Magensäure
Durchfall	halb flüssiger oder flüssiger Stuhl
Verstopfung	Der Darminhalt wird nicht mehr vorwärts bewegt.
Leberzirrhose	Leberschrumpfung meist durch Alkoholmissbrauch, chron. Leberentzündung, Viren oder Drogen verursacht

DAS HARNSYSTEM

Die Nieren kontrollieren den Wasser- und Mineralstoffgehalt des Körpers, indem sie unerwünschte Stoffe in Form von Harn (Urin) ausscheiden. Von den Nieren gelangt der Urin durch die Harnleiter in einen Muskelsack, die Blase, und wird dort gesammelt. Über die Harnröhre wird er schließlich ausgeschieden. Dieses ganze System nennt man Harn- oder Ausscheidungssystem. Die Nieren filtern alle 5 Min. das gesamte Blut des Körpers.

Lage des Harnsystems im Körper

DIE NIEREN

Jede Niere enthält etwa 1,3 Mio. winzige Filtereinheiten, die das Blut reinigen. Eine solche Einheit heißt Nephron und besteht aus dem Nierenkörperchen, einer Kapsel (Bowman-Kapsel) und einem System feiner Röhrchen. Das Blut wird hier zunächst vorgefiltert. Schadstoffe und Wasser treten in die Bowman-Kapsel über, der Rest fließt in den Körper zurück. Dem Inhalt der Bowman-Kapsel, dem Vorharn, werden Wasser und einige wichtige Mineralien entzogen und in den Blutkreislauf zurückgeführt. Der Harn verlässt die Niere und gelangt über den Harnleiter in die Blase.

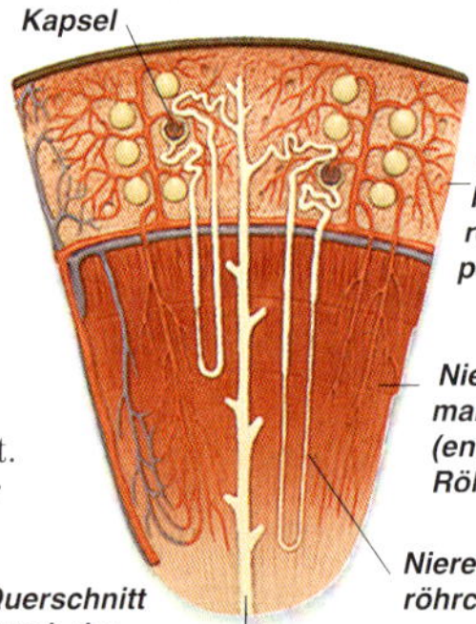

Querschnitt durch das Nierengewebe

WISSENSWERTES

In den ersten beiden Lebensjahren wird die Blase durch einen Reflex geleert. Er läuft automatisch ab und kann noch nicht vom Kind beeinflusst werden.

ADH (Antidiuretisches Hormon) wird in der Hirnanhangsdrüse hergestellt. Es bewirkt, dass im Röhrchensystem der Niere dem Vorharn Wasser entzogen und dem Körper wieder zugeführt wird.

Wir können mit nur einer Niere leben. Wenn eine Niere nicht mehr arbeitet, vergrößert sich die andere und übernimmt deren Aufgabe mit.

GEFILTERTE STOFFE

Diese Tabelle zeigt in Prozentzahlen den Anteil einiger chemischer Stoffe im Blut und im Urin. Der Prozentanteil im Urin gibt an, wie viel von der Substanz aus dem Blut herausgefiltert wurde und den Körper verlässt.

Verbindung	Blut %	Urin %
Eiweiß	7–9	0
Harnstoff	0,03	2
Harnsäure	0,005	0,05
Ammoniumsalze	0,0001	0,04
Wasser	90–93	95

NIERENSTEINE

Manchmal verfestigen sich die Salze, die im Urin der Niere gefiltert werden, und bilden Steine. Wenn sie größer sind, verstopfen sie die Nierenröhrchen oder den Ausgang zum Harnleiter. Nierensteine können glatt wie Kieselsteine oder spitz und kantig sein. Wenn ein eingeklemmter Stein sich bewegt, entstehen starke Schmerzen. Steine können von außen mit Ultraschallwellen zertrümmert oder durch eine Operation entfernt werden.

Schnitt durch eine Niere mit Steinen

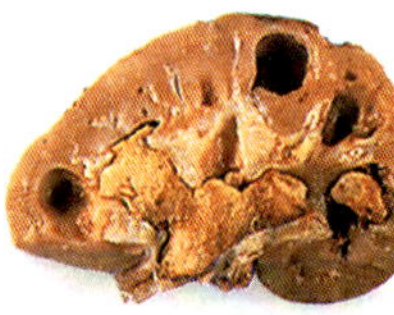

EIN HAUSMITTEL

Das Wort »Lotion« kommt vom lateinischen Wort lotium und bedeutet Urin. Die Römer benutzten abgestandenen Urin als Haarmittel gegen Schuppen und Läuse. Er wurde auch zum Färben von Kleidung verwendet.

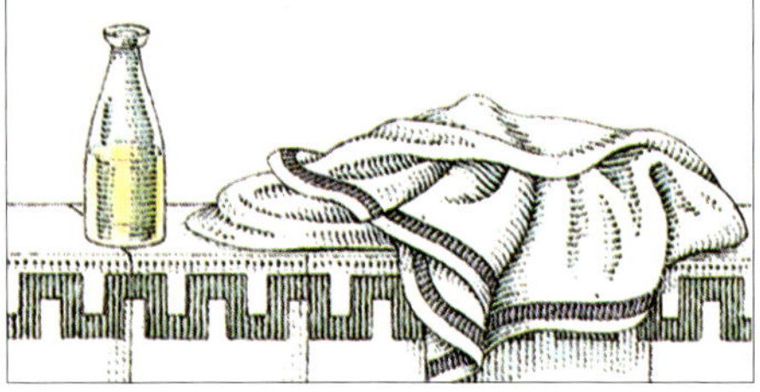

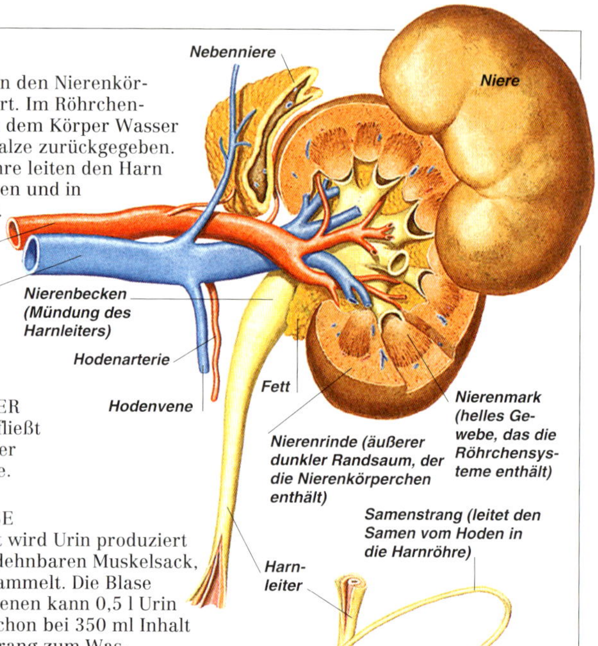

1. NIERE

Das Blut wird in den Nierenkörperchen gefiltert. Im Röhrchensystem werden dem Körper Wasser und wichtige Salze zurückgegeben. Die Sammelrohre leiten den Harn ins Nierenbecken und in den Harnleiter.

2. HARNLEITER

Im Harnleiter fließt der Urin von der Niere zur Blase.

3. HARNBLASE

Tag und Nacht wird Urin produziert und in einem dehnbaren Muskelsack, der Blase, gesammelt. Die Blase eines Erwachsenen kann 0,5 l Urin fassen. Aber schon bei 350 ml Inhalt entsteht der Drang zum Wasserlassen. Am Boden der Blase befindet sich die Öffnung zur Harnröhre.

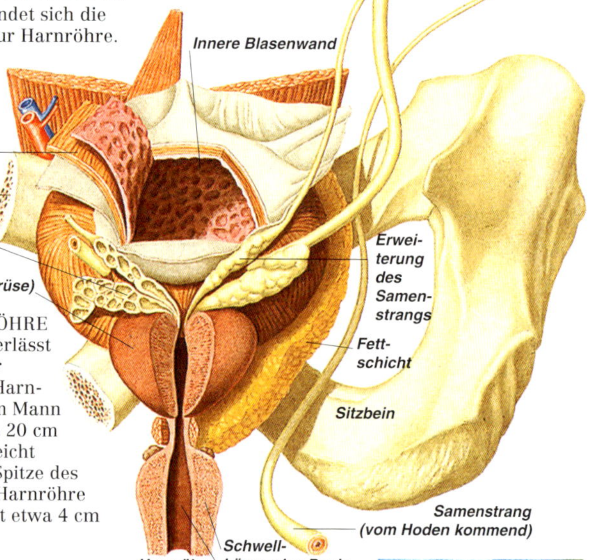

4. HARNRÖHRE

Der Urin verlässt den Körper durch die Harnröhre. Beim Mann ist sie etwa 20 cm lang und reicht bis an die Spitze des Penis. Die Harnröhre der Frau ist etwa 4 cm lang.

DIE VORSTEHERDRÜSE

Die Vorsteherdrüse (Prostata) kommt nur beim Mann vor. Sie liegt direkt unterhalb der Blase und umschließt die Harnröhre. Sie stellt eine milchige Flüssigkeit her, die sie gleichzeitig mit dem Samen in die Harnröhre abgibt. Diese Flüssigkeit macht 30 % der Samenflüssigkeit aus. Bei Männern über 50 vergrößert sich die Vorsteherdrüse, drückt die Harnröhre zusammen und erschwert das Wasserlassen. Die Drüse wird dann oft ganz oder teilweise entfernt.

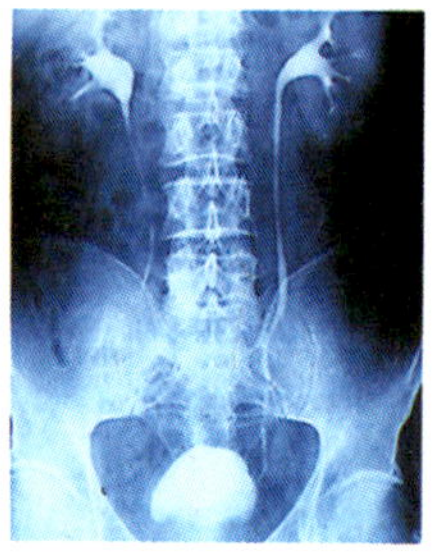

Röntgenaufnahme einer vergrößerten Vorsteherdrüse

KÜNSTLICHE NIERE UND NIERENVERPFLANZUNG

Wenn beide Nieren völlig ausgefallen sind, muss das Blut mit einer künstlichen Niere gefiltert werden. Das Blut des Patienten wird dabei durch ein Gerät (Dialysegerät) außerhalb des Körpers geleitet. Es muss 20-mal durch die Maschine laufen, bis es völlig gereinigt ist. Der Patient braucht zwei bis drei solcher Sitzungen pro Woche. Günstiger ist es, dem Kranken eine gesunde Niere einzusetzen. Nierenverpflanzungen kommen von allen Organverpflanzungen am häufigsten vor.

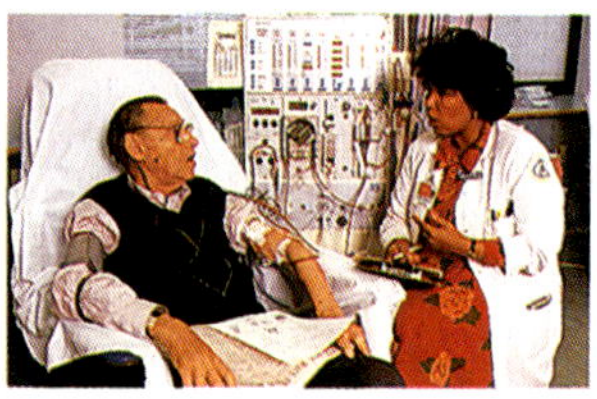

Patient an einer künstlichen Niere

ERKRANKUNGEN

Name	Beschreibung
Blasenentzündung	Durch Bakterien hervorgerufene Entzündung der Blase
Nierenbeckenentzündung	Durch Bakterien hervorgerufene Entzündung des innersten Teils der Niere
Nierensteine	Verfestigte Salze im Urin, die Steine bilden
Nierenzysten	Hohlräume in der Niere, die die Tätigkeit der Niere einschränken
Blasensteine	Steine können den Blasenausgang versperren

DAS ENDOKRINE SYSTEM

Das Endokrine System ist eine zusammenfassende Bezeichnung für eine Reihe von Drüsen im Körper, die Hormone herstellen. Hormone sind Botenstoffe, die die Tätigkeit bestimmter Organe anregen oder abschwächen können. Sie werden direkt ins Blut abgegeben.

ENDOKRINE DRÜSEN

Die wichtigsten endokrinen Drüsen sind die Hirnanhangsdrüse, die Schilddrüse, die Nebennieren, die Bauchspeicheldrüse und die Geschlechtsdrüsen. Mit dem Blut werden die Hormone im Körper verteilt und von dem Organ, für das sie bestimmt sind, aufgenommen.

DIE HIRNANHANGSDRÜSE

Die Hirnanhangsdrüse (Hypophyse) produziert über 10 Hormone, die auf andere endokrine Drüsen einwirken und die Hormonherstellung in diesen Drüsen anregen oder bremsen. Einige Funktionen der Hirnanhangsdrüse werden von einem Bereich des Gehirns überwacht, dem Hypothalamus (unteres Zwischenhirn, siehe S. 116).

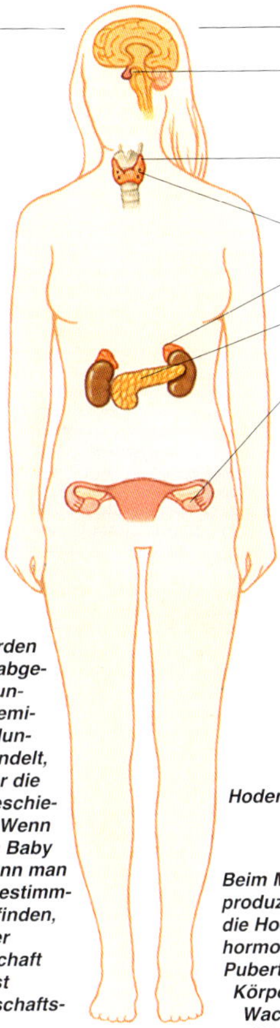

Die Eierstöcke der Frau produzieren die weiblichen Geschlechtshormone Östrogen und Progesteron. Sie sind verantwortlich für die Entwicklung geschlechtsunterscheidender Merkmale in der Pubertät, z.B. Wachstum der Brust und der Schamhaare, Beginn der Monatsblutung.

Hormone werden in der Leber abgebaut, d.h. in unwirksame chemische Verbindungen umgewandelt, die dann über die Nieren ausgeschieden werden. Wenn eine Frau ein Baby bekommt, kann man im Urin ein bestimmtes Hormon finden, das nur in der Schwangerschaft vorhanden ist (Schwangerschaftstest).

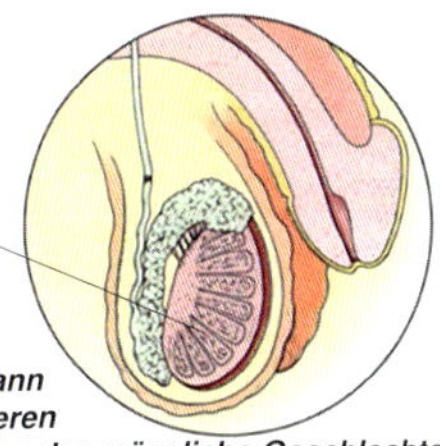

Beim Mann produzieren die Hoden das männliche Geschlechtshormon Testosteron. Es steuert in der Pubertät das Wachstum der Scham- und Körperbehaarung (Bartwuchs) und das Wachstum des Kehlkopfs und der Stimmbänder (die Stimme wird tiefer).

HORMONSTÖRUNGEN

Eines der wichtigsten Hormone der Hirnanhangsdrüse ist das Wachstumshormon. Zu viel Wachstumshormon verursacht Riesenwuchs (Gigantismus), zu wenig verursacht Zwergwuchs.

SCHON GEWUSST?

Der größte Mensch der Welt war der US-Amerikaner Robert P. Wadlow (1918–1940). Er war 2,72 m groß. Bereits als er mit 13 Jahren den Pfadfindern beitrat, maß er 2,23 m.

Der kleinste ausgewachsene Mann aller Zeiten war der Inder Gul Mohammed (1957–1997). Er wurde 1990 in einem Krankenhaus in Neu Delhi gemessen und kam auf eine Körpergröße von 57 cm.

ÜBERMENSCHLICHE KRAFT

Als Frau Maxwell Rogers aus Florida (USA) bemerkte, dass ihr Sohn unter die Räder ihres Wagens gekommen war, gab ihr der dadurch ausgelöste Adrenalinstoß die Kraft, das 1,6 t schwere Fahrzeug hochzuheben.

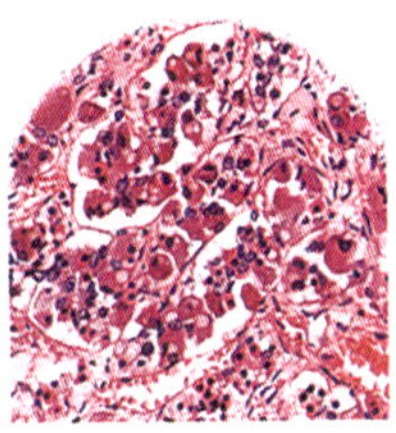

Querschnitt durch die Hypophyse; mikroskopische Aufnahme

KAMPF UND FLUCHT

Bei Erlebnissen, die Angst, Wut oder Entsetzen hervorrufen, setzen die Nebennieren das Hormon Adrenalin frei. Es erhöht den Pulsschlag. Mehr Sauerstoff wird in die Organsysteme gepumpt, und der Körper ist zu Höchstleistungen fähig. Danach nimmt der Adrenalingehalt des Blutes wieder ab.

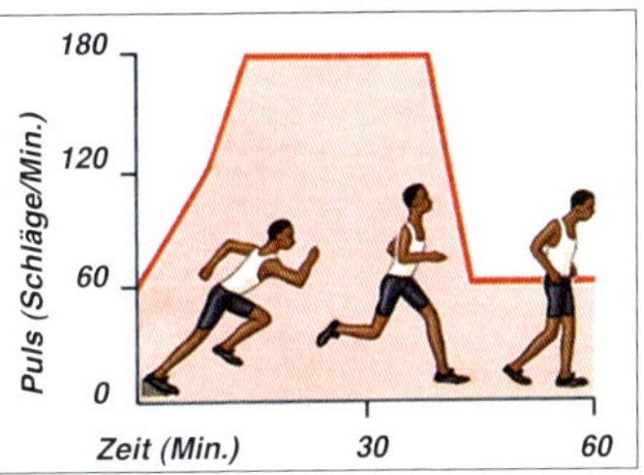

ENDOKRINE DRÜSEN UND IHRE HORMONE

Drüse	Hormone	Funktion	Wirkung bei Unterproduktion	Wirkung bei Überproduktion
Schilddrüse	Thyroxin	Regulation des Stoffwechsels aller Zellen, im Kindesalter nötig für körperliche und geistige Entwicklung	bei Kindern Kleinwuchs und geistige Behinderung; bei Erwachsenen Gewichtszunahme	erhöhte Betriebsamkeit; Angstzustände, Gewichtsverlust, Durchfall, schneller Puls
Hirnanhangsdrüse	Wachstumshormon	regt das Zellwachstum vor allem in Knochen an	Minderwuchs	Riesenwuchs
	TSH	regt die Schilddrüse zur Hormonproduktion an	verlangsamter Stoffwechsel	
	Prolactin	fördert Wachstum der Brust und Milchproduktion	verminderter sexueller Antrieb	
	ACTH	regt die Nebennierenrinde zur Hormonproduktion an		
	LH und FSH	kontrolliert die Funktion der Geschlechtsorgane	Unfruchtbarkeit	Überproduktion von Eizellen
	MSH	regt das Braunwerden der Haut an		
	ADH	veranlasst die Nieren, die Wasserausscheidung zu drosseln	Wasserverlust	Einlagerung von Wasser ins Gewebe
	Oxytocin	bewirkt, dass sich die Muskulatur der Gebärmutter bei der Geburt zusammenzieht	erschwert die Geburt	
Nebenschilddrüse	Parathormon	regelt den Kalziumgehalt des Blutes; ist für Muskeln und Nerven von Bedeutung	Tetanie: Verkrampfen bestimmter Muskelgruppen mit Verdrehen der Glieder	kann Knochenschwund und Nierensteine hervorrufen
Nebenniere	Adrenalin Kortison Aldosteron	spornt in Stresssituationen den Körper zu Höchstleistungen an beeinflusst auf vielfältige Weise Stoffwechsel und Figur kontrolliert den Salzgehalt des Blutes	Addison-Krankheit (Ausfall der Nebennierenrinde): Störung des Salz- und Wassergehalts, niedriger Blutdruck, Schwäche, Gewichtsverlust, Verdauungsstörungen	Cushing-Krankheit (erhöhter Kortisongehalt im Blut): Fettleibigkeit, erhöhter Blutdruck, erhöhter Zuckergehalt des Blutes, Haarwuchs
Bauchspeicheldrüse	Insulin Glukagon	senkt den Zuckergehalt des Blutes hebt den Blutzuckerspiegel	Zuckerkrankheit (Diabetes): erhöhter Blutzuckerspiegel	erniedrigter Blutzuckerspiegel; kann Bewusstlosigkeit verursachen
Nieren	Erythropoetin 1,25 Dihydroxycholecalciferol Renin	regt das Knochenmark zur Blutbildung an vermehrt die Aufnahme von Kalzium im Darm, wird aus Vitamin D gebildet regelt den Blutdruck	Anämie (Blutarmut), Rachitis (Vitamin-D-Mangelkrankheit), Knochenerweichung niedriger Blutdruck	Überproduktion von roten Blutkörperchen erhöht den Kalziumspiegel im Blut
Eierstöcke	Östrogen Progesteron	regt das Wachstum der Brustdrüsen, der Eizellen und der Schamhaare an bereitet die Gebärmutter auf die Schwangerschaft vor	erhöhter Blutdruck Unfruchtbarkeit	Gefahr der Bildung von Blutgerinnseln
Hoden	Testosteron	regt die Samenproduktion an, macht die Stimme tiefer, lässt Körper- und Schamhaare wachsen	Verminderung der Samenproduktion	ausgeprägte Zunahme von Muskulatur und Körperbehaarung

FORTPFLANZUNG UND WACHSTUM

Die Entstehung neuen Lebens bezeichnet man als Fortpflanzung. Der Mensch pflanzt sich geschlechtlich fort, d.h. ein Mann und eine Frau vereinigen sich, um ein Kind zu bekommen. Wenn eine Samenzelle des Vaters und eine Eizelle der Mutter zu einer einzigen Zelle verschmelzen, beginnt neues Leben. Diese Zelle teilt sich in immer wieder neue Zellen, bis schließlich ein Baby entstanden ist.

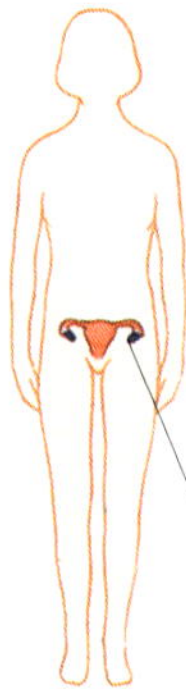

Die Geschlechtsorgane der Frau, Eierstöcke und Gebärmutter, liegen innerhalb des Bauchraums.

DIE GESCHLECHTSORGANE DER FRAU

Die beiden Eierstöcke enthalten von Geburt an eine Vielzahl unreifer Eizellen. Mit Beginn der Pubertät wird einmal im Monat eine Eizelle reif und gelangt in den Eileiter. Wenn sie dort mit einer Samenzelle verschmilzt, nennt man dies eine Befruchtung. Die befruchtete Eizelle wandert in die Gebärmutter, nistet sich dort ein und beginnt zu wachsen. Eine unbefruchtete Eizelle wird zusammen mit der Schleimhaut der Gebärmutter abgestoßen. Dieser Vorgang heißt Monatsblutung, Periode, Regel oder Menstruation.

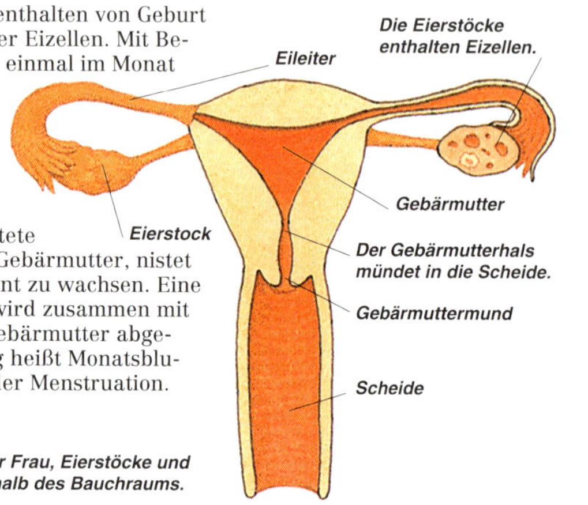

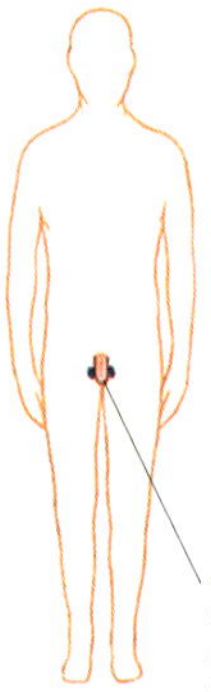

Die Geschlechtsorgane des Mannes, Hoden und Penis, liegen außerhalb des Bauchraums.

DIE GESCHLECHTSORGANE DES MANNES

Der Mann hat zwei Hoden, in denen ständig Samenzellen, die Spermien, heranwachsen. Bei einem Samenerguss werden die Spermien über den Samenstrang und die Harnröhre ausgeschleudert. Die Samenzellen, die nicht abgegeben werden, werden im Blut abgebaut.

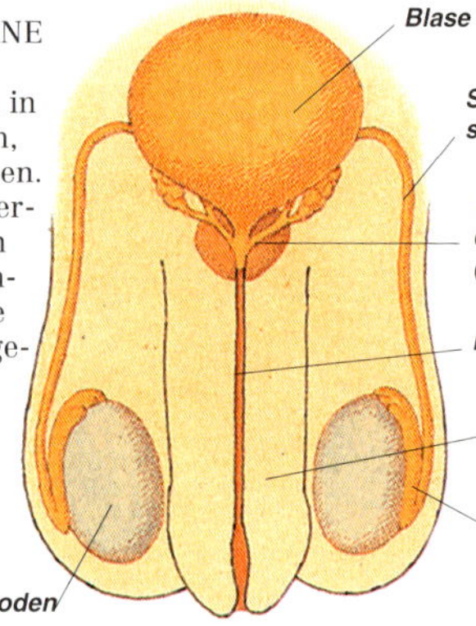

DIE MENSTRUATION

Mit Beginn der Pubertät (10 bis 16 Jahre) kommt es bei der Frau einmal im Monat zur Menstruation.

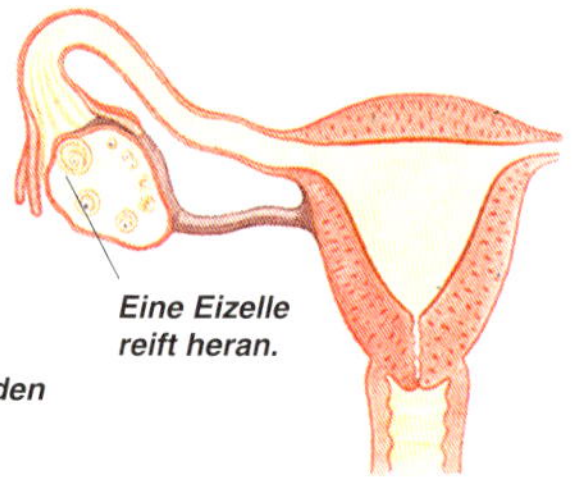

1. In einem der beiden Eierstöcke beginnt eine Eizelle zu reifen. Gleichzeitig wächst die Schleimhaut, die die Gebärmutter innen auskleidet. Sie füllt sich mit Blutgefäßen, um die Eizelle später aufnehmen und ernähren zu können.

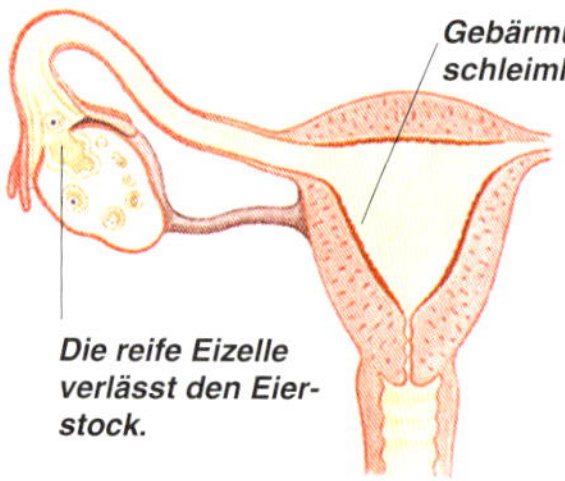

2. Etwa zwei Wochen später ist die Eizelle reif und gelangt in den Eileiter. Sie ist jetzt bereit für die Befruchtung.

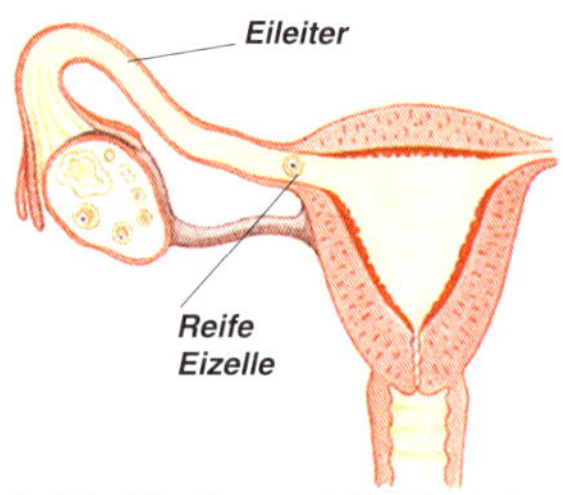

3. Die Eizelle erreicht die Gebärmutter. Wird die Eizelle nicht befruchtet, zerfällt sie.

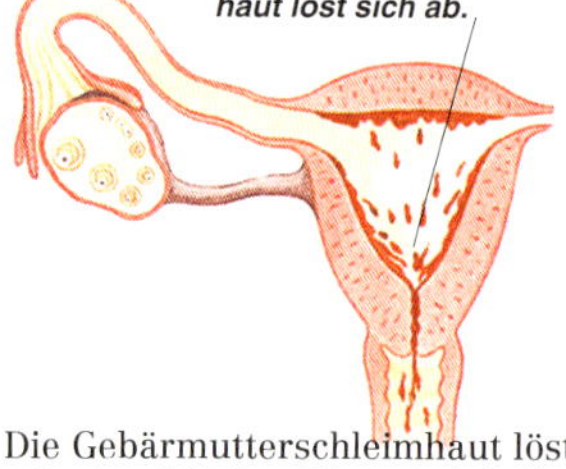

4. Die Gebärmutterschleimhaut löst sich ab, da sie nicht benötigt wird. Dabei reißen einige Blutgefäße. Schleimhaut und Eizelle werden mit dem Blut durch die Scheide ausgeschieden.

WISSENSWERTES

Eine Samenzelle (Spermium) ist etwa 0,05 mm lang, man kann sie nur mit dem Mikroskop erkennen. Sie bewegt sich mit einer Geschwindigkeit von etwa 18 cm in der Stunde und braucht durchschnittlich 2 Std., um eine Eizelle zu erreichen.

Die Hoden liegen außerhalb des Körpers im Hodensack. Sie benötigen eine Temperatur, die um 4 °C niedriger ist als die Körpertemperatur. Wenn die Hoden zu warm werden, wird die Samenproduktion gebremst. Unfruchtbarkeit ist die Folge.

Die größte menschliche Zelle ist die Eizelle. Sie ist 0,1 bis 0,2 mm im Durchmesser. Man kann sie mit bloßem Auge erkennen.

GESCHLECHTSVERKEHR

Damit die Eizelle von einer Samenzelle befruchtet werden kann, muss zwischen Mann und Frau ein Geschlechtsverkehr stattfinden. Der Penis des Mannes wird groß und steif und dringt in die Scheide der Frau ein. Beim sexuellen Höhepunkt stößt der Mann Samenflüssigkeit aus. In dieser Flüssigkeit schwimmen unzählige Samenzellen in die Eileiter. Wenn nur eine einzige von ihnen in die Eizelle eindringt, hat eine Befruchtung stattgefunden.

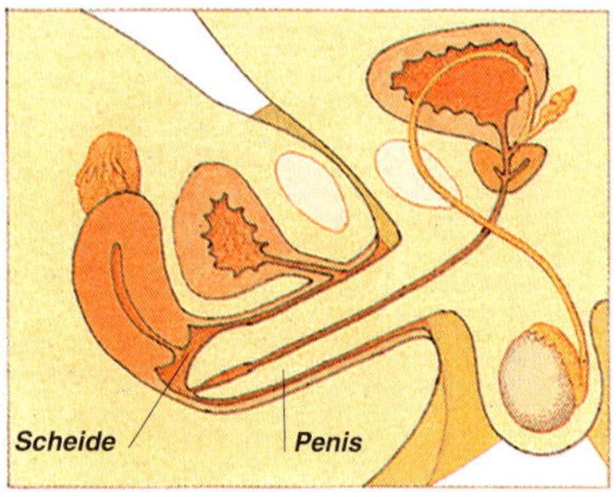

VERHÜTUNGSMITTEL

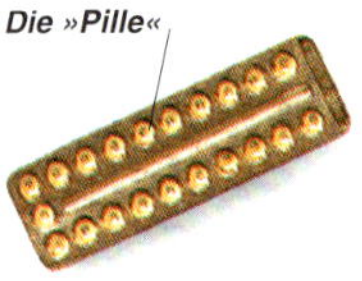

VERHÜTUNGSMITTEL sollen eine Schwangerschaft verhindern. Ein Kondom wird über den Penis gestreift und fängt die Samenflüssigkeit auf. Das Pessar, über den Gebärmuttermund gestülpt, verhindert das Eindringen von Spermien. Hormone in der Pille verhindern den Eisprung.

WETTRENNEN

Über 300 Mio. Samenzellen werden in die Scheide abgegeben; 50–150 erreichen die Eizelle im Eileiter. Aber es kann nur einer einzigen Samenzelle gelingen, die Eizelle zu befruchten.

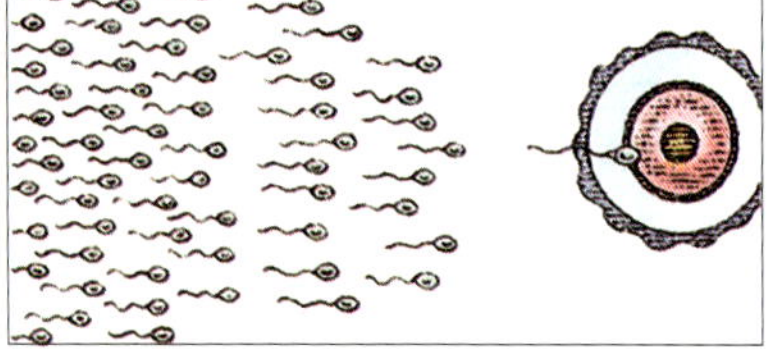

BEFRUCHTUNG

Sobald ein Spermium in die Eizelle eingedrungen ist, wird die Wand der Eizelle für andere Spermien undurchlässig. Wenn Spermium und Eizelle zu einer Zelle verschmolzen sind, teilt sich diese Zelle laufend weiter. Zuerst entstehen zwei, dann vier, dann acht Zellen usw.

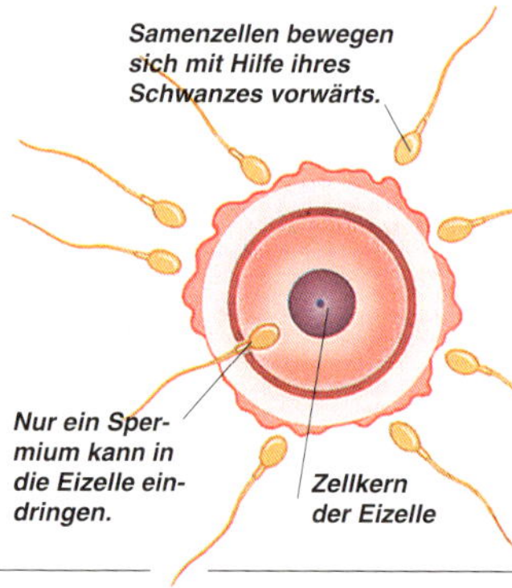

EINNISTUNG

Gleich nach der Befruchtung beginnt sich die Eizelle zu teilen. Während sie durch den Eileiter wandert, entsteht schon ein winziger Zellhaufen (Morula). Fünf Tage später haben die Zellen eine mit Flüssigkeit gefüllte, hohle Kugel gebildet, die Keimblase (Blastozyste). Die Keimblase nistet sich in die verdickte Gebärmutterschleimhaut ein und wird von deren Blutgefäßen ernährt.

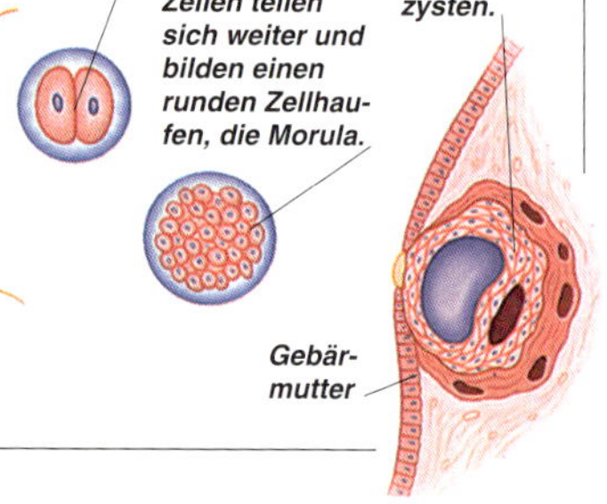

ENTWICKLUNGSSTADIEN

DER 4 WOCHEN ALTE EMBRYO

Aus der Keimblase entwickeln sich in kurzer Zeit Mutterkuchen, Nabelschnur und das Baby (Embryo). Der Embryo liegt geschützt in einer Blase mit Fruchtwasser. Etwa um diese Zeit beginnt sein Herz zu schlagen. Die ersten Knospen der Gliedmaßen zeigen sich.

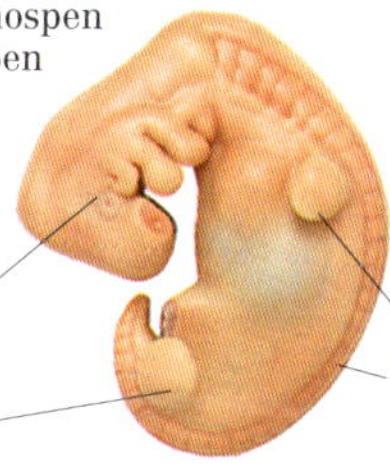

DER 8 WOCHEN ALTE EMBRYO

Der Embryo ist jetzt 2,5 cm lang. Die Entwicklung der inneren Organe ist in vollem Gang.

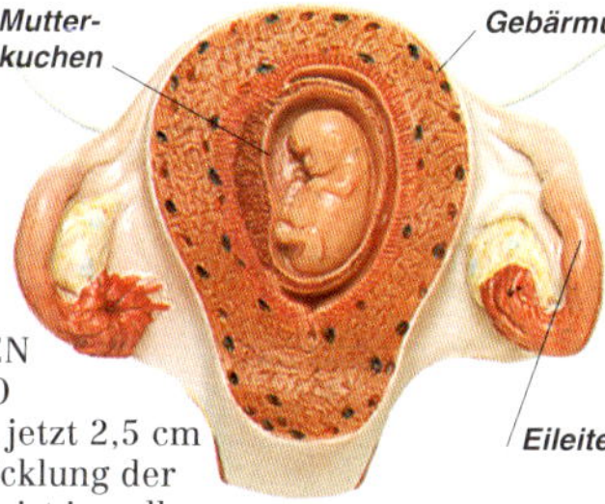

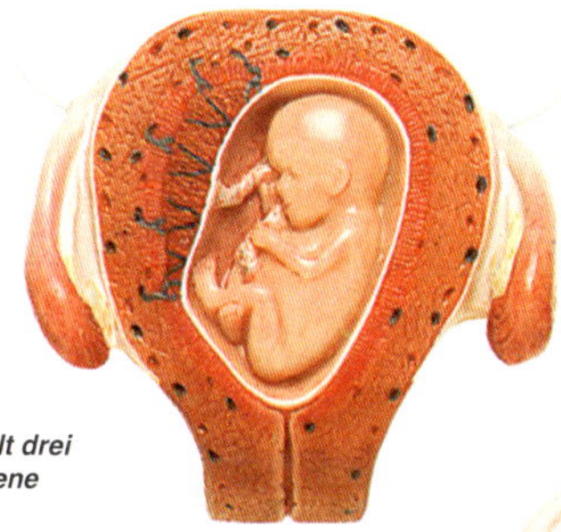

DER 12 WOCHEN ALTE FÖTUS

Nach drei Monaten sind die Organe vollständig ausgebildet. Sie müssen jetzt nur noch wachsen. Der Fötus wird jetzt schnell größer.

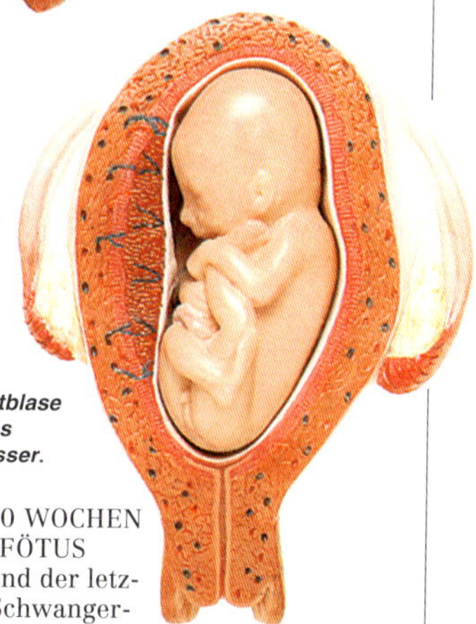

DER 20 WOCHEN ALTE FÖTUS

Während der letzten 6 Schwangerschaftsmonate bilden sich Feinheiten wie Fingernägel und Haare aus. Ab der 16. bis 20. Woche beginnt das Baby sich zu bewegen. Es strampelt und boxt. Es kann jetzt schon Geräusche wahrnehmen, hell und dunkel unterscheiden, schlucken und am Daumen lutschen.

DAS KIND IM BAUCH DER MUTTER

Der Mutterkuchen versorgt das Baby mit Nährstoffen und Sauerstoff vom Blut der Mutter. Umgekehrt werden Abfallstoffe des Kindes über den Mutterkuchen ins mütterliche Blut abgegeben. Der Mutterkuchen ist ein scheibenförmiges Gebilde, das mit dem Baby durch die Nabelschnur verbunden ist. Das Baby ist umgeben von Fruchtwasser und so vor Stößen und Erschütterungen geschützt.

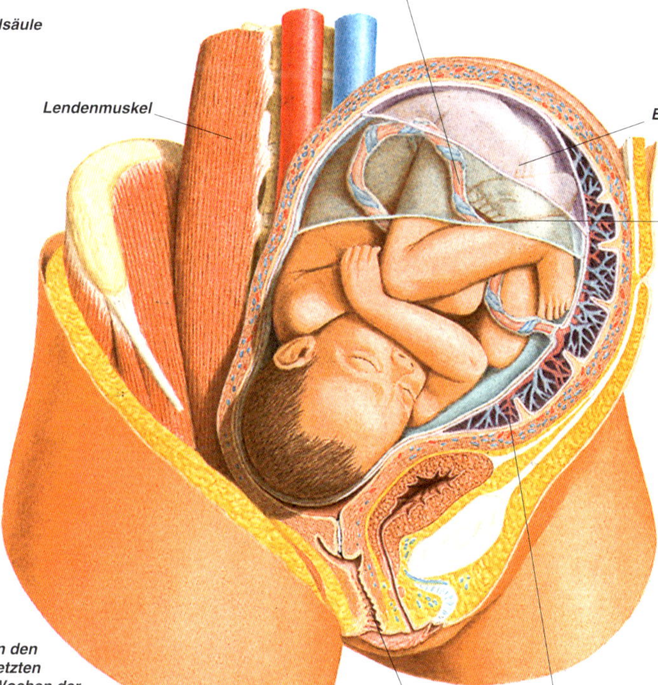

In den letzten Wochen der Schwangerschaft dreht sich das Baby, sodass sein Kopf unten liegt und zuerst geboren wird.

DAS NEUGEBORENE

Nach etwa 40 Wochen oder 9 Monaten kommt das Kind zur Welt. Die Muskeln der Gebärmutterwand ziehen sich zusammen, die Öffnung der Gebärmutter weitet sich, und das Baby wird nach draußen geschoben, normalerweise mit dem Kopf zuerst. Sofort nach der Geburt macht es seinen ersten Atemzug. Ein Neugeborenes kann gut hören, aber nur verschwommen sehen.

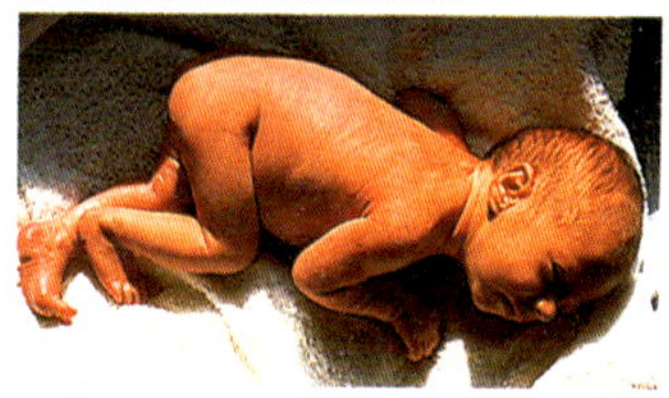

Ein Neugeborenes

DIE ENTWICKLUNG DES KINDES

6 MONATE

Das Kind kann aufrecht sitzen und den Kopf hoch halten. Es gibt einzelne Laute von sich wie »Da-Da« oder »Ma-Ma«. Die ersten Zähne kommen zum Vorschein.

9–12 MONATE

Das Baby lernt zu krabbeln, sich an Möbeln hochzuziehen und kann einige Sekunden lang frei stehen. Mit 12 Monaten hat es etwa acht Zähne und wiegt dreimal so viel wie bei der Geburt.

18 MONATE

In diesem Alter können die meisten Kinder schon alleine gehen. Sie kennen mindestens 6 Wörter, meistens mehr, und bilden die ersten kurzen Sätze. Sie können Treppensteigen und Türme aus Bauklötzen bauen.

2 – 3 JAHRE

Das Kind kann einen Bleistift halten und zeichnen. Mit 3 Jahren kann es in ganzen Sätzen sprechen und einfache Bewegungen nachmachen.

WISSENSWERTES

In der Pubertät finden körperliche und seelische Veränderungen statt, die zur geschlechtlichen Reife führen. Das Kind wird zur Frau oder zum Mann.

Beim Mädchen beginnen die Eierstöcke, die weiblichen Geschlechtshormone Progesteron und Östrogen zu produzieren. Diese bewirken, dass sich die Brust entwickelt, die Hüften breiter werden und Schamhaare wachsen. Die monatliche Regelblutung beginnt.

Beim Jungen produzieren die Hoden das männliche Geschlechtshormon Testosteron. Es bewirkt, dass die Muskeln stärker werden, Bart- und Körperhaare wachsen, die Stimme tiefer wird und Samenzellen heranreifen.

VERERBUNG

Unsere Erbanlagen sind in Chromosomen (Erbkörperchen) verpackt. Jede Körperzelle hat 46 Chromosomen. Nur Eizellen und Samenzellen haben je 23. Wenn beide sich zu einer Zelle vereinigen, besitzt die neue Zelle wieder 46 Chromosomen. Das Geschlecht eines Kindes wird durch ein einziges Chromosom festgelegt. Die Eizelle der Mutter enthält immer nur ein X-Chromosom, die Samenzelle des Vaters entweder ein X- oder ein Y-Chromosom. Wird die Eizelle von einem X-Chromosom befruchtet, entsteht ein Mädchen (XX), trägt die Samenzelle ein Y-Chromosom, wird es ein Junge (XY).

SCHON GEWUSST?

Die Größenverhältnisse unseres Körpers ändern sich während des Wachstums. Bei einem Säugling macht der Kopf ein Viertel seiner gesamten Körpergröße aus, beim Erwachsenen nur noch ein Achtel.

In jungen Jahren wachsen Mädchen schneller als Jungen. Mit 7,5 Jahren hat ein Mädchen drei Viertel seiner endgültigen Körpergröße erreicht. Bei Jungen ist dies erst mit 9 Jahren der Fall.

Jeder Mensch ist morgens 1 cm größer als am Abend. Im Laufe des Tages werden nämlich die Bandscheiben der Wirbelsäule zusammengedrückt, und der Abstand zwischen den einzelnen Wirbeln verringert sich.

ERKRANKUNGEN	
Eileiterschwangerschaft	Die befruchtete Eizelle bleibt im Eileiter hängen.
Bauchhöhlenschwangerschaft	Die befruchtete Eizelle gelangt in den Bauchraum.
Unfruchtbarkeit	Die Unfähigkeit, ein Kind zu bekommen oder zu zeugen
Fehlgeburt	Die Gebärmutter stößt den Fötus vor der 28. Schwangerschaftswoche aus.

MEDIZINGESCHICHTE

Zu allen Zeiten suchten die Menschen Mittel und Wege, um Krankheiten zu heilen. Heute beschäftigen sich Wissenschaftler mit der Erforschung immer neuer Verfahren zur Behandlung und Verhütung von Krankheiten.

ca. 10 000 v. Chr. Die Schädelbohrung (Trepanation) wird durchgeführt. Eines oder mehrere runde Löcher werden in den Schädel des Kranken gebohrt. Unsere Vorfahren glaubten, dass böse Geister den Körper durch diese Löcher verließen.

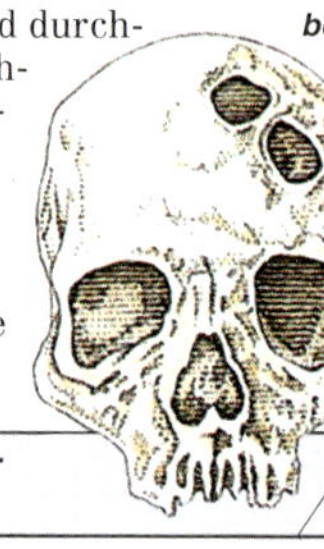

Schädelbohrung

2 700 v. Chr. Der erste Arzt, dessen Name uns überliefert ist, hieß Imhotep. Er lebte im alten Ägypten und genoss dort hohes Ansehen, auch als Priester. Später verehrte man ihn als Heilgott.

Imhotep

10 000 v. Chr. — 10 000 v. Chr. — 3 000 v. Chr. — 2 700 v. Chr.

ca. 130 n. Chr. Galen, ein griechischer Arzt, begründet die Lehre, dass Krankheiten durch das ungleiche Mischungsverhältnis von vier Körpersäften verursacht werden: schwarze Galle (Schwermut), gelbe Galle (Jähzorn), Blut (Heiterkeit), Schleim (Schwerfälligkeit).

Den vier Temperamenten werden bestimmte Tiere zugeordnet: Jähzorn (Löwe), Heiterkeit (Affe), Schwerfälligkeit (Schaf), Schwermut (Schwein).

ab 1300 Blutegel werden benutzt, um den Kranken Blut abzunehmen. Man glaubt nämlich, dass zu viel Blut die Ursache der meisten Erkrankungen sei. Der Aderlass findet bei den verschiedensten Anlässen Anwendung, z.B. bei Geschwulsten, bei Fieber oder Gicht.

Blutegel

1543 Die ersten genauen Zeichnungen vom Körperbau des Menschen entstehen. Sie stammen von dem flämischen Arzt Andreas Vesalius (1514–1564), der gestohlene Leichen als Vorlage benutzt.

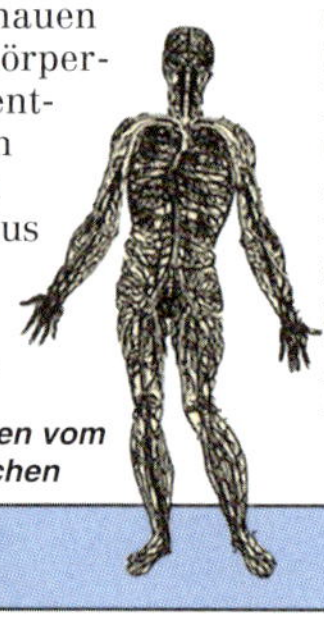

Die ersten Zeichnungen vom Körperbau des Menschen

ca. 1590 Das zusammengesetzte Mikroskop wird von den Holländern Hans und Zacharias Janssen erfunden. Es besteht aus zwei ineinander verschiebbaren Rohren, an deren Ende sich jeweils eine Linse befindet.

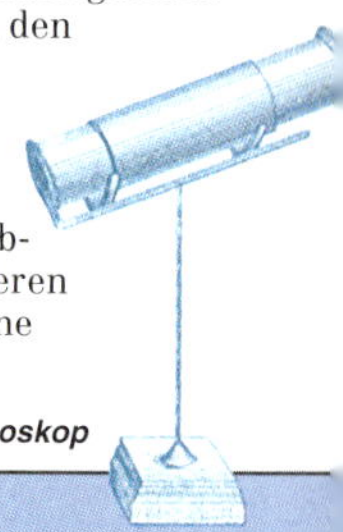

Altes Mikroskop

100 v. Chr. — 130 v. Chr. — 1300 — 1300 — 1500 — 1543 — 1590

1683 Bakterien werden von Antony van Leeuwenhoek (1632–1723) unter dem Mikroskop beobachtet.

Antony van Leeuwenhoek

1796 Edward Jenner (1749–1823) impft einen Jungen mit Kuhpocken. Er hatte entdeckt, dass Landarbeiter mit Kuhpocken von den gefährlichen Menschenpocken verschont blieben.

Um 1800 geprägte Münze zu Ehren von Edward Jenner, dem Erfinder der Pockenimpfung

1800 Elektrische Vorgänge als Ursache von Muskelbewegungen werden von dem italienischen Physiker Volta (1745– 1827) beschrieben.

1805 Morphium wird aus Opium gewonnen und als Schmerzmittel eingesetzt.

1810 Die Homöopathie wird von dem deutschen Arzt Samuel Hahnemann (1755–1843) eingeführt. Diese neue Lehre baut auf dem Grundsatz auf, Gleiches mit Gleichem zu heilen, um so die Abwehrkräfte des Körpers zu stärken.

Samuel Hahnemann

1680 — 1683 — 1790 — 1796 — 1800 — 1800 — 1805 — 1810

1854 Florence Nightingale (1820–1910) ist die Begründerin der berufsmäßigen Krankenpflege. Während des Krimkriegs (1854–1856) versorgt sie im Hospital von Skutari Soldaten. Später eröffnet sie in London die erste Schule für Krankenschwestern. Damit verbessert sich die bisher schlechte Versorgung der Kranken in den Hospitälern erheblich.

Florence Nightingale

1860 Das erste keimtötende Mittel, schwache Karbolsäure, wird verwendet. Der englische Chirurg Joseph Lister (1827–1912) setzt es zum ersten Mal bei Operationen ein. Vor dem Eingriff lässt er die Operationstische mit Karbolsäure einnebeln.

Joseph Lister

1864 Gründung des Roten Kreuzes durch den Schweizer Schriftsteller Henri Dunant (1829–1910). Der Anblick der Verwundeten in der Schlacht von Solferino (1859) bewegt ihn so sehr, dass er sich auch für die Genfer Konvention einsetzt.

Henri Dunant

1850 — 1854 — 1860 — 1860 — 1864

1895 Entdeckung der Röntgenstrahlen durch den deutschen Physiker Wilhelm Röntgen (1845– 1923). Die ersten Aufnahmen zeigen die Hand seiner Frau.

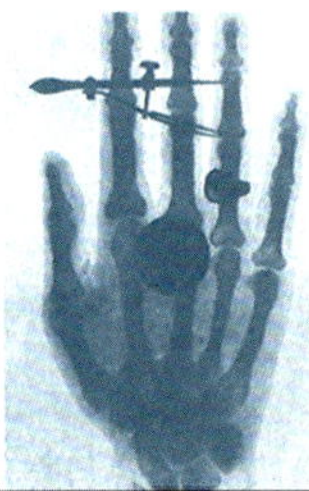

Eines der ersten Röntgenbilder

1895 Begründung der Psychoanalyse durch den österreichischen Arzt Sigmund Freud (1856–1939). Er behandelt Menschen mit seelischen Störungen, indem er ihre Träume und Kindheitserlebnisse deutet.

Sigmund Freud

1902 Radium und Polonium, zwei radioaktive Elemente, werden vom Ehepaar Curie entdeckt. Marie Curie (1867–1934) stammte aus Polen, ihr Ehemann Pierre Curie (1859–1906) war Franzose. Beide Elemente werden heute in der Strahlenbehandlung gegen Krebs eingesetzt.

Marie und Pierre Curie

1910 Die Blutgruppen A, B, AB und 0 werden von dem österreichischen Arzt Karl Landsteiner (1868–1943) entdeckt.

1912 Die ersten Vitamine werden von Sir Frederick Gowland Hopkins (1861–1947) entdeckt.

1920 Das erste EEG Gerät wird entwickelt zur Aufzeichnung elektrischer Hirnströme.

1921 Eine Lehrklinik zur Geburtenregelung wird von Marie Stopes (1880–1958) in London gegründet.

1890 — 1895 — 1900 — 1902 — 1910 — 1912 — 1920 — 1921

1952 Die Schluckimpfung gegen Kinderlähmung, entwickelt von dem Amerikaner Jonas Salk (geb. 1914) vermindert diese Erkrankung stark.

Jonas Salk

1953 James Watson (geb. 1928) und Francis Crick (geb. 1916) sind die Entdecker der »Doppelhelix«, einer doppelläufigen Spirale aus Eiweißen, die Träger unseres gesamten Erbgutes ist.

Watson und Crick

1954 Die Herz-Lungen-Maschine ermöglicht größere Operationen am Herzen.

1954 Der erste künstliche Herzschrittmacher wird einem Patienten eingesetzt.

1958 Das Endoskop wird erfunden, eine Art Fernrohr, mit dem man innere Organe untersuchen kann.

1967 Die erste Herzverpflanzung wird von dem südafrikanischen Chirurgen Christiaan Barnard (1922–2001) durchgeführt. Der Patient überlebt 18 Tage.

1970 Herzschrittmacher sind allgemein verbreitet.

Christiaan Barnard

1950 — 1952 — 1953 — 1954 — 1958 — 1967 — 1970 — 1970

2600 v. Chr. »Das klassische Lehrwerk der inneren Medizin des gelben Kaisers« wird in China geschrieben. Es enthält auch eine Darstellung des Blutkreislaufs.

1000 v. Chr. In Indien werden Operationen durchgeführt, z.B. Amputationen, Hautverpflanzungen.

400 v. Chr. Der griechische Arzt Hippokrates (ca. 460–377 v.Chr.) stellt Grundregeln zur Behandlung von Kranken auf. Teil dieser umfangreichen Regeln ist der sog. hippokratische Eid, der auch heute noch als Grundlage für einwandfreies ärztliches Handeln gilt.

Hippokrates

2 v. Chr. Verbreitung der Akupunktur in China. An bestimmten Stellen werden Nadeln in die Haut gestochen, um Krankheiten zu heilen.

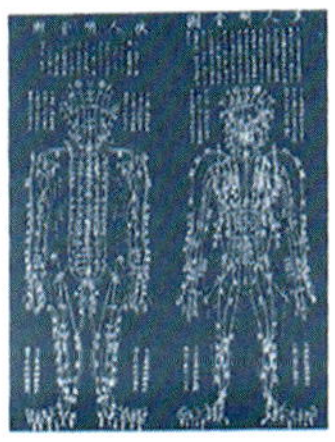

Akupunkturkarte

2600 v. Chr. · 1000 v. Chr. · 1000 v. Chr. · 400 v. Chr. · 400 v. Chr. · 2 v. Chr.

1600 Chinin wird in Südamerika zur Behandlung von Malaria eingesetzt.

1615 Das erste Thermometer zur Messung der Körpertemperatur wird von dem italienischen Arzt Sanctorius (1561–1636) hergestellt.

Thermometer des Sanctorius

1628 Erste Beschreibung des Blutkreislaufs, die unserem heutigen Wissen entspricht, durch den königlichen Leibarzt William Harvey (1578–1657).

William Harvey mit König Karl I.

1600 · 1600 · 1615 · 1628

1816 Das erste Stethoskop fertigt der französische Arzt René Laennec (1781–1826) aus einer Papierrolle.

1844 Lachgas (Stickoxid) wird zum ersten Mal als Betäubungsmittel verwendet.

René Laennec

1846 Äther wird als Betäubungsmittel von dem amerikanischen Zahnarzt William Morton (1819–1868) eingesetzt.

1847 Chloroform wird zum ersten Mal zur Betäubung benutzt.

1849 Die erste Frau, Elizabeth Blackwell (1821–1910), erwirbt in den Vereinigten Staaten den medizinischen Doktortitel.

Elizabeth Blackwell

1816 · 1844 · 1846 · 1847 · 1849

1865 Die Pasteurisierung wird erfunden. Der Franzose Louis Pasteur (1822–1895) macht durch schonendes Erhitzen Nahrungsmittel keimfrei und haltbar.

Louis Pasteur

1882 Tuberkulose-Bakterien und Cholera-Bakterien (1883) werden von Robert Koch (1843–1910) entdeckt. Er ist der Begründer der wissenschaftlichen Bakterienforschung.

1884 Kokain wird bei einer Augenoperation als örtliches Betäubungsmittel verwendet.

1886 Operationsbestecke werden mit Dampf keimfrei gemacht. Man trägt Mundschutz, Kopfbedeckung und Operationskleidung.

Operation um 1880

1865 · 1880 · 1882 · 1884 · 1886

·922 Die erste Insulinspritze vird verabreicht.

928 Penizillin wird on Alexander Fleming 1881–1955) aus einem rünen Schimmelpilz ewonnen.

Alexander Fleming

1928 Die Eiserne Lunge wird in Boston (USA) entwickelt. Sie rettet 1932 einem Jungen das Leben, bei dem die Kinderlähmung schon die Atemmuskeln befallen hat.

1950 Die erste Nierenverpflanzung findet in Chicago in den USA statt.

ab 1950 Die »Pille«, das erste Empfängnisverhütungsmittel in Tablettenform, ist in Entwicklung.

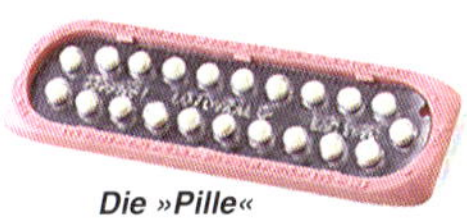

Die »Pille«

922 · 1928 · 1950 · 1950

b 1970 Die Computertomographie (CT) wird eingeführt. Sie erbindet Röntgenverfahren und omputertechnik und ermöglicht ine bessere Wiedergabe der neren Organe. Die Magnetresonanztomographie (MRT) benutzt lektromagnetische Wellen für ne genaue Abbildung der neren Organe.

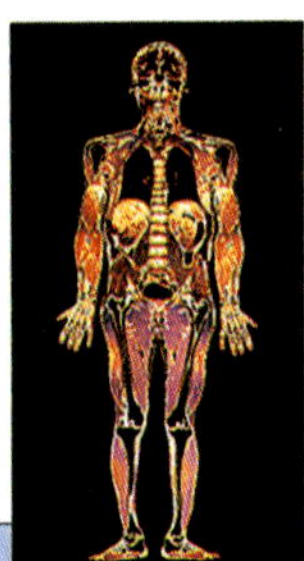

MRT (Magnetresonanztomogramm)

1976 Ein elektronisch gesteuerter künstlicher Arm wird einem Unfallopfer in Australien angepasst.

1978 Die erste künstliche Befruchtung gelingt. Das erste Retortenbaby heißt Louise Brown und kommt in Großbritannien zur Welt.

1980–2001 Laserstrahlen werden bei Augenoperationen und Krebszellen-Vernichtung eingesetzt. Operationen mit dem Endoskop werden möglich.

2004 Im Rahmen des Humangenomprojekts wird die Sequenz des menschlichen Erbguts entschlüsselt. Die Zahl der Gene liegt bei 20 000–25 000 – viel weniger, als zunächst vermutet.

970 · 1976 · 1978 · 1980 · 2001 · 2004

MEDIZINISCHE FACHGEBIETE	
Bezeichnung	Fachbereich
Kardiologie	Herz- und Kreislauferkrankungen
Dermatologie	Hauterkrankungen
Endokrinologie	Stoffwechsel- und Hormonstörungen
Gastroenterologie	Magen-Darm-Erkrankungen
Geriatrie	Alterskrankheiten
Gynäkologie	Frauenkrankheiten und Geburtshilfe
Hämatologie	Blutkrankheiten
Neurologie	Gehirn- und Nervenkrankheiten
Ophthalmologie	Augenheilkunde
Pädiatrie	Kinderkrankheiten
Pharmakologie	Arzneimittelkunde
Physiotherapie	Krankengymnastik und Massage
Psychiatrie	Geisteskrankheiten und seelische Störungen
Onkologie	Gutartige und bösartige Geschwulste (Krebs)
Orthopädie	Erkrankungen von Knochen, Gelenken und Muskeln
Pathologie	Untersuchung von Organen, Geweben und Körperflüssigkeiten auf krankhafte Veränderungen mit und ohne Mikroskop
Radiologie	Aufnahme und Auswertung von Röntgenbildern und Bestrahlungsheilkunde
Urologie	Nieren- und Harnwegserkrankungen

MEDIKAMENTE	
Bezeichnung	Anwendungsgebiet
Analgetikum	Schmerzmittel
Antazidum	Bindet Magensäure, wenn zu viel davon vorhanden ist; wirkt bei Sodbrennen, Magenverstimmung usw.
Antibiotikum	Erkrankungen, die von Bakterien verursacht werden; vernichtet die Krankheitserreger
Antihistaminikum	Gegen allergische Erkrankungen, wie z.B. Heuschnupfen
Antipyretikum	Fiebersenkendes Mittel; Verwendung z.B. bei Grippe
Bronchodilatator	Hauptsächlich bei Asthma; erweitert die Bronchien und erleichtert so das Atmen
Vasokonstriktor	Bei Erkältungsschnupfen; Verwendung in Nasentropfen oder Sprays zur Abschwellung der Schleimhaut

NEUE ERKENNTNISSE ÜBER DEN BLUTEGEL

Der Blutegel ist von der modernen Medizin wieder entdeckt worden. In seinem Speichel befindet sich der Wirkstoff Hirudin, der das Blut flüssig macht. Hirudin wird z.B. nach Operationen verwendet, um den Blutstrom wieder in Gang zu bringen und die Bildung von Blutgerinnseln zu verhindern.

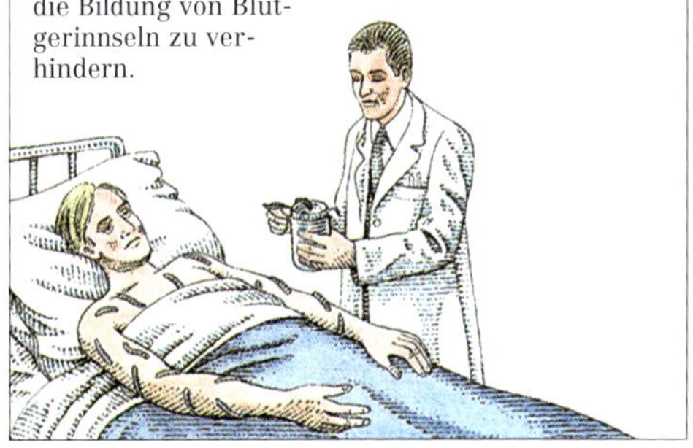

ERNÄHRUNG

Eine ausgewogene Ernährung trägt bei Kindern und Erwachsenen wesentlich zur Erhaltung der Gesundheit bei. Sie sollte reich an Vitaminen, Mineralien und Nährstoffen sein. Eine gesunde Kost hilft dem Körper, zu wachsen und Krankheiten zu bekämpfen.

DIE WICHTIGSTEN BESTANDTEILE DER NAHRUNG

VITAMINE
Sie spielen eine wichtige Rolle bei der Freisetzung von Energie aus Traubenzucker und unterstützen Wachstum und Erneuerung der Körperzellen.

MINERALSTOFFE
Mineralstoffe (Salze) sind wichtig für Knochen und Zähne, für die Tätigkeit von Nerven und Muskeln und für die Blutbildung.

BALLASTSTOFFE
Den unverdaulichen Anteil pflanzlicher Nahrung nennt man Ballaststoffe. Sie halten den Darm in Bewegung.

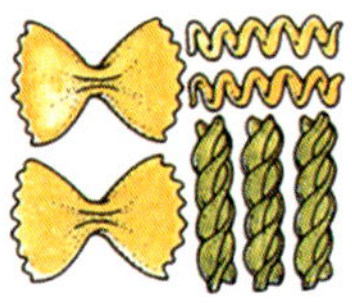

KOHLENHYDRATE
Kohlenhydrate, z.B. Zucker und Stärke, sind chemische Verbindungen aus Kohlenstoff, Wasserstoff und Sauerstoff. Sie versorgen den Körper mit Energie.

FETTE
Fette liefern ebenfalls Energie in geballter Form. Sie bilden im Unterhautgewebe Polster. Aus Fetten entstehen auch Hormone.

EIWEISS
Eiweiße sind am wichtigsten für Wachstum und Körperkraft. Besonders viel sind in Fleisch, Fisch, Käse und Bohnen enthalten.

EINE AUSGEWOGENE ERNÄHRUNG
Anfang der 1990er-Jahre entwarfen amerikanische Ernährungswissenschaftler eine Ernährungspyramide. Sie stellt dar, in welchem Verhältnis sechs Nahrungsmittelgruppen täglich aufgenommen werden sollten, um eine ausgeglichene Kost sicherzustellen.

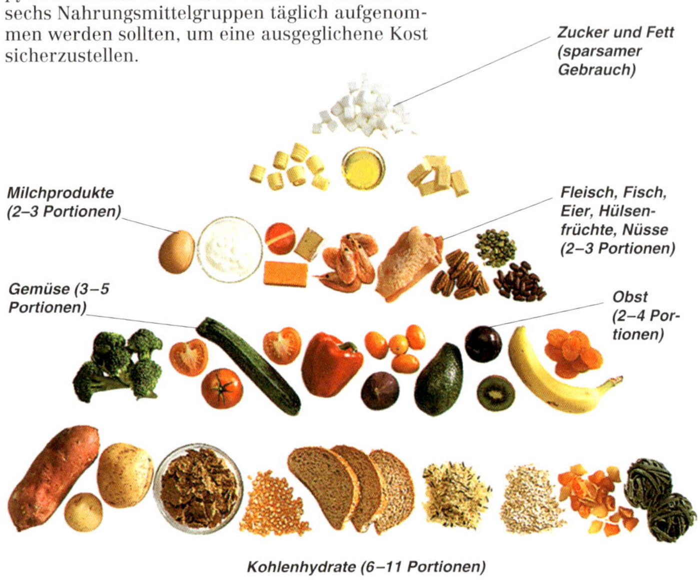

WISSENSWERTES
Gefrorenes Gemüse ist ebenso gesund wie frisches.

In Indien sind die meisten Menschen Vegetarier, d.h. sie essen kein Fleisch. Nach der Hindu-Religion sind nämlich alle Lebewesen heilig.

Alle Gemüsesorten enthalten Eiweiß. Getrocknete Erbsen und Bohnen enthalten jedoch besonders viel.

DIE WICHTIGSTEN VITAMINE

Vitamin	Vorkommen	Wirkung
Vitamin A	Leber, Lebertran, Eigelb, rotgelbe Obst- und Gemüsesorten	Fördert Sehfähigkeit und Wachstum, schützt die Haut und stärkt die Abwehrkräfte
Vitamin B_1 (Thiamin)	Vollkornprodukte (Vollkornbrot, Vollkornnudeln), Naturreis, Leber, Bohnen, Erbsen, Eier	Kräftigende Wirkung auf das Nervensystem
Vitamin B_2 (Riboflavin)	Milch, Leber, Käse, Eier, grünes Gemüse, Bierhefe, Vollkornprodukte, Weizenkeime	Fördert den Eiweiß-, Fett- und Kohlenhydrat-Stoffwechsel; schützt Haut, Nägel und Schleimhäute
Vitamin B_3 (Niacin)	Leber, mageres Fleisch, Geflügel, Fisch, Nüsse, getrocknete Bohnen	Fördert die Bildung wichtiger Bausteine zur Energiegewinnung
Vitamin B_6 (Pyridoxin)	Leber, Geflügel, Schweinefleisch, Fisch, Bananen, Kartoffeln, getrocknete Bohnen, die meisten Obst- und Gemüsesorten	Fördert den Eiweißstoffwechsel und die Bildung roter Blutkörperchen
Vitamin C	Zitrusfrüchte, Erdbeeren, Kartoffeln, Paprika	Fördert den gesamten Zellstoffwechsel; sorgt für gesunde Haut, Zähne, Knochen; stärkt die Abwehrkräfte
Vitamin D	Fetter Fisch (z.B. Lachs), Leber, Eier, Dorschlebertran, einige Getreidesorten	Fördert die Aufnahme der Mineralstoffe Kalzium und Phosphor, die für Knochen und Zähne wichtig sind
Vitamin E	Margarine, Vollkornprodukte, Nüsse	Fördert die Bildung roter Blutkörperchen; schützt die inneren Zellwände der Lungenbläschen und Bronchiolen

ENERGIEVERBRAUCH
Die mit der Nahrung aufgenommene Energiemenge wird in Kilokalorien oder Kilojoule gemessen. Eine Kilokalorie (kcal) entspricht 4,2 Kilojoule (kJ). Wenn die Energiezufuhr den Energieverbrauch übersteigt, nimmt man an Gewicht zu. Sportliche Freizeitbetätigungen (siehe rechts) helfen, den Energieverbrauch zu erhöhen und Kilojoules zu verbrauchen.

LAUFEN
Männer:
3400 kJ pro Stunde
Frauen:
2900 kJ pro Stunde

JUDO
Männer:
3 420 kJ pro Stunde
Frauen:
2 950 kJ pro Stunde

BASKETBALL
Männer:
2 430 kJ pro Stunde
Frauen:
2 080 kJ pro Stunde

FACHWÖRTER

Antikörper Bluteiweiße, die den Körper vor Bakterien und Viren schützen

Cholesterin Ein Fett, das in der Leber aus gesättigten Fettsäuren hergestellt wird; es ist auch in bestimmten Lebensmitteln enthalten, z.B. im Eigelb.

Verdauung Zerlegung der Nahrung in ihre Grundbausteine, die dann vom Körper aufgenommen und in Energie umgewandelt werden

Traubenzucker Unsere wichtigste Energiequelle; alle Arten von Zucker und Stärke werden im Körper in Traubenzucker umgewandelt.

Hormon Chemischer Wirkstoff im Blut, der als Nachrichtenübermittler für verschiedene Organe dient (Botenstoff)

Kilokalorie Maßeinheit für die Energie, die dem Körper durch Nahrungsmittel zugeführt wird

Kilojoule Neuere Maßeinheit für Kilokalorie; eine Kilokalorie hat 4,2 Kilojoule.

Stoffwechsel Die Gesamtheit der chemischen Vorgänge, mit denen der Körper Stoffe aufnimmt, sie in Energie umsetzt und Abfallstoffe abgibt

Nährstoffe Die drei Grundbausteine, aus denen alle Lebensmittel zusammengesetzt sind: Eiweiße, Fette und Kohlenhydrate

Gesättigte Fettsäuren Vor allem in tierischen Fetten (Butter) enthalten; erhöhen den Cholesteringehalt des Blutes; Folge: Verkalkung der Blutgefäße

Stärke Eine Form der Kohlenhydrate, die vor allem in Pflanzen enthalten ist.

Ungesättigte Fettsäuren Kommen in pflanzlichen Fetten (Margarine) vor; senken den Cholesteringehalt des Blutes.

Vegetarier Jemand, der kein Fleisch isst.

NATURHEILVERFAHREN

Immer mehr Menschen wenden sich heute der Naturheilkunde zu, um gesund zu werden oder gesund zu bleiben. Viele dieser alternativen Heilverfahren behandeln den ganzen Menschen. Ihr Ziel ist es, die Harmonie, das natürliche Gleichgewicht zwischen Körper und Seele, wieder herzustellen.

Dieser Ausschnitt aus einem persischen Arzneimittelbuch des 12. Jhs. zeigt, dass schon damals Pflanzen für medizinische Zwecke angebaut wurden.

FRÜHGESCHICHTLICHE HEILKUNDE

Seit tausenden von Jahren benutzen die Menschen Pflanzen und Mineralstoffe, um Schmerzen zu lindern, Wunden zu heilen und sich von Krankheiten zu befreien. In ägyptischen Schriftstücken aus dem 16. Jh. v. Chr. werden Heilpflanzen aufgezählt, die auch heute noch Verwendung finden, wie z.B. Enzian, Sennesblätter und Thymian. In China haben Altertumsforscher Orakelknochen mit eingeritzten Pflanzennamen gefunden. Sie stammen aus der gleichen Zeit.

AKUPUNKTUR

An bestimmten Punkten des Körpers werden Nadeln in die Haut gestochen. Diese Punkte liegen auf Längslinien (Meridianen), die Energiekanäle darstellen. Sie werden einzelnen inneren Organen zugeordnet. Die Nadelstiche sollen das freie Fließen der Energie (Chi) in diesen Kanälen wieder herstellen, verstärken oder abschwächen. Auf diese Weise kommt der Körper wieder in ein gesundes Gleichgewicht.

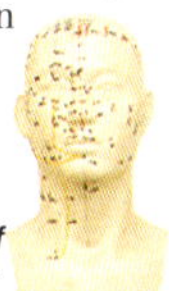

Die Einstichstellen auf den Meridianen sind mit Ziffern gekennzeichnet.

DIE ALEXANDER-TECHNIK

Dieses Verfahren vermindert durch eine verbesserte Körperhaltung eine Reihe von Beschwerden. Der australische Schauspieler F. Matthias Alexander (1869–1955) entwickelte dieses Verfahren. Als ihm auf der Bühne mehrmals die Stimme versagte, fand er heraus, dass seine schlechte Körperhaltung die Ursache war.

Die richtige Körperhaltung nach der Alexander-Technik.

AROMATHERAPIE

Bei diesem Verfahren werden hoch konzentrierte Pflanzenöle verwendet. Diese Öle können zur Massage, als Badezusatz oder zum Einatmen verwendet werden. Der französische Chemiker René Gattefossé (1881–1950) behandelte mit dieser Methode Soldaten im Ersten Weltkrieg. Er war der Wegbereiter der modernen Aromatherapie.

Rosenöl hat eine beruhigende Wirkung.

AYURVEDA

Ayurveda (»Wissen vom langen Leben«) ist die älteste Lehre der indischen Medizin. Hauptsächlich durch die Anwendung von Heilpflanzen soll ein harmonisches Gleichgewicht erreicht werden zwischen dem Menschen und seiner Umwelt. Dabei spielt die richtige Lebensführung eine wichtige Rolle.

Om – das Symbol der Lebenskraft in der Ayurveda-Medizin

CHINESISCHE PFLANZENHEILKUNDE

Die chinesische Pflanzenheilkunde dient der Wiederherstellung und Aufrechterhaltung des Gleichgewichts zwischen den beiden gegensätzlichen Körperenergien Yin (weibliche Energie) und Yang (männliche Energie). Aus ausgewählten Heilpflanzen werden Mischungen hergestellt und in Form von Tee, Pulver, Pillen oder Pasten verabreicht.

木
火
土
金
水

In der chinesischen Medizin werden fünf Elemente zur Erkennung einer Krankheit herangezogen: Holz, Feuer, Erde, Metall und Wasser.

CHIROPRAKTIK

Der Chiropraktiker beseitigt schmerzhafte Verspannungen. Mit gezielten Handgriffen renkt er Gelenke und Wirbel wieder ein. Auch Muskelschmerzen, die mit der Verschiebung von Gelenken zusammenhängen, werden so beseitigt. Der Amerikaner David Daniel Palmer (1845–1913) gilt als Begründer der modernen Chiropraktik.

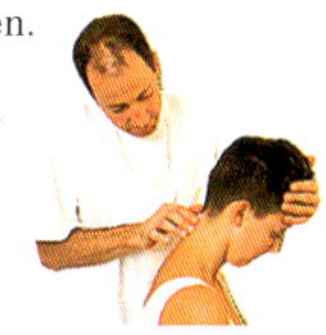

Ein Chiropraktiker tastet das Rückgrat ab.

HOMÖOPATHIE

In der Homöopathie werden winzige Mengen einer Substanz verabreicht, die in großen Mengen die Beschwerden verursacht, unter denen der Patient leidet. Auf diese Weise sollen die Abwehrkräfte des Körpers zur Bekämpfung der Krankheit gestärkt werden. Der Begründer der Homöopathie war der deutsche Arzt Samuel Hahnemann (1755–1843).

Samuel Hahnemann

HYDROTHERAPIE

Die Hydrotherapie benutzt Wasser in Form von heißen und kalten Bädern oder Güssen, um die Selbstheilungskräfte des Körpers zu stärken. Ihr Erfinder ist der Wörishofener Pfarrer Sebastian Kneipp (1821–1897). Er gründete mehrere Wasserheilanstalten in Deutschland und im Ausland.

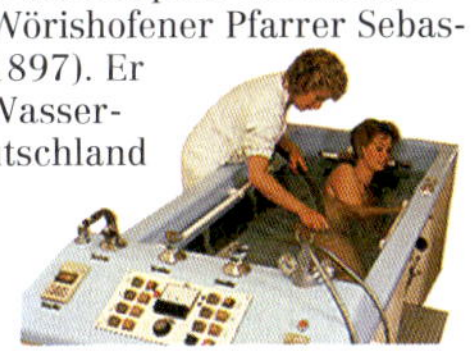

Heiße und kalte Wassergüsse regen den Kreislauf an.

OSTEOPATHIE

Wenn sich das Knochengerüst des Körpers verschoben hat, kann der Osteopath Unregelmäßigkeiten erkennen und behandeln. Er massiert die Gelenke mit einer bestimmten Technik, um den normalen Bewegungsablauf wieder herzustellen. Die Osteopathie wurde von dem amerikanischen Arzt Andrew Taylor Still (1828–1917) eingeführt.

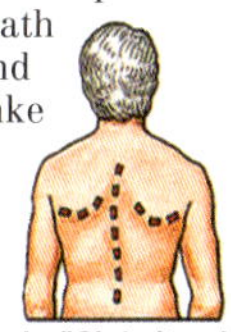

Unregelmäßigkeiten in der Stellung der Schultern und des Rückgrats

REFLEXZONENMASSAGE

Bei dieser Form der Behandlung werden bestimmte Stellen an den Fußsohlen den Organen zugeordnet. Durch sorgfältige Massage der jeweiligen Zonen der Fußsohle soll der gestörte Energiefluss in den zugehörigen Organen behoben werden. Diese Methode wurde von Eunice Ingham (1889–1974) in den Vereinigten Staaten entwickelt.

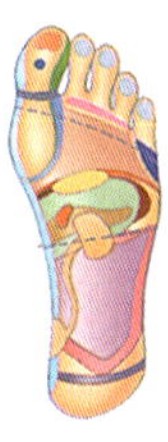

Reflexzonen

SHIATSU

Shiatsu bedeutet im Japanischen »Fingerdruck« und ist auch unter der Bezeichnung Akupressur bekannt. Auf die Akupunkturstellen des Körpers wird mit den Fingern Druck ausgeübt, um die Energieströme wieder ins Gleichgewicht zu bringen. Die Akupressur wurde von dem Japaner Tokujiro Namikoshi (1905–1994) verbreitet.

Das Yin-Yang-Symbol stellt das Gleichgewicht der Energien dar.

YOGA

Yoga stammt aus dem Hinduismus und ist ein System, welches körperliche, geistige und spirituelle Übungen miteinander verbindet. Atem- und Konzentrationsübungen werden in einer bestimmten Körperhaltung durchgeführt, um körperliches und geistiges Wohlbefinden zu fördern. Yoga wird in Indien seit tausenden von Jahren ausgeübt.

Der Lotossitz

Nachtkerze wird bei Hautkrankheiten verwendet.

Mutterkraut hilft gegen Migräne und Gelenksentzündung.

PFLANZEN IN DER MEDIZIN

Wild wachsende Pflanzen, wie die Nachtkerze und das Mutterkraut, gehören zu den am meisten verwendeten Heilkräutern. Ihre Heilkraft wurde von der Wissenschaft bestätigt.

WISSENSWERTES

In der chinesischen Medizin werden getrocknete Seepferdchen als Arzneimittel gegen Nierenerkrankungen verwendet.

In der Ayurveda-Medizin wird Schlangenfleisch gegen Muskelschmerzen verabreicht.

ERSTE HILFE

Unter erster Hilfe versteht man erste Maßnahmen zur Versorgung einer verletzten oder plötzlich erkrankten Person bis zum Eintreffen des Rettungsdienstes, des Arztes oder eines anderen ausgebildeten Helfers. Wichtigstes Ziel der ersten Hilfe ist, eine Verschlechterung des Krankheitsbildes zu vermeiden.

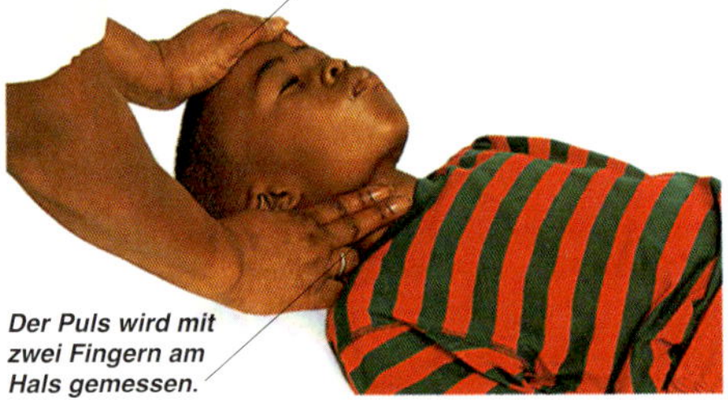

PULSKONTROLLE

Solange das Herz schlägt, ist am Hals ein Puls vorhanden. Man kippt den Kopf des Verletzten mit einer Hand nach hinten. Mit zwei Fingern der anderen Hand tastet man nach dem Kehlkopf. Man lässt nun die Finger zurückgleiten in die Grube zwischen der Luftröhre und dem Muskelstrang an der Seite des Halses. An dieser Stelle lässt sich normalerweise deutlich ein Puls fühlen. Man tastet ca. 5 Sek. lang, um sicherzugehen, ob der Puls fehlt oder nicht.

DEN NOTDIENST ODER EINEN ARZT RUFEN BEI:

- Plötzlicher Bewusstseinstrübung oder Ohnmacht
- Schweren Blutungen
- Unbegründeten Anfällen jeder Art
- Schwerer Atemnot
- Starken Bauchschmerzen
- Plötzlichem Nachlassen der Sehkraft, z.B. wenn jemand plötzlich verschwommen sieht oder farbige Ringe um Lichtquellen wahrnimmt.

DIE ERSTE-HILFE-AUSRÜSTUNG

Jeder Haushalt und jedes Auto sollte über eine Notfallausrüstung verfügen. Man sollte den Erste-Hilfe-Kasten sauber halten, sodass die Beschriftung gut zu erkennen ist. Für Kinder sollte er außer Reichweite liegen. Verbrauchte Medikamente und Hilfsmittel müssen sofort ersetzt werden.

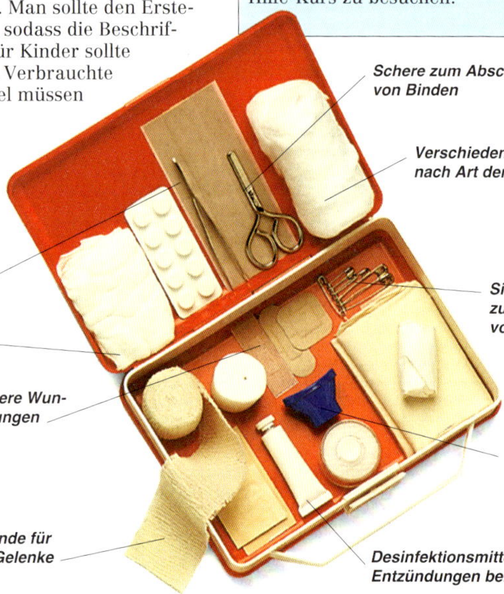

DIE ABC-REGEL

Sie bezeichnet drei Sofortmaßnahmen zur Wiederbelebung. Eine Person, die bewusstlos ist, nicht atmet und bei der am Hals kein Puls zu tasten ist, muss innerhalb von 3 bis 5 Min. wiederbelebt werden. Wenn dies nicht schnell genug geschieht, können dauerhafte Gesundheitsschäden zurückbleiben.

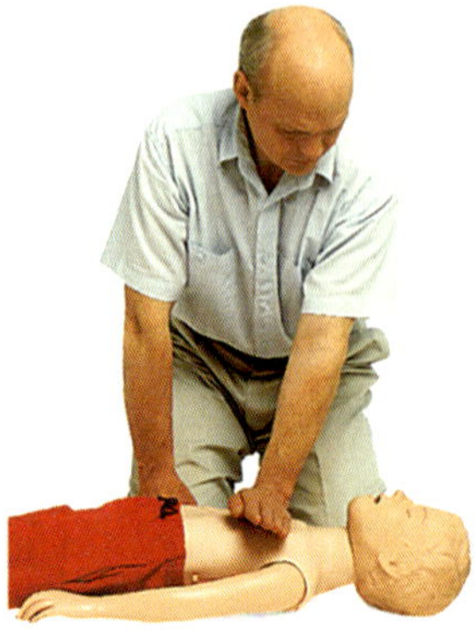

A. ATEMWEGE FREIHALTEN

Mund und Rachen müssen gesäubert werden, z.B. von Essensresten oder Erbrochenem. Dann kippt man den Kopf des Verletzten in den Nacken und zieht den Unterkiefer vor. In dieser Lage ist der Kehldeckel geöffnet und die Zunge kann nicht zurückfallen.

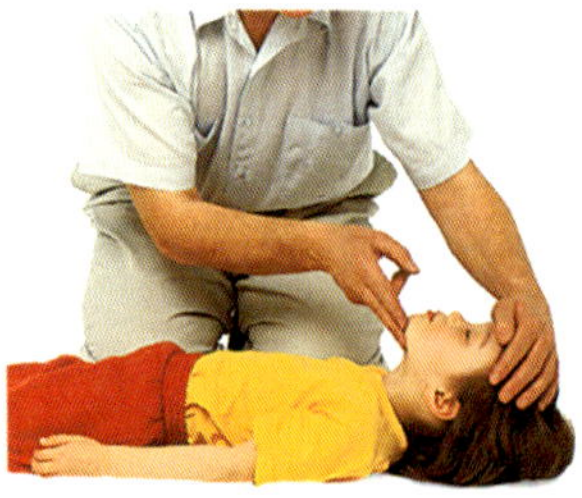

B. BEATMEN

Mit der Mund-zu-Mund-Beatmung bläst man dem Verletzten Luft in die Lunge. Die Nase des Verletzten drückt man dabei mit Daumen und Zeigefinger der einen Hand zu. Mit der anderen Hand hält man das Kinn nach oben.

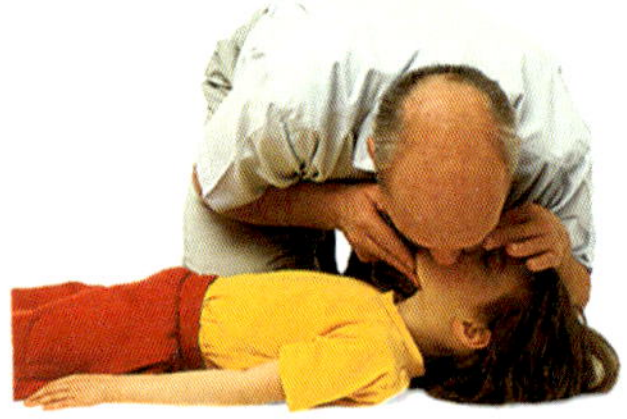

C. CIRCULATION

Circulation bedeutet Blutkreislauf. Er muss durch Herzmassage wieder in Gang gebracht werden. Man drückt bei gestrecktem Arm mit einem oder beiden Handballen fest auf das untere Brustbein. Diese Bewegung soll das Herz zum Schlagen bringen. Herzmassage und Beatmung müssen abwechselnd nacheinander durchgeführt werden, und zwar so lange, bis der Kranke wieder atmet oder ärztliche Hilfe eintrifft.

STABILE SEITENLAGERUNG

Wenn ein bewusstloser Verletzter atmet und der Puls tastbar ist, bringt man ihn in die stabile Seitenlage. Damit wird verhindert, dass die Atemwege verlegt werden durch Speichel, Erbrochenes oder indem die Zunge zurückfällt. Bei bewusstlosen Menschen sind nämlich Husten- und Schluckreflexe ausgefallen.

Zuerst legt man den Verletzten auf den Rücken und streckt seine Beine. Dann kniet man seitlich nieder. Der Arm, der am nächsten liegt, wird angewinkelt und mit der Handfläche nach oben hingelegt. Den anderen Arm kreuzt man über der Brust, die Hand hält man gegen die Wange. Mit der anderen Hand zieht man das Knie hoch.

Durch sanften Zug am gebeugten Knie dreht man den Verletzten zu sich auf die Seite. Das gebeugte Knie wird in rechtem Winkel auf den Boden gelegt, damit der Verletzte nicht auf den Bauch rollen kann. Nun kippt man den Kopf nach hinten, um die Atemwege freizuhalten. Jetzt kann man den Notdienst rufen.

> **HINWEIS**
> Diese Seite enthält einige grundlegende Anweisungen zur ersten Hilfe. Sie erhebt keinen Anspruch auf Vollständigkeit. Dem Leser wird geraten, sich weitere Kenntnisse aus einem Erste-Hilfe-Buch anzueignen bzw. einen Erste-Hilfe-Kurs zu besuchen.

SICHERHEIT IM HAUSHALT

Die meisten Menschen halten ihr Zuhause für einen sicheren Ort. Tatsächlich aber ist die Unfallgefahr in den eigenen vier Wänden größer als am Arbeitsplatz oder in der Schule. Für größere Sicherheit im Haushalt sollte man folgende Hinweise beachten:

Elektrische Geräte nicht im Badezimmer oder in Wassernähe benutzen.

Pfannen und Kochtöpfe so stellen, dass lange Stile zur Seite oder nach hinten zeigen, sodass man nicht daran hängen bleibt.

Giftstoffe und gefährliche Substanzen in oberen Schrankfächern aufbewahren, außerhalb der Reichweite von Kindern.

Giftige Substanzen nicht in einem für den täglichen Gebrauch bestimmten Gefäß aufbewahren.

Für ein Vollbad zuerst kaltes Wasser einlaufen lassen. Die Temperatur während des Auffüllens mit heißem Wasser messen – so vermeidet man Verbrennungen.

Kein heißes Getränk in der Hand halten, wenn ein Kind auf dem Schoß sitzt.

Das Kabel des Bügeleisens niemals herunterhängen lassen, damit es Kinder nicht herunterreißen können.

RELIGIONEN, BRAUCHTUM UND GESELLSCHAFT

Seit es Menschen gibt, suchen sie nach Erklärungen für Vorgänge wie den Wechsel der Jahreszeiten oder Donner und Blitz. Wahrscheinlich sind Religionen, Mythen und Legenden ein Ergebnis dieser Suche. Religion drückt sich im Glauben an übernatürliche, göttliche Mächte aus. Mit den Weltreligionen haben sich verschiedene Feste und Gebräuche entwickelt. Aus religiösen Handlungen sind Drama, Tanz und Musik entstanden. Staatliche Gesetze und Rechte regeln das Zusammenleben der Menschen. Je nach Staatsform können diese unterschiedlich sein.

MYTHEN UND LEGENDEN

Mythen deuten die Entstehung der Welt und den Ursprung der Menschen, den Tod, bisweilen auch Naturereignisse. Legenden sind religiöse Erzählungen, die von Leben und Werk Heiliger berichten.

Diese Tonfigur aus Österreich zeigt die Venus von Willendorf. Sie ist etwa 30 000 Jahre alt. Ihre üppigen Formen symbolisieren Fruchtbarkeit.

ERDGÖTTIN
Tausende von Jahren haben Menschen in allen Teilen der Welt Bilder der Erdgöttin oder der »Großen Mutter« verehrt. Man glaubte, dass sie als die »Mutter der Welt« den Pflanzen, Tieren und Menschen das Leben spendete. Die Erdgöttin verkörpert die Fruchtbarkeit.

Diese mit Türkisen besetzte Maske zeigt den Gott Quetzalcoatl.

EIN MYTHOS DER AZTEKEN
Quetzalcoatl, die »grüne Federschlange«, war der höchste Gott der Azteken, die in Zentralmexiko lebten. Er galt als Gott des Lebens, des Windes, des Himmels und der Erde. Er schuf die Menschen, gab ihnen das Wissen und verließ sie nach einem Kampf gegen feindliche Angreifer. Die Azteken glaubten, dass er irgendwann zu ihnen zurückkehren würde.

KÖNIG ARTUS
In zahlreichen Sagen wird über König Artus und über die Ritter seiner Tafelrunde berichtet. Es wird erzählt, dass Artus das zauberkräftige Schwert Excalibur besaß. In einer Geschichte heißt es, dass Artus als Einziger dieses Schwert aus einem Stein herausziehen konnte, was ihn als rechtmäßigen König auswies.

Artus sieht das Schwert Excalibur.

SCHÖPFUNGSMYTHEN

Erzählungen aus allen Teilen der Erde geben unterschiedliche Antworten auf die Frage nach der Entstehung der Welt.

IZANAGI UND IZANAMI
In Japan glaubte man, die Erde sei einst eine formlose Masse gewesen. Der Gott Izanagi und die Göttin Izanami rührten die Masse mit einer langen Lanze, bis sie zu einem dickflüssigen Brei wurde. Ein Tropfen fiel von der Lanzenspitze herunter und bildete eine Insel. Die beiden Götter bekamen Kinder, die zu den acht Inseln Japans wurden.

DAS WELTENEI
Nach dem Schöpfungsmythos Altägyptens begann alles Leben im Urmeer. Eines Tages erhob sich das erste Stück Land aus den Gewässern. Die Nilgans setzte sich auf den Hügel und legte das Weltenei. Aus ihm ging das Leben hervor.

DER RABE
Der Mythos eines nordamerikanischen Indianerstammes erzählt, einst sei ein Rabe über das Wasser geflogen und habe kein Land finden können. Er ließ kleine Kieselsteine fallen, aus denen Inseln entstanden. Dann schuf er Bäume und Pflanzen. Bald lebten wilde Tiere in den Wäldern, und Fische tummelten sich in den Meeren. Die Schöpfung war vollendet, als der Rabe die ersten Menschen aus Holz und Ton geschaffen hatte.

HEILIGE STÄTTEN
Der Mount Shasta, ein Berg in Kalifornien (USA), ist ein heiliger Ort der Indianer Nordamerikas. Er ist von der Kraft des Erdgeistes erfüllt.

Glastonbury Tor in England ist einer der angeblichen Aufbewahrungsorte des Heiligen Gral, jenes Kelches, aus dem Christus beim letzten Abendmahl getrunken haben soll.

Für die Ureinwohner Australiens, die Aborigines, ist Uluru ein besonderer Ort. Zeichnungen in Felshöhlen zeigen die Reisen und Abenteuer ihrer Ahnen, die an der Schöpfung der Welt beteiligt waren.

Uluru, Ayers Rock

Kap Reinga gilt in Neuseeland als der Ort, von dem aus die Seelen der Verstorbenen nach »Hawaiki« aufbrechen; ein Land aus der Mythenwelt des alten Polynesiens.

ÄGYPTISCHE MYTHOLOGIE

Die ägyptischen Götter besaßen häufig die Gestalt eines Menschen, aber den Kopf eines Tieres.

Name	Gestalt
Amun-Re	Schöpfer- und Rechtsgott, tritt in wechselnder Gestalt auf
Anubis	Schakal oder Mensch mit Schakalkopf
Apis	Heiliger Opferstier
Bastet	Katze
Hathor	Kuhköpfige Liebes- und Schöpfungsgöttin
Isis	Göttliche Gemahlin des Osiris
Chepre	Göttlicher Käfer
Mut	Göttin, häufig in Geiergestalt
Nut	Göttin, bisweilen Himmelskuh
Osiris	Totengott
Seth	Fantasietier
Sobek	Krokodilsgott
Tefnut	Löwin
Thot	Ibis oder Pavian

MYSTISCHE TIERE

Das Böse wird in der Welt der Mythen oft von Angst einflößenden Wesen dargestellt: Schlangen, Krokodilen, Fledermäusen, Spinnen oder Drachen.

DÄMONEN
Dämonen oder »böse Geister« werden häufig als absonderliche Wesen dargestellt, die z.B. auf Friedhöfen hausen und Menschen zu bösen Taten verleiten. Sie begegnen uns in vielerlei Gestalt: manchmal mit Pferdefüßen, Hörnern oder einem langen Schwanz.

UNGEHEUER
Diese Figur zeigt eine »Gorgo«, eines der drei Fabelwesen der griechischen Mythologie mit Schlangenhaaren. Jeder, der die Gorgonen anblickte, wurde zu Stein. Das Haupt der Medusa wurde vielfach in der antiken Kunst dargestellt.

GRIECHISCHE UND RÖMISCHE MYTHOLOGIE

Die Griechen hatten zwölf Hauptgötter und -göttinnen, die für die verschiedenen Bereiche ihres Lebens zuständig waren. Die Römer übernahmen später viele dieser griechischen Götter, gaben ihnen jedoch neue Namen.

Griechisch	Römisch	Bedeutung
Zeus	Jupiter	Höchster Gott, Himmels- und Wettergott
Hera	Juno	Gattin des Zeus, Beschützerin von Ehe und Geburt
Aphrodite	Venus	Göttin der Schönheit und der Liebe
Apollo	Apollo	Gott des Lichtes und der Weissagung
Ares	Mars	Kriegsgott
Artemis	Diana	Göttin der Jagd, Beschützerin der Tiere und der Kinder
Athene	Minerva	Göttin der Weisheit und des Krieges
Demeter	Ceres	Göttin der Fruchtbarkeit, des Ackerbaus und der Feldfrucht
Hephaistos	Vulkan	Gott des Feuers
Hermes	Merkur	Götterbote, Gott der Reisenden
Hestia	Vesta	Göttin des häuslichen Herdfeuers
Poseidon	Neptun	Meeresgott

DIE WELT-RELIGIONEN

Religion heißt wörtlich »Rückbindung« und meint die Verbindung des Menschen mit Gott. Religionen beantworten Lebensfragen: nach der Herkunft der Welt, nach dem Sinn des Lebens und nach dem Tod. Zu den Weltreligionen gehören Judentum, Christentum, Islam, Buddhismus und Hinduismus. Ihnen gehören große Teile der Weltbevölkerung an.

DIE VERBREITUNG DER HAUPTRELIGIONEN NACH GEBIETEN

Die Zahlen geben Prozentwerte an (LA = Lateinamerika, NA = Nordamerika)

	Afrika	Asien	Europa	LA	NA	Ozeanien	Gesamt
Christentum	19,26	16,43	25,93	24,24	12,90	1,24	(100%)
Islam	27,34	69,55	2,55	0,13	0,40	0,03	(100%)
Hinduismus	0,31	99,21	0,17	0,09	0,17	0,05	(100%)
Buddhismus	0,04	98,39	0,43	0,19	0,82	0,13	(100%)
Sikh-Religionen	0,23	96,37	0,94	0,00	2,36	0,10	(100%)
Judentum	1,50	35,34	13,37	8,10	40,99	0,70	(100%)

MITGLIEDER DER RELIGIONSGEMEINSCHAFTEN
Dieses Schaubild gibt in ungefähren Prozentzahlen an, wie viele Menschen der jeweiligen Religionsgemeinschaft angehören. Die Zahl für »Andere« enthält auch die Menschen, die keiner Religion angehören.

DIE GESCHICHTE DER RELIGIONEN
Für v. Chr. (vor Christus) und n. Chr. (nach Christus) steht im folgenden v.u.Z. (vor unserer Zeitrechnung) und u.Z. (unserer Zeitrechnung), weil in anderen Religionen bzw. Kulturen nach einem anderen Kalender gerechnet wurde.

JUDENTUM

2000 v.u.Z. | 1200 v.u.Z. | 900 v.u.Z. | 587 v.u.Z. | 70 u.Z.

ca. 2000 v.u.Z. Abraham, Prophet des Judentums, Christentums und des Islam, wird in Ur, heute im Irak, geboren.

ca. 1200 v.u.Z. Nach ihrer Flucht aus Ägypten siedeln sich die Juden in Kanaan, heute Israel, an.

931 v.u.Z. Das jüdische Königreich zerfällt in das Nordreich Israel und das Südreich Judäa.
ca. 900 v.u.Z. Die ersten fünf Bücher der Bibel entstehen.

587 v.u.Z. Jerusalem, das heute in Israel liegt, wird von den Babyloniern eingenommen, und die Juden werden vertrieben.

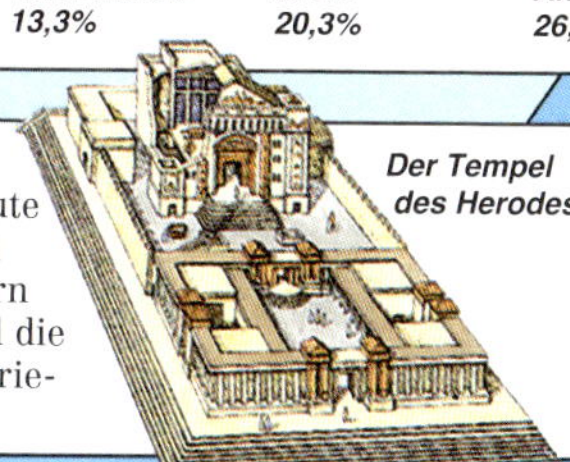

Der Tempel des Herodes

70 u.Z. Die Römer zerstören den Tempel des Herodes in Jerusalem, von dem nur die Westmauer erhalten bleibt (»Klagemauer«).

ISLAM

2000 v.u.Z. | 570 u.Z. | 622 u.Z.

ca. 2000 v.u.Z. Die Kaaba, die später zum Zentralheiligtum des Islam wird, wird der Überlieferung nach von Abraham und seinem Sohn Ismael gebaut.

Mekka

ca. 570–632 u.Z. Mohammed wird in Mekka geboren. Er ist der letzte und der wichtigste der islamischen Propheten.

ca. 610 Der Erzengel Gabriel beruft Mohammed zum Propheten Gottes. Was ihm offenbart wird, wird im Koran, dem heiligen Buch des Islam, festgehalten.

ca. 622 Mohammed geht nach Medina, heute in Saudi-Arabien. Mit dieser Reise beginnt die islamische Zeitrechnung.

HINDUISMUS

1750 v.u.Z. | 1700 v.u.Z. | 1400 v.u.Z. | 800 v.u.Z.

ca. 1750 v.u.Z. Von Westen einwandernde Stämme sollen die Anfänge des Hinduismus geprägt haben. Neuere Ansätze bestreiten dies.

ca. 1700 v.u.Z. Die hinduistischen Glaubenssätze werden den »Rischis« (heilige Männer) offenbart und mündlich weitergegeben.

Rischis

ca. 1400 v.u.Z. Der so genannte »Rigveda« entsteht. Er ist die erste und die wichtigste der vier Sammlungen des Veda, des heiligen Wissens der Inder.

ca. 500 u.Z. Die »Upanischaden« entstehen, die letzte Sammlung des Veda. In ihnen wird die Idee des »Brahman«, der Urseele, entwickelt.

Brahma, der Schöpfer der Welt

BUDDHISMUS

563 v.u.Z | 100 v.u.Z. | 20 u.Z.

ca. 563–484 v.u.Z. Lebensdaten von Siddharta Gautama, dem späteren »Buddha« (»der Erleuchtete«) und Gründer des Buddhismus.

Das buddhistische »Rad des Lebens«

ca. 100 v.u.Z. Das »Tripitaka«, (»Dreikorb«), das heilige Buch der Therava-Buddhisten mit der Lehre Buddhas, entsteht.

ca. 20–200 u.Z. Das Sutra (eine Sammlung von Lehrreden) entsteht. Dies sind die ersten heiligen Texte der Mahajana-Buddhisten.

Die Schwe-Dagon-Pagode

ca. 1300 Die Schwe-Dagon-Pagode, der wichtigste Tempel der Buddhisten, wird in Rangun in Birma, heute Myanmar, gebaut. Hier sollen die Haare Buddhas aufbewahrt sein.

CHRISTENTUM

6 v.u.Z. | 40 u.Z.

7–6 v.u.Z. Jesus wird der Überlieferung nach in Bethlehem in einem Stall geboren.

ca. 30 u.Z. Jesus wird gekreuzigt und steht drei Tage später von den Toten wieder auf.

Die Kreuzigung

ca. 40–100 u.Z. Die Bücher des Neuen Testaments entstehen. Das Christentum breitet sich langsam im Römischen Reich aus.

ca. 1506 Die Peterskirche wird in Rom erbaut. Dort befindet sich das Grab des heiligen Petrus.

Peterskirche

SIKH-RELIGION

1469 | 1600

1469–1539 u.Z. Lebensdaten von Guru Nanak, dem Begründer der Sikh-Religion. Er wird ihr bedeutendster »Guru« (Lehrer, Meister).

Guru Nanak und seine neun Nachfolger, die Führer der Sikhs

ca. 1600 Der fünfte Guru Arjan (1563–1606) baut den »Goldenen Tempel« von Amritsar, das Zentrum des religiösen Lebens der Sikhs.

ca. 1604 Der Granth Sahib, das heilige Buch der Sikhs, wird von Guru Arjan zusammengestellt.

Ein Sikh liest im Granth Sahib.

SIKH-RELIGION

Die Sikhs glauben an einen einzigen Gott und an die Lehre von der Wiedergeburt. Das Symbol der Sikhs sind zwei Krummsäbel, die sich zu einem Kreis schließen (»Skanda«).

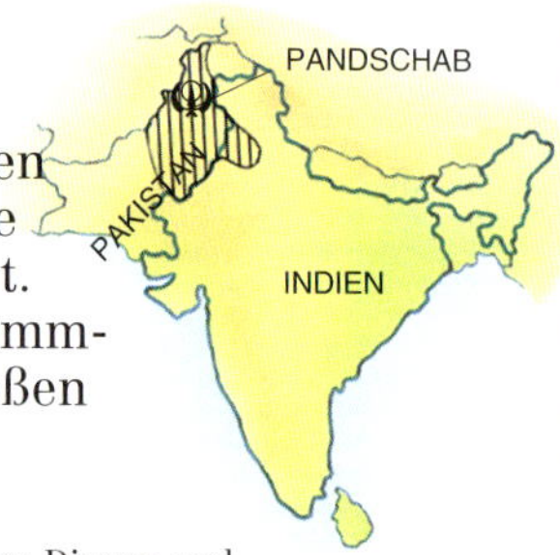

URSPRUNG
Die Sikh-Religion entstand um 1500 u.Z. in der Region Pandschab im Norden Indiens und Pakistans. Heute gibt es Sikhs auch in England und in Nordamerika.

GURU NANAK
Guru Nanak wurde 1469 geboren. Im Alter von 30 Jahren gründete er die Sikh-Religion, um die Einheit mit Gott zu suchen. Neun weitere Gurus folgten ihm.

GLAUBENSINHALTE
Um mit Gott eins und damit erlöst zu werden, muss der Mensch viele Male wieder geboren werden. Gott lebt in allen Dingen und Menschen.

DIE FÜNF K
Die »Khalsa« (die »Gemeinschaft der Reinen«) leben in enger Verbundenheit mit ihrer Religion. Sie müssen fünf Dinge tragen:

1. Langes Haar, das die Männer unter einem Turban tragen (Kash)
2. Ein Armband aus Stahl (Kara)
3. Einen Kamm (Kangha)
4. Ein Schwert (Kirpan)
5. Kurze Hosen, die häufig als Unterwäsche getragen werden (Kach)

AMRITSAR
Der Goldene Tempel von Amritsar ist das religiöse Zentrum der Sikhs. Er wurde in der Mitte eines Sees errichtet. Für die Sikhs ist er der Hof des Herrn.

Granth Sahib

GRANTH SAHIB
Das heilige Buch der Sikhs enthält Hymnen und Gedichte, die von den Gurus, vor allem von dem fünften Guru Arjan, geschrieben wurden. Die Sikhs verbeugen sich vor dem Buch, das unter einer Kuppel im Goldenen Tempel in Amritsar ausgestellt ist.

FESTTAGE DER SIKHS	
Bezeichnung	Ereignis
Baisakhi	Neujahrsfest und Gründung der Sikh-Gemeinde
Diwali	Guru Har Gobind, der sechste Guru, wird aus dem Gefängnis entlassen
Guru Nanak	Geburt des Stifters

Ein meditierender Sikh

MEDITATION
Sikhs glauben, dass Gott in jedem Menschen wohnt. Guru Nanak lehrte, dass durch Meditation Nähe zu Gott hergestellt würde.

BEZEICHNUNGEN DER SIKH-RELIGION

Darbar Sahib Name für den Goldenen Tempel
Diwan Gebetsgemeinschaft
Gurdwara Gebetsstätte
Guru Name für den Führer, die Schrift und für Gott
Japji Morgengebet
Kaur Weiblicher Familienname
Mukti Befreiung aus dem Kreislauf der Wiedergeburten
Singh Männlicher Familienname

JUDENTUM

Das Judentum war die erste Religion der Menschheit, die an die Existenz eines einzigen Gottes glaubte. Das Symbol des Judentums ist der Davidstern.

URSPRUNG
Das Judentum entstand um 2 000 v.u.Z. im heutigen Israel. Heute gibt es die größten jüdischen Gemeinden in den USA und Europa.

ABRAHAM
Abraham, der Stammvater der Israeliten, wurde um 2 000 v.u.Z. in Ur im heutigen Irak geboren. Er schloss auf dem Berg Sinai einen Bund mit Gott.

REGELN UND RITUALE
Jungen werden am achten Tag nach ihrer Geburt beschnitten.

Der Sabbat (Samstag) ist der heilige Ruhe- und Feiertag.

Der Verzehr von Schweinefleisch und Schalentieren ist verboten.

In der Woche seines 13. Geburtstages hat der jüdische Junge die »Bar-Mizwa«, durch die er in die Glaubensgemeinschaft der Erwachsenen aufgenommen wird. Der entsprechende Akt für Mädchen heißt »Bat-Mizwa«.

GLAUBENSINHALTE
Es gibt nur einen Gott, der Schöpfer und Herrscher der Welt ist. Er ist unsichtbar und ewig. Moses ist der Gründer des Judentums und der Gesetzgeber. Er ist erster und größter Prophet.

DIE THORA
Die heilige Schrift der Juden und das Gesetz Gottes. Sie umfasst die ersten fünf Bücher der Bibel, den Pentateuch. Sie handeln von der Offenbarung Gottes an Moses auf dem Berg Sinai vor 3 000 Jahren. Das Gesetz umfasst 613 Anweisungen für das tägliche Leben: über das bürgerliche Recht bis zu Hygiene und Speisevorschriften. Dort stehen auch die zehn Gebote.

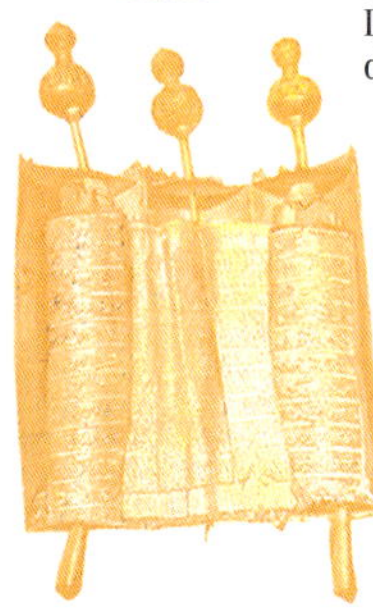
Thora-Schriftrolle

DIE KLAGEMAUER
Die Klagemauer ist der einzige erhaltene Teil des Herodes-Tempels (die Westwand), der um 70 u.Z. von den Römern zerstört wurde. Die Juden kommen zu dieser Mauer, um zu beten und um Gebetszettel und Bittschriften zwischen die großen Steinblöcke zu stecken.

JÜDISCHE GLAUBENSGEMEINSCHAFTEN

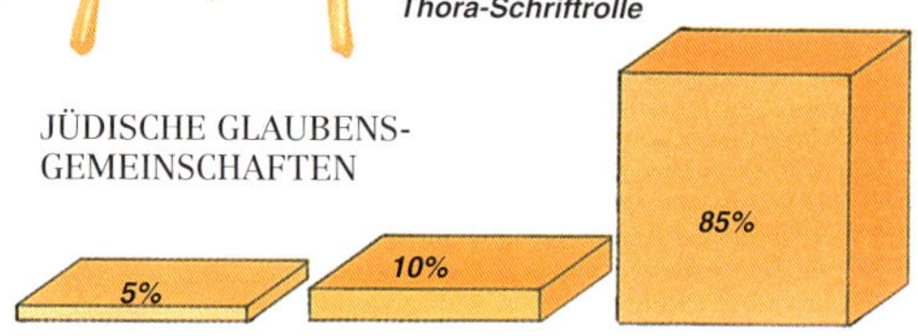

JÜDISCHE FEIERTAGE	
Bezeichnung	Ereignis
Chanukka (Lichterfest)	Erinnerung an die Tempelweihe (164 v.u.Z)
Passah	Erinnerung an den Auszug der Juden aus Ägypten
Jom Kippur (Versöhnungstag)	Tag der Buße, heiligster Feiertag

BEZEICHNUNGEN DES JUDENTUMS

Diaspora Zerstreuung des jüdischen Volkes in alle Welt
Exodus Der Auszug der Israeliten aus Ägypten
Kaddisch Gebet
Rabbiner Lehrer und jüdischer Geistlicher
Synagoge Jüdisches Gotteshaus
Tefillin Kästchen mit Worten aus der Thora; werden an Gebetsriemen auf der Stirn und am Arm getragen

ANDERE RELIGIONEN

Es gibt Tausende Religionen mit Millionen Anhängern in der ganzen Welt. Neben den sechs Weltreligionen gehören die unten aufgeführten zu den bekanntesten anderen Religionen.

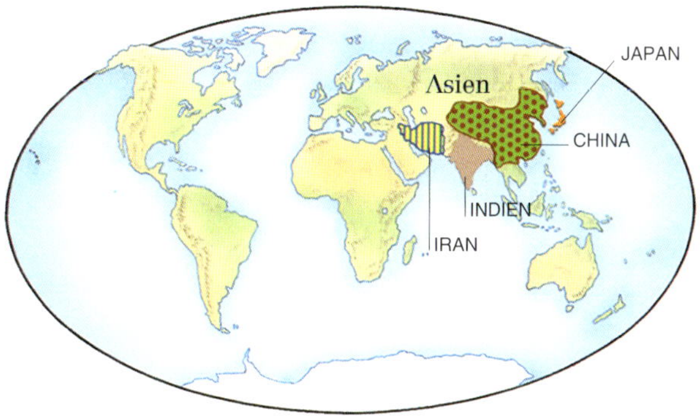

DER URSPRUNG DER ANDEREN RELIGIONEN

Bahaismus (Iran)

Konfuzianismus (China)

Jainismus (Indien)

Schintoismus (Japan)

Taoismus (China)

Parsismus (Iran)

BAHAISMUS

Der Bahaismus gründet sich auf den Glauben an nur einen Gott als Urheber aller Religionen. Das Symbol des Bahaismus ist ein Stern mit neun Zacken.

DAS WELTZENTRUM
Die Bahai halten ihre Gottesdienste entweder zu Hause oder in eigenen Gotteshäusern ab. Das berühmteste ist das Weltzentrum in Haifa (Israel).

WISSENSWERTES

Der Bahaismus wurde im 19. Jh. in Persien (heute Iran) begründet.

Der Gründer war Mirsa Hosain Ali Nuri (1817–1892), der sich später zum Baha Ullah, dem »Glanz Gottes«, erklärte.

Der »Al-Kitab-al-Aqdas« ist die wichtigste heilige Schrift.

Der Bahaismus hat etwa 6 Mio. Anhänger; viele von ihnen leben in Indien und Südamerika.

KONFUZIANISMUS

Im Zentrum des Konfuzianismus steht nicht die Verehrung eines Gottes, sondern die Überzeugung, dass der Mensch sich in die karmische Ordnung einzufügen und sie zu fördern habe.

KONFUZIUS
Konfuzius oder K'ung Futse (551–479 v.u.Z.) gilt als Begründer des Konfuzianismus in China. Konfuzius war ein angesehener Lehrer, dessen philosophische Morallehre die Grundlage für das Zusammenleben der Menschen war. Ein Hauptpunkt seiner Lehre lautet: »Was wir nicht wünschen, das man uns tue, das sollen wir auch anderen nicht zufügen.«

WISSENSWERTES

Der Konfuzianismus entstand im 6. Jh. v.u.Z. in der Provinz Shantung in China.

Die Grundlage der Lehre des Konfuzius ist der Gedanke der Menschlichkeit (im Christentum ist es der Gedanke der Liebe, im Buddhismus der Gedanke des Mitleids).

Die taoistischen Chinesen glauben, dass sich die Seele der Verstorbenen zum Teil im Himmel und zum Teil im Grab und in der Ahnentafel befindet.

JAINISMUS

Jainas, die Anhänger des Jainismus, glauben nicht an einen Gott. Der Jainismus lehrt, dass alle Lebewesen beseelt sind und deshalb nicht getötet werden dürfen. Die Seelen der Verstorbenen werden wiedergeboren: je nach irdischem Verdienst als Tiere, Menschen oder höhere Wesen.

JAINA-NONNEN
Die Nonnen führen ein Leben in Armut, Gehorsam und Keuschheit. Sie verpflichten sich, jede Art von Leben zu schützen. Aus Furcht, auf Insekten zu treten, fegen sie die Erde vor ihren Füßen. Sie tragen ein Tuch vor dem Mund, um nicht versehentlich ein Insekt zu verschlucken.

WISSENSWERTES

Der Jainismus wurde im 6. Jh. v.u.Z. in Indien begründet.

Der Stifter war Wardhamana (ca. 540–468 v.u.Z.), der die Ehrennamen »Mahawira« (»der große Held«) und »Jina« (»der Sieger«) trug.

Jainas halten ihre Gottesdienste in Tempeln oder zu Hause ab.

Der Jainismus hat etwa 4 Mio. Anhänger; die meisten leben in Indien.

SCHINTOISMUS

Der Schintoismus bewahrte viele Züge alter Naturreligionen. Er wird nur in Japan praktiziert. Symbol ist der Umriss eines Tempeltores.

FUDSCHIJAMA
Schintoisten verehren die Natur. Schinto-Heiligtümer befinden sich in der Natur. Der Berg Fudschijama wird als Naturgottheit verehrt. Auf seinem Gipfel steht ein Schrein, den die Menschen zum Gebet aufsuchen.

WISSENSWERTES

Die Wurzeln des Schintoismus führen bis ins 1. Jh. v.u.Z. zurück.

Der »Kodschiki« (jap.: »Geschichte der Begebenheiten im Altertum«) und der »Nihongi« (jap.: »Annalen von Nihon) sind die wichtigsten Schriften des Schintoismus.

Schintoisten halten ihren Gottesdienst allein und nicht in Gruppen ab.

Eine der wichtigsten Schinto-Gottheiten ist Amaterasu, eine Sonnengöttin.

TAOISMUS

Taoisten verehren das Tao. »Tao« bedeutet »Weg« im Sinn von gottgefälligem Lebenswandel. Im Ying- und Yang-Symbol drückt sich der Wunsch nach Versöhnung von Gegensätzen aus, z.B. von Frau und Mann, Erde und Himmel.

LAOTSE
Der Taoismus wurde von Laotse, ca. 604–517 v.u.Z., gestiftet. Über das Leben von Laotse weiß man nur wenig. Er wurde in China geboren. Sein Name bedeutet »Alter Meister«. Nach der Legende wurde er mit weißem Haar geboren. Er lebte dem Weg der Stille entsprechend zurückgezogen. Das Ziel des frühen Taoismus war, das Geheimnis des Lebens zu ergründen, um Unsterblichkeit zu erlangen.

WISSENSWERTES

Der Weg, den der Taoismus lehrt, führt zur Einheit mit sich selbst und zur ruhigen Begierdelosigkeit.

Das »Tao-te-King«, das »Buch des Tao«, ist die heilige Schrift des Taoismus.

PARSISMUS

Im Parsismus (oder Zoroastrismus) gibt es zwei Hauptgötter: Ahura Mazda, den guten und lichtvollen Gott, und Angra Mainju, den bösen und finsteren Geist. Symbol ist ein geflügeltes Bildnis des Gottes Ahura Mazda.

FEUERTEMPEL
In parsischen Feuertempeln wird ein nie verlöschendes Licht zu Ehren Ahura Mazdas unterhalten. Um die Flammen nicht zu verunreinigen, bedecken die Priester beim Kult den Mund.

WISSENSWERTES

Der Zoroastrismus wurde in Iran mehr als 1 000 Jahre ausgeübt, lebt aber seit der Invasion des Islam (7./8. Jh. u.Z.) nur noch in Restgemeinden fort.

Stifter des Parsismus war Zarathustra. Er lebte zu Beginn des 1. Jh. v.u.Z.

Die heilige Schrift des Parsismus ist das »Awesta«. Es handelt vom Kampf zwischen Gut und Böse.

GROSSE DENKER

Menschen haben schon immer versucht, die Welt und unseren Platz in ihr zu verstehen. Seit dem 6. Jh. v. Chr. gab es in Griechenland die ersten Philosophen.

Thales (624–550 v. Chr.) wird in Milet in Griechenland geboren. Er gilt als der erste Philosoph der westlichen Welt. Er sucht nach dem Ursprung der Welt und nach dem Urelement, aus dem sie entstand.

Thales

Der griechische Philosoph Pythagoras (ca. 580–500 v. Chr.) gründet eine Art Orden. Seine Schüler glauben an die Wiedergeburt der Seelen. Pythagoras versucht als Erster, die Gesetze der Natur mathematisch zu fassen.

Pythagoras

650 v. Chr. — 624 v. Chr. — 600 v. Chr. — 580 v. Chr. — 500 v. Chr.

Aristoteles (384–322 v. Chr.) ist der letzte und der einflussreichste der griechischen Philosophen. Sein wichtigstes Anliegen ist die Logik, d.h. die Wissenschaft des richtigen Denkens in der Philosophie.

Aristoteles unterrichtet Alexander den Großen (356–323 v. Chr.)

Aurelius Augustinus (354–430 n. Chr.) wirkt als Priester in Nordafrika und entwickelt auf der Grundlage der Philosophie Platons eine christliche Ideenlehre.

Der italienische Mönch Thomas von Aquin (1225–1274) entwickelt eine Form der Theologie, die Glauben und Wissen miteinander verbindet.

Thomas von Aquin

Der Engländer Thomas Hobbes (1588–1679) tritt in seinem wichtigsten Werk »Leviathan« (1651) für die absolute Macht des Staates ein, um Chaos und endlose Kriege zu verhindern.

400 v. Chr. — 384 v. Chr. — 300 n. Chr. — 354 n. Chr. — 1200 — 1225 — 1500 — 1588

Gottfried Wilhelm Leibniz (1646–1716), deutscher Philosoph, behauptet, dass es keinen Unterschied zwischen Vernunft und Religion gebe. Er leitet die Geschichte der mathematischen Logik ein. Er entwickelt außerdem das binäre Zahlensystem mit den Ziffern 0 und 1.

David Hume (1711–1776), schottischer Empirist und Skeptiker, erklärt, dass alles Wissen zwei Wurzeln hat: logische Struktur und sinnliche Beobachtung. Alles theologische Wissen sei deshalb haltlos und zu verwerfen.

David Hume

Jean-Jacques Rousseau (1712–1778), französischer Vertreter der politischen Philosophie, richtet sich gegen Einschränkungen, die uns die Gesellschaft auferlegt, und fordert: Zurück zur Natur!

Jean-Jacques Rousseau

Immanuel Kant (1724–1804), bedeutendster Philosoph der deutschen Aufklärung. Er fordert die Menschen auf, den Mut zu haben, den eigenen Verstand zu benutzen.

Immanuel Kant

1650 — 1685 — 1700 — 1711 — 1712 — 1724

John Stuart Mill (1806–1873) vertritt die Meinung, dass einige Arten von menschlichem Glück wertvoller sind als andere.

John Stuart Mill

Søren Kierkegaard (1813–1855), dänischer Begründer der Existenzphilosophie, Schriftsteller und Theologe, stellt fest, dass das einzig Wirkliche das Dasein des Einzelnen ist.

Karl Marx (1818–1883), revolutionärer deutscher Denker, begründet den Kommunismus. Er übernimmt Ideen aus der Philosophie Hegels und schreibt im Jahr 1867 sein Hauptwerk »Das Kapital«.

Karl Marx

William James (1842–1910), amerikanischer Psychologe und Pragmatiker, misst den Wahrheitsgehalt einer jeden Idee an dem Nutzen ihrer Ergebnisse.

1800 — 1806 — 1810 — 1813 — 1818 — 1840 — 1842

Bertrand Russell (1872–1970), englischer Denker und politischer Aufklärer, bemüht sich um eine logische Grundlegung der Mathematik in der Philosophie.

Bertrand Russell

Martin Heidegger (1889–1976), deutscher Existenzphilosoph, verfasst sein Hauptwerk »Sein und Zeit« im Jahre 1927.

Ludwig Wittgenstein (1889–1951), österreichischer Sprachphilosoph, erforscht die Beziehungen zwischen Sprache und Welt. Er hält das Sprechen in der Alltagssprache als sicherste Gewähr, weitreichende Irrtümer zu vermeiden.

Ludwig Wittgenstein

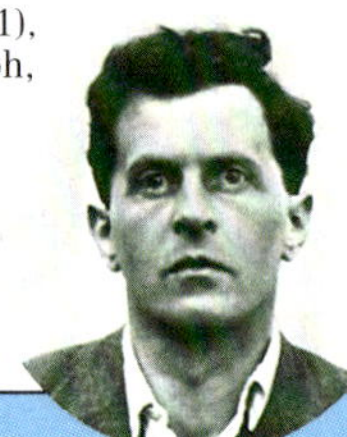

Jean-Paul Sartre (1905–1980), französischer Existenzphilosoph, erklärt, dass das Schicksal eines Menschen nicht festgelegt ist. Jeder kann handeln, ohne gesellschaftlichen Zwängen ausgeliefert zu sein.

Jean-Paul Sartre

1870 — 1872 — 1920 — 1927

BERÜHMTE PHILOSOPHISCHE AUSSPRÜCHE

Philosoph	Lebensdaten	Nationalität	Zitat
Protagoras	ca. 485–410 v. Chr.	Grieche	»Der Mensch ist das Maß aller Dinge.«
Sokrates	ca. 470–399 v. Chr.	Grieche	»Es gibt nur ein einziges Gut für den Menschen: die Wissenschaft. Und nur ein einziges Übel: die Unwissenheit.«
Francis Bacon	1561–1626	Engländer	»Wissen ist Macht.«
René Descartes	1596–1650	Franzose	»Ich denke, also bin ich.«
George Berkeley	1685–1753	Ire	»Sein ist Wahrgenommen werden.«
David Hume	1711–1776	Schotte	»Das Schöne ist keine Eigenschaft der Dinge selbst; es existiert nur im Bewusstsein des Betrachters.«
Jean-Jacques Rousseau	1712–1778	Franzose	»Der Mensch ist frei geboren und doch überall in Ketten.«
G.W.F. Hegel	1770–1831	Deutscher	»Die Weltgeschichte ist der Fortschritt im Bewusstsein der Freiheit.«
John Stuart Mill	1806–1873	Engländer	»Frage dich selbst, ob du glücklich bist, und du wirst aufhören, es zu sein.«
Karl Marx	1818–1883	Deutscher	»Die Philosophen haben die Welt nur verschieden interpretiert; es kommt aber darauf an, sie zu verändern.«
Friedrich Nietzsche	1844–1900	Deutscher	»Gott ist tot.«
Ludwig Wittgenstein	1889–1951	Österreicher	»Die Grenzen der Sprache sind die Grenzen der Welt.«

WÄRMENDE GEDANKEN

Während seines Militärdienstes in Bayern im Jahre 1620 entstand René Descartes' berühmtester Ausspruch »Ich denke, also bin ich«, während er sich an einem Ofen wärmte.

Sokrates, griechischer Philosoph (ca. 470–399 v. Chr.); entwickelt als philosophische Gesprächsform die »Hebammen-Methode«: Die Wahrheit aus sich selbst gebären. Er wird wegen Verführung der Jugend zum Tod verurteilt.

Sokrates trinkt Gift

Platon (429–347 v. Chr.) gründet in Griechenland eine Akademie. Er lehrt die Unsterblichkeit der Seele und entwirft die Utopie eines von Philosophen regierten Staates.

Platons Akademie

470 v. Chr. — 470 v. Chr. — 428 v. Chr.

René Descartes (1596–1650), französischer Philosoph, Mathematiker und Naturforscher, wird als Begründer der modernen Philosphie angesehen. Alles Wissen beruht auf einer grundlegenden Wahrheit: Wir können die Existenz unserer eigenen Gedanken nicht bezweifeln.

René Descartes

Der englische Philosoph John Locke (1632–1704) begründet den klassischen englischen Empirismus. Seine politischen Schriften bilden eine Grundlage der modernen Demokratien. Er verfasst politische, pädagogische und aufklärerische Schriften.

John Locke

1596 — 1600 — 1632

Jeremy Bentham (1748–1832) beurteilt die Richtigkeit einer Handlung danach, wie viel Glück sie bewirkt oder wie viel Unglück sie vermindert.

Georg Wilhelm Friedrich Hegel (1770–1831), Denker des Deutschen Idealismus, erklärt, dass sich die Weltgeschichte in einem stufenförmigen Prozess ihrer Vollendung nähere: der Selbsterkenntnis des göttlichen Geistes.

Georg Wilhelm Friedrich Hegel

Arthur Schopenhauer (1788–1860), Atheist und Pessimist, sieht in der Kunst die einzige Möglichkeit, einer Welt ohne Sinn zu entkommen.

Arthur Schopenhauer

1740 — 1748 — 1770 — 1788

Friedrich Wilhelm Nietzsche (1844–1900), deutscher Philosoph, beschreibt die christliche Moral, z.B. Liebe und Bescheidenheit, als entstanden aus dem heimlichen Hass Unterdrückter. Er entwirft die Utopie des »Übermenschen«, d.h. von Menschen, die sich von solcher Moral befreien.

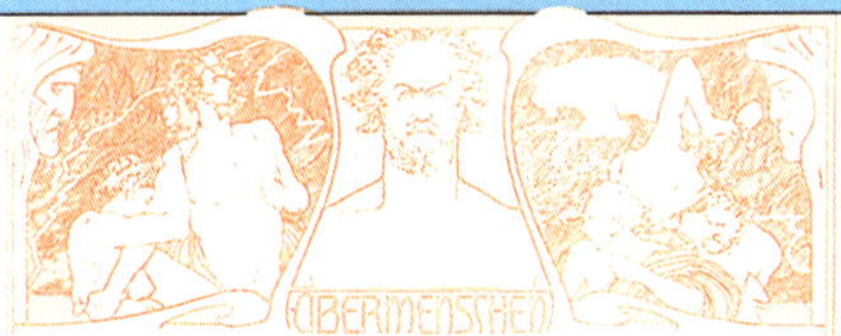

Vorgebliche »Übermenschen«

Edmund Husserl (1859–1938), deutscher Philosoph, ist der Begründer der Phänomenologie, d.h. der möglichst genauen Beobachtung und Beschreibung menschlicher Lebenswelt.

1844 — 1850 — 1859

Die französische Existenzphilosophin Simone de Beauvoir (1908–1986) ist eine der Wegbereiterinnen des Feminismus.

Simone de Beauvoir

Michel Foucault (1926–1984), französischer Philosoph, erforscht, wie der Einzelne durch die Vorgaben der Gesellschaft bestimmt wird.

Michel Foucault

Der Franzose Jacques Derrida (1930–2004) ist der Begründer der Dekonstruktion, einer philosophischen Arbeitsweise, die jede festgelegte Wahrheit in der Sprache und in der Philosophie ablehnt.

WISSENSWERTES

Pythagoras weigerte sich, Bohnen zu essen, weil er glaubte, dass sie eine Seele haben.

Immanuel Kant machte jeden Tag zur gleichen Zeit einen Spaziergang. Als er einmal nicht pünktlich war, wussten die Bürger Königsbergs, dass etwas passiert sein musste: Tatsächlich hatte die Französische Revolution begonnen (1789).

Der einflussreichste Philosoph des 20. Jhs., Ludwig Wittgenstein, veröffentlichte nur ein Hauptwerk. Teile seines »Tractatus logico-philosophicus« schrieb er als Wachtposten im Schützengraben während des Ersten Weltkriegs (1914–1918). In seinem Werk vertritt Wittgenstein die Auffassung, dass sprachliche Aussagen ein Stück Welt abbilden.

In seinem Testament hinterließ Jeremy Bentham seinen Körper dem University College in London. Sein Körper wurde konserviert, bekleidet und mit einem Kopf aus Wachs versehen. Er wurde zusammen mit seinem echten mumifizierten Kopf in einem Glaskasten ausgestellt.

Jeremy Bentham

René Descartes war der Hauslehrer von Königin Christina von Schweden (1626–1689). Sie verlangte von ihm, dass die Philosophiestunden in der Morgendämmerung stattfanden, obwohl sie seine Vorliebe kannte, bis um elf Uhr im Bett zu bleiben und nachzudenken.

Bis zum 19. Jh. schloss der Begriff »Philosophie« viele Wissenschaften ein, die heute zu eigenständigen Fachwissenschaften geworden sind: Physik, Biologie, Mathematik und Ingenieurwesen.

Von 1748 bis 1753 lebte der französische Philosoph Voltaire (1694–1778) auf Schloss Sanssouci des preußischen Königs Friedrich II. in Potsdam.

FACHWÖRTER DER PHILOSOPHIE

Analytik Die Bestrebungen vieler zeitgenössischer Philosophen, Probleme durch die logische Analyse der Sprache zu lösen

A priori Erkenntnisse, z.B. der Mathematik, die auf bloßer Überlegung und nicht auf Beobachtung beruhen

Determinismus Die Behauptung, dass alles, auch die scheinbar »freien Willenshandlungen«, gesetzmäßig verlaufen und deshalb prinzipiell verstehbar sind

Dualismus Die Vorstellung, dass es zwei unterschiedliche Substanzen in der Welt gibt: Materie und Geist

Empirismus Eine philosophische Richtung, die alle Erkenntnis auf Erfahrung zurückführt. Bei der Geburt ist der Geist ein unbeschriebenes Blatt (»tabula rasa«), auf das sich Erfahrungen schreiben

Epistemologie Das Studium der Erkenntnistheorie: Was ist Wissen, wie erlangen wir es, und wie viel wissen wir?

Ethik Die Wissenschaft vom sittlichen Verhalten und von sittlichen Werten

Existenzphilosophie Die Auffassung, dass der Einzelne frei ist und die Verantwortung für sein Handeln übernehmen muss in einer Welt, in der es kein endgültiges Gut oder Böse gibt

Idealismus Die Lehre, dass auch die materielle Welt aus einer ideellen oder geistigen Substanz (z.B. Gott) hervorgegangen und von ihr durchwaltet wird

Logik Die Lehre vom richtigen Denken und Schlussfolgern

Materialismus Die Lehre, nach der alle Phänomene, auch die seelischen und geistigen, Produkte der Materie sind und mit den Gesetzen der Physik erklärt werden können

Metaphysik Der Versuch, die von den Naturwissenschaften offen gelassenen Fragen zu beantworten, z.B. die nach dem Sinn des Lebens

Objektivität Alles, was unabhängig vom Betrachter Gültigkeit hat. Der Gegensatz ist Subjektivität.

Pragmatismus Eine praktische Sicht der Philosophie: Der Wahrheitsgehalt einer Idee wird nach dem Nutzen ihrer Ergebnisse beurteilt.

Rationalismus Eine Anschauung, der zufolge die Prinzipien der Logik und der Vernunft bei allen Fragen, auch den naturwissenschaftlichen, leitend bleiben müssen

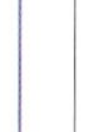

Relativismus Eine philosophische Auffassung, die bestreitet, dass es absolut gültige Wahrheiten gibt; ein absolutes »Falsch« oder »Richtig« gibt es nicht

Skeptizismus Es gibt keine absolute Wahrheit.

Solipsismus Das Ich mit seinen Wahrnehmungen ist das einzig Wirkliche.

Subjektivität Jede Realität ist abhängig vom einzelnen Betrachter.

FAMILIEN- UND GESELLSCHAFTS-MODELLE

Die vielfältigen Arten, wie Menschen leben, nennt man »Lebensformen«. Dazu zählen z. B. Großfamilien, kinderlose Ehepaare, nicht verheiratete Paare, Singles (Alleinlebende) und allein erziehende Mütter oder Väter mit Kindern. Großfamilien setzen sich aus Familienmitgliedern mehrerer Generationen zusammen. Als »Haushalt« bezeichnet man eine Gruppe von Menschen, die in einer gemeinsamen Wohnung leben.

TRAUMZEIT
Die Aborigines (Ureinwohner) Australiens glauben, dass das Land und alle Lebewesen von den Seelen ihrer Vorfahren am Anfang aller Zeiten, der auch die »Traumzeit« genannt wird, geschaffen wurden.

Traumzeitbild mit Regenbogenschlange

VERWANDTSCHAFT
ist die Beziehung zwischen Menschen derselben Familie aufgrund gemeinsamer Abstammung (blutsverwandt). Die Verwandtschaft schließt auch nichteheliche und adoptierte Kinder ein.

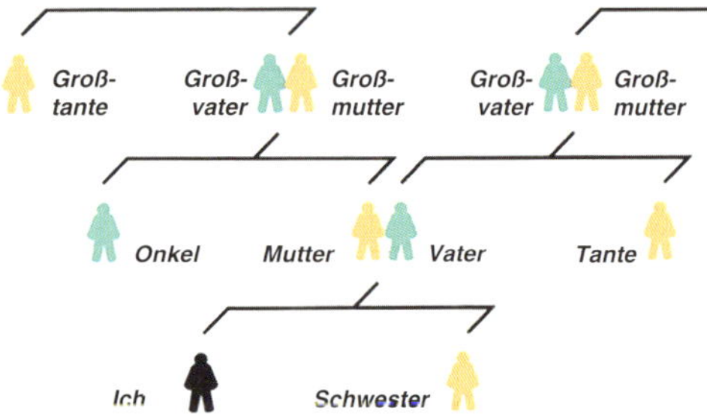

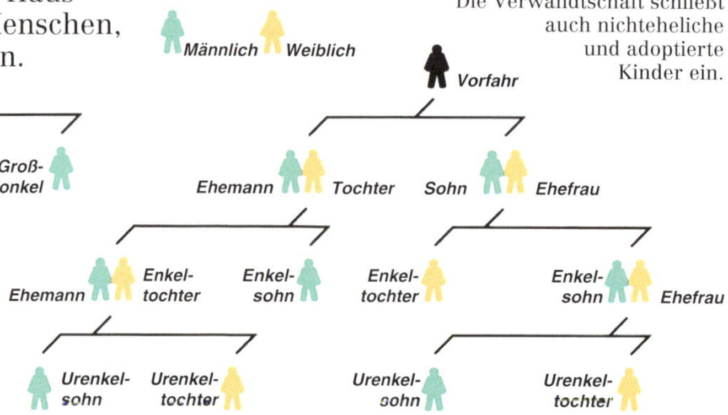

STAMMBAUM
In einen Stammbaum kann man von der eigenen Person ausgehend die Eltern und ihre Vorfahren eintragen. Man geht dabei von der Gegenwart aus zurück in die Vergangenheit.

Ein Stammbaum kann auch umgekehrt angelegt sein: Man kann seine Herkunft von einem Vorfahren aus aufzeichnen und so zu seiner Gegenwart gelangen. In Stammbäumen oder -tafeln werden in der Regel nur die Nachkommen der Söhne einer Familie erfasst. Die Nachkommen der Töchter werden nicht aufgenommen, sondern im Stammbaum des angeheirateten Mannes eingetragen.

FACHBEGRIFFE
Abstammung Die Herkunft eines Menschen oder einer Gruppe
Clan Eine Gruppe von Verwandten, die von einem gemeinsamen Vorfahren abstammen
Ehe Die gesetzliche Verbindung von zwei Menschen
Mitgift Geld, das der Tochter von den Eltern in die Ehe mitgegeben wird
Sippe Eine Gruppe von Menschen gemeinsamer Abkunft
Vorfahr Ein Familienmitglied, das früher gelebt hat
Westliche Gesellschaft Menschen in den Industriestaaten

ABSTAMMUNG
Mit »Abstammung« wird die Herkunft eines Menschen oder einer Gruppe, z.B. eines Volksstammes oder eines Geschlechtes, bezeichnet. Wer gemeinsamer Abstammung ist, ist miteinander blutsverwandt.

Der Duke of Westminster – ein vom Vater ererbter Titel

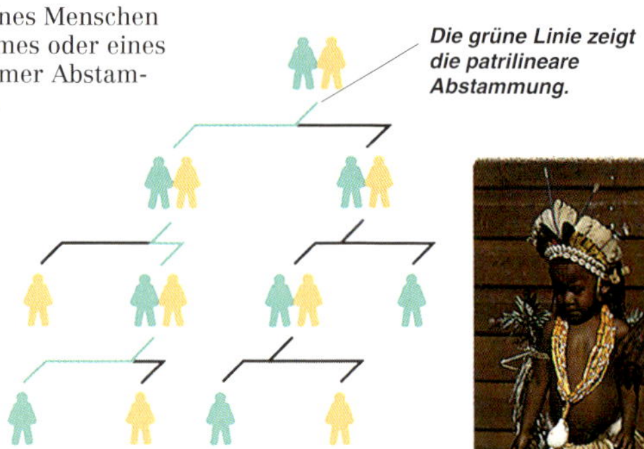

PATRILINEARE ABSTAMMUNG
Ein von der väterlichen Linie ausgehendes männliches Abstammungssystem nennt man »patrilinear«. Adelstitel werden in der Regel patrilinear vererbt: vom Vater auf seinen Sohn usw.

Mutter und Kind auf den Trobriandinseln

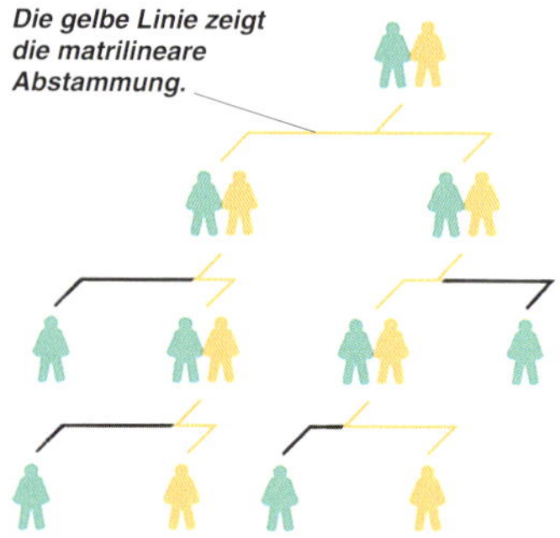

MATRILINEARE ABSTAMMUNG
Nur die mütterliche Linie ist für die Übertragung des Namens oder die Zugehörigkeit zu einer Familie ausschlaggebend. Die Stammesgesellschaft der Trobriandinseln im südwestlichen Pazifik ist matrilinear.

FAMILIENFORMEN
Heutzutage sind Kernfamilien nicht mehr die häufigste Familienform. Viele neue haben sich gebildet. Es gibt z. B. nichteheliche Lebensgemeinschaften mit und ohne Kinder, Ein-Eltern-Familien (ein allein erziehender Elternteil mit Kind) oder die so genannten »Patchwork-Familien«. So nennt man die Familien, die zwei Partner mit ihren Kindern aus jeweils früheren Verbindungen neu gründen.

KIBBUZ
Viele Familien in Israel leben in Gemeinschaften, die man Kibbuzim (Singular: »Kibbuz«) nennt. Sie arbeiten zusammen und erziehen die Kinder gemeinsam.

GROSSFAMILIE
Mehrere Generationen einer Familie leben unter einem Dach und teilen sich die Verantwortung für die häuslichen Pflichten.

KERNFAMILIE
Zwei Elternteile, die ihre eigenen Kinder aufziehen, ohne dass weitere Personen im Haushalt wohnen

EHEFORMEN

Endogamie Verpflichtung, nur eine Person der gleichen Gemeinschaft zu heiraten
Exogamie Verpflichtung, den Ehepartner außerhalb der eigenen Gemeinschaft zu suchen
Monogamie Die Einehe zwischen einem Mann und einer Frau
Bigamie Die Ehe eines Mannes mit zwei Frauen oder einer Frau mit zwei Männern
Polygamie Die Ehe eines Mannes oder einer Frau mit mehreren Frauen oder Männern zur selben Zeit
Polyandrie Die Ehe zwischen einer Frau und mehreren Männern zur selben Zeit
Polygynie Die Ehe zwischen einem Mann und mehreren Frauen zur selben Zeit
Levirat Die Ehe zwischen einer Frau und dem Bruder ihres verstorbenen Mannes
Sororat Die Ehe zwischen einem Mann und der Schwester seiner verstorbenen Ehefrau

ABENTEUERLICHE HOCHZEIT

Am 13. September 1991 sprangen Dustin und Becca Webster aus Kalifornien (USA) zum Abschluss ihrer Hochzeit mit einem Sprung von 21,30 m Höhe in ein Schwimmbecken.

Beliebt sind auch Trauungen in der Luft (Fallschirmspringen) oder unter Wasser (Tauchen).

SCHON GEWUSST?

Die größte Massenhochzeit fand am 25. August 1992 statt. 60 000 Mitglieder der Unifikationskirche heirateten im Olympiastadion in Seoul (Korea).

Die teuerste Hochzeit kostete 20 Mio. Dollar und wurde für den Sohn des Scheichs Rashid Bin Saeed Al Maktoum mit Prinzessin Salama in Dubai (Arabische Emirate) im Mai 1981 ausgerichtet.

Am häufigsten heiratete Giovanni Vigliotto aus New York (USA). In der Zeit von 1949 bis 1981 schloss er in 15 Ländern 105 Mal die Ehe.

BRAUTKLEIDER

Eine chinesische Braut kann einen traditionellen Kopfschmuck tragen. Er wird aus schmalen Metall- oder Silberbändern und einem Schleier aus Federn und Perlen gefertigt.

Das lange weiße Kleid und der Schleier einer Braut in den westlichen Ländern symbolisieren Reinheit und Unschuld.

Eine japanische Braut kann einen farbenprächtigen, traditionellen Kimono tragen. Viele heiraten aber lieber in Weiß.

Eine Hindu-Braut trägt ein rotes Kleid, und sowohl der Bräutigam als auch die Braut tragen bunte Blumengirlanden um den Hals.

HEIRATS- UND SCHEIDUNGSSTATISTIK

Land	Eheschließungen im Jahr		Ehescheidungen im Jahr	
	1981	1999	1981	1999
USA	10,6	8,3	5,3	4,2
Südafrika	8,2	10,7*	2,0	2,5*
Großbritannien	7,1	5,1	2,8	2,7
Japan	6,6	6,3	1,3	1,5
Belgien	6,5	4,3	1,6	2,4
Finnland	6,3	4,7	2,0	2,6
Deutschland	6,2	5,2	2,0	2,1
Frankreich	5,8	4,7	1,6	2,0
Italien	5,6	4,5	0,2	0,5
Dänemark	5,0	6,6	2,8	2,3

Die Zahlen stehen für je 1 000 Einwohner.
* Stand 1994

HOCHZEITSBRÄUCHE

Vor der Hochzeit wird ein Polterabend veranstaltet, auf dem Porzellan zerschmissen wird.

Die Hochzeitstorte wird gemeinsam von Braut und Bräutigam mit einem Messer angeschnitten.

In der griechisch-orthodoxen Kirche tragen die Brautpaare Hochzeitskronen, die mit einem roten Band verbunden sind.

Die Frau, die den von der Braut geworfenen Brautstrauß auffängt, soll angeblich als Nächste heiraten.

Bei einer jüdischen Hochzeit tritt der Bräutigam nach der Zeremonie auf ein Glas, denn »Scherben bringen Glück«.

Japanische Brautpaare trinken zum Abschluss ihrer Hochzeitszeremonie drei Schlückchen Sake (Reiswein).

SYMBOLE

Ein Symbol ist ein Sinnbild, Gegenstand oder ein Zeichen, das für etwas nicht Wahrnehmbares steht (z.B. Treue) oder für etwas, an das man glaubt (z.B. Kreuz für Christentum).

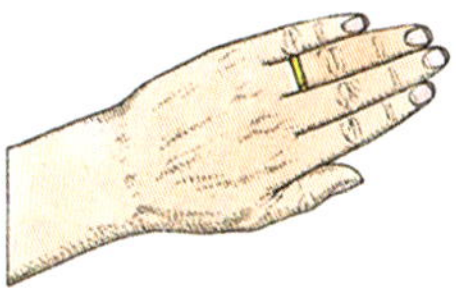

EHERING

Die Braut und der Bräutigam tragen einen Ehering, um ihre gegenseitige Verbundenheit auch nach außen zu zeigen.

PFADFINDER

Das Zeichen der Pfadfinder steht für eine weltweite Bewegung für Jungen und Mädchen, die im Jahre 1908 gegründet wurde.

MILITÄRISCHE ABZEICHEN

Streifen, Eichenlaub oder Sterne zeigen den militärischen Rang eines Armeemitgliedes an.

OLYMPISCHE RINGE

Fünf farbige Ringe symbolisieren die fünf Kontinente.

GESELLSCHAFTSFORMEN

STADTBEWOHNER

Viele Stadtbewohner leben allein (Singles) oder in Kernfamilien in Wohnsiedlungen. Diese werden auch als »Schlafstädte« bezeichnet, weil man sich dort nur zum Schlafen oder am Wochenende aufhält.

JÄGER UND SAMMLER

Die Yanomami sind ein vom Aussterben bedrohtes Volk von Jägern und Sammlern. Sie leben in Hütten mitten im Urwald und streifen auf der Suche nach Beutetieren umher.

NOMADEN

Nomaden, wie z.B. die Berber in Nordafrika, haben keinen festen Wohnsitz. Sie ziehen mit ihren Tieren von einem Weidegrund zum nächsten.

FACHBEGRIFFE

Matriarchat Gesellschaft, in der Frauen die dominierende Rolle haben
Patriarchat Gesellschaft, in der Männer die dominierende Rolle haben
Stamm Aus vielen Familien bestehende Gruppe, die ein Gebiet bewohnt oder in ihm umherzieht
Migration Die Wanderung von einer Region in eine andere oder von einem Land in ein anderes.

EINE EINZIGE WELT

Heute sind Kulturen nicht mehr voneinander getrennt, und immer mehr Eigenarten gehen verloren, weil sich Kulturen berühren und mischen. Hier freut sich ein Indiojunge aus Peru über eine Frisbee-Scheibe aus den USA.

BRÄUCHE UND RITUALE

In allen Kulturen der Welt gibt es Traditionen, bestimmte Feste oder besondere Ereignisse, z.B. die Geburt eines Kindes oder Hochzeiten, die gefeiert werden. Vor allem religiöse Feste werden nach oft alten Bräuchen feierlich begangen, z.B. wenn an Weihnachten der Christbaum aufgestellt wird.

DIE JAPANISCHE TEEZEREMONIE
Die Teezeremonie ist ein vollendetes Ritual. Der Ablauf ist festgelegt: Man bewundert die Teeschalen und Blumen, nimmt einen Schluck Tee und reicht das Gefäß weiter, nachdem es ausgewischt wurde.

GEBURTSRITUAL
Der Stamm der Asande im Sudan wiegt Neugeborene sanft in Rauchschwaden, um sie vor bösen Kräften zu schützen und um ihnen Gesundheit und Stärke mit auf den Weg zu geben.

Geburtsritual der Asande

BESTATTUNGSRITUAL
Bei einem traditionellen taoistischen (siehe S. 143) Begräbnis wird Papiergeld verbrannt. Der Rauch soll es zu den Verstorbenen tragen, damit diese es in einem zukünftigen Leben ausgeben können.

Taoistisches Begräbnis

FESTE UND BRÄUCHE
Zu den Neujahrsbräuchen gehört das Befragen des Orakels, was das neue Jahr bringen wird, z.B. durch Bleigießen, bei dem man die entstandenen Figuren deutet. Ist ein Schwein entstanden, soll es Glück bringen.

Am Sonntag nach Fastnacht werden in vielen süddeutschen und österreichischen Gebieten die Funkenfeuer angezündet, um den Winter zu vertreiben.

Das Richtfest beim Hausbau ist der Dank an alle, die mitgearbeitet haben. Auf den Dachstuhl wird ein geschmücktes Tannenbäumchen gesetzt.

Bevor ein neugebautes Schiff vom Stapel läuft, wird es mit einer Sektflasche auf einen bestimmten Namen getauft.

BEGRÜSSUNGEN

Eine Begrüßung ist eine freundliche Art der Verständigung zwischen zwei oder mehreren Menschen.

HÄNDESCHÜTTELN
Das Ergreifen und Schütteln der Hand ist auf der ganzen Welt eine verbreitete Form der Begrüßung.

VERBEUGUNG
Die Verbeugung ist eine vor allem im Fernen Osten übliche Form der höflichen Begrüßung.

NASENGRUSS
Diese Begrüßungsart der Maori Neuseelands nennt man »hongi«. Sie wird bei feierlichen Anlässen verwendet.

WINKEN
Ein freundliches Winken mit der Hand oder mit dem Arm bedeutet auf der ganzen Welt »Hallo« oder »Auf Wiedersehen«.

INITIATIONSRITEN
Die Initiation ist die Aufnahme der Jugendlichen in die Welt der Erwachsenen, in vielen Kulturen mit besonderen Feierlichkeiten verbunden. Die White Mountain-Apachen in Nordamerika veranstalten für die heranwachsenden Mädchen eine Zeremonie, die sie den »Tanz der Morgenröte« nennen.

Mit einer Bürste werden in die Haare des Mädchens Pflanzen und farbige Steinchen eingearbeitet.

Das Mädchen kniet mit dem Gesicht zur Sonne nieder und führt die Legende von der Erschaffung der ersten Frau vor. Zur Frau geworden, verfügt sie vier Tage lang über die Kräfte einer Göttin.

GESTEN

Viele Gesten werden überall verstanden. Man kann sich mit ihnen auch ohne Sprache verständigen.

DAUMEN HOCH
Den Daumen in die Luft zu strecken ist ein Zeichen für Zustimmung und dafür, dass alles in Ordnung ist.

V FÜR »VICTORY«
Das V-Zeichen für »Victory« (Sieg) wurde durch Winston Churchill während des Zweiten Weltkriegs berühmt.

PSST!
Ein auf die Lippen gepresster Finger bedeutet weltweit »Ruhe« oder »Nicht weitersagen«.

SCHÖN!
Dieses Zeichen amerikanischer Indianer steht für Schönheit. Es setzt sich zusammen aus den Zeichen für »gut« und »aussehen«.

GLÜCKSBRINGER

Menschen besitzen bestimmte Gegenstände oder tragen sie bei sich, damit sie ihnen Glück bringen und Unglück abhalten.

Kleine Buddhafiguren werden als Glücksbringer auf der ganzen Welt geschätzt.

Hängt man ein Hufeisen über der Eingangstür eines Hauses auf, soll es den Bewohnern ein glückliches Leben bringen.

Ein Kleeblatt mit vier Blättern soll angeblich Glück bringen.

Eine Münze, die in einen Champagnerkorken gedrückt wird, gilt als Glücksbringer.

An diesem Armband sind eine ganze Reihe kleiner Glücksbringer befestigt.

Knoblauchzehen sollen nicht nur Warzen heilen, sondern auch Vampire fern halten.

Diese glückbringende Süßigkeit wird in Mexiko beim »Fest der Toten« verspeist.

KLEIDUNG UND SCHMUCK

Zu bestimmten Anlässen oder bei der Ausübung von einigen Berufen wird besondere Kleidung getragen. So kommt der Kaminkehrer in seiner typischen dunklen Arbeitskleidung. Kleidung kann schmücken (Festtagsgewand), schützen (vor Kälte) oder rituelle Bedeutung haben (z.B. das Gewand eines Priesters).

Das mexikanische Fest »Tag der Toten«

FESTE WELTWEIT

Das Fest der Drachenboote in China, bei dem festlich geschmückte Boote um die Wette fahren, wird zum Dank für Nahrung und Wasser in der Trockenzeit gefeiert.

In den USA und in Kanada wird das Erntedankfest (»Thanksgiving Day«) mit einer besonderen Mahlzeit begangen.

Das Divali-Fest in Indien wird mit vielen Lichtern und Gaben für Lakshmi, die Göttin des Glücks, als Dank für die Ernte gefeiert.

Der Karneval in Rio de Janeiro (Brasilien) wird vier Tage lang von Tausenden von Sambatänzern und Trommlern in farbenprächtigen Kostümen gefeiert.

In Mexiko wird beim »Tag der Toten« mit Tanz und einem Festmahl der Verstorbenen gedacht. Man bereitet Geschenke für sie vor und besucht sie auf den hell erleuchteten Friedhöfen.

Karneval in Rio de Janeiro

BEKLEIDUNG

UNIVERSITÄTSTALAR

Die Universitätsstudenten in den USA tragen während ihrer Abschlussfeier einen schwarzen Talar und ein quadratisches Barett.

NONNENHABIT

Eine Nonne trägt ein einfaches langes Ordensgewand, den »Habit«, sowie einen Schleier. Viele Orden erlauben heute eine modernere Ordenskleidung.

SCHLEIER

Der Schleier, den die muslimischen Frauen tragen, verhüllt ihr Haar und oft ihr Gesicht. Nur die Augen sind frei.

BOLIVIANISCHE TANZMASKE

Diese Teufelsmaske ist Teil eines farbenprächtigen Kostüms, das anlässlich des Diablada-Festes in Bolivien getragen wird.

WALISER GARDE

Verschiedene Armeeregimente tragen zeremonielle Uniformen. Die Waliser Garde des englischen Königshauses trägt Mützen aus Bärenfell.

KÖCHE

Köche tragen weiße Kleidung und meist eine weiße Mütze.

TANZ

Rituelle Tänze werden bei Naturvölkern getanzt, z.B. um Regen. Moderne Tänze dienen der Unterhaltung.

Ein ritueller Tanz aus Kenia

Der Jitterbug, ein beliebter Tanz der 40er-Jahre

KÖRPERSCHMUCK

Schmuckstücke und Narben beeinflussen das äußere Erscheinungsbild eines Menschen. Die Vorstellungen von Schönheit sind in den einzelnen Kulturen äußerst unterschiedlich.

STIRNMAL

Hinduistische Frauen malen sich einen roten Punkt (»Tilaka«) auf die Stirn. Er ist ein Symbol für Weisheit.

OHRRINGE

Nicht nur viele Frauen, sondern auch Männer tragen gern Ohrringe, oft nur in einem Ohr.

TELLERLIPPE

Männer des Kaiapo-Stamms im Amazonasgebiet in Brasilien tragen einen Holzteller in der Lippe, um damit ihren Mund zu schmücken.

DIE MEISTEN TÄTOWIERUNGEN

99,2% der Haut von Tom Leppard sind mit einem Leopardenmuster tätowiert.

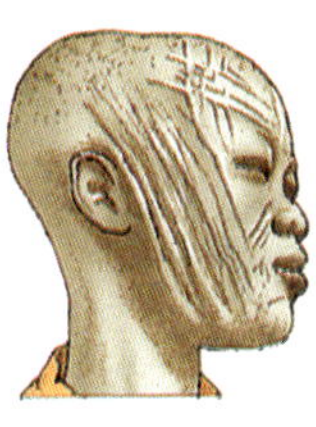

NARBEN

Viele afrikanische Stammesangehörige schmücken ihr Gesicht und ihren Körper mit Narben.

TÄTOWIERUNGEN

Die männlichen Bewohner der Samoa-Inseln im Stillen Ozean sind zum Zeichen ihrer Männlichkeit am ganzen Körper tätowiert.

PUNKS

Sicherheitsnadeln und andere ungewöhnliche Gegenstände dienen den Punks als Schmuckstücke.

HANDBEMALUNG

Eine Sikh-Braut malt mit dem Farbstoff der Hennapflanze Muster auf ihre Hände.

KÖRPERBEMALUNG

Bei Spielen und Festen oder rituellen Handlungen schminken Naturvölker das Gesicht und den ganzen Körper. Die Papua in Papua-Neuguinea bemalen Gesicht und Körper mit gelbem Lehm, um sich vor dem Geist eines soeben Verstorbenen zu schützen. Bei den Nuba im Sudan tragen Mädchen ab dem 4. Lebensjahr als tägliche »Bekleidung« eine Bemalung des gesamten Körpers aus Öl und Farbe und dazu einen Gürtel. Ohne die Bemalung und den Gürtel ist ein Mädchen nackt.

GELD UND BANKEN

Geld ist ein Tausch- oder Zahlungsmittel. Es gibt Hart- oder Münzgeld, das aus Metall geprägt ist, Papiergeld, das aus Scheinen besteht, und das so genannte Buchgeld, zu dem Schecks oder Kreditkarten zählen. Während Münzen und Scheine Bargeld sind, ist das Buchgeld das auf den Konten geführte Vermögen.

DAS ERSTE GELD

Die älteste uns bekannte Form von Geld gab es vor etwa 4 500 Jahren in Mesopotamien (heute: Irak). Schrifttafeln berichten über Zahlungen, die mit abgewogenem Silber vorgenommen wurden. Weitere frühe Zahlungsmittel waren das Muschelgeld in Ägypten und Federn auf der Insel Santa Cruz im Stillen Ozean.

DIE ERSTEN MÜNZEN

Die ältesten Münzen wurden vor 2 700 Jahren in Lydien, an der Westküste der heutigen Türkei, aus einer Mischung von Gold und Silber hergestellt. Sie wurden in Münzstätten geprägt. Ihr Geldwert entsprach, im Gegensatz zu heute, dem Wert des Materials. Durch die Ausbreitung des Handels verbreitete sich auch das Münzwesen über Europa und Asien. Münzen werden in staatlich kontrollierten Prägeanstalten hergestellt. Aufgeprägt werden der Wert des Geldstücks und das Jahr, in dem es produziert wurde. Außerdem findet man oft Porträts von Politikern oder Symbole anderer Art.

BANKNOTEN

Papiergeld wird von Notenbanken in Umlauf gebracht. Es gilt als gesetzliches Zahlungsmittel. Bei der Herstellung von Banknoten werden besondere Vorkehrungen getroffen, um Fälschungen zu erschweren. Dazu zählen z.B. das Wasserzeichen in einem Spezialpapier, Mikroschrift oder der silberne Sicherheitsfaden. Außerdem ist jeder Geldschein nummeriert. Das Fälschen von Geld wird mit Gefängnisstrafe geahndet.

PAPIERGELD

Schon im 7. Jh. benutzten chinesische Kaufleute Quittungen für eine bestimmte hinterlegte Menge an Münzen. Damit bezahlten sie sich gegenseitig ihre Waren, ohne ständig eine größere Menge an Münzen mit sich tragen zu müssen.

GESTALTUNG EINES GELDSCHEINS

Ein Künstler fertigt für die Illustration des Hauptmotivs und für den Hintergrund getrennte Entwürfe an.

Die Farben, die für den Geldschein verwendet werden sollen

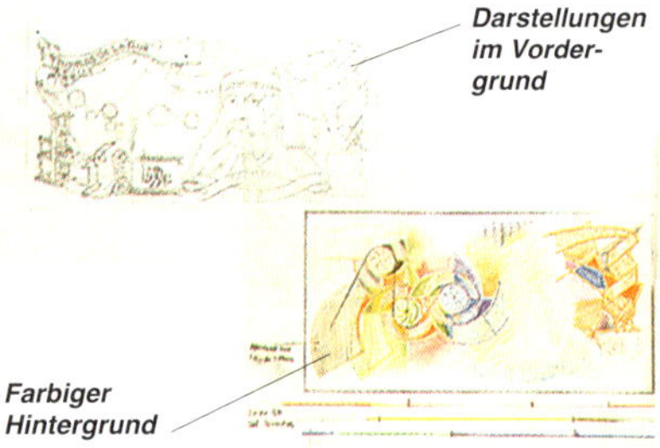

Darstellungen im Vordergrund

Farbiger Hintergrund

Ein angedruckter Geldschein ohne Geldwert

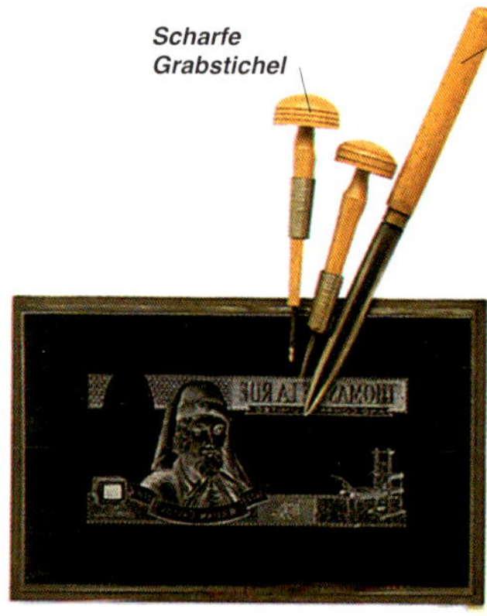

Scharfe Grabstichel

Polierstein zum Glätten

INTAGLIOGRAVUR

Die Abbildungen auf der Banknote werden in einen Druckstock aus Metall eingraviert. Die Gravur wird mit besonders scharfen Spezialwerkzeugen, den Grabsticheln, von Hand ausgeführt. Auch sie erschweren die Fälschung eines gedruckten Geldscheins.

SICHERHEITSFADEN

In das Spezialpapier für Banknoten wird ein Sicherheitsfaden aus Metall eingeschweißt, der besonders schwer zu fälschen ist.

NUMMERIERUNG

Jeder Geldschein hat eine eigene Nummer. Immer wieder hört man, dass ein registrierter Geldschein aus einer Lösegeldsumme auftaucht. Vor der Geldübergabe wurden die Nummern der Scheine erfasst, sodass man bei ihrem Auftauchen die Spur der Entführer verfolgen kann.

SCHON GEWUSST?

Die größte Münzanstalt der Welt befindet sich in Philadelphia (USA). Hier werden in jedem Jahr 15 Mrd. Münzen geprägt.

Die erste Kreditkarte war die Diners-Club-Karte, 1950 in den USA ausgegeben. Die ersten 200 Karteninhaber konnten in 27 New Yorker Restaurants auf Kredit essen gehen.

Die größten Goldreserven halten die USA in Fort Knox, Kentucky. Die Goldbarren werden in bombensicheren Gewölben gelagert und von bewaffneten Wachmannschaften geschützt.

RIESENTALER

Die Menschen auf der Insel Jap im Stillen Ozean benutzten riesige Steinscheiben als Zahlungsmittel. Die größte hatte einen Durchmesser von 4 m.

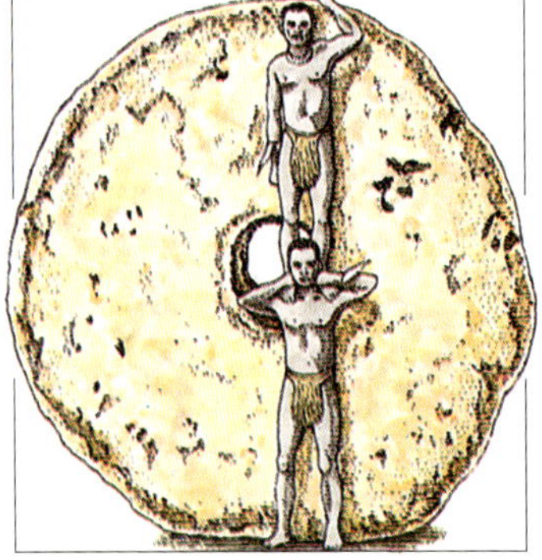

VERSCHIEDENE MÜNZNAMEN

Heller: Seit 1208 wurden in Hall am Koch, dem heutigen Schwäbisch Hall, die »Haller pfennic« geprägt. Sie waren der Vorläufer des Hellers.
Groschen: Ab 1266 prägte man in Tours (Frankreich) eine Münze, die »gros Tournois« hieß, »die dicke Münze aus Tours«. Sie wurde in Deutschland, Italien und Böhmen nachgeprägt. Da die Böhmen das »s« wie »sch« sprechen, wurde aus »gros« das Wort »grosch«. Daraus wurde unser Wort »Groschen«.
Mark: Auf Silberbarren mit einem Gewicht von 500 g wurde ein Stempel geschlagen, die Marke. Man bezeichnete die halbpfündigen Silberbarren als »eine Mark«. So wurde später auch eine Silbermünze bezeichnet.
EURO: Im »Maastrichter Vertrag« vereinbarten die Mitgliedsstaaten der Europäischen Union eine Wirtschafts- und Währungsunion. Am 1. Januar 2002 wurde in 12 Ländern der EURO als einheitliche Währung eingeführt. Seit 1.1.2007 ist auch in Slowenien der Euro gültiges Zahlungsmittel, und am 1.1.2008 traten Zypern und Malta der Eurozone bei.

WISSENSWERTES

Die Griechen bestatteten ihre Verstorbenen mit einer Silbermünze im Mund. Sie war für den Fährmann Charon bestimmt, der die Toten über den Fluss Styx ins Reich des Hades brachte.

Sparschweine werden seit dem 14. Jh. benutzt, um Geld darin aufzubewahren.

Aus dem Silber des Joachimstals im Erzgebirge wurden seit 1519 Münzen geprägt, die man »Taler« nannte. In Schweden wurde daraus »Daler«, in den USA »Dollar«. Im 19. Jh. war der preußische Taler die deutsche Währung.

Das »Münzregal« ist das alleinige Recht des Staates, Gewicht, Metallgehalt und Metallart von Münzen festzulegen und diese zu prägen.

Fort Knox

BANKEN
Die meisten Menschen wickeln ihre Zahlungsgeschäfte über eine Bank ab. Bei der Bank wird festgehalten, wie viel Geld man auf dem Konto hat, wie viel man abhebt oder einzahlt. Diese Informationen werden dem Kontoinhaber auf einem Kontoauszug ausgehändigt.

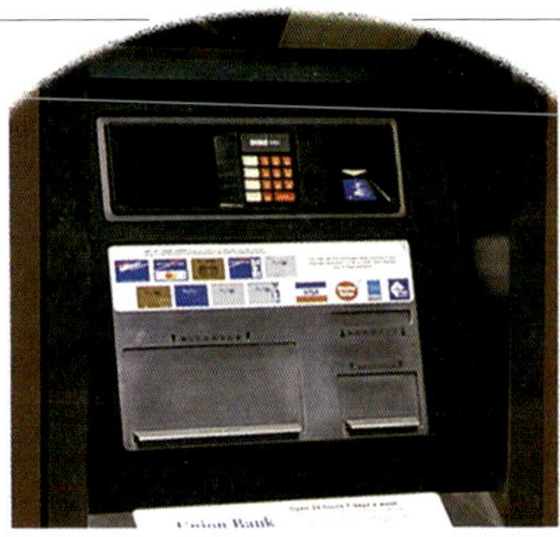

Automat, mit dem man mit seiner Scheck- oder Kreditkarte Geld abheben kann

AKTIEN
Man kann sich am Grundkapital einer Firma beteiligen, indem man Anteile (Aktien) erwirbt. Damit wird man Mitglied der Aktiengesellschaft und hat einen Anspruch auf einen Teil des Ertrages. Der Kaufpreis (Kurs) der Aktien kann mit der Ertragsleistung einer Firma steigen und fallen. Die Aktienkurse erscheinen im Finanzteil der Tageszeitungen.

DIE BÖRSE
An der Börse werden Aktien gekauft und verkauft. Will jemand Geld in eine Firma einbringen, beauftragt er einen Börsenmakler, der dann die Aktien für ihn kauft.

WISSENSWERTES
Das moderne Bankwesen begann im 14. Jh. in Florenz. »Banco« bedeutet »Tisch des Geldwechslers«. Auf großen Märkten und Handelsplätzen schlugen Geldwechsler ihre Tische auf, wogen Münzen und Metalle ab und tauschten um.

Banken geben Kredite: Gegen Zinsen verleihen sie Geld an Privatpersonen oder Unternehmen. Zinsen sind der Preis für die Überlassung von Geld.

Jedes Land hat eine Zentralbank, z.B. die Deutsche Bundesbank, die u.a. für die Stabilität der Währung sorgt.

Ein ungewöhnlicher Scheck: eine Zahlungsanweisung auf einer Kuh

DER AKTIENINDEX
Der Aktienindex bezeichnet die Kursentwicklung am Aktienmarkt insgesamt oder für verschiedene Wirtschaftszweige. Er erleichtert den Anlegern die Orientierung über die Entwicklung am Aktienmarkt. Der Deutsche Aktienindex (DAX) spiegelt die Kursentwicklung von 30 Gesellschaften. Der Index wird jede Minute neu berechnet.

FACHBEGRIFFE
Börsenkrach Der Wert der Aktien sinkt sehr schnell und sehr tief. Viele Aktieninhaber verlieren sehr viel Geld.
Dividende Der Anteil am Ertrag einer Firma, der an die Aktieninhaber ausgezahlt wird
Handelsbank Eine Bank, die für die Finanzen und Anleihen von Unternehmen zuständig ist
Kredit Ein bestimmter Geldbetrag, der verliehen wird und später mit Zinsen zurückgezahlt werden muss
Noten Geldscheine in ausländischer Währung
Sorten Münzen und Scheine in ausländischer Währung
Währungsunion Die Zusammenfassung von Gebieten mit bisher unterschiedlichen Währungen zu einem einheitlichen Währungsraum
Wechselkurs Der Preis einer ausländischen Währung; der Kurs gibt an, wie viel ausländische Währung für eine inländische gezahlt werden muss.

Die Aktienbörse in Tokio

DIE WICHTIGSTEN BÖRSEN

Land	Stadt	Name des Index
Japan	Tokio	Nikkei
USA	New York	Dow Jones
Großbritannien	London	Financial Times
Deutschland	Frankfurt	Deutscher Aktienindex
Kanada	Toronto	Kombinierter Index
Frankreich	Paris	CAC-Index

FREMDWÄHRUNG
Jedes Land hat sein eigenes Geld: seine eigene Währung. Einige Währungen sind aufgrund der wirtschaftlichen Stärke ihres Landes wertbeständiger als andere. Stabile, weltweit gehandelte Währungen nennt man auch »harte Währungen«. Händler kaufen und verkaufen sie auf dem internationalen Devisenmarkt.

WICHTIGE WÄHRUNGEN

Land	Währung
USA	US-Dollar
Kanada	Kanadischer Dollar
Deutschland	EURO
Japan	Yen
China	Yuan
Russland	Rubel

INFLATION
Wenn die Preise steigen und die Kaufkraft des Geldes abnimmt, kommt es zu einer Inflation. Zu einer sehr schnellen Preissteigerung kam es in Deutschland zwischen 1921 und 1923. Ein Ei kostete damals mehrere Millionen Reichsmark. Damals verlor das Geld so sehr an Wert, dass Banknotenbündel als Bauklötze dienten und die Kinder mit ihnen spielten.

Inflation in Deutschland, 1923

Einige europäische Währungen vor Einführung des EURO

Am 1. 1. 2002 wurde in den Ländern Österreich, Belgien, Finnland, Frankreich, Deutschland, Griechenland, Irland, Italien, Luxemburg, Niederlande, Portugal und Spanien sowie ab 1.1.07 in Slowenien und ab 1. 1. 2008 in Zypern und Malta die gemeinsame Währung EURO eingeführt. Vorher gab es in Europa 40 verschiedene Währungen.

Land	Währung	Land	Währung
Albanien	Lek	Irland	Irisches Pfund
Belgien	Belgischer Franc	Italien	Lira
Bulgarien	Lew	Lettland	Lats
Dänemark	Krone	Litauen	Litas
Deutschland	Deutsche Mark	Niederlande	Gulden
Estland	Estnische Krone	Norwegen	Krone
Finnland	Finnmark	Österreich	Schilling
Frankreich	Franc	Polen	Zloty
Griechenland	Drachme	Schweiz	Franken
Großbritannien	Pfund Sterling	Spanien	Peseta

GELD VON HEUTE
Banken und Kreditunternehmen geben Scheck- und Kreditkarten aus. Ein Scheck ist eine schriftliche Zahlungsanweisung. Er ist nur in Verbindung mit einer Scheckkarte gültig. Diese muss die Unterschrift des Kontoinhabers tragen. Beim Einkaufen mit einer Kreditkarte wird der jeweilige Betrag erst einige Zeit später vom Konto abgebucht.

Kreditkarten

Chip-Karte

CHIP-KARTEN
Ein Geldbetrag wird von einem Bankkonto auf eine Chip-Karte übertragen. Bezahlt man mit dieser Karte, verringert sich der Geldbetrag um die jeweilige Summe.

POLITIK

Politik befasst sich mit der Organisation des gesellschaftlichen Lebens. Die Mitglieder einer politischen Partei teilen bestimmte Zielvorstellungen. Um sie in die Tat umzusetzen, streben sie nach der Regierung.

DIE GEBURT DER DEMOKRATIE

Demokratie bedeutet »Herrschaft durch das Volk«. Öffentliche Debatten und Wahlen als wichtige Bestandteile der Demokratie wurden vor 2 500 Jahren im Stadtstaat Athen eingeführt. Bei der allgemeinen Volksversammlung, die regelmäßig einberufen wurde, konnte jeder männliche Bürger frei sprechen und abstimmen. Die Regierung wurde vom gewählten »Rat der Fünfhundert« ausgeübt.

Perikles, oberster Staatsmann in Athen

DER BUNDESPRÄSIDENT

In Deutschland und Österreich ist das Staatsoberhaupt der Bundespräsident. Er vertritt den Staat gegenüber anderen Staaten. Zu seinen Aufgaben zählen die Ernennung und Entlassung von hohen Staatsbeamten, Begnadigungen und die Ausfertigung und Verkündigung von Bundesgesetzen. Er schlägt dem Bundestag bzw. Nationalrat (Österreich) den Bundeskanzler zur Wahl vor. Der Bundespräsident steht über den Parteien, d. h. er arbeitet nicht als Mitglied einer Partei. Sein eigentlicher Einfluss beruht auf dem Ansehen seines Amtes und seiner Persönlichkeit. In der Schweiz ist der Bundespräsident Staats- und Regierungschef. Er hat damit auch die Funktion eines Bundeskanzlers. Er vertritt die Eidgenossenschaft nach außen und wird jährlich neu gewählt.

Das Bundesverfassungsgericht in Karlsruhe

DER BUNDESKANZLER

In Deutschland und Österreich ist der Bundeskanzler der Regierungschef. Er bestimmt die Richtlinien der Politik und trägt dafür die Verantwortung. Er wird vom Bundespräsidenten vorgeschlagen und vom Parlament gewählt. Der Kandidat muss die Stimmen der Mehrheit der Mitglieder erhalten. Der Bundeskanzler kommt meist aus der stärksten der im Parlament vertretenen Parteien. Er ist dem Parlament verantwortlich und von seinem Vertrauen abhängig. Verliert er das Vertrauen der Mehrheit der Abgeordneten, kann ihm das Parlament das Misstrauen aussprechen. Der Bundeskanzler schlägt dem Bundespräsidenten die Mitglieder seiner Regierung, die Minister, zur Ernennung vor. In der Schweiz werden die Minister, die Bundesräte, von der Bundesversammlung gewählt.

POLITISCHE SYSTEME

Man unterscheidet zwei Staatsformen: die Monarchie und die Republik. In der Monarchie erbt der König das Amt und übt es bis zu seinem Tod aus; in der Republik wird der Staatspräsident für eine bestimmte Zeit gewählt. Je nachdem, ob in einem Staat die Regierung gewählt und kontrolliert wird, wer Gesetze erlässt und wie viele Personen an der Regierung beteiligt sind, handelt es sich entweder um die Regierungsform der Demokratie oder die der Diktatur.

DAS PARLAMENT

In allgemeinen, freien, geheimen, unmittelbaren und gleichen Wahlen können die Bürger eines demokratischen Staates ihr Recht zur Wahl und damit ihre politische Mitbestimmung ausüben. Die Versammlung der vom Volk gewählten Volksvertreter der verschiedenen Parteien bildet das Parlament, in Deutschland »Bundestag«, in Österreich und der Schweiz »Nationalrat« genannt. In allen drei Ländern wird das Parlament für vier Jahre gewählt. Im deutschen Bundestag sitzen 598 Abgeordnete, im österreichischen Nationalrat 183 und im schweizerischen Nationalrat 200 Abgeordnete.

Der deutsche Bundestag in Berlin

DAS GRUNDGESETZ

Das Grundgesetz legt besonderen Wert darauf, dass nicht alle Macht in die Hände eines Einzelnen gerät. Es kann nur mit der Zustimmung von zwei Dritteln der Mitglieder des Bundestages und des Bundesrates geändert werden. Über die Einhaltung des Grundgesetzes wacht das Bundesverfassungsgericht (siehe S. 154) in Karlsruhe.

EXEKUTIVE, LEGISLATIVE, JUDIKATIVE

Zur Exekutive, der ausführenden Gewalt, zählen die Bundesregierung, die Länderregierungen und die Verwaltung. Die Legislative ist die gesetzgebende Gewalt mit dem Parlament, dem Bundesrat und den Landtagen. Die richterliche Gewalt, die Judikative, liegt beim Bundesverfassungsgericht und allen Besonderen und Ordentlichen Gerichten (siehe S. 154).

DAS NEUE EUROPA

27 Staaten haben sich zur Europäischen Union zusammengeschlossen. Im »Vertrag über die Europäische Union« (»Maastrichter Vertrag«) haben sich die Mitgliedstaaten verpflichtet, eine Wirtschafts- und Währungsunion zu schaffen und ihre Außen- und Sicherheitspolitik aufeinander abzustimmen. Außerdem arbeiten sie z. B. bei der Asylpolitik und bei der Bekämpfung des Drogenhandels zusammen. Das oberste Organ der Europäischen Union ist der »Rat der Europäischen Union«. Das Europäische Parlament in Straßburg ist die Volksvertretung der Europäischen Union. Es ist das einzige internationale Gremium, dessen Mitglieder demokratisch gewählt werden. Wichtige internationale Verträge können nur mit Zustimmung des Europäischen Parlamentes in Kraft treten.

Die Flagge der Europäischen Union. Zu den Mitgliedsländern gehören Deutschland, Frankreich, Italien, Spanien, Großbritannien, Dänemark, Belgien, die Niederlande, Luxemburg, Österreich, Finnland, Schweden, Irland, Portugal und Griechenland. Am 1. 5. 2004 neu dazugekommen sind: Estland, Lettland, Litauen, Polen, Tschechien, Slowakei, Slowenien, Ungarn, Malta und Zypern. Seit 1.1.07 sind auch Bulgarien und Rumänien Mitglied.

WISSENSWERTES

Das Wort »Regierung« kommt von dem lateinischen Wort »regere«. Das bedeutet »lenken, herrschen«.

Der Begriff »Politik« stammt vom griechischen Wort »polis«, die Bezeichnung für die griechischen Stadtstaaten.

In der Schweiz stimmt das Volk über Verfassungsänderungen und über einzelne Gesetze ab. Die Beteiligung ist oft niedrig.

Die Bezeichnungen »rechte Partei« und »linke Partei« stammen aus der französischen Nationalversammlung von 1790: Die Konservativen saßen rechts vom Stuhl des Vorsitzenden, die Reformer saßen links.

1945 wurden die Vereinten Nationen (UNO) gegründet. Ihr Hauptziel ist die Wahrung des Friedens und der Menschenrechte und die Zusammenarbeit der inzwischen 190 UNO-Mitglieder bei der Lösung internationaler Konflikte.

Mitglieder der Umweltorganisation »Greenpeace« protestieren gegen den Bau eines Atomkraftwerks.

POLITISCHE ORGANISATIONEN UND INTERESSENGRUPPEN

Staaten schließen sich zu Organisationen zusammen, um ihre gemeinsamen Interessen besser vertreten zu können. Die Vereinten Nationen, die Arabische Liga oder die Europäische Union beispielsweise setzen sich für die gemeinsamen Interessen ihrer Mitgliedsstaaten ein. Interessengruppen, wie z.B. die Umweltorganisation »Greenpeace« oder die Menschenrechtsorganisation »Amnesty International«, kämpfen außerhalb der Parlamente für ihre Ziele.

WAHLEN

In einer Demokratie hat jeder Bürger ab 18 Jahren das Recht zu wählen, z.B. die Parlamente. Die Kandidaten werden von den Bürgern direkt gewählt. Jedem Wähler steht die gleiche Stimmenzahl zu, und jede Stimme hat gleiches Gewicht, völlig unabhängig von Einkommen oder gesellschaftlichem Stand. Wahlen finden geheim statt, damit sie wirklich frei sind. Der Wählende darf weder durch Drohungen noch durch Versprechungen in seiner Entscheidung beeinflusst werden. Neben dem »aktiven Wahlrecht« auf Stimmabgabe gibt es das »passive Wahlrecht«, also das Recht, gewählt zu werden.

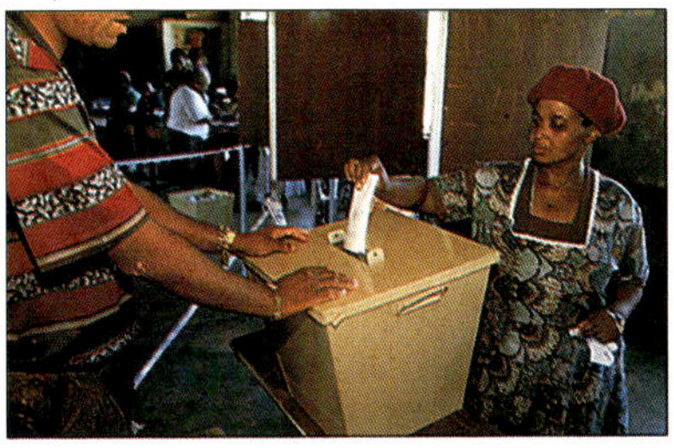

Eine Südafrikanerin gibt ihre Stimme für die Präsidentschafts- und Parlamentswahlen 1994 ab.

FRAUENWAHLRECHT

Frauen hatten nicht immer das Recht, an politischen Entscheidungen teilzunehmen.

Land	Erstes Wahlrecht
Neuseeland	1893
Australien	1902
Finnland	1906
Norwegen	1913
Frühere UdSSR	1917
Deutschland	1918
Großbritannien	1918
USA	1920
Japan	1945

Emmeline Pankhurst, eine britische Streiterin für das Frauenwahlrecht, wird bei einer Demonstration verhaftet.

VERSCHIEDENE STAATS- UND REGIERUNGSFORMEN

Rund um den Erdball gibt es verschiedene Staats- und Regierungsformen.

MONARCHIEN

Großbritannien und Spanien sind Monarchien, die demokratisch regiert werden. Saudi-Arabien ist eine absolute Monarchie ohne demokratische Züge.

DEMOKRATIEN

Alle Länder, in denen das Volk an der politischen Willensbildung mitwirkt

TOTALITÄRE REGIME

China wird von einer Partei, der Kommunistischen Partei, regiert. Andere Parteien sind verboten.

MILITÄRDIKTATUREN

Der afrikanische Staat Sudan ist zwar eine Republik, wird aber von einem Militärregime beherrscht.

REPUBLIKEN MIT PRÄSIDENTEN

In Frankreich gibt es sowohl einen Staatspräsidenten als auch einen Premierminister.

BEDEUTENDE STAATSPHILOSOPHEN

Staatsphilosoph	Lebensdaten	Theorie
Platon	429–347 v. Chr.	Griechischer Philosoph; lehnte in seinem Werk »Der Staat« jede Form von Demokratie ab und vertrat die Ansicht, Regieren sei eine Wissenschaft und erfordere Fachleute
Niccolo Machiavelli	1469–1527	Italienischer Denker; beschrieb in seinem Werk »Der Fürst« Methoden, politische Vormacht zu erlangen
Thomas Hobbes	1588–1679	Englischer Philosoph; erklärte, dass die menschliche Natur die absolute Monarchie zur wünschenswerten und unvermeidlichen Regierungsform mache
Jean-Jacques Rousseau	1712–1778	Französischer Philosoph; stellte fest, dass die Menschen ihre Rechte aufgeben, um von einem Staat geschützt zu werden
Comte de Saint-Simon	1760–1825	Französischer Sozialphilosoph; glaubte, dass die Gesellschaft durch Entlohnung nach der Arbeitsleistung klassenlos werden könnte
John Stuart Mill	1806–1873	Englischer Philosoph; trat für eine wirkliche repräsentative Demokratie ein
Karl Marx	1818–1883	Deutscher Philosoph; Mitbegründer des Kommunismus
Emile Durkheim	1858–1917	Französischer Soziologe; Gründer der modernen Soziologie
Max Weber	1864–1920	Deutscher Wissenschaftler; befasste sich mit den Zusammenhängen zwischen Wirtschaft und Gesellschaft

UMSTURZ

Das politische System in Bolivien hat schon viele Tumulte erlebt. In den 180 Jahren seiner Unabhängigkeit von Spanien (1825) bis 2005 gab es in Bolivien über 200 Regierungswechsel. Das ergibt eine durchschnittliche Regierungsdauer von 11 Monaten für jede Regierung.

POLITISCHE BEGRIFFE

Anarchie Bewegung, die die Abschaffung der Staatsmacht anstrebt
Bundeskanzler Regierungschef, wird vom Bundestag gewählt
Bundesrat Organ, durch das die Bundesländer bei der Gesetzgebung und Verwaltung des Bundes in Deutschland mitwirken
Bundestag Die höchste gesetzgebende Versammlung in Deutschland, das deutsche Parlament
Demokratie Regierungsform, in der die Regierungsgewalt von der Bevölkerung bzw. den gewählten Vertretern ausgeübt wird
Diktatur Regierung eines Herrschers mit uneingeschränkter Macht
Exekutive Regierung und Verwaltung eines Staates
Faschismus Extrem antidemokratische, nationalistische und rassistische Bewegungen
Föderalismus Einteilung eines Staates in Gliedstaaten, z.B. Bundesländer, mit eigener Verfassung, Regierung und Parlament
Gewerkschaft Zusammenschluss von Arbeitnehmern, um gemeinsam berufliche, soziale und wirtschaftliche Interessen durchzusetzen
Kabinett Der Kanzler, die Minister und die Staatssekretäre
Kapitalismus Die Wirtschaftsform, in der sich Vermögen in Geld oder in Grundstücken im Besitz einzelner Eigentümer befindet
Koalition Zusammenschluss zweier oder mehrerer Parteien, die gemeinsam eine Regierung bilden
Kommunismus Politisches und wirtschaftliches System, in dem die Produktionsmittel und alle Erträge das Eigentum aller sind und jeder nach seinen Fähigkeiten arbeiten und nach seinen Bedürfnissen bezahlt werden soll
Konstitutionelle Monarchie Eine auf einer Verfassung beruhende Regierungsform mit einem König als Staatsoberhaupt
Regime Regierungs- und Staatsform, das die Bevölkerung unterdrückt
Republik Staat mit einem auf Zeit gewählten Staatsoberhaupt
Revolution Umsturz einer Regierung oder Gesellschaftsordnung
Sozialismus Politisches System mit dem Ziel, die Gleichheit aller Menschen und ihre gerechte Teilhabe an allen Gütern herbeizuführen
Staatsstreich Gewaltsame oder ungesetzliche Machtübernahme
Totalitarismus Diktatorische Regierung, die alle gesellschaftlichen Einrichtungen kontrolliert
Verfassung Grundgesetz eines Staates, das Rechte und Pflichten regelt, die der Staat und seine Bürger haben
Wählerschaft Alle Wähler, die berechtigt sind, bei einer Wahl ihre Stimmen abzugeben
Volksabstimmung Alle wahlberechtigten Bürger eines Landes stimmen über ein Gesetz ab.
Zensur Überwachung der Medien durch staatliche Organisationen

DIE SIEBEN WELTWUNDER

DER TEMPEL DER ARTEMIS IN EPHESUS

Dieser Marmortempel wurde etwa 550 v. Chr. errichtet und nach seiner Zerstörung durch ein Feuer in späterer Zeit wieder aufgebaut. Die goldene Statue der Artemis wurde zerstört, und nur eine der ursprünglich 127 ionischen Säulen ist erhalten geblieben.

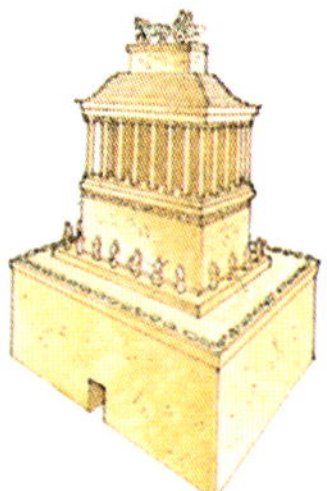

DAS MAUSOLEUM IN HALIKARNASSOS
Dieses gewaltige Grabmal aus Marmor wurde um 350 v. Chr. für König Mausolos erbaut. Am Ort selbst finden sich heute nur noch die Fundamente.

DER LEUCHTTURM VON PHARUS
Gebaut ca. 297 v. Chr., stand dieser Leuchtturm auf der Insel Pharus bei Alexandria (Ägypten). Spiegel aus Bronze reflektierten in der Nacht das Licht eines Feuers. Drei Erdbeben zerstörten den Turm.

DIE PYRAMIDEN VON GISEH
Diese Pyramiden wurden zwischen 2575 und 2465 v. Chr. in Giseh (Ägypten) erbaut. Ca. 100 000 Mann errichteten die Große Pyramide des Cheops in etwa 20 Jahren.

DAS KULTBILD DES ZEUS VON PHIDIAS IN OLYMPIA
Die gewaltige Statue bestand aus Gold und Elfenbein. Sie war rund 13 m hoch und reichte bis zum Dach des Tempels.

DER KOLOSS VON RHODOS
Diese über 35 Meter hohe Bronzestatue des Sonnengottes Helios stand am Hafeneingang der griechischen Insel Rhodos.

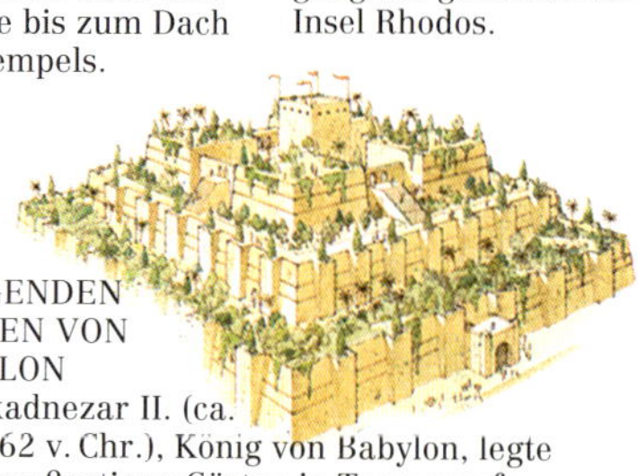

DIE HÄNGENDEN GÄRTEN VON BABYLON
Nebukadnezar II. (ca. 605–562 v. Chr.), König von Babylon, legte diese großartigen Gärten in Terrassenform an. Obwohl Beschreibungen vorhanden sind, konnte ihr Standort nicht gefunden werden.

WISSENSWERTES

Die Griechen bemalten sowohl die Innen- als auch die Außenwände ihrer Tempel in leuchtenden Farben.

Für die große Pyramide des Cheops (Ägypten) wurden etwa 100-mal mehr Steine gebraucht als für das Empire State Building in New York (USA).

Im Empire State Building fahren 73 Fahrstühle mit Geschwindigkeiten von 180 bis 360 m pro Min. durch Schächte von insgesamt 11 km Länge. Für den Bau wurden 60 000 t Stahl verarbeitet. Das Hochhaus enthält 100 km Wasserleitungen.

Die größte Burg der Welt, der Hradschin, befindet sich in Prag in der Tschechischen Republik. Sie wurde um 850 errichtet, und die gesamte Burganlage umfasst eine Fläche von 8 Hektar.

Das höchste Wohnhaus ist der Lake Point Tower in Chicago (USA). Er hat 70 Stockwerke und ist 195 m hoch.

Das größte Einkaufszentrum der Welt ist die West Edmonton Mall in Alberta (Kanada). Es ist ungefähr so groß wie 65 Fußballfelder.

Das höchste Bürogebäude der Welt wurde Ende 2004 in Taipeh (Taiwan) eingeweiht. Das Taipei Financial Center oder »Taipei 101« hat 101 Stockwerke und ist 508 m hoch.

TRADITIONELLE HÄUSER IN DER GANZEN WELT

AFRIKA

ZULU-KRAL, SÜDAFRIKA
Die Hütten in einem Kral sind bienenkorbförmig und mit Gras gedeckt, sie haben niedrige Eingänge.

MASSAI-HAUS, KENIA
Die Massai verwenden zum Bau ihrer Häuser ein Gerüst aus gebogenen Ästen, das sie mit Kuhmist bedecken.

ALGERISCHES WÜSTENDORF
Die Häuser stehen dicht nebeneinander, um nicht völlig der Sonnenstrahlung ausgesetzt zu sein.

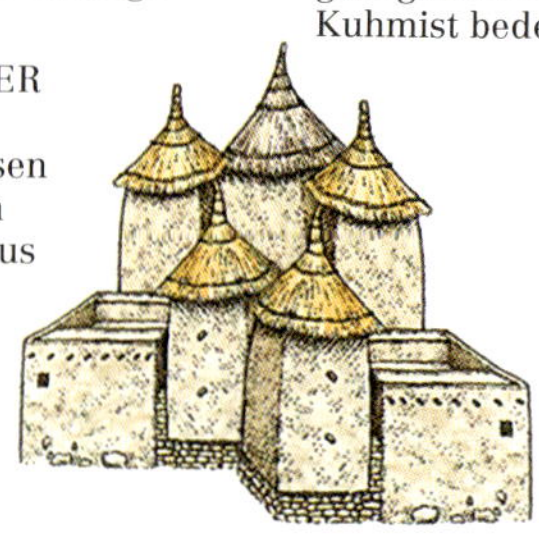

DORFANLAGE DER DOGON, MALI
Die Häuser in diesen westafrikanischen Dorfern werden aus Lehmziegeln gebaut und mit Stroh gedeckt.

OZEANIEN

PFAHLBAUTEN
Diese Häuser werden auf hölzernen Pfählen errichtet, damit keine Schädlinge eindringen können, z.B. Ratten.

EUROPA

CHALET IN DER SCHWEIZ
Chalets aus Holz haben schräge Dächer, damit der Schnee abrutschen kann.

SKANDINAVISCHES HAUS
Die Dächer der traditionellen Häuser sind mit Torf gedeckt, um die Wärme im Inneren zu speichern.

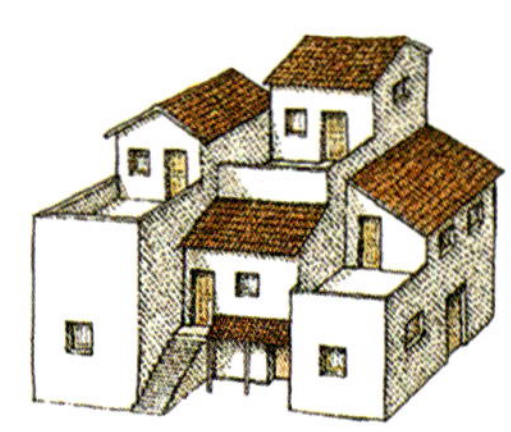

HÄUSER IM MITTELMEERRAUM
Der helle Kalkstein der Häuser wirft die Sonnenstrahlen zurück und hält so das Innere der Häuser kühl.

ASIEN

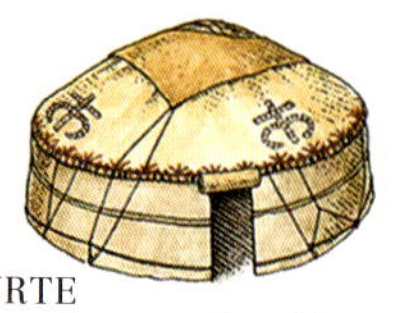

JURTE
Nomaden vom Iran bis zur Mongolei leben in Zelten: Hölzerne Gitter werden mit Filzdecken bedeckt.

JAPANISCHES HAUS
Die Wände und Türen im Inneren des Hauses und zur Veranda hin sind dünn und können verschoben werden.

CHINESISCHES HAUS
In China werden die Häuser um einen Innenhof herum gebaut. Der Hauptwohnbereich liegt im Nordteil des Hauses.

AMERIKA

AMYARA-INDIANERHÜTTE
Am Titicacasee in Bolivien (Südamerika) leben die Amyara-Indianer in Hütten aus gewobenem Riedgras.

HAUS AUS LUFTZIEGELN
Ein traditionelles Haus in Neu-Mexiko in Mittelamerika wird aus Ziegeln aus getrocknetem Lehm gebaut.

HOLZHAUS
Die Wände dieser nordamerikanischen Häuser sind aus übereinander liegenden Holzbrettern (Schindeln) zusammengesetzt.

QUERSCHNITT DURCH EINEN WOLKENKRATZER
(Hongkong und Shanghai Bank, Hongkong)

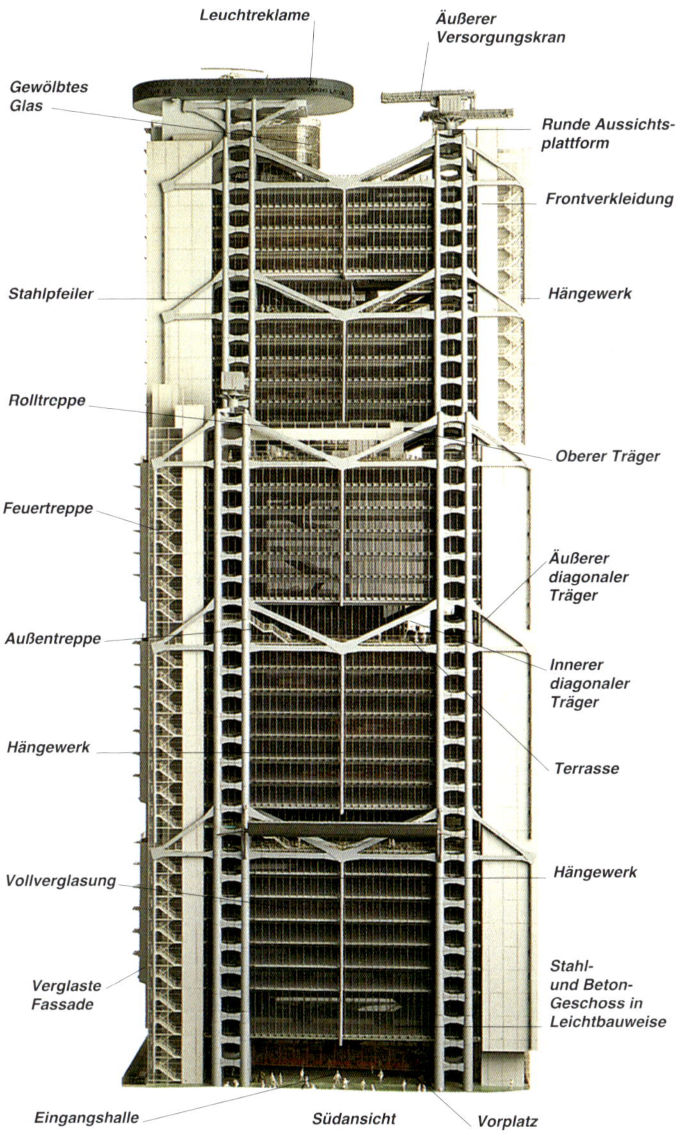

BEDEUTENDE ARCHITEKTEN

Name	Lebensdaten	Nationalität	Gebäude
Filippo Brunelleschi	1377–1446	Italiener	Dom Santa Maria Del Fiore, Florenz, Italien
Michelangelo Buonarroti	1475–1564	Italiener	Petersdom, Rom, Vatikan
Andrea Palladio	1508–1580	Italiener	Villa Rotonda, Vicenza, Italien
Inigo Jones	1573–1652	Brite	Whitehall Palast mit Bankettsaal, London, England
Christopher Wren	1632–1723	Brite	St. Paul's Kathedrale, London, England
Christoph Dientzenhofer	1655–1722	Deutscher	Langhaus der Nikolauskirche, Prag, Tschechische Republik
Johann Bernhard Fischer von Erlach	1656–1723	Österreicher	Karlskirche, Wien, Österreich
Johann Baltasar Neumann	1687–1753	Deutscher	Residenz, Würzburg, Deutschland
Karl Friedrich Schinkel	1781–1841	Deutscher	Altes Museum, Berlin, Deutschland
Leo von Klenze	1784–1864	Deutscher	Glyptothek, München, Deutschland
Gottfried Semper	1803–1879	Deutscher	Oper, Dresden, Deutschland
Otto Wagner	1841–1918	Österreicher	Postsparkassengebäude, Wien, Österreich
Antonio Gaudí	1852–1926	Spanier	Sagrada Familia, Barcelona, Spanien
Frank Lloyd Wright	1867–1959	Amerikaner	Falling Water, Pennsylvania, USA
Adolf Loos	1870–1933	Tscheche	Scheu-Haus, Wien, Österreich
Walter Gropius	1883–1969	Deutscher	Bauhaus, Dessau, Deutschland
Mies van der Rohe	1886–1969	Deutscher	Seagram Building, New York, USA
Erich Mendelsohn	1887–1953	Deutscher	Einsteinturm, Potsdam, Deutschland
Le Corbusier	1887–1965	Schweizer	Wallfahrtskirche Notre-Dame du Haut, Ronchamp, Frankreich
Hans Scharoun	1893–1972	Deutscher	Philharmonie, Berlin, Deutschland
Ieoh Ming Pei	geb. 1917	Amerikaner	Louvre Pyramide, Paris, Frankreich
James Stirling	geb. 1926	Brite	Neue Staatsgalerie, Stuttgart, Deutschland
Hans Hollein	geb. 1934	Österreicher	Städtisches Museum Abteiberg, Mönchengladbach, Deutschland
Renzo Piano	geb. 1937	Italiener	Centre Pompidou, Paris, Frankreich
Daniel Libeskind	geb. 1946	Amerikaner	Jüdisches Museum, Berlin, Deutschland

ÜBER DEN WOLKEN
Beim Bau der Wolkenkratzer müssen die Bauarbeiter in Höhen von Hunderten von Metern arbeiten. Dazu müssen sie absolut schwindelfrei sein. Man sagt, dass Irokesen und Mohawak-Indianer keine Höhenangst kennen.

DIE HÖCHSTEN GEBÄUDE

Türme	Höhe in Meter	Türme	Höhe in Meter
1 Burj Dubai, Dubai, Vereinigte Arabische Emirate	560	11 Bank of China Tower, Hongkong, China	369
2 Taipei 101, Taipeh, Taiwan	508	12 Emirates Office Tower, Dubai, Vereinigte Arabische Emirate	355
3 Petronas Towers, Kuala Lumpur, Malaysia	452	13 Aon Center, Chicago, USA	346
4 Sears Tower, Chicago, USA	442	14 John Hancock Center, Chicago, USA	344
5 Jin Mao Building, Shanghai, China	421	15 Burj al Arab, Dubai, Vereinigte Arabische Emirate	321
6 Two Int. Finance Center, Hongkong, China	415	16 Chrysler Building, New York, USA	319
7 Citic Plaza, Guangzhou, China	391	17 Bank of America Plaza, Atlanta, USA	312
8 Shun Hing Square, Shenzhen, China	384	18 Library Tower, Los Angeles, USA	310
9 Empire State Building, New York, USA	381	19 Emirates Hotel Tower, Dubai, Vereinigte Arabische Emirate	309
10 Central Plaza, Hongkong, China	374	20 JP Morgan Chaase Tower, Houston, USA	305

DIE SCHÖNEN KÜNSTE

Jede Kultur zeichnet sich durch eigene Kunstwerke aus. In einigen Kulturen haben sich die Stilrichtungen im Laufe der Zeit stark verändert, in anderen sind sie über Tausende von Jahren mehr oder weniger gleich geblieben. In der Kunstgeschichte heißen Zeiträume mit gleichen Stilrichtungen »Epochen«.

ca. 27 000 v. Chr. Venusstatuetten, kleine tönerne Statuen schwangerer Frauen sind in ganz Europa verbreitet.

Statuette, Lespugue, Frankreich

Höhlenmalerei, Lascaux

27 000 v. Chr.

ca. 500–200 v. Chr. Bildhauer im antiken Griechenland erforschen die Form und die Bewegungen des menschlichen Körpers. Sie schaffen makellose Statuen von Göttern und Athleten aus Marmor, Bronze und Ton. Phidias, ein berühmter Bildhauer, formt zwischen 445 und 432 v. Chr. die große Statue der Athene für die Akropolis in Athen.

Bronzestatue eines Wagenlenkers, Griechenland

ca. 300 v. Chr. Hellenistische Bildhauer schaffen Statuen voller Anmut und Schönheit. Die Porträtkunst entwickelt sich, und die Profile griechischer Staatsmänner werden auf Münzen geprägt.

Detail aus der Trajansäule, Rom

ca. 100 v. Chr.–400 n. Chr. In der Blüte des römischen Kunsthandwerks schmücken Reliefarbeiten Sarkophage, Bögen und Säulen. Aus dem Marmor werden Szenen der griechischen Mythologie und der Heldentaten der Römer herausgearbeitet.

100–400 n. Chr. In Gandhara (heute: Nordpakistan) entstehen sowohl von hellenistisch-römischer als auch buddhistischer Kunst beeinflusste Formen. Skulpturen zeigen Szenen aus dem Leben Buddhas.

Lehrender Gandhara-Buddha

300 v. Chr. | 100 v. Chr. | 100 n. Chr

1000–2000 In der Romanik entstehen Steinreliefs und ornamentale Bauskulpturen; Malerei und Textilkunst genießen einen hohen Stellenwert. Der gestickte »Teppich von Bayeux« erzählt die Geschichte der Invasion Englands durch die Normannen.

Ausschnitt des Wandteppichs von Bayeux, 1066

1000–1600 Auf der Osterinsel (Polynesien) werden bis zu 10 m hohe Tuffsteinfiguren aufgestellt. Die Statuen bestehen nur aus dem Oberkörper.

Weibliche Figur, aus Tomiroholz geschnitzt

1368–1644 In der Zeit der Ming-Dynastie entstehen die blauweißen Porzellane, die heute in Europa besonders bekannt sind. Die Blütezeit der chinesischen Keramik liegt viel weiter zurück, nämlich im 3. Jt. v. Chr.

um 1450 In Deutschland entwickelt sich die Druckgrafik. Die älteste Technik ist ein Hochdruckverfahren, der Holzschnitt. Ihm folgt die Entwicklung der Gravur als Tiefdruckverfahren: der Kupferstich und die Metallätzung.

1000 | 1300 | 1368 | 1400 | 1450

17. Jh. Im »Goldenen Zeitalter« der holländischen Malerei steht die Genremalerei (Darstellung von Sitte und Brauch) im Mittelpunkt. Viele Porträts und Stillleben entstehen. Bedeutende Künstler sind Rembrandt van Rijn (1606–1669) und Jan Vermeer (1632–1675).

»Saskia als Flora«, Rembrandt, 1634

Ende 16. –Anfang 18. Jh. Kennzeichnend für den sich in Europa ausbreitenden Barockstil sind der Kontrast von Licht und Schatten und die Allegorie (bildliche Darstellung eines abstrakten Begriffs). Caravaggio (1573–1610) ist einer der einflussreichsten Künstler.

Spätes 18. Jh. –Mitte 19. Jh. Die Malerei in der Romantik zeigt das von Gefühl geleitete Verhalten der Menschen und Stimmungen der Natur. Wichtige Vertreter sind J.M.W. Turner (1775–1851) und Caspar David Friedrich (1774–1840).

»Norham Castle«, J.M.W. Turner, 1824

1600 | 1700 | 1800

1880–1905 In der auf den Impressionismus folgenden Zeit werden die Bilder expressiver. Wichtigste Maler: Paul Cézanne (1839–1906), Vincent van Gogh (1853–1890), Paul Gauguin (1848–1903).

»Weißes Pferd«, Paul Gauguin, 1898

Anfang des 20. Jh. Die Künstler des Expressionismus versuchen ihre innere Bewegtheit während des Malens darzustellen. Reine Farben und Großflächigkeit verleihen den Bildern Leuchtkraft. Ernst Ludwig Kirchner (1880–1938) ist einer der Hauptvertreter der Expressionisten in Deutschland.

»Berliner Straßenszene«, Ernst Ludwig Kirchner

1905–1909 Der Fauvismus ist eine experimentelle, auf den Ausdruck und »Klang« der reinen Farben ausgerichtete Bewegung in der Malerei um Henri Matisse (1869–1973).

Picasso, 1955

1880 | 1900

1924–1947 Der Surrealismus will das Irrationale und Traumhafte darstellen. Jede Vernunft und Logik werden abgelehnt. Salvador Dalí (1904–1989) und Max Ernst (1891–1976) gehören zu den bekanntesten Vertretern.

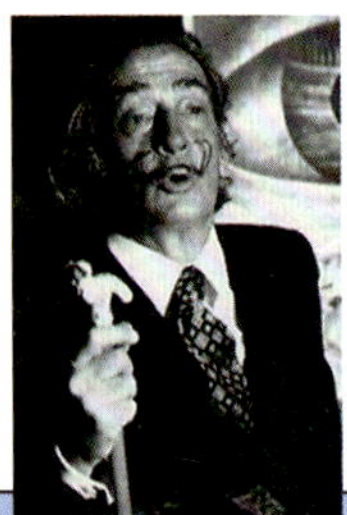

Salvador Dalí, 1971

Seit den 1940er-Jahren Der Abstrakte Expressionismus entsteht gegen Ende des Zweiten Weltkriegs in den USA. Er räumt dem Malprozess als dem unmittelbaren Ausdruck spontaner Empfindung Vorrang ein. Führender Vertreter dieser Richtung ist Jackson Pollock, der die Tropftechnik (Paint-Dripping) entwickelt.

Mitte der 1950er-Jahre In den USA und in England entsteht die Pop Art. Sie stellt Konsumgüter dar, z.B. Suppendosen, und verwendet Bilder aus den Massenmedien. Der bekannteste Künstler ist Andy Warhol (1928–1987).

Andy Warhol, 1971

Seit den 1950er-Jahren Performance-Künstler stellen die Handlung in den Mittelpunkt ihrer Kunst und verbinden Malerei, Musik, Theater, Film und Video zu Gesamtkunstwerken. Die Künstler schrecken sogar vor Selbstverstümmelungen nicht zurück.

»Planted«, Gilbert und George, 1992

1920 | 1940 | 1950

ca. 15 000 v. Chr. Die Höhlen in Lascaux in Frankreich sind mit Bildern von Tieren verziert. Die Künstler malen mit natürlichen Farben, die sie mit Fingern, Bürsten oder Blasrohren auftragen.

ca. 4000–1000 v. Chr. In Ägypten gibt es neben bemalten Statuen aus Kalkstein und Malereien auf Wänden und Schriftrollen kostbaren, mit Edelsteinen besetzten Schmuck.

Nofretete, Königin von Ägypten

2000–1100 v. Chr. Die Minoer auf der griechischen Insel Kreta verzieren ihre großen Paläste mit Wandmalereien.

Sprung über einen Stier, Kreta

1600–1027 v. Chr. Kunsthandwerker entdecken während der Shang-Dynastie in China den Bronzeguss und stellen schön verzierte Gefäße für Speisen und Getränke her.

ca. 500 v. Chr. Lebensechte Terrakottaköpfe mit individuellen Gesichtszügen werden in der westafrikanischen Nok-Kultur in Nigeria geschaffen.

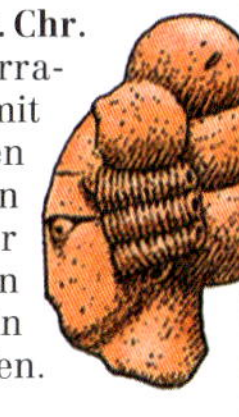

Terrakottakopf der Nok

15 000 v. Chr. | 5 000 v. Chr. | 1500 v. Chr. | 500 v. Chr.

150–900 n. Chr. Die Maya formen Monumente aus hartem Stein und beschriften sie mit ihren Hieroglyphen. In dieser Bilderschrift verbinden sie Schriftzeichen und verzierte menschliche Figuren.

Räuchergefäß der Maya

400–1100 Im Mittelalter werden von den europäischen Mönchen illustrierte Manuskripte angefertigt. Die handgeschriebenen Texte werden mit Bildern verziert.

600–1185 Ikonen sind ursprünglich »Porträts« der Heiligen, die von den Mönchen der orthodoxen Kirche gemalt werden. Sie werden seit altchristlicher Zeit von den Gläubigen verehrt.

Ikone der Muttergottes mit Kind, 12. Jh., Moskau

Blaue und grüne Landschaft, Tang-Zeit

618–917 In der Tang-Dynastie entsteht in China die »monochrome Tuschemalerei«. Pinselstrich und Tuschefärbung sind ausschlaggebend. Es gibt nur wenige Zeugnisse einer starkfarbigen Malerei.

400 | 600

»Die Sintflut«, Paolo Uccello, ca. 1445

1420–1500 Unter Wiederaufnahme antiker Techniken nimmt die Frührenaissance ihre Anfänge in Florenz. Die Künstler genießen hohes Ansehen.

Miniatur aus dem 15. Jh.

Spätes 15. Jh. Die islamische Miniaturmalerei ist in Persien (heute: Iran) in voller Blüte. Gemalt wird mit leuchtenden Farben und mit äußerster Genauigkeit.

»Verkündung an Maria«, Leonardo da Vinci, um 1473

16. Jh. Die Hochrenaissance bestimmt die Kunst vor allem in Rom und Venedig. Zu den bedeutendsten Künstlern zählen Leonardo da Vinci (1452–1519), Raffael (1483–1520) und Michelangelo (1475–1564).

1500

Mitte des 19. Jh. Maler wie Gustave Courbet in Frankreich sind Wegbereiter für den Realismus: eine naturgetreue Malerei alltäglicher Situationen, die sich gegen akademische Regeln und Historienmalerei wendet.

»Die Kornsieberinnen«, Gustave Courbet, 1855

1848–1853 Die Präraffaeliten orientieren sich an der italienischen christlichen Malerei, wie es sie vor Raffael gab. Sie befürworten eine sozial engagierte Malerei.

60er–90er-Jahre des 19. Jh. Der Impressionismus wird zum bedeutenden Stil in der Malerei in Frankreich. Die weitgehend im Freien arbeitenden Künstler arbeiten skizzenhaft und in raschen Pinselstrichen. Wichtigste Maler: Claude Monet, Auguste Renoir, Camille Pissaro. Die Neo-Impressionisten oder Pointillisten, z.B. Georges Seurat (1859–1891), setzen kleine Farbpunkte nebeneinander.

»Seerosen«, Claude Monet, 1916–1919

1850 | 1860

1907–Ende der 1920er-Jahre Pablo Picasso (1881–1973), Juan Gris (1887–1927) und Georges Braque (1882–1963) entwickeln den Kubismus. Sie reduzieren Gegenstände auf die geometrischen Grundformen Rechteck und Dreieck.

Seit 1910 In der Abstrakten Malerei werden nur noch Farben und Formen dargestellt. Zu den frühesten abstrakten Gemälden gehören die Werke von Wassily Kandinsky (1866–1944).

»Hornform«, Wassily Kandinsky, 1924

1916–1923 Der Dadaismus lehnt die herkömmliche Kunst ab und karikiert sie. Marcel Duchamp (1887–1968) erklärt industriell gefertigte Gegenstände zu »Ready-Mades«.

1910 | 1915

Seit Mitte der 1960er-Jahre Die Videokunst entsteht: Zunächst sind es verfremdete Fernsehbilder, dann Videoskulpturen, -objekte und -installationen. Der in Korea geborene Nam Jun Paik (1932–2006) ist ein wichtiger Künstler dieser Bewegung.

Späte 1970er-Jahre Der Fotorealismus entsteht. Die Bilder sind so genau gemalt, dass sie wie Fotos wirken.

1980er-Jahre Die Postmoderne hält Einzug in die Malerei. Die »Abkehr von der Moderne« bringt viele verschiedene Stilrichtungen mit sich, z. B. Punkpop oder Neo-Realismus.

»Flower«, Andy Goldsworthy, 1992

1960 | 1970 | 1980

FRAUEN IN DER KUNST

Sieht man sich eine Kunstgeschichte durch, fällt auf, dass unter den genannten Künstlern nie oder nur ganz selten Frauen genannt sind. Frauen tauchen in der Kunst bis zum 20. Jh. fast nur auf den Gemälden auf. Warum ist das so? Bis ins 20. Jh. konnten in der Regel nur die Frauen Künstlerin werden, die aus reichem Haus stammten oder deren Väter oder Ehemänner Maler oder der Kunst zugeneigt waren. Mädchen sollten lernen, wie man Kinder erzieht oder einen Haushalt führt. Außerdem hatten Frauen keinen Zutritt zu den offiziellen Kunstschulen. Bis in die 70er-Jahre des letzten Jahrhunderts wurden ihre Werke weitgehend vernachlässigt. Erst mit den Anfängen der Frauenbewegung begann man, Künstlerinnen zur Kenntnis zu nehmen und ihre Werke auszustellen.

BEDEUTENDE KÜNSTLERINNEN

Name	Nationalität	Lebensdaten
Artemisia Gentileschi	Italienerin	1597–1651
Angelica Kauffmann	Österreicherin	1741–1807
Camille Claudel	Französin	1864–1943
Paula Modersohn-Becker	Deutsche	1876–1907
Louise Bourgeois	Französin	geb. 1911
Rebecca Horn	Deutsche	geb. 1944
Marina Abramovic	Serbin	geb. 1946

FOTOGRAFIE

In der Fotografie werden Bilder mit Hilfe von Linsen und lichtempfindlichem Material dauerhaft festgehalten. Eine gute Fotografie hängt mehr vom »Blick« des Fotografen als von der technischen Ausrüstung ab.

11. Jh. Die »Camera obscura« (»dunkle Kammer«) wird in Arabien zur Beobachtung von Sonnenfinsternissen entdeckt. Sie ist die Grundform aller späteren Fotoapparate.

In der Camera obscura im 18. Jh. befand sich ein Spiegel.

1727 Der deutsche Arzt Johann Schulze (1687–1744) entdeckt, dass Silbernitrat dunkel wird, wenn es dem Licht ausgesetzt wird.

1827 Das erste Lichtbild wird von Joseph Nicéphore Niepce (1765–1833) mit einer Belichtungszeit von acht Stunden hergestellt.

Die erste Fotografie

1100 – 1700 – 1727 – 1800 – 1827

1839 Der Franzose Louis Daguerre (1787–1851) entwickelt die Daguerreotypie einer Aufnahme.

Daguerreotypie-Kamera

1839 Der Engländer William Fox Talbot (1800–1877) erfindet die Talbotypie (Negativ-Positiv-Verfahren), wodurch Vervielfältigungen von Fotografien möglich werden.

William Fox Talbot

1851 Frederick Archer (1813–1857) entwickelt das Jodsilber-Kollodium Verfahren. Von den Negativen auf Glasplatten konnten Papierfotos hergestellt werden.

Frederick Archer

1907 Die Brüder Auguste (1862–1954) und Louis (1864–1948) Lumière aus Frankreich erfinden das fotografische Aufnahmeverfahren in natürlichen Farben.

Der erste Kodak-Farbfilm

1913 Der 35-mm-Film wird zum ersten Mal verwendet.

Auguste und Louis Lumière

1830 – 1839 – 1850 – 1851 – 1900 – 1907 – 1913

1924 Leica I, die erste 35-mm-Kamera, kommt auf den Markt. Mit einer Serie von 36 Aufnahmen legt sie den Standard für spätere Kameras fest.

Leica I

1935 Mit Hilfe des Kodachrome-Filmes können Farb-Diapositive auf eine Leinwand projiziert und als Papierbild hergestellt werden.

1939 Agfa stellt den ersten Farbnegativfilm her.

Edwin Land

1947 Der Amerikaner Edwin Land (1909–1990) erfindet die erste Sofortbild-Kamera.

1975 Ein amerikanischer Wissenschaftler fotografiert mit einer Spezialkamera und einer dreimillionstel Sekunde Belichtungszeit, wie eine Kugel einen Apfel durchschlägt.

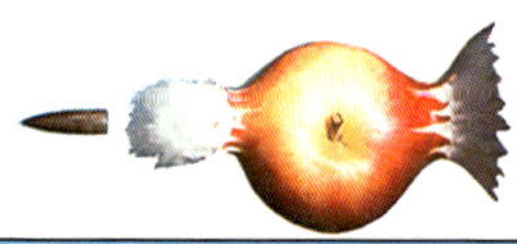

1990 Eine Kamera mit einem Autofocus wird entwickelt, der sich automatisch auf den Gegenstand scharf stellt, den man durch den Sucher sieht.

1990er-Jahre Die ersten Digitalkameras kommen auf den Markt.

2003 Das erste Handy mit einer eingebauten 1-Megapixel-Kamera kommt auf den Markt.

1924 – 1935 – 1939 – 1947 – 1975 – 1976 – 1990 – 2000 – 2003

KAMERATYPEN

Vollautomatische Spiegelreflexkamera

Manuelle Spiegelreflexkamera

Grundmodell der Kompaktkamera

Erweitertes Modell der Kompaktkamera

6 x 4,5-cm - Rollfilmkamera

6 x 6-cm-Rollfilmkamera

Sucherkamera

6 x 7-cm-Rollfilmkamera

Unterwasserkamera

Sofortbildkamera

Wasserdichte Kamera

Weitwinkelkamera

Digitalkamera

Großformatkamera

Einmalkamera

WISSENSWERTES

Die erste Kamera, mit der erfolgreich Bilder gemacht wurden, wog 23 kg, etwa das Gewicht eines großen Hundes.

Auf der ganzen Welt werden jeden Tag mehr als 2 Mio. Fotoaufnahmen gemacht.

Bis ca. 1930 verursachten die Fotografen mit Magnesiumpulver kleine Explosionen, um mit Blitzlicht fotografieren zu können.

Ein 35-mm-Diapositiv (Dia) kann genauso viele Informationen speichern wie eine High-density (bedeutet: große Speichermenge)-Diskette für einen Personal Computer.

2003 werden erstmals mehr digitale Kameras verkauft als analoge.

STILLHALTEN

Die ersten Kameras benötigten lange Belichtungszeiten. Die Menschen durften sich über einen langen Zeitraum nicht bewegen, um ein verschwommenes Bild zu vermeiden. Der Fotograf befestigte eine Schraubzwinge (Klammer) am Kopf und am Körper der Person, die fotografiert werden sollte.

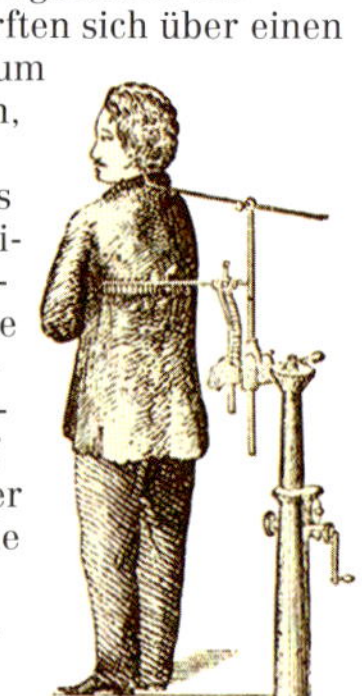

FACHBEGRIFFE

Autofocus Die Kamera stellt die Bildschärfe automatisch ein.

Blende Die regelbare Öffnung im Kameraobjektiv reguliert die auf den Film einfallende Lichtmenge

Diapositiv Eine durchsichtige, positive Schwarz-weiß- oder Farbfotografie

Dunkelkammer Ein verdunkelter Raum, in dem lichtempfindliches Material, z.B. Filme, bearbeitet werden

Elektronischer Blitz Die Lichtquelle an einer Kamera, die notwendig ist, um im Dunkeln, innerhalb von Räumen oder bei schwachem Licht fotografieren zu können

Motorantrieb Vorrichtung an einer Kamera, die eine schnelle Abfolge mehrerer Fotos ermöglicht

Spiegelreflexkamera Eine Kamera, bei der der Blick durch den Sucher genau mit dem auf dem Film festgehaltenen Bildausschnitt übereinstimmt

Stativ Ein Ständer für die Kamera, um sie in einer festen Position zu halten und verwackelte Bilder zu vermeiden

Sucher Die Vorrichtung an einer Kamera, die den Bildausschnitt zeigt

Vergrößerung Das Negativ wird auf ein lichtempfindlich beschichtetes Papier projiziert und entwickelt.

DAS INNENLEBEN EINER KAMERA

Eine Kamera besteht im Prinzip aus einem lichtdichten Kasten, der auf einer Seite eine Öffnung, eine Linse, hat. Durch die geöffnete Linse kann das Licht in das Innere der Kamera eintreten, und das Bild wird auf dem Film (oder lichtempfindlichem Papier) abgebildet. Die wichtigsten Teile einer Kamera sind die Linse (Objektiv), der Verschluss und die Blende.

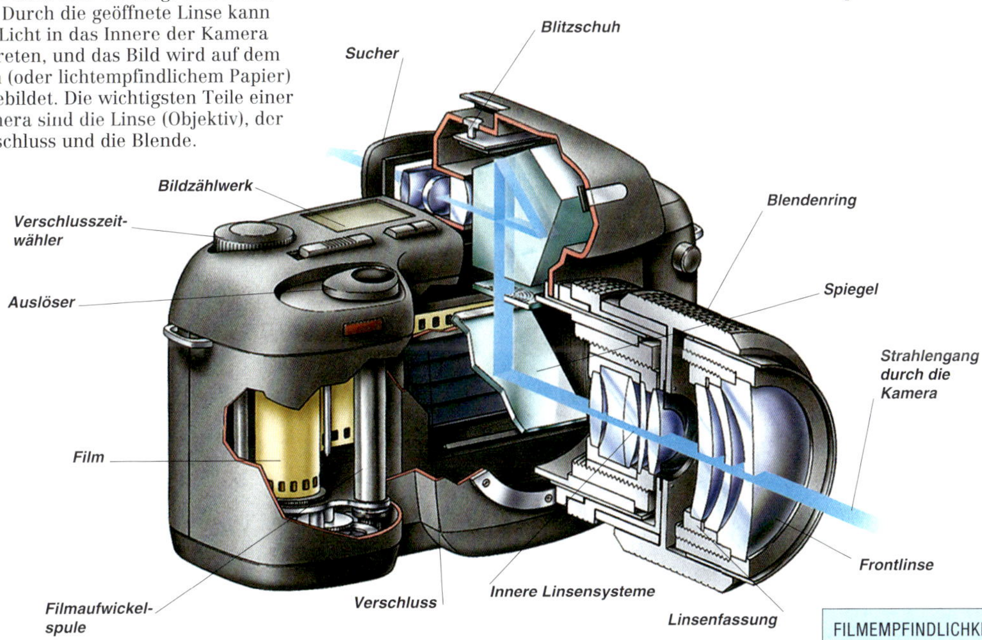

DER STRAHLENGANG INNERHALB DER KAMERA

Weg des Lichts vom Motiv zum lichtempfindlichen Film

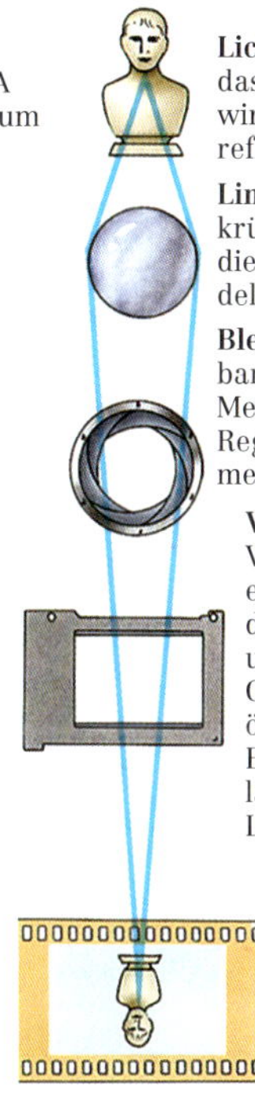

Lichtquelle Das Licht, das auf das Motiv fällt, wird zur Kameralinse reflektiert.

Linse Ein Stück gekrümmtes Glas, das die Lichtstrahlen bündelt

Blende Eine verstellbare Öffnung aus Metallplättchen zur Regelung der Lichtmenge

Verschluss Der Verschluss kann so eingestellt werden, dass er sich mit unterschiedlichen Geschwindigkeiten öffnet und schließt. Er bestimmt, wie lange der Film dem Licht ausgesetzt ist.

Focusierebene und Film Auf der Fokussierebene wird das Licht der Linse gebündelt und die Bildschärfe auf dem Film reguliert.

FILMEMPFINDLICHKEIT

Die Lichtempfindlichkeit von Filmen ist unterschiedlich und wird auf der Packung mit einer ASA-Nummer (American Standard Association) gekennzeichnet. Diese Tabelle zeigt ihre Verwendung, je nach Situation und Motiv.

ASA	Lichtempfindlichkeit	Situation und Motiv
25	Gering	Gutes Licht, Stillleben
100	Mittel	Allgemeine Motive und Standardbeleuchtung
400	Groß	Wenig Licht, bewegliche Motive

VERSCHIEDENE OBJEKTIVE

Passende Objektive können auf das Kameragehäuse gesetzt werden, um bei einer Aufnahme eine bestimmte Wirkung zu erzielen oder um von schwierigen Motiven bessere Bilder machen zu können.

Das Fischaugeobjektiv ist ein Weitwinkelobjektiv, das 180% bis 210% des Gesichtsfeldes erfasst.

Fischaugeobjektiv

Filter sind flache, farbige Scheiben, die vor das Objektiv aufgesetzt werden, um das Motiv zu verändern.

Ein Weitwinkelobjektiv erfasst von einem Motiv 50% mehr als ein normales Objektiv.

Weitwinkelobjektiv

Das Standardobjektiv zeigt das Motiv ähnlich, wie es dem Betrachter erscheint.

Standardobjektiv

Ein Teleobjektiv wird benutzt, um von weit entfernten Gegenständen Nahaufnahmen zu machen und das Motiv größer erscheinen zu lassen.

Teleobjektiv

Das Superteleobjektiv gehört zur Ausrüstung der Spezialisten und kann wegen seines Gewichts nur mit einem Stativ verwendet werden.

Superteleobjektiv

BERÜHMTE FOTOGRAFEN

Julia Margaret Cameron (1815–1879), englische Porträtfotografin

Robert Capa (1913–1954), ungarischer Kriegsfotograf. 1947 gründeten Capa und Cartier-Bresson die Bildagentur Magnum.

Henri Cartier-Bresson (1908–2004), französischer Fotograf, der dazu beitrug, dem Fotojournalismus als Kunstform Geltung zu verschaffen.

Richard Avedon (geb. 1923), amerikanischer Fotograf, der durch seine Portrait- und Modeaufnahmen berühmt wurde.

FILMENTWICKLUNG

Mit Hilfe chemischer Substanzen wird das Bild auf besonderem Fotopapier festgehalten. Die Filmentwicklung findet in einem abgedunkelten Raum statt.

1. Jedes Silberkörnchen verändert sich, sobald es dem Licht ausgesetzt wird. Der Film muss entwickelt sein, um das Bild sichtbar zu machen.

2. Entwickler und Fixiermittel machen das entstandene, aber noch unsichtbare Bild sichtbar.

Ausrüstung

3. Die Bilder auf dem Film nennt man Negative: die hellen Bereiche entsprechen den dunklen des Originals und umgekehrt.

Negative

4. Das Negativ wird mit Hilfe eines Vergrößerungsapparates auf weißes Fotopapier projiziert.

Vergrößerungsapparat

5. Das weiße Fotopapier wird mit chemischen Substanzen entwickelt.

Entwicklungsschale

6. Nach der Entwicklung wird das Bild gewaschen und getrocknet.

Fertige Fotografie

Ein Farbfilm hat drei lichtempfindliche Emulsionsschichten. Jede Schicht reagiert auf eine Farbe – entweder Blau, Grün oder Rot.

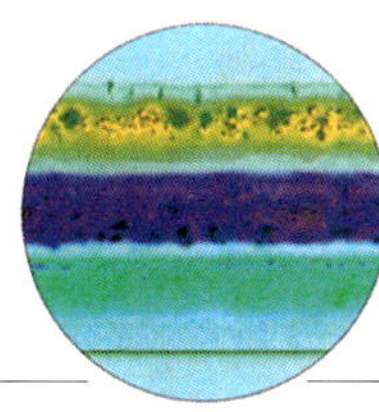

THEATER

Die Geschichte des Theaters beginnt im antiken Griechenland. Das Wort »Theater« stammt vom altgriechischen »theatron« und bedeutet »Raum zum Schauen«.

ca. 3000 v. Chr. Auf der ganzen Welt sind Musik, Tanz und Schauspiel Teil religiöser Zeremonien.

Ägyptische Jäger

ca. 1000 v. Chr. Chinesische und indische Tanz- und Singspiele entstehen.

Thespis-Karren

534 v. Chr. In Athen finden die ersten Theatervorführungen anlässlich der Feierlichkeiten zu Ehren des Gottes Dionysos statt. Gespielt werden Tragödien und Komödien.

384–322 v. Chr. Aristoteles verfasst sein Werk »Poetik«, das sich mit Tragödie, Komödie und Epos befasst.

3000 v. Chr. | 1000 v. Chr. | 600 v. Chr. | 534 v. Chr. | 400 v. Chr.

ca. 200 v. Chr. Römische Tragödien und Komödien ahmen griechische Werke nach. Plautus (ca. 250–184) und Terenz (ca. 190–159) gehören zu den bekanntesten Dramatikern ihrer Zeit.

Pantomime

1. Jh.–525 Die Pantomime, eine Theaterform, in der die Darsteller mit Gebärden und Bewegungen tragische Geschichten erzählen, ist in den ersten Jahrhunderten n.Chr. in Rom sehr beliebt. Im 3. Jh. n. Chr. gibt es in Rom etwa 600 Pantomimen (auch Frauen).

ca. 1200 In Kirchen und Klöstern werden von Priestern und Mönchen liturgische Dramen aufgeführt.

ca. 1350 Kanami schafft das traditionelle japanische No-Spiel. Das No ist ein lyrisches Gedicht, das von Schauspielern dargestellt wird. Musiker begleiten sie.

Harlekin

ca. 1545 In Italien entsteht die Comedia dell'Arte. Berufsschauspieler improvisieren Stücke auf der Grundlage von Entwürfen. In den meisten Stücken gibt es etwa 10 Personen.

200 v. Chr. | 1200 | 1300 | 1350 | 1500 | 1545

Kathakali-Mime

15. Jh. Das pantomimische Tanztheater Kathakali prägt sich in Indien aus. Die Schauspieler tragen prächtige Kostüme und dick aufgetragene Schminkmasken. Vorgeführt werden Geschichten aus dem Hinduismus.

ca. 1600 Aus Tänzen von Schauspielerinnen entsteht in Japan das dem Puppenspiel ähnliche Kabuki.

1628 Das gemeinsame Auftreten von Männern und Frauen im Kabuki wird verboten. Die Frauenrollen werden von Männern gespielt.

1677 Afrah Behn (1640–1689), eine englische Dramatikerin, verdient als erste Frau mit dem Schreiben von Theaterstücken ihren Lebensunterhalt.

Afrah Behn

1786 In der Zeit der Weimarer Klassik (1786–1805) verfassen Johann Wolfgang von Goethe und Friedrich von Schiller Werke in rhythmisch gebundener Sprache, in denen ein Idealbild des Menschen dargestellt wird.

Friedrich von Schiller

1600 | 1620 | 1628 | 1670 | 1677 | 1780 | 1786

1825 Die Pekingoper entsteht. Sie ist eine Mischung aus Gesang, Dialog, Gestik und Akrobatik. Die Bühne ist schlicht und nur mit wenigen Requisiten ausgestattet. Die Sänger tragen Kostüme und Masken in bestimmten Farben.

Pekingoper

Die Farben symbolisieren Tapferkeit (Rot), Leidenschaft (Schwarz) oder Grausamkeit (Blau). Alle Rollen werden von Männern gespielt.

1887 André Antoine (1858–1943) gründet in Paris das »Théâtre Libre«. Er gilt als Begründer des modernen Theaters.

1889 Otto Brahm gründet in Berlin die »Freie Bühne«.

1896 Alfred Jarrys (1873–1907) Drama »König Ubu« wird in Paris aufgeführt. Es beeinflusst das »Absurde Theater«.

Theaterplakat für »König Ubu«

1898 Stanislawski gründet das »Moskauer Künstlertheater«. Sein System wird richtungsweisend: Eine Rolle muss durchlebt werden, um sie glaubhaft spielen zu können.

1800 | 1825 | 1880 | 1887 | 1889 | 1890 | 1896 | 1898

1919 Die Revolution in Russland bringt das Agitprop-Theater mit sich. Die Schauspieler stellen zur Verbreitung kommunistischer Ideen politische Ereignisse auf der Bühne dar.

Agitprop-Theater

1933 Antonin Artaud (1896–1948), ein französischer Dramatiker, gründet das »Théâtre de la cruauté« (»Theater der Grausamkeit«). Das Publikum soll in Schrecken versetzt werden.

Bertolt Brecht

1949 Bertolt Brecht (1898–1956), gründet das »Berliner Ensemble«. Die Gruppe führt Stücke in Brechts »epischem«, d.h. erzählendem Stil auf. Die Schauspieler machen mit ihrer Rolle deutlich, dass die Handlung nur ein Spiel ist.

1950 Eugène Ionesco (1912–1994), ein Dramatiker aus Frankreich, begründet mit seinem Stück »Die kahle Sängerin« das Absurde Theater. Dramatiker des Absurden Theaters sind u.a. Samuel Beckett, Harold Pinter und Fernando Arrabal.

1910 | 1919 | 1930 | 1933 | 1940 | 1949 | 1950

Szene aus »Blick zurück im Zorn«

1956 John Osborne (1929–1994) verfasst das Stück »Blick zurück im Zorn«. Osborne gilt als Hauptvertreter der »zornigen jungen Männer« und ihrer Kritik an der Gesellschaft.

1959 Der Pole Jerzy Grotowski (geb. 1933) gründet das polnische Theaterlaboratorium »13 Reihen«. Die Aufführungen beruhen auf der Verständigung zwischen Schauspielern und Publikum.

Wole Soyinka

1986 Wole Soyinka (geb. 1934), ein Dramatiker aus Nigeria, erhält als erster schwarzer Afrikaner den Nobelpreis für Literatur. Er war von 1967 bis 1969 wegen Kritik am nigerianischen Regime im Gefängnis.

1990er-Jahre Musicals, z.B. »Crazy for You«, werden in den Theatern der westlichen Länder immer beliebter.

»Crazy for You«

1956 | 1959 | 1980 | 1986 | 1990

EIN THEATER VON INNEN

Der vordere Teil der Bühne mit dem Bühnenportal, den man auch »Proszenium« nennt, trennt die Welt der Zuschauer von den Schauspielern. Das Wort »Proszenium« kommt vom altgriechischen »pro skene« und bedeutet »vordere Bühne«.

Der Schnürboden ist der obere Teil des Bühnenhauses, von dem aus die Kulissen gesteuert werden.

Der Vorhang wird in der Umbaupause gesenkt.

Der eiserne Vorhang trennt die Bühne und den Zuschauerraum, um das mögliche Ausbreiten eines Feuers zu verhindern.

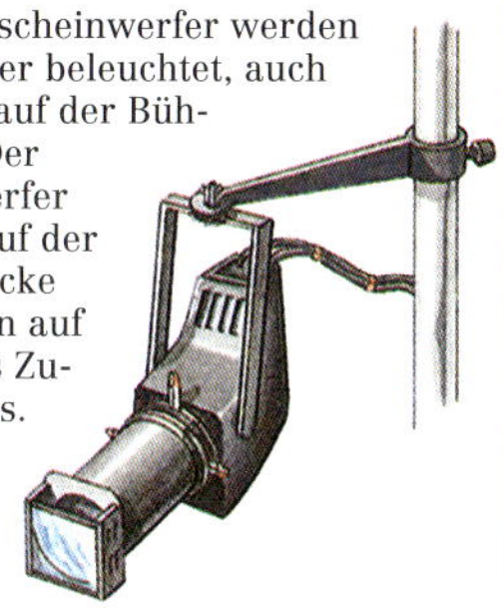

Mit dem Folgescheinwerfer werden die Schauspieler beleuchtet, auch wenn sie sich auf der Bühne bewegen. Der Folgescheinwerfer ist entweder auf der Beleuchterbrücke oder hoch oben auf einer Seite des Zuschauerraumes.

Im Hintergrund der Bühne spielen Darsteller.

Das Bühnenportal rahmt die Hauptbühne ein.

Ankleideräume für mehrere Schauspieler

Pausenraum für die Darsteller

Schauspieler-garderobe

Requisiten sind Gegenstände, die die Schauspieler auf der Bühne benötigen. Sie werden in der Seitenbühne aufbewahrt.

In der Schneiderei werden die Kostüme hergestellt und ausgebessert.

Die Seitenbühnen bieten auch Raum für Bühnenbilder, die im Laufe der Vorführung gebraucht werden.

Die Kulissen werden in der Werkstatt hergestellt.

Auf der Vorbühne (in der Nähe des Orchestergrabens) stehen die Schauspieler, die in einer Szene keine tragende Rolle spielen.

Aufzüge können Darsteller und Bühnenbilder zur Überraschung des Publikums erscheinen und verschwinden lassen. Einige Theater verfügen über zwei oder mehr Aufzüge.

Der Orchestergraben befindet sich direkt vor der Bühne. In vielen Theatern kann man den Graben abdecken und die Bühne vergrößern oder weitere Sitzreihen hinzustellen.

Die Beleuchter kontrollieren mit einer computergesteuerten Schalttafel die gesamte Beleuchtung im Theater.

Der Bühnenmeister überwacht das Verschieben der Kulissen und den Einsatz der Schauspieler.

WILLIAM SHAKESPEARE (1564–1616)

William Shakespeare wurde vermutlich in Stratford-on-Avon geboren und zog um 1590 nach London. Dort wurde er Schauspieler, Bühnenschriftsteller und Teilhaber des Theaters »The Globe«. Shakespeare gehört zu den am häufigsten aufgeführten Dramatikern der Welt. Ihm werden 37 Schauspiele mit mehr als 100 000 Zeilen zugeschrieben. Die längste Rolle ist die des Hamlet mit insgesamt 1 530 Zeilen.

EINIGE SEHR BEKANNTE SCHAUSPIELE

Titel	Uraufführung	Verfasser
König Lear	1606	William Shakespeare (1564–1616)
Der eingebildete Kranke	1673	Molière (1622–1673)
Die Räuber	1781	Friedrich von Schiller (1759–1805)
Faust I	1829	J. W. von Goethe (1749–1832)
Die Dreigroschenoper	1928	Bertolt Brecht (1898–1956)

SCHON GEWUSST?

Das kleinste private Theater ist das Piccolo-Theater in Hamburg. Nur 30 Zuschauer haben darin Platz.

Das Stück mit der längsten Spielzeit ist »The Mousetrap« (»Die Mausefalle«); es wird seit 1952 in London aufgeführt.

Das erste bekannte steinerne Amphitheater wurde um 55 v. Chr. in Rom erbaut. Es bot ungefähr 40 000 Zuschauern Platz.

Das kürzeste Theaterstück ist das Stück »Atem« von Samuel Beckett, es besteht aus 35 Sekunden menschlicher Schreie und Atemzüge.

MOLIÈRE

(1622–1673), einer der größten Dramatiker Frankreichs, war Schauspieler, leitete eine Theatergruppe und schrieb Bühnenstücke. Während seines Theaterstücks »Der eingebildete Kranke« brach er auf der Bühne zusammen und starb kurz danach.

WISSENSWERTES

Die Ursprünge des Theaters werden in den griechischen Kultfesten gesehen, die dem Gott Dionysos gewidmet waren. Aus Tänzen und Festgesängen entwickelten sich Komödie und Tragödie.

Im 17. und 18. Jh. zogen Wanderbühnen durch Deutschland, die Volksstücke mit bescheidenen Kulissen und Kostümen auf Marktplätzen aufführten.

THEATERGEBÄUDE

Im 5. Jh. v. Chr. wurden in Griechenland die ersten Theater gebaut. Vor einem halbkreisförmigen Zuschauerraum wurde auf einer freien Vorderbühne gespielt. Im Laufe der Jahrhunderte wurden ständig neue Bühnenformen entwickelt, um neue szenische Darstellungsmöglichkeiten zu gewinnen. Moderne Theaterbauten heben oft die Trennung zwischen Bühnen- und Zuschauerraum auf, um das Publikum in die Handlung einzubeziehen.

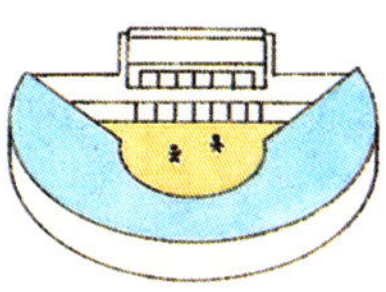

Die griechischen Theater hatten stufenförmige Ränge. Im Vordergrund der hohen Bühne hielten sich die Schauspieler auf.

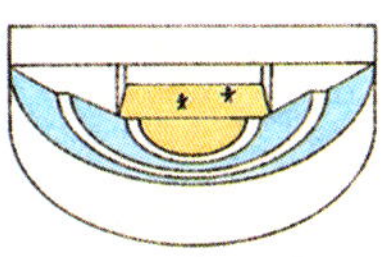

Im römischen Theaterbau war die Bühne niedrig und breit. Der Zuschauerraum bildete einen Halbkreis.

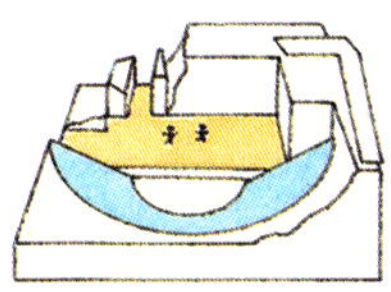

In der Renaissance orientierten sich die Theaterbauten am römischen Vorbild: Die Schauspieler spielten auf einer freien Vorderbühne.

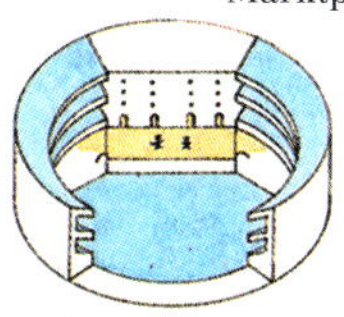

In den Theatern des 19. Jh. schloss sich der Zuschauerraum mit seinen Balkonen und Logen rechts und links der Bühne an.

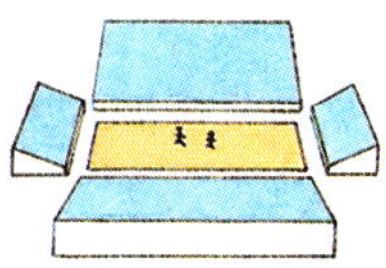

In modernen Theatern sitzen die Zuschauer wie in einem Stadion um die Bühne herum.

THEATER IN JAPAN

Die beiden traditionellen Formen des japanischen Theaters nennt man No- und Kabuki-Theater. Die Darsteller sind männlich; sie übernehmen auch alle Frauenrollen. Die No-Schauspieler tragen Masken, während die Kabuki-Darsteller stark geschminkt sind.

No-Darsteller

KABUKI-CHARAKTERE

Edler Herr/ Der gute Held

Querkopf

Bösewicht/ Der böse Geist

KABARETT

Kabarett kann nur Unterhaltung sein, es kann aber auch eine politische Aussage haben. Autoren und Darsteller benutzen das Kabarett, um ihre Meinung über die Gesellschaft auszudrücken und bestehende Meinungen in Frage zu stellen.

»An und aus«, aufgeführt im Admirals Palast in Berlin, 1926

PANTOMIME

Das Mienenspiel und die Bewegung der Hände und des Körpers haben immer schon zur Schauspielerei gehört. Die Pantomime kommt sogar ganz ohne gesprochenes Wort aus. Handlungen oder ein Charakter (z.B. ein Feigling, ein komischer Mensch oder ein Draufgänger) werden nur durch den Gesichtsausdruck oder Gestik ausgedrückt. Ein Pantomime ist meist geschminkt, Requisiten und Kostüme sind zurückhaltend.

KOSTÜME

In jeder Theateraufführung spielen die Kostüme eine wichtige Rolle. Sie können die äußere Erscheinung eines Schauspielers verändern und einen Hinweis auf die Zeit und das Land geben, in dem das Theaterstück spielt. Sie können aus einem Schauspieler aber auch ein Tier, einen Gegenstand oder eine Fantasiefigur machen.

Im antiken griechischen und römischen Theater trugen die Schauspieler Masken und Schuhe mit hohen Sohlen, den sogenannten »Kothurn«, um wie Götter zu wirken.

Tierkostüme sind in der Regel schwer, sodass man sich nur mühsam in ihnen bewegen kann.

Kostüme signalisieren, in welcher Zeit ein Stück spielt.

PUPPEN UND PUPPENSPIEL

Puppenspiele werden in Europa schon seit ca. 500 v.Chr. aufgeführt; in China und Ägypten tauchten sie bereits in der frühen Antike auf.

COMPUTERGESTEUERTE PUPPEN

Puppen können teilweise elektronisch gesteuert werden. Ein Computer kontrolliert die Bewegungen. Er sendet elektronische Befehle durch ein Kabel.

Ein Computer steuert den Körper und die Glieder der Puppe.

SCHATTENSPIEL

Das Schattenspiel stammt aus China, Indien und Tibet. Die Puppen werden mit Stäben bewegt, die an ihren Armen und Beinen befestigt sind. Sie werden von hinten beleuchtet, sodass sie als Schatten auf einem weißen Schirm sichtbar werden.

MARIONETTEN

Marionetten werden von oben mit Schnüren oder Drähten bewegt. Beliebt ist z.B. die »Augsburger Puppenkiste«.

HANDPUPPEN

Handpuppen werden von unten geführt: Sie werden über die ganze Hand gezogen, und jeder Finger bewegt einen anderen Teil der Puppe.

WISSENSWERTES

Indonesische Schattenspiele können eine ganze Nacht dauern. In einigen Aufführungen spielen 200 Puppen mit.

In Sizilien ist die »Opera dei puppi« sehr beliebt: Mit Marionetten werden Helden und Rittererzählungen gespielt.

Das erste Festspiel für Schauspiele wurde 1869 in Orange (Frankreich) gegründet. Heute gibt es weltweit rd. 40 bedeutende Theaterfestspiele.

BEDEUTENDE THEATERSCHRIFTSTELLER	
William Shakespeare	1564–1616
Jean-Baptiste P. Molière	1622–1673
Gotthold Ephraim Lessing	1729–1781
Johann Wolfgang von Goethe	1749–1832
Friedrich von Schiller	1759–1805
Heinrich von Kleist	1777–1811
Henrik Ibsen	1828–1906
Bertolt Brecht	1898–1956
Eugène Ionesco	1912–1994
Tennessee Williams	1914–1983
John Osborne	1929–1994

FACHBEGRIFFE

Alternatives Theater Ungewöhnliche Stücke werden aufgeführt und neue Spielarten ausprobiert.

Arena Eine Bühne, die in der Mitte der Zuschauertribünen liegt

Chor Darsteller im griechischen Theater, die mit einer Art Sprechgesang die Handlung erklärten

Deus ex machina Lateinisch: »der Gott aus der Maschine«; Gott, der im antiken griechischen Theater auf die Bühne schwebte, um die Probleme des Dramas zu lösen

Fundus Der Aufbewahrungsort von Kulissen, Requisiten und Kostümen

Deus ex machina

Galerie Sitze im obersten Rang des Theaters

Generalprobe Die letzte Probe vor der Premiere mit Kostümen, Beleuchtung, Musik und Bühnenbildern

Intendant Ist für die künstlerische Leitung eines Theaters verantwortlich, stellt das Programm zusammen und wählt die Schauspieler aus.

Kulissen Stell- oder Hängewände, auf die ein Raum oder eine Landschaft gemalt wurden und die auf der Bühne verschoben werden können

Neigung Zum Bühnenhintergrund ansteigende Bühne

Offene Bühne Eine Bühne ohne Bühnenportal; das Publikum sitzt auf drei Seiten

Plattform Der Teil der Bühne vor dem Bühnenportal

Rampenlicht Scheinwerfer, die oberhalb der Bühne angebracht sind

Richtzeichen Damit werden die Positionen der Schauspieler auf der Bühne festgelegt.

Darsteller

Schmierentheater Ein schlecht ausgestattetes und künstlerisch nicht sehr anspruchsvolles Theater

Souffleur oder Souffleuse Hilft den Schauspielern, die ihren Text vergessen haben, durch leises Vorsprechen weiter

Statist Jemand, der eine stumme Nebenrolle spielt

Steckenbleiben Den Text vergessen

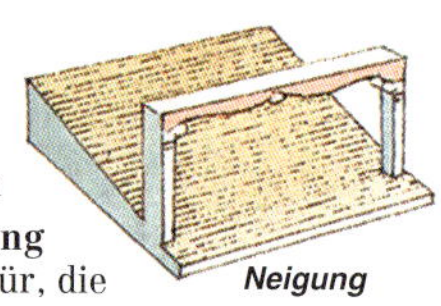

Neigung

Versenkung Eine Falltür, die sich in den Raum unter der Bühne öffnet. Sie wird, oft in Verbindung mit einem Lift, für überraschende Auftritte benutzt.

TANZ

Tanz ist Körpersprache. In der Geschichte der Menschheit reicht die Bedeutung des Tanzes von Beschwörung bis zur Unterhaltung.

ca. 15 000 v. Chr. Felsenmalereien zeigen Menschen, die sich wie bei einem Tanz bewegen.

Felsenmalerei aus Tansania

3000–1000 v. Chr. Die Alten Ägypter tanzen während der Zeremonien und Feierlichkeiten zur Ehre ihrer Götter und Göttinnen, wie z.B. der Göttin Isis.

Wandmalerei aus Theben, auf dem Tänzerinnen während eines Festmahles dargestellt sind.

15000 v. Chr. | 3000 v. Chr.

ca. 1400 v. Chr. Der Tanz um den Stier auf der Insel Kreta hat rituelle Bedeutung. Die Menschen tanzen um den Stier herum; manche springen zwischen seinen Hörnern hindurch über seinen Rücken.

Bronzeskulptur eines Jungen, der über einen Stier springt

ca. 1000 v. Chr. Chinesische Schamanen benutzen den Tanz, um mit Geistern Kontakt aufzunehmen.

ca. 500–400 v. Chr. Bei den Kriegern in Sparta (Griechenland) gehört der Tanz zur Ausbildung. Sokrates (ca. 470–399 v. Chr.), ein Philosoph, erklärt, dass »der beste Tänzer auch der beste Krieger ist«.

Krieger aus Sparta

ca. 150 v. Chr. Der Tanz wird in Rom zur Pantomime weiterentwickelt. Der Text wird von einem Sänger hinter der Bühne gesungen.

ca. 400 n. Chr. Kagura-Tänze werden zu religiösen Gesängen an Schintoschreinen (Heiligtümer der japanischen Religion Schintoismus) aufgeführt.

Kagura-Tänzer

465 Zu den religiösen Gesängen werden in den Kirchen Reigen getanzt. Ein Konzil verbietet 465 den Tanz erstmalig.

1400 v. Chr. | 1000 v. Chr. | 500 v. Chr. | 500–400 v. Chr. | 150 v. Chr. | 400 n. Chr. | 465

1200/1300 An den Adelshöfen werden Reigen und Paartänze mit ausgewählten Gruppen erarbeitet. Adel und einfaches Volk tanzen unterschiedliche Tänze. Während das Volk einfache Tänze kennt, verfeinert sich der Tanz des Adels zur Kunstform.

Tanzende Bauern

1416 Das erste europäische Handbuch über den Tanz wird veröffentlicht.

Spätes 15. Jh. »Ballo«, eine italienische Tanzvorführung, ist die früheste Form des Balletts. Ende des 16. Jh. entsteht in Frankreich das »Ballet de cour«, aufgeführt vom König und seiner Hofgesellschaft.

Ludwig XIV. in »Le Ballet de la Nuit«

17. Jh. Der Tanz ist eine wichtige Form gesellschaftlichen Lebens. In herrschaftlichen Häusern werden bei Festen Tanzdarbietungen vorgeführt. Die Tanzsäle haben in der Mitte einen freien Platz für die Tänzer und Raum für ein Orchester.

ca. 1790 In Wien entwickelt sich aus dem Ländler der Walzer.

Walzertänzer

1300 | 1400 | 1416 | 1600 | 1700 | 1790

18. Jh. In Paris werden die ersten Handlungsballette aufgeführt, z.B. »La Fille mal gardée«, ein Ballett in zwei Akten.

30er–40er-Jahre des 19. Jh. Das moderne Ballett entwickelt sich, der Spitzentanz setzt sich durch.

Cancan-Tänzerin

Um 1830 Der Cancan, ein galoppartiger Schautanz, wird in Paris eingeführt.

1832 Marie Taglioni (1804–1884) aus Italien ist die erste Ballerina, die »en pointe« (auf Spitzen) tanzt.

Marie Taglioni

80er–90er-Jahre des 19. Jh. Das klassische, starr strukturierte Ballett erreicht in Russland seinen Höhepunkt.

1892 Loïe Fuller (1862–1928) tanzt den »Danse du feu« in Tücher gehüllt mit besonderen Lichteffekten, sie ist die erste »nicht-akademische« Tänzerin.

Ein Plakat mit Loïe Fuller, 1897

ca. 1900 Die Amerikanerin Isadora Duncan (1878–1927) entwickelt den natürlichen Ausdruckstanz, indem sie mit den Regeln der klassischen Tanzkunst bricht.

1909 Sergej Diaghilew (1872–1929) stellt sein »Ballets Russes« in Paris vor. Unter den Tänzern sind Vaclav Nijinski (1889–1950) und Anna Pawlowa (1881–1931).

1830 | 1830 | 1832 | 1880 | 1892 | 1900 | 1909

1913 Nijinski ersetzt als Erster die »en dehors« (auswärtsgerichtete Drehungen) durch »en dedans« (einwärtsgerichtete Drehungen) und löst sich damit vom klassischen Tanz.

Nijinski in »Giselle«

1927 Rudolf von Laban (1879–1958), ein ungarischer Tänzer und Choreograph, ist Schöpfer einer neuen Tanzform sowie einer Tanzschrift, in der die Bewegungen des Balletts mit geometrischen Skizzen festgehalten werden.

1929 Martha Graham (1894–1991), eine amerikanische Tänzerin und Choreographin des modernen Tanzes, gründet ihr eigenes Ballett-Ensemble.

Martha Graham

1930er-Jahre Jitterbug und Jive sind beliebte Jazztänze.

1933 Ted Shawn (1891–1972), ein amerikanischer Tänzer, gründet ein nur aus Männern bestehendes Ballett, um diese als eigenständige Tänzer zu zeigen und nicht nur als Begleittänzer der Tänzerinnen.

1933 Fred Astaire (1899–1987) und Ginger Rogers (1911–1995) treten in dem Film »Flying Down to Rio« auf. Ihre Tanz- und Steppeinlagen machen sie weltberühmt.

Fred Astaire

1910 | 1913 | 1920 | 1927 | 1929 | 1930 | 1933

1945 Neue Tänze aus Lateinamerika, der Rumba, Samba, Calypso und Cha-Cha-Cha, werden modern.

1950er-Jahre Rock'n'Roll wird vor allem für Teenager zum beliebten Gesellschaftstanz.

1953 Merce Cunningham (geb. 1919) gründet sein eigenes Ballett. Der Tanz muss nicht der Musik folgen, der Tanz ist experimentell.

Rock'n'Roll-Tänzer, 1956

1960er-Jahre Ein freier Tanzstil ohne feste Regeln entsteht. Daraus entwickelt sich eine Art »Freistil«-Tanzen, das in den Diskos getanzt wird.

Break-Dance

1980er-Jahre »Break-Dance« entsteht: Die Tänzer drehen sich auf ihrem Rücken und auf ihrem Kopf oder ahmen die Bewegungen von Robotern nach.

1990er-Jahre Tanztheater, z.B. von Pina Bausch, arbeiten mit einer ganz eigenen Körpersprache.

Tanztheater

1940 | 1945 | 1950 | 1953 | 1960 | 1980 | 1990

BALLETT UND MODERNER TANZ

Beim klassischen Ballett sind Schrittfolgen, Arm- und Beinhaltungen klar geregelt. Der moderne Tanz ist eine Weiterentwicklung des klassischen Balletts. Er stellt den Ausdruck der Tänzer in den Vordergrund.

BALLETT-RICHTUNGEN
Man unterscheidet drei wichtige Stilrichtungen: das romantische, das klassische und das moderne Ballett. Je nach Ballettstil sind auch die Kostüme unterschiedlich.

In romantischen Balletten tragen die Tänzerinnen häufig weiße, wadenlange Ballettröcke.

Im klassischen Ballett tragen die Tänzerinnen kurze Ballettröckchen, die »Tutu« genannt werden.

Im modernen Ballett treten die Tänzerinnen und Tänzer in einfachen Kostümen auf.

DIE FÜNF POSITIONEN

Man unterscheidet im Ballett je fünf Grundpositionen für Arme und Beine.

POSITIONEN DER ARME
Die zweite, vierte und fünfte Position können verändert werden; werden die Arme z.B. zwischen der ersten und der zweiten Position nur halb gehoben, nennt man diese Armstellung »demi-seconde«.

Erste Position

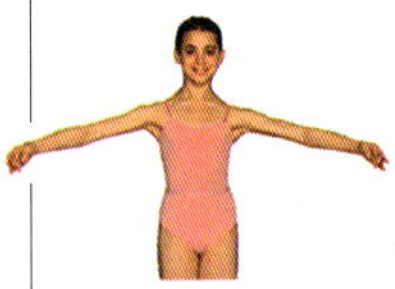

Zweite Position

Dritte Position

Vierte Position

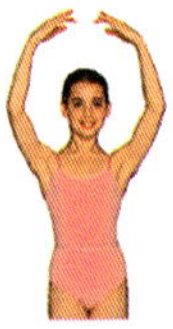

Fünfte Position

POSITIONEN DER BEINE
Alle Bewegungen in einem Ballett beginnen und enden mit einer dieser fünf Fußpositionen.

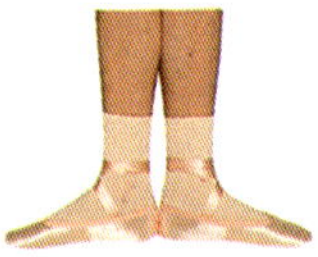

Erste Position

Zweite Position

Dritte Position

Vierte Position

Fünfte Position

AUSDRUCKSTANZ
Gegen Ende des 19. Jh. entwickelten Isadora Duncan und Loïe Fuller einen neuen, freieren Tanzstil, der sich über die Regeln des klassischen Balletts hinwegsetzte. Berühmte Choreographen des modernen Tanzes sind u.a. Martha Graham, Merce Cunningham und John Cranco. Große Tänzerinnen des Ausdruckstanzes waren z.B. Mary Wigman (1886–1973) oder Judith Jamison (geb. 1944).

Isadora Duncan, eine der Wegbereiterinnen des modernen Tanzes

Beim modernen Ausdruckstanz müssen die Körperbewegungen für sich sprechen.

BERÜHMTE TÄNZER DES 20. JAHRHUNDERTS

Marie Rambert (1888–1982), eine polnische Ballettmeisterin und Tänzerin, gründete das »Ballett Rambert« (heute: »Rambert Dance Company«).

Vaclav Nijinski (1889–1950) aus Russland wurde als klassischer Tänzer berühmt durch seinen ausdrucksstarken Tanz und seine neuartigen Choreographien. Er war der Star der »Ballets Russes«.

Margot Fonteyn (1919–1991) und Rudolf Nurejew (1938–1993) bildeten ein berühmtes Tanzpaar des klassischen Balletts.

Arthur Mitchell (geb. 1934), ein amerikanischer Tänzer, gründete 1969 das »Dance Theater of Harlem«; es besteht überwiegend aus schwarzen Tänzern.

TANZSCHRIFT
Mit Buchstaben oder eigens entwickelten Zeichen werden für die Tänzer Stellung, Haltung und Bewegungsabläufe festgehalten. Man nennt dies »Tanzschrift« oder »Choreographie«. Die Benesh-Tanzschrift wurde von Rudolf (1916–1975) und Joan Benesh (geb. 1920) entwickelt und ist vor allem für den klassischen Tanz geeignet. Die von Rudolf von Laban geschaffene Laban-Tanzschrift wird sowohl für den klassischen als auch den modernen Tanz verwendet.

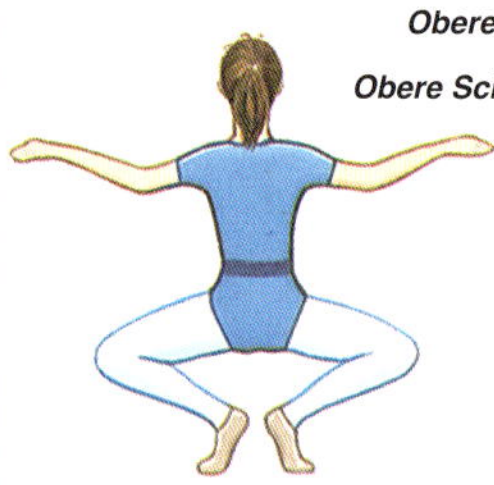

Dieses »Grand Plié« (tiefe Kniebeuge) wird (rechts) in den verschiedenen Tanzschriften gezeigt.

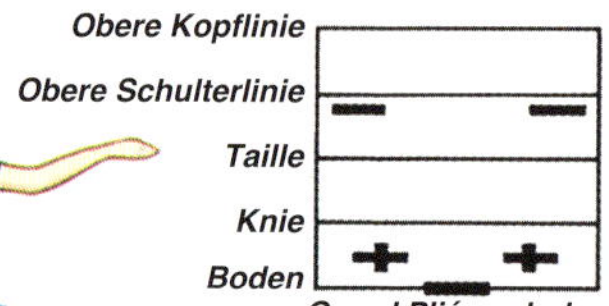

Grand Plié nach der Benesh-Tanzschrift

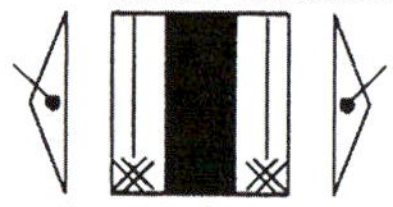

Grand Plié nach der Laban-Tanzschrift

BERÜHMTE BALLETTAUFFÜHRUNGEN		
Titel	Choreograph	Erstaufführung
La Sylphide	Filippo Taglioni (1777–1871), Italien	1832
Nussknacker	Lew Iwanowitsch (1834–1901), Russland	1892
Schwanensee	Lew Iwanowitsch und Marius Petipa (1818–1910), Frankreich	1895
Manon Lescaut	Kenneth Mac Millan (1929–1992), Großbritannien	1974

WISSENSWERTES
Margot Fonteyn und Rudolf Nurejew bekamen 1964 nach dem Ballett »Schwanensee« in der österreichischen Staatsoper 89 Vorhänge.

Das teuerste Kostüm wurde für die Rolle des chinesischen Zauberkünstlers in dem Ballett »Parade« entworfen, das 1917 in Paris uraufgeführt wurde. Es wurde von Pablo Picasso geschaffen und wurde 1984 für 64 000 DM versteigert.

Eine Ballerina zertanzt etwa zehn Paar Spitzenschuhe im Monat.

Während der durchschnittlichen Dauer ihrer Karriere trainieren die Tänzer und Tänzerinnen acht Stunden am Tag an sechs Tagen in der Woche: insgesamt sind das etwa fünfeinhalb Jahre am Stück.

TANZ IM FILM
Filme, die viele Tanzelemente enthalten, erfreuen sich großer Beliebtheit und lösen regelmäßig einen Tanzboom aus. So wurde z.B. der Flamenco durch den Film »Bluthochzeit« von Antonio Gades sehr populär. Seit den Revuefilmen der 1930er- und 1940er-Jahre hat Tanz in Filmen große Bedeutung. Ein Tanzfilm der neueren Zeit ist »Dirty Dancing«.

FACHBEGRIFFE

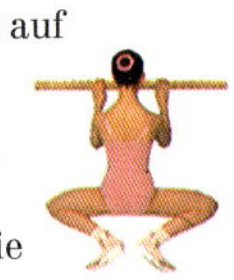

Arabesque Tanzpose auf einem Standbein, bei der das andere Bein gestreckt nach hinten angehoben ist
Barre Eine Stange, die den Tänzern hilft, beim Training das Gleichgewicht zu halten
Corps de ballet Das Ballett-Ensemble
Jeté Ein Sprung von einem Bein auf das andere
Pas de chat Ein »Katzensprung«, seitwärts von einem Bein auf das andere, mit angezogenen Knien
Pas de deux Ein Tanz für Tänzer und Tänzerin, in der Regel die Solotänzer

Pirouette Eine vollständige Drehung von 360° auf einem Bein
Plié Eine beugende Bewegung des Knies
Pointe Auf den Zehenspitzen

GROSSE LEISTUNG
Dem britischen Tänzer Wayne Sleep (geb. 1948) gelangen 1973 hintereinander sechs »Entrechats«, eine schnelle Kreuzung der Beine in der Luft.

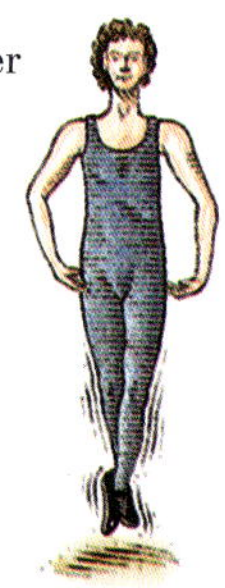

TÄNZE DER VÖLKER

In den meisten Ländern der Erde gibt es Volkstänze, die sich z.T. über Jahrhunderte entwickelt bzw. erhalten haben. Durch internationale Volkstanz-Treffen werden die Tänze auch verbreitet.

SÜDOSTASIEN
Die Ausbildung für den klassischen Tanz stellt höchste Anforderungen. Der Tanz selbst ist langsam, die Bewegungen der Hände und Füße sind durch Regeln festgelegt.

POLYNESISCHER TANZ
In Polynesien zeigen die Frauen beim Tanz schnelle Bewegungen der Hüfte, wie z.B. beim Hula auf Hawaii.

INDIANISCHER TANZ
Die Ureinwohner Amerikas tanzen bei besonderen Zeremonien, um das Wohlwollen der Geister, Ahnen und Götter zu erlangen.

Europäischer Volkstanz

Japanischer Gigaku-Tanz

Klassischer Tanz aus Thailand

Afrikanischer Stammestanz

Polynesischer Tanz

Tanz von Indianern in Nordamerika

Indischer Tempeltanz

EUROPÄISCHER TANZ
Es gibt Tänze für verschiedene Bräuche, z.B. der Schwerttanz, Tänze von einzelnen oder Paaren oder gesellige Tänze, z.B. der Reigen.

OSTASIEN
Die meisten Tänze in Ostasien bilden einen Teil der beliebten Musikdramen. Der »Gigaku« und der »Bugakau« sind die ältesten Formen traditionellen Hoftanzes in Japan.

AFRIKANISCHER TANZ
Eine Vielzahl afrikanischer Tänze kann auf Stammesriten zurückgeführt werden. Es gibt Tänze, in denen die Sonne und der Mond verehrt werden, aber auch Waffen-, Fruchtbarkeits- und Jagdtänze.

INDIEN
Der Ursprung des klassischen indischen Tanzes liegt in religiösen Zeremonien. Die Tänzer erzählen Geschichten über das Leben der Götter. Man unterscheidet sechs Tanzstile, darunter den »Kathakali« und den »Bharata Natyam«.

TÄNZE IN TRANCE
In vielen Kulturen tanzen die Menschen so lange, bis sie in einen Rauschzustand verfallen, um auf diesem Weg mit ihren Göttern Verbindung aufzunehmen. Sie können in diesem Zustand auch gefährliche Dinge tun, ohne sich dabei zu verletzen.

Barong-Tänzer auf Bali fügen sich im Trancezustand selbst Dolchstöße zu.

TANZREQUISITEN
Requisiten (Gegenstände, die ein Tänzer außer seinem Kostüm auf der Bühne braucht) sind in vielen traditionellen Tänzen von Bedeutung.

Requisite	Land	Bedeutung
Maibaum 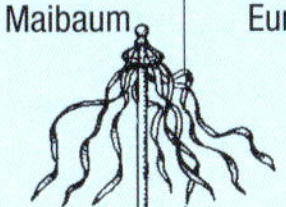	Europa	Der Maibaum ist ein Zeichen für Fruchtbarkeit. Im »Bandeltanz« tanzen Paare um ihn herum. Die Frauen halten Bänder in ihren Händen, die beim Tanz verflochten und wieder gelöst werden.
Waffen 	Weltweit	Waffen, z.B. Schwerter, Keulen und Schutzschilder, gehen zurück auf religiöse Zeremonien, in denen die Götter um Kriegsbeistand gebeten wurden.
Schlangen 	Nordamerika	Die Hopi in Arizona benutzen Schlangen bei ihren Regentänzen. Nach ihrem Glauben sind Schlangen die Brüder der Regen- und Wolkengeister.
Instrumente 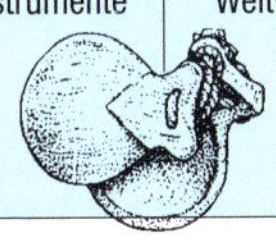	Weltweit	Tänzer tragen oder benutzen häufig Instrumente, um den Rhythmus eines Tanzes zu unterstreichen, z.B. Kastagnetten im spanischen Flamenco. Im indischen Tempeltanz tragen die Tänzer Glöckchen.

DER LIMBO-TANZ
Limbo-Tänzer in der Karibik können sich unter einer Stange durchschieben, die nur 15 cm vom Boden entfernt ist, ohne diese zu berühren.

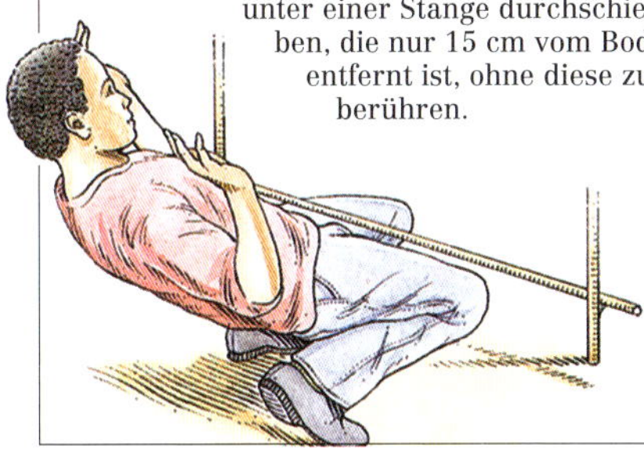

WISSENSWERTES
Zwischen 1910 und 1920 waren in den USA Tänze modern, in denen auf Tiere Bezug genommen wurde; sie hießen etwa »Hühnerscharren« oder »Grislibär«. Diese Tänze fanden nicht nur Zustimmung: Eine Frau wurde für 50 Tage eingesperrt, weil sie den »Truthahntrott« getanzt hatte, der offiziell vom Vatikan verboten worden war.

Flamenco-Tänzer können mit ihrem Absatz bis zu 16-mal in der Sekunde den Boden berühren.

Der Tango, ein aus Argentinien stammender Tanz mit Kreuz- und Knickschritten, wurde etwa 1910 Gesellschaftstanz. Auch der Tango war aufgrund der körperlichen Nähe der Tanzpartner vom Vatikan verboten.

»Zwiefache« sind Volkstänze aus Bayern und Österreich mit häufigem Wechsel des Rhythmus': Walzer und Ländler wechseln sich abrupt ab. Die Tänzer müssen sofort von einem Tanz in den anderen wechseln, um nicht aus dem Takt zu kommen.

MASKE
Die indischen Kathakali-Tänzer benötigen bis zu vier Stunden, um ihre Maske aufzutragen. Sie beherrschen ihre Gesichtsmuskulatur so gut, dass sie mit der einen Seite ihres Gesichtes lachen und mit der anderen weinen können.

SUPER CONGA
Bei der Tanzveranstaltung »Miami Super Conga«, einem afroamerikanischen Tanz in raschem Tempo, nahmen 1988 119 986 Menschen teil – eine riesige Schlange zog sich durch die Stadt.

MUSIK

Man unterscheidet die Musik in Vokal- und Instrumentalmusik, je nachdem, ob sie durch die Singstimme oder von Instrumenten erzeugt wird.

MUSIKALISCHER TON UND NOTENSCHRIFT

Fast jede Musikrichtung in der westlichen Welt stützt sich auf Dur- und Moll-Tonleitern. Komponisten benutzen zur Niederschrift dieser Tonfolgen eine Notenschrift. Das ist ein System von Zeichen und Symbolen zur Darstellung von Musik, mit der ein Musiker ein Musikstück »lesen« und spielen kann.

Erhöhungs- und Erniedrigungszeichen sind Versetzungszeichen vor einer Note, die angeben, dass die Note einen halben Ton höher (»Musikalisches Kreuz« = Erhöhungszeichen) oder einen halben Ton niedriger (»b« = Erniedrigungszeichen) gespielt werden soll.

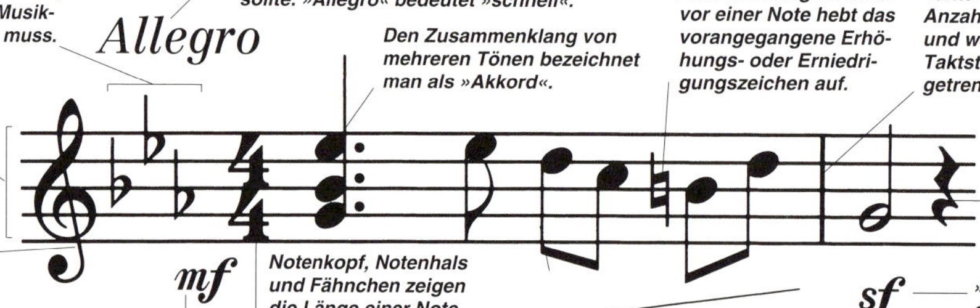

Die Tonart ist ein System von miteinander verbundenen Tönen. Vorzeichen geben an, in welcher Tonart ein Musikstück gespielt werden muss.

Die Tempovorschrift zeigt dem Musiker, wie schnell ein Stück gespielt werden sollte. »Allegro« bedeutet »schnell«.

Den Zusammenklang von mehreren Tönen bezeichnet man als »Akkord«.

Ein Auflösungszeichen vor einer Note hebt das vorangegangene Erhöhungs- oder Erniedrigungszeichen auf.

Ein Musikstück ist in Maßeinheiten, genannt Takte, eingeteilt. Alle Takte haben die gleiche Anzahl an Taktschlägen und werden durch den Taktstrich voneinander getrennt.

Die fünf waagerechten Notenlinien nennt man »Liniensystem«.

Der Notenschlüssel, hier ein Violinschlüssel, bezeichnet die Tonhöhen und legt die genauen Tonhöhen fest.

Die Pausen zeigen dem Musiker, wo und wie lange er aussetzen muss.

Angaben zur Dynamik verdeutlichen, wie laut oder leise die Musik gespielt wird; mf steht für »mezzoforte« und bedeutet »halblaut«.

Notenkopf, Notenhals und Fähnchen zeigen die Länge einer Note an: Achtelnoten.

Die Takt-Vorzeichnung gibt die Anzahl der Zählzeiten in einem Takt an und welche Noten besonders betont werden.

Dieses Zeichen steht für »crescendo« und zeigt an, dass die Musik zunehmend lauter wird.

»Sforzando« bedeutet, dass die Note laut und mit besonderem Nachdruck gespielt werden soll.

TONLEITER

Die Tonhöhe wird von tief nach hoch mit sieben Buchstaben gekennzeichnet: c, d, e, f, g, a und h. Diese Buchstabenreihe wird wiederholt, wenn die Töne höher werden.

Halbtöne werden mit Erhöhungs (Kreuz)- und Erniedrigungszeichen (b) auf den Linien und Zwischenräumen des Notensystems dargestellt.

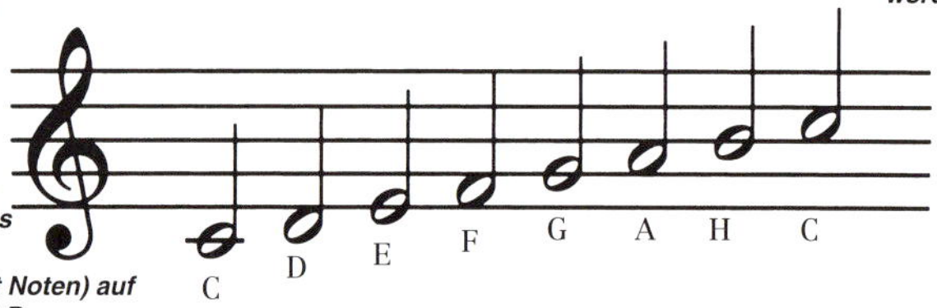

Eine Oktave (acht Noten) auf der Tonleiter in C-Dur

C-Dur-Noten in der Notenschrift entsprechen den weißen Tasten auf der Tastatur (Klaviatur).

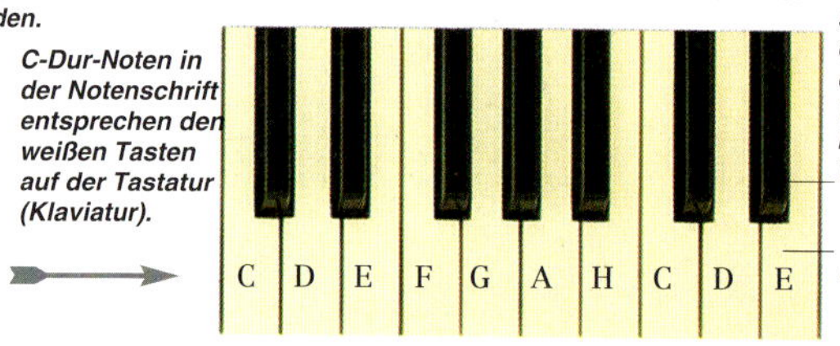

Die schwarzen Tasten stehen für die Noten, die zwischen einigen der Noten auf der Tonleiter in C-Dur liegen und zu anderen Tonleitern gehören.

Weiße Taste auf der Klaviatur

FACHBEGRIFFE

Pianissimo (pp)	sehr leise
Piano (p)	leise
Mezzopiano (mp)	halbleise
Mezzoforte (mf)	halblaut
Forte (f)	laut
Fortissimo (ff)	sehr laut
Forte-piano (fp)	laut und sofort wieder leise
Crescendo (cresc.)	lauter werdend
Diminuendo (dim.)	leiser werdend
Dolce	lieblich, weich
Legato	fließend, gebunden
Leggiero	leicht, spielerisch
Pizzicato (pizz.)	Anweisung für Spieler von Streichinstrumenten, die Saiten mit den Fingern zu zupfen.
Accelerando (accel.)	allmählich schneller werdend
Ritardando (rit.) oder rallentando	langsamer werdend, verzögernd
Sforzando (sf)	verstärkt, hervorgehoben; gilt nur für einen Ton oder einen Akkord
Staccato	kurze, deutlich voneinander getrennte Töne
Con brio	mit Feuer, mit Schwung

TAKTVORZEICHNUNG

Taktvorzeichnung	Bedeutung	Beispiele
2/4	zwei Schläge pro Takt; Viertelnote = ein Schlag	Horch, was kommt von draußen rein; Fünfte Symphonie von Beethoven
3/4	drei Schläge pro Takt; Viertelnote = ein Schlag	Heißa Kathreinerle; Zum Tanz da geht ein Mädel
4/4	vier Schläge pro Takt; Viertelnote = ein Schlag	Der Mond ist aufgegangen; Auf du junger Wandersmann
6/8	sechs Schläge pro Takt; Achtelnote = ein Schlag	Im Wald und auf der Heide; Komm, lieber Mai, und mache ...

TEMPOVORSCHRIFTEN

Largo	langsam und breit
Grave	schwer, bedächtig, feierlich
Adagio	langsam, gemächlich
Andante	ruhig, mäßig bewegt, gehend
Allegretto	ziemlich lebhaft
Allegro	heiter, lustig
Vivace	lebhaft, schnell
Presto	schnell
Prestissimo	sehr schnell

WISSENSWERTES

In der indischen Musik werden Melodiemodelle verwendet, die man Ragas nennt. Etwa 130 Ragas werden im Allgemeinen benutzt, von denen ein jeder einem Gefühl, einer Tageszeit oder einer Jahreszeit zugeordnet ist.

Die Bänder auf einer afrikanischen Trommel können die Spannung des Trommelfells verändern, um so verschiedene Töne zu erzeugen. Die Trommler benutzen sie, um die unterschiedlichen Laute ihrer Sprache wiederzugeben.

Nigerianische Trommel zur Nachrichtenübermittlung

NOTENWERTE

Bezeichnung	Notenzeichen	Pausenzeichen
Ganze Note	𝅝	𝄻
Halbe Note	𝅗𝅥	𝄼
Viertelnote	𝅘𝅥	𝄽
Achtelnote	𝅘𝅥𝅮	𝄾
Sechzehntelnote	𝅘𝅥𝅯	𝄿
Zweiunddreißigstelnote	𝅘𝅥𝅰	𝅀

DATEN ZUR MUSIKGESCHICHTE

ca. 4000 v. Chr. In Ägypten werden Flöte und Harfe gespielt.

Ägyptische Grabmalerei mit Hofmusikanten

600 n. Chr. Die päpstliche »Schola cantorum«, eine frühe Musikschule, wird in Rom auf Anordnung von Papst Gregor I. (ca. 540–604) gegründet.

725 Orchester mit Flöten, Gitarren, Gongs und Trommeln entwickeln sich in China.

Traditionelles chinesisches Orchester

1480 Erste Notendrucke in Europa

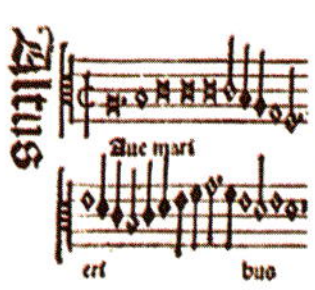

1553 Die ersten Violinen werden in Europa gebaut.

Um 1600 Die »Florentiner Camerata« – ein Kreis von Dichtern und Musikern in Florenz (Italien) – entwickelt die ersten Opern.

Frühe, mit Holzplatten gedruckte Notenschrift

1709 Der Italiener Bartolomeo Cristofori (1655–1731) baut eines der ersten Pianoforte (ein Klavier, was je nach Anschlag leise oder laut gespielt werden kann).

1727 Johann Sebastian Bach (1685–1750) komponiert die »Matthäuspassion«.

Johann Sebastian Bach

4000 v. Chr. | 600 n. Chr. | 725 | 1480 | 1553 | 1600 | 1709 | 1727

MUSIKGRUPPEN

Die Größe von Musikgruppen reicht von Duos mit zwei Musikern bis zu Sinfonieorchestern, in denen bis zu 120 Musiker mitspielen (siehe S. 174). Die meisten klassischen Musikgruppen spielen Musik nach Noten. Jazzbands wählen ein musikalisches Thema und verändern es im Laufe des Spiels.

DUO

Ein Musikstück für zwei Instrumente, z.B. Duo für zwei Violinen oder Duo für Violine und Flöte.

Duo für Cello und Klavier

TRIO

Ein Trio besteht aus drei Musikern. In einem Streichtrio z.B. wird Violine, Viola und Cello gespielt.

Streichtrio

QUARTETT

Jazzbands spielen häufig als Quartett (Gruppe von vier Musikern). Ein Streichquartett besteht aus zwei Violinen, einer Viola und einem Violoncello.

Jazzquartett

QUINTETT

In einem Quintett spielen fünf Musiker in der Regel Holz- und Blechblasinstrumente oder verschiedene Instrumente.

Gemischtes Quintett

CHOR

Ein Chor ist eine Gruppe von Sängern. In einem gemischten Chor singen Männer und Frauen meist vierstimmig. In den meisten Chören wird Kirchenmusik gesungen.

Ein kleiner Kirchenchor

GRÖSSERE GRUPPEN

Große Gruppen von Blechbläsern, auch Blaskapellen genannt, treten bei öffentlichen Festlichkeiten auf.

Eine größere Gruppe von Streichern, in der man häufig auch einige Holzblasinstrumente findet, nennt man »Kammerorchester«. Oft begleitet es einen Solisten in einem Konzert.

DIE WICHTIGSTEN KOMPONISTEN WESTLICHER MUSIK

Komponist	Land, Lebensdaten	Wichtigste(s) Werk(e), Entstehungsjahr(e)
Renaissance (1450–1600)		
Guillaume Dufay	Flame, ca. 1400–1474	Kirchenmusik und weltliche Stücke
Josquin des Prés	Flame, ca. 1445–1521	Geistliche und weltliche Chormusik
Giovanni Palestrina	Italien, ca. 1525–1594	Geistliche und weltliche Chormusik
William Byrd	England, 1543–1623	Kirchenmusik, Streichmusik, Musik für Tasteninstrumente und Madrigale.
Barock (1600–1750)		
Claudio Monteverdi	Italien, 1567–1643	Orfeo (1607), Marienvesper (1610)
Heinrich Schütz	Deutschland, 1585–1672	Symphoniae sacrae (1650)
Jean Baptiste Lully	Frankreich, 1632–1687	Opern, Kirchenmusik
Henry Purcell	England, 1659–1695	Dido und Aeneas (1689)
Antonio Vivaldi	Italien, 1678–1741	Vier Jahreszeiten (1725)
Jean Phillippe Rameau	Frankreich, 1683–1764	Castor und Pollux (1737)
Johann Sebastian Bach	Deutschland, 1685–1750	Brandenburgische Konzerte (1721), Matthäuspassion (1727)
Georg Friedrich Händel	Deutschland, 1685–1759	Messias (1741), Feuerwerksmusik (1749)
Wiener Klassik (1750–1820)		
Joseph Haydn	Österreich, 1732–1809	12 Londoner Sinfonien (1791–1795), Die Schöpfung (1798)
Wolfgang Amadeus Mozart	Österreich, 1756–1791	Klavierkonzerte in C-Dur und d-Moll (1785), Figaros Hochzeit (1786), Don Giovanni (1787)
Ludwig van Beethoven	Deutschland, 1770–1827	3. Sinfonie (1802), 5. Sinfonie (1809) und 9. Sinfonie (1823)
Romantik 1820–1900		
Franz Schubert	Österreich, 1797–1828	Forellen-Quintett A-Dur (1819), 7. (bisher 8.) Sinfonie h-Moll (»Unvollendete«), Lieder (1822)
Hector Berlioz	Frankreich, 1803–1869	Symphonie fantastique (1830), Die Trojaner (1859)
Frédéric Chopin	Polen, 1810–1849	Klavierkompositionen, Préludes (1839)
Franz Liszt	Ungarn, 1811–1886	Klaviersonate in b-Moll (1853), Ungarische Rhapsodien (1839–1885)
Richard Wagner	Deutschland, 1813–1883	Der Fliegende Holländer (1841), Der Ring des Nibelungen (1848–1874)
Giuseppe Verdi	Italien, 1813–1901	Aida (1871), Requiem (1873), Othello (1887)
Johannes Brahms	Deutschland, 1833–1897	Violinkonzert D-Dur (1878), 4. Sinfonie (1884)
Peter Iljitsch Tschaikowsky	Russland, 1840–1893	1. Klavierkonzert (1874–1875), Schwanensee (1876)
Edvard Grieg	Norwegen, 1843–1907	Klavierkonzert in a-Moll (1889), Peer Gynt (1876)
Edward Elgar	England, 1857–1934	Enigma-Variationen (1899), Violinkonzert (1910)
Neue Musik 1900–Gegenwart		
Claude Debussy	Frankreich, 1862–1918	Pelléas et Mélisande (1892–1902), Images (1905–1907)
Arnold Schönberg	Österreich, 1874–1951	Verklärte Nacht (1899), Pierrot lunaire (1912)
Béla Bartók	Ungarn, 1881–1945	Sechs Streichquartette (1908–1939), Konzert für Orchester (1944)
Igor Strawinsky	Russland, 1882–1971	Feuervogel (1910), Le sacre du printemps (1913)
Sergej Prokofjew	Russland, 1891–1953	Romeo und Julia (1935), Peter und der Wolf (1936)
Carl Orff	Deutschland, 1895–1982	Carmina burana (1935–1936), Die Kluge (1943)
George Gershwin	USA, 1898–1937	Rhapsody in Blue (1924), Porgy and Bess (1935)
Dimitri Schostakowitsch	Russland, 1906–1975	5. Sinfonie (1937), 10. Sinfonie (1953)
John Cage	USA, 1912–1992	Music of Changes (1951), 4'33 (1954)
Pierre Boulez	Frankreich, geb. 1925	Le marteau sans maître (1954), Rituel in memoriam Maderna (1975)
Karlheinz Stockhausen	Deutschland, geb. 1928	Gruppen für drei Orchester (1955–1957)
Philip Glass	USA, geb.1937	Einstein on the Beach (1976)

1787 Wolfgang A. Mozart (1756–1791) schreibt die Oper »Don Giovanni«.

Der junge Mozart

1808 Ludwig van Beethoven (1770–1827) komponiert die 5. und die 6. Sinfonie.

Ludwig van Beethoven

1874 Richard Wagner (1813–1883) vollendet »Den Ring des Nibelungen«.

Früher Jazz

ca. 1900 Jazzmusik entwickelt sich in New Orleans (USA) aus afrikanischen Rhythmen und westlicher Harmonik.

1940 Das Aufkommen der ersten Synthesizer ermöglicht den Komponisten eine vollständige Klangkontrolle.

1950 Rockmusik entsteht in den USA.

Rocksänger Chuck Berry

1787 — 1808 — 1874 — 1900 — 1940 — 1950

TAKTSCHLAG MIT TÖDLICHEM AUSGANG

Jean Baptiste Lully (1632–87), Musiker am Hofe Ludwigs XIV. in Frankreich, durchbohrte seinen Fuß mit dem langen Stock, den er auf den Boden schlug, um seinem Orchester den Takt vorzugeben. Er starb später an den Folgen dieser Verletzung.

KLASSISCHE MUSIK

Bei klassischer Musik denkt man meist an Orchesterkonzerte, Sinfonien oder Opern.

ORCHESTER
Im Orchester sind die meisten Instrumente der klassischen Musik versammelt.

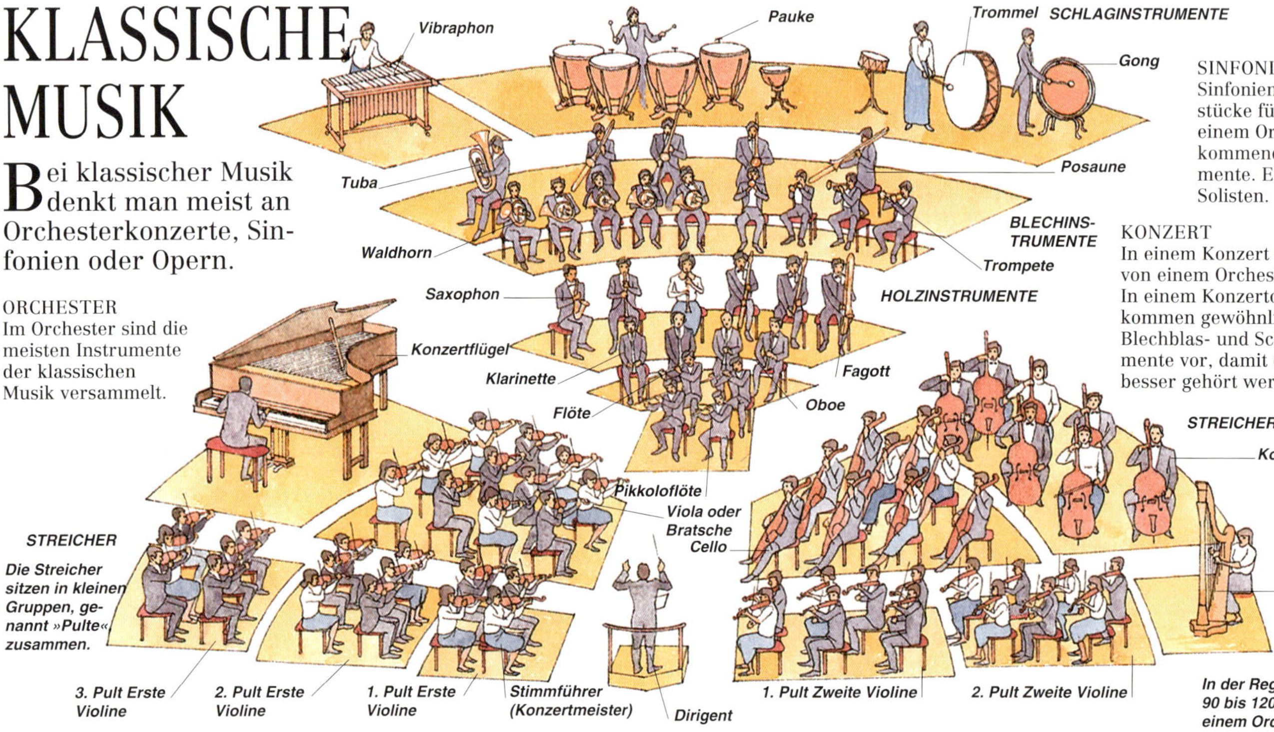

In der Regel spielen etwa 90 bis 120 Musiker in einem Orchester.

SINFONIE
Sinfonien sind Musikstücke für alle in einem Orchester vorkommenden Instrumente. Es gibt keinen Solisten.

KONZERT
In einem Konzert wird ein Solist von einem Orchester begleitet. In einem Konzertorchester kommen gewöhnlich weniger Blechblas- und Schlaginstrumente vor, damit der Solist besser gehört werden kann.

DIRIGENT
Der Dirigent leitet ein Orchester, indem er das Tempo vorgibt. Mit dem Taktstock zeichnet er bestimmte Linien in die Luft, je nach Taktvorzeichen des Musikstückes.

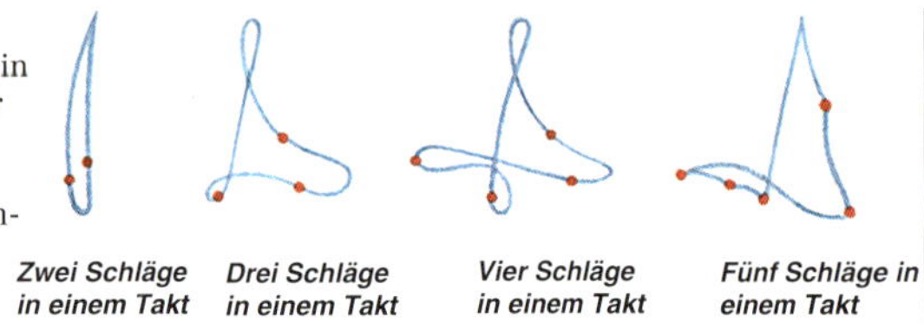

Dieses Schaubild zeigt die üblichen Taktstockbewegungen.

»STEHAUFMÄNNCHEN«
Die Heldin in Puccinis »Tosca« stürzt sich von den Zinnen der Burg in den Tod. 1960 vertauschten verärgerte Bühnenarbeiter die sonst dafür benutzte Matratze hinter den Kulissen mit einem Trampolin. Tosca erschien dem Publikum noch insgesamt 15-mal, bevor endlich der Vorhang fiel.

OPER
Opern sind Musikdramen, in denen Sänger, begleitet von einem Orchester, eine Geschichte musikalisch erzählen. In einer Oper kann entweder nur gesungen oder aber gesungen und gesprochen werden.

Madame Butterfly singt die Sopranstimme.

»Madame Butterfly«, eine bewegende Liebesgeschichte, wurde 1904 von Puccini komponiert. Im Mittelpunkt steht die japanische Geisha Madame Butterfly, die von einem amerikanischen Matrosen betrogen wird und sich am Ende das Leben nimmt.

Der Leutnant F.B. Pinkerton singt die Tenorstimme.

Soloauftritte von Hauptdarstellern nennt man »Arien«.

WISSENSWERTES
Man unterscheidet im Allgemeinen sechs Stimmlagen. Von der tiefsten bis zur höchsten sind diese Bass, Bariton, Tenor, Alt, Mezzosopran, Sopran.

Oft hört man die Ansicht, dass die Stimmqualität eines Opernsängers mit wachsender Körperfülle zunimmt. In Wirklichkeit aber ist das Körpergewicht eines Sängers nicht von Bedeutung; dünne Menschen können die schönsten Stimmen besitzen.

Viele Menschen können die Tonhöhe einer Note, die sie hören, ohne Instrument genau bestimmen. Man nennt dies »absolutes Gehör«.

BEDEUTENDE OPERN

Titel	Komponist	Erstaufführung
Figaros Hochzeit	Wolfgang Amadeus Mozart (1756–1791)	1786, Wien
Der Barbier von Sevilla	Gioacchino Rossini (1792–1868)	1816, Rom
Othello	Giuseppe Verdi (1813–1901)	1887, Mailand
Der Ring des Nibelungen	Richard Wagner (1813–1883)	1876, Bayreuth
Carmen	Georges Bizet (1838–1875)	1875, Paris
La Bohème	Giacomo Puccini (1858–1924)	1896, Turin, Italien
Peter Grimes	Benjamin Britten (1913–1976)	1945, London

BERÜHMTE SÄNGER

Tito Gobbi (1915–1984), italienischer Opernbariton, begann seine Karriere 1938 in Rom.

Kathleen Ferrier (1912–1953), eine englische Altistin, wurde mit der Rolle der Lucretia in »Der Raub der Lucretia« von Benjamin Britten 1946 bekannt.

Luciano Pavarotti (geb. 1935), Operntenor aus Italien, begann seine internationale Karriere 1961 als Rudolfo in Puccinis »La Bohème«.

Kiri Te Kanawa (geb. 1944), eine neuseeländische Sopranistin, die 1971 als die Gräfin in »Figaros Hochzeit« von Mozart weltweit Berühmtheit erlangte.

UNTERHALTUNGSMUSIK

Im Laufe des 20. Jh. haben sich in der Musik viele verschiedene Stilrichtungen entwickelt.

FOLK

Die schwarze Bevölkerung des amerikanischen Südens im 19. Jh., zu denen die Transportarbeiter auf den Eisenbahnen und den Flussschiffen, aber auch die Baumwollarbeiter gehörten, sangen während der Arbeit oder am Abend Volkslieder. Sie schufen eine neue Art von Folksongs, in denen sie die vielfältigen Rhythmen und Melodien westafrikanischer Musik mit den Klängen westlicher Musik verbanden.

Plattenhülle einer Sammlung früher afroamerikanischer Lieder

BLUES

Im Blues bringt der Künstler seine Gefühle in einer einfachen, aber genau festgelegten Form zum Ausdruck. Drei Verszeilen werden mit je 12 Takten dargestellt. Der Blues benutzt ein grundlegendes Muster von Harmonien (Akkorden), über dem der Künstler seine Melodien improvisieren kann.

Leadbelly »Leadbelly's Last Sessions«

JAZZ

Ende des 19. Jh. entstand in New Orleans (USA) der Jazz als eine Mischung aus Blues, religiösen Gospelsongs und euroamerikanischen Einflüssen. Beim »Free Jazz« improvisieren die Musiker, d.h. sie erfinden die Melodie eines Stückes bei jeder Darbietung neu. So kann jeder Spieler seine Gefühle auf seine ganz persönliche Weise ausdrücken. Zu den bedeutendsten Musikern gehören der amerikanische Trompeter Louis »Satchmo« Armstrong (ca.1898–1971), Miles Davis (1926–1991) und der Komponist George Gershwin (1898–1937).

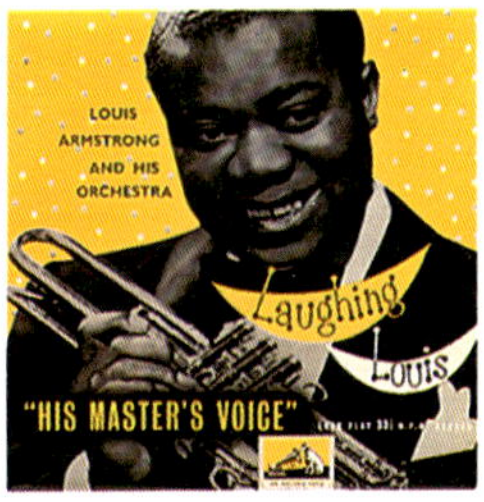

Louis Armstrong »Laughing Louis«

BIG BANDS UND BEBOP

In den 1930er- und frühen 1940er-Jahren wurde der Swing als eine Form des Jazz von den Big Bands unter der Leitung von berühmten Bandleadern wie Duke Ellington (1899–1974) und Glenn Miller (1904–1944) gespielt. Der Trompeter Dizzy Gillespie (1917–1993) und der Saxophonist Charlie Parker (1920–1955) schufen später einen neuen Stil, den Bebop. Bedeutende Musiker waren der Trompeter Miles Davis (1926–1991) und der Saxophonist John Coltrane (1926–1967).

Charlie Parker »Bird Lives«

COUNTRY- UND WESTERN-MUSIK

Im amerikanischen Westen entstand die Country- und Western-Musik. Die Musiker sind oft als Cowboys gekleidet. Begleitet werden sie von Banjo, Geige und Gitarre. Zu den Vertretern dieser Musikrichtung gehören Hank Williams (1923–1953), Johnny Cash (1932–2003) und Tammy Wynette (1942–1998).

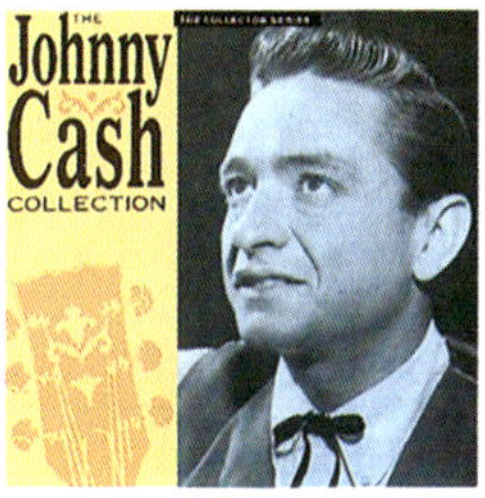

Johnny Cash »The Johnny Cash Collection«

ROCK AND ROLL

Der Rock 'n' Roll entstand in den 50er Jahren als Mischung aus afroamerikanischem Rhythm and Blues und der Country-Musik. Gespielt wurde er auf der elektrischen Gitarre. Elvis Presley wurde zu einer Kultfigur des Rock 'n' Roll.

Elvis Presley »Elvis Presley«

ROCK

Verschiedene Musikrichtungen flossen in den Rock ein. In den 1960er- und 1970er-Jahren war die Rockmusik eine Möglichkeit der Jugendlichen, sich gegen die Welt der Erwachsenen aufzulehnen. Zu den frühen Rockbands gehören The Beatles, The Rolling Stones, Pink Floyd, The Who und The Jimi Hendrix Experience.

The Rolling Stones »Their Satanic Majesties Request«

REGGAE

Die Reggaemusik der westindischen Inseln ist eng mit der Religion der Rastafari verbunden. Der berühmteste Reggaemusiker war Bob Marley (1945–1981), dessen Lieder dazu aufrufen, dem Rassismus und der politischen Unterdrückung ein Ende zu setzen.

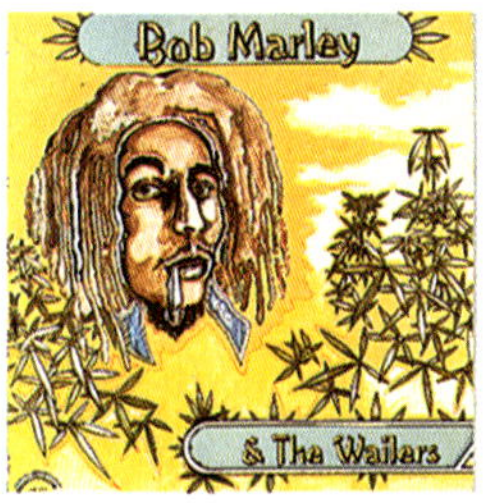

Bob Marley & The Wailers

DISKO

Die Diskobewegung der 70er-Jahre wurde von einer neuen Art der Popmusik, dem Disko-Sound, ins Leben gerufen. Dieser Stil wurde gefördert durch ein wieder auflebendes Interesse an der Musik der 1950er-Jahre. John Travolta oder Donna Summer sind Vertreter des Disko-Sounds.

The Bee Gees »Saturday Night Fever«

PUNK

Ende der 1970er-Jahre bestimmte der Punk die Musikszene, angeführt von den britischen Musikgruppen The Sex Pistols und The Clash. Punks drücken ihre innere Distanz zur Gesellschaft durch ihre Kleidung, Frisur, Sprache und Verhalten aus.

The Damned

POPMUSIK DER 1980ER-JAHRE

In den 1980er-Jahren begann die Massenproduktion von Popvideos, in denen ein Musikstück als Film gezeigt wird. Die Musiker sind in der Lage, mit Hilfe neuer Technologien elektronische Klänge herzustellen und zu mischen.

Michael Jackson »Thriller«

MUSIK DER 1990ER-JAHRE

Stile wie Acid House, Techno, Trance, Ambient und Jungle music entstehen als neue Musikrichtungen.

The Orb »Blue Room«

DIE MEISTVERKAUFTEN SINGLES WELTWEIT		
Single	Musiker/Gruppe	Verkaufszahlen
White Christmas	Bing Crosby	50 000 000
Candle in the Wind '97	Elton John	37 000 000
Rock Around the Clock	Bill Haley and his Comets	17 000 000
I Want to Hold Your Hand	The Beatles	12 000 000
Hey Jude	The Beatles	10 000 000
It's Now or Never	Elvis Presley	10 000 000
I Will Always Love You	Whitney Houston	10 000 000
Hound Dog	Elvis Presley	9 000 000
Diana	Paul Anka	9 000 000
I'm a Believer	The Monkees	8 000 000

REKORDE

Die teuerste Gitarre ist eine von vielen Rockstars signierte Fender Stratocaster, die 2005 zu Gunsten von Tsunami-Opfern von der königlichen Familie Katars für 2,7 Mio. US-Dollar ersteigert wurde.

Die erfolgreichsten Songwriter sind Paul McCartney (geb. 1942), der in den USA 32-mal und in Großbritannien 28-mal die Hitlisten anführte, und John Lennon (1940–1980) mit 26 Nr.1-Hits in den USA und 29 in Großbritannien.

MUSIKINSTRUMENTE

Musikinstrumente erzeugen Vibrationen, die unser Ohr und Gehirn als musikalische Klänge erkennen. Gewöhnlich werden sie in folgende Gruppen eingeteilt: Schlag-, Saiten-, Holzblas-, Blechblas- und Tasteninstrumente. Archäologen fanden bei Ausgrabungen von Stätten alter mesopotamischer Städte (siehe S. 375) Anzeichen für jeden Instrumententyp.

VIOLINE

Die Violine ist das kleinste Saiteninstrument und erzeugt die höchsten Klänge. Der Spieler hält die Violine zwischen Kinn und Schulter, und der Bogen wird über die Saiten gezogen, um einen reinen, klaren Ton hervorzubringen.

SAITENINSTRUMENTE

Ein Saiteninstrument besteht aus einer Reihe von Saiten, die über einen Resonanzkörper gespannt werden, wodurch die Schwingungen der Saiten noch verstärkt werden. Die Saite wird z.B. bei einer Harfe durch Zupfen in Bewegung gesetzt, bei einer Violine durch Streichen mit einem Bogen oder durch Anschlagen wie bei einem Klavier.

Iranische Rabab, Vorfahr der Violine im Mittleren Osten, mit typischem langem Hals

Die russische Balalaika hat drei Saiten und kann auf den Boden gestellt werden.

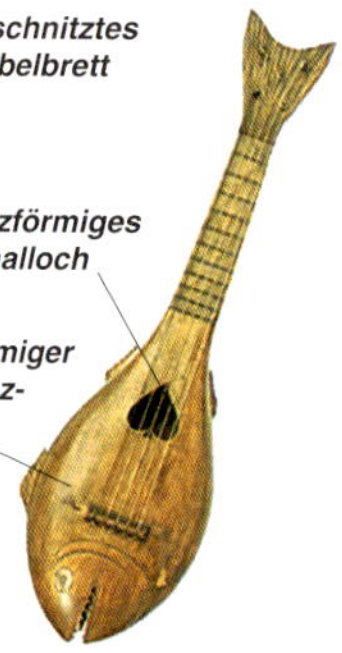

Die portugiesische Rajao ist ein Instrument der Volksmusik und stammt aus Madeira, einer portugiesischen Insel vor den Küsten Nordafrikas.

HOLZBLASINSTRUMENTE

Ein Holzblasinstrument ist entweder eine Röhre, in die der Spieler hinein- oder über die er hinwegbläst, oder aber eine Röhre, die die Schwingungen eines dünnen Rohrblattes am oberen Ende des Instruments verstärkt. Die meisten Holzblasinstrumente haben Grifflöcher entlang der Röhre. Der Spieler bedeckt und öffnet sie, um verschiedene Töne zu erzeugen.

SAXOPHON

Das Saxophon ist ein Blasinstrument aus Metall. Es kann sowohl harte raue Töne als auch weiche beschwingte Melodien von großer Einfühlsamkeit erzeugen. Ein Klarinettist kann ohne Schwierigkeiten auch Saxophon spielen, da beide Instrumente mit der gleichen Art von Rohrblatt gebaut sind.

Die Altklarinette erzeugt einen tieferen Klang als die gebräuchliche Karinette in B-Stimmung.

Die Drachenflöte oder Lung-ti-Flöte wird bei Zeremonien in China gespielt.

Die Oboe gibt im Orchester den Kammerton a an.

Flöte aus Guyana mit von Hand kontrollierter Tonhöhe

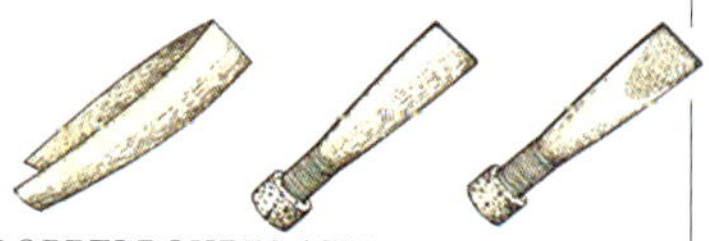

DOPPELROHRBLATT

Ein Doppelrohrblatt entsteht, indem die Enden einer Faser aus Zuckerrohr zusammengebunden und in eine Korkröhre gepresst werden. Danach wird die Krümmung abgeschnitten.

KLINGENDER KUCHEN

Im Jahr 1454 trafen sich die Ritter vom Orden des Goldenen Vlies zu einem Festessen. Zur Unterhaltung der Gäste kamen mehr als zwanzig Musiker aus einem riesigen Kuchen hervor.

DIE TROMPETE

Diese Trompete ist die moderne Version des ältesten Blechinstruments. Seit ihrer Erfindung hat sie sich nur wenig verändert und ist ein vorherrschendes Instrument in vielen Bands und Orchestern.

BLECHBLASINSTRUMENTE

Blechblasinstrumente haben ein Kesselmundstück. Die Schwingungen werden nicht durch das Instrument erzeugt, sondern durch die Lippen des Spielers, die er an das Mundstück presst. Der Spieler beeinflusst die Tonhöhe, indem er den Druck der Lippen und die Länge des Rohres verändert, in dem die Luftsäule schwingt.

Das Tenorhorn gehört zur Familie der Bügelhörner.

Dieses Naturhorn von 1780 (ohne Ventile) ist spiralenförmig gebogen.

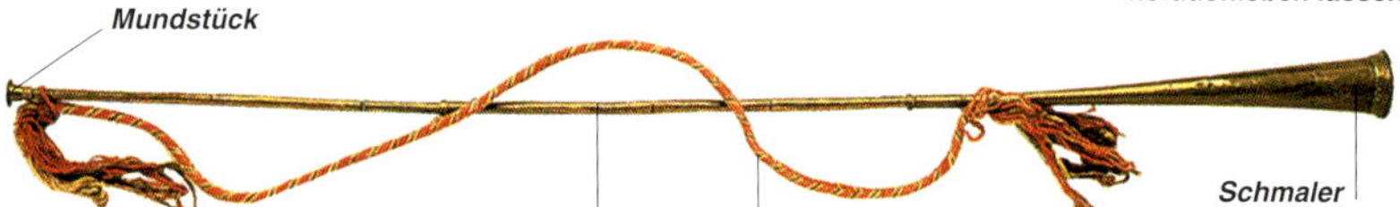

Das marokkanische Nfir ist eine Trompete, die bei islamischen Festen gespielt wird. Sie ist 1,5 m lang und besteht aus Blechstücken, die zur Benutzung ineinander gesteckt werden.

Waldhorn, mit einem weiten, trichterförmigen Schallstück

Serpent, ein schlangenförmig gewundenes Horninstrument mit sechs Grifflöchern

SCHLAGINSTRUMENTE
Die Töne eines Schlaginstruments entstehen durch Anschlag, Rütteln oder Reiben. Sie bilden den rhythmischen Hintergrund eines Orchesters oder einer Gruppe. Zu ihnen gehören kleine Trommeln, große Trommeln, Tamburine, Becken, Gongs, Kastagnetten, Rumbakugeln (Maracas), Tomtoms (Jazzpauken), Schellen, Xylophon, Celesta, Marimba, Vibraphon und Glockenspiel.

SCHLAGZEUG
Ein Schlagzeug besteht aus unterschiedlichen Trommeln und Schellen. Der Musiker spielt es sowohl mit den Händen als auch mit den Füßen.

Die ägyptische Darabuka ist eine kelchförmige Handtrommel, die in vielen arabischen Ländern verbreitet ist.

Der orientalische Gong wird in der Scheibenmitte angeschlagen, um die größtmöglichen Schwingungen zu erzeugen.

Nigerianische Kürbisrassel

Chinesische Schellentrommel

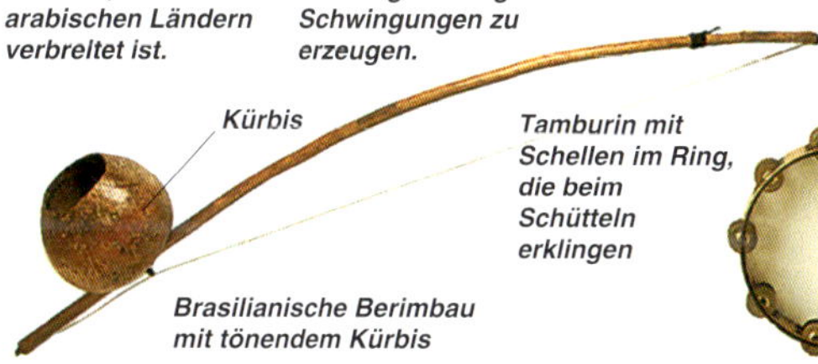

Brasilianische Berimbau mit tönendem Kürbis

Tamburin mit Schellen im Ring, die beim Schütteln erklingen

TASTENINSTRUMENTE
Tasteninstrumente haben Hebel oder Tasten, mit denen Töne erzeugt werden. Man kann auf Tasteninstrumenten gleichzeitig Melodie und Begleitung spielen. Die wichtigsten Tasteninstrumente sind Pianoforte oder Klavier und das Cembalo.

PIANOFORTE
Die Tasten eines Pianofortes bewegen filzbedeckte Hämmerchen, die wiederum Metallsaiten anschlagen und zum Schwingen bringen. Der Spieler kann mehrere Tasten zur gleichen Zeit und einzelne Tasten mit unterschiedlicher Lautstärke anschlagen.

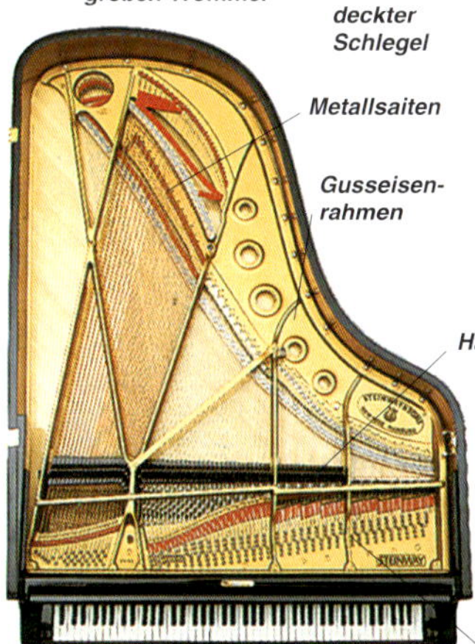

DIE TEUERSTEN INSTRUMENTE		
Instrument	Herstellungsjahr	Wert in US-Dollar
»Mendelssohn« Geige von Stradivari	1720	1 382 766
»Cholmondeley« Cello von Stradivari	1698	950 460
»Bonjour« Cello von Stradivari	1690	927 465
Geige von Giuseppe »del Gesu«	1743	797 160
»Marie Hall« Geige von Stradivari	1709	659 190
»Schreiber« Geige von Stradivari	1712	539 616
Geige von Pietro Guarneri	1715	339 560
»Ex-Kosman«, Geige von G. Guadagnini	ca. 1750	339 560
»Montagnana«, Geige von D. Montagnana	1741	314 265
Jimi Hendrix' Stratocaster-Gitarre	1968	303 534

Tafelklavier von 1773

Italienisches Spinett, um 1550, mit einer Klaviatur von vier Oktaven

ELEKTRONISCHE MUSIKINSTRUMENTE
Der elektronische Synthesizer erzeugt künstliche Klänge. Er verwandelt elektrische Impulse in Töne und kann jede noch so kleine Klangschattierung erzeugen: von Klängen aus der Natur, traditionellen Instrumenten bis zu neuen, überirdischen Klängen.

Das elektronische Keyboard kann eine Schallwelle so verändern, dass verschiedenste Klänge erzeugt werden.

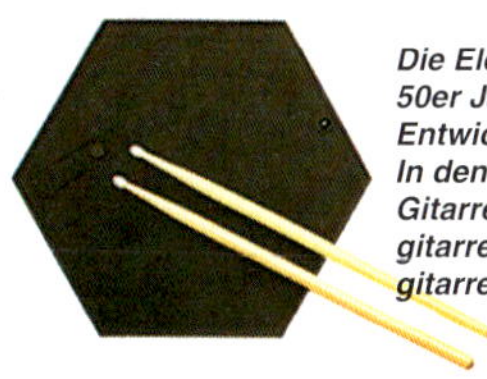
Das Fell der elektronischen Trommel sendet klangerzeugende Signale aus, wenn sie geschlagen wird.

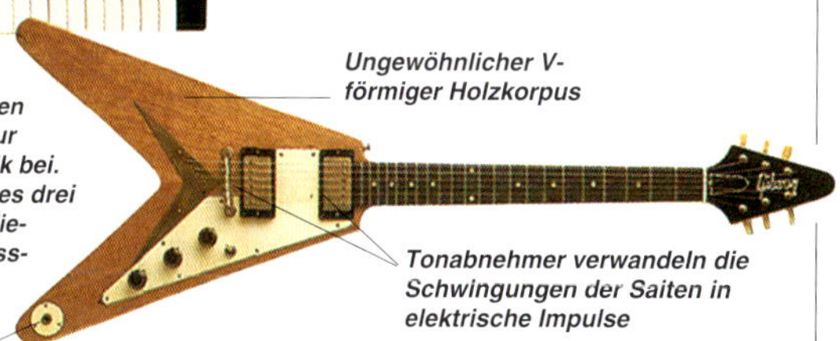

Die Elektrogitarre kam in den 50er Jahren auf und trug zur Entwicklung der Rockmusik bei. In den meisten Bands gibt es drei Gitarren: Lead- oder Melodiegitarre, Rhythmus- und Bassgitarre.

WISSENSWERTES
Der italienische Geiger Niccolò Paganini (1782–1840) war der beste Geigenvirtuose des 19. Jh. Er war der schnellste Geiger der Welt und spielte sein eigenes Stück »Mouvement Perpetuel« in drei Minuten und drei Sekunden. Das bedeutet, dass er 12 Noten in der Sekunde spielte.

1846 entwickelte der belgische Instrumentenbauer Aldolphe Sax das erste Saxophon.

Die Harmonika ist das beliebteste Instrument der Welt. Allein in den USA wurden 1965 mehr als 28 Mio. verkauft.

Die Trommel, die auf dem Schiff des britischen Entdeckers Sir Francis Drake geschlagen wurde, ist in Buckland Abbey in England ausgestellt. Man sagt, dass sie von selbst ertönen wird, wenn England in Gefahr gerät. Sie soll zuletzt im Ersten Weltkrieg (1914–1918) gehört worden sein.

1709 baute der Italiener Bartolomeo Cristofori (1655–1731) das erste Hammerklavier. Das erste Klavier mit Eisenrahmen kam 1859 auf.

LITERATUR

Die ersten Bücher wurden geschrieben, um geschichtliche Ereignisse festzuhalten. Heute lesen die Menschen, um sich weiterzubilden, sich zu unterhalten und um etwas über die Welt zu erfahren.

3000 v. Chr. Die Ägypter erfinden Bildzeichen, die man »Hieroglyphen« nennt. Diese Bilderschrift wird auch auf Papyrusrollen geschrieben.

Ägyptische Hieroglyphen

2000 v. Chr. Das Gilgamesch-Epos der Sumer wird auf 12 Tontafeln in Keilschrift festgehalten: eine Bilderschrift, die nach dem keilförmig zugespitzten Holzgriffel benannt wurde, mit dem die Zeichen eingeritzt wurden.

600 v. Chr. Der griechische Dichter Äsop verfasst Tierfabeln.

3000 v. Chr. | 2000 v. Chr. | 1000 v. Chr. | 600 v. Chr.

Sappho

610–580 v. Chr. Die griechische Dichterin Sappho von der griechischen Insel Lesbos verfasst Gedichte über Liebe und Eifersucht.

500 v. Chr. Die Bhagawadgita, das berühmteste indische Gedicht, ist ein philosophisches Gespräch zwischen Ardschuna und dem Gott Krischna.

200 v. Chr. Das Pergament (getrocknete und geglättete Schafs- oder Ziegenhaut) wird in der griechischen Stadt Pergamon erfunden und mehr als 1000 Jahre verwendet.

100 n. Chr. Plutarch verfasst als Erster eine Biographie, »Parallele Lebensläufe«, die das Leben der griechischen Soldaten beschreibt.

Plutarch (46–um 120 n. Chr.)

105 n. Chr. In China wird das Papier erfunden. Es wird aus einem Brei von Textilabfällen (Hadern) hergestellt. Die Chinesen halten ihre Erfindung 600 Jahre lang geheim.

Papierherstellung

868 n. Chr. In China wird das erste bekannte Buch mit Blockdruck hergestellt. Schrift und Bilder werden dazu in Holztafeln geschnitzt.

610 v. Chr. | 500 v. Chr. | 200 v. Chr. | 100 n. Chr. | 105 | 800 | 868

1007 Murasaki Shikibu (978–um 1016), verfasst den Roman »Die Geschichte vom Prinzen Genji«.

1048–1123 Der persische Dichter Omar-e Chaijam schreibt die »Rubaijat«.

1190–1320 In Island beginnt man, die mündlich überlieferte Geschichte niederzuschreiben. Diese Geschichten nennt man »Sagas«.

ca. 1450 Johannes Gutenberg (ca. 1398–1468) erfindet den Buchdruck mit einzelnen Metalllettern.

1593 William Shakespeare verfasst »Der Widerspenstigen Zähmung«.

Gutenberg-Bibel

1605 Miguel de Cervantes (1547–1616) schreibt »Don Quijote«, eine Satire über die Reisen eines ältlichen spanischen Ritters.

1697 Der französische Schriftsteller Charles Perrault verfasst die »Märchen meiner Mutter Gans«, eine Sammlung von Volksmärchen, unter ihnen »Cinderella« und »Die Schöne und das Biest«.

1719 Der Engländer Daniel Defoe (1660–1731) schreibt »Robinson Crusoe«. Er ist der Begründer des fiktiv-autobiographischen Romans.

Frühe Ausgabe von »Robinson Crusoe«

1000 | 1007 | 1048 | 1100 | 1190 | 1400 | 1450 | 1550 | 1593 | 1600 | 1605 | 1697 | 1700 | 1719

Szene mit der kleinen Nell

Beginn des 19. Jh. Charles Dickens' Roman »Der Raritätenladen« wird in monatlichen Folgen veröffentlicht. Mit dem Ruf: »Ist die kleine Nell gestorben?« wird das Schiff mit der nächsten Folge im New Yorker Hafen empfangen.

1837 Das erste Buch für Blinde wird in Blindenschrift gedruckt, eine Schrift aus erhabenen Punkten, die von Louis Braille (1809–1862) erfunden wurde.

1844 Der deutsche Dichter Heinrich Heine (1797–1856) verfasst das Versepos »Deutschland. Ein Wintermärchen«, in dem er sich kritisch über die damalige Gesellschaft äußert.

Charlotte Brontë (1816–1855)

1847 Charlotte Brontë verfasst »Jane Eyre«, eine Liebesgeschichte, die mit den Regeln der viktorianischen Gesellschaft bricht. Sie schreibt unter dem Namen Currer Bell, weil Frauen noch immer nicht als Schriftstellerinnen anerkannt werden.

1851/52 »Onkel Toms Hütte« von Harriet Beecher Stowe weist auf die Ungerechtigkeit der Sklaverei in den Südstaaten der USA hin.

Abbildung aus »Onkel Toms Hütte«

1800 | 1830 | 1837 | 1844 | 1847 | 1850

1864 Jules Verne (1828–1905) schreibt die »Reise zum Mittelpunkt der Erde«, eine der ersten Zukunftsgeschichten.

Abbildung aus »Reise zum Mittelpunkt der Erde«

1873 Die amerikanische Firma Remington stellt die erste Schreibmaschine her und vertreibt sie.

Frühe Schreibmaschine

1901 Der französische Dichter Sully Prudhomme (1839–1907) bekommt als Erster den Nobelpreis für Literatur. »Le Vase brisé« und »Les Solitudes« zählen zu seinen wichtigsten Werken.

1913 Thomas Mann verfasst die Novelle »Der Tod in Venedig«.

Soldaten im Ersten Weltkrieg

1914–1918 Der Erste Weltkrieg: Erich Maria Remarque beschreibt in seinem Roman »Im Westen nichts Neues« (1929) die Kriegsereignisse an der Front.

1860 | 1864 | 1873 | 1900 | 1901 | 1913 | 1914–1918

Penguin-Taschenbücher

1935 Penguin-Taschenbücher erscheinen in englischsprachigen Ländern. Der erste Buchtitel ist »Ariel« von André Maurois (1885–1967) und wird mit einer Auflage von 25 000 gedruckt.

Anne Frank (1929–1945)

1943 Anne Frank, ein jüdisches Mädchen, das sich im besetzten Holland vor den Nazis versteckt hält, schreibt ein Tagebuch, das nach ihrer Gefangennahme und ihrem Tod veröffentlicht wird.

1946 Erich Kästner schreibt den Kinderroman »Das fliegende Klassenzimmer«.

1980er-Jahre »Desktop Publishing« entwickelt sich. Bücher werden am Computer in eine druckreife Form gebracht. Computer erneuern den Buchdruck von Grund auf.

Computer

1986 Das erste Buch auf CD-ROM, die »Electronic Encyclopedia«, wird in den USA veröffentlicht. Es enthält den gesamten Text der 20 Bände der Academic American Encyclopedia.

2000 Die ersten elektronischen Bücher erschienen. Die »eBooks« enthalten Texte und Bilder in digitaler Form.

1930 | 1935 | 1940 | 1943 | 1946 | 1980 | 1986 | 2000

FACHBEGRIFFE

Allegorie Ein Gedanke wird bildhaft dargestellt, oft in der Form von Personen.

Alliteration Gleicher Anlaut mehrerer aufeinander folgender Wörter (Konsonanten oder betonte Silben), z.B. »Wind und Wetter«

Allusion Eine indirekte Anspielung auf Geschehnisse, Personen, Plätze oder Kunstwerke in der Vergangenheit, ohne diese näher zu erläutern

Autobiographie Ein Autor beschreibt sein eigenes Leben.

Biographie Ein Autor beschreibt das Leben eines anderen.

Charakterfigur Eine Figur in einer Geschichte, einem Drama oder einer Kurzgeschichte, die ganz offenkundig eine bestimmte Art von Mensch darstellt

Die Figur Huckleberry Finn

Couplet Ein scherzhaftes Strophenlied mit Kehrreim

Drama Eine Geschichte, die in Dialogform geschrieben wurde und somit sowohl gesprochen als auch gespielt werden kann

Elegie Ein Gedicht, in dem der Tod beklagt oder ein anderes ernstes Thema behandelt wird

Epos Ein langes, erzählendes Heldengedicht, in dem die großen Taten eines oder mehrerer Helden gerühmt werden

Fabel Eine Kurzgeschichte, in der häufig Tiere wie Menschen reden und handeln; sie lehrt, was gut und was böse ist

Fiktion, fiktiv Eine Handlung oder Person, die sich nicht wirklich ereignet hat oder die es nicht gibt

Genre Der französische Begriff für Art oder Gattung in der Literatur, z.B. für den Roman

Gruselroman Eine Geschichte voller Schrecken und Spannung, die gewöhnlich in einem düsteren Schloss oder einem Kloster spielt

Klischee Ein Wort oder ein Satz, das schon zu oft gebraucht wurde und dadurch nichtssagend wird

Kritik Eine beurteilende Besprechung literarischer Werke

Lyrisch Der Verfasser drückt seine persönlichen Gefühle und Gedanken aus. Mit »lyrisch« wird Poesie (Gedichte) beschrieben.

Gruselschloss

Metapher Eine Sache oder eine Handlung wird mit einem Bild oder einem Vergleich beschrieben, die nicht wortwörtlich, sondern bildlich zu verstehen sind, z.B. »sie halten zusammen wie Pech und Schwefel«.

Onomatopoesie Der Gebrauch von Wörtern, die bestimmte Laute nachahmen

Plot Die Handlung einer Geschichte oder eines Theaterstücks

Rhetorik Die Kunst der öffentlichen Rede

Roman Eine erfundene oder fiktive Geschichte, die in der Regel von zwischenmenschlichen Beziehungen handelt

Satire Eine Literaturart, die sich über die Fehlschläge einzelner Personen oder Gesellschaften lustig macht

Sonett Ein lyrisches Gedicht aus 14 gereimten, gleich langen Zeilen

Tragödie Ein ernstes Werk, in dem der unglückliche Niedergang der Hauptfigur erzählt wird, z.B. William Shakespeares »Hamlet«

BEDEUTENDE SCHRIFTSTELLER

Name	Lebensdaten	Nationalität	Hauptwerk
Homer	ca. 800 v. Chr.	Grieche	Ilias
Vergil	70–19 v. Chr.	Römer	Äneis
Dante Alighieri	1265–1321	Italiener	Die Göttliche Komödie
Giovanni Boccaccio	1313–1375	Italiener	Das Dekameron
Geoffrey Chaucer	um 1340–1400	Engländer	Canterbury Tales
Miguel de Cervantes	1547–1616	Spanier	Don Quijote
William Shakespeare	1564–1616	Engländer	Hamlet
John Milton	1608–1674	Engländer	Das verlorene Paradies
Henry Fielding	1707–1754	Engländer	Tom Jones
Laurence Sterne	1713–1768	Ire	Tristram Shandy
Gotthold Ephraim Lessing	1729–1781	Deutscher	Nathan der Weise
J. W.von Goethe	1749–1832	Deutscher	Faust
Friedrich von Schiller	1759–1805	Deutscher	Wallenstein
Jane Austen	1775–1817	Engländerin	Stolz und Vorurteil
Mary Shelley	1797–1851	Engländerin	Frankenstein
Honoré de Balzac	1799–1850	Franzose	Vater Goriot
Victor Hugo	1802–1885	Franzose	Die Elenden
Charles Dickens	1812–1870	Engländer	Oliver Twist
Emily Brontë	1818–1848	Engländerin	Sturmhöhe
Herman Melville	1819–1891	Amerikaner	Moby Dick
Walt Whitman	1819–1892	Amerikaner	Grashalme
Gustave Flaubert	1821–1880	Franzose	Madame Bovary
Fjodor Dostojewski	1821–1881	Russe	Schuld und Sühne
Leo Tolstoi	1828–1910	Russe	Krieg und Frieden
Emile Zola	1840–1902	Franzose	Germinal
Thomas Hardy	1840–1928	Engländer	Tess von d'Urbervilles
Henry James	1843–1916	Amerikaner	Bildnis einer Dame
Joseph Conrad	1857–1924	Brite	Das Herz der Finsternis
Rabindranath Tagore	1861–1941	Inder	In der Gitanjali
Marcel Proust	1871–1922	Franzose	Auf der Suche nach der verlorenen Zeit
Thomas Mann	1875–1955	Deutscher	Der Zauberberg
Stefan Zweig	1881–1942	Österreicher	Sternstunden der Menschheit
James Joyce	1882–1941	Ire	Ulysses
Virginia Woolf	1882–1941	Engländerin	Die Fahrt zum Leuchtturm
Franz Kafka	1883–1924	Tscheche	Der Prozess
D. H. Lawrence	1885–1930	Engländer	Söhne und Liebhaber
Ezra Pound	1885–1972	Amerikaner	Cantos
T. S. Eliot	1888–1965	Amerikaner	Das wüste Land
Boris Pasternak	1890–1960	Russe	Doktor Schiwago
Aldous Huxley	1894–1963	Engländer	Schöne neue Welt
F. Scott Fitzgerald	1896–1940	Amerikaner	Der große Gatsby
Ernest Hemingway	1899–1961	Amerikaner	Der alte Mann und das Meer
Vladimir Nabokov	1899–1977	Russe	Lolita
Jorge Luis Borges	1899–1986	Argentinier	Labyrinthe
John Steinbeck	1902–1968	Amerikaner	Die Früchte des Zorns
George Orwell	1903–1950	Engländer	Die Farm der Tiere
Pablo Neruda	1904–1973	Chilene	Der Große Gesang
Graham Greene	1904–1991	Engländer	Die Kraft und die Herrlichkeit
Jean-Paul Sartre	1905–1980	Franzose	Die Fliegen
Elias Canetti	1905–1994	Bulgare	Die Blendung
William Golding	1911–1993	Engländer	Herr der Fliegen
Max Frisch	1911–1991	Schweizer	Homo faber
Albert Camus	1913–1960	Franzose	Der Fremde
Anthony Burgess	1917–1993	Engländer	Uhrwerk Orange
Heinrich Böll	1917–1985	Deutscher	Gruppenbild mit Dame
Doris Lessing	geb.1919	Engländerin	Das Goldene Notizbuch
Friedrich Dürrenmatt	1921–1990	Schweizer	Der Besuch der alten Dame
Italo Calvino	1923–1985	Italiener	Wo Spinnen ihre Nester bauen
Günter Grass	geb.1927	Deutscher	Die Blechtrommel
Martin Walser	geb. 1927	Deutscher	Halbzeit
Gabriel García Márquez	geb.1928	Kolumbianer	Hundert Jahre Einsamkeit
Thomas Bernhard	1931–1989	Österreicher	Frost
Toni Morrison	geb. 1931	Amerikanerin	Menschenkind
Peter Handke	geb. 1942	Österreicher	Die linkshändige Frau
Elfriede Jelinek	geb. 1946	Österreicherin	Die Kinder der Toten

DRUCKTECHNIK

Vor der Erfindung des Buchdrucks wurden alle Informationen handgeschrieben weitergegeben. Die Erfindung des Buchdrucks (Druckformen aus beweglichen, einzelnen Lettern, d.h. Buchstaben) bedeutete, dass von einem Original viele Vervielfältigungen schnell und preiswert hergestellt werden konnten. In der heutigen Zeit werden viele Schritte in der Drucktechnik vom Computer ausgeführt.

Durch Mischung der drei gezeigten Grundfarben und Schwarz kann jeder beliebige Farbton gedruckt werden.

FARBREPRODUKTION

Farbige Abbildungen werden vor dem Druck von einem Scanner elektronisch in die drei Grundfarben Rot (Magenta), Blau (Cyan), Gelb und in Schwarz aufgeteilt. Ein Laser tastet die Abbildungen viermal ab, einmal für jeden Farbauszug. Hieraus entstehen für jedes Bild vier Filme (3 Buntfarben und Schwarz).

Die Abbildung wird auf eine sich drehende Trommel gespannt und von einem Laser Zeile für Zeile abgetastet.

DRUCKPRESSE

Nach der Farbreproduktion werden die Filme einer Farbe auf das Druckformat montiert und die Abbildungen auf eine Platte übertragen. Jede Platte wird mit flüssigen Entwicklersubstanzen behandelt und dann auf die Zylinder einer Druckmaschine montiert. Das Papier läuft durch die Maschine, und die Farben werden nacheinander von den vier Druckformen auf das Papier gedruckt.

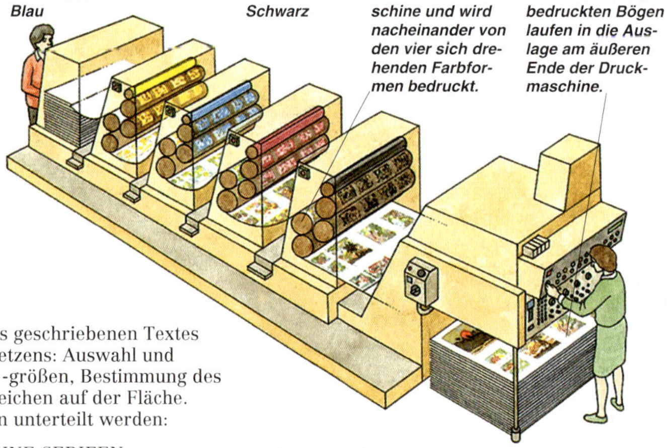

Das Papier läuft durch die Maschine und wird nacheinander von den vier sich drehenden Farbformen bedruckt.

Die fertigen, mit mehreren Farben bedruckten Bögen laufen in die Auslage am äußeren Ende der Druckmaschine.

TYPOGRAPHIE

Die Typographie ist die Umwandlung eines geschriebenen Textes in einen gedruckten mit den Mitteln des Setzens: Auswahl und Kombination von Schriftarten, -schnitten, -größen, Bestimmung des Zeilenabstands, Ordnen von Schrift und Zeichen auf der Fläche. Schriftarten können in zwei Hauptgruppen unterteilt werden:

MIT SERIFEN

Hier haben die Buchstaben am oberen oder unteren Ende kleine, abschließende Querstriche (Serifen), wodurch sie leichter als zusammenhängendes Wort lesbar sind.

A

OHNE SERIFEN

Bei Schriftbildern ohne Serifen sind die Buchstaben klar voneinander getrennt und somit schwerer zu lesen als Schriften mit Serifen.

A

SCHRIFTSATZ

Heutzutage wird ein Text in der Regel am Computer gesetzt. Die Schriftart und Textgröße wird festgelegt, und alle Korrekturen können am Computer-Bildschirm vorgenommen werden. Eine Belichtungsmaschine ist direkt mit dem Computer verbunden und belichtet den Text auf lichtempfindlichen Film.

SCHRIFTARTEN

Es gibt Tausende von Schriftarten. Einige der gebräuchlichsten werden rechts gezeigt. Eine Schriftart kann in unterschiedlichen Größen gedruckt werden. Diese Maßeinheit heißt »Punkt«.

Typeface

Caslon Antiqua, 30 Punkt

Typeface

Caslon Kursiv, 30 Punkt

Typeface

Caslon Fett, 30 Punkt

Helvetica ABCDEFGHIJKLMNOPQR STUVWXYZ

Times ABCDEFGHIJKLMNOPQ RSTUVWXYZ

Futura ABCDEFGHIJKLMNOPQRST UVWXYZ

Baskerville ABCDEFGHIJKLMNOPQRSTUVWXYZ

FACHBEGRIFFE

Bromsilberpapier Papier mit einer lichtempfindlichen Schicht
Bundsteg Der weiße, unbedruckte Rand in der Mitte einer Doppelseite
Computer-to-plate Die Druckplatte wird direkt über den Computer belichtet. Die Zwischenstufe des Films entfällt.
Farbkorrektur Änderung einer Farbstärke im Film oder im Druck
Format Die Größe eines Buches oder einer Seite
Geviert Quadrat, Maßeinheit im Druckgewerbe
Großbuchstaben Alle Buchstaben, die nicht kleingeschrieben werden
Handgießverfahren Traditionelles Herstellen von einzelnen Buchstaben, die in Blei gegossen werden
Hurenkind Wenn die letzte Zeile eines Absatzes allein auf der nächsten Seite steht
Kerning Angleichung des Abstandes zwischen den Buchstaben
Kleinbuchstaben Alle Buchstaben, die nicht groß geschrieben werden
Kontern Bei einer Abbildung werden die Seiten umgekehrt.
Korrekturbogen Abzug des Textes und der Abbildungen vor dem Druck
Mittellänge Die Höhe eines Buchstabens ohne Ober- und Unterlänge
Oberlänge Der Teil eines Kleinbuchstabens, der oberhalb der Mittellänge liegt
Ozalidpause Vervielfältigung von der Filmmontage vor dem Druck auf chemisch vorbehandeltem, in der Regel blauem Papier
Pica Genormte Schriftgröße bei der Schreibmaschine
Punkt Maßeinheit für die Schriftgröße; ein Punkt entspricht 0,351457 mm
Reproduktion Trennung der Abbildungen in 4 Farben für Druckplatten
Schriftgarnitur Alle Schriftschnitte einer Schriftfamilie
Unterlänge Der Teil eines Buchstabens, der unterhalb der Mittellänge liegt
Zeilenabstand Der Raum von Schriftlinie zu Schriftlinie
Zeilenlänge Die Länge einer Druckzeile

h — *Oberlänge*

Grundfarbe

Mittellänge

p — *Unterlänge*

WISSENSWERTES

In China wurden die ersten Schriftrollen und Bücher mit hölzernen Druckplatten um 770 n. Chr. gedruckt.

Hölzerne Druckplatte aus China

Heute gibt es mehr als 11 000 verschiedene Schriftarten.

RUNDFUNK

Funkwellen dienten bereits über 30 Jahre der drahtlosen Verständigung, bevor das Fernsehen eingeführt wurde. Die Erfindung des Rundfunks schuf die Voraussetzungen für die Übertragung von Fernsehsendungen.

1888 Der deutsche Physiker Heinrich Hertz (1857–1894) entdeckt die Funkwellen.

Heinrich Hertz

1894 Der italienische Physiker und Ingenieur Guglielmo Marconi (1874–1937) schickt Funkwellen quer durch ein Zimmer und bringt eine elektrische Klingel zum Läuten.

1901 Marconi sendet als Erster per Funk Morsezeichen über den Nordatlantik.

Guglielmo Marconi

1800 · 1888 · 1890 · 1894 · 1900 · 1901

Die »Titanic«

1920 Die erste öffentliche Rundfunkanstalt nimmt im amerikanischen Pittsburgh mit einer Übertragung der Ergebnisse der Präsidentschaftswahlen ihren regelmäßigen Sendebetrieb auf.

1923 Der deutsche Rundfunk wird offiziell eröffnet.

Radiomikrofon

1932 Der amerikanische Erfinder Edwin Armstrong (1890–1954) entdeckt die »Frequenzmodulation«. Sie ermöglicht störungsfreien Empfang.

1954 Das erste Transistorradio kommt in den USA auf den Markt.

1960 Der Sender KDKA in Pittsburgh strahlt die erste Sendung in Stereo aus.

Frühes Transistorradio

Seit **1989** werden deutsche Hörfunkprogramme in Sendestationen digitalisiert und über Satelliten ausgestrahlt.

2004 Radioprogramme können über das Internet gehört oder als sogenannte „Podcasts" heruntergeladen werden.

1910 · 1912 · 1920 · 1923 · 1930 · 1932 · 1950 · 1954 · 1960 · 1980 · 1989 · 2000 · 2004

WISSENSWERTES

Die RPH-Rundfunkstationen in Australien senden ausschließlich Programme für Blinde.

Als 1991 der Wirbelsturm »Val« über Samoa wütete, waren Amateursender fünf Tage lang die einzige Verbindung der Inselbewohner zur Außenwelt.

»Digital Audio Broadcasting« (DAB) überträgt Rundfunksendungen mit digitalen Signalen. Sprache und Musik werden in CD-Qualität empfangen.

Die Reichweite der Funkwellen auf ihrem Weg rund um den Erdball wird von der Zahl der Sonnenflecken und von der Sonneneinstrahlung beeinflusst.

Die Radio-Spielshow mit der längsten Laufzeit ist »Rambling with Gambling«. Sie wird seit 1925 vom New Yorker Sender »WOR-NY« ausgestrahlt.

Das erste Transistorradio wurde 1954 in den USA auf den Markt gebracht. Bisher waren Radioempfänger mit Röhrenverstärkern ausgestattet gewesen, nun wurden die wesentlich kleineren Transistoren eingebaut. Die Radiogeräte wurden kleiner, zuverlässiger und billiger.

Moderne »Soundmachines« enthalten neben dem Radio auch einen CD-Player und ein Kassettenteil.

RUNDFUNKFREQUENZEN

Radiosendungen werden mit Hilfe elektromagnetischer Funkwellen ausgestrahlt, die unterschiedlich weit reichen und verschieden stark schwingen. Die Zahl der Schwingungen pro Sekunde nennt man »Frequenz«. Rundfunksender nutzen Lang-, Mittel- oder Kurzwellen. Die Fernsehsatelliten in der Erdumlaufbahn dagegen arbeiten mit hochfrequenten Mikrowellen, wie sie auch in Mikrowellenherden eingesetzt werden.

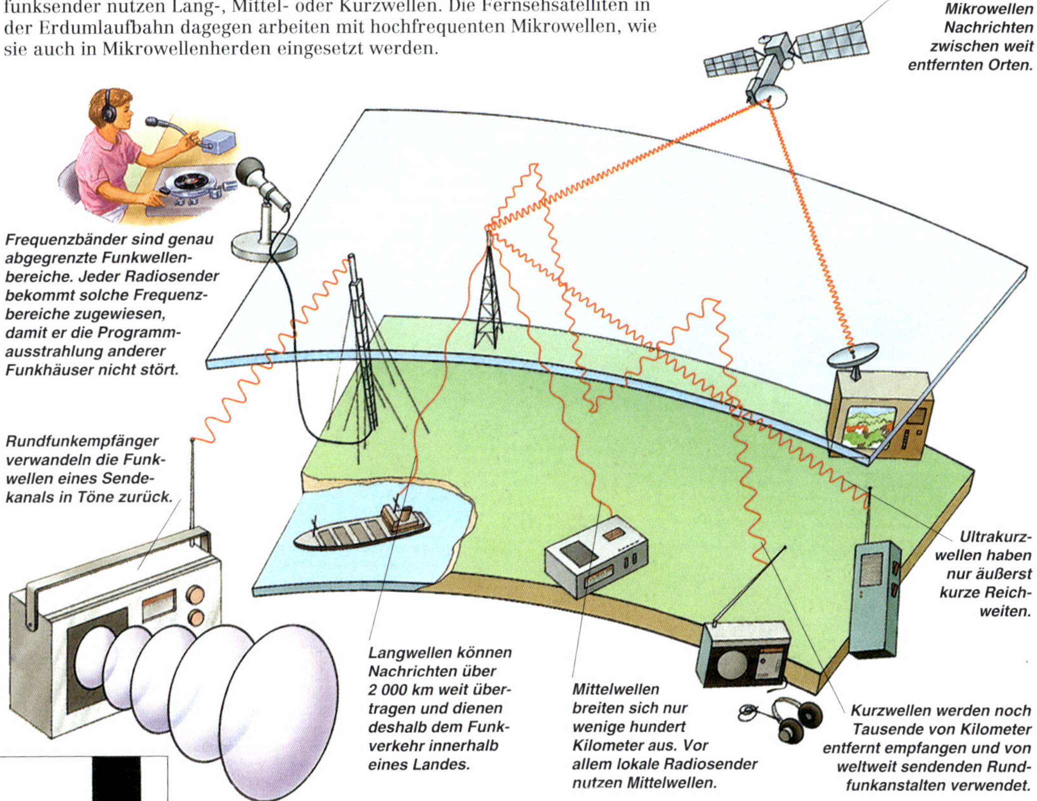

Dieses Röhrenradio von 1936 war 41 cm hoch und 33 cm breit.

Heute passen Rundfunkempfänger durch die Fortschritte der Mikroelektronik in Armbanduhren.

DIGITALES RADIO

Heute werden UKW-Programme digital und analog ausgestrahlt. Um das digitale Radio DAB (Digital Audio Broadcasting) zu empfangen, braucht man ein spezielles Empfangsgerät und einen Receiver. Die DAB-Programme werden ab dem Jahr 2010 überall in Europa nur noch auf einer Frequenz zu empfangen sein. Das heißt, dass man den gewünschten Sender nur einmal auf seinem Radiogerät einstellt und ihn dann ohne neue Suche überall hören kann.

ANGRIFF DER AUSSERIRDISCHEN

1938 löste das Hörspiel »Krieg der Welten«, das der Schauspieler und Regisseur Orson Welles (1915–1985) nach einem utopischen Roman von H. G. Wells vertont hatte, in New York eine Massenpanik aus. Tausende von Hörern nahmen die Meldungen über einen Angriff Außerirdischer ernst.

FERNSEHEN

Fernsehapparate verwandeln Funkwellen in Bilder und Töne zurück. Weltweit können Milliarden von Menschen zur gleichen Zeit ein Ereignis »live« am Bildschirm verfolgen.

Paul Nipkow

1884 Der deutsche Physikstudent Paul Nipkow (1860–1940) erfindet die Nipkow-scheibe. Die rotierende Scheibe wird später durch die Kathodenstrahlröhre ersetzt.

1897 Der deutsche Physiker Karl Ferdinand Braun (1850–1918) erfindet die Kathodenstrahlröhre. Die nach ihm benannte »Braun'sche Röhre« ist die Vorläuferin der heutigen Bildröhre.

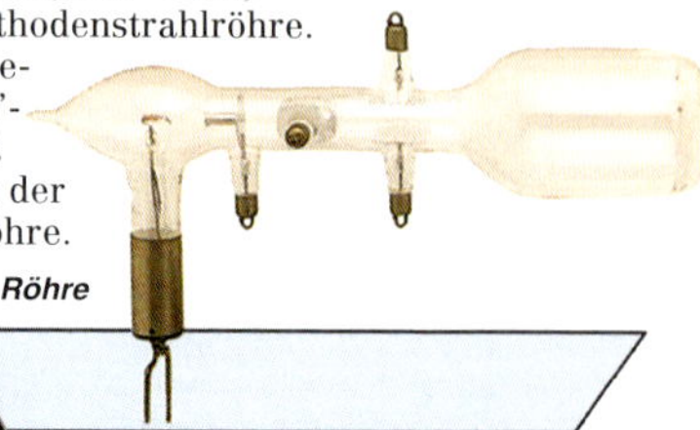

Braun'sche Röhre

1880 1884 1890 1897

Bairds Fernsehsystem

1926 Dem schottischen Erfinder John Logie Baird (1888–1946) gelingt mit der Nipkow-scheibe die recht deutliche Fernsehübertragung eines Gesichts.

1929 Die British Broadcasting Corporation (BBC) überträgt Bairds Fernsehbilder in einer Spätsendung.

1930 Die BBC überträgt erstmals Bairds Sendungen auch mit Ton.

Vladimir Zworykin

1932 Der in Russland geborene Amerikaner Vladimir Kosma Zworykin (1889–1982) führt die erste brauchbare Fernsehkamera vor. Sie arbeitet, anders als Bairds mechanische Scheibenkamera, vollelektronisch mit einer Bildröhre.

1920 1926 1929 1930 1932

1950 Die amerikanische TV-Gesellschaft CBS entwickelt das Farbfernsehen.

1954 Die Eurovision wird gegründet, ein Zusammenschluss europäischer Fernsehanstalten zum Austausch von Fernsehprogrammen.

1962 Der Nachrichtensatellit »Telstar«, der von der amerikanischen Weltraumbehörde NASA in die Erdumlaufbahn gebracht wurde, überträgt die ersten Fernsehprogramme zwischen Amerika und Europa.

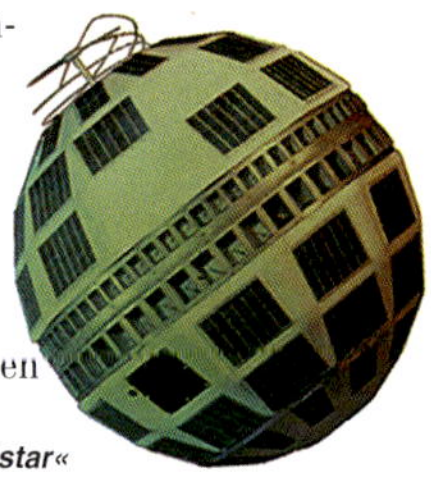

Nachrichtensatellit »Telstar«

1969 Weltweit verfolgen Millionen Menschen die erste Mondlandung, die von der Mannschaft der »Apollo XI« in Farbe aufgenommen wird.

Der erste Mensch auf dem Mond

1970 Die japanische Rundfunkanstalt NHK überträgt »High-Definition-TV« direkt über Satellit. HDTV erzeugt ein scharfes und klares Bild.

1973 »Videotext« nutzt die Austastlücken zwischen den 625 Zeilen, mit denen jedes Fernsehbild übertragen wird.

1950 1954 1960 1962 1969 1970 1973

1979 Das erste Satellitenfernsehen wird in Kanada eingerichtet. Für den Empfang benötigen die Zuschauer eine Satellitenschüssel.

Satellitenschüssel

1979 Die japanische Firma Matsushita baut Fernsehgeräte im Taschenbuchformat.

Taschenfernseher

1980 Der amerikanische Kabelkanal Cable News Network (CNN) geht im Juni auf Sendung. Die Fernsehanstalt strahlt rund um die Uhr Nachrichten aus und berichtet live über Satellit aus allen Krisengebieten dieser Welt.

1981 Camcorder revolutionieren die Nachrichtenübermittlung grundlegend.

1981 In Deutschland wird Stereoton für das Fernsehen eingeführt.

1996 Mit DF 1 beginnt in Deutschland das digitale Fernsehen. Ausgestrahlt werden 30 Kanäle.

1979 1980 1981 1990 1996

FERNSEHGERÄTE GESTERN UND HEUTE

Das Fernsehgerät hat sich in seiner kurzen Geschichte extrem schnell verändert.

1930ER-JAHRE

Die ersten Fernsehgeräte hatten Schwarzweiß-Bildschirme im Postkartenformat. Die Technik dagegen war so aufwendig, dass sie nur in großen Kästen Platz fand.

1960ER-JAHRE

In den 60er Jahren verbreiteten sich die Farbfernseher. Kleine Transistoren ersetzten die riesigen Röhren.

HEUTE

Tragbare Fernsehgeräte für die Hosentasche kann man heute überall kaufen. Die Minigeräte sind häufig mit Flüssigkristallbildschirmen ausgestattet.

REKORDE

Die Fernsehshow mit der längsten Laufzeit ist »Meet the Press«, die 1947 zuerst vom amerikanischen Fernsehsender NBC ausgestrahlt wurde.

Der kleinste Fernseher der Welt mit einem 3 cm großen Bildschirm kann am Handgelenk getragen werden.

Die längste Fernsehsendung war die Übertragung der Mondlandung von »Apollo XI«, die das australische Programm GTV 9 vom 19. bis 26. Juli 1969 ohne Pause live ausstrahlte.

TV-GENERATION

In den USA wird mehr ferngesehen als irgendwo sonst auf der Welt. In einem normalen Haushalt läuft der Fernseher durchschnittlich 7 Std. am Tag. Die meisten Amerikaner haben, wenn sie 65 Jahre alt sind, mehr als neun Jahre ihres Lebens vor dem Bildschirm verbracht.

BELIEBTE FERNSEH-SENDUNGEN

SEIFENOPERN (SOAP OPERA)
Eine Seifenoper ist eine Fernsehserie, die von Liebe und Leid handelt. Ihren Namen erhielten diese Rührstücke, weil ihre Ausstrahlung im amerikanischen Fernsehen in den 1950er-Jahren von Waschpulverherstellern bezahlt wurde. Die Seifenoper mit den weltweit meisten Folgen ist »Coronation Street«, die seit 1960 im britischen Fernsehen läuft.

SPORTSENDUNGEN
Mit ungefähr 607,9 Millionen Fernsehzuschauern hatte das Endspiel der FIFA-Fußballweltmeisterschaft 2006 die bislang höchste Einschaltquote.

FILMKOMÖDIE
Filmkomödien sind Sendungen, in denen Alltagsgeschichten witzig dargestellt werden. Die amerikanische »Cosby-Show« war die beliebteste Fernsehkomödie der Fernsehgeschichte, und Bill Cosby der bestbezahlte Schauspieler der Welt in den 1990er-Jahren.

KINDERSENDUNGEN
In den Kinderprogrammen werden die Fernsehbeiträge so aufbereitet, dass sie auch junge Zuschauer sehen und verstehen können. Viele Fernsehsender bieten ein eigenes Kinderprogramm an.

Die deutsche »Sendung mit der Maus« wird seit 1971 ausgestrahlt.

TALKSHOWS
Studiogäste sprechen über persönliche oder allgemeine Themen wie zum Beispiel Politik oder Gesundheit.

DOKUMENTATION
Journalisten recherchieren Daten und Fakten zu unterschiedlichen Themen, zum Beispiel über Geschichte, Umwelt, Politik oder aktuelle Themen.

ENTSTEHUNG EINES DOKUMENTARFILMS
Das Schaubild zeigt die Entstehung eines Dokumentarfilms von der Idee bis zur Ausstrahlung. An seiner Herstellung sind vor allem die Produktionsfirma und die Fernsehanstalt beteiligt. Bis zur Sendung durchläuft der Film im Wesentlichen drei Phasen: die Vorproduktion mit den Vorbereitungen für die Dreharbeiten, die Produktion mit den Dreharbeiten sowie die Nachproduktion mit der Fertigstellung des Films am Schneidetisch.

Die Idee wird der Produktionsfirma vorgelegt, die den Film drehen und sendefertig machen wird.

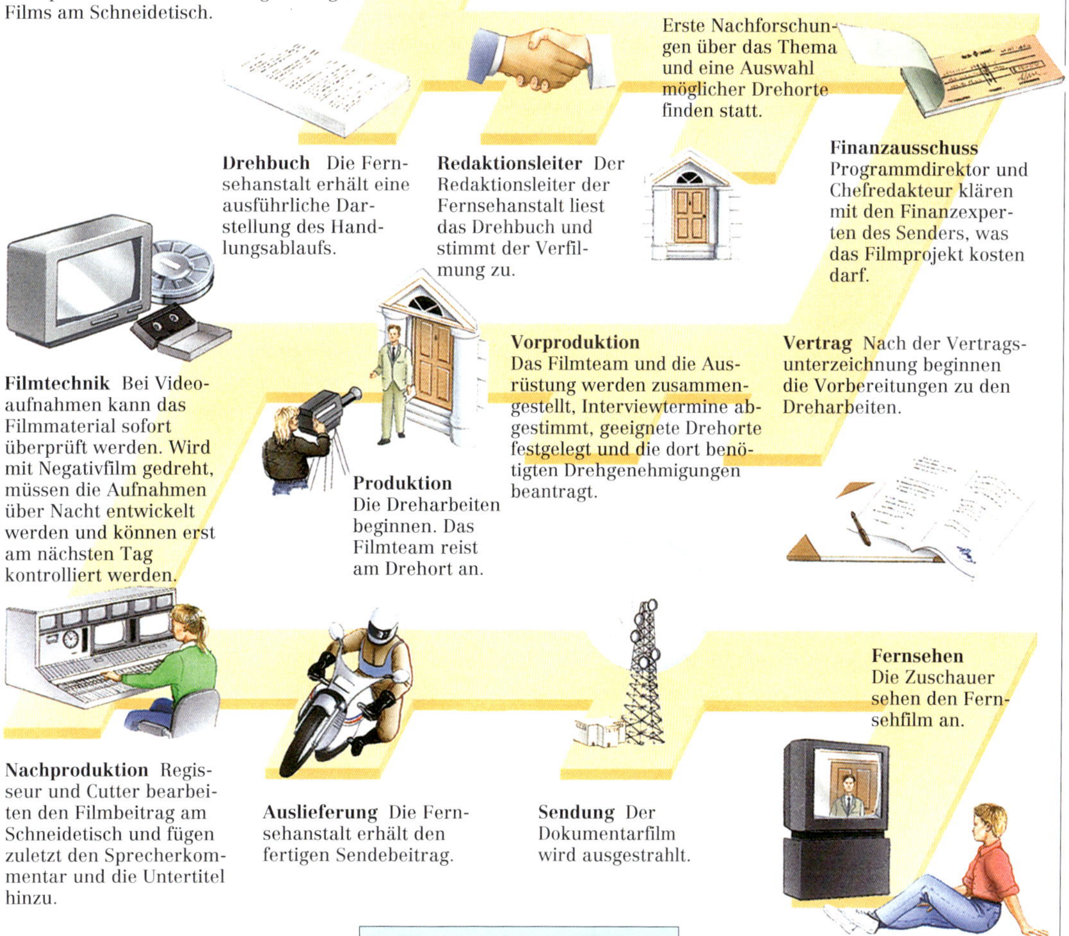

Erste Nachforschungen über das Thema und eine Auswahl möglicher Drehorte finden statt.

Drehbuch Die Fernsehanstalt erhält eine ausführliche Darstellung des Handlungsablaufs.

Redaktionsleiter Der Redaktionsleiter der Fernsehanstalt liest das Drehbuch und stimmt der Verfilmung zu.

Finanzausschuss Programmdirektor und Chefredakteur klären mit den Finanzexperten des Senders, was das Filmprojekt kosten darf.

Vertrag Nach der Vertragsunterzeichnung beginnen die Vorbereitungen zu den Dreharbeiten.

Vorproduktion Das Filmteam und die Ausrüstung werden zusammengestellt, Interviewtermine abgestimmt, geeignete Drehorte festgelegt und die dort benötigten Drehgenehmigungen beantragt.

Produktion Die Dreharbeiten beginnen. Das Filmteam reist am Drehort an.

Filmtechnik Bei Videoaufnahmen kann das Filmmaterial sofort überprüft werden. Wird mit Negativfilm gedreht, müssen die Aufnahmen über Nacht entwickelt werden und können erst am nächsten Tag kontrolliert werden.

Nachproduktion Regisseur und Cutter bearbeiten den Filmbeitrag am Schneidetisch und fügen zuletzt den Sprecherkommentar und die Untertitel hinzu.

Auslieferung Die Fernsehanstalt erhält den fertigen Sendebeitrag.

Sendung Der Dokumentarfilm wird ausgestrahlt.

Fernsehen Die Zuschauer sehen den Fernsehfilm an.

DAS INNENLEBEN EINES FERNSEHERS
Die Antenne des Fernsehers nimmt die Funkwellen auf und wandelt sie in elektronische Signale um. Diese Signale wiederum werden von der Bildröhre in Bilder umgewandelt.

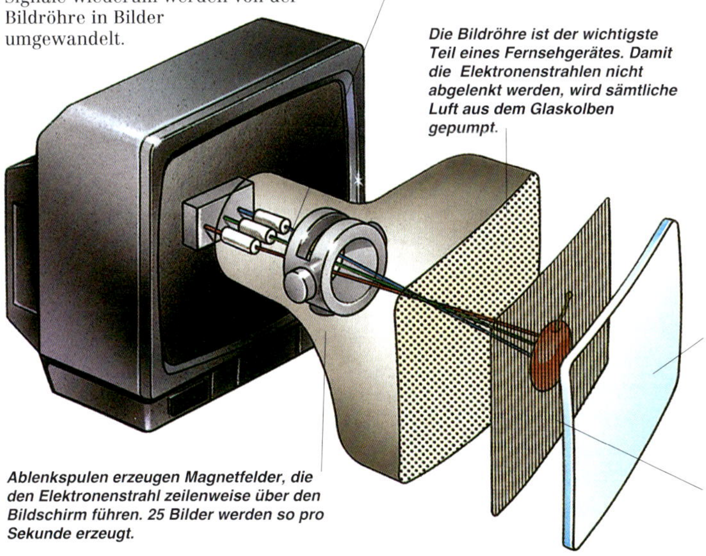

Elektronenkanonen feuern einen Elektronenstrahl (siehe S. 226) auf die Monitorrückseite und bringen dort eine Phosphorschicht zum Leuchten.

Die Bildröhre ist der wichtigste Teil eines Fernsehgerätes. Damit die Elektronenstrahlen nicht abgelenkt werden, wird sämtliche Luft aus dem Glaskolben gepumpt.

Phosphorstäbchen bedecken die Rückseite des Bildschirms. Werden sie von dem Elektronenstrahl getroffen, leuchten sie je nach Art des Phosphors rot, grün oder blau.

Eine Lochmaske sorgt dafür, dass die Elektronenstrahlen die richtigen Farben treffen.

Ablenkspulen erzeugen Magnetfelder, die den Elektronenstrahl zeilenweise über den Bildschirm führen. 25 Bilder werden so pro Sekunde erzeugt.

DIE MEISTEN FERNSEHGERÄTE

Land	Geräte je 1000 Einwohner
Bermudas	1009
Monaco	771
USA	740
Malta	702
Japan	678
Kanada	655
Guam	628
Jungferninseln	625
Deutschland	623
Syrien	57
Mali	4

WISSENSWERTES
1993 stand weltweit in 746 829 000 Haushalten ein Fernsehgerät.

Die Bilder des High-Definition-TVs setzen sich aus doppelt so vielen Bildzeilen zusammen wie beim herkömmlichen Fernsehsystem und wirken daher sehr viel schärfer.

»Virtual Reality« (künstlich erzeugte Wirklichkeit) ist eine Computertechnik, die ein täuschend echtes Bild erzeugt. Die Zuschauer tragen eine Spezialbrille und haben den Eindruck, mitten im Filmgeschehen zu sein.

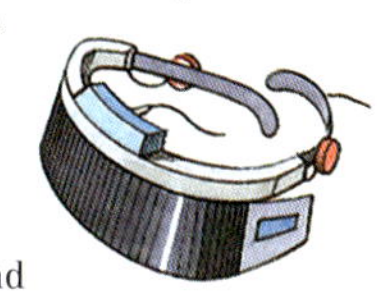

»Virtual-Reality-Brille«

FILM

Mit der ersten Filmvorführung durch die Brüder Louis und Auguste Lumière im Jahr 1895 begann die inzwischen über 100-jährige Geschichte des Films.

1879 Der englische Fotograf Eadweard Muybridge (1830–1904) erforscht durch Serienfotos Bewegungsabläufe bei Mensch und Tier. Er entwickelt das Zoopraxiskop, eine Art Projektor, das die Fotos in schneller Abfolge hintereinander zeigt. Es entsteht der Eindruck, dass sich die Bilder bewegen.

Zoopraxiskop

1881 Etienne-Jules Marey (1830–1904), ein französischer Pionier der Fotografie, erfindet eine Kamera, die 12 Bilder auf eine sich drehende Platte aufnimmt. Er kann dadurch Bewegungsabläufe, z.B. Vogelflug zeigen.

1870 1879 1880 1881

1894 Der Kinetograph (Aufnahmekamera) und das Kinetoskop (Vorführgerät) werden von den Amerikanern Thomas Alva Edison (1847–1931) und William Dickson (1860–1933) entwickelt. Die Bilder werden auf lichtempfindliche Celluloid-Rollfilme aufgezeichnet.

Kinematograph

1895 Mit dem von den französischen Brüdern Auguste (1862–1954) und Louis (1864– 1948) Lumière entwickelten Kinematographen (kombiniertes Vorführ- und Aufnahmegerät) lassen sich bewegte Bilder einem größeren Publikum vorführen.

1895 Die ersten Kurzfilme entstehen; oft sind es Momentaufnahmen aus dem Alltagsleben. Die ersten Filmstudios und Ateliers für die Kolorierung der Filme werden gegründet.

1906 Der Filmregisseur G.A. Smith (1864–1959) erfindet den zweifarbigen Film mit den Farben Grün und Rot (Kinemacolor). Seit 1908 werden die ersten zweifarbigen Filme gedreht.

Filmplakate

1890 1894 1895 1895 1900 1906

Filmpalast der 20er Jahre

1927 Der erste Tonfilm »The Jazz Singer« gilt als Beginn der Geschichte des Tonfilms. Bisher wurden Stummfilme gezeigt, zu denen Musik vom Grammophon erklang oder die von einem Klavierspieler begleitet wurden.

Plakat zu »The Jazz Singer«

1929 Der Ufa-Palast in Hamburg ist mit 2 667 Plätzen das größte europäische Kino.

1929 Die ersten »Oscars« erhalten Emil Jannings und Janet Gaynor.

»Oscar«

1932 Das Dreifarben-Technicolor-Verfahren wird entwickelt. Dabei werden die Farben Rot, Grün und Blau übereinander kopiert.

1920 1927 1929 1930 1932

1939 »Vom Winde verweht« wird als größte Farbfilmproduktion uraufgeführt.

Szene aus einem frühen Farbfilm

1952 Erstmals wird das »3-D-Aufnahmeverfahren« vorgeführt. Die 3-D-Brille lässt das Bild räumlich erscheinen.

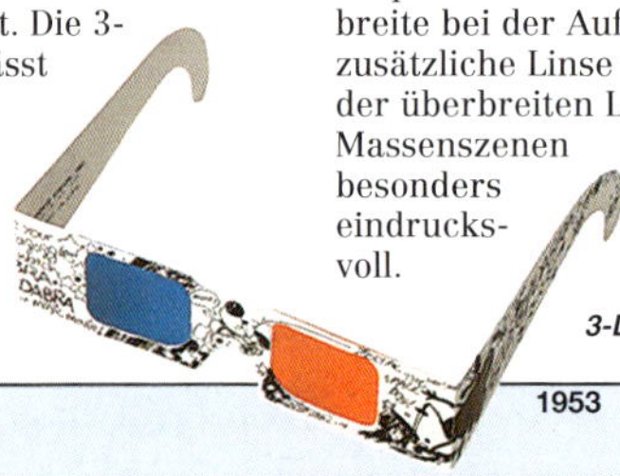

3-D-Brille

1953 Beim neuartigen »Cinema-Scope-Verfahren« wird die Bildbreite bei der Aufnahme durch eine zusätzliche Linse verdoppelt. Auf der überbreiten Leinwand wirken Massenszenen besonders eindrucksvoll.

1976 Auf einer riesigen kuppelförmigen Leinwand, die sich über dem Publikum befindet, werden IMAX-Filme gezeigt.

1990er-Jahre Computer erzeugen künstliche Bilder, die von den echten Vorlagen nicht mehr zu unterscheiden sind.

1950 1939 1952 1953 1970 1976 1990

BELIEBTE FILME

Zu den drei beliebtesten Kinofilmarten zählen Science-Fiction-, Action- und Horror-Filme.

»Terminator 2«

SCIENCE-FICTION

Kaum eine Science-Fiction-serie war so erfolgreich wie »Raumschiff Enterprise« (»Star Trek«). Seit 1966 läuft die Serie im Fernsehen. Zwischen 1979 und 2002 sind insgesamt 10 Spielfilme gedreht worden.

ACTION

In den 1980er-Jahren gehörten die 3 »Indiana Jones«-Filme zu den 10 erfolgreichsten Filmen. Jeder spielte 100 Mio. Dollar ein.

HORROR

Der Vampir Graf Dracula ist die meistverfilmte Horrorfigur. Seit dem Film »Nosferatu« im Jahr 1922 (Regisseur: Friedrich Wilhelm Murnau) spielte er in mehr als 160 Filmen eine Rolle.

FILMFORMATE

Für eine Filmminute werden über 27 m Film, für einen ganzen Spielfilm etwa 2,5 km Film verwendet. Die heute übliche Standardgröße ist der 35-mm-Film (Normal-Film).

Dieser 9,5-mm-Schmalfilm wurde 1922 von der französischen Filmgesellschaft Pathé für Amateurfilmer hergestellt.

Der 35-mm-Normal-Film

Der Ton wird auf dieser Spur aufgezeichnet.

Szene aus einem IMAX-Film

IMAX

Das IMAX-Vorführungsverfahren von Filmen wurde 1970 zum ersten Mal in Japan gezeigt. Dabei werden die Filme auf einer riesigen Leinwand vorgeführt, untermalt von digitalen Klängen. Die Bilder werden mit speziellen Kameras auf 70-mm-Filmen aufgezeichnet und durch besondere Projektoren vorgeführt. Die Bilder sind überdimensional groß und wirken äußerst lebendig.

DIE FILMPRODUKTION

In den Filmstudios ist ein großer Stab von Mitarbeitern an der Produktion eines Films beteiligt. Zu den größten Filmstudios zählt »Universal Picture« (Hollywood, gegründet 1912).

Produzent Der Produzent ist der Leiter eines Filmstudios. Er stellt die notwendigen Geldmittel zur Verfügung und sucht gemeinsam mit dem Regisseur das Drehbuch und die Schauspieler aus.

Drehbuchautor
Er erfindet eine Geschichte und setzt sie in Szene, sodass sie als Film gespielt werden kann.

Produktionsmanager
Er leitet die Organisation einer Filmproduktion und überwacht die Finanzen.

Regisseur
Er ist an der Produktion eines Films beteiligt, indem er mit dem Produzenten das Drehbuch und die Schauspieler auswählt.

Finanzen
Ein Film kostet mehrere Millionen Dollar. Das Geld wird vom Produzenten aufgebracht.

Filmstars
Bekannte Schauspieler tragen oft entscheidend zum Erfolg eines Films bei.

Casting
Die Auswahl der Schauspieler für die verschiedenen Rollen

Drehort Für Außenaufnahmen müssen geeignete Drehorte gefunden und für die Aufnahmen vorbereitet werden.

Produktionsleiter
Er leitet das Produktionsbüro und achtet auf einen reibungslosen Ablauf der Produktion.

Produktionsassistent
Er übernimmt organisatorische Aufgaben und stellt die Verbindung zwischen dem Drehort und dem Redaktionsbüro her.

Nicht nur die Hauptdarsteller, sondern auch geeignete Nebendarsteller und Statisten (Rollen ohne Text) werden sorgfältig ausgewählt.

Produktion

Fachleute aus den unterschiedlichen Bereichen stehen dem Regisseur zur Seite. Häufig sind Hunderte von Mitarbeitern beschäftigt, um Vorbereitungen für die ersten Aufnahmen zu treffen. Gedreht wird in den Kulissen der Studios, auf dem Filmgelände, wo Städte oder Landschaften nachgebaut werden, oder in den vorher bestimmten Drehorten im Freien.

Regisseur
Der Regisseur ist der künstlerische Leiter einer Produktion. Die Arbeit der Darsteller, der Handlungsverlauf, die einzelnen Szenen und die Kameraführung werden von ihm festgelegt.

Aufnahmeleiter
Er ist verantwortlich für die Auswahl der Kameras und des Filmmaterials, für die Beleuchtung und für die Aufnahmen.

Requisite
Dazu gehören Kulissen, Bauten, Mobiliar, Kostüme und Masken.

Erster Regieassistent
Er begleitet die Dreharbeiten und achtet darauf, dass der Zeitplan eingehalten wird.

Toningenieur
Er ist für die Tonqualität eines Films verantwortlich.

Kameraleute
Sie bedienen die Kameras während der Dreharbeiten.

Kameraassistent
Er kümmert sich um die Kameraeinstellung.

Im Kamerateam gibt es noch weitere Mitarbeiter, die für das Einlegen neuer Filmspulen, das Säubern und die Kontrolle der Kamera und den Kamerawagen zuständig sind, der auf Schienen gefahren werden kann.

Ein Beleuchterteam montiert und bedient die Scheinwerfer.

Der künstlerische Direktor entwirft die Kulissen.

Zimmerleute, Maler und Bühnenarbeiter stellen die Kulissen und Bauten her.

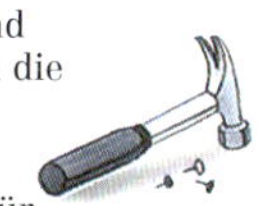

Der Dekorateur sorgt für die vielen Kleinigkeiten am Drehort, z.B. Bilder, Vasen oder Kissen.

Zweiter Regieassistent
Er kümmert sich z.B. um Statisten.

WEITERE ARBEITSBEREICHE
Die Kostümabteilung entwirft und näht oder kauft die Kostüme; in der Maske werden das Make-up und besondere Masken der Künstler aufgetragen. Außerdem müssen die Schauspieler von ihren Unterkünften zum Drehort gefahren werden, es muss für Verpflegung gesorgt sein, und für Werbezwecke werden Standfotos angefertigt.

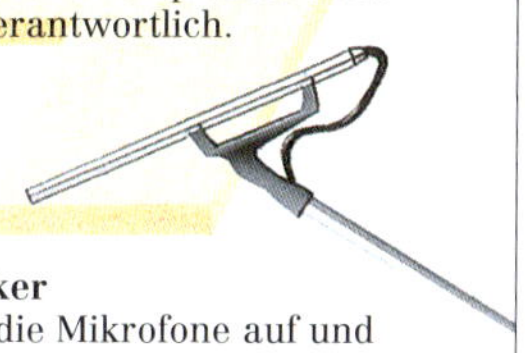

Tontechniker
Sie stellen die Mikrofone auf und folgen den Schauspielern mit Mikrofonen an langen Stangen, den »Galgen«.

SCHNITT UND SYNCHRONISATION
Wenn ein Film abgedreht ist, wird er geschnitten, und die einzelnen Szenen werden der richtigen Reihenfolge nach zusammengefügt. Filme werden oft ins Ausland verkauft und müssen in die jeweilige Landessprache übersetzt werden. Synchronsprecher leihen den Schauspielern ihre Stimmen.

REGISSEURE UND EINIGE IHRER FILME

Fritz Lang (1890–1976), Österreich: »Metropolis« (1926), »Dr. Mabuse« (1922)

Sergei Eisenstein (1898–1948), Russland: »Panzerkreuzer Potemkin« (1925), »Oktober« (1927)

Alfred Hitchcock (1899–1980), Großbritannien: »Bei Anruf Mord« (1954), »Psycho« (1960), »Die Vögel« (1963)

Filmplakat für »Metropolis«

Ingmar Bergman (geb. 1918), Schweden: »Wilde Erdbeeren« (1957), »Szenen einer Ehe« (1973), »Fanny und Alexander« (1982)

Frederico Fellini (1920–1993), Italien: »La Strada« (1954), »La dolce vita« (1959), »Roma« (1971)

Orson Welles (1915–1985), USA: »Citizan Cane« (1940), »Der dritte Mann« (1950, als Schauspieler)

Wim Wenders (geb. 1945), Deutschland: »Paris, Texas« (1984), »Der Himmel über Berlin« (1987)

SCHON GEWUSST?
Die Neuverfilmung von »King Kong« war der teuerste Spielfilm aller Zeiten: die Produktion von 2005 kostete über 171 Mio. Dollar.

Der erste abendfüllende Spielfilm war »The Story of the Kelly Gang« (1906, Australien).

»Krieg und Frieden« (1966/67) in der Version von Sergej Bondartschuk dauert 339 Min. und ist der längste Film.

Der 1959 gedrehte Film »Ben Hur« erhielt mit 11 »Oscars« die meisten Auszeichnungen in der Filmgeschichte.

DIE ERFOLGREICHSTEN FILME

Filmtitel	Jahr
Titanic	1997
Der Herr der Ringe – Die Rückkehr des Königs	2003
Fluch der Karibik 2	2006
Harry Potter und der Stein der Weisen	2001
Der Herr der Ringe – Die zwei Türme	2002
Star Wars – Die dunkle Bedrohung	1999
Shrek 2 – Der tollkühne Held kehrt zurück	2004
Jurassic Park	1993
Harry Potter und der Feuerkelch	2005
Harry Potter und die Kammer des Schreckens	2002

TRICKFILM

Trickfilmzeichner erwecken Figuren oder Gegenstände zum Leben, indem sie für jede Bewegung Zeichnungen anfertigen, die dann in schneller Abfolge gefilmt werden.

1832 Der Belgier Joseph Plateau (1801–1883) erfindet das Phenakistiskop. Bilder werden in einzelnen Abfolgen auf eine Scheibe gemalt.

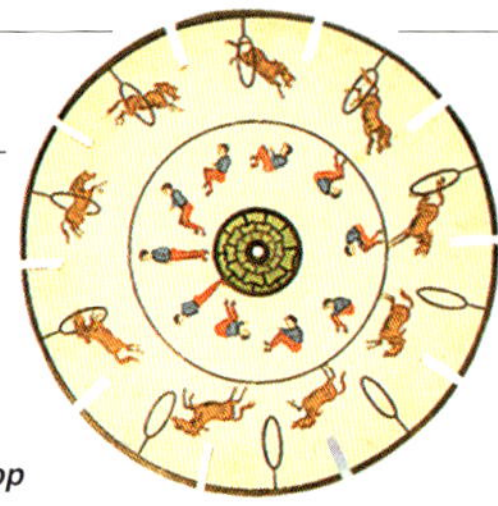

Phenakistiskop

1908 Der französische Trickfilmzeichner Emile Cohl (1857–1938) zeichnet Cartoons. Für eine Sekunde Film benötigt er 16 einzelne Zeichnungen.

1914 Die amerikanischen Trickfilmzeichner Earl Hurd (1880–1950) und J.R. Bray (1879–1978) zeichnen ihre Cartoons direkt auf Bögen aus Celluloid. So müssen nur die einzelnen Bewegungen, nicht aber der Hintergrund neu gezeichnet werden.

1830 – 1832 – 1900 – 1908 – 1914

1926 Walt Disney (1901–1966) und Ub Iwerks (1901–1971) erfinden die Figur »Mickey Mouse«. Sie ist die Hauptfigur in Disneys erstem Ton-Zeichentrickfilm »Steamboat Willie« (1928). Neben Mickey Mouse sind Donald Duck, der Hund Pluto, das Rehkitz Bambi und der fliegende Elefant Dumbo die bekanntesten Figuren aus Disneys Werkstatt. Zu den beliebtesten Zeichentrickfilmen gehören »Schneewittchen und die 7 Zwerge« (1937), »Pinocchio« (1940), »Cinderella« (1950) und »Das Dschungelbuch« (1967).

Mickey Mouse

1930er-Jahre Len Lye (1901–1980), ein Zeichentrickfilmer aus Neuseeland, zeichnet für Kurzfilme die Bilder direkt auf den Film, sodass sie nicht mehr fotografiert werden müssen.

Len Lye

1939 Der erste Trickfilm mit Tom und Jerry wird von den Amerikanern Bill Hanna (geb. 1910) und Joe Barbera (geb. 1911) gedreht. 1943 erhalten sie den ersten ihrer sieben »Oscars« für den Film »Yankee Doodle Mouse«.

1920 – 1926 – 1930 – 1939

1950er-Jahre Beim Bluescreen-Verfahren spielt ein Darsteller vor einer blauen Fläche, auf die jeder beliebige Hintergrund einkopiert werden kann.

Norman McLaren

1952 Norman McLaren (1914–1987), ein Trickfilmzeichner, fotografiert für seinen Film »Neighbours« Menschen in Serienfotos, die er so montiert, dass sich die Menschen im Film ruckartig wie Roboter bewegen.

Trickfigur aus Ton

1990er-Jahre Computerzeichnungen verbessern und verändern die handgezeichneten Bilder, wie z.B. in »Aladin« (1992). Trickfilmzeichner sparen Zeit, indem sie nur die wichtigsten Positionen ihrer Figuren mit der Hand zeichnen und die übrigen Schritte vom Computer anfertigen lassen.

Ende der **1990er-Jahre** Es erscheinen Trickfilme, die vollständig computeranimiert sind, wie z.B. »Toy Story« oder »Shrek«.

1950 – 1952 – 1990 – 2000

TRICKS

Um Figuren im Film Leben zu geben, werden sie entweder von Puppenspielern bewegt oder es werden die einzelnen Bewegungen fotografiert und die Fotos dann hintereinander montiert, sodass beim laufenden Film der Eindruck entsteht, dass sich die Puppen selbstständig fortbewegen.

Früher wurden für einen Zeichentrickfilm alle Bewegungen einzeln illustriert, wie z.B. im Film »Schneewittchen und die 7 Zwerge« von Walt Disney (1937). Heute werden viele Einzelillustrationen am Computer angefertigt.

WISSENSWERTES

Der erste Cartoon in beweglichen Bildern war »Humorous Phases of Funny Faces« (1906), der von dem Amerikaner J. Stuart Blackton (1875–1941) gedreht wurde. Für diesen Cartoon waren 3 000 Zeichnungen notwendig.

Der erste Zeichentrickfilm, der für einen »Oscar« vorgeschlagen wurde, war »Die Schöne und das Biest« (1991) aus den Disney-Studios in den USA.

Landschaften, die nur im Hintergrund einer Szene zu sehen sind, werden nicht aufgebaut, sondern gemalt. Diese Landschaften werden später in die Szene einkopiert.

BELIEBTE TRICKFILME	
Filmtitel	Produktionsjahr
Bambi	1942
Cinderella	1950
Susi und Strolch	1955
Das Dschungelbuch	1967
Roger Rabbit	1988
König der Löwen	1994
Pocahontas	1995
Shrek	2001

MORPHING

Mit dieser Technik kann ein Bild, z.B. von einem Menschen oder einem Gegenstand, mit dem Computer verwandelt werden. Dazu wird es digitalisiert und in den Computer eingegeben. Danach kann es beliebig verändert oder ganz neu gestaltet werden.

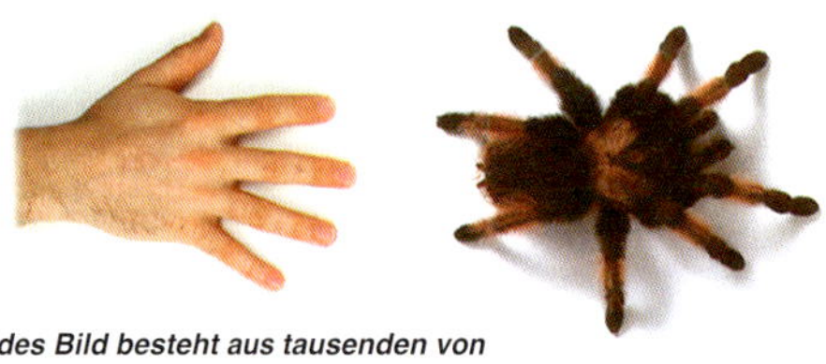

Jedes Bild besteht aus tausenden von Rasterpunkten. Die Rasterpunkte der Hand und der Spinne werden in den Computer eingegeben. Liegen die Punkte der Hand und die der Spinne übereinander, ist die Umwandlung beendet.

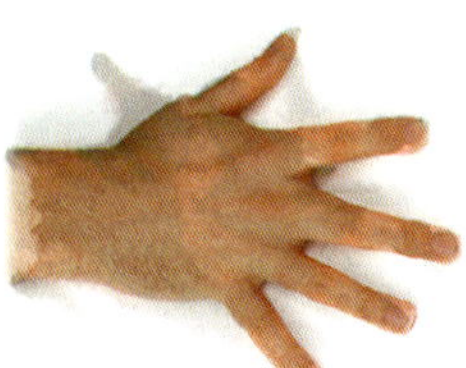

Der Umriss der Spinne wird sichtbar.

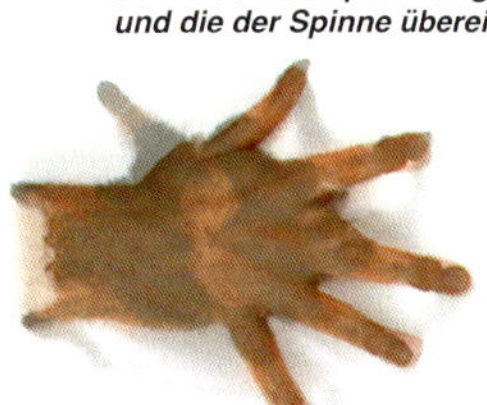

Die Mitte des Umwandlungsprozesses

Die Spinne ist fast fertig.

»VIRTUAL REALITY«

Die »virtuelle Wirklichkeit«, wie die Übersetzung des englischen Begriffs lautet, ist eine künstliche, dreidimensionale Welt, die vom Computer erzeugt wird. In einem Datenhelm befinden sich auf allen Seiten kleine Bildschirme, die den Eindruck erzeugen, man bewege sich mitten in den gezeigten Bildern. Mit einem Datenhandschuh kann man Geschehnisse in der virtuellen Welt steuern.

VIDEO

Die elektronische Bildaufzeichnung auf einem magnetischen Band und die Wiedergabe der Bilder wird als »Video« bezeichnet.

1928 Der deutsche Techniker Fritz Pfleumer entwickelt das Magnetband.

1929 Der schottische Erfinder John Logie Baird (1888–1946) erfindet ein Verfahren, bei dem Bilder auf Platten festgehalten werden.

Bildplatte

1951 Charles Ginsburg entwickelt den Videorekorder mit Magnetband. Die amerikanische Firma CBS stellt 1956 das erste Videoaufnahmegerät »VR 1000« her.

1965 Die japanische Firma Sony bringt die erste tragbare Videokamera auf den Markt.

1920 – 1928 – 1929 – 1950 – 1951 – 1960 – 1965

1969 Sony führt Videokassetten aus Kunststoff ein.

Videokassette

1970 Erste Bildplatten und Wiedergabegeräte werden entwickelt. Die Bilder können am Fernsehschirm angeschaut werden.

1971 Die ersten Heim-Videogeräte werden angeboten.

1975 Sony entwickelt das »Betamax-System« mit kleineren Kassetten.

1976 Die Firma JVC stellt das VHS-System (Video Home System) her.

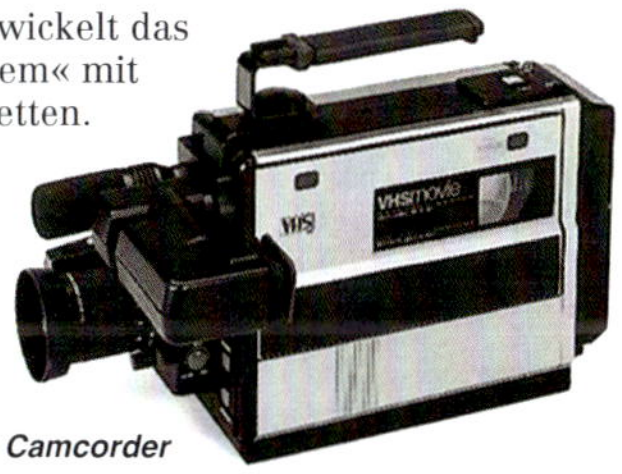

Früher Camcorder

1981 Der Camcorder wird gebaut: eine Videokamera, die zugleich mit Videorekorder ausgestattet ist und direkt auf eine Videokassette aufnimmt.

1990er-Jahre Die DVD-Video speichert Spielfilme in brillanter Qualität. Sie gleicht äußerlich der Musik-CD.

DVD–Scheibe

1969 – 1970 – 1971 – 1975 – 1976 – 1980 – 1981 – 1990

WISSENSWERTES

Ein Videorekorder ist aus mehr als 2 500 Teilen zusammengesetzt; ein Farbfernsehgerät besteht aus etwa 360 Teilen.

Eine Laser-Videodiskette dreht sich ungefähr 50-mal schneller als eine Langspielplatte. Disketten, die in Europa hergestellt wurden, haben eine Umdrehungszahl von 1 500 in der Minute, amerikanische und japanische drehen sich 1 800-mal in der Minute.

In 230 Mio. Haushalten auf der ganzen Welt gibt es mindestens einen Videorekorder. Allein in den USA sind es 65 Mio. Haushalte.

Die Videokamera nimmt 25 Bilder pro Sekunde auf. Sie können digitalisiert und am Computer nachbearbeitet werden.

Die auf herkömmlichen Videobändern festgehaltenen Bilder haben eine maximale Lebensdauer von 25 Jahren.

Die Lichtempfindlichkeit moderner Videokameras ist sehr hoch. Eine spezielle Ausleuchtung eines Raumes ist deshalb nicht notwendig.

Das Videoband kann nicht wie ein Filmband mit der Schere geschnitten werden. Nachbearbeitungen können nur elektronisch gemacht werden.

Die DVD hat die Videokassette Anfang des neuen Jahrhunderts als Trägermedium überholt.

ELEKTRONISCHE NACHRICHTENÜBERMITTLUNG

Nachrichtenteams zeichnen Bilder mit professionellen Videokameras auf Videokassetten auf. Diese müssen nicht wie ein Film vor dem Senden entwickelt werden.

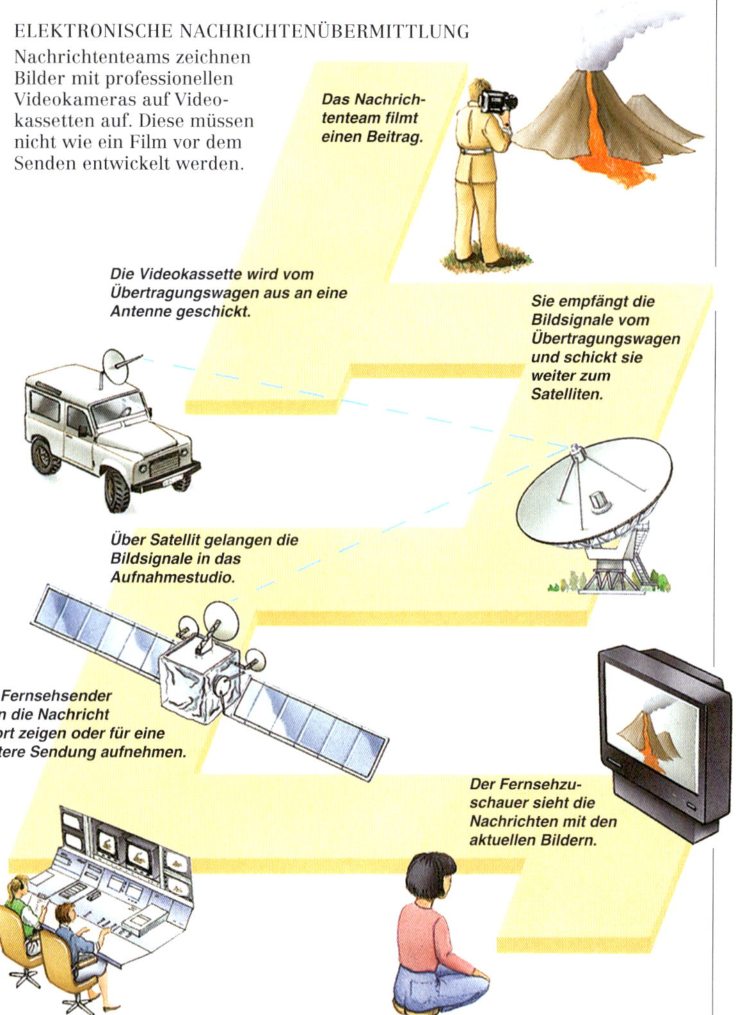

VIDEOKAMERAS

Die ersten Videokameras mussten auf der Schulter getragen werden und waren durch Kabel mit dem getrennten Aufzeichnungsgerät verbunden.

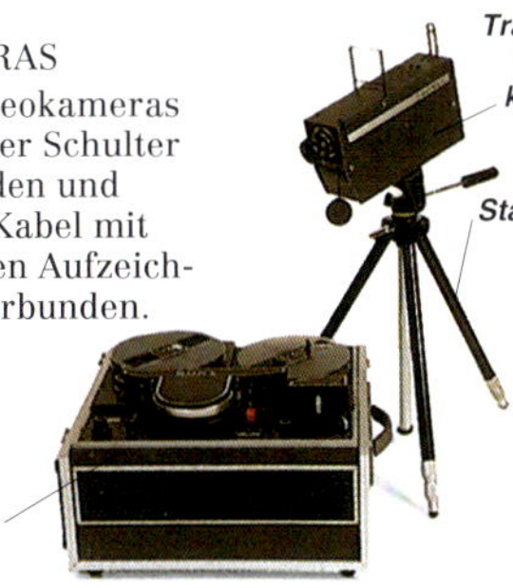

Dieser Camcorder filmt und zeichnet zur gleichen Zeit auf. Er ist so klein, dass er auf die Fläche einer Hand passt.

VIDEOREKORDER

Der »VR 1 000« war 1,10 Meter hoch.

Der »Ampex VR 1 000«-Videorekorder von 1956 wog 665 kg, so viel wie ein Kleinwagen, und verwendete Videoband, das viermal breiter war als die heute gebräuchlichen Bänder.

Moderne Videorekorder wie dieser speichern die Filme nicht mehr auf Bändern, sondern auf Speicherkarten; die Filme können dann auf Notebooks, PDAs oder sogar Mobiltelefonen abgespielt werden.

SCHON GEWUSST?

»Video« ist lateinisch und heißt »ich sehe«.

Der erste Videoclip zu Werbezwecken war 1975 »Bohemian Rhapsody« von der Gruppe »Queen«.

Die meistverkaufte Videokassette ist der Disney-Zeichentrickfilm »König der Löwen« (1994): ca. 65 Mio. Kassetten wurden bis jetzt verkauft.

ZEITUNGEN UND ZEITSCHRIFTEN

Zeitungen sind preiswert und informieren uns umfassend über die Ereignisse um uns herum, in unserem Land und in der Welt.

59 v. Chr. Im Alten Rom informieren die »Acta diurna« (die täglichen Schriftstücke) über die sozialen und politischen Ereignisse des Tages.

Römer, eine Schriftrolle lesend

618 n. Chr. In China werden Rundschreiben, die über das Leben am kaiserlichen Hof berichten, in Umlauf gebracht.

1440–1450 Johannes Gutenberg (ca. 1398–1468) erfindet den Buchdruck mit beweglichen Bleilettern (Bleibuchstaben). Druckerzeugnisse können in großer Zahl hergestellt werden, und der Kreis der Leser wächst.

Johannes Gutenberg

59 v. Chr. – 600 n. Chr. – 618 – 1440 – 1440

1609 In Deutschland stammen die frühesten Zeitschriftenfunde aus Wolfenbüttel (»Aviso«).

1620 Eine der ersten Zeitungen, die mit beweglichen Bleilettern gedruckt werden, ist die holländische Zeitung »Corantos« (Allgemeine Nachrichten). Sie enthält Auszüge aus anderen ausländischen Zeitungen.

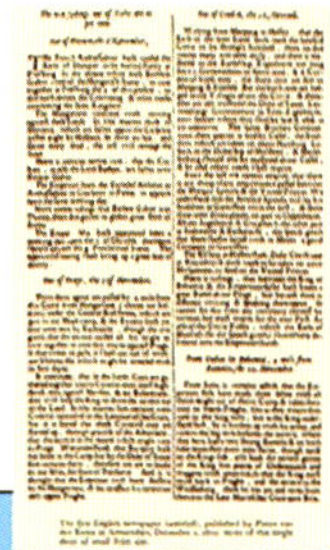

»Corantos«

17.–19. Jh. In Japan bezahlt man für das laute Vorlesen der Nachrichten eine kleine Gebühr. Diesen Vorgang nennt man »yomiuri« (verkaufen und lesen). »Kawara-ban«, einzelne, mit Hilfe von Tonplatten bedruckte Nachrichtenblätter, werden hergestellt.

In Japan werden Nachrichten gegen eine Gebühr laut vorgelesen

1645 Die erste ständig erscheinende Wochenzeitung, die »Postoch inrikes tidningar«, wird in Schweden herausgegeben.

1600 – 1609 – 1620 – 1645

1703 Die älteste noch bestehende Zeitung der Welt ist die »Wiener Zeitung« in Österreich.

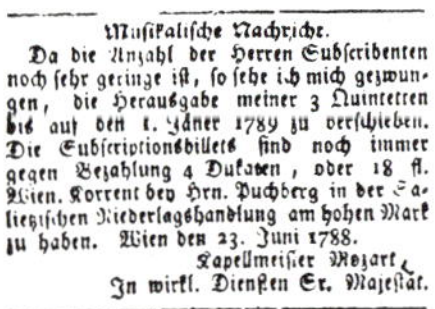

Musikalische Nachricht.

Da die Anzahl der Herren Subscribenten noch sehr geringe ist, so sehe ich mich gezwungen, die Herausgabe meiner 3 Quintetten bis auf den 1. Jäner 1789 zu verschieben. Die Subscriptionsbillets sind noch immer gegen Bezahlung 4 Dukaten, oder 18 fl. Wien. Korrent bey Hrn. Puchberg in der Saliczischen Niederlagshandlung am hohen Mark zu haben. Wien den 23. Juni 1788.

Kapellmeister Mozart,
In wirkl. Diensten Sr. Majestät.

»Wiener Zeitung«

1704 In den USA erscheint »The Boston News-Letter«, die erste offizielle amerikanische Zeitung.

»The Boston News-Letter«

1766 Schweden ist das erste Land, in dem die Pressefreiheit garantiert wird.

1833 Das erste erfolgreiche Boulevardblatt, die »Sun«, erscheint in New York.

1842 »The Illustrated London News« mit Beiträgen von Künstlern aus der ganzen Welt wird in London herausgegeben.

»The Illustrated London News«

1858 Der Deutsche P. J. Reuter (1816–1899) startet eine internationale Presseagentur. Sie ist heute die größte der Welt.

P. J. Reuter

1700 – 1703 – 1704 – 1760 – 1766 – 1800 – 1833 – 1842 – 1858

1878 »The Hindu« ist eine der ersten Zeitungen in Indien.

»The Hindu«

1903 Das erste kleinformatige Magazin mit Abbildungen, der »Mirror«, wird in England herausgebracht. Die Zeitung war nur halb so groß wie die anderen Zeitungen; die Artikel waren kürzer, und ihr Preis war erschwinglich. Später wurde aus ihr der »Daily Mirror«.

Der »Mirror«

1910–1920er-Jahre Der amerikanische Verleger Edward Scripps (1854–1926) bringt in erster Linie Arbeiterzeitungen heraus und treibt ihre Verbreitung voran. In den 1920er-Jahren gibt es in den USA etwa 6 000 Zeitungen.

Edward Scripps

1970er-Jahre Der Bleisatz wird eingestellt. Die Satzerstellung wird elektronisch am Computer vorgenommen.

1990er-Jahre
Viele Zeitungen können im Internet gelesen werden.

1870 – 1878 – 1900 – 1903 – 1910 – 1950 – 1955 – 1970

WISSENSWERTES

In Schweden werden 574 Zeitungen pro 1 000 Einwohner verkauft: die meisten weltweit.

Die erste Zeitung mit einer Auflage von einer Million war 1886 die französische Zeitung »Le Petit Journal«.

DIE LÄNDER MIT DEN MEISTEN TAGESZEITUNGEN

Land	Anzahl
Indien	5 221
USA	1 457
Türkei	542
Deutschland	398
Brasilien	372
Pakistan	352
Mexiko	311
Griechenland	207
Indonesien	172
Rumänien	145

DIE MEISTVERKAUFTEN ZEITUNGEN DER WELT

Zeitung	Land	Durchschnittliche Tagesverkaufszahlen
Yomissi Shimbun	Japan	14 246 000
Asahi Shimbun	Japan	12 326 000
Mainichi Shimbun	Japan	5 635 000
Nihon Keizai Shimbun	Japan	4 737 000
Chunichi Shimbun	Japan	4 571 000
Bild Zeitung	Deutschland	4 220 000
The Sun	Großbritannien	3 461 000
Shankei Shimbun	Japan	2 665 000
USA Today	USA	2 603 000
Canako Xiaoxi	China	2 530 000

FACHBEGRIFFE

Auflagenhöhe Anzahl der Zeitungen, die pro Auflage gedruckt werden

Brandaktuell Neuigkeiten, die erst vor kürzester Zeit bekannt geworden sind

Fachzeitschriften Zeitschriften, die Informationen und Analysen über bestimmte Themenbereiche veröffentlichen

Feuilleton Der Kulturteil einer Zeitung

Illustrierte Zeitschriften, die unterhaltende Informationen, z.B. über Prominente und Adelige, für eine breite Leserschaft bieten.

Magazin Zeitschrift mit einem kleineren Format, in der Regel halb so groß wie eine Zeitung.

Presseagentur Eine Gruppe von Verlegern, die die Druckrechte von Artikeln in der ganzen Welt verkaufen.

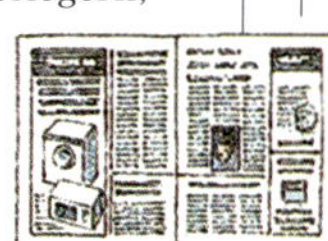

Reportage Ein lebendiger Augenzeugenbericht eines Ereignisses

Verleger Der Inhaber eines Buch- oder Zeitungsverlages

Zeitungsformat Eine Zeitung hat in der Regel ein Format von 38 cm x 61 cm.

SPORT

In diesem Kapitel werden die olympischen und die wichtigsten anderen Sportarten vorgestellt und erläutert. Sie werden von Mannschaften oder einzelnen Sportlern, von Spitzensportlern oder Amateuren ausgeübt. Neben Regeln und Techniken der einzelnen Sportarten gibt dieses Kapitel einen Überblick über Spitzenrekorde, Weltklassesportler und wichtige Wettkämpfe.

Sportarten • Olympische Spiele • Leichtathletik • Gewichtheben • Turnen
Kampfsportarten • Rückschlagspiele • Basketball • Fußball • Stockspiele • Golf
Wassersport • Schwimmen und Springen • Pferdesport • Wintersport • Sport auf Rädern
Wurf- und Schießsport

SPORTARTEN

Rudern, Kegeln, Ball- und Brettspiele, Reiten, Ringen und Boxen zählen zu den ältesten Sportarten. Sie reichen bis in vorgeschichtliche Zeit zurück.

ca. 3000–1500 v. Chr. Ringen und Boxen werden von den frühen Mittelmeerkulturen betrieben. Stierspiele stehen im Mittelpunkt der minoischen Feste auf Kreta. Akrobaten springen über den Rücken eines laufenden Stiers.

Stierspringen in Kreta

ca. 1500 v. Chr. Jagen, Bogenschießen, Ringen und Kämpfen sind in Ägypten bekannt.

Ein ägyptischer Edelmann jagt Vögel.

3000 v. Chr. – 3000–1500 v. Chr. – 1500 v. Chr. – 1500 v. Chr.

ca. 776 v. Chr. Die ersten olympischen Spiele werden in Olympia (Griechenland) veranstaltet. Sie dauern einen Tag, wobei den Göttern geopfert wird und anschließend ein Sprint über 192 m, die Länge des Stadions, stattfindet.

ca. 200 v. Chr. In Rom sind Wagenrennen beliebt. Der Circus Maximus fasst 200 000 Menschen. Gladiatoren kämpfen bis zum Tod in Amphitheatern, wie z.B. dem Kolosseum.

Wagenrennen in Rom

ca. 20 v. Chr. Der japanische Kaiser Suinin lässt Hofleute miteinander ringen. Daraus entwickelt sich das Sumoringen.

Sumoringer, Japan

ca. 400 n. Chr. Fast alle Völker Mittelamerikas spielen das Kultballspiel »Tlachtli«. Das Spiel stellt den Kampf zwischen Sternen- und Sonnengöttern dar.

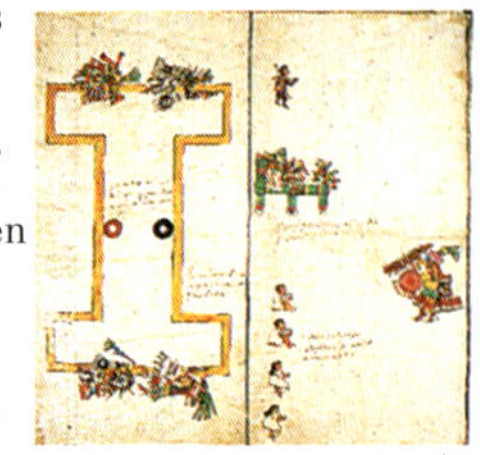

Aztekischer Ballplatz

800 v. Chr. – 776 v. Chr. – 200 v. Chr. – 200 v. Chr. – 20 v. Chr. – 20 v. Chr. – 400 n. Chr. – 400 n. Chr.

ca. 1100 Ritter messen sich in mittelalterlichen Kampfspielen, den Turnieren.

Ritter beim Turnier

1200 Eine erste Form des Tennis wird vom französischen Adel gespielt.

In Holland ist das Eislaufen auf den gefrorenen Kanälen beliebt.

Eisläufer in Holland

1530 In Italien ist das Fußballspiel »Calcio« urkundlich nachweisbar. Die Mannschaften haben 20 bis 40 Spieler.

Um 1630 Die nordamerikanischen Indianer spielen »Baggataway«, aus dem das Spiel »Lacrosse« entwickelt wird: Bälle müssen mit einem Netzschläger gefangen werden.

Frühes Lacrosse

Um 1750 Die Eingeborenen Polynesiens betreiben Wellenreiten auf bis zu 80 kg schweren Balken. Die USA und Australien übernehmen diesen Sport als »Surfen«.

1811 Friedrich Jahn (1778–1852) richtet in Berlin den ersten Turnplatz ein. Jahn ist der Begründer der Turnkunst.

Friedrich Jahn

1200 – 1200 – 1500 – 1530 – 1600 – 1630 – 1700 – 1750 – 1810 – 1811

1823 William Webb Ellis aus der englischen Stadt Rugby hebt während eines Fußballspiels den Ball auf und läuft damit – so entsteht Rugby.

William Webb Ellis

Um 1830 Baseball, abgeleitet von dem englischen Spiel Rounders (Rundball), wird zuerst in den USA gespielt.

Frühes Baseball

1839 Das erste Grand-National-Hürdenrennen wird auf der Aintree-Rennbahn in England veranstaltet.

Überspringen des Bachs

1843 Der erste offizielle Wettbewerb im Skilanglauf wird in Tromsø, Norwegen, veranstaltet.
Um 1850 Bowling wird, von Schottland ausgehend, in aller Welt verbreitet. Die 1849 aufgestellten Regeln gelten bis heute.
1860 Die ersten offenen britischen Golfmeisterschaften werden in Prestwick, Schottland, veranstaltet.

1863 Zum ersten Mal werden in England verbindliche Fußballregeln festgelegt.
1865 Boxen mit Handschuhen entwickelt sich aus dem Boxen mit bloßen Händen nach den Regeln des Marquis von Queensberry (1844–1900).

Boxer mit bloßen Fäusten

1820 – 1823 – 1830 – 1839 – 1840 – 1843 – 1850 – 1860 – 1863 – 1865

1869 Das erste Deutsche Pferdederby findet in Hamburg statt.

1877 Das erste Kricket-Länderspiel zwischen England und Australien findet in Melbourne statt.

Englische Kricketmannschaft, 1886

1877 Die erste Rasentennismeisterschaft wird in Wimbledon, England, veranstaltet.

Wimbledon

1880 Das erste Radrennen über die Alpen findet statt.
1882 Judo wird von Jigoro Kano (1860–1938) in Japan entwickelt.
1891 Basketball wird von James Naismith als Spiel für die Hallenwintersaison entwickelt.

James Naismith (1861–1939)

1869 – 1870 – 1877 – 1880 – 1882 – 1890 – 1891

1895 Volleyball wird von William G. Morgan in den USA entwickelt. Die Bezeichnung leitet sich vom englischen Wort »volley« = Flug ab.
1896 Die ersten Olympischen Spiele der Neuzeit werden in Athen veranstaltet.
1903 Die erste Tour de France, ein Radrennen mit mehreren Etappen, wird ausgetragen.
1924 Die ersten Olympischen Winterspiele werden in Chamonix (Frankreich) veranstaltet.

Das kanadische Eishockeyteam, 1924

1930 Die erste Fußballweltmeisterschaft findet in Uruguay statt.
1960 Die erste Behinderten-Olympiade (Paralympics) findet in Rom statt. Die Disziplinen sind den jeweiligen Behinderungen angepasst.

Regelmäßig werden Massenmarathonläufe mit mehr als 15 000 Teilnehmern durchgeführt.

1972 Bei der Olympiade in München töten palästinensische Terroristen 11 Mitglieder des israelischen Teams.

1980 Die Sportler der westlichen Welt boykottieren die Olympischen Spiele in Moskau, weil sowjetische Truppen in Afghanistan einmarschierten.

2004 Bei den Olympischen Spielen in Athen werden 301 Goldmedaillen in 28 verschiedenen Sportarten vergeben.

1895 – 1896 – 1900 – 1903 – 1924 – 1930 – 1960 – 1970 – 1972 – 1980 – 2004

OLYMPISCHE SPIELE

Seit 1896 finden die Olympischen Spiele alle vier Jahre an einem anderen Ort der Welt statt.

OLYMPISCHE RINGE
Die fünf ineinander greifenden Ringe stellen die Kontinente Europa, Asien, Afrika, Australien und Amerika dar.

LORBEERKRANZ
Bei den alten Olympischen Spielen wurden die Sieger mit einem Kranz aus Olivenzweigen gekrönt.

MEDAILLEN
Heute wetteifern Einzelkämpfer und Mannschaften um Gold- (Erster), Silber- (Zweiter) und Bronzemedaillen (Dritter) bei den Olympischen Spielen.

Goldmedaille der Spiele von 2004

OLYMPISCHES FEUER
Eine Fackel mit dem olympischen Feuer wird von einer Reihe von Läufern von Olympia in Griechenland aus in das Stadion gebracht, in dem die Spiele stattfinden. Die olympische Flamme brennt während der gesamten Spiele.

OLYMPISCHE SOMMERSPIELE		
Jahr	Ort	Land
1896	Athen	Griechenland
1900	Paris	Frankreich
1904	St. Louis	USA
1908	London	Großbritannien
1912	Stockholm	Schweden
1920	Antwerpen	Belgien
1924	Paris	Frankreich
1928	Amsterdam	Niederlande
1932	Los Angeles	USA
1936	Berlin	Deutschland
1948	London	Großbritannien
1952	Helsinki	Finnland
1956	Melbourne	Australien
1960	Rom	Italien
1964	Tokio	Japan
1968	Mexiko City	Mexiko
1972	München	Deutschland
1976	Montreal	Kanada
1980	Moskau	Russland
1984	Los Angeles	USA
1988	Seoul	Südkorea
1992	Barcelona	Spanien
1996	Atlanta	USA
2000	Sidney	Australien
2004	Athen	Griechenland
2008	Peking	China
2012	London	Großbritannien

SOMMER-PARALYMPICS		
Jahr	Ort	Land
1964	Tokio	Japan
1968	Tel Aviv	Israel
1972	Heidelberg	Deutschland
1976	Toronto	Kanada
1980	Arnheim	Niederlande
1984	New York	USA
1988	Seoul	Südkorea

PARALYMPICS
Bei den Paralympics, die alle vier Jahre abgehalten werden, nehmen nur körperbehinderte Sportler teil. Die Sportarten schließen Laufen, Radfahren und Judo mit ein.

Seit 1976 werden auch Winter-Paralympics abgehalten.

Seit 1988 werden die Sommer-Paralympics immer am selben Ort ausgetragen wie die Olympischen Sommerspiele.

OLYMPISCHE WINTERSPIELE		
Jahr	Ort	Land
1932	Lake Placid	USA
1936	Garmisch-Partenkirchen	Deutschland
1948	St. Moritz	Schweiz
1952	Oslo	Norwegen
1956	Cortina d'Ampezzo	Italien
1960	Squaw Valley	USA
1964	Innsbruck	Österreich
1968	Grenoble	Frankreich
1972	Sapporo	Japan
1976	Innsbruck	Österreich
1980	Lake Placid	USA
1984	Sarajevo	Jugoslawien
1988	Calgary	Kanada
1992	Albertville	Frankreich
1994	Lillehammer	Norwegen
1998	Nagano	Japan
2002	Salt Lake City	USA
2006	Turin	Italien
2010	Vancouver	Kanada

OLYMPISCHE WINTERSPIELE
Bis 1994 wurden die Winterspiele im gleichen Jahr wie die Sommerspiele veranstaltet. Zu den Disziplinen gehören u.a. Ski fahren, Eislauf und Eiskunstlauf sowie Eishockey.

EINTEILUNG DER SPORTARTEN
Die vielen verschiedenen Sportarten können in drei Grundgruppen eingeordnet werden.

Dieses Symbol steht neben allen olympischen Disziplinen, die auf den nächsten Seiten vorgestellt werden.

EINTEILUNG

- WETTRENNEN
  -  Körperkraft
  -  Übertragung der Körperkraft
  -  Äußere Kraftquellen
- GEGENSPIELER
  -  Mannschaft
  -  Rückschlagspiele
  -  Kampfsport
- EINZELLEISTUNG
  -  Körperkraft
  -  Vorführung
  -  Konzentration

Beispiele: Laufen, Gehen, Schwimmen

Radfahren, Skilanglauf, Rudern

Autorennen, Motorradrennen, Segeln

Basketball, Fußball, Eishockey

Tennis, Badminton, Squash

Boxen, Judo, Fechten

Weitsprung, Speerwerfen, Gewichtheben

Turnen, Kunstspringen, Eiskunstlaufen

Golf, Bogenschießen, Darts

LEICHTATHLETIK

»Leichtathletik« bezeichnet alle aus dem Laufen, Stoßen, Werfen und Springen entstandenen Sportarten. Sie werden als Einzel-, Mehr- und Mannschaftskampf ausgetragen. Die Leichtathletik stellt den Hauptteil der Olympischen Sommerspiele dar.

Leichtathleten tragen Trikots und Shorts.

Sprintschuhe haben 11 Spikes an der Sohle; damit können sich die Läufer vom Boden abdrücken ohne auszurutschen.

STARTPISTOLE
Mit der Startpistole wird der Startschuss ausgelöst. Mit dem Schuss wird die elektronische Zeiterfassung in Gang gesetzt.

LAUFWETTBEWERBE BEI DER OLYMPIADE UND DEN WELTMEISTERSCHAFTEN			
Disziplin		Aktueller Weltrekord Männer	Aktueller Weltrekord Frauen
Sprints	100 m	9,74 Sek.	10,49 Sek.
	200 m	19,32 Sek.	21,34 Sek.
	400 m	43,18 Sek.	47,60 Sek.
Mittelstrecke	800 m	1 Min. 41,11 Sek.	1 Min. 53, 28 Sek.
	1 500 m	3 Min. 26,00 Sek.	3 Min. 50,46 Sek.
Langstrecke	3 000 m	*	8 Min. 06,11 Sek.
	5 000 m	12 Min. 37,35 Sek.	14 Min. 24,53 Sek.
	10 000 m	26 Min. 17,53 Sek.	29 Min. 31,78 Sek.
Staffel	4 x 100 m	37,40 Sek.	41,37 Sek.
	4 x 400 m	2 Min. 54,20 Sek.	3 Min. 15,17 Sek.
Hürden	100 m	*	12,21 Sek.
	110 m	12,88 Sek.	*
	400 m	46,78 Sek.	52,34 Sek.
Hindernislauf	3 000 m	7 Min. 53,63 Sek.	*
Marathon	42,195 km	2 h 4 Min. 55,00 Sek.	2 h 15 Min. 25 Sek.
Gehen	10 km	*	41 Min. 56,23 Sek.
	20 km	1 h 17 Min. 25 Sek.	1 h 26 Min. 52,3 Sek.
	50 km	3 h 40 Min. 57,90 Sek.	*

* keine Disziplin

STARTBLOCK
Die Läufer können sich beim Tiefstart aus der Hocke von den Startblöcken abdrücken. Die Blöcke befinden sich hinter der Startlinie.

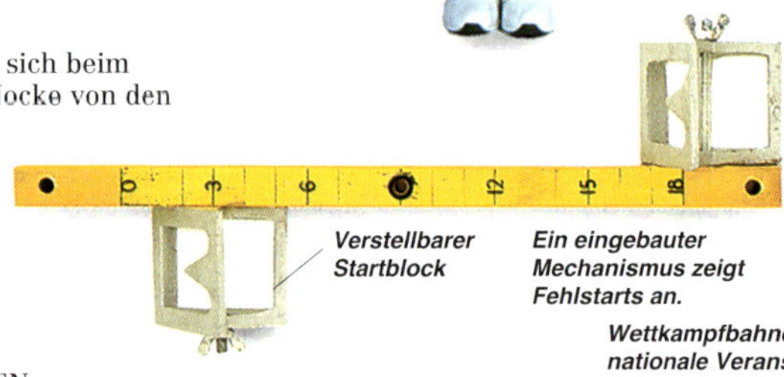

Verstellbarer Startblock

Ein eingebauter Mechanismus zeigt Fehlstarts an.

STARTLINIEN FÜR DIE LÄUFE

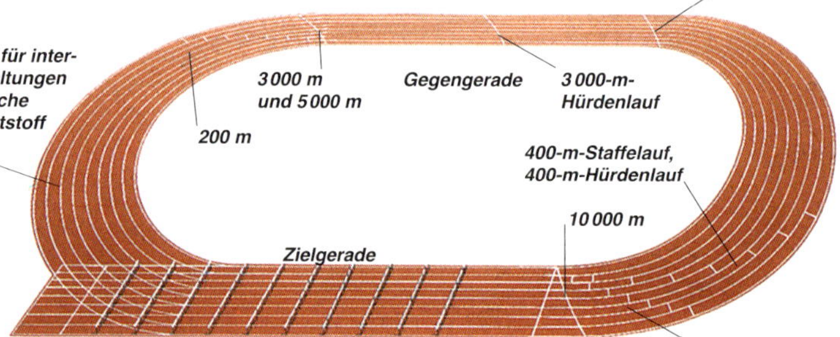

Wettkampfbahnen für internationale Veranstaltungen haben eine künstliche Oberfläche – Kunststoff oder Gummi.

STARTPOSITIONEN
Nur der 100-m-Lauf hat einen geraden Start. Die 200-m-, 400-m- und 800-m-Läufe werden versetzt gestartet. Längere Läufe starten auf einer gekrümmten Linie.

Gerader Start

Versetzter Start

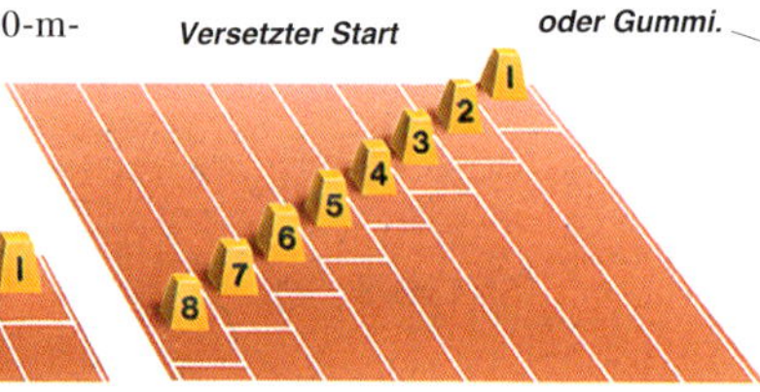

SPRINT

AUF DIE PLÄTZE
Der Läufer geht in die Startstellung (Hockstellung), drückt die Füße gegen den Startblock und stützt die Hände hinter der Startlinie auf.

FERTIG
Der Läufer richtet sich halb auf und verlagert sein Körpergewicht nach vorn.

STARTSCHUSS
Der Läufer richtet sich auf und drückt sich vom Startblock ab.

Der Läufer darf sich nicht bewegen, bevor der Schuss abgefeuert wird, sonst gilt es als Fehlstart.

ZIEL
Mit einem Zielfoto wird die genaue Reihenfolge der einlaufenden Sportler ermittelt. Gleichzeitig wird exakt die Zeit jedes Läufers erfasst.

STAFFELLAUF

Jedes der vier Mannschaftsmitglieder läuft eine Teilstrecke der Staffel. Der Stab wird innerhalb einer 20-m-Zone von einem zum anderen Läufer weitergegeben. Verliert ein Läufer den Stab, darf nur er ihn wieder aufheben.

STABWECHSEL
Der übergebende Läufer gibt den Stab aus seiner rechten Hand in die linke Hand des übernehmenden Läufers. Dieser dreht sich bei der 4 x 100-m-Staffel nicht um.

Stablänge: 28–30 cm

Der Stab ist eine glatte, hohle Röhre aus Holz, Metall oder Plastik.

Bei der 4 x 400-m-Staffel dreht sich der Läufer um, um den Stab zu übernehmen.

HÜRDENLAUF

Der Hürdenlauf ist ein Wettlauf, bei dem Holz- oder Stahlrohrhürden überlaufen werden müssen. Hürden dürfen geworfen werden, ohne dass ein Läufer disqualifiziert, also vom Wettkampf ausgeschlossen, wird.

TECHNIK
Der Sportler soll die Hürde überlaufen, nicht überspringen.

HÜRDENHÖHEN	
Disziplin	Höhe
100 m (F)	0,840 m
110 m (M)	1,067 m
400 m (M)	0,914 m
400 m (F)	0,762 m

HINDERNISLAUF

Der Hindernislauf ist eine Männerdisziplin. Beim 3 000-m-Hindernislauf sind 28 Hürdensprünge und 7 Sprünge über den Wassergraben auszuführen.

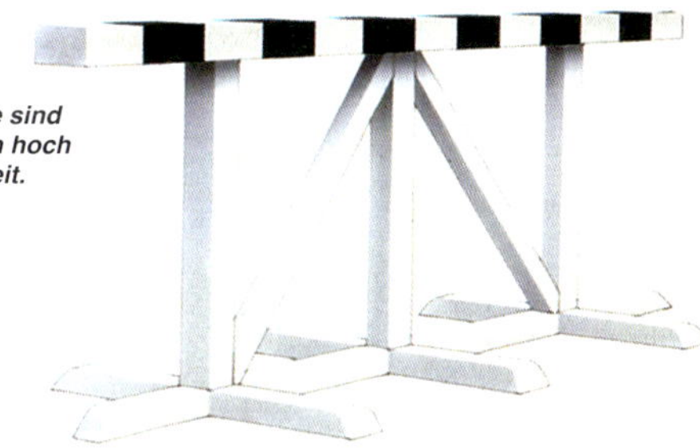

MARATHONLAUF

Marathonläufe werden auf Straßen ausgetragen, Start und Ziel sind häufig in Stadien. Alle 5 km sind Verpflegungs- und Wasserstationen für die Läufer eingerichtet. Seit 1896 ist der Marathonlauf olympische Disziplin für Männer, seit 1984 auch für Frauen.

WASSERGRABEN
Der Wassergraben ist einschließlich des 91,4 cm hohen Hindernisses 3,66 m lang und 3,66 m breit. Das Wasser ist an der Hindernisseite 76 cm tief; die Tiefe nimmt zum Ende des Grabens hin ab.

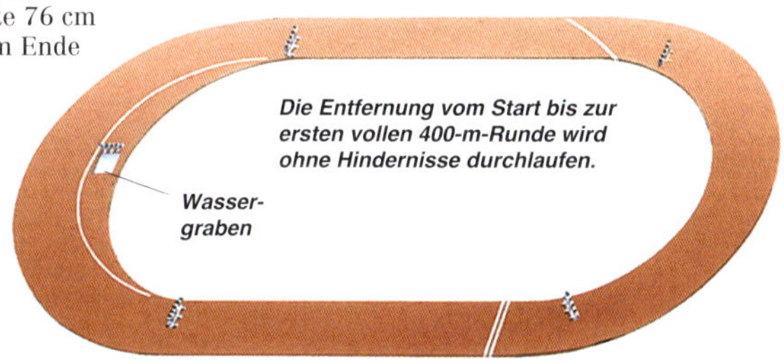

Sportler am Wassergraben

Marathonlauf, Olympiade 1988

GEHEN

Beim sportlichen Gehen wird verlangt, dass im Gegensatz zum Laufen die ununterbrochene Berührung mit dem Boden erhalten bleibt. Geher tragen Spezialschuhe mit starker Sohle, um die Gelenke zu schonen.

REKORDE

1954 lief Roger Bannister (geb. 1929), Großbritannien, als Erster die Meile in weniger als vier Minuten.

100 m in weniger als 10 Sek. lief als Erster 1968 Jim Hines (geb. 1946), USA.

Die jüngste Rekordbrecherin im Sport ist Wang Yan (geb. 1971) aus China. Das 14-jährige Mädchen stellte den Weltrekord für das 5 000-m-Gehen der Frauen in Jian (China) 1986 auf.

URSPRUNG DES MARATHONLAUFS
Der Marathonlauf geht auf die Geschichte vom Läufer von Marathon zurück, der 490 v. Chr. 39 km von Marathon nach Athen lief, um vom Sieg der Athener über die Perser zu berichten.

LEICHTATHLETIK

Auf dem Rasenfeld des Wettkampfstadions werden hauptsächlich Sprung- und Wurfsportarten ausgetragen. Bei den Olympischen Spielen nehmen sowohl Männer als auch Frauen an allen Disziplinen bis auf den Hammerwurf teil.

STANDORT DER WURFBEREICHE IM STADION

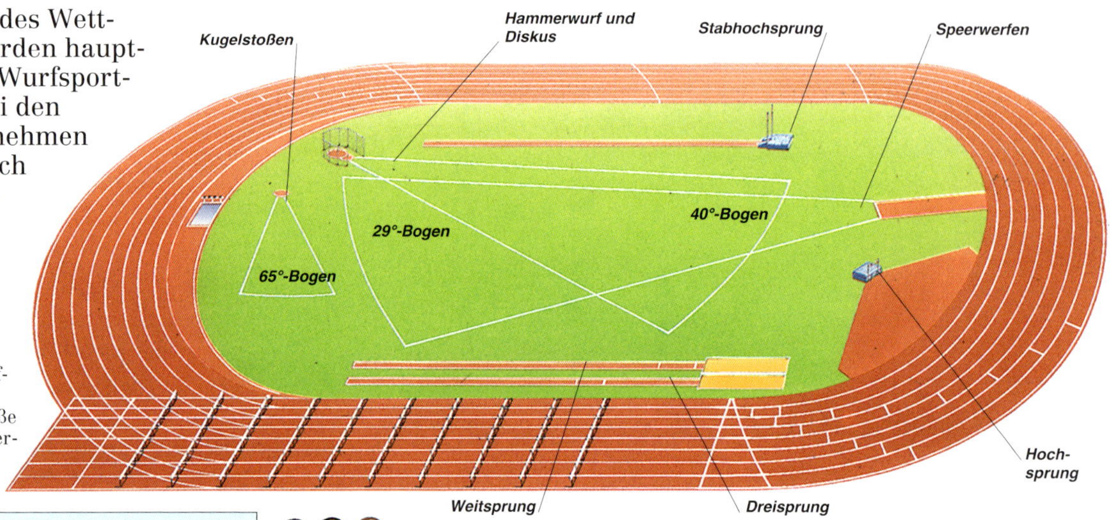

WURFDISZIPLINEN
Die Sportler dürfen den Abwurfbereich nicht verlassen, bevor der Wurf gelandet ist. Eine weiße Flagge zeigt einen korrekten Versuch an, eine rote Flagge einen Fehlversuch.

OLYMPISCHE WURFDISZIPLINEN		
Disziplin	Gewicht	Aktueller Weltrekord
Speerwerfen (F)	0,6 kg	71,70 m
Speerwerfen (M)	0,8 kg	98,48 m
Diskus (F)	1 kg	76,80 m
Diskus (M)	2 kg	74,08 m
Kugelstoßen (F)	4 kg	22,63 m
Kugelstoßen (M)	7,26 kg	23,12 m
Hammerwurf (F)	4 kg	77,80 m
Hammerwurf (M)	7,26 kg	86,74 m

SPEERWERFEN

Ein Speer wird mit Anlauf geworfen. Die Länge des Anlaufs liegt zwischen 30 und 40 m.

WURFTECHNIK
Der Sportler läuft mit weit ausgestrecktem Wurfarm an und wirft den Speer vom Abwurfbogen aus. Der Speer muss mit der Spitze zuerst landen, aber er muss nicht im Boden stecken.

SPEER
Der Speer hat einen langen Schaft aus Holz oder Metall mit einer Griffstelle und eine Metallspitze.

DISKUS

Im Schleuderwurf wird eine Scheibe mit einem Metallkern aus einem Wurfkreis heraus geworfen. Der Wurfkreis hat einen Durchmesser von 2,50 m. Ein Schutzzaun hinter dem Wurfkreis schützt die Zuschauer, falls der Diskus aus der Hand rutscht.

DISKUS
Der Diskus besteht aus Holz und hat einen Metallrand und einen Metallkern in der Mitte.

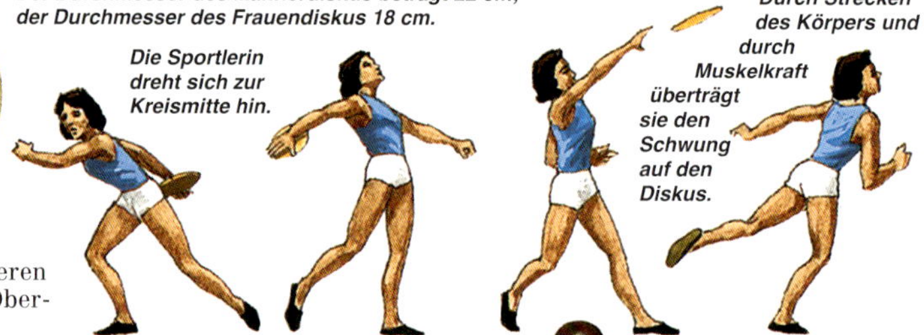

WURFTECHNIK
Die Werferin steht mit dem Rücken zum Feld am hinteren Rand des Wurfkreises, holt mit den Armen und dem Oberkörper zum Anschwung aus und dreht sich $1\frac{3}{4}$-fach.

KUGELSTOSSEN

Eine Metallkugel wird aus einem Wurfkreis heraus möglichst weit gestoßen. Die Kugel muss mit der Hand und von der Schulter aus gestoßen werden.

KUGEL
Die Metallkugel für den Wettkampf der Männer wiegt 7,257 kg, die für Frauen 4 kg.

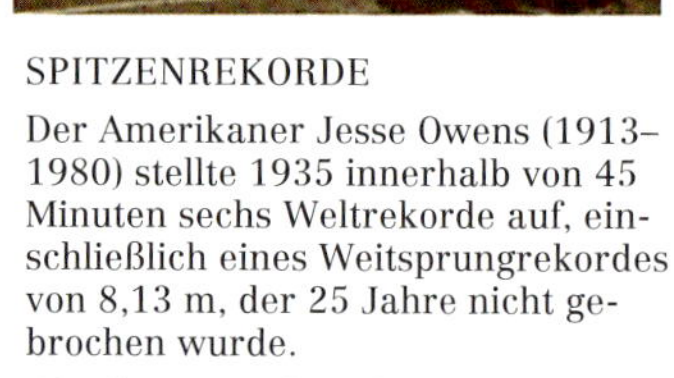
Jesse Owens

SPITZENREKORDE

Der Amerikaner Jesse Owens (1913–1980) stellte 1935 innerhalb von 45 Minuten sechs Weltrekorde auf, einschließlich eines Weitsprungrekordes von 8,13 m, der 25 Jahre nicht gebrochen wurde.

Die älteste Leichtathletin, die jemals einen olympischen Titel gewonnen hat, ist die Rumänin Lia Manoliu (geb. 1932). Sie war 36 Jahre alt, als sie bei den Olympischen Spielen 1968 in Mexiko City im Diskuswerfen gewann.

HAMMER-WERFEN

Der Hammer ist eine Metallkugel, die durch Drahtseil mit einem Griff verbunden ist. Während der Hammer geschwungen wird, dreht sich der Werfer etwa dreimal. Der Hammer wird aus einem Kreis heraus geworfen, der von einem Sicherheitskäfig umgeben ist.

Der Hammer wiegt so viel wie die Kugel der Männer: 7,257 kg.

WERFTECHNIK
Der Sportler wirft den Hammer, indem er beide Hände gebraucht. Aus der Drehbewegung heraus wird der Hammer geschleudert.

Der Sportler dreht sich zwei- oder dreimal, bevor er den Hammer loslässt.

OLYMPISCHE SPRUNGDISZIPLINEN	
Disziplin	Aktueller Weltrekord
Hochsprung (M)	2,45 m
Hochsprung (F)	2,09 m
Stabhochsprung (M)	6,14 m
Stabhochsprung (F)	5,01 m
Weitsprung (M)	8,95 m
Weitsprung (F)	7,52 m
Dreisprung (M)	18,29 m
Dreisprung (F)	15,50 m

MEHRKAMPF-DISZIPLINEN

ZEHNKAMPF
Der Zehnkampf der Männer dauert zwei Tage, an denen jeweils fünf Wettbewerbe stattfinden.

DISZIPLINEN	
Erster Tag	Zweiter Tag
100-m-Lauf	110-m-Hürdenlauf
Weitsprung	Diskus
Kugelstoßen	Stabhochsprung
Hochsprung	Speerwerfen
400-m-Lauf	1 500-m-Lauf

SIEBENKAMPF
Der Siebenkampf der Frauen findet seit 1981 statt.

DISZIPLINEN	
Erster Tag	Zweiter Tag
100-m-Hürdenlauf	Weitsprung
Hochsprung	Speerwerfen
Kugelstoßen	800-m-Lauf
200-m-Lauf	

MODERNER FÜNFKAMPF
Männer und Frauen nehmen am Modernen Fünfkampf teil. Seit Sidney (2000) ist er auch bei den Frauen olympisch.

DISZIPLINEN
Springreiten
Fechten (Degen)
Freistilschwimmen – 300 m (M) und 200 m (F)
Pistolenschießen
Geländelauf – 4 000 m (M) und 2 000 m (F)

TRIATHLON
Männer und Frauen nehmen am Triathlon teil.

DISZIPLINEN			
Streckenlänge	Disziplinen		
	Schwimmen	Radfahren	Laufen
Kurzstrecke	1 km	30 km	10 km
Langstrecke	3,8 km	180 km	42,2 km

Der Sportler nimmt Anlauf, um die Sprunglatte zu überspringen.

FOSBURY-FLOP
Nach dem Absprung wird der Körper rückwärts zur Latte nach oben gedrückt. Kopf und Schulter überqueren die Latte zuerst, dann folgen der Rumpf und die Beine. Der Springer landet auf dem Rücken.

HOCHSPRUNG

Jeder Springer hat für jede Höhe drei Versuche. Der Anlauf erfolgt innerhalb eines Halbkreises vor der Sprunglatte.

SPRUNGDISZIPLINEN
Hoch-, Stabhoch-, Weit-, und Dreisprung zählen zu den Sprungdisziplinen. Für den jeweiligen Sprung nehmen die Sportler Anlauf.

STABHOCHSPRUNG

Der einzige Sprungwettbewerb, der mit einem Hilfsmittel, dem Sprungstab, ausgeführt wird. Die Hochsprungstange besteht aus Glasfiber. Nach dem Anlauf springt der Athlet mit Hilfe des Sprungstabs über die Sprunglatte.

Der Körper wird zum Handstand durchgedrückt; der Springer dreht sich, lässt die Stange los und springt über die Latte.

Der Stab schwingt hoch; der Sportler hängt am Stab.

An der Absprungstelle setzt der Hochspringer den Stab auf.

ÜBERSPRINGEN
Damit ein hoher Sprung erreicht wird, ist ein möglichst weiter und hoher Griff am Stab wichtig. Außerdem muss der Hochspringer schnell anlaufen.

WEITSPRUNG

Der Absprung erfolgt nach einem Anlauf von einem Absprungbalken aus in die Sandgrube. Direkt hinter der Absprunglinie befindet sich eine weiche Masse, die anzeigt, wenn die Linie übertreten wurde. Sprünge werden bis zum ersten Abdruck, den ein Körperteil im Sand hinterlässt, gemessen.

SPRUNGTECHNIK
Die Sportlerin springt aufrecht vom Absprungbalken ab. Sie verlängert die zurückgelegte Strecke, indem sie kurz vor der Landung Körper und Beine nach vorn bringt.

Die Sportlerin schwingt ihre Beine bei der Landung nach vorn.

DREISPRUNG

Bei dieser Disziplin wird wie beim Weitsprung angelaufen. Der Sportler führt eine Bewegungsfolge aus Hüpfer (Hop), Schritt (Step) und Sprung (Jump) aus.

HOP
Der Sportler muss auf dem Fuß landen, mit dem er abgesprungen ist.

STEP
Der Sportler muss auf dem anderen Fuß landen.

JUMP
Der Sportler schwingt seine Arme und Beine nach vorn und landet.

GEWICHTHEBEN

Beim Gewichtheben wird ein Gewicht ein- oder zweiarmig vom Boden aus über den Kopf gestemmt. Es gibt zwei Arten des Gewichthebens: das Reißen und das Stoßen. Die Gewichtheber werden in Gewichtsklassen eingeteilt.

DIE HANTEL
Die Hantel wird nach jeder Wettkampfrunde etwas schwerer gemacht. Scheiben mit verschiedenen Gewichten werden auf die Stange gelegt; die schwerste Scheibe liegt an der Innenseite.

KLEIDUNG
Der Gewichtheber muss einen Einteiler tragen. Ein breiter Gürtel darf zur Stützung des Rückens angelegt werden.

SCHEIBENGEWICHTE
Die gusseisernen Scheibengewichte bewegen sich zwischen 0,25 kg und 25 kg. Durch Kombinieren von Scheiben kann man jedes Gewicht auf die Hantel laden.

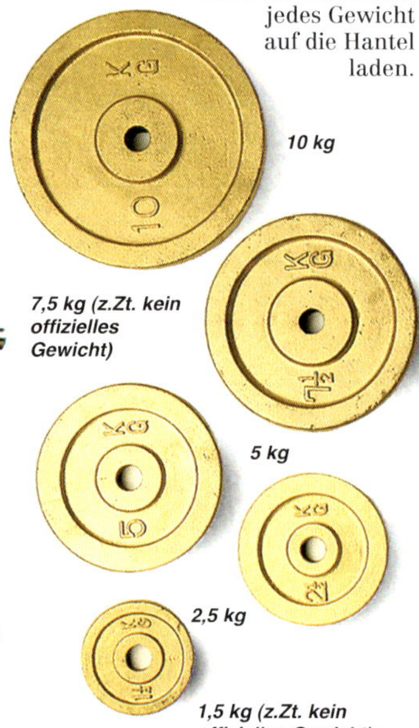

KLASSEN BEIM GEWICHTHEBEN	
Männer	**Frauen**
bis 56 kg	bis 48 kg
bis 62 kg	bis 53 kg
bis 69 kg	bis 58 kg
bis 77 kg	bis 63 kg
bis 85 kg	bis 69 kg
bis 94 kg	bis 75 kg
bis 105 kg	über 75 kg
über 105 kg	

KRAFTDREIKAMPF (POWERLIFTING)
Ein aus dem Bodybuilding hervorgegangener Mehrkampf mit Gewichten, der von Männern und Frauen ausgeübt wird.

DISZIPLINEN

KNIEBEUGEN
Das Gewicht ruht auf einem Ständer, und der Heber hockt sich darunter. Er muss aufstehen und dabei die Hantel auf die Schulter legen.

BANKDRÜCKEN
Der Heber liegt auf einer Bank, wobei das Gewicht auf einem Ständer über seiner Brust liegt. Auf das Kommando »Drücken« muss der Heber das Gewicht so weit hochheben, bis beide Arme durchgedrückt sind.

KREUZHEBEN
Der Teilnehmer hebt die Hantel vom Boden, bis er mit dem Rückgrat aufrecht steht und die Hantel auf Kniehöhe hochgezogen hat.

Beim Bankdrücken hebt der Gewichtheber die Hantel von einem Ständer.

REISSEN

Beim Reißen muss die Hantel ohne Verhalten in einem Zug vom Boden bis über den Kopf gebracht werden. Der Heber darf in die Hocke gehen oder einen Ausfallschritt machen. Das Hockereißen (wie abgebildet) ist eine Technik, die besonders viel Kraft verlangt.

STOSSEN

Beim Stoßen wird das Gewicht zuerst bis zur Schulter und dann mit ausgestreckten Armen über den Kopf gestoßen. Am Ende des ersten Abschnitts kann der Gewichtheber das Gewicht auf dem Schlüsselbein, auf der Brust oder auf den gebeugten Armen ablegen und seinen Griff ändern.

SPITZENREKORD
Der erste Mann, der mehr als sein dreifaches Körpergewicht gestoßen hat, war Stefan Topurow (geb. 1964) aus Bulgarien, der 1988 in Moskau 180 kg hob.

GEWICHTIGE ANGELEGENHEITEN
Gewichtheber können mehr als das 2,5-fache ihres eigenen Körpergewichts beim Reißen heben und mehr als das 3fache ihres eigenen Körpergewichts beim Stoßen. Powerlifter können mehr als das 5fache ihres eigenen Körpergewichts heben.

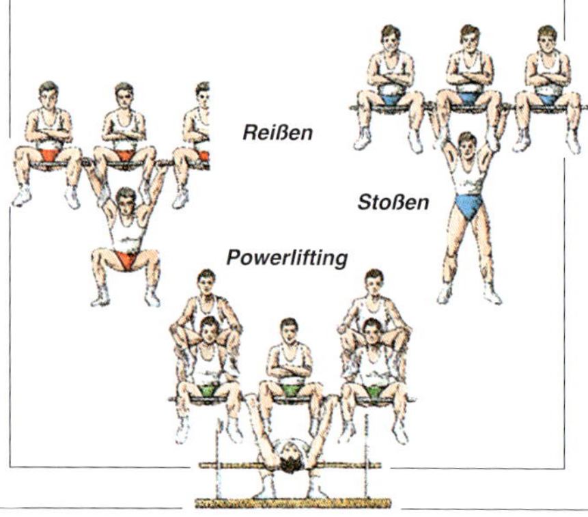

TURNEN

Kunstturnen für Männer und Frauen und rhythmische Sportgymnastik für Frauen sind olympische Disziplinen. Geturnt wird mit Geräten und am Boden.

KUNSTTURNEN

Im Kunstturnen unterscheidet man Pflicht- und Kürübungen. Kampfrichter bewerten Schwierigkeit, Technik und Aufbau einer Übung mit bis zu 10 Punkten.

KLEIDUNG

Männer tragen Trikots und lange Hosen, beim Bodenturnen und beim Pferdsprung kurze Turnhosen, die Frauen Gymnastikanzüge. Die Turner können Gymnastikschuhe tragen oder barfuß gehen.

Turner reiben ihre Hände mit Magnesium ein, damit sie nicht wegen feuchter Hände vom Gerät abrutschen.

SCHWEBEBALKEN

Nur Frauen turnen am Schwebebalken, dem schwierigsten Gerät. Die Kür sollte zwischen 70 und 90 Sek. dauern.

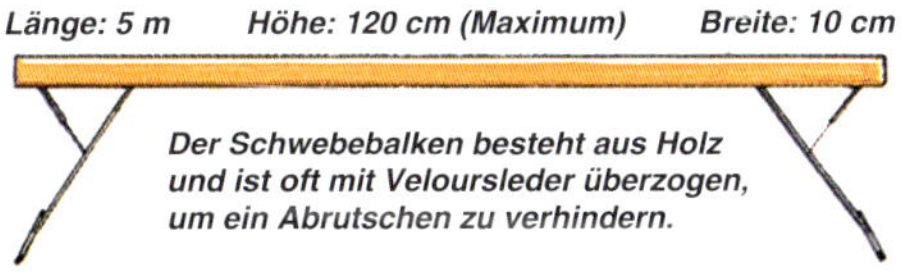

Der Schwebebalken besteht aus Holz und ist oft mit Veloursleder überzogen, um ein Abrutschen zu verhindern.

Eine Weltklasseturnerin läuft und springt nicht nur anmutig auf dem Schwebebalken, sie zeigt auch Spagat, Handstände, Überschläge und Salti. Wenn sie unfreiwillig vom Gerät abgehen muss, gibt es Punktabzüge in der Wertung.

STUFENBARREN

Der Stufenbarren oder »Doppelreck« besteht aus einem hohen und einem niederen Holm. Der Abstand zwischen den Holmen ist verstellbar.

Das Turnen am Stufenbarren erfordert höchste Perfektion.

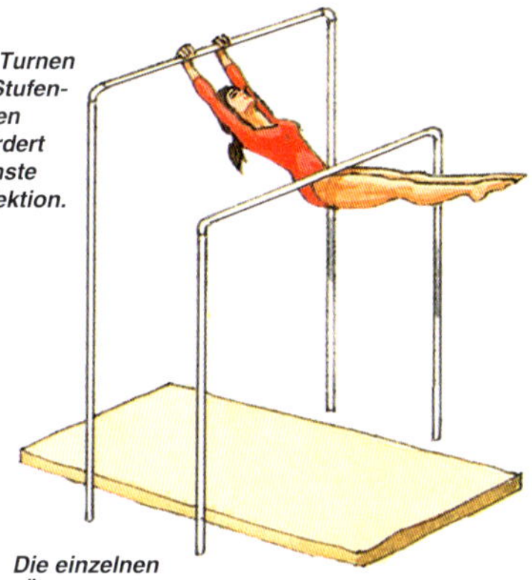

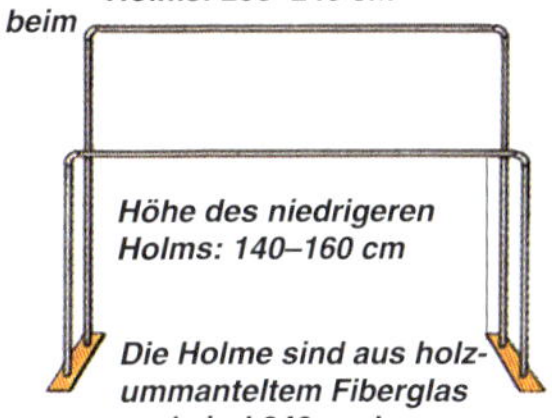

PFERDSPRUNG

Eine Hauptübung des Geräteturnens: Frauen springen quer über das Pferd (Seitpferd), Männer längs (Langpferd).

Das Pferd ist aus glattem Leder und kann auf verschiedene Höhen eingestellt werden.

Langpferd für Männer
Höhe: 135 cm
Länge: 160 cm

Seitpferd für Frauen
Höhe: 120 cm
Länge: 160 cm

Überschlag beim Seitpferd

RINGE

Das Turnen an den Ringen erfordert sehr viel Kraft und Körperbeherrschung. Die Kunstturner zeigen Kraftübungen, Schwünge, Handstände und als Abgang Salti und Schrauben.

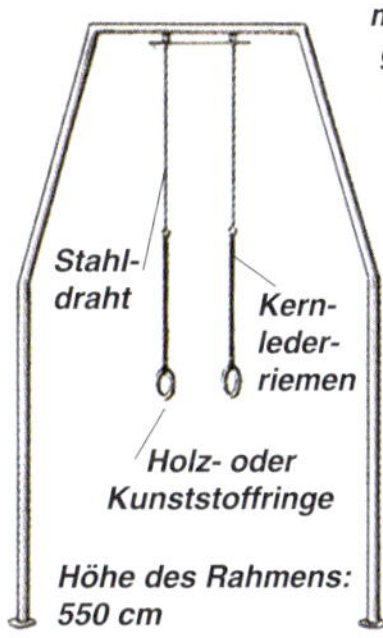

Die einzelnen Übungen müssen mindestens 2 Sek. gehalten werden. Der »Kreuzhang« ist eine der kraftraubendsten Übungen an den Ringen.

BODENTURNEN

Das Bodenturnen, bei Frauen mit Musik, enthält zahlreiche akrobatische Elemente, wie Sprünge, Salti, Überschläge oder Schrauben. Diese schnellen Teile wechseln in einer Kür mit rhythmischen Übungsteilen. Dabei muss die quadratische Turnfläche (12 x 12 m) optimal ausgenutzt werden.

SEITPFERD

An der Oberseite des Seitpferdes befinden sich hölzerne Griffe, die Pauschen, an denen der Turner seine Übungen durchführt. Er muss darauf achten, weder Pferd noch Pauschen zu berühren.

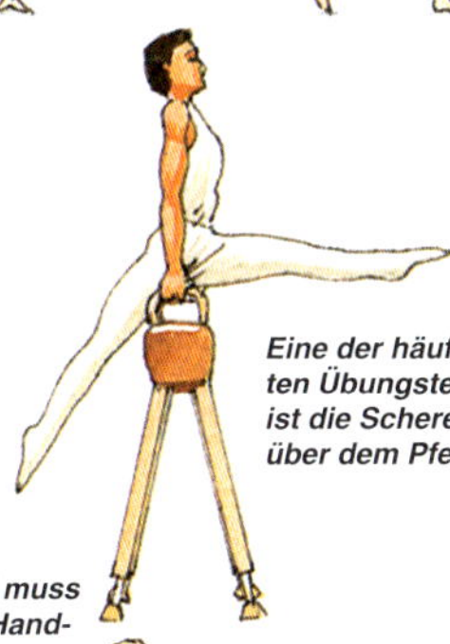

Eine der häufigsten Übungsteile ist die Schere über dem Pferd.

RECK

Turnen am Reck ist die »Königsdisziplin« bei den Turnern. Das Reck ist 250 cm hoch und 240 cm breit. Die klassische Übung am Hochreck ist die Riesenfelge vorwärts und rückwärts (siehe Abbildung), die von Weltklasseturnern durch schwierigste Elemente (z.B. Salti) erweitert wird.

BARREN

Der Barren besteht aus zwei höhenverstellbaren Holmen. Die Barrenkür enthält Flugteile, Kraftübungen und schwungvolle Elemente.

RHYTHMISCHE SPORTGYMNASTIK

Turnerinnen zeigen zu Musik Übungen mit verschiedenen Handgeräten. Neben der technischen Beherrschung der Handgeräte kommt es hier vor allem auf Ausdruckskraft und tänzerische Begabung der Turnerin an.

Das Band muss aus dem Handgelenk heraus bewegt werden, damit es schöne Formen bildet.

Die Turnerin dreht den Reifen, wirft und fängt ihn wieder.

Der Ball ist das schwierigste Handgerät.

Die Turnerin muss die Eigenbewegung des Seils in ihre Übung miteinbeziehen.

Die Turnerin wirft die Keulen in die Luft und jongliert mit ihnen.

KAMPFSPORTARTEN

Kampfsportarten sind sportliche Zweikämpfe. Es gibt Schlag- (z.B. Boxen) oder Wurftechniken (z.B. Judo). Andere Kampfsportarten, wie z.B. Fechten und Kendo, verwenden Waffen.

GRADSYSTEM
Es gibt je 5 Schüler- (Kyo) und Meistergrade (Dan). Je nach Grad haben die Gürtel verschiedene Farben. Die Dan-Grade 1–5 tragen schwarze, 6–8 rotweiße (ohne Abb.) und die seltenen Grade 9–10 tragen rote Gürtel.

JUDO

Judo (»der sanfte Weg«) ist ein aus Japan stammender Selbstverteidigungssport. Entscheidend sind volle Konzentration, Selbstbeherrschung und blitzschnelles Reagieren. Ein Kampf dauert 5 bis 7 Min.

Die Kampfkleidung ist weiß.

KLEIDUNG
Die Kämpfer (Judoka) tragen eine weite Hose (Zubon) und eine weite Jacke (Kimono), die von einem farbigen Gürtel (Obi) geschlossen wird. Die Kleidung ist aus reißfestem Stoff.

KAMPFFLÄCHE
Die Judoka müssen auf der Matte kämpfen und dürfen den Raum außerhalb den Gefahrenzone nicht betreten.

Die Kampffläche ist 10 x 10 m groß.

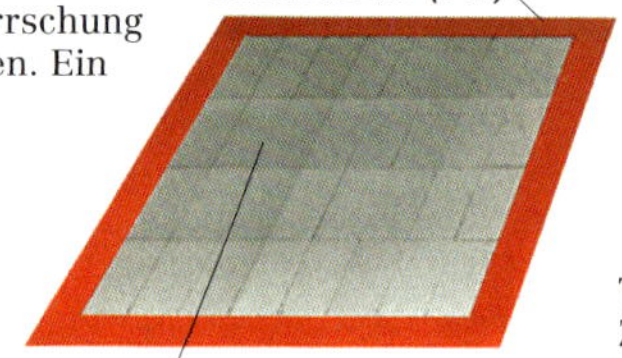

GEWICHTSKLASSEN		
Gewichtsklasse	Männer	Frauen
Superleichtgewicht	bis 60 kg	bis 48 kg
Halbleichtgewicht	bis 66 kg	bis 52 kg
Leichtgewicht	bis 73 kg	bis 57 kg
Halbmittelgewicht	bis 81 kg	bis 63 kg
Mittelgewicht	bis 90 kg	bis 70 kg
Halbschwergewicht	bis 100 kg	bis 78 kg
Schwergewicht	über 100 kg	über 78 kg

TECHNIK
Ziel des Judo ist, durch Zug oder Druck das Gleichgewicht des Gegners zu stören, um ihn auf die Matte zu werfen.

BEGINN
Die Kämpfer stellen sich 4 m voneinander auf und verbeugen sich.

Einen Punkt (Ippon) gibt es für:

Heben des Gegners über eigene Schulterhöhe

Wurf auf den Rücken

Einen sicheren Würgegriff oder Armhebel

FACHBEGRIFFE	
Dan Meistergrad	**Judo-Gi** Judokleidung
Dojo Trainingshalle	**Kyu** Schülergrad
Kake Werfen	**Shiai** Judokampf
Hamje Kampfrichterruf, bedeutet »Anfangen«	**Te-Waza** Armwurf
	Waza-Ari Halber Punkt

ANDERE KAMPFSPORTARTEN

KARATE
Nahkampfsportart mit Schlägen, Stößen und Tritten

AIKIDO
Verteidigungstechnik, um den Gegner aus dem Gleichgewicht zu bringen

JIU-JITSU
Der Gegner wird durch Schläge, Tritte, Würfe, Hebel- und Würgegriffe kampfunfähig gemacht.

KENDO
Kampfsport mit Bambusschlagstöcken

FECHTEN

Beim Fechten kämpfen zwei Sportler miteinander, wobei eine von drei Waffen benutzt wird: Florett, Degen oder Säbel. Das Gefecht dauert höchstens 6 Min. reine Kampfzeit. Sieger ist, wer zuerst fünf Treffer gesetzt hat.

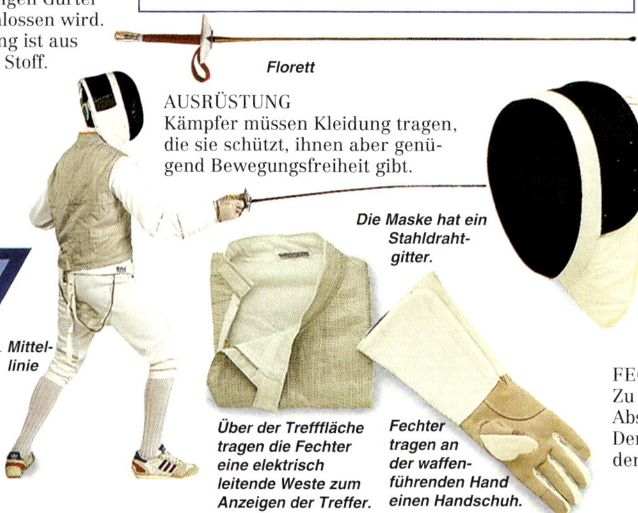

AUSRÜSTUNG
Kämpfer müssen Kleidung tragen, die sie schützt, ihnen aber genügend Bewegungsfreiheit gibt.

Die Maske hat ein Stahldrahtgitter.

Über der Trefffläche tragen die Fechter eine elektrisch leitende Weste zum Anzeigen der Treffer.

Fechter tragen an der waffenführenden Hand einen Handschuh.

FECHTBAHN
Die Kampffläche (Fechtbahn) misst 18 oder 14 m (Florett) x 1,80 oder 2 m.

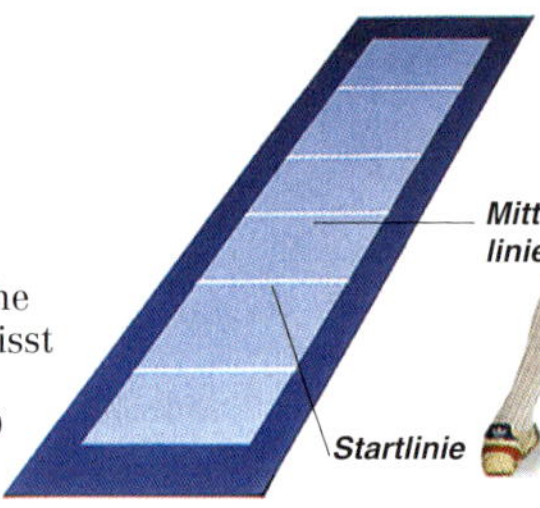

FECHTKAMPF
Zu Beginn stehen sich die Fechter in einem Abstand von 4 m an den Startlinien gegenüber. Der Obmann erteilt die Kommandos, überwacht den Kampf und erkennt gültige Treffer an.

Beim freien Angriff bedroht der Fechter den Gegner mit einem direkten Stoß.

Bei der »Parade« wehrt der Kämpfer die Waffe des Gegners mit der eigenen ab.

Bei der »Riposte« macht der Abwehrende einen Gegenangriff.

WAFFEN UND TREFFFLÄCHEN

SÄBEL	FLORETT	DEGEN
Trefffläche ist der Oberkörper mit Kopf und Armen. Als Treffer zählen Stöße und seitliche Hiebe mit der Schneide.	Trefffläche ist nur der Rumpf. Die Waffenspitze muss auf die gegnerische Trefffläche aufkommen.	Trefffläche ist der gesamte Körper. Der Treffer muss mit der Waffenspitze erfolgen.
Maximales Gewicht: 500 g Klingenlänge: 88 cm	Maximales Gewicht: 500 g Klingenlänge: 90 cm	Maximales Gewicht: 770 g Klingenlänge: 90 cm

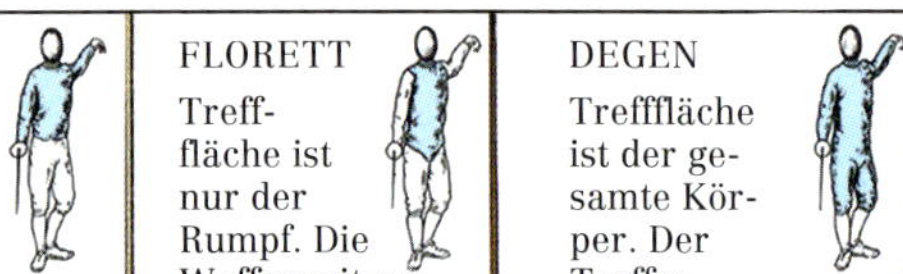

BOXEN

Boxen ist ein von Männern, vereinzelt auch von Frauen ausgeübter Faustzweikampf. Die Kämpfe können durch Punkte gewonnen werden oder wenn einer der Teilnehmer aufgibt oder ausgezählt wird, d.h. er ist nicht mehr in der Lage weiterzukämpfen.

RING

Die Kämpfe werden in einem quadratischen »Ring« durchgeführt. Seile umspannen den Ring.

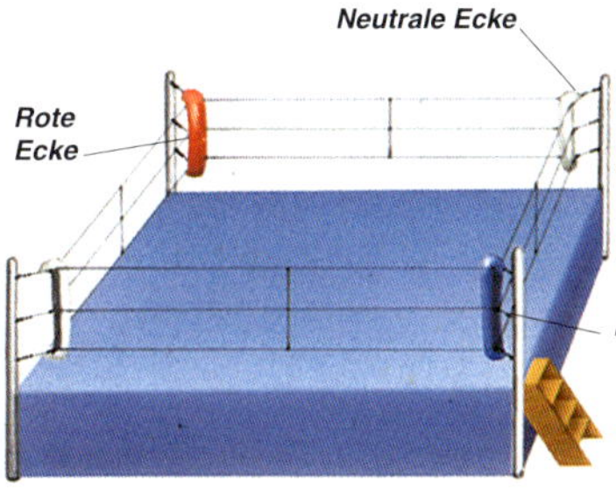

Maximale Größe: 6,10 x 6,10 m

KLEIDUNG

Boxer tragen gefütterte Lederhandschuhe. Sie werden auf der Handrückseite geschnürt. Profiboxer tragen Shorts, Amateure tragen Shorts und ein Trikot. Der »Gürtel« der Shorts muss deutlich durch eine kontrastierende Farbe hervorgehoben werden, da Schläge unter die Gürtellinie verboten sind.

Boxerstiefel sind hoch und leicht. Sie stützen die Fußgelenke und erlauben dem Boxer, sich schnell im Ring zu bewegen.

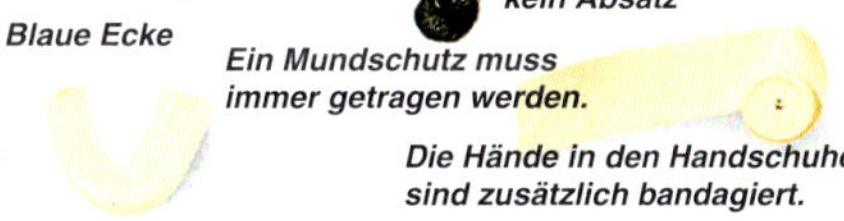

Ein Mundschutz muss immer getragen werden.

Die Hände in den Handschuhen sind zusätzlich bandagiert.

KAMPF

Der Boxkampf wird in einem Ring ausgetragen. Es werden Punkte für vorschriftsmäßige Treffer vergeben, beim Profiboxen auch für Abwehrbewegungen und Stil.

Erlaubt sind alle Schläge auf den Kopf und auf die Vorderseite des Körpers oberhalb der Gürtellinie.

Der Boxer muss einen Treffer mit der vorderen Seite der geballten Faust landen.

BOXGEWICHTE			
Gewichtsklassen	Profis (in kg) EBU (Europäische Box-Union)	Profis (in kg) IBF (Internationaler Boxverband)	Amateure (in kg)
Halbfliegengewicht	-	bis 47,63	bis 48
Junior-Fliegengewicht	-	bis 48,99	-
Fliegengewicht	bis 50,80	bis 50,80	bis 51
Bantamgewicht	bis 53,53	bis 53,52	bis 54
Super-Bantamgewicht	bis 55,34	bis 55,34	-
Federgewicht	bis 57,15	bis 57,15	bis 57
Superfeder-/Junior-Leichtgewicht	bis 58,97	bis 58,97	-
Leichtgewicht	bis 61,24	bis 61,24	bis 60
Halb-/Junior-Weltergewicht	bis 63,50	bis 63,50	bis 64
Weltergewicht	bis 66,68	bis 66,68	bis 69
Superwelter/Juniormittelgewicht	bis 69,85	bis 69,85	-
Halbmittelgewicht	-	-	bis 71
Mittelgewicht	bis 72,57	bis 72,57	bis 75
Halbschwergewicht	bis 79,38	bis 79,38	bis 81
Cruiser-/Junior-Schwergewicht	bis 90,72	bis 90,72	-
Schwergewicht	über 90,72	über 90,72	bis 91
Superschwergewicht	-	-	über 91

KNOCKOUT

Bei einem »Knockout« zählt der Ringrichter bis zehn. Wenn der zu Boden gegangene Boxer nicht innerhalb von 10 Sek. aufstehen kann, hat er den Kampf verloren (k.o.). Wenn er aufsteht und der Ringrichter entscheidet, dass er in der Lage ist weiterzukämpfen, geht der Kampf weiter.

DER LÄNGSTE KAMPF

Der längste belegte Boxkampf dauerte 7 Std. und 19 Min. und wurde 1893 in New Orleans (USA) abgehalten. Andy Bowen kämpfte gegen Jack Burke über 110 Runden, und der Kampf wurde schließlich zum Unentschieden erklärt.

RINGEN

Ringen ist ein Zweikampfsport, der ohne Hilfsmittel ausgeübt wird. Man unterscheidet den griechisch-römischen Stil, bei dem nur Griffe bis zur Gürtellinie erlaubt sind, und den Freistil mit Griffen am ganzen Körper.

KLEIDUNG

Die Ringer tragen Einteiler, die die Brust und die Schultern nicht ganz bedecken. Ein Ringer trägt rot, der Gegner blau. Ringer dürfen ihre Körper nicht einölen oder einfetten. Ringerstiefel sind hoch und leicht, haben keine Absätze, Ösen oder Schnallen.

Gekämpft wird auf einer gepolsterten Matte. Die rote Zone darf beim Kampf nicht betreten werden.

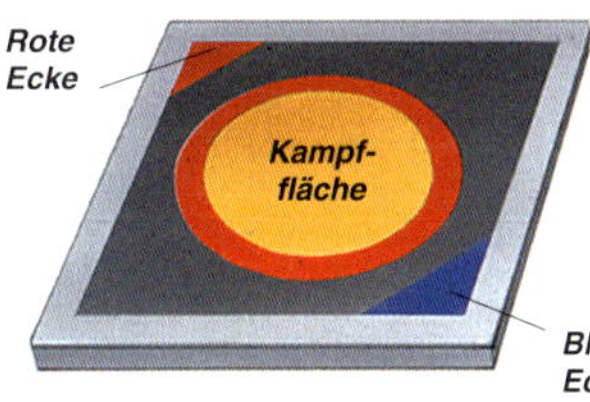

SCHULTERSIEG

Einen Schultersieg erringt man, indem man den Gegner auf den Rücken legt und dessen beide Schultern mindestens1 Sek. auf die Matte drückt, bis der Mattenleiter den Sieg mit »tomber« (franz.: »fallen«) bestätigt.

RINGER-GEWICHTSKLASSEN	
Männer	Frauen
50 bis 55 kg	44 bis 48 kg
bis 60 kg	bis 55 kg
bis 74 kg	bis 63 kg
bis 84 kg	63 bis 72 kg
bis 96 kg	
96 bis 120 kg	

SUMORINGEN

Sumoringen ist eine der ältesten Sportkünste Japans.

Sieger ist, wer den Gegner aus dem Ring stößt oder ihn zwingt, den Boden mit einem anderen Körperteil außer den Fußsohlen zu berühren.

Drücken, Schlagen und Halten sind die Haupttechniken.

SUMOGRADE

Sumoringer werden nach ihrem Können, nicht nach ihrem Gewicht eingeteilt.

Jonokuchi Anfänger	**Maegashira** Senior
Jonidan Qualifikant	**Komusubi** Juniormeister 2. Grades
Sandamne Unterer Junior	**Sekiwake** Juniormeister
Makushita Führender Jun.	**Ozeki** Meister
Juryo Kämpfer	**Yokozuna** Großmeister

Vor Kampfbeginn wird Reis in den Ring gestreut.

Die Kämpfer tragen einen Gürtel, der um die Hüften und zwischen die Beine gewunden wird.

SCHWERGEWICHTE

Der schwerste Sumoringer wiegt 250 kg. Es entspricht dem zweifachen Gewicht des schwersten Boxweltmeisters und fast dem zweifachen des erlaubten Höchstgewichts für einen olympischen Ringer.

Boxer

Ringer

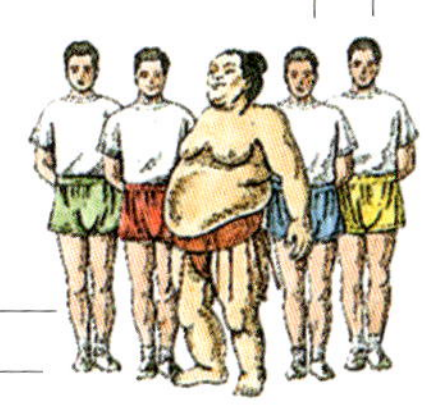

Sumoringer

RÜCKSCHLAGSPIELE

TENNIS

Der Ball wird mit einem Schläger über das Netz so in die andere Spielfeldhälfte geschlagen, dass er vom Gegner möglichst nicht zurückgeschlagen werden kann. Ein Match besteht aus mehreren Sätzen und endet, wenn ein Spieler zwei Sätze gewonnen hat. Jeder Satz besteht aus mindestens sechs Spielen. Ein Spieler muss mindestens zwei Spiele mehr gewonnen haben als sein Gegner, um den Satz zu gewinnen. Der »Tie-Break« dient der Entscheidung, wenn zwischen den Spielern Gleichstand herrscht: Der Spieler, der mit zwei Punkten Vorsprung vor dem Gegner mindestens sieben Punkte erreicht, hat gewonnen. Ein Match bei den großen Turnieren (»Grandslam-Turniere«) geht über drei Gewinnsätze bei den Männern.

EIN SPIEL GEWINNEN

Ein Spieler hat gewonnen, wenn er als erster vier Punkte macht. Das Spiel beginnt mit einem Aufschlag. Der erste Punkt jedes Spielers wird als »15« gezählt, der zweite mit »30«, der dritte mit »40«. Punktegleichstand heißt »Einstand«. Dann erhält der Spieler, der den nächsten Punkt macht, »Vorteil«. Gewinnt er den nächsten Punkt auch, heißt es »Spiel« für ihn. Er hat das Spiel dann gewonnen.

EIN MÖGLICHER SPIELVERLAUF

Spieler A	Spieler B
15	0
30	0
30	15
40	15

Steffi Graf

TENNISASSE

Der Amerikaner Pete Sampras (geb. 1971) gilt als der erfolgreichste Tennisspieler. Er gewann in seiner Karriere 14 Grandslam-Turniere im Einzel, war sechs Jahre hintereinander die Nr. 1 der Weltrangliste, stand insgesamt 286 Wochen auf dem Platz an der Spitze und war 1990 mit 19 Jahren der jüngste Sieger aller Zeiten bei den US Open.

Erfolgreichste Tennisspielerin ist die 1956 in Tschechien geborene und in den USA lebende Martina Nawratilowa mit 167 Einzeltiteln, darunter 18 Grandslam-Turniere. Erfolgreichste Deutsche war Steffi Graf (geb. 1969), die 1988 den Grand Slam schaffte und 107 Einzeltitel holte.

KLEIDUNG

Traditionell ist die Tenniskleidung weiß; sie ist heute jedoch oft bunt. Männer tragen Shorts und T-Shirts, Frauen einen kurzen Rock und ein T-Shirt oder ein Kleid.

TENNISPLATZ

Tennis kann in der Halle oder im Freien gespielt werden. Die Platzoberfläche kann aus Gras, Holz, Asche oder Kunststoff bestehen.

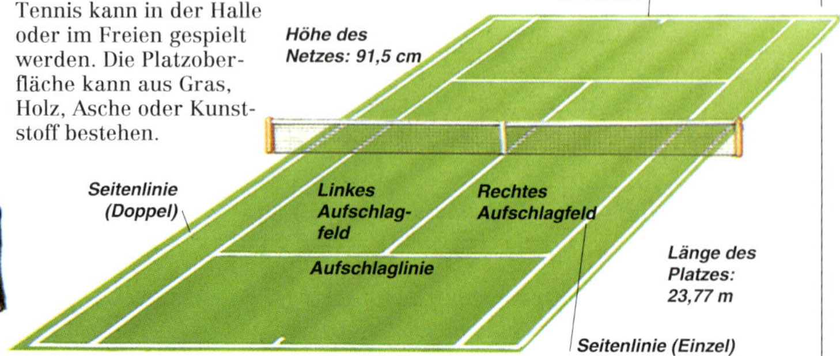

SCHLÄGER

Der Rahmen eines Tennisschlägers besteht aus Holz, Metall, Glasfiber oder Kunststoff.

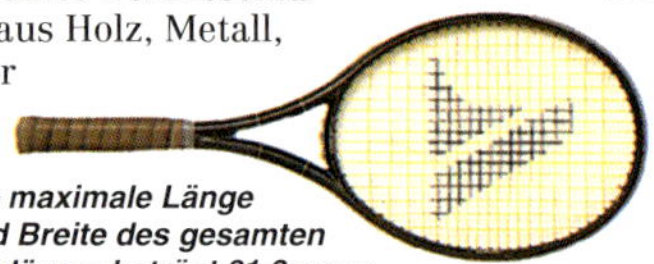

BALL

Tennisbälle sind gelb oder weiß. Sie wiegen 56,7 bis 58,7 g.

AUFSCHLAG

Der Spieler schlägt hinter der Grundlinie auf. Er wirft den Ball in die Luft und schlägt ihn, bevor er den Boden erreicht. Der Ball muss über das Netz fliegen, ohne es zu berühren, und im Aufschlagfeld des Gegners aufkommen.

SPIELEN

Der Spieler, der den Aufschlag entgegennimmt, darf den Ball nur einmal auf dem Boden aufspringen lassen, bevor er ihn zurückschlägt. Der Ball muss wieder innerhalb der gegnerischen Platzhälfte landen. Ein Return ist auch dann gültig, wenn der Ball das Netz berührt.

VORHAND

Ein Rechtshänder schlägt den Ball auf der rechten Körperseite, ein Linkshänder links.

RÜCKHAND

Ein Rechtshänder schlägt den Ball auf der linken Körperseite, der Arm befindet sich also vor dem Körper. Von Linkshändern wird der Ball auf der rechten Seite geschlagen.

GRANDSLAM

Um den »Grandslam« zu gewinnen, muss ein Spieler innerhalb eines Jahres die vier wichtigsten Turniere gewinnen.

Turnier	Ort	Belag
Wimbledon	London	Gras
US Open	Flushing Meadows, New York	Kunststoff
Australian Open	Flinders Park, Melbourne	Kunstrasen
French Open	Roland Garros Stadion, Paris	Sand

FACHWÖRTER

Ass Ein schneller Aufschlag, der nicht zurückgeschlagen werden kann
Advantage (Vorteil) Der erste Punkt nach Einstand
Break Der aufschlagende Spieler verliert sein Spiel.
Lob Ein hoher Ball, der über den Gegenspieler am Netz geschlagen wird
Rangliste Zeigt an, auf welchem Platz ein Spieler steht
Volley Der Ball wird direkt aus der Luft zurückgeschlagen

BADMINTON

Beim Badminton schlagen zwei oder vier Spieler mit Schlägern einen Federball über ein hohes Netz. Wer als Erstes 15 Punkte (Männer) bzw. 11 Punkte (Frauen) erzielt, ist Sieger. Es werden zwei Gewinnsätze gespielt.

PLATZ

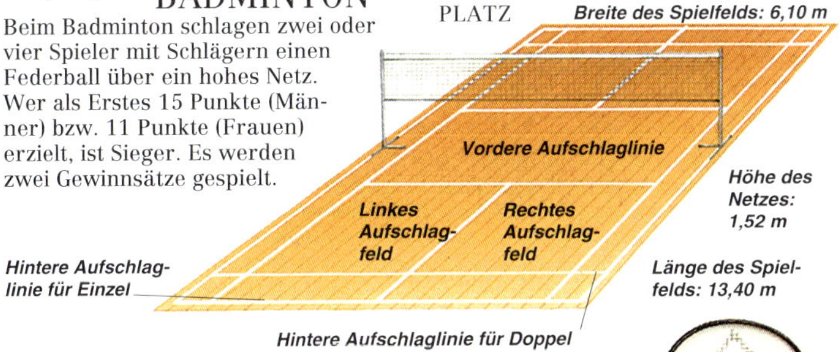

FEDERBALL
An einem runden, mit Leder überzogenen Kork sind 14 bis 16 Gänse- oder Kunstfedern befestigt.

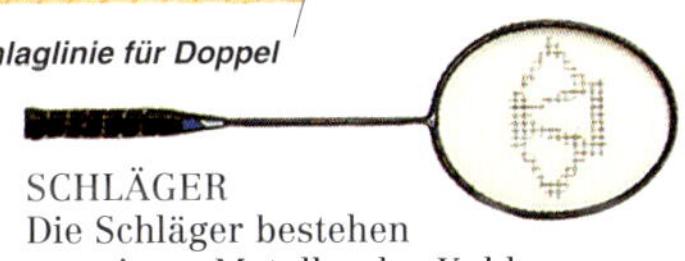

SCHLÄGER
Die Schläger bestehen aus einem Metall- oder Kohlefaserrahmen mit Darm- oder Kunststoffsaitenbespannung.

AUFSCHLAG
Der Spieler schlägt von unten auf und muss den Federball unterhalb der Hüfthöhe treffen. Der Ball muss in das diagonal gegenüberliegende Aufschlagfeld geschlagen werden. Nur der Aufschläger kann Punkte machen.

Der Ball wird unterhalb der Hüfte geschlagen.

SPIELEN
Der Gegner muss den Federball über das Netz zurückschlagen, bevor dieser den Boden berührt. Die meisten Badmintonschläge werden über Kopf gespielt.

Der Schläger wird gerade nach oben geführt.

Der Arm wird durchgedrückt, wenn der Ball getroffen wird.

TISCHTENNIS

Bei diesem Sport benutzen die Spieler Schläger, um einen hohlen Zelluloidball über einen Tisch und ein niedriges Netz zu schlagen. Der Spieler, der zuerst 21 Punkte erzielt, hat gewonnen; bei Unentschieden (20 zu 20) geht das Spiel so lange weiter, bis ein Spieler einen 2-Punkte-Vorsprung hat. Das Match gewinnt, wer zuerst drei (Männer) oder zwei (Frauen) Sätze gewonnen hat.

TISCH
Die Tischtennisplatte ist dunkelgrün.

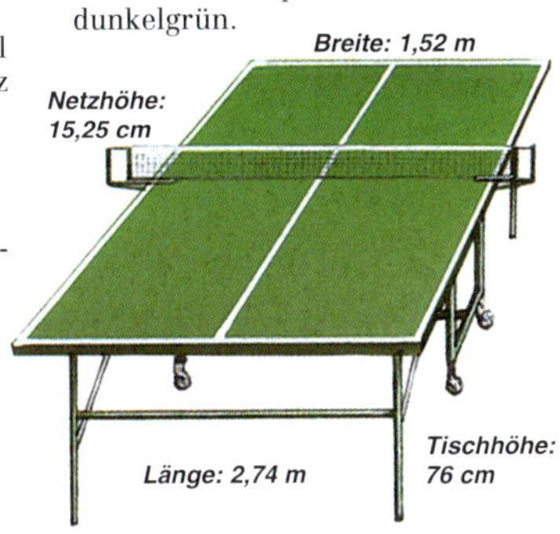

SCHLÄGER
Ursprünglich waren die Schläger nur aus Holz. Die genoppte Gummioberfläche wurde 1920 hinzugefügt, um dem Ball mehr Drall zu geben.

BALL
Der leichte Zelluloidball ist entweder weiß oder gelb.

AUFSCHLAG
Der Ball muss senkrecht aus der flachen Hand hochgeworfen werden und darf sich nicht drehen. Im Augenblick der Ballberührung muss sich der Schläger hinter der Tischplatte befinden. Der Ball muss zuerst auf der Seite des Aufschlägers aufprallen.

GRIFFHALTUNGEN
Es gibt zwei Hauptgriffhaltungen im Tischtennis.

Beim »Shakehandgriff« wird der Schläger so gehalten, als ob der Spieler jemandem die Hand geben würde.

Beim Federhaltergriff wird der Schläger wie ein Füller gehalten.

SQUASH

Beim Squash werden alle vier Wände eines geschlossenen Platzes bespielt. Der Ball wird gegen die vordere Spielwand geschlagen und muss zurückgeschlagen werden, bevor er zweimal auf dem Boden aufprallt. Bei einem Match wird auf drei Gewinnsätze gespielt. Ein Spiel gewinnt, wer zuerst 9 Punkte erzielt.

BALL
Es gibt vier Arten von Squashbällen: die langsamen Bälle werden bei hohen Temperaturen verwendet, die schnellen Bälle bei niedrigen.

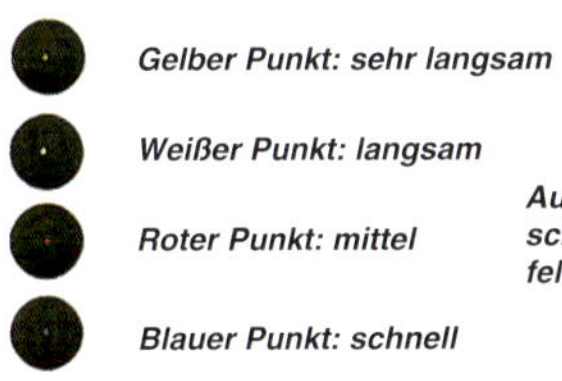

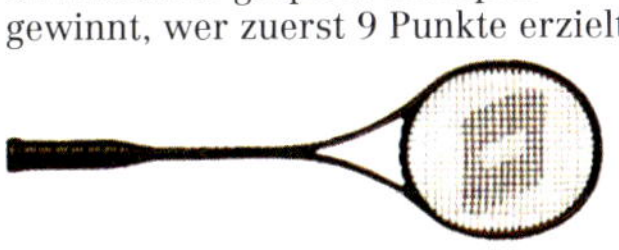

SCHLÄGER
Der Kopf des Schlägers ist kleiner und runder als der des Badminton- oder Tennisschlägers.

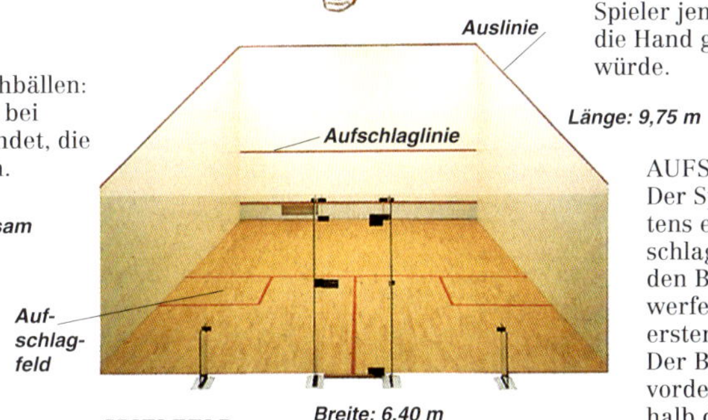

SPIELFELD
Die weißen Betonwände eines Squashfeldes müssen ganz glatt sein. Die Rückwand ist meist aus Plexiglas, sodass Zuschauer das Spiel verfolgen können.

AUFSCHLAG
Der Spieler muss mindestens einen Fuß im Aufschlagfeld haben, den Ball in die Luft werfen und ihn beim ersten Mal treffen. Der Ball muss die vordere Wand oberhalb der Aufschlaglinie, aber unterhalb der Auslinie treffen.

PELOTA

Beim schnellen Pelota oder Jai Alai werden gebogene, geflochtene Körbe, Chistera genannt, als Schläger verwendet. Das Spielfeld ist lang und schmal und hat drei bespielbare Wände.

Der Spieler trägt einen Gummihandschuh, der an der Chistera festgenäht ist.

RACQUETBALL

Beim Racquetball verwenden die Spieler einen Schläger mit kurzem Griff und einen hohlen Gummiball. Der Ball kann sowohl gegen die Decke als auch gegen alle vier Wände geschlagen werden.

Das schnelle Racquetball ähnelt in vieler Hinsicht dem Squash.

HÖCHSTE BALLGESCHWINDIGKEITEN

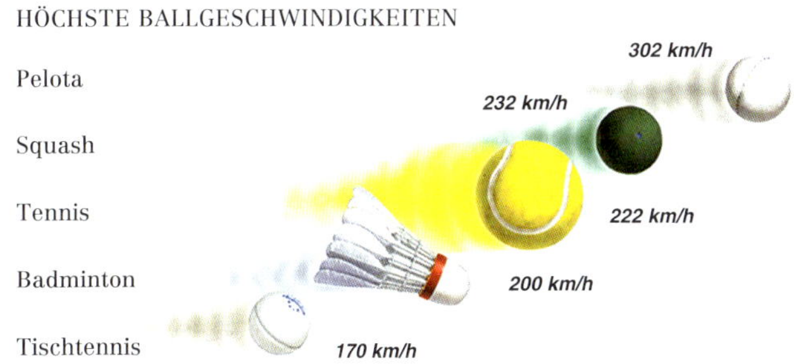

BALLSPIELE

BASKETBALL

Zwei Mannschaften versuchen, einen Ball in den gegnerischen Korb zu werfen. Eine Mannschaft besteht aus fünf Feld- und bis zu fünf Auswechselspielern. Ein Spiel besteht aus zwei Halbzeiten zu je 20 Min. Die Spieler dürfen nach der Ballannahme nur zwei Schritte machen, dann muss der Ball abgegeben oder »gedribbelt« werden.

KLEIDUNG
Die Spieler tragen bunte Hemden und Shorts. Die Hemden haben vorn und hinten große Nummern.

SPIELFELD
Die Größe dieses Spielfelds beruht auf internationalen Regeln. Die Spielfelder in den USA sind etwas größer.

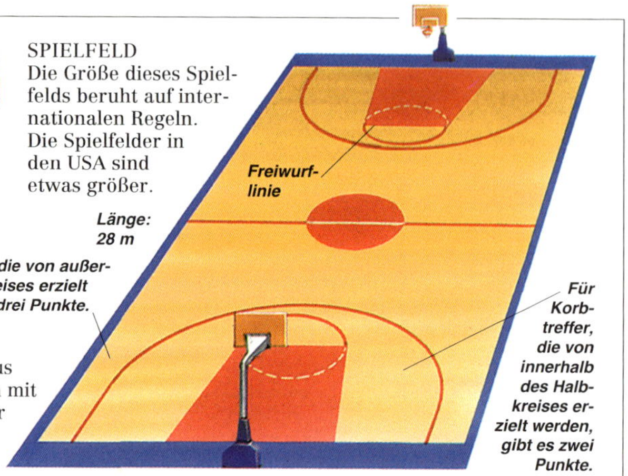

BALL
Der Ball besteht aus Gummi, überzogen mit Leder, Gummi oder einem synthetischen Material.

Die hohen, gefütterten Seiten der Basketballstiefel stützen das Fußgelenk.

ZEITREGELN	
Zeitgrenze	Vorgang
3 Sekunden	Zeit, die sich ein Spieler im gegnerischen Freiwurfraum aufhalten darf
5 Sekunden	Zeit, die der Spieler den Ball bei einem Ein- oder Freiwurf festhalten darf
10 Sekunden	Die Mannschaft im Ballbesitz muss den Ball aus dem eigenen Spielfeld herausspielen.
30 Sekunden	Die Mannschaft im Ballbesitz muss versuchen, einen Korb zu werfen.

BASKETBALL-WELTMEISTER			
Jahr	Männer	Jahr	Frauen
1959	Brasilien	1959	UdSSR
1963	Brasilien	1964	UdSSR
1967	UdSSR	1967	UdSSR
1970	Jugoslawien	1971	UdSSR
1974	UdSSR	1975	UdSSR
1978	Jugoslawien	1979	USA
1982	UdSSR	1983	UdSSR
1986	USA	1986	USA
1990	Jugoslawien	1990	USA
1994	USA	1994	Brasilien
1998	Jugoslawien	1998	Kanada
2002	Jugoslawien	2002	USA
2006	Spanien	2006	Australien

SPRUNGBALL
Zu Beginn eines Spiels wirft der Schiedsrichter den Ball in die Luft, und zwei Spieler springen hoch, um ihn zu erreichen.

Die Spieler stehen nahe an der Mittellinie, jeder in seiner Spielfeldhälfte.

WURF
Für einen Korbwurf hält der Spieler den Ball hoch über seinen Kopf und wirft ihn auf den Korb.

LAUFEN MIT DEM BALL
Nach der Ballannahme darf der Spieler zwei Schritte mit dem Ball machen. Der Spieler, der mit dem Ball in der Hand stehen bleibt, darf sich auf einem Fuß drehen, während er gleichzeitig den anderen Fuß in jede Richtung bewegt (Sternschritt).

DRIBBELN
Ein Spieler darf sich mit dem Ball bewegen, indem er dribbelt. Während er den Ball aufspringen lässt, darf er so viele Schritte machen oder so lange stehen bleiben, wie er will.

VOLLEYBALL

Volleyball ist ein Ballspiel, das von zwei Mannschaften mit je sechs Spielern gespielt wird. Das Ziel beim Volleyball ist es, den Ball so über ein Netz zu schlagen, dass ihn die gegnerische Mannschaft nicht zurückspielen kann.

Eine Mannschaft darf den Ball bis zu dreimal berühren, bevor er über das Netz geht.

SPRINGEN UND GREIFEN
Wegen der Netzhöhe müssen Spieler hoch in die Luft springen, um den Ball zu treffen. Spieler dürfen das Netz nicht berühren oder darüber greifen. Der Ball ist kleiner als ein Basket- oder Korbball.

FAUSTBALL

Faustball ist ein Rückschlagspiel, bei dem der Ball mit dem Arm oder mit der Faust geschlagen wird. Es wird im Sommer auf Rasen und im Winter in der Halle gespielt. Der Spielgedanke ist ähnlich wie beim Volleyball: Anders als beim Volleyball darf der Ball jedoch vor jedem Schlag einmal den Boden berühren.
Das Spielfeld hat eine Größe von 50x20 m (in der Halle von 40x20 m – es entspricht somit dem Handballfeld) und wird in der Mitte von einer 2 m hohen Leine in zwei Hälften geteilt. Auf jeder Seite steht eine Mannschaft, die jeweils aus fünf Spielern besteht.

WISSENSWERTES
Die amerikanische Basketball-Liga NBA ist die teuerste Profi-Liga der Welt. Unter den 20 bestbezahlten Sportlern des Jahres 2004 waren sieben NBA-Spieler.

KORBBALL

Das Ziel beim Korbball besteht darin, den Ball in den gegnerischen Korb zu werfen. Das Spiel wird von zwei Mannschaften mit je sieben Spielern gespielt. Jeder Spieler darf sich nur in einem bestimmten Teil des Spielfeldes aufhalten.

HANDBALL

Das Ziel ist es, den Ball weiterzugeben oder zu dribbeln, bis ein Tor erzielt wird. Zwei Mannschaften spielen mit je sieben Spielern. Spieler können drei Schritte machen, während sie den Ball festhalten.

Der Spieler darf den Ball nicht länger als drei Sekunden festhalten.

FUSSBALL

Fußball ist ein Ballspiel, das von zwei Mannschaften mit je 11 Spielern gespielt wird. Das Ziel besteht darin, den Ball in das gegnerische Tor zu schießen. Die Mannschaft, die die meisten Tore erzielt, gewinnt. Die Spieler setzen Füße, Kopf, Oberschenkel und Brust ein, um den Ball zu treffen oder zu führen; nur der Torwart darf den Ball mit den Händen oder Armen berühren. Ein Spiel besteht aus zwei Halbzeiten zu je 45 Min.

AUSRÜSTUNG
Spieler tragen Trikots mit Rückennummern. Die Sohlen der Schuhe dürfen Stollen oder Noppen haben.

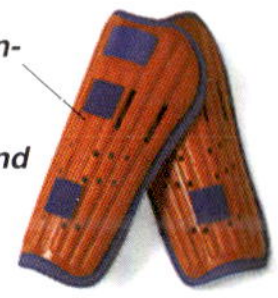

SPIELFELD

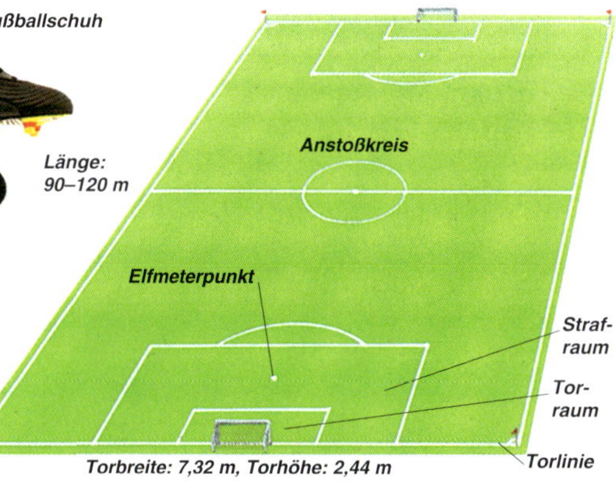

DAS 4-3-3-SYSTEM
Obwohl die Spieler zu Beginn eines Spiels meist auf bestimmten Positionen stehen, kann sich das im Spielverlauf ändern. Hier ist eine Aufstellung mit 4 Verteidigern, 3 Mittelfeldspielern und 3 Stürmern gezeigt.

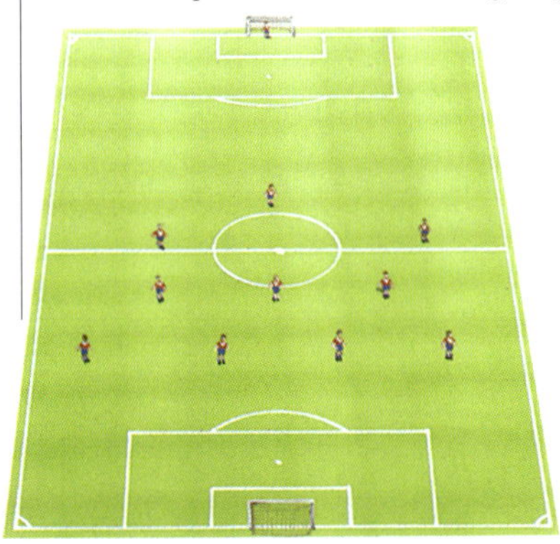

DRIBBELN
Beim Dribbeln hält der Spieler den Ball dicht am Fuß, während er ihn vorwärts treibt, um zu verhindern, dass ihm ein gegnerischer Spieler den Ball abnimmt.

Der Spieler hält den Ball unter Kontrolle, während er sich seinem Gegner nähert.

Durch eine Körpertäuschung versucht der Spieler, seinen Gegner zu verwirren.

Er täuscht links an, geht dann aber rechts vorbei.

WELTMEISTERSCHAFTEN		
Jahr	Gastland	Weltmeister
1938	Frankreich	Italien
1950	Brasilien	Ururuay
1954	Schweiz	Deutschland
1958	Schweden	Brasilien
1962	Chile	Brasilien
1966	England	England
1970	Mexiko	Brasilien
1974	Deutschland	Deutschland
1978	Argentinien	Argentinien
1982	Spanien	Italien
1986	Mexiko	Argentinien
1990	Italien	Deutschland
1994	USA	Brasilien
1998	Frankreich	Frankreich
2002	Japan/Südkorea	Brasilien
2006	Deutschland	Italien
2010	Süd-Afrika	-

Man unterscheidet Manndeckung und Raumdeckung. Bei der Manndeckung folgt der Verteidiger dem Stürmer der gegnerischen Mannschaft, bei der Raumdeckung übernimmt ein anderer Verteidiger die Deckung des Stürmers, wenn dieser den Raum wechselt.

Der Verteidiger muss darauf achten, dass er seinen Gegner nicht foult.

»Slide tackling«: Der Verteidiger rutscht vor seinem Gegner auf den Boden und bekommt dadurch den Ball.

TORWART
Der Torwart darf den Ball mit seinen Händen berühren, aber nur im eigenen Strafraum. Eine Ballrückgabe mit dem Fuß von einem Mannschaftskameraden darf er nicht aufheben.

Für einen kurzen Pass rollt oder wirft ein Torwart den Ball.

Im Idealfall wird der Ball über den Boden gerollt für einen genauen Pass.

TOR
Hauptaufgabe der Stürmer ist es, Tore zu schießen. Sie müssen in der Lage sein, den Ball zielsicher zu schießen und zu köpfen.

Der Spieler lenkt den Ball ins Tor.

WICHTIGE MANNSCHAFTEN
Dies sind die Grundfarben, die von den besten internationalen Mannschaften getragen werden.

STOCKSPIELE

FELD-HOCKEY

Eine Mannschaft besteht aus 11 Spielern. Mit einem Hockeyschläger wird versucht, den Ball innerhalb des Schusskreises in das gegnerische Tor zu bringen. Es werden Feld- und Hallenhockey gespielt. Ein Spiel besteht aus zwei Halbzeiten zu je 35 Min.

AUSRÜSTUNG
Die Spieler tragen Trikots und Shorts (Männer) oder Röcke (Frauen) und Schienbein- und Gelenkschutz. Der Torwart trägt zusätzliche Schutzkleidung.

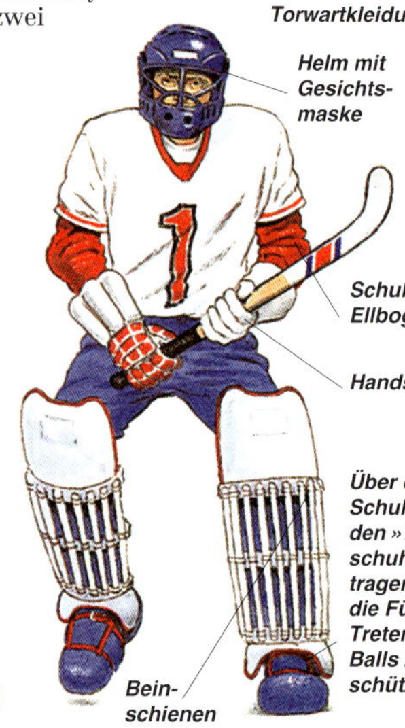

SPIELFELD
Hockey wird im Freien auf Gras oder Kunststoffflächen gespielt.

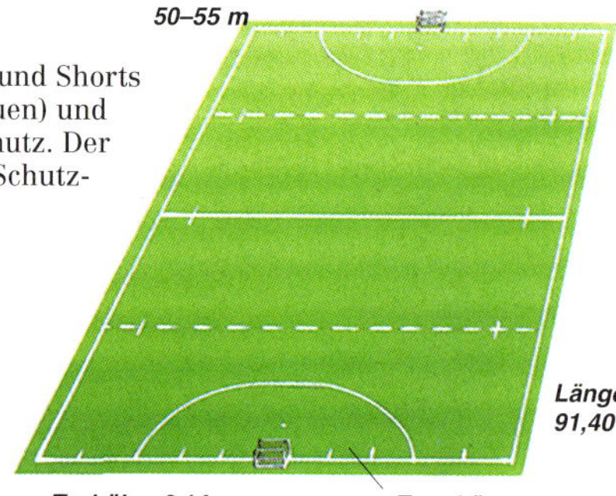

HOCKEYSCHLÄGER
Hockeyschläger werden über heißem Dampf in Form gebogen. Der Ball darf nur mit der flachen Seite gespielt werden.

Der Schläger wiegt zwischen 340 g und 790 g für Männer und bis zu 650 g für Frauen.

Der Ball ist weiß und besteht aus Leder oder Plastik.

OLYMPISCHE HOCKEYMEISTER (MÄNNER)	
Jahr	Land
1928	Indien
1932	Indien
1936	Indien
1948	Indien
1952	Indien
1956	Indien
1960	Pakistan
1964	Indien
1968	Pakistan
1972	Deutschland
1976	Neuseeland
1980	Indien
1984	Pakistan
1988	Großbritannien
1992	Deutschland
1996	Niederlande
2000	Niederlande
2004	Australien

OLYMPISCHE HOCKEYMEISTER (FRAUEN)	
Jahr	Land
1988	Australien
1992	Spanien
1996	Australien
2000	Australien
2004	Deutschland

BULLY
Der Bully ist eine besondere Spielregel beim Hockey. Sie wird angewendet, um das Spiel nach bestimmten Unterbrechungen wieder zu starten: Ein Spieler aus jeder Mannschaft steht über dem Ball. Sie tippen dreimal auf den Boden und gegen den anderen Stock, bevor jeder versucht, den Ball zu bekommen.

LACROSSE
Die Spieler verwenden einen dreieckigen Netzschläger, um den Ball zu fangen und zu schlagen. Sie versuchen dabei, den Ball in das gegnerische Tor zu bekommen. Für Frauen und Männer gelten unterschiedliche Regeln. Einer der Hauptunterschiede ist, dass Körperkontakt bei den Männern erlaubt ist, bei den Frauen dagegen nicht.

Frauen-Lacrosse

LACROSSE REGELN	
Männer Lacrosse	Frauen Lacrosse
10 Spieler auf jeder Seite; 9 Auswechselspieler sind erlaubt	12 Spielerinnen auf jeder Seite; 1 Auswechselspielerin ist erlaubt
Schulterkontakt und Bodychecks sind erlaubt.	Körperkontakt nicht erlaubt
Zeit: 4 x 15 Min.	Zeit: 2 x 25 Min.
Spielfeld ist normalerweise 100 x 55 m groß	Keine festgelegten Maße
Schlägerlänge: 1–1,8 m	Schlägerlänge: 1–1,8 m

EISHOCKEY

Eishockey wird mit sechs Spielern auf jeder Seite und mit bis zu 14 Auswechselspielern gespielt. Gespielt wird mit einer Gummischeibe, dem Puck, der ins gegnerische Tor gespielt wird. Es gibt drei Spieldrittel zu je 20 Min.

EISHOCKEYSTRAFEN	
Art	Minuten auf der Strafbank
Kleine Strafe	2
Große Strafe	5
Disziplinarstrafe	10 *
Matchstrafe	Restliche Spieldauer **

* Auswechselspieler darf sofort eingewechselt werden.
** Auswechselspieler darf nach 5 Min. eingewechsel werden.

EISHOCKEYSCHLÄGER
Der Schläger eines Feldspielers hat einen Schaft mit einer im stumpfen Winkel angebrachten Schaufel. Der Schläger des Torwarts ist schwerer und hat eine breitere Schaufel.

OLYMPIASIEGER IM EISHOCKEY (MÄNNER)	
Jahr	Land
1928	Kanada
1932	Kanada
1936	Großbritannien
1948	Kanada
1952	Kanada
1956	UdSSR
1960	USA
1964	UdSSR
1968	UdSSR
1972	UdSSR
1976	UdSSR
1980	USA
1984	UdSSR
1988	UdSSR
1992	GUS
1994	Schweden
1998	Tschechien
2002	Kanada
2006	Schweden

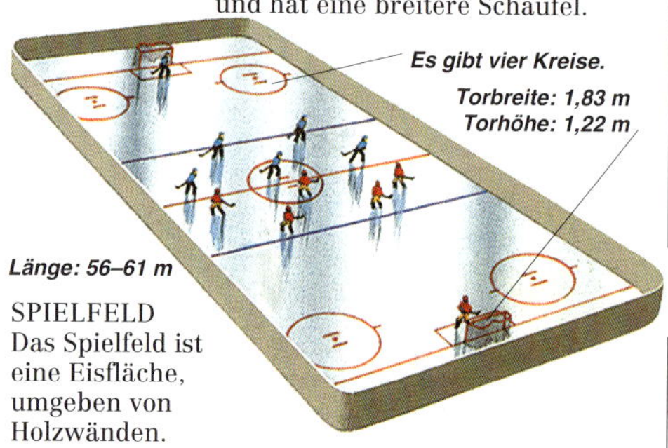

SPIELFELD
Das Spielfeld ist eine Eisfläche, umgeben von Holzwänden.

HOCKEYGESCHWINDIGKEITEN
Eishockey ist das schnellste Mannschaftsspiel. Der Puck bewegt sich mit bis zu 190 km/h. Ein Hockeyball erreicht Geschwindigkeiten bis zu 160 km/h.

GOLF

Ein Standardgolfplatz hat 18 unterschiedlich lange Bahnen (entspricht einer Runde). Am Anfang jeder Bahn liegt der Abschlag, von dem aus der Golfball mit möglichst wenig Schlägen über die Bahnen in ein Loch gespielt werden soll. Für den Abschlag wird der Ball auf einen »Tee«, einen Kunststoffstift im Boden, aufgesetzt.

HOLZSCHLÄGER oder »Driver« werden für lange Schläge verwendet. Sie sind von 1 bis 9 durchnummeriert. Ihre Köpfe sind aus Holz, Plastik o. Leichtmetall.

EISENSCHLÄGER werden für verschiedene Schläge benutzt. Die Stahlköpfe sind von 1 bis 10 durchnummeriert.

PUTTER werden hauptsächlich auf dem Grün verwendet. Im Gegensatz zu den anderen Schlägern haben sie zwei Schlagseiten. Sie sind die leichtesten Schläger.

SCHLÄGER
Spieler dürfen eine Runde Golf mit nicht mehr als 14 Schlägern spielen. Die meisten Spieler verwenden drei oder vier Holzschläger, drei oder vier Eisenschläger und einen Putter.

BALL
Golfbälle haben mehr als 400 Vertiefungen. Sie ermöglichen, dass der Ball weit und gerade fliegt.

TEE
Ein Tee ist ein schmaler Aufsatzdorn, auf den der Ball zur Erleichterung des Abschlags gelegt wird.

SCHLAGENTFERNUNGEN

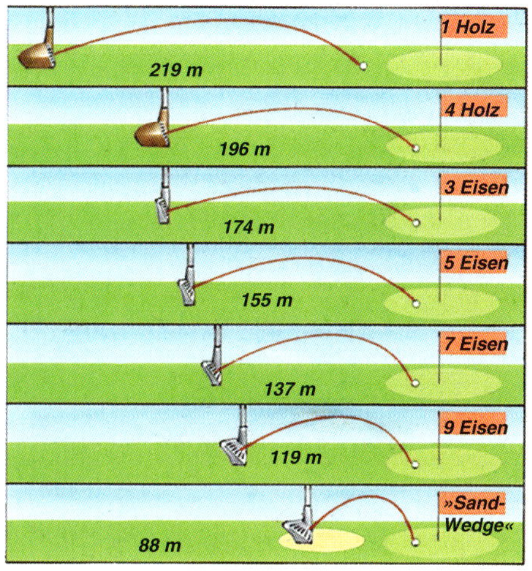

Schutzhülle für den Schläger

Ideal ist Kleidung, die viel Bewegungsfreiheit lässt.

Golfschuhe haben Spikes an der Sohle. Sie sorgen für sicheren Stand im Gras.

GOLFTASCHE
Golfspieler haben Taschen für den kompletten Satz an Schlägern. Die Taschen haben Rollen, weil Sie sehr schwer sind.

Ständer, der die Tasche stützt

Schirm

GOLFPLATZ
Golfplätze haben unterschiedliche Bahnlängen von 90 bis 550 m. Für jedes Loch ist eine bestimme Anzahl von Schlägen festgesetzt. Diese Normzahl heißt »Par«. Sie richtet sich nach der Entfernung vom Abschlag zum Loch. Die Zahl der Schläge für den gesamten Platz heißt »Standard«.

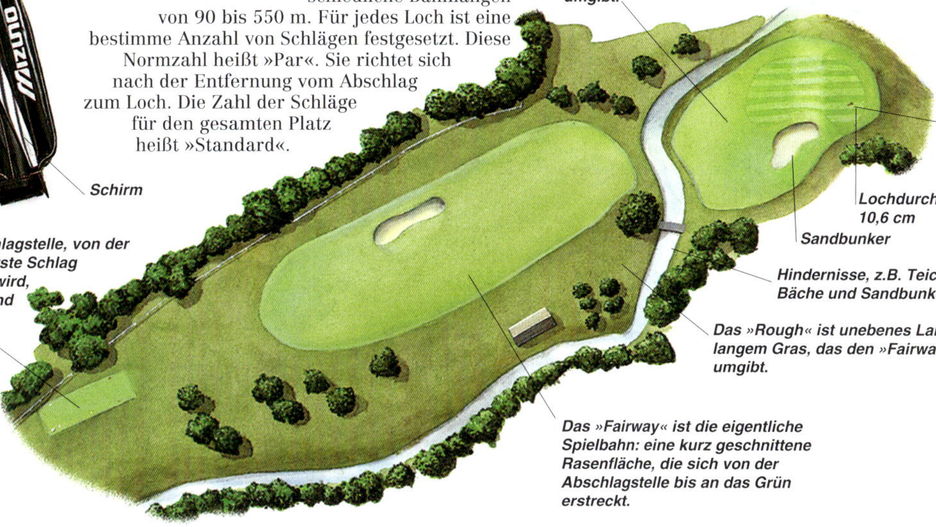

Das »Grün« ist das glatte Rasenstück, das das Loch umgibt.

Fahnenstange

Lochdurchmesser: 10,6 cm

Sandbunker

Hindernisse, z.B. Teiche, Bäche und Sandbunker

Das »Rough« ist unebenes Land mit langem Gras, das den »Fairway« umgibt.

Das »Fairway« ist die eigentliche Spielbahn: eine kurz geschnittene Rasenfläche, die sich von der Abschlagstelle bis an das Grün erstreckt.

Die Abschlagstelle, von der aus der erste Schlag gemacht wird, ist glatt und eben.

SCHLAGTECHNIK
Der Schlag wird in einer durchgängigen Bewegung ausgeführt.

Rückschwung: Der Schläger führt hinter die rechte Schulter.

Abschwung: Der Schläger wird am Körper vorbei nach vorn gezogen.

Durchschwung: Nachdem der Ball getroffen wurde, schwingt der Schläger über die linke Schulter aus.

WICHTIGE GOLFTURNIERE	
Turnier	Durchgeführt seit
British Open	1860
US Open	1895
US PGA	1916
US Masters	1934
Ryder Cup (Männermannschaftswettbewerb)	1927
Curtis Cup (Frauenmannschaftswettbewerb)	1932

LANGER SCHLAG
Bei einem Ausscheidungsspiel in Pennsylvania (USA) Anfang des 20. Jh. schlug eine Teilnehmerin ihren Ball am 16. Loch in einen Fluss. Sie fuhr mit einem Boot hinaus, um ihn zu erreichen, und beendete das Loch mit 166 Schlägen.

GOLFWÖRTER

Approach Ein Schlag auf das Grün vom Fairway oder Rough aus

Birdie Ein Schlag unter Par für ein Loch

Bogey Ein Schlag über Par für ein Loch

Eagle Zwei Schläge unter Par für ein Loch

Handicap Anzahl der Schläge über dem Platzstandard, die ein Spieler für einen Platz benötigt. An dieser Zahl wird die Spielstärke eines Spielers gemessen.

Loch Eine vollständige Bahn vom Tee zum Green; das runde Loch, in das der Ball geschlagen wird

Lochspiel Ein Spieler gewinnt ein Loch, wenn er den Ball mit weniger Schlägen einlocht.

Par Die Standardschlagzahl für ein Loch oder eine Runde (18 Löcher) auf einem Golfplatz beruht auf dem, was ein Topspieler schaffen sollte, und erlaubt zwei Putts.

Zählspiel Sieger ist, wer die niedrigste Zahl an Schlägen hat.

WASSERSPORT

RUDERN

Rudern ist ein Freizeit- und Rennsport. Je nach Anzahl der Ruderer unterscheidet man bei den Rennbooten Einer, Zweier, Vierer und Achter. Der Achter fährt mit einem Steuermann. Er steuert das Boot durch eine Ruderflosse. Man unterscheidet »Skulls« und »Riemen«: Skulls sind beidseitig des Bootes angebrachte Holme mit Ruderblättern, Riemen sind nur auf einer Bootsseite angebrachte Holme.

KLEIDUNG

Für die meisten Disziplinen ist Sicherheitskleidung vorgeschrieben. Schwimmwesten werden beim Segeln, Wasserski und Motorbootrennen getragen. Auftriebshilfen sind weniger sperrig als Schwimmwesten und werden bei Kanurennen getragen.

OLYMPISCHE RUDERDISZIPLINEN	
Disziplin	Ungefähre Länge der Boote (in m)
Einer (Skulls)	8
Doppelzweier (Skulls)	10
Dopppelvierer (Skulls)	13
Zweier ohne Steuermann (Riemen)	10
Zweier mit Steuermann (Riemen) (nur Männer)	11
Vierer ohne Steuermann (Riemen)	13
Vierer mit Steuermann (Riemen) (nur Männer)	14
Achter (Riemen)	17

RUDERBOOT

Rennboote sind leicht und haben eine glatte, äußerst dünne Außenhaut.

SKULLTECHNIK

Der Ruderer hält die Ruderblätter kurz über dem Wasser.

Er lehnt sich nach vorn und beugt seine Knie, während er die Skulls eintaucht.

Er drückt seine Beine und dann den Rücken durch, wenn sich die Skulls rechtwinklig zum Boot befinden.

Er lehnt sich zurück, beugt die Arme und zieht die Skulls aus dem Wasser.

RUDERTECHNIK (RIEMEN)

Die Ruderer lehnen sich nach vorne, Knie sind gebeugt und Arme gestreckt.

Ihre Rücken strecken sich, während sie die Blätter durchs Wasser ziehen.

Sie lehnen sich zurück, Arme gebeugt, während sie die Ruder aus dem Wasser ziehen.

KANU

Rennen werden mit Kajaks oder Canadiern gefahren. Kajaks sind geschlossen und werden sitzend gefahren, Canadier sind offen und werden kniend gefahren. Das Paddel wird rechts und links vom Boot eingetaucht.

KAJAK

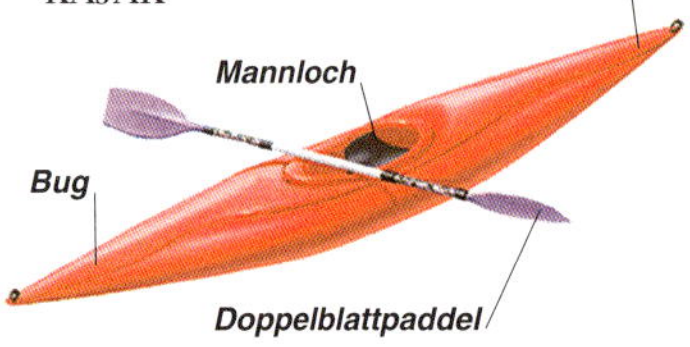

CANADIER

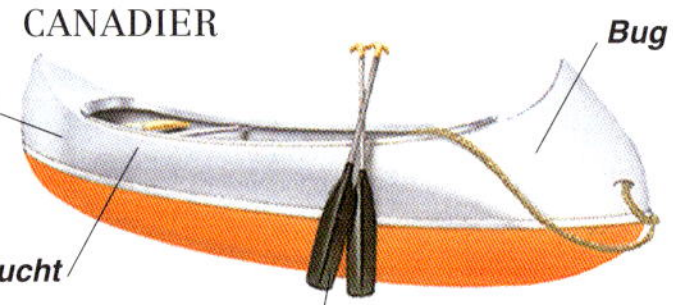

OLYMPISCHE KANUDISZIPLINEN			
Bootsart	Ungefähre Länge (in m)	Disziplin	
		Männer	Frauen
K1	5,20	500 m, 1 000 m, Slalom	500 m, Slalom
K2	6,50	500 m, 1 000 m	500 m
K4	11	1 000 m	500 m
C1	5,20	500 m, 1 000 m, Slalom	-
C2	6,50	500 m, 1 000 m, Slalom	-

K = Kajak, C = Canadier, 1 = Einer, 2 = Zweier, 4 = Vierer

KURZSTRECKENRENNEN

Kurzstreckenrennen werden auf ruhigen Gewässern ausgetragen. Kajaks fahren in Bahnen, gewöhnlich Entfernungen über 500 m oder 1 000 m. Einige Strecken haben Windschutz, um den Einfluss von Seitenwinden zu mindern.

K2-Rennen der Männer

LANGSTRECKENRENNEN

Bei 5 000- und 10 000-m-Rennen paddeln Kanuten um Bojen an jedem Ende der Strecke herum. Kanumarathons sind zwischen 25 km und 200 km lang. Die Teilnehmer umgehen Hindernisse, wie z.B. Schleusen oder Wasserfälle, indem sie ihr Kanu am Ufer entlang tragen.

Kanumarathon

WILDWASSERSTRECKEN

Man unterscheidet Wildwasserrennen, bei dem die Kanuten einen Kurs mit natürlichen Hindernissen umfahren, z.B. Felsen und Stromschnellen, und den Slalom, bei dem zusätzlich Tore aufgestellt werden.

Slalom

SEGELN

Segelboote werden in Bootsklassen eingeteilt. Wettbewerbe werden innerhalb der einzelnen Bootsklassen ausgetragen. Man unterscheidet Hochseerennen von den Regatten, also den Wettfahrten auf Binnengewässern oder an Küsten.

BOOTSTYPEN

OK-Jolle (Einpersonen-Boot) · 470er Klasse (Zweipersonen-Boot) · Katamaran · Flying Dutchman · Hochseejacht

WINDSURFEN

Windsurfen ist ein sehr beliebter Wassersport, der sich in den letzten 30 Jahren entwickelt hat. 1984 wurde das Windsurfen erstmals als olympische Disziplin in den Wettkampf aufgenommen. Wettfahrten werden nach den Regeln der Segelregatta ausgetragen.

SURFBRETT

Das Surfbrett ist ein flacher Schwimmkörper aus Kunststoff mit einem kleinen Schwert, einem Mast und einem Segel. Der Mast hat ein Kardangelenk und ist nach allen Seiten dreh- und kippbar. Er wird vom Windsurfer durch den Gabelbaum gehalten, an dem auch das Segel befestigt ist. Mit dem Mast bzw. dem Gabelbaum wird das Brett gesteuert.

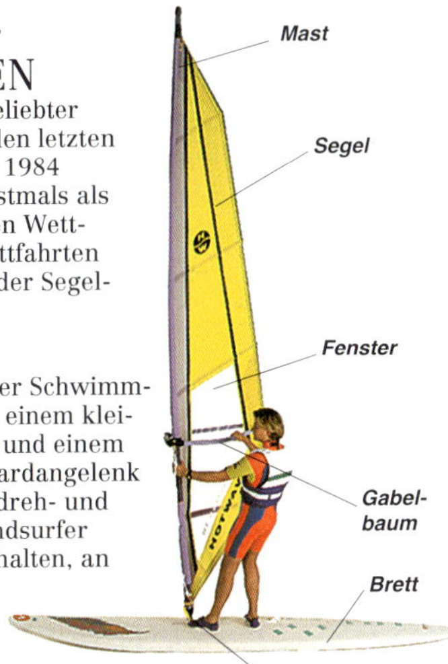

WINDSURFBEGRIFFE

Gabelbaum Wird zum Steuern verwendet, um die Geschwindigkeit zu ändern und um das Gleichgewicht zu halten

Daggerboard Abnehmbares Schwert, das benutzt wird, um zu verhindern, dass das Brett seitlich durchs Wasser gleitet.

Freistil Wettbewerb oder Demonstration, bei der Kunststücke vorgeführt werden

Funboard Spezielles Brett zum Segeln bei starkem Wind und für spektakuläre Sprünge

Finne Flosse, die das Boot auf Kurs hält

Aufholschot Seil, mit dem der Segelmast aus dem Wasser gezogen wird

MOTORBOOTRENNEN

Es gibt Motorbootrennen an der Küste und auf See. Die Motorboote werden in verschiedene Klassen eingeteilt, je nach Größe und Art des Dieselmotors. Die schnellsten Motorboote haben Düsenantrieb. Ein berühmtes Motorbootrennen ist der Bahama-Motorboot-Grand-Prix.

Doppelrumpf-Powerboot

WELLENREITEN

Wellenreiter paddeln auf leichten Brettern hinaus aufs Meer und »reiten« auf den Brandungswellen zurück zum Strand. Das Brett schwimmt auf der Welle; der Wellenreiter balanciert und lässt sich von der Welle vorwärts tragen.

»Tunnelfahren« bedeutet, dass man unter der Welle hindurchfährt.

FAHRT AUF DEN WELLEN

Wettkampfrichter beurteilen die Wellenreiter nach Stil, Bewegungsablauf und Timing und vergeben je nach Schwierigkeitsgrad Punkte.

Die Bretter sind meistens aus Fiberglas

Bei einer Wende dreht der Wellenreiter um und fährt durch die Welle zurück.

WASSERSPORTARTEN IM VERGLEICH		
Wassersportart	Olympische Disziplin seit	Höchstgeschwindigkeit (in km/h)
Segeln	1900	69
Rudern	1900	21[1]
Motorbootrennen	1908[2]	166[3]
Kanufahren	1936	20[4]
Wildwasserkanu	1972	–
Windsurfen	1984	82
Wasserski	–	230

(1) Durchschnittsgeschwindigkeit beim olympischen Rekord eines Achters über 2 km; (2) das einzige Mal olympisch; (3) sehr viel höhere Geschwindigkeiten wurden von Booten erreicht, die speziell für Rekordversuche gebaut wurden; (4) durchschnittliche olympische Rekordgeschwindigkeit für ein K4 über 1 km.

WASSERSKI

Der Wasserskifahrer wird von einem Motorboot gezogen, das mindestens mit 30 km/h fahren muss, um den Fahrer aufrecht zu halten. Er trägt einen oder zwei Skier oder wird sogar barfuß über die Wasseroberfläche gezogen.

SLALOM

Fahrer fahren um eine Reihe von Bojen, wobei sie das Kielwasser des Bootes kreuzen. Es gibt sechs Bojen bei jedem Durchgang mit einem Tor an jedem Ende. Jeder folgende Durchgang wird mit einem schnelleren Boot gemacht, bis höchstens 58 km/h für Männer und 55 km/h für Frauen.

SCHNELLE SKIER

Der Weltrekord beim Wasserski steht bei über 200 km/h, dreimal so schnell wie das Boot. Der Fahrer kreuzt dabei von einer Seite des ziehenden Bootes auf die andere.

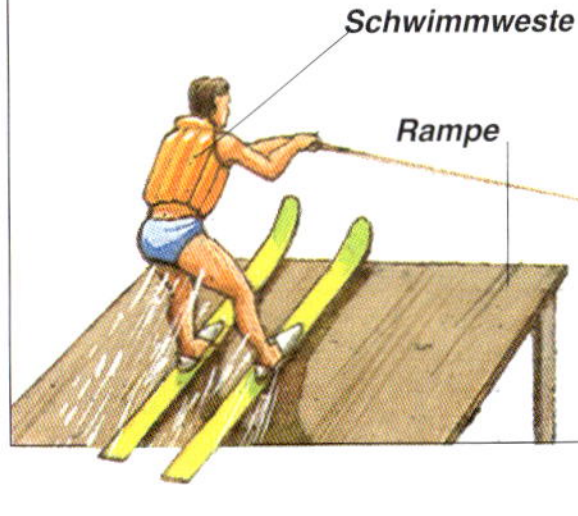

SPRUNGLAUF

Man springt von einer Sprungschanze, wobei die erreichte Weite gemessen wird.

TRICKSKI

Es gibt 49 Figuren, z.B. Drehungen, von denen möglichst viele gezeigt werden sollten.

SCHWIMMEN UND SPRINGEN

SCHWIMMEN

Es gibt vier Stilarten bei Wettbewerben: Freistil (Schwimmer setzen immer Brustkraulstil ein), Rückenkraul, Brustschwimmen und Schmetterling (Delfin).

Schwimmer starten in allen Disziplinen (außer beim Rückenschwimmen) von Startblöcken aus und schwimmen in Bahnen.

Durch berührungsempfindliche Sensorplatten am Ende der Strecke wird die Zeit auf eine Tausendstelsekunde genau gemessen.

AUSRÜSTUNG

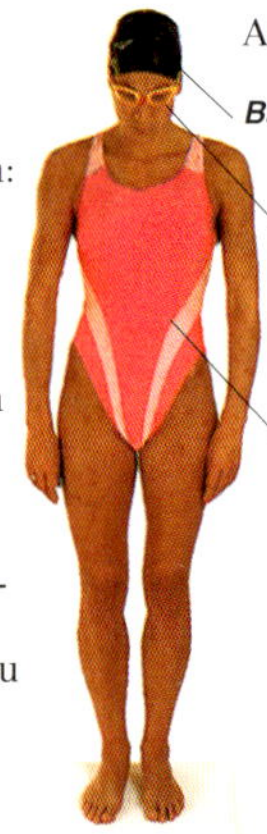

SCHWIMMBECKEN

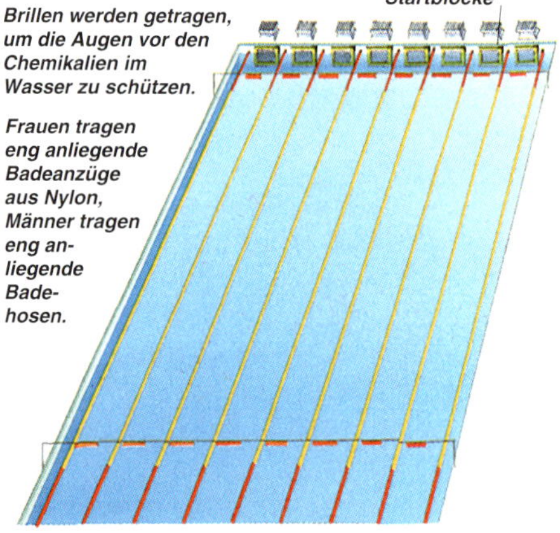

OLYMPISCHE DISZIPLINEN			
Disziplin		Männer	Frauen
Schwimmen			
Freistil	50 m	✓	✓
	100 m	✓	✓
	200 m	✓	✓
	400 m	✓	✓
	800 m		✓
	1500 m	✓	
Rücken	100 m	✓	✓
	200 m	✓	✓
Brust	100 m	✓	✓
	200 m	✓	✓
Schmetterling	100 m	✓	✓
	200 m	✓	✓
Lagen	200 m	✓	✓
	400 m	✓	✓
Freistilstaffel	4 x 100 m	✓	✓
	4 x 200 m	✓	✓
Lagenstaffel	4 x 100 m	✓	✓
Wasserspringen			
Kunstspringen		✓	✓
Turmspringen		✓	✓
Synchronschwimmen			
Mannschaft			✓
Duett			✓
Wasserball		✓	✓

WETTKÄMPFE

Schwimmer dürfen ihre Startblöcke nicht verlassen, bevor der Starter mit der Startpistole das Kommando dazu gegeben hat. Die Ausführung jedes Schwimmstils ist genau festgelegt (außer beim Freistil); das schließt die Wenden am Ende des Beckens ein. Beim Lagenschwimmen schwimmen die Teilnehmer jedes Viertel der Strecke in einem anderen Stil in folgender Reihenfolge: Schmetterling, Rücken, Brust und Kraul.

SCHWIMMSTILE

KRAUL

Der schnellste Schwimmstil; die Arme bewegen sich wie die Schaufeln eines Raddampfers.

Der Schwimmer bewegt seine Beine von der Hüfte aus auf und ab.

Die Arme werden über den Kopf hinweg ins Wasser eingetaucht.

Der Schwimmer hält seinen Körper so nah wie möglich an der Wasseroberfläche.

BRUSTSCHWIMMEN

Wichtig ist hier ein korrekt ausgeführter Beinschlag (wie ein Frosch, nicht wie eine Schere).

Die Arme werden in einer Halbkreisbewegung unter dem Kinn zusammengeführt, ausgebreitet und wieder zusammengeführt.

Durch den Rückstoß der Beine bewegt sich der Schwimmer vorwärts.

RÜCKENSCHWIMMEN

Das ist die einzige Wettkampfart, bei der im Wasser gestartet wird.

Die Arme kommen nacheinander aus dem Wasser.

Der Beinschlag entspricht dem des Kraulstils.

SCHMETTERLING

In einer dauernden Wellenbewegung des Körpers kommt der Schwimmer schnell voran.

Die Arme schwingen über dem Wasser nach vorn.

Die geschlossenen Beine werden von der Hüfte aus auf und ab bewegt.

WASSERSPRINGEN

Man unterscheidet Kunstspringen und Turmspringen. Beim Kunstspringen wird von federnden Brettern gesprungen, beim Turmspringen von einer starren Plattform aus. Bei Wettkämpfen werden die Haltung der Springer und der Schwierigkeitsgrad der Sprungelemente gewertet.

VORWÄRTSSPRUNG

Vorwärtssprünge können mit Anlauf oder aus dem Stand ausgeführt werden.

Der Springer muss seine Füße geschlossen und gestreckt halten.

Er muss seinen Körper so gerade wie möglich halten, wenn er in das Wasser eintaucht.

SPRUNGARTEN

Es gibt sechs Sprungarten: Vorwärts, Rückwärts, Schraube, Auerbach, Delfin und Handstand. Innerhalb dieser sechs Gruppen gibt es verschiedene Startpositionen und eine Vielzahl von Bewegungen in der Luft, wodurch sich mehr als 100 anerkannte Sprünge ergeben.

RÜCKWÄRTSSPRUNG

In der Ausgangsposition muss der Springer seinen Körper gerade und seinen Kopf hoch halten; seine Arme schwingen kurz vor dem Absprung nach oben.

HANDSTANDSPRUNG

Handstandsprünge dürfen nur vom Turm gemacht werden.

DELFINSPRUNG

Der Springer springt rückwärts ab, dreht sich dann aber vorwärts.

SCHRAUBENSPRUNG

Schraubenförmige Bewegung in der Luft

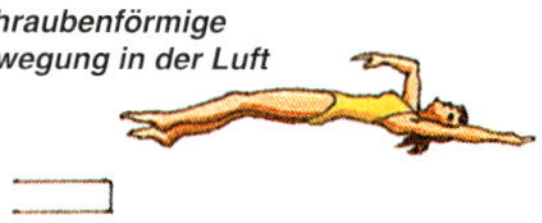

AUERBACHSPRUNG

Der Springer springt vorwärts ab, dreht sich dann aber rückwärts; hier in der Hocke.

SYNCHRONSCHWIMMEN

Dieser Sport ist eine Art Wasserballett, bei dem zwei Schwimmerinnen gleichzeitig Figuren auf und unter dem Wasser zu Musik vorführen. Es gibt Solo-, Duett- und Gruppenwettbewerbe (vier bis acht Schwimmerinnen).

Synchronschwimmerduett

WASSERBALL

Wasserball spielt man mit zwei Mannschaften mit jeweils sieben Spielern, die den Ball mit beiden Händen festhalten oder mit der Faust abwehren. Die Spieler dürfen nur mit einer Hand spielen.

PFERDESPORT

SPRINGREITEN

Reiter absolvieren mit ihrem Pferd einen Parcours mit Hindernissen wie Oxer, Mauern, Gatter und einem Wassergraben.

Fehlerpunkte gibt es für Verweigerung, Abwurf eines Hindernisteiles oder Zeitüberschreitung.

FEHLER BEIM SPRINGREITEN	
Fehler	Fehlerpunkte
Abwurf eines Hindernisteiles	4
Huf im Wasser	4
1. Verweigerung	3
2. Verweigerung	6
3. Verweigerung	Disqualifikation
Sturz (Pferd oder Reiter)	8
Zeitüberschreitung	¼ pro Sekunde
Falsche Reihenfolge beim Überspringen der Hindernisse	Disqualifikation

AUSRÜSTUNG
Reiter müssen einen Sturzhelm mit Kinnriemen tragen und einen Reitanzug für das Springreiten und die Dressur.

SPRINGREITPARCOURS

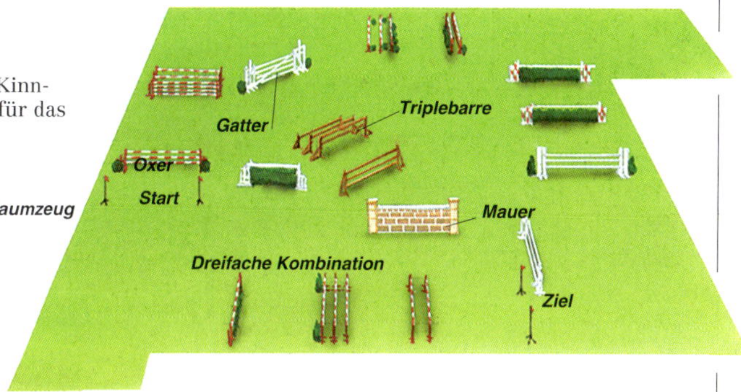

SPRUNGTECHNIK
Beim Springen sollte der Reiter den Oberkörper nach vorn beugen, um die Hinterhand des Pferdes zu entlasten. Bei der Landung muss der Oberkörper aufgerichtet werden, um die Vorderbeine zu entlasten.

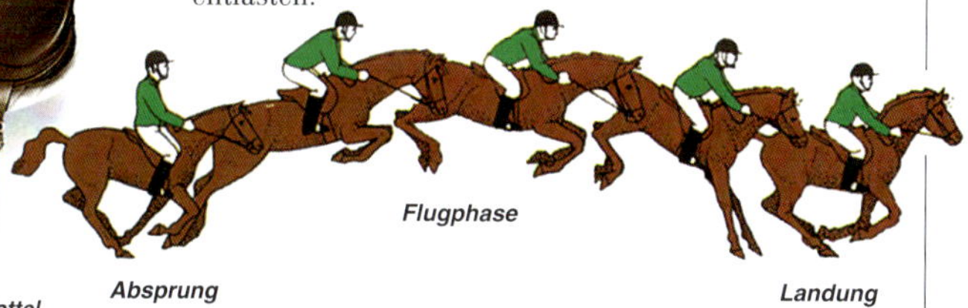

DRESSURREITEN

Dressur ist die Hohe Schule der Reiterei. In den Dressurprüfungen werden bis zu 70 Lektionen vorgeführt.
Das Pferd muss in allen Gangarten die beste Körperhaltung beherrschen.

VIELSEITIGKEITSPRÜFUNG (MILITARY)

Die Vielseitigkeitsprüfung wird an zwei bis drei aufeinander folgenden Tagen durchgeführt: erster Tag Dressurreiten, zweiter Tag Geländeprüfung und dritter Tag Parcoursspringen.

Die Geländeprüfung besteht aus vier Teilen (siehe Tabelle).

Durchquerung eines Wassergrabens

GELÄNDEPRÜFUNG		
Teil	Distanz (in km)	Aufgaben
A Wegstrecke I	4,8–7,2	Trab oder leichter Galopp
B Jagdrennen	3,5	8–10 Hindernisse
C Wegstrecke II	6–9	Trab oder leichter Galopp
D Querfeldeinstrecke	6–8	25–25 feste Hindernisse

POLO
Polo wird von zwei Mannschaften mit je vier Spielern gespielt. Mit einem langen Stock, dem Mallet, wird versucht, einen Ball ins gegnerische Tor zu schießen.

Polo

TRABRENNEN
Die Traber ziehen ihren Fahrer in leichten, zweirädrigen »Sulkies« über eine ovale Rennbahn. Die meisten Rennen sind zwischen 1,6 und 4,2 km lang.

Trabrennen

PFERDERENNEN
Bei Flachrennen starten Pferde, die 2 Jahre oder älter sind; meistens sind die Rennen zwischen 1 km und 4 km lang; es gibt keine Hindernisse. Hindernisrennen sind für Pferde, die 3 Jahre oder älter sind; sie sind zwischen 2 km und 5 km lang.

Jagdrennen führen über feste Hindernisse anstelle von Hürden. Sie sind für Vierjährige und ältere Tiere und sind zwischen 3 und 6,8 km lang.

WELTMEISTER IM SPRINGEN		
Jahr	Name	Land
1955	Hans Günter Winkler	Deutschland
1960	Raimondo d'Inzeo	Italien
1966	Pierre J. d'Oriola	Frankreich
1970	David Broome	Großbritannien
1974	Hartwig Steenken	Deutschland
1978	Gerd Wiltfang	Deutschland
1982	Norbert Koof	Deutschland
1986	Gail Greenough	Kanada
1990	Eric Navet	Frankreich
1994	Franke Sloothak	Deutschland
1998	Rodrigo Pessoa	Brasilien
2002	Dermott Lennon	Irland
2006	Ios Lansink	Belgien

REITERREKORDE
Hans Günter Winkler (geb. 1926) ist der erfolgreichste deutsche Springreiter. Er ist mehrfacher Olympiasieger und mehrfacher Weltmeister im Springreiten. Unter seiner Führung wurde die Stute Halla zum erfolgreichsten deutschen Springpferd.
Dr. Reiner Klimke (geb. 1936) zählt zu den besten deutschen Dressurreitern. Zu seinen wichtigsten Erfolgen zählen sechs Olympiasiege, fünf Weltmeister- und elf Europameistertitel.

WINTERSPORT

SKISPORT

Zum Skisport zählen alpines Skilaufen, das Abfahrtslauf und (Riesen-)Slalom umfasst, und nordisches Skilaufen, zu dem Langlauf und Skispringen zählen. Das alpine Skifahren kommt aus den Alpen, das nordische Skifahren aus Skandinavien.

KLEIDUNG
Skifahrer tragen warme, wind- und wasserundurchlässige Bekleidung. Die Bekleidung von Rennfahrern ist eng anliegend, um möglichst wenig Luftwiderstand zu bieten.

SKIER
Skier werden aus widerstandsfähigem Fiberglas hergestellt. Es gibt sie in unterschiedlichen Längen und Ausstattung, je nach Größe und Fahrvermögen des Skifahrers.

SKISTÖCKE
Stöcke sind meist aus Aluminium. Der Griff hat eine Schlaufe, die der Skifahrer um sein Handgelenk legt, um den Stock nicht zu verlieren. Am unteren Ende des Stocks befindet sich ein »Teller«, der verhindert, dass der Stock zu tief in den Schnee eintaucht.

Skibrille

SKISTIEFEL
Die Skistiefel sind aus Plastik und haben Schnallen, um den Schuh zu schließen. Sie reichen über die Knöchel, um die Skier besser lenken zu können.

Teller

SKIDISZIPLINEN		
Disziplin	Männer	Frauen
Alpines Skifahren		
Slalom	✓	✓
Riesenslalom	✓	✓
Super-Riesenslalom	✓	✓
Alpine Kombination (Abfahrt und Slalom)	✓	✓
Abfahrtslauf	✓	✓
Trickskifahren		
Buckelpistenfahren	✓	✓
Springen	✓	✓
Nordisches Skifahren		
1,5-km-Sprint	✓	✓
5 km Verfolgung		✓
10 km		✓
10 km Verfolgung	✓	
15 km	✓	
15 km Massenstart		✓
30 km		✓
30 km Massenstart	✓	
50 km	✓	
4 x 5-km-Staffel		✓
4 x 10-km-Staffel	✓	
Nordische Kombination		
Einzel	✓	
Einzel Sprint	✓	
Mannschaft	✓	
Skispringen		
70-m-Schanze	✓	
90-m-Schanze	✓	
90-m-Schanze Mannschaft	✓	
Biathlon		
7,5 km		✓
10 km	✓	
10 km Verfolgung		✓
12,5 km Verfolgung	✓	
15 km		✓
20 km	✓	
4 x 7,5-km-Staffel	✓	✓

ALPINES SKIFAHREN

Abfahrt Das schnellste Rennen; die Rennläufer fahren im Schuss eine abgesteckte Strecke hinab.
Slalom Ein Rennen durch einen mit Toren abgesteckten Slalomkurs – 55 bis 75 Tore für Männer und 45 bis 60 Tore für Frauen.
Riesenslalom Weniger und breiter gesteckte Tore; die Rennstrecke ist länger.
Super-Riesenslalom (Super-G) Entspricht einem Abfahrtsrennen mit Toren.

RIESEN-SLALOM
Die Tore auf einer Riesenslalomstrecke sind breiter gesteckt. Die Tore sind durch farbige Flaggen markiert.

SLALOM
Die Tore sind schmaler gesteckt und müssen in engen Kurven durchfahren werden.

TRICKSKIFAHREN
Springen Nach dem Absprung von einer Rampe werden in der Luft akrobatische Figuren vorgeführt. Bewertet werden Stil und Technik.
Buckelpistenfahren Bewertet werden Zeit, Technik und die Ausführung der Sprünge.
Ballett Zu Musik werden Schwünge, Sprünge und Tanzfiguren gezeigt. Bewertet werden Choreographie, Technik und Ausdruck.

Trickskispringen

NORDISCHES SKIFAHREN

LANGLAUFWETTBEWERBE
Die Langlaufstrecke (Loipe) hat keine steilen Abfahrten oder scharfen Kurven. Die Rennstrecke ist zwischen 1,5 und 50 km lang. Es gibt viele verschiedene Disziplinen (siehe Tabelle).

Langläufer

SKISPRINGEN
Beim Schanzenspringen wird nicht nur die Sprungweite, sondern auch Stil und Haltung bei der Landung gewertet.

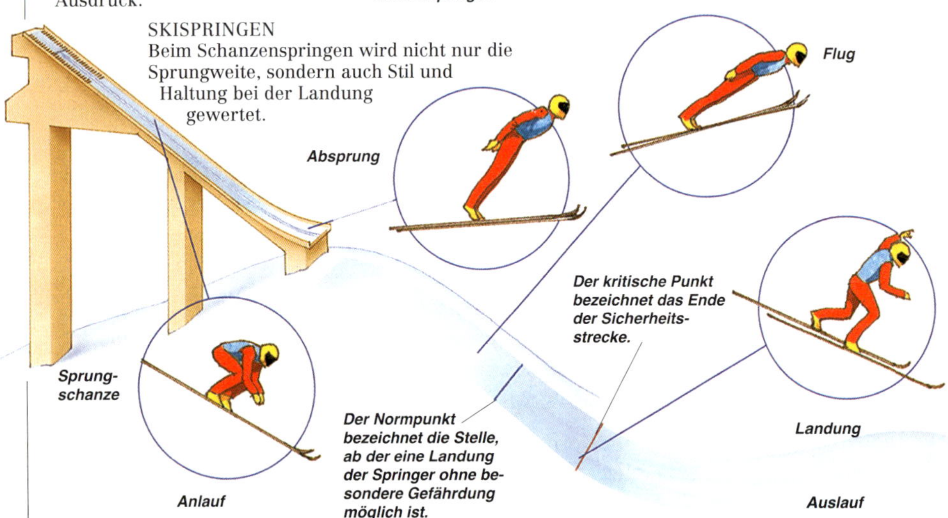

ANDERE NORDISCHE WETTBEWERBE
Skimarathon Langlauf mit Massenstarts (Volksläufe) über 25 bis 150 km
Nordische Kombination Skispringen (60- bis 70-m-Schanze) und Langlauf (15 km)
Staffellanglauf Rennen zwischen Vierermannschaften
Biathlon Verbindung von Langlauf und Gewehrschießen. Der Langläufer trägt auf dem Rücken ein Gewehr. Auf der Strecke befinden sich in Abständen Schießstände, an denen geschossen werden muss.

Biathlonkämpfer beim Schießen

OLYMPISCHE WINTERSPIELE
Seit 1924 werden jeweils im Winter vor den Sommerspielen die Olympischen Winterspiele durchgeführt. Seit 1994 finden die Winterspiele versetzt nach zwei Jahren zwischen den Sommerspielen statt. Zu den Disziplinen zählen Eislauf (Kunst- und Schnellauf), Skilaufen (alpine und nordische Wettbewerbe), Eishockey, Bob- und Rodelrennen. Winter- und Sommerspiele dauern etwa 14 Tage.

BOB-/SCHLITTEN-RENNEN

RENNRODELN

Auf einem Rennrodelschlitten fahren ein oder zwei Personen sitzend oder auf dem Rücken liegend. Der Schlitten kann weder gelenkt noch gebremst werden.

BOBFAHREN

Ein Bob fährt auf Metallkufen und hat eine Seilsteuerung und Bremsen. Es gibt Zweier- und Viererbobs.

SKELETONSCHLITTEN

Die Fahrer liegen auf dem Bauch auf einem offenen Schlitten. Der einzige große Wettbewerb ist das Cresta-Rennen in St. Moritz (Schweiz).

EISSCHNELLLAUF

Zwei Teilnehmer laufen auf Zeit auf einer ovalen Rundbahn, die 400 m lang ist. Bei Kurzstreckenrennen laufen maximal 6 Teilnehmer auf einer 110-m-Rundbahn. Wer als Erster die Ziellinie überquert, hat gewonnen.

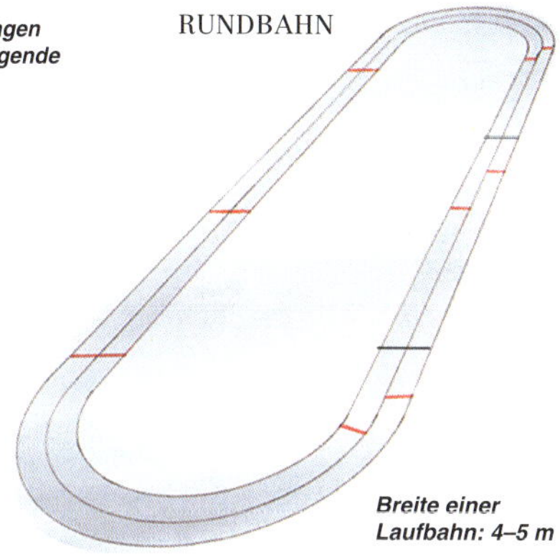

EISKUNSTLAUF

Die Läufer müssen bei Wettkämpfen vorgeschriebene Pflichtübungen und selbst gewählte Kürprogramme zeigen.

Neun Wertungsrichter geben Noten für Technik und künstlerischen Ausdruck; 6,0 ist die Höchstnote.

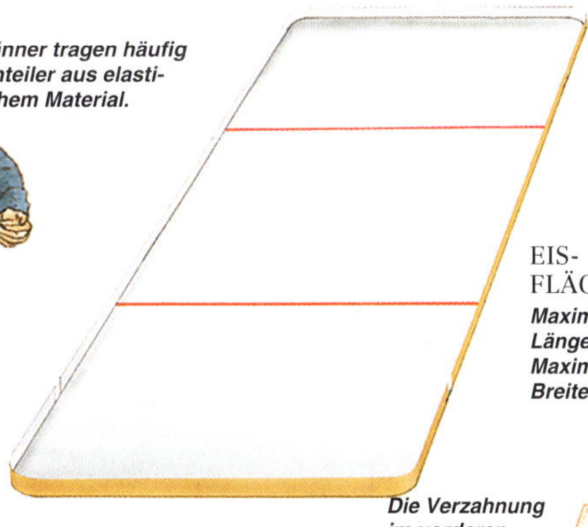

SCHLITTSCHUH

Der Schlittschuh hat eine 3 mm breite Stahlkufe. Der Boden der Kufe ist nach innen gewölbt (Hohlschliffkanten), sodass zwei Kanten entstehen. Figuren werden auf der Innen- oder Außenkante gelaufen.

CURLING

Beim Curling lassen zwei Mannschaften zu je vier Spielern Curlingsteine über das Eis gleiten, wobei sie versuchen, sie so dicht wie möglich in die Mitte eines Zielkreises zu bringen.

Mannschaftsangehörige mit Besen »wischen« das Eis vor den Steinen, um deren Geschwindigkeit zu erhöhen.

Curling

SPRÜNGE

Die Eiskunstläufer beherrschen zahlreiche schwierige Sprünge: Lutz, Rittberger, Axel, Flip und Salchow.

SPITZENREKORD

Die norwegische Eiskunstläuferin Sonja Henie gewann drei olympische Goldmedaillen (1928–1936) und zehn Weltmeisterschaften hintereinander (1927–1936). Sie wirkte in Hollywoodfilmen mit, in denen ihre Anmut und ihr Können auf dem Eis im Mittelpunkt standen.

PAARLAUF

Paarlaufwettbewerbe bestehen aus einem Kurzprogramm und einer Kür.

Ein Paar zeigt eine Hebefigur.

OLYMPISCHE SCHLITTSCHUHDISZIPLINEN		
	Männer	Frauen
Eiskunstlauf	✓	✓
Paarlauf	Zusammen	
Eistanz	Zusammen	
Eisschnelllauf		
500 m	✓	✓
1 000 m	✓	✓
1 500 m	✓	✓
3 000 m		✓
5 000 m	✓	✓
10 000 m	✓	

Dazu Kurzstreckenrennen mit jeweils 4 Startern über 500 m, 1000 m und 1500 m sowie eine 3000-m-Staffel (F) und eine 5000-m-Staffel (M).

EISTANZ

Die Eistanzwettbewerbe haben drei Teile: Pflichtprogramm, Spurenbildtanz und Kür. Im Kürprogramm wählen die Paare ihre eigene Musik und bestimmen selbst den Ablauf ihres Tanzes. Insgesamt wird auf tänzerische und rhythmische Bewegungsabläufe geachtet. Sprünge, Pirouetten und Hebefiguren sind nur in begrenztem Maß erlaubt.

Beim Eistanzen zählt Ausdruckskraft.

SPORT AUF RÄDERN

AUTOMOBILSPORT

Der Automobilsport umfasst Schnelligkeits- und Geschicklichkeitswettbewerbe, Zuverlässigkeitsprüfungen und Orientierungs- und Sternfahrten.

FORMEL 1
Bei den jährlich stattfindenden Grand-Prix-Rennen der einsitzigen Rennwagen der Formel 1 wird der weltbeste Fahrer ermittelt.

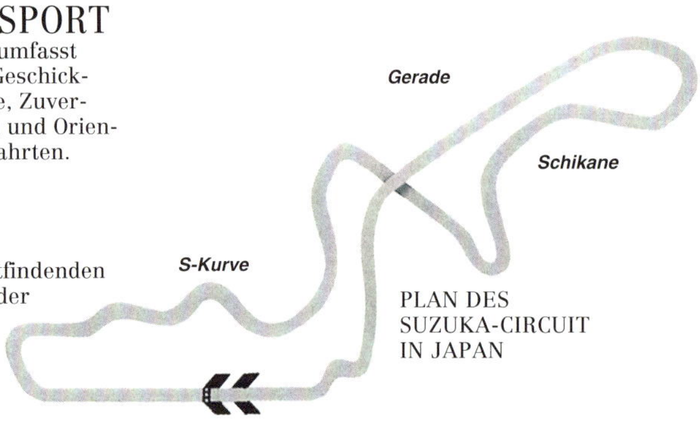

PLAN DES SUZUKA-CIRCUIT IN JAPAN

GRAND-PRIX-RENNSTRECKEN (2004)			
Grand Prix	Rennstrecke	Länge (in km)	Runden
Australien	Melbourne	5,303	58
Malaysia	Kuala Lumpur	5,543	56
Bahrain	Manama	5,412	57
San Marino	Imola	4,933	62
Spanien	Barcelona	4,627	66
Monaco	Monte Carlo	3,340	78
Deutschland	Nürburgring	5,148	60
Kanada	Montreal	4,361	70
USA	Indianapolis	4,192	73
Fankreich	Magny-Cours	4,411	70
Großbritannien	Silverstone	5,141	60
Türkei	Istanbul	5,338	58
Ungarn	Budapest	4,381	70
Belgien	Spa	6,976	44
Italien	Monza	5,793	53
China	Shanghai	5,451	56
Japan	Oyama Cho	4,563	66
Brasilien	Interlagos	4,309	71

FLAGGENSIGNALE
Während des Rennens werden Flaggen hochgehalten. Jede hat ihre eigene Bedeutung.

AUSRÜSTUNG
Die Rennfahrer tragen einen Sturzhelm und einen dicken, meist feuerfesten Anzug zum Schutz bei Unfällen.

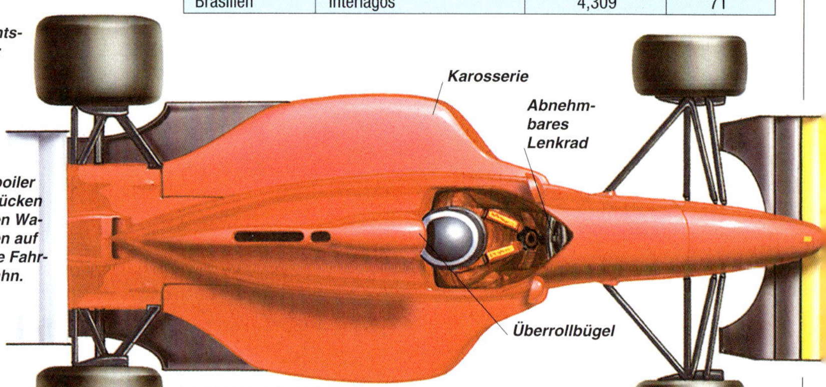

FORMEL-1-RENNWAGEN
Diese stromlinienförmigen Autos sind aus leichtem Material, damit sie so schnell wie möglich fahren können.

RALLYESPORT
Im Rallyesport fahren verstärkte normale Autos in einer oder mehreren Etappen mit verschiedenen Sonderprüfungen: Geschwindigkeitsprüfungen, Fahren auf Eis und Schnee oder Nachtfahrten.

Rallyeautos sind schneller und stärker als normale Autos.

FORMEL-1-WELTMEISTER DER LETZTEN JAHRE		
Jahr	Fahrer	Herkunftsland
1993	Alain Prost	Frankreich
1994	Michael Schumacher	Deutschland
1995	Michael Schumacher	Deutschland
1996	Damon Hill	Großbritannien
1997	Jacques Villeneuve	Kanada
1998	Mika Häkkinen	Finnland
1999	Mika Häkkinen	Finnland
2000	Michael Schumacher	Deutschland
2001	Michael Schumacher	Deutschland
2002	Michael Schumacher	Deutschland
2003	Michael Schumacher	Deutschland
2004	Michael Schumacher	Deutschland
2005	Fernando Alonso	Spanien
2006	Fernando Alonso	Spanien

INDYCAR-RENNEN
Die Wagen sind den Wagen der Formel 1 ähnlich.

INDY 500
Die berühmteste Indycar-Rennstrecke ist in Indianapolis (USA). Sie ist 4 km lang. Das Indy-500-Rennen geht über 200 Runden auf der Rennstrecke.

DRAG-RENNEN
Drag-Rennen werden auf geraden 400-m-Bahnen, Dragstrips genannt, gefahren. Zwei Wagen fahren gegeneinander. Sie erreichen Geschwindigkeiten von ca. 500 km/h und brauchen Fallschirme, um abzubremsen.

SPITZENREKORDE
Die meisten Formel-1-Weltmeisterschaften haben Juan Manuel Fangio (1911–1995) mit fünf und Michael Schumacher mit sieben Siegen gewonnen.

Den knappsten Sieg bei einem Grand-Prix-Rennen errang Ayrton Senna (1960–1994) aus Brasilien, als er mit 0,014 Sekunden vor Nigel Mansell (geb.1953) aus Großbritannien gewann.

Die längste jährlich durchgeführte Rallye ist die Safari-Rallye, Kenia. Die Strecke ist bis zu 6 234 km lang.

GO-KART-SPORT
Die einfachsten Wagen haben 100-ccm-Motoren und kein Schaltgetriebe. Die stärksten Wagen sind kleinen Rennwagen ähnlich und können Geschwindigkeiten von bis zu 240 km/h erreichen.

DRAGSTER
Ein Dragster hat eine leichte Karosserie mit großen Rädern hinten, die gut haften, und schmalen, leichten Vorderrädern. Die schnellsten Dragster nennt man Top-Fuellers.

MOTORRADSPORT

Man unterscheidet Rennen auf der Straße oder auf Rundbahnen (Motorrad-Weltmeisterschaft), Langstreckenrennen, Geländefahrten, Speedway- und Trialrennen.

MOTORRADKLASSEN BEI WELTMEISTERSCHAFTEN		
Motorrad	Rennen	Motocross
500 ccm	✓	✓
250 ccm	✓	✓
125 ccm	✓	✓
80 ccm	✓	
Beiwagen	✓	✓

MOTOCROSS
Motocross ist ein Querfeldeinrennen mit dem Motorrad. Die Rennen werden auf Strecken über Gras und schlammige Hügel ausgetragen.

RENNMOTORRÄDER
Die Motorräder sind leistungsstarke Maschinen, die hohe Geschwindigkeiten bringen.

BEIWAGEN
Bei Beiwagenrennen wird an ein Motorrad ein Beiwagen angebracht. Der Fahrer und der Beifahrer sind ein Team. Der Beifahrer lehnt sich hinter dem Fahrer über die Maschine hinaus, damit sich das Gefährt besser in die Kurven legt. Der Beiwagen darf auf jeder Seite des Motorrads befestigt werden.

Beiwagenrennen

SPEEDWAY
Fahren über vier Runden auf einer Aschenbahn. Die Motorräder haben weder Bremsen noch Schaltgetriebe. Die Fahrer bremsen, indem sie ihre Maschinen durch die Kurven rutschen lassen.

TRIALS
Die Fahrer fahren durch einen natürlichen Hinderniskurs mit Felsblöcken, schnell fließenden Gewässern und tiefem Schlamm. Sie verlieren Punkte, wenn sie mit einem Fuß den Boden berühren oder anhalten.

RADSPORT

Man unterscheidet Straßenrennsport, z.B. Straßenrennen, Querfeldeinrennen, Bahnrennsport (z.B. Sechstagerennen) und Hallensport (z.B. Radball).

OLYMPISCHE RADDISZIPLINEN	
	Disziplinen
Bahn: Männer	Sprint, Zeitfahren, Verfolgung, Mannschaftsverfolgung, Punktefahren, Keirin, Madison
Bahn: Frauen	Sprint, Zeitfahren, Verfolgung, Punktefahren
Straße: Männer und Frauen	Einzel, Zeitfahren Einzel, Zeitfahren
Mountainbike: Männer und Frauen	Rundkursrennen

TOUR DE FRANCE
Dieses schwerste Profi-Straßenrennen geht über eine Gesamtdistanz von bis zu 4 000 km. Das Rennen ist in mehr als 20 Tagesetappen aufgeteilt. Die Route kann Frankreich verlassen und über die Grenzen hinaus in benachbarte Länder gehen. Andere große Straßenrennen sind der »Giro d'Italia« (Italien), die Spanienrundfahrt »Vuelta« und die »Tour de Suisse« (Schweiz).

STRASSENRENNSPORT

Bei Etappenrennen, wie bei der »Tour de France«, ist jede Etappe ein eigenes Rennen. Der Gesamtgewinner ist der Fahrer, der bei der Addition aller Etappenzeiten die kürzeste Gesamtzeit gefahren ist.

KLEIDUNG
Die Radfahrer tragen kurze eng anliegende Radlerhosen und ein Trikot aus atmungsfähigem und Schweiß aufsaugendem Material.

Jeder Radrennfahrer sollte einen Helm tragen.

BAHNRENNEN

Die Bahnrennen werden auf hartem Boden gefahren, auch auf Holzböden in Hallen und auf flachem Asphalt im Freien. Manche Rennen werden auf Straßen veranstaltet, die für den Verkehr gesperrt wurden.

VERSCHIEDENE BAHNRENNEN

Punktefahren Es gibt Punkte aus vorher festgelegten Wertungsspurts, wobei die ersten vier Fahrer Punkte bekommen.

Sprint Es geht darum, durch Stehversuche den Gegner in die Führungsposition zu bringen, um ihn dann im Endspurt zu überholen.

Einzelverfolgung Zwei Fahrer starten von einander gegenüberliegenden Punkten aus. Holt ein Fahrer den anderen ein, hat dieser gewonnen, oder es gewinnt der mit der schnellsten Zeit.

Mannschaftsverfolgung Ähnlich der Einzelverfolgung, aber es gibt zwei Mannschaften mit je vier Fahrern. Nur die Zeiten der drei führenden Fahrer von jedem Team werden gewertet.

Ausscheidungsfahren Der Fahrer, der nach dem Ende einer Runde die Linie als Letzter überquert, scheidet aus.

Strecke der Tour de France (Beispiel)

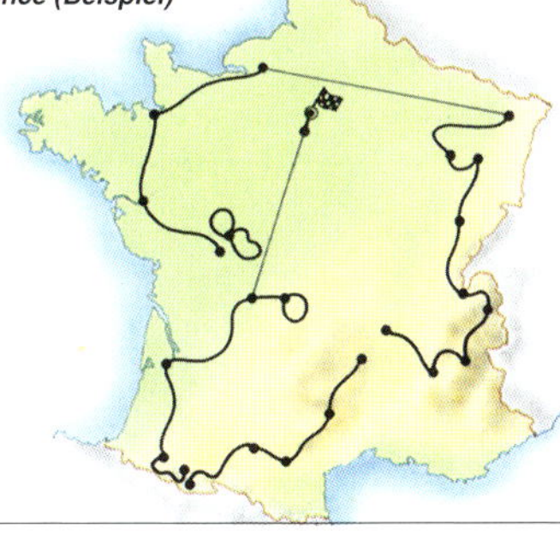

TRIKOTFARBEN
Die verschiedenfarbigen Trikots helfen den Zuschauern, die führenden Fahrer in der Tour de France zu erkennen.

Das gelbe Trikot wird von dem Fahrer getragen, der jeweils die Gesamtwertung anführt.
Der beste Fahrer der Bergstrecken bekommt das Trikot mit dem Punktemuster.
Das grüne Trikot wird von dem Fahrer getragen, der die meisten Punkte aus den Sprints hat.

GELÄNDEFAHREN
Crossrennen werden im Gelände gefahren. Teilnehmer dürfen ihre Räder über Hindernisse tragen.

Mountainbikerennen beinhalten verschiedene Disziplinen, auch Hindernis- und Geländerennen.

Ein Radfahrer trägt sein Rad durch einen Fluss bei einem Geländerennen.

WURF- UND SCHIESSSPORT

BOWLS
Ein dem Boccia ähnliches Spiel, bei dem Einzelspieler oder Mannschaften Kugeln auf einen Zielball rollen.

Es gibt einen Punkt für jede Kugel, die näher am Zielball ist als eine gegnerische Kugel.

BOULES
Beim Boules (in Frankreich »Pétanque« bezeichnet) werden Metallkugeln so nahe wie möglich an einen kleinen hölzernen Zielball geworfen. Das Spiel kann auf jeder unbewachsenen Fläche gespielt werden, wird aber gewöhnlich auf Sand gespielt.

SPIELTECHNIKEN

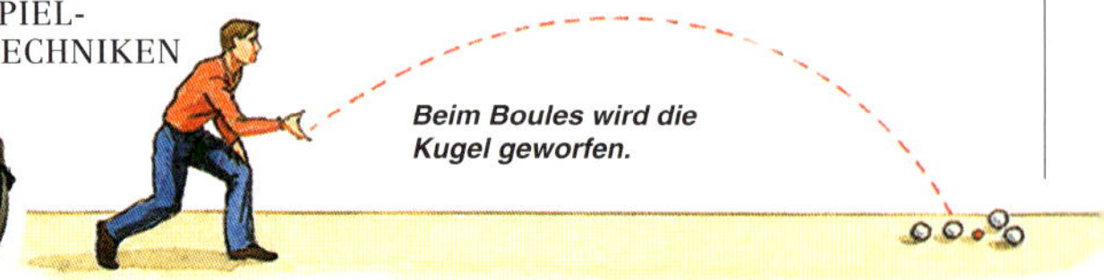

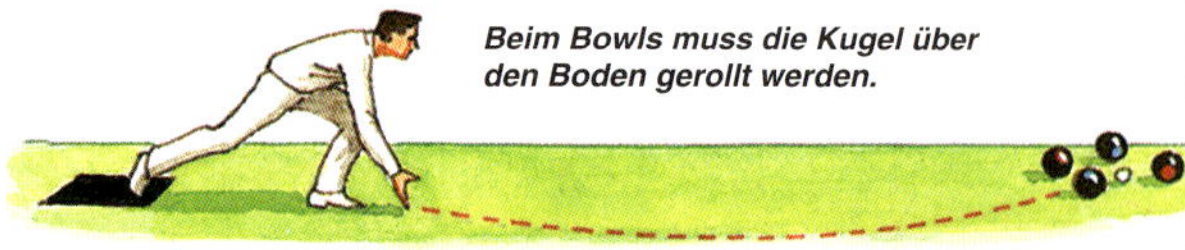

BOWLING
Auf besonderen Bowlingbahnen versuchen die Spieler, mit einer Kugel die zehn Kegel umzustoßen.

Es gibt Punkte für jeden umgestoßenen Kegel. Sonderpunkte werden erteilt, wenn alle zehn Kegel mit einem Wurf (Strike) oder mit zwei Würfen (Spare) umgestoßen werden.

BAHN
Die Kegel sind in einem Dreieck am Ende der Bahn aufgebaut, die aus Kunststoff oder Holz ist.

BOGENSCHIESSEN
Die Schützen verwenden einen Bogen, um Pfeile auf Zielscheiben abzuschießen, die unterschiedlich weit weg stehen.

Je näher ein Pfeil am Mittelpunkt landet, desto höher ist die Punktzahl.

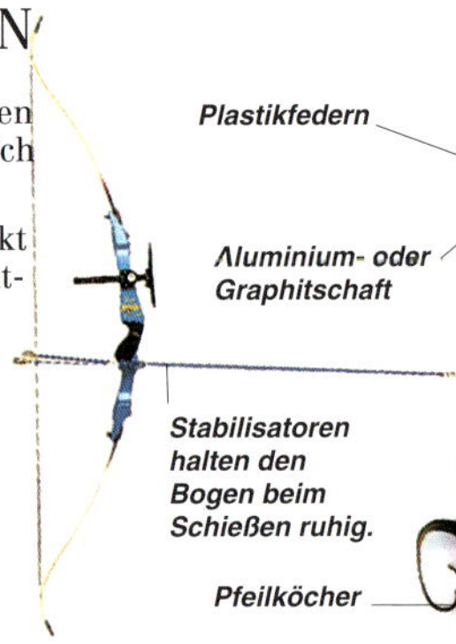

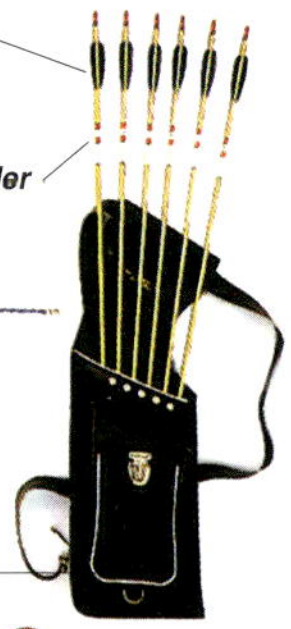

PFEIL UND BOGEN
Der Bogen besteht aus Fiberglas. Die Pfeilschäfte sind aus Aluminium oder Graphit.

ZIELSCHEIBE
Es gibt fünf farbige Ringe, jeder mit einem inneren und einem äußeren Feld. Die Punkteskala reicht von einem Punkt für den äußeren weißen Ring bis zu zehn Punkten für den inneren goldenen Ring.

OLYMPISCHES BOGENSCHIESSEN	
	Distanz
Männer Einzeln und Mannschaft	70 m
Frauen Einzeln und Mannschaft	70 m

DARTS
Spieler werfen aus einer Entfernung von 2,4 m abwechselnd Pfeile (Darts) auf eine Zielscheibe.

Jeder Spieler fängt mit einer Punktzahl von 501 an und muss auf genau Null kommen.

ZIELSCHEIBE
Die Scheibe ist in verschiedene Punktregionen eingeteilt, die durch die Zahlen am äußeren Ring angegeben werden. Bestimmte Gebiete zählen doppelt oder dreifach.

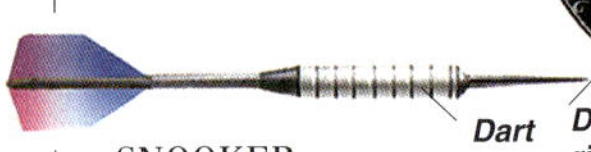

SCHIESSEN
Im Schießsport werden Pistolen und Gewehre verwendet. Die Größe des Ziels hängt von der Waffe und der Entfernung ab.

Das Pistolenschießen besteht aus zwei Wettbewerben. Das Schnellfeuerschießen, bei dem fünf Ziele nur 4 bis 8 Sek. sichtbar sind, und freies Pistolenschießen, bei dem die Teilnehmer auf ein festes Ziel schießen.

Beim Tontaubenschießen wird mit einem doppelläufigen Gewehr auf Scheiben und Wurftauben geschossen, die von Katapulten aus gestartet werden.

SCHIESSPOSITIONEN

OLYMPISCHE SCHIESSDISZIPLINEN	Männer	Frauen
Freie Pistole	✓	✓
Schnellfeuerpistole	✓	
Luftpistole	✓	✓
Kleinkalibersportpistole		✓
Kleinkalibergewehr, liegend Dreistellungskampf	✓ ✓	 ✓
Luftgewehr	✓	✓
Laufende Scheibe	✓	
Wurftaubenschießen – Skeet Trap Doppeltrap	✓ ✓ ✓	✓ ✓ ✓

SNOOKER
Die Spieler machen Punkte, wenn sie Kugeln »einlochen«. Mit einem Queue wird eine weiße Spielkugel gegen eine rote oder farbige Kugel gestoßen, wodurch diese dann in eine Tasche fällt.

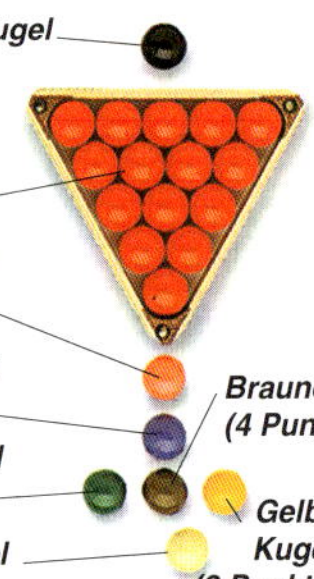

TISCH

POOLBILLARD
Ein Spieler versucht, die Kugeln 1 bis 7 (oder Vollfarben) einzulochen, der andere Spieler die Kugeln 9 bis 15 (oder Streifen). Um zu gewinnen, muss zum Schluss die schwarze 8er-Kugel eingelocht werden.

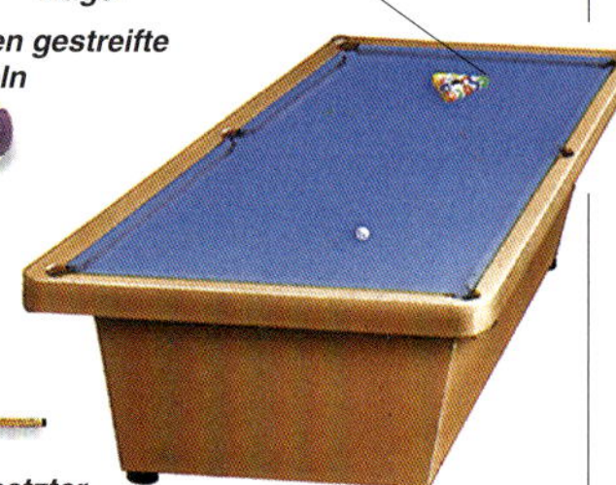

QUEUE
Der Queue, der sowohl beim Snooker als auch beim Poolbillard verwendet wird, ist ein spitz zulaufender Stock mit einem Lederplättchen auf der Spitze.

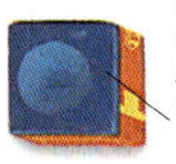

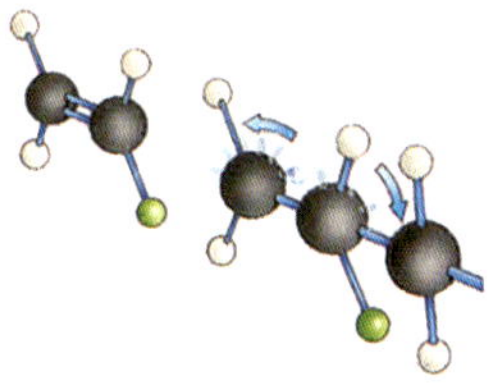

WISSENSCHAFT UND TECHNIK

Dieses Kapitel beschäftigt sich mit den Naturwissenschaften Chemie, Physik und Biologie und mit Technik: vom Atom zum Laserstrahl, von Säuren zu Messgeräten, von Lebewesen zum Computer.

Materie • Atome • Periodensystem der Elemente • Energie • Kräfte
Elektrizität und Magnetismus • Licht und Farbe • Schall • Elektronik • Computer
Mathematik • Maße und Gewichte • Zeit • Kraftmaschinen
Raum und Zeit • Biologie • Physik • Berühmte Forscher

MATERIE

Alles besteht aus Materie. Materie kann ein Festkörper (z.B. Holz oder Eisen), eine Flüssigkeit (z.B. Wasser oder Öl) oder ein Gas sein (z.B. Luft). Durch Energiezufuhr in Form von Wärme oder Druck kann Materie von der einen Form in die andere überführt werden.

ZUSTANDSFORMEN DER MATERIE

Materie kommt in drei Grundformen, den so genannten Aggregatzuständen, vor. Jeder Aggregatzustand hängt davon ab, wie die Atome und Moleküle (siehe S. 222) angeordnet sind.

GAS
Ein Gas ist eine Substanz, die kein festgelegtes Volumen hat, sondern immer den ganzen verfügbaren Raum ausfüllt. Gasteilchen sind nicht miteinander verbunden und bewegen sich frei in alle Richtungen.

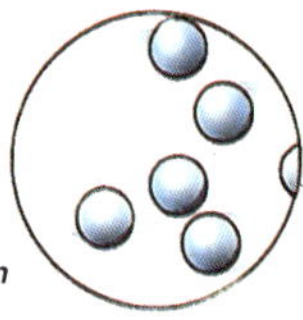
Gasteilchen können sich frei bewegen.

FLÜSSIGKEIT
Eine Flüssigkeit hat ein bestimmtes Volumen und kann ihre Form ändern, um den verfügbaren Raum voll auszufüllen. Ihre Teilchen sind locker miteinander verbunden und können sich freier bewegen als in einem Festkörper.

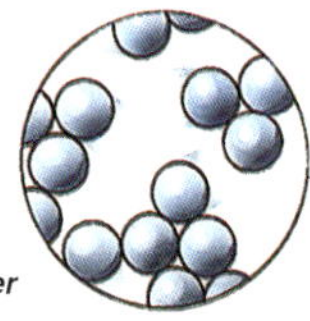
Flüssigkeitsteilchen bewegen sich frei über kurze Strecken.

FESTKÖRPER
Ein Festkörper hat eine bestimmte Größe und Form. Die einzelnen Teilchen sind durch starke Kräfte eng miteinander verbunden, wodurch sie eine regelmäßige Struktur bilden.

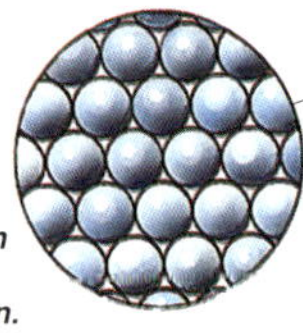
Festkörperteilchen werden in einem regelmäßigen Muster zusammengehalten.

DREI IN EINEM
Wasser ist eine Substanz, die man häufig in ihren verschiedenen Zustandsformen antrifft.

EIS
Wasser ist fest, wenn seine Temperatur niedriger als 0 °C ist – man nennt es dann Eis.

Eis bildet feste Kristalle mit bestimmten Formen.

WASSER
Wasser ist flüssig, wenn seine Temperatur zwischen 0 °C und 100 °C liegt.

Wasser füllt das Behältnis aus und bildet eine waagerechte Oberfläche.

DAMPF
Wasser verwandelt sich in Dampf, wenn seine Temperatur höher als 100 °C ist.

Flüssigkeit wird zu Gas.

WECHSEL DER ZUSTANDSFORM

VERDUNSTUNG UND KONDENSATION
Teilchen können sich aus einer Flüssigkeit lösen: sie verdunsten. Oberhalb ihres jeweiligen Siedepunktes werden alle Flüssigkeiten gasförmig. Wird ein Gas abgekühlt, so kondensiert es und wandelt sich in eine Flüssigkeit.

GEFRIEREN UND SCHMELZEN
Eine Flüssigkeit wird unterhalb ihres Gefrierpunktes ein Festkörper: sie gefriert. Der Festkörper wird wieder flüssig, wenn die Temperatur über den Gefrierpunkt steigt: er schmilzt.

SUBLIMATION
Einige Stoffe, z.B. Kohlendioxid, gehen bei Erhitzung vom festen Zustand direkt in den gasförmigen über, ohne zwischendurch flüssig zu werden, und umgekehrt. Dies nennt man Sublimation.

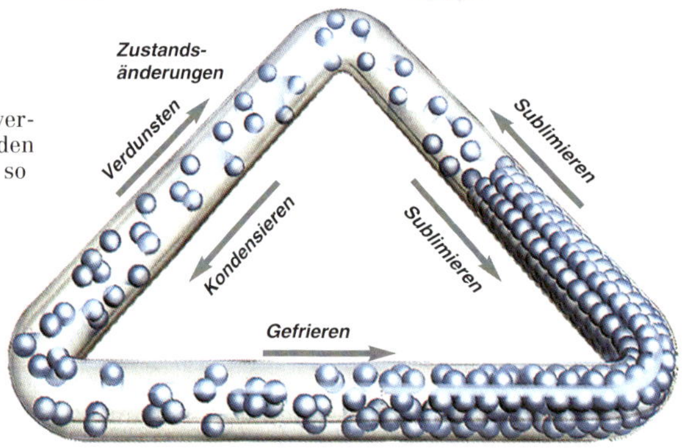

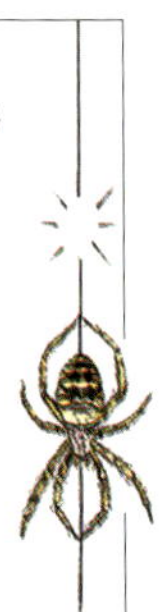

MEISTERLEISTUNG
Spinnenfäden sind im Verhältnis gesehen reißfester als Stahldrähte gleicher Dicke.

FLIESSENDES GLAS
Glas ist ein amorpher Festkörper, es verhält sich wie eine sehr langsam fließende Flüssigkeit. Bei Ausgrabungen fand man mehr als 2000 Jahre alte römische Glasgefäße, die schon leicht verformt waren.

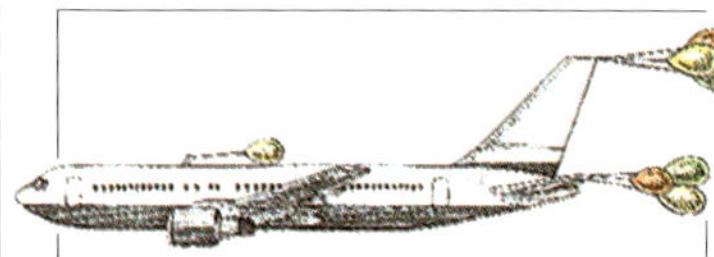

GESCHWINDIGKEIT DER LUFT
Jedes einzelne der Billionen von Gasmolekülen der Luft in einem Ballon bewegt sich mit der durchschnittlichen Geschwindigkeit eines Düsenflugzeugs.

ARTEN VON MISCHUNGEN

Es gibt zwei Hauptarten von Mischungen: Lösungen und Kolloide. Bei einer Lösung sind die gelösten Stoffe als einzelne Atome oder Moleküle im Lösungsmittel verteilt. Ein Kolloid, z.B. Sirup, enthält größere Moleküle, die sich in einem Lösungsmittel verteilen.

EMULSION
Farbe ist eine Emulsion. Hier verteilen sich Öltröpfchen ganz fein in einer mit Öl nicht mischbaren Flüssigkeit, z.B. Wasser.

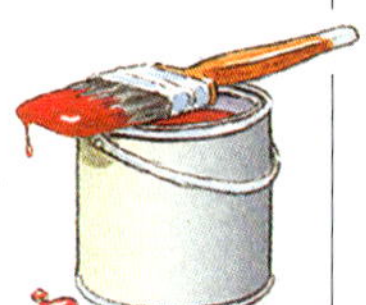

GEL
Haargel ist eine mit einem Quellstoff angedickte Flüssigkeit.

SCHAUM
Rasierschaum besteht aus Gasblasen, die in einer Flüssigkeit schweben.

NEBEL
Wasserdampf ist ein feiner Nebel von Flüssigkeitströpfchen, die in der Luft schweben.

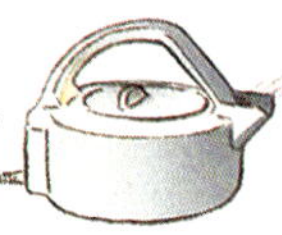

RAUCH
Rauchwolken eines Feuers bestehen aus festen Teilchen (Ruß), die in der Luft schweben.

LÖSUNG
Zucker beispielsweise ist eine feste Substanz, die in Wasser gelöst werden kann.

VERBINDUNGEN
Elemente kommen in reiner Form in der Natur sehr selten vor. Die meisten Substanzen bestehen aus zwei oder mehr Elementen, die sich durch eine chemische Reaktion verbunden haben. Werden z.B. Eisen und Schwefel zusammen erhitzt, verbinden sich ihre Atome durch eine chemische Reaktion und bilden eine feste Struktur, das Eisensulfid.

MISCHUNG

Eisenspäne und Schwefel

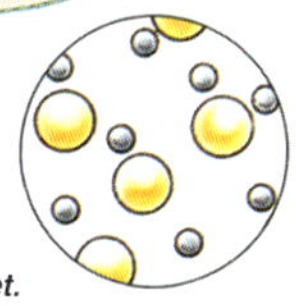

Eisenspäne und Schwefel können gemischt werden, aber ihre Atome werden sich erst verbinden, wenn durch Erhitzung eine chemische Reaktion stattfindet.

VERBINDUNG

Eine neue Substanz: Eisensulfid

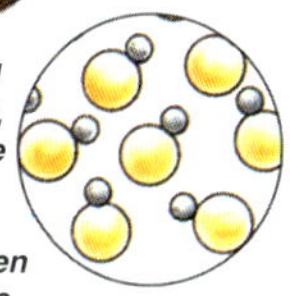

Wenn Eisen und Schwefel zusammen erhitzt werden, verbinden sich ihre Atome zu einer neuen Substanz namens Eisensulfid, die völlig andere Eigenschaften hat als die Ausgangsstoffe.

SALZHALTIGES MEER
1 dm³ (1 l) Meerwasser enthält neben rund 30 g Kochsalz (Natriumchlorid) noch andere gelöste Salze.

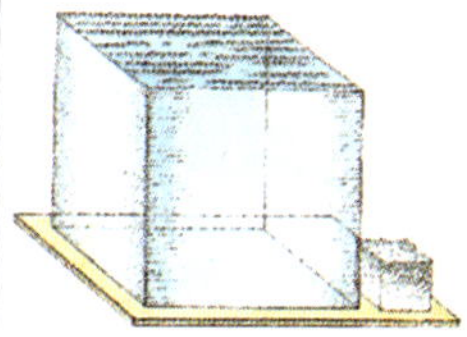

PHYSIKALISCHE EIGENSCHAFTEN
Es gibt eine große Vielfalt von Stoffen mit unterschiedlichen Eigenschaften. Diese helfen, eine Substanz zu erkennen und zu bestimmen, wozu man sie benutzen kann.

ZÄHFLÜSSIGKEIT
Ein zäher Stoff ist eine zäh fließende Flüssigkeit. Honig ist zähflüssig, Wasser nicht. Die Reibung zwischen den Molekülen bestimmt den Grad der Zähflüssigkeit.

STRECKBARKEIT UND VERFORMBARKEIT
Streckbare Stoffe (z.B. Kupfer) können zu Drähten gezogen werden. Verformbare Stoffe (z.B. Eisen) können in eine andere Form gepresst oder gehämmert werden.

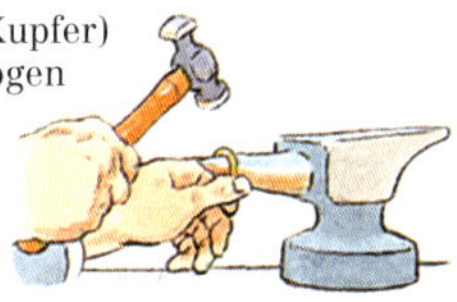

ELASTIZITÄT
Elastische Stoffe (z.B. Gummi) können gezogen oder gedrückt werden und nehmen danach wieder ihre ursprüngliche Größe und Form an.

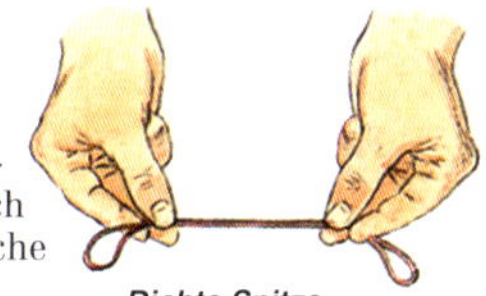

DICHTE
Zwei Körper gleicher Größe müssen nicht die gleiche Masse haben, also auch nicht gleich viel wiegen. Das dichtere Objekt wiegt mehr, da mehr Materie in denselben Rauminhalt gepackt ist.

Dichte Spitze

LEITFÄHIGKEIT
Ein leitfähiger Stoff überträgt Wärme bzw. Elektrizität. Viele Festkörper haben eng verbundene Moleküle, die die Wärme schnell ableiten, z.B. Metalle. Dadurch fühlen sie sich kalt an.

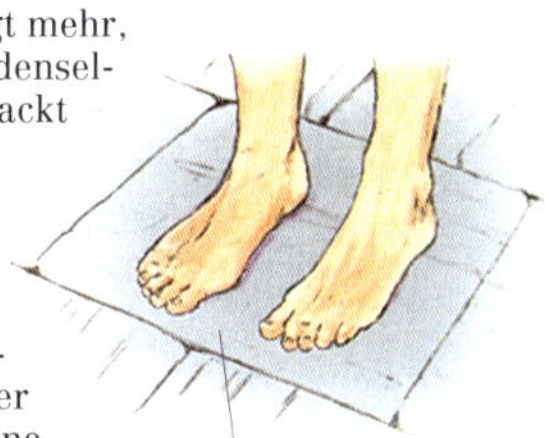

Steine speichern Wärme.

ANTIMATERIE
Für jeden Teilchentyp, z.B. das Elektron (siehe S. 222), gibt es ein entgegengesetzt geladenes Antiteilchen, z.B. das Positron. So wie Materie aus Teilchen besteht, besteht Antimaterie aus Antiteilchen. Wenn Materie und Antimaterie in Kontakt kommen, zerstrahlen sie in Energie.

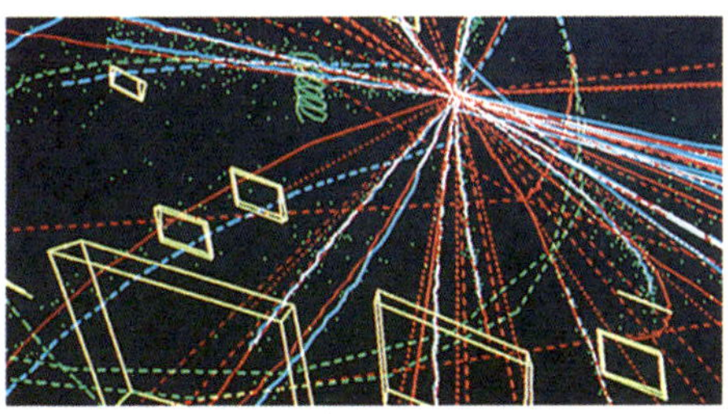

Falschfarbenbild von Elementarteilchenspuren

VERBRENNUNG
Eine Substanz verbrennt, wenn sie mit Sauerstoff reagiert, wobei Wärme frei wird. Eine Wachskerze besteht aus den Grundbaustoffen Kohlenstoff und Wasserstoff. Diese Elemente bilden bei der Verbrennung mit Sauerstoff Kohlendioxid und Wasser.

KERZENFLAMME
Eine Kerzenflamme enthält winzige Kohlenstoffteilchen. Während sie verbrennen, werden sie so heiß, dass sie gelb glühen.

VERBRENNEN DER NAHRUNG
Aufgenommene Nahrung »verbrennt« im Körper, indem sie mit Sauerstoff reagiert. Die dabei frei werdende Energie, u.a. in Form von Wärme, erhält den Körper am Leben.

KUNSTSTOFFE
Die meisten Kunststoffe werden in einem chemischen Prozess, der Polymerisation heißt, aus Erdölbestandteilen gebildet. Um PVC herzustellen, werden kleine Moleküle aus Vinylchlorid zu einer langen Kette, einem Polymer, zusammengefügt.

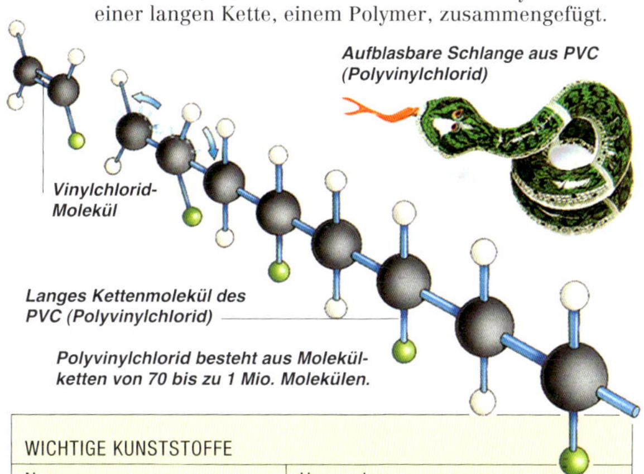

Aufblasbare Schlange aus PVC (Polyvinylchlorid)

WICHTIGE KUNSTSTOFFE

Name	Verwendung
Polystyrol (PS)	Styropor, Verpackung, Becher, Schalen, Deckenplatten
Polyester	Kunstfasern, Fiberglas
Polyethylen (PE)	Plastiktüten, Flaschen, Lebensmittelverpackungen
Nylon	Kunstfasern, Teppiche, Fischnetze
Polyvinylchlorid (PVC)	Regenmäntel, Gartenschläuche, Abflussrinnen
Polyurethan	Schaumstoff, Isoliermaterial, Klebstoff
Polymethylmethacrylat (PMMA)	Plexiglas, splitterfreier Glasersatz

ABBAUBARKEIT
Die meisten Stoffe werden im Laufe der Zeit natürlich abgebaut, d.h. sie werden in einfachere Verbindungen aufgespalten. Nichtabbaubare Substanzen verschmutzen Wasser und Luft auf Dauer.

Das Kerngehäuse eines Apfels zersetzt sich in 20 Tagen.

Die Zersetzung von Kunststoff kann mehr als 100 Jahre dauern.

Glas braucht mehr als 4 000 Jahre, um sich zu zersetzen.

SÄUREN UND BASEN
Säuren sind Substanzen, die mit Wasser sauer bis brennend schmeckende Lösungen bilden. Basen bilden in Wasser gelöst seifige Laugen. Sowohl Säuren als auch Basen können zersetzend wirken. Die Stärke einer Säure oder Base wird durch ihren pH-Wert angegeben.

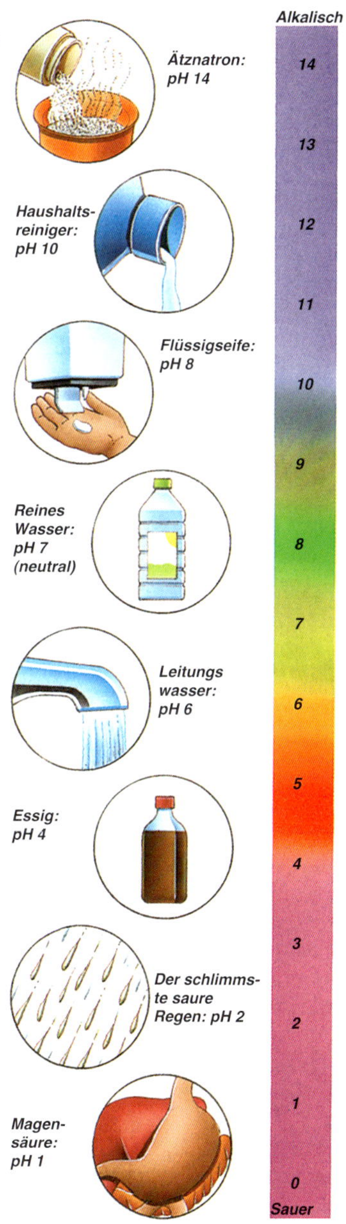

ATOME

Alles um uns herum besteht aus winzigen Teilchen, die man Atome nennt. Verschiedene Atome bilden verschiedene Stoffe.

Die Abbildung unten gibt die wirkliche Größe der Bestandteile des Atoms nicht richtig wieder – der Kern ist viel größer als die Elektronen, die sich auf weit entfernten Bahnen um den Kern herum bewegen.

ELEMENTE
Elemente sind Substanzen, die nur aus einer Atomsorte bestehen, z.B. Fluor.

IM INNEREN EINES FLUORATOMS
Wenn man ein Fluoratom aufschneiden könnte, würde es so aussehen.

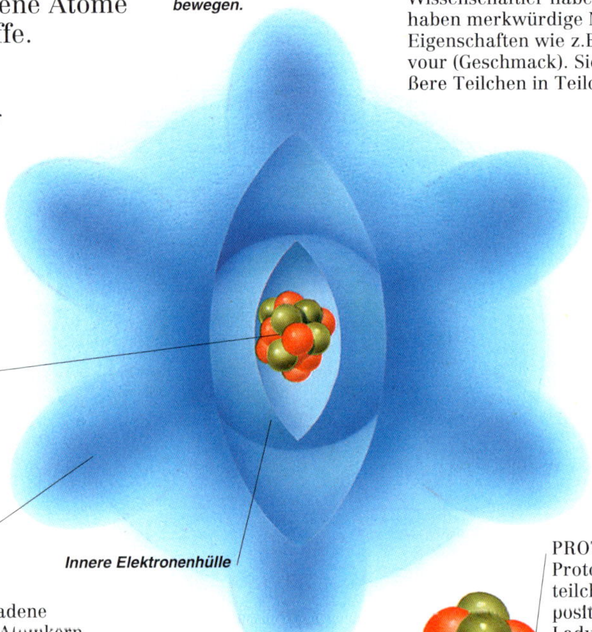

KERN
Den innersten Teil eines Atoms nennt man Atomkern. Er besteht aus Protonen und Neutronen. Der Kern macht 99,9% der Masse eines Atoms aus, füllt aber nur einen winzigen Teil des Atomvolumens aus.

ELEKTRONEN
Elektronen sind negativ geladene Teilchen. Sie umgeben den Atomkern in Bereichen, die man Orbitale nennt.

IONEN
Wenn ein Atom ein Elektron abgibt oder eines aufnimmt, wird es zu einem Ion. Wenn es ein Elektron verliert, wird es positiv geladen, und man nennt es »Kation«. Wenn es ein Elektron aufnimmt, wird es negativ geladen und »Anion« genannt.

MOLEKÜLE
Es gibt nur rund 100 verschiedene Atome, aber Millionen verschiedener Substanzen, die man Verbindungen nennt. Die meisten Substanzen bestehen aus bestimmten Atomkombinationen, die man Moleküle nennt.

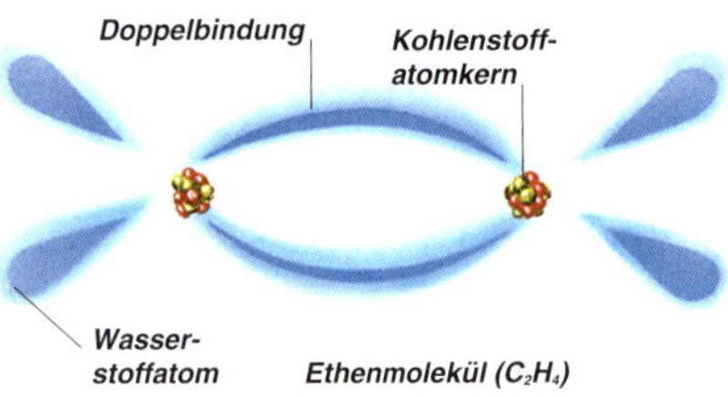

Ethenmolekül (C_2H_4)

NEUTRONEN
Neutronen sind Kernteilchen ohne elektrische Ladung. Sie sind untereinander und mit den Protonen verbunden und halten den Kern zusammen.

PROTONEN
Protonen sind Kernteilchen, die eine positive elektrische Ladung haben. Die Anzahl der Protonen in einem Atom entspricht der Ordnungszahl. Fluor hat die Nummer 9.

WISSENSWERTES
Quarks wurden nach einem Wort benannt, das in dem Roman »Finnegan's Wake« des irischen Schriftstellers James Joyce (1882–1941) vorkommt, und haben nichts mit dem gleichnamigen Milchprodukt zu tun!

Einige Isotope sind hochgefährlich – wenn man sie in großen Mengen lagert, tritt eine Kernreaktion ein.

Wissenschaftler haben viele Teilchen entdeckt, die kleiner als Atome sind. Sie haben merkwürdige Namen, wie z.B. Gluonen, Leptonen und Taus, und haben Eigenschaften wie z.B. Charm (Charme), Strangeness (Seltsamkeit) und Flavour (Geschmack). Sie erscheinen für den Bruchteil einer Sekunde, wenn größere Teilchen in Teilchenbeschleunigern aufeinander prallen und zerplatzen.

ISOTOPE
Atome desselben Elements können sich durch die Anzahl ihrer Neutronen unterscheiden. Die verschiedenen Atomarten nennt man Isotope. Diese zwei Atomkerne stellen Isotope des Fluors dar. Fluor 19 hat 10 Neutronen, während Fluor 18 über 9 Neutronen verfügt.

QUARKS
Protonen und Neutronen bestehen aus noch kleineren Teilchen, die man Quarks nennt. Es gibt zwei Haupttypen von Quarks. Up-Quarks sind positiv geladen, Down-Quarks negativ. Neutronen haben ein Up- und zwei Down-Quarks, Protonen haben zwei Up- und ein Down-Quark.

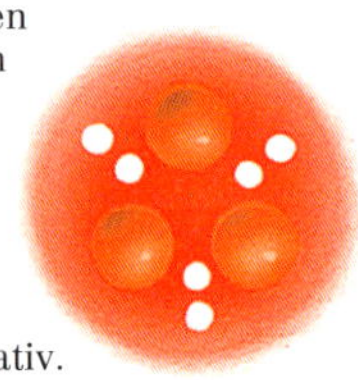
Proton mit zwei Up- und einem Down-Quark.

INS INNERE DES ATOMS
Was würde passieren, wenn man dieses Buch in zwei Hälften zerreißen würde, die eine Hälfte wieder in zwei Hälften usw., bis es in die kleinsten möglichen Teilchen zerlegt worden wäre?

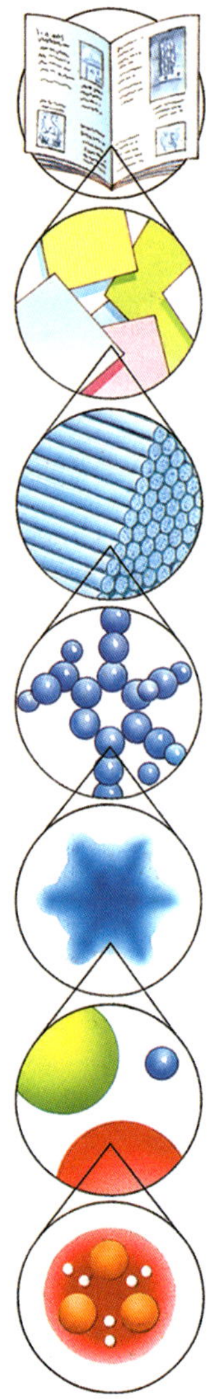

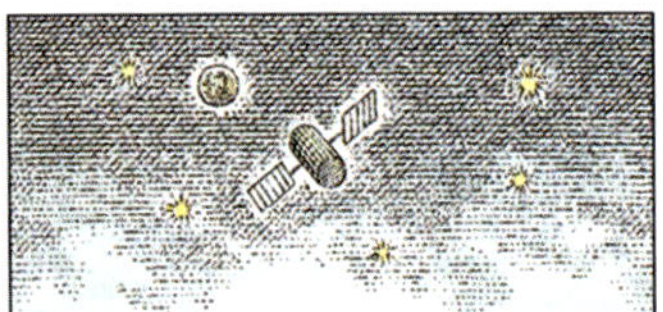

ANZIEHUNGSKRÄFTE
Wenn der Kern eines Atoms die Größe eines Fußballstadions hätte, dann würden einige seiner Elektronen ihn im Abstand von niedrig kreisenden Erdsatelliten umrunden.

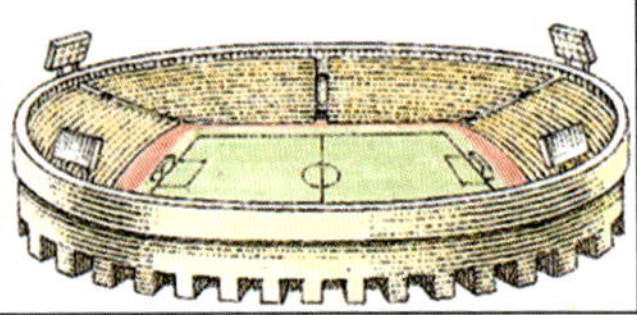

VERBINDEN VON ATOMEN

Atome verbinden sich, um Moleküle zu bilden. Es gibt ionische und kovalente Bindungen. In beiden Fällen stellen Elektronen die Verbindung her.

IONISCHE BINDUNG
Bei einer ionischen Bindung verlieren oder gewinnen Atome Elektronen, sodass sie Ionen mit entgegengesetzten Ladungen bilden. Entgegengesetzt geladene Ionen ziehen einander an und gehen eine Bindung ein.

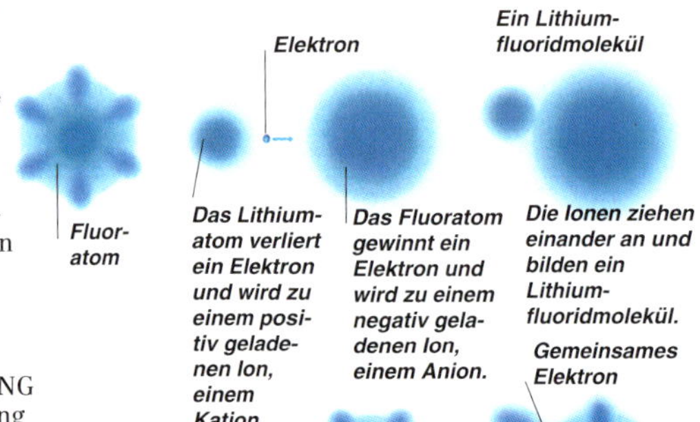

KOVALENTE BINDUNG
Eine kovalente Bindung entsteht, wenn Atome sich Elektronen teilen. Diese gemeinsamen Elektronen halten die Atome zusammen. Wasser- und Stickstoffmoleküle sind Stoffe mit kovalenten Bindungen.

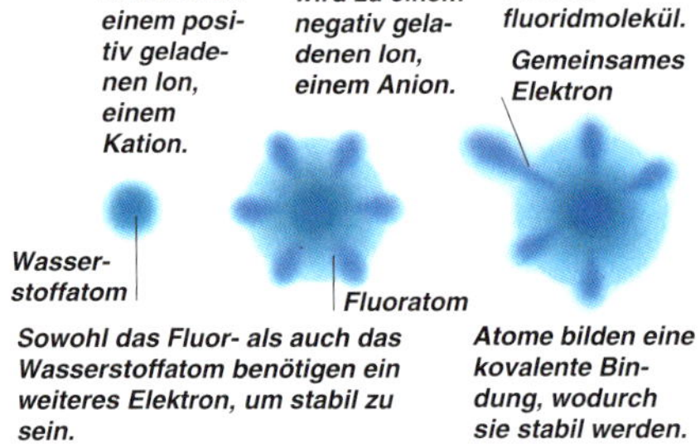

RADIOAKTIVITÄT

Große Atomkerne können instabil sein und in kleinere Kerne zerfallen. Wenn sie dies tun, werden geladene Teilchen freigesetzt. Diese Erscheinung nennt man Radioaktivität. Die meisten Elemente haben instabile Formen, die man Radioisotope nennt. Einige treten in der Natur ganz natürlich auf, andere werden in Atomreaktoren erzeugt. Die am stärksten radioaktiven Substanzen haben die höchste Anzahl an Teilchen in ihrem Kern, Uran z.B. hat 238.

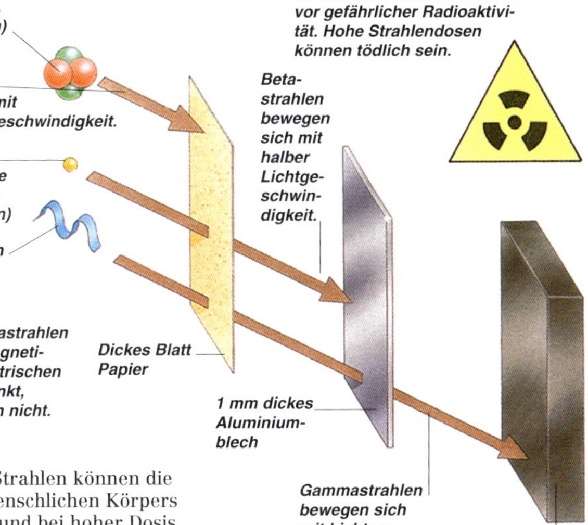

Gefahr! Dieses Zeichen warnt vor gefährlicher Radioaktivität. Hohe Strahlendosen können tödlich sein.

STRAHLEN

Radioaktive Strahlen können die Zellen des menschlichen Körpers beschädigen und bei hoher Dosis tödlich wirken.

WISSENSWERTES

Die Stärke der Radioaktivität wird mit einem Geigerzähler gemessen. Eine Sonde, die mit Gas unter niedrigem Druck befüllt ist, löst elektrische Impulse aus, die man als Klicken hört, wenn Radioaktivität vorhanden ist.

Ungefähr 200 Mio. Gammastrahlenimpulse gehen in jeder Stunde vom Boden und den Gebäuden aus durch den Körper.

Ein weltumspannender Atomkrieg würde die Menschen zwingen, für Monate oder Jahre unterirdisch zu leben.

Eine Bestrahlung mit Gammastrahlen kann Bakterien in Lebensmitteln vernichten. Die Lebensmittel bleiben dadurch länger frisch, aber viele Leute fürchten langfristige Gesundheitsrisiken.

NUTZUNG DER RADIOAKTIVITÄT

ALPHASTRAHLUNG

Alphastrahlen sind geladene Teilchen, die aus zwei Protonen und zwei Neutronen bestehen. Atomare Batterien versorgen Herzschrittmacher mit Energie, da sie viel länger halten als normale Batterien.

Alphastrahlen des Radioisotops Plutonium treiben Herzschrittmacher an.

Herzschrittmacher

BETASTRAHLUNG

Während des radioaktiven Zerfalls kann sich ein Neutron in ein Proton verwandeln und umgekehrt. Dabei werden Betastrahlen in Form von Elektronen und Positronen freigesetzt. Das Isotop Kohlenstoff 14, das in allen lebenden Wesen vorkommt, erzeugt bei seinem Zerfall Betastrahlung. Wissenschaftler können so das Alter eines Skelettes oder Holzstückes bestimmen.

Einst glaubte man, dies sei das 2 000 Jahre alte Grabtuch von Jesus Christus. Durch Radiokarbondatierung fand man heraus, dass es nur 600 Jahre alt ist.

Das Turiner Grabtuch

GAMMASTRAHLUNG

Gammastrahlung ist eine elektromagnetische Welle wie Licht- oder Radiowellen, die sich mit Lichtgeschwindigkeit ausbreitet, aber viel mehr Energie enthält als sichtbares Licht. Diese Wellen werden ausgesendet, wenn ein Atomkern zu viel Energie hat. Meist entstehen sie zusammen mit Alpha- und Betateilchen.

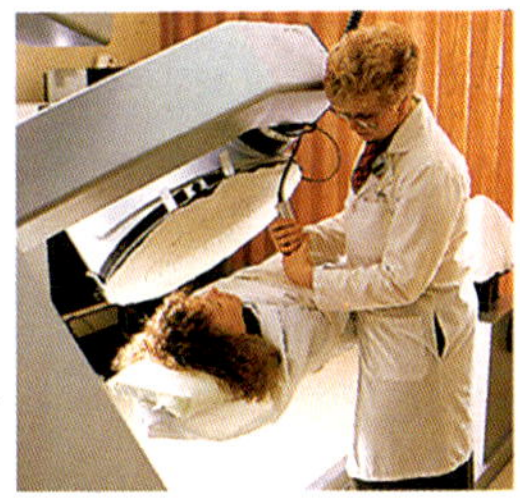

Kobalt 60 erzeugt Gammastrahlung. Hier wird es verwendet, um Krebszellen abzutöten. Es kann auch verwendet werden, um medizinische Instrumente zu sterilisieren.

WICHTIGE HALBWERTSZEITEN

Die Halbwertszeit eines Elementes ist die Zeit, in der die Hälfte seiner Atome in andere Elemente zerfällt. Eine stark radioaktive Substanz hat eine niedrige Halbwertszeit – sie zerfällt schnell.

Isotop	Halbwertszeit	Strahlung	Verwendung
Radium 221	30 Sekunden	Alpha und Gamma	Krebstherapie
Eisen (Fe 59)	45 Tage	Beta und Gamma	Testen von Autoteilen
Kohlenstoff (C 14)	5 570 Jahre	Beta und Gamma	Radiokarbondatierung
Uran 235	710 Mio. Jahre	Alpha und Gamma	Atomenergie

KERNREAKTIONEN

Es gibt zwei Arten von nuklearen Reaktionen: Die Kernspaltung und die Kernverschmelzung (Fusion). Beide führen zu einer Freisetzung von »Bindungsenergie«, die den Kern eines Atoms zusammenhält. Je größer die Bindungsenergie eines Atomkerns ist, desto stabiler ist das Atom.

KERNSPALTUNG

Wenn ein Neutron den Kern des instabilen Elements Uran 235 trifft, spaltet sich der Kern in zwei leichtere Kerne auf. Es lösen sich weitere Neutronen, die andere Uran-235-Kerne in einer Kettenreaktion bombardieren. Bei der Kernspaltung wird Wärmeenergie freigesetzt, die in Atomkraftwerken beispielsweise in Elektrizität umgewandelt wird.

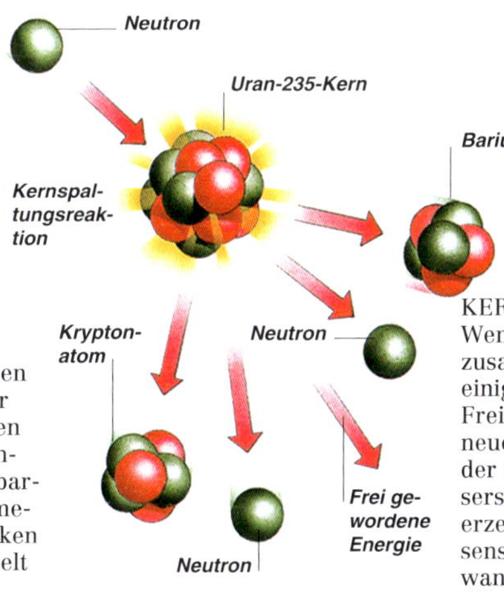

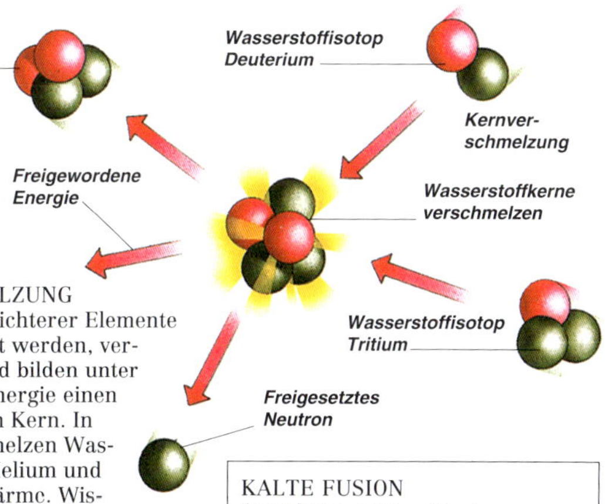

KERNVERSCHMELZUNG

Wenn die Kerne leichterer Elemente zusammengepresst werden, vereinigen sie sich und bilden unter Freisetzung von Energie einen neuen, schwereren Kern. In der Sonne verschmelzen Wasserstoffatome zu Helium und erzeugen dabei Wärme. Wissenschaftler hoffen darauf, irgendwann die Kernverschmelzung zur Energiegewinnung auf der Erde nutzen zu können.

GRÖSSERE FREISETZUNGEN VON RADIOAKTIVITÄT

Ort	Datum	Auswirkungen
Sellafield, England	1957	39 Tote infolge radioaktiver Bestrahlung bis 1979; Verseuchung von 800 km² Landfläche
Three Mile Island, USA	1979	Anzahl der Toten nicht bekannt gegeben; erhebliche Verseuchung
Kystym, Russland (ehemals UdSSR)	1985	Verseuchung von 1 191 km²
Tschernobyl, Ukraine (ehemals UdSSR)	1986	35 Menschen starben innerhalb von zwei Wochen, 135 000 wurden umgesiedelt

MARIE CURIE

Die französische Wissenschaftlerin Marie Curie (1867–1934) begründete die Strahlenforschung. Ein in ihren Experimenten verwendeter Kolben färbte sich blau, nachdem er radioaktiven Erzen ausgesetzt war.

KALTE FUSION

1989 behaupteten Stanley Pons und Martin Fleischmann, sie hätten erfolgreich eine Kernverschmelzungsreaktion bei Raumtemperatur erzeugt. Diese Behauptung hat sich später als falsch erwiesen.

PERIODENSYSTEM DER ELEMENTE

Die Elemente können in einem System angeordnet werden. Das System besteht aus senkrechten Spalten, die Gruppen genannt werden, und waagerechten Reihen, den Perioden. Das vollständige System enthält auch Elemente, die nicht natürlich vorkommen, sondern künstlich erzeugt worden sind.

6	12
C	
Kohlenstoff	

Ordnungszahl
Die Anzahl der Protonen im Kern definiert, welches Element ein bestimmtes Atom ist. Dies ist die Ordnungszahl.

Atommasse
Zusätzlich zu seinen 6 Protonen kommt Kohlenstoff mit 6, 7, 8 und 9 Neutronen in seinem Kern vor und hat damit eine Massenzahl zwischen 12 und 15.

Chemisches Symbol
Jedes Element hat ein Symbol (Buchstaben), das zur Darstellung in chemischen Gleichungen verwendet wird.

Kern von Kohlenstoff 12 (C 12)

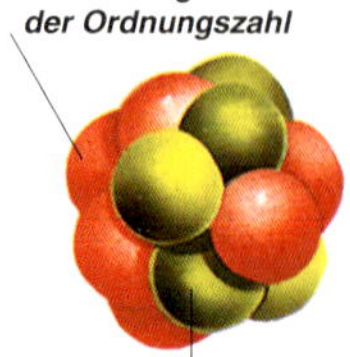

Proton: Gesamtanzahl ist gleich der Ordnungszahl

Neutron: Gesamtanzahl ergibt zusammen mit Protonen die Atommasse

SYSTEMMUSTER

Man kann viel über ein Element aussagen aufgrund seiner Position im Periodensystem. Elemente in der gleichen Gruppe (senkrechte Spalte) verhalten sich ähnlich.

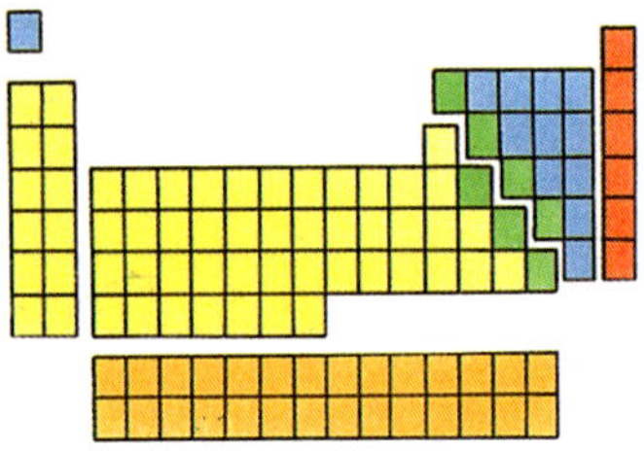

METALLE
wie Eisen sind meistens Festkörper und leiten gut Wärme und elektrischen Strom.

NICHTMETALLE
sind keine guten Wärme- oder Stromleiter und können fest, flüssig oder gasförmig sein.

METALLOIDE
auch Halbmetalle genannt, verhalten sich unter bestimmten Bedingungen wie Metalle.

EDELGASE
werden auch Inertgase genannt, weil sie mit anderen Gasen nicht reagieren.

LANTHANOIDE/ACTINOIDE
Lanthanoide: Metalle der seltenen Erden. Actinoide: Gleiche chemischen Eigenschaften wie das Element Actinium.

GRUPPEN UND PERIODEN

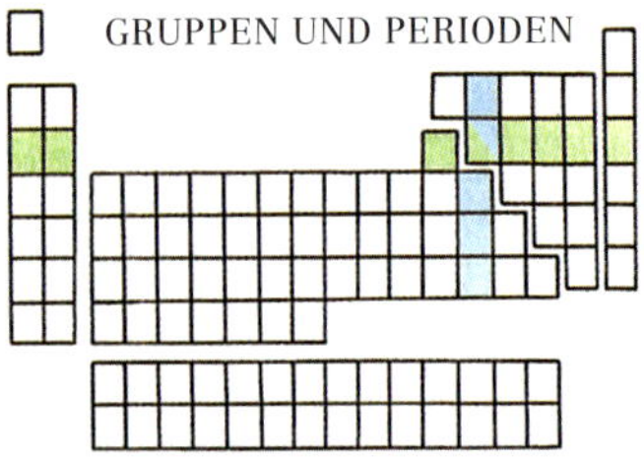

GRUPPEN
Das Periodensystem ist so angeordnet, dass ähnliche Elemente zu senkrechten Spalten oder Gruppen zusammengefasst sind.

PERIODEN
Elemente werden in waagerechten Reihen oder Perioden angeordnet. Die Elektronenanordnung um den Kern herum (siehe S. 218) bestimmt die Länge der Periode.

Natürlich vorkommende Elemente sind in Schreibschrift dargestellt. Die anderen Elemente sind die Ergebnisse von Laborexperimenten.

1 H 1 Wasserstoff								
3 Li 7 Lithium	4 Be 9 Beryllium							
11 Na 23 Natrium	12 Mg 24 Magnesium							
19 K 39 Kalium	20 Ca 40 Calcium	21 Sc 45 Scandium	22 Ti 48 Titan	23 V 51 Vanadium	24 Cr 52 Chrom	25 Mn 55 Mangan	26 Fe 56 Eisen	27 Co 59 Cobalt
37 Rb 85 Rubidium	38 Sr 88 Strontium	39 Y 89 Yttrium	40 Zr 91 Zirkonium	41 Nb 93 Niobium	42 Mo 96 Molybdän	43 Tc 97 Technetium	44 Ru 101 Ruthenium	45 Rh 103 Rhodium
55 Cs 133 Cäsium	56 Ba 137 Barium	57 La 139 Lanthan	72 Hf 180 Hafnium	73 Ta 181 Tantal	74 W 184 Wolfram	75 Re 187 Rhenium	76 Os 190 Osmium	77 Ir 192 Iridium
87 Fr 223 Francium	88 Ra 226 Radium	89 Ac 227 Actinium	104 Db 260 Dubnium	105 Jl 262 Joliotum	106 Rf 263 Rutherfordium	107 Bh 262 Bohrium	108 Hn 265 Hahnium	109 Mt 266 Meitnerium

Lanthanoide	58 Ce 140 Cer	59 Pr 141 Praseodym	60 Nd 142 Neodym	61 Pm 145 Promethium	62 Sm 152 Samarium	63 Eu 153 Europium	64 Gd 158 Gadolinium
Actinoide	90 Th 232 Thorium	91 Pa 231 Protactinium	92 U 238 Uranium	93 Np 237 Neptunium	94 Pu 244 Plutonium	95 Am 243 Americium	96 Cm 247 Curium

MENDELEJEW
Der russische Chemiker Dmitri Mendelejew (1834–1907) ordnete als erster die Elemente in systematischer Form an. 1869 erstellte er Datenkarten für jedes Element und ordnete sie nach steigender Atommasse und den Eigenschaften eines jeden Elements an. Die Gesamtheit der Karten bildete das Periodensystem.

NATRIUM
Es gibt ungefähr 18 Mrd. Tonnen dieses Elements in den Ozeanen, das meiste davon in einer Lösung aus Natriumchlorid (Kochsalz) in Wasser.

RUBIDIUM
Rubidium ist ein typisches Element seiner Gruppe. Es reagiert heftig mit Wasser und sogar mit Luft, in der es sofort Feuer fängt. Rubidiumsalz verbrennt mit einer rötlichen Flamme.

CÄSIUM
Der Kern dieses Elements kann in eine extrem gleichmäßige Schwingung versetzt werden: 9 192 631 770-mal in der Sekunde. Cäsium wird als Taktgeber in Atomuhren verwendet, die in Tausenden von Jahren um eine Sekunde falsch gehen.

URAN
Es gibt zwei Hauptarten oder Isotope von Uran. Uran 238 (mit 92 Protonen und 146 Neutronen) ist mit 99% das häufigste. Das Isotop, das in Atomreaktoren verwendet wird, ist Uran 235 (mit 92 Protonen und 143 Neutronen). Es macht nur etwa 1% aus.

WOLFRAM
Wolfram hat mit 3 410 °C den höchsten Schmelzpunkt aller Metalle. Deshalb wird es als Glühfaden in elektrischen Glühbirnen benutzt, bei deren Temperatur die meisten Elemente schmelzen würden.

ELEMENTE IM ÜBERFLUSS
Die Elemente, die am häufigsten (bezogen auf die Masse) in der Erdkruste elementar oder in gebundener Form vorkommen

Element	Vorkommen (%)
Sauerstoff	49
Silicium	26
Aluminium	7
Eisen	4
Calcium	3

REKORDE
Das seltenste Metall ist Rhodium. Es werden jedes Jahr nur 3 t gewonnen, gegenüber 1 500 t Gold.

Das häufigste Element im Universum ist Wasserstoff, das zweithäufigste ist Helium.

WISSENSWERTES
1994 wurden die Elemente Nr. 104 bis 109 durch eine internationale Kommission neu benannt. Meinungsverschiedenheiten über die Entdeckungsrechte hatten zu einer vorübergehenden Benennung nach der Ordnungszahl geführt.

Das Element Dysprosium wurde nach dem griechischen Wort »dysprosodos« benannt, das soviel wie »unzugänglich« bedeutet.

Helium wurde bei der Farbanalyse des Sonnenlichts entdeckt. Sein Name kommt vom griechischen Wort für Sonne, »helios«

FLUOR

Fluor ist sehr reaktionsfreudig – eine typische Eigenschaft der Elemente in der Gruppe der Halogene. In Form von Fluoridionen (Fluoratome mit einem zusätzlichen Elektron) wird es häufig der Zahnpasta und in manchen Ländern dem Trinkwasser zugesetzt.

STICKSTOFF
75% der Luft bestehen aus Stickstoff. Er ist lebenswichtig für Pflanzen und Tiere. Er ist ein Bestandteil in Düngemitteln, da Pflanzen ihn zum Wachstum benötigen.

HELIUM
Helium hat den niedrigsten Siedepunkt aller Elemente: 4,23 K (–268,93 °C). Die niedrigste mögliche Temperatur ist 0 K (Kelvin) oder –273,15 °C.

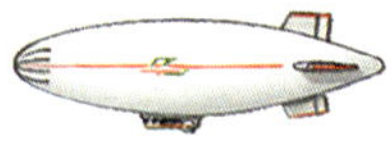

SCHWERMETALL
Das dichteste Element ist Osmium; ein Würfel mit 33 cm Seitenlänge wiegt so viel wie ein Kleinwagen.

QUECKSILBER

wird in Thermometern verwendet, da es das einzige Metall ist, das bei Raumtemperatur flüssig ist. Es ist sehr giftig.

- 2 4 He Helium
- 5 11 B Bor
- 6 12 C Kohlenstoff
- 7 14 N Stickstoff
- 8 16 O Sauerstoff
- 9 19 F Fluor
- 10 20 Ne Neon
- 13 27 Al Aluminium
- 14 28 Si Silicium
- 15 31 P Phosphor
- 16 32 S Schwefel
- 17 35,5 Cl Chlor
- 18 40 Ar Argon
- 28 59 Ni Nickel
- 29 63,5 Cu Kupfer
- 30 65 Zn Zink
- 31 69 Ga Gallium
- 32 74 Ge Germanium
- 33 75 As Arsen
- 34 79 Se Selen
- 35 80 Br Brom
- 36 84 Kr Krypton
- 46 106 Pd Palladium
- 47 108 Ag Silber
- 48 112 Cd Cadmium
- 49 115 In Indium
- 50 119 Sn Zinn
- 51 122 Sb Antimon
- 52 128 Te Tellur
- 53 127 I Iod
- 54 132 Xe Xenon
- 78 195 Pt Platin
- 79 197 Au Gold
- 80 201 Hg Quecksilber
- 81 204 Tl Thallium
- 82 207 Pb Blei
- 83 209 Bi Wismut
- 84 209 Po Polonium
- 85 210 At Astat
- 86 222 Rn Radon

ELEMENTE IM KÖRPER
Viele Elemente sind für den menschlichen Körper lebenswichtig. Kleinste Mengen bestimmter Elemente, so genannte Spurenelemente (z.B. Selen), sind für die Gesundheit wichtig.

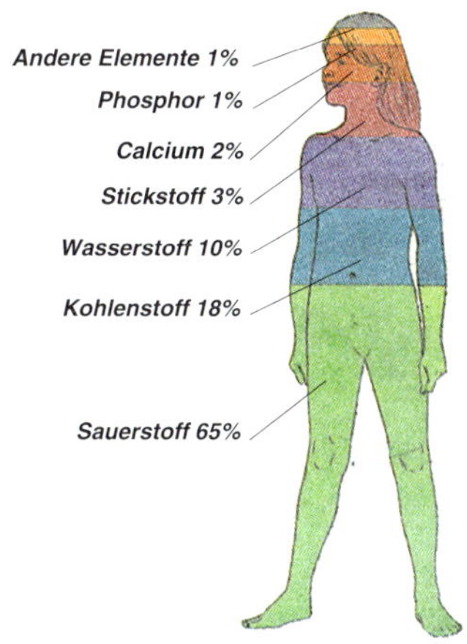

PLUTONIUM

Wenn das künstliche Element Plutonium 239 in größeren Mengen (mehr als 10 bis 20 kg) produziert und gelagert wird, beginnt eine spontane Kernreaktion, und gefährliche Energiemengen werden freigesetzt.

SILICIUM

Reines Silicium, ein Halbleiter, wird in elektronischen Geräten als Basis für kleinste integrierte Schaltkreise (Computerchips) verwendet.

- 65 159 Tb Terbium
- 66 164 Dy Dysprosium
- 67 165 Ho Holmium
- 68 167 Er Erbium
- 69 169 Tm Thulium
- 70 174 Yb Ytterbium
- 71 175 Lu Lutetium
- 97 247 Bk Berkelium
- 98 251 Cf Californium
- 99 254 Es Einsteinium
- 100 257 Fm Fermium
- 101 258 Md Mendelevium
- 102 255 No Nobelium
- 103 256 Lr Lawrencium

KÜNSTLICHE ELEMENTE

Element	Herstellungsjahr	Wissenschaftler
Technetium	1937	C. Perrier und E.G. Segré
Astat	1940	D.R. Corson
Neptunium	1940	E.M. McMillan und P. Abelson
Plutonium	1940	Glenn Seaborg
Americium	1944	Glenn Seaborg
Curium	1944	Glenn Seaborg
Promethium	1945	J.A. Marinsky
Berkelium	1949	S.G. Thompson
Californium	1950	S.G. Thompson, Glenn Seaborg, K. Street und Albert Ghiorso
Einsteinium	1952	Gregory R. Choppin
Fermium	1952	Gregory R. Choppin
Mendelevium	1955	Albert Ghiorso
Nobelium	1958	Albert Ghiorso
Lawrencium	1961	Albert Ghiorso

TECHNETIUM

Dieses Element tritt nicht natürlich auf. Es war das erste von vielen Elementen, das durch Kernreaktionen künstlich hergestellt wurde. Es wird in der medizinischen Diagnostik eingesetzt.

IOD
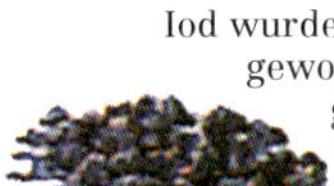

Iod wurde einst aus Meeresalgen gewonnen. Es ist ein wichtiges Spurenelement und wird zu violettem Gas, wenn man es erhitzt.

ENERGIE

Energie und Kräfte verändern ständig die Welt. Energie hat viele Formen, z.B. Bewegungsenergie, Wärme- oder Schallenergie.

ENERGIE UND KRAFT

Menschen und Tiere benötigen Energie zur Fortbewegung. Energie ist ein Maß für die Fähigkeit, Dinge in Bewegung zu setzen. Gegenstände bewegen sich erst, wenn sie von einer Kraft angezogen oder abgestoßen werden. Kräfte können Dinge in Bewegung setzen, ihre Richtung ändern oder ihre Bewegung stoppen. Energie kann in verschiedene Energieformen umgewandelt werden, z.B. lässt sich Elektrizität in Wärmeenergie verwandeln.

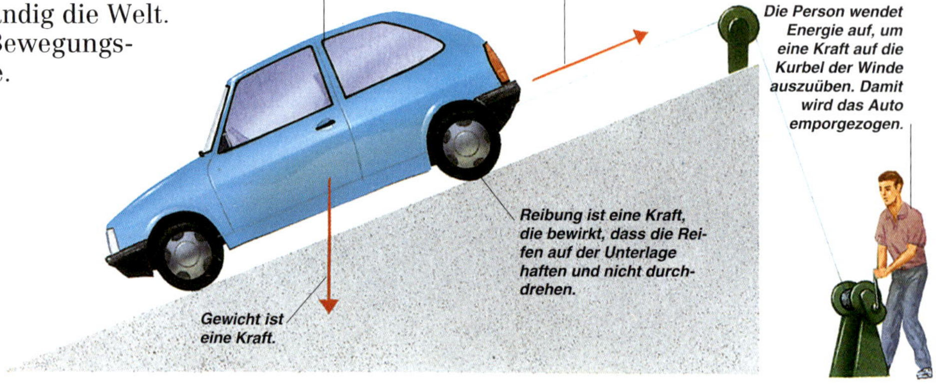

ENERGIEUMWANDLUNGEN BEI EINER AUTOFAHRT

Chemische Energie
Benzin setzt sehr viel Energie frei, wenn es unter Druck entzündet wird.

Lageenergie
In jedem ruhenden Körper ist Lageenergie (potentielle Energie) gespeichert, die bei Bewegung in andere Formen umgewandelt wird.

Schallenergie
Radio und Lautsprecher wandeln elektrische Energie in Schall um.

Kühler
Die Bewegung der Motorkolben erzeugt Wärme.

Bewegungsenergie
Jedes sich bewegende Objekt besitzt Bewegungsenergie (kinetische Energie). Je schneller es sich bewegt und je größer seine Masse ist, desto größer ist seine Bewegungsenergie.

Elektrische Energie
Während der Fahrt lädt der Motor die Batterie auf.

Wärmeenergie (Bremsen)
Beim Bremsen erzeugt die Reibung zwischen Bremsscheiben und Bremsbelägen Wärme.

Lichtenergie
Die Autoscheinwerfer werden von der Batterie versorgt.

MESSEN VON ENERGIE

Alle Energieformen, wie Lage-, Bewegungs-, Schall-, Licht-, chemische und Wärmeenergie, werden in der Einheit Joule gemessen.

Energie eines Gewittersturms: Ungefähr 1 000 Billionen Joule gespeicherte Energie.

Energie in einem Blitz: 10 Mrd. Joule elektrischer Energie werden größtenteils in Wärmeenergie umgewandelt.

Einen Apfel 1 m hochheben: 1 Joule Muskelenergie erhöht die Lageenergie des Apfels um 1 Joule.

1 Sekunde einer 100-Watt-Glühbirne: 100 Joule elektrischer Energie werden in 15 Joule Lichtenergie und 85 Joule Wärmeenergie umgewandelt.

1 Sekunde des Itaipu-Staudammes, Brasilien: Die Lageenergie des Stausees wird in 12,6 Mrd. Joule elektrische Energie umgewandelt.

TEMPERATURSKALA

Temperatur wird in Grad Celsius (°C) gemessen, aber auch in Kelvin (K)

Entzündungstemperatur von Holz: 250 °C, 523 K

Explosionspunkt von Nitroglycerin: 218 °C, 491 K

Sauna: 70–90 °C, 343–363 K

Siedepunkt von Wasser: 100 °C, 373 K

Mittagshitze im Death Valley, Kalifornien: 56,7 °C, 329,7 K

Menschliche Körpertemperatur: 37 °C, 310 K

Körpertemperatur des Ameisenbärs: 22 °C, 295 K

Gefrierpunkt reinen Wassers: 0 °C, 273,15 K

Gefrierpunkt von Quecksilber: –39 °C, 234 K

Absoluter Nullpunkt: –273,15 °C, 0 K

DAUERLICHT

Die Menge atomarer Energie in einem Kilogramm radioaktiven Urans 235 würde eine 100-Watt-Glühbirne 27 400 Jahre leuchten lassen.

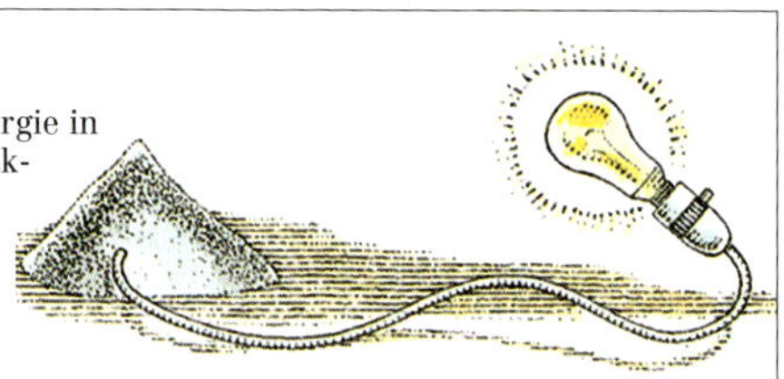

TEMPERATUR

Die Atome und Moleküle, aus denen alle Materie besteht, schwingen hin und her oder bewegen sich frei durch den Raum. Ihre durchschnittliche Bewegungsenergie spüren wir als Wärme, deren Maß die Temperatur ist. Materie mit höherer Energie kann die Temperatur der sie umgebenden Materie erhöhen.

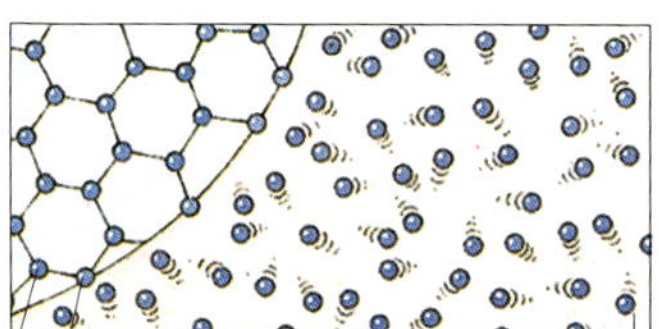

ENERGIEEINHEITEN
Umrechnung anderer Energieeinheiten in Joule

Einheit	Joule-Äquivalent
Joule (J)	
Watt (W)	1 J pro Sekunde
Pferdestärken (PS)	736 J/s
Kilokalorie (kcal)	4 187 J
Kilowattstunde (kWh)	3 600 000 J

KRÄFTE

Eine Kraft kann als Stoß oder Zug wirken. Sie kann ein Objekt in Bewegung setzen, es anhalten oder seine Bewegungsrichtung ändern. Kräfte können auch die Form eines Objektes ändern.

SCHWERKRAFT
Eine der bekanntesten Kräfte ist die Kraft der Anziehung zwischen Objekten, die Schwerkraft. Schwerkraft hält uns auf der Erde fest und gibt uns Gewicht. Alles, was eine Masse hat, übt eine Anziehungskraft auf andere Objekte aus, und die Größe der Kraft hängt von der Masse der Objekte und dem Abstand zwischen ihnen ab. Sie wird schwächer, wenn die Körper sich weiter voneinander entfernen oder an Masse verlieren.

SCHWERKRAFT DES MONDES
Der Mond hat eine geringere Schwerkraft als die Erde: er hat weniger Masse.

SCHWERKRAFT DER ERDE
Die große Masse der Erde lässt Dinge sechsmal so viel wiegen wie auf dem Mond.

KRÄFTE ADDIEREN
Wenn mehr als eine Kraft auf ein Objekt wirkt, ist die Gesamtwirkung die gleiche, wie wenn eine einzige neue Kraft in einer bestimmten Richtung wirkt. Diese Kraft nennt man die Resultierende.

PFEIL UND BOGEN
Die Kraft eines Pfeils ist die Resultierende der zwei Kräfte, die in der oberen und unteren Hälfte der Bogensehne wirken.

TAUZIEHEN
Die resultierende Kraft ist fast Null, da die zwei Kräfte, die auf das Seil einwirken, exakt in die entgegengesetzten Richtungen zeigen.

DREHKRÄFTE
Kräfte können Objekte drehen. Je größer die Kraft und je größer der Hebel, desto größer ist die Drehkraft.

MUTTERN DREHEN
Ein Schraubenschlüssel ist nützlich für das Drehen einer Mutter, weil man durch seinen langen Griff eine geringere Kraft aufbringen muss. Dies erzeugt ein stärkeres Drehmoment (stärkere Drehkraft).

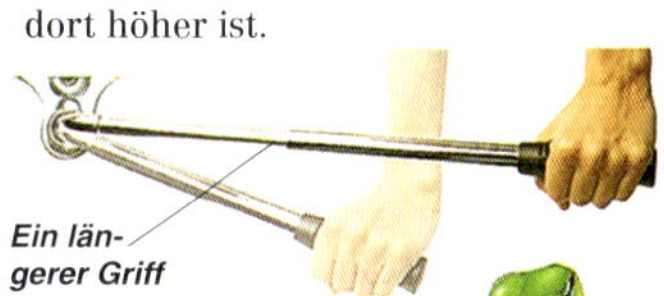

Ein längerer Griff ermöglicht eine größere Drehkraft.

NEWTONS BEWEGUNGSGESETZE
1687 stellte der englische Mathematiker Isaac Newton (1642–1725) drei Gesetze auf, die die Bewegung von Objekten unter Krafteinwirkung beschreiben.

NEWTONS ERSTES GESETZ

Ein Objekt ändert seine Bewegung nicht, es sei denn, eine Kraft wirkt auf es ein.

Der Frosch bleibt sitzen, es sei denn, eine Kraft veranlasst ihn, sich zu bewegen. Wenn sich der Frosch mit einer konstanten Geschwindigkeit bewegen würde, täte er das so lange, bis ihn eine Kraft stoppt, verlangsamt oder beschleunigt.

NEWTONS ZWEITES GESETZ

Eine Veränderung der Bewegung eines Objektes hängt von der einwirkenden Kraft und von der Masse des Objektes ab.

Der Frosch braucht doppelt so viel Kraft, um seine Bewegung doppelt so stark zu verändern.

NEWTONS DRITTES GESETZ

Für jede Kraft gibt es eine gleich große Kraft, die in die entgegengesetzte Richtung wirkt.

Kräfte treten paarweise auf. Das Seerosenblatt drückt mit der gleichen Kraft gegen den Frosch, wie dieser gegen das Seerosenblatt.

KREISBEWEGUNG
Ein Gegenstand bewegt sich auf einer geraden Linie, solange keine Kraft seine Richtung ändert.

HAMMERWERFER
Damit sich der Hammer auf einer Kreisbahn bewegt, muss ein Sportler eine Kraft aufbringen, die den Hammer ständig nach innen zieht. Sie wird Zentripetalkraft genannt. Sobald der Sportler loslässt, fliegt der Hammer in einer geraden Linie fort.

Der Sportler bringt die Zentripetalkraft auf, um den Hammer herumzuwirbeln.

DRUCK
Druck ist ein Maß dafür, wie stark eine Kraft auf eine Fläche konzentriert ist. Eine Kraft, die auf eine kleine Fläche angewandt wird, übt mehr Druck aus als die gleiche Kraft auf einer größeren Fläche.

KRAFT AUF FLÄCHE
Wenn man eine Gießkanne und einen Spatel mit der gleichen Kraft in den Boden drückt, dann sinkt der Spatel weiter in den Sand ein. Dies geschieht, weil die ausgeübte Kraft auf eine kleinere Fläche wirkt, sodass der Druck dort höher ist.

FACHWÖRTER
Beschleunigung Größe der Geschwindigkeitsveränderung
Schwerpunkt Punkt, an dem sich ein Objekt im Gleichgewicht befindet
Gleichgewicht Zustand, in dem sich die auf ein Objekt wirkenden Kräfte aufheben, sodass die resultierende Kraft gleich Null ist
Impuls Masse eines Objektes multipliziert mit seiner Geschwindigkeit
Newton Einheit der Kraft. 1 Newton (1 N) ist die Kraft, die eine Masse von 1 kg innerhalb von 1 Sekunde auf die Geschwindigkeit von 1 m pro Sekunde beschleunigt.
Resultierende Kraft Die Kraft, die man erhält, wenn man zwei oder mehr Kräfte addiert
Geschwindigkeit Schnelligkeit und Richtung der Bewegung eines Objektes

GEWUSST WIE
Archimedes soll einen Flaschenzug konstruiert haben, mit dem ein auf Grund gelaufenes Schiff von einem einzelnen Mann wieder flott gemacht werden konnte.

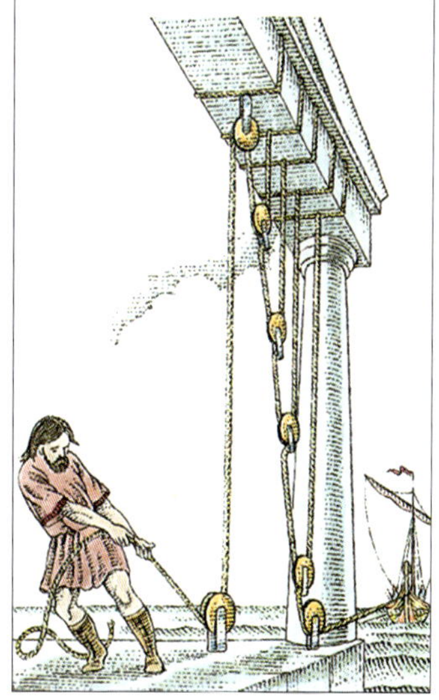

MASCHINEN
Eine Maschine ist ein Gerät, das die Größe und Richtung einer Kraft verändern kann. Mit Hilfe eines Flaschenzugs kann man eine sehr schwere Last heben. Allgemein gilt, dass die aufzuwendende Kraft gleich der zu bewegenden Last geteilt durch die Anzahl der Rollen ist.

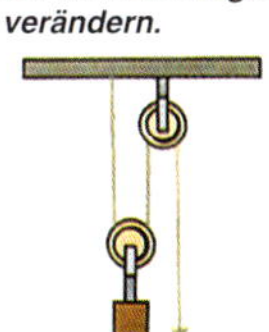

FLASCHENZUG
Die zum Heben der Last notwendige Kraft wird durch die Rollen verringert.

SCHIEFE EBENE
Die Schräge erlaubt es, die Last mit weniger Kraft zu bewegen, als für senkrechtes Heben notwendig wäre.

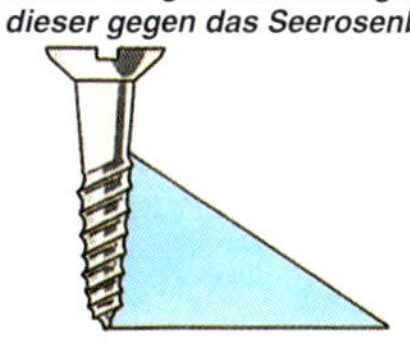

SCHRAUBE
Die Kraft wird durch das Gewinde vergrößert, das wie eine lange Schräge wirkt, die um die Schraube gewickelt ist.

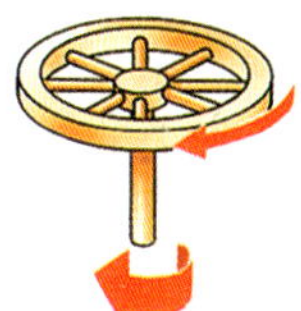

RAD UND ACHSE
Eine Kraft, die auf das Rad einwirkt, wird durch die Achse vergrößert und dadurch dreht sich das Rad mit größerer Kraft.

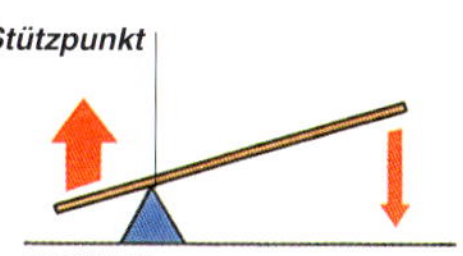

HEBEL
Eine Kraft, die auf ein Hebelende wirkt, wird durch den Stützpunkt verstärkt, um die Last am anderen Ende zu heben.

ELEKTRIZITÄT UND MAGNETISMUS

Wenn man eine Stecknadel an einen Magneten hält, bleibt sie an dem Magneten haften. Wenn man einen Ballon an einem Pullover reibt, haftet er an ihm. Dabei sind unsichtbare Kräfte am Werk: Magnetismus und Elektrizität. Diese Kräfte halten fast alle Dinge zusammen.

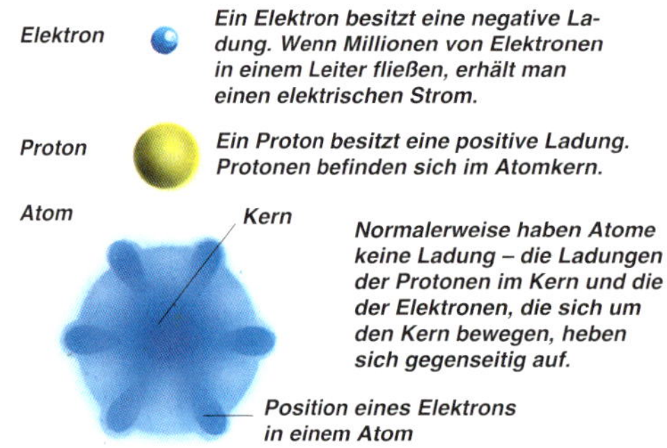

ELEKTRISCHER STROM

Die Einheit der Ladung ist das Coulomb. 1 Coulomb (1 C) entspricht der Ladung von 6 Trillionen Elektronen. Elektrischer Strom ist der Fluss von Elektronen. Ein Strom von 1 Ampere (1 A) bedeutet, dass eine Ladung von 1 Coulomb pro Sekunde fließt.

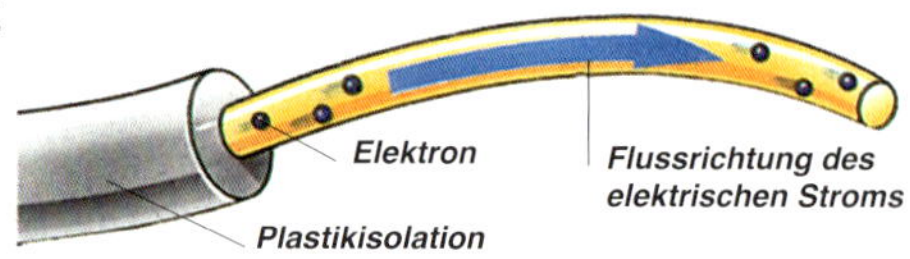

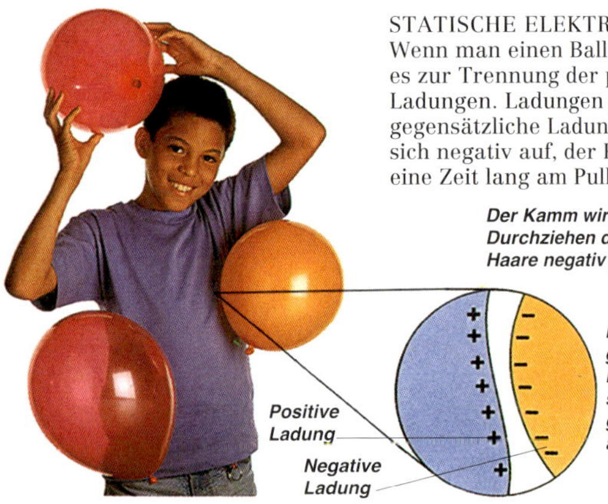

STATISCHE ELEKTRIZITÄT

Wenn man einen Ballon an einem Pullover reibt, kommt es zur Trennung der positiven und negativen elektrischen Ladungen. Ladungen gleicher Art stoßen einander ab, gegensätzliche Ladungen ziehen sich an. Der Ballon lädt sich negativ auf, der Pullover positiv, sodass der Ballon eine Zeit lang am Pullover »klebt«.

ELEKTROSKOP

Ein Elektroskop ist ein Gerät zur Feststellung elektrischer Ladungen. Es besitzt zwei Goldblätter, die an einem Messingstab befestigt sind. Die Blätter teilen sich, weil sich die negativen Ladungen gegenseitig abstoßen.

ELEKTRISCHE EINHEITEN

Ampere Die Einheit des Stroms. Wenn ein Draht (1A) Strom führt, fließt 1 Coulomb (1 C) Ladung pro Sekunde durch den Draht.

Volt Volt (1 V) bedeutet, dass jedes Coulomb (1 C) 1 Joule (1 J) Energie hat.

Ohm Die Einheit des Widerstandes. Wenn ein Draht einen Widerstand von 1 Ohm (1 Ω) hat, erzeugt eine Spannung von 1 Volt einen Strom von 1 Ampere.

Watt Diese Einheit wird verwendet, um Leistung zu messen. Ein elektrischer Strom von 1 Ampere (1 A) mit 1 Volt (1 V) hat eine Leistung von 1 Watt (1 W).

SCHOCKTHERAPIE

Der Biss einer südamerikanischen Buschmeister (Giftschlange) kann mit einer Reihe kurzer Elektroschocks von ungefähr 20 000 bis 25 000 V behandelt werden. In abgelegenen Gegenden werden manchmal Auto- oder Außenbordmotoren verwendet, um die Spannung zu liefern.

WISSENSWERTES

Das Wort »Elektrizität« stammt ab von dem griechischen Wort »elektron« für Bernstein. Die alten Griechen bemerkten, dass kleine Objekte an Bernstein haften, wenn man ihn an einem Tuch reibt.

Ein Fernsehgerät im »Stand-by Modus« braucht ein Drittel der Energie eines eingeschalteten Fernsehgerätes.

In den Nervenbahnen des Körpers fließen elektrische Ströme mit einer Geschwindigkeit von bis zu 400 km/h vom und zum Gehirn.

Elektrischer Strom fließt, sobald eine Stromquelle und ein Verbraucher einen geschlossenen Kreislauf bilden. Alle Teile müssen elektrisch leitend miteinander verbunden sein.

BLITZ

In einer Gewitterwolke trennen sich die elektrischen Ladungen. Ein Blitz ist ein gewaltiger Funke, der zwischen Wolken oder zwischen einer Wolke und dem Boden überspringt. Viele Gebäude haben Blitzableiter, die den Blitz kontrolliert einschlagen lassen, indem sie ihn in den Boden ableiten, ohne dass er Schaden anrichtet.

BATTERIE

Im Inneren einer Batterie werden durch chemische Reaktionen Elektronen und Ionen erzeugt. Diese Elektronen fließen im Stromkreis vom Minuspol zum Pluspol.

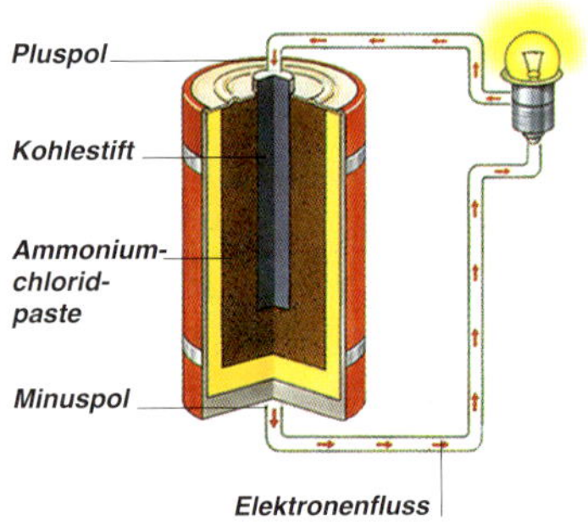

REIHEN- UND PARALLELSCHALTUNG

Eine Anordnung von zwei Glühbirnen in einem elektrischen Kreis, eine hinter der anderen, bezeichnet man als Reihenschaltung. An jeder Birne liegt nur die Hälfte der Gesamtspannung, also leuchten sie schwächer. In Parallelschaltung würden die Birnen heller leuchten, da jede Birne die volle Spannung erhält – aber der Strom verdoppelt sich.

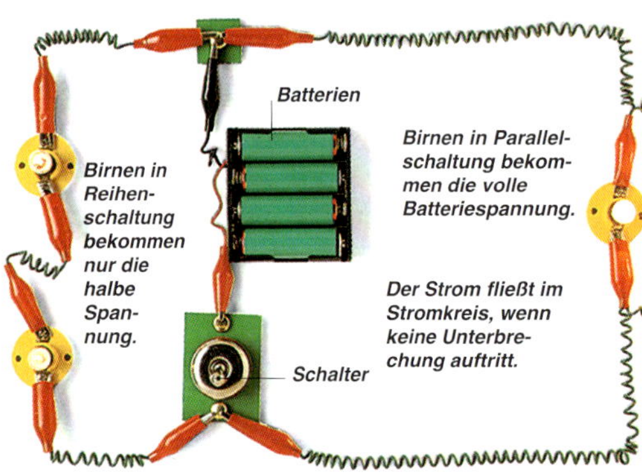

WIDERSTAND

Der Widerstand eines Materials ist ein Maß dafür, wie leicht ein elektrischer Strom fließen kann. Der Widerstand hängt von der Art des Drahtes, seiner Dicke und Länge ab.

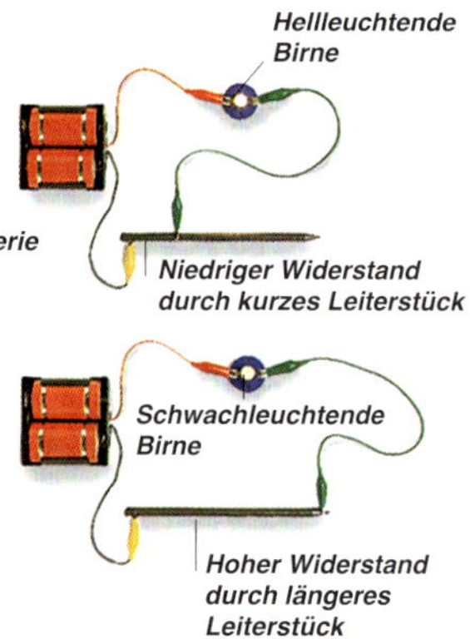

MAGNETISMUS

Bestimmte Materialien üben unsichtbare Kräfte aus, ähnlich den elektrischen Kräften. Ein Magnet zieht Dinge aus Eisen und aus einigen wenigen anderen Materialien an. Magnete ziehen auch andere Magneten an oder stoßen sie ab. Jeder Magnet hat zwei Enden, die man Pole nennt, wo die ausgeübten Kräfte am stärksten sind. Man nennt sie magnetischer Nordpol und Südpol.

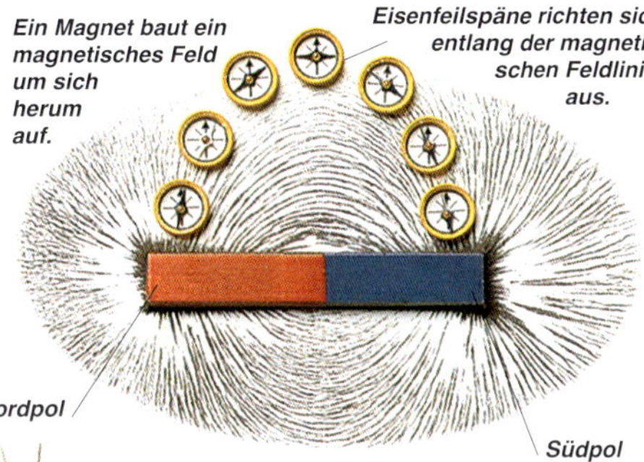

Die Magnetfeldlinien gehen von den Polen aus und winden sich um den Magneten.

Wenn ungleiche Pole, zwei Süd- oder Nordpole, zusammengebracht werden ziehen sie sich an.

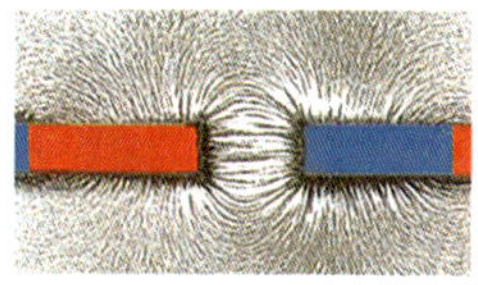

Magnetfeldlinien sich anziehender Magneten

Wenn gleiche Pole, zwei Süd- oder Nordpole, zusammengebracht werden, stoßen sie sich gegensei-tig ab.

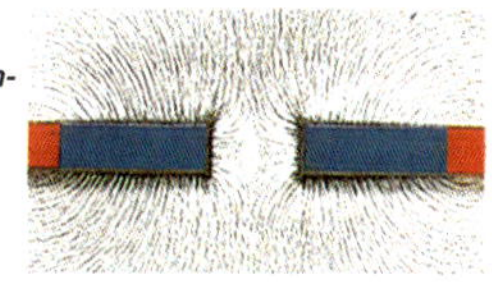

Magnetfeldlinien sich abstoßender Magneten

Eisenfeilspäne zeigen die Störung der normalen Feldlinien an, wenn zwei Magnete aufeinander treffen.

MAGNET

Wenn ein Magnet ein Objekt anzieht, wird das Objekt selber magnetisiert und kann andere Objekte anziehen.

Jede Eisenkugel verhält sich wie ein Magnet.

MAGNETIT

Metallobjekte, z.B. Nadeln, werden von Magnetit angezogen.

Magnetit ist ein magnetischer Stein aus Eisenoxid, der natürlich vorkommt. In früheren Zeiten benutzten Leute Magnetitstücke als Kompass und fertigten später Kompassnadeln daraus.

ERDMAGNET

Der flüssige metallische Kern der Erde ist ein gigantischer Magnet, dessen Pole nicht genau mit den geographischen Polen zusammenfallen und sich jedes Jahr ein wenig verschieben. Ein Magnetkompass enthält eine magnetische Nadel, die immer auf den magnetischen Nord- und Südpol zeigt und es somit Seefahrern ermöglicht, ihren Weg zu finden.

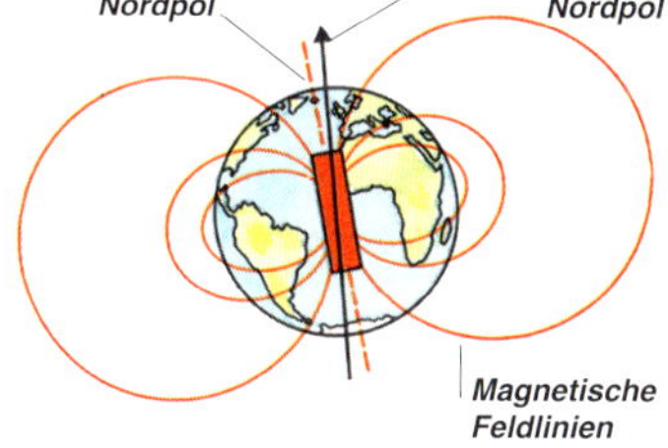

Erdmagnetfeld

WEISS'SCHE BEZIRKE

Magnete enthalten zwischen 0,1 und 1 mm große magnetische Bereiche mit zwei Polen, genannt »Weiß'sche Bezirke«. Die meisten Bezirke sind in einem Magneten gleich ausgerichtet. Wenn man sie dazu bringt, in verschiedene Richtungen zu zeigen, verliert der Magnet sein Magnetismus.

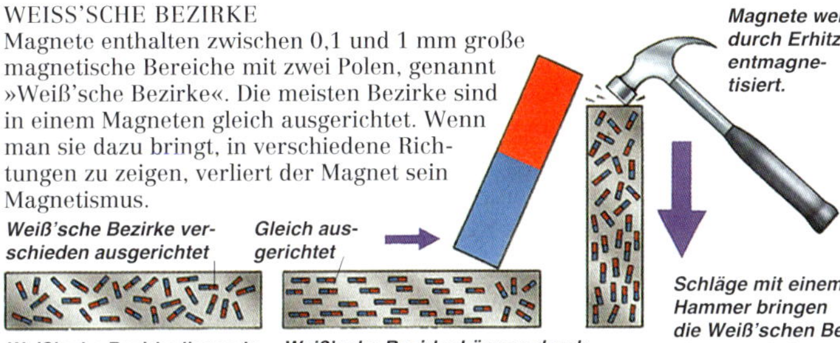

Weiß'sche Bezirke liegen in nicht magnetisiertem Eisen oder Stahl durcheinander.

Weiß'sche Bezirke können durch Überstreichen mit einem Magneten ausgerichtet werden.

Schläge mit einem Hammer bringen die Weiß'schen Bezirke durcheinander und entmagnetisieren den Stab.

J. C. MAXWELL

Der schottische Physiker James Clerk Maxwell, der als Erster die Beziehung zwischen Elektrizität und Magnetismus erklärte, pflegte seine Theorien mit seinem Hund zu besprechen, oft auf lauten Partys.

WISSENSWERTES

Ein stromdurchflossener Metallstab, der senkrecht auf dieser Buchseite stünde, würde ein ihn kreisförmig umgebendes Magnetfeld erzeugen.

Das Erdmagnetfeld fängt von der Sonne ausgesandte elektrische Teilchen ein. In der Nähe des Nord- und Südpols dringen diese tief in die Erdatmosphäre ein und regen die Stickstoff- und Sauerstoffmoleküle der Luft zum Leuchten an. Dieses Lichtschauspiel, das in Europa nördlich des Polarkreises (Norwegen, Schweden, Finnland) am besten zu sehen ist, nennt man Nordlicht (Aurora Borealis). Es kommt auch auf der Südhalbkugel der Erde vor und heißt dort Südlicht (Aurora Australis).

ELEKTROMAGNETISMUS

Magnetische Kräfte gehen nicht nur von Magneten aus. Magnetismus tritt auch auf, wenn ein elektrischer Strom durch einen Draht fließt. Dieser Magnetismus kann verstärkt werden, indem man den Draht um einen Eisenkern wickelt, z.B. einen Nagel.

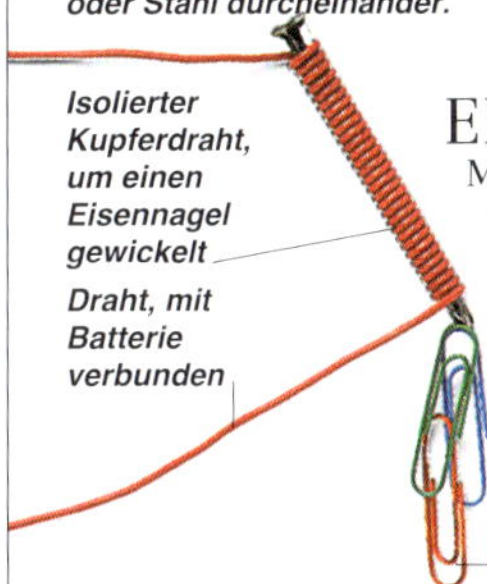

Metallobjekte werden von dem Elektromagneten angezogen.

MAGNETFELDER	
Feld	Stärke in Tesla (Einheit der Feldstärke)
Schwächstes gemessenes Feld	0,000 000 000 008 T
Erdmagnetfeld	0,000 03 T
Starker Magnet	1 T
Stärkstes gemessenes Feld	30,1 T

ELEKTROMAGNET

Das von einer stromdurchflossenen Spule erzeugte Magnetfeld unterscheidet sich nicht von dem eines Stabmagneten. Im Gegensatz zum Stabmagneten verschwindet das Magnetfeld beim Abschalten des Stroms.

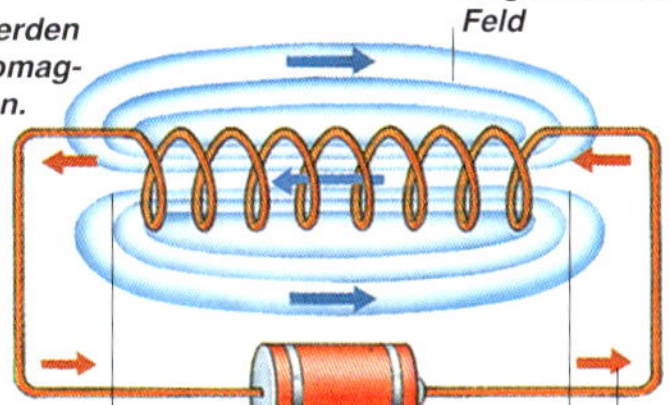

ELEKTROMOTOR

Ein Elektromotor enthält Dauermagnete und Drahtspulen. Wenn ein Strom durch die Spule fließt, erzeugt dieser um sie herum ein Magnetfeld, das dem Magnetfeld des Dauermagneten »ausweichen« will: Die Spule dreht sich.

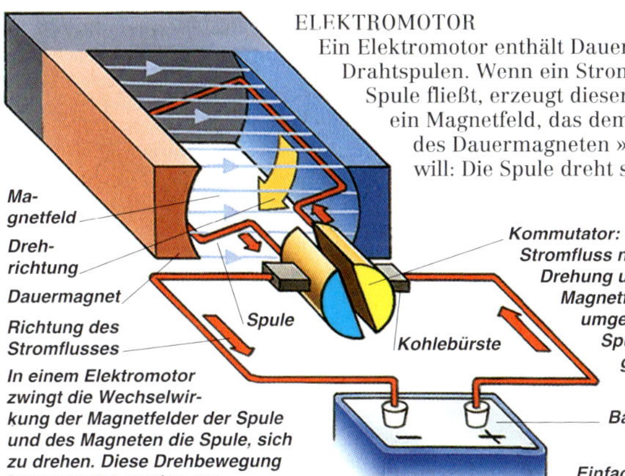

In einem Elektromotor zwingt die Wechselwirkung der Magnetfelder der Spule und des Magneten die Spule, sich zu drehen. Diese Drehbewegung kann genutzt werden, um Maschinen anzutreiben.

Einfacher Gleichstrommotor

GENERATOR

Ein Generator ist die Umkehrung eines Elektromotors. Wenn eine Spule in einem Magnetfeld mechanisch gedreht wird, fließt in ihr ein elektrischer Strom. Kraftwerke arbeiten mit riesigen dampfbetriebenen Generatoren, um Elektrizität für Haushalte, Schulen und Fabriken zu erzeugen.

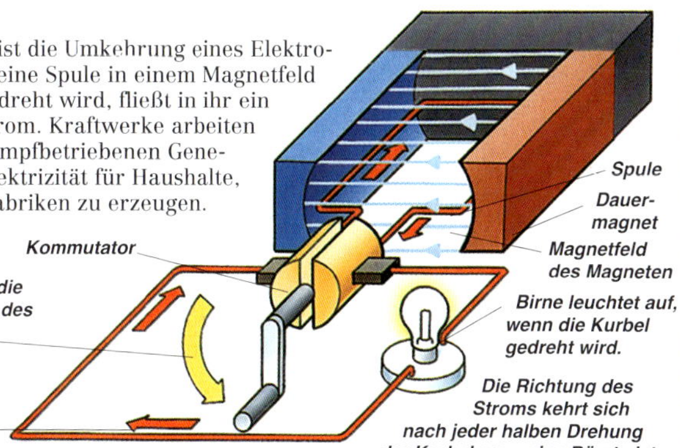

In der Spule wird Strom erzeugt, wenn sie sich im Magnetfeld des Dauermagneten dreht.

Einfacher Gleichstromgenerator

LICHT UND FARBE

Ohne Licht wären wir nicht in der Lage, etwas zu sehen. Mit der Sonne steht uns die wichtigste Lichtquelle zur Verfügung. Das Sonnenlicht gelangt entweder direkt oder durch Reflexion von unserer Umgebung in unsere Augen, und wir nehmen die Welt um uns herum wahr.

LICHTEIGENSCHAFTEN
Licht bewegt sich im luftleeren Raum geradlinig mit maximal rund 300 000 km/s fort. Es wird an Oberflächen reflektiert oder gebeugt bzw. absorbiert, wenn es halb durchlässige Materialien durchdringt.

LICHTGESCHWINDIGKEIT
Astronauten hinterließen auf dem Mond einen Spiegel. Richtet man von der Erde aus einen Laser darauf, wird der Lichtstrahl rund 2 Sek. später reflektiert. Da die Geschwindigkeit des Lichts bekannt ist, kann man die Entfernung des Mondes sehr genau bestimmen.

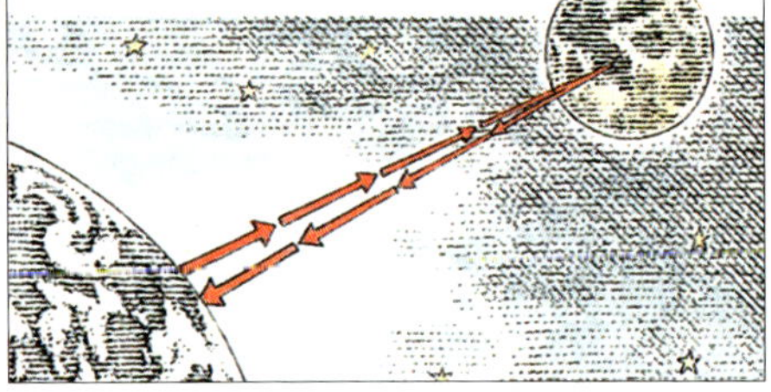

LICHTGESETZE

REFLEXION
Der Winkel, unter dem Licht auf einen Spiegel trifft, ist gleich dem Winkel, unter dem es den Spiegel wieder verlässt.

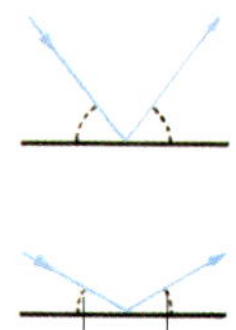

BRECHUNG
Licht verändert seine Geschwindigkeit, wenn es von einem Material in ein anderes übergeht. Je langsamer es wird, desto mehr wird es abgelenkt (gebrochen).

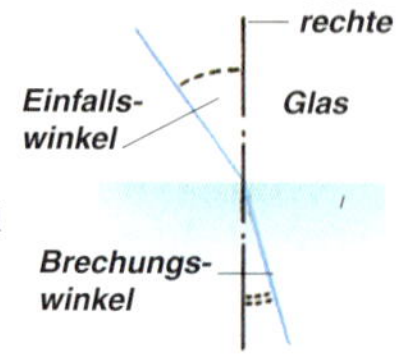

Lichtstrahl geht von weniger dichten Medium (Luft) in dichteres Medium (Glas) über.

REFLEXION
Wenn Licht von einer Oberfläche zurückgeworfen wird, sagen wir, dass es reflektiert wird. Wenige Dinge, die wir sehen, geben ihr eigenes Licht ab: meistens sehen wir sie nur aufgrund von Lichtreflexionen

OBERFLÄCHENREFLEXION
Wenn Licht von einer rauen Oberfläche reflektiert wird, kommen die reflektierten Strahlen unter vielen verschiedenen Winkeln zurück.

BRECHUNG
Licht ändert seine Richtung, wenn es von einem durchsichtigen Material in ein anderes übertritt. Dies geschieht, weil Licht sich mit verschiedenen Geschwindigkeiten durch verschiedene Materialien bewegt. Den Richtungswechsel nennt man Brechung (Refraktion).

SCHATTEN
Licht durchdringt durchsichtige Stoffe, wie z.B. Wasser oder Glas, geradlinig. In undurchsichtigen Materialien, wie z.B. Holz oder Metall, wird es absorbiert oder gestreut. Diese Körper verursachen einen Schatten auf der Seite, die der Lichtquelle abgewandt ist.

HELLIGKEIT

Licht wird von vielen verschiedenen Lichtquellen abgegeben, z.B. von Kerzen und Glühbirnen. Manche Lichtquellen sind heller als andere und sorgen für eine bessere Beleuchtung.

LICHTSTÄRKE IN CANDELA
Die Lichtstärke (Helligkeit) einer Lichtquelle wird in Candela (cd) gemessen. Eine Kerze ist ungefähr 1 Candela hell.

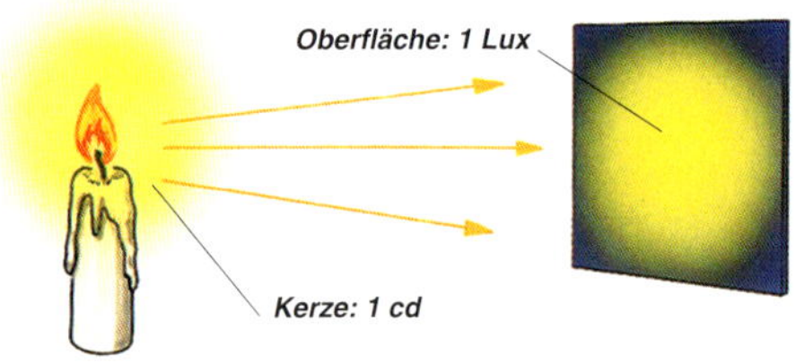

BELEUCHTUNGSSTÄRKE IN LUX
Beleuchtet Licht eine Oberfläche, wird die Beleuchtungsstärke in Lux (lx) gemessen. In einer Entfernung von 1 m erzeugt eine Lichtquelle der Lichtstärke 1 Candela (1 cd) auf 1 m² Oberfläche eine Beleuchtungsstärke von 1 Lux.

AUGENLICHT
Das menschliche Auge ist in der Lage, unter guten Lichtbedingungen 10 Mio. Farben zu unterscheiden. Kein technisches Gerät kommt auch nur annähernd an diese Leistung heran.

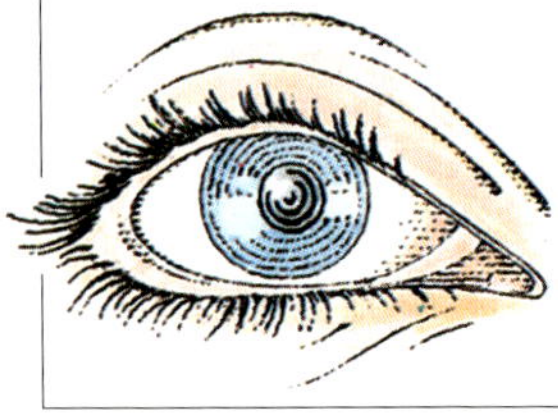

LINSEN

Linsen bündeln Licht oder zerstreuen es.

KONVEXLINSE
Einen Glasblock mit nach außen gekrümmter Oberfläche nennt man eine Konvexlinse. Sie bündelt Licht im Brennpunkt und wird in Kameras, Lupen und Mikroskopen verwendet.

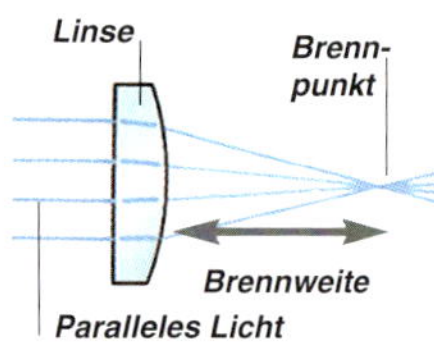

KONKAVLINSE
Einen Glasblock mit nach innen gekrümmter Oberfläche nennt man eine Konkavlinse. Sie zerstreut das Licht und wird in Weitwinkel- und Teleobjektiven eingesetzt.

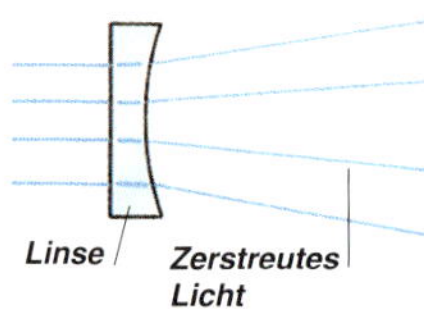

SPIEGEL
Wenn Licht auf eine glatte Oberfläche fällt, werden alle Strahlen gleichmäßig im gleichen Winkel reflektiert. Ein Bild entsteht, und es sieht aus, als befände sich das Objekt hinter dem Spiegel.

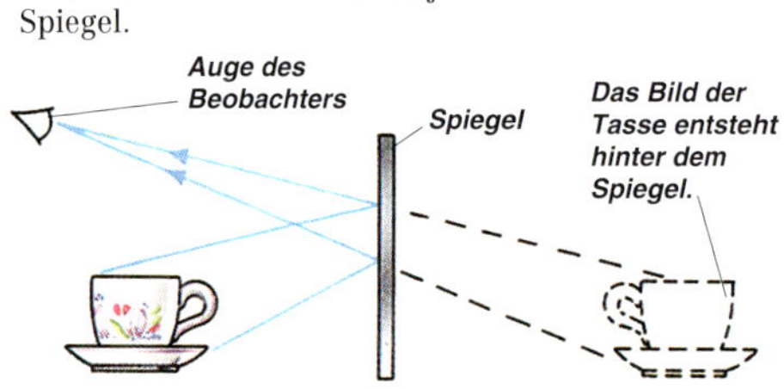

WIE LICHT ERZEUGT WIRD

Licht kann z.B. durch die Strahlung heißer Körper oder die Umwandlung von Licht- und chemischer Energie erzeugt werden.

TEMPERATURSTRAHLUNG
In einer Glühbirne heizt sich der dünne Glühfaden bis zur Weißglut auf und gibt dabei Licht ab. Auch das Licht von Kerzenflammen oder das rote Glühen von Heizdrähten entsteht durch Wärme.

PHOSPHORESZENZ
Phosphoreszierende Farbe lässt die Zahlen auf einer Uhr im Dunkeln aufleuchten. Die Farbe speichert Energie, wenn Licht darauf fällt. Diese wird als grünliches Licht über einen längeren Zeitraum hinweg wieder abgegeben.

FLUORESZENZ
Fluoreszierende Chemikalien in einigen Waschmitteln lassen Stoffe im Sonnenlicht heller strahlen. Die Energie ultravioletter Lichtstrahlen wird absorbiert und sofort als sichtbares Licht abgegeben.

BIOLUMINESZENZ
Einige Tiere wie der Leuchtkäfer (Glühwürmchen) erzeugen Chemikalien, die Licht freisetzen, wenn sie sich im Körper verbinden.

CHEMOLUMINESZENZ
Einige Substanzen, z.B. Zucker, senden Lichtblitze aus, wenn sie plötzlich auseinander gebrochen oder zerdrückt werden.

ELEKTROMAGNETISCHES SPEKTRUM

Sichtbares Licht ist nur ein kleiner Bereich des Spektrums elektromagnetischer Strahlung. Verschiedene Bereiche des Spektrums haben unterschiedliche Energien – von der niedrigen Energie der Radiowellen bis zu hoch energetischen Gammastrahlen. Wellenlängen können kürzer als ein Nanometer (nm – 1 Milliardstel eines Meters) sein.

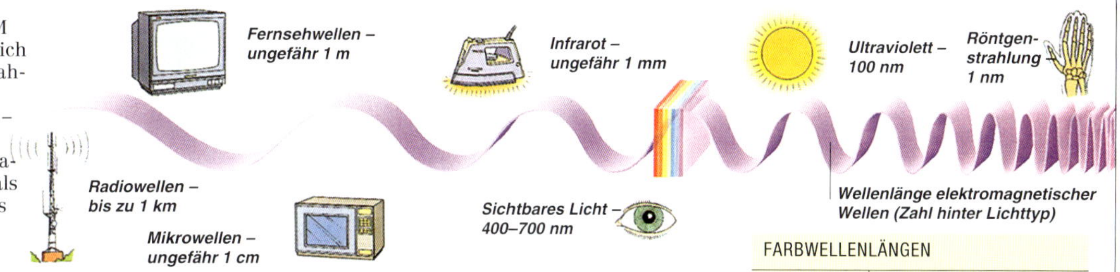

FARBWELLENLÄNGEN

Farbe	Wellenlänge (nm)
Violett	370–440
Blau	440–500
Grün	500–575
Gelb	575–580
Orange	580–610
Rot	610–720

FARBEN DES HIMMELS

Winzige Teilchen in der Luft streuen das Sonnenlicht in alle Richtungen. Sie streuen blaues Licht stärker als rotes, gelbes und grünes.

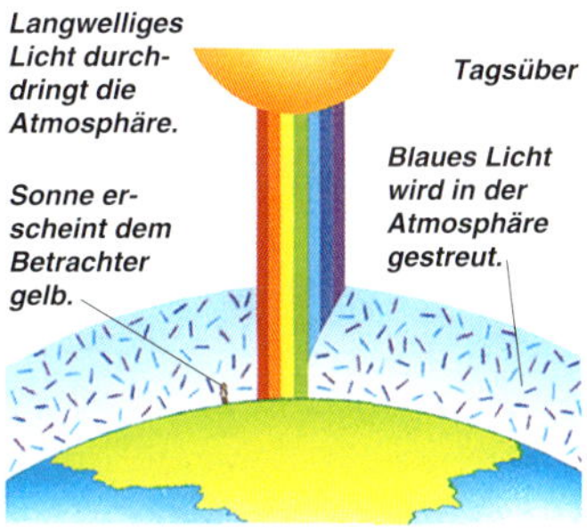

BLAUER HIMMEL

Tagsüber werden die blauen Lichtanteile stärker in alle Richtungen gestreut, deshalb ist der Himmel blau. Der Rest des Lichts kommt ungehindert durch, dadurch erscheint die Sonne gelb.

ABENDROT

Am Abend muss das Sonnenlicht eine längere Strecke in der Atmosphäre zurücklegen. Dies bedeutet, dass auch grünes und gelbes Licht zum Teil gestreut wird. Nur orangefarbenes und rotes Licht dringt durch, sodass die Sonne orangerot aussieht.

LUFTSPIEGELUNGEN

Licht wird gebrochen, während es durch verschieden warme Luftschichten hindurchgeht. Dadurch können Gegenstände näher erscheinen, als sie sind, und heiße Luftschichten können wie Wasser aussehen. Wenn heiße Luft über kalter Luft liegt, kann man weit entfernte Objekte, z.B. Schiffe, auf dem Kopf stehen sehen. Dies geschieht, weil Lichtstrahlen, die von kalter zu heißer Luft übergehen, wieder nach unten reflektiert werden und ein umgekehrtes Bild erzeugen.

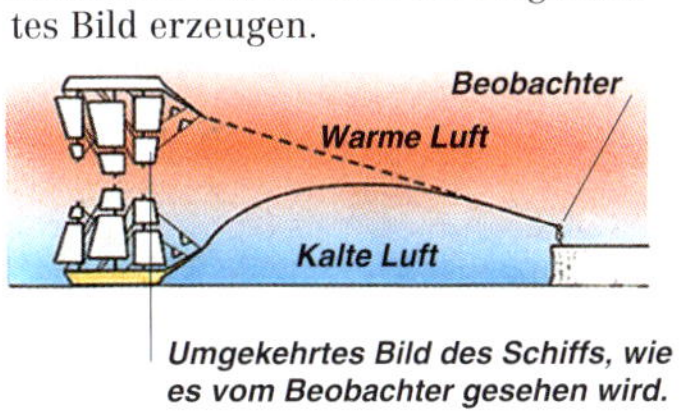

Umgekehrtes Bild des Schiffs, wie es vom Beobachter gesehen wird.

SICHTBARES SPEKTRUM

Weißes Licht besteht aus einer Vielfalt von Farben. Wenn weißes Licht durch ein Prisma fällt, spaltet dieses das Licht in seine verschiedenen Wellenlängen auf, und alle Farben können getrennt betrachtet werden. Diese Anordnung von Farben wird Spektrum genannt.

REGENBOGEN

Wenn weißes Sonnenlicht durch Regentropfen fällt, wird es in Farben aufgespalten und im Inneren der Tropfen gespiegelt, wie in einem Prisma. Die Farben bilden einen Regenbogen.

Regenbogen

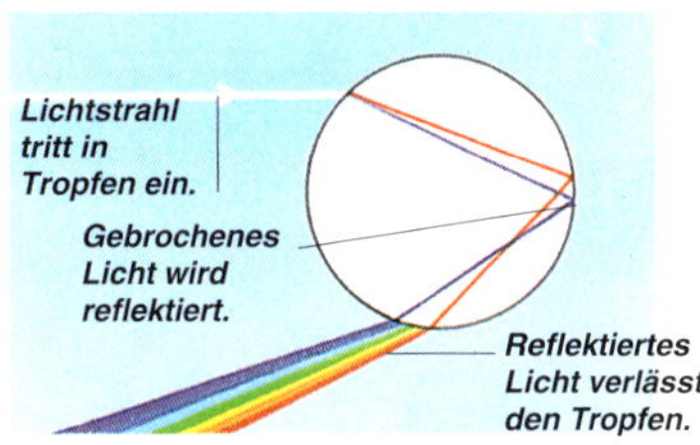

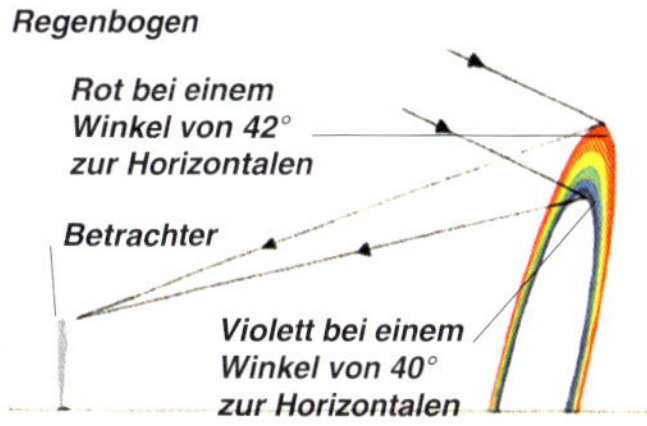

FARBEN

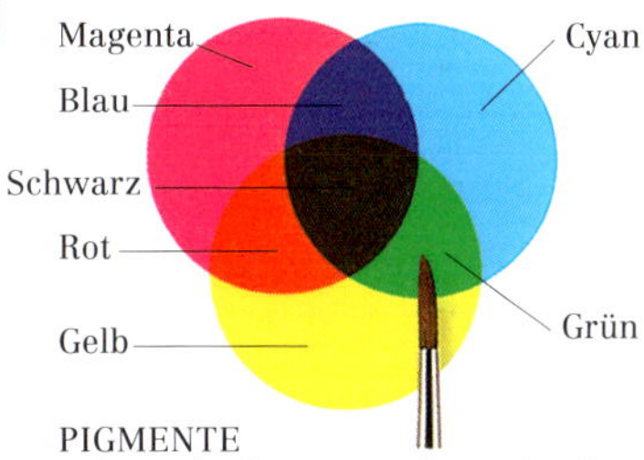

PIGMENTE

Jede Farbschattierung kann durch die drei Sekundärfarben Magenta, Cyan und Gelb hergestellt werden. Alle zusammen ergeben Schwarz.

INTERFERENZ

Wenn Licht auf eine Seifenblase fällt, wird es sowohl von der Innen- als auch von der Außenseite reflektiert. Die zwei Strahlen überlagern sich in einem Vorgang, den man Interferenz nennt, und bilden wunderschöne Farben auf der dünnen Oberfläche.

Farben auf der Seifenblase

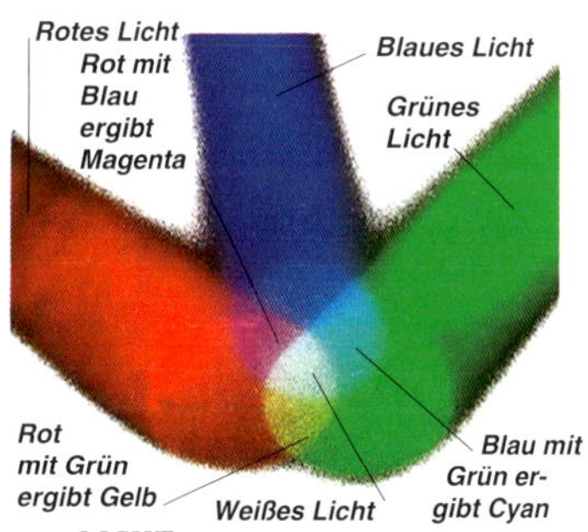

LICHT

Lichtstrahlen der Primärfarben Rot, Grün und Blau können gemischt werden, um jede andere Farbe zu erzeugen. Wenn alle Primärfarben gemischt werden, ergibt sich weißes Licht.

LICHT UND ATMOSPHÄRE

Nicht jede Lichtwellenlänge aus dem Weltall erreicht den Boden. Einige Infrarotwellen (1 100–2 300 nm) werden von Kohlendioxid, Wasserdampf und Ozon absorbiert. »Harte« Ultraviolettstrahlung (bei 220 nm) wird von der Ozonschicht herausgefiltert.

Lichtdurchlässigkeit der Atmosphäre

LASER

Wenn man bestimmten Materialien genügend Energie zuführt, fangen ihre Atome an, Licht abzugeben. Im Inneren eines Lasers reflektieren Spiegel dieses Licht hin und her, bis es intensiv genug ist, an einem Ende auszutreten. Laserlicht ist ein ganz besonderes Licht, da es nur Wellen einer Wellenlänge enthält, die außerdem im Gleichtakt schwingen. Deshalb ist Laserlicht sehr intensiv und stark gebündelt.

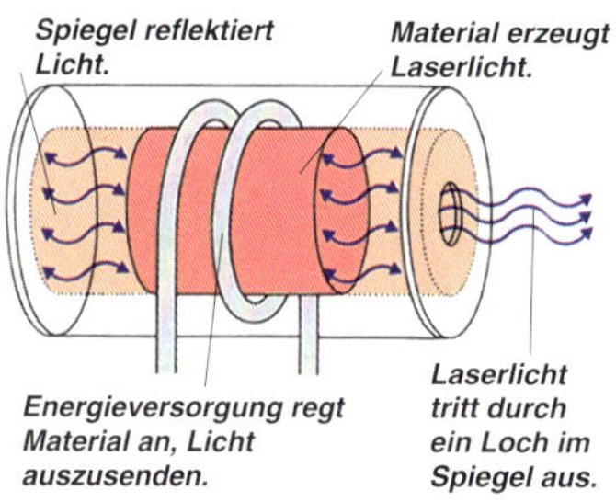

WISSENSWERTES

Elektromagnetische Strahlung kann man sich als Wellen vorstellen. Je höher die Energie, desto kürzer ist die Wellenlänge.

Die Augen einer Biene können ultraviolettes Licht wahrnehmen. Für eine Biene leuchtet eine Blume hell, weil die Blütenblätter sehr viel Ultraviolett reflektieren.

Das englische Wort »Laser« bedeutet übersetzt soviel wie »Lichtverstärkung durch induzierte Strahlungsemission«.

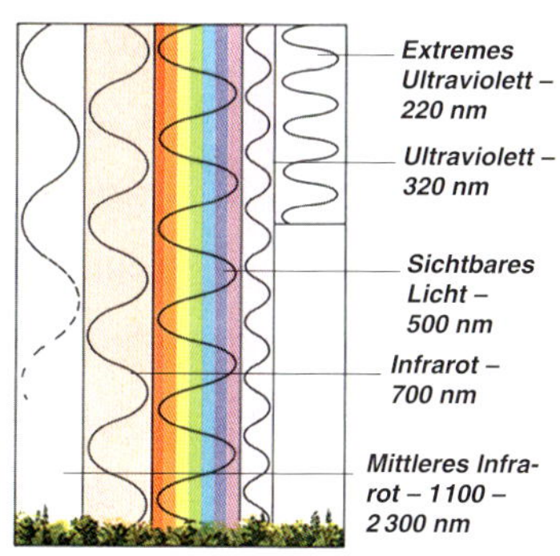

SCHALL

Schall wird durch schwingende Objekte erzeugt. Die Schwingung schiebt die Luft zuerst nach vorn, wobei sie zusammengedrückt wird, zieht sie dann zurück, wodurch die Luft sich ausdehnt. Dieses Zusammenziehen und Ausdehnen pflanzt sich durch die Luft als Vibration fort und wird Schallwelle genannt.

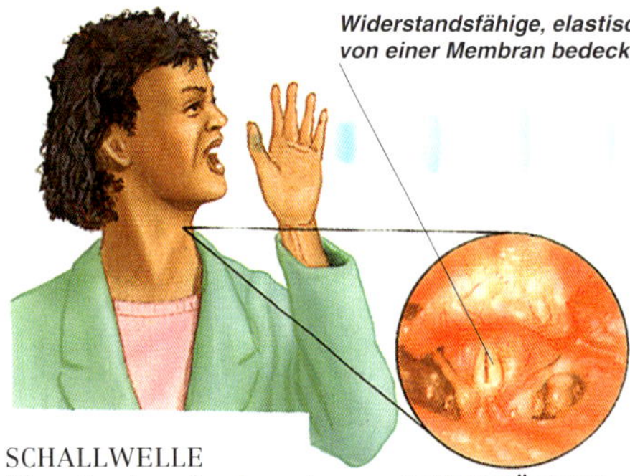

SCHALLWELLE
Wenn Leute rufen, benutzen sie die Stimmbänder in ihrer Kehle, um Schall zu erzeugen. Die Stimmbänder schwingen, wenn Luft an ihnen vorbeistreicht.

STIMMBÄNDER
Muskeln im Kehlkopf lassen die Stimmbänder locker für tiefe Töne, spannen sie für hohe Töne.

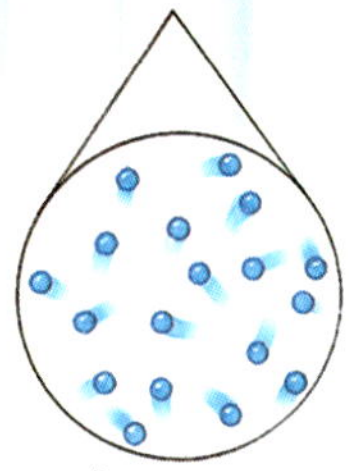

VERDÜNNUNG
Wenn die Luft sich ausdehnt, verteilen sich die Moleküle weiter. Dies nennt man Verdünnung. Die Luft übt weniger Druck aus als normal.

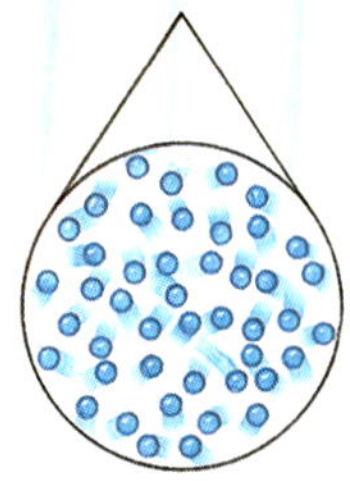

VERDICHTUNG
Wenn die Luft verdichtet wird, werden alle Moleküle zusammengedrückt. Die Luft übt mehr Druck aus als normal.

DIE DEZIBELSKALA

Die Lautstärke von Schall wird in Dezibel (dB) gemessen. Eine Steigerung um 10 dB bedeutet eine zehnfache Steigerung der Lautstärke.

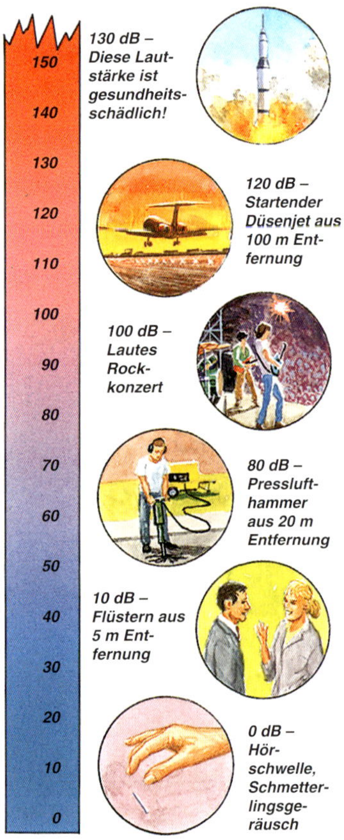

WISSENSWERTES

Manchmal folgen ein Geräusch und sein Echo so dicht aufeinander, dass es sich um ein einziges langes Geräusch zu handeln scheint. Dies nennt man Nachhall.

Man kann das Geräusch von Pferdehufen schon sehr früh wahrnehmen, indem man das Ohr auf den Boden legt. Schallwellen bewegen sich im Erdboden viel schneller als in Luft.

Schall bewegt sich schnell, aber das Licht ist noch viel schneller. Man kann ausrechnen, wie weit ein Gewitter entfernt ist, indem man die Zeit zwischen Blitz und Donner misst. Schall breitet sich in Luft mit ungefähr 334 m/s aus. Pro drei Sek. Zwischenzeit ist ein Gewitter 1 km weit weg.

SCHALLGESCHWINDIGKEITEN
Schall bewegt sich durch unterschiedliche Materialien mit unterschiedlichen Geschwindigkeiten.

Material	Geschwindigkeit	
	m/s	km/h
Gummi	50	180
Luft bei 0 °C	331	1192
Luft bei 100 °C	387	1393
Wasser	1485	5346
Quecksilber	1430	5148
Holz (Eiche)	3400	12240
Eisen	5200	18720
Glas	5000	18000

ECHOS
Ein Echo hört man, wenn Schallwellen von einer harten Fläche reflektiert werden. Die Zeitspanne zwischen dem eigentlichen Geräusch und dem Echo hängt davon ab, wie weit sich der Schall ausbreitet, bevor er reflektiert wird. Je weiter der Schall kommt, umso länger dauert es, bis man das Echo hört. Die von uns wahrgenommenen Geräusche sind eine Mischung aus uns direkt erreichenden Schallwellen und Echos von umliegenden Gegenständen.

ULTRASCHALL
Ultraschall hat eine so hohe Frequenz, dass das menschliche Ohr ihn nicht wahrnehmen kann. Einige Tiere können Ultraschall hören und einige erzeugen Ultraschall. Fledermäuse benutzen Ultraschall, um ihre Nahrung zu finden. Die von ihnen ausgesandten Schallwellen werden von fliegenden Insekten reflektiert, sodass die Fledermaus per Radar orten und jagen kann.

Vor einer Wand hört man nur ein Geräusch, weil das Echo praktisch gleichzeitig mit der ausgesandten Schallwelle an unserem Ohr ankommt.

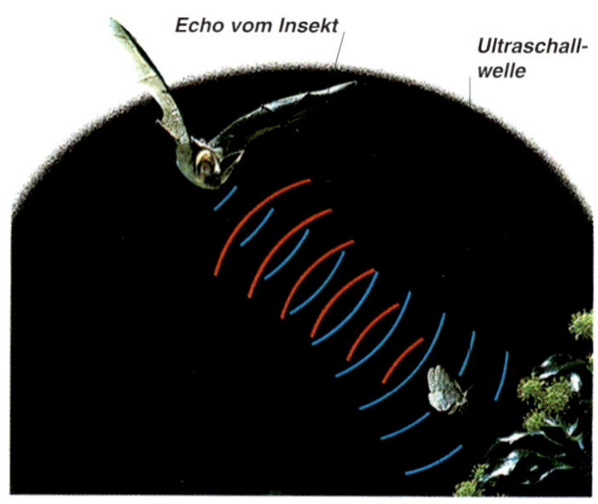

ELEFANTENOHR
Anhand von Untersuchungen an den Ohren eines toten Zooelefanten entwickelte Georg von Békésy die Grundlagen der Theorie über die Funktionsweise des Gehörs.

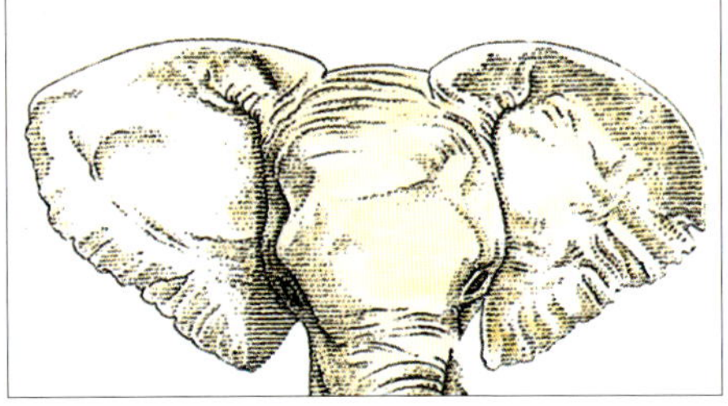

ÜBERSCHALLKNALL
Ein Überschallknall entsteht, wenn sich die Schallquelle, z.B. ein Düsenjäger, schneller bewegt als der Schall, den sie erzeugt (bei ungefähr 1200 km/h). Viele Schallwellen werden stark zusammengedrückt. Dort wo sie den Erdboden überstreichen, hört man dies als einen lauten Knall, ähnlich einem Donnerschlag.

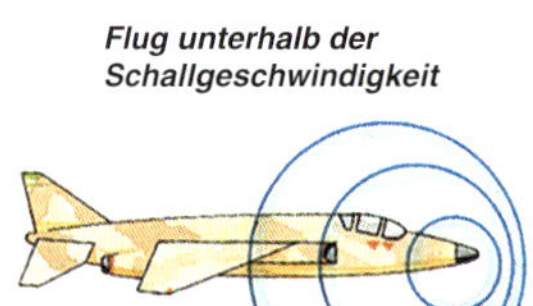

Wenn ein Düsenjäger unterhalb der Schallgeschwindigkeit fliegt, drückt er die Luft vor sich zusammen. Nahe an der Schallgeschwindigkeit bildet sich ein Hindernis aus zusammengedrückter Luft, die Schallmauer.

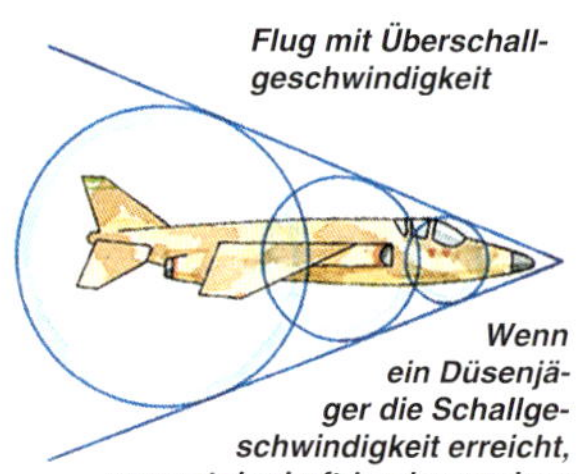

Wenn ein Düsenjäger die Schallgeschwindigkeit erreicht, erzeugt der Luftdruck an seiner Nase eine starke Schockwelle. Diese verursacht den Überschallknall.

FREQUENZ

Die Frequenz gibt die Anzahl der Schallwellen pro Sekunde an. Je mehr Schallwellen, desto höher ist der Ton. Die Frequenz wird in Hertz (Hz) gemessen.

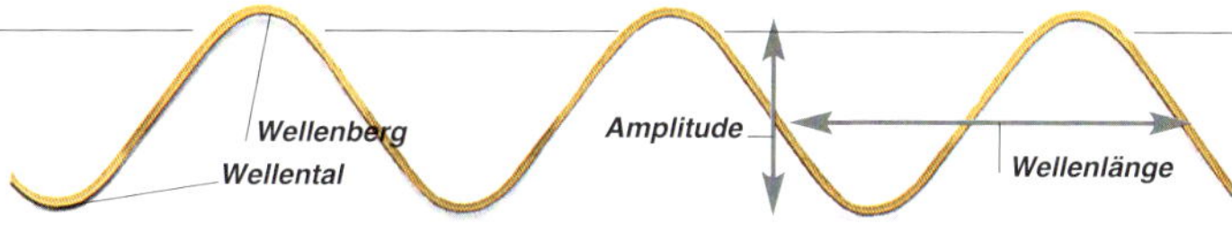

SCHALLWELLE

Die Lautstärke hängt von der Amplitude ab, der Differenz zwischen dem Punkt, an dem Luft den geringsten Druck ausübt, und dem Punkt, an dem sie den höchsten Druck ausübt.

LEISER TON

Der Unterschied zwischen den Bergen und Tälern der Welle ist nicht groß.

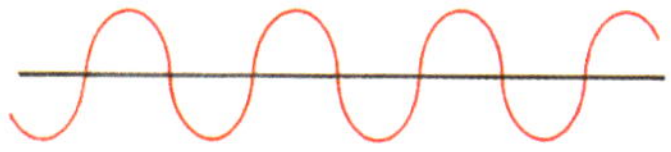

LAUTER TON

Wenn ein Ton lauter wird, nimmt die Differenz zwischen den Gebieten mit hohem und niedrigem Druck zu.

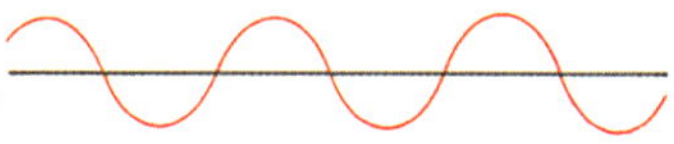

TIEFER TON

Tiefe Töne haben niedrige Frequenzen, also weniger Wellen pro Sekunde.

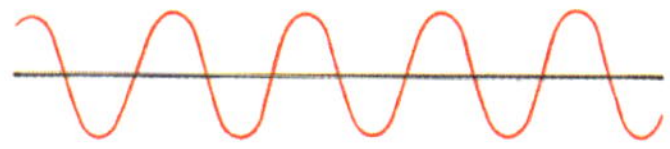

HOHER TON

Die Schallwellen liegen dichter beieinander, es gibt also mehr Wellen pro Sekunde.

ZERBROCHEN

Wenn Schall ein Objekt dazu bringt, mit seiner Eigenfrequenz zu schwingen, schaukeln sich die Schwingungen zu einer immer größeren Amplitude auf. Diesen Effekt nennt man Resonanz, und er kann Objekte sogar zerbersten lassen.

DER DOPPLEREFFEKT

Der Ton der Sirene eines Polizeiautos wird immer höher, solange sich das Auto nähert, und tiefer, wenn es sich entfernt. Dies nennt man den Dopplereffekt. Er wird dadurch hervorgerufen, dass Schallwellen vor der sich bewegenden Schallquelle zusammengedrückt und dahinter breiter verteilt werden.

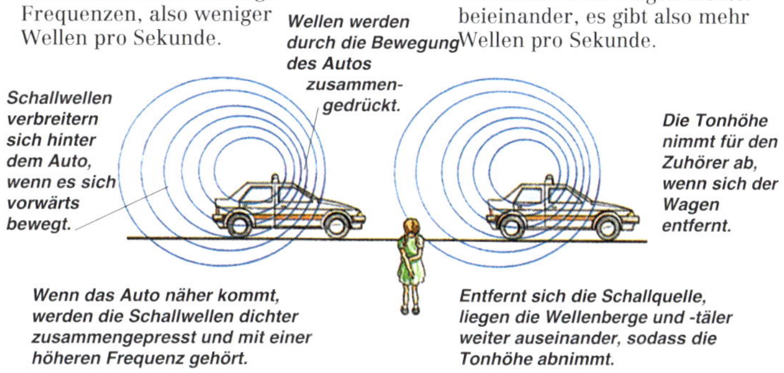

SONAR

SONAR (Sound Navigation and Ranging – Schallortungsverfahren) ist eine Methode, mit Hilfe von Ultraschallechos das Vorhandensein von Objekten festzustellen. Aus den Echos wird ein Bild auf einem Bildschirm erzeugt.

ULTRASCHALLBILDER

Schwache Ultraschallwellen können gefahrlos in den menschlichen Körper eindringen und so erfolgreich zur Diagnostik eingesetzt werden. Das Ultraschallecho eines ungeborenen Kindes wird von dem Ultraschallgerät empfangen, in elektrische Impulse umgewandelt und auf einem Bildschirm dargestellt.

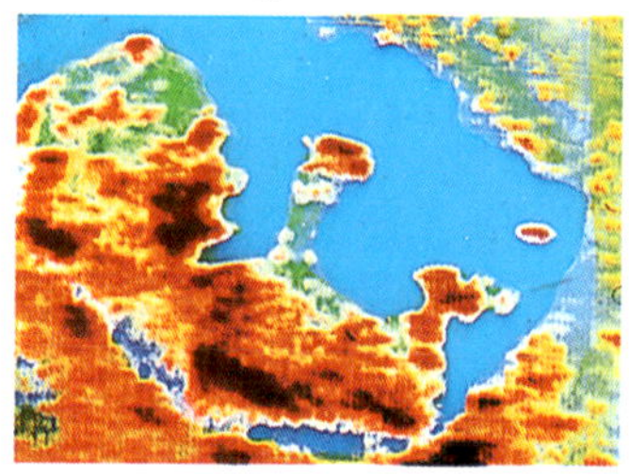

Ultraschallbild eines Fötus im Mutterleib

HAUPTFREQUENZBEREICHE

Menschen, Tiere und Maschinen erzeugen oder erfassen Schall in unterschiedlichen Frequenzbereichen. Die menschliche Stimme kann Schall nur in einem relativ kleinen Frequenzbereich erzeugen.

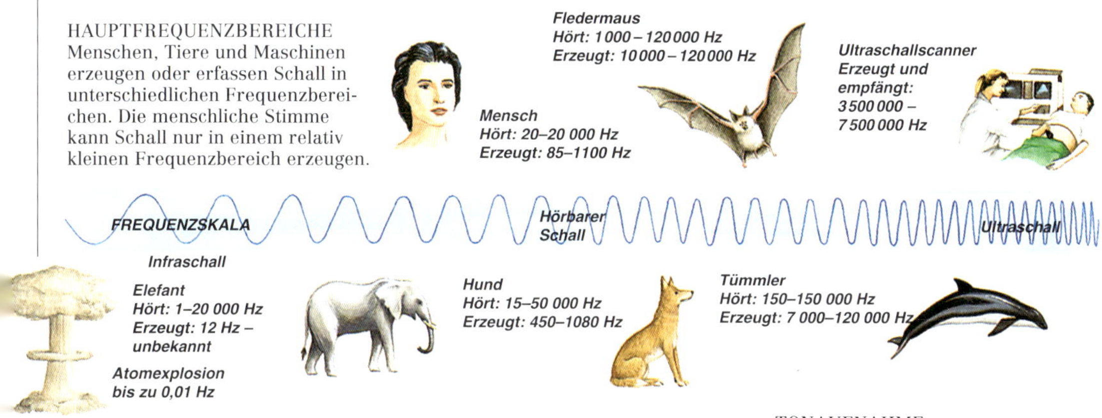

MUSIK

Selbst wenn Musikinstrumente die gleichen Töne erzeugen, klingen sie unterschiedlich, weil jedes seine besonderen Eigenschaften hat. Obschon die Grundfrequenz des Tones stets gleich ist, entstehen bei jedem Instrument verschiedene Obertöne in anderen Frequenzbereichen.

TONUMFANG

Manche Instrumente haben einen größeren Frequenzumfang als andere.

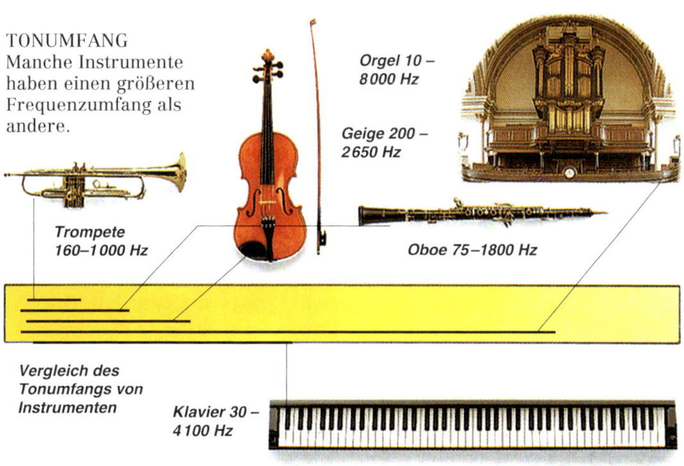

TONAUFNAHME

Es gibt mehrere Arten, Klänge aufzunehmen. Alle Aufnahmegeräte wandeln den Klang in ein elektrisches Signal um, das beim Abspielen wieder in einen Klang zurückverwandelt werden kann.

SCHALLPLATTE

Die aufgenommenen Klänge erscheinen als wellige Rille im Vinyl der Schallplatte. Sie lassen die Nadel des Tonabnehmers schwingen, wodurch ein elektrisches Signal erzeugt wird, das sich in einen Ton umwandeln lässt.

Schallplatte

AUDIOKASSETTE

Klänge werden als Signale auf einem Magnetband aufgenommen. Ein Muster aus starken oder schwachen magnetischen Signalen bildet sich auf dem Band. Dies kann abgelesen werden, wobei elektrische Signale entstehen, aus denen dann ein Klang erzeugt wird.

Audiokassette

CD

Klang wird in Form von sehr kleinen Vertiefungen aufgenommen, die sich unter einem Laserstrahl hindurch bewegen. Reflexionen des Strahls werden in elektrische Signale umgewandelt, die wiederum zur Klangerzeugung genutzt werden.

CD

Die Nadel des Schallplattenspielers passt in die spiralförmige Rille.

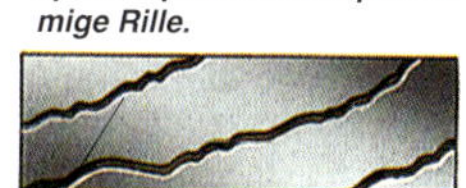

Die Beschaffenheit der Rille entspricht der Lautstärke und Frequenz des Klangs.

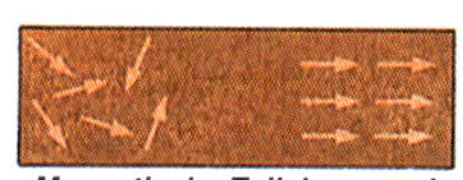

Magnetische Teilchen werden auf dem Band angeordnet. Die Spur ist dünner als ein Haar und mehrere Kilometer lang.

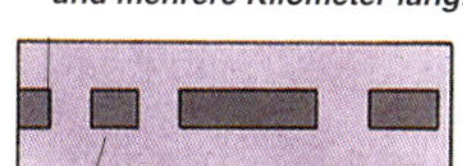

Eine Aneinanderreihung mikroskopisch kleiner Vertiefungen beschreibt den Klang.

ELEKTRONIK

Mit der Erfindung des Transistors 1947 beschleunigte sich der technische Fortschritt in ungeahnter Weise. Elektronische Steuerungen sind in fast jedem technischen Gerät vorhanden.

1879 Beobachtung von Kathodenstrahlen mit einer speziell angefertigten Vakuumröhre durch den englischen Physiker William Crookes (1832–1919). Er findet heraus, dass die Strahlen von Magnetfeldern abgelenkt werden.

Crookes' Röhre

1880 Der amerikanische Erfinder Thomas Edison (1847–1931) beobachtet kleinste Teilchen, die von einem Glühfaden abfließen. Dies wird »Edisoneffekt« genannt.

Thomas Edison

1870 — 1879 — 1880

1916 Der Einsatz von Kristallen zum Empfangen von Radiowellen wird unabhängig voneinander von den Amerikanern H.H.C. Dunwoody und G.W. Pickard entdeckt.

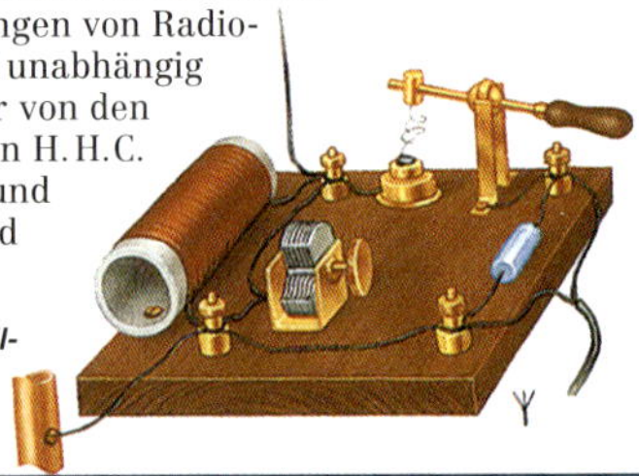

Früher Kristalldetektor (ca. 1920)

1917 Erster von dem Deutschen J. Czochralski (1885–1953) gezüchteter Kristall.

1918/19 Flip-Flop-Schaltkreise werden erfunden.

1931 Das Elektronenmikroskop wird von den deutschen Wissenschaftlern Ernst Ruska (1906–1988) und Max Knoll (1897–1969) erfunden.

1938 Mathematische Regeln für Berechnungen mit elektronischen Schaltkreisen werden aufgestellt.

1940 Elektronische Computer, basierend auf Röhren, werden entwickelt. Diese ersten Computer füllen ganze Häuser.

Mit einem modernen Elektronenmikroskop erstelltes Bild

1915 — 1916 — 1917 — 1918 — 1930 — 1931 — 1935 — 1938 — 1940

TRANSISTOR

Der Transistor, das wichtigste Bauteil in der Elektronik, ersetzte die Elektronenröhre. Er kann einen Strom an- und abschalten und seine Stärke verändern. Wenn genügend Transistoren miteinander verbunden werden, kann ihr jeweiliger Zustand zu einem Zeitpunkt (an oder aus) von Computern genutzt werden.

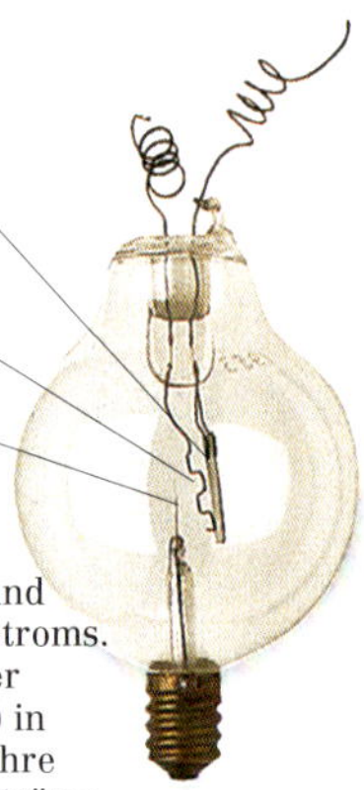

Audionröhre von 1907, von Lee de Forest erfunden

ELEKTRONENRÖHREN steuern Stärke und Richtung eines Stroms. Ein rot glühender Faden (Kathode) in einer Vakuumröhre gibt Elektronenströme ab. Diese werden von einer positiv geladenen Platte (Anode) angezogen. Ein Gitter im Weg des Elektronenstroms überträgt jede Veränderung zwischen Kathode und Anode.

MINITRANSISTOR
Ein Transistor kann mittels einer kleinen Ladung einen Strom durchlassen oder sperren.

1 Eine Schicht leitenden Siliciums, die in nichtleitendes Siliciumdioxid eingebettet ist, wird leicht positiv geladen.

2 Die positive Ladung in der Siliciumschicht zieht Elektronen aus der Grundschicht aus p-Silicium an (siehe unten).

3 Die Elektronenanhäufung in der Grundschicht (p-Silicium) verursacht einen Strom von der »Quelle« zum »Abfluss«, beides n-Silicium.

4 Fließt also ein Strom zwischen Quelle und Abfluss, ist der Transistor eingeschaltet. Wenn das Silicium negativ aufgeladen wird, hört der Stromfluss auf, und der Transistor ist ausgeschaltet.

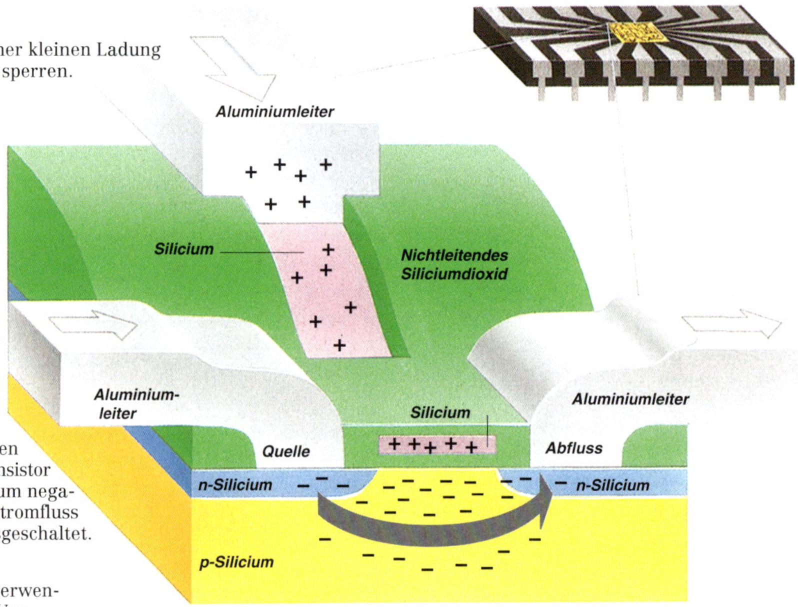

HALBLEITER
Silicium wird für Mikrochips verwendet, weil es ein Halbleiter ist. Verschiedene Siliciumschichten (n-Typ und p-Typ) nebeneinander gesetzt, ermöglichen die Steuerung des Stromflusses und damit den Bau von Transistoren.

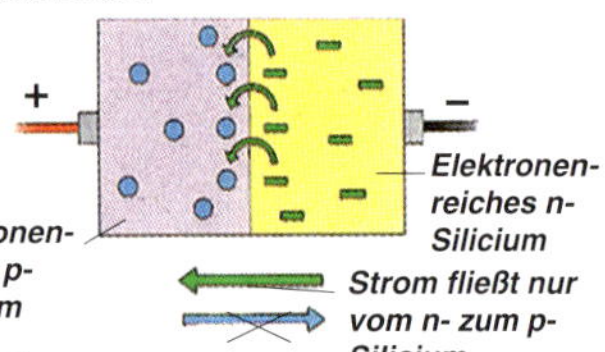

SCHALTKREISSYMBOLE

MIKROCHIP
Ein einzelner 1994 hergestellter Mikrochip enthielt 9 Mio. Transistoren. Eine solche Zahl von Transistoren hätte 1950 eine Fläche bedeckt, die größer als acht Fußballfelder wäre.

HERSTELLUNG EINES MIKROCHIPS

Tausende winziger Transistoren und anderer Komponenten können auf einer kleinen Siliciumscheibe untergebracht werden und bilden so einen vollständigen elektronischen Schaltkreis: den integrierten Schaltkreis oder Mikrochip.

PLANUNG
Die erste Stufe bei der Herstellung eines Mikrochips ist die Planung und Auslegung der Tausende von Transistoren und anderen Bestandteilen, die der Chip benötigt, um seine Aufgaben zu erfüllen. Der größte Teil dieser Arbeit wird von Computern gemacht.

PRÜFUNG
Wenn der Schaltkreis fertig geplant ist, überprüfen Computer ihn auf mögliche Schwachstellen. Mikrochips enthalten viele Schichten aus unterschiedlichem Material, und man überprüft anhand durchsichtiger, vergrößerter Pläne, ob jede Schicht exakt zur anderen passt.

1897 Das Elektron wird durch den englischen Physiker J.J. Thomson (1856–1940) entdeckt.

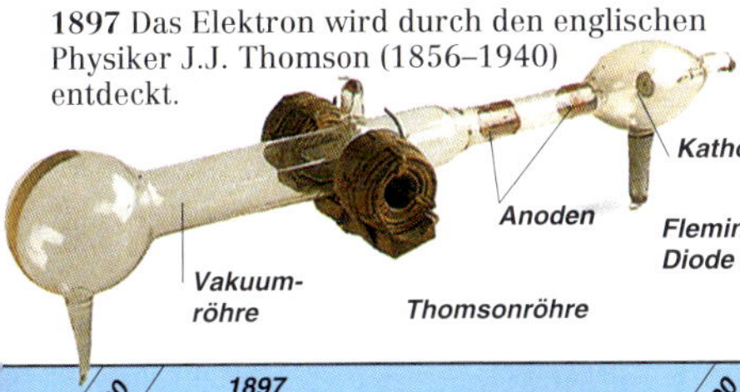

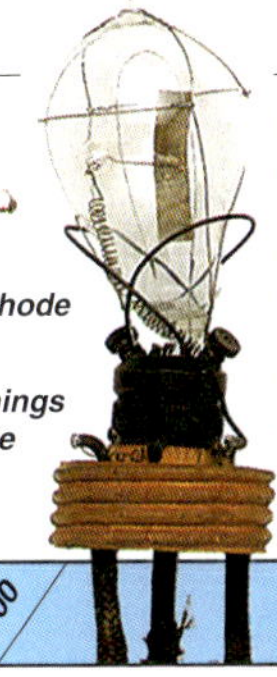

Flemings Diode

1904 Die Diodenröhre wird von John Ambrose Fleming entwickelt. Es ist das erste elektronische Gerät und leitet einen elektrischen Strom nur in einer Richtung.

1906 Die Triode wird von dem Amerikaner Lee de Forest (1873–1961) erfunden. Seine Röhre kann schwache elektrische Signale verstärken und hat entscheidende Bedeutung für die Entwicklung der Elektronik.

Lee de Forest

1907 Die elektrische Ladung eines Elektrons wird von dem amerikanischen Physiker Robert Millikan gemessen (1868–1953).

1912 Es werden elektronische Schaltkreise entwickelt, die Röhren verwenden. Damit werden Radiosendungen und Funkgeräte möglich.

1890 | 1897 | 1900 | 1904 | 1906 | 1907 | 1912

1943 Gedruckte Schaltkreisplatinen werden von dem aus Österreich stammenden Ingenieur Paul Eisler (1907–1992) perfektioniert.

Moderne Schaltkreisplatine mit Bestandteilen

1947 Der Transistor wird von den amerikanischen Physikern William Shockley (1910–1989), John Bardeen (1908–1991) und Walter Brattain (1902–1987) erfunden.

1943 | 1947

Shockley, Bardeen und Brattain in den Bell Laboratories, USA

1955 Transistorradios erscheinen.

1958 Der erste integrierte Schaltkreis aus einem einzigen Stück Halbleitermaterial wird hergestellt.

1959–1960 Die Serienproduktion integrierter Schaltkreise beginnt.

1968 Ein voll transistorisiertes Fernsehgerät wird hergestellt.

1973 Videorekorder für den Hausgebrauch werden hergestellt, die Bild und Ton auf einem Magnetband speichern.

1987 Das Transatlantik-Glasfasertelefonkabel wird verlegt und vervielfacht die Übertragungskapazität im Nachrichtenverkehr.

Glasfaserkabel

1950 | 1955 | 1958 | 1959 | 1965 | 1968 | 1970 | 1973 | 1985 | 1987

ELEKTRONIK IM ALLTAG

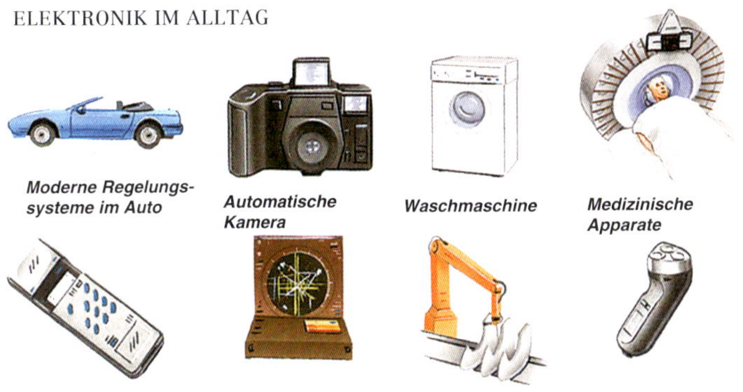

Moderne Regelungssysteme im Auto · *Automatische Kamera* · *Waschmaschine* · *Medizinische Apparate* · *Mobiltelefon* · *Radargerät* · *Industrieroboter* · *Elektrorasierer*

FLÜSSIGKRISTALLANZEIGE (LCD)

Flüssigkristalle haben eine gleichförmige Struktur. Der Lichtdurchlass eines Kristallelements wird von Transistoren gesteuert. Flüssigkristallanzeigen können sowohl farbige als auch schwarzweiße Bilder anzeigen. Sie werden hauptsächlich für tragbare elektronische Geräte verwendet, z.B. Notebooks und Videospiele.

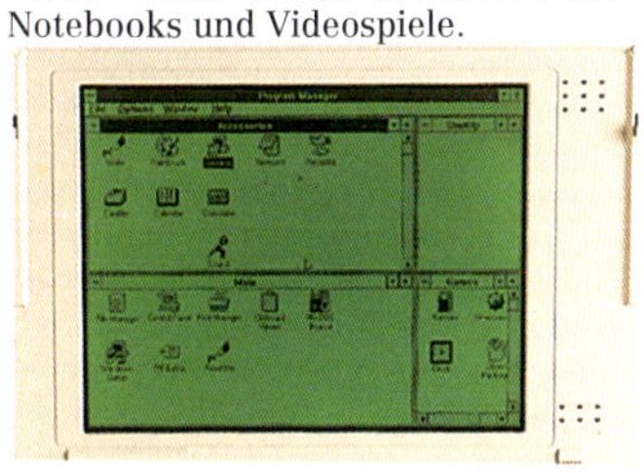

FACHBEGRIFFE

Analogsignal Umwandlung von Schall, Bildern usw. in elektrischen Strom

Kathode Negative Elektrode in einer Elektronenröhre

Digitalsignal Informationsstrom in Form von elektrischen An- und Ausimpulsen.

LED Light Emitting Diode (Leuchtdiode) Die Diode lässt elektrischen Strom nur in einer Richtung fließen.

Halbleiter Substanz, die Strom nur geringfügig leitet. Halbleiter können mit anderen Materialien kombiniert werden, um die großen Ströme zu steuern.

Festkörperschaltkreis Nutzt die elektrischen Eigenschaften von Halbleitern

Widerstand Steuert die Stärke des Stroms, der durch einen Schaltkreis fließt

Mikroprozessor Integrierter Schaltkreis, der Befehle ausführen und Informationen verarbeiten kann

Transistor Winziges elektronisches Bauteil, das elektrischen Strom verstärken und ihn an- oder abschalten kann

REKORDE

Der dichteste Mikrochip (1996) ist ein Mikroprozessor mit 125 Mio. Transistoren.

Die größten Elektronenröhren sind ungefähr 2 m lang und können Leistungen bis zu 10 Mio. Watt abgeben. Sie werden in Radaranlagen und Teilchenbeschleunigern eingesetzt.

WISSENSWERTES

Mikrochips haben die Größe eines Fingernagels, und dennoch wäre eine Zeichnung aller Einzelheiten größer als der detaillierte Plan einer Großstadt.

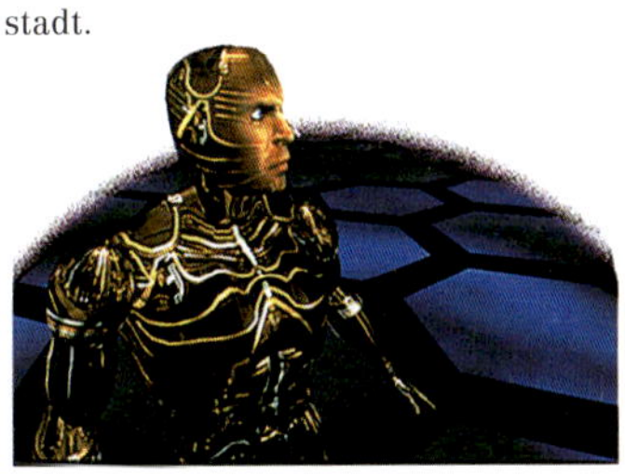

Glasfaserkabel, die aus haardünnem Glas gefertigt werden, übertragen Informationen mittels Lichtimpulsen. Sie können viel mehr Daten übertragen als herkömmliche Kupferleitungen.

Filmemacher verwenden Elektronik für erstaunliche Spezialeffekte. Zeichentricksequenzen, die einst von Hand gemacht wurden, können jetzt mit Hilfe von Computern erstellt werden.

Elektronik in Spezialeffekten – Szene aus dem Disneyfilm »Tron«

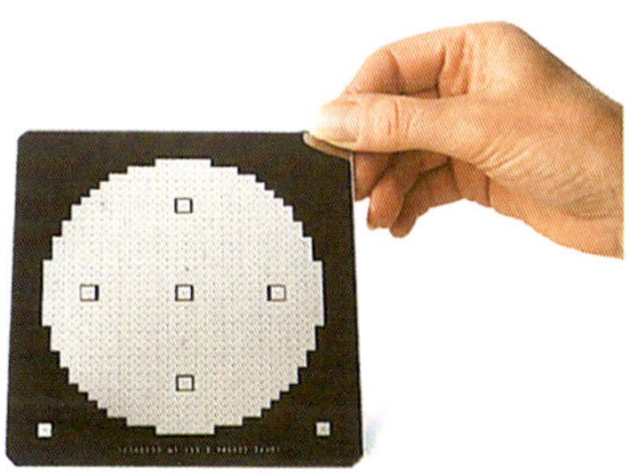

SILICIUMSCHEIBE

Das billige und stabile Metall Silicium muß eine hohe Reinheit haben, bevor es in Chips verwendet werden kann. Ein Stück, das rein genug ist, wird in dünne Scheiben geschnitten und poliert. Dann wird chemisch ein Gitter von Bauteilen und Bahnen auf die Oberfläche geätzt.

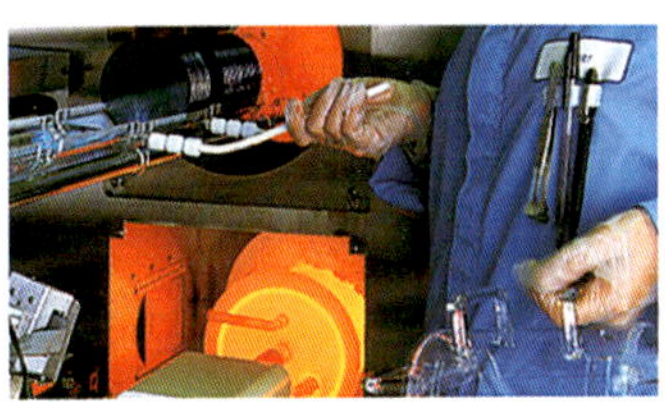

CHEMISCHE UND HITZEBEHANDLUNG

Der zukünftige Mikrochip wird jetzt auf eine hohe Temperatur erhitzt, bei der sich die Chemikalien, die seine Schichten bilden werden, an die geätzte Siliciumoberfläche anlagern können. Dieser Vorgang erfordert äußerste Staubfreiheit.

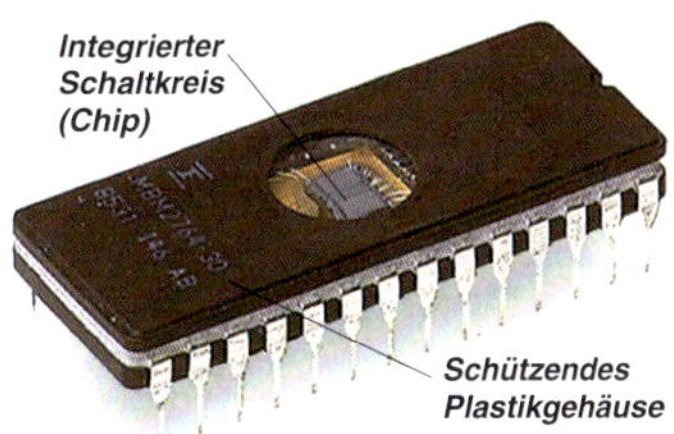

CHIP MIT VERBINDUNGEN

Ist die Siliciumscheibe fertig geätzt, wird sie auf eine Plastikscheibe gesetzt und mit Drähten versehen, die die Verbindung zu anderen Schaltelementen herstellen. Diese leitfähigen Drähte senden und empfangen Signale.

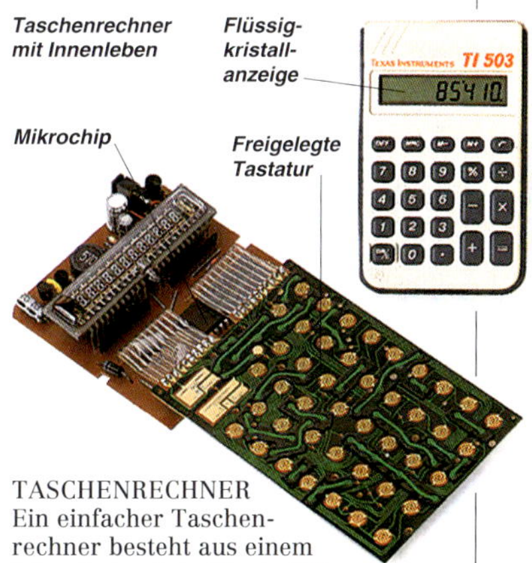

TASCHENRECHNER

Ein einfacher Taschenrechner besteht aus einem integrierten Schaltkreis (Mikrochip), einer Platine mit elektronischen Bauteilen, einer Flüssigkristallanzeige und einer Batterie bzw. Solarzelle zur Stromversorgung.

COMPUTER

Computer sind elektronische Geräte, die zur Lösung komplexer Aufgaben imstande sind. Dazu werden komplizierte Befehle in einfache Berechnungen zerlegt und in Millionen von Rechenoperationen pro Sekunde ausgeführt. Die Fähigkeit der Computer, Informationen zu speichern, zu verarbeiten und zu übertragen, beeinflusst unser tägliches Leben in zunehmendem Maße.

1941 Der Deutsche Konrad Zuse (1910–1995) baut den ersten programmgesteuerten Rechner »Z3«.
1945 Der erste vielseitige elektronische Rechner ENIAC wird in den USA gebaut. Er wiegt 30 t, verbraucht 150 kW und führt im Mittel 5000 Operationen pro Sekunde durch.

ENIAC

1940 — 1941 — 1945

»PET«, ein früher PC von Commodore

1976 Bau des Supercomputers »Cray-1«. Die erste Textverarbeitung für PCs wird entwickelt.

1977 Der PC »Commodore PET« wird in Serien gebaut.

1979 Die Software »Visicalc« für PCs erscheint. Diese Tabellenkalkulation wird in ihrem Erscheinungsjahr 100 000-mal verkauft.

1964 Die Programmiersprache BASIC wird von Professoren des Dartmouth Colleges, USA, entwickelt.

1965 Der erste kommerziell erfolgreiche Minicomputer, »DEC PDP-8«, wird in den USA hergestellt. Man kann ihn auf einen Schreibtisch stellen.

1971 Der erste Mikroprozessorchip, der »Intel 4004«, wird in den USA produziert. Er führt 60 000 Rechenoperationen pro Sekunde durch.
1975 Entwicklung von DOS, dem später gebräuchlichsten Betriebssystem für Personal Computer (PC).

1960 — 1964 — 1965 — 1970 — 1971 — 1975 — 1976 — 1977 — 1979

IM INNEREN EINES COMPUTERS

Jeder Computer besteht aus vier Einheiten: einem Eingabegerät (Input), das Informationen an den Computer weiterleitet; einer Zentraleinheit (CPU – central processing unit), die die Berechnungen durchführt; einem Ausgabegerät (Output), das die Ergebnisse darstellt, und einem Speicher (Memory) für Befehle und Informationen.

EINGABE- UND AUSGABEGERÄTE

Sie erlauben es dem Computer, mit seinem Bediener und anderen Computern Informationen auszutauschen. Tastatur und Maus sind Eingabegeräte; Monitor und Drucker sind Ausgabegeräte.

MIKROPROZESSOR

Der Mikroprozessor ist die zentrale Steuereinheit. Er führt die Programmbefehle aus und steuert den Informationsfluss im Computer bzw. zu den Eingabe- und Ausgabegeräten.

BUS

Der Bus verbindet den Mikroprozessor mit den Speichern und den Ein- und Ausgabegeräten.

RAM (RANDOM-ACCESS MEMORY)

RAM (Schreib- und Lesespeicher) wird zum Speichern von Daten und Programmen verwendet, während der Computer arbeitet. Beim Ausschalten gehen diese Informationen verloren.

ROM (READ-ONLY MEMORY)

Die Informationen im ROM (Nur-Lese-Speicher) können nur gelesen, aber nicht mehr verändert werden. Man verwendet ihn z.B. für die Programme, die einen Computer nach dem Einschalten überprüfen und betriebsbereit machen.

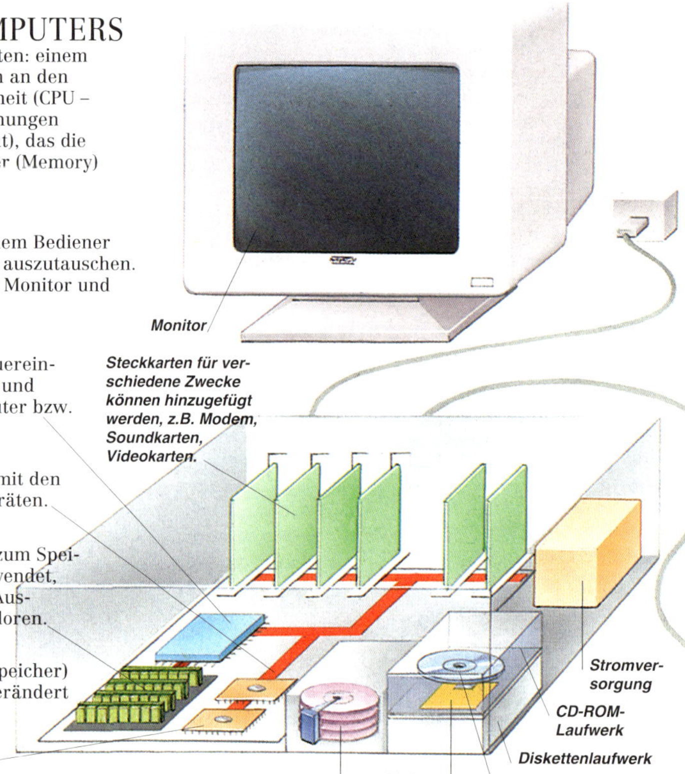

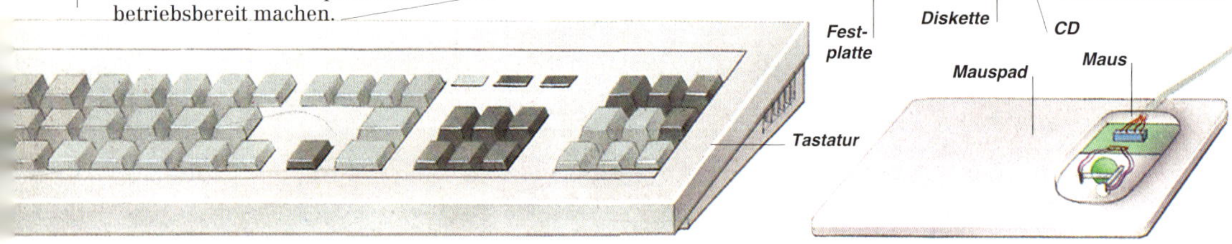

FACHBEGRIFFE

Anwendungssoftware Eine Software, die für bestimmte Aufgaben benutzt wird, z.B. Textverarbeitung, Datenbank
Bit Binäre Ziffer, d.h. 1 oder 0
Bug Fehler in einem Programm
Byte Ein Computer»wort«. 1 Byte enthält 8 Bits.
Datenbank Sammlung von Daten, z.B. über die Kunden einer Firma
Hardware »Greifbare« Bestandteile eines Computers, z.B. Mikroprozessor, Festplatte usw.
Internet Weltweites Netzwerk von angeschlossenen Computern
Megabyte 1 MB = 1024 kBytes = 1 048 576 Bytes
Modem Gerät, mit dem Computer Informationen über Telefonnetze austauschen können
Betriebssystem Programm, mit dem der Computer grundlegende Funktionen ausführt, z.B. das Lesen und Schreiben von Daten auf Disketten
Software Programme, die auf einem Computer ablaufen können

CD-ROM-LAUFWERK

CDs, die mit Hilfe eines Lasers gelesen werden, speichern mehr Daten als Disketten.

FESTPLATTE

Programme und große Datenmengen werden auf der Festplatte gespeichert. Diese Informationen bleiben erhalten, wenn man den Computer abschaltet.

USB-STICKS

Können zum Speichern von Daten und zum Übertragen zwischen Computern benutzt werden; einige ermöglichen auch den Zugang zu Drahtlos-Netzwerken (WLAN).

COMPUTERGENERATIONEN

Generation	Daten	Eigenschaften
1.	1944–1959	Elektronenröhren (Vakuumröhren)
2.	1959–1964	Transistoren
3.	1964–1975	Große integrierte Schaltkreise (LSI)
4.	1975–	Sehr große integrierte Schaltkreise (VLSI)
5.	In der Entwicklung	Auf »künstlicher Intelligenz« basierende Computer

REKORDE

Der schnellste Computer ist der ASCI White von IBM. Er kann pro Sek. 12 Billionen Operationen durchführen. Mit einem normalen Taschenrechner würde das 10 Mio. Jahre dauern. Sein Speicher reicht, um sechs Mal die Library of Congress in Washington aufzunehmen.

Die größte Computerfirma ist die amerikanische Firma IBM, die 220 000 Mitarbeiter beschäftigt.

Die größte Softwarefirma ist die amerikanische Firma Microsoft mit rund 16 000 Mitarbeitern.

1947 Transistoren, grundlegende Schaltelemente in Computern, werden von den amerikanischen Physikern William Shockley (1910–1989), John Bardeen (1908–1991) und Walter Brattain (1902–1987) erfunden.

1948 Einer der ersten Computer mit internem Programmspeicher, der Mark 1, wird in Großbritannien gebaut. Er verwendet Röhren, kann ungefähr 500 Operationen pro Sekunde durchführen und hat das erste RAM .

Sichtbarer Teil des Computers »Mark 1«

1957 Die Programmiersprache FORTRAN wird bei IBM entwickelt.

1958 Der amerikanische Ingenieur Jack Kilby (geb. 1923) stellt den ersten integrierten Schaltkreis (Mikrochip) her. Sein Schaltkreis ist aus einem einzigen Halbleiterelement gefertigt.

Jack Kilby

1981 Der erste tragbare Computer, »Osborne 1«, wird hergestellt. Mit der Größe und dem Gewicht einer Nähmaschine war er jedoch wesentlich unhandlicher als die heutigen Notebooks.

Der tragbare Computer »Osborne 1«

1981 IBM bringt den »IBM PC-XT« auf den Markt.

1984 Der Apple Macintosh Computer (oder Apple Mac) wird der erste erfolgreiche PC mit einer Maus als Eingabegerät und einer einfach zu bedienenden graphischen Benutzeroberfläche.

Microsoft Windows 3.1 Startbildschirm

1985 Microsoft bringt Windows auf den PC-Markt, eine Benutzeroberfläche, die die Bedienung von PCs ähnlich einfach machen soll wie die eines Apple Macintosh.

1993 Der »Intel Pentium Mikroprozessor« wird vorgestellt. Er kann bis zu 4000 MByte RAM adressieren und bis zu 112 Mio. Befehle pro Sekunde ausführen. Der Chip misst 16x17 mm und enthält 3,1 Mio. Transistoren. Dual Core oder Zwei-Kern-Prozessoren stellen seit 2006 die zurzeit aktuellste Prozessorgeneration dar.

WISSENSWERTES

Ein Computer rechnet im binären Code, einer Zahlenfolge aus Nullen und Einsen: Er verarbeitet elektrische Signale, die entweder »an« (1) oder »aus« (0) bedeuten. Wörter, Zahlen und Bilder können im binären Code ausgedrückt werden.

CD-ROMs sind gut für Nachschlagewerke geeignet und können auch Musik und Videos enthalten.

Ein CD-ROM-Laufwerk ist ein spezieller CD-Player für Computer. CD-ROMs können mit 700 MByte mehr als 500-mal so viel Daten enthalten wie Disketten.

Auf DVDs können ca. 7 Gigabyte (1 Gigabyte sind 1024 Mbyte!) an Daten gespeichert werden.

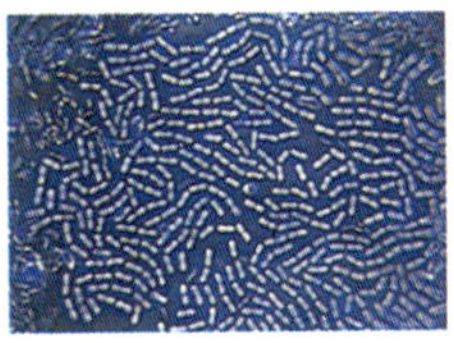

Computerviren können sich im Speicher eines Computers vermehren.

Computerviren sind Programme, die gespeicherte Information zerstören. Ein Virus kann in den Speicher eines Computers gelangen und sich so oft selbst kopieren, dass er den gesamten Speicher belegt. Oder er kann den Computer veranlassen, Daten im Speicher und auf der Festplatte zu löschen.

Computer können mit Hilfe eines Modems über Telefonleitungen Daten miteinander austauschen.

Die Computerleistung hat sich von 1950 bis 2000 um das Millionenfache gesteigert.

PROGRAMME

Ein Programm ist eine Folge von Anweisungen an den Computer, bestimmte Aufgaben wie z.B. Textverarbeitung zu ermöglichen. Programme können entweder in Maschinensprache (Assembler) geschrieben werden oder in höheren Sprachen, z.B. BASIC, FORTRAN, Pascal oder C.

Man kann ein Computerprogramm ausdrucken.

SUPERCOMPUTER

Supercomputer werden für größtmögliche Rechengeschwindigkeit konstruiert. Sie können viel schneller rechnen als normale Computer, weil sie mehrere Operationen gleichzeitig ausführen können. Außerdem müssen sie gekühlt werden, weil bei größerer Rechengeschwindigkeit die Verlustwärme steigt (Halbleiter vertragen max. 150 °C).

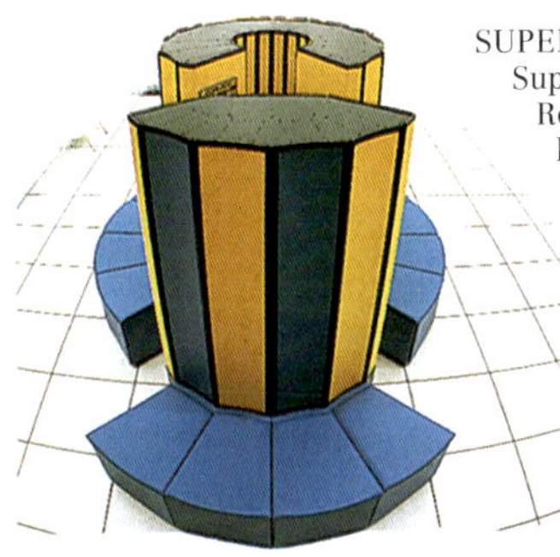

Der »Cray X-MP/48«-Supercomputer, der für Elementarteilchenforschung am CERN, Schweiz, benutzt wird.

WIE EINE CD-ROM FUNKTIONIERT

Computeranwender können Daten, aber auch Musik, Bilder und mehr auf CDs speichern und diese so sichern oder auf einen anderen Computer übertragen

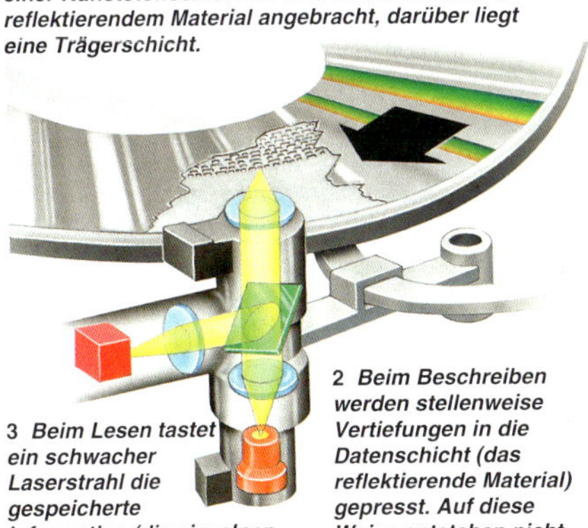

1 Eine CD besteht aus mehreren Schichten. Auf einer Kunststoffschicht ist eine Datenschicht aus reflektierendem Material angebracht, darüber liegt eine Trägerschicht.

2 Beim Beschreiben werden stellenweise Vertiefungen in die Datenschicht (das reflektierende Material) gepresst. Auf diese Weise entstehen nicht reflektierende Stellen (Pits) und unbeschädigte reflektierende Stellen (Lands).

3 Beim Lesen tastet ein schwacher Laserstrahl die gespeicherte Information (die einzelnen Bits, als Pits und Lands in der Datenschicht der CD dargestellt) ab.

BILDER AUF DEM SCHIRM

Ein Computerbildschirm besteht aus einem Gitter kleiner Bildzellen, die man Pixel nennt. Der Mikroprozessor des Computers erzeugt das Bild als lange Kette von Farbcodes, wodurch jedes Pixel in einer bestimmten Farbe aufleuchtet. Moderne Grafikrechner können über 16 Mio. Farben darstellen.

Vergrößerte Darstellung eines Bildschirmbereichs mit einzelnen Pixeln

Horizontale Positionsnummer

Vertikale Positionsnummer

		58	59	60	61	62	
73	0	0	0	0	0	0	0
74	0	0	2	2	2	0	0
75	0	0	0	0	2	0	0
76	0	0	0	2	0	0	0
77	0	0	2	0	0	0	0
78	0	0	0	0	0	0	0

Farbcodes:
0 Weiß
1 Schwarz
2 Rot
3 Grün
4 Blau
5 Cyan
6 Gelb
7 Magenta

CAD (COMPUTER-AIDED DESIGN)

Ingenieure können mit Hilfe von Computern Autos und Flugzeuge konstruieren, ohne Prototypen bauen zu müssen.

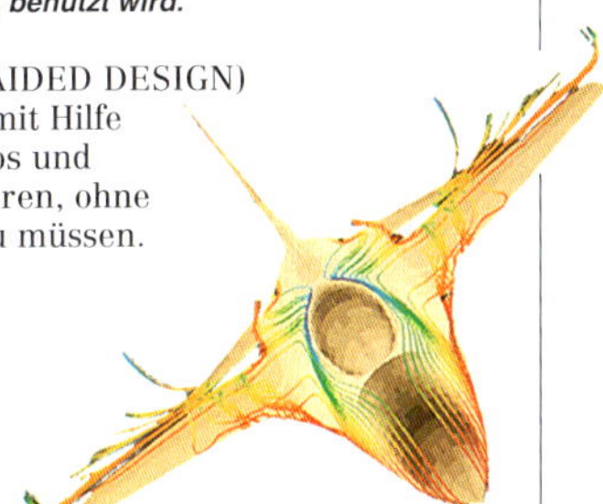

Computermodell eines luftumströmten Flugzeugs

ENERGIEVERSCHWENDER

ENIAC, der erste vielseitig nutzbare Computer, war ein Energiefresser. Er verbrauchte so viel Strom, dass die Lichter in einer nahe gelegenen Stadt deutlich schwächer wurden, wenn er rechnete.

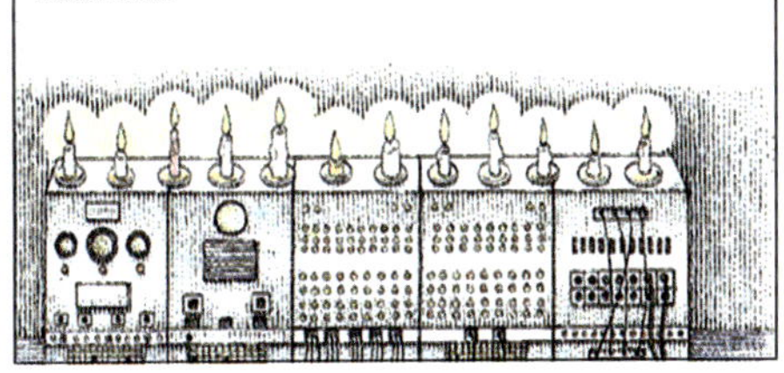

MATHEMATIK

Mathematik ist die Wissenschaft von Zahlen und geometrischen Formen. Sie ist ein wichtiges Hilfsmittel im täglichen Leben, nicht nur für Wissenschaftler und Ingenieure. Algebra ist ein Zweig der Mathematik, der abstrakte Symbole (Buchstaben) anstelle von Zahlen verwendet, während sich die Geometrie mit Formen und Linien beschäftigt.

MATHEMATISCHES WERKZEUG
Mit Geodreiecken und Zirkeln kann man Figuren wie Kreise und Quadrate exakt zeichnen. Der Taschenrechner als elektronisches Hilfsmittel spart bei Berechnungen viel Zeit.

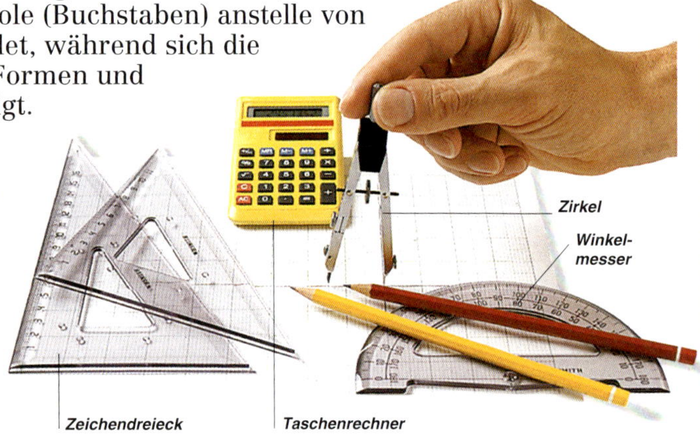

EINS BIS ZEHN: SYMBOLSYSTEME

Verschiedene Kulturen haben verschiedene Symbole für Zahlen verwendet, einige hatten keine Null.

Zahl	Babylonisch	Römisch	Maya	Arabisch
Null			𝋠	0
Eins	𒁹	I	𝋡	1
Zwei	𒈫	II	𝋢	2
Drei	𒐈	III	𝋣	3
Vier	𒐉	IV	𝋤	4
Fünf	𒐊	V	𝋥	5
Sechs	𒐋	VI	𝋦	6
Sieben	𒐌	VII	𝋧	7
Acht	𒐍	VIII	𝋨	8
Neun	𒐎	IX	𝋩	9
Zehn	𒌋	X	𝋪	10

NEGATIVE ZAHLEN

Manchmal ist es nützlich, die negativen Zahlen jenseits der Null zu verwenden. Wenn die Temperatur im Winter unter Null Grad Celsius fällt, gibt man sie als negative Zahl an, z.B. -3 °C.

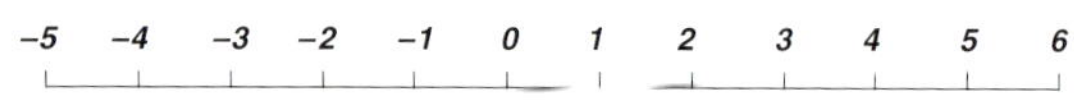

Zahlengerade

QUADRATZAHLEN

Wenn man eine Zahl mit sich selber multipliziert, nennt man das Quadrieren. Dies schreibt man so, dass man die Zahl mit einer kleinen 2 an der rechten oberen Ecke versieht. Drei zum Quadrat ergibt $3^2 = 3 \times 3 = 9$.

9-Punkte-Fläche, 3 mal 3 im Quadrat

BINÄRSYSTEM

Unser Zahlensystem ist auf der Zahl 10 aufgebaut, darum heißt es Dezimalsystem (lat. decem = zehn). Zahlensysteme können auf jeder beliebigen Zahl beruhen. Das binäre System der Computer verwendet die 2 als Basis und hat deshalb nur die Ziffern 0 und 1.

Dezimal	Binärzahl
1	1
2	10
3	11
4	100
5	101
6	110
7	111

PRIMZAHLEN

Primzahlen kann man nur durch sich selbst oder durch 1 teilen, z.B. 17. Die Zahl 12 ist keine Primzahl, da man sie durch 2, 3, 4 und 6 teilen kann, außerdem noch durch sich selbst und 1.

2	3	5	7
11	13	17	19
23	29	31	37
41	43	47	53
59	61	67	71
73	79	83	89
97	101	103	107
109	113	127	131
usw.			

BRÜCHE

Wenn man einen Kuchen halbiert, ist jedes Stück gleich dem Ganzen geteilt durch zwei. Dies schreibt man als ½, wobei die Linie »geteilt durch« bedeutet. Also bedeutet ¾ (drei Viertel) drei geteilt durch vier.

PROZENTE

Es ist manchmal nützlich, Brüche in Prozent auszudrücken. Prozent bedeutet »von Hundert«. ½ entspricht 50%, da 50 die Hälfte von 100 ist.

DEZIMALBRÜCHE

Zahlen kleiner als 1 können mit einem Komma als Dezimalbrüche geschrieben werden. Die Zahl unmittelbar nach dem Komma bezeichnet Zehntel. Also wird ½ als 0,5 (5/10) geschrieben.

SCHREIBWEISEN

Brüche	Dezimalstellen	Prozent
½	0,5	50%
¼	0,25	25%
1/10	0,1	10%
1/100	0,01	1%

Mathematische Symbole

Symbol	Bedeutung	Symbol	Bedeutung	Symbol	Bedeutung
+	Addieren (plus)	=	gleich	√	Quadratwurzel
–	Subtrahieren (minus)	≠	ungleich	%	Prozent
x	Multiplizieren (mal)	<	kleiner als	≤	kleiner gleich
:	Dividieren (geteilt)	>	größer als	≥	größer gleich

CHAOSTHEORIE

Das unten abgebildete fraktale Muster wurde mit Hilfe einer einfachen mathematischen Formel erstellt. Diese Gleichungen sind das Ergebnis eines neuen Zweigs der Mathematik, den man Chaostheorie nennt.

Fraktal (computererzeugtes Bild)

WISSENSCHAFTLICHE ZAHLENDARSTELLUNG

Sehr große oder sehr kleine Zahlen werden oft in wissenschaftlicher Zahlendarstellung geschrieben.

Zahl	Zahl zwischen 1 und 10	Zehnerpotenz	Wissenschaftl. Schreibweise
10	1	10	1 x 10
150	1,5	10^2 (= 100)	1,5 x 10^2
274,000,000	2,74	10^8 (= 100,000,000)	2,74 x 10^8
0,0023	2,3	10^{-3} (= 0,001)	2,3 x 10^{-3}

TODSICHER

Im Alter von 20 Jahren schrieb Évariste Galois in der Nacht vor seinem Tod in einem Duell seine wichtigsten mathematischen Ideen in einem Brief an seinen Freund. Seine Erkenntnisse über die Lösbarkeit von Gleichungen werden heute noch verwendet.

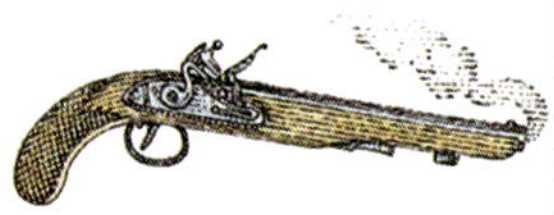

GEOMETRIE

Die Geometrie befasst sich mit Linien, Winkeln, Körpern und Flächen.

EBENE FIGUREN

Die Geometrie der Ebene behandelt zweidimensionale (flache) Figuren, z.B. Kreise. Ein Polygon ist eine ebene Figur mit drei oder mehr geraden Seiten.

FLÄCHENINHALT

Der Flächeninhalt einer Figur oder Oberfläche ist ein Maß für deren Größe. So ist ein Fußballfeld größer als ein Tennisplatz.

KÖRPER

Körper sind dreidimensionale Figuren, die einen Raum einnehmen. Ein Polyeder ist ein Körper, der ebene (flache) Seiten hat.

VOLUMEN

Das Volumen eines Körpers ist der Rauminhalt, den er einnimmt. Zum Beispiel hat ein Fußball ein größeres Volumen als ein Tennisball.

Quadrat Polygon mit vier gleich langen Seiten, die rechte Winkel bilden. ***Fläche = Länge²***

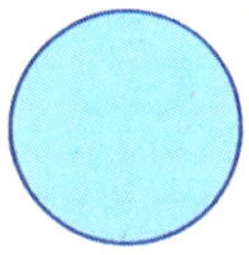

Kreis Kurve, auf der alle Punkte gleich weit vom Mittelpunkt entfernt sind ***Fläche = p x Radius²***

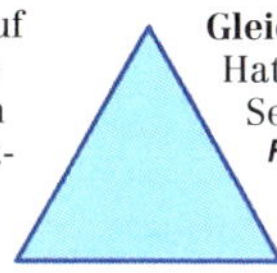

Gleichseitiges Dreieck Hat drei gleich lange Seiten ***Fläche (eines jeden Dreiecks) = ½ x Grundlinie x Höhe***

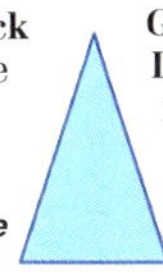

Gleichschenkliges Dreieck mit zwei gleich langen Seiten ***Fläche = ½ x Grundlinie x Höhe***

Viereck Polygon mit vier Seiten

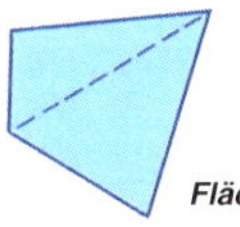

Raute Viereck, bei dem jeweils zwei Seiten gleich lang sind ***Fläche = ½ x (a x b)***

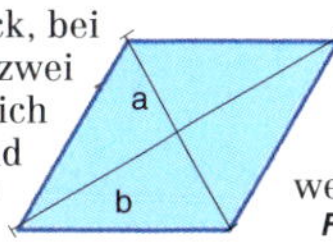

Rechteck Rechtwinkliges Viereck, dessen gegenüberliegende Seiten jeweils gleich lang sind. ***Fläche = Länge x Breite***

Parallelogramm Viereck, dessen gegenüberliegende Seiten parallel und gleich lang sind. ***Fläche = a x b***

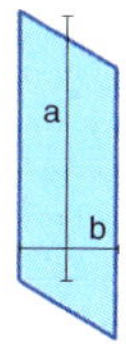

Trapez Viereck, bei dem nur zwei Seiten parallel sind. ***Fläche = ½ x Summe der parallelen Seiten x Abstand zwischen ihnen***

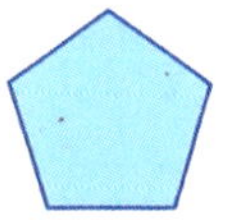

Fünfeck Polygon mit fünf Seiten

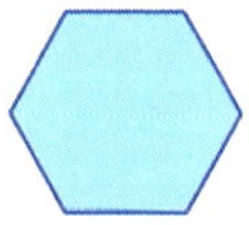

Sechseck Polygon mit sechs Seiten

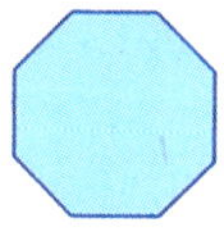

Achteck Polygon mit acht Seiten

Tetraeder Polyeder mit vier Dreiecken als Seitenflächen

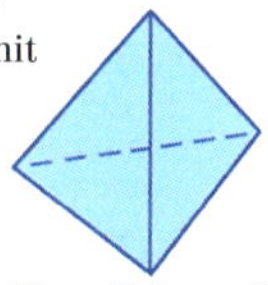

Würfel Quadrate mit gleichen Seitenlängen als Seitenflächen ***Volumen = Seitenlänge³***

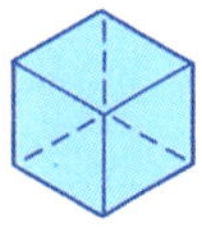

Oktaeder Besteht aus acht Dreiecken

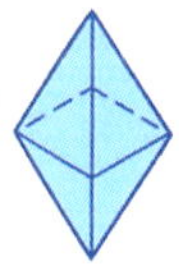

Vierseitige Pyramide Halbes Oktaeder mit quadratischer Grundfläche

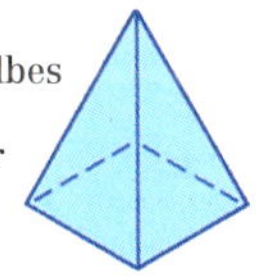

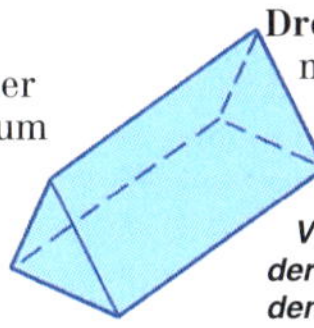

Dreieckiges Prisma Körper mit zwei dreieckigen Endflächen gleicher Größe ***Volumen = Fläche der dreieckigen Enden x Strecke zwischen ihnen***

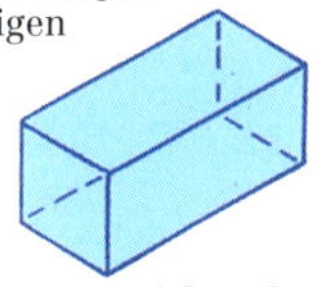

Quader Rechteckiger Block ***Volumen = Länge x Breite x Höhe***

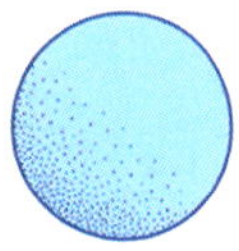

Kugel Körper, bei dem jeder Punkt auf der Oberfläche gleich weit vom Mittelpunkt entfernt ist ***Volumen = ⁴⁄₃ p x Radius³*** ***Oberfläche = 4p x Radius²***

Halbkugel Auch Hemisphäre genannt

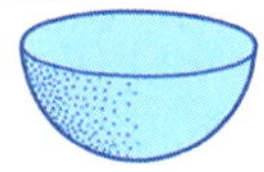

Sphäroid Eiförmiger Körper (Rotationsellipsoid)

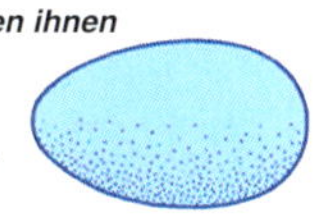

Kreiskegel Kreisförmige Grundfläche, verjüngt sich auf einen Punkt, die Spitze ***Volumen = ⅓p x Radius² x Höhe***

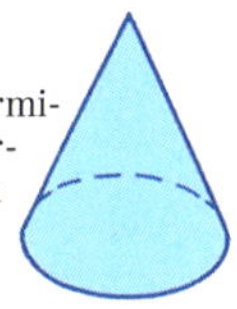

Zylinder Zwei kreisförmige Seitenflächen, die durch eine Röhre verbunden sind ***Oberfläche = p x Durchmesser x Länge*** ***Volumen = p x Radius² x Länge***

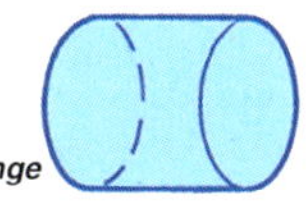

FACHBEGRIFFE

Bogen Teil der Kreislinie

Umfang Gesamte Kreislinie oder deren Länge

Sehne Gerade, die zwei beliebige Punkte auf dem Umfang verbindet

Durchmesser Sehne durch den Mittelpunkt des Kreises bzw. deren Länge

Pi (p) Verhältnis von Umfang zu Durchmesser eines Kreises (ca. p=3,14, für alle Kreise gleich)

Radius Entfernung vom Mittelpunkt des Kreises zur Kreislinie

Sektor Kreisausschnitt zwischen zwei Radien, hat die Form eines Kuchenstücks

Segment Die Fläche zwischen einer Sehne und der Kreislinie

WINKEL

Ein Winkel ist ein Maß für den Bereich zwischen zwei Geraden, wenn eine von ihnen weggedreht wird. Die Zeiger einer Uhr bilden einen Winkel zwischen sich, während sie sich drehen. Winkel werden in Grad (°) oder im Bogenmaß gemessen.

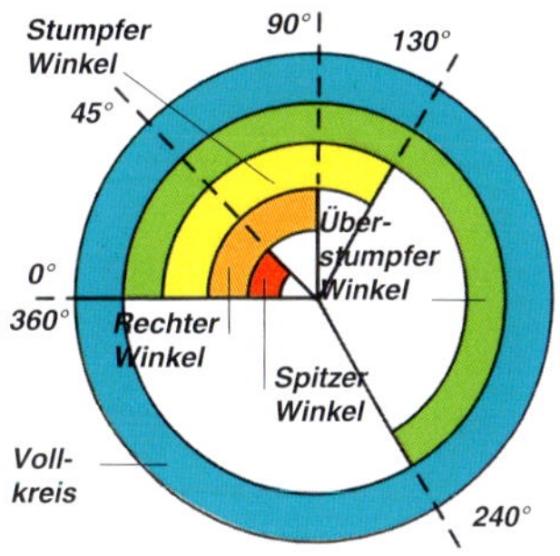

SATZ DES PYTHAGORAS

In jedem rechtwinkligen Dreieck gilt, dass die Summe der Quadrate über den Katheten (Seiten am rechten Winkel, a und b im Bild unten) gleich dem Quadrat über der längsten Seite, der Hypotenuse (c), ist.

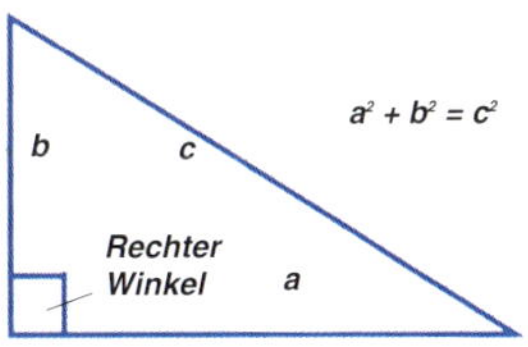

TRIGONOMETRIE

Die Trigonometrie untersucht das Verhältnis der Seiten in einem rechtwinkligen Dreieck.

Die Trigonometrie verwendet drei grundlegende Beziehungen: Sinus (sin), Cosinus (cos) und Tangens (tan). Den Sinus in einem rechtwinkligen Dreieck erhält man, indem man die Länge der Seite, die dem Winkel gegenüberliegt (die Gegenkathete), durch die Länge der Hypotenuse dividiert.

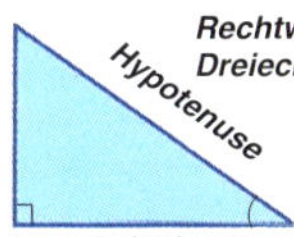

$$\sin = \frac{\text{Gegenkathete}}{\text{Hypotenuse}}$$

$$\cos = \frac{\text{Ankathete}}{\text{Hypotenuse}}$$

$$\tan = \frac{\text{Gegenkathete}}{\text{Ankathete}}$$

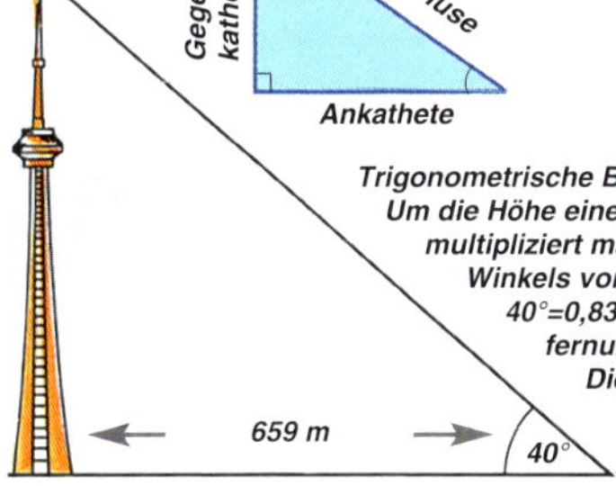

Trigonometrische Berechnung *Um die Höhe eines Turms zu bestimmen, multipliziert man den Tangens (tan) des Winkels vom Boden zur Spitze (hier tan 40°=0,8391) des Turms mit der Entfernung vom Bauwerk, hier 659 m. Dies ergibt eine Höhe von 553 m.*

BEDEUTENDE MATHEMATIKER

Euklid (ca. 300 v. Chr.), griechischer Mathematiker. Die Lehrsätze in seinem Werk »Elemente« bilden bis heute eine der Grundlagen der Geometrie. Er studierte irrationale Zahlen, das sind Zahlen, die sich nicht als Brüche darstellen lassen.

Gottfried Wilhelm Leibniz (1646–1716), deutscher Mathematiker und Philosoph, der unabhängig von Isaac Newton zur gleichen Zeit die Theorie der Differential- und Integralrechnung erfand. Er baute eine mechanische Multipliziermaschine.

Carl Friedrich Gauß (1777–1855), deutscher Mathematiker und Astronom. Sein Hauptwerk bildet die Grundlage der modernen Zahlentheorie und umfasst auch die komplexen Zahlen.

Baron Augustin-Louis Cauchy (1789–1857), französischer Mathematiker, der die Differential- und Integralrechnung modernisierte und Beiträge zur Funktionentheorie lieferte. Es sollen mehr Theoreme (Lehrsätze) nach ihm benannt sein als nach irgendeinem anderen Mathematiker.

WISSENSWERTES

Vollkommene Zahlen sind solche, die sich aus der Summe ihrer Faktoren ergeben. Die erste vollkommene Zahl ist sechs, da 1 + 2 + 3 = 6.

Das Theorem, das der griechische Mathematiker Pythagoras entdeckte und das seinen Namen trägt, war babylonischen und ägyptischen Mathematikern schon Jahrhunderte vorher bekannt.

Die Maya in Mittelamerika waren das erste Volk, das ein Symbol für die Zahl Null erfand.

Schon Euklid bewies, dass es unendlich viele Primzahlen geben muss.

Der mathematische Ausdruck »Algorithmus« für eine Rechenvorschrift ist vom Namen des im 9. Jh. lebenden arabischen Mathematikers al-Khwarizmi abgeleitet. Der Ausdruck »Algebra« stammt aus dem Titel seines Buchs.

MASSE UND GEWICHTE

Es gibt zwei Hauptmaßsysteme. Das metrische System, das auf der Zahl Zehn basiert, ist am weitesten verbreitet und wird weltweit von Wissenschaftlern verwendet. Bestimmte Länder, z.B. die USA, verwenden das alte englische Maßsystem. Man kann die Maße mit Hilfe von Konvertierungstabellen ineinander umrechnen (siehe rechts).

HISTORISCHE MASSE UND GEWICHTE

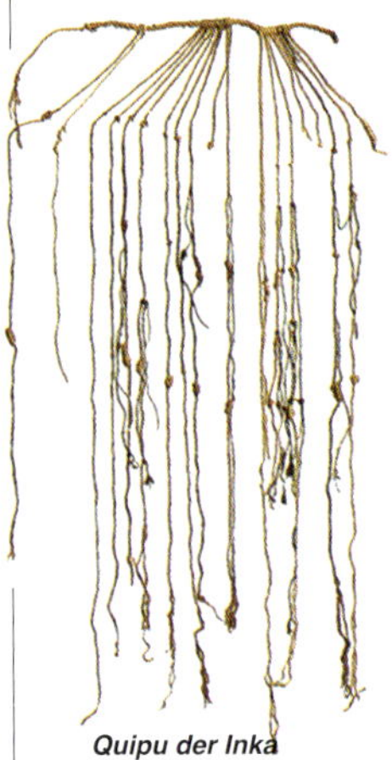
Quipu der Inka

DIE ZAHLENKNOTEN DER INKA

Die Inka in Südamerika benutzten zum Zählen (im Dezimalsystem) eine Anordnung von geknoteten Schnüren, Quipu genannt. Art und Position des Knotens sowie Länge und Farbe der Schnur hatten eine Bedeutung.

ASSYRISCHE GEWICHTE

Das erste Standardsystem für Gewichte entwickelte sich aus dem Bedürfnis der Händler nach einem Maß ihrer Waren. Assyrische Gewichte (rechts) wurden für König Salmanassar III. (858–824 v. Chr.) gefertigt.

Assyrische Barrengewichte

4 Deben

5 Kite

2 Kite

1 Kite

ÄGYPTISCHE GEWICHTE

Die alten Ägypter verwendeten als Gewicht den »Deben« aus Kupfer. Der Wert des Standarddebens wurde später erhöht und in zehn »Kite« unterteilt.

GEWICHTE VOM INDUS

Die Menschen von Mohenjo Daro, einer Stadt der Induskultur (ca. 2500 v. Chr.), verwendeten kubische Gewichte aus Chert, einem Gestein. Das größte dieser Gewichte konnte nicht von einer einzigen Person gehoben werden.

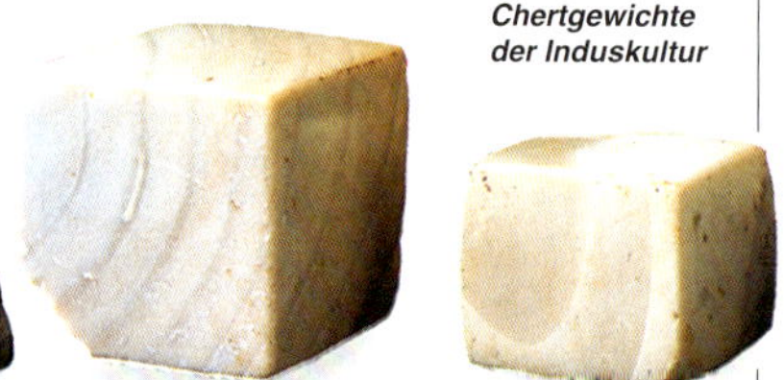
Chertgewichte der Induskultur

DIE SIEBEN SI-BASISEINHEITEN

SI (Système Internationale d'Unités – Internationales Einheitensystem) ist das weltweite Standardeinheitensystem. Es gibt sieben Basiseinheiten, von denen alle anderen abgeleitet werden (siehe unten).

Einheit für	Einheit	Symbol
Masse	Kilogramm	kg
Länge	Meter	m
Zeit	Sekunde	s
Elektrische Stromstärke	Ampere	A
Temperatur	Kelvin	K
Lichtstärke	Candela	cd
Stoffmenge	Mol	mol

WISSENSWERTES

Das metrische System wurde zuerst in Frankreich eingeführt (1791). König Ludwig XVI. genehmigte es einen Tag, bevor er versuchte, der beginnenden Revolution zu entfliehen.

China war das erste Land, das ein Dezimalsystem verwendete. Man fand Holzlineale aus dem 6. Jh. v. Chr., die in Untereinheiten zu Zehn aufgeteilt waren.

Einheiten, die heute noch im alten englischen Maßsystem verwendet werden, haben sich im Laufe der Zeit im täglichen Gebrauch entwickelt. Der Ursprung einiger dieser Einheiten liegt in den frühen Kulturen des Nahen und Mittleren Ostens. Das heute gebräuchliche metrische System (SI-System) wurde von Wissenschaftlern entwickelt und von vielen Ländern gleichzeitig übernommen.

STANDARDS

Um sicherzustellen, dass jeder das Gleiche meint, wenn er ein Maß verwendet, haben die Einheiten sehr genau definierte Standards.

DIE STANDARD-SEKUNDE

Eine Sekunde ist definiert als »die Dauer von 9 192 631 770 Schwingungen der Strahlung des Atoms Cäsium 133, die dem Übergang zwischen den beiden Hyperfeinstrukturniveaus im Grundzustand entspricht«.

Cäsiumuhr

DAS STANDARD-KILOGRAMM

Der Internationale Kilogrammprototyp aus Platin-Iridium wird seit 1889 unter kontrollierten Bedingungen im Internationalen Büro für Maße und Gewichte in Sèvres, Frankreich, aufbewahrt.

Das Standard-Kilogramm

DAS STANDARD-METER

Ein Meter ist definiert als »der 299 792 458ste Teil der Strecke, die Licht im Vakuum in 1 s zurücklegt«. Zwischen 1960 und 1984 war 1 m »das 1 650 763,73-fache der Wellenlänge der von Atomen des Krypton 86 im Vakuum beim Übergang vom Zustand 5d5 zum Zustand 2p10 ausgesandten gelben Strahlung«.

Kryptongas

ABGELEITETE EINHEITEN

Diese Tabelle zeigt eine Auswahl von abgeleiteten Einheiten im SI-System.

Messgröße	Einheit	Abkürzung
Frequenz	Hertz	Hz
Energie	Joule	J
Kraft	Newton	N
Leistung	Watt	W
Druck	Pascal	Pa
Elektrische Ladung	Coulomb	C
Elektrischer Widerstand	Ohm	Ω
Elektrische Spannung	Volt	V
Aktivität einer radioaktiven Substanz	Bequerel	Bq

MUSIKALISCHES MASS

Im alten China wurde der Füllstand eines Gefäßes mit dem Gehör beurteilt. Das Gefäß wurde angeschlagen, und anhand des Klangs konnte der Füllstand beurteilt werden.

ZAHLENAUSDRÜCKE: GROSS UND KLEIN

SI-Vorsilben zeigen dezimale Vielfache und Teile einer Einheit an

Vorsilbe	Symbol	Bedeutung	Vorsilbe	Symbol	Bedeutung
Tera	T	1 Billion	Dezi	d	1 Zehntel
Giga	G	1 Mrd.	Zenti	c	1 Hundertstel
Mega	M	1 Mio.	Milli	m	1 Tausendstel
Kilo	kg	1 Tausend	Mikro	µ	1 Millionstel
Hekto	h	1 Hundert	Nano	n	1 Milliardstel

LÄNGE	
1 Millimeter (mm)	1 mm
1 Zentimeter (cm)	10 mm
1 Meter (m)	1 000 mm
1 Kilometer (km)	1 000 000 mm
1 Inch (Zoll) (in)	254 mm
1 Foot (Fuß) (ft)	0,3048 m
1 Yard (yd)	0,9144 m
1 Mile (Meile) (m)	1,6093 km

KÖRPERMASSE
Alte Kulturen verwendeten praktischerweise Abmessungen von Körperteilen als Maßeinheiten. Da sich die Einheiten je nach Größe der messenden Person unterschieden, wurden »Standardeinheiten« häufiger geändert.

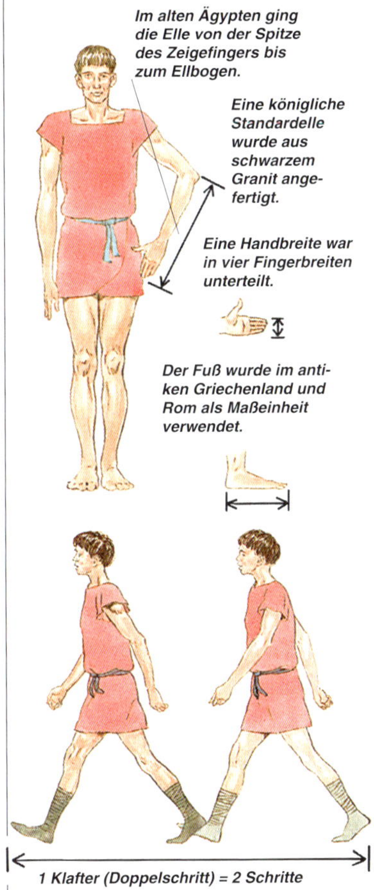

Die Meile stammt aus Rom – sie bestand aus 1000 Klaftern.

Da in den USA und in Großbritannien (dort trotz der offiziellen Einführung des SI-Systems 1995) die nicht-metrischen Maßeinheiten noch gelten, sind hier auch diese Einheiten und entsprechende Umrechnungstabellen aufgeführt.

FLÄCHE	
1 Quadratmillimeter (mm^2)	1 mm^2
1 Quadratzentimeter (cm^2)	100 mm^2
1 Quadratmeter (m^2)	10000 cm^2
1 Hektar (ha)	10000 m^2
1 Quadratkilometer (km^2)	1000000 m^2
1 square inch (in^2)	6,4516 cm^2
1 sq foot (ft^2)	0,0929 m^2
1 sq yard (yd^2)	0,8361 m^2
1 acre (Joch)	0,4047 ha
1 sq mile	2,5900 km^2

VOLUMEN	
1 Kubikmillimeter (mm^3)	1 mm^3
1 Kubikzentimeter (cm^3)	1000 mm^3
1 Kubikmeter (m^3)	1000000 cm^3
1 Liter (l)	1000 cm^3
1 cubic inch (in^3)	16,3871 cm^3
1 cubic foot (ft^3)	28,3169 l
1 cubic yd (yd^3)	0,7646 m^3
1 Flüssigunze (fl oz)	28,4131 cm^3
1 Pint (pt)	0,5683 l
1 Gallone (gal)	4,5461 l

SCHON GEWUSST?
Die drei einzigen Länder der Erde, in denen das SI-System nicht offiziell gilt, sind die USA, Myanmar und Liberia.

In Deutschland gab es vor 1871 weder eine einheitliche Währung noch einheitliche Maße und Gewichte. Die Namen der Einheiten waren zwar oft dieselben, die genaue Größe der Maßeinheiten konnte jedoch sehr unterschiedlich sein.

Bei einem PS (Pferdestärke) handelt es sich um die Leistung, die benötigt wird, um 75 kg im Schwerefeld der Erde in einer Sekunde einen Meter zu heben.

AUF DER ERDE UND AUF DEM MOND
Mit Fallbeschleunigung ist die Beschleunigung gemeint, die ein Körper im freien reibungslosen Fall auf einer Planetenoberfläche erfährt. Diese hat auf der Erde einen anderen Wert als auf dem Mond und so verändern sich auch die Masse und Gewichtskraft eines Körpers.

Himmelskörper	Fallbeschleunigung (m/s^2)	Masse (kg)	Gewichtskraft (kp)	Gewichtskraft (N)
Erde	9,81	65,0	65,0	637,65
Mond	1,63	65,0	11,05	105,95

MASSE UND GEWICHTE	
1 Gramm (g)	1 g
1 Kilogramm (kg)	1 000 g
1 Tonne (t)	1 000 kg
1 Unze (oz)	28,3495 g
1 brit. Pfund (lb)	0,4536 kg
1 Stein	6,3503 kg
1 hundredweight (cwt)	50,802 kg
1 brit. Tonne (t)	1,0161 t

TEMPERATURUMRECHNUNG
Um Grad Celsius (°C) in Kelvin (K) umzurechnen, verwendet man die Formel:
K = °C + 273,15

Um Kelvin (K) in Grad Celsius (°C) umzurechnen, verwendet man die Formel:
°C = K – 273,15

SCHON GEWUSST?
Die niedrigste Temperatur, die je auf der Erde gemessen wurde, beträgt -89,2 Grad Celsius. Diese Temperatur wurde auf einer Forschungsstation in der Antarktis auf über 3 000 Metern Höhe gemessen.

Bis 1960 galt das „Urmeter" oder Archivmeter, eine Art Lineal aus einer Platin-Legierung, als Standard.
Das erste „Urmeter" wurde 1799 gegossen und wird im Internationalen Büro für Maß und Gewicht bei Paris aufbewahrt.

Guss des „Urmeters" 1799

MASSE UND GEWICHT
Umgangssprachlich verwenden wir den Begriff Gewicht an der Stelle, wo man phyikalisch eigentlich von Masse sprechen müsste. Da auf der Erde die Masse (Einheit Kilogramm) und das Gewicht in der alten Einheit Kilopond (kp) identisch sind, spielt das außerhalb wissenschaftlicher Überlegungen auch keine große Rolle. Ein Mensch mit einer Masse von 65 kg würde aber auf dem Mond nur 11,05 Kilopond (= 105,95 N) wiegen, da das Gewicht in Abhängigkeit von der Schwerkraft zu sehen ist, die Masse aber gleich bleibt. Seit 1977 ist die Einheit für die Gewichtskraft Newton (N) (Gewichtskraft = Masse x Fallbeschleunigung).

GESCHWINDIGKEITSUMRECHNUNG		
Umzurechnen	In	Multiplizieren mit
Kilometer pro Stunde (km/h)	Meter pro Sekunde	0,2778
Meter pro Sekunde (m/s)	Kilometer pro Stunde	3,6
Miles per hour (mph)	Kilometer pro Stunde Meter pro Sekunde	1,6093 0,4470

MESSMARATHON
Ursprünglich war ein Acre (Joch) definiert als die Fläche Land, das ein Paar Ochsen (im Joch) an einem Tag pflügen konnte.

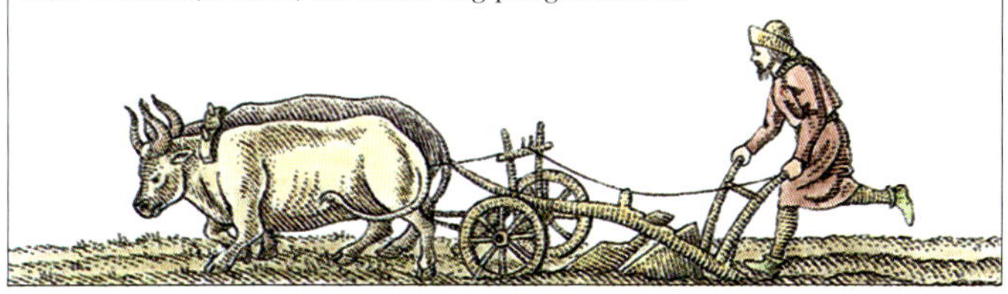

ZEIT

Wir beschreiben die Zeit anhand von Bewegungsabläufen: eine Erdumdrehung nennen wir einen Tag, die Sonne umrunden wir in einem Jahr. Man misst die Zeit mit mechanischen und elektronischen Uhren.

JAHR UND TAG

Die Erde umkreist die Sonne in einem Jahr, genauer in 365 ¼ Tagen. Der Vierteltag ist unpraktisch, deshalb wird in jedem vierten Jahr mit dem 29. Februar ein Schalttag hinzugefügt. Gleichzeitig dreht sich die Erde um ihre eigene Achse.

Die Erde dreht sich an einem Tag einmal um ihre eigene Achse.

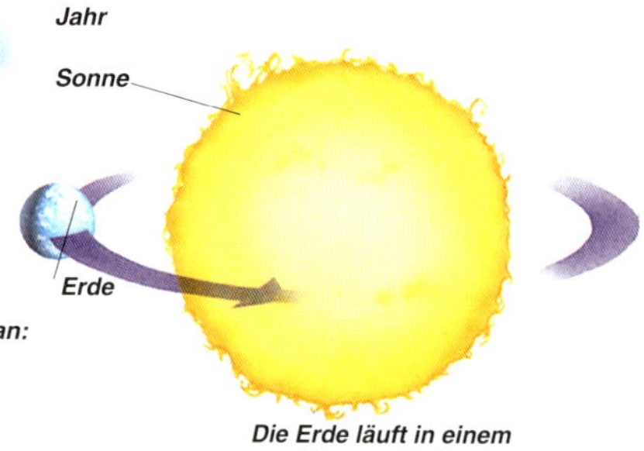

Die Erde läuft in einem Jahr um die Sonne.

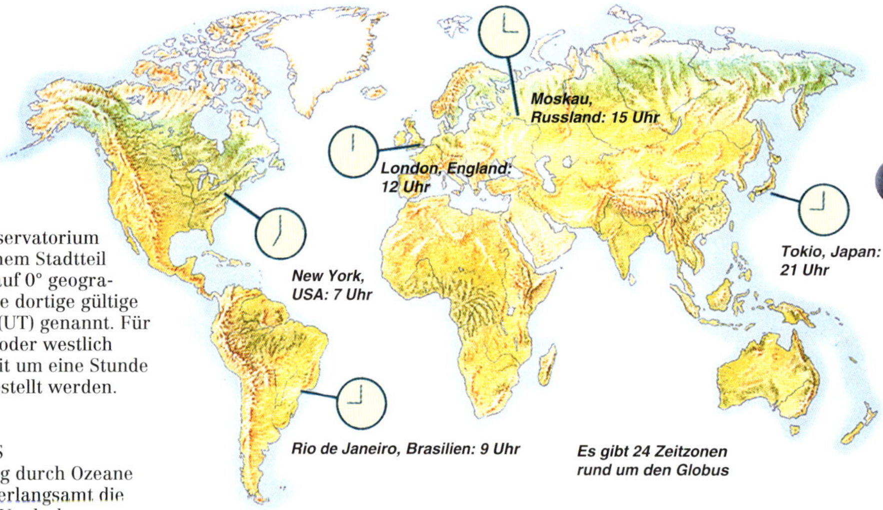

Es gibt 24 Zeitzonen rund um den Globus

WELTZEIT

Das Königliche Observatorium von Greenwich, einem Stadtteil von London, liegt auf 0° geographischer Länge. Die dortige gültige Zeit wird Weltzeit (UT) genannt. Für jeweils 15° östlich oder westlich davon muss die Zeit um eine Stunde vor oder zurück gestellt werden.

MONAT

Erde und Mond bewegen sich um die Sonne; zusätzlich dreht sich der Mond um die Erde. Er benötigt dazu 29,5 Tage. Dieser Zyklus ist der Mondmonat und war der Ursprung unserer heutigen Monate.

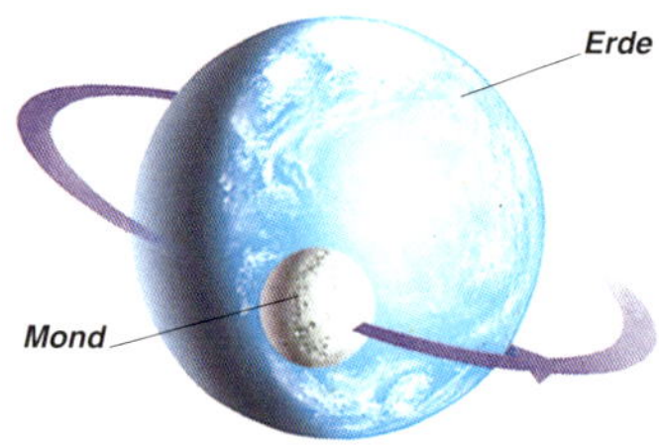

WISSENSWERTES

Infolge von Reibung durch Ozeane und Atmosphäre verlangsamt die Erde ihre tägliche Umdrehung um winzigste Bruchteile einer Sekunde: In Millionen von Jahren sind die Tage spürbar länger.

3000 v. Chr. teilten die Sumer in Mesopotamien (heute: Irak) als Erste die Stunde in 60 Minuten und die Minute in 60 Sekunden. Ihr gesamtes Zahlensystem basierte auf der Zahl 60, die sich ohne Rest durch 2, 3, 4, 5, 6, 10, 12, 15 und 30 teilen lässt.

FACHBEGRIFFE

Tagundnachtgleiche An den zwei Tagen (20. oder 21. März und 22. oder 23. September), an dem die Sonne den Himmelsäquator überschreitet, sind Tag und Nacht gleich lang.

Sonnenwende Die zwei Tage im Jahr, an denen die Sonne am höchsten oder am tiefsten steht, sind der längste bzw. der kürzeste Tag.

Ortszeit Die Uhrzeit auf dem jeweiligen Längengrad.

Meridian Ein Längengrad

GESCHICHTE DER ZEITMESSUNG

Ursprünglich hat man die Zeit nach der Position der Sonne am Himmel bestimmt. Genauere Messungen gelangen mit mechanischen Uhren im 14. Jh. Moderne Uhren beziehen ihren Takt von einem schwingenden Quarzkristall, der die Zeitanzeige auf Sekundenbruchteile genau ermöglicht.

ca. 2200 v. Chr. Steinkreis in Stonehenge, England, könnte von neolithischen Völkern zur Zeitmessung verwendet worden sein. Der Kreis steht so, dass die Sonne zu ganz bestimmten Zeiten durch Steintore scheint oder über bestimmten Steinen steht.

Stonehenge

ca. 1500 v. Chr. werden Sonnenuhren von den Ägyptern verwendet. Ein von der Sonne geworfener Schatten zeigt die Ortszeit auf einer markierten Oberfläche an.

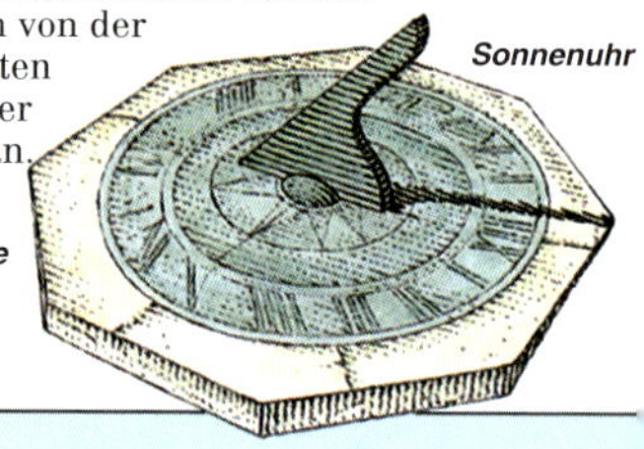

Sonnenuhr

Die Babylonier, Ägypter und Chinesen benutzten die Position der Sterne, um die Zeit zu bestimmen.

2200 v.Chr. | 1500 v.Chr. | 1500 v.Chr.

1335 Die erste mechanische Uhr wird in Mailand, Italien, in Betrieb genommen. Die Turmuhr hat kein Ziffernblatt, sondern schlägt nur die Stunde. Turmuhren werden später in ganz Europa gebaut.

1364 Die erste Uhr für den Hausgebrauch wird von Giovanni Dondi (1318–1389) gebaut. Diese frühen Uhren sind kleine Ausgaben von Turmuhren mit einem Stundenzeiger.

1386 Die älteste noch laufende mechanische Uhr befindet sich in der Kathedrale von Salisbury (England).

Die Uhr in der Kathedrale von Salisbury wird von einer rotierenden Trommel angetrieben.

1510 Die erste tragbare Uhr wird von dem deutschen Schlosser Peter Henlein (1479–1542) gebaut. Diese kleinen Uhren werden von einer Sprungfeder angetrieben. Das offene Ziffernblatt hat nur einen Zeiger.

Frühe tragbare Uhr

1330 | 1335 | 1360 | 1364 | 1380 | 1386 | 1500 | 1510

ca. 1730 Kuckucksuhren werden zum ersten Mal im Schwarzwald hergestellt.

1754 Eine Ankerhemmung zusammen mit der Unruhfeder verleiht der Uhr eine Genauigkeit von 10 s am Tag.

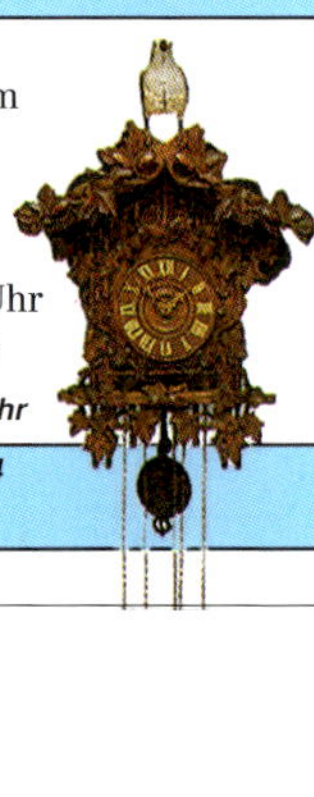

Kuckucksuhr

1759 Der Engländer John Harrison (1693–1776) gewinnt einen königlichen Wettbewerb mit dem Chronometer »Harrison 4«, das trotz des Schwankens und der Temperaturwechsel an Bord von Schiffen innerhalb von 5 Monaten weniger als 1 Min. abweicht.

Um 1800 Billigere Uhren werden in den USA von dem Amerikaner Eli Tery (1772–1852) entwickelt.

1840 Elektrizität wird verwendet, um Uhren anzutreiben, die ihrerseits weiter entfernte Uhren steuern.

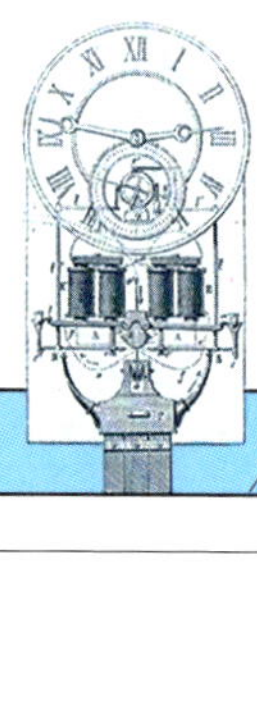

1880 Die am Königlichen Observatorium in Greenwich, England, gemessene Zeit wird Standardzeit in Großbritannien. Vier Jahre später wird sie zur Standardzeit der Welt (Weltzeit-UT).

Frühe elektrische Uhr

1730 | 1730 | 1750 | 1754 | 1759 | 1800 | 1800 | 1840 | 1880 | 1840

GREGORIANISCHER KALENDER

Die meisten westlichen Länder verwenden den Gregorianischen Kalender, dessen Zeitablauf auf der jährlichen Bewegung der Erde um die Sonne basiert. Die alten Römer begannen ihr Jahr im März, weshalb die Monate September bis Dezember nach den lateinischen Zahlen sieben bis zehn benannt wurden. Erst um 150 v. Chr. wurde auf den Januar als ersten Monat des Jahres umgestellt.

DAS LÄNGSTE JAHR

Das längste Jahr mit 455 Tagen war das Jahr 46 v. Chr. Es wurde um 90 Tage verlängert, um den Kalender wieder in Übereinstimmung mit dem Sonnenjahr zu bringen. Es wurde bekannt als das »Jahr der Verwirrung«.

DIE NAMEN DER MONATE

Januar Janus, Schutzgott des Ein- und Ausgangs

Februar Februaris, der Reinigungsmonat

März Mars, Kriegsgott

April Aperire, »Öffnen«

Mai Jupiter Maius, »Wachstum bringender Jupiter«

Juni Juno, höchste römische Göttin

Juli Julius Cäsar

August Augustus, der erste römische Kaiser

September lat. septem, sieben
Oktober lat. octo, acht
November lat. novem, neun
Dezember lat. decem, zehn

HEBRÄISCHER UND MUSLIMISCHER KALENDER

Sie basieren auf dem Mondzyklus.

Hebräische Monate	Muslimische Monate	Gregorianischer Kalender
Tischri	Moharrem	Sept. bis Okt.
Marcheschwan	Safar	Okt. bis Nov.
Kislew	Rebi-el-awwel	Nov. bis Dez.
Tewet	Rebi-el-accher	Dez. bis Jan.
Schewat	Dschemadi-el-awwel	Jan. bis Febr.
Adar	Dschemadi-el-accher	Febr. bis März
Nissan	Redscheb	März bis April
Ijar	Schaban	April bis Mai
Siwan	Ramadan	Mai bis Juni
Tammus	Schewwal	Juni bis Juli
Aw	Dsu'l-kade	Juli bis Aug.
Elul	Dsu'l-hedsche	Aug. bis Sept.

ALTER CHINESISCHER KALENDER

Dieser Kalender, der sowohl auf der Sonne als auch auf dem Mond basiert, wird in China immer noch verwendet.

Jahreszeit	Bedeutung	Gregorianischer Kalender
Li Chun	Frühlingsanfang	5. Febr. bis 19. Febr.
Yu Shui	Regen	19. Febr. bis 5. März
Jing Zhe	Aufgeregte Insekten	5. März bis 20. März
Chun Fen	Tagundnachtgleiche im Frühjahr	20. März bis 5. Apr.
Qing Ming	Klar und strahlend	5. Apr. bis 20. Apr.
Gu Yu	Getreidekörner regnen	20. Apr. bis 5. Mai
Li Xia	Sommeranfang	5. Mai bis 21. Mai
Xiao Man	Getreide füllt sich	21. Mai bis 5. Juni
Mang Zhong	Getreide in der Ähre	5. Juni bis 21. Juni
Xia Zhi	Sommersonnenwende	21. Juni bis 7. Juli
Xiao Shu	Leichte Hitze	7. Juli bis 23. Juli
Da Shu	Große Hitze	23. Juli bis 7. Aug.
Li Qiu	Herbstanfang	7. Aug. bis 23. Aug.
Chu Shu	Ende der Hitze	23. Aug. bis 7. Sept.
Bai Lu	Weißer Tau	7. Sept. bis 23. Sept.
Qiu Fen	Tagundnachtgleiche im Herbst	23. Sept. bis 8. Okt.
Han Lu	Kalter Tau	8. Okt. bis 23. Okt.
Shuang Jiang	Frost	23. Okt. bis 7. Nov.
Li Dong	Winteranfang	7. Nov. bis 22. Nov.
Xiao Xue	Leichter Schneefall	22. Nov. bis 7. Dez.
Da Xue	Starker Schneefall	7. Dez. bis 22. Dez.
Dong Zhi	Wintersonnenwende	22. Dez. bis 6. Jan.
Xiao Han	Leichte Kälte	6. Jan. bis 21. Jan.
Da Han	Große Kälte	21. Jan. bis 5. Feb.

ca. 1400 v. Chr. Wasseruhren werden von den Ägyptern benutzt. Ein Gefäß mit einem Loch im Boden wird mit Wasser gefüllt. Der fallende Wasserspiegel zeigt an Markierungen in der Gefäßwand die abgelaufene Zeit an.

Wasseruhr

ca. 890 Der englische König Alfred der Große (849–899) benutzt Kerzenuhren. Wenn eine Kerze, auf der die Stunden markiert sind, bis zu einer Markierung heruntergebrannt ist, weiß man, dass eine Stunde vorbei ist.

um 1100 werden Sanduhren zur Navigation verwendet, von Ärzten zum Messen des Pulsschlages und von Lehrern und Priestern, um die Länge von Unterrichtsstunden und Predigten zu messen. Es gab Uhren für Zeiträume von 15 Min. bis zu zwei Stunden.

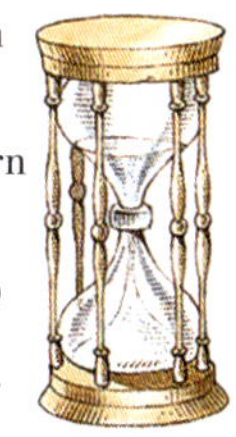

um 1300 In Klöstern werden Glocken durch einfache Räderwerke in Bewegung gesetzt.

Sanduhr (Stundenglas)

1400 v. Chr. | 1400 v. Chr. | 800 | 890 | 1100 | 1100 | 1300 | 1300

1582 Der italienische Naturforscher Galileo Galilei weist die Regelmäßigkeit von Pendelschwingungen nach.

Galileis Entwurf für ein Pendel

1657 Die erste Pendeluhr wird von dem holländischen Astronom Christian Huygens (1629–1695) gebaut. Das Pendel steuert die Drehungen des Räderwerks.

1670 Das lange Pendel oder Sekundenpendel wird von dem englischen Uhrmacher William Clement (ca. 1638–1704) eingeführt.

1675 Die spiralige Unruhfeder, die Uhren eine Genauigkeit von 2 Min. am Tag verleiht, wird von Huygens erfunden.

Huygens' Unruhfeder

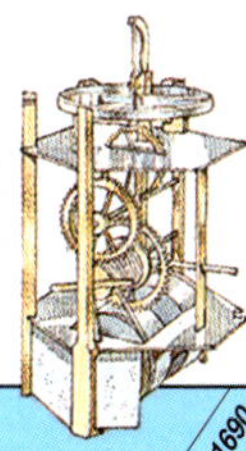

ca. 1690 Astronomen am Königlichen Observatorium in Greenwich, England, messen die Zeit anhand von Sternbeobachtungen.

Observatorium in Greenwich

1582 | 1650 | 1657 | 1670 | 1670 | 1675 | 1690 | 1690

ca. 1900 Die ersten Armbanduhren werden nur von Frauen getragen, aber im 1. Weltkrieg (1914–1918) werden sie bei den Soldaten beliebt.

Frühe Armbanduhr

1939 Die erste Quarzuhr wird in Greenwich angebracht. Die Quarzkristalle schwingen 100 000-mal pro Sekunde. Diese Schwingungen werden gezählt und damit zum Feststellen der genauen Zeit verwendet. Die Abweichung liegt bei weniger als einer 2000stel Sek. pro Tag.

1948 Die erste Atomuhr wird in den USA entwickelt. Sie zählt die natürlichen Schwingungen des Cäsiumatoms, das 9 192 631 770-mal in der Sekunde schwingt. In der ganzen Welt wird die Zeit jetzt durch 80 Atomuhren in 24 Ländern bestimmt.

Frühe Atomuhr

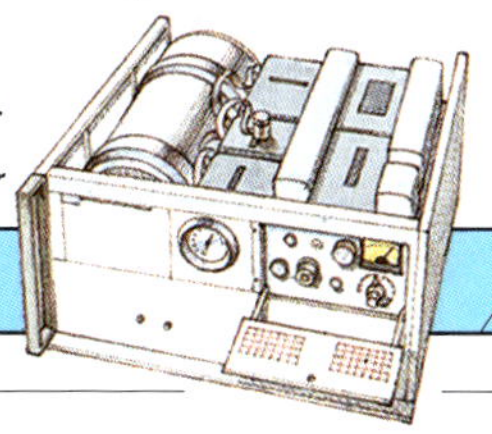

1970 Atomuhr mit einer Abweichung von 1 Sek. in 30 000 Jahren.

1970–1990 In Digitaluhren steuert ein Mikrochip die Ziffern an, sodass die Zeit jetzt sehr genau digital angezeigt werden kann.

1900 | 1900 | 1930 | 1939 | 1940 | 1948 | 1970 | 1970 | 1990

KRAFT-MASCHINEN

Eine Kraftmaschine wandelt verschiedene Energieformen in kinetische Energie, d.h. Bewegungsenergie, um.

50 v. Chr. In China werden Wasserräder durch die Energie fließenden Wassers angetrieben.

ca. 600 n. Chr. Windmühlen wandeln Windenergie in mechanische Bewegung um.

1712 Die erste Dampfmaschine mit Kolben und Zylindern wird von Thomas Newcomen (1663–1729) gebaut.

1769 Dampfgetriebener Wagen des französischen Militäringenieurs Nicolas-Joseph Cugnot (1725–1804)

Watts Dampfmaschine

1783 »Pyroscaphe«, ein dampfgetriebenes Ruderboot, fährt den Fluss Saône hinauf, gebaut vom französischen Ingenieur Jouffroy d'Abbans (1751–1832)

1782 Der schottische Ingenieur James Watt (1736–1819) entwickelt eine Dampfmaschine mit Schwungrad, die leistungsfähiger und praktischer ist als die von Newcomen.

50 v. Chr. – 600 – 1700 – 1712 – 1760 – 1769 – 1780 – 1782 – 1783

1892 Der deutsche Ingenieur Rudolf Diesel (1858–1913) erfindet den Dieselmotor, in dem der Treibstoff nur durch Verdichtung, d.h. ohne Zündkerze, gezündet wird. Der Dieselmotor hat einen geringeren Treibstoffverbrauch, stößt aber Ruß aus.

1897 Die Dampfturbine des britischen Ingenieurs Charles Parsons (1854–1931) revolutioniert den Schiffsbau. Sein Schiff, die »Turbinia«, erreicht bei einer Flottenparade mühelos 34,5 Knoten (63,9 km/h)

»Queen« (1904), mit Turbinen ausgerüstet

1903 Erster Motorflug der amerikanischen Brüder Orville (1871–1948) und Wilbur (1867–1912) Wright mit einem Verbrennungsmotor.

Erster Motorflug der Kitty Hawk

1907 Lee S. Chadwick verwendet einen Vorverdichter an einem Auto.

1926 Die Flüssigkeitsrakete wird vom amerikanischen Physiker Robert Goddard (1882–1945) entwickelt.

Robert Goddard

1890 – 1892 – 1897 – 1900 – 1903 – 1907 – 1925 – 1926

DER VERBRENNUNGSMOTOR

Der im 19. Jh. entwickelte Verbrennungsmotor hat gegenüber anderen Motoren mehrere Vorteile: Es muss nicht ständig Holz oder Kohle nachgelegt werden wie bei der Dampfmaschine, er ist transportabel, im Gegensatz zu Windmühlen und Wasserrädern, und sein Treibstoff ist sehr leistungsfähig.

VIERTAKTMOTOR

1 Das Einlassventil öffnet sich, während der Kolben sich im Zylinder nach unten bewegt. Durch den Unterdruck wird ein Gemisch aus Kraftstoff und Luft angesaugt.

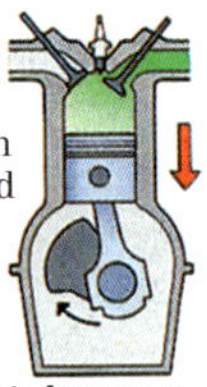

1. Takt: Ansaugen

3 Ein Funke entzündet das verdichtete Benzin-Luft-Gemisch. Das sich ausdehnende Gas drückt den Kolben im Zylinder nach unten. Der Kolben dreht die Kurbelwelle.

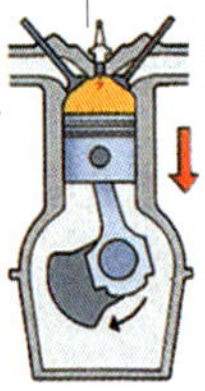

3. Takt: Arbeiten

2 Das Einlassventil schließt sich, und während sich der Kolben aufwärts bewegt, wird das Benzin-Luft-Gemisch unter Druck verdichtet.

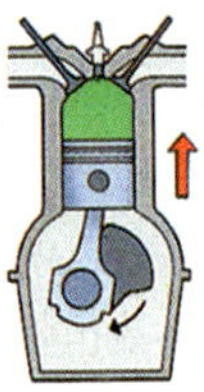

2. Takt: Verdichten

4 Das Auslassventil öffnet sich. Verbranntes Gas wird durch die Aufwärtsbewegung des Kolbens aus dem Zylinder gedrückt. Der Kreislauf fängt von vorn an.

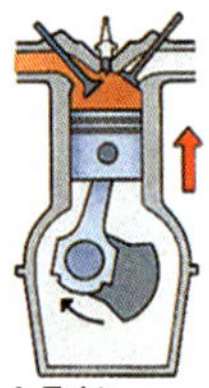

4. Takt: Ausschieben

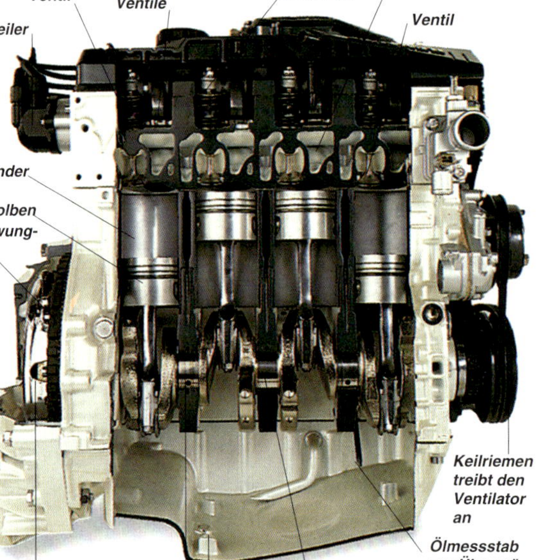

FACHBEGRIFFE

Vergaser Der Vergaser mischt Benzin und Luft im richtigen Verhältnis für die Verbrennung.

Katalysator Der Katalysator befindet sich am Auspuff, wo er Abgase in weniger giftige Produkte umwandelt.

Kurbelwelle Welle, welche die Auf- und Abbewegung der Kolben in eine Drehbewegung umsetzt

Verteiler Der Verteiler steuert die Zündkerzen in den Zylindern.

Schwungrad Ein schweres Rad, das an der Kurbelwelle befestigt ist, um die ruckartigen Stöße der einzelnen Kolben auszugleichen.

Pferdestärke (PS) Veraltetes Maß für die Leistung eines Motors; 1 PS entspricht 0,736 Kilowatt

Verbrennungsmotor Ein Motor, in dem Kraftstoff in Zylindern verbrannt wird, z.B. ein Benzinmotor

Drosselklappe Klappe, die den Luft- und Kraftstofffluss durch den Vergaser steuert

U/min Umdrehungen der Kurbelwelle pro Minute

VERSCHIEDENE KRAFTMASCHINEN

WINDMÜHLE

Die gegen die Flügel drückende Windkraft dreht die Welle in der Mitte.

DAMPFMASCHINE

In einem Kessel erhitztes Wasser erzeugt Dampf. Dieser dehnt sich aus und treibt einen Kolben auf und ab.

BENZINMOTOR

Der Explosionsdruck eines gezündeten Benzin-Luft-Gemischs bewegt einen Kolben in einem Zylinder, wodurch eine Kurbelwelle gedreht wird.

STRAHLTURBINE

Strahltriebwerke, hauptsächlich bei Flugzeugen verwendet, saugen Luft an, verdichten sie und stoßen sie mit hoher Geschwindigkeit aus.

ELEKTROMAGNETISCHER ANTRIEB

Magnetische Felder heben die Magnetschwebebahn ab.

RAKETENTRIEBWERK

Raktentreibstoff verbrennt in einer Brennkammer und das entstehende heiße Gas treibt die Rakete an.

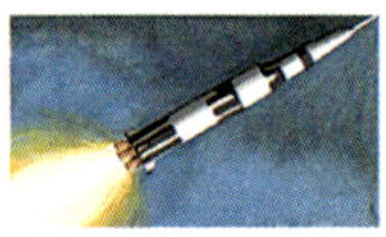

IONENANTRIEB

Ionisierte Atome werden durch elektrische Felder mit hoher Geschwindigkeit ausgestoßen.

DAMPFMASCHINE

Ein Kohlefeuer erhitzt Wasser in einem Kessel und wandelt es in Dampf um. Der sich ausdehnende Dampf wird in einen Zylinder geleitet und bewegt einen Kolben vor und zurück. Der Kolben bewegt die Räder der Lokomotive über eine Pleuelstange und eine Kurbel. Schiffe wurden ebenfalls durch Dampfmaschinen angetrieben.

Dampfmaschinen sind externe Verbrennungsmotoren, da ihr Treibstoff außerhalb des Zylinders verbrannt wird.

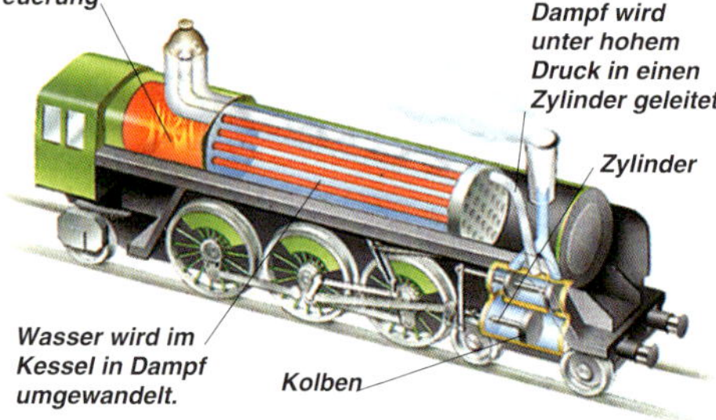

1800 Die erste Maschine, die Dampf unter Hochdruck verwendet, wird von Richard Trevithick (1771–1833) gebaut.

1852 Ein dampfgetriebenes Luftschiff wird von Henri Giffard (1825–1882) gebaut.

1859 Ein gasbetriebener Verbrennungsmotor wird von Etienne Lenoir (1822–1900) gebaut.

1877 Ein Viertaktverbrennungsmotor wird von dem deutschen Ingenieur Nikolaus Otto (1832–1891) gebaut.

Etienne Lenoirs Gasmotor

1883 Ein Hochgeschwindigkeitsverbrennungsmotor wird von Gottlieb W. Daimler (1834–1900) gebaut.

1884 Ein Dampfturbinengenerator zur Elektrizitätserzeugung wird von Charles Parsons (1854–1931) entwickelt.

1885 Ein Motorradmotor wird von Daimler gebaut. Ein von dem deutschen Ingenieur Carl Benz (1844–1929) gebautes dreirädriges Kraftfahrzeug ist das erste mit Benzin angetriebene Kraftfahrzeug.

1800 – 1850 – 1852 – 1859 – 1870 – 1877 – 1880 – 1883 – 1884 – 1885

1934 Eine Flüssigtreibstoffrakete erreicht eine Höhe von 2,4 km; gebaut wurde sie von dem deutschen Ingenieur Wernher von Braun (1912–1977).

1937 Das erste funktionierende Strahltriebwerk wird von dem britischen Ingenieur Frank Whittle (1907–1996) gebaut.

Frank Whittle (rechts) mit frühem Strahltriebwerk

1939 Das erste Flugzeug mit einem Strahltriebwerk wird von dem deutschen Ingenieur Hans von Ohain gebaut.

1948 Erstes Turboprop-Verkehrsflugzeug

1962 Das erste atomgetriebene Schiff, die »USS Savannah«, beginnt ihre Testfahrten.

1970 Das Turbinen-Luftstrahl-Triebwerk ist heute das am meisten verwendete Strahltriebwerk; der Jumbo Jet »Boeing 747« geht in Dienst.

USS Savannaha

1979 Der Abgaskatalysator wird von dem britischen Ingenieurbüro Ricardo Consulting Engineers entwickelt; er wandelt giftige Abgase um.

1930 – 1934 – 1935 – 1937 – 1939 – 1948 – 1960 – 1962 – 1970 – 1970 – 1979

STRAHLTRIEBWERK

In einem Strahltriebwerk wird Luft angesaugt, verdichtet und durch die Verbrennung von Kerosin erhitzt. Die heißen Verbrennungsgase strömen durch die Austrittsdüse mit hoher Geschwindigkeit aus und erzeugen einen Rückstoß. Vor dem Austritt laufen die Gase durch eine Turbine, die mit der Verdichterstufe am Einlass gekoppelt ist und diese stärker antreibt. In Bypass- oder Mantelstromtriebwerken fließt ein Teil der Luft um die Turbine herum, kühlt sie und macht sie leiser.

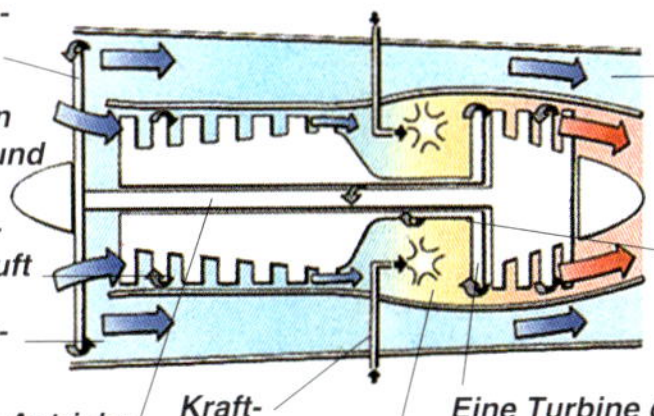

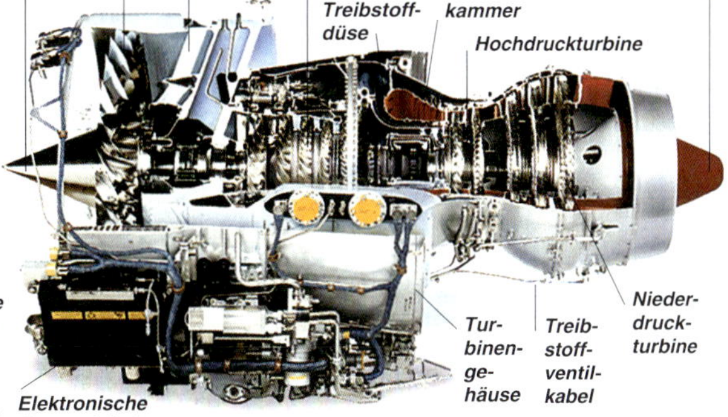

MODERNES MANTELSTROMTRIEBWERK

Die meisten Düsenflugzeuge verwenden Mantelstromtriebwerke. Den größten Teil des Schubs liefert die Luft, die an der Turbine selbst vorbeiströmt.

MAGNETSCHWEBEBAHN

Der elektromagnetische Antrieb einer Magnetschwebebahn erzeugt starke Magnetfelder, damit der Zug von der Führung leicht abheben und sich vorwärts bewegen kann.

Magnetschwebebahn

RAKETENTRIEBWERKE

Raketen, die einfachsten und stärksten Antriebe, verwenden flüssigen oder festen Treibstoff. Der Treibstoff verbrennt in einer Brennkammer, die an einem Ende offen ist: Das ausströmende heiße Gas stößt die Rakete nach oben.

Start einer »SATURN-V«-Rakete

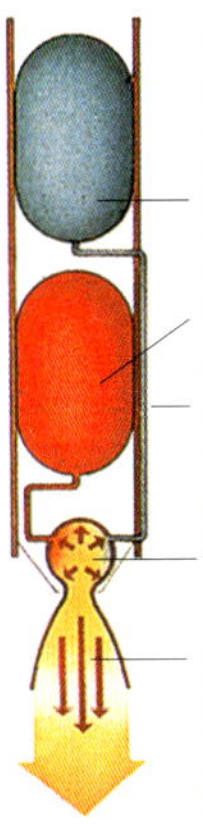

HEISSER ZYLINDER

In einem Verbrennungsmotor kann die Zylindertemperatur 1700 °C erreichen – so heiß wie flüssige Lava.

REKORDE

Der kleinste Verbrennungsmotor ist der 0,1 cm^3-Motor eines Modellflugzeugs.

Die größten Verbrennungsmotoren sind Schiffsmotoren, die bis zu 44 000 kW bei 100 U/min leisten.

MOTORLEISTUNG

KOMPRESSOR UND TURBOLADER

Benzin- und Dieselmotoren können mit Einspritzpumpen ausgerüstet werden, die dem Motor das Luft-Treibstoff-Gemisch unter erhöhtem Druck zuführen. Dadurch kann der Treibstoff besser verbrannt werden. Zwei Typen werden verwendet – Kompressoren und Turbolader.

Kompressor
Ein Kompressor wird über einen Riemen oder ein Getrieberad vom Motor selbst angetrieben.

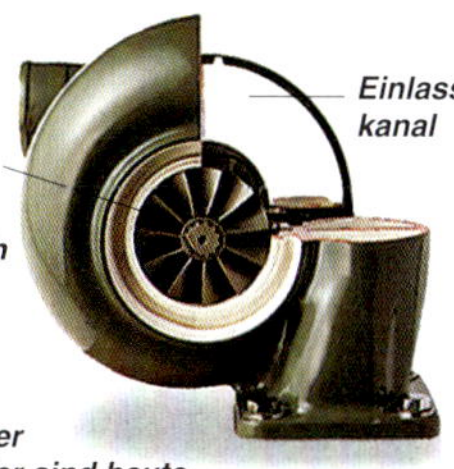

Turbolader
Turbolader sind heute weit verbreitet; sie werden von den ausströmenden Abgasen angetrieben.

WIRKUNGSGRAD

Eine Maschine mit einem Wirkungsgrad von 100% verwandelt die gesamte Energie seines Treibstoffs in nützliche Arbeit.

Art der Maschine		Wirkungsgrad
Dampfmaschine		7%
Verbrennungsmotor	Benzin Diesel	25–30% 30–40%
Kraftwerk (Öl oder Kohle)		35%
Wasserkraftwerk		80%

NACHBRENNER

Nachbrenner spritzen zusätzlichen Treibstoff in die heißen Düsenabgase. Der Treibstoff entzündet sich und heizt den Düsenstrahl weiter auf. Dadurch entsteht zusätzlicher Schub. Nachbrenner werden beim Start und schnellen Manövern benutzt. Sie verbrauchen viel Treibstoff und sind extrem laut.

Nachbrenner an einem Düsenjäger

RAUM UND ZEIT

Das Universum, vor 10 bis 20 Mrd. Jahren in einem Urknall entstanden, ist für menschliche Begriffe unendlich groß. Alles was wir sehen oder tun, geschieht in Raum und Zeit. Körper im Raum haben geometrische Abmessungen und eine Masse. Die Zeit schreitet von der Vergangenheit in die Zukunft fort, niemals umgekehrt.

ALLES RELATIV

Die Relativitätstheorie macht Aussagen zum Verhalten von Raum und Zeit. Sie beschreibt auch, wie sich Körper gegenseitig sehen, wenn sich der eine annähernd mit Lichtgeschwindigkeit bewegt.

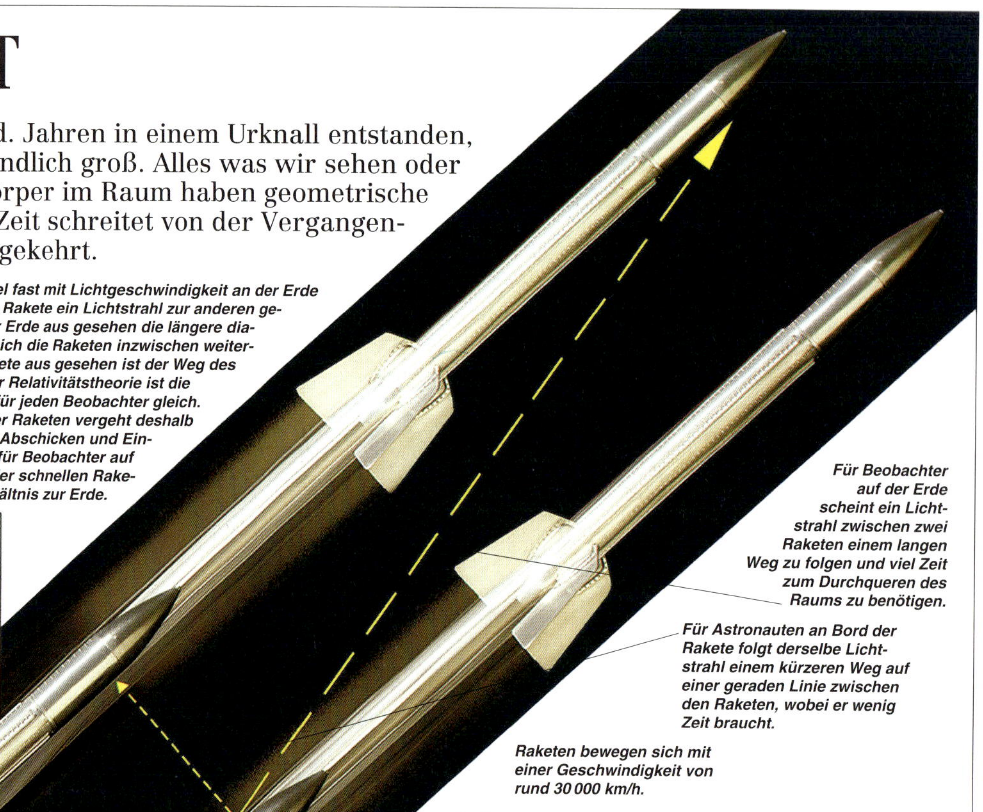

Zwei Raketen fliegen parallel fast mit Lichtgeschwindigkeit an der Erde vorbei. Wenn von der einen Rakete ein Lichtstrahl zur anderen geschickt wird, legt er von der Erde aus gesehen die längere diagonale Strecke zurück, da sich die Raketen inzwischen weiterbewegt haben. Von der Rakete aus gesehen ist der Weg des Lichtstrahls kürzer. Laut der Relativitätstheorie ist die Lichtgeschwindigkeit aber für jeden Beobachter gleich. Für Astronauten an Bord der Raketen vergeht deshalb weniger Zeit zwischen dem Abschicken und Eintreffen des Lichtstrahls als für Beobachter auf der Erde. Die Zeit an Bord der schnellen Raketen läuft langsamer im Verhältnis zur Erde.

Für Beobachter auf der Erde scheint ein Lichtstrahl zwischen zwei Raketen einem langen Weg zu folgen und viel Zeit zum Durchqueren des Raums zu benötigen.

Für Astronauten an Bord der Rakete folgt derselbe Lichtstrahl einem kürzeren Weg auf einer geraden Linie zwischen den Raketen, wobei er wenig Zeit braucht.

Raketen bewegen sich mit einer Geschwindigkeit von rund 30 000 km/h.

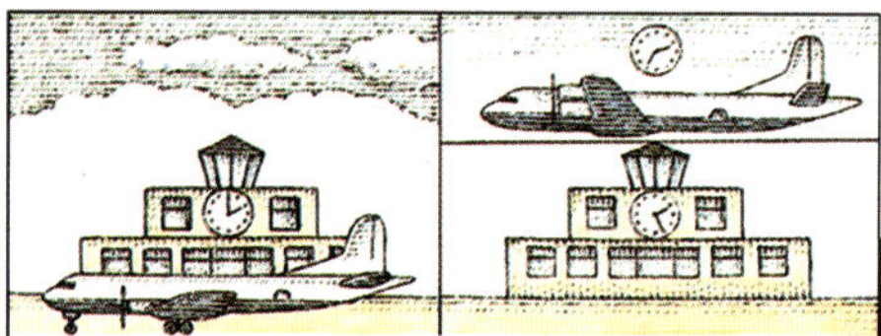

JET SET

Die Relativitätstheorie sagt voraus, dass Uhren bei geringerer Schwerkraft schneller laufen. 1975 wurde dies mit Hilfe zweier Atomuhren bewiesen. Die eine in einem sehr hoch fliegenden Flugzeug lief schneller als die auf der Erde.

WISSENSWERTES

Wissenschaftler vermuten, dass Zeit in einzelnen Sprüngen verläuft. Diese kleinste Zeiteinheit nennt man die Planck-Zeit. Eine Sekunde enthält 10 000 000 000 000 000 000 000 000 000 000 000 000 000 000 Planck-Zeiten (10 Trilliarden Trilliarden).

Schwerkraft beeinflusst den Zeitverlauf. Zeit vergeht schneller auf einer Bergspitze, wo die Schwerkraft geringer ist als auf Höhe des Meeresspiegels.

ZEITSPANNEN

Zeit wird in Sekunden, Minuten, Stunden usw. gemessen.

Zeitspanne		Bewegungsbeispiel
0,000 000 000 001	Sek.	Ein Gasmolekül dreht sich einmal.
0,000 000 001	Sek.	Die Zeit, die Licht braucht, um 30 cm in Luft zurückzulegen
0,000 001	Sek.	Die Zeitdauer eines Blitzes
0,001	Sek.	Die Zeit, die Schall braucht, um 30 cm in Luft zurückzulegen
0,1	Sek.	Ein olympischer Sprinter läuft 1 m.
1	Sek.	Der Quartz in einer Uhr schwingt 32 768-mal.
1000	Sek.	Zeit, in der eine Schnecke 10 m weit kriecht
1000 000	Sek.	11,57 Tage
1000 000 000	Sek.	Zeit, die der Saturn braucht, um sich einmal um die Sonne zu drehen
1000 000 000 000	Sek.	Alter der ältesten Höhlenmalereien

In einem berühmten Experiment während einer Sonnenfinsternis 1919 wurde gezeigt, dass der Lichtstrahl eines entfernten Sterns abgelenkt wird, wenn er nahe an der Sonne vorbeigeht. Die starke Anziehungskraft der Sonne hat einen winzigen Einfluss auf Zeit und Raum um sie herum.

Bei der Sonnenfinsternis von 1919 wurde erstmals die Ablenkung von Sternenlicht gemessen.

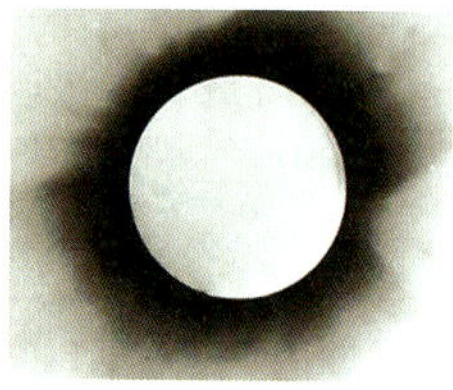

ENTFERNUNGSSKALA

Die Entfernungen im Universum sind unermesslich. Die Tabelle zeigt eine Entfernungsskala in Metern.

Entfernung		Beispiel
0,000 000 000 000 001	m	Der Durchmesser eines Atomkerns
0,000 000 000 001	m	Die Wellenlänge von hochenergetischen Röntgenstrahlen
0,000 000 001	m	Der Durchmesser eines Ölmoleküls
0,000 001	m	Der Durchmesser eines einzelligen Organismus'
0,001	m	Die Wellenlänge von Mikrowellenstrahlung
0,1	m	Der Durchmesser einer Apfelsine
1	m	Die Größe eines Kindes
1 000	m	1 Kilometer
1 000 000	m	Die Breite von Ägypten
1 000 000 000	m	Der Durchmesser der Sonne
1 000 000 000 000	m	Die Entfernung des Saturns von der Sonne
1 000 000 000 000 000	m	1/40 der Entfernung zum nächsten Stern

RELATIVITÄT

1905 veröffentlichte der deutsche Wissenschaftler Albert Einstein (1879–1955) die »Spezielle Relativitätstheorie«. Sie schockierte die wissenschaftliche Welt, weil sie zeigte, dass Raum und Zeit keine unveränderlichen Größen sind. Nach seiner später veröffentlichten »Allgemeinen Relativitätstheorie« (1915), eigentlich eine Theorie der Schwerkraft, wird der Raum durch Materie gekrümmt. In seiner Theorie bilden Raum und Zeit eine Einheit, die sogenannte Raumzeit. Raumzeit kann man sich als eine Gummimatte vorstellen, die eingedellt wird, wenn man Gegenstände darauf legt. Objekte, die eine Masse haben, verformen die wirkliche Raumzeit in gleicher Weise. Je größer die Masse, desto stärker wird die Raumzeit verformt.

Albert Einstein

BIOLOGIE

Die Wissenschaft von den Ursprüngen und den Vorgängen des Lebens nennt man Biologie. Wissenschaftliche Entdeckungen haben dazu beigetragen, diese Vorgänge zu verstehen und zu beeinflussen.

Aristoteles

ca. 350–340 v. Chr. Der griechische Philosoph Aristoteles (384–322 v. Chr.) versucht, Tiere in ein System einzuteilen, wobei er zwischen Tieren mit und ohne Blut unterscheidet.

Andreas Vesal

1543 Der flämische Arzt Andreas Vesal (1514–1564) begründet die wissenschaftliche Anatomie.

400 v. Chr. | 350 | 1500 | 1543

1665 Der englische Wissenschaftler Robert Hooke (1653–1703) veröffentlicht seine »Micrographia« mit genauen Zeichnungen. Er führt den Begriff »Zelle« in die Biologie ein und arbeitet an der Verbesserung des Mikroskops mit.

Zeichnung einer vergrößerten Korkscheibe

1677 Einzeller (Protozoen) werden von dem holländischen Wissenschaftler Antonie van Leeuwenhoek (1632–1723) mit Hilfe eines einfachen Mikroskops entdeckt. Er war später der erste, der Bakterien beobachtete.

Hydra

1701 Die Fortpflanzung des Süßwasserpolypen Hydra wird von Antonie van Leeuwenhoek unter dem Mikroskop beobachtet.

1735 Ein System für die Klassifizierung lebender Organismen wird durch den schwedischen Botaniker Carl von Linné (1707–1778) eingeführt. Seine zweiteilige Bezeichnung für jedes Lebewesen benennt Art und Gattung des Lebewesens, Name des Beschreibers und Jahr der Beschreibung.

Carl von Linné

1600 | 1665 | 1677 | 1700 | 1701 | 1735

1749 Der französische Naturforscher Georges Louis Buffon (1707–1788) nimmt die Entwicklung der Organismen als Folge erdgeschichtlicher Vorgänge an.

1771 Eine Verbindung zwischen der Muskelbewegung und elektrischen Impulsen wird vom italienischen Anatom Luigi Galvani (1737–1798) entdeckt, als er mit den Beinen eines sezierten Frosches experimentiert.

Galvani demonstriert Nervenimpulse.

1779 Der Vorgang der Photosynthese wird vom holländischen Wissenschaftler Jan Ingenhousz (1730–1799) entdeckt.

1805 Der Begriff »Biologie« wird von Jean-Baptiste Lamarck (1744–1829) und Gottfried Treviranus (1776–1837) geprägt. Die moderne Anthropologie wird vom Deutschen Johann Blumenbach (1750–1840) begründet.

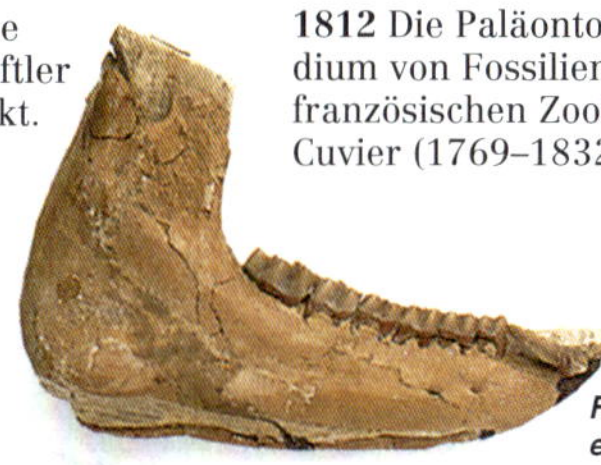

Fossiler Kieferknochen eines Paläotheriums

1812 Die Paläontologie, das Studium von Fossilien, wird vom französischen Zoologen George Cuvier (1769–1832) entwickelt.

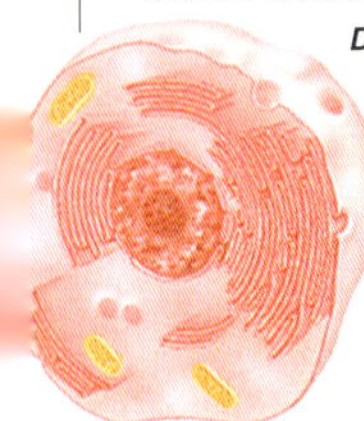

Diagramm einer typischen Zelle

1749 | 1770 | 1771 | 1779 | 1800 | 1805 | 1810 | 1812

1839 Die Zellenlehre wird von dem deutschen Naturforscher Theodor Schwann (1810–1882) und dem Botaniker Matthias Schleiden (1804–1881) begründet. Sie besagt, dass alle Lebewesen aus Zellen bestehen. Auch wurde beobachtet, dass aus einer einzigen Eizelle ein ganzer Organismus entsteht.

1855 Die Theorie der Homöostase, die besagt, dass der Körper mit Hilfe von Regelsystemen seine inneren Zustände konstant hält, wird von dem französischen Physiologen Claude Bernard (1813–1878) aufgestellt.

1856 Der französische Chemiker Louis Pasteur (1822–1895) begründet die Mikrobiologie, entwickelt Impfstoffe und eine Methode zur Abtötung von Mikroorganismen durch Hitze (Pasteurisieren).

Louis Pasteur

1859 Charles Darwin (1809–1882) veröffentlicht »Über die Entstehung der Arten«, worin er das Prinzip der natürlichen Auslese und seine Theorie der Evolution erläutert (siehe S. 68).

Karikatur, die Darwins Behauptung, der Mensch stamme vom Affen ab, lächerlich macht

1830 | 1839 | 1850 | 1855 | 1856 | 1859

Ca. 1860 Die Vererbungslehre wird vom österreichischen Botaniker Pater Gregor Mendel (1822–1884) nach langen Versuchen mit Erbsen begründet. Die Vererbungslehre erklärt, wie bestimmte Merkmale vererbt werden.

Gregor Mendel

1889 Die wichtige Rolle von Säuren bei der Verdauung von Nahrungsmitteln wird entdeckt. Der russische Wissenschaftler Iwan Pawlow (1849–1936) zeigt, dass Reflexe nicht nur angeboren sind, sondern trainiert werden können. Dazu brachte er Hunden bei, beim Klang einer Glocke ebenso Speichel abzusondern wie beim Geruch von Futter.

1937 Die Chemie der Atmung wird von Hans Krebs (1900–1981) entdeckt. Er entdeckt die Kette von chemischen Reaktionen (Zitronensäurezyklus), mit der die Zellen Nahrungsmittel in Energie umwandeln. Sie ist entscheidend für den gesamten Stoffwechsel.

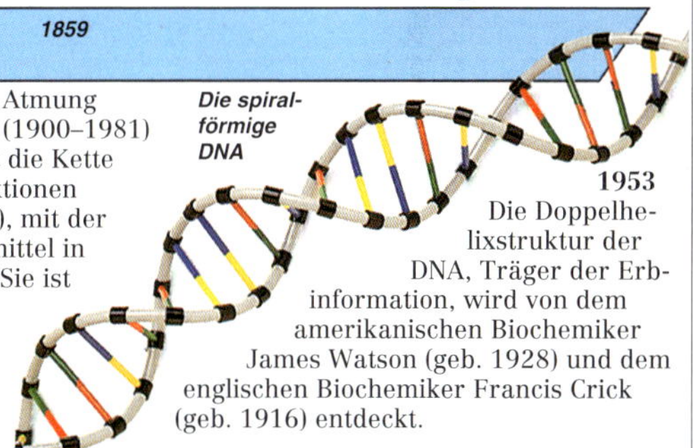

Die spiralförmige DNA

1953 Die Doppelhelixstruktur der DNA, Träger der Erbinformation, wird von dem amerikanischen Biochemiker James Watson (geb. 1928) und dem englischen Biochemiker Francis Crick (geb. 1916) entdeckt.

1860 | 1860 | 1880 | 1889 | 1930 | 1937 | 1950 | 1953

1963 Wie Nerven Signale weiterleiten wird von John Eccles (geb. 1903), Andrew Huxley (geb. 1917) und Alan Hodgkin (geb. 1914) erklärt.

Eccles erhält den Nobelpreis.

1974 Das älteste und vollständigste Skelett eines frühen, aufrecht gehenden Hominiden wird von amerikanischen Anthropologen in Äthiopien gefunden. Dieser Hominide »Lucy« ist schätzungsweise 3 bis 3,5 Mio. Jahre alt.

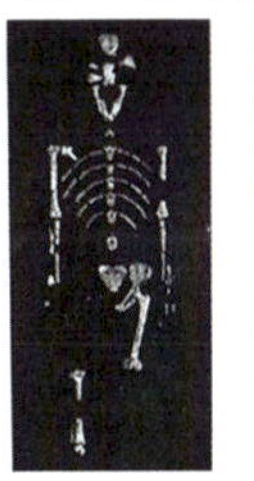

Knochenfragmente von »Lucy«

1979 Die »Gaiatheorie« wird von James Lovelock (geb. 1919) veröffentlicht, wonach »die Gesamtheit des Lebens auf der Erde eine sich selbst regulierende Einheit ist mit der Fähigkeit, unseren Planeten durch die Kontrolle der chemischen und physikalischen Umwelt gesund zu erhalten«.

James Lovelock

1984 Der genetische Fingerabdruck, eine Methode, um genetisches Material zu identifizieren, wird von Alec Jeffreys entwickelt.

2004 Die Entschlüsselung des menschlichen Erbguts durch das internationale Humangenomprojekt (HGP), begonnen 1990, kommt zum Abschluss. Die Zahl der Gene liegt mit 20 000 bis 25 000 weit unter den ersten Schätzungen.

1960 | 1963 | 1970 | 1974 | 1975 | 1979 | 1980 | 1984 | 2000 | 2004

PHYSIK

Lange bevor der Begriff »Wissenschaft« geprägt wurde, haben Menschen experimentiert, um die Gültigkeit ihrer Vorstellungen über die Welt zu testen.

ca. 400 v. Chr. Der griechische Denker Demokrit (ca. 460–362 v. Chr.) lehrt, dass Materie aus kleinen, harten, unteilbaren Teilchen besteht, den Atomen.

Demokrit

ca. 260 v. Chr. Das Prinzip des Auftriebs wird von dem griechischen Wissenschaftler Archimedes (ca. 287–212 v. Chr.) entdeckt. Er untersucht auch die Hebelgesetze und erfindet viele Maschinen.

Archimedes erkennt, dass sein Körper um das Gewicht des verdrängten Wassers leichter wird, wenn er ins Bad steigt.

400 v. Chr. | 200 v. Chr. | 260 v. Chr.

1643 Der Luftdruck wird von Galileo Galileis Schüler Evangelista Torricelli (1608–1647) entdeckt und gemessen. Er benutzt zur Messung seine eigene Erfindung, ein Quecksilberbarometer.

Quecksilberbarometer

1665 Die Bewegungsgesetze und das Gesetz der Schwerkraft werden von Isaac Newton (1643–1727) in seiner »Principia Mathematica« formuliert. Er entdeckt auch, dass weißes Licht aus einem Farbspektrum besteht.

Isaac Newton

1701 Joseph Sauveur (1653–1716) untersucht die Beziehung zwischen Schallwellen und Schwingungen und schlägt den Begriff »Akustik« für die Lehre vom Schall vor.

1712 Die erste verwendbare Dampfmaschine mit Kolben und Zylinder wird von Thomas Newcomen (1663–1729) gebaut.

Newcomens Maschine wurde zum Abpumpen von Wasser aus Bergwerken genutzt.

1640 | 1643 | 1660 | 1665 | 1700 | 1701 | 1710 | 1712

1800 Die langwellige, unsichtbare Infrarotstrahlung wird von dem in Deutschland geborenen Astronomen Friedrich Wilhelm Herschel (1738–1822) entdeckt. Herschel entdeckte den Planeten Uranus und Hunderte von Sternen und Nebeln.

Friedrich Wilhelm Herschel

Daltons Atommodelle

1803 Die Atomtheorie wird von John Dalton (1766–1844) entwickelt. Sie führt moderne Ideen über Elemente und Verbindungen aus Atomen und Molekülen ein.

1807–08 Kalium, Natrium, Magnesium, Barium, Calcium und Strontium werden von Humphrey Davy (1778–1829) entdeckt.

Davy bei einem seiner öffentlichen Experimente

1811 Amadeo Avogadro (1776–1856) formuliert ein nach ihm benanntes Gesetz. Es besagt, dass Gase bei gleichem Rauminhalt stets die gleiche Anzahl Moleküle enthalten.

1800 | 1800 | 1803 | 1807 | 1810 | 1811

1843 Die Beziehung zwischen Wärme, Kraft und Arbeit wird von James Joule (1818–1889) untersucht und formuliert.

Joules Maschine zur Messung der Energieumwandlung (Kalorimeter)

1846 Die Gesetze der Thermodynamik werden von William Thomson (1824–1907), später Lord Kelvin, entwickelt.

1865 Die Beziehung zwischen Elektrizität und Magnetismus wird von James Clerk Maxwell (1831–1879) formuliert.

James Clerk Maxwell

1869 Das Periodensystem der Elemente wird von dem russischen Chemiker Dimitrij Mendelejew (1834–1907) aufgestellt. Es teilt Elemente nach dem Atomgewicht in Gruppen ein.

1876 Das Telefon wird von Graham Bell (1847–1922) auf der Weltausstellung in Philadelphia vorgestellt. Sein Gerät verwendet eine dünne Membran, die Schwingungen der menschlichen Stimme in elektrische Signale umwandelt und dann wieder in Schallwellen zurückverwandelt.

Alexander Graham Bells Telefon

1840 | 1843 | 1846 | 1860 | 1865 | 1869 | 1870 | 1876

1900 Die Quantentheorie wird von dem deutschen Physiker Max Planck (1858–1947) aufgestellt: Energie besteht aus kleinen Einheiten, den so genannten »Quanten«. Dies führt zu der Theorie, dass sich Licht sowohl wie eine Welle als auch wie ein Teilchen verhalten kann.

Albert Einstein

1905 Die spezielle Relativitätstheorie wird von dem deutschen Physiker Albert Einstein (1879–1955) veröffentlicht. Zusammen mit der Allgemeinen Relativitätstheorie (1915) revolutioniert sie die Grundlagen der Physik.

1909 Der erste stabile Kunststoff »Bakelit« wird von Leo Henrick Backeland (1863–1944) entwickelt.

Telefonhörer aus Plastik

1911 Der Atomkern wird von dem neuseeländischen Physiker Ernest Rutherford (1871–1937) entdeckt.

1913 Die Elektronenschalen um den Atomkern werden von dem dänischen Physiker Niels Bohr (1885–1962) entdeckt.

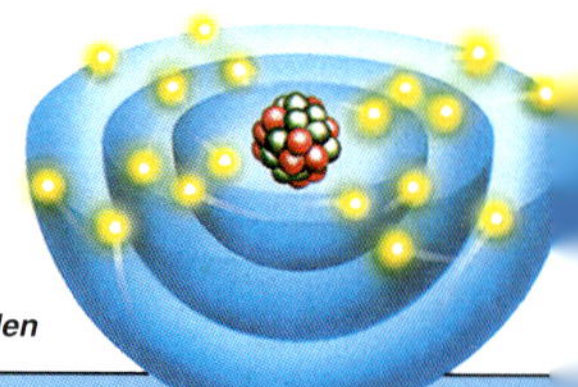

Elektronenschalen

1900 | 1900 | 1905 | 1909 | 1910 | 1911 | 1913

1938 Die Kernspaltung, die Spaltung von Atomkernen zur Energiegewinnung, wird von den deutschen Physikern Otto Hahn (1879–1968) und Fritz Straßmann (1902–1980) entwickelt.

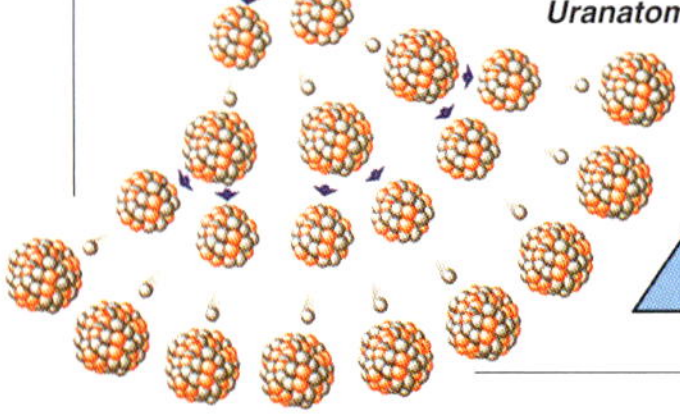

Spaltung des Uranatomkerns

1939 Die Beschaffenheit der chemischen Bindung zwischen Atomen und Molekülen wird von Linus Pauling (1901–1994) erklärt.

1942 Der erste Atomreaktor wird von Enrico Fermi (1901–1954) gebaut.

Fermis Reaktor

1945 Die Erwärmung durch Mikrowellen wird von Percy Le Baron (1894–1970) entdeckt, als ein Bonbon in seiner Tasche schmilzt, während er mit Mikrowellen experimentiert.

1946 Die Radiokarbondatierung wird von Willard Frank Libby (1908–1980) erfunden.

1947 Der Transistor wird von John Bardeen (1908–1991), Walter Brattain (1902–1987) und William Shockley (1910–1989) erfunden.

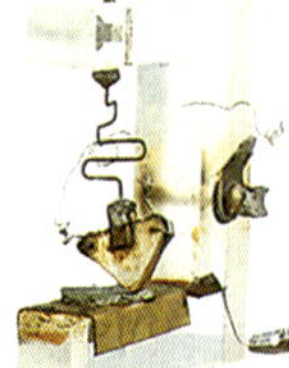

Nachbau eines frühen Transistors

1938 | 1939 | 1940 | 1942 | 1945 | 1946 | 1947

Um 1100 n. Chr. Der Kompass wird von italienischen und chinesischen Navigatoren benutzt. Sie entdecken unabhängig voneinander, dass eine frei aufgehängte oder schwimmende magnetische Nadel immer nach Norden zeigt.

1600 Der englische Arzt William Gilbert (1544–1603) behauptet in seinem Buch »De Magnete« (Über Magnete), dass der Erdkern ein großer Magnet mit magnetischen Polen ist.

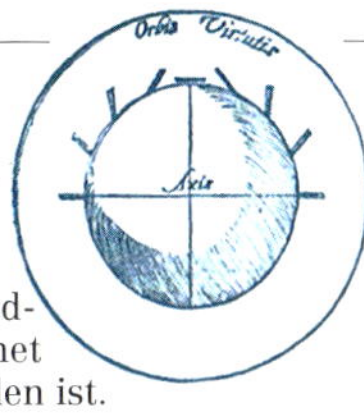

Das Diagramm zeigt die Neigung von Kompassnadeln auf verschiedenen Längengraden.

Um 1620 Die Methode der modernen Wissenschaft werden von dem englischen Philosophen Francis Bacon (1561–1626) entwickelt. Er bezeichnet das Experiment als die beste Basis für Wissen.

1638 Die Lehre von der Mechanik wird von Galileo Galilei (1564–1642) in »Dialog über die beiden großen Weltsysteme« begründet. Er untersucht, wie Kräfte Beschleunigungen verursachen, und erforscht Eigenschaften des Pendels.

Experiment zur Veranschaulichung von Galileis Arbeiten über den schiefen Wurf

1000 1100 1600 1620 1630 1638

1755 Das Kohlendioxid wird von Joseph Black (1729–1799) entdeckt.

1765 Die erste leistungsstarke Dampfmaschine wird von James Watt (1736–1819) gebaut.

Henry Cavendish

1766 Der Wasserstoff wird von Henry Cavendish (1731–1810) entdeckt, der das Gas »brennbare Luft« nennt.

1779 Der Sauerstoff erhält seinen Namen von Antoine Lavoisier (1743–1794), der zeigt, welche Rolle das Gas bei der Verbrennung spielt. Er zeigt, dass Luft eine Gasmischung ist und Wasser eine Verbindung aus Wasserstoff und Sauerstoff.

Antoine Lavoisier mit seiner Frau und Mitarbeiterin Marie-Anne

1799 Die Batterie wird von Alessandro Volta (1745–1827) erfunden; sie enthält Schichten verschiedener Metalle, durch eine Salzlösung getrennt.

Zelle

Voltaelement oder Batterie

1750 1755 1760 1766 1770 1779 1799

1828 Der deutsche Chemiker Friedrich Wöhler (1800–1882) begründet die organische Chemie als Chemie der Kohlenstoffverbindungen.

1831 Der englische Wissenschaftler Michael Faraday (1791–1867) verwendet Magnetismus, um Elektrizität zu erzeugen, einen Vorgang, den man »elektromagnetische Induktion« nennt. Der Amerikaner Joseph Henry (1797–1878) macht unabhängig die gleiche Entdeckung.

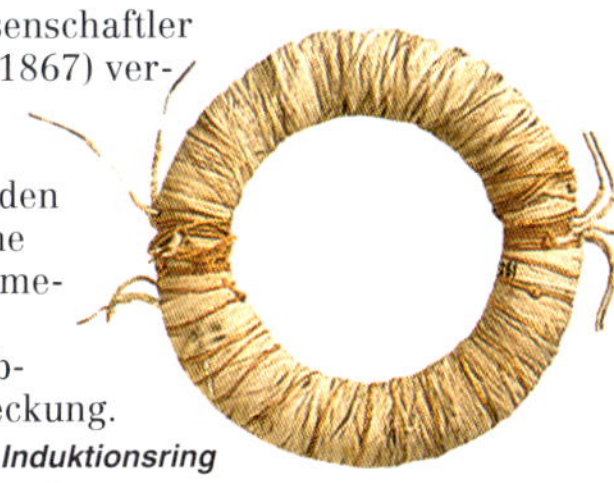

Faradays Induktionsring

1836 Katalysatoren werden von dem schwedischen Wissenschaftler Jöns Berzelius (1779–1848) entdeckt. Katalysatoren beschleunigen chemische Reaktionen, ohne selbst in der Reaktion verbraucht zu werden.

1839 Brauchbare Fotografie-Verfahren werden unabhängig voneinander von William Fox Talbot (1800–1877) und Louis Daguerre (1789–1851) erfunden.

Daguerreotypie auf einer Kupferplatte

1820 1828 1830 1831 1836 1839

1888 Die Existenz von Radiowellen wird von dem deutschen Physiker Heinrich Hertz (1857–1894) nachgewiesen. Der Induktionsmotor wird von Nikolai Tesla (1856–1943) erfunden.

Heinrich Hertz

Marconi

1894 Die drahtlose Telegrafie wird von dem 20-jährigen Italiener Guglielmo Marconi (1874–1937) erfunden.

1895 Der deutsche Physiker Wilhelm Röntgen (1845–1923) entdeckt die Röntgenstrahlen.

1896 Die Auswirkungen radioaktiver Strahlung werden von dem französischen Physiker Antoine-Henri Becquerel (1852–1908) entdeckt.

1897 Joseph John Thomson (1856–1940) entdeckt das Elektron.

1898 Die Elemente Radium und Polonium werden von der in Polen geborenen Chemikerin Marie Curie (1867–1934) und Pierre Curie (1859–1906) isoliert. Sie nennt die starke Strahlung der Stoffe »Radioaktivität«.

Marie und Pierre Curie

1880 1888 1890 1894 1895 1896 1897 1898

1915 Die Röntgenstrukturanalyse zur Untersuchung des Aufbaus von Kristallen wird von dem britischen Physiker William H. Bragg (1862–1942) und seinem Sohn, dem Physiker Lawrence Bragg (1890–1971), entwickelt.

Mineral mit kristalliner Struktur

1919 Ernest Rutherford (1871–1937) wandelt einen Stickstoffatomkern durch Beschuss mit Alphateilchen in einen Sauerstoffatomkern um.

Ernest Rutherford

1931 Neutronen (Teilchen im Atomkern) werden von James Chadwick (1891–1974) entdeckt.
1932 Der erste Teilchenbeschleuniger wird von den britischen Physikern J. Cockroft (1897–1967) und Ernest Walton (geboren 1903) gebaut. Das Positron, ein Antimaterieteilchen, wird von dem amerikanischen Physiker Carl David Anderson (1905–1991) entdeckt.

Erster Teilchenbeschleuniger

1935 Nylon wird von dem amerikanischen Chemiker Wallace H. Carothers (1896–1937) entwickelt.

1915 1919 1930 1931 1932 1935

1960 Der erste Laser wird von Theodore Maiman (geb. 1927) gebaut, basierend auf Theorien des amerikanischen Physikers Gordon Gould von 1957.

1964 Die Existenz von Quarks, den Bestandteilen von Protonen und Neutronen, wird von dem Physiker Murray Gell-Mann (geb. 1929) angenommen.

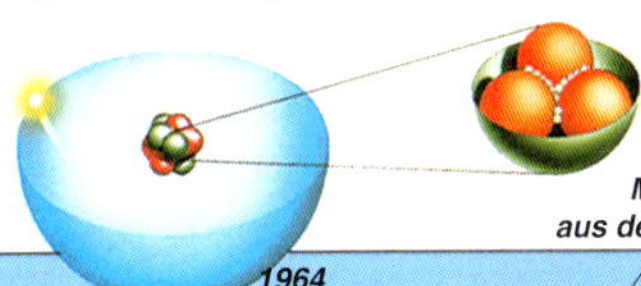

Atomkern mit Quarks

1980 Die Chaostheorie wird von amerikanischen Mathematikern entwickelt. Im Gegensatz zu klassischen physikalischen Systemen kann man das Verhalten chaotischer Systeme nicht über längere Zeit vorhersagen. Beispiele dafür sind das Wetter und – in Zeiträumen von Jahrmillionen – die Bewegung der Planeten.

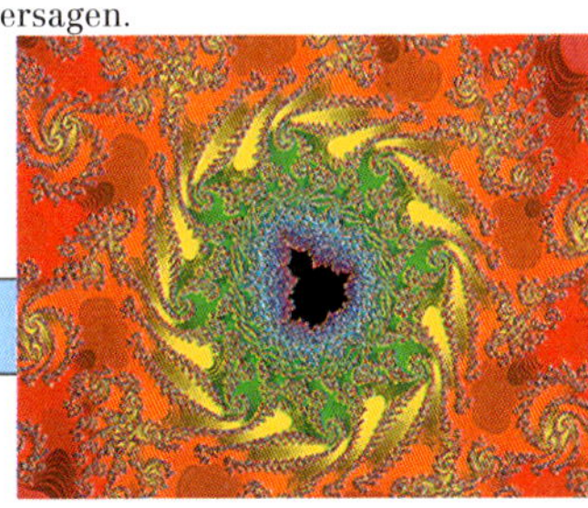

Mit Computern erzeugte Bilder, die aus der Chaostheorie abgeleitet wurden

1983 Die Existenz von zwei wichtigen subatomaren Teilchen ($W\pm$, Z^0) wird in den Schweizer CERN Laboratorien bestätigt.

1986 Hochtemperatur-Supraleiter, die nicht bis nahe dem absoluten Nullpunkt gekühlt werden müssen, werden entdeckt.

1990 Der COBE-Satellit (Cosmic Background Explorer – Erforscher des kosmischen Hintergrundrauschens) entdeckt Störungen in der Hintergrundstrahlung – ein Hinweis für die Richtigkeit der Urknalltheorie über den Ursprung des Universums.

1960 1960 1964 1980 1980 1983 1986 1990 1990

BEDEUTENDE WISSENSCHAFTLER

ROBERT KOCH
Der deutsche Arzt Robert Koch (1843–1910) begründete die Bakterienforschung. Er isolierte 1876 als Erster im Labor eine Bakterienart, die bei Kühen und Menschen den Milzbrand hervorruft. 1882 und 1883 entdeckte er die Bakterien, die Tuberkulose und Cholera bei Menschen auslösen können. 1905 erhielt er für seine Forschungen über die Tuberkulose den Nobelpreis für Medizin.

WILHELM RÖNTGEN
Der deutsche Physiker Wilhelm Röntgen (1845–1923) entdeckte 1896 bei Untersuchungen der Kathodenstrahlen die später nach ihm benannten »Röntgenstrahlen«. Diese wurden von ihm als »X-Strahlen« bezeichnet. 1901 erhielt er für diese Entdeckung den ersten Nobelpreis für Physik. Die Röntgenstrahlen werden zur medizinischen Diagnose eingesetzt. Sie liefern ein Abbild vom Inneren des menschlichen Körpers oder von Gegenständen.

MAX PLANCK
Der Physiker Max Planck (1858–1947) entdeckte als Erster, dass erhitzte Körper ihre Energie in kleinen Einheiten abgeben, den »Lichtquanten«. Max Planck gelang es, die Wellen- und Teilcheneigenschaften des Lichts in einer einheitlichen Theorie zu beschreiben, der »Quantentheorie«. Diese wurde später von Albert Einstein weiterentwickelt.

MARIE CURIE
Die französische Wissenschaftlerin Marie Curie (1867–1934) und ihr Mann Pierre Curie (1859–1906) waren die Entdecker der radioaktiven Elemente Radium und Polonium (1898). Für ihre Arbeit wurde Marie Curie 1903 gemeinsam mit ihrem Mann und Antoine Becquerel mit dem Nobelpreis für Physik ausgezeichnet. 1911 erhielt sie außerdem den Nobelpreis für Chemie.

ALBERT EINSTEIN
Albert Einstein (1879–1955) war einer der genialsten Physiker des 20. Jhs. Er begründete die spezielle und die allgemeine Relativitätstheorie und schuf damit die Grundlagen sowohl für die moderne Atomphysik als auch für unsere Vorstellungen vom Universum. Albert Einstein erhielt 1921 den Nobelpreis für Physik. Aufgrund seiner jüdischen Abstammung musste er vor der nationalsozialistischen Bedrohung 1933 aus Deutschland auswandern.

LISE MEITNER
Die österreichische Physikerin Lise Meitner (1878–1968) war seit 1918 Leiterin der Physikabteilung des Kaiser-Wilhelm-Instituts für Chemie und Professorin in Berlin. Seit 1907 arbeitete sie mit Otto Hahn zusammen. Aufgrund der Vorarbeiten von Lise Meitner entdeckten Otto Hahn (1879–1968) und Fritz Straßmann (1902–1980) im Jahr 1939 die Spaltung von Urankernen bei Neutronenbestrahlung. Otto Hahn erhielt dafür 1944 den Nobelpreis.

STEPHEN HAWKING
Der britische Professor für theoretische Physik (geb. 1942) legte mit seiner wissenschaftlichen Arbeit eine umfassende Erklärung für Anfang und Ende des Universums vor. Sein Buch »Eine kurze Geschichte der Zeit«, 1988 erschienen, erlangte Weltruhm. Der unheilbar erkrankte Hawking sieht seine Forschungsergebnisse als Weiterführung der Gedanken von Albert Einsteins Allgemeiner Relativitätstheorie.

GERD BINNING
Der 1947 geborene deutsche Wissenschaftler Gerd Binning erhielt 1986 den Nobelpreis für Physik, zusammen mit H. Rohler. Die Wissenschaftler entwickelten das Rastertunnelmikroskop zur Analyse der Struktur und Beschaffenheit der Oberflächen von Atomen. Aus der Auf- und Abbewegung einer feinen Sonde erhält man am Computer ein Bild der atomaren Oberfläche.

KOMMUNIKATION, TRANSPORT UND PRODUKTION

Wissenswertes zu den wichtigsten Beförderungsmitteln und internationalen Industriezweigen sowie zur weltweiten Kommunikation – außerdem die wichtigsten Sprachen und Alphabete.

Autos • Rennwagen • Luftfahrzeuge • Luftfahrtgeschichte • Fahrräder • Motorräder • Züge • Schiffe
Kommunikation • Sprache • Schriften • Energie • Industrie • Straßen • Bauwesen

AUTOS

Das erste in Massenproduktion hergestellte Auto, das »Oldsmobile«, wurde vor rund 100 Jahren gebaut. Seit damals ist die Zahl der Autos auf der ganzen Welt dramatisch gestiegen: Bis zum Jahr 2020 rechnet man mit 1 Mrd. Autos auf den Straßen.

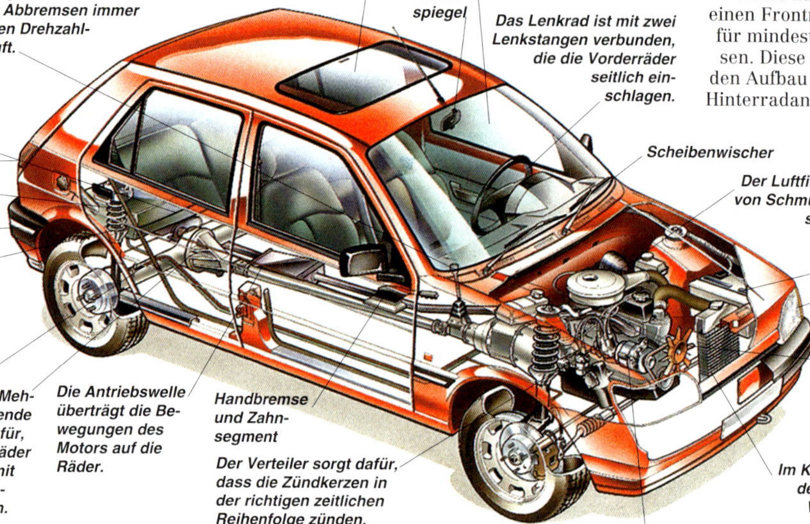

TEILE DES AUTOS
Autos haben vier Räder, einen Frontmotor und Platz für mindestens zwei Insassen. Diese Abbildung zeigt den Aufbau eines Autos mit Hinterradantrieb und Heckklappe.

AUTOTYPEN

OLDTIMER
Dies sind die ältesten noch erhaltenen Autos. Sie wurden zwischen 1896 und 1919 gebaut.

VINTAGE-WAGEN
Diese Autos wurden zwischen 1919 und 1930 gebaut.

KLASSISCHE WAGEN
Diese Klassiker sind herausragende Beispiele der Autokonstruktion.

STUFENHECK-LIMOUSINE
Dieser Autotyp hat normalerweise vier Sitzplätze und einen Kofferraum für Gepäck.

KOMBIWAGEN
Diese Autos sind den Stufenheck-Limousinen ähnlich, haben aber zusätzlich eine große Ladefläche im Heck.

LIMOUSINE
Bei diesen Wagen kann die Hecktür nach oben geöffnet werden, sodass die Ladefläche problemlos zugänglich ist.

CABRIOLET
Diese Autos haben kein festes Dach. Das Verdeck kann entweder nach hinten gefaltet oder ganz abgenommen werden.

COUPÉ
Das Dach dieser Autos fällt nach hinten schräg ab. Coupés sind meist Zweisitzer.

LUXUS-LIMOUSINE
Diese geräumigen Wagen bieten Komfort und Luxus. Einige haben sogar einen eingebauten Fernseher und eine Cocktailbar.

SPORTWAGEN
Sportwagen zeichnen sich durch Leistungsstärke und gute Straßenlage aus. Die meisten sind Zweisitzer.

RENNWAGEN
Rennwagen werden speziell für Wettbewerbe auf Rennstrecken konstruiert. Es gibt verschiedene Typen.

FAMILIENKUTSCHEN
Diese Wagen waren für längere Reisen vorgesehen. Sie hatten Platz für mehrere Insassen und viel Gepäck.

SONDERANFERTIGUNGEN
Diese Autos werden den persönlichen Wünschen der Besitzer angepasst.

GELÄNDEWAGEN
Mit diesen Autos kann man auch in unebenem Gelände fahren. Sie haben Allradantrieb.

AUTO MIT FLÜGELTÜREN
Die Türen dieser Autos werden nach oben geöffnet, wodurch sie wie Flügel aussehen.

WISSENSWERTES
Vom Volkswagen »Käfer« wurden bis zur Einstellung der Produktion in Deutschland im Jahr 1978 weltweit über 20 Mio. Exemplare gebaut.

Der »Käfer«

Diese »motorisierte Orange« wurde in den 1970er-Jahren von einer Firma gebaut, die Obst vertrieb. Das Auto hatte einen Kleinstmotor, das Fahrgestell war eine Spezialanfertigung, und die Oberfläche bestand aus Fiberglas.

Das am weitesten gereiste Auto ist eines der Mondfahrzeuge, mit dem sich die US-Astronauten 1971/72 auf dem Mond fortbewegten. Es hat aber auch den niedrigsten Kilometerstand, der je aufgezeichnet wurde: nämlich nur 29 km.

GESCHICHTE DES AUTOMOBILS

1886 Gottlieb Daimler (1834–1900) baut einen Motor in eine Pferdekutsche ein.

1891 Die Franzosen René Panhard (1841–1908) und Emile Levassor (1844–1897) stellen ein Auto her, dessen Aufbau fortan als Modell dient.

1901 Das erste serienmäßig hergestellte Auto, das »Oldsmobile«, wird von dem Amerikaner Ransom Eli Olds (1864–1950) produziert.

1906 Die Engländer Charles Rolls (1877–1910) und Henry Royce (1863–1933) stellen ihre Autoserie »Rolls-Royce« mit 40 Pferdestärken vor.

1910 Das erste Auto wird am Fließband gefertigt. Henry Ford stellt das »Modell T« vor.

1913 Bau des »Morris Oxford« von William Morris

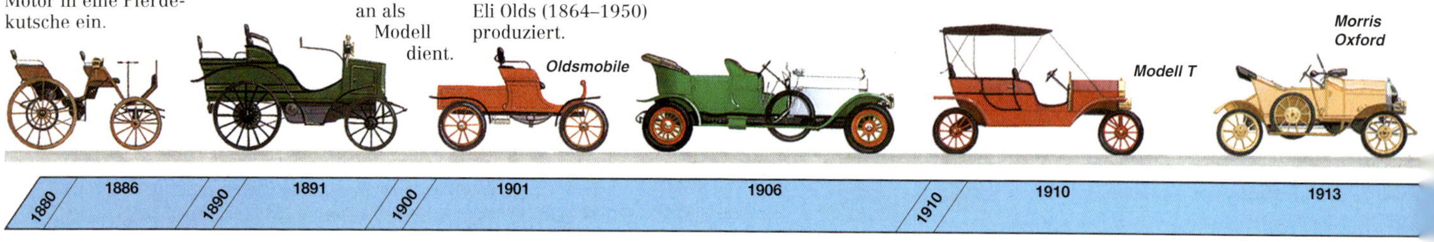

DIE SCHNELLSTEN LUXUS-LIMOUSINEN	
Auto	Höchstgeschwindigkeit (km/h)
Lotus Omega	282
Maserati Quattroporte	270
BMW M 5	254
Audi A 8 4.2 Quattro	249
BMW 750i	249
BMW 540i	249
Jaguar XJ 12	249
Mercedes S 500	249
Hinweis: In der Regel werden die Motoren schneller Luxus-Limousinen heute elektronisch so gesteuert, dass sie nicht schneller als ca. 250 km/h fahren, obwohl das technisch möglich wäre.	

WER HAT DIE MEISTEN AUTOS?	
Land	Zugelassene Autos (Mio.)
USA	205,5
Japan	75,6
Deutschland	46,5
Italien	33,9
Frankreich	32,2
Großbritannien	27,7
Russland	21,9
Spanien	18,7
Kanada	17,2
Brasilien	16,7

AUTOMOBILGESCHICHTE

Der Engländer Henry Royce (1863–1933) war Ingenieur und Partner bei Rolls-Royce.

Henry Ford (1863–1947) aus Amerika führte die Massenproduktion von Autos am Fließband ein.

Herbert Austin (1866–1941) arbeitete zuerst bei dem Automobilhersteller Wolseley und baute dann in England sein eigenes Unternehmen auf.

Ferdinand Porsche (1875–1952): Unter seiner Leitung wurde Anfang der 1930er-Jahre der Prototyp des legendären Volkswagen »Käfer« entworfen.

Carl Friedrich Benz (1844–1929) stellte 1885 das erste Automobil vor. 1886 wurde es patentiert.

Ettore Bugatti (1882–1947) war ein Ingenieur aus Italien. Er baute den klassischen Rennwagen Bugatti 35 und Familienautos.

Kiichiro Toyoda (1894–1952) gründete das Unternehmen Toyota in Japan.

Alexander Issigonis (1904–1988), ein Autokonstrukteur aus der Türkei, ging 1922 nach Großbritannien. Er entwarf den Morris Minor und den Mini.

REKORDE

Den Geschwindigkeitsrekord für Landfahrzeuge hält der englische Pilot Andy Green mit der »Thrust SSC«. Mit 1230 km/h durchbrach er 1997 die Schallmauer und löste damit die »Thrust II« ab, die seit 1983 den Rekord mit 1019 km/h hielt.

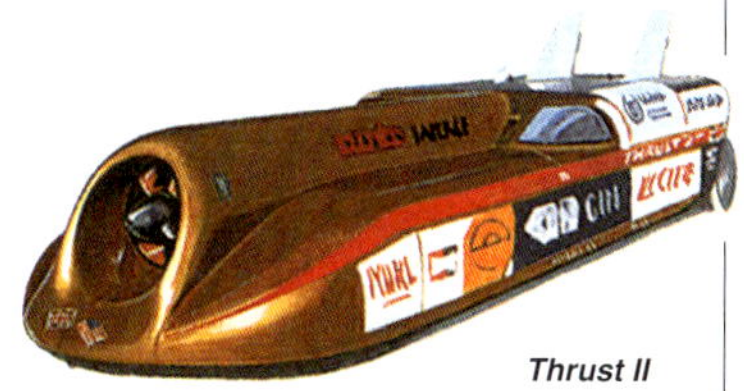

Thrust II

Der längste Serienwagen war der »Bugatti Royale« (unten) mit einer Länge von mehr als 6,7 m. Der erste wurde 1927 hergestellt, danach wurden jedoch nur noch fünf weitere gebaut.

Die sparsamsten Serienwagen sind der »VW Lupo 3L TDI« und der »Audi A2 1.2 TDI«. Beide verbrauchen 3 l Diesel auf 100 km.

WISSENSWERTES

1885 baute die Firma Benz in Mannheim mit dem dreirädrigen »Patent-Motorwagen« das erste zum Verkauf bestimmte Auto.

Die ersten Autos hatten noch Ähnlichkeit mit Pferdekutschen, die Räder besaßen Speichen, und die Hinterräder wurden durch Ketten angetrieben.

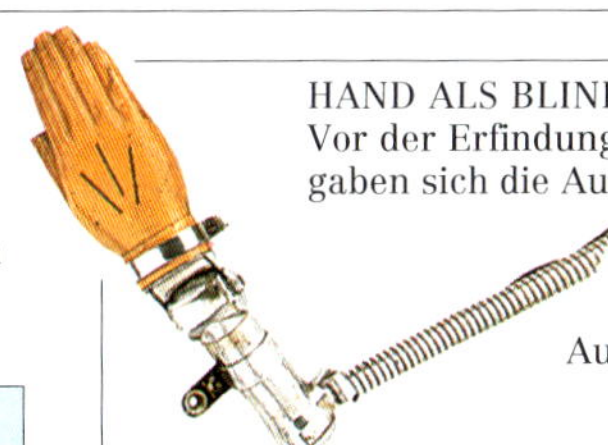

HAND ALS BLINKER

Vor der Erfindung der Blinklichter gaben sich die Autofahrer Handzeichen. Diese künstliche Hand wurde an die Autotür geklemmt.

Das teuerste privat verkaufte Auto kostete über 15 Mio. Dollar. Dieser Preis wurde 1989 für einen »Ferrari 250 GTO« (unten) bezahlt, für den der Verkäufer 1971 7 665 Dollar gezahlt hatte.

DIE GRÖSSTEN AUTOINDUSTRIEN	
Land	Jährliche Produktion
USA	9 312 000
Japan	9 756 000
Deutschland	5 398 000
Frankreich	2 723 000
Südkorea	3 489 000
Kanada	1 389 000
Spanien	2 078 000
China	5 233 000

DIE GRÖSSTEN AUTOPRODUZENTEN	
Konzern	Jährliche Produktion
General Motors	9 097 855
Toyota	7 338 314
Ford	6 497 746
Volkswagen	5 211 413
Daimler Chrysler	4 815 593

1934 Der Franzose André Citroën (1878–1935) führt den Vorderradantrieb ein. Diese Entwicklung treibt Citroën in den Ruin.

1935 Die erste Parkuhr der Welt wird in Oklahoma, USA, aufgestellt.

1936 Dr. Ferdinand Porsche (1875–1951) wird von Adolf Hitler beauftragt, einen »Wagen für das Volk« zu konstruieren, und baut den »Käfer«.

1949 Der »Citroën 2CV«, auch »Ente« genannt, kommt auf den Markt. Er wird zum »Volkswagen« Frankreichs.

1958 Der »Austin Mini« bietet trotz seiner geringen Größe vier Personen Platz.

1979 Einführung des Katalysators. Er verringert die Schadstoffe in den Abgasen.

1990er-Jahre Neue Sicherheitsmaßnahmen, wie z.B. Airbags, werden entwickelt.

1994 Audi stellt das erste Serienauto mit Hybridantrieb (Elektro- + Ottomotor) vor.

2006 In Deutschland gibt es 38 000 erdgasbetriebene Kfzs.

1930er Citroën · *Käfer* · *Citroën 2CV* · *Austin Mini* · *Toyota Prius*

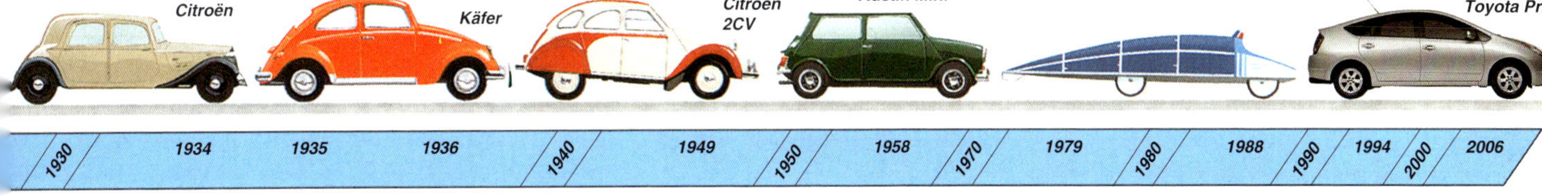

RENNWAGEN

Rennwagen sind speziell für Wettbewerbe auf einer Rennstrecke konstruiert. Die Palette reicht von einfachen Stock-Cars (frisierte Serienwagen) bis hin zu den modernen Rennwagen der Formel 1, die Geschwindigkeiten von mehr als 300 km/h erreichen können.

FORMEL 1: ERFOLGREICHSTER FAHRER

Michael Schumacher (geb. 1969) ist der bislang erfolgreichste Formel 1-Fahrer aller Zeiten. Nach Erfolgen in Kart-Rennen (bis 1987) und in der Formel 3 (1990 Deutscher Meister) startete er 1991 zum ersten Mal in der Formel 1. 1992 konnte er bereits seinen ersten Grand-Prix-Sieg feiern. Schon zwei Jahre später wurde er auf Benetton-Ford Weltmeister und verteidigte den Titel 1995 erfolgreich. Nach seinem Wechsel zu Ferrari (1996) konnte er den Titel erst im Jahr 2000 wieder gewinnen. Das war der Auftakt zu einer einmaligen Serie von fünf Weltmeisterschaften hintereinander (2000–2004). Nach der Saison 2005/2006 trat Schumacher als der erfolgreichste Formel 1-Pilot aller Zeiten mit sieben Weltmeistertiteln zurück.

Michael Schumacher

RENNWAGENTYPEN

FORMEL 1
Die schnellsten Rennautos; sie werden in den Grand-Prix-Rennen gefahren.

FORMEL 2
Nach der Formel 1 die zweitstärkste Klasse der Rennwagen.

FORMEL 3
Die Rennwagen dieser Klasse verfügen über Motoren von bis zu 2 000 cm^3.

RALLYE-AUTOS
Im Allgemeinen gewöhnliche Autos mit speziell verstärkter Karosserie.

»INDY«-AUTOS
Gleichen den Formel-1-Wagen, sind aber größer. Ihr Name leitet sich von »Indianapolis 500« ab – dem bekanntesten Rennen, an dem diese Wagen teilnehmen.

LE MANS
Umgebaute Sportwagen, die beim 24-Stunden-Rennen von Le Mans in Frankreich gefahren werden.

US-STOCK-CARS
Frisierte Serienwagen, die auf Aschenbahnen gefahren werden.

DRAGSTERS
Dragsters werden über eine kurze, gerade Rennstrecke gejagt. Sie erreichen Spitzengeschwindigkeiten von über 485 km/h.

ARBEIT IM TEAM

Um einen Formel-1-Wagen zu bauen, werden 150 Fachleute benötigt, darunter etwa 35 Mechaniker und 25 Ingenieure.

SCHON GEWUSST?

Der kürzeste Boxenstop (während des Rennens eingelegte Pause zum Auftanken und für Wartungsarbeiten) von gerade vier Sek. gelang 1976 dem Amerikaner Robert William »Bobby« Unser beim 500-Meilen-Rennen von Indianapolis.

Michael Schumacher gewann im Oktober 1995 als erster Deutscher den Grand Prix auf dem Nürburgring.

Der schlimmste Unfall während eines Rennens passierte 1955 in Le Mans: 83 Zuschauer wurden getötet und mehr als 100 verletzt, als ein Auto sich überschlug, über die Sicherheitsbarriere raste, in Flammen aufging und völlig ausbrannte. Der Fahrer kam dabei ebenfalls ums Leben.

Die längste Rallye ging von Covent Garden in London bis zum Sydney Opera House (Australien). Das ist eine Entfernung von 31 107 km.

GESCHICHTE DES MOTORSPORTS

1895 Das erste Rennen mit Benzinautos findet in Frankreich statt. Es führt von Paris nach Bordeaux und zurück. Der Sieger fährt das Rennen mit einer Durchschnittsgeschwindigkeit von 24 km/h.

1906 Den ersten Grand Prix in Le Mans, Frankreich, gewinnt Ferencz Szisz (1873–1970) aus Österreich-Ungarn.

Ferencz Szisz

1907 Die erste speziell für Autorennen gebaute Rennstrecke wird eröffnet: der Parcour von Brookland (England).

1911 Auf der Rennbahn in Indianapolis, USA, wird das erste Rennen über 500 Meilen – das Indianapolis 500 – ausgetragen.

1929 Bentley-Autos belegen die ersten vier Plätze in Le Mans.

1890 | 1895 | 1900 | 1906 | 1907 | 1910 | 1911 | 1920 | 1929

1950 Das erste internationale Rennen der Formel-1-Klasse, das Pau Grand Prix, wird in Frankreich ausgerichtet. Sieger ist Juan Manuel Fangio. Die Wagen mit Frontmotor in der Formel 1 sind zigarrenförmig, die Fahrer sitzen aufrecht.

1951 Fangio gewinnt die erste von fünf Weltmeisterschaften.

1958 Die ersten Formel-1-Wagen mit Heckmotor werden gebaut.

Cooper 45, 1958

1960er-Jahre Die Fahrer der Formel 1 tragen zu ihrem Schutz Helme und feuerfeste Overalls. Die Sitzposition wird schräger.

1968 Windleitbleche (Spoiler) werden von Ferrari und Brabham eingeführt. Sie sorgen dafür, dass der Wagen bei schneller Fahrt nicht abhebt.

1988 Durch die »Hochnase« wird die Aerodynamik weiter verbessert.

1998 Neue einschneidende Sicherheitsmaßnahmen treten in Kraft.

1950 | 1950 | 1951 | 1958 | 1960 | 1968 | 1970 | 1980 | 1988 | 1998

LUFTFAHRZEUGE

Der Begriff Luftfahrzeug ist die Sammelbezeichnung für alle Flugmaschinen, wie z.B. Flugzeuge, Helikopter und Heißluftballons. Flugzeuge sind die schnellsten Verkehrsmittel, weil sie Hindernisse, wie Gewässer oder Gebirge, schnell überwinden können.

TEILE EINES FLUGZEUGS
Die wichtigsten Teile dieser leichten Propellermaschine sind der Flugzeugrumpf, die Tragflächen sowie Höhen- und Seitenflosse, die zusammen das Flugwerk bilden.

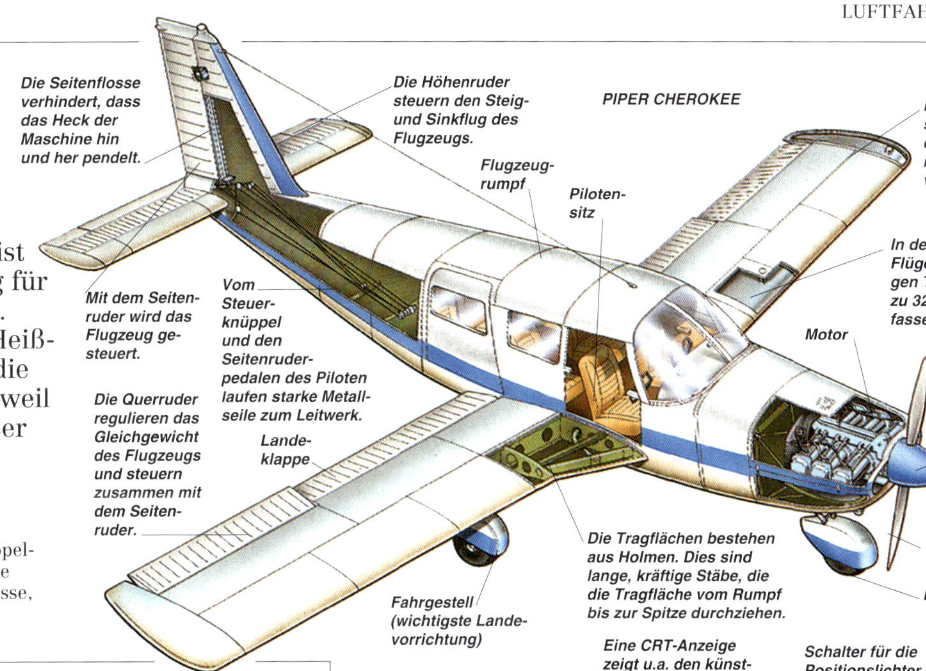

FLUGZEUGTYPEN

Flugzeuge sind motorgetriebene Luftfahrzeuge mit festen Tragflächen. Es gibt viele verschiedene Flugzeuge; sie werden u.a. zu gewerblichen, militärischen und sportlichen Zwecken verwendet.

DÜSENFLUGZEUG
Das Düsenflugzeug wird von Düsentriebwerken angetrieben. Die meisten große Passagierflugzeuge und Militärflugzeuge sind mit Düsentriebwerken ausgestattet.

PROPELLERFLUGZEUG
Flugzeuge mit Propellern können selbst von kurzen Startbahnen abheben. Viele Fluglinien verwenden Turbinen-Propeller-Flugzeuge (Turboprop) für ihren regionalen Luftverkehr. Die Propeller dieser Flugzeuge werden von Gasturbinen angetrieben.

DOPPELDECKER
Doppeldecker haben zwei übereinander liegende Haupttragflächen mit Verstrebungen aus Draht. Die frühen Flugzeuge wurden auf diese Art konstruiert, da zwei Tragflächen stärker sind als eine einzige lange Tragfläche.

LEICHTFLUGZEUG
Leichtflugzeuge werden mit Kolbenmotoren angetrieben. Diese kleinen Flugzeuge werden hauptsächlich als Sportflugzeuge oder für kurze Geschäftsreisen verwendet.

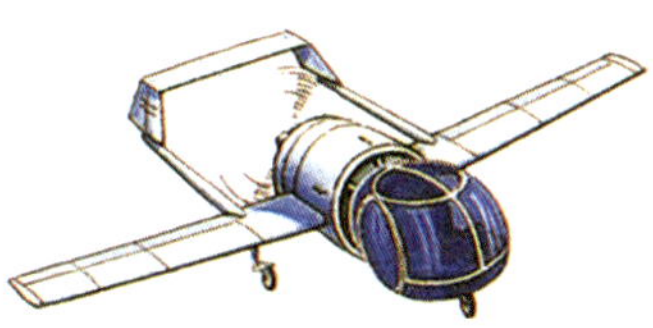

AUFKLÄRUNGSFLUGZEUG
Aufklärungsflugzeuge werden von der Polizei, von Rettungsmannschaften und vom Militär eingesetzt. Am besten eignen sich die typischen Leichtflugzeuge für Beobachtungsflüge.

ÜBERSCHALLFLUGZEUG
Überschallflugzeuge sind Düsenflugzeuge, die schneller als der Schall fliegen können. Ihre Form muss sich von der herkömmlicher Flugzeuge unterscheiden, da die Luft bei diesen Geschwindigkeiten anders strömt.

WASSERFLUGZEUG
Wasserflugzeuge starten und landen auf dem Wasser. Sie werden in abgelegenen Gebieten eingesetzt, die nur über wenige Flugplätze verfügen, z.B. in den dünn besiedelten und seenreichen Ländern Alaska und Nordkanada.

COCKPIT
Im Cockpit befinden sich alle Steuerungen und Instrumente zur Anzeige von Informationen. In modernen Cockpits, wie z.B. in diesem Linienflugzeug, werden die Anzeigegeräte durch Bildschirmgeräte mit Kathodenstrahlröhren (CRT) ersetzt, von denen man per Knopfdruck verschiedene Informationen ablesen kann.

EIN FLUGZEUG FLIEGEN
Flugzeuge werden im Wesentlichen mit drei Steuergeräten gesteuert: dem Gashebel zur Veränderung der Geschwindigkeit, den Pedalen für die Seitenruder und dem Steuerknüppel.

ROLLEN
Um das Flugzeug um seine Längsachse zu drehen (Rollen), schiebt der Pilot den Steuerknüppel nach rechts oder links. Die Querruder werden so auf einer Tragfläche hochgestellt und auf der anderen Tragfläche nach unten geklappt.

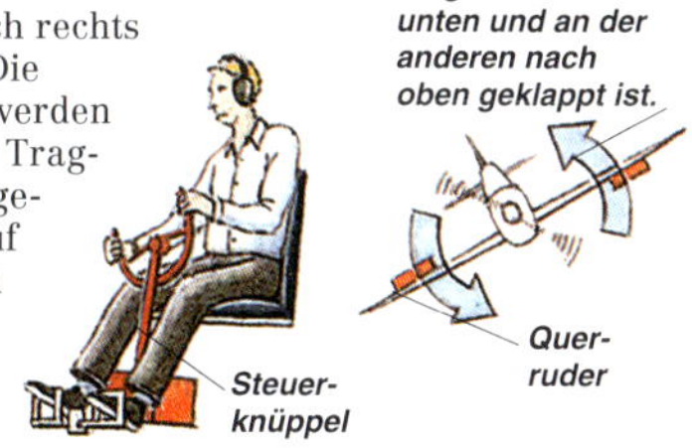

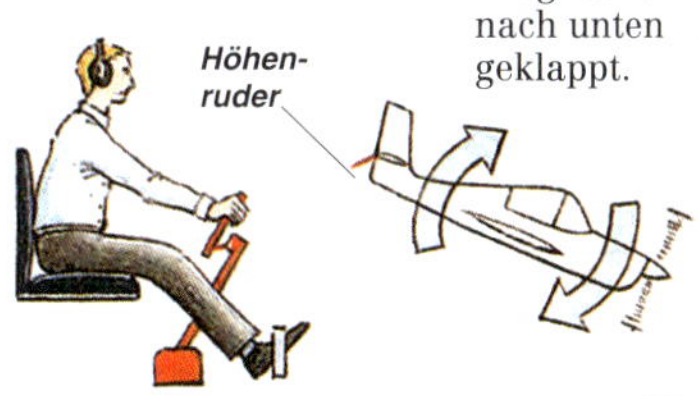

NICKEN
Um das Flugzeug zum Steigen oder Fallen zu bringen, zieht der Pilot den Steuerknüppel zu sich bzw. drückt ihn nach vorne. Dadurch werden die Höhenruder auf der Seitenflosse nach oben oder unten gestellt.

AUSSCHEREN
Damit das Flugzeug nach rechts oder links ausscheren kann, wird das Seitenruder auf der Seitenflosse mit Hilfe der Pedale gedreht.

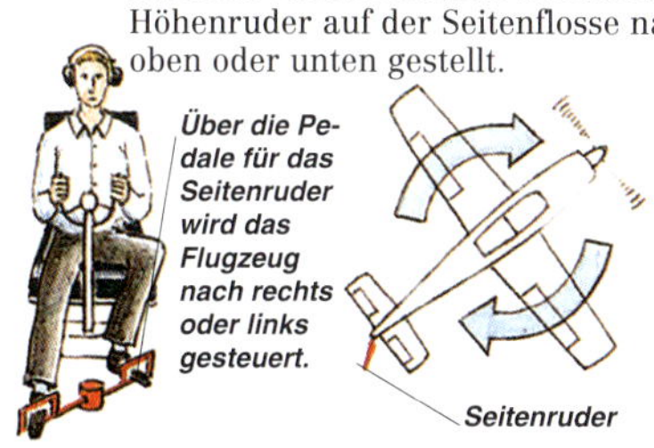

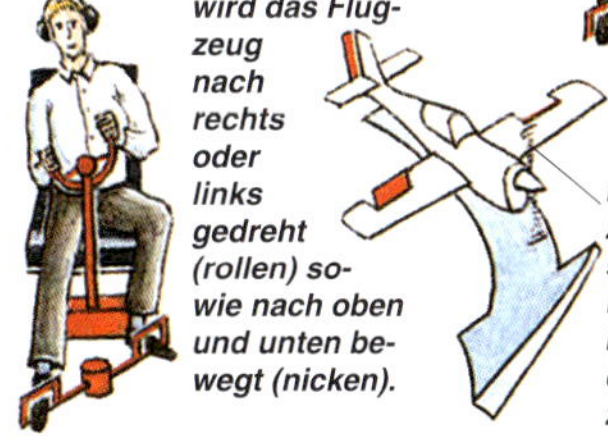

KURVENFLUG
Um nach links oder rechts zu fliegen, muss ein Flugzeug in die Kurve gelegt werden. Der Pilot betätigt dazu gleichzeitig den Steuerknüppel und die Pedale für das Seitenruder, sodass das Flugzeug zur gleichen Zeit rollt und giert.

LUFTFAHRT-GESCHICHTE

Fliegen ist seit jeher ein Menschheitstraum, der erst in unserem Jahrhundert wahr geworden ist. Mit „genialen" Flügelkonstruktionen stürzten sich einst Erfinder von hohen Gebäuden, oft in den Tod. Die Entwicklung reicht von den ersten einfachen Flugmaschinen bis hin zu den heutigen Düsenflugzeugen und Raketen.

Daedalus

ca. 2000 v. Chr. Die Sage berichtet, dass Daedalus, der für König Minotaurus auf Kreta ein Labyrinth bauen soll, für sich und seinen Sohn Ikarus Flügel anfertigt, um von der Insel zu fliehen.

1010 Oliver von Malmesbury (ca. 980–1066), ein Benediktinermönch, befestigt Flügel an seinen Armen und springt von einem Turm. Er kann eine kurze Strecke gleiten, doch bei der Landung bricht er sich die Beine.

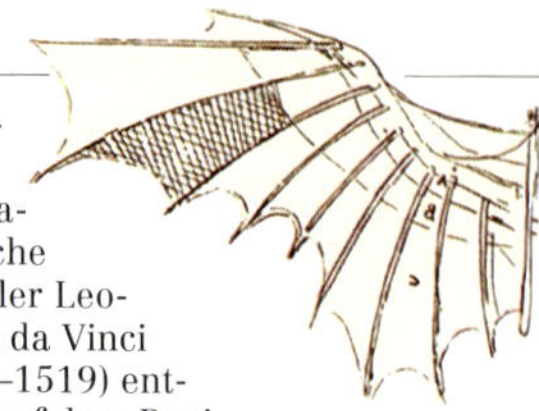

1486–1500 Der italienische Künstler Leonardo da Vinci (1452–1519) entwirft auf dem Papier Schwingenflügel sowie Fallschirme und Hubschrauber.

2000 v. Chr — 1000 — 1010 — 1400 — 1486

1853 Sir George Cayley baut einen großen Gleiter.

1891–1896 Otto Lilienthal (1848–1896) gelingt der Bau des ersten flugfähigen Hängegleiters. Er gilt als der erste Pilot der Welt.

Otto Lilienthal, 1896

1896 Der amerikanische Wissenschaftler Samuel Langley (1834–1906) baut ein Modell mit Tandem-Tragflächen und Dampfgetriebe, das »Aerodrome«.

Samuel Langley flog 1 km im »Aerodrome«.

1903 Den ersten Flug mit einer motorisierten Flugmaschine unternehmen die Brüder Orville (1871–1948) und Wilbur (1867–1912) Wright. Sie fliegen 260 m weit.

1853 — 1890 — 1891 — 1896 — 1900 — 1903

1919 Die englischen Piloten John Alcock (1892–1919) und Arthur Whitten-Brown (1886–1948) unternehmen den ersten Nonstopflug über den Atlantik in einer »Vickers Vimy« mit Rolls-Royce-Motor. Sie benötigen dafür 16 Stunden.

Alcock und Brown

1920er Jahre Riesige Luftschiffe befördern die ersten Flugpassagiere über den Atlantik.

1924 Hugo Junkers (1859–1935) stellt ein neuartiges Eindecker-Linienflugzeug her, das ganz aus Metall und über drei Motoren verfügt.

Junkers-Linienflugzeug aus Metall

1927 Der amerikanische Pilot Charles Lindbergh (1902–1974) schafft den ersten Alleinflug nonstop über den Atlantik. Er fliegt in einem Ryan-Eindecker mit Namen »Spirit of St. Louis«.

Spirit of St. Louis

1928 Charles Kingsford Smith (1897–1935) unternimmt den ersten Flug über den Pazifik.

1928 Der erste moderne Flughafen der Welt wird in Croydon bei London gebaut.

1919 — 1920 — 1924 — 1925 — 1927 — 1928

1937 Frank Whittle (1907–1996) entwirft das erste experimentelle Düsentriebwerk.

1939 Das erste Düsenflugzeug, eine »Heinkel He178«, startet. Der Motor wurde von Hans von Ohain (1911–1998) konstruiert.

Heinkel He178

1940 Deutsche Luftangriffe auf England führen zu schweren Verlusten auf englischer und deutscher Seite.

Gloster E28/39

1941 Das Düsentriebwerk von Frank Whittle wird in eine »Gloster E28/39« eingebaut.

1947 Das experimentelle Raketenflugzeug »Bell X-1« durchbricht die Schallgrenze.

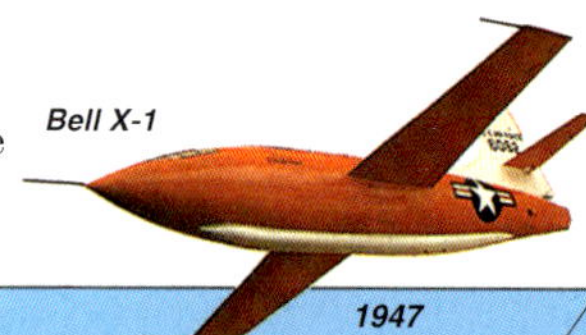
Bell X-1

De Havilland Comet

1952 Das erste Düsenverkehrsflugzeug der Welt ist die »De Havilland Comet«. 1954 wird das Modell wieder aus dem Verkehr gezogen, nachdem es zu mehreren Abstürzen kam.

1939 — 1940 — 1940 — 1941 — 1947 — 1950 — 1952

ANDERE LUFTFAHRZEUGE

HEISSLUFTBALLON

Das Ballonfahren wird hauptsächlich als Freizeitsport betrieben. Moderne Heißluftballons verwenden Brenner, die mit Propangas gespeist werden. Sie befinden sich über dem Korb und erhitzen die Luft.

LUFTSCHIFF

Moderne Luftschiffe sind mit Helium gefüllt. Aus Stabilitätsgründen haben sie eine lange, dünne Form. Luftschiffe sind lenkbar, und viele verfügen über drehbare Propeller, die das Abheben und Landen erleichtern.

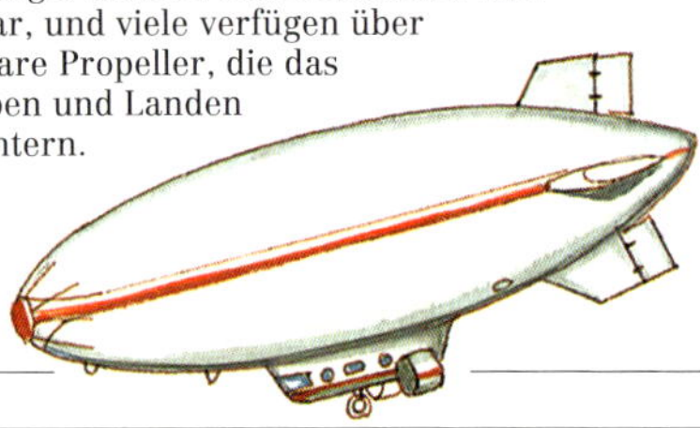

SEGELFLUGZEUG

Segelflugzeuge fliegen ohne Motor. Die Spannweite der Flügel kann bis zu 25 m betragen. Der Pilot nutzt die aufsteigende erwärmte Luft (Thermik) aus, um das Flugzeug in der Luft zu halten. Segelflugzeuge werden über ein Seitenruder, Höhenruder und Querruder gesteuert.

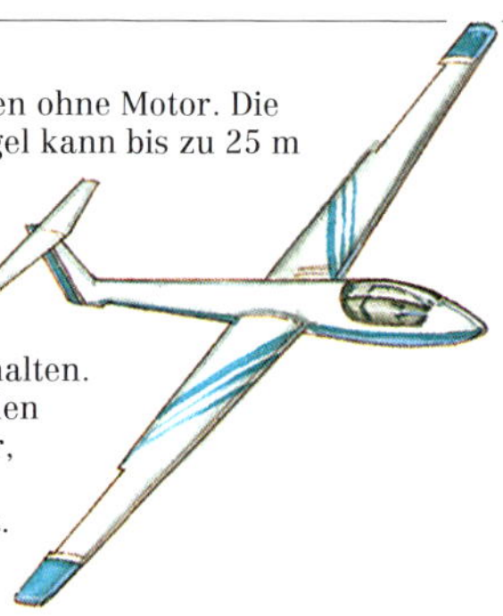

HÄNGEGLEITER

Hängegleiter bestehen aus Stoff, der über einen einfachen Rahmen gespannt wird und die Flügel bildet. Der Pilot hängt in einem Gurtwerk oder einer Liegeschürze und steuert den Gleiter durch Verlagern des Körpers. Hängegleiter werden nicht von einem Motor angetrieben: Der Pilot ist auf Thermik angewiesen, die ihn in der Luft hält.

ULTRALEICHTFLIEGER

Ein Ultraleichtflieger ist im Prinzip ein Hängegleiter mit einem kleinen Motor. Der Flieger besteht aus einem dreirädrigen offenen Wagen aus Fiberglas, in dem zwei Personen Platz finden. Der Wagen hängt an einem stabilen Rahmen und wird vom Piloten durch Verlagern des Gewichts gegen den Rahmen gesteuert.

HUBSCHRAUBER

Hubschrauber werden über rotierende Flügel angetrieben, nach oben gezogen und gesteuert. Sie heben senkrecht ab, fliegen langsam, schweben und können sich nach allen Seiten bewegen. Sie werden für vielfältige Aufgaben eingesetzt, darunter zur Schädlingsbekämpfung, Verkehrsbeobachtung und für Rettungsflüge.

1783 Die französischen Brüder Joseph und Etienne Montgolfier (1740–1810; 1745–1799) lassen in Versailles (Frankreich) einen Ballon aufsteigen, in dem sich Tiere befinden. Einige Wochen später fahren zwei Menschen mit.

Ballon der Montgolfier-Brüder

1804 Sir George Cayley (1773–1857) erfindet den Vorläufer des Flugzeuges: Er baut ein Modell für ein Gleitflugzeug, das für die heute üblichen Flugzeugformen richtungsweisend war.

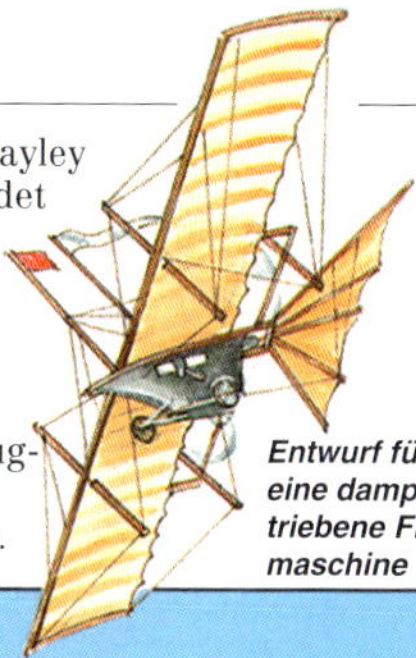

Entwurf für eine dampfbetriebene Flugmaschine

1844 Erster Entwurf für ein Flugzeug, das vollkommen mechanisch angetrieben werden soll: William Henson (1812–1888) entwirft eine dampfbetriebene Flugmaschine und fertigt eine 6 m lange Modellversion an.

1852 Henri Giffard (1825–1882) baut und fliegt das erste Luftschiff. Der Ballon in Zigarrenform wird von einer Dampfmaschine angetrieben.

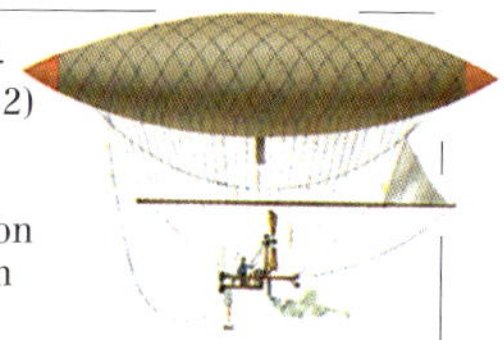

Luftschiff von Henry Giffard

1700 | 1783 | 1800 | 1804 | 1844 | 1850 | 1852

1907 Der französische Mechaniker Paul Cornu (1881–1944) unternimmt den ersten Flug mit einem Hubschrauber. Er hebt für 20 Sek. vom Boden ab.

Paul Cornus' Hubschrauber

1909 Louis Blériot (1872–1936) fliegt als Erster in einem Eindecker über den Ärmelkanal.

Blériots Eindecker, der »Blériot-Typ XI«

1909 Die Baronin de Laroche ist die erste Frau, die einen Alleinflug unternimmt.

Baronin de Laroche

1914–1918 Im Ersten Weltkrieg werden zum ersten Mal Flugzeuge zu Kriegszwecken eingesetzt.

Deutsche Doppeldecker aus dem Ersten Weltkrieg

1907 | 1909 | 1909 | 1910

1930 Die Britin Amy Mollison (1903–1941) fliegt allein von England nach Australien.

1932 Die amerikanische Pilotin Amelia Earhart (1898–1937) fliegt als erste Frau allein über den Atlantik.

1933 Das erste moderne Verkehrsflugzeug der Welt, die »Boeing 247«, wird eingesetzt.

Boeing 247

Macchi M72

1934 Das italienische Wasserflugzeug »Macchi M72« stellt mit 708 km/h einen Geschwindigkeitsweltrekord auf.

1936 Der erste flugtaugliche Hubschrauber, der »Focke Achgelis FW-61«, steigt auf.

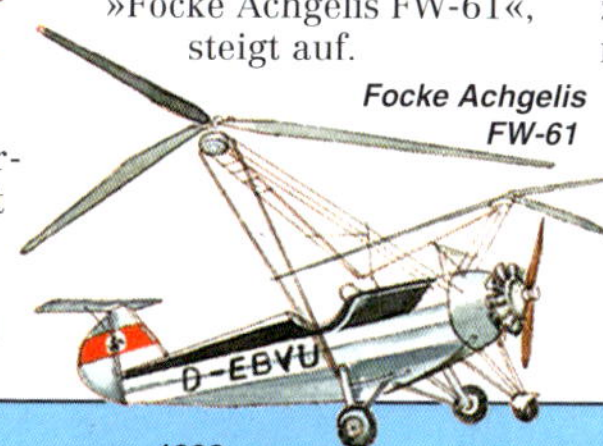

Focke Achgelis FW-61

1937 Das Luftschiff »Hindenburg« wird bei einem Unfall zerstört. 35 Personen kommen dabei ums Leben.

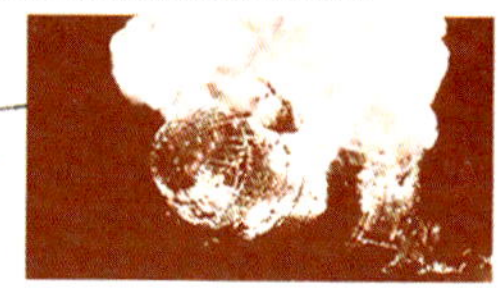

1930 | 1932 | 1933 | 1934 | 1935 | 1936 | 1937

1960 Die »Hawker P1127« macht die ersten Schwebeversuche mit Hilfe der Schubkraft der Düsentriebwerke. Sie ist die Vorläuferin der »Harrier«, des einzigen je in Betrieb genommenen Senkrechtstarters.

Hawker P1127

1965 Das Forschungsflugzeug »Lockheed SR71 Blackbird« stellt einen neuen Geschwindigkeits-Weltrekord mit 3 331 km/h auf.

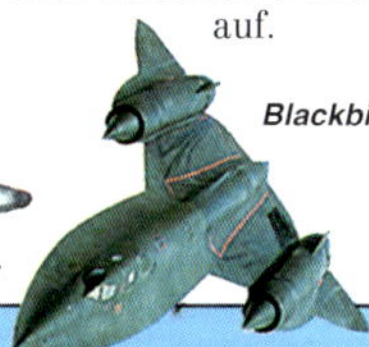

Blackbird

1970 Das erste Großraumflugzeug, der Boeing 747 »Jumbo Jet«, nimmt den Flugbetrieb auf. Der Jumbo kann bis zu 550 Passagiere befördern.

Boeing 747

1986 Die Amerikaner J. Yeager (geb. 1936) und D. Rutan (geb. 1952) fliegen im »Rutan Voyager« zum ersten Mal nonstop um die ganze Welt.

2007 Der Airbus A 380, der ab 2007 ausgeliefert wird, ist das größte Passagierflugzeug der Welt. Das Großraumflugzeug ist 73 m lang und 24,1 m hoch.

1960 | 1960 | 1965 | 1970 | 1970 | 1980 | 1986 | 2000 | 2007

WISSENSWERTES

Mit den deutschen Zeppelin-Luftschiffen wurde einer der ersten Linienflugdienste eingerichtet. Zeppeline beförderten insgesamt 35 000 Passagiere zwischen Friedrichshafen am Bodensee, Berlin und anderen Städten.

Das erste elektrisch betriebene Luftfahrzeug der Welt, die »MB-E1«, flog 1973 in Deutschland.

GEFLÜGELTES FAHRRAD

In den Neunzigerjahren des 19. Jahrhunderts baute der Engländer Horatio Phillips (1845–1926) ein »Flugzeug« aus einer Anordnung von 20 zusammengesetzten »Flügeln«.

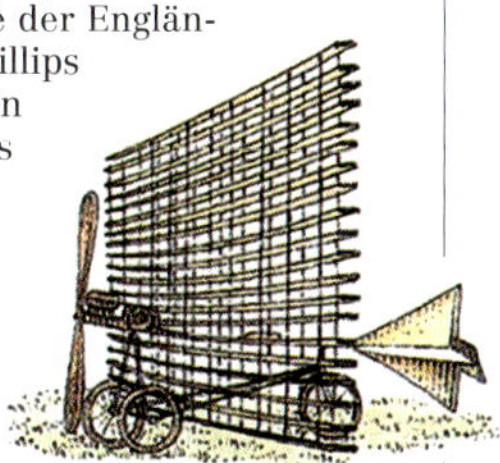

FLUGZEUGREKORDE

Die größte Flügelspannweite hat das Flugboot »Hughes H4 Hercules« mit dem Namen »Spruce Goose« (»Schmucke Gans«). Die Spannweite beträgt 97,51 m.

Hughes H4 Hercules Das Flugboot »Spruce Goose«

Der kleinste Doppeldecker heißt »Bumble Bee Two« (»Hummel 2«). Er ist nur 2,64 m lang und wiegt 179,6 kg.

Das schwerste Flugzeug ist die »Antonov An-225 Mriya«. Sie wiegt 600 t.

FLUGZEUGKATASTROPHEN

Jahr	Ort	Flugzeugtyp	Zahl der Opfer
1974	Ermenonville, Frankreich	DC-10	346
1977	Teneriffa	Zwei Boeing 747	583
1980	Riad, Saudiarabien	Lockheed L-1011-1 Tristar	301
1985	Tokio, Japan	Boeing 747	520
1988	Lockerbie, Schottland	Boeing 747	270
1996	Chaki Dahdri, Indien	Iljuschin IL 76	312
1999	Hongkong	McDonnell Douglas MD-11	318
1999	Gerona, Spanien	Boeing 757	245
1999	Bangkok, Thailand	Boeing 747	407
2001	Belle Harbor, New York	Airbus A 300	265
2002	Taiwan	Boeing 747	225

Das bisher größte Linienflugzeug ist die »Boeing 747-400« mit einer Flügelspannweite von 64,4 m. Sie kann bis zu 568 Passagiere befördern.

FAHRRÄDER

Millionen von Menschen auf der ganzen Welt fahren Fahrrad. Es gibt ganz einfache Modelle ohne Gangschaltung bis hin zu hochentwickelten Mountainbikes und Rennrädern mit vielen Gängen. Das Fahrrad ist das energiesparendste Verkehrsmittel überhaupt.

TEILE EINES FAHRRADS

Alle Fahrräder ähneln sich in ihrem Grundaufbau. Sie besitzen einen Rahmen, zwei Räder, Gangschaltung (Zahnräder, Ketten und Gänge), Bremsen, Gabelschaft, Lenkstange und Sattel. Diese Abbildung zeigt die Teile eines Rennrads.

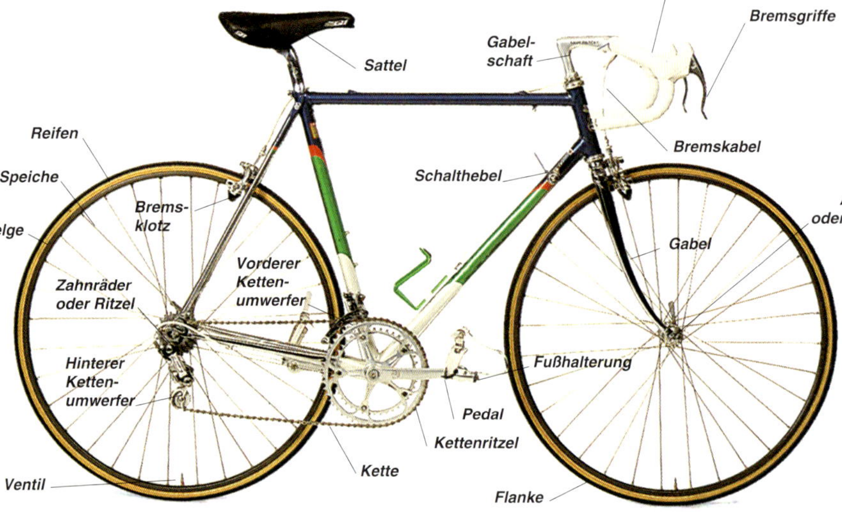

FAHRRADTYPEN

RENNRAD

Rennräder sind schnell, leicht und haben mehrere Gänge. Die Lenkstange ist gekröpft.

MOUNTAINBIKE

Mit ihren dicken Reifen, dem Rahmen in Leichtbauweise und der großen Anzahl an Gängen eignen sich diese Fahrräder bestens für unebenes Gelände.

BMX-RAD

Das BMX Fahrrad wurde für Fahrten in extrem unebenem Gelände konstruiert. Es wird häufig für Akrobatik und Trickfahrten verwendet.

TANDEM

Das Tandem ist für zwei Fahrer konstruiert. Es hat zwei Sättel, zwei Lenkstangen und zwei Räder.

RIKSCHA

Rikschas sind Fahrräder, die in einem Sessel auf Rädern zwei Personen transportieren können.

FAHRRADBESITZER WELTWEIT

Diese Tabelle gibt die ungefähre Anzahl der Fahrräder in verschiedenen Ländern an.

Land	Fahrräder (Mio.)
China	300
USA	103
Japan	60
Indien	45
Mexiko	12
Niederlande	11
Australien	6,8
Südkorea	6
Argentinien	4,5
Ägypten	1,5
Tansania	0,5

GANGSCHALTUNG

Viele Fahrräder haben eine Gangschaltung. Das Einlegen verschiedener Gänge ermöglicht es, bei unterschiedlichen Strecken (Ebene, Berg- und Talfahrt) optimal energiesparend zu fahren. Durch Betätigen des Schalthebels wird die Kette von einem Zahnrad auf ein anderes umgelegt.

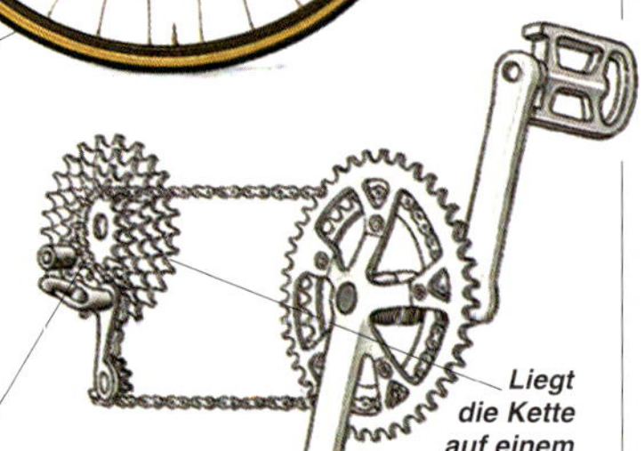

REKORDE

Das längste Fahrrad ist 22,24 m lang und wurde 1988 gebaut. Es wurde von vier Fahrern über eine Strecke von 246 m gefahren.

Das größte Fahrrad (Durchmesser des Vorderrads) hat einen Durchmesser von 3,05 m.

Auf der ganzen Welt gibt es über 800 Mio. Fahrräder – doppelt so viele wie Autos.

Bis zu einer Entfernung von 5 km ist ein Fahrrad dem Auto im Stadtverkehr überlegen.

DIE GESCHICHTE DES FAHRRADS

1790 Das Célérifère, ein Gerät aus Holz, das aussieht wie ein Schaukelpferd, wird von dem Franzosen Compte de Sivrac gebaut.

1813 Der Deutsche Carl von Drais (1785–1851) konstruiert die »Draisine«, ein Laufrad aus Holz.

1839 Konstruktion des ersten Fahrrads, dessen Hinterrad über Pedale angetrieben wird. Es erhält den Spitznamen »Knochenschüttler«.

1861 Das »Vélocipède« mit Pedalen am Vorderrad wird gebaut. Ein Bremssystem für das Vorderrad wird eingebaut.

ca. 1870 In England wird das Hochrad erfunden. Es erweist sich jedoch als nicht verkehrssicher.

1879 Das erste Fahrrad mit einem kleinen Hinterrad und einem großen Vorderrad wird gebaut

1959 Das erste Klapprad mit kleinen Rädern wird hergestellt.

1970er Jahre Die BMX-Räder werden als Nachahmung von Geländemotorrädern für das Gelände entwickelt.

1990 Liegeräder werden konstruiert. Sie bieten weniger Luftwiderstand als andere Fahrräder.

1990er Jahre Die Fahrradkonstruktion wird durch besonders leichte Verbundmaterialien und neuartige aerodynamische Formen verbessert.

DIE KRAFT DES PEDALS

Die höchste Geschwindigkeit auf einem Fahrrad erreichte 1985 der Amerikaner John Howard mit 245,08 km/h. Ermöglicht wurde diese Geschwindigkeit allerdings dadurch, dass der Fahrer im Windschatten eines voranfahrenden Autos fuhr.

MOTORRÄDER

Zu den Motorrädern zählen sowohl Mopeds mit kleinen Motoren, Rennmaschinen als auch Spezialmaschinen, die Geschwindigkeiten von mehr als 500 km/h erreichen können.

TEILE EINES MOTORRADS

Egal ob groß oder klein, im Aufbau unterscheiden sich die Maschinen nur geringfügig. Alle sind mit einem Kolbenmotor und Teleskopgabeln ausgestattet. Die Größe des Motors reicht von 50 cm³ (Hubraum) bis zu über 1 000 cm³. Dieses Yamaha-Motorrad besitzt einen Motor von 1 002 cm³.

YAMAHA FZR 1000 EXUP

MOTORRAD-TYPEN

MOTORRAD-RIKSCHA
Dieses Taxi auf drei Rädern ist ein umgebautes Motorrad.

MOTOCROSS-MASCHINE
Dieses leichte Motorrad eignet sich für Fahrten in extrem unebenem Gelände.

Viele Motorradfans fahren solche sportlichen Gefährte.

MOFA
Ein Mofa ist ein Fahrrad mit Hilfsmotor. Es darf nicht schneller als 25 km/h fahren.

ROLLER
Ein Motorroller ist ein voll verkleidetes Motorrad mit kleinen Rädern.

MOTORRAD MIT BEIWAGEN
Im Beiwagen hat der Beifahrer Platz.

REKORDE

Der längste Sprung von einer Rampe betrug 76,5 m. Der Fahrer war der Amerikaner Doug Danger auf einer »991 Honda CR 500«.

Die längste Nonstopfahrt auf dem Hinterrad schaffte der Japaner Yasuyuki Kudoh mit 331 km.

Zur größten Motorradpyramide bauten sich 45 Fahrer des Motorradclubs der indischen Armee auf acht Motorrädern auf. Sie legten eine Strecke von 800 m zurück.

Das längste zugelassene Motorrad war 4,57 m lang. Es wurde vom Amerikaner Gregg Reid gebaut.

Das kleinste Motorrad hatte einen Achsenabstand von 10,79 cm und eine Sitzhöhe von 9,5 cm. Der Durchmesser des Vorderrads betrug 1,90 cm, der Durchmesser des Hinterrads 2,41 cm. Es legte eine Strecke von nur 1 m zurück.

Das kleinste Motorrad

DIE SCHNELLSTEN SERIENMOTORRÄDER

Motorrad	Geschwindigkeit (km/h)
MTT Y2K Superbike	365
MV Augusta F4 CC	315
Kawasaki Ninja ZX-12R	308

DIE TEUERSTEN SERIENMOTORRÄDER

Motorrad	Preis (Euro)
MTT Y2K Superbike	112 000
MV Augusta F4 CC	100 000

MOTORRAD-AKROBATIK

1995 stellten die Mitglieder einer brasilianischen Militärtruppe einen neuen Rekord auf: 47 Menschen fuhren auf einer Harley Davidson 1200 cc.

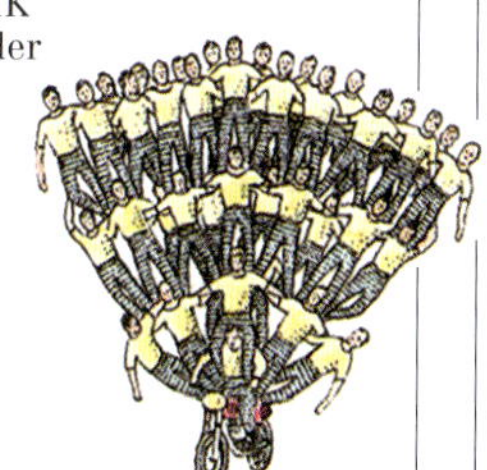

GESCHICHTE DES MOTORRADS

1818 Die erste Idee für ein dampfbetriebenes Motorrad, das »Vélocipèdraisiavaporianna«, taucht in einem französischen Cartoon in Paris auf.

1884 Das erste in England erfundene Motorrad, das »Petrolcycle«, wird patentiert. Es wird jedoch erst im Jahr 1888 gebaut.

1885 Die Deutschen Wilhelm Maybach (1846–1929) und Gottlieb Daimler (1834–1900) konstruieren ein Motorrad mit Rahmen und Rädern aus Holz, auf das ein von Daimler entwickelter Viertakt-Verbrennungsmotor montiert ist.

1892 Das erste kommerziell hergestellte Motorrad wird vorgestellt.

1901 Eines der ersten verkehrstauglichen Motorräder, die neue »Werner«, wird eingeführt.

1904 Harley Davidson startet seine Motorrad-Produktion mit dem »Silent Grey Fellow«.

1910 Motorräder mit Beiwagen werden gebaut.

1959 Die Firma Triumph bringt ihr berühmtestes Motorrad auf den Markt, das leistungsstarke »Bonneville«.

1972 Honda stellt die erste Supersportmaschine her.

1978 Donald Vesco stellt einen neuen Geschwindigkeitsrekord für Motorräder auf. Er erreicht 512 km/h.

1990er Jahre Die »R 1100« mit computergesteuertem Motor wird von der Firma BMW gebaut.

ZÜGE

Eisenbahnen gibt es seit mehr als 190 Jahren. Die ersten Lokomotiven waren Dampfmaschinen auf Rädern, heute werden sie von Diesel- oder Elektromotoren angetrieben.

BESTANDTEILE EINES ZUGES
Diese Abbildung zeigt den französischen Hochgeschwindigkeitszug »TGV« (»Train à Grande Vitesse«). Er fährt auf einer speziellen Strecke mit wenig Steigung und sanften Kurven. Der TGV wurde in Frankreich 1983 eingeführt.

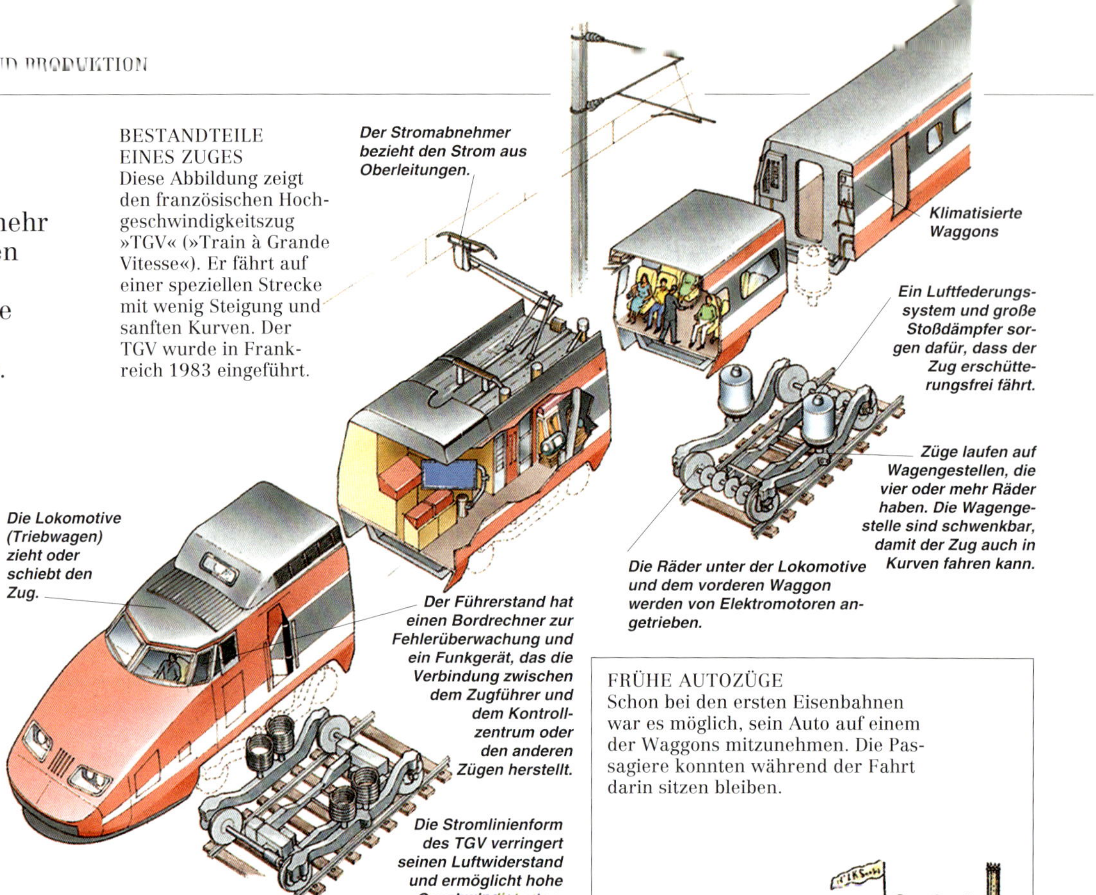

ZUGTYPEN

Elektrolokomotive

Diesellokomotive

Dampflokomotive

Untergrundbahn

Seilbahn

Einschienenbahn

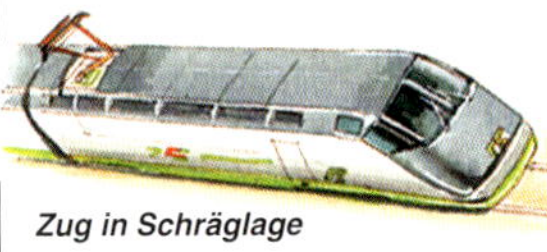
Zug in Schräglage

FRÜHE AUTOZÜGE
Schon bei den ersten Eisenbahnen war es möglich, sein Auto auf einem der Waggons mitzunehmen. Die Passagiere konnten während der Fahrt darin sitzen bleiben.

WISSENSWERTES
Auch heute noch werden in einigen Ländern, wie Simbabwe, Indien und China, Dampflokomotiven eingesetzt.

Moderne Loks ziehen Züge mit mehr als 1 000 Fahrgästen und erreichen dabei Geschwindigkeiten von weit über 200 km/h. Der bisherige Geschwindigkeitsrekord liegt bei 500 km/h.

SCHIENEN UND WEICHEN
Züge rollen auf Schienen oder Gleisen. Diese Stränge ruhen auf Holz- oder Betonschwellen und sind aus einzelnen Stücken zusammengeschweißt. Weichen sind Schienenstücke, die für Richtungsänderungen bewegt werden können.

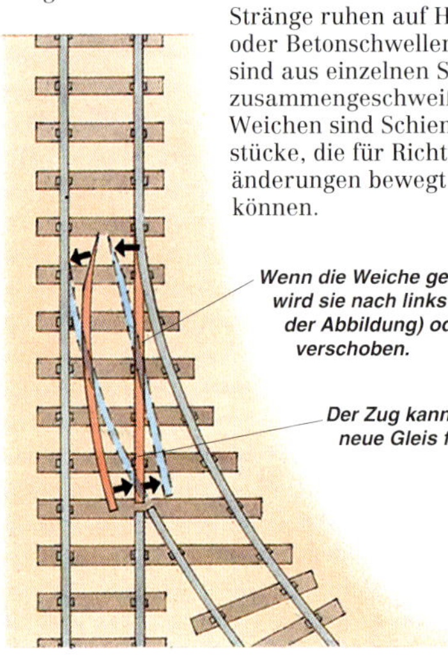

SPURWEITEN
Die Spurweite ist der Abstand zwischen den Schienen. Die Schienen werden in verschiedenen Teilen der Welt mit verschieden großen Spurweiten verlegt. Die Tabelle gibt die unterschiedlichen Spurweiten einiger Länder an.

Spurweite (m)	Länder
1,676	Argentinien, Chile, Indien, Pakistan
1,600	Brasilien, Irland, Süd-Australien, Victoria (Australien)
1,524	Finnland, ehemalige Sowjetunion
1,435	Kanada, China, Frankreich, Deutschland, Großbritannien, Italien, New South Wales (Australien), Skandinavien (außer Finnland), USA
1,067	Japan, Queensland, Tasmanien, Java, Australien, Südafrika (Kapspur), Simbabwe
1,000	Argentinien, Brasilien, Birma, Chile, Ost-Afrika, Thailand

GESCHICHTE DER EISENBAHN
So transportierte man z.B. Bauquader vor der Erfindung der Dampfmaschine.

1804 Bau der ersten voll funktionsfähigen Dampflokomotive durch Richard Trevithick (1771–1833)

1829 Die »Rocket« (»Rakete«), gebaut von Robert Stephenson, ist eine leistungsfähige Dampfmaschine, die weiterentwickelt wird.

1835 Zwischen Nürnberg und Fürth wird die erste deutsche Eisenbahnstrecke eröffnet.

1896 Die erste elektrische Untergrundbahn Europas nimmt in Budapest den Betrieb auf.

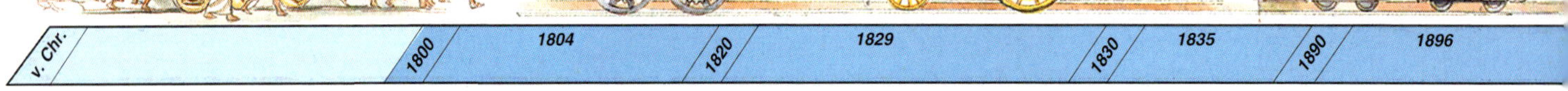

BERÜHMTE ZÜGE

REKORDE

Die leistungsstärksten einmotorigen Diesel-Elektro-Lokomotiven haben 6 600 PS und sind Eigentum der Union Pacific Railroad in den USA.

Der längste und schwerste Güterzug war ein Kohlezug mit 500 Waggons, einer Länge von 6,4 km und einem Gewicht von 42 000 t. Er fuhr im Jahr 1967 auf dem Streckennetz der Norfolk and Western Railroad (USA), und wurde von sechs Diesellokomotiven gezogen.

Grand Central Station, New York

Der größte Bahnhof ist die Grand Central Station in New York (USA) mit 44 Bahnsteigen.

Der höchstgelegene Bahnhof befindet sich in Condor (Bolivien). Er liegt 4787 m hoch.

Der älteste noch erhaltene Bahnhof ist Liverpool Road in Manchester (Großbritannien), der im Jahr 1830 eröffnet wurde.

DIE LÄNGSTEN EISENBAHNNETZE	
Land	Streckenlänge in km
USA	228 464
Russland	117 157
China	70 058
Kanada	48 909
Deutschland	46 039
Australien	44 015
Argentinien	34 091
Welt insgesamt	1 115 205

ROCKET

Diese frühe Dampflokomotive wurde 1829 von Robert Stephenson (1803–1859) entwickelt. Sie war die erste Maschine, die sich schneller fortbewegen konnte als ein Reiter. Sie zog einen der ersten Passagierzüge.

DER GENERAL

Dieser Zug wurde 1855 für die »Western and Atlantic Railroad« gebaut. Er hatte vorn einen Schienenräumer und einen großen kegelförmigen Rauchfang zum Auffangen von Funken aus der Feuerung. Mit diesen Zügen wurde der »Wilde Westen« erschlossen.

ORIENT-EXPRESS

Der luxuriöse Orient-Express wurde im Jahr 1883 in Betrieb genommen. Er verkehrte zwischen London, Paris, Wien, Budapest und Konstantinopel (heute Istanbul). Dieser Zug wurde von so vielen Geheimagenten benutzt, dass er als der »Agenten-Express« bekannt wurde.

TWENTIETH CENTURY LTD.

Dieser Luxuszug verkehrte von 1902 bis 1967 zwischen New York und Chicago (USA), hatte einen Aussichtswaggon am Zugende und einen Frisörsalon an Bord.

WISSENSWERTES

Der »Transrapid« rollt nicht auf Rädern, sondern schwebt über ein Schienenband auf Stelzen. Das vorhandene Schienennetz kann er nicht nutzen. Magnetfelder tragen sein Gewicht und treiben ihn an. Bisher wurden nur wenige Magnetschwebebahnen gebaut.

TRANSSIBIRISCHE EISENBAHN

Dieser Zug verkehrt zwischen Moskau und Wladiwostok. Er legt in acht Tagen 9 297 km zurück – das ist die längste fahrplanmäßige Bahnreise der Welt. Der erste durchgehende Zug der »Transsib« fuhr im Jahr 1914.

DER FLYING SCOTSMAN

Der »Flying Scotsman« wurde 1923 gebaut. Er zog bis 1963 Eilzüge auf der Strecke London (England) – Edinburgh (Schottland).

HIAWATHA

Der Hiawatha war ein dampfgetriebener Zug in den USA zur schnellen Beförderung von Fahrgästen. Ab 1935 verkehrte der Zug zwischen Chicago und Minneapolis-St. Paul und benötigte für diese Strecke nur 5 Std.

MALLARD

Diese Dampflokomotive hält den Weltrekord als schnellste Dampflokomotive. Im Jahr 1938 erreichte sie trotz sieben angehängter Waggons eine Geschwindigkeit von 203 km/h.

Dampflokomotivwerk, 1864

BLUE TRAIN

Der »Blue Train« ist der wahrscheinlich luxuriöseste Zug der Welt: Er wird als »Fünf-Sterne-Hotel auf Rädern« bezeichnet. 1939 in Dienst gestellt, verkehrt er zwischen den südafrikanischen Städten Pretoria und Kapstadt.

»BIG BOYS«

Diese Lokomotiven wurden von 1941 bis 1944 für die »Union Pacific Railroad« in den USA gebaut. Sie gehörten zu den größten herkömmlichen Dampflokomotiven, die jemals gebaut wurden.

PENDOLINO ETR 450

Dieser italienische Zug wurde 1988 eingeführt. Er kann sich in Kurven um bis zu 10° neigen und diese dadurch schneller durchfahren als andere Züge. Er verkehrt zwischen Rom und anderen Städten in Italien und erreicht eine Geschwindigkeit von 250 km/h.

DER SHINKANSEN-EXPRESS

Dieser japanische Hochgeschwindigkeitszug mit dem Spitznamen »Bullet Train« wurde 1965 auf der Strecke Tokio – Osaka in Betrieb genommen. Durch seine aerodynamische Form kann dieses »Geschoss« bis zu 210 km/h erreichen.

Der Inter-City-Express ist ein Hochgeschwindigkeitszug, der über 250 km/h erreichen kann. Zwei über 4700 Kilowatt starke Lokomotiven – eine vorn, eine hinten – treiben ihn an. Die Lokomotiven sind stromlinienförmig und bieten der Luft weniger Widerstand.

1933 Der »Fliegende Hamburger« wird von der Deutschen Reichsbahn eingesetzt. Er legt die 287 km zwischen Hamburg und Berlin in 2 Std. 20 min zurück.

1935 Der »Pioneer-Zephyr«, ein stromlinienförmiger Diesel-Elektro-Zug wird in den USA eingeführt. Er stellt den Rekord für gleichmäßig hohe Geschwindigkeiten auf Langstrecken auf.

1977 Die letzte Dampflok der Deutschen Bundesbahn wird außer Dienst gestellt.

1992 88% des Alpentransitverkehrs werden in der Schweiz über Züge abgewickelt. Deshalb beschließt die Schweiz den Bau von neuen Eisenbahnverbindungen.

2007 Der Geschwindigkeitsweltrekord für eine elektrische Lokomotive wird vom französischen TGV aufgestellt. Er erreicht eine Geschwindigkeit von 574,8 km/h.

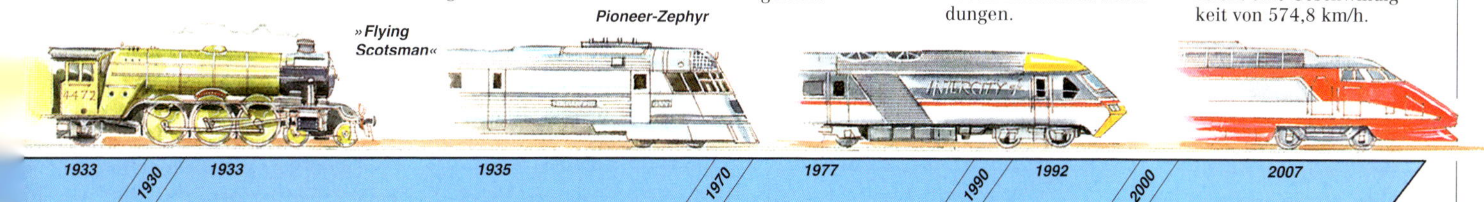

SCHIFFE

Von den Einbäumen und Flößen unserer Vorfahren bis hin zu den riesigen Öltankern unserer Zeit war es ein weiter Weg. Schiffe dienten zu allen Zeiten als Transportmittel für Menschen und Güter.

Segelboote werden vom Wind angetrieben; sie haben aber auch einen Motor.

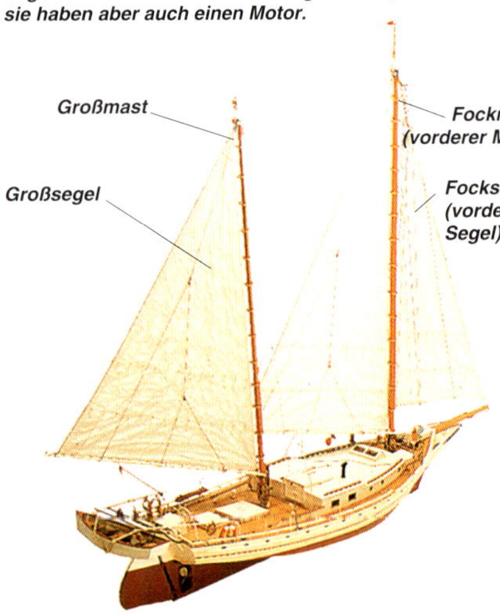

DIE TEILE EINER MODERNEN JACHT

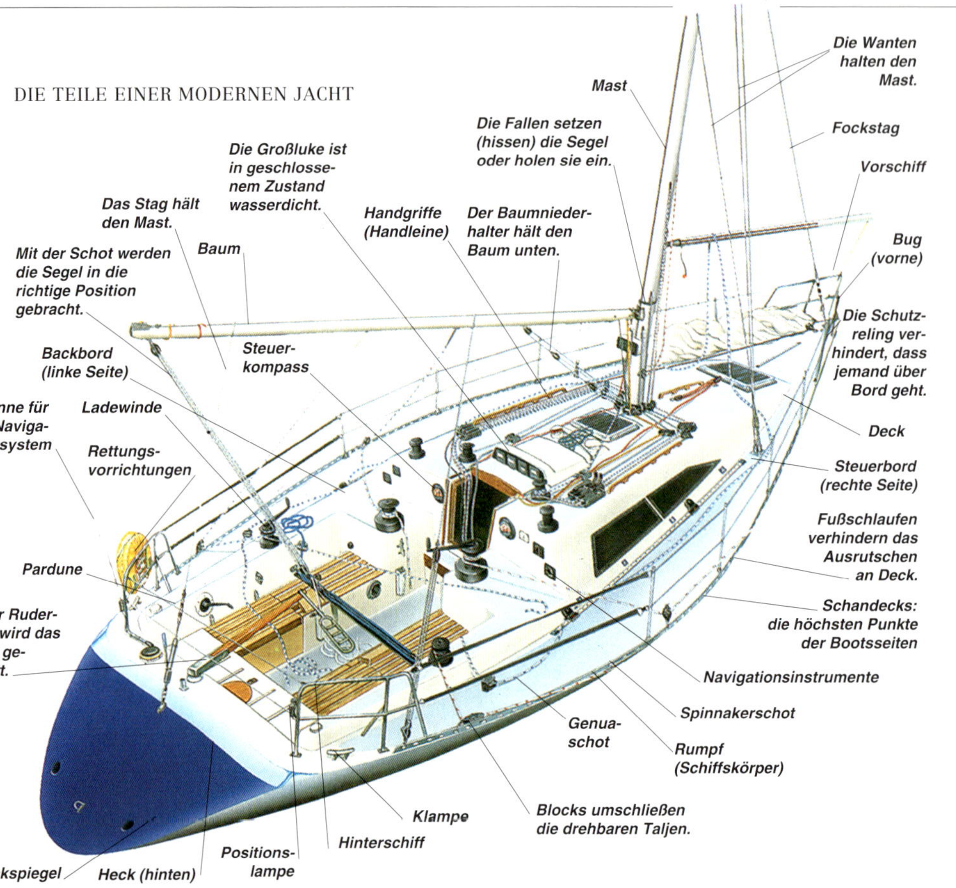

SCHIFFS- UND BOOTSTYPEN

Schiffe können je nach Funktion in verschiedene Kategorien eingeteilt werden: Passagierschiffe, Frachtschiffe, Sportboote, Behördenboote, Fischereiboote oder Militärschiffe.

PASSAGIER- UND FRACHTSCHIFFE

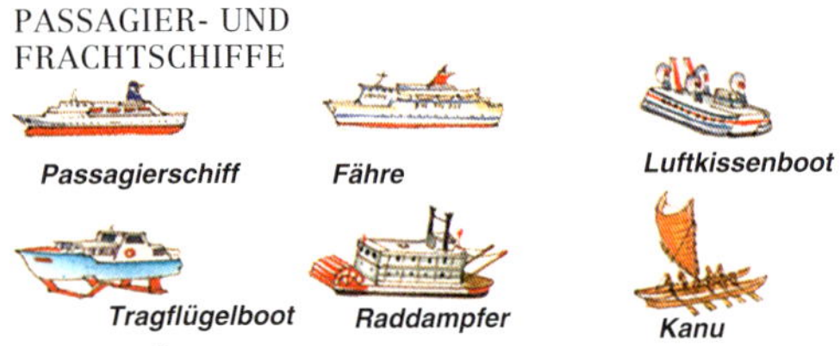

HAUPTSÄCHLICH FRACHT

EINSATZBOOTE

SPORT UND FREIZEIT

FISCHEREIBOOTE

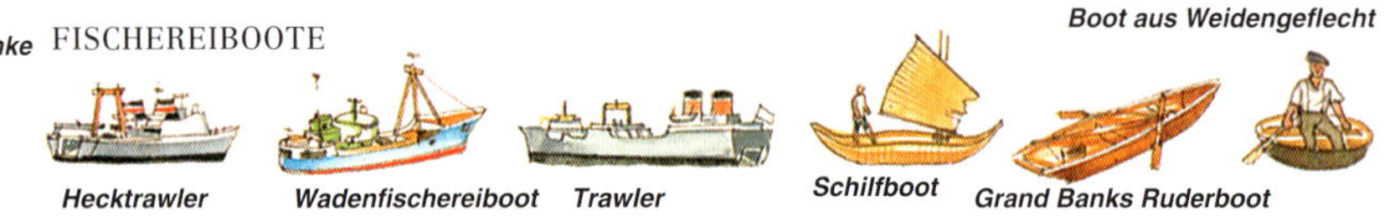

GESCHICHTE DER SCHIFFFAHRT

ca. 3500 v. Chr. Frühe ägyptische Boote werden aus Schilfrohrbündeln hergestellt.

ca. 2450 v. Chr. Ägypter entwickeln seetüchtige Boote aus Holz, die von 30 Ruderern angetrieben werden.

ca. 500 v. Chr. Die Griechen bauen die Trireme, ein Kriegsschiff, das von Riemen angetrieben wird und am Bug einen bronzenen Rammsporn hat, um feindliche Schiffe zu durchbohren.

489 v. Chr. Schlacht von Salamis: Die Griechen besiegen die zahlenmäßig überlegene persische Streitmacht.

400–1200 n. Chr. Die Wikinger beherrschen die Meere Nordeuropas.

1000 Die Wikinger landen in Nordamerika.

ca. 1240 In Europa wird das Heckruder eingeführt.

1492 Christoph Columbus (1451–1506) landet in der Karibik.

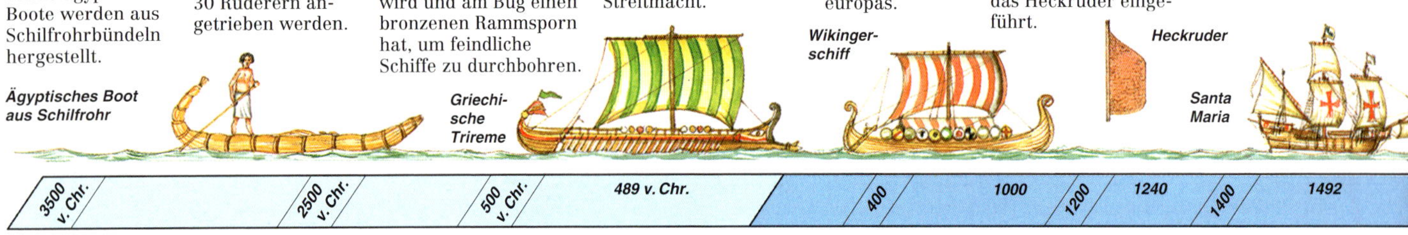

FACHBEGRIFFE

Achtern Bei oder in der Nähe des Hecks

Am Wind segeln Gegen den Wind segeln; der Wind kommt vom Bug her

Beidrehen Die Fahrt unter Richtungsänderung mit Hilfe der Segel und des Ruders verlangsamen oder stoppen.

Halsen Das Boot vor dem von schräg hinten einfallenden Wind wegdrehen

Knoten Maßeinheit für die Geschwindigkeit von Schiffen und Flugzeugen: ein Knoten = eine Seemeile pro Stunde

Kreuzen Im Zickzackkurs gegen den Wind ansegeln

Landungsbrücke Tragbare Brücke, um an und von Bord gehen zu können

Seemeile Längenmaß auf See: eine Seemeile = 1,852 km.

Vor dem Wind segeln Der Wind kommt von hinten.

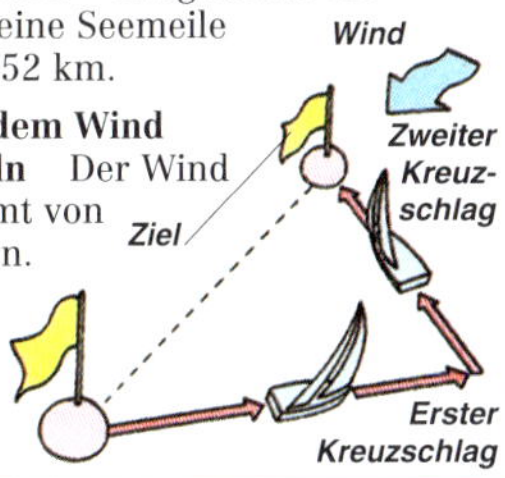

BERÜHMTE SCHIFFE

SANTA MARIA
Sie war das Flaggschiff von Christoph Kolumbus (1451–1506) auf seiner Entdeckungsreise zu den westindischen Inseln im Jahr 1492. Die »Santa Maria« strandete, und Kolumbus setzte seine Reise auf der »Niña« fort.

MAYFLOWER
100 Puritaner segelten im Jahr 1620 mit diesem Schiff von England aus nach Nordamerika, wo sie die erste ständige europäische Kolonie gründeten: das heutige Plymouth in Massachussets.

ENDEAVOUR
Captain James Cook (1728–1779) unternahm auf diesem Schiff 1768 seine erste wissenschaftliche Forschungsreise in die Südsee. 1769 entdeckte er Neuseeland.

BOUNTY
Im Jahr 1788 fand auf der »Bounty« eine Meuterei statt. Leutnant Fletcher Christian (1764– ca.1790) führte eine Revolte gegen den befehlshabenden Offizier William Bligh (1754–1817) an, der schließlich ausgesetzt wurde.

CUTTY SARK
Dieses Schiff war der berühmteste Klipper. Als die »Cutty Sark« im Jahr 1869 vom Stapel gelassen wurde, war bereits der Suezkanal passierbar, und Dampfschiffe fuhren sicher und schneller auf der Ost-West-Route.

KON-TIKI
Der Norweger Thor Heyerdahl (1914–2002) baute das Balsaholz-Floß »Kon-Tiki« im Jahr 1947 und segelte damit von Südamerika nach Polynesien. Er wollte damit beweisen, dass Polynesien von Südamerika aus hätte besiedelt werden können.

JAHRE VIKING
Das längste Schiff der Welt ist der norwegische Öltanker »Jahre Viking«, der 458 m lang ist. Ein Fußmarsch von einem Ende zum anderen dauert etwa 5 Min.

WISSENSWERTES
Ein großer Öltanker transportiert ca. 133 Mio. Liter Öl: Mit der gleichen Menge Benzin könnte ein Auto fast 47 000-mal um die Erde fahren. Schon oft kam es zu Schiffsunglücken, bei denen das Öl ins Meer strömte und schwere Umweltkatastrophen auslöste.

Etwa 92% der internationalen Handelswarengüter werden mit Schiffen befördert.

SCHIFFSREKORDE
Das größte Segelschiff war die »France«. Sie war 127,7 m lang.

Die größten Containerschiffe sind Eigentum der »American President Lines«. Fünf dieser Schiffe sind 275 m lang.

Queen Elizabeth

Das größte Passagierschiff ist die »Queen Mary 2« mit einer Länge von 345 m. Die »Queen Elizabeth«, die 1938 vom Stapel gelassen wurde, war 314 m lang.

SCHIFFSUNGLÜCKE UND KATASTROPHEN

Schiff	Jahr	Schiffsunglück/Katastrophe
Armada	1588	Spanische Flotte von 130 Schiffen, mit der der französische König Philip II. England besiegen wollte. Nach verlorener Schlacht flohen die restlichen Schiffe in Richtung Schottland und Irland, wo viele im Sturm sanken. Nur 60 Schiffe kehrten nach Spanien zurück; etwa 15 000 Seeleute starben.
Marie Celeste	1872	Wurde verlassen aufgefunden; von den zehn Menschen, die an Bord gewesen waren, fehlte jede Spur.
Titanic	1912	Stieß mit einem Eisberg zusammen und sank; etwa 1 500 Menschen starben.
Lusitania	1915	Wurde torpediert; 1 198 Menschen starben.
Wilhelm Gustloff	1945	Wurde torpediert; mehr als 7 000 Todesopfer
Dona Paz	1963	Stieß mit dem Motortanker Vector zusammen: 4 386 Menschen starben.
Exxon Valdez	1989	Bislang größte Umweltkatastrophe; verlor 41 Mio. Liter Öl in Alaskas Prinz-Wilhelm-Sund
Estonia	1994	Das Passagierfährschiff sank zwischen Tallin und Stockholm wegen einer defekten Bugklappe. Rund 900 Menschen starben.

CONTAINERSCHIFF
Große Containerschiffe können etwa 2 700 Container aufnehmen. Würde man sie aufeinander stapeln, wäre dieser Turm fast doppelt so hoch wie der Mount Everest (8 848 m).

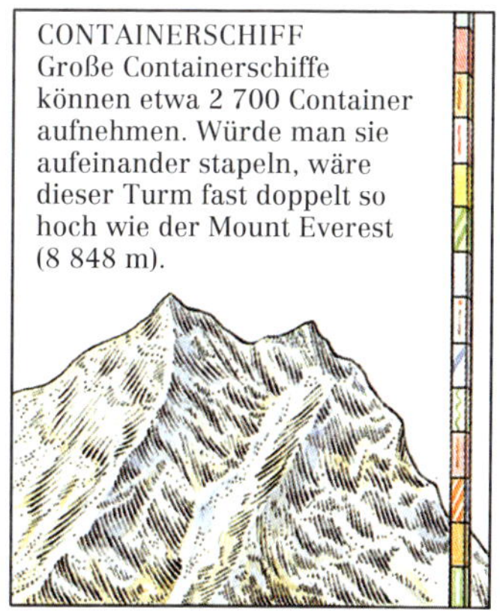

519–1522 Erste /eltumsegelung es portugiesi- chen Entdeckers erdinand agellan .480–1521)

ca. 1700 Einführung des Steuerrads

Steuerrad

1838 »Sirius« ist das erste dampfangetriebene Schiff, das den Atlantik überquert.

Sirius

1850–1859 Für den Transport von Gütern über lange Strecken werden Klipper eingesetzt.

Klipper

1968–1969 Erste Nonstop-Weltumsegelung im Alleingang von West nach Ost durch Robin Knox-Johnston (geb. 1939) auf der »Suhaili«.

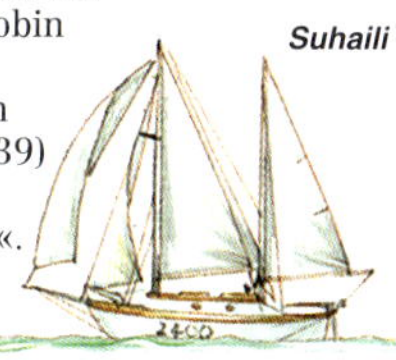

Suhaili

1994 Der Engländer Mike Golding (geb. 1960) segelt in 167 Tagen allein um die Welt.

KOMMUNIKATION

Zur mediengebundenen Kommunikation tragen nicht nur Telefon oder Telefax bei, auch über das Internet kann man Kontakt zu Menschen in der ganzen Welt aufnehmen. Das Internet ist das weltweit größte Computernetz mit derzeit mehr als 500 Millionen Teilnehmern (User). Den Zugang zum Internet organisiert ein Dienstleistungsunternehmen, der sog. Provider.

TELEKOMMUNIKATION
Unter Telekommunikation versteht man den Austausch von Nachrichten über Telefon, Fax, Computer, Fernseher und Radio. Dafür benötigt man ein Sendegerät, das die Informationen in elektrische Signale umwandelt, ein Medium zum Transport der Signale und ein Empfangsgerät, das die Signale wieder in eine verständliche Mitteilung umwandelt.

LICHTLEITERTECHNIK
Die meisten internationalen Telefongespräche werden heutzutage über Glasfaserkabel geleitet, die auf dem Grund der Ozeane verlegt sind. Entlang dieser aus wenigen, sehr feinen Glasfasern bestehenden Kabel werden Telefonanrufe als Lichtimpulse geleitet.

Glasfaserkabel

DIE POST
Die Post bietet eine der ältesten, billigsten und zuverlässigsten Formen der Kommunikation an. Briefe und Päckchen werden innerhalb weniger Tage per Bahn oder Luftpost in die ganze Welt geschickt.

WELTWEIT VERLEGTE GLASFASERKABEL
Diese Karte zeigt die gegenwärtig vorhandenen Verbindungen über Glasfaserkabel. Weitere kommen ständig hinzu.

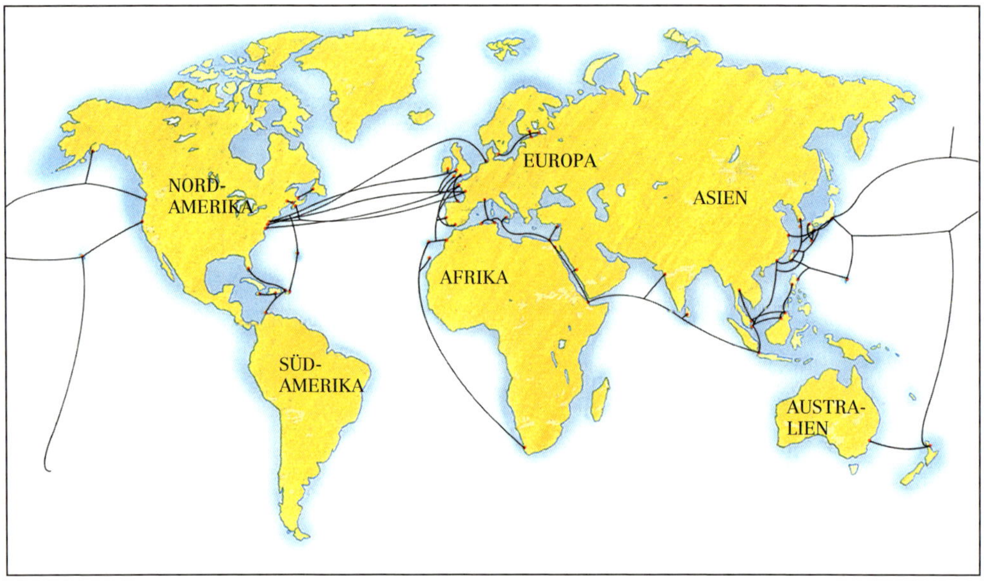

AUF DEM POSTWEG
1. Briefe und schmale Päckchen werden in den Briefkasten geworfen.

2. Die Briefkästen werden regelmäßig geleert.

3. Die Briefe und Päckchen werden sortiert und je nach Bestimmungsort auf die entsprechenden Postsäcke verteilt.

4. Per Auto, Eisenbahn oder Flugzeug werden sie zu ihren jeweiligen Bestimmungsorten gebracht.

5. Die Briefe und Päckchen gehen an die zentrale

Sortierstelle und werden dort nach Stadtteilen oder Gebieten sortiert.
6. Sie werden zu den örtlichen Sortierstellen weitergeleitet.

7. Die Briefe werden nach Straßen geordnet.
8. Sie werden dann zu Fuß, mit dem Fahrrad oder mit dem Postwagen ausgeliefert.

SORTIERANLAGE
Die meisten Briefe werden in den Postämtern in Sortiermaschinen sortiert. Größere Briefe und Päckchen werden von Hand sortiert und mit Hilfe eines Computers mit einem Strichcode versehen. Diesen Code kann die Verteilermaschine ablesen und die Post auf die richtigen Förderbänder werfen.

Das Sortieren von Post

KOMMUNIKATIONSSATELLITEN
Kommunikationssatelliten übermitteln Signale von Telefonen, Faxgeräten, Computern, Radio- und Fernsehsendern über die ganze Welt. Sie werden auch zur Navigation von Flugzeugen, Schiffen oder immer häufiger auch als Diebstahlssicherung von Kraftfahrzeugen eingesetzt.

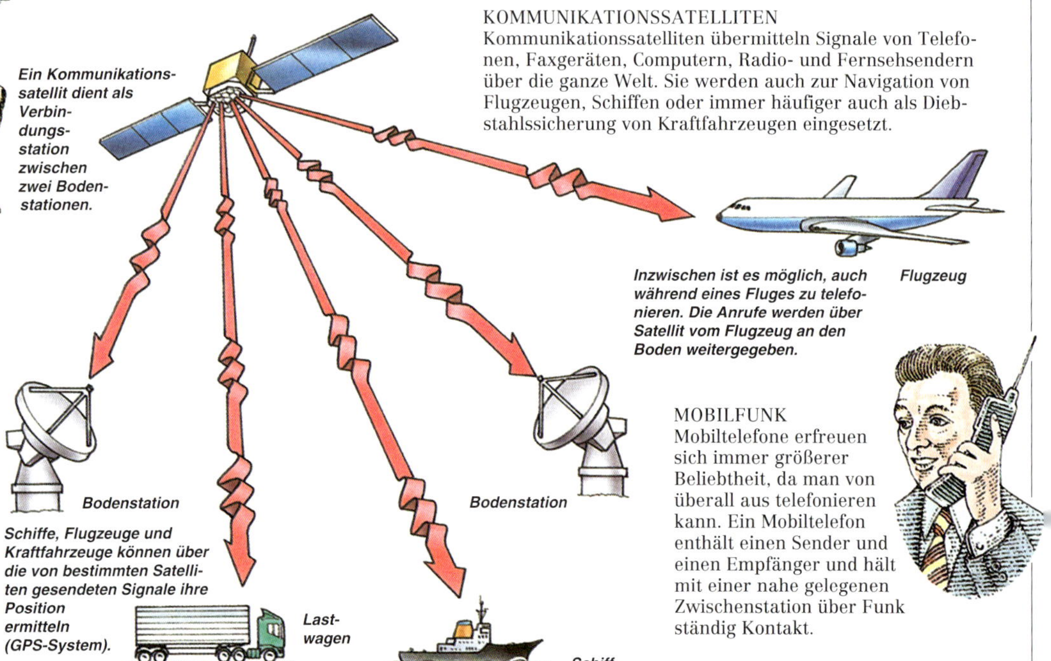

MOBILFUNK
Mobiltelefone erfreuen sich immer größerer Beliebtheit, da man von überall aus telefonieren kann. Ein Mobiltelefon enthält einen Sender und einen Empfänger und hält mit einer nahe gelegenen Zwischenstation über Funk ständig Kontakt.

MORSE-ALPHABET
Die früheste Form der Telekommunikation war die elektrische Telegraphie. Über eine Drahtverbindung wurden elektrische Signale in langen und kurzen Impulsen – die Morsezeichen – gesendet.

A •– B –••• C –•–• D –•• E • F ••–• G ––• H •••• I ••
J •––– K –•– L •–•• M –– N –• O ––– P •––• Q ––•–
R •–• S ••• T – U ••– V •••– W •–– X –••– Y –•–– Z ––••

FLUGREISEN
Hunderte von Fluggesellschaften befördern Passagiere um die ganze Welt: zu Geschäftsterminen oder in den Urlaub. Außerdem werden Güter und Poststücke mit Flugzeugen versendet.

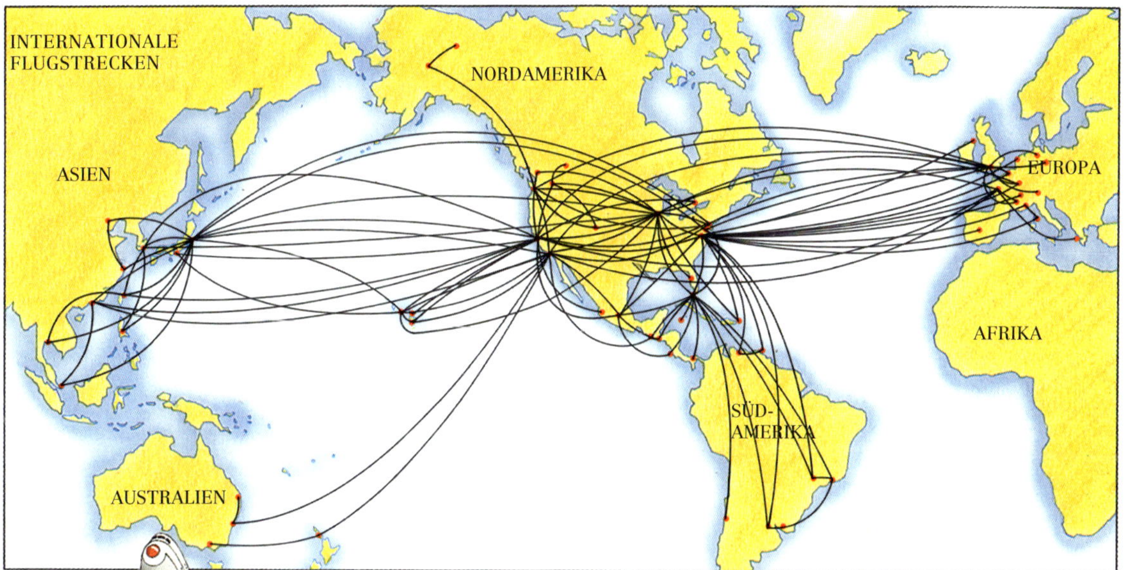

FLUGÜBERWACHUNG
Flugzeuge sind mit einem Antwortsender ausgestattet, der Signale aussendet, sobald er vom Sekundärradar (in der Abbildung rechts) einen elektromagnetischen Impuls empfängt. Dieses Signal gibt dem Kontrollzentrum an, welches Flugzeug landet oder startet sowie alle Daten zu Höhe und Geschwindigkeit.

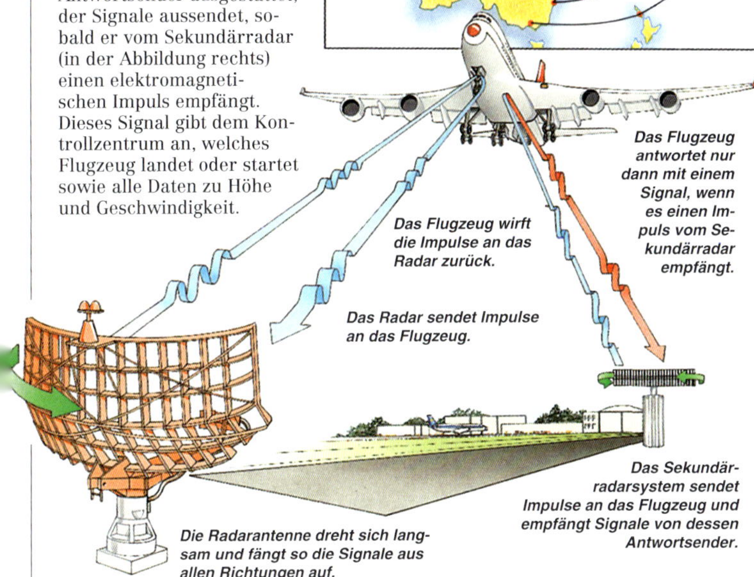

KOMMUNIKATION AM ARBEITSPLATZ
Der technische Fortschritt der Kommunikationstechnologie wird das Leben der Menschen stark beeinflussen. Über Telefon, Fax und das Computernetz ist die schnelle Verständigung mit anderen Menschen auch über große Entfernungen hinweg heute längst kein Problem mehr. Viele Angestellte müssen vielleicht nicht mehr ins Büro kommen, sondern können daheim an ihrer Medienstation arbeiten und auf diesem Weg mit Vorgesetzten und Kollegen in Kontakt treten.

VIDEOKONFERENZ
Videokonferenzen ersetzen teure und zeitaufwendige Geschäftsreisen. In Videokonferenz-Zentren kann man schnell und billig miteinander kommunizieren. Die Anwesenden sprechen über Mikrofone und können die jeweiligen Partner auf dem Bildschirm sehen. Diese Zentren sind zwar noch nicht weit verbreitet, werden aber immer beliebter.

In Videokonferenz-Zentren sehen sich die Gesprächspartner auf dem Bildschirm.

FAXGERÄT
Die Faxvorlage, z.B. ein Bild, wird über Rollen in das Gerät eingezogen. Dort tasten lichtempfindliche Fotozellen die Vorlage Zeile für Zeile nach hellen und dunklen Stellen ab und senden die aufgenommene Bildinformation als elektrische Signale über die Telefonleitung an den Empfänger. Dort wird die Information in ein Bild zurückverwandelt

FACHBEGRIFFE

CD-Rom (Read-Only Memory) Speichert Bilder, Texte, Filme oder Musik. Neue CD-Roms können auch beschrieben werden.
Datenbank Elektronische Bibliothek, die über einen Computer abgerufen werden kann
Datennetz Leitungen zur elektronischen Übertragung von Informationen
DVD (Digital Versatile Disc) ist ein Datenträger, der wie eine CD aussieht, aber ein viel höheres Speichervolumen hat (s.S. 233).
Kabelfernsehen Fernsehprogramme, die über Kupfer- oder Glasfaserkabel übertragen werden
Multimedia Die Verknüpfung verschiedener Medien, z.B. Computer und Fernsehen

COMPUTER
Informationen werden auf Computern sehr schnell erfasst, gespeichert, verarbeitet und übertragen.
DATENAUTOBAHN
Ein Informationsnetz aus Glasfaserkabeln, auf dem mit hoher Geschwindigkeit vom Film bis zu Computerdaten alles übertragen wird. Die schnellen Leitungen ermöglichen 500 und mehr Fernsehprogramme.
E-MAIL
Über die elektronische Post der Datennetze können Nachrichten von einem Computer auf einen anderen übertragen werden.
CUSEEME (= Can you see me)
Technologie zur audiovisuellen Kommunikation, z.B. bei Videokonferenzen
USENET
Eine Sammlung von elektronischen schwarzen Brettern (genannt Newsgroups) für bestimmte Themen, z.B. Kultur oder Politik. Das Usenet wird für Nachrichten und Informationen verwendet.

WISSENSWERTES
Die Verteilermaschine eines Postamts sortiert ca. 36 000 Briefe pro Stunde.

Ein Paar Glasfaserkabel kann bis zu 61 440 Telefongespräche gleichzeitig übertragen.

In den USA werden jeden Tag mehr als 300 Mio. Nachrichten über E-Mail verschickt.

FLAGGENALPHABET
Das Flaggenalphabet wurde bis Anfang des 20. Jh. als Methode zur Verständigung von Schiffen untereinander verwendet. Dieses Alphabet ist nach wie vor ein schneller Weg, sich über Zeichen zu verständigen, und wird immer noch von Schiffen benutzt, die nahe beieinander segeln.

SPRACHE

Sprache ist eine Abfolge von Tönen und Zeichen, die man benutzt, um seine Gedanken auszudrücken und sich mit anderen Menschen zu verständigen. Es gibt Tausende verschiedener Sprachen auf der ganzen Welt.

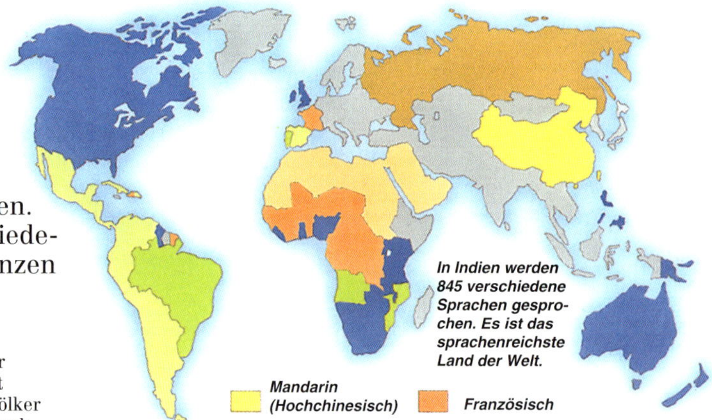

Mandarin (Hochchinesisch) · *Englisch* · *Russisch* · *Spanisch* · *Französisch* · *Portugiesisch* · *Arabisch* · *Andere*

WELTSPRACHEN
Diese Karte zeigt die Verteilung der wichtigsten Weltsprachen. Sie zeigt außerdem, wie die europäischen Völker ihre Sprachen in fremde Länder brachten. Die englischen Siedler führten ihre Sprache beispielsweise in Nordamerika und Australien ein.

DIE GEBRÄUCHLICHSTEN SPRACHEN

Sprache	Menschen
Chinesisch (Mandarin)	1 093 Mio.
Englisch	450 Mio.
Hindi	367 Mio.
Spanisch	352 Mio.
Russisch	204 Mio.
Arabisch	202 Mio.
Bengali	187 Mio.
Portugiesisch	175 Mio.
Malaiisch-Indonesisch	145 Mio.
Japanisch	126 Mio.

SO SAGT MAN »JA« UND »NEIN« IN VERSCHIEDENEN SPRACHEN DER WELT
Die Wörter in Klammern geben die Aussprache an

Sprache	Ja	Nein	Sprache	Ja	Nein	Sprache	Ja	Nein
Arabisch	نَعَم (Na'am)	لا (La'a)	Deutsch	Ja	Nein	Polnisch	Tak	Nie
Bengali	হ্যাঁ (Haa)	না (Naa)	Griechisch	Ne	Óhee	Portugiesisch	Sim	Não
Bulgarisch	Da	He	Hebräisch	כֵּן (Ken)	לא (Lo)	Pandschabi	ਹਾਂ (Haan)	ਨਹੀਂ (Nahi)
Chinesisch (Kantonesisch)	係 (Hai)	唔係 (M hai)	Hindi	हां (Haan)	नहीं (Nahl)	Rumänisch	Da	Nu
Chinesisch (Mandarin)	是 (Shi)	不是 (Bu shi)	Ungarisch	Igen	Nem	Russisch	Да (Dah	Нет (Njet)
Tschechisch	Ano	Ne	Isländisch	Já	Nei	Serbo-Kroatisch	Da	Ne
Dänisch	Ja	Nej	Indonesisch	Ja	Tidak	Slowakisch	Áno	Nie
Holländisch	Ja	Nee	Italienisch	Sì	No	Spanisch	Si	No
Englisch	Yes	No	Japanisch	はい (Hai)	いいえ (Iie)	Schwedisch	Ja	Nej
Finnisch	Kyllä	Ei	Koreanisch	네 (Nye)	아니오 (A-ni-o)	Thai	ค่ะ (Kha [weiblich])	ไม่ค่ะ (Mai kha [weiblich])
Flämisch	Ja	Nee	Malaiisch	Ya	Tikak	Thai	ครับ (Khrap [männlich])	ไม่ครับ (Mai khrap [männlich])
Französisch	Oui	Non	Norwegisch	Ya	Nej	Türkisch	Evet	Hayir

ZEICHENSPRACHE
Menschen, die nicht hören oder sprechen können oder die sich in einer fremden Sprache ausdrücken wollen, können sich durch Zeichensprache verständigen. Zeichen können für ganze Wörter oder für einzelne Buchstaben stehen. Es gibt viele verschiedene Systeme der Zeichensprache. Eines davon wird hier gezeigt.

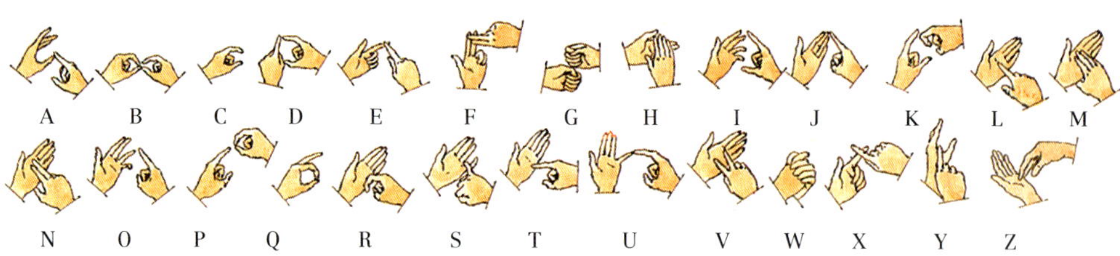

SCHRIFTEN

Eine Schrift ist eine Folge von Symbolen, die wir verwenden, um etwas niederzuschreiben. Verschiedene Sprachen können, bis auf die Sonderzeichen, dieselbe Schrift verwenden. Die Schriftsprache vieler europäischer Sprachen, wie Deutsch und Französisch, benutzt das römische Alphabet.

PIKTOGRAMME
Die ersten Schriftzeichen waren »Piktogramme«: Dinge wurden in Bildern dargestellt. Im Lauf der Zeit wurden sie vereinfacht, sodass sie schnell gezeichnet werden konnten.

KEILSCHRIFT
Mit der ersten Hochkultur entstand um 3100 v. Chr. in Sumer auch die älteste bekannte Schrift. Mit Rohrgriffeln drückten die Schreiber Bildzeichen für Wörter, später auch für Silben, in noch weiche Tontafeln. Allmählich wurden die Bildzeichen vereinfacht. So entstanden die abstrakten Zeichen der »Keilschrift«, benannt nach den keilförmigen Kerben im Ton.

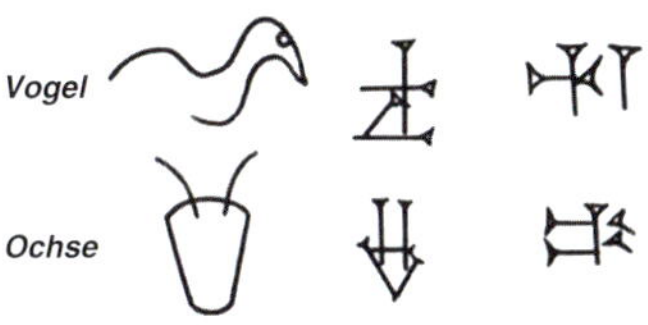

HIEROGLYPHEN
Die altägyptische Hieroglyphenschrift entstand um 3000 v. Chr. Ihrer Gestalt nach ist sie eine Bilderschrift, es handelt sich aber um eine Begriffs- und Lautschrift.

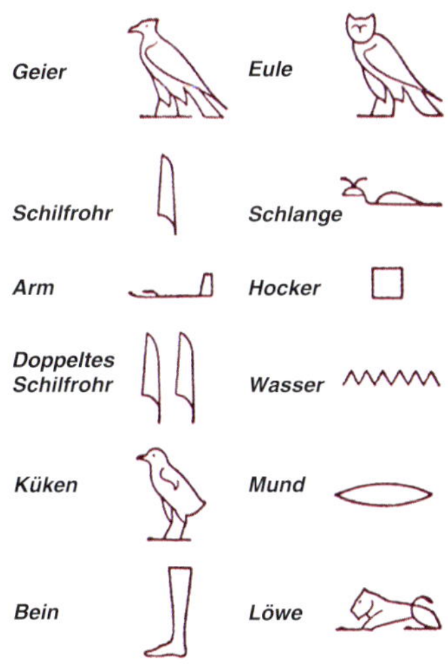

KYRILLISCH (RUSSISCH)
Das kyrillische Alphabet ist nach St. Kyrill benannt, der 800 n. Chr. die Slaven missionierte.

А Б В Г Д Е Ж З И І Й К Л М Н О П Р С
Т У Ф Х Ц Ч Ш Щ Ъ Ы Ь Ѣ Э Ю Я Ѳ Ѵ

HINDI
Gegenwärtig werden ungefähr 200 indische Schriften verwendet. Die bekannteste ist Hindi.

अ आ इ ई उ ऊ
ऋ ए ऐ ओ औ क ख ग घ ङ च छ ज
झ ञ ट ठ ड ढ ण त थ द ध न प फ ब
भ म य र ल व श ष स ह

BLINDENSCHRIFT
Der Franzose Louis Braille (1809–1852) entwickelte eine Schrift für Menschen, die blind sind oder schlecht sehen – die Braille-Schrift. Jeder Buchstabe wird durch ein Muster erhabener Punkte wiedergegeben und mit den Fingerspitzen erfühlt.

Blindenschrift

CHINESISCH
Chinesisch verfügt über mehr als 50 000 Zeichen, aber nur wenige tausend sind allgemein gebräuchlich. Ein Zeichen setzt sich aus der Kombination von bis zu 26 verschiedenen Strichen in einer bestimmten Anordnung zusammen.

Dieses Zeichen »Yong« besteht aus den fünf Grundstrichen.

ALPHABETE
Die Buchstaben des Alphabets stehen jeweils für einen bestimmten Laut. Diese Art des Schreibens ist schneller und einfacher zu erlernen als die Piktogramme.

ENTWICKLUNG DES ALPHABETS
Die Phönizier entwickelten 1600 v. Chr. das erste Alphabet. Es wurde von den Griechen übernommen und von den Römern weiterentwickelt. Den Buchstaben »W« kannten die Römer nicht. Anstelle des »J« benutzten sie »I«, anstelle des »U« nahmen sie »V«.

GRIECHISCHE WÖRTER
Die alten Griechen entwickelten ihr Alphabet aus dem Phönizischen. Sie schrieben nicht nur von links nach rechts, sondern auch spiralförmig.

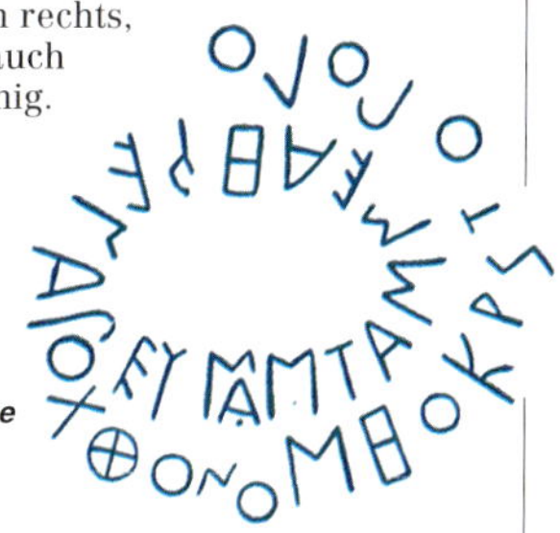
Griechische Inschrift

Phönizisch	Modernes Hebräisch	Frühes Griechisch	Klassisches Griechisch	Etruskisch	Klassisches Römisch	Modernes Römisch
𐤀	א	Α	Α	𐌀	A	A
𐤁	ב	Β	Β	𐌁	B	B
𐤂	ג	Γ	Γ	𐌂	C	C
𐤃	ד	Δ	Δ	𐌃	D	D
𐤄	ה	Ε	Ε	𐌄	E	E
𐤅	ו	Ϝ		𐌅	F	F
					G	G
𐤆	ז	Ι	Ζ	𐌆		
𐤇	ח	Η	Η	𐌇	H	H
𐤈	ט	⊗	Θ	𐌈		
𐤉	י	Ι	Ι	𐌉	I	I
						J
𐤊	כ	Κ	Κ	𐌊	K	K
𐤋	ל	Λ	Λ	𐌋	L	L
𐤌	מ	Μ	Μ	𐌌	M	M
𐤍	נ	Ν	Ν	𐌍	N	N
𐤎	ס		Ξ	𐌎		
𐤏	ע	Ο	Ο	𐌏	O	O
𐤐	פ	Π	Π	𐌐	P	P
𐤑	צ	Ϻ		𐌑		
𐤒	ק	Ϙ		𐌒	Q	Q
𐤓	ר	Ρ	Ρ	𐌓	R	R
𐤔	ש	Σ	Σ	𐌔	S	S
𐤕	ת	X	Τ	𐌕	T	T
						U
			Υ		V	V
						W
			Φ			
			Χ		X	X
			Ψ			
			Ω			
					Y	Y
					Z	Z

JAPANISCH
Die Japaner übernahmen chinesische Zeichen, um ihre gesprochene Sprache niederzuschreiben, die genau genommen zu einer anderen Sprachfamilie gehört. Wie Chinesisch wird auch Japanisch in senkrechten Spalten von rechts nach links geschrieben und gelesen.

Japanisches Buch

WISSENSWERTES
Der älteste noch verwendete Buchstabe ist das »O«. Es gehörte schon 1600 v. Chr. zum phönizischen Alphabet und hat seither seine Form nicht verändert.

Japanische Kinder müssen in den ersten sechs Schuljahren 881 Zeichen lernen.

Das längste Alphabet ist das der Kambodschaner (Khmer) mit 74 Buchstaben.

ENERGIE

In den Bereichen Industrie, Transport und private Haushalte besteht ein großer Energiebedarf. Ein Großteil der benötigten Energie wird durch die Verbrennung von fossilen Brennstoffen wie Öl und Kohle gewonnen, ein Teil durch Kernenergie. »Erneuerbare« Energiequellen wie Wind- und Sonnenenergie spielen bei der Energieerzeugung eine zunehmende Rolle.

FOSSILE BRENNSTOFFE

Kohle, Erdöl und Erdgas nennt man fossile Brennstoffe, denn sie bildeten sich in der Urzeit aus Überresten von Tieren und Pflanzen. Die in ihnen gespeicherte Energie wird durch Verbrennung freigesetzt und zur Stromerzeugung verwendet. Fossile Brennstoffe sind nicht erneuerbar, ihr Vorrat wird irgendwann erschöpft sein.

KOHLE

Rund 20% der weltweit erzeugten Energie wird aus Kohle gewonnen, und die Verwendung der Kohle steigt weiterhin an.

ERDÖL UND ERDGAS

Öl und Erdgas decken ca. 60% des Weltenergiebedarfs. Ölprodukte sind die wichtigsten Brennstoffe im Verkehrsbereich. Öl und Gas werden zur Wärmegewinnung verbrannt.

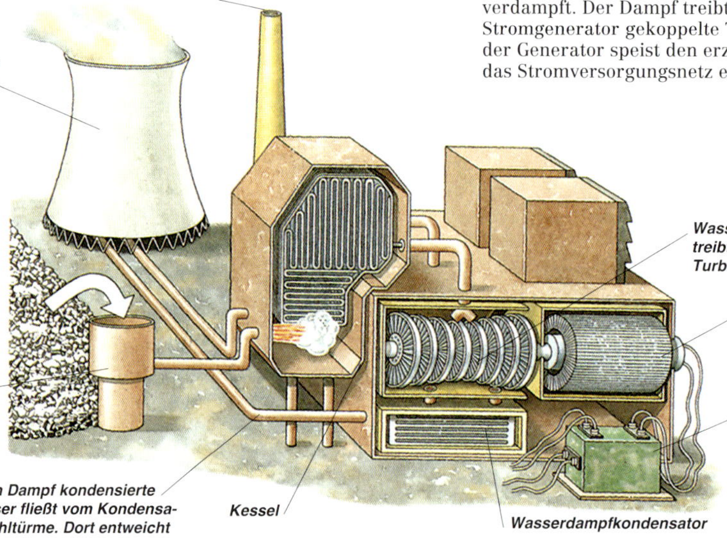

ENERGIEERZEUGUNG

Diese Abbildung zeigt ein Kohlekraftwerk. Die Kohle wird in einem Kessel verbrannt, mit der so erzeugten Wärme wird Wasser verdampft. Der Dampf treibt eine mit einem Stromgenerator gekoppelte Turbine an, und der Generator speist den erzeugten Strom in das Stromversorgungsnetz ein.

GRÖSSTE ÖLPRODUZENTEN	
Land	in Barrel (159 l) pro Tag
Russland	9 247 000
Saudi-Arabien	9 152 000
USA	5 136 000
Iran	4 028 000
China	3 686 000
Mexiko	3 256 000
Norwegen	2 491 000

DER VORRAT AN FOSSILEN BRENNSTOFFEN

1960 ging man noch davon aus, dass die unter der Erdoberfläche lagernden fossilen Brennstoffe ungefähr 40 Jahre ausreichen würden. Bis zum Jahr 1990 wurden weitere Rohstoffreserven aufgespürt, jedoch stieg auch der Energieverbrauch immer schneller an. Heute geht man von einer Rohstoffreserve von 45 Jahren aus.

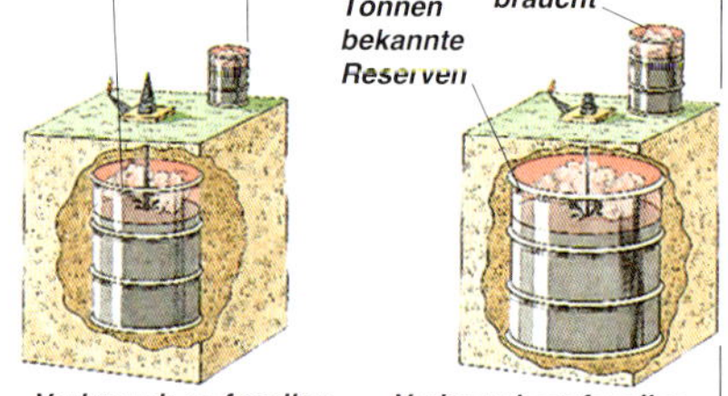

Verbrauch an fossilen Brennstoffen 1960

Verbrauch an fossilen Brennstoffen 1990

ERNEUERBARE ENERGIEQUELLEN

Erneuerbare Energiequellen verbrauchen sich in absehbarer Zeit nicht. Die meisten dieser Energiequellen sind umweltverträglicher als fossile Brennstoffe.

WINDENERGIE

In ausgedehnten Windkraftanlagen wie der in Altmont Pass, Kalifornien, wird durch Windräder elektrische Energie erzeugt. In den 80er Jahren wurden weltweit mehr als 20 000 Windkraftwerke errichtet. Nach Expertenschätzung könnte die Windkraft bis zum Jahr 2030 mehr als 10% der weltweit benötigten Energie liefern.

SONNENENERGIE

Die Sonne ist die umweltverträglichste erneuerbare Energiequelle. Photovoltaische Zellen (Solarzellen) wandeln die Sonnenenergie direkt in elektrische Energie um. Man setzt sie zur Stromversorgung in verschiedenen Geräten ein, z.B. in Taschenrechnern, Satelliten und Telefonanlagen in entlegenen Gebieten.

GEZEITENENERGIE

Hier wird eine Bucht durch einen Damm vom Meer abgetrennt. Das dadurch entstehende Wasserbecken wird bei Ebbe und Flut gezielt aufgefüllt bzw. entleert. Erreicht der Höhenunterschied zwischen Hoch- und Niedrigwasser mindestens 3 m, dann strömt das Wasser durch riesige Turbinen vom Meer zum Staubecken oder zurück.

WASSERKRAFT

Energie aus Wasserkraft wird an Staudämmen und Wasserfällen gewonnen. Das herabstürzende Wasser treibt Turbinen an, die wiederum die stromerzeugenden Generatoren antreiben. Ungefähr 7% des Weltenergiebedarfs wird durch Wasserkraftwerke gedeckt.

GEOTHERMISCHE ENERGIE

Diese Energie wird aus der Wärme gewonnen, die im Erdmantel gespeichert ist. Wasser wird durch heißes Gestein gepumpt und aufgeheizt gefördert. Derzeit wird der größte Teil der geothermischen Energie in vulkanreichen Gebieten, wie Island oder Neuseeland, gewonnen. Rund zwanzig Länder nutzen diese Energieform zum Heizen oder zur Stromerzeugung.

WELLENKRAFT

An dieser Art der Stromgewinnung wird noch geforscht. Versuchsweise wurden bereits Generatoren gebaut und an Meeresküsten aufgestellt. Anlagen für das offene Meer sind in Planung. Der Energiegehalt pro Wellenmeter entspricht dem von 50 Heizstäben.

ENERGIE AUS BIOMASSE

Diese Energie wird aus organischen Stoffen, wie Holz oder landwirtschaftlichen Abfallstoffen, gewonnen. In vielen Ländern werden Kraftwerke gebaut, die mit der Verbrennung von Biomasse Energie erzeugen.

WISSENSWERTES

Elektrisches Licht macht ungefähr 17% des Stromverbrauchs aus.

Ein durchschnittlicher Verbraucher in Europa verbraucht pro Jahr etwa zehnmal mehr Energie als ein durchschnittlicher Verbraucher in Indien.

GRÖSSTE HOLZNUTZER

Viele Entwicklungsländer gewinnen Brenn- und Treibstoffe aus Holz.

Land	Holzanteil am Gesamtenergieverbrauch (in %)
Mali	97
Ruanda	96
Tansania	94
Burkina Faso	94
Äthiopien	93
Zentralafrikanische Republik	91
Somalia	90

KERNENERGIE

Kernenergie entsteht durch die Spaltung von Uran- und Plutoniumkernen. Weltweit gibt es etwa 350 Kernkraftwerke, die zusammen mehr als 5% des Weltenergiebedarfs decken. Kernkraftwerke stoßen keine Schadstoffe aus und tragen nicht zur globalen Erwärmung der Atmosphäre bei. Jedoch ist das Risiko eines Unfalls mit austretender Radioaktivität hoch, und die langfristige Entsorgung der radioaktiven Brennstäbe ist nicht gesichert.

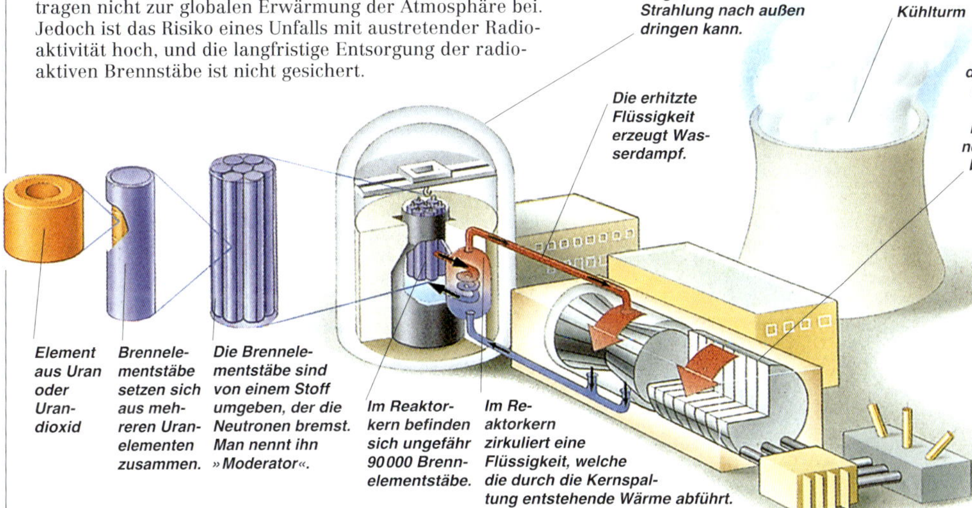

RISIKEN DER KERNENERGIE

Die abgebrannten Brennstäbe bleiben über Jahrtausende hochgefährlich radioaktiv. Sie müssen daher in alten Salzstöcken tief unter der Erdoberfläche gelagert werden. Der Nuklearunfall von Tschernobyl (Ukraine) im Jahr 1986 hatte schreckliche Folgen: Tausende von Menschen wurden der radioaktiven Strahlung ausgesetzt und tausende Quadratkilometer Land verseucht.

PRODUZENTEN VON ATOMENERGIE

Land	Megawatt
USA	98 254
Frankreich	63 473
Japan	47 700
Russland	21 743
Deutschland	20 303
Südkorea	17 533
Großbritannien	10 982
Kanada	12 595
Ukraine	13 168
Schweden	9 076

HÖCHSTER ENERGIEVERBRAUCH

Diese Tabelle berücksichtigt nur handelsübliche Brennstoffe. Nicht enthalten sind Brennstoffe wie Holz, Torf oder Tierabfälle, von denen keine zuverlässigen statistischen Daten vorliegen.

Land	Energieverbrauch (Umgerechnet in t Rohöl)
USA	2 331 600 000
China	1 386 200 000
Russische Föderation	668 600 000
Japan	514 600 000
Deutschland	330 400 000
Kanada	307 500 000
Frankreich	262 900 000
Großbritannien	226 900 000

ENERGIEVERBRAUCH VERSCHIEDENER HAUSHALTSGERÄTE IN DEN USA

Haushaltsgerät	Haushalte mit diesem Gerät (in %)	Mittlerer Energieverbrauch (Kilowatt pro Jahr)
Tiefkühltruhe	34,5	1 820
Kühlschrank	84,6	1 591
Aquarium/Terrarium	15	200–1 000
Farbfernseher	98	75–1 000
Elektroherd/Backofen	51,5	650
Computer	58,5	25–400
Geschirrspüler	45,2	165
Bügeleisen	40	20–150
Uhr	100	17–50
Videorekorder	98	10–70

WISSENSWERTES

Die Sonne ist ein unermesslich großer Energiespender: Allein das Sonnenlicht, das jährlich ungenutzt auf die Straßen Nordamerikas fällt, könnte doppelt so viel Energie liefern, wie weltweit aus Kohle und Erdöl gewonnen wird.

Dank der besseren Energieausnutzung kommt ein neu gebautes schwedisches Haus im Winter mit höchstens einem Drittel der Energie aus, die zur Beheizung eines durchschnittlichen Hauses in Mitteleuropa benötigt wird.

Schwedisches Dorf mit hoher Energieausnutzung

In Tokio (Japan) werden mehr als 1,5 Mio. Sonnenkollektoren zur Heißwasserversorgung in Haushalten eingesetzt.

In Israel werden ca. 90% des Warmwasserbedarfs der Haushalte durch Sonnenenergie gedeckt.

WINDRADFLÜGEL

Die größten Windkraftwerke der Welt haben bis zu 50 m lange Flügel. Auf so einem Flügel könnten hundert Menschen nebeneinander stehen.

ALTERNATIVER FAHRZEUGANTRIEB

Bis die Ölvorräte irgendwann einmal erschöpft sind, verpesten Autoabgase weiterhin die Luft. Deshalb ist es wichtig, saubere, erneuerbare Energiequellen nutzbar zu machen. Erforscht werden Antriebe mit komprimiertem Erdgas, Elektrizät, Wasserstoff, Äthanol, Methanol und Rapsöl. Wasserstoff wird in Brennstoffzellen erzeugt. Brennstoffzellen gelten als Kraftwerke der Zukunft: Sie produzieren mehr Energie als Kraftwerke aber kaum Schadstoffe, sie sind leise und überall einsetzbar, z.B. im Autoantrieb.

Wasserstoffbetriebenes Auto

WISSENSWERTES

Rund 500 000 verschiedene Produkte werden aus den Bestandteilen des Rohöls hergestellt. Dazu gehören Reifen, Textilien, Düngemittel und Waschmittel, Wachs und Kunststoffe.

Das Öl, das weltweit an einem Tag verbraucht wird, hat sich in 110 000 Jahren gebildet.

Aus dem Auspuff von wasserstoffbetriebenen Fahrzeugen kommen keine Abgase, sondern nur Wasserdampf.

In den USA werden jede Woche über 500 Ölbohrlöcher gebohrt. Würde man alle Fässer Öl, die auf der ganzen Welt an einem Tag gefördert werden, nebeneinander legen, würde diese Fasskette zweimal um den Äquator herum gehen.

ENERGIEANTEIL WELTWEIT

Dieses Diagramm zeigt den prozentualen Anteil der einzelnen Energiequellen am gesamten Energieverbrauch auf der Welt.

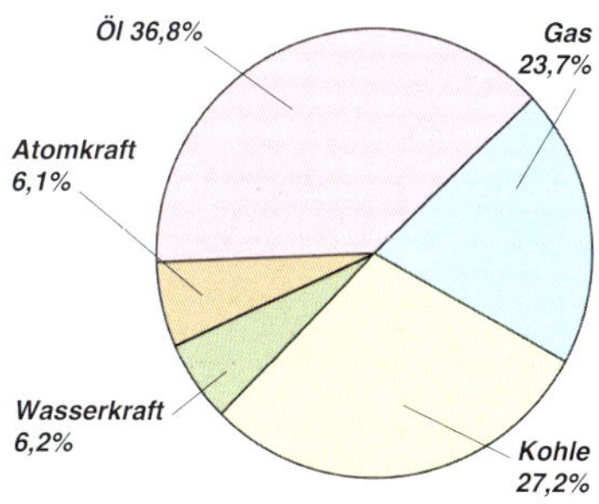

INDUSTRIE

Unter den sehr weiten Begriff Industrie fallen alle wirtschaftlichen Aktivitäten, in denen es um Herstellung und Vertrieb von Produkten sowie um Dienstleistungen geht.

INDUSTRIEARTEN

Man unterscheidet drei Industriearten voneinander.

ROHSTOFFINDUSTRIE

In diesem Industriezweig geht es um die Gewinnung der wichtigsten Rohstoffe. Beispiele hierfür sind die Landwirtschaft, die Forstwirtschaft, die Fischerei und der Bergbau.

Forstwirtschaft

WEITERVERARBEITENDE INDUSTRIE

In diesem Industriezweig werden Rohstoffe zu Produkten verarbeitet. Dieser Industriesektor lässt sich noch weiter in Schwerindustrie (z.B. Schiffsbau) und Leichtindustrie (z.B. Textilien und Bekleidung) unterteilen.

Bekleidungsindustrie

DIENSTLEISTUNGSSEKTOR

Dieser Industriezweig bietet keine Produkte, sondern Dienstleistungen an, wie z.B. das Bankwesen und die Tourismusbranche. Dieser Sektor hat hohe Wachstumsraten.

Angestellte in einer Bank

DIE WICHTIGSTEN INDUSTRIELÄNDER

Industriezweig	Land	Produktion	Weltproduktion
Transport			
PKW, LKW, Busse	Japan USA Deutschland	11,5 Mio. Stück 11,2 Mio. Stück 5,8 Mio. Stück	67,6 Mio.
Handelsschiffe	Südkorea Japan China	11,8 Mio. CGT 9,5 Mio. CGT 5,1 Mio. CGT	34 Mio. CGT
Energie			
Erdöl	Saudi-Arabien Russland USA	474,0 Mio. t 448,9 Mio. t 257,0 Mio. t	4 197,8 Mio. t
Erdgas	USA Russland Kanada	683,0 Mrd. m^3 616,4 Mrd. m^3 215,5 Mrd. m^3	3 284,6 Mrd. m^3
Steinkohle	China USA Indien	1 956,0 Mio. t 933,0 Mio. t 373,0 Mio. t	4 630,0 Mio. t
Strom	USA China Japan	3 979 Mrd. kWh 2 079 Mrd. kWh 974 Mrd. kWh	16 599 Mrd. kWh
Einzelne Produkte			
Stahl	China USA Japan	418,8 Mio. t 98,5 Mio. t 116,2 Mio. t	787,7 Mio. t
Zement	China USA Indien	750,0 Mio. t 92,6 Mio. t 110,0 Mio. t	1 520,0 Mio. t
Chemiefasern	China Taiwan USA	10,1 Mio. t 3,2 Mio. t 2,9 Mio. t	32 Mio. t

VERTEILUNG DER WICHTIGSTEN INDUSTRIEZWEIGE

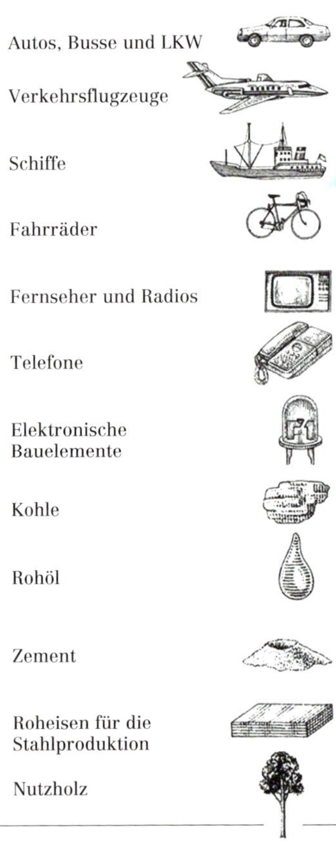

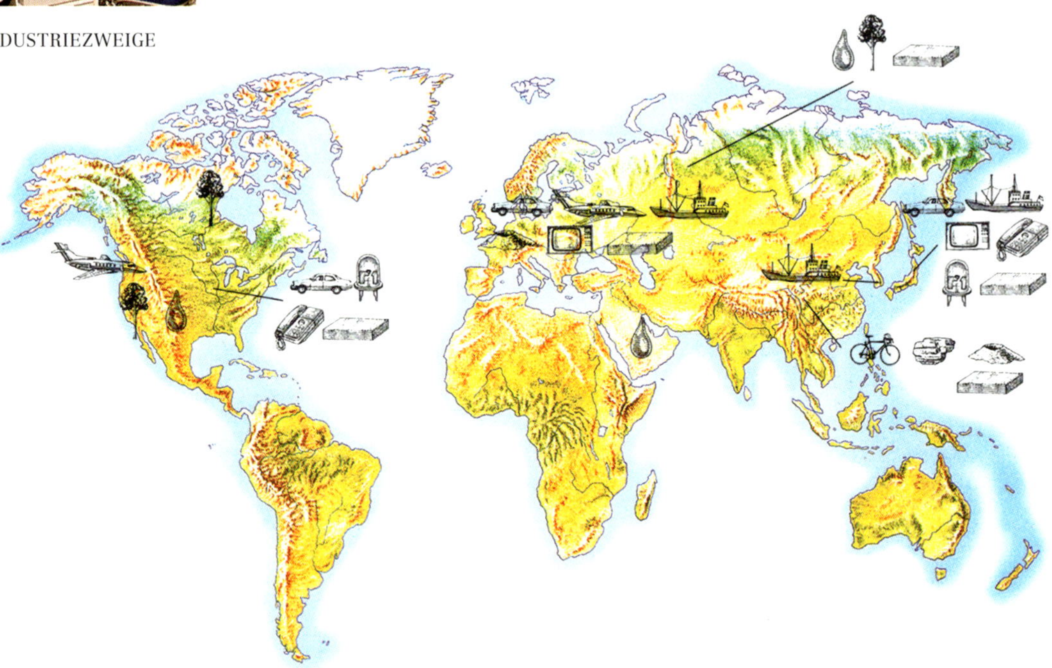

WISSENSWERTES

Japan leidet unter einem Mangel an Rohstoffen und ist daher auf deren Einfuhr angewiesen. Das Land importiert etwa 95% seines Bedarfs an Eisenerz, Zinn, Kupfer, Zink und Blei. Japan ist weltweit größter Importeur von Kohle, Ergas und Öl.

Mexiko fördert 20% des weltweiten Silbervorkommens.

Im kanadischen British Columbia wird etwa ein Viertel des nordamerikanischen Nutzholzes geschlagen. Dies hat bedenkliche ökologische Auswirkungen zur Folge.

Dänemark deckt etwa 3% seines Energiebedarfs mit Windenergie aus etwa 1 100 Windkraftanlagen.

Gold bringt Südafrika zwischen 40% und 46% an Exporterlösen ein.

ÖLINDUSTRIE

Öl findet man unter dem Meeresgrund oder an Stellen, die früher vom Meer bedeckt waren. Mit Hilfe komplexer Bohranlagen werden tiefe Löcher in den Meeresgrund gebohrt, um das Öl zu fördern. Trotz Umweltbedenken und Sorge um das Versiegen der Ölquellen gibt es keine Anzeichen für einen nachlassenden Bedarf an Rohöl, das für Tausende von Produkten benötigt wird.

ÖLBOHRANLAGEN

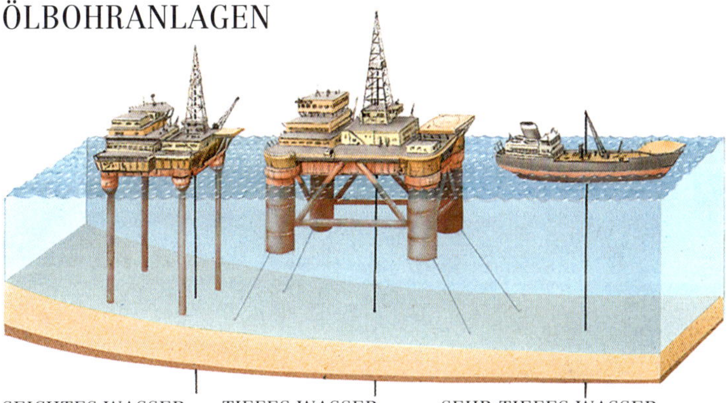

SEICHTES WASSER

Eine ortsbewegliche Hubinsel wird verwendet. Ihre Beine setzen auf dem Meeresboden auf.

TIEFES WASSER

Ein Halbtaucher wird verwendet. Er schwimmt, ist aber am Meeresboden verankert.

SEHR TIEFES WASSER

Man verwendet Bohrschiffe. Der Ölbohrer wird durch ein Loch im Rumpf des Schiffes geführt.

KOHLEINDUSTRIE

Kohle ist ein wertvoller Rohstoff für die Herstellung von Treibstoff und Chemikalien. Sie hat sich aus den Überresten von Pflanzen gebildet, die sich im Laufe von Jahrmillionen zu Kohle verfestigt haben.

KOHLENBERGWERKE

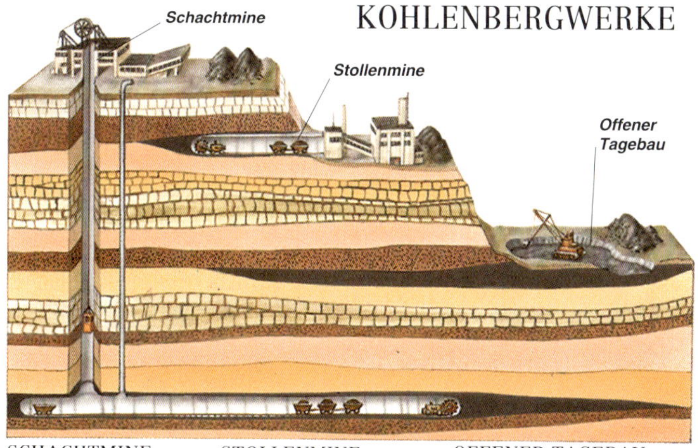

SCHACHTMINE

Senkrechter Tunnel, wenn sich die Kohle tief im Boden befindet.

STOLLENMINE

Waagerechter Tunnel, wenn sich nahe der Oberfläche ein Steinkohlenflöz befindet.

OFFENER TAGEBAU

Liegt das Kohlevorkommen nahe der Oberfläche, wird die Erde abgetragen, um die Kohle freizulegen.

NAHRUNGSMITTELINDUSTRIE

In der Nahrungsmittelindustrie wird ein großer Teil unserer Nahrung so aufbereitet, dass sie gefahrlos verzehrt werden kann, appetitlich aussieht und längere Zeit haltbar bleibt. Nahrungsmittel können auf viele verschiedene Arten behandelt werden.

AUS MILCH WIRD KÄSE

Es gibt zwar viele Käsesorten, die meisten werden jedoch mit den gleichen Verarbeitungsprozessen hergestellt.

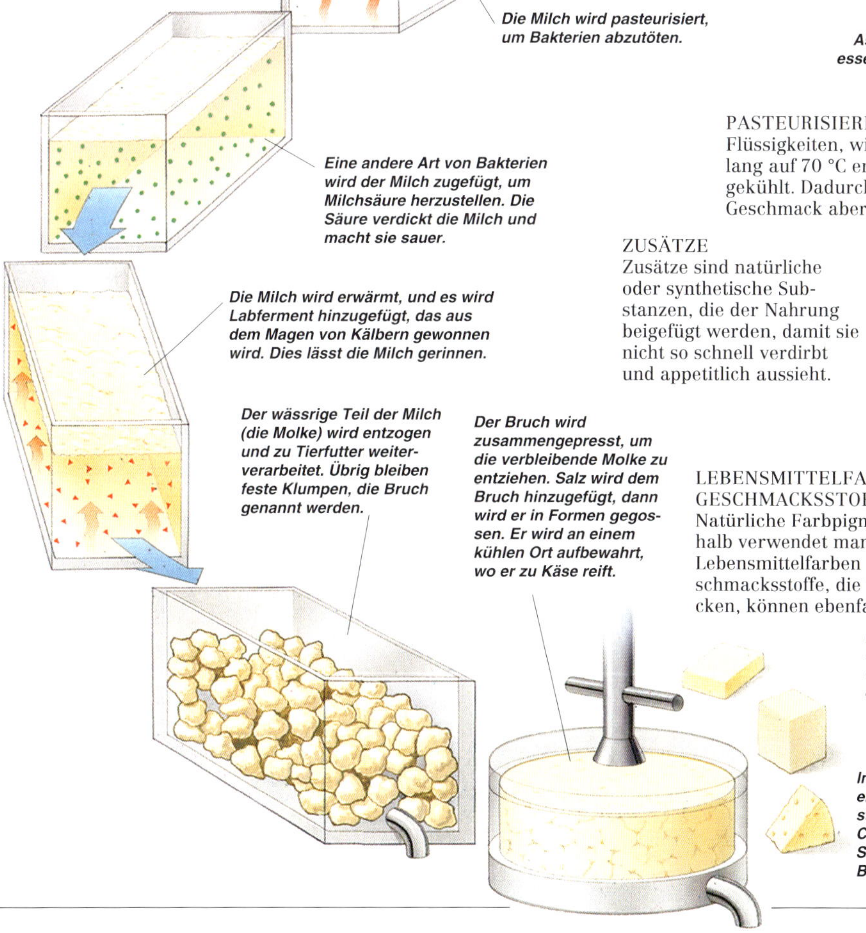

NAHRUNGSMITTEL-VERARBEITUNG

KONSERVENDOSEN

Die Nahrungsmittel werden gekocht, in Dosen abgefüllt und erneut erhitzt. Dann werden die Dosen luftdicht verschlossen.

Dosen auf einem Fließband

Astronauten im Weltall essen gefriergetrocknete Nahrung.

GEFRIERTROCKNUNG

Die Nahrungsmittel werden unter Wasserentzug gefroren. Dieser Vorgang tötet alle Bakterien ab, denn sie können ohne Wasser nicht überleben.

EINFRIEREN

Beim Luftgefrieren werden kleinere Nahrungsmittel, wie z.B. Erbsen, über sehr kalte Luft (–34 °C) geschickt. Sie gefrieren in Minuten.

Die kalte Luft bläst die Erbsen hoch.

PASTEURISIEREN

Flüssigkeiten, wie z.B. Milch, werden 15 Sekunden lang auf 70 °C erhitzt und dann schnell wieder abgekühlt. Dadurch werden Bakterien abgetötet, der Geschmack aber bewahrt.

ZUSÄTZE

Zusätze sind natürliche oder synthetische Substanzen, die der Nahrung beigefügt werden, damit sie nicht so schnell verdirbt und appetitlich aussieht.

Betacarotin ist ein natürlicher Farbstoff aus Karotten. Er kann Orangensaft zugefügt werden, um seine Farbe zu verstärken.

Synthetische Stoffe werden Cola hinzugefügt, um den Geschmack zu verbessern.

Emulgatoren sorgen dafür, dass Wasser und Fett sich nicht trennen. Sie werden in Lebensmitteln wie Joghurt verwendet.

LEBENSMITTELFARBEN UND GESCHMACKSSTOFFE

Natürliche Farbpigmente können ausfällen. Deshalb verwendet man natürliche oder künstliche Lebensmittelfarben als Ersatz. Synthetische Geschmacksstoffe, die wie die natürlichen schmecken, können ebenfalls verwendet werden.

Die synthetische Substanz Butylhydroxy-toluol (BHT) verhindert, dass das Fett in Maischips ranzig wird.

Bei Kleingebäck verbessern Basen, wie z.B. Natrium- und Ammoniumhydrogenkarbonat, den Geschmack und verhindern eine Veränderung des Säuregehalts und der Farbe.

Der Konservierungsstoff Natriumnitrit wird Salami und Fleischwurst hinzugefügt.

In Brötchen verhindert eine natürliche Substanz, wie z.B. Vitamin C, die Reaktion von Sauerstoff mit dem im Brot enthaltenen Fett.

PAPIERINDUSTRIE

Papier wird in großen Fabriken, den Papiermühlen, hergestellt. Holzfasern werden zermahlen, mit Wasser vermischt und zu einer weichen Holzmasse verarbeitet. Diese Masse wird dann gepresst und von Maschinen zu einer Papierbahn ausgerollt.

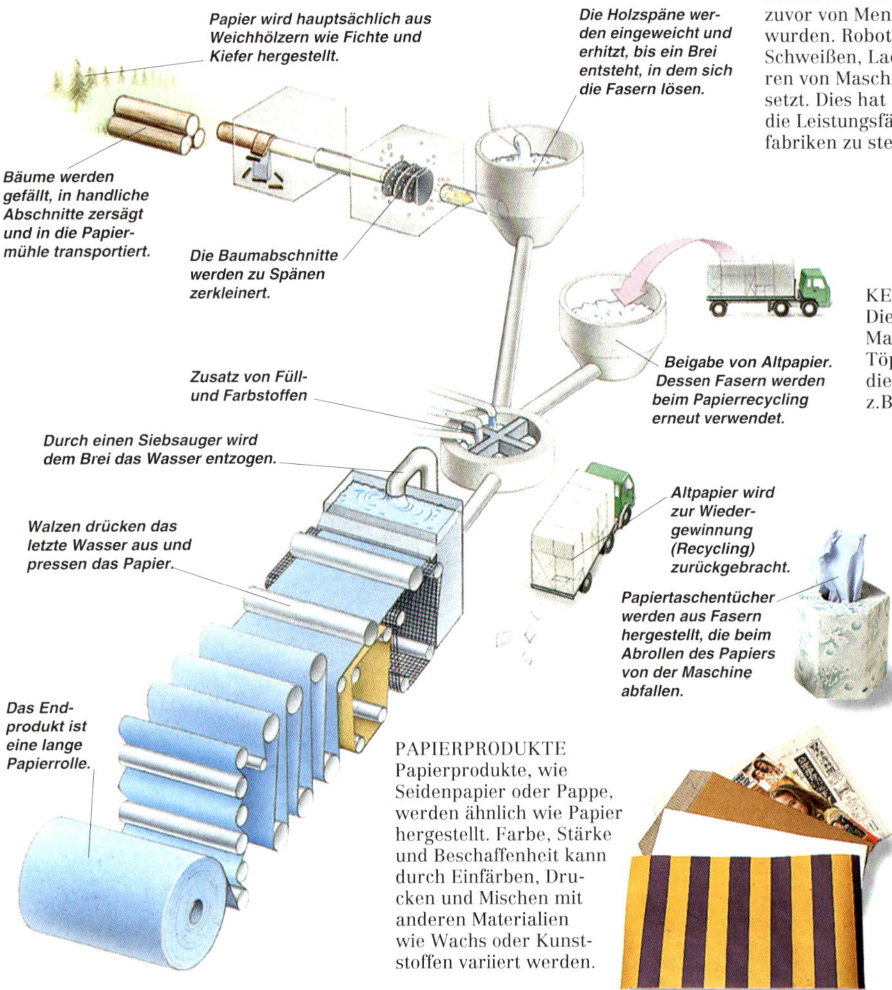

AUTOMOBILINDUSTRIE

In der Kraftfahrzeugindustrie übernehmen computergesteuerte Roboter die sich stets wiederholenden Arbeitsvorgänge, die zuvor von Menschen ausgeführt wurden. Roboter werden zum Schweißen, Lackieren oder Bohren von Maschinenteilen eingesetzt. Dies hat dazu beigetragen, die Leistungsfähigkeit der Autofabriken zu steigern.

Autos werden von Robotern lackiert.

KERAMIKINDUSTRIE

Die Keramik kann in zwei Gruppen eingeteilt werden: Materialien, die vor dem Brennen geformt werden, z.B. Töpfereiprodukte und Ziegelsteine, sowie Materialien, die nach dem Brennen geformt werden, wie z.B. Zement.

Bausteine

Keramikkopf aus einer Zementmischung

TÖPFEREI

Der zum Töpfern verwendete Ton ist eine Mischung aus zwei Tonerden: Kaolin (Porzellanerde), das dem Lehm seine glatte, geschmeidige Beschaffenheit verleiht, und Töpferton, der für die notwendige Stärke sorgt. Der feuchte Ton wird geformt und dann in einem Brennofen so lange erhitzt, bis er hart wird.

Feine Dekorarbeiten werden noch immer von Hand ausgeführt.

PAPIERPRODUKTE

Papierprodukte, wie Seidenpapier oder Pappe, werden ähnlich wie Papier hergestellt. Farbe, Stärke und Beschaffenheit kann durch Einfärben, Drucken und Mischen mit anderen Materialien wie Wachs oder Kunststoffen variiert werden.

WISSENSWERTES

Überlandleitungen und Kabel bringen elektrischen Strom an jeden Ort. »Strom« bedeutet, dass die Ladungsträger bestimmter Stoffe beweglich sind und »fließen« können.

Der Energieverbrauch wird in Kilowattstunden (kWh) gemessen. 1 kWh entspricht der Menge an Energie, die eine 100-W-Glühbirne verbraucht, wenn sie zehn Stunden lang brennt.

Ein normaler Haushalt verbraucht etwa 6 000 kWh pro Jahr.

Weltweit werden mehr als 12 Billionen kWh Elektrizität produziert.

Ungefähr 60% der Energie werden für Industrie, Handel, Verkehr und öffentliche Beleuchtung verbraucht.

GLASINDUSTRIE

Glas hat viele Vorteile. Es ist leicht zu formen, rostet nicht, ist billig zu produzieren und kann wieder verwertet werden.

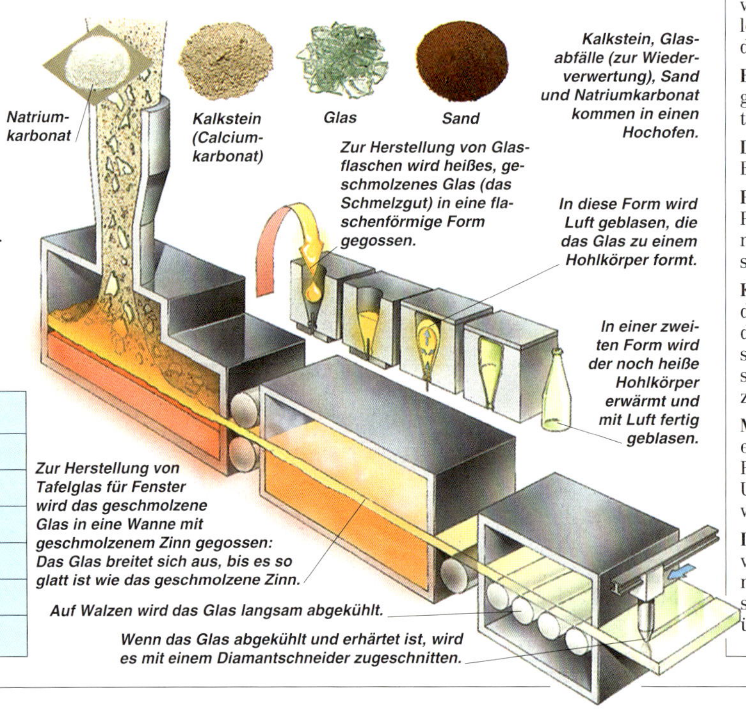

DIE HAUPTSTROMERZEUGER

Erzeugerland	Kilowattstunden
USA	3 650 Mrd.
China	1 050 Mrd.
Japan	1 000 Mrd.
Russland	847 Mrd.
Deutschland	540 Mrd.

FACHWÖRTER

Automation Sich ständig wiederholende Arbeitsschritte werden von Maschinen ausgeführt, die lediglich geringe Kontrolle durch den Menschen benötigen.

Bruttoinlandsprodukt Wert der gesamten in einem Land erzeugten industriellen Produktion.

Depression Zeitraum, in dem das Bruttoinlandsprodukt sinkt.

Fließband Das Montieren eines Produkts durch Arbeitskräfte in mehreren verschiedenen Arbeitsschritten.

Konsumgüterindustrie Der Teil der Industrieproduktion, der darauf ausgerichtet ist, neue Konsumgüter herzustellen, um die steigenden Bedürfnisse der Käufer zu befriedigen.

Massenproduktion Herstellung eines Produkts, bei der dieselben Produktionsverfahren in großem Umfang ständig wiederholt werden.

Industrieroboter Verwendung von computergesteuerten Maschinen, welche die einst von Menschen ausgeführten Arbeiten übernehmen.

STRASSEN

Die Römer waren die ersten, die für ihre Heere und Boten Straßen bauten. In der heutigen Zeit sind die meisten Länder mit einem Straßen- und Autobahnnetz überzogen, das Großstädte, Städte und ländliche Gebiete verbindet. Immer mehr Autos, Busse und Lastwagen benutzen die Straße zur Beförderung von Passagieren und Waren.

ANTIKE STRASSEN

Die Römer bauten ein Straßensystem für ihr Imperium in Europa, das von etwa 400 v. Chr. bis 400 n. Chr. bestand. Die meist geraden und breiten Straßen setzten sich aus verschiedenen Schichten zusammen. Viele dieser Straßen werden noch heute befahren.

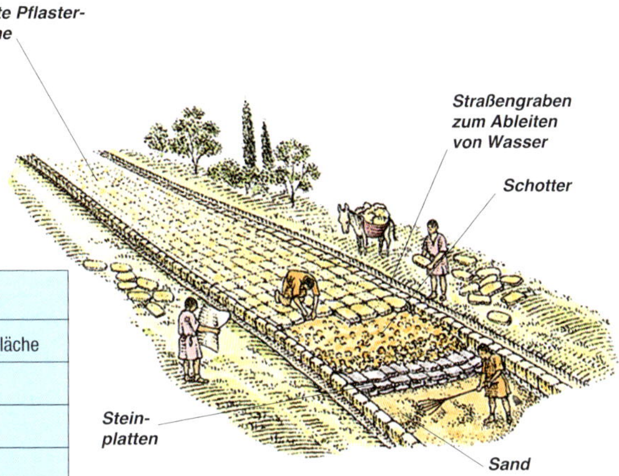

LÄNDER MIT DEM DICHTESTEN STRASSENNETZ

Land	km pro 1 000 km² Landfläche
Belgien	4 205
Japan	3 002
Niederlande	2 478
Luxemburg	1 970
Deutschland	1 900
Schweiz	1 722
Dänemark	1 643
Großbritannien und Nordirland	1 553

AUTOBAHNEN

Autobahnen dienen dem Schnell- und Fernverkehr. Sie haben mindestens zwei Spuren für jede Fahrtrichtung, sodass man Lkw und langsamere Pkw überholen kann. Die beiden Fahrbahnen sind durch einen Mittelstreifen voneinander getrennt.

UMWELTBELASTUNG

Weltweit rollen über 700 Mio. Autos über die Straßen. Die Luft wird durch die schädlichen Abgase stark belastet. Die Straßen sind verstopft, der Verkehrslärm stellt eine Dauerbelästigung dar. Obwohl man gerade in Großstädten mit Straßenbahnen, Bussen oder der U-Bahn schnell von einem Ort zum anderen gelangen kann, fahren zu viele Menschen mit dem Auto in die Städte. Parkplätze und Parkhäuser verbrauchen Platz in den ohnehin engen Innenstädten, während es an Grünanlagen und Kinderspielplätzen fehlt.

STRASSENNETZ

Straßen werden je nach ihrer Funktion verschieden gebaut. Breite Autobahnen und Schnellstraßen verbinden Städte und Großstädte. Kleinere Straßen durchziehen Städte und verbinden Stadtviertel und Häuser. In den meisten Ländern fährt man auf der rechten Straßenseite. In einigen Ländern wie Australien, Großbritannien und Japan fährt man jedoch auf der linken Seite der Straße.

MODERNE STRASSEN

Die heutigen Straßen müssen starkem Fahrzeugverkehr standhalten. Zuerst wird der Boden von Planierraupen eingeebnet. Für große Straßen, die höher oder tiefer gelegt werden, baut man auch Dämme oder hebt Rinnen aus. Damit Regenwasser abfließen kann, wird ein Entwässerungssystem angelegt. Über den planierten Boden werden eine oder mehrere Schichten gebrochenen Felsgesteins gelegt. Die Fahrbahndecke besteht aus Beton oder aus Asphalt mit verschiedenen Beimischungen wie Teer und Split. Jede einzelne Schicht wird mit Walzen verdichtet. Der Straßenverkehr wird durch Verkehrsschilder, Straßenmarkierungen, Ampeln oder computerüberwachte Verkehrsleitsysteme geregelt. Auf vielen Straßen gelten Höchstgeschwindigkeiten. Auf Bundesstraßen darf man in Deutschland und Österreich maximal 100 km/h fahren, in der Schweiz 80 km/h. Innerhalb von Ortschaften dürfen 50 km/h nicht überschritten werden. Deutschland ist das einzige Land, in dem es auf Autobahnen keine generelle Geschwindigkeitsbegrenzung gibt. Als Richtgeschwindigkeit gilt 130 km/h.

LÄNDER MIT DEN MEISTEN AUTOBAHNEN

Land	Autobahn in km
USA	75 009
Deutschland	12 200
Frankreich	10 490
Italien	6 621
Japan	6 946
Großbritannien und Nordirland	3 520

UMGEHUNGSSTRASSEN

Diese Straßen leiten den Verkehr an der Stadt vorbei, um das Stadtzentrum zu entlasten. Die Stadtautobahnen verbinden die einzelnen Stadtteile miteinander, ohne durch Wohn- oder Geschäftsviertel zu führen.

KREISVERKEHR

Im Kreisverkehr kann man in Straßen abbiegen, ohne andere Fahrbahnen zu kreuzen.

KREUZUNG

An einer Kreuzung münden mehrere Straßen ein. Der Verkehr wird durch abwechselnde Rot- und Grünphasen von Ampeln geregelt, sodass die Kreuzung gefahrlos überquert werden kann.

SCHON GEWUSST?

Die erste Fernstraße war die Königliche Straße in Persien mit 2 857 km Länge. Sie führte von Susa im Mittleren Osten bis nach Smyrna (heutiges Izmir) in der Türkei.

Der Panamerican Highway ist ein Straßensystem, das von Chile in Südamerika bis nach Alaska in Nordamerika reicht. Mit insgesamt 47 000 km ist dies das längste Straßensystem der Welt.

Die höchste Straße verbindet Tibet und Sinkiang (China). An einigen Stellen liegt sie 5 633 m über dem Meeresspiegel.

Die tiefstgelegene Straße verläuft beim Toten Meer in Israel. Sie liegt 393 m unter dem Meeresspiegel.

BAUWESEN

Schon seit langer Zeit bauen Menschen alle Arten von Konstruktionen: Tunnel und Brücken, um natürliche Hindernisse zu überwinden; Kanäle zum Transport von Waren und zur Bewässerung. Heutzutage sind die Ingenieure dank ständig weiterentwickelter Baumethoden und Materialien sogar in der Lage, Kanäle zu bauen, die Meere miteinander verbinden, oder Wolkenkratzer, die mehr als hundert Stockwerke hoch sind.

BRÜCKEN MIT DER LÄNGSTEN HAUPTSPANNWEITE

Brücke	Land	Baujahr	Bauart	Länge m
Martorell	Spanien	218 v.Chr.	steinerne Bogenbrücke	37
Chaochow	China	617 n.Chr.	steinerne Bogenbrücke	37
Bern	Schweiz	1204	steinerne Bogenbrücke	46
Scaligero	Italien	1356	steinerne Bogenbrücke	49
Trezzo/Adda (zerstört 1416)	Italien	1377	steinerne Bogenbrücke	72
Schaffhausen	Schweiz	1755	Bogenbrücke aus Holz	59
Reichenau	Schweiz	1758	Bogenbrücke aus Holz	73
Union Bridge	Schottland	1820	Hängebrücke	137
Menai Straits	Wales	1826	Hängebrücke	177
Rügenbrücke	Deutschland	2007	Schrägseilbrücke	198
Fribourg	Schweiz	1834	Hängebrücke	265
Cincinnati	USA	1867	Hängebrücke	323
Brooklyn	USA	1883	Hängebrücke	487
Firth of Forth	Schottland	1889	Auslegerbrücke	521
Quebec	Kanada	1917	Auslegerbrücke	549
Ambassador	Kanada/USA	1929	Hängebrücke	565
George Washington	USA	1931	Hängebrücke	1 067
Golden Gate	USA	1937	Hängebrücke	1 280
Verrazano Narrows	USA	1964	Hängebrücke	1 298
Humber	England	1981	Hängebrücke	1 410
Großer Belt	Dänemark	1997	Hängebrücke	1 624
Akashi Kaikyo	Japan	1998	Hängebrücke	1 990

BRÜCKEN

Die allerersten Brücken bestanden aus Baumstämmen, die über Flüsse gelegt wurden, oder aus flachen Steinplatten, die auf große Steine im Flussbett gesetzt wurden. Heute spannen sich Brücken aus Beton und Stahl über Seen, Flüsse, tiefe Täler, Straßen und Eisenbahnschienen.

Frühe Brücke aus Steinplatten

BRÜCKENTYPEN

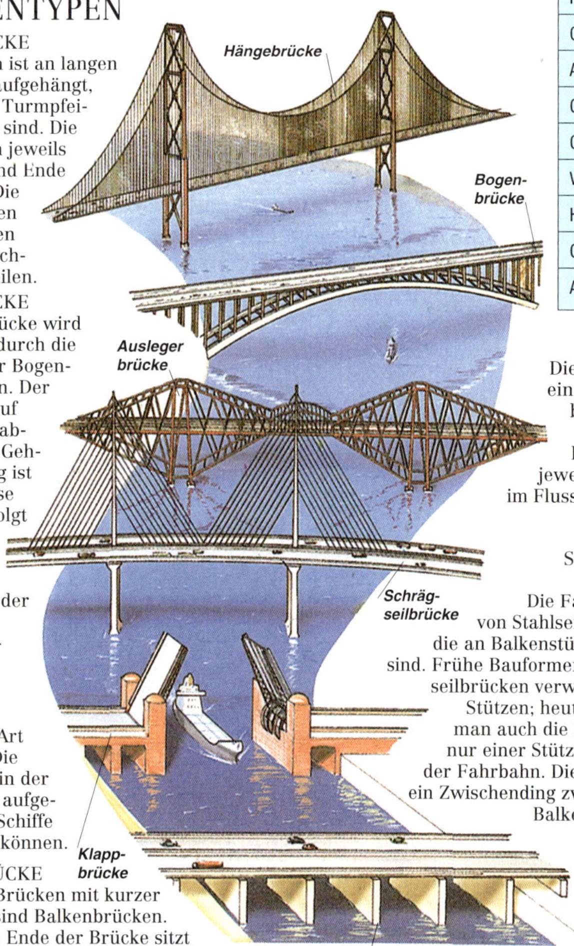

HÄNGEBRÜCKE

Die Fahrbahn ist an langen Stahlkabeln aufgehängt, die an hohen Turmpfeilern befestigt sind. Die Pfeiler stehen jeweils am Anfang und Ende der Brücke. Die Kabel bestehen aus Tausenden von eng geflochtenen Stahlseilen.

BOGENBRÜCKE

Bei dieser Brücke wird das Gewicht durch die Spannung der Bogenform getragen. Der Bogen wird auf Widerlagern abgestützt. Der Geh- oder Fahrweg ist normalerweise gerade und folgt nicht der Kurve des Bogens: Er wird unter- oder oberhalb des Bogens angebracht.

KLAPPBRÜCKE

Dies ist eine Art Zugbrücke. Die Brücke wird in der Mitte so weit aufgeklappt, dass Schiffe durchfahren können.

BALKENBRÜCKE

Die meisten Brücken mit kurzer Spannweite sind Balkenbrücken. Das jeweilige Ende der Brücke sitzt entweder auf dem Boden oder auf Balkenträgern auf.

AUSLEGERBRÜCKE

Diese Brücke ist eine Art Balkenbrücke. Beide Brückenhälften ruhen jeweils auf einem im Fluss verankerten Pfeiler.

SCHRÄGSEILBRÜCKE

Die Fahrbahn wird von Stahlseilen gehalten, die an Balkenstützen befestigt sind. Frühe Bauformen der Schrägseilbrücken verwendeten zwei Stützen; heutzutage findet man auch die Bauweise mit nur einer Stütze in der Mitte der Fahrbahn. Diese Brücke ist ein Zwischending zwischen einer Balkenbrücke und einer Hängebrücke.

DREHBRÜCKE

Diese Brücken schwenken zur Seite, um Schiffe durchzulassen.

Drehbrücke

SCHWIMM- ODER PONTONBRÜCKE

Diese Brücke schwimmt auf dem Wasser. Die Fahrbahn ruht auf hohlen, auf dem Wasser liegenden Betonblöcken, genannt Pontons. Alle Pontons sind auf Betonfundamenten verankert, die in das Flussbett eingelassen sind.

Pontonbrücke, Istanbul (Türkei)

HÄNGEBRÜCKEN MIT DER LÄNGSTEN HAUPTSPANNWEITE

Brücke	Land	Baujahr	Länge m
Akashi Kaikyo, Hyogo	Japan	1998	1 990
Minami Bisan Seto	Japan	1988	1 723
Großer Belt	Dänemark	1997	1 624
Humber	England	1981	1 410
Tsing Ma	Hongkong	1997	1 377
Verrazano Narrows	USA	1964	1 298
Golden Gate	USA	1937	1 280
Höga Kusten	Schweden	1997	1 210
Mackinac Straits	USA	1957	1 158
Bosporus 2	Türkei	1988	1 090
Bosporus 1	Türkei	1973	1 074
George Washington	USA	1931	1 067
Kurushima 3, Ehime	Japan	1999	1 030
Kurushima 2, Ehime	Japan	1999	1 020
Tejo	Portugal	1966	1 013
Firth of Forth	Schottland	1964	1 006
Kita Bisan Seto, Kagawa	Japan	1988	990
Severn	England	1966	988
Shimotsui	Japan	1988	940
Ohnaruto	Japan	1985	876

WISSENSWERTES
Die erste Brücke aus Eisen wurde 1779 in Shropshire (England) gebaut.

Eisenbrücke, England

Die längste Brücke der Welt ist die »Second Lake Pontchartrain Causeway« in Louisiana (USA). Jede ihrer Betonspannweiten beträgt 17 m. Die Gesamtlänge der Brücke beläuft sich auf 38 km. Von der Mitte der Brücke aus ist kein Land mehr zu sehen.

Der »Pont du Gard« bei Nîmes in Südfrankreich ist ein brückenähnliches Gebäude, das von den Römern als Wasserleitung errichtet wurde. Über das Aquädukt, wie dieses Bauwerk bezeichnet wird, gelangte Frischwasser aus dem Fluss Gard nach Nîmes – 40 km weit.

FACHWÖRTER

Pfeiler

Aquädukt Brücke, über die Wasser geleitet wird.

Hängelager Bei der Hängebrücke die Seile oder Stangen, welche die Kabel mit der Fahrbahn verbinden.

Hohlträger

Hohlträger Hohler Träger oder Balken, dessen Kastenform für große Tragkraft sorgt.

Steinbrücke

Hubbrücke Eine Brücke, deren Fahrbahn wie ein Fahrstuhl nach oben gefahren werden kann.

Kofferdamm Vorübergehend errichteter Damm, der während der Arbeiten im Flussbett das Wasser zurückhalten soll.

Pfeiler Stütze für die mittlere Spannweite einer Balken- oder Bogenbrücke. Das Fundament der Stütze auf einer Hänge- oder Auslegerbrücke.

Senkkasten (Caisson) Ein abgedichteter Kasten, der dafür sorgt, dass kein Wasser oder Schlamm in die Fundamentaushebungen gelangen kann.

Stahlbeton Beton, der mit Stäben, Stangen, Drähten oder Einlagen aus Stahl verstärkt wird.

Viadukt Eine Brücke, über die eine Straße oder Eisenbahnschiene führt.

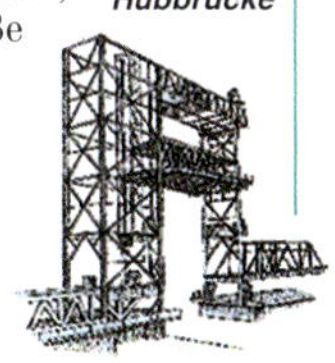
Hubbrücke

KANÄLE
Kanäle sind von Menschenhand gebaute Wasserwege. Auf den meisten Kanälen fahren Schiffe, die Frachtgut oder Personen transportieren. In anderen Kanälen wird Wasser in trockenes Land geleitet oder aus Sumpfland abgeleitet. Einige Kanäle, wie der Suezkanal im Mittleren Osten und der Panamakanal in Zentralamerika, verbinden Meere und Ozeane.

SO FUNKTIONIERT EINE SCHLEUSE
Kanalschleusen dienen dazu, den Wasserstand in einem Kanal zu regulieren. Die Schleuse ist ein Abschnitt des Kanals, der groß genug ist, um ein oder mehrere Boote aufzunehmen. Vorne und hinten befinden sich große wasserdichte Schleusentore. Durch das Öffnen oder Schließen von Klappen in einem der Tore kann Wasser ein- bzw. ausfließen, bis der Wasserstand dem im nächsten Kanalabschnitt entspricht.

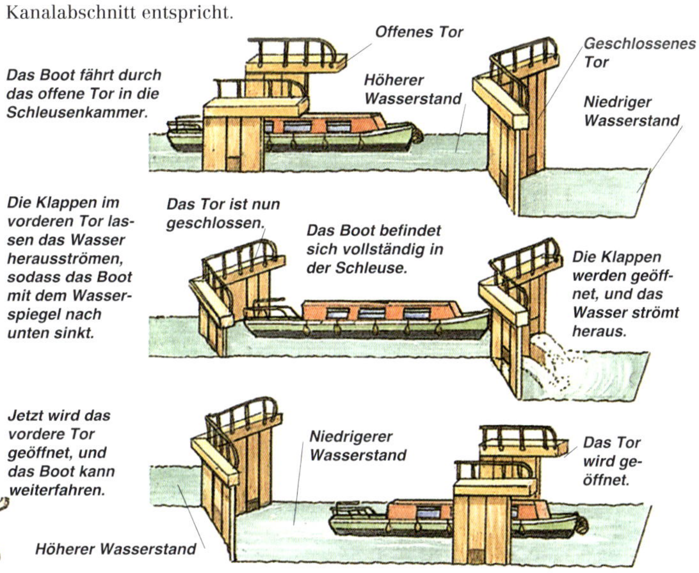

AUSGEWÄHLTE SCHIFFSKANÄLE				
Kanal	Standort	Baujahr	Länge km	Tiefe m
Weißmeer	Russland	1933	227	5,0
Suez	Verbindet das Rote Meer mit dem Mittelmeer	1869	161	12,9
Nord-Ostsee-Kanal	Verbindet Nordsee und Ostsee	1895	99	11,3
Panama	Verbindet den Atlantischen Ozean und das Karibische Meer mit dem Pazifik	1914	81	13,7

WISSENSWERTES
Die Chinesen waren die ersten, die Kanalschleusen im Großen Kanal von China bauten, der von Peking nach Hangtschou verlief. Der im 13. Jh. erbaute Kanal wird heute noch benutzt.

Leonardo da Vinci (1452–1519), italienischer Künstler und Ingenieur, entwarf Schleusen für den Languedoc-Kanal in Frankreich, der 1681 fertig gestellt wurde. Er verbindet das Mittelmeer mit dem Atlantik.

Die größte Schleuse der Welt ist die Schleuse Berendrecht in Antwerpen (Belgien). Sie ist 500 m lang und 68 m breit. Sie hat vier Schiebetore.

In den Niederlanden gibt es mehr als 8000 km Kanäle.

DÄMME
Ein ständig verfügbarer Vorrat an Wasser ist überlebenswichtig. Besonders in Ländern mit wenig Niederschlägen muss mit dem Wasser sorgfältig umgegangen werden. Dämme werden gebaut, um Wasserwege umzuleiten oder Wasser zu speichern.

SCHON GEWUSST?
Der älteste bekannte Damm ist der Sadd el-Kafara in Ägypten. Es wurde aus Erde und Steinen ca. 3000 v. Chr. gebaut.

Der stärkste Damm der Welt ist der 185 m hohe 3-Schluchten-Staudamm am Jangtsekiang in China. Er hat ein Fassungsvermögen von 39,3 Mrd. m³.

Der längste Meeresdamm der Welt ist der Afsluitdijk in den Niederlanden. Er wurde in zwei Abschnitten gebaut und ist insgesamt 62,5 km lang.

DIE GRÖSSTEN DÄMME			
Damm	Standort	Baujahr	Höhe m
Rogun	Tadschikistan	1989	335
Nourek	Tadschikistan	1980	300
Grande Dixence	Schweiz	1961	285
Inguri	Georgien	1980	272
Vajont	Italien	1960	262
Manuel Torres	Mexiko	1980	261

DAMMFORMEN

STAUMAUER
Dieser Damm hat eine Kurvenform, wobei das Innere der Kurve flussabwärts weist.

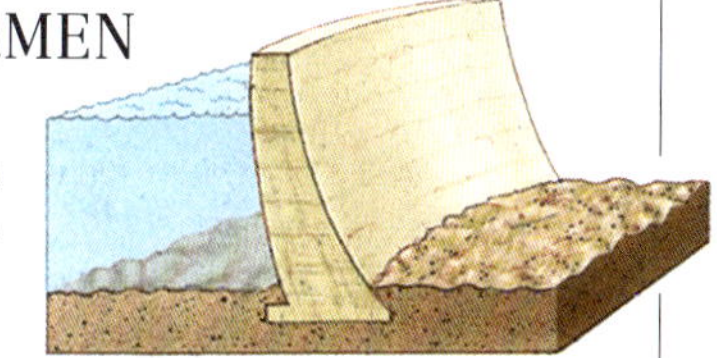
Staumauer

WIDERLAGERDAMM
Er verfügt über eine Reihe von Stützen oder Widerlagern, die sich auf der flussabwärts gerichteten Seite des Damms befinden.

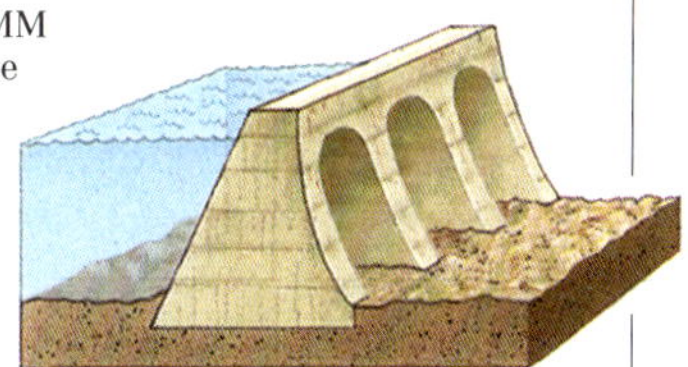
Widerlagerdamm

ERDDAMM
Besteht aus einer riesigen Aufhäufung von Erde oder Steinen. Hält dem Wasserdruck einfach aufgrund seines ungeheuren Eigengewichts stand.

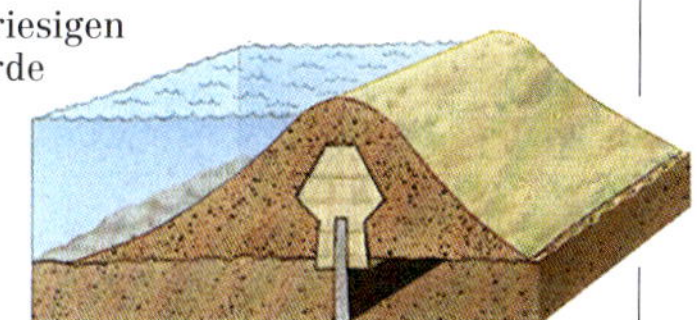
Erddamm

MASSIVDAMM
Dieser Damm ist aus Beton und kann aufgrund seiner Größe und seines Gewichts dem Druck einer riesigen Menge gespeicherten Wassers standhalten.

Massivdamm

TUNNEL
Tunnel ermöglichen Autos, Zügen oder anderen Verkehrsmitteln durch Berge oder unter Flüssen und verkehrsreichen Straßen hindurchzufahren. Andere werden zur Abwasserleitung, zum Transport von Wasser aus Wasserspeichern, Strom- und Kommunikationskabeln und im Bergbau benötigt.

DIE LÄNGSTEN STRASSENTUNNEL			
Tunnel	Land	Baujahr	Länge km
Laerdal	Norwegen	2000	24,5
St. Gotthard	Schweiz	1980	16,3
Arlberg	Österreich	1978	13,97
Fréjus II	Frankreich/Italien	1978	12,7
Montblanc	Frankreich/Italien	1965	11,6

WISSENSWERTES
Der Eurotunnel, der England und Frankreich verbindet, wurde 1994 fertig gestellt. Züge befördern Menschen, Autos und Güter durch den Eurotunnel. Er ist 51,8 km lang.

Der längste Wasserkanal der Welt ist der 1944 gebaute Delaware-Aquädukt. Es ist 168,9 km lang und damit mehr als doppelt so lang wie der zweitlängste Wassertunnel, der »Orange-Fish« in Südafrika.

Bis zum Jahr 2015 soll in Japan ein neuer Wolkenkratzer mit einer Höhe von 1 000 m gebaut werden. 13 000 Menschen sollen dort leben und arbeiten können. Das Gebäude soll neben Büros ein Theater, ein Krankenhaus, Schulen und ein Sportzentrum beherbergen.

TUNNELFORMEN

STRASSENTUNNEL
Diese Tunnel leiten den Verkehr durch Berge und unter Flüssen und verkehrsreichen Kreuzungen hindurch.

FUSSGÄNGERTUNNEL
Durch diese Tunnel können Fußgänger gefahrlos auf die andere Straßenseite von verkehrsreichen Straßen gelangen.

U-BAHN-TUNNEL
In vielen Großstädten der Welt fahren Untergrundbahnen unter der Erde. Sie werden nicht vom Straßenverkehr behindert und sind deshalb ein schnelles Transportmittel.

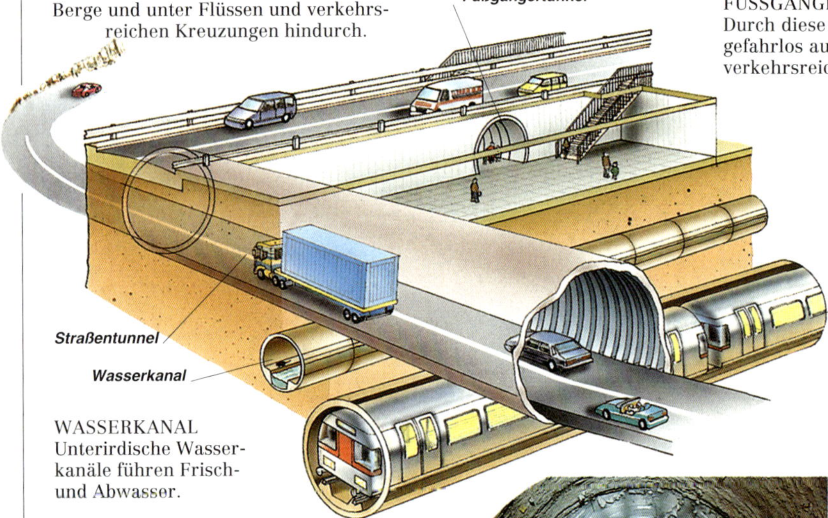

WASSERKANAL
Unterirdische Wasserkanäle führen Frisch- und Abwasser.

DIE LÄNGSTEN EISENBAHNTUNNEL			
Tunnel	Land	Baujahr	Länge km
St. Gotthard-Basistunnel	Schweiz	2014*	57,0
Seikan	Japan	1985	53,9
Eurotunnel	Frankreich/England	1994	51,8
Northern line	England	1939	27,8
Dai-Shimizu	Japan	1982	22,2
Simplon 2	Schweiz/Italien	1922	19,8
Simplon 1	Schweiz/Italien	1906	19,8
Shin-Kanmon	Japan	1973	18,7
Appenin	Italien	1931	18,6
Rokko	Japan	1971	16,0
Henderson	USA	1975	15,8
Haruna	Japan	1982	15,4
Furka	Schweiz	1882	15,4
St. Gotthard	Schweiz	1982	15,0

* Geplante Fertigstellung

SO WIRD EIN TUNNEL GEBAUT
Mit Hilfe einer Vortriebsmaschine wird der Tunnel gegraben. Während das Vortriebsschild vorwärts gedrückt wird, bohrt sich die Schneidkante durch Steine und Erde. Die Tunnelauskleidung hinter dem Schild stellt sicher, dass Wände und Decken des Tunnels nicht einstürzen. Bei harten Böden werden häufig riesige Tunnelbohrgeräte, genannt Maulwürfe, verwendet.

Eine Tunnelvortriebsmaschine gräbt sich durch die Erde.

WOLKENKRATZER
Schon früh haben Menschen hohe Gebäude gebaut. Die Römer errichteten Wohnblöcke mit 15 Stockwerken. Die modernen Konstruktionsmethoden ermöglichen heute den Bau vieler sehr hoher Gebäude, wie z.B. des Sears Towers in den USA, der 110 Stockwerke hoch ist.

SO WIRD EIN WOLKENKRATZER GEBAUT
Das Gerippe oder Skelett eines Wolkenkratzers besteht aus Stahl oder Beton. Es trägt die Böden und Wände (oft aus Glas) des Gebäudes. Das Gebäude wird durch ein Fundament gestützt. Das ist eine mit Stahlbeton gefüllte Grube.

DIE HÖCHSTEN BAUWERKE			
Turm	Ort	Baujahr	Höhe (m)
KTHI-Fernsehmast	North Dakota, USA	1963	629
KSLA-Fernsehmast	Louisiana, USA	1982	579
CN-Turm	Toronto, Kanada	1975	554
Ostankino-Fernsehturm	Moskau, Russland	1967	537
WTVM & WRBL-Fernsehmast	Georgia, USA	1962	533
WBIR-Fernsehturm	Tennessee, USA	1963	533
KFVS-Fernsehturm	Missouri, USA	1960	510

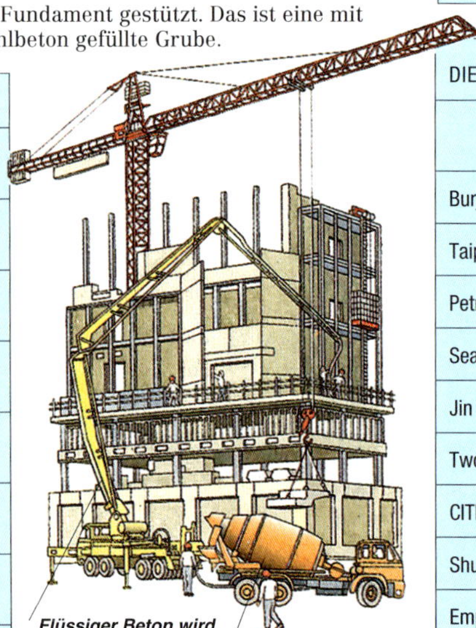

Flüssiger Beton wird in die oberen Ebenen des Wolkenkratzers gepumpt.

Beton wird in einer sich drehenden Trommel gemischt, sodass er nicht fest wird.

DIE HÖCHSTEN GEBÄUDE			
	Ort	Baujahr	Höhe in m
Burj Dubai	Dubai, VAE	seit 2004	560
Taipei 101	Taipeh, Taiwan	2004	508
Petronas Towers	Kuala Lumpur, Malaysia	1998	452
Sears Tower	Chicago, USA	1974	442
Jin Mao Tower	Shanghai, China	1998	421
Two Int. Finance Center	Hongkong, China	2003	415
CITIC Plaza	Guangzhou, China	1997	391
Shun Hing Square	Shenzhen, China	1996	384
Empire State Building	New York, USA	1931	381
Tuntex & Chien-Tai Tower	Kaohsiung, Taiwan	1997	378

LÄNDER DER ERDE

In diesem Kapitel werden alle Länder der Erde vorgestellt. Die Karten wurden mit Hilfe von Computern erstellt. In Kombination von Fotos und Grafiken werden Tiere und Pflanzen und andere Besonderheiten der einzelnen Länder dargestellt. Informationskästen geben die neuesten statistischen Zahlen und Daten an.

Physische Weltkarte • Politische Weltkarte • Alle Kontinente und Länder der Erde • Flaggen
Weltbevölkerung • Lebensstandard • Arme und Reiche

PHYSISCHE WELTKARTE

NORDPOLARMEER
Königin-Elizabeth-Inseln
Grönland
Grönlandsee
Tschuk-tschen-see
Beaufort-see
Baffin-bai
Davisstraße
Nördlicher Polarkreis
Beringstraße
Yukon
Küstengebirge
Mackenzie
Großer Bärensee
Großer Sklavensee
Hudson-bai
Bering-meer
Golf von Alaska
Rocky Mountains
Labrador-see
Aleuten
NORD-AMERIKA
Missouri
Neufundland
Große Seen
Küstenkette
ATLANTISCHER OZEAN
Azoren
Mississippi
Appalachen
Sonora-wüste
Rio Grande
Bermuda-inseln
Midway-Inseln
Sierra Madre
Golf von Mexiko
Bahamas
Nördlicher Wendekreis
Hawaii-Inseln
Westindische Inseln
Große Antillen
PAZIFISCHER OZEAN
MITTEL-AMERIKA
Karibisches Meer
Inseln über dem Wind
Marshall-Inseln
Line-Inseln
Llanos
Anden
Galapagos-Inseln
Äquator
Gilbert-Inseln
Phoenix-Inseln
Amazonas
Amazonien
Tuvalu
Marquesas-Inseln
SÜD-AMERIKA
Samoa
Tuamotu-Archipel
Tahiti
Fidschi-Inseln
Gesellschafts-Inseln
Cook-Inseln
Tonga
Titicacasee
Hochland von Mato Grosso
Brasilianisches Bergland
Vanuatu
Tubuai-Inseln
Südlicher Wendekreis
Pitcairn-Inseln
Sala y Gómez
Osterinseln
Atacama-Wüste
Juan-Fernández-Inseln
Pampa
Neuseeland
Chatham-Inseln
Patagonien
Bounty-Inseln
Auckland-Inseln
Antipoden-Inseln
Falkland-Inseln
Kap Hoorn
Drakestraße
Südantillenmeer
Süd-Sandwich-Inseln
Süd-Orkney-Inseln
Süd-Shetland-Inseln
Südlicher Polarkreis
Bellingshausen-see
Weddellmeer
Rossmeer
Amundsen-see
ANTARKTIS
180
150°
120°
90°
60°
30°
0
60°
30°

BENUTZUNG DER KARTENSEITEN

Dieses Kapitel ist nach Erdteilen gegliedert: Nordamerika, Südamerika, Europa, Afrika, Asien und Australasien. Eine Übersichtskarte zeigt zu Beginn jedes Abschnitts den jeweiligen Kontinent. Danach folgen Karten mit den einzelnen Ländern. Die Informationen zu den Ländern beziehen sich überwiegend auf landschaftliche und wirtschaftliche Gegebenheiten. Politische und historische Themen blieben weitgehend unberücksichtigt. Hier wird erklärt, welche Informationen und Symbole immer wieder auf den Kartenseiten der Länder auftauchen.

INFORMATIONSKÄSTEN
Jedes Land wird mit einem Informationskasten vorgestellt. Er enthält die wichtigsten statistischen Angaben zu Land und Leuten. Einige der größeren Länder werden ausführlicher behandelt.

FLAGGE
In der oberen Ecke der Kästen ist die Nationalflagge abgebildet.

FLÄCHE
Die Zahl gibt die Gesamtfläche eines Landes an. Darin sind alle inländischen Wasserflächen (z.B. Seen, Stauseen und Flüsse) enthalten.

REGIERUNGSFORM
Aufgeführt ist die aktuelle Regierungsform. Es ist jedoch nicht auszuschließen, dass sich in politisch instabilen Ländern die Regierungsform kurzfristig ändern kann.

UNABHÄNGIGKEIT
Dieses Datum gibt an, wann sich ein Land von fremder Herrschaft befreite oder von einer Kolonialmacht in die Unabhängigkeit entlassen wurde. Manchmal wird auch das Jahr angegeben, in dem ein Land zur Demokratie überging bzw. sich zum selbstständigen Staat erklärte.

WÄHRUNG
Hier wird die aktuelle Landeswährung angegeben.

EINWOHNER
Diese Zahl gibt an, wie viele Menschen in einem Land leben. Grundlage sind die letzten Volkszählungen oder Schätzungen. Die meisten Länder runden diese Angaben auf. Wanderungsbewegungen, Kriege oder Katastrophen können die Einwohnerzahlen kurzfristig ändern.

BEVÖLKERUNGSDICHTE
Diese Zahl gibt an, wie viele Menschen auf einem Quadratkilometer der Landesfläche leben. Grundlage der Berechnung ist die reine Landfläche ohne Gewässer. Dieser Wert ist nur statistisch, d.h. die Bevölkerungsdichte kann in Großstädten oder dicht besiedelten Regionen deutlich höher liegen.

AMTSSPRACHE
Angegeben ist hier die offizielle Amtssprache, d.h. die Sprache der Regierung. Das schließt nicht aus, dass weite Teile der Bevölkerung andere Sprachen sprechen.

RELIGIONEN
Hier wird jeweils festgehalten, wie hoch der Bevölkerungsanteil der einzelnen Religionsgemeinschaften ist.

BITTE BEACHTEN
Flächenangaben, Bevölkerungszahlen und Berghöhen können aus unterschiedlichen Gründen je nach Quelle schwanken. Ursache der Flächenschwankungen können beispielsweise verschiedene Abgrenzungen von Binnengewässern sein. Bei Bergen spielen Schneehöhe, Erosion, voranschreitende Hebung eine Rolle. Die Bevölkerungszahlen der Städte schwanken wegen der unterschiedlichen Einbeziehung umliegender Gebiete.

ÜBERSICHTSKARTE
Die rote Fläche auf der Übersichtskarte zeigt die jeweils vorgestellten Länder eines Kontinents. Auf diese Weise erhält man einen schnellen Überblick über Lage und Ausdehnung der Länder.

SPRACHE
Es wird ein typischer Gruß in der Landessprache angegeben.

300 LÄNDER DER ERDE

ISLAND
Island, die zweitgrößte Insel Europas, liegt direkt unterhalb des nördlichen Polarkreises. Heiße Quellen und große Gletscher prägen die Landschaft. Die größeren Städte liegen an den Küsten, und das einsame Landesinnere ist nur per Geländewagen, Flugzeug oder mit den kräftigen Islandpferden zu erreichen.

Fläche: 103 000 km²
Regierungsform: Präsidialrepublik
Unabhängigkeit: 1944 nach britischer und US-amerikanischer Kontrolle im 2. Weltkrieg; davor dänisch
Währung: Isländische Krone
Einwohner: 292 000
Bevölkerungsdichte: 2,8 je km²
Amtssprache: Isländisch
Religionen: 86% Evangelisch-Lutheranische Kirche von Island, 3% protestantisch und römisch-katholisch, 11% ohne Religion

WETTERDATEN
30˚C 860 mm –36˚C
10,6˚C 0,2˚C

LANDSCHAFTEN
% 0,5 24 75,5

100 Isländische Kronen

SPRACHE
Ein typischer Gruß auf Isländisch lautet: »Gódan daginn!«.

WISSENSWERTES
Das Althing, das isländische Parlament, existiert schon seit dem 13. Jh. und ist damit eines der ältesten Volksvertretungen der Welt.
Auf Island gibt es die meisten Schwefeldampf-Vulkane (Solfataren) und heißen Quellen der Welt. Viele Städte werden durch das heiße, unterirdische Wasser geheizt.
Auf Island wird ein Drittel der Weltproduktion an Lebertran hergestellt, und die Isländer selbst sind die größten Verbraucher von Lebertran.

HEISSE QUELLEN
Die heißen Quellen von Deildartunguhver liefern jede Sekunde 250 l heißes Wasser. Im Laufe eines Tages kommt genügend heißes Wasser zusammen, um 105 600 Badewannen zu füllen.

DÄNEMARK
Dänemark besteht aus der Halbinsel Jütland und zahlreichen großen und kleinen Inseln. Seine Küstenlinie ist 4 000 km lang. Dänemark schloss sich bereits 1973 der Europäischen Union an.

Fläche: 43 096 km²
Regierungsform: Parlamentarische Monarchie
Territorien: Färöer-Inseln, Grönland
Währung: Dänische Krone
Einwohner: 5,4 Mio.
Bevölkerungsdichte: 125,3 je km²
Amtssprache: Dänisch
Religionen: 84% evangelisch-lutheranisch, 2% römisch-katholisch, 14% andere bzw. ohne Religion

WETTERDATEN
35˚C 704 mm –24˚C
16,3˚C 1,3˚C

LANDSCHAFTEN
Fast zwei Drittel der Fläche werden landwirtschaftlich genutzt.
% 2 11 62%

100 Dänische Kronen

SPRACHE
Ein typischer Gruß auf Dänisch lautet: »Goddag!«.

WISSENSWERTES
Ein dänischer Zimmermann erfand in den 30er Jahren des letzten Jahrhunderts die Legobausteine. Im »Legoland« hat man aus 35 Mio. Legosteinen eine Miniaturstadt aufgebaut.

In Dänemark gibt es – im Vergleich zu anderen europäischen Ländern – sehr wenige Privatautos. Für Radfahrer wurden überall Radwege angelegt, und Kopenhagen war die erste Stadt mit einer Fußgängerzone.

Die dänischen Bauern halten so viele Schweine, dass auf jeden Einwohner des Landes mehr als zwei Tiere kommen. Schweineschinken ist ein wichtiges Ausfuhrprodukt. Dänische Bauern erzeugen dreimal mehr Nahrungsmittel, als im eigenen Land verbraucht werden können.

DIE KLEINE MEERJUNGFRAU
Direkt am Hafen von Kopenhagen sitzt die Kleine Meerjungfrau auf einem Stein. Edvard Eriksen (1876–1959) schuf diese Statue 1913 nach einer Märchenfigur von Hans Christian Andersen (1805–1875). 1964 hat man ihr den Kopf abgesägt – er wurde schnell ersetzt.

NORWEGEN
Das Nordkap, eine Landzunge im Norden von Norwegen, gilt als der nördlichste Punkt Europas, obwohl das Nordkinn noch etwas weiter nördlich liegt. Das Land ist bekannt wegen seiner Fjorde – Gletschertäler, die vom Meer überflutet wurden. Der Sognefjord ist mit 203 km die längste dieser Buchten.

Fläche: 323 759 km²
Regierungsform: Parlamentarische Monarchie
Unabhängigkeit: 1905 von Schweden
Territorien: Svålbard (Spitzbergen und einige kleinere Inseln), Jan Mayen
Währung: Norwegische Krone
Einwohner: 4,6 Mio.
Bevölkerungsdichte: 14,2 je km²
Amtssprache: Norwegisch mit zwei Schriftsprachen: Bokmål und Nynorsk
Religionen: 85,7% evangelisch-lutheranisch oder protestantisch, 0,8% römisch-katholisch, 13,5% andere Religionen

WETTERDATEN
34˚C 730 mm
16,3˚C –3,5˚C

LANDSCHAFTEN

WETTERDATEN

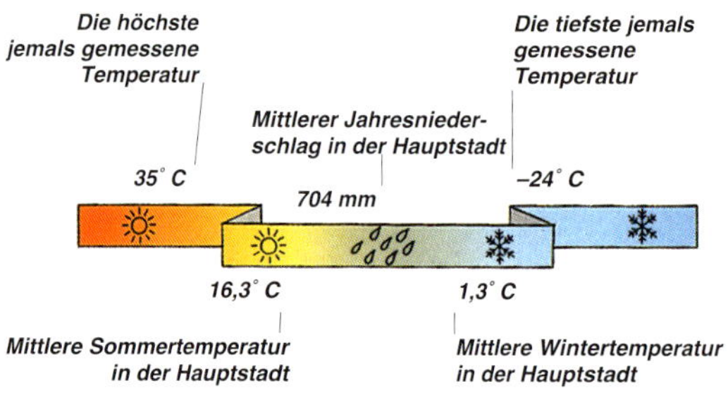

SEHENSWÜRDIGKEIT
Viele Abbildungen zeigen Wahrzeichen von Städten, bekannte oder wichtige Gebäude. Diese Sehenswürdigkeiten sind in die Länderkarten eingetragen.

LANDSCHAFTEN

Diese Graphik zeigt an, welche Landschaften es in einem Land gibt. Aus der Größe der Symbole und den Zahlen lassen sich die Anteile der verschiedenen Landschaften ablesen: Wälder, Wüsten, Städte und landwirtschaftlich genutzte Fläche (Ackerland). Mit »Ödland« werden nicht nutzbare Flächen, wie nackter Fels auf Berggipfeln oder Salzebenen, bezeichnet.

- Städte
- Ackerland
- Wald
- Feuchtgebiete
- Grasland
- Wüste
- Tundra
- Ödland

ZEICHENERKLÄRUNG DER KARTEN

FARBEN

Unterschiedliche Landschaftsformen und klimatische Zonen werden farbig gekennzeichnet.

- Schnee und Eis
- Hitzewüste
- Tundra
- Tropischer Wald
- Nadelwald
- Tropischer Regenwald
- Mischwald
- Tropisches Grasland (Savannen)
- Subtropischer Regenwald
- Gebirge
- Mittelmeervegetation
- Feuchtgebiete
- Grasland der gemäßigten Breiten
- Angrenzende Länder
- Kältewüste

SYMBOLE

Folgende Symbole, die Orte und physische Erscheinungen darstellen, finden sich auf den Karten.

- NORWEGEN – Staat
- Grenzen
- Oslo – Hauptstadt
- Umstrittene Grenzen
- Bergen – Wichtige Städte
- Staatsgrenzen
- Samen (Lappen) – Im Text erwähnte Besonderheiten
- Die größten Seen
- Heißester Ort
- Die längsten Flüsse
- Kältester Ort
- Höchste Erhebung

SKANDINAVIEN 301

SCHWEDEN
Mehr als drei Viertel Schwedens sind von Wäldern bedeckt, und im Land gibt es mehr als 100 000 Seen. Holzprodukte, z.B. Papier, machen fast ein Fünftel des schwedischen Exports aus.

Fläche: 449 964 km²
Regierungsform: Parlamentarische Monarchie
Währung: Schwedische Krone
Einwohner: 9 Mio.
Bevölkerungsdichte: 20 je km²
Landessprache: Schwedisch
Religionen: 85% Evangelisch-Lutheranische Kirche von Schweden, 8% andere Protestanten, 1,7% römisch-katholisch, 5,3% andere Religionen

SPRACHE
Ein typischer Gruß auf Schwedisch lautet: »God dag«.
100 Schwedische Kronen

WETTERDATEN
35° C, 622 mm, −38° C, 16,5° C, −2° C

LANDSCHAFTEN
Der überwiegende Teil des Landes ist bewaldet oder wird landwirtschaftlich genutzt.
% 2,5 4,5 5,5 12,5 75

RATHAUS
Das prächtige Rathaus von Stockholm, das »Stadshuset«, wurde zwischen 1911 und 1923 errichtet. In der Goldenen Halle hat man 19 Mio. vergoldete Ziegel verbaut.

WISSENSWERTES
Jedes Jahr nehmen 12 000 Skilangläufer an einem 86 km langen Rennen teil, dem Wasalauf. Die Strecke führt von Salen nach Mora in Mittelschweden.
Als erstes europäisches Land richtete Schweden im Jahr 1910 Nationalparks ein. In diesen Schutzgebieten leben Tiere wie Luchse, Bären und Elche.
Die Wasserwege in und um Stockholm sind so sauber, dass man darin gefahrlos schwimmen kann.

NOBELPREISE
Alfred B. Nobel (1833–1896) war ein schwedischer Chemiker, der u.a. das Dynamit erfand. Er stiftete einen Teil seines Vermögens für einen Fond, aus dem jedes Jahr die Prämien für die Nobelpreise bezahlt werden. Nobelpreise werden von einer unabhängigen Jury ausgewählt und z.B. für Naturwissenschaften, Literatur und Bemühungen um den Weltfrieden verliehen.

SPRACHE
Ein typischer Gruß auf Norwegisch lautet: »Go dag«.
100 Norwegische Kronen

HOLMENKOLLEN
Außerhalb von Oslo steht die Holmenkollen-Sprungschanze, die älteste noch existierende der Welt. Dort fand 1892 das erste Skispringen statt, und noch heute werden jedes Jahr im März Wettbewerbe abgehalten.

WISSENSWERTES
In Hammerfest, der nördlichsten Stadt des Landes, scheint die Sonne im Sommer zwei Monate lang, ohne unterzugehen.
Norwegen zahlt jährlich 1,17% seines Nationaleinkommens für die Entwicklungshilfe. Das ist der höchste Anteil aller Länder in der Welt.
In Norwegen werden mehr Zeitungen als sonstwo in der Welt gelesen, und mehr englische Bücher verkauft als in anderen nicht-englischsprachigen Ländern der Erde.

DAS VOLK DER SAMEN
Seit Urzeiten bewohnen die Samen oder Lappen die Polargebiete von Norwegen und Schweden. Noch immer ziehen rund 60 000 Samen (70% sprechen Sämisch) mit ihren Rentieren durch den hohen Norden. Ihr wichtigster Erwerbszweig ist die Zucht von Rentieren, von denen es etwa 70 000 Stück gibt. Die gewebte Kleidung der Samen ist nicht nur praktisch, sondern auch besonders schön.

Mehr als die Hälfte aller Norweger besitzt ein Sommerhäuschen am Meer oder im Gebirge. Diese Hütten sind aus Holz gebaut, und viele haben Dächer, die mit Grassoden gedeckt sind.

DIE HÖCHSTEN WASSERFÄLLE		
Name	Höhe (m)	Land
Utigard	800	Norwegen
Mongefoss	774	Norwegen
Mardalsfoss	657	Norwegen
Tyssetrengane	646	Norwegen
Kjelsfoss	561	Norwegen

WISSENSWERTES ZUR LEBENSART

Die Eigenart eines Landes wird durch typische Gerichte, Sport, Industrie und durch kulturelle Ereignisse bestimmt. Diese Besonderheiten sind hier aufgeführt.

MASSSTAB

Der Maßstab neben der Karte zeigt die Entfernungen innerhalb eines Landes in Kilometern.

KOMPASS

Die kleine Weltkugel zeigt die Richtung zum Nordpol an. Auf diese Weise können die Länder in ihrer Lage auf der Erde eingeordnet werden.

TABELLEN

Die Tabellen erfassen jeweils besonders wichtige Merkmale eines Landes. Das kann, wie hier, die Höhe der größten Wasserfälle sein, aber auch die Menge der hergestellten Autos oder die wichtigsten Ausfuhrprodukte.

NORD- UND MITTELAMERIKA

Kanada und die Vereinigten Staaten von Amerika (USA) nehmen die größte Fläche des nordamerikanischen Kontinents ein. Südlich davon liegen Mexiko und die sieben kleineren Länder Mittelamerikas. Entlang des gesamten Westens des Kontinents – von Kanada bis Mexiko – erstrecken sich die Bergketten der Rocky Mountains.

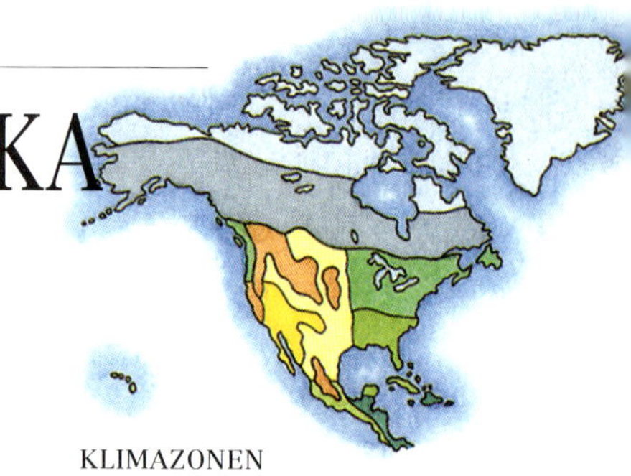

KLIMAZONEN

- Arktis und Tundra
- Gebirge
- Taiga
- Mischwald
- Trockenes Grasland
- Hitzewüste
- Tropisches Grasland
- Regenwald

Fläche: 23 500 000 km²
Länder: 23
Größtes Land: Kanada
Kleinstes Land: Grenada
Einwohner: 463 315 Mio.
Bevölkerungsdichte: 19,7 je km²
Sprachen: Englisch, Spanisch, Französisch, Sprachen der Indianer und Inuit (Eskimo), Nahuatl (Aztekensprache)

Höchster Berg: Mt. McKinley, Alaska: 6 198 m
Tiefster Punkt: Tal des Todes (Death Valley), Kalifornien: 86 m unter dem Meeresspiegel
Höchste Temperatur: 57°C: Death Valley, Kalifornien
Tiefste Temperatur: –66°C: Northice-Station, Grönland

ZEITZONEN

STAATEN, TERRITORIEN UND HAUPTSTÄDTE

Name	Hauptstadt	Name	Hauptstadt
Antigua und Barbuda	St. John's	Honduras	Tegucigalpa
Bahamas	Nassau	Jamaika	Kingston
Barbados	Bridgetown	Kanada	Ottawa
Belize	Belmopan	Kuba	Havanna
Costa Rica	San José	Mexiko	Mexiko-Stadt
Dominica	Roseau	Nicaragua	Managua
Dominikan. Republik	Santo Domingo	Panama	Panama-Stadt
El Salvador	San Salvador	St. Kitts und Nevis	Basseterre
Grenada	St. George's	St. Lucia	Castries
Grönland	Nuuk (Godthåb)	St. Vincent und die Grenadinen	Kingstown
Guatemala	Ciudad de Guatemala	Trinidad und Tobago	Port-of-Spain
Haiti	Port-au-Prince	USA	Washington, D.C.

EINWOHNER DER GRÖSSTEN STÄDTE (GROSSRAUM)

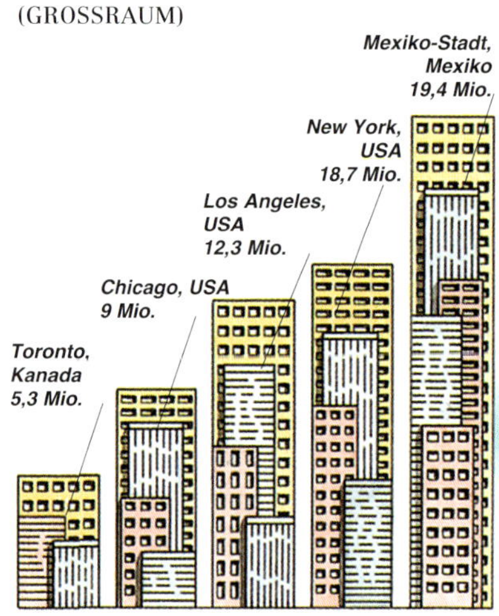

GRAND CANYON
Der Fluss Colorado hat den Grand Canyon tief in ein Felsenmassiv eingeschnitten. Der Canyon ist 349 km lang, bis zu 30 km breit, und an seiner tiefsten Stelle fließt der Colorado am Grund einer 1,6 km tiefen Schlucht. Dort schlängelt er sich durch 2 Mrd. Jahre altes Gestein.

WISSENSWERTES

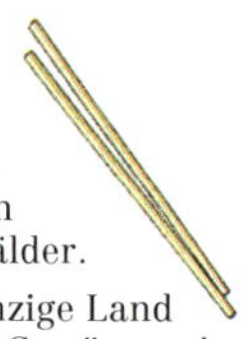

British Columbia erzeugt 25% der Holzmenge, die in Nordamerika verkauft wird. Umweltschützer protestieren gegen die Abholzung der Wälder.

Die Insel Grenada ist das einzige Land der westlichen Welt, in dem Gewürze wie Muskatnuss, Zimt und Gewürznelken im Überfluss wachsen.

Das Wellenreiten oder Surfen wurde auf der hawaiianischen Insel Oahu erfunden. Die Wellen erreichen dort Höhen von bis zu 8 m.

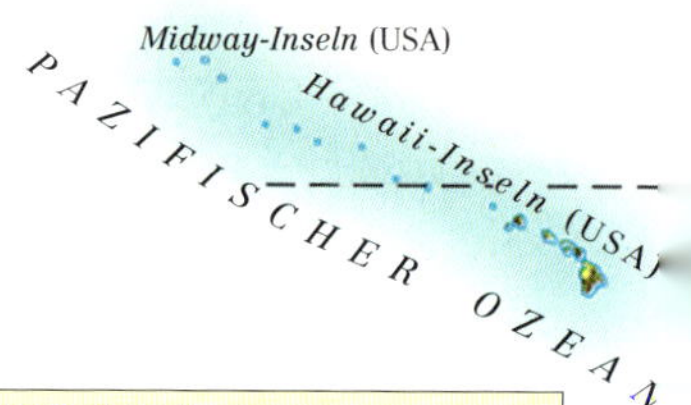

DIE LÄNGSTEN STRASSEN
(siehe Karte auf S. 292–293)

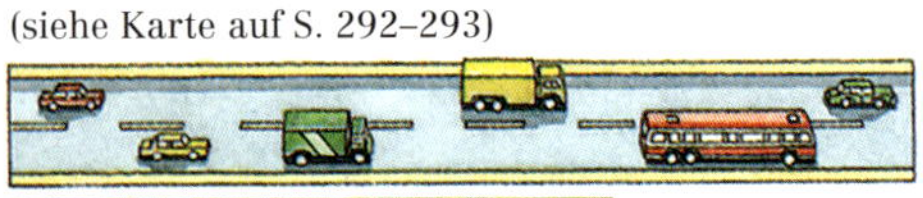

Trans-Canada-Highway: Von St. John's (Neufundland) bis Victoria (British Columbia) : 7 821 km.

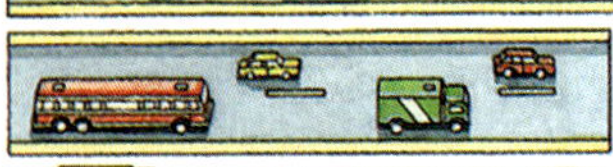

US Route 20: Von Boston (Massachusetts) bis Newport (Oregon): 5 415 km.

US Route 6: Provincetown (Massachusetts) bis Bishop (Kalifornien): 5 229 km.

US Route 30: Atlantic City (New Jersey) bis Astoria (Oregon): 5 019 km.

ALTERSVERTEILUNG

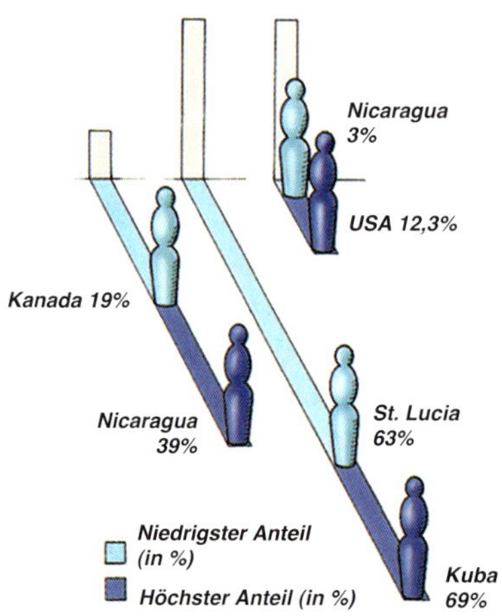

DIE WENIGSTEN ÄRZTE

Antigua und Barbuda	0,17 auf 1000 Menschen
Haiti	0,25 auf 1000 Menschen
Dominica	0,5 auf 1000 Menschen
Grenada	0,5 auf 1000 Menschen
Trinidad und Tobago	0,79 auf 1000 Menschen

DIE HÖCHSTE LEBENSERWARTUNG

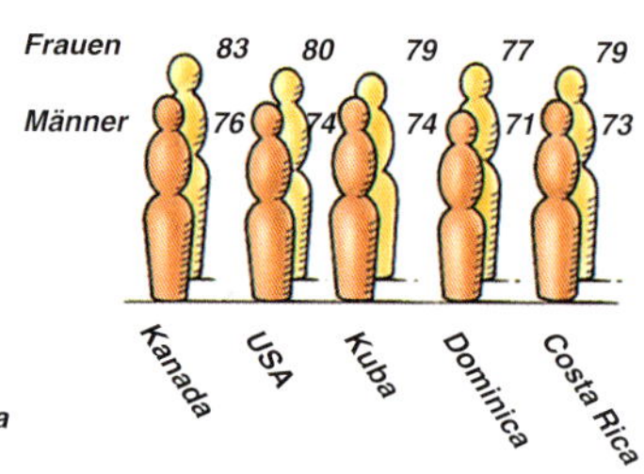

QUERSCHNITT DURCH DEN KONTINENT

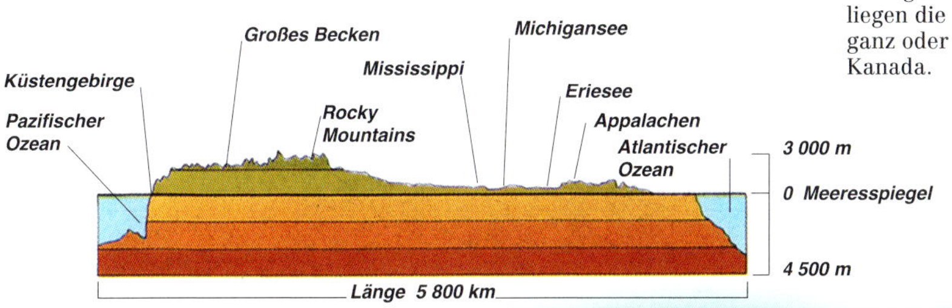

DIE GRÖSSTEN SEEN

Mit Ausnahme des Michigansees (USA) liegen die größten Seen ganz oder teilweise in Kanada.

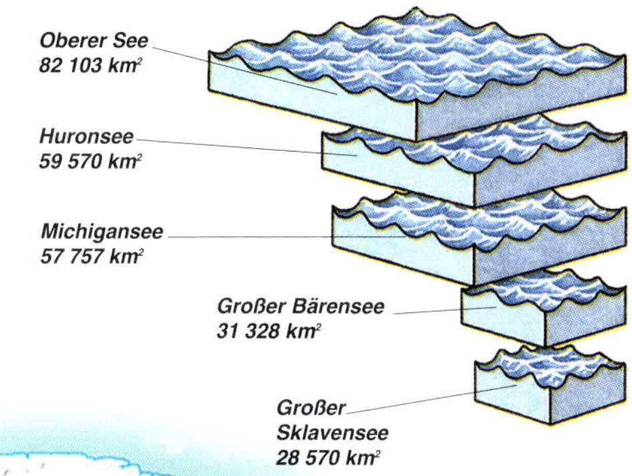

TIERE

Der Elch ist die größte Hirschart der Welt. Ein männliches Tier kann bis zu 450 kg wiegen. Mit seinen breiten Hufen kann der Elch auch in tiefem Schnee gut laufen.

Die Gewöhnliche Lanzenotter lebt in Mittelamerika. Sie gehört zu den angriffslustigsten Schlangen der Welt.

Der Kubanische Schlitzrüssler kommt nur auf der Insel Kuba vor.

PFLANZEN

Der Frangipani ist ein großer Strauch mit duftenden Blüten. Manchmal wird er auch Westindischer Jasmin genannt.

Baumwolle wird in den USA und Mexiko angebaut. Aus den wolligen Samenhaaren wird ein Garn gesponnen, das man zu Kleiderstoffen verarbeitet.

Die Mammutbäume sind die größten lebenden Bäume der Welt. Sie erreichen Höhen von bis zu 111 m.

LANDSCHAFTEN

Fast ein Drittel des Kontinents wird von Wald bedeckt, und ein gutes Viertel wird landwirtschaftlich genutzt.

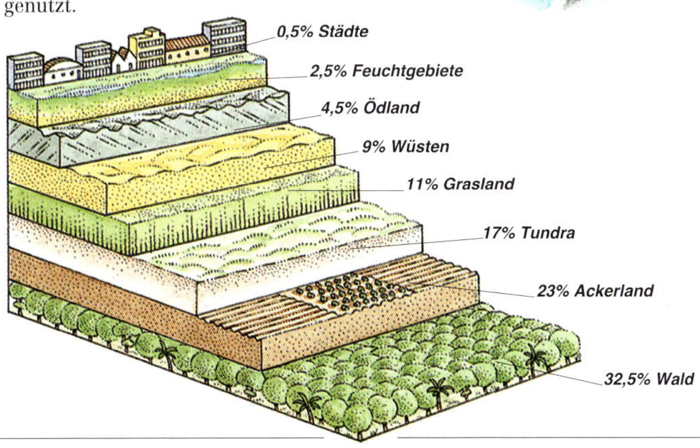

ZUCKERROHR

Zuckerrohr gehört zu den wichtigsten Anbauprodukten Mittelamerikas. Dieses Gras wächst in dem heißen, feuchten Klima sehr rasch. Aus den Grasstängeln gewinnt man den Zucker.

Land	Produktion
Guatemala	18 000 000 t
Honduras	5 625 000 t
El Salvador	5 280 000 t
Nicaragua	4 037 000 t
Costa Rica	3 945 000 t
Panama	1 680 000 t
Belize	1 149 000 t

KANADA

Kanada ist das zweitgrößte Land der Erde. Weite Prärien bestimmen das Innere des Landes. Auf diesen flachen Ebenen grasen riesige Rinderherden, außerdem wird dort Weizen angebaut. Die Mehrzahl aller Kanadier lebt in der Region der großen Seen und entlang dem Sankt-Lorenz-Strom.

Fläche: 9 984 670 km²

Regierungsform: Parlamentarische Monarchie; die englische Königin ist als konstitutioneller Monarch das Oberhaupt des Bundesstaates

Unabhängigkeit: 1931 von Großbritannien

Währung: Kanadischer Dollar

Einwohner: 31,9 Mio.

Bevölkerungsdichte: 3,2 je km²

Amtssprachen: Englisch, Französisch

Religionen: 45% römisch-katholisch, 36% protestantisch, 5% andere Religionen, Rest konfessionslos

WETTERDATEN

10 Kanadische Dollar

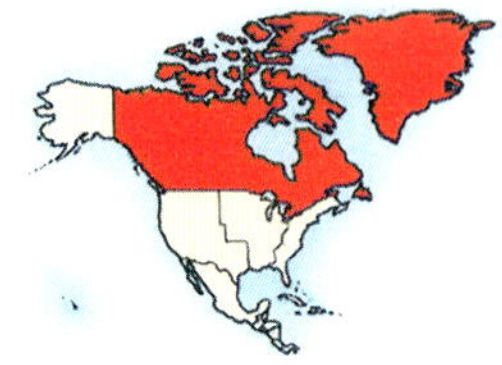

LANDSCHAFTEN
Über die Hälfte des Landes ist von Wald bedeckt.

DER CN-TOWER
Der Canadian National (CN) Tower in Toronto ist mit einer Höhe von 553,33 m das höchste frei stehende Gebäude der Welt. Er wurde 1975 fertig gestellt und dient als Fernsehsendeturm.

HOLZ- UND PAPIEREXPORT
Kanada ist weltweit der größte Produzent von Holzprodukten. Dazu gehört sowohl Bauholz wie auch Holzbrei, der zur Herstellung von Papier verwendet wird.

Bestimmungsort	Menge (in t)
USA	9 508 754
Europa	4 877 883
Asien	1 728 895
Südamerika	657 159
Mittelamerika	211 608

SKYDOME IN TORONTO
Das Skydome-Stadion war das erste Stadion der Welt mit einem beweglichen Dach. 50 000 Menschen können auf vier Ebenen sitzen und den Spielen zuschauen.

Das Spielfeld besteht aus 106 Rollen Tartan (Kunststoff), die mit insgesamt 12,8 km Reißverschlüssen verbunden sind.

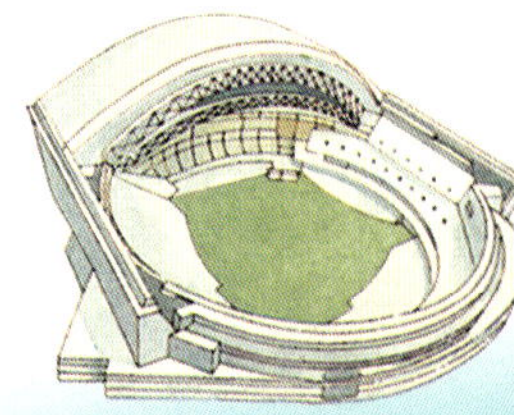

WISSENSWERTES
Kanada ist so groß, dass eine Zugfahrt von Toronto nach Vancouver drei Tage und drei Nächte dauert – über eine Strecke von 4 467 km.

Am Fluss Red Deer im Bundesstaat Alberta liegt der »Dinosaur Provincial Park«. Er ist eine der größten Dinosaurierfundstellen der Welt. Dort wurde der riesige Albertosaurus ausgegraben, der hier einst lebte.

Kanada ist mit 75% der weltweit größte Hersteller von Ahornsirup. Jeden März sammelt man den Saft des Zuckerahorns und kocht ihn zu Sirup ein. Ein Ahornblatt ist auch das kanadische Nationalsymbol.

An einigen Orten in Kanada herrschen monatelang Temperaturen um den Gefrierpunkt. Man kann dort seinen Garten unter Wasser setzen und die Eisfläche als Eishockeyfeld benutzen.

DIE KANADISCHE BEVÖLKERUNG
In Kanada haben sich Menschen aus vielen Ländern niedergelassen. Nach den Engländern und Franzosen sind Chinesen und Italiener die größten Bevölkerungsgruppen.

Muttersprache	Anteil an der Bevölkerung (%)
Englisch	58,5
Französisch	22,6
Chinesisch	2,9
Italienisch	1,6
Deutsch	1,5
andere Sprachen	12,9

DAS ZENTRUM VON MONTREAL
Dieser Platz in Montreal ist nach dem französischen Forscher Jaques Cartier (1491–1557) benannt. Er erkundete das Land und nahm es 1535 für Frankreich in Besitz. Noch immer ist Kanada ein zweisprachiger Staat. Zwei Drittel der Einwohner von Montreal sprechen Französisch.

GRÖNLAND

Grönland, die größte Insel der Welt, gehört zu Dänemark. Fast die ganze Insel liegt nördlich des Polarkreises und ist ständig von Eis bedeckt. Bis auf wenige Siedlungen an der Küste ist die Insel unbewohnt.

Fläche: 2 166 086 km²

Regierungsform: Autonome Region des dänischen Königreichs mit eigenem Parlament

Währung: Dänische Krone

Einwohner: 56 000

Bevölkerungsdichte: 0,02 je km²

Amtssprachen: Eskimoisch, Dänisch

Religionen: 98% lutheranisch, 1% römisch-katholisch, Rest konfessionslos

WISSENSWERTES

Die Einwohner Grönlands leben in der Hauptstadt Nuuk, in 16 kleineren Orten und 66 Siedlungen. Es gibt keine Straßen auf der Insel, daher reist man mit dem Schiff oder per Flugzeug.

Ein beliebtes Fahrzeug im Winter ist der »Skidoo«, ein Motorschlitten auf Skiern, mit dem man auf Schnee fahren kann.

Fast 85% der Inselfläche ist von Gletschereis bedeckt. Das Eisschild hat eine mittlere Dicke von 1524 m. Der Schiffsverkehr ist auf Eisbrecher angewiesen, die die wichtigsten Schifffahrtsstraßen eisfrei halten.

Im harten Klima der Insel überleben nur wenige niedrige, flach wurzelnde Pflanzen, z.B. Arktische Alpenrose, Arktischer Mohn und bestimmte Heidelbeeren.

Arktische Alpenrose

Arktischer Mohn

Steinbrech

Dieses Fischerdorf liegt in der Nähe vom Kap Farvel an der Südspitze von Grönland.

DIE KÜSTE ENTLANG

Grönland hat eine buchtenreiche Küstenlinie von über 39 000 km Länge. Fast alle Grönländer leben an den Küsten und arbeiten in der Fischindustrie. Im Süden der Insel hält der warme Golfstrom das Meer eisfrei.

FISCHEXPORTE

Mehr als 2 000 000 km² Meeresfläche gehören zur Fischereizone von Grönland. Garnelen (»Grönlandkrabben«) machen rund 80% der Ausfuhren aus. Die restlichen 20% sind Kabeljau, Lachs, Schellfisch und andere Fischarten.

NATUR

Nördlich des Polarkreises herrschen raue klimatische Bedingungen. Die Tiere, die dort leben, sind hervorragend an Kälte, Schnee und Eis angepasst.

Die Klappmütze lebt im Meer rund um die arktische Eiskappe.

Karibus wandern tausende von Kilometern weit. Ihre breiten Hufe verhindern, dass sie im Schnee einsinken.

Mit ihren langen Stoßzähnen ziehen sich Walrosse zum Ausruhen auf Eisschollen hinauf.

Der Eisbär macht Jagd auf Seehunde. Er wartet an deren Atemlöchern im Eis, bis die Seehunde zum Atmen auftauchen.

Polarfüchse verlieren im Winter ihr braunes Sommerfell und bekommen ein warmes, schneeweißes Winterfell.

KUNST DER INUIT

Die Abbildung zeigt die berühmte Inuitmalerin Kenojuak bei der Arbeit. Inuit sind außerdem geschickte Knochen- und Elfenbeinschnitzer.

WISSENSWERTES

Noch immer werden weite Gebiete in Kanada und Grönland von den Ureinwohnern besiedelt. Sie nennen sich selbst »Inuit«, das heißt »Mensch«.

Inuitkind von der Hudsonbai in Kanada

Auf der Jagd bauen sich die Inuit Häuser aus Eis, die wir als »Iglus« kennen. Sie selbst nennen ihre Eishäuser »Illuviga«. Mit Iglu bezeichnen sie eine andere Hausform.

Inuit leben fast ausschließlich von der Jagd auf Karibus, Seehunde, Walrosse und Fische. Diese Beutetiere liefern auch Nahrung und Kleidung.

Einige unserer Wörter, wie Kajak oder Anorak, stammen aus der Inuitsprache.

DAS ABKOMMEN VON NUNAVUT

Dieses Abkommen wurde 1992 geschlossen und spricht den Inuit die größte Landfläche in der kanadischen Geschichte zu. Im Einzelnen erhält es folgende Rechte:

Die Inuit erhalten 1999 eine Landfläche von 350 000 km² zugesprochen.

Sie erhalten weiterhin die Schürfrechte für unterirdische Bodenschätze auf einer Fläche von 36 257 km².

Kanada zahlt über einen Zeitraum von 14 Jahren 1,15 Mrd. Dollar als Ausgleich für diese Rechte.

VEREINIGTE STAATEN VON AMERIKA

Die Vereinigten Staaten von Amerika bestehen aus 50 Bundesstaaten und dem District of Columbia (DC) mit der Bundeshauptstadt Washington. Zwei Bundesstaaten, Hawaii und Alaska, sind vom Staatsgebiet getrennt. Die USA verfügen über riesige Flächen Acker- und Weideland sowie über große Lagerstätten von Kohle, Erdöl und Erzen. Die Wirtschaftskraft des Landes und sein politischer Einfluss sind sehr groß.

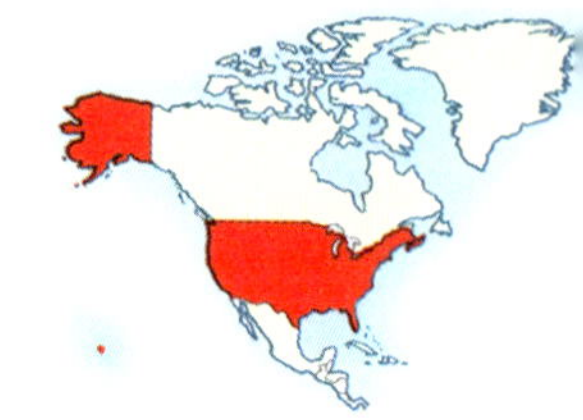

10 US-Dollarschein

Fläche: 9 826 630 km²
Regierungsform: Präsidiale Bundesrepublik
Unabhängigkeit: 1776 von Großbritannien
Territorien (Bestandteile der USA, aber keine Bundesstaaten): Nördliche Marianen, Puerto Rico, Amerikanisch-Samoa, Guam, Amerikanische Jungferninseln, Marshall-Inseln, Mikronesien, Johnston-Insel, Line-Inseln, Midway-Inseln, Wake, Baker- und Howland-Inseln, Jarvis-Insel, Kingman-Riff, Navassa-Insel, Palau, Palmyra-Insel
Währung: US-Dollar
Einwohner: 301 Mio.
Bevölkerungsdichte: 31 je km²
Amtssprache: Englisch
Religionen: 62% protestantisch, 26% römisch-katholisch, 3% jüdisch, 9% andere oder keine Religionen

WISSENSWERTES

Im Jahr 1867 kauften die Amerikaner den Russen Alaska für einen Preis von 2 Cents pro Acre (4 047 m²) ab. Heute hat man dort reiche Vorräte an Erdöl und anderen natürlichen Bodenschätzen gefunden.

Jedes Jahr verwüsten Tornados oder Windhosen ganze Landstriche in den USA. Bei ihrem Weg über das Land reißen sie alles vom Boden mit, Autos, Häuser und Bäume.

Ein Amerikaner verzehrt jedes Jahr rund 50 kg Fleisch; doppelt so viel wie ein Europäer. Die USA produzieren den meisten Hausmüll. Jeden Tag wirft ein Amerikaner laut Statistik 1,8 kg Abfall weg.

Fast auf jeden Einwohner des Landes kommt ein Fernseher.

WETTERDATEN

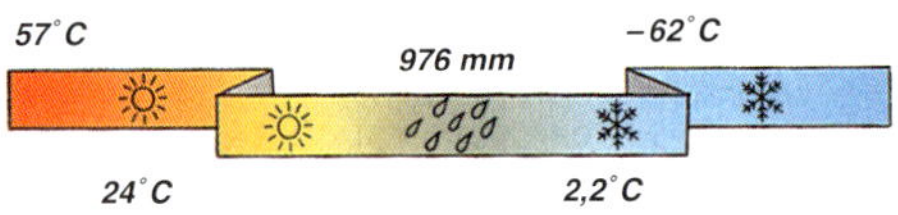

HOLLYWOOD

Hollywood ist die Filmhauptstadt Amerikas und der Welt. Das herrliche Wetter und die abwechslungsreiche Landschaft lockten um das Jahr 1910 Filmregisseure von der Ostküste in diese kleine Stadt in Kalifornien.

LANDSCHAFTEN

Mehr als ein Drittel des Landes ist von Wald bedeckt.

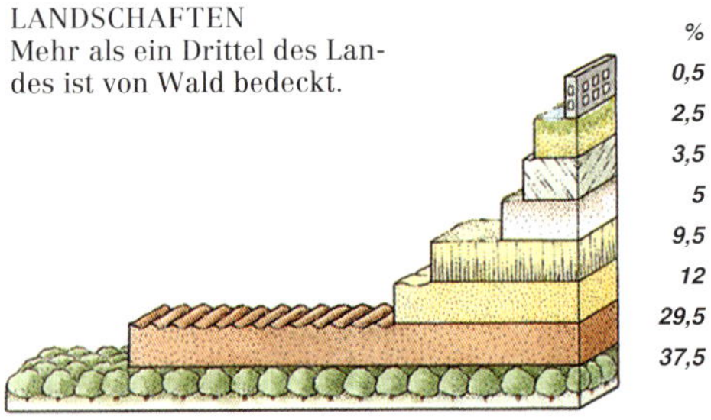

DIE ERSTEN AMERIKANER

Vor mehr als 20 000 Jahren kamen Menschen aus Asien nach Nordamerika. Damals gab es noch kein Meer zwischen den Kontinenten. Sie sind die amerikanischen Ureinwohner. Hier ist Häuptling »Spähendes Pferd« abgebildet. Er gehört zu den Sioux und lebt in einer Indianer-Reservation am Wounded Knee in South Dakota.

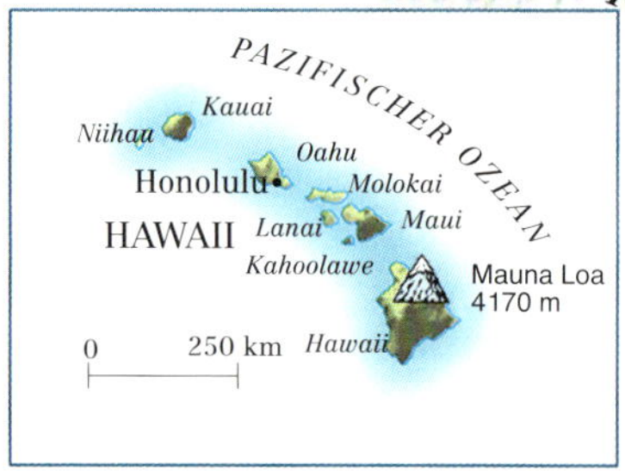

HAWAII-INSELN

Hawaii besteht aus 8 größeren und über 20 kleineren vulkanischen Inseln im Pazifischen Ozean. Auf der Hauptinsel Hawaii steht mit dem Mauna Loa einer der größten aktiven Vulkane der Welt. Das letzte Mal brach er im Jahr 1984 aus. Zwei Formen vulkanischer Lava, die »Aa-« und »Pahoehoe-Lava«, tragen hawaiianische Namen.

NATURLANDSCHAFTEN

In den USA gibt es noch weite Naturlandschaften, die in vielen Bundesstaaten zu Nationalparks oder Schutzgebieten erklärt wurden.

Bundesstaat	Flächenanteil des Staates (%)	Typisches Tier
Alaska	15,03	Elch
Idaho	6,98	Puma oder Berglöwe
Washington	5,91	Grislibär
Kalifornien	5,81	Puma oder Berglöwe
Wyoming	4,91	Bison
Florida	3,78	Seekühe oder Manatees

WISSENSWERTES

Heute leben rund 1,5 Mio. indianische Ureinwohner aus 544 Stämmen in selbstverwalteten Reservationen.

Die Navajo-Indianer aus Arizona, New Mexiko und Utah sind der größte Stamm. Noch heute betreiben sie ihr traditionelles Handwerk, Töpferei und Weben: Ihre Teppiche werden in geometrischen Mustern gewebt und mit Naturfarben gefärbt.

WEIZENFELDER IN NEBRASKA
Die USA sind der größte Exporteur für Weizen und erzeugen außerdem mehr als die Hälfte der Weltmaisproduktion. Das wichtigste Anbaugebiet für diese Getreidearten ist der mittlere Westen mit seinen offenen Ebenen oder Prärien.

WASHINGTON, DISTRICT OF COLUMBIA
Washington ist die Hauptstadt der USA. Dort steht das Kapitol, das den Regierungssitz, das Senatsgebäude und das Repräsentantenhaus beherbergt.

BASEBALL
Baseball ist der Nationalsport der USA. Das erste offizielle Spiel zwischen zwei Mannschaften fand in New Jersey im Jahr 1846 statt.

US-COMMONWEALTH
Das sind z.T. kleine und kleinste Inseln in der Karibik und im Pazifik.

Insel	Fläche in km²
Karibik:	
Puerto Rico	8 959
US-Jungfern-Inseln	347
Guantanamo	112
Navassa	5
Pazifik:	
Guam	549
Nördliche Marianen-Inseln	457
Amerikanisch-Samoa	195
Baker-Insel, Howland-Insel, Jarvis-Insel, Johnston-Atoll, Kingman-Riff, Midway-Inseln, Palmyra, Wake-Insel	zwischen 2 und 8

AMISH
Die Amish gehören zur Religionsgemeinschaft der Mennoiten. Sie wanderten im 18. Jh. aus der Schweiz in die USA aus und lehnen die moderne Lebensweise völlig ab. Sie haben weder elektrisches Licht noch Telefone und fahren mit Pferdekutschen statt mit Autos.

DIE FREIHEITSSTATUE IN NEW YORK
Die Freiheitsstatue ist ein Geschenk Frankreichs an die junge, unabhängige Nation USA. Der Bildhauer Auguste Bartholdi (1834–1904) hat sie 1884 geschaffen. Die Statue wurde, verpackt in 210 Kisten, über den Atlantik verschifft.

300 große, dünn gehämmerte Kupferplatten bilden die »Haut« der Figur.

Besucher können 171 Treppenstufen hoch zur Besucherplattform im Kopf der Statue klettern. Von dort hat man einen prächtigen Blick auf die Skyline von New York.

ARCHITEKTUR
Je nach Klima, Geschichte und Lebensart haben sich in den einzelnen Regionen der USA unterschiedliche Baustile entwickelt.

HERRENHÄUSER
Die reichen Plantagenbesitzer der Südstaaten bauten sich im 19. Jh. schlossartige Herrenhäuser in verschiedenen europäischen Stilen.

SCHINDELHÄUSER
Die Häuser in den östlichen Bundesstaaten sind häufig aus Schindeln gebaut.

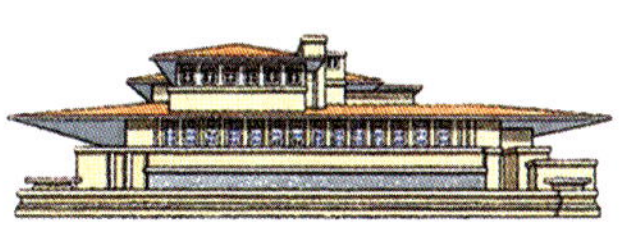

ART DECO
Das Chrysler-Gebäude wurde in den 20er Jahren des letzten Jahrhunderts von dem Architekten William van Alen erbaut.

MISSISSIPPI
Der Mississippi gehört zu den verkehrsreichsten Wasserstraßen der Welt. Von Minneapolis bis nach New Orleans können die Schiffe eine Strecke von fast 2 900 km befahren. Das erste Dampfschiff fuhr im Jahr 1811 auf dem Mississippi.

WISSENSWERTES
Die Südspitze Südfloridas ist von einem Sumpfgebiet bedeckt. Diese Everglades sind der Lebensraum vieler seltener Pflanzen und Tiere.

Der Grüne Baumfrosch hat Zehen mit klebrigen Saugnäpfen. So kann er sich auf den Zweigen festhalten.

Der amerikanische Alligator wird bis zu 3,60 m lang und 50 Jahre alt. Mit kräftigen Schwanzbewegungen bewegt er sich durch das Wasser.

Baumfrosch

VEREINIGTE STAATEN VON AMERIKA: DIE BUNDESSTAATEN

Die USA bestanden ursprünglich aus nur 13 Staaten entlang der Ostküste, die bis zur Unabhängigkeit im Jahr 1776 von Großbritannien regiert wurden. Heute sind es 50 Bundesstaaten, die von der Hauptstadt Washington D.C. aus regiert werden. Dennoch hat jeder der Bundesstaaten eigene Gesetze. So unterscheidet sich z.B. das Mindestalter für den Führerschein, und in einigen Bundesstaaten werden Mörder noch immer mit dem Tod bestraft.

Der Weißkopfseeadler ist das Nationalsymbol der USA.

ALABAMA

Fläche: 133 775 km^2
Hauptstadt: Montgomery
Einwohner: 4 557 000
Eintritt in die Union:
14. Dezember 1819
Staatsblume: Kamelie

ALASKA

Fläche: 1 700 138 km^2
Hauptstadt: Juneau
Einwohner: 663 000
Eintritt in die Union: 3. Januar 1959
Staatsblume: Vergissmeinnicht

ARIZONA

Fläche: 295 276 km^2
Hauptstadt: Phoenix
Einwohner: 5 939 000
Eintritt in die Union:
14. Februar 1912
Staatsblume: Saguarokaktus

ARKANSAS

Fläche: 137 742 km^2
Hauptstadt: Little Rock
Einwohner: 2 779 000
Eintritt in die Union:
15. Juni 1836
Staatsblume: Apfelblüte

Superlange Limousine

COLORADO

Fläche: 269 618 km^2
Hauptstadt: Denver
Einwohner: 4 665 000
Eintritt in die Union: 1. August 1876
Staatsblume: Akelei

CONNECTICUT

Fläche: 14 358 km^2
Hauptstadt: Hartford
Einwohner: 3 510 000
Eintritt in die Union:
9. Januar 1788
Staatsblume: Lorbeerrose

DELAWARE

Fläche: 6 448 km^2
Hauptstadt: Dover
Einwohner: 843 000
Eintritt in die Union:
7. Dezember 1787
Staatsblume: Pfirsichblüte

FLORIDA

Fläche: 170 314 km^2
Hauptstadt: Tallahassee
Einwohner: 17 790 000
Eintritt in die Union: 3. März 1845
Staatsblume: Orangenblüte

GEORGIA

Fläche: 153 952 km^2
Hauptstadt: Atlanta
Einwohner: 9 072 000
Eintritt in die Union: 2. Januar 1788
Staatsblume: Cherokee-Rose

Baseballspiel

HAWAII

Fläche: 28 313 km^2
Hauptstadt: Honolulu
Einwohner: 1 275 000
Eintritt in die Union:
21. August 1959
Staatsblume: Gelber Hibiskus

Surfer

IDAHO

Fläche: 216 456 km^2
Hauptstadt: Boise
Einwohner: 1 429 000
Eintritt in die Union: 3. Juli 1890
Staatsblume: Pfeifenstrauch

ILLINOIS

Fläche: 150 007 km^2
Hauptstadt: Springfield
Einwohner: 12 763 000
Eintritt in die Union:
3. Dezember 1818
Staatsblume: Wildes Veilchen

INDIANA

Fläche: 94 328 km^2
Hauptstadt: Indianapolis
Einwohner: 6 272 000
Eintritt in die Union:
11. Dezember 1816
Staatsblume: Päonie

Appaloosa-Pferd

IOWA

Fläche: 145 754 km^2
Hauptstadt: Des Moines
Einwohner: 2 966 000
Eintritt in die Union:
28. Dezember 1846
Staatsblume: Wilde Rose

KANSAS

Fläche: 213 111 km^2
Hauptstadt: Topeka
Einwohner: 2 745 000
Eintritt in die Union:
29. Januar 1861
Staatsblume: Sonnenblume

Heidelbeeren

MAINE

Fläche: 91 635 km^2
Hauptstadt: Augusta
Einwohner: 1 321 000
Eintritt in die Union: 15. März 1820
Staatsblume: Zapfen der Weymouthskiefer

MARYLAND

Fläche: 32 134 km^2
Hauptstadt: Annapolis
Einwohner: 5 600 000
Eintritt in die Union: 28. April 1788
Staatsblume: Schwarzäugige Susanne

MASSACHUSETTS

Fläche: 27 337 km^2
Hauptstadt: Boston
Einwohner: 6 399 000
Eintritt in die Union:
6. Februar 1788
Staatsblume: Primel

MICHIGAN

Fläche: 250 465 km^2
Hauptstadt: Lansing
Einwohner: 10 121 000
Eintritt in die Union:
26. Januar 1837
Staatsblume: Apfelblüte

DAS WEISSE HAUS
Im Weißen Haus in Washington D.C. wohnen der amerikanische Präsident und seine Familie. Das dreistöckige Gebäude hat 100 Zimmer und wurde von James Hoban (1762–1831), einem Architekten irischer Abstammung, entworfen. Im Jahr 1800 war es zwar noch nicht völlig fertig gestellt, aber bewohnbar. Seinen Namen verdankt es wahrscheinlich dem Baumaterial, weißem Kalkstein.

KALIFORNIEN

Fläche: 424 002 km^2
Hauptstadt: Sacramento
Einwohner: 36 132 000
Eintritt in die Union:
9. September 1850
Staatsblume: Kalifornischer Mohn

Cowboyhut

KENTUCKY

Fläche: 104 665 km^2
Hauptstadt: Frankfort
Einwohner: 4 173 000
Eintritt in die Union: 1. Juni 1792
Staatsblume: Goldrute

LOUISIANA

Fläche: 134 275 km^2
Hauptstadt: Baton Rouge
Einwohner: 4 524 000
Eintritt in die Union: 30. April 1812
Staatsblume: Magnolie

Amerikanischer Biber

MINNESOTA

Fläche: 225 182 km^2
Hauptstadt: St. Paul
Einwohner: 5 133 000
Eintritt in die Union: 11. Mai 1858
Staatsblume: Frauenschuh

Dixieland Jazz-Band

MISSISSIPPI

Fläche: 125 443 km^2
Hauptstadt: Jackson
Einwohner: 2 921 000
Eintritt in die Union:
10. Dezember 1817
Staatsblume: Magnolie

MISSOURI

Fläche: 180 546 km²
Hauptstadt: Jefferson City
Einwohner: 5 800 000
Eintritt in die Union:
10. August 1821
Staatsblume: Weißdornblüte

MONTANA

Fläche: 380 849 km²
Hauptstadt: Helena
Einwohner: 936 000
Eintritt in die Union:
8. November 1889
Staatsblume: Lewisia

American Football

NEBRASKA

Fläche: 200 358 km²
Hauptstadt: Lincoln
Einwohner: 1 759 000
Eintritt in die Union: 1. März 1867
Staatsblume: Goldrute

NEVADA

Fläche: 286 367 km²
Hauptstadt: Carson City
Einwohner: 2 415 000
Eintritt in die Union:
31. Oktober 1864
Staatsblume: Beifuß

NEW HAMPSHIRE

Fläche: 24 219 km²
Hauptstadt: Concord
Einwohner: 1 310 000
Eintritt in die Union: 21. Juni 1788
Staatsblume: Flieder

Gelbes Taxi (»Yellow Cab«)
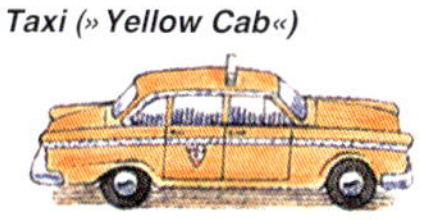

NEW JERSEY

Fläche: 22 590 km²
Hauptstadt: Trenton
Einwohner: 8 718 000
Eintritt in die Union:
18. Dezember 1787
Staatsblume: Veilchen

Rennkuckuck

NEW MEXICO

Fläche: 314 939 km²
Hauptstadt: Santa Fe
Einwohner: 1 928 000
Eintritt in die Union: 6. Januar 1912
Staatsblume: Yucca-Palme

Skyline von New York

NEW YORK

Fläche: 141 080 km²
Hauptstadt: Albany
Einwohner: 19 255 000
Eintritt in die Union: 26. Juli 1788
Staatsblume: Rose

NORTH CAROLINA

Fläche: 139 397 km²
Hauptstadt: Raleigh
Einwohner: 8 683 000
Eintritt in die Union:
21. November 1789
Staatsblume: Hartriegelblüte

NORTH DAKOTA

Fläche: 183 123 km²
Hauptstadt: Bismarck
Einwohner: 637 000
Eintritt in die Union:
2. November 1889
Staatsblume: Prärierose

OHIO

Fläche: 116 103 km²
Hauptstadt: Columbus
Einwohner: 11 464 000
Eintritt in die Union: 1. März 1803
Staatsblume: Nelke

OKLAHOMA

Fläche: 181 048 km²
Hauptstadt: Oklahoma City
Einwohner: 3 548 000
Eintritt in die Union:
16. November 1907
Staatsblume: Mistel

OREGON

Fläche: 254 819 km²
Hauptstadt: Salem
Einwohner: 3 641 000
Eintritt in die Union:
14. Februar 1859
Staatsblume: Mahonie

PENNSYLVANIA

Fläche 119 291 km²
Hauptstadt: Harrisburg
Einwohner: 12 430 000
Eintritt in die Union:
12. Dezember 1787
Staatsblume: Lorbeerrose

RHODE ISLAND

Fläche: 4 002 km²
Hauptstadt: Providence
Einwohner: 1 076 000
Eintritt in die Union: 29. Mai 1790
Staatsblume: Veilchen

Chopper Motorrad

SOUTH CAROLINA

Fläche: 82 902 km²
Hauptstadt: Columbia
Einwohner: 4 255 000
Eintritt in die Union: 23. Mai 1788
Staatsblume: Gelber Jasmin

Nationaldenkmal am Mt. Rushmore

SOUTH DAKOTA

Fläche: 199 744 km²
Hauptstadt: Pierre
Einwohner: 776 000
Eintritt in die Union:
2. November 1889
Staatsblume: Kuhschelle

TENNESSEE

Fläche: 109 158 km²
Hauptstadt: Nashville
Einwohner: 5 963 000
Eintritt in die Union: 1. Juni 1796
Staatsblume: Iris

Cowboys fangen Rinder mit dem Lasso

TEXAS

Fläche: 695 676 km²
Hauptstadt: Austin
Einwohner: 22 860 000
Eintritt in die Union:
29. Dezember 1845
Staatsblume: Kornblume

UTAH

Fläche: 219 902 km²
Hauptstadt: Salt Lake City
Einwohner: 2 470 000
Eintritt in die Union: 4. Januar 1896
Staatsblume: Mormonentulpe

Kürbismaske zu Halloween (Nacht auf den 1. November)

VERMONT

Fläche: 24 903 km²
Hauptstadt: Montpelier
Einwohner: 623 000
Eintritt in die Union: 4. März 1791
Staatsblume: Rotklee

VIRGINIA

Fläche: 110 792 km²
Hauptstadt: Richmond
Einwohner: 7 567 000
Eintritt in die Union: 25. Juni 1788
Staatsblume: Hartriegelblüte

WASHINGTON

Fläche: 184 672 km²
Hauptstadt: Olympia
Einwohner: 6 288 000
Eintritt in die Union:
11. November 1889
Staatsblume: Küsten-Alpenrose

WEST VIRGINIA

Fläche: 62 759 km²
Hauptstadt: Charleston
Einwohner: 1 817 000
Eintritt in die Union: 20. Juni 1863
Staatsblume: Alpenrose

WISCONSIN

Fläche: 169 643 km²
Hauptstadt: Madison
Einwohner: 5 536 000
Eintritt in die Union: 29. Mai 1848
Staatsblume: Waldveilchen

WYOMING

Fläche: 253 349 km²
Hauptstadt: Cheyenne
Einwohner: 509 000
Eintritt in die Union: 10. Juli 1890
Staatsblume: Castilleja

WISSENSWERTES

In den USA leben nur noch rund 800 Grislis. Viele von ihnen streifen frei in den Bergwäldern herum.

In Georgia wird rund die Hälfte aller Erdnüsse der USA angebaut. Die Hälfte der Ernte wird zu Erdnussbutter verarbeitet, der Rest zu Speiseöl und Viehfutter.

Rhode Island ist der kleinste Bundesstaat. Seinen Namen trägt eine Haushuhnrasse, das »Rhode Island Red«, das erstmals 1857 gezüchtet wurde.

In New Jersey gibt es mehr Ingenieure und Wissenschaftler als in jedem anderen Staat.

Die Börse in der Wall Street, New York, ist die größte der Welt. Jeden Tag werden dort mehr als 100 Mio. Aktien gekauft und verkauft.

Südlich von San Francisko liegt das »Silicon Valley«. Es wurde berühmt wegen seiner Computerindustrie. Noch heute konzentrieren sich dort Firmen mit Produkten der Hochtechnologie.

Ein Drittel der Weltproduktion an Kirschen reift auf Bäumen an den Küsten des Michigansees.

Zu den beliebtesten Touristenzielen gehört »Disney World« in Florida. Jährlich besuchen mehr als 20 Mio. Menschen diesen Freizeit- und Vergnügungspark.

SÜDAMERIKA

Der südamerikanische Kontinent wird von den Anden überragt, der längsten Bergkette der Welt. Sie ziehen sich durch sieben Länder. Brasilien, das größte Land, bedeckt fast die Hälfte des Kontinents.

KLIMAZONEN

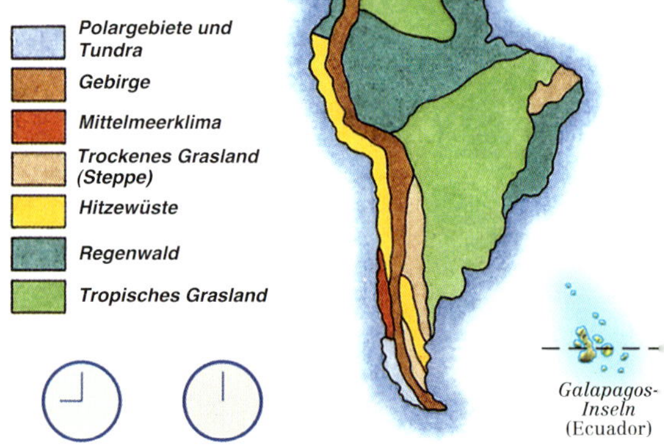

Fläche: 17 806 021 km²
Länder: 12
Größtes Land: Brasilien 8 547 404 km²
Kleinstes Land: Suriname 163 265 km²
Einwohner: 359,3 Mio.
Bevölkerungsdichte: 20,2 je km²
Amtssprachen: Spanisch, Portugiesisch, Quechua, Guarani, Aymara

Höchster Berg: Aconcagua 6 959 m
Tiefster Punkt: Halbinsel Valdés 40 m unter dem Meeresspiegel
Höchste Temperatur: 49°C Rivadavia, Argentinien
Tiefste Temperatur: –33°C Sarmiento, Argentinien

ZEITZONEN

DIE WENIGSTEN ÄRZTE	
Suriname	0,45 auf 1000 Menschen
Guyana	0,48 auf 1000 Menschen
Paraguay	1,11 auf 1000 Menschen
Brasilien	1,15 auf 1000 Menschen

WISSENSWERTES

Mit 3 810 m über dem Meeresspiegel ist der Titicacasee einer der höchstgelegenen Seen der Erde, auf dem Schiffverkehr möglich ist. Die Grenze zwischen Peru und Bolivien verläuft mitten durch den See.

Auf dem südamerikanischen Kontinent herrschen besonders extreme Wettergegensätze. So fallen in Teilen von Kolumbien jährlich mehr als 11 700 mm Niederschlag, während die Atacama-Wüste in Chile der trockenste Ort auf der ganzen Erde ist.

Sowohl Tomaten wie Kartoffeln stammen ursprünglich aus Südamerika. Die Indios der Anden bauen Kartoffeln noch in einer Höhe von mehr als 2 000 m an.

LÄNDER UND HAUPTSTÄDTE	
Land	Hauptstadt
Argentinien	Buenos Aires
Bolivien	Sucre
Brasilien	Brasilia
Chile	Santiago de Chile
Ecuador	Quito
Guyana	Georgetown
Kolumbien	Santa Fé de Bogotá
Paraguay	Asunción
Peru	Lima
Suriname	Paramaribo
Uruguay	Montevideo
Venezuela	Caracas

ALTERSVERTEILUNG

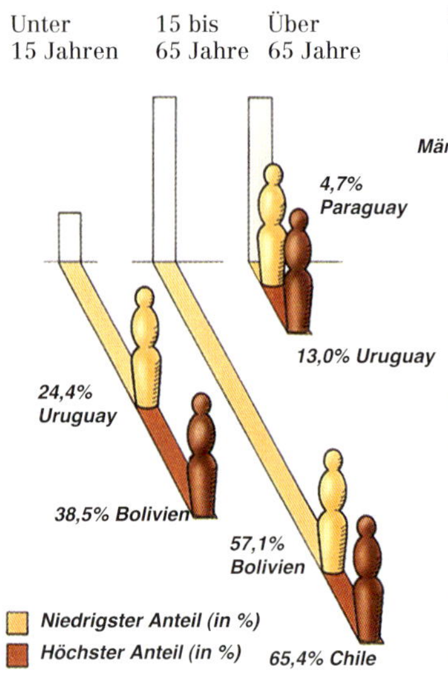

HÖCHSTE LEBENSERWARTUNG

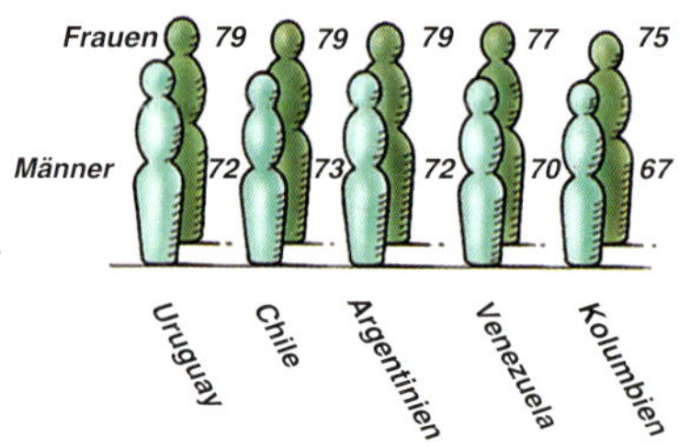

UREINWOHNER

Die Quechua-Indios in Ecuador und Peru leben in Siedlungen, die zu den höchstgelegenen der Welt zählen. Diese Andenbewohner haben sich auch körperlich an den niedrigen Sauerstoffgehalt der Höhenluft angepasst.

Quechuakinder spielen vor ihrer Schule.

EINWOHNER DER GRÖSSTEN STÄDTE (mit Umland)

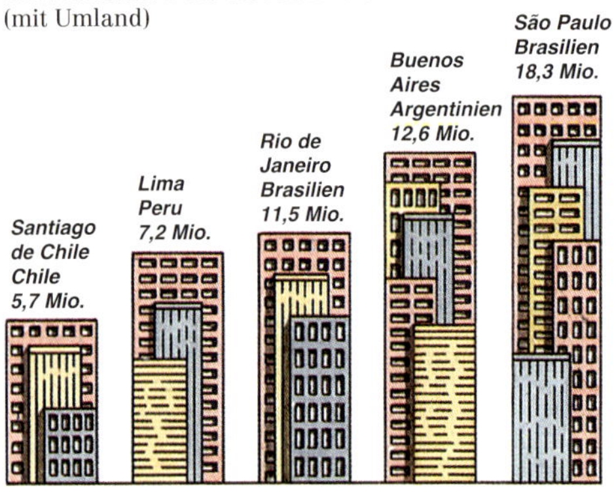

REGENWALDFLÄCHE

Der Regenwald Amazoniens ist 12,8-mal größer als Frankreich.

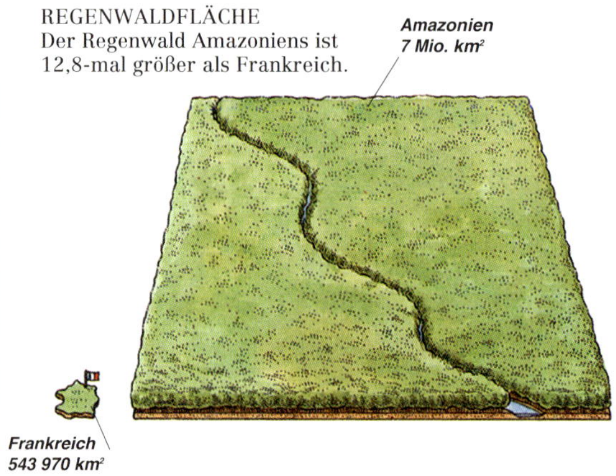

DIE HÖCHSTEN WASSERFÄLLE

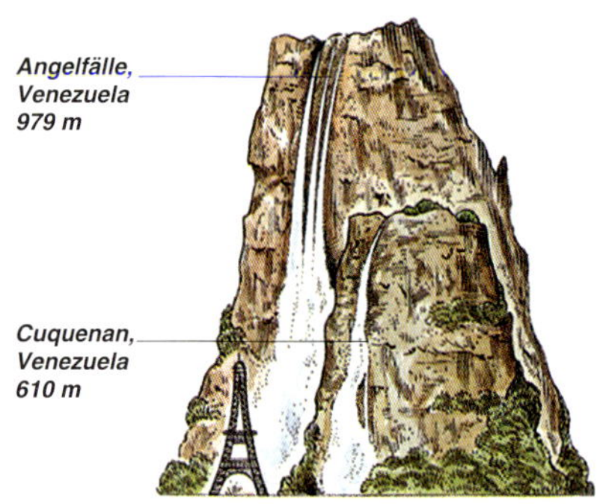

DIE LÄNGSTEN BERGKETTEN DER WELT

KAFFEESTRAUCH

Kaffee wird aus der Frucht des Kaffeestrauches gewonnen, einem immergrünen Strauch von 2 bis 3 m Höhe. Zur Blütezeit oder danach tragen die Zweige die Früchte des letzten Jahres: grüne, kirschenartige Beeren, die rot heranreifen. Platzen die Früchte auf, treten zwei Samen hervor, die Kaffeebohnen. Sie werden gewaschen, getrocknet und schließlich geröstet.

DIE GRÖSSTEN KAFFEE-PRODUZENTEN		
Land	Säcke	Tonnen
Brasilien	36 321 172	2 179 270
Kolumbien	11 376 335	682 580
Peru	2 583 334	155 000
Ekuador	1 715 384	102 923

TIERE

Das Riesengürteltier lebt in den Wäldern und Steppen Südamerikas. Es hat von allen lebenden Tieren die längsten Krallen.

Der Riesentukan hat den größten Schnabel aller Tukane. Er hält sich in den tropischen Wäldern auf.

Lamas sind in den Anden wichtige Transporttiere.

PFLANZEN

Die stacheligen, birnenförmigen Früchte der Opuntien (einer Kakteenart) sind essbar.

Die Puyas sind riesige Pflanzen mit einem kugeligen Blattschopf, aus dem sich ein Blütenstand mit bis zu 8 000 Blüten erhebt.

Die Araukarien kommen nur in den Anden vor. Es sind Nadelbäume mit breiten, harten Blättern.

QUERSCHNITT DURCH DEN KONTINENT

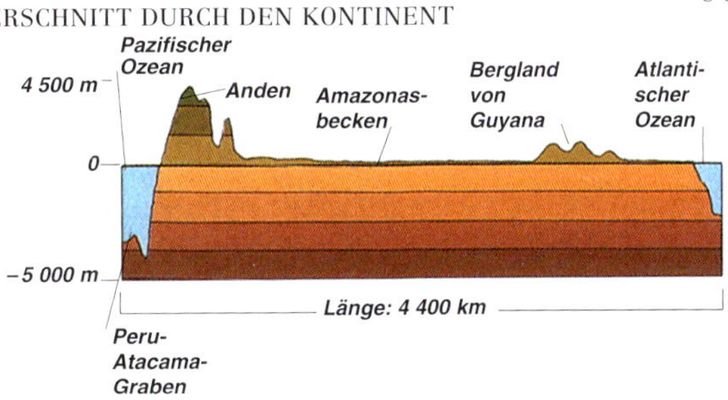

LANDSCHAFTEN

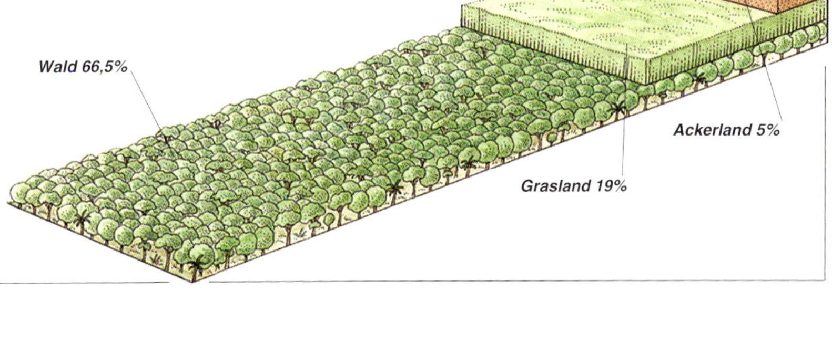

KOLUMBIEN

Kolumbien ist berühmt wegen seines Kaffees – des wichtigsten landwirtschaftlichen Produkts des Landes. Hier werden auch die wertvollsten Smaragde gefunden, etwa 90% der Weltproduktion.

Fläche: 1 141 748 km²
Regierungsform: Präsidialrepublik
Unabhängigkeit: 1819 von Spanien
Territorien: San Andrés, Providencia, San Bernado, Rosario-Insel, Fuerte- und Gorgona-Insel, Gorgonilla, Malpelo
Währung: Kolumbianischer Peso
Einwohner: 44,9 Mio.
Bevölkerungsdichte: 39 je km²
Amtssprache: Spanisch
Religionen: 92% römisch-katholisch, 8% andere Religionen

WETTERDATEN

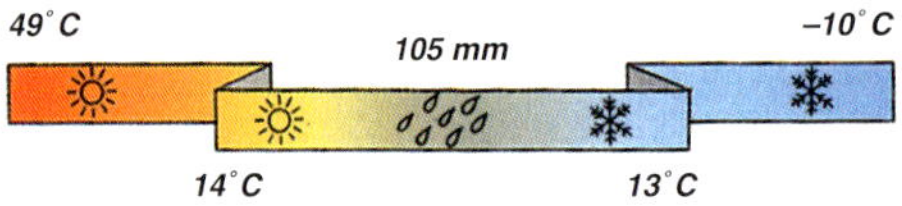

LANDSCHAFTEN
Fast die Hälfte des Landes ist von Wald bedeckt.

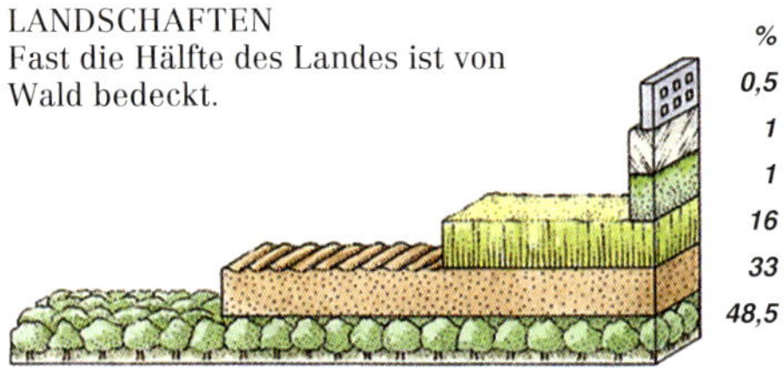

WISSENSWERTES
Aus Kolumbien kommen viele berühmte Schriftsteller. Hier wurde 1928 auch der weltbekannte Gabriel García Márquez geboren, der im Jahr 1982 den Nobelpreis für Literatur erhielt.

Der Kaffee aus Kolumbien wird wegen seiner Qualität in der ganzen Welt geschätzt. Das Land gehört zu den weltweit größten Kaffeeproduzenten.

96% der Kolumbianer leben auf weniger als der Hälfte der Landesfläche. Die meisten Einwohner konzentrieren sich im westlichen Teil des Landes.

10 000 Kolumbianische Pesos

ORCHIDEE
Die Orchidee ist die Staatsblume von Kolumbien.

FESTUNG SAN FELIPE/CARTAGENA
Cartagena liegt an der Nordküste von Kolumbien. Berühmt wurde die Stadt im 16. Jh., als hier die spanischen Segelschiffe anlegten, um südamerikanisches Gold nach Spanien zu verladen.

ECUADOR

Der Name Ecuador ist von »Äquator« abgeleitet, der mitten durch das Land verläuft. Die abwechslungsreiche Landschaft besteht aus niedrigen Küstenebenen, den hohen Anden und dichten Urwäldern.

Fläche: 256 370 km²
Regierungsform: Präsidialrepublik
Unabhängigkeit: 1830 von Spanien
Währung: Sucre
Einwohner: 13 Mio.
Bevölkerungsdichte: 51 je km²
Amtssprache: Spanisch
Religionen: 92% römisch-katholisch, 8% jüdisch und protestantisch

LANDSCHAFTEN
Über 90% des Landes sind bewaldet oder werden landwirtschaftlich genutzt.

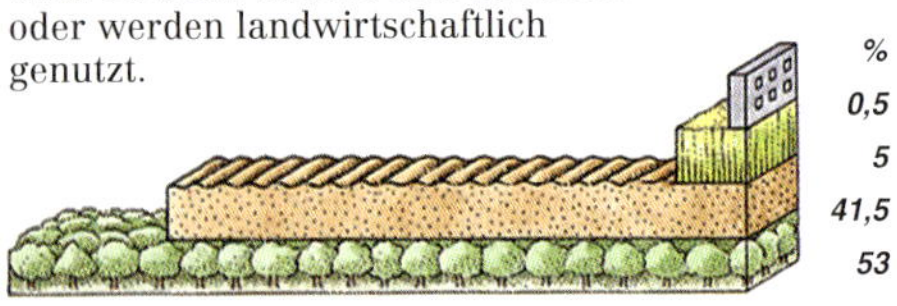

GALAPAGOS-INSELN
Die Galapagos-Inseln liegen 970 km vor der Küste Ecuadors. Dort leben Tiere, die sonst nirgendwo auf der Welt vorkommen: Riesenschildkröten und Meerechsen sind die auffälligsten Tiere, die noch dort leben.

Galapagos-Schildkröte

DIE ANDEN
Die Gebirgskette der Anden zieht sich durch sieben Länder vom Norden des Kontinents bis zur Südspitze.

VENEZUELA

Venuezuela nimmt in der Liste der Erdöl fördernden Länder den achten Rang ein. Die Erlöse aus dem Öl- und Gasgeschäft betragen 82% des Außenhandels und haben Venezuela zu einem der reichsten Länder in Südamerika gemacht.

Fläche: 912 050 km²
Regierungsform: Präsidiale Bundesrepublik
Unabhängigkeit: 1821 von Spanien
Währung: Bolívar
Einwohner: 26,1 Mio.
Bevölkerungsdichte: 29 je km²
Amtssprache: Spanisch
Religionen: 86% römisch-katholisch, 14% andere Religionen

WETTERDATEN

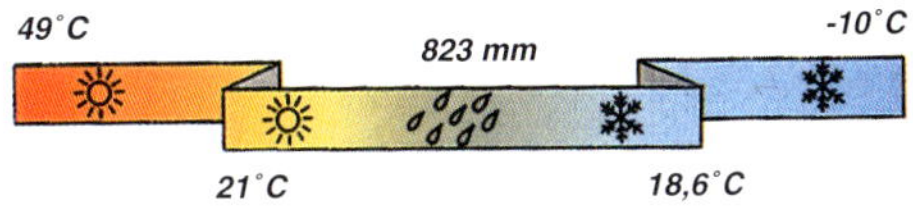

LANDSCHAFTEN
Mehr als die Hälfte des Landes ist von dichten Wäldern bedeckt.

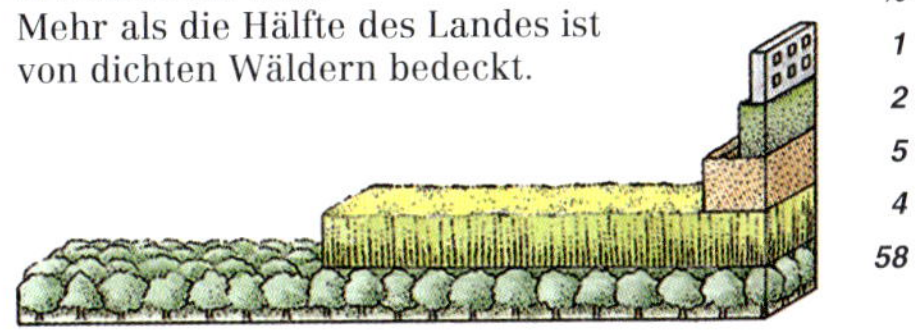

ANGELFÄLLE
Die Angelfälle im Südosten von Venezuela sind die höchsten Wasserfälle der Welt. Dort stürzt der Carrao 979 m tief herab. Seinen Namen erhielt der Wasserfall nach dem amerikanischen Pilot Jimmy Angel (gestorben 1956), der ihn 1935 entdeckte.

BOLIVIEN

Bolivien ist ein reines Binnenland ohne Verbindung zur Küste. Fast die Hälfte seiner Einwohner sind Kleinbauern. Viele von ihnen sind sehr arm und ernten gerade genug, um sich und ihre Familien zu ernähren.

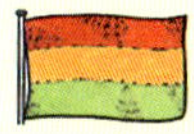

Fläche: 1 098 580 km²
Regierungsform: Präsidialrepublik
Unabhängigkeit: 1825 von Spanien
Währung: Boliviano
Einwohner: 9 Mio.
Bevölkerungsdichte: 8,2 je km²
Amtssprachen: Aimará, Quechua und Spanisch
Religionen: 81% römisch-katholisch, 19% andere Religionen

WETTERDATEN

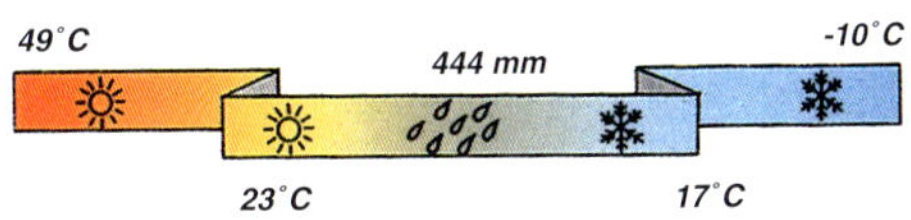

LANDSCHAFTEN
Zwei Drittel des Landes sind von dichtem Urwald bedeckt.

PERU

In Peru stehen zahlreiche großartige Ruinen von Städten und Gebäuden. Sie stammen aus der Zeit der Inkas (siehe S. 389), deren Reich im 16. Jh. durch die spanischen Eroberer vernichtet wurde.

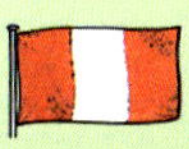

Fläche: 1 285 216 km²
Regierungsform: Präsidialrepublik
Unabhängigkeit: 1824 von Spanien
Währung: Neuer Sol
Einwohner: 27,6 Mio.
Bevölkerungsdichte: 21,1 je km²
Amtssprachen: Spanisch, Queschua
Religionen: 88% römisch-katholisch, 3% protestantisch, 9% andere Religionen

ZEICHNUNGEN VON NAZCA
Vor Tausenden von Jahren haben die Ureinwohner des Landes riesige Tierfiguren und Fantasieformen auf den Hochebenen von Südperu in den Boden gekratzt. Die Figuren können nur aus der Luft vollständig erkannt werden.

Kolibrizeichnung in Nazca

HOHE EISENBAHNLINIE
In Peru hat man eine der höchstgelegensten Eisenbahnstrecken der Welt gebaut. In einer Höhe von 4 782 m führt die von Lima kommende Staatsbahnlinie bei Morococha durch einen Tunnel.

Eine der höchstgelegensten Eisenbahnen der Welt

Andenkondor

DER ANDENKONDOR
Der Andenkondor ist der schwerste Raubvogel der Welt. Seine Flügelspannweite beträgt mehr als 3 m. Er lebt in den Hochanden und ernährt sich von Aas.

GUYANA

90% der Bevölkerung von Guyana leben auf einem nur 16 km breiten Küstenstreifen. Der Rest des Landes ist von dichten Regenwäldern bedeckt.

Fläche: 214 970 km²
Unabhängigkeit: 1966 von Großbritannien
Währung: Guyana-Dollar
Einwohner: 750 000
Bevölkerungsdichte: 3,5 je km²
Amtssprache: Englisch

SURINAME

Das Klima von Suriname ist tropisch heiß und feucht. In den Wäldern leben Jaguare, Pumas und Ozelots, dazu eine Vielzahl von Reptilien, z.B. Leguane, Klapperschlangen und Königsschlangen (Boa constrictor).

Fläche: 163 265 km²
Unabhängigkeit: 1975 von den Niederlanden
Währung: Suriname-Gulden
Einwohner: 446 000
Bevölkerungsdichte: 2,7 je km²
Amtssprache: Niederländisch

FRANZÖSISCH-GUYANA

Französisch-Guyana ist die einzige europäische Kolonie in Südamerika. Das Land gehört zu Frankreich und entsendet zwei Vertreter in das französische Parlament (Nationalversammlung).

Fläche: 83 534 km²
Währung: Euro
Einwohner: 157 000
Bevölkerungsdichte: 1,9 je km²
Amtssprache: Französisch

ARGENTINIEN

Das Innere des Landes besteht aus weitem, üppigem Grasland, das in der Landessprache »Pampa« heißt. Dort wird Getreide angebaut, und Viehherden weiden das saftige Gras. In der Pampa werden drei Viertel des Einkommens von Argentinien erwirtschaftet.

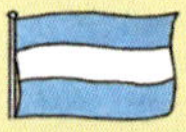

Fläche: 2 780 403 km²
Regierungsform: Präsidiale Bundesrepublik
Unabhängigkeit: 1816 von Spanien
Währung: Argentinischer Peso
Einwohner: 38,3 Mio.
Bevölkerungsdichte: 13,8 je km²
Amtssprache: Spanisch
Religionen: 95% römisch-katholisch, 2% protestantisch, 3% andere Religionen

WETTERDATEN

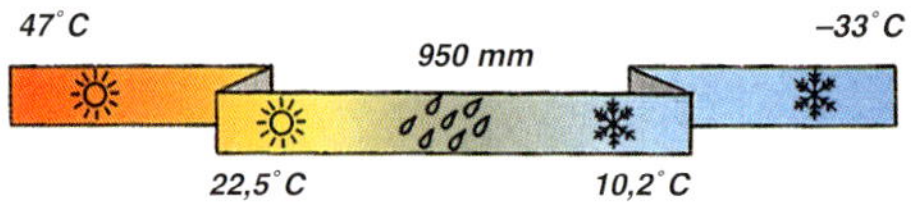

WISSENSWERTES

Der Nationalsport des Landes ist Fußball. 1978 gewann Argentinien die Fußballweltmeisterschaft im eigenen Land und 1986 noch einmal in Mexiko.

Das Nationalgetränk der Argentinier ist Maté. Dieser Tee wird aus den Blättern eines Strauches gemacht, den schon die Ureinwohner Südamerikas kannten.

Wie die Cowboys in Nordamerika hüten die Gauchos die riesigen Rinderherden des Landes. Die Gauchos haben ihre eigenen Tänze mit schneller, komplizierter Schrittfolge.

PATAGONIEN

Patagonien ist eine trockene Strauch- und Buschlandschaft und erstreckt sich im Süden Argentiniens bis zur Südspitze des Kontinents. Dort leben außergewöhnliche Tiere, wie der Pudu, die kleinste Hirschart der Welt.

Pudu

CEIBO

Der »Ceibo«, ein Baum mit roten Blüten, ist die Nationalpflanze Argentiniens.

PALACIO DEL CONGRESO

In der Hauptstadt Buenos Aires, mitten im Zentrum (»Centro« in der Landessprache), steht das prächtige Kongressgebäude oder »Palacio del Congreso«. Dort ist der Sitz der argentinischen Regierung.

WALISISCHER TEE

Vor mehr als 100 Jahren verließen walisische Siedler ihre Heimat und ließen sich in Patagonien nieder. Ihre Nachkommen pflegen noch immer alte walisische Tradition. Sie essen Haferbrei (»Porridge«) zum Frühstück, trinken Tee und singen walisische Volkslieder.

CHILE

Nach langer Diktatur kehrte Chile 1989 zur Demokratie zurück: In diesem Jahr hielt man nach 20 Jahren die ersten demokratischen Wahlen ab.

Fläche: 756 096 km²
Regierungsform: Präsidialrepublik
Unabhängigkeit: 1818 von Spanien
Währung: Chilenischer Peso
Einwohner: 16,1 Mio.
Bevölkerungsdichte: 21,3 je km²
Amtssprache: Spanisch
Religionen: 72% römisch-katholisch, 13% protestantisch, 15% andere Religionen

WETTERDATEN

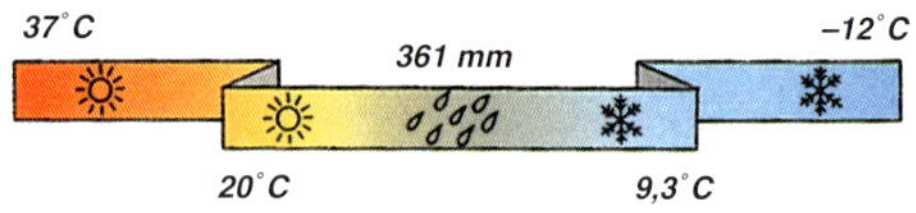

WISSENSWERTES

Im Winter ist in Chile Skilaufen sehr beliebt. In Chile wurde auch der ehemalige Weltrekord im Skischnelllauf aufgestellt: 171 km/h.

In Chile wird mehr Kupfer erzeugt als in jedem anderen Land der Welt.

Die chilenische Bevölkerung verfügt über eine gute Schulbildung. 93% der Bevölkerung können lesen und schreiben.

In Chile wird der beste Wein Südamerikas erzeugt. Aus den Trauben wird auch ein Schnaps gebrannt, der »Pisco«.

PARAGUAY

90% der Einwohner sind Mestizen, Abkömmlinge der Spanier und der einheimischen Guarani-Indianer. Etwa die Hälfte der Arbeitskräfte ist in der Landwirtschaft beschäftigt.

Fläche: 406 752 km²
Unabhängigkeit: 1811 von Spanien
Währung: Guarani
Einwohner: 6 Mio.
Bevölkerungsdichte: 14,8 je km²
Amtssprache: Spanisch, Guarani

URUGUAY

Fast die Hälfte aller Einwohner lebt in der Hauptstadt Montevideo. Die Stadt bezieht ihren elektrischen Strom vor allem aus Wasserkraftwerken an Staudämmen.

Fläche: 176 215 km²
Unabhängigkeit: 1825 von Spanien
Währung: Uruguayischer Peso
Einwohner: 3,4 Mio.
Bevölkerungsdichte: 19,5 je km²
Amtssprache: Spanisch

BRASILIEN

Brasilien nimmt fast die Hälfte der Fläche Südamerikas ein und ist das fünftgrößte Land der Erde. Das Land erzeugt 85% der Welternte an Orangensaft und ist der größte Kaffeeproduzent. Rund 70% seiner Einwohner sind unter 30 Jahre alt.

Fläche: 8 547 404 km²
Regierungsform: Präsidiale Bundesrepublik
Unabhängigkeit: 1822 von Portugal
Währung: Real
Einwohner: 183,9 Mio.
Bevölkerungsdichte: 21,5 je km²
Amtssprache: Portugiesisch
Religionen: 74% römisch-katholisch, 15% protestantisch, 11% andere Religionen

WETTERDATEN

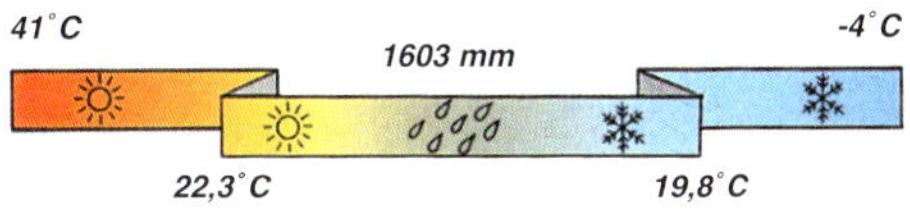

LANDSCHAFTEN
60% des Landes sind von tropischem Regenwald bedeckt.

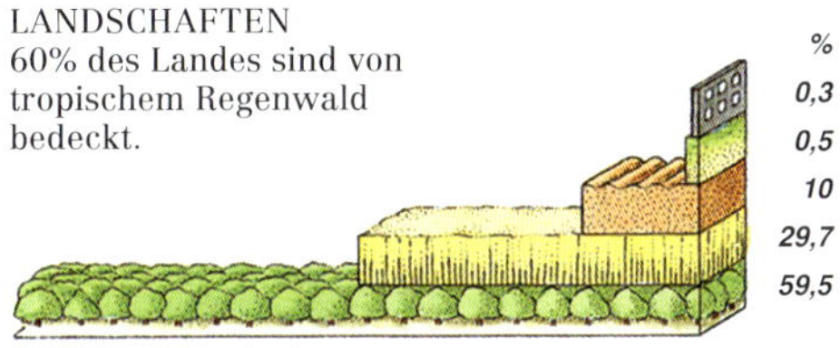

WISSENSWERTES
Von den rund 11,5 Mio. Einwohnern der Stadt Rio de Janeiro leben ca. 30% in Elendsvierteln, den so genannten »Favelas«.

Fußball ist die wichtigste Sportart des Landes. Im Land gibt es mehr als 20 000 Fußballvereine. Der berühmteste Fußballer des Landes, Pélé, ist in der ganzen Welt bekannt.

Seit 1960 ist Brasília die Hauptstadt des Landes. Die Stadt wurde auf einer Hochebene im Landesinnern völlig neu geplant und sollte die Entwicklung der Region anregen. Die moderne Kathedrale in der Hauptstadt gehört zu den wichtigsten Sehenswürdigkeiten des Landes.

1 000 Cruzeiros (Die aktuelle Währung ist der Real; abgebildet ist die ehemalige Währung.)

SPRACHE
Ein typischer Gruß auf Portugiesisch lautet: »Bom dia«.

KAFFEEAUSFUHR	
Bestimmungsland	Zahl der Kaffeesäcke (60 kg)
USA	3 744 946
Italien	1 944 648
Deutschland	1 451 188
Japan	1 415 307
Belgien, Luxemburg	680 349

WISSENSWERTES
Der Äquator verläuft mitten durch den Regenwald des Amazonasgebietes. In diesem feuchtheißen Klima wächst der größte tropische Regenwald der Erde. Er ist rund 12-mal größer als Frankreich.

Durch den Amazonas und seine Nebenflüsse fließen 20% des gesamten Süßwassers der Erde. Jede Stunde entlässt der wasserreichste Strom der Erde 773 Mrd. Liter in den Atlantischen Ozean.

DIE WICHTIGSTEN VOLKSSTÄMME IM REGENWALD	
Name des Stammes bzw. Gebietes	Geschätzte Zahl
Tikuna	25 000
Yanomami	7 500
Guajajara	7 000
Xavante	5 000
Sateré Maué	4 700

Die Yanomami leben in Hütten aus Lianen und Laub in den Wäldern Nordbrasiliens und Südvenezuelas.

CHRISTUS DER ERLÖSER
Diese Statue steht auf dem über 700 m hohen Corcovado oberhalb von Rio de Janeiro. Sie wurde von dem französischen Bildhauer Paul Landowsky entworfen und im Jahr 1931 fertig gestellt.

KARNEVAL IN RIO
Der Karneval in Rio de Janeiro ist der größte und prächtigste der Welt. Er findet jedes Jahr vor der Fastenzeit statt. Sein besonderer Höhepunkt ist der Umzug der Sambaschulen, deren Mitglieder fantasievolle Kostüme tragen.

WISSENSWERTES
Im Regenwald leben 250 Säugetierarten, 1 800 Vogelarten und mehr als 10 000 Arten von Bäumen.

Kolibris schlagen 55-mal in der Sekunde mit ihren Flügeln – während der Balzflüge sogar bis zu 200-mal. Sie können im Flug auf der Stelle stehen bleiben und sogar rückwärts fliegen.

Das Zweizehenfaultier ist das langsamste Tier der Welt. Für eine Strecke von 1,6 km braucht es 6,5 Stunden. An jedem Tag verschläft es 21,5 Stunden.

Die Anakonda ist die längste und schwerste Schlange der Erde. Sie wiegt bis zu 230 kg und wird bis zu 8,50 m lang.

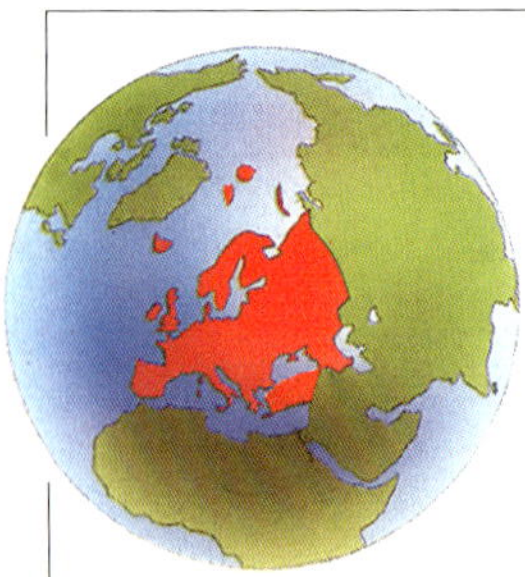

EUROPA

Europa ist der zweitkleinste Kontinent der Erde – eigentlich nur ein Anhängsel an Asien. In landwirtschaftlicher und klimatischer Hinsicht gibt es innerhalb Europas große Unterschiede. Rund um das Mittelmeer liegen Länder mit trockenem, warmem Sommerklima, im hohen Norden dauert der Winter monatelang.

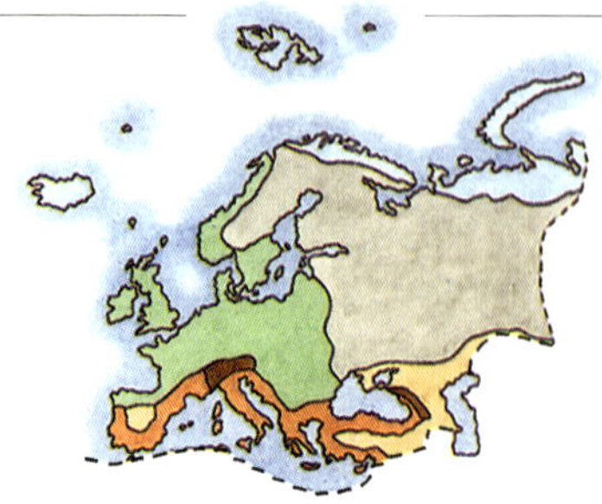

Fläche: 10 531 000 km², einschl. der europäischen Teile der Russischen Föderation und der Türkei

Länder: 49

Größtes Land: Russland 17 075 200 km²; europäischer Teil von Russland 3 955 818 km²

Kleinstes Land: Vatikanstadt: 0,44 km²

Einwohner: 810,6 Mio.

Bevölkerungsdichte: 76,9 je km²

Wichtige Sprachen: Englisch, Französisch, Deutsch, Italienisch, Russisch

Höchste Berge: Elbrus, Kaukasus (Russland), 5 642 m, Montblanc, Frankreich, 4807 m

Tiefster Punkt: Kaspisches Meer 28 m unter dem Meeresspiegel

Höchste Temperatur: 50 °C Sevilla, Spanien

Tiefste Temperatur: –55 °C Ust'Schugor, Russland

ZEITZONEN

KLIMAZONEN

- Mischwald
- Mittelmeerklima
- Trockenes Grasland (Steppe)
- Polargebiete und Tundra
- Taiga
- Gebirge

LÄNDER UND HAUPTSTÄDTE

Land	Hauptstadt	Land	Hauptstadt
Albanien	Tirana	Moldawien	Kischinau
Andorra	Andorra la Vella	Monaco	Monaco
Armenien	Jerewan	Montenegro	Podgorica
Aserbaidschan	Baku	Niederlande	Amsterdam
Belgien	Brüssel	Norwegen	Oslo
Bosnien-Herzegowina	Sarajevo	Österreich	Wien
Bulgarien	Sofia	Polen	Warschau
Deutschland	Berlin	Portugal	Lissabon
Dänemark	Kopenhagen	Rumänien	Bukarest
Estland	Tallinn	Russland	Moskau
Finnland	Helsinki	San Marino	San Marino
Frankreich	Paris	Schweden	Stockholm
Georgien	Tiflis	Schweiz	Bern
Griechenland	Athen	Serbien	Belgrad
Großbritannien	London	Slowakei	Bratislava
Irland	Dublin	Slowenien	Ljubljana
Island	Reykjavik	Spanien	Madrid
Italien	Rom	Tschechien	Prag
Kroatien	Zagreb	Türkei	Ankara
Lettland	Riga	Ukraine	Kiew
Liechtenstein	Vaduz	Ungarn	Budapest
Litauen	Vilnius	Vatikanstadt	Vatikanstadt
Luxemburg	Luxemburg	Weißrussland	Minsk
Malta	Valetta	Zypern	Nikosia
Mazedonien	Skopje		

DIE LÄNGSTEN FLÜSSE

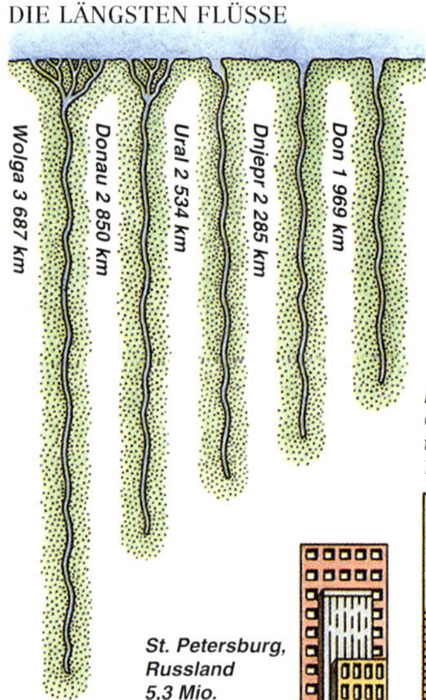

DIE BEKANNTESTEN STÄDTE

Viele europäische Städte sind bei Touristen aus aller Welt beliebt. Die meisten Besucher kommen in folgende Städte (nach der Zahl der Touristen): London, Paris, Rom, Wien und Madrid.

DIE GRÖSSTEN STÄDTE (mit Umland)

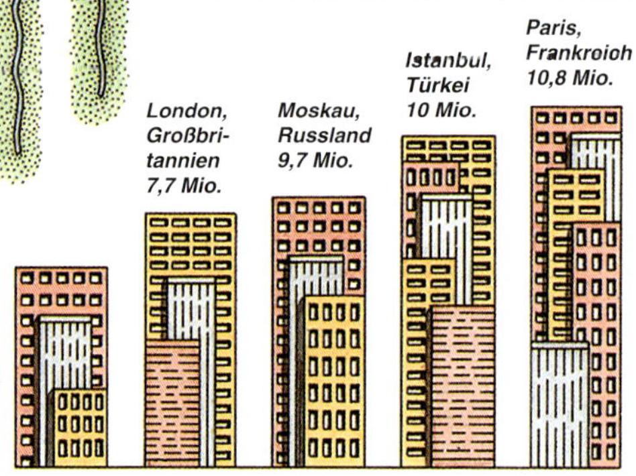

ALTERSVERTEILUNG

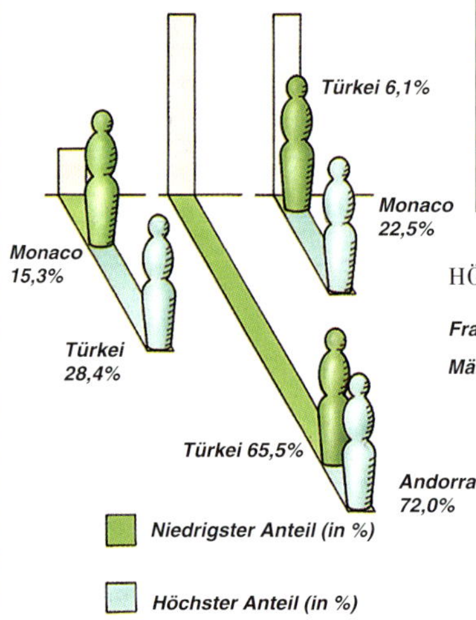

DIE WENIGSTEN ÄRZTE	
Albanien	1 auf 763 Menschen
Bosnien-Herzegowina	1 auf 746 Menschen
Türkei	1 auf 740 Menschen
Rumänien	1 auf 526 Menschen
Irland	1 auf 358 Menschen

(Port

HÖCHSTE LEBENSERWARTUNG

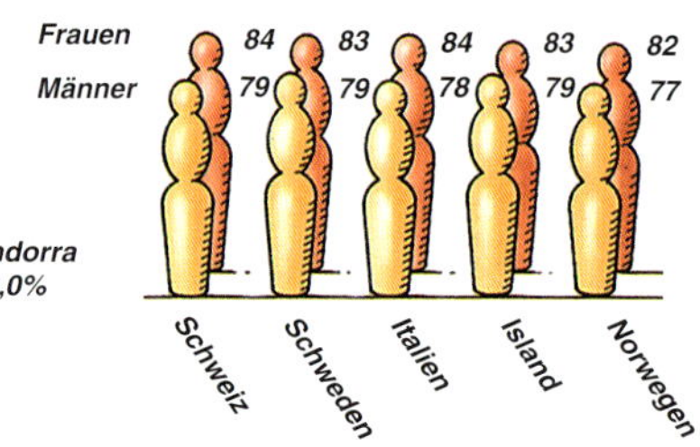

WISSENSWERTES

An der Ostseeküste von Litauen wird der meiste Bernstein der Welt gefunden. Bernstein ist ein fossiles Harz längst abgestorbener Bäume, in dem manchmal Tiere oder Pflanzenteile eingeschlossen sind. Bernstein wird zu Schmuck verarbeitet.

In Frankreich gelten Schnecken und Frösche als Delikatesse. Jährlich werden 25 000 t Schnecken, vor allem Weinbergschnecken, verzehrt.

Deutschland ist der größte Hersteller chemischer Produkte in Europa.

Die Chemikalien werden für Farben, Kosmetika und Arzneimittel gebraucht.

Die Vatikanstadt ist der einzige Staat der Welt mit Latein als offizieller Amtssprache (neben dem Italienischen).

Der Laerdaltunnel in Norwegen ist mit 24,5 km Länge der längste Straßentunnel der Welt.

In Estland steht die größte europäische Baumwollfabrik.

TIERE

Der Dachs hat kräftige Vorderbeine mit langen Krallen. Damit gräbt er sich einen unterirdischen Bau von bis zu 20 m Länge.

Ein Igel trägt bis zu 5 000 Stacheln auf seinem Rücken. Bei Gefahr rollt er sich zusammen. Igel ziehen sich in der kalten Jahreszeit zum Winterschlaf zurück.

QUERSCHNITT

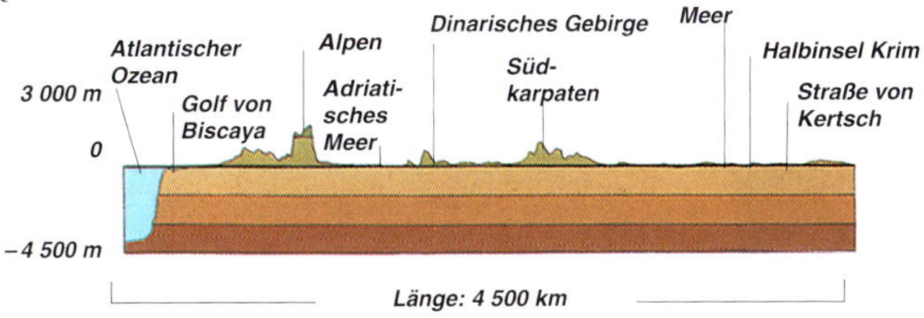

LANDSCHAFTEN

Der überwiegende Teil Europas ist von Wäldern bedeckt oder wird landwirtschaftlich genutzt.

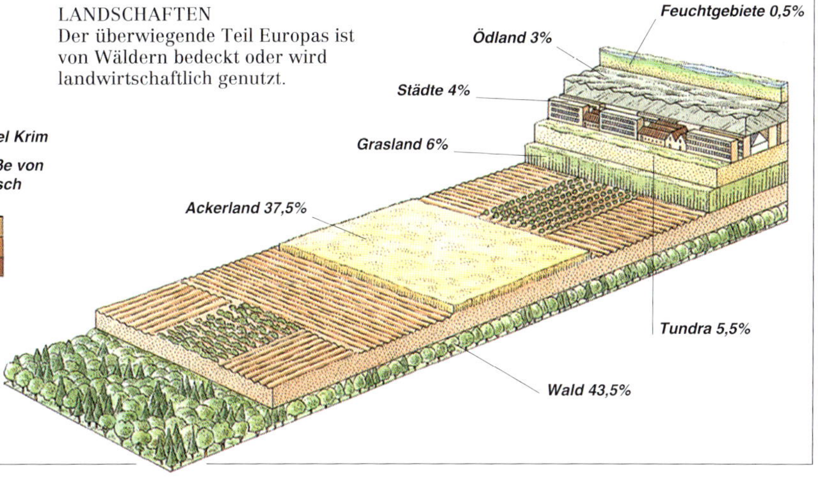

GROSSBRITANNIEN

Das Vereinigte Königreich von Großbritannien besteht aus England, Wales, Schottland und Nordirland. London, die Hauptstadt des Landes, hat über 7 Mio. Einwohner und ist das politische und finanzielle Zentrum des Landes.

SPRACHE
Ein typischer Gruß auf Englisch lautet: »Hello!«.

Fläche: 242 910 km²

Regierungsform: Parlamentarische Monarchie

Vereinigung: 1707 zwischen England/Wales und Schottland; 1801 zwischen Großbritannien und Irland

Territorien: Anguilla, Ascension, Bermudas, Britisches Territorium der Antarktis, Britisches Territorium im Indischen Ozean, Britische Jungferninseln, Cayman-Inseln, Falklandinseln, Gibraltar, Montserrat, Pitcairn, St. Helena und angeschlossene Inseln, Südgeorgien und Süd-Sandwich-Inseln, Turks- und Caicosinseln

Währung: Britisches Pfund

Einwohner: 60,2 Mio.

Bevölkerungsdichte: 246,5 je km²

Amtssprache: Englisch

Religionen: 56,9% anglikanisch, 15% sonstige protestantische Kirchen, 13,1% katholisch, 2,8% muslimisch, 12,2% andere Religionen

WETTERDATEN

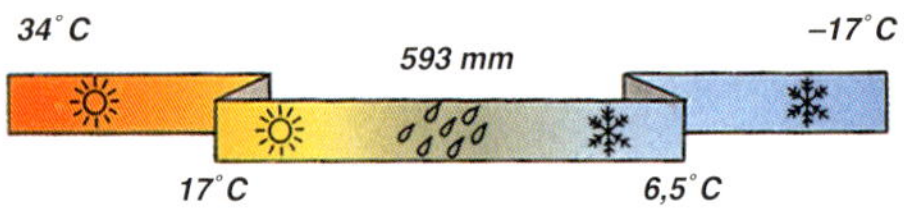

LANDSCHAFTEN
Fast drei Viertel des Landes werden landwirtschaftlich genutzt.

SCHOTTENSTOFFE
Jeder schottische Clan hat einen eigenen Stoff mit typischem Karomuster. Aus diesen Stoffen wird der Schottenrock oder Kilt hergestellt. Es gibt mehr als 2 000 verschiedene Muster.

STONEHENGE
Dieses größte prähistorische Steindenkmal Europas liegt im Süden Englands und wurde etwa im Jahr 1600 v.Chr. fertig gestellt.

10 britische Pfund

SYMBOLE
England: Rose;
Wales: Lauch;
Schottland: Distel;
Irland: Irischer Klee

WISSENSWERTES
Man kennt rund 25 000 verschiedene Namen für die bekannten englischen Kneipen, die Pubs, in denen sich Engländer auf ein Bier treffen. Der häufigste Name ist »The Red Lion« (Zum Roten Löwen).

Jedes Jahr im August findet in Wales das »Eistedfodd-Festival« statt. Seine Anfänge gehen bis auf das Jahr 1176 zurück. Der Sieger im Sängerwettstreit der Dichter gewann einen »chair«, d.h. einen Sitz am Hof des Königs.

PARLAMENTSGEBÄUDE
Das Parlamentsgebäude, die »Houses of Parliament«, ist der Sitz der britischen Regierung. Im berühmten Turm schlägt die Glocke »Big Ben«.

REPUBLIK IRLAND

Irland wird von seiner Landwirtschaft geprägt. In dem feuchten, milden Klima gedeihen Wiesen besonders üppig – eine gute Voraussetzung für die zahlreichen Bauernhöfe mit Milchkühen. Viele Touristen kommen vor allem, um in den fischreichen Flüssen und Seen zu angeln.

Fläche: 70 273 km²

Regierungsform: Parlamentarische Republik

Unabhängigkeit: 1921 Irischer Freistaat mit 26 Grafschaften

Währung: Euro

Einwohner: 4,1 Mio.

Bevölkerungsdichte: 57,9 je km²

Amtssprache: Gälisch, Englisch

Religionen: 88,4% römisch-katholisch, 3% anglikanisch, 8,6% andere Religionen

WETTERDATEN

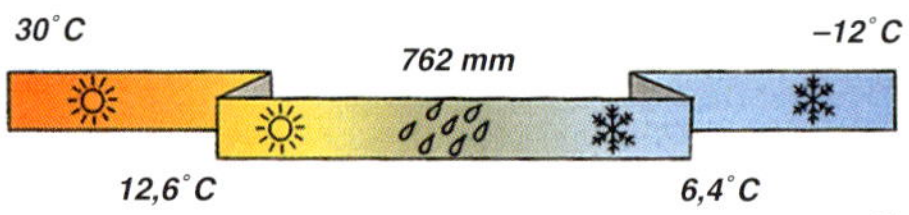

LANDSCHAFTEN
Irland wird fast vollständig landwirtschaftlich genutzt.

DAS »BOOK OF KELLS«
Die abgebildete Seite stammt aus dem »Book of Kells«. Es wurde im 8.Jh. mit der Hand geschrieben und gemalt und enthält die vier Evangelien. Man kann es in der Bibliothek des Trinity College in Dublin besichtigen. Jeden Tag wird eine andere Seite aufgeschlagen.

SPANIEN

Spanien ist das drittgrößte Land Europas und gehört gleichzeitig zu den Ländern mit den meisten Gebirgen. Seine Hauptstadt Madrid liegt 640 m über dem Meer und ist damit Europas höchstgelegene Großstadt. Das warme Klima und die herrlichen Strände locken jedes Jahr ca. 55 Mio. Touristen ins Land.

Fläche: 504 782 km²

Regierungsform: Parlamentarische Monarchie

Unabhängigkeit: 1469 wurde das Land geeint und in den folgenden Jahren die Mauren vertrieben

Territorien: Kanarische Inseln, Balearen, Ceuta, Melilla, Chafarinasinseln, Peñón de Vélez de la Gomera, Alhucemas

Währung: Euro

Einwohner: 42,7 Mio.

Bevölkerungsdichte: 84,6 je km²

Amtssprache: Spanisch und regional Katalanisch, Galizisch und Baskisch

Religionen: 94% römisch-katholisch, 6% andere Religionen

WETTERDATEN

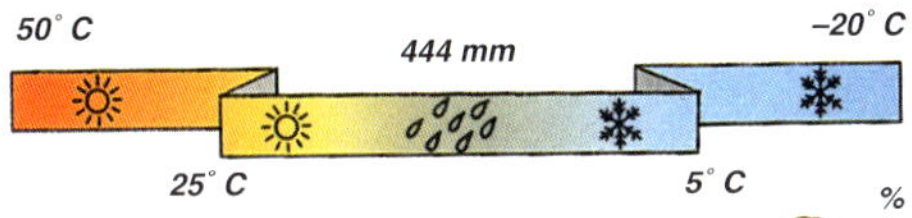

LANDSCHAFTEN
Fast die Hälfte des Landes wird landwirtschaftlich genutzt.

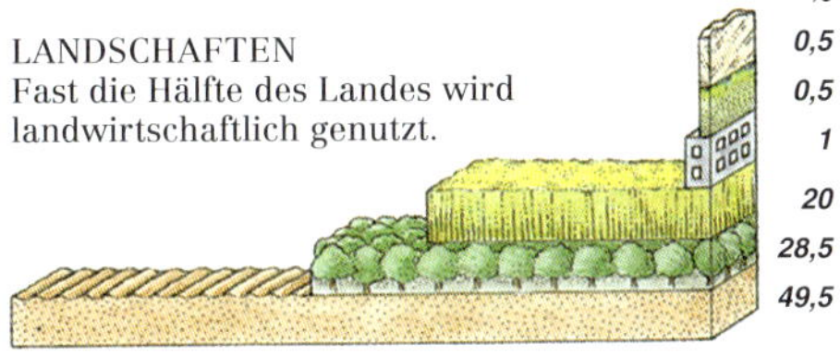

WISSENSWERTES
Spanien ist mit ca. 35 Mio. hl/Jahr der drittgrößte Weinproduzent der Welt. Zu seinen berühmtesten Weinen gehört der alkoholreiche Sherry, der erstmals in der Stadt Jerez hergestellt wurde.

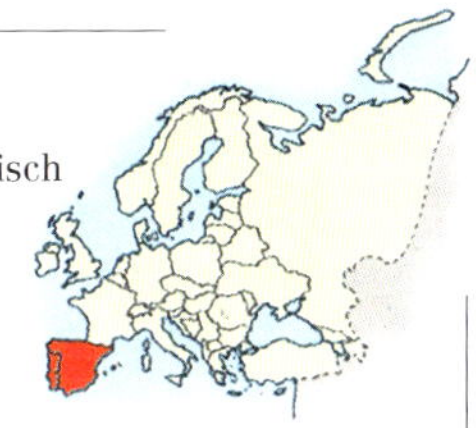

SPRACHE
Ein typischer Gruß auf Spanisch lautet: »Buenos días!«.

NATIONALBLUME
Eine rote Nelke ist die Staatsblume Spaniens.

OLIVEN
Spanien erzeugt weltweit die meisten Oliven und Olivenprodukte. Jedes Jahr werden so viel Oliven geerntet, dass auf jeden Einwohner der Welt 70 Stück kämen.

ALHAMBRA
Dieser herrliche Palast hoch über der Stadt Granada wurde im 13./14. Jh. von den muslimischen Mauren erbaut. Sie beherrschten das Land vom 8. bis zum 15. Jh. Die Festung ist gleichzeitig einer der bedeutendsten islamischen Profanbauten. Der Name »Al Hambra« bedeutet »Rote Burg«.

PORTUGAL

Im 16. Jh. war Portugal neben Spanien die bedeutendste europäische Macht. Portugiesische Seeleute und Entdecker befuhren alle Weltmeere und gründeten zahlreiche Kolonien. Noch heute ist deshalb Portugiesisch die achthäufigste Sprache der Welt.

SPRACHE
Ein typischer Gruß auf Portugiesisch lautet: »Bom dia!«.

Fläche: 92 345 km²

Regierungsform: Parlamentarische Republik

Unabhängigkeit: 1910 Ausrufung der Republik

Territorien: Azoren, Madeira, Macao (bis 1999 unter portugiesischer Verwaltung)

Währung: Euro

Einwohner: 10,5 Mio.

Bevölkerungsdichte: 113,7 je km²

Amtssprache: Portugiesisch

Religionen: 88% römisch-katholisch, 1% protestantisch, 11% andere Religionen

Ein junger Hahn ist das nationale Symbol von Portugal.

WETTERDATEN

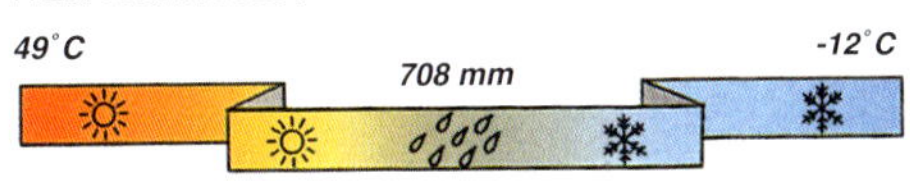

LANDSCHAFTEN
Zwei Drittel des Landes sind von Wald bedeckt oder werden landwirtschaftlich genutzt.

KORK
Kork wird aus der Borke der Korkeiche hergestellt.

Aus Portugal stammt mehr als die Hälfte der Weltproduktion von Kork (ca. 100 000 t jährlich). Das wichtigste Produkt, das aus Kork hergestellt wird, sind Flaschenkorken.

ANDORRA

Andorra ist der viertkleinste Staat in Europa. Hoch in den Pyrenäen gelegen, wird dieses nicht souveräne Fürstentum von je einem Vertreter Frankreichs und Spaniens regiert. Auswärtige Angelegenheiten werden von Frankreich wahrgenommen.

Fläche: 468 km²

Regierungsform: Parlamentarisches Fürstentum, gemeinsam von Spanien und Frankreich regiert

Unabhängigkeit: 1278 als Staat gegründet

Währung: Euro

Einwohner: 71 800

Bevölkerungsdichte: 141 je km²

Amtssprache: Katalanisch

NIEDERLANDE

Im 16. und 17. Jh. stiegen die Niederlande zu einer bedeutenden Seemacht auf. In vielen Kontinenten wurden Handelsniederlassungen und Kolonien gegründet, die dem Land großen Reichtum einbrachten. Noch heute ist Rotterdam der größte Hafen der Welt.

Fläche: 41 526 km²

Regierungsform: Parlamentarische Monarchie

Territorien: Aruba, Niederländische Antillen

Währung: Euro

Bevölkerung: 16,3 Mio.

Bevölkerungsdichte: 392,1 je km²

Amtssprache: Niederländisch

Religionen: 30% römisch-katholisch, 20% protestantisch, 5,7% muslimisch, 44,3% andere Religionen und ohne Religion

WISSENSWERTES

Ohne die schützenden Dünen und Deiche würde die Nordsee bei Flut etwa die Hälfte der Niederlande überspülen.

Fast 20% des Landes sind Wasserflächen. Früher dienten Windmühlen dazu, das Wasser abzupumpen, heute sind die Pumpen elektrisch.

LANDSCHAFTEN

Die Niederlande werden intensiv landwirtschaftlich genutzt.

WISSENSWERTES

In den Niederlanden fahren 14 der rund 15 Mio. Einwohner ab und zu mit dem Fahrrad. Damit hat das Land die größte Fahrraddichte der Welt.

Frieren die Kanäle im Winter zu, fahren viele Niederländer mit ihren Schlittschuhen über das Eis. Solche »Tocht« genannten Touren zwischen einzelnen Orten werden im Radio und Fernsehen angekündigt.

Etwa die Hälfte der in den Niederlanden erzeugten Milch wird zu Käse verarbeitet (ca. 560 000 t). Die Niederlande sind der größte Käseexporteur der Welt.

TULPEN

Die Niederlande sind der größte Exporteur von Blumen und Blumenzwiebeln in der Welt. Im Frühling ziehen die blühenden Tulpenfelder mit ihren prächtigen Farben viele Touristen an.

WETTERDATEN

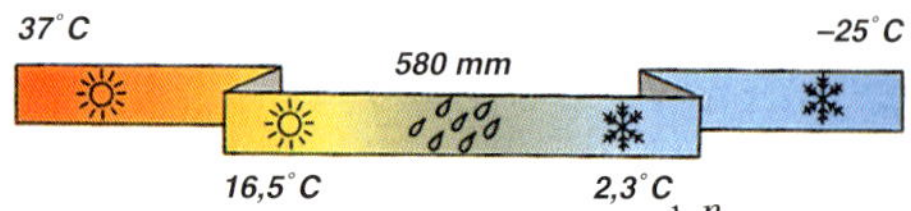

BELGIEN

In Belgien leben zwei Sprachgruppen: die französisch sprechenden Wallonen im Süden und im Norden die Flamen, die einen niederländischen Dialekt sprechen. Die Hauptstadt Brüssel ist Verwaltungssitz der Europäischen Union.

Fläche: 32 545 km²

Regierungsform: Parlamentarische Monarchie

Unabhängigkeit: 1830 von den Niederlanden

Währung: Euro

Einwohner: 10,4 Mio.

Bevölkerungsdichte: 320,2 je km²

Amtssprachen: Französisch, Niederländisch und regional Deutsch

Religionen: 76% römisch-katholisch, 3,4% muslimisch, 0,5% protestantisch, 0,3% jüdisch, 19,8% andere Religionen und ohne Religion

DAS ATOMIUM

Zur Weltausstellung in Brüssel wurde 1958 das »Atomium« erbaut. Seine Stahl- und Aluminiumkonstruktion ist dem Aufbau eines Eisenatoms nachempfunden. Heute enthält es eine Ausstellung über die Geschichte der Medizin.

WETTERDATEN

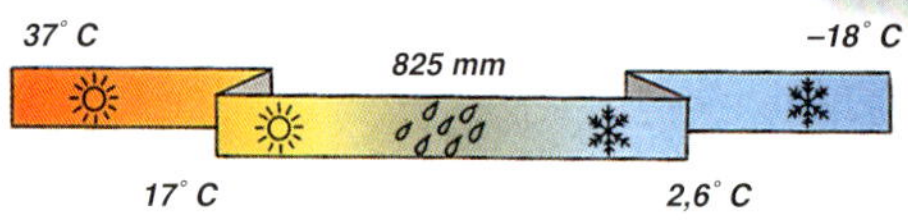

LANDSCHAFTEN

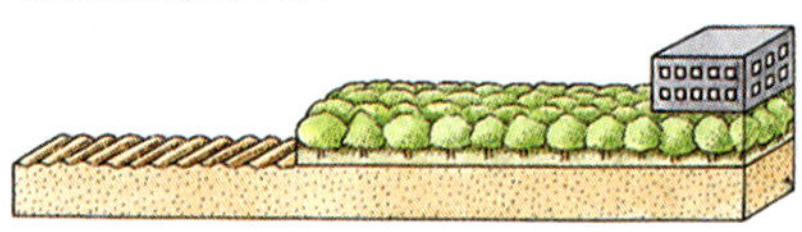

WISSENSWERTES

Belgien ist der drittgrößte Schokoladenhersteller der Welt.

Die Belgier geben sehr viel Geld für gutes Essen und Trinken aus. Allein in Brüssel gibt es 25 Restaurants mit einem der begehrten Michelin-Sterne (eine Auszeichnung für hervorragende Köche) – doppelt so viele wie in London, obwohl dort achtmal mehr Menschen leben.

Brügge ist eine Hochburg der Spitzenherstellung. Spitzen von höchster Qualität werden hier schon seit Jahrhunderten hergestellt.

Belgien hat das dichteste Eisenbahnnetz der Welt. Die Gesamtlänge einschließlich der Privatbahnen beträgt 13 521 km. Davon sind 2927 km elektrifiziert.

LUXEMBURG

Luxemburg ist ein Großherzogtum. Der Großherzog ist gleichzeitig Oberhaupt des Staates. Die Hauptstadt Luxemburg ist ein wichtiges Finanz- und Bankzentrum.

Fläche: 2 586 km²

Regierungsform: Parlamentarische Monarchie

Unabhängigkeit: 1890 Ende der Personalunion mit dem Niederländischen Königshaus

Währung: Euro

Einwohner: 453 000

Bevölkerungsdichte: 175,1 je km²

Amtssprache: Französisch, Deutsch und Letzebuergisch

Religionen 86% römisch-katholisch, 1% protestantisch, 13% andere Religionen

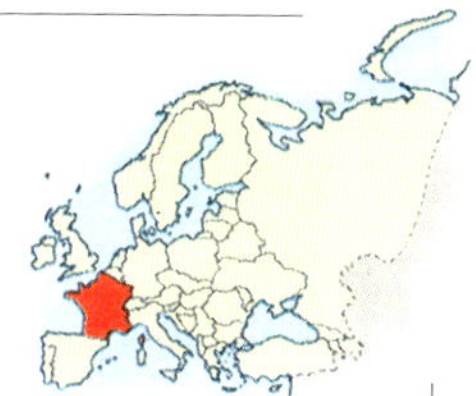

FRANKREICH

Frankreich ist das größte Land in der Europäischen Union und deren wichtigstes Agrarland. Fast zwei Drittel des Landes werden landwirtschaftlich genutzt, und 5% der Franzosen sind in der Landwirtschaft beschäftigt.

Fläche: 543 965 km²

Regierungsform: Parlamentarische Republik

1792: Ausrufung der 1. Republik

Territorien: Korsika, Französisch-Guyana, Guadeloupe, Martinique, Réunion, Mayotte, St. Pierre und Miquelon, Bassas da India, Clipperton-Insel, Europa-Insel, Französisch-Polynesien, französische Süd- und Antarktisgebiete, Juan-de-Nova-Insel, Neukaledonien, Glorioso-Inseln, Tromelin, Wallis, Futuna

Währung: Euro

Einwohner: 60,4 Mio.

Bevölkerungsdichte: 111 je km²

Amtssprache: Französisch

Religionen: 74% römisch-katholisch, 8,3% muslimisch, 17,7% protestantisch und andere Religionen

WETTERDATEN

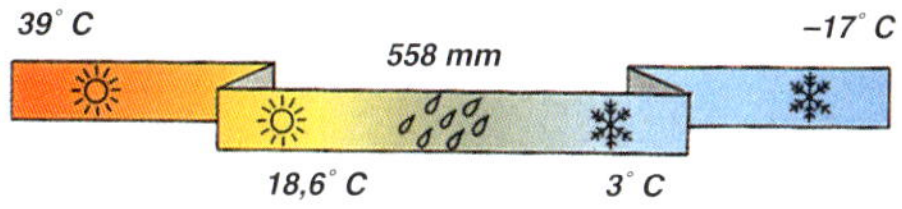

LANDSCHAFTEN

Die größte Fläche des Landes wird von landwirtschaftlicher Nutzfläche und ausgedehnten Wäldern eingenommen.

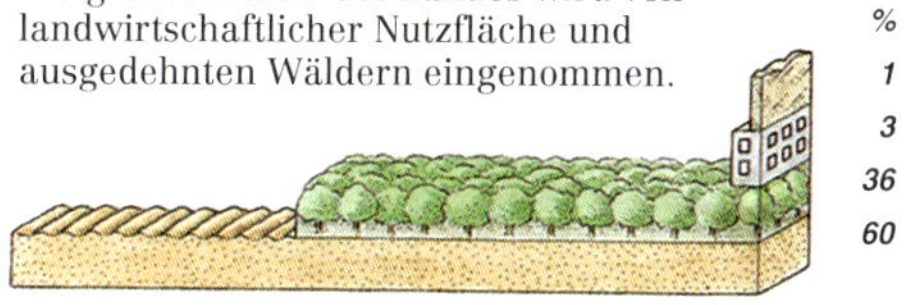

WISSENSWERTES

Frankreich ist weltweit der zweitgrößte Hersteller von Käse und Quark. Die Anzahl der Käsesorten reicht aus, um an jedem Tag des Jahres eine andere Käsesorte zu probieren.

Radrennen sind in Frankreich außerordentlich beliebt. Die »Tour de France« ist das längste Radrennen der Welt. Der Streckenverlauf geht über bis zu 4000 km und wird jedes Jahr neu festgelegt. Zum ersten Mal fand die »Tour de France« im Jahr 1903 statt.

DER SCHNELLSTE ZUG

Frankreichs TGV hält den Geschwindigkeitsrekord für Eisenbahnen. 2007 wurde eine Geschwindigkeit von 574,8 km/h gemessen. Auf der schnellsten Streckenverbindung zwischen Paris und Mâcon erreicht der Zug eine Durchschnittsgeschwindigkeit von 217 km/h.

SPRACHE

Ein typischer Gruß auf Französisch lautet: »Bonjour!«.

KULTURSTADT PARIS

In Paris gibt es bedeutende Bauwerke aus den verschiedensten Epochen zu besichtigen, von der weltberühmten Kirche Notre-Dame oder dem Triumphbogen bis hin zu ultramodernen Stahl-Glas-Konstruktionen, wie dem Centre Pompidou.

DER LOUVRE

Das Museum des Louvre hat mit über 300.000 Exponaten die umfangreichste Kunstsammlung der Welt. Neben vielen anderen Gemälden hängt dort die weltberühmte »Mona Lisa«. Die Glaspyramide über dem Eingang wurde 1989 erbaut.

DAS CENTRE POMPIDOU

Im Centre Pompidou ist die Französische Staatssammlung für Moderne Kunst ausgestellt. Es ist das meistbesuchte öffentliche Gebäude in Frankreich. Das Museum öffnete im Jahr 1977.

EIFFELTURM

Dieser berühmte, 300,5 m (mit Antenne 320 m) hohe Turm aus Stahl wurde 1889 für die Pariser Weltausstellung erbaut und ist seitdem das Wahrzeichen von Paris. Sein Konstrukteur war der Ingenieur A. G. Eiffel (1832–1923).

WEINKELLER

Frankreich ist vor Italien der größte Weinproduzent der Welt. Die Weinernte des Jahres 2005 betrug 54,5 Mio. hl: Damit könnte man eine Riesenflasche füllen, die höher wäre als die amerikanische Freiheitsstatue.

MONACO

Das Fürstentum Monaco am Mittelmeer ist das am dichtesten besiedelte Land Europas. Sein Orchester ist größer als die Armee des Landes.

Fläche: 1,95 km²

Regierungsform: Parlamentarische Monarchie

Unabhängigkeit: seit 1861 als Staat unter dem Protektorat Frankreichs

Währung: Euro

Einwohner: 33 000

Bevölkerungsdichte: 16 923 je km²

Amtssprache: Französisch

Religionen: 91% römisch-katholisch, 6% protestantisch, 3% andere Religionen

DEUTSCHLAND

Deutschland spielt eine wichtige Rolle in der europäischen Wirtschaft und Politik. Am 3. Oktober 1990, 41 Jahre nach der Teilung, schlossen sich die 15 Bezirke der ehemaligen Deutschen Demokratischen Republik als fünf neue Bundesländer der Bundesrepublik an.

Fläche: 357 030 km²

Regierungsform: Parlamentarische Bundesrepublik

Wiedervereinigung: 3. Oktober 1990

Währung: Euro

Einwohner: 82,5 Mio.

Bevölkerungsdichte: 231,1 je km²

Amtssprache: Deutsch

Religionen: 31,7% römisch-katholisch, 31,3% protestantisch, 4% muslimisch, 33% andere Religionen und ohne Religion

WETTERDATEN

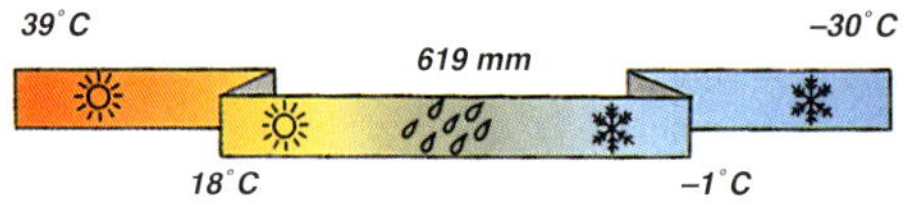

LANDSCHAFTEN

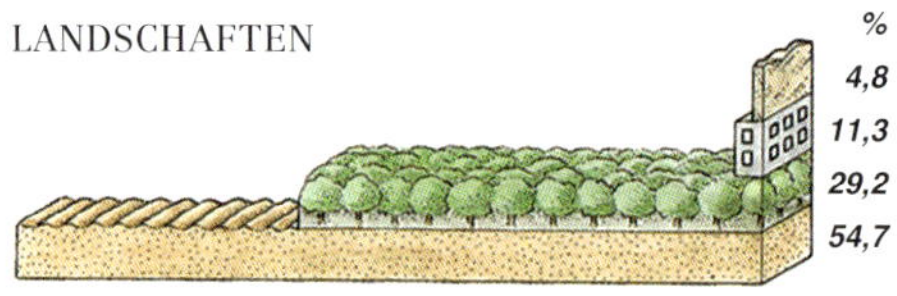

BRANDENBURGER TOR

Durch den Bau der Mauer 1961 wurde das Brandenburger Tor vom Westen Berlins getrennt. Es wurde zum Symbol für die Teilung Deutschlands. Erstmals am 22. Dezember 1989 konnte es wieder durchschritten werden.

SPRACHE

In Deutschland gibt es verschiedene Dialekte. Für Guten Tag sagt man im Süden »Grüß Gott«, im Norden dagegen »Moin Moin«.

WISSENSWERTES

Die deutsche Fußballnationalmannschaft hat dreimal den Weltmeistertitei errungen: 1954 in Bern, 1974 in München und 1990 in Rom.

Jedes Jahr machen 40 Mio. Deutsche Urlaub im Ausland. Das entspricht rund 50% der Bevölkerung.

Nach Japan und den USA ist die Bundesrepublik Deutschland der drittgrößte Autohersteller der Welt. 2003 wurden 5,5 Mio. Autos hergestellt und 3,9 Mio. davon exportiert.

Weltberühmt ist das deutsche Bier, das nach den Regeln der weltweit ältesten Lebensmittelverordnung, dem »Reinheitsgebot«, gebraut wird.

In Deutschland gibt es über 300 Brotsorten – mehr als in jedem anderen Land der Erde.

MESSEN UND FESTE

Die Frankfurter Buchmesse findet jedes Jahr im Oktober statt und zieht Verlage und Buchhändler aus aller Welt an. 2006 besuchten 286 000 Besucher die 7272 Aussteller.

Das sicher bekannteste deutsche Fest ist das Oktoberfest in München. Es findet seit 1811 statt und wird von Touristen aus der ganzen Welt besucht. Jährlich trinken die Besucher an die 5 Mio. l Bier.

Jedes Jahr im Frühling findet die Hannovermesse statt. Aussteller aus 50 Ländern zeigen dort die neuesten Erfindungen und Geräte aus Technik und Industrie.

Karneval wird in fast allen Städten des Rheinlandes gefeiert, besonders intensiv von Donnerstag (»Weiberfastnacht«) bis zum Aschermittwoch vor Beginn der Fastenzeit. Die großen Rosenmontagsumzüge, z.B. von Köln oder Mainz, werden von Millionen von Menschen auch am Fernsehschirm verfolgt.

MÄRCHENSCHLOSS

Schloss Neuschwanstein ist eines der prachtvollsten romantischen Schlösser der ganzen Welt. Es wurde von dem bayerischen König Ludwig II. (1845–1886) erbaut. Er starb jedoch, ehe der Bau vollendet war. Für seinen Thron aus Gold und Elfenbein ließ er einen zweistöckigen Thronsaal errichten.

Bestand an Kraftfahrzeugen	
Pkw und Kombi	46,6 Mio.
Motorräder	3,9 Mio.
Lkw	2,6 Mio.
Traktoren	2 Mio.
Omnibusse	0,1 Mio.
Sonstige	0,3 Mio.

BAYREUTH

Jedes Jahr finden in der bayerischen Stadt Bayreuth Festspiele zu Ehren des Komponisten Richard Wagner (1813–1883) statt. Seine Opern werden in dem eigens dafür erbauten Festspielhaus aufgeführt.

Wagners Oper »Lohengrin«

SCHWEIZ

Nur ein Viertel der Schweiz ist bewohnbar. Der Rest des Landes besteht aus Bergen, Gletschern und Wäldern. In jeder Minute werden 20 bis 30 m² des Landes zugebaut.

Fläche: 41 285 km²
Regierungsform: Parlamentarische Bundesrepublik
Unabhängigkeit: 1648 vom Heiligen Römischen Reich Deutscher Nation
Währung: Schweizer Franken
Einwohner: 7,4 Mio.
Bevölkerungsdichte: 178,8 je km²
Amtssprachen: Deutsch, Französisch, Italienisch, z. T. Rätoromanisch
Religionen: 41,8% römisch-katholisch, 35,3% protestantisch, 4,3% muslimisch, 0,2% jüdisch, 18,4% andere Religionen und ohne Religion

WETTERDATEN

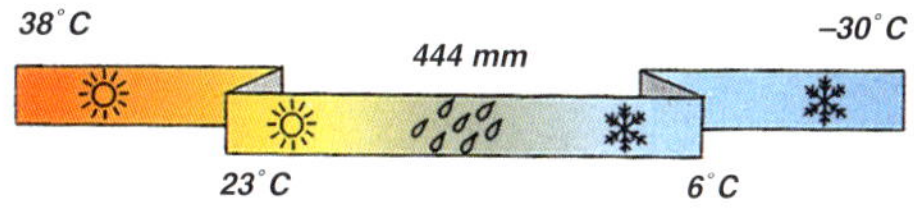

LANDSCHAFTEN

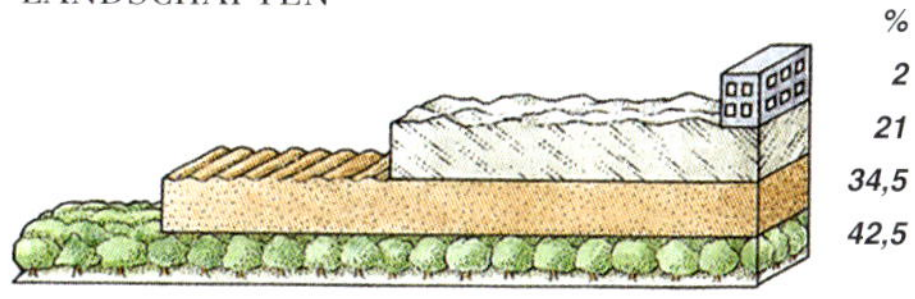

WISSENSWERTES
Die Schweiz ist bekannt für ihre Banken, die Kunden und Investoren aus der ganzen Welt anziehen. Auf 1600 Schweizer kommt eine Bank.

Das bekannteste Exportgut der Schweiz sind Uhren. Im Uhrmacherzentrum Neuchâtel wurden sowohl die Quarzuhr als auch die Atomuhr erfunden.

Um die Überschüsse aus der Milchproduktion verwerten zu können, erfanden die Schweizer zwei wichtige neue Produkte: das Milchpulver als Babynahrung und die Kondensmilch. Weitere Produkte aus der Milchindustrie sind Schweizer Käse und Schokolade.

50 Schweizer Franken

SPRACHE
Ein typischer Gruß der Westschweiz lautet »Bonjour«, in der Nordschweiz begrüßt man sich mit »Grüezi« und im Süden mit »Buon giorno«.

SCHOKOLADENVERZEHR IN EUROPA		
Land	Verzehr pro Person (kg)	Süßwarenverzehr pro Person (in kg)
Schweiz	3,0	10,2
Deutschland	4,3	10,1
Belgien	4,8	10,1

JET D'EAU
Mitten im Genfer Hafen spritzt ein großer Springbrunnen, der Jet d'Eau, eine 140 m hohe Wasserfontäne in die Luft.

ÖSTERREICH

Die sehenswerten Städte und die schöne Gebirgslandschaft – 40% des Landes liegen höher als 1 000 m – locken jedes Jahr rund 19 Mio. Touristen an.

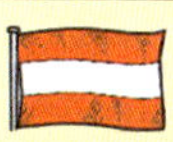

Fläche: 83 871 km²
Regierungsform: Parlamentarische Bundesrepublik
Unabhängigkeit: 1918 zur Republik erklärt
Währung: Euro
Einwohner: 8,1 Mio.
Bevölkerungsdichte: 96,7 je km²
Amtssprache: Deutsch
Religionen: 73,6% römisch-katholisch, 4,7% evangelisch, 4,2% muslimisch, 17,5% andere Religionen und ohne Religion

SPRACHE
Man grüßt sich mit »Grüß Gott«. Ein typischer Gruß unter Freunden lautet: »Servus!«.

WETTERDATEN

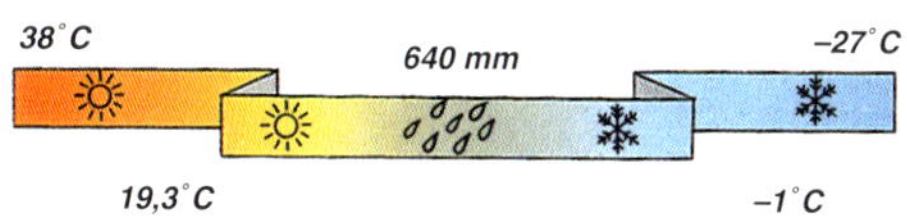

LANDSCHAFTEN
Fast zwei Drittel des Landes werden landwirtschaftlich genutzt.

WISSENSWERTES
Aus Österreich stammen viele berühmte Komponisten, z.B. Mozart (1756–1791), Haydn (1732–1809), Schubert (1797–1828) und Johann Strauß (1825–1899), der den berühmten Wiener Walzer »An der schönen blauen Donau« komponierte.

STEPHANSDOM
Der Stephansdom, eine mehr als 600 Jahre alte Kirche, ist mit seinem bunten Dach das Wahrzeichen Wiens.

LIECHTENSTEIN

Dieses winzige Land wird von einem Fürsten regiert. Es ist berühmt für die fürstliche Kunstsammlung und seine Briefmarken. Es gehört neben der Schweiz und Luxemburg zu den wichtigsten Finanzplätzen Europas.

Fläche: 160 km²
Regierungsform: Parlamentarische Monarchie
Unabhängigkeit: 1866 vom Deutschen Reich
Währung: Schweizer Franken
Einwohner: 34 000
Bevölkerungsdichte: 212,5 je km²
Amtssprache: Deutsch

ITALIEN

Italien ist ein wichtiges Industrieland. Die meisten Fabriken und das fruchtbare Ackerland liegen im Norden. Im gebirgigen, wärmeren Süden des Landes bauen die Bauern vorwiegend Olivenbäume, Wein und Tomaten an. Zu Italien gehören auch die beiden großen Inseln Sizilien und Sardinien.

Fläche: 301 336 km²
Regierungsform: Parlamentarische Republik
Republik: seit 1948
Währung: Euro
Einwohner: 58,9 Mio.
Bevölkerungsdichte: 191,2 je km²
Amtssprache: Italienisch
Religionen: ca. 90% römisch-katholisch, 0,3% protestantisch, 0,1% jüdisch, Rest ohne Religion

WETTERDATEN

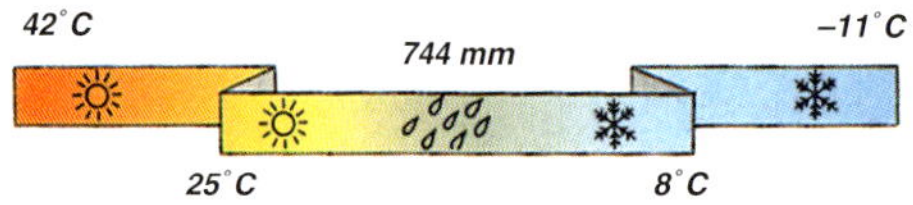

LANDSCHAFTEN
Mehr als zwei Drittel Italiens werden landwirtschaftlich genutzt.

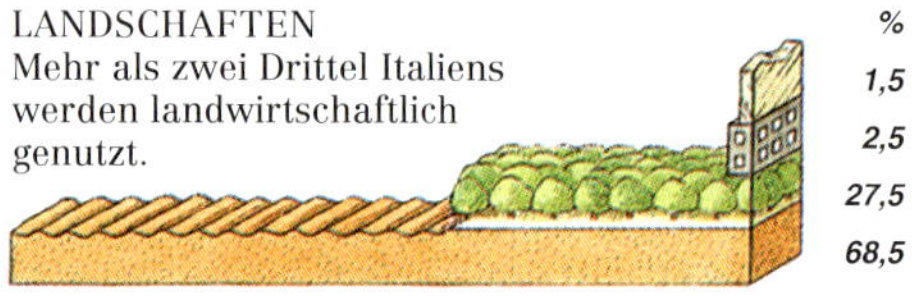

WISSENSWERTES
In Siena findet zweimal jährlich ein Pferderennen statt, der Palio. Sieger ist, wer auf seinem sattellosen Pferd als Erster den Marktplatz der Stadt umrundet hat. Er bekommt den »Palio«, ein seidenes Banner.

Venedig ist die größte Touristenattraktion des Landes. Jedes Jahr kommen mehr als 7,5 Mio. Besucher in diese Stadt mit ihren 118 Inseln, 177 Kanälen und 400 Brücken.

SPRACHE
Ein typischer Gruß auf Italienisch lautet: »Buon giorno!«.

GRÖSSTE TOURISTENATTRAKTIONEN	
Ort	Besucher
Kolosseum, Rom	2 712 938
Ausgrabungen von Pompeji	2 167 470
Pantheon, Rom	1 679 900
Castello di Miramare, Triest	1 677 808
Uffizien, Florenz	1 489 024
Galleria dell'Academia in Florenz	1 172 858

SCHON GEWUSST?
Es gibt in Italien mehr als 600 verschiedene Nudelformen.

Jedes Jahr werden in Italien mehr als 4 Mio. t Tomaten geerntet. Ein großer Teil davon wird zu Tomatensoße für die Nudelgerichte verarbeitet.

Den besten Mozzarellakäse stellt man aus der Milch von Wasserbüffelkühen her. In vielen Teilen Italiens bereitet man ihn täglich frisch.

VATIKANSTADT
Die Vatikanstadt in Rom ist der kleinste selbstständige Staat der Welt. Hier ist der Sitz des Papstes, der Versammlungsort der Kardinäle, und von hier aus werden die Geschicke der katholischen Kirche geleitet.

Das Amt des Papstes geht auf den hl. Petrus zurück. Die ersten Päpste waren Bischöfe von Rom, seit dem 8. Jh. gibt es den Kirchenstaat.

Der Petersdom ist die größte und wichtigste Kirche der Christen. Die Grundsteinlegung erfolgte 1506; erst 120 Jahre später wurde der Bau vollendet.

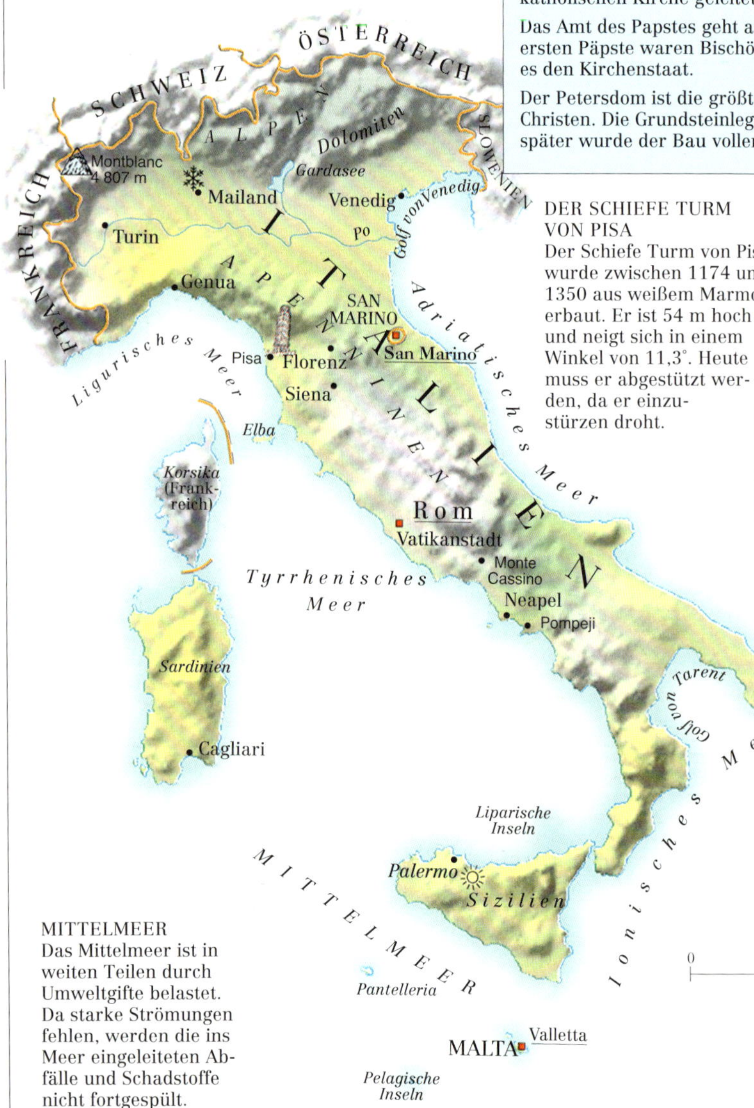

MITTELMEER
Das Mittelmeer ist in weiten Teilen durch Umweltgifte belastet. Da starke Strömungen fehlen, werden die ins Meer eingeleiteten Abfälle und Schadstoffe nicht fortgespült.

DER SCHIEFE TURM VON PISA
Der Schiefe Turm von Pisa wurde zwischen 1174 und 1350 aus weißem Marmor erbaut. Er ist 54 m hoch und neigt sich in einem Winkel von 11,3°. Heute muss er abgestützt werden, da er einzustürzen droht.

SAN MARINO

Die winzige Republik San Marino liegt im Gebirge Mittelitaliens. Die wichtigste Einnahmequelle (60% des Einkommens) ist der Tourismus.

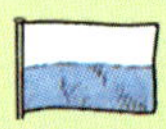

Fläche: 61,2 km²
Unabhängigkeit: seit 885 ununterbrochen
Währung: Euro
Einwohner: 28 000
Bevölkerungsdichte: 457,5 je km²
Amtssprache: Italienisch

MALTA

Der Inselstaat Malta liegt im Mittelmeer. Das Klima ist warm und mild, es gibt aber keine Flüsse und zu wenig Regen, um Nutzpflanzen anzubauen.

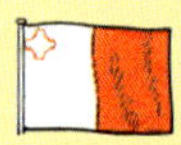

Fläche: 315,6 km²
Unabhängigkeit: 1964 von Großbritannien
Währung: Maltesische Lira
Einwohner: 401 000
Bevölkerungsdichte: 1270,6 je km²
Amtssprache: Englisch, Maltesisch

FINNLAND

In Finnland gibt es rund 55 000 Seen und ausgedehnte Wälder mit Kiefern und Fichten. Holz, das überwiegend zu Papier und Möbeln verarbeitet wird, macht einen großen Teil des Reichtums von Finnland aus. Im Norden des Landes leben die Samen (Lappen).

Fläche: 338 144 km²
Regierungsform: Parlamentarische Republik
Unabhängigkeit: 1917 von der Sowjetunion
Territorien: Åland-Inseln
Währung: Euro
Einwohner: 5,2 Mio.
Bevölkerungsdichte: 15,5 je km²
Amtssprachen: Finnisch, Schwedisch
Religionen: 85,1% lutheranisch, 1,1% finnisch-orthodox, 0,7% römisch-katholisch, 13,1% andere Religionen

WETTERDATEN

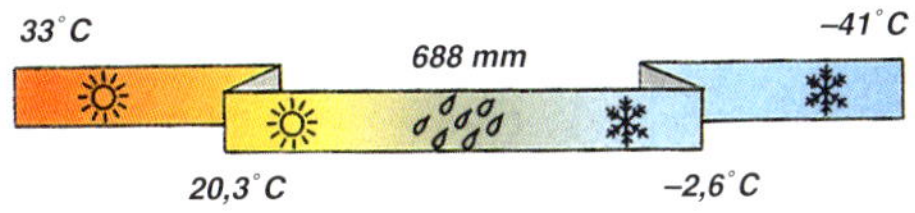

SPRACHE
Ein typischer Gruß auf Finnisch lautet: »Hyvää päivää!«.

LANDSCHAFTEN
80% der Landesfläche sind von Wald bedeckt.

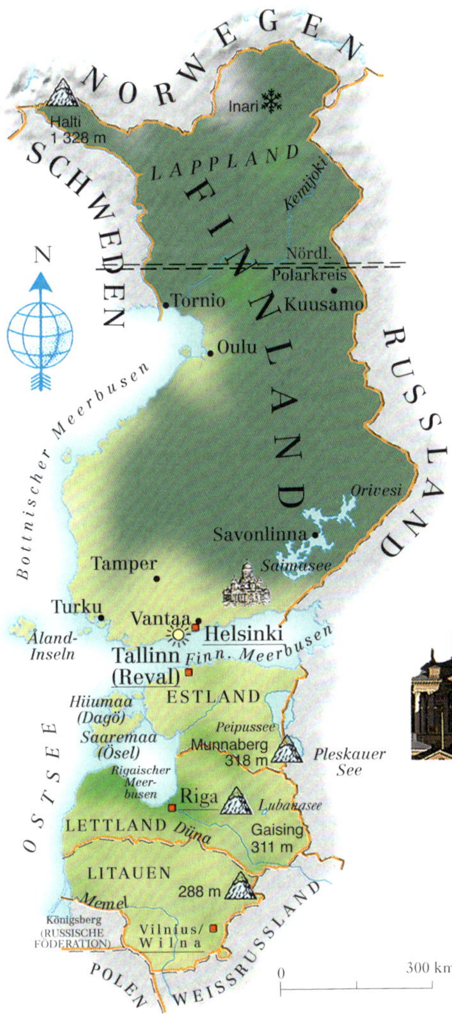

EXPORTE	
Elektrotechnik	24%
Zellstoff, Papier	16%
Maschinen	14%
Metallprodukte	12%
Chemische Produkte	8%
Fahrzeuge	4%

WISSENSWERTES
Als erstes europäisches Land führte Finnland 1906 das Frauenwahlrecht ein.

Jedes Jahr im März findet das längste Skilanglaufrennen der Welt statt. Die Strecke führt durch Südlappland querfeldein von Kuusamo an der russischen Grenze bis nach Tornio an der schwedischen Grenze.

Die erfolgreichste Kulturveranstaltung des Landes ist das Opernfestival von Savonlinna. Es wurde 1912 von dem Opernsänger Aino Ackte begründet und findet im Innenhof der mittelalterlichen Olavsburg (Olavinlinna) statt.

DOM VON HELSINKI
Der Architekt Carl Engel (1778–1840) entwarf diese sehenswerte Kirche im 19. Jh. Über einem griechischen Kreuz als Grundriss erhebt sich ein zentraler Turm mit einer Kuppel.

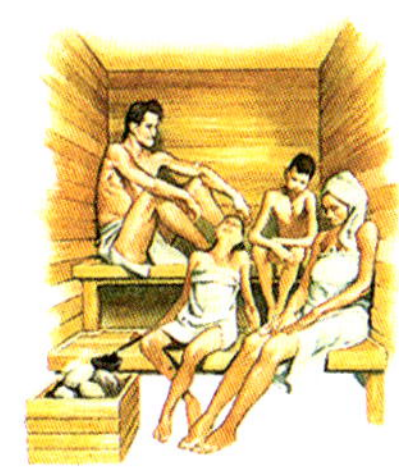

SAUNA
Der Besuch der Sauna ist ein alter finnischer Brauch, und die meisten Finnen saunieren mindestens einmal pro Woche. In Finnland stehen insgesamt 1,4 Mio. Saunen, das entspricht einer für je 3,5 Finnen.

ESTLAND

Fast ganz Estland besteht aus flachen Landschaften mit Feldern und Wäldern, Sümpfen und Seen. Zu den wichtigsten Wirtschaftszweigen gehören Maschinenbau und Elektroindustrie.

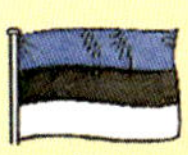

Fläche: 45 227 km²
Regierungsform: Parlamentarische Republik
Unabhängigkeit: 1991 von der Sowjetunion
Währung: Estnische Krone
Einwohner: 1,3 Mio.
Bevölkerungsdichte: 29,8 je km²
Amtssprache: Estnisch
Religionen: 34,1 % ohne Religion oder Atheisten, 13,6 % Lutheraner, 12,8 % Estnisch-Orthodoxe, Minderheiten von anderen christlichen Glaubensgemeinschaften, Muslimen, Juden, Rest ohne Angaben

MENSCHENKETTE
Im Jahr 1989 bildeten die Esten eine Menschenkette, die von Lettland durch ihr Land bis nach Litauen reichte. Mit dieser 644 km langen Kette machten sie ihre Forderung auf Unabhängigkeit von der Sowjetunion deutlich.

LETTLAND

Lettland ist eine bunte Mischung aus bewaldeten Hügeln und weiten Ebenen. Das Land wird manchmal als »Bernsteinland« bezeichnet, weil sich an der Küste sehr viel Bernstein findet.

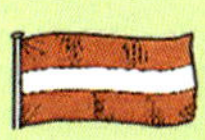

Fläche: 64 589 km²
Regierungsform: Parlamentarische Republik
Unabhängigkeit: 1991 von der Sowjetunion
Währung: Lats
Einwohner: 2,3 Mio.
Bevölkerungsdichte: 35,8 je km²
Amtssprache: Lettisch
Religionen: 55% evangelisch-lutheranisch, 24% katholisch, 9% russisch-orthodox, 12% andere Religionen und ohne Religion

LITAUEN

Der größte Teil des Landes besteht aus einer Tiefebene mit vielen, von eiszeitlichen Gletschern gebildeten Seen. Im Winter kann die Temperatur vier Monate lang unter dem Gefrierpunkt liegen.

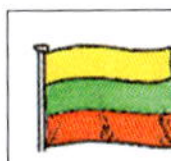

Fläche: 65 301 km²
Regierungsform: Präsidialrepublik
Unabhängigkeit: 1991 von der Sowjetunion
Währung: Litas
Einwohner: 3,4 Mio.
Bevölkerungsdichte: 52,6 je km²
Amtssprache: Litauisch
Religionen: 79% römisch-katholisch, 21% protestantisch, russisch-orthodox und andere Religionen

POLEN

Polen ist ein Industrieland und reich an Bodenschätzen, wie Kohle und Kupfer. Das Land verfügt über Textilindustrie, Eisen- und Stahlwerke und Schiffswerften. Große Teile des Landes sind flach, und ein knappes Drittel der polnischen Bevölkerung arbeitet in der Landwirtschaft.

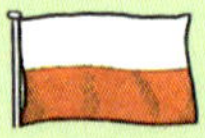

Fläche: 312 685 km²

Regierungsform: Parlamentarische Republik, Gründung des unabhängigen Polens 1918

Währung: Zloty

Einwohner: 38,2 Mio.

Bevölkerungsdichte: 122,2 je km²

Amtssprache: Polnisch

Religionen: 96% römisch-katholisch, 0,3% protestantisch, 3,7% russisch-orthodox und andere Religionen

WETTERDATEN

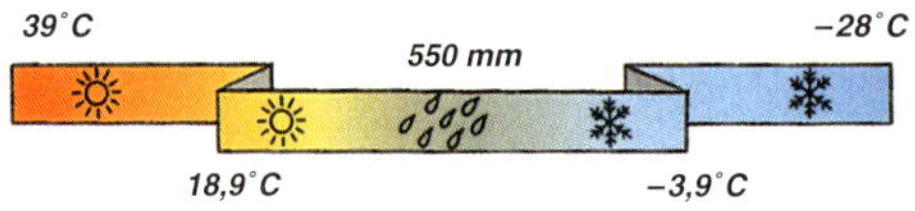

LANDSCHAFTEN

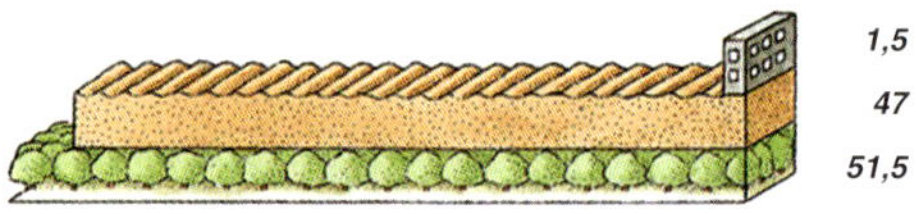

WISSENSWERTES
In Polen liegt die älteste Salzmine Europas, die noch in Betrieb ist. Die Schächte in Wielicka bei Krakau reichen bis zu Salzlagerstätten in 327 m Tiefe hinab.

In Freilichtmuseen, den »Skansens«, sind typische, alte Holzgebäude, wie Scheunen, Kirchen und Windmühlen, aufgebaut worden.

100 000 Zloty

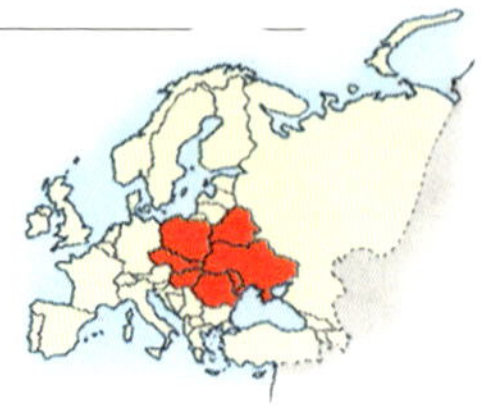

SPRACHE
Ein typischer Gruß auf Polnisch lautet: »Dzien dóbry!«.

BURG WAWEL
Über der Altstadt von Krakau erhebt sich auf einem felsigen Ufer der Weichsel der Wawel mit seiner Burg, wo über Jahrhunderte die polnischen Könige gekrönt und begraben wurden.

TRADITIONELLE POLNISCHE GERICHTE
Krupnik ist eine dicke Suppe aus Gerste oder Buchweizen. Ein kräftiges Getränk trägt denselben Namen.

Pierozki oder Piroggen sind Teigtaschen, die mit Fleisch, Pilzen, gekochtem Kohl oder Käse gefüllt werden.

Bigos ist ein nahrhafter Eintopf mit Wildschwein-, Hasen- oder anderem Wildfleisch und Wiejska (polnischen Würsten).

Piroggen

TSCHECHISCHE REPUBLIK

Das Kernland der Tschechen hieß ursprünglich Böhmen. Große Teile des Landes sind ebene Ackerflächen. Die Hauptstadt Prag ist bekannt wegen ihrer Kirchen mit goldenen Dächern. Daher trägt sie den Namen »Zlata Praha« oder »Goldenes Prag«.

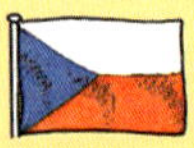

Fläche: 78 866 km²

Regierungsform: Parlamentarische Republik

Unabhängigkeit: 1993, früher Teil der Tschechoslowakei

Währung: Tschechische Krone

Einwohner: 10,2 Mio.

Bevölkerungsdichte: 129,5 je km²

Amtssprache: Tschechisch

Religionen: 39% katholisch, 40% ohne Religion, 21% protestantisch, russisch-orthodox und andere Religionen

UHR IN PRAG
Die astronomische Uhr am Rathaus von Prag wurde 1410 hergestellt. Die ineinander greifenden Scheiben zeigen die Phasen von Sonne und Mond. Seit 1572 läuft sie ununterbrochen.

SLOWAKEI

Ursprünglich gehörte die Slowakei zum Königreich Ungarn. Die Slowakei ist ein gebirgiges Land mit dichten Wäldern, das von den Karpaten überragt wird. Bratislava an der Donau, die Hauptstadt des Landes, ist das Zentrum des Außenhandels.

Fläche: 49 034 km²

Regierungsform: Parlamentarische Republik

Unabhängigkeit: 1993, früher Teil der Tschechoslowakei

Währung: Slowakische Krone

Einwohner: 5,4 Mio.

Bevölkerungsdichte: 109,8 je km²

Amtssprache: Slowakisch

Religionen: 69% katholisch, 8% protestantisch, 10% ohne Religion, 13% andere Religionen

UKRAINE

Große Teile der Ukraine bestehen aus weiter, ebener Steppenlandschaft. Die wichtigsten Anbaufrüchte sind Winterweizen, Mais, Gerste, Zuckerrüben und Kartoffeln.

Fläche: 603 700 km²
Regierungsform: Präsidialrepublik
Unabhängigkeit: 1991 von der Sowjetunion
Währung: Griwna
Einwohner: 47,5 Mio.
Bevölkerungsdichte: 78,6 je km²
Amtssprache: Ukrainisch, Russisch
Religionen: vorwiegend ukrainisch-orthodox; keine genauen Zahlen bekannt

ANBAUFRÜCHTE
(in 1000 t)

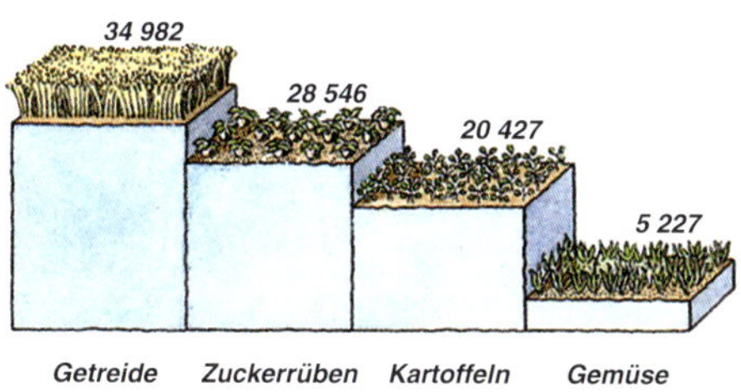

WISENT
Der Wald von Bialowieza ist der größte europäische Urwald. Dort leben noch rund 500 Wisente in Freiheit, die letzten ihrer Art. Wisente sind die größten europäischen Säugetiere, sie haben eine Schulterhöhe von bis zu 2 m.

WEISSRUSSLAND

Trotz der schlechten Böden ist die Landwirtschaft ein wichtiger Erwerbszweig in Weißrussland. In der Hauptstadt Minsk werden landwirtschaftliche Maschinen hergestellt.

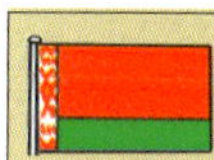

Fläche: 207 595 km²
Regierungsform: Präsidialrepublik
Unabhängigkeit: 1991 von der Sowjetunion
Währung: Belarus-Rubel
Einwohner: 9,8 Mio.
Bevölkerungsdichte: 47,3 je km²
Amtssprache: Weißrussisch, Russisch
Religionen: 60% russisch-orthodox, 8% römisch-katholisch, 30% ohne Religion, 2% andere Religionen

MOLDAWIEN

Das Klima mit seinen warmen Sommern und milden Wintern eignet sich besonders gut für den Anbau von Früchten, vor allem von Trauben. Die Einwohner von Moldawien stammen von rumänischen Volksgruppen ab.

Fläche: 33 800 km²
Regierungsform: Präsidialrepublik
Unabhängigkeit: 1991 von der Sowjetunion
Währung: Moldau-Leu
Einwohner: 4,2 Mio.
Bevölkerungsdichte: 124,8 je km²
Amtssprache: Moldawisch
Religionen: 98,5% russisch-orthodox, 1,5% jüdisch

RUMÄNIEN

Etwa ein Viertel des Landes ist von Wald bedeckt, und Holz ist eine wichtige Einnahmequelle. Die Donau dient als Transportweg. In Wasserkraftwerken wird elektrischer Strom erzeugt.

Fläche: 238 391 km²
Regierungsform: Präsidialrepublik
Unabhängigkeit 1878 vom Osmanischen Reich (Türkei)
Währung: Leu
Einwohner: 21,6 Mio.
Bevölkerungsdichte: 91 je km²
Amtssprache: Rumänisch
Religionen: 87% rumänisch-orthodox, 5% römisch-katholisch, 3,2% Anhänger der Reformierten Kirche, 4,8% andere Religionen

Handgeschnitztes Holzkreuz aus Rumänien

WISSENSWERTES
In Rumänien leben noch immer rund 400 000 Roma. Wahrscheinlich stammen die Roma von indischen Völkern ab, die im 5. Jh. über den Nahen Osten ins Land kamen.

Transsilvanien, das bedeutet »jenseits des Waldes«, ist eine Landschaft Rumäniens, in der traditionelle Musik und Volkskunst gepflegt werden. Dieses Wegekreuz zeigt die Schnitzkunst in höchster Vollendung.

In Ungarn werden Sonnenblumen angebaut und das Öl aus den Samen zu Speiseöl verarbeitet. Die Sonnenblumen folgen mit ihren Blütenständen dem Gang der Sonne.

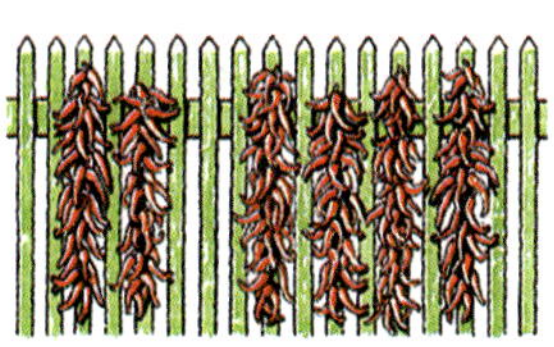

In Ungarn gedeiht die aus Südamerika stammende Paprikapflanze besonders gut. Ungarischer Rosenpaprika schmeckt süßlich scharf und ist das typische Gewürz des ungarischen Gulasch (Gulyas). Das Gewürz wird aus den Paprikaschoten hergestellt.

UNGARN

Auf den fruchtbaren Böden bauen die ungarischen Bauern Weizen, Zuckerrüben und Tabak an. Die Hauptstadt Budapest wuchs aus den zwei Städten Buda und Pest zusammen, die beiderseits der Donau liegen.

Fläche: 93 030 km²
Regierungsform: Parlamentarische Republik
Unabhängigkeit: 1918 nach dem Zusammenbruch der Österreichisch-Ungarischen Monarchie
Währung: Forint
Einwohner: 10,1 Mio.
Bevölkerungsdichte: 108,6 je km²
Amtssprache: Ungarisch
Religionen: 52% römisch-katholisch, 16% calvinistisch, 3% lutheranisch, 2,6% ungarisch-orthodox, 26,4% andere Religionen oder konfessionslos

Das Gellert-Bad in Budapest

Ungarn ist berühmt wegen seiner Heilquellen. Allein in Budapest gibt es 120 heiße Quellen. Jeden Tag steigen 70 Mio. l heißes Wasser an die Oberfläche.

Die Donau entspringt in Deutschland und fließt durch acht Länder bis zum Schwarzen Meer. Je nach der Landessprache hat sie einen anderen Namen: Danuj, Duna, Dunav, Dunarea und Dunay.

BULGARIEN

Bulgarien ist ein Land mit hohen Bergen und mehr als 600 natürlichen Quellen. In den fruchtbaren Ebenen gedeihen überall Weinstöcke – Weintrauben und Wein sind wichtige Exportgüter.

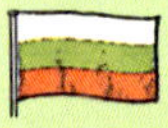

Fläche: 110 994 km²

Regierungsform: Parlamentarische Republik

Republik: seit 1990

Währung: Lew

Einwohner: 7,8 Mio.

Bevölkerungsdichte: 70,3 je km²

Amtssprache: Bulgarisch

Religionen: 85% bulgarisch-orthodox, 13,1% muslimisch, 1% katholisch, Rest andere Religionen und ohne Religion

WETTERDATEN

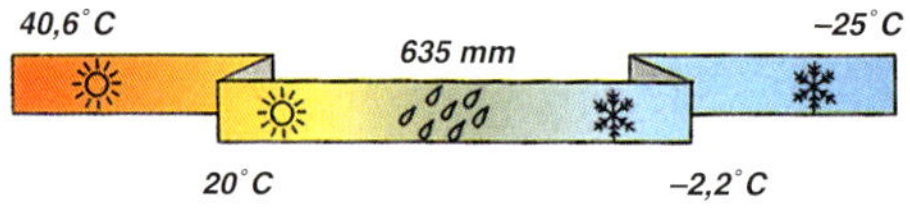

WISSENSWERTES

Echtes Rosenöl gehört zu den teuersten Zutaten für die Herstellung von Parfüm. Bulgarien ist einer der größten Lieferanten von Rosenöl. In Kazanlak hat man den größten Rosengarten der Welt angelegt.

Kopfnicken bedeutet in Bulgarien »nein«, Kopfschütteln dagegen »ja«.

In der Stadt Gabrovo gibt es ein nationales Museum des Humors. Es heißt »Haus des Humors und der Satire«.

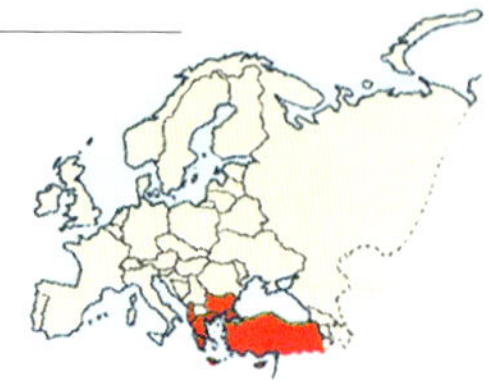

SPRACHE
Ein typischer Gruß auf Bulgarisch lautet: »Dobró útro!«.

LANDSCHAFTEN
Weite Flächen des Landes sind von Wald bedeckt, und fast alle freien Flächen werden landwirtschaftlich genutzt.

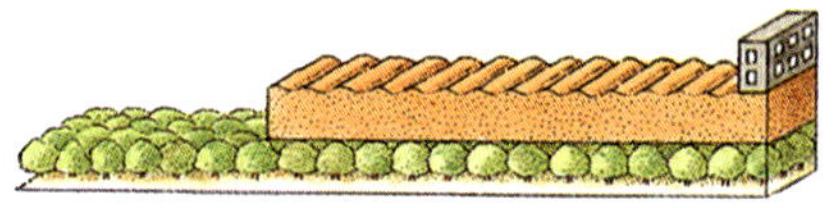

LÖWE
Der Löwe ist das Nationalsymbol der Bulgaren. Er ist auf dem Landeswappen abgebildet.

SEHENSWÜRDIGKEIT
Die St.-Alexander-Newsky-Kathedrale in Sofia wurde 1912 fertig gestellt. Sie soll an die russischen Soldaten erinnern, die im Russisch-Türkischen Krieg (1877–1878) starben.

OLIVE
Das nationale Symbol Griechenlands ist der Olivenzweig.

GRIECHENLAND

Griechenland besteht aus mehr als 2 000 Inseln und Inselchen, von denen nur 154 bewohnt sind. Die Küste des Festlandes ist buchtenreich und zerklüftet. Griechenland besitzt die zweitgrößte Handelsflotte der Welt.

Fläche: 131 957 km²

Regierungsform: Parlamentarische Republik

Unabhängigkeit: 1830 vom Osmanischen Reich (Türkei)

Währung: Euro

Einwohner: 11,1 Mio.

Bevölkerungsdichte: 83,8 je km²

Amtssprache: Neu-Griechisch

Religionen: 97% griechisch-orthodox, 3% römisch-katholisch, protestantisch, muslimisch und jüdisch

SPRACHE
Ein typischer Gruß auf Griechisch lautet: »Kalimera«.

WETTERDATEN

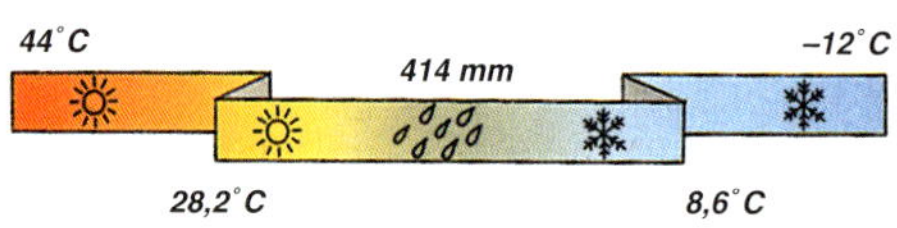

PARTHENON
Der Parthenon ist ein weltberühmter antiker Tempel. Er war der Göttin Athene geweiht, der Schutzpatronin von Athen. Zusammen mit anderen Tempeln steht der Parthenon auf einem Hügel – der Akropolis – in Athen. Der Parthenon wurde zwischen 447 und 432 v.Chr. unter Perikles erbaut.

LANDSCHAFTEN
Obwohl Griechenland zu 80% von Gebirgen bedeckt ist, werden mehr als zwei Drittel als Ackerland oder Viehweide genutzt.

GRIECHISCHE MUSIK
Das wichtigste Instrument der traditionellen griechischen Volksmusik ist die Bouzouki, eine Laute mit Metallsaiten. Auf religiösen Festen, bei privaten Feiern, z.B. Hochzeiten, und für Touristen spielt man traditionelle Musik.

TÜRKEI

Die Türkei liegt sowohl in Europa als auch in Asien. Die Trennlinie verläuft durch den Bosporus in Istanbul hindurch. Der Bosporus ist als Verbindung zwischen dem Schwarzen und dem Mittelmeer eine der am stärksten befahrenen Wasserstraßen der Welt.

Fläche: 779 452 km²
Regierungsform: Parlamentarische Republik
Republik: seit 1923
Währung: Türkische Lira
Einwohner: 71,7 Mio.
Bevölkerungsdichte: 92 je km²
Amtssprache: Türkisch
Religionen: 99% muslimisch, 1% orthodox, römisch-katholisch, protestantisch und jüdisch

WISSENSWERTES
Wegen seiner Gebirge gibt es in Griechenland mehr Bergbauern als in anderen europäischen Ländern. Es werden überwiegend Ziegen gehalten.

Auf den Flachdächern ihrer Häuser trocknen die Griechen im Sommer Früchte. Im Winter sammeln sie hier das Regenwasser.

Jedes Jahr besuchen 12 Mio. Touristen das Land. Sie werden sowohl von den herrlichen sonnigen Stränden als auch von den Überresten aus der Antike angezogen.

WICHTIGSTE TOURISTENGEBIETE	
Ort	Besucher
Kreta	7 453 000
Rhodos	6 042 000
Athen	3 917 000
Korfu	2 896 000

WETTERDATEN

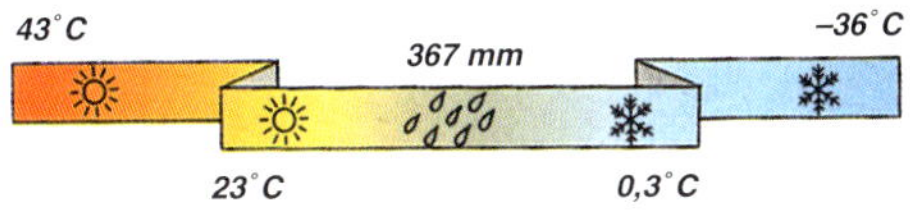

LANDSCHAFTEN
Die Landesfläche der Türkei wird überwiegend landwirtschaftlich genutzt.

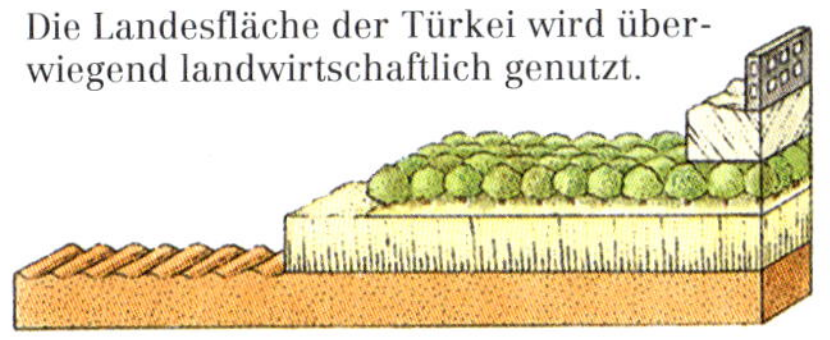

WISSENSWERTES
Weintrauben gehörten zu den ersten Früchten, die vom Menschen angebaut wurden. Von Anatolien aus verbreiteten sich Zucht und Anbau der Weintrauben über viele Teile der Welt.

Der Nationalsport der Türkei ist das Ringen. Seit über 600 Jahren findet jeden Frühling ein Ringerfest mit dem Namen »Kirkpinar« statt.

PAMUKKALE
Pamukkale bedeutet »Weiße Burg«. An einem strahlend weißen Hang entspringen Kaskaden von heißen Quellen, die von Stalaktiten gesäumt werden. In diesen warmen, heilenden Quellen haben schon die Römer gebadet.

SPRACHE
Ein typischer Gruß auf Türkisch lautet: »Iyi günler!«.

TÜRKISCHE TEPPICHE
Jedes Jahr werden in der Türkei 44 Mio. m² Teppiche hergestellt. Man kennt etwa 400 verschiedene Teppicharten, die z.B. in Hereke, Malatya, Konya und Kayseri geknüpft werden.

Die Türkei ist ein wichtiger Produzent von Feigen. Jedes Jahr werden ungefähr 35 000 t geerntet. Frische, reife Feigen für den sofortigen Verzehr pflückt man ab Mitte Juli vom Baum. Trockenfeigen werden einige Tage später geerntet und dann zwei bis vier Tage in der Sonne getrocknet.

TULPE
Die Staatsblume der Türkei ist die Tulpe.

ALBANIEN

Zwei Drittel der Einwohner dieses gebirgigen Landes leben in abgelegenen Dörfern. Die wichtigsten Anbauprodukte von Albanien sind Weizen, Gerste, Tabak, Kartoffeln und Früchte.

Fläche: 28 748 km²
Regierungsform: Präsidialrepublik
Unabhängigkeit: 1912 von der Türkei
Währung: Lek
Einwohner: 3,1 Mio.
Bevölkerungsdichte: 108,3 je km²
Amtssprache: Albanisch
Religionen: 70% muslimisch, 20% orthodox, 10% römisch-katholisch

WISSENSWERTES
Seit dem Zweiten Weltkrieg hat Albanien die am schnellsten wachsende Bevölkerung in ganz Europa. Knapp die Hälfte aller Albaner arbeitet in der Landwirtschaft.

An der Grenze zwischen Albanien und Makedonien liegt der Ohridsee, einer der größten und schönsten Seen der Balkanhalbinsel. Er ist außergewöhnlich klar: Man kann bis zu 20 m tief sehen.

ZYPERN

Zypern ist die größte Insel im östlichen Mittelmeer. Dort leben griechische und türkische Volksgruppen. Seit 1974 ist die Insel zweigeteilt.

Fläche: 9 251 km²
Regierungsform: Präsidialrepublik
Unabhängigkeit: 1960 von Großbritannien
Währung: Zypern-Pfund
Einwohner: 749 000
Bevölkerungsdichte: 81 je km²
Amtssprachen: Griechisch und Türkisch
Religionen: 73% griechisch-orthodox, 23% muslimisch, 4% andere Religionen

WISSENSWERTES
Die antiken Bauwerke Zyperns sind so wertvoll, dass sie die UNESCO als »Schätze der Menschheit« in die Liste der schützenswerten Denkmäler aufnahm.

Die wichtigsten Ausfuhrprodukte des Landes sind Kleidung, Schuhe, Kartoffeln, Weintrauben und Zitrusfrüchte.

Das Mufflon, ein rötlich braunes Wildschaf, ist in Zypern besonders häufig anzutreffen. Mit nur 74 cm Schulterhöhe ist es das kleinste Wildschaf.

SLOWENIEN

Slowenien ist ein Industrieland mit Schwerindustrie (Eisen und Stahl). Außerdem ist das Land ein wichtiger Lieferant von Quecksilber für Thermometer.

Fläche: 20 253 km²
Regierungsform: Präsidialrepublik
Währung: Euro
Einwohner: 2 Mio.
Bevölkerungsdichte: 98,6 je km²
Amtssprache: Slowenisch
Religionen: etwa 58% römisch-katholisch; über andere Religionen keine genauen Zahlen bekannt

KROATIEN

Der Westteil von Kroatien bildet die Küste zum Adriatischen Meer, jetzt wieder ein beliebtes Reiseziel für Touristen. Kalksteinvorkommen um die Stadt Split sind die Grundlage für die Zementindustrie des Landes.

Fläche: 56 542 km²
Regierungsform: Präsidialrepublik
Währung: Kuna
Einwohner: 4,4 Mio.
Bevölkerungsdichte: 78,6 je km²
Amtssprache: Kroatisch
Religionen: 87,8% römisch-katholisch, 4,4% orthodox, 0,3% protestantisch, 1,3% muslimisch, 6,2% andere Religionen

Traditionelle Tracht aus Dubrovnik

BOSNIEN-HERZEGOWINA

Eine wichtige Einnahmequelle des Landes sind Erträge aus dem Erzbergbau, wie Eisen, Kupfer und Silber. Die Bauern pflanzen Oliven, Granatäpfel, Feigen, Reis und Tabak an.

Fläche: 51 129 km²
Regierungsform: Parlamentarische Republik
Währung: Bosnisch-Herzegowinische Marka
Einwohner: 4,1 Mio.
Bevölkerungsdichte: 80,2 je km²
Amtssprache: Serbokroatisch
Religionen: 44% muslimisch, 31% serbisch-orthodox, 17% katholisch, 8% andere Religionen

BÜRGERKRIEG
1990 zerfiel Jugoslawien in mehrere unabhängige Staaten. Serbien leistete dagegen Widerstand, und 1991 brach ein Bürgerkrieg aus. Am 14. 12. 1995 wurde von den Konfliktparteien ein Friedensvertrag unterzeichnet. Der Vertrag sieht die Erhaltung Bosniens vor, bei gleichzeitiger Aufteilung in zwei Einheiten für die bosnischen Serben und die moslemisch-kroatische Föderation.

Sarajevo – vom Krieg gezeichnet

SPRACHE
Ein typischer Gruß auf Serbokroatisch lautet: »Dobró utro!«.

WISSENSWERTES
Der Dalmatiner ist eine Hunderasse, die ihren Namen nach der Küstenregion Dalmatien trägt. Dort wurde er erstmals gezüchtet.

Zu Beginn der 1990er-Jahre spaltete sich Slowenien vom früheren Jugoslawien ab. Dieser Prozess ging im Gegensatz zum Bürgerkrieg im benachbarten Kroatien und zu Bosnien-Herzegowina ohne jahrelange blutige Kämpfe vonstatten.

SERBIEN

Serbien trat nach der Unabhängigkeitserklärung Montenegros (2006) die Rechtsnachfolge des Staatenbundes Serbien und Montenegro an.

Fläche: 88 361 km²
Regierungsform: Präsidiale Bundesrepublik
Währung: Neuer Dinar
Einwohner: 7,5 Mio.
Bevölkerungsdichte: 85,2 je km²
Amtssprache: Serbisch
Religionen: mehrheitlich serbisch-orthodox, Minderheiten muslimisch, katholisch, andere Religionen

Der überwiegend von Albanern bewohnte Kosovo steht seit 1999 unter der Verwaltung der Vereinten Nationen.

MONTENEGRO

Montenegro vollzog im Juni 2006 den Schritt in die Unabhängigkeit.

Fläche: 13 812 km²
Regierungsform: Parlamentarische Republik
Währung: Euro
Einwohner: 621 000
Bevölkerungsdichte: 45 je km²
Amtssprache: Montenegrinisch
Religionen: mehrheitlich serbisch-orthodox, Minderheiten muslimisch, katholisch

MAZEDONIEN

Mazedonien ist ein kleiner Gebirgsstaat. Die Bauern des Landes bauen in Hochtälern Weizen, Hirse und Gerste an. Das wichtigste Exportprodukt ist Tabak.

Fläche: 25 713 km²
Regierungsform: Parlamentarische Republik
Währung: Denar
Einwohner: 2 Mio.
Bevölkerungsdichte: 78,9 je km²
Amtssprache: Mazedonisch
Religionen: 70% orthodox, 25% muslismisch, 5% andere Religionen

GEORGIEN

Georgien ist ein äußerst gebirgiges Land. Die Schwarzmeerküste ist ein beliebtes Ziel für Touristen. Im feuchtwarmen Klima des Landes gedeihen Tee und Zitrusfrüchte besonders gut.

WISSENSWERTES
Auf den warmen, sonnigen Hügeln im Westen Georgiens gedeihen Weintrauben besonders gut. In dieser Region werden Wein und Branntwein erzeugt.

Aus Georgien kommen außerdem Zitrusfrüchte und Tee.

Süßer, starker Tee, schwarz getrunken, ist ein beliebtes Getränk in allen Ländern rund um den Kaukasus. Auf großen Plantagen in Georgien reifen Teesträucher für Grünen und Schwarzen Tee heran.

Fläche: 69 700 km²
Regierungsform: Parlamentarische Republik
Unabhängigkeit: 1991 von der Sowjetunion
Währung: Lari
Einwohner: 4,5 Mio.
Bevölkerungsdichte: 64,8 je km²
Amtssprache: Georgisch
Religionen: 91% georgisch-orthodox, 2% muslimisch, 7% andere Religionen

Der Ferienort Batumi am Schwarzen Meer

DAS SCHWARZE MEER
Der Tourismus ist eine wichtige Einnahmequelle in Georgien. Viele Hotelanlagen und Heilquellen, Strände und Wälder locken die Touristen an die Küsten des Schwarzen Meeres.

SPRACHE
Ein typischer Gruß auf Georgisch lautet: »Garmardzobat!«.

TEXTILIEN
Georgien ist berühmt für Seide und Textilien. Kräftig gemusterte Stoffe werden mit goldenen und silbernen Fäden durchwirkt. Viele Frauen tragen sie als Kopftuch.

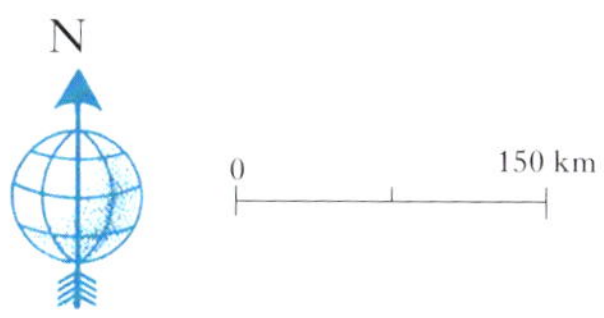

ARMENIEN

Armenien ist ein vorwiegend gebirgiges Land. Die meisten seiner Einwohner leben in den Vorbergen oder in der Ebene von Ararat.

Zu den Anbaufrüchten des Landes gehören verschiedene Obstsorten, wie Pfirsiche, Aprikosen und Kirschen.

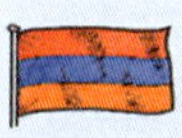

Fläche: 29 743 km²
Regierungsform: Parlamentarische Republik
Unabhängigkeit: 1991 von der Sowjetunion
Währung: Dram
Einwohner: 3 Mio.
Bevölkerungsdichte: 101,7 je km²
Amtssprache: Armenisch
Religionen: 94% armenisch-orthodox, 6% andere Religionen

WISSENSWERTES
In Armenien werden Pflanzen für die Parfüm- und Arzneimittelherstellung angebaut, unter anderen Geranien, Rosen, Pfefferminze und Chinarinde.

Der Sewansee ist ein beliebtes Erholungsgebiet. Dort kann man Windsurfen, Segeln, Schwimmen und Wasserski laufen.

WICHTIGSTE LANDWIRTSCHAFTLICHE PRODUKTE	
Produkt	Erzeugung (in 1 000 t)
Gemüse	464,0
Kartoffeln	574,9
Weizen	253,0
Weintrauben	80,0
Fleisch	49,5

ASERBAIDSCHAN

Die wichtigsten natürlichen Rohstoffe des Landes sind Erdöl und Erdgas. Die Hauptstadt Baku ist gleichzeitig das Zentrum der Industrie. Daneben werden Früchte, Walnüsse und Haselnüsse exportiert.

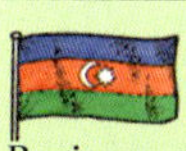

Fläche: 86 600 km²
Regierungsform: Präsidialrepublik
Unabhängigkeit: 1991 von der Sowjetunion
Währung: Aserbaidschan-Manat
Einwohner: 8,3 Mio.
Bevölkerungsdichte: 95,9 je km²
Amtssprache: Aserbaidschanisch
Religionen: 58,5% schiitische Muslime, 31,5% sunnitische Muslime, 10% andere Religionen

Gämse

WISSENSWERTES
In den Bergen und Wäldern Aserbaidschans leben noch zahlreiche Wildtiere, z.B. Wildschweine, Braunbären, Wisente, Gämsen und Leoparden. Leoparden sind heute allerdings sehr selten geworden.

Die milden Winter am Kaspischen Meer nutzen zahlreiche Vögel als Winterquartier. In einem Naturschutzgebiet dort finden sich Flamingos, Schwäne, Pelikane, Reiher und Bussarde ein.

Pelikan

WISSENSWERTES
Im warmen Klima von Lenkoran am Kaspischen Meer bauen die Landwirte Orangen, Zitronen und Feigen an.

Die Fabriken in Aserbaidschan stellen Baumwoll- und Wollprodukte, Schuhe, Haushaltsgegenstände und Souvenirs her.

In Aserbaidschan gibt es eine lange Musiktradition. Besonders beliebt sind die Gesänge der »Ashugs«, die sich bei ihren improvisierten Liedern auf der »Kobuz«, einem Saiteninstrument, begleiten.

Fast 90% der Elektrizität des Landes werden von Wasserkraftwerken erzeugt, die an den meisten Flüssen des Landes zu finden sind.

RUSSLAND

Russland, das größte Land der Welt, erstreckt sich über zwei Erdteile – Europa und Asien –, die vom Uralgebirge getrennt werden. Die meisten Einwohner Russlands leben im westlichen Drittel des Landes. Bis 1990 war Russland Teil der Sowjetunion. Nach dem Zusammenbruch der Sowjetunion erklärten die ehemaligen Unionsstaaten ihre Unabhängigkeit. Elf Republiken gründeten 1991 die GUS (»Gemeinschaft unabhängiger Staaten«). Russland (auch »Russische Föderation«) ist mit rund 145 Mio. Einwohnern der bevölkerungsreichste Staat der GUS.

Fläche: 17 075 400 km²

Regierungsform: Föderale Präsidialrepublik

Unabhängigkeit: 1991 aus der ehemaligen Sowjetunion hervorgegangen

Währung: Rubel

Einwohner: 143,8 Mio.

Bevölkerungsdichte: 8,4 je km²

Amtssprache: Russisch

Religionen: keine genauen Zahlen bekannt; ca. 25% russisch-orthodox, ca. 15% muslimisch, die Mehrheit ohne Religion

WISSENSWERTES
In Russland ist das Ballett eine sehr beliebte Form der Unterhaltung. Aus einer 1773 gegründeten Balletttruppe ging später das weltberühmte Bolschoi-Ballett hervor.

Schlechtes Wetter: Von Oktober bis März scheint die Sonne in Moskau durchschnittlich nur 15 Minuten am Tag. Bis zu fünf Monate lang kann der Schnee liegen bleiben.

Russen lieben Speiseeis, das an »Morozhenoe« genannten Ständen verkauft wird.

ST. PETERSBURG
St. Petersburg trug während der kommunistischen Herrschaft den Namen Leningrad, heißt aber heute wieder wie zur Zeit seiner Gründung. Im Zentrum der Stadt liegt der Newsky-Prospekt, eine belebte Straße mit Geschäften, Cafés und Theatern.

FREIZEITAKTIVITÄTEN
Der Neue Moskauer Zirkus ist weltbekannt. Seine Artisten gehören zu den besten der Welt.

Schach ist in Russland besonders beliebt. Im Gorki Park in Moskau treffen sich viele leidenschaftliche Schachspieler.

WETTERDATEN

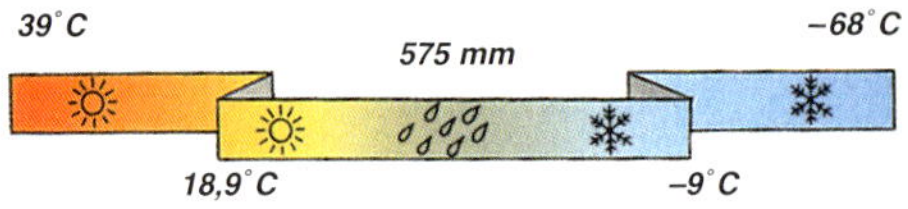

LANDSCHAFTEN
Rund die Hälfte des Landes ist von Wald bedeckt.

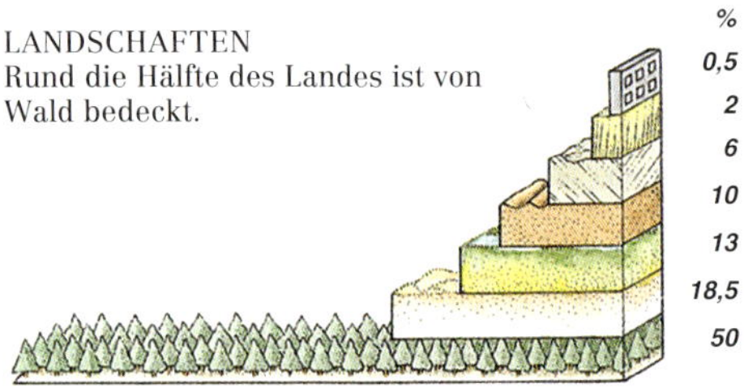

BASILIUS-KATHEDRALE
Die Basilius-Kathedrale stammt aus dem 16. Jh. und ist ein prachtvolles Beispiel für die altrussische Baukunst. Sie steht mitten im historischen Zentrum von Moskau, am Roten Platz. 1560 wurde die Kirche vollendet. Sie hat neun große, verzierte Zwiebeltürme und dient heute als Museum.

Die Basilius-Kathedrale wurde auf Anweisung von Zar Iwan IV. (der auch Iwan der Schreckliche genannt wurde) erbaut. Sie sollte seine militärischen Erfolge verherrlichen.

TOLSTOI
Leo Tolstoi (1828–1910) gehört zu den größten Dichtern der Weltliteratur. Sein wohl bekanntestes Buch, »Krieg und Frieden«, spielt in Russland zur Zeit der napoleonischen Kriege. Tolstoi beschreibt darin die Stimmung der russischen Bevölkerung während des Einmarsches französischer Truppen unter Napoleon im Jahr 1812.

BERÜHMTE RUSSISCHE SCHRIFTSTELLER		
Name	Lebensdaten	wichtiges Werk
Alexandr S. Puschkin	1799–1837	Eugen Onegin
Fjodor M. Dostojewski	1821–1881	Schuld und Sühne
Boris L. Pasternak	1890–1960	Doktor Schiwago
Vladimir Nabokov	1899–1977	Lolita
Alexander Solschenizyn	geb. 1918	Der Archipel Gulag

SCHON GEWUSST?
Russland ist ein Vielvölkerland. Neben den Russen (82% der Bevölkerung) sind mehr als 100 verschiedene Nationalitäten und Völker über das Land verstreut. Dazu zählen große Völker wie die Ukrainer oder die Usbeken und so kleine wie die Kalmücken oder Jakuten.

Bedeutende russische Städte sind die ehemalige Hauptstadt Sankt Petersburg und die heutige Hauptstadt Moskau. Sankt Petersburg wurde 1703 von Peter dem Großen (Regierungszeit: 1682–1725) gegründet. Beide Städte sind kulturelle und wirtschaftliche Zentren.

SPRACHE
Ein typischer Gruß auf Russisch lautet: »Zdravstvuyitye!«.

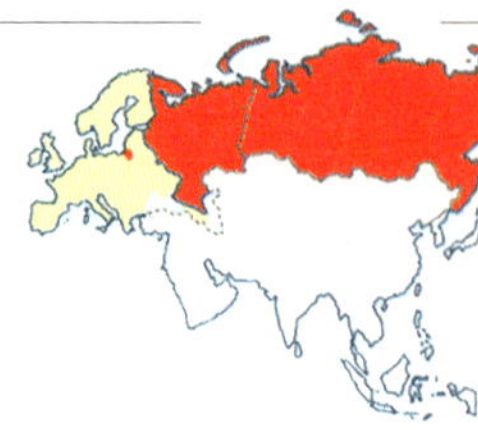

WAPPENTIER
Das Wappentier der Russen ist der Braunbär. Er spielt in Märchen und der russischen Folklore eine wichtige Rolle, wo er als Symbol für Freundlichkeit und Weisheit gilt.

BELIEBTE RUSSISCHE GERICHTE
Russische Gerichte sind meist sehr schwer und nahrhaft, da sie fast immer reichlich Stärke, Fett und Zucker enthalten. Russen nehmen mit ihrer Nahrung 70% mehr Energie (Kalorien) auf als die Amerikaner.

Borschtsch: Diese rötliche Suppe wird aus Roter Bete zubereitet und kann warm oder kalt gegessen werden. Häufig gibt es dazu saure Sahne.

Blinis: Pfannkuchen aus Buchweizen, die mit Fleisch oder Käse gefüllt und in der Pfanne geröstet werden.

Charlotte Russe: Dieser Pudding wurde für die russische Zarenfamilie erfunden. Er wird in einer Form zubereitet und enthält Löffelbiskuits, Gelatine, Vanillezucker und geschlagene Sahne.

Ein Teller mit Blinis, verziert mit rotem Kaviar.

REICHES SIBIRIEN
Unter dem Dauerfrostboden des westlichen Sibiriens lagern riesige Kohle-, Erdgas- und Erdölvorkommen. Hier wird Öl für die Industriegebiete Westrusslands gefördert, und eine Pipeline transportiert Erdgas nach Westeuropa.

WISSENSWERTES
Sibirien erstreckt sich über eine Fläche von 12,5 Mio. km² im östlichen, asiatischen Teil Russlands. Der Name leitet sich von dem Wort »sibi« ab, das »schlafendes Land« bedeutet.

Im Norden Sibiriens liegt die Tundra, deren Boden ganzjährig gefroren bleibt und nur im Sommer oberflächlich auftaut. Man bezeichnet ihn daher als Dauerfrost- oder Permafrostboden.

Die Schnee-Eule gleitet auf der Jagd nach kleinen Tieren über die Tundra.

Südlich der Tundra erstreckt sich die Taiga, ein unermessliches Nadelwaldgebiet – das größte der Welt. Von den Zapfen der Lärchen, Tannen und Fichten ernähren sich die Tiere während des langen Winters.

Die Tschuktschen leben auf der Halbinsel Kamtschatka als Jäger, Rentierzüchter und Fischer. Sie waren es auch, die als Erste Schlittenhunde für ihre Hundegespanne züchteten.

GOLD UND DIAMANTEN
Um das Jahr 1840 entdeckten Abenteurer Gold im Gebiet des Flusses Lena in Nordsibirien. Noch heute werden dort vier große Goldfelder und 800 Diamantminen ausgebeutet.

Schwere Maschinen graben in Nordsibirien nach Bodenschätzen.

DER URAL
Das Uralgebirge erstreckt sich über 2 100 km von der Karasee im Norden bis nach Kasachstan im Süden.

Der Ural, der Uralfluss, das Kaspische Meer und die Manytschniederung bis zum Asowschen Meer gelten als östliche Grenze Europas.

RUSSISCHE IKONEN
Ikonen sind auf Holz gemalte, vergoldete Heiligenbilder. Sie zieren russische Wohnungen und Kirchen. In der ehemaligen Sowjetunion wurden Christen aus Gründen der kommunistischen Ideologie verfolgt.

Diese Ikone zeigt die Mutter Gottes mit dem Kind.

ZEITUNTERSCHIEDE
Russland erstreckt sich über zehn Zeitzonen. Wenn im Westen der Morgen graut, ist es im Osten schon früher Abend.

Zeit zum Aufstehen in St. Petersburg

In einer Schule in Irkutsk

Schlafenszeit in Anadyr

TRANSSIBIRISCHE EISENBAHN
Diese längste Eisenbahnstrecke der Welt (9 900 km) verläuft quer durch Russland. Mit dem Bau begann man im Jahr 1891. Die wichtigste Aufgabe der Bahnlinie ist der Transport der sibirischen Bodenschätze. Eine Bahnfahrt von Moskau bis Wladiwostok dauert rund 165 Stunden.

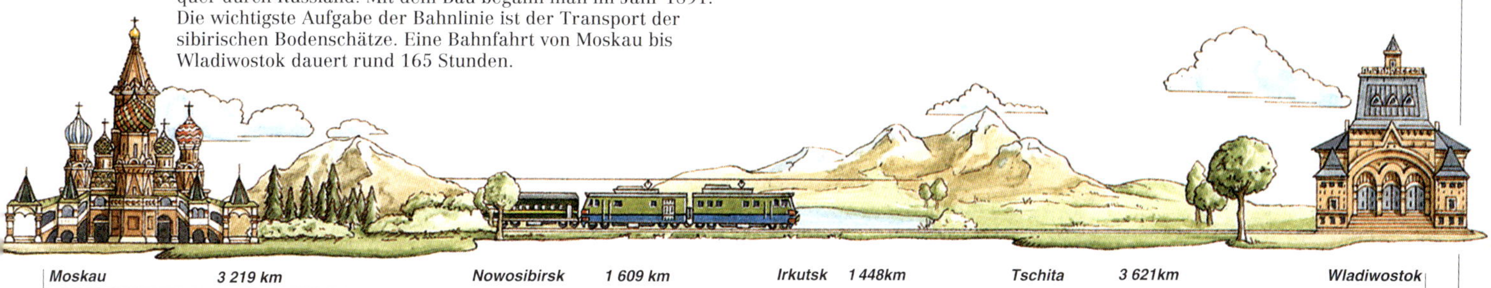

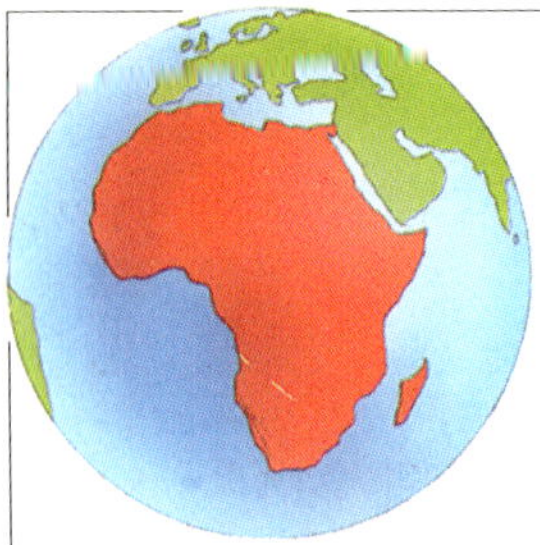

AFRIKA

Afrika ist der zweitgrößte und wärmste Kontinent der Erde. Als einziger Kontinent laufen sowohl der Äquator als auch die beiden Wendekreise durch ihn hindurch. Zu den großen Naturlandschaften Afrikas zählen tropischer Regenwald, grasbedeckte Savanne, Wüsten und Steppen.

Fläche: 30 144 476 km²

Länder: 54

Größtes Land: Sudan 2 505 813 km²

Kleinstes Land: Seychellen 454 km² (gehören politisch zu Afrika, werden aber unter Asien behandelt; siehe S. 338; ebenso Mauritius)

Einwohner: 848 Mio.

Bevölkerungsdichte: 27,9 je km²

Wichtigste Sprachen: Arabisch, Kisuaheli, Haussa, Somalisch, Amharisch

Höchster Punkt: Kilimandscharo: 5 895 m

Niedrigster Punkt: Assalsee, Dschibuti, 156 m unter dem Meeresspiegel

Höchste Temperatur: 58 °C Al'Aziziyah, Libyen

Tiefste Temperatur: –24 °C Ifrane, Marokko

LÄNDER, TERRITORIEN UND HAUPTSTÄDTE

Name	Hauptstadt
Ägypten	Kairo
Algerien	Algier
Angola	Luanda
Äquatorialguinea	Malabo
Äthiopien	Addis Abeba
Benin	Porto-Novo
Botsuana	Gaborone
Burkina Faso	Ouagadougou
Burundi	Bujumbura
Dschibuti	Dschibuti
Elfenbeinküste	Yamoussoukro
Eritrea	Asmara
Gabun	Libreville
Gambia	Banjul
Ghana	Accra
Guinea	Conakry
Guinea-Bissau	Bissau
Kamerun	Yaoundé
Kap Verde	Praia
Kenia	Nairobi
Komoren	Moroni
Kongo	Brazzaville
Kongo, Demokr. Rep.	Kinshasa
Lesotho	Maseru
Liberia	Monrovia
Libyen	Tripolis
Madagaskar	Antananarivo

Name	Hauptstadt
Malawi	Lilongwe
Mali	Bamako
Marokko	Rabat
Mauretanien	Nouakchott
Mauritius	Port Louis
Mosambik	Maputo
Namibia	Windhuk
Niger	Niamey
Nigeria	Abuja
Ruanda	Kigali
Sambia	Lusaka
São Tomé u. Príncipe	São Tomé
Senegal	Dakar
Seychellen	Victoria
Sierra Leone	Freetown
Simbabwe	Harare
Somalia	Mogadischu
Südafrika	Pretoria
Sudan	Khartum
Swasiland	Mbabane
Tansania	Dodoma
Togo	Lomé
Tschad	N'Djaména
Tunesien	Tunis
Uganda	Kampala
Westsahara	Aaiún
Zentralafrikanische Republik	Bangui

DIE GRÖSSTEN STÄDTE

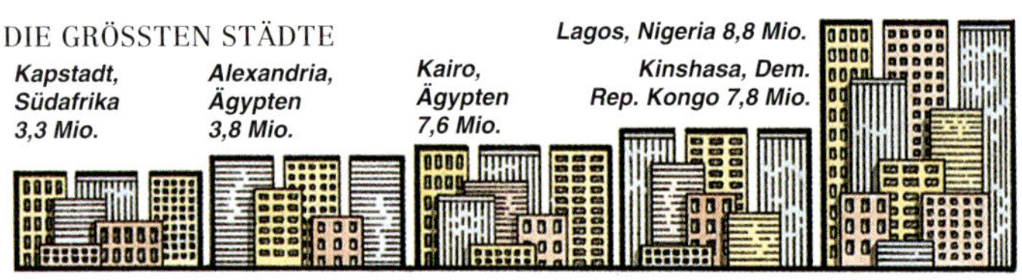

KLIMAZONEN

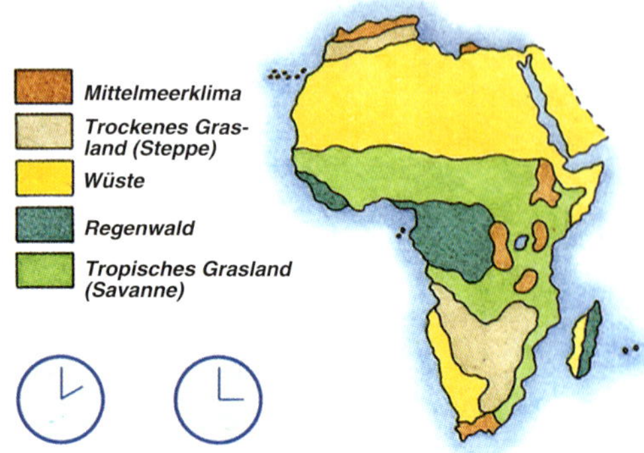

ZEITZONEN

WISSENSWERTES

Die afrikanische Sahara ist die größte Wüste der Welt. Mit einer Fläche von über 9 Mio. km² ist sie größer als der gesamte australische Kontinent.

Die Hälfte aller Afrikaner ist jünger als 15 Jahre. Damit hat Afrika weltweit den höchsten Anteil junger Menschen in der Bevölkerung. Allerdings werden nur drei von 100 Menschen 65 Jahre oder älter.

In Westsahara, dem Land im Westen des Kontinents, lebt nur eine Person je km². Damit ist es das Land mit der geringsten Bevölkerungsdichte in der Welt.

Die ältesten Zeugnisse menschlichen Lebens – Fußspuren, eingedrückt in Vulkanasche – wurden bei Laetoli, nahe der Olduvai-Schlucht in Tansania gefunden.

Afrika ist der Kontinent mit den meisten Staaten: insgesamt 54.

ALTERSVERTEILUNG

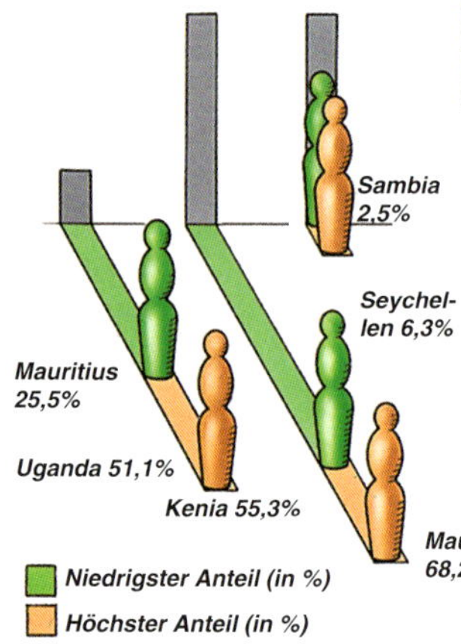

DIE WENIGSTEN ÄRZTE	
Malawi, Niger Tansania	1 auf 50 000 Menschen
Mosambik, Burundi	1 auf 33 300 Menschen
Benin, Tschad, Somalia, Togo	1 auf 25 000 Menschen

HÖCHSTE LEBENSERWARTUNG

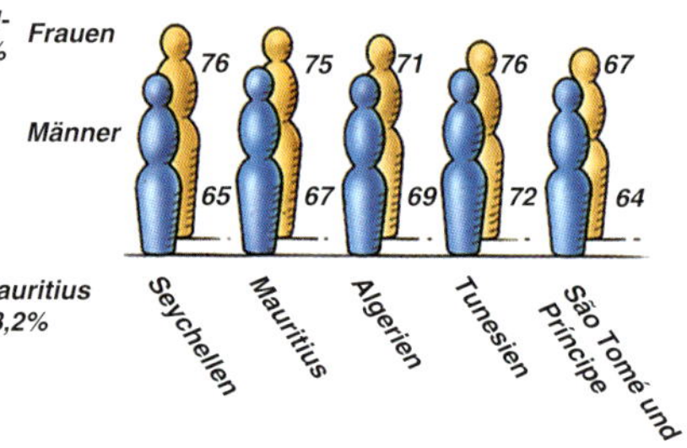

OSTAFRIKANISCHER GRABEN

Dieser große Grabenbruch oder das »Rift Valley« ist Teil des ostafrikanischen Grabensystems und mit einer Länge von rund 6 000 km die längste Bruchzone in der Erdkruste. In Ostafrika erheben sich die Berge zu beiden Seiten des Tals 1 250 m hoch.

DIE LÄNGSTEN FLÜSSE

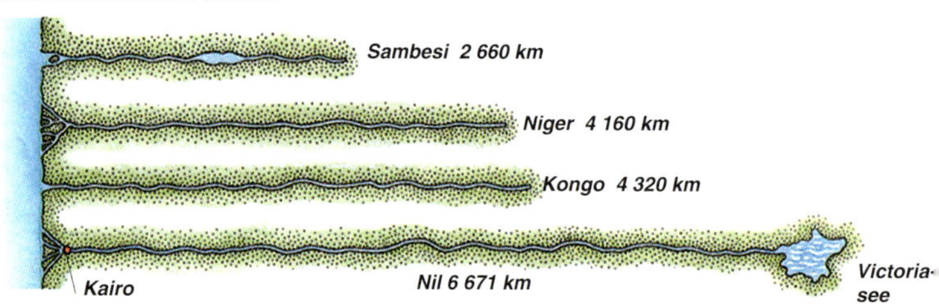

FLAMINGOS
Die Seen im Großen Grabenbruch, wie der Turkanasee, sind der Lebensraum für die Flamingos. Ein großer Schwarm kann aus mehreren Millionen Tieren bestehen.

TIERE

Der afrikanische Elefant ist das größte Landtier der Erde.

Giraffen sind die höchsten Tiere. Ihr Kopf befindet sich bis zu 5 m über dem Erdboden.

Berggorillas sind die größten Menschenaffen.

PFLANZEN

Das baumförmige Kreuzkraut wächst direkt unterhalb der Schneegrenze. Die Pflanzen können bis zu 4,60 m hoch werden.

Akazien sind Bäume mit schirmförmigen Kronen. Sie wachsen vor allem in den afrikanischen Savannen.

Affenbrotbäume sind typisch für die afrikanische Savanne. Sie speichern Wasser in ihren verdickten Stämmen.

BERGE IM VERGLEICH

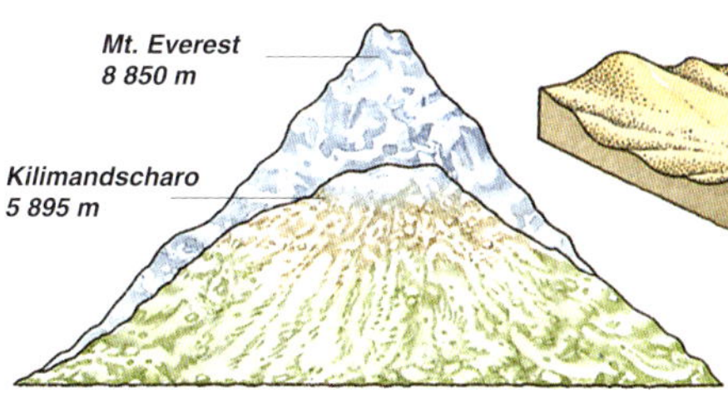

WÜSTEN IM VERGLEICH

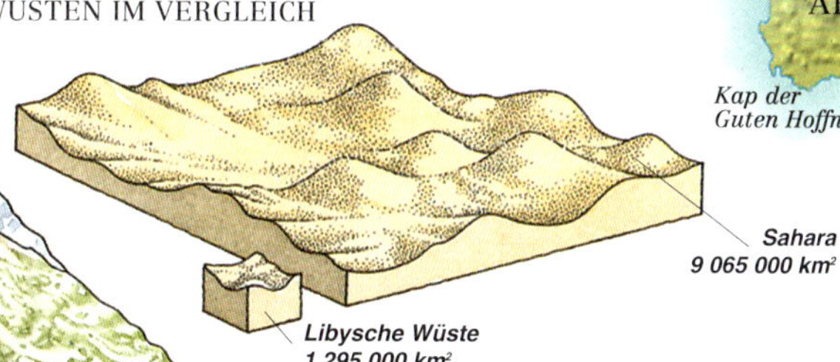

QUERSCHNITT

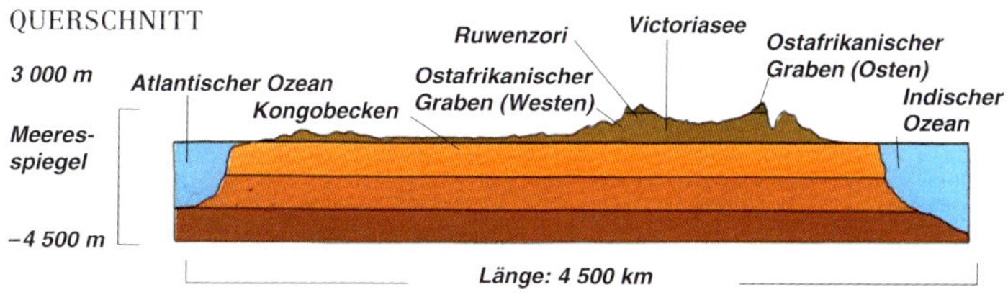

LANDSCHAFTEN

Afrika ist vorwiegend von Savannen (Grasland) und Wüsten bedeckt.

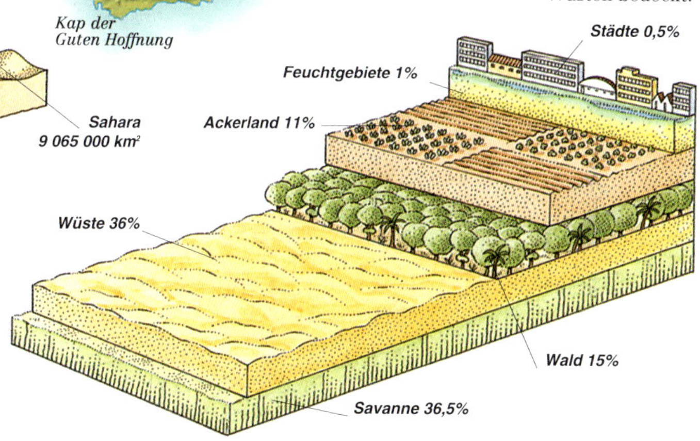

ÄGYPTEN

Ägypten besteht fast ausschließlich aus Wüste, und 99% seiner Bevölkerung lebt direkt am Nil. Die ägyptischen Bauern, sie werden Fellachen genannt, bauen Baumwolle, Weizen, Reis und Gemüse an. Die Pyramiden von Giseh zählten in der Antike zu den Sieben Weltwundern.

Fläche: 1 002 000 km²
Regierungsform: Präsidialrepublik
Unabhängigkeit: 1922 von Großbritannien
Währung: Ägyptisches Pfund
Einwohner: 71,2 Mio.
Bevölkerungsdichte: 72 je km²
Amtssprache: Arabisch
Religionen: 85% muslimisch, 13% christlich, 2% andere Religionen

WETTERDATEN

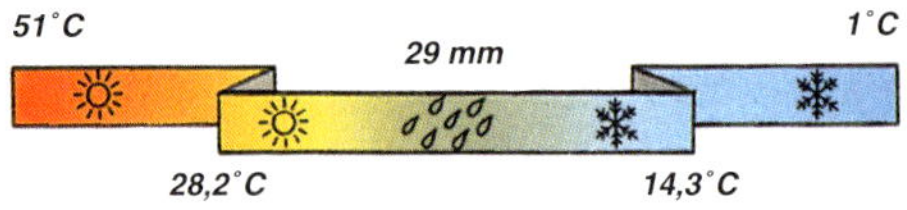

LANDSCHAFTEN
Nur 4,5% des Landes können bewässert und landwirtschaftlich genutzt werden.

WISSENSWERTES
Die Überbevölkerung ist ein ernstes Problem in Ägypten. Alle 24 Sekunden wird ein Kind geboren.

Kairo ist die größte Stadt der islamischen Welt. Die Einwohnerzahl beträgt fast 15 Mio.

1869 wurde der Suezkanal fertig gestellt. Die Gebühren von durchfahrenden Schiffen bringen dem Land jährlich mehr als 1,9 Mrd. Dollar ein.

Ein Ägyptisches Pfund

SPRACHE
Ein typischer Gruß auf Arabisch lautet: »Ahlan wasahlan!«.

DIE GROSSEN PYRAMIDEN
Die Pyramiden von Giseh wurden etwa 2600 v.Chr. erbaut. Es sind riesige Grabmäler für die ägyptischen Könige, die Pharaonen, deren Mumien in geheimen Kammern verborgen wurden. An der größten Pyramide haben 100 000 Arbeiter 20 Jahre lang gebaut und dabei 2 Mio. Steinblöcke aufgetürmt.

DER NIL
Der Nil ist mit 6 671 km der längste Fluss Afrikas. Zur Abflussregelung, zur künstlichen Bewässerung neuer Flächen und zur Gewinnung von elektrischem Strom wurde 1960 bis 1970 bei Assuan der Hochdamm gebaut, der den Nil zum 510 km langen Nassersee staut. Ein Abkommen zwischen Ägypten und Sudan regelt die Nutzung des Nilwassers durch die beiden Staaten. Trotzdem kam es in der Vergangenheit immer wieder zu Konflikten zwischen Ägypten und Sudan wegen des Wassers.

SUDAN

Der Sudan ist das größte Land Afrikas. Im Süden fließt der Weiße Nil durch ein ausgedehntes Sumpfgebiet, den Sudd. Ein wichtiges Exportprodukt ist Gummiarabikum, ein Harz aus der Rinde von Akazien. Daraus werden Klebstoffe hergestellt.

Fläche: 2 505 813 km²
Unabhängigkeit: 1956 aus britisch-ägyptischer Vorherrschaft
Währung: Sudanesischer Dinar
Einwohner: 35,5 Mio.
Bevölkerungsdichte: 14,2 je km²
Amtssprache: Arabisch
Religionen: 70% muslimisch, 9% christlich, 20% Stammesreligionen, 1% andere Religionen

ÄTHIOPIEN

Drei von vier Einwohnern arbeiten in der Landwirtschaft. Das wichtigste Ausfuhrprodukt ist Kaffee. Im Norden des Landes entspringt der Blaue Nil aus dem Tanasee.

Fläche: 1 133 380 km²
Gründung: vor mehr als 2 000 Jahren, niemals von einer Kolonialmacht besetzt
Währung: Birr
Einwohner: 70 Mio.
Bevölkerungsdichte: 62,8 je km²
Amtssprache: Amharisch
Religionen: 45% muslimisch, 40% äthiopisch-orthodox, 10% Protestanten, 5% andere Religionen

HEUSCHRECKENANGRIFF
In manchen Jahren fallen verheerende Heuschreckenschwärme über Afrika her. Lassen sie sich irgendwo nieder, vernichten sie in wenigen Minuten die gesamte Ernte. Große Schwärme können bis zu 50 000 t wiegen.

SOMALIA

Der größte Wirtschaftszweig von Somalia ist die Viehzucht. Die Bauern halten ihre Tiere für den eigenen Bedarf oder zum Verkauf. Wichtige Exportfrüchte sind Bananen, die entlang den Flussufern gepflanzt werden.

Fläche: 637 657 km²
Unabhängigkeit: 1960 von Großbritannien und Italien
Regierungsform: Präsidialrepublik
Währung: Somalia-Shilling
Einwohner: 8 Mio.
Bevölkerungsdichte: 12,5 je km²
Amtssprache: Somalisch
Religionen: 99,8% muslimisch (Islam ist Staatsreligion)

WASSER
Etwa 2 Mrd. Menschen auf der Erde leiden an Wassermangel. Besonders oft fehlt es an lebensnotwendigem Trinkwasser.

Eine sechsköpfige Familie braucht täglich etwa 90 l Wasser zum Kochen, Trinken und zur Körperpflege.

54,5 Mio. Menschen in Äthiopien haben nicht genügend sauberes Trinkwasser. Im Sudan sind es 10,6 Mio., in Somalia 4,8 Mio. Menschen.

Frauen und Kinder holen in Krügen Trinkwasser aus öffentlichen Brunnen. Dafür sind sie jeden Tag mindestens zwei Std. unterwegs; das entspricht einer Strecke von 8 km.

DSCHIBUTI

Die Hauptstadt Dschibuti ist ein wichtiger Hafen für Im- und Exporte in der Nord-Ost-Afrikanischen Region. Dschibuti nimmt eine Schlüsselstellung zwischen Rotem Meer und Indischem Ozean ein.

Fläche: 23 200 km²
Unabhängigkeit: 1977 von Frankreich
Währung: Dschibuti-Franc
Einwohner: 779 000
Bevölkerungsdichte: 33,6 je km²
Amtssprachen: Arabisch, Französisch
Religionen: 94% muslimisch, 6% andere Religionen

ERITREA

Eritrea ist ein heißes, trockenes Land mit sehr wenig Regen. Die Ernten sind zudem ständig durch Heuschrecken gefährdet. Viele Eritreer ziehen als Nomaden durch das Land.

Fläche: 121 144 km²
Unabhängigkeit: 1993 von Äthiopien
Währung: Nakfa
Einwohner: 4,2 Mio.
Bevölkerungsdichte: 34,9 je km²
Amtssprache: Tigrinya
Religionen: Im Bergland leben Christen, in den Ebenen Muslime; Verhältnis etwa je 50%

TANSANIA

Zu den wichtigsten Ausfuhrprodukten des Landes gehört Sisal, aus dem Seile hergestellt werden. Auf der Insel Sansibar, direkt vor der Küste, wachsen die meisten Gewürznelken der Welt.

Fläche: 945 087 km²
Unabhängigkeit: 1961 von Großbritannien
Währung: Tansania-Shilling
Einwohner: 37,6 Mio.
Bevölkerungsdichte: 39,8 je km²
Amtssprachen: Englisch, Swahili
Religionen: 30–40% christlich, 30–40% muslimisch, Rest Stammes- und andere Religionen

KENIA

Kenia liegt auf dem Äquator. In seinen grasbedeckten Savannen leben immer noch viele wilde Tiere, wie Zebras, Gnus und Elefanten. Löwen und Leoparden gehen dort auf die Jagd. Die meisten Menschen leben im Hochland des Südwestens. Dort fällt genügend Regen für den Anbau von Getreide und für die Weiden, auf denen die Kenianer ihre Rinder und Schafe halten.

Fläche: 580 367 km²
Regierungsform: Präsidialrepublik
Unabhängigkeit: 1963 von Großbritannien
Währung: Kenia-Shilling
Einwohner: 33,5 Mio.
Bevölkerungsdichte: 57,7 je km²
Amtssprache: Swahili
Religionen: 38% protestantisch, 28% römisch-katholisch, 26% Stammesreligionen, 7% muslimisch, 1% andere Religionen

WETTERDATEN

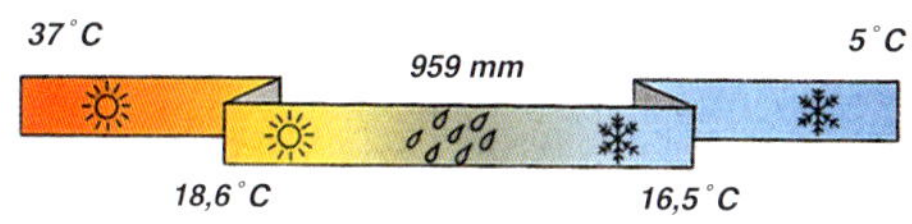

WISSENSWERTES
In Kenia gibt es zwei Regenzeiten pro Jahr. Die »lange« Regenzeit dauert von März bis Mai, die »kurze« von Oktober bis November.

In Kenia werden 80% des Pyrethrums der Welt erzeugt. Diesen Stoff gewinnt man aus den getrockneten Blüten einer Chrysanthemenart. Er bildet die Grundlage für Insektenvernichtungsmittel.

Massai-Krieger

MASSAI
Die Massai leben als nomadische Hirten mit ihren Rindern an der Grenze zwischen Kenia und Tansania.

Sie ernähren sich ausschließlich vom Fleisch, Blut und Milch ihrer Rinder.

Junge Männer im Alter zwischen 14 und 30 Jahren leben in Männergruppen allein im Busch, um sich auf das Kriegerdasein und die Ehe vorzubereiten.

LANDSCHAFTEN
Fast zwei Drittel von Kenia sind von Grasland bedeckt.

UGANDA

Ein Fünftel des Landes besteht aus großen Seen und Sümpfen. Fast alle Bauern leben von ihren eigenen Erzeugnissen, wie Süßkartoffeln, Mais und Bohnen. Nur Kaffee wird für den Export angepflanzt.
Uganda hat die jüngste Bevölkerung der Welt. Mehr als die Hälfte der Einwohner ist jünger als 15 Jahre.

Fläche: 241 548 km²
Unabhängigkeit: 1962 von Großbritannien
Währung: Uganda-Shilling
Einwohner: 27,8 Mio.
Bevölkerungsdichte: 115,2 je km²
Amtssprachen: Englisch, Swahili
Religionen: 42% römisch-katholisch, 42% protestantisch, 12% muslimisch, 4% andere Religionen

GROSSE NATIONALPARKS UND WILDSCHUTZGEBIETE

Name	Größe	Typisches Tier
Selous Schutzgebiet, Tansania	45 000 km²	
Tsavo Nationalpark, Kenia	20 812 km²	
Serengeti Nationalpark, Tansania	14 760 km²	
Ruaha Nationalpark, Tansania	12 950 km²	
Ngorongoro Schutzgebiet, Tansania	8 292 km²	

MAROKKO

Das Klima Marokkos ist im Sommer sehr heiß und trocken, im Winter dagegen mild. In den fruchtbaren Küstenebenen pflanzen Bauern Früchte und Gemüse an, die verarbeitet und als Konserven exportiert werden. Die meisten Marokkaner gehören zur Völkergruppe der Berber.

Fläche: 458 730 km²
Regierungsform: Parlamentarische Monarchie
Unabhängigkeit: 1956 von Frankreich
Währung: Marokkanischer Dirham
Einwohner: 31 Mio.
Bevölkerungsdichte: 69,6 je km²
Amtssprache: Arabisch
Religionen: 99% sunnitische Muslime, 1% christlich, jüdisch und andere Religionen

WETTERDATEN

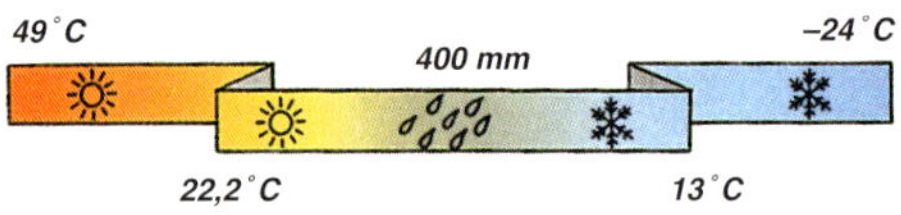

LANDSCHAFTEN
Fast 40% von Marokko sind von Grasland bedeckt.

WISSENSWERTES
In Marokko werden Rosen, Gladiolen, Nelken, Schwertlilien und Ringelblumen für den Export angepflanzt. 1991 wurden 2 500 t Schnittblumen gezüchtet.

Safran, ein gelb färbendes Gewürz für Reisgerichte, wird im Osten des Landes gewonnen. Zur Herstellung werden die Staubblätter der Krokusblüte getrocknet. Für ein Kilo Safran braucht man rund 400 000 Staubblätter.

WISSENSWERTES

Marokkanische Händler bieten ihre Waren, z.B. Gewürze, Früchte oder Kleidung, in überdachten Märkten, den Souks, an.

Aus dem Holz von Zitronensträuchern, Zedern und Sandelholz stellen geschickte Handwerker zahlreiche Kunstgegenstände her.

Ein wichtiger Industriezweig ist auch die Gerberei, die Tierhäute zu Leder verarbeitet.

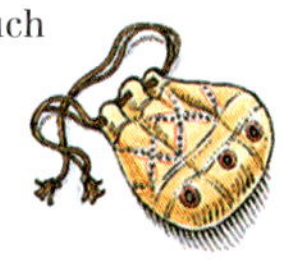

Die marokkanische Lederindustrie produziert Schuhe, Taschen und Kleidung.

FANTASIA
Einmal im Jahr findet in Marokko eine große Fantasia statt. Das ist ein Fest, das auf die Kriegstaktik der Berber zurückgeht. Dabei reiten zwei Gruppen – reich geschmückt mit traditioneller Kleidung – im Galopp aufeinander zu und feuern ihre Gewehre ab.

SPRACHE
Ein typischer Gruß auf Arabisch lautet: »Ahlan wasahlan«.

MOSCHEE VON MARRAKESCH
Die Koutoubia-Moschee in Marrakesch wurde im 11. Jh. auf Befehl von Yacoub El Mansur erbaut. Ihr Minarett ist 70 m hoch. Besser bekannt ist dieses islamische Gotteshaus unter dem Namen »Buchhändlermoschee«, denn dort versammeln sich regelmäßig die Buchhändler und bieten ihre Ware an.

HERKUNFTSSTAATEN UND ZAHL DER TOURISTEN	
Frankreich	811 805
Spanien	255 333
Deutschland	228 620
Großbritannien	134 635
Italien	126 477

WESTSAHARA

Die von Marokko annektierte Demokratische Arabische Republik Westsahara ist mit nur einem Einwohner pro Quadratkilometer ein fast menschenleeres Land. Ackerbau ist kaum möglich, die Bauern züchten Ziegen und Schafe.

Fläche: 252 120 km²
Unabhängigkeit: 1976 von Spanien; seit 1979 von Marokko besetzt
Währung: Marokkanischer Dirham
Einwohner: 252 000
Bevölkerungsdichte: 1 je km²
Amtssprache: Arabisch
Religion: 100% muslimisch

MAURETANIEN

Mauretanien ist ein heißes, trockenes Land, das zu mehr als der Hälfte von Sanddünen bedeckt wird. In den Grasebenen des Südens leben Antilopen, Löwen und Elefanten. Die Erträge aus dem Fischfang im Atlantischen Ozean sind zusammen mit Eisenerzexporten die wichtigsten Einnahmequellen des Landes.

Fläche: 1 030 700 km²
Unabhängigkeit: 1960 von Frankreich
Währung: Ouguiya
Einwohner: 3 Mio.
Bevölkerungsdichte: 2,9 je km²
Amtssprache: Arabisch
Religionen: 99% malakitische Muslime, 1% andere Religionen

KAP VERDE

Die vulkanische Inselgruppe der Kapverden besteht aus 10 größeren und 5 kleineren, unbewohnten Inseln. Die meisten Einwohner sind Mulatten. Wichtige Anbauprodukte sind Bananen und Zuckerrohr.

Fläche: 4 036 km²
Unabhängigkeit: 1975 von Portugal
Währung: Kap-Verde-Escudo
Einwohner: 495 000
Bevölkerungsdichte: 123 je km²
Amtssprache: Portugiesisch
Religionen: 92,8% römisch-katholisch, 1% protestantisch, 6,2% andere Religionen

MALI

Nur auf rund 2% der Landesfläche kann Ackerbau betrieben werden. Dort werden vorwiegend Baumwolle und Erdnüsse angebaut. Die Hauptexportgüter sind Baumwolle und tierische Produkte sowie Gold.

Fläche: 1 240 192 km²
Unabhängigkeit: 1960 von Frankreich
Währung: CFA-Franc
Einwohner: 13,1 Mio.
Bevölkerungsdichte: 10,6 je km²
Amtssprache: Französisch
Religionen: 80% muslimisch, 2% christlich und andere Religionen, 18% Stammesreligionen

NIGER

Der Norden des Landes ist fast menschenleer, die meisten Einwohner leben im Süden. Rund ein Sechstel der Bevölkerung zieht als Nomaden umher. Der Niger gehört zu den größten Uranproduzenten der Welt.

Fläche: 1 267 000 km²
Unabhängigkeit: 1960 von Frankreich
Währung: CFA-Franc
Einwohner: 13,5 Mio.
Bevölkerungsdichte: 10,7 je km²
Amtssprache: Französisch
Religionen: 80% muslimisch, 10% Stammesreligionen, 10% christlich und andere Religionen

ALGERIEN

Mehr als 80% des Landes gehören zur Sahara. Seit man in den Wüstengebieten Erdöl und Erdgas gefunden hat, wurden diese beiden Bodenschätze zu den wichtigsten Ausfuhrprodukten Algeriens.

Fläche: 2 381 741 km²
Unabhängigkeit: 1962 von Frankreich
Währung: Algerischer Dinar
Einwohner: 32,4 Mio.
Bevölkerungsdichte: 13,6 je km²
Amtssprache: Arabisch
Religionen: 99% sunnitische Muslime, 1% christlich, jüdisch und andere Religionen

FELSZEICHNUNGEN
Diese Felszeichnung im Tassili-n-Ajjer-Gebirge stammt aus der Zeit um 6000 v. Chr. Sie zeigt Nomaden mit ihren Herden, die damals hier lebten. Zwischen ca. 6 000 und 3 000 v. Chr. war die Sahara nämlich keine Wüste. Es gab genug Regen, und auf dem Gras weideten Gazellen und Büffel.

DIE SAHARA
Die Sahara (das Wort bedeutet auf arabisch »Wüste«) ist die größte Wüste der Welt. Mit über 9 Mio. km² ist sie größer als die Vereinigten Staaten von Amerika ohne Alaska und Hawaii.

Das Dromedar ist hervorragend an ein Leben in der Wüste angepasst. Es kann acht Tage lang täglich 160 km zurücklegen, ohne Wasser trinken zu müssen.

Meist stellt man sich die Sahara als Sandwüste vor. Tatsächlich besteht sie nur zu 20% aus reinen Sandflächen. Dort kann der Wind den Sand aber bis zu 230 m hohen Dünen aufwehen.

WASSERPIPELINE
Unter der Sahara lagern große Wasservorräte. Die Libyer haben diese Speicher angebohrt und leiten das Wasser zur Küste, um dort ihre Felder zu bewässern.

WÜSTENBEWOHNER
Die Tuareg sind ein nomadischer Stamm, der am Rand der Wüste lebt. Sie stammen von den Berbern ab und sind wie sie Viehzüchter. Gegen die Hitze und den Staub schützen sie sich mit Tüchern, die sie um den Kopf wickeln.

TUNESIEN

In Tunesien ist der Boden sehr nährstoffarm; der Anbau von Nutzpflanzen ist kaum möglich. Deshalb ist der Tourismus eine der wichtigsten Einnahmequellen. Aus dem Espartogras, das auf den Ebenen wächst, stellt man Papier von hoher Qualität her.

Fläche: 163 610 km²
Unabhängigkeit: 1956 von Frankreich
Währung: Tunesischer Dinar
Einwohner: 9,9 Mio.
Bevölkerungsdichte: 61 je km²
Amtssprache: Arabisch
Religionen: 99% muslimisch, 1% christlich, jüdisch und andere Religionen

FALKNEREI
Während des Sommers gehen tunesische Falkner mit ihren Greifvögeln auf die Jagd nach Wachteln, Hasen und Rebhühnern.

LIBYEN

Libyen gehört zu den führenden Erdölproduzenten der Welt. Fast das ganze Land besteht aus Wüste. Nur in den Oasen des Südens wachsen Zitrusfrüchte, Feigen und Datteln.

Fläche: 1 775 500 km²
Unabhängigkeit: 1951 von Italien
Währung: Libyscher Dinar
Einwohner: 5,7 Mio.
Bevölkerungsdichte: 3,2 je km²
Amtssprache: Arabisch
Religionen: 97% sunnitische Muslime, 3% andere Religionen

TSCHAD

Typische Landschaften des Tschad sind Wüste, Grassteppe und tropischer Regenwald. Fast alle Anbauprodukte, darunter auch Baumwolle, stammen aus dem feuchteren Süden des Landes. Um den Tschadsee herum wird Natron abgebaut.

Fläche: 1 284 000 km²
Unabhängigkeit: 1960 von Frankreich
Währung: CFA-Franc
Einwohner: 9,4 Mio.
Bevölkerungsdichte: 7,4 je km²
Amtssprache: Französisch
Religionen: 50% muslimisch, 30% christlich, 20% Stammesreligionen

NIGERIA

Nigeria ist im Vergleich mit anderen afrikanischen Ländern sehr dicht besiedelt. Zwei Drittel seiner Bewohner leben in Bauerndörfern. Die wertvollsten Anbaufrüchte sind Kakao, Palmenprodukte und Gummi, das wichtigste Ausfuhrprodukt ist jedoch Erdöl.

Fläche: 923 768 km²
Regierungsform: Präsidialrepublik
Unabhängigkeit: 1960 von Großbritannien
Währung: Naira
Einwohner: 128,7 Mio.
Bevölkerungsdichte: 139 je km²
Amtssprache: Englisch

LANDSCHAFTEN
Mehr als die Hälfte des Landes ist von Grasland bedeckt.

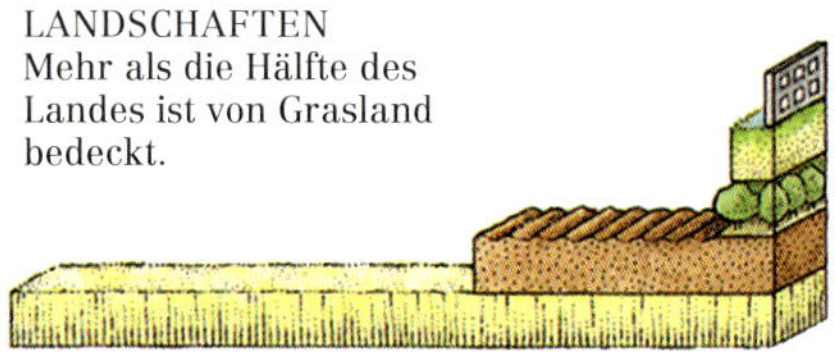

10 Naira

Ein typischer Gruß in der Haussa-Sprache lautet: »Ina-kwana!«.

WISSENSWERTES
Nigeria gibt viel Geld für Schulwesen und Ausbildung aus. Im Land gibt es 33 Universitäten mit mehr als 243 000 Studenten.

Alle Zwillinge in Nigeria tragen dieselben Namen, ganz gleich ob Junge oder Mädchen. Das erstgeborene Kind trägt den Namen »Taiwo«, das zweite »Kehinde«.

Die wichtigsten Stammesgruppen Nigerias sind die Hausa im Norden, die Ibo im Osten und die Joruba im Süden und Westen.

MÄRKTE
Die Abbildung zeigt einen Markt in Benin. Eine Frau kauft Chilischoten für die scharfe Soße ein, mit der dort die Speisen gewürzt werden. Sie trägt ein Wickelkleid aus gemustertem Stoff, das »Pagne« genannt wird.

SENEGAL

In diesem flachen Land werden vorwiegend Erdnüsse angepflanzt, und das ausgepresste Öl geht in den Export. Die Hauptstadt Dakar ist der wichtigste Hafen in Westafrika.

Fläche: 196 722 km²
Unabhängigkeit: 1960 von Frankreich
Regierungsform: Präsidialrepublik
Währung: CFA-Franc
Einwohner: 11,4 Mio.
Bevölkerungsdichte: 58 je km²
Amtssprache: Französisch

GAMBIA

Gambia gehört zu den kleinsten Ländern Afrikas. Es erstreckt sich über eine Länge von 320 km entlang den Ufern des Gambia. Die wichtigste Anbaufrucht ist die Erdnuss.

Fläche: 11 295 km²
Unabhängigkeit: 1965 von Großbritannien
Regierungsform: Präsidialrepublik
Währung: Dalasi
Einwohner: 1,5 Mio.
Bevölkerungsdichte: 131 je km²
Amtssprache: Englisch

WISSENSWERTES
Erdnüsse sind das wichtigste Anbauprodukt Westafrikas. Trotz ihres Namens sind Erdnüsse keine Nüsse, sondern Hülsenfrüchte.

Die Erdnuss reift, eine Ausnahme unter Früchten, unterirdisch heran.

Aus Erdnüssen werden rund 300 verschiedene Produkte hergestellt, z.B. Mehl, Seife und Plastik.

GUINEA-BISSAU

In diesem Küstenland herrscht ein Monsunklima mit Regenfällen zwischen Mai und Oktober. Zu den Wasservögeln, die dort leben, gehören Pelikane und Flamingos.

Fläche: 36 125 km²
Unabhängigkeit: 1974 von Portugal
Währung: CFA-Franc
Einwohner: 1,5 Mio.
Bevölkerungsdichte: 43 je km²
Amtssprache: Portugiesisch

GUINEA

Guinea ist der zweitgrößte Erzeuger von Bauxit, dem Grundstoff zur Aluminiumherstellung. Außerdem werden Eisenerz, Gold und Diamanten gefördert.

Fläche: 245 857 km²
Unabhängigkeit: 1958 von Frankreich
Währung: Guinea-Franc
Einwohner: 9,2 Mio.
Bevölkerungsdichte: 37 je km²
Amtssprache: Französisch

SIERRA LEONE

Portugiesische Forschungsreisende nannten dieses Land im 15. Jh. »Sierra Leone«, das bedeutet »Löwenberg«. Die wichtigsten Exportprodukte sind Rutil, Diamanten und Bauxit.

Fläche: 71 740 km²
Unabhängigkeit: 1961 von Großbritannien
Währung: Leone
Einwohner: 5,3 Mio.
Bevölkerungsdichte: 73,9 je km²
Amtssprache: Englisch

SPRACHRHYTHMEN
Die Aschanti-Sprache Westafrikas ist eine sehr melodische Sprache. Ihren Tonfall kann man mit einer speziellen Trommel nachahmen. Die Trommelsprache, mit einem ganz eigenen Wortschatz, wird benutzt, um Nachrichten von Dorf zu Dorf zu senden.

SPRECHENDE TROMMELN
Die »Kalungu« oder Sprechende Trommel wird von Schnüren zusammengehalten, die die beiden Trommelfelle verbinden. Wird die »Taille« der Trommel zusammengedrückt, ändert sich ihr Klang.

LIBERIA

Liberia wurde als Heimat für freigelassene Sklaven aus den USA gegründet. Inzwischen hat hochwertiges Eisenerz den Gummi als wertvollstes Ausfuhrprodukt abgelöst.

Fläche: 97 754 km²
Unabhängigkeit: 1847 als unabhängiger Staat gegründet
Währung: Liberianischer Dollar
Einwohner: 3,2 Mio.
Bevölkerungsdichte: 33 je km²
Amtssprache: Englisch

ELFENBEINKÜSTE

In diesem Staat leben 66 verschiedene Stämme. Die Künstler der Dan, einer dieser Stämme, schnitzen wunderschöne Masken, die bei traditionellen Zeremonien getragen werden.

Fläche: 322 462 km²
Unabhängigkeit: 1960 von Frankreich
Währung: CFA-Franc
Einwohner: 17,9 Mio.
Bevölkerungsdichte: 55 je km²
Amtssprache: Französisch

BURKINA FASO

Burkina Faso liegt, ohne Verbindung zum Meer, am Südrand der Sahara. Da die Böden fast überall unfruchtbar sind, können nur auf 10% der Landesfläche Nutzpflanzen, wie Baumwolle, angebaut werden.

Fläche: 274 200 km²
Unabhängigkeit: 1960 von Frankreich
Währung: CFA-Franc
Einwohner: 12,8 Mio.
Bevölkerungsdichte: 47 je km²
Amtssprache: Französisch

WETTERDATEN VON NIGERIA

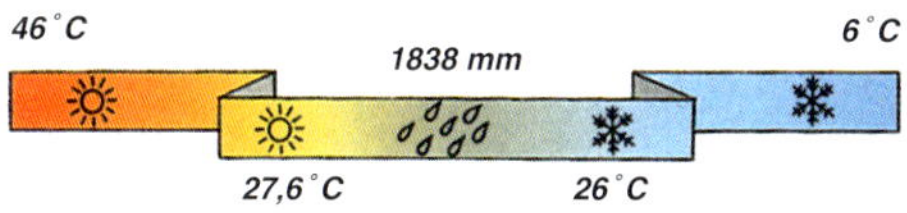

DAS ALTE KÖNIGREICH VON BENIN
Das Königreich von Benin lag in den Wäldern des heutigen Nigeria. Im 14. Jh. erreichte es seine größte Macht. Seine damaligen hervorragenden Künstler schufen prachtvolle Figuren und Köpfe aus Bronze.

RELIGIONEN IN WESTAFRIKA
(in % der Bevölkerung)

Land	Muslime	Christen	Stammes-religionen
Benin	24	43	33
Burkina Faso	30	12	58
Elfenbeinküste	27	32	41
Gambia	85	10	5
Ghana	16	69	15
Guinea	85	8	7
Guinea-Bissau	50	10	40
Liberia	20	10	70
Nigeria	21	10	70
Senegal	94	5	1
Sierra Leone	60	30	10
Togo	14	48	33

GHANA

Ghana ist der größte Kakaoexporteur der Welt; fast die Hälfte der Ghanaer sind in der Landwirtschaft beschäftigt.

Fläche: 238 537 km²
Unabhängigkeit: 1957 von Großbritannien
Währung: Cedi
Einwohner: 21,7 Mio.
Bevölkerungsdichte: 91 je km²
Amtssprache: Englisch

TOGO

In Togo leben über 30 verschiedene Volksgruppen, die teilweise aus anderen Teilen Westafrikas stammen. Fast die Hälfte der Einwohner ist jünger als 15 Jahre.

Fläche: 56 785 km²
Unabhängigkeit: 1960 von Frankreich
Währung: CFA-Franc
Einwohner: 6 Mio.
Bevölkerungsdichte: 106 je km²
Amtssprache: Französisch

BENIN

Die Küste Benins wird von Salzwasserseen gesäumt. Kleine Orte an diesen Seen und historische Paläste aus der Zeit des alten Königreiches machen Benin zu einem beliebten Reiseziel für Touristen.

Fläche: 112 622 km²
Unabhängigkeit: 1960 von Frankreich
Währung: CFA-Franc
Einwohner: 8,2 Mio.
Bevölkerungsdichte: 73 je km²
Amtssprache: Französisch

GABUN

Gabun liegt auf dem Äquator und hat ein feucht-heißes Klima. Rund 75% des Landes sind von tropischem Regenwald bedeckt. Gabun ist weltweit der viertgrößte Produzent von Mangan, einem Metall, das man für Stahllegierungen verwendet.

Fläche: 267 667 km^2
Unabhängigkeit: 1960 von Frankreich
Währung: CFA-Franc
Einwohner: 1,4 Mio.
Bevölkerungsdichte: 5,1 je km^2
Amtssprache: Französisch
Religionen: 60% christlich, 35% Stammesreligionen, 5% muslimisch, hinduistisch und andere Religionen

STAMMESRELIGIONEN
Viele Afrikaner halten an ihrem alten, überlieferten Glauben fest, der schon existierte, bevor Weltreligionen, wie Islam oder Christentum, ins Land kamen.

In vielen dieser traditionellen Religionen werden Naturerscheinungen, wie Berge oder Flüsse, verehrt. Jedes dieser Dinge soll von Geistern beseelt sein, die gut oder böse sein können.

Fetische sind Figuren, in denen ein Geist wohnt. Gute Geister werden beschwört, indem man Nase oder Stirn dieser Figuren reibt und dabei ein Gebet spricht.

ÄQUATORIALGUINEA

Das Land besteht aus Mbini oder Río Muni auf dem Festland und der Insel Bioko oder Fernando Póo. Die meisten seiner Einwohner gehören dem Fang-Stamm an, der einer von mehreren Bantu-Stämmen ist.

Fläche: 28 051 km^2
Unabhängigkeit: 1968 von Spanien
Währung: CFA-Franc
Einwohner: 497 000
Bevölkerungsdichte: 17,5 je km^2
Amtssprache: Spanisch
Religionen: 94% Christen, 6% andere Religionen

Suppen-schildkröte

SCHILDKRÖTENSTRAND
Jedes Jahr im Januar und Februar zieht es tausende von Schildkröten zu den Stränden der Insel Bioko. Dort kriechen sie an Land und legen ihre Eier in den Sand. Aus nur einem von 100 wird eine kleine Schildkröte schlüpfen, der Rest fällt Eierjägern und Seevögeln zum Opfer.

KAMERUN

Tropischer Regenwald bedeckt weite Teile der Republik Kamerun. Neben Erdöl, Kaffee und Holz sind Kakaobohnen ein wichtiges Exportgut, aus denen Kakao und Schokolade hergestellt werden.

Fläche: 475 442 km^2
Unabhängigkeit: 1960 von Frankreich
Währung: CFA-Franc
Einwohner: 16 Mio.
Bevölkerungsdichte: 33,7 je km^2
Amtssprachen: Englisch, Französisch
Religionen: 38% christlich, 40% Stammesreligionen, 22% muslimisch

LEBEN IM REGENWALD
Noch immer sind große Flächen von Zentralafrika von Regenwald bedeckt. In dem schwül-heißen Klima leben, neben vielen anderen Tieren, Schimpansen, Leoparden und eine Unzahl verschiedener Vögel.

Im Regenwald leben kleinwüchsige Menschengruppen, die wir Pygmäen nennen – ein Name, den sie selber nicht gerne hören. Sie ernähren sich von der Jagd und von gesammelten Wildpflanzen, Nüssen und Honig.

Einfache Hütten bauen die Regenwaldbewohner aus Zweigen. Sie werden rundum in den Boden gesteckt, oben zusammengebunden und mit großen Blättern gedeckt. Da die Pygmäen keine Pflanzen anbauen, brauchen sie auch keine Bäume für Ackerflächen zu roden.

Die wichtigsten Urwaldstämme sind die Twa, die BaKa und die Mbuti, die in den Wäldern von Gabun, den beiden Kongo-Staaten und der Zentralafrikanischen Republik leben.

SÃO TOMÉ UND PRÍNCIPE

Diese beiden Vulkaninseln liegen im Golf von Guinea. Rund 40% des Landes sind mit Kakaoplantagen bepflanzt. Die meisten der Einwohner leben auf São Tomé.

Fläche: 1 001 km^2
Unabhängigkeit: 1975 von Portugal
Währung: Dobra
Einwohner: 153 000
Bevölkerungsdichte: 153 je km^2
Amtssprache: Portugiesisch
Religionen: 93% römisch-katholisch, 3% protestantisch, 4% andere Religionen

YAOUNDÉ
Yaoundé ist die Hauptstadt und das wirtschaftliche Zentrum von Kamerun. Dort gibt es viele Schulen und Forschungseinrichtungen.

ZENTRALAFRIKANISCHE REPUBLIK

Diamanten, Kaffee und Tropenhölzer sind die wichtigsten Ausfuhrprodukte. In den Flüssen, die als Transportweg zum Meer dienen, leben Flusspferde und Krokodile.

Fläche: 622 436 km^2
Unabhängigkeit: 1960 von Frankreich
Währung: CFA-Franc
Einwohner: 4 Mio.
Bevölkerungsdichte: 6,4 je km^2
Amtssprache: Französisch
Religionen: 35% Stammesreligionen, 50% christlich, 15% muslimisch

KONGO

Fast drei Viertel des Landes sind von tropischem Regenwald bedeckt. Im Küstenbereich und in den Sümpfen wachsen Mangroven und Kokospalmen.

Fläche: 342 000 km^2
Unabhängigkeit: 1960 von Frankreich
Währung: CFA-Franc
Einwohner: 3,9 Mio.
Bevölkerungsdichte: 11,4 je km^2
Amtssprache: Französisch
Religionen: 50% Stammesreligionen, 40% römisch-katholisch, 5% protestantisch, 5% muslimisch und andere Religionen

ANGOLA

Die wichtigsten Rohstoffe des Landes sind Erdöl und Diamanten. Die lange Küstenlinie ist eine wichtige Voraussetzung für die Fischerei nach Sardinen und Makrelen.

Fläche: 1 246 700 km^2
Unabhängigkeit: 1975 von Portugal
Währung: Neuer Kwanza
Einwohner: 15,5 Mio.
Bevölkerungsdichte: 12,4 je km^2
Amtssprache: Portugiesisch
Religionen: 90% christlich, 10% Stammesreligionen

REUSENFISCHEREI
Überall entlang der Küste von Angola liegen Fischerorte. Manche Fische werden in kegelförmigen Reusen gefangen, die von einem besonderen Gerüst aus ins Wasser hängen.

RUANDA

Ruanda gehört zu den am dichtesten besiedelten Ländern in Afrika. Während des Bürgerkriegs 1994 flohen mehr als 2 Mio. Menschen in die Nachbarländer.

Fläche: 26 338 km²
Unabhängigkeit: 1962 von Belgien
Währung: Ruanda-Franc
Einwohner: 8,9 Mio.
Bevölkerungsdichte: 337,2 je km²
Amtssprachen: Französisch, Kinyarwanda
Religionen: 48% römisch-katholisch, 44% protestantisch, muslimisch und andere Religionen, 3% Stammesreligionen

BERGGORILLAS IN RUANDA
In den Bergen von Ruanda leben die letzten Berggorillas in einem Schutzgebiet. Sie sind die größten aller Menschenaffen und leben in Gruppen mit mehreren Weibchen und einem Männchen.

BURUNDI

Dieses winzige, dicht besiedelte Land ist nur 265 km breit. Im Südosten werden Nickel, Kupfer und Kobalt geschürft.

Fläche: 27 834 km²
Unabhängigkeit: 1962 von Belgien
Währung: Burundi-Franc
Einwohner: 7,3 Mio.
Bevölkerungsdichte: 261,6 je km²
Amtssprachen: Französisch, Ki-Rundi
Religionen: 60% christlich, 39% Stammesreligionen, 1% muslimisch

WISSENSWERTES
São Tomé hat mit 27% einen der niedrigsten Anteile an Analphabeten und mit durchschnittlich 65 Jahren die höchste Lebenserwartung in Zentralafrika.

Die Holzmasken aus Zentralafrika haben den spanischen Maler Pablo Picasso zu vielen seiner Arbeiten inspiriert.

Maske aus dem Kongo

Ein vegetarisches Gericht aus der Zentralafrikanischen Republik besteht aus Spinat oder anderem Blattgemüse. Es wird mit Erdnussbutter zu einem dicken Eintopf verrührt und zu Reis oder Maismehl gegessen.

Die Musik aus Kamerun heißt »Makossa«. Sie ist in ganz Afrika beliebt. Die Musiker spielen sie mit einer Flöte, Trommeln und der Sanza, einem Miniklavier, dessen Tasten mit dem Daumen bedient werden.

In Teilen von Sambia brennt man den Wald nieder, um Platz für Felder zu schaffen. Die Asche dient als Dünger.

Sanza

DEMOKRATISCHE REP. KONGO

Nach dem Sturz des Diktators Mobutu im Mai 1997 wurde Zaire von seinem Nachfolger Präsident Kabila wieder in Kongo umbenannt.

Fläche: 2 344 885 km²
Unabhängigkeit: 1960 von Belgien
Währung: Kongo-Franc
Einwohner: 55,9 Mio.
Bevölkerungsdichte: 24 je km²
Amtssprache: Französisch
Religionen: 51% römisch-katholisch, 25% protestantisch, 15% andere christliche Glaubensgemeinschaften, 7% Stammesreligionen, 2% Muslime

VICTORIAFÄLLE
Die Victoriafälle liegen auf der Grenze zwischen Sambia und Simbabwe. Das Wasser stürzt 108 m in die Tiefe, das ist doppelt so hoch wie die Niagarafälle. Der aufsteigende Wasserdampf kann noch aus 65 km Entfernung gesehen werden.

SAMBIA

Sambia ist ein großes Land ohne direkten Zugang zum Meer. Seine Wirtschaft ist von Straßen und der Eisenbahnlinie abhängig, die zum Hafen von Daressalam in Tansania führen.

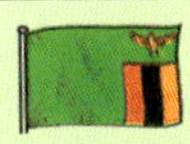

Fläche: 752 614 km²
Unabhängigkeit: 1964 von Großbritannien
Währung: Kwacha
Einwohner: 11,5 Mio.
Bevölkerungsdichte: 15,3 je km²
Amtssprache: Englisch
Religionen: 70% christlich, 28% Stammesreligionen, 2% andere Religionen

SÜDAFRIKA

Der größte Teil Südafrikas liegt auf einer Hochebene, dem südafrikanischen Tafelland, rund 900 m über dem Meeresspiegel. Auf den Weiden des Landes grasen Schafe, und Wolle ist ein wichtiges Exportprodukt. Bodenschätze wie Gold, Platin, Diamanten und Kohle tragen maßgeblich zum Reichtum von Südafrika bei.

Fläche: 1 219 090 km²

Regierungsform: Präsidialrepublik

Gründung: 1961 wurde die Republik Südafrika ausgerufen; seit 1994 neun Provinzen mit den eingegliederten »Homelands«

Währung: Rand

Einwohner: 45,5 Mio.

Bevölkerungsdichte: 37,3 je km²

Amtssprachen: Afrikaans, Englisch und verschiedene afrikanische Sprachen

Religionen: 80% christlich, 4% hinduistisch und muslimisch, 16% andere Religionen

PARLAMENTSGEBÄUDE

Das Parlamentsgebäude in Kapstadt ist seit 1885 Sitz der Regierung. Dort sind die beiden Häuser des südafrikanischen Parlaments untergebracht, außerdem eine große Bibliothek. Als erster schwarzer Präsident Südafrikas zog hier Nelson Mandela im Mai 1994 ein.

WICHTIGSTE SPRACHEN IN SÜDAFRIKA	
Sprache	Menschen, die sie sprechen
Zulu	22,9%
Xhosa	17,9%
Afrikaans	14,4%
Englisch	8,6%
Tswana	8,2%
Nordsotho	7,7%

WETTERDATEN

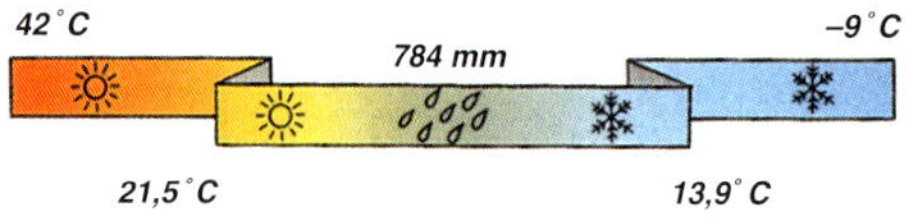

LANDSCHAFTEN

27% der Landesfläche werden landwirtschaftlich genutzt.

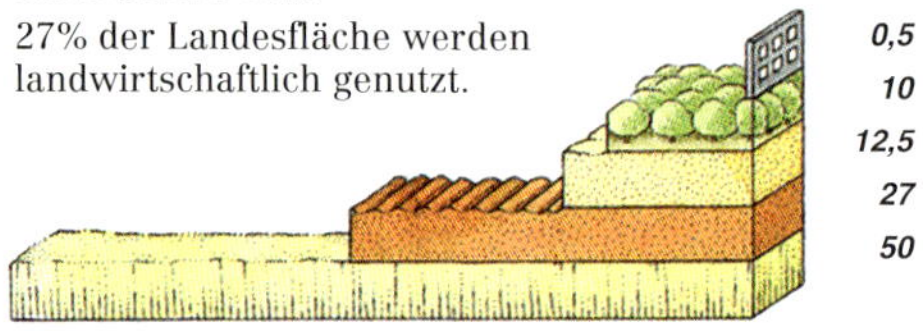

WISSENSWERTES

Nach langen Jahren der Rassentrennung (»Apartheid«), in der die schwarzen Südafrikaner nicht wählen durften, fanden im April 1994 die ersten freien, allgemeinen Wahlen statt.

Nelson Mandela war der erste schwarze Staatspräsident Südafrikas.

Jedes Jahr feiern die Zulu den Shaka-Tag. Shaka war ein großer Zulukrieger, der von 1818 bis 1828 die einzelnen schwarzen Clans zu einer einzigen Zulu-Nation vereinigte.

In Südafrika lebt die viertgrößte indische Gemeinschaft der Welt.

Südafrika betreibt die tiefste Goldmine der Welt. Die Stollen reichen bis 3 777 m tief unter die Erde.

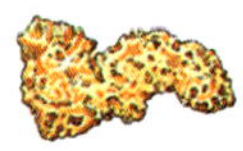

10 Rand

SPRACHE

Ein typischer Gruß auf Zulu lautet: »Kunjani!«.

NATIONALVOGEL

Der Paradieskranich ist der Nationalvogel Südafrikas. Er lebt in Schutzgebieten überall im Land.

KOSTBARE BODENSCHÄTZE

Südafrika ist der führende Erzeuger von Gold und Platin in der Welt. Das Land liefert 40% des Goldes und fast 50% des Platins der ganzen Welterzeugung.

DIE GRÖSSTEN PLATINMÄRKTE	
Bestimmungsort	Menge in kg
Japan	52 731
Westeuropa	23 814
Nordamerika	20 270
andere	10 915

SWASILAND

Das kleine Swasiland liegt mitten in Südafrika. Vier Flusssysteme versorgen es ausreichend mit Wasser, sodass Zitrusfrüchte und Zuckerrohr auf den bewässerten Flächen hervorragend gedeihen können.

Fläche: 17 363 km²

Unabhängigkeit: 1968 von Großbritannien

Währung: Lilangeni

Einwohner: 1,1 Mio.

Bevölkerungsdichte: 64,5 je km²

Amtssprachen: Siswati, z. T. Englisch

Religionen: 46% christlich, 40% Stammesreligionen, 14% Naturreligionen

LESOTHO

Lesotho ist ein unabhängiges Königreich und liegt als Enklave im Staatsgebiet Südafrikas. Auf den üppigen Wiesen der Berghänge weiden Rinder und Schafe.

Fläche: 30 355 km²

Unabhängigkeit: 1966 von Großbritannien

Währung: Loti

Einwohner: 1,8 Mio.

Bevölkerungsdichte: 59,3 je km²

Amtssprache: Englisch

Religionen: 85% christlich, 15% andere und Stammesreligionen

NAMIBIA

In diesem heißen, trockenen Land liegen die Wüste Namib und ein Teil der Wüste Kalahari. Die wichtigsten Ausfuhrprodukte des Landes sind Diamanten und Erze.

Fläche 824 292 km²

Unabhängigkeit: 1990 von Südafrika

Währung: Namibischer Dollar

Einwohner: 2 Mio.

Bevölkerungsdichte: 2,4 je km²

Amtssprache: Englisch

Religionen: 90% christlich, 10% Stammesreligionen

WISSENSWERTES

Im Gras der Savanne leben die Springböcke. Bei Gefahr springen diese kleinen Antilopen mit gekrümmtem Rücken bis zu 3,50 m hoch in die Luft. Damit warnen sie ihre Artgenossen.

Zu den typischen Bäumen der Savannen gehören mehrere Akazienarten. Die Dornenakazie kann bis zu 65 m lange Wurzeln ausbilden, um das Grundwasser anzuzapfen.

Zu den ältesten noch überlebenden Ureinwohnern des südlichen Afrikas gehören die Buschmänner. Heute leben sie in den Halbwüsten von Botsuana und Namibia.

BOTSUANA

Große Teile des Landes werden von der Kalahari eingenommen, eine Halbwüste mit Gras und Dornbüschen. Die wichtigste Einnahmequelle des Landes sind die Diamantminen.

Fläche: 581 780 km²

Unabhängigkeit: 1966 von Großbritannien

Währung: Pula

Einwohner: 1,8 Mio.

Bevölkerungsdichte: 3 je km²

Amtssprachen: Setswana und andere Bantu-Sprachen, teilweise Englisch

Religionen: 50% Stammesreligionen, 30% christlich, 10% muslimisch u. a. Religionen

SIMBABWE

Die meisten Einwohner dieses Binnenlandes gehören zu den Schona. Andere große Stämme sind die Karanga, Korekore und Ndebele. Tabak, Baumwolle und Zuckerrohr tragen als wichtige Nutzpflanzen zum Einkommen des Landes bei.

Fläche: 390 757 km²
Unabhängigkeit: 1980 von Großbritannien
Währung: Simbabwe-Dollar
Einwohner: 12,9 Mio.
Bevölkerungsdichte: 33 je km²
Amtssprache: Englisch
Religionen: 50% synkretisch (Mischung aus Stammesreligionen und Christentum), 25% christlich, 24% Stammesreligionen, 1% muslimisch

HAUPTSTADT VON SIMBABWE
Harare, die Hauptstadt von Simbabwe, trägt ihren Namen nach dem afrikanischen Stammeshäuptling Neharawe. Es ist eine moderne Stadt, in der über 10% der Landesbevölkerung lebt.

KOMOREN

Die drei Hauptinseln dieses Inselstaates liegen zwischen dem afrikanischen Festland und Madagaskar. Mehr als die Hälfte der Nahrungsmittel muss eingeführt werden.

Fläche: 2 170 km²
Unabhängigkeit: 1975 von Frankreich
Währung: Komoren-Franc
Einwohner: 600 000
Bevölkerungsdichte: 276,5 je km²
Amtssprachen: Arabisch, Französisch
Religionen: 99% muslimisch, 0,5% römisch-katholisch, 0,5% andere Religionen

HÄUSER DER NDEBELE
Die Frauen der Ndebele schmücken ihre Häuser mit aufgemalten, geometrischen Mustern in kräftigen Farben.

MADAGASKAR

Kaffee, Gewürznelken und Vanille sind die wichtigsten Ausfuhrprodukte dieser viertgrößten Insel der Welt. In den einzelnen Landesteilen herrscht ganz unterschiedliches Klima. Viele Tiere kommen nur auf dieser Insel vor.

Fläche: 587 041 km²
Unabhängigkeit: 1960 von Frankreich
Währung: Madagaskar-Franc
Einwohner: 18,1 Mio.
Bevölkerungsdichte: 31 je km²
Amtssprachen: Französisch, Madagassisch
Religionen: 50% Stammesreligionen, 43% christlich, 7% muslimisch

NATUR AUF MADAGASKAR
Madagaskar spaltete sich in der Frühgeschichte vom afrikanischen Kontinent ab. Flora und Fauna der Insel sind deshalb anders als auf dem Kontinent.

Zwei Drittel aller Chamäleonarten der Welt leben auf Madagaskar. Diese Tiere können ihre Farben ändern, um sich zu tarnen oder um Stimmungen auszudrücken.

Auf Madagaskar lebt auch der Indri, der größte Halbaffe der Welt.

MOSAMBIK

Mosambik ist eines der ärmsten Länder der Welt. Die meisten der Bauernhöfe sind Staatsbetriebe. Wichtige Ausfuhrprodukte sind Krustentiere, Nüsse, Baumwolle, Krabben, Tee und Zucker.

Fläche: 799 380 km²
Unabhängigkeit: 1975 von Portugal
Währung: Metical
Einwohner: 19,4 Mio.
Bevölkerungsdichte: 24 je km²
Amtssprache: Portugiesisch
Religionen: 42% muslimisch, 40% Stammesreligionen, 18% christlich

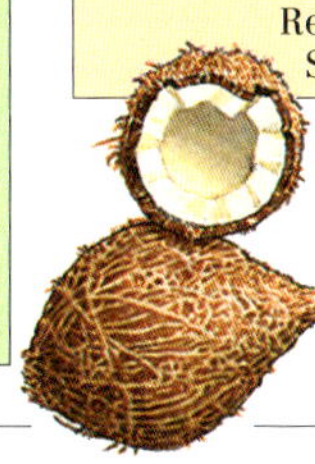

KOKOSNUSS
Kopra, das getrocknete Mark der Kokosnuss, liefert den Grundstoff für Seife, Shampoo und Margarine.

MALAWI

Dieses schmale Land ist nur 160 km breit. Tabak und Tee sind die wichtigsten Ausfuhrprodukte.

Fläche: 118 484 km²
Unabhängigkeit: 1964 von Großbritannien
Währung: Malawi-Kwacha
Einwohner: 12,6 Mio.
Bevölkerungsdichte: 106 je km²
Amtssprache: Englisch
Religionen: 70% christlich, 20% muslimisch, 10% andere Religionen

DIE MENSCHEN VON MADAGASKAR
Madagaskar hat eine der höchsten Geburtenraten der Welt. Fast die Hälfte der Einwohner ist jünger als 15 Jahre.

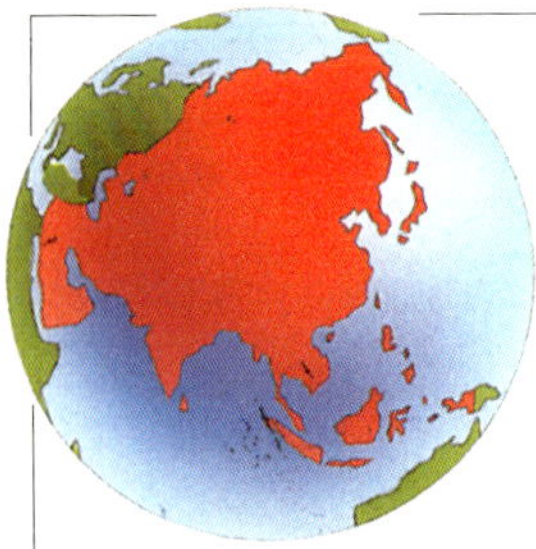

ASIEN

Asien ist der größte Kontinent der Erde. Dort gibt es heiße, trockene Wüsten, die eisige Tundra, den unermesslich weiten Wald der Taiga und tropische Regenwälder. In Asien leben mit 60% der Weltbevölkerung außerdem die meisten Menschen der Erde.

KLIMAZONEN

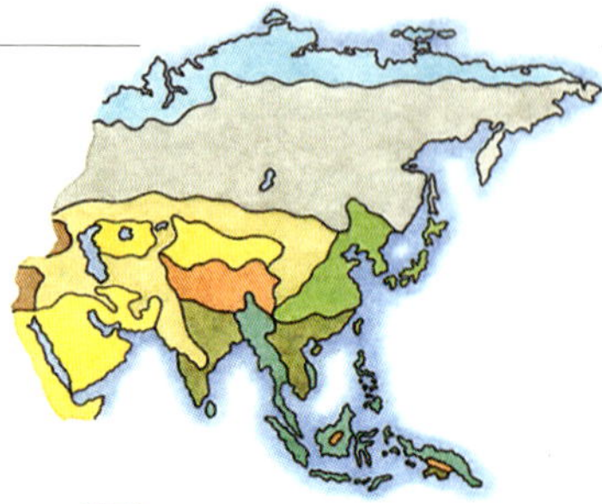

- Gebirge
- Polargebiete und Tundra
- Taiga
- Trockenes Grasland (Steppe)
- Mittelmeerklima
- Mischwald
- Regenwald
- Tropisches Grasland
- Hitzewüste

Fläche: 44 680 718 km²
Länder: 49
Größtes Land: Russland 17 075 200 km²
Kleinstes Land: Malediven 298 km²
Einwohner: 3 688,9 Mio.
Bevölkerungsdichte 82,6 je km²
Wichtigste Sprachen: Chinesisch, Hindi, Japanisch, Russisch, Arabisch, Englisch

Höchster Punkt: Mt. Everest, Nepal/China 8 850 m
Tiefster Punkt: Baikalsee, Russland 1 165 m unter dem Meeresspiegel
Höchste Temperatur: 54 °C Tirat Zevi, Israel
Tiefste Temperatur: –68 °C Werchojansk und Oimekon, Russland

ZEITZONEN

EINWOHNERZAHLEN DER GRÖSSTEN STÄDTE (GROSSRAUM)

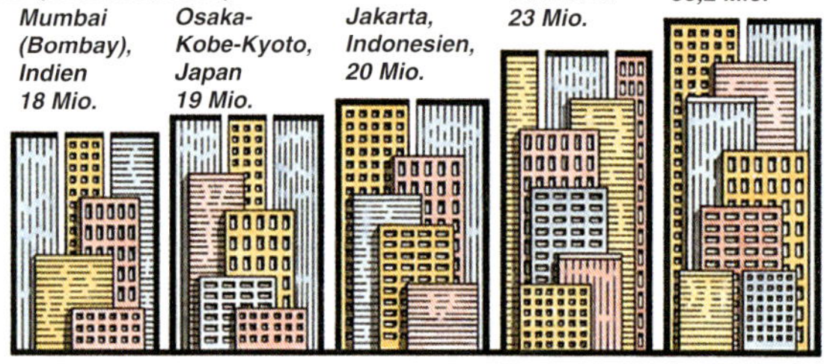

LÄNDER, TERRITORIEN UND HAUPTSTÄDTE

Land	Hauptstadt
Afghanistan	Kabul
Bahrain	Manama
Bangladesch	Dakka
Bhutan	Thimphu
Brunei	Bandar Seri Begawan
China	Beijing (Peking)
Indien	Neu-Delhi
Indonesien	Jakarta
Irak	Bagdad
Iran	Teheran
Israel	Jerusalem
Japan	Tokio
Jemen	Sana
Jordanien	Amman
Kambodscha	Phnom Penh
Kasachstan	Alma Ata
Katar	Doha
Kirgisien	Biškek (Bischkek)
Kuwait	Kuwait
Laos	Viangchan (Vientiane)
Libanon	Beirut
Malaysia	Kuala Lumpur

Land	Hauptstadt
Malediven	Male
Mongolei	Ulan-Bator
Myanmar	Rangun
Nepal	Katmandu
Nordkorea	Pjöngjang
Oman	Maskat
Pakistan	Islamabad
Philippinen	Manila
Russland	Moskau
Saudi-Arabien	Riad
Singapur	Singapur
Sri Lanka	Colombo
Südkorea	Seoul
Syrien	Damaskus
Taiwan	Taipeh
Tadschikistan	Duschanbe
Thailand	Bangkok
Turkmenistan	Aschgabad
Usbekistan	Taschkent
Vereinigte Arabische Emirate	Abu Dhabi
Vietnam	Hanoi

ALTERSVERTEILUNG

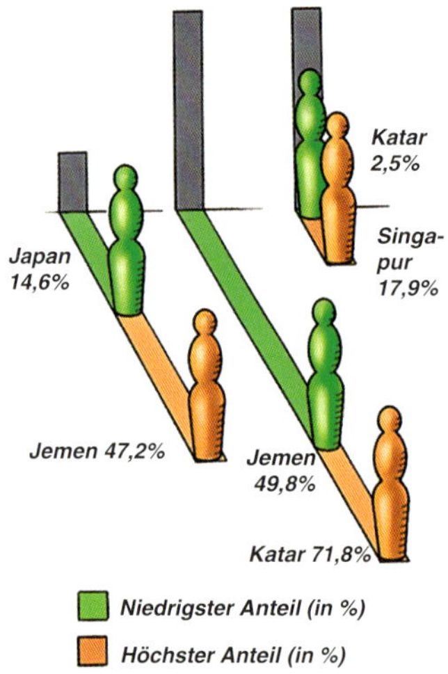

DIE WENIGSTEN ÄRZTE	
Nepal	1 auf 25 000 Menschen
Afghanistan	1 auf 9 091 Menschen
Bhutan, Indonesien	1 auf 6 250 Menschen
Bangladesh	1 auf 5 000 Menschen
Laos	1 auf 4 115 Menschen

DIE HÖCHSTE LEBENSERWARTUNG

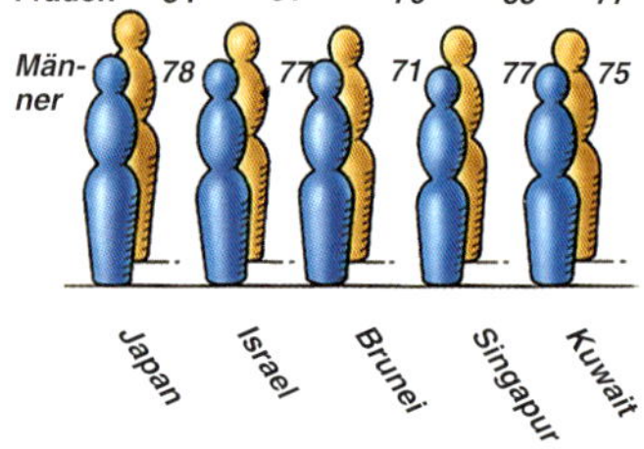

REISANBAU

Asien ist mit 90% der Weltproduktion das größte Reisanbaugebiet der Erde. Zusammen mit Weizen und Mais stellt Reis das Grundnahrungsmittel für mehr als die Hälfte der Weltbevölkerung dar.

DIE HÖCHSTEN BERGE

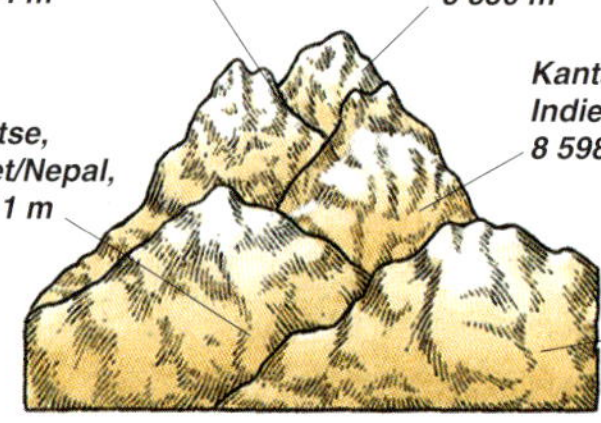

Baikalrobbe

WISSENSWERTES

Mit 1 620 m Tiefe ist der Baikalsee in Russland der tiefste See der Erde. Hier lebt die Baikal-Ringelrobbe, der einzige Seehund des Süßwassers.

Vier der fünf größten Teeanbauländer liegen in Asien: Indien, China, Sri Lanka und Indonesien.

Alle großen Weltreligionen haben ihren Ursprung in Asien. Dazu gehören der christliche, jüdische und hinduistische Glaube, der Buddhismus und der Glaube der Sikhs.

Die höchste Stadt der Welt, Lhasa in Tibet, liegt 3 685 m über dem Meeresspiegel.

QUERSCHNITT (VON NORD NACH SÜD)

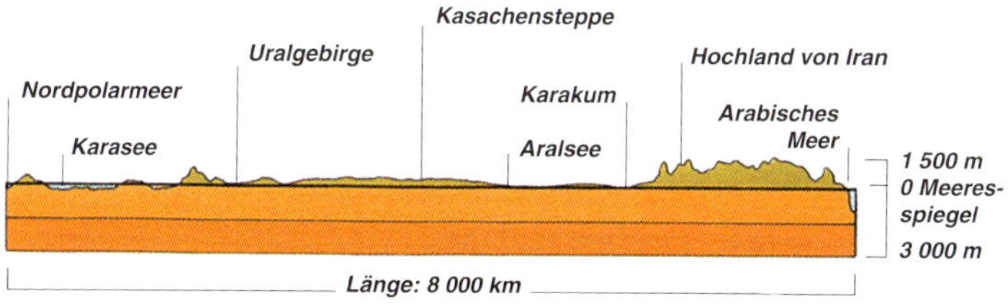

QUERSCHNITT (VON WEST NACH OST)

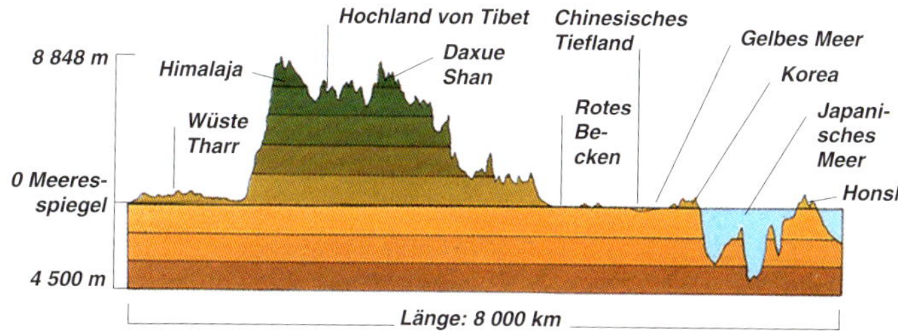

TIERE

Der Sibirische Tiger ist die größte Raubkatze der Welt. Das schwerste, jemals gefangene Exemplar wog 384 kg. Heute leben nur noch wenige Tiere in Freiheit.

Der Orang-Utan lebt nur in den dichten Regenwäldern von Borneo und Sumatra.

Das Trampeltier nennt man auch Zweihöckeriges Kamel. Sein natürlicher Lebensraum ist die Wüste Gobi.

LANDSCHAFTEN
Fast ein Drittel von Asien ist bewaldet.

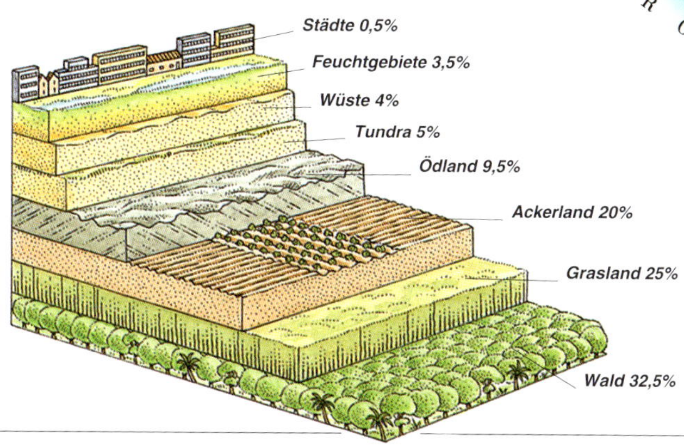

PFLANZEN

Bestimmte Rhododendronbüsche in Indien und Sri Lanka können bis zu 12 m hoch werden.

Bambus ist ein Gras, dessen Stängel im Laufe der Zeit hart und holzig werden. Manche Arten wachsen 40 cm am Tag.

IRAN

Der Iran, früher Persien genannt, ist ein weitgehend ödes Land mit flachen Hochtälern und langen Gebirgsketten. Fruchtbar sind nur die Ebenen am Kaspischen Meer und die Vorgebirge. Das Land verfügt über große Vorräte an Erdöl, Erdgas und Bodenschätzen.

Fläche: 1 648 000 km²

Regierungsform: Islamische Präsidialrepublik

Unabhängigkeit: über 2 500 Jahre alte Staatsgeschichte

Währung: Rial

Einwohner: 67 Mio.

Bevölkerungsdichte: 40,7 je km²

Amtssprache: Farsi (Persisch)

Religionen: 91% muslimisch, 8% sunnitische Muslime, 1% Bahai, christlich, jüdisch und Zarathustra-Religion

ARCHITEKTUR
Die Imam-Moschee wurde im traditionellen islamischen Stil erbaut. Sie wurde 1020 vollendet und ist mit bunten Ziegeln verziert.

Imam-Moschee, Isfahan

Das moderne Shayad-Denkmal wurde zum Gedenken an den König Cyrus erbaut, der vor 2 500 Jahren geboren wurde. Unter seiner Herrschaft entstand das Persische Großreich.

Shayad-Denkmal, Teheran

WETTERDATEN

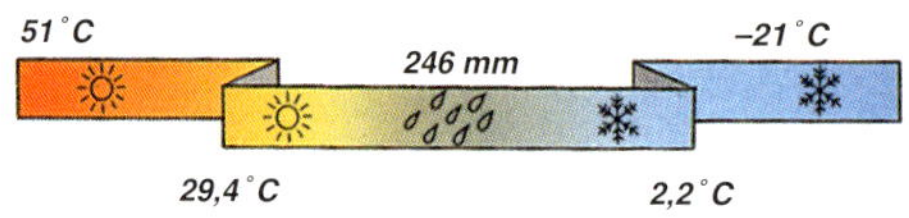

LANDSCHAFTEN
Nur 6,5% des Landes werden landwirtschaftlich genutzt.

WISSENSWERTES
Alle männlichen Iraner müssen im Alter von 16 Jahren zur Armee. Ausnahmen gelten nur für Kranke und für Brüder von Soldaten, die in den Kriegen seit 1979 gefallen sind.

Ringen und Pferderennen sind traditionelle iranische Sportarten. Rugby und Volleyball gehören zu den beliebtesten modernen Sportarten.

Der Iran ist der viertgrößte Ölproduzent der Welt. Der Gewinn aus dem Ölgeschäft macht 70% des nationalen Einkommens und 90% der Deviseneinkünfte aus.

Fast alle Städte beziehen ihr Trinkwasser aus langen Bewässerungskanälen, den Qanat (auch Kanat oder Foggara), die das Wasser aus den Bergen leiten.

DER ISLAM
Mohammed, der im Jahr 570 in Arabien geboren wurde, wird von den Muslimen als letzter und größter aller Propheten verehrt.

Alle Frauen im Iran, auch Touristinnen, müssen ihren Körper bedecken. Nur die Hände, Füße und das Gesicht dürfen zu sehen sein.

Eine iranische Frau trägt das traditionelle Kopftuch mit Schleier, den Tschador.

Der Koran ist das heilige Buch des Islam. »Koran« ist arabisch und heißt »Lesung« oder »Vortrag«. Der Koran enthält Gottes Wort, so wie es dem Propheten Mohammed offenbart worden war. Der Koran enthält religiöse und gesetzliche Vorschriften, die die Muslime streng befolgen.

Das rituelle Gebet ist fünfmal täglich vorgeschrieben. Die Gläubigen richten den Blick nach Osten und vollziehen einen fest vorgeschriebenen Bewegungsablauf. Sie berühren u. a. den Boden mit der Stirn.

SPRACHE
Ein typischer Gruß auf Farsi lautet: »Salam!«.

DIE GRÖSSTEN ERDÖLVERBRAUCHER		
Land	Mio. t pro Jahr	t pro Kopf und Jahr
USA	927,3	3,16
China	308,6	0,24
Japan	250,5	1,96
Russland	131,8	0,92
Deutschland	123,2	1,49
Indien	115,3	0,11

PERSERTEPPICHE
Handgeknüpfte Perserteppiche sind das zweitwichtigste Ausfuhrprodukt des Landes. Je nach ihrem Herkunftsgebiet haben Perserteppiche ganz bestimmte Muster. Besonders schöne Teppiche kommen aus Isfahan, Kaschan, Kerman, Qom, Schiras und Täbris.

TURKMENISTAN

Turkmenistan ist ein äußerst trockenes Land. Unter der Karakum-Wüste lagern riesige Vorräte an Erdgas. Auf bewässerten Flächen bauen die Einwohner Baumwolle, Weizen, Weintrauben und Melonen an.

Fläche: 488 100 km²

Regierungsform: Präsidialrepublik

Unabhängigkeit: 1991 von der Sowjetunion

Währung: Turkmenistan-Manat

Einwohner: 4,8 Mio.

Bevölkerungsdichte: 9,8 je km²

Amtssprache: Turkmenisch

Religionen: 89% muslimisch, 9% russisch-orthodox, 2% andere Religionen

AFGHANISTAN

Dieses Agrarland wird vom Hindukusch-Gebirge in zwei Teile getrennt. Viele der Einwohner Afghanistans leben noch immer als Nomaden. In den Dörfern werden Schafe gehalten und die Schaffelle exportiert.

Fläche: 652 225 km²

Regierungsform: Präsidialrepublik

Unabhängigkeit: 1919 von Großbritannien

Währung: Afghani

Einwohner: 28,6 Mio.

Bevölkerungsdichte: 43,8 je km²

Amtssprachen: Dari (Persisch) und Paschtu

Religionen: 84% sunnitische Muslime, 15% schiitische Muslime, 1% hinduistisch, jüdisch und Sikhs

TADSCHIKISTAN

Im Pamirgebirge von Tadschikistan liegt mit 72 km Länge einer der längsten Gebirgsgletscher der Welt. In den Tälern bauen die Landwirte Früchte, Reis und Baumwolle an.

Fläche: 143 100 km²

Regierungsform: Parlamentarische Republik

Unabhängigkeit: 1991 von der Sowjetunion

Währung: Somoni

Einwohner: 6,4 Mio.

Bevölkerungsdichte: 44,9 je km²

Amtssprache: Tadschikisch

Religionen: 80% sunnitische Muslime, 5% Schiiten, 15% andere Religionen

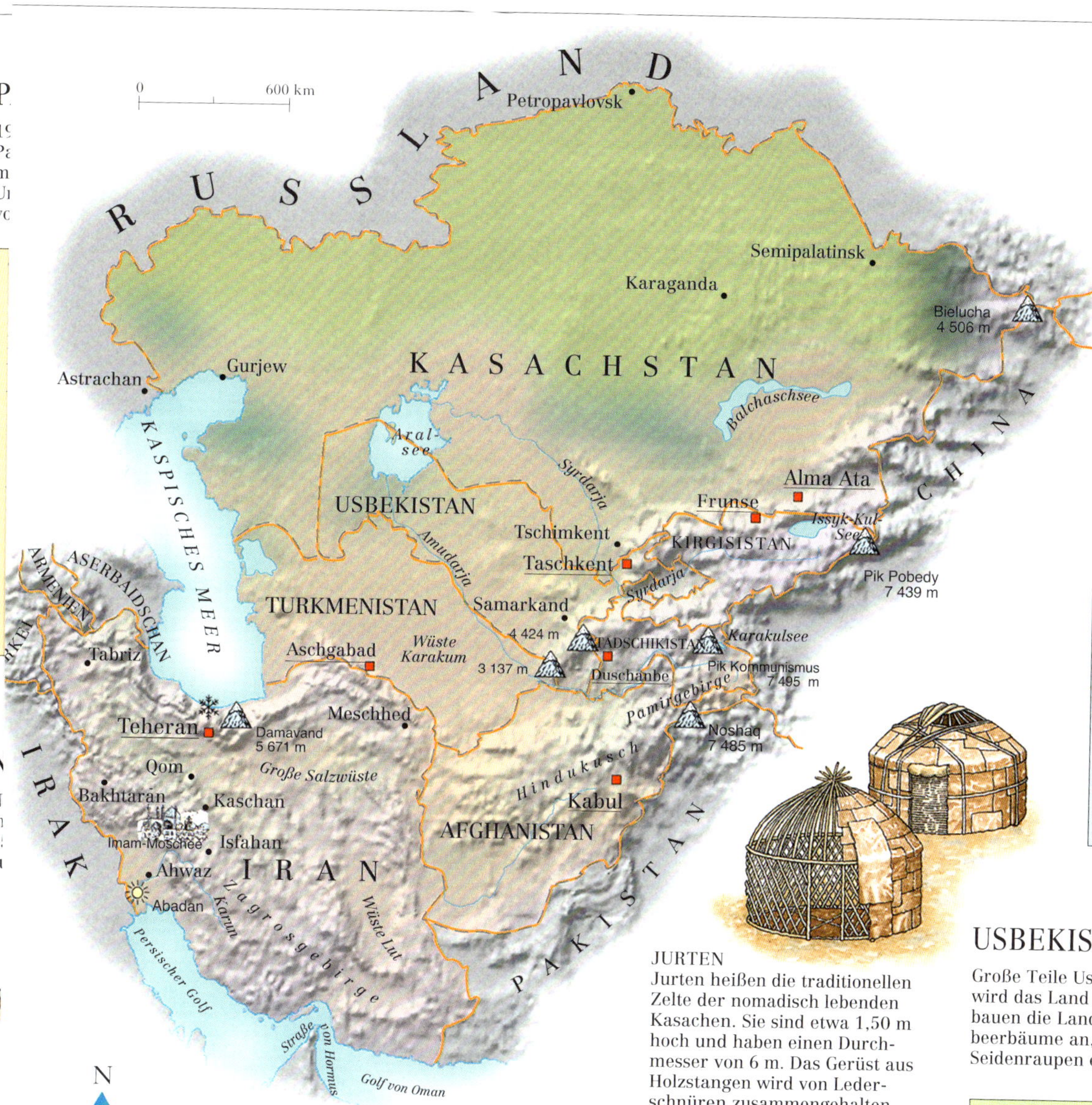

KASACHSTAN

Der überwiegende Teil von Kasachstan besteht aus trockener Steppe, im Südosten liegen Gebirge. Weizen, der im Norden angebaut wird, ist die wichtigste Nutzpflanze. Hinzu kommt der Abbau von Bodenschätzen, wie Kupfer, Blei, Gold und Silber.

Fläche: 2 717 300 km²
Regierungsform: Präsidialrepublik
Unabhängigkeit: 1991 von der Sowjetunion
Währung: Tenge
Einwohner: 15 Mio.
Bevölkerungsdichte: 5,5 je km²
Amtssprache: Kasachisch
Religionen: 65% muslimisch, 26% russisch-orthodox, 2% protestantisch, 7% andere Religionen

JURTEN
Jurten heißen die traditionellen Zelte der nomadisch lebenden Kasachen. Sie sind etwa 1,50 m hoch und haben einen Durchmesser von 6 m. Das Gerüst aus Holzstangen wird von Lederschnüren zusammengehalten. Darüber bindet man Decken aus Filz fest. Auch das Innere der Jurten wird mit Filzdecken und Teppichen ausgelegt.

USBEKISTAN

Große Teile Usbekistans sind Wüsten. Im Osten wird das Land von Gebirgsflüssen bewässert. Dort bauen die Landwirte Baumwolle, Reis und Maulbeerbäume an, von deren Blättern sich die Seidenraupen ernähren.

Fläche: 447 400 km²
Regierungsform: Präsidialrepublik
Unabhängigkeit: 1991 von der Sowjetunion
Währung: Usbekistan-Sum
Einwohner: 26,2 Mio.
Bevölkerungsdichte: 58,6 je km²
Amtssprache: Usbekisch
Religionen: 90% muslimisch, 9% russisch-orthodox, 1% andere Religionen

KASPISCHES MEER
Das Kaspische Meer ist das größte Binnengewässer der Welt. Es bedeckt eine Fläche von 371 000 km², das ist mehr als die Fläche Deutschlands.

Im Kaspischen Meer und seinen Zuflüssen lebt der Stör, ein bis zu 7 m langer Fisch. Seine Eier, der Kaviar, werden als teure Delikatesse verkauft. Kaviar gehört zu den wichtigen Ausfuhrprodukten des Iran.

Außerdem werden Lachse, Meerbarben, Karpfen, Welse und Barsche gefangen und exportiert.

KIRGISISTAN

Viele Einwohner von Kirgisistan sind Nomaden, die ihre Herden auf den Hängen der Tien-Shan-Berge weiden. In Bischkek stehen Fabriken, in denen Leder und Seife hergestellt werden.

Fläche: 199 900 km²
Regierungsform: Präsidialrepublik
Unabhängigkeit: 1991 von der Sowjetunion
Währung: Kirgisistan-Som
Einwohner: 5,1 Mio.
Bevölkerungsdichte: 25,5 je km²
Amtssprache: Kirgisisch
Religionen: 75% sunnitische Muslime, 20% russisch-orthodox, 5% andere Religionen

SEIDENHERSTELLUNG
Seide wird von den Raupen (»Seidenraupen«) der Weißen Seidenspinner zu einem Kokon (Hülle) gesponnen. Innerhalb des Kokons verpuppen sich die Raupen und werden zu Schmetterlingen. Diese Kokons wirft man in kochendes Wasser und wickelt die Seidenfäden auf. Daraus wird Seidengarn gesponnen.

WETTERDATEN

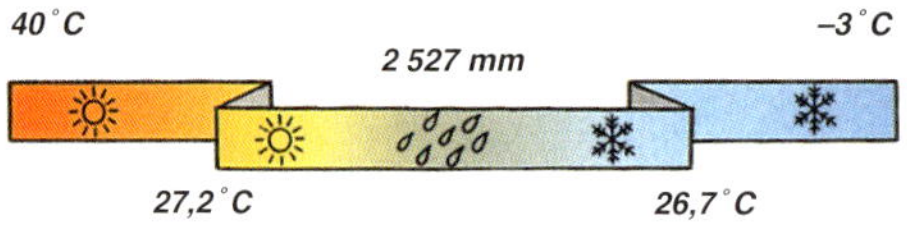

SPRACHE
Ein typischer Gruß auf Singhalesisch lautet: »Aubowan«.

SRI LANKA

Der Inselstaat Sri Lanka, früher Ceylon genannt, liegt vor der Südostküste Indiens. Dort herrscht ein warmes, tropisches Klima mit zwei Monsun-Regenzeiten pro Jahr. Große Teile des Landes sind von Tee- und Kautschukplantagen bedeckt. Wichtige Ausfuhrprodukte sind Edelsteine, Tee und Gewürze.

NATIONALE SEHENSWÜRDIGKEIT
In Kandy steht ein berühmter buddhistischer Tempel (Dalada Maligawa) aus dem 16. Jh. Dort wird in einem besonderen Schrein ein heiliger Zahn aufbewahrt, der von Buddha stammen soll.

Fläche: 65 610 km²
Regierungsform: Präsidialrepublik
Währung: Sri-Lanka-Rupie
Einwohner: 19,4 Mio.
Bevölkerungsdichte: 296 je km²
Amtssprachen: Singhalesisch, Tamilisch
Religionen: 76% buddhistisch, 9% hinduistisch, 9% muslimisch, 6% christlich

INDISCHER ELEFANT
Der Indische Elefant gleicht seinem afrikanischen Verwandten. Er hat jedoch kleinere Ohren und an den Hinterfüßen vier Zehennägel (afrikanische Elefanten haben nur drei).

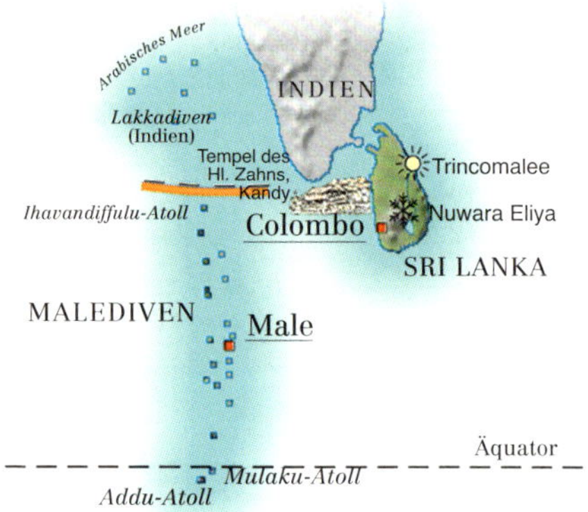

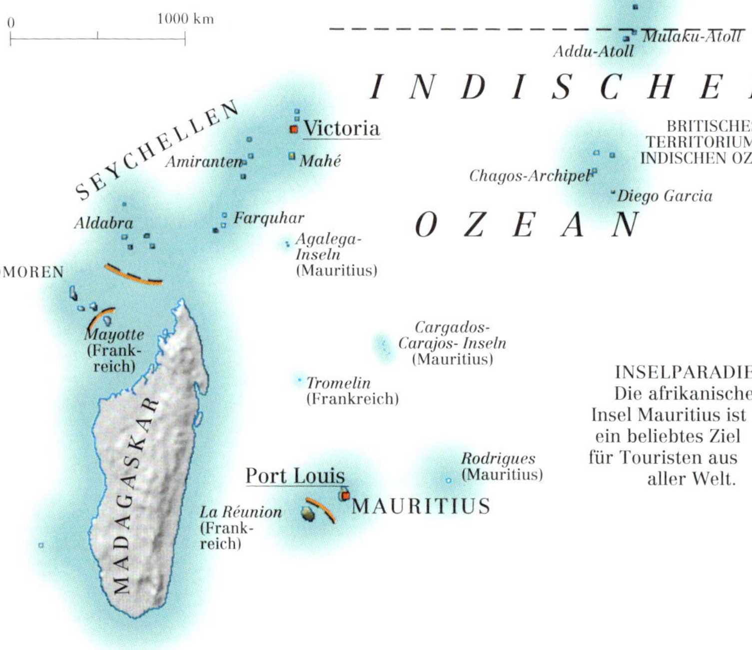

WISSENSWERTES
Die meisten Einwohner von Sri Lanka bereiten ihr eigenes Currypulver zu. Dazu werden die jeweils vorhandenen Gewürze und Kräuter in einem Mörser zerstoßen.

Jeden Sommer findet in Kandy ein großes Fest statt. Dann ziehen Elefanten, geschmückt mit wunderschön verzierten Decken, in einem Umzug durch die Stadt.

In Sri Lanka gibt es 242 verschiedene Schmetterlingsarten. Sie bieten während ihrer jahreszeitlichen Wanderungen von März bis April einen prachtvollen Anblick.

TEEPLANTAGEN
Sri Lanka gehört zu den größten Teeproduzenten der Welt. Jedes Jahr exportiert das Land rund 280 000 t Tee in alle Welt. Besondere Teekoster schmecken zuerst die Qualität und damit den Wert der Ware, ehe sie den Tee kaufen.

INSELPARADIES
Die afrikanische Insel Mauritius ist ein beliebtes Ziel für Touristen aus aller Welt.

MALEDIVEN

Im heißen, tropischen Klima der Malediven gedeiht eine üppige Pflanzenwelt. Touristenzentren auf der Hauptinsel Male haben viel dazu beigetragen, die Wirtschaft des Landes anzukurbeln.

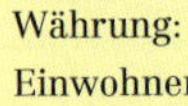

Fläche: 298 km²
Regierungsform: Präsidialrepublik
Währung: Rufiyaa
Einwohner: 321 000
Bevölkerungsdichte: 1 077,2 je km²
Amtssprache: Maldivisch (Divehi)
Religionen: 99% sunnitische Muslime, 1% andere Religionen

SEYCHELLEN

Mahé ist die größte der 115 afrikanischen Seychellen-Inseln. Die wichtigste Einnahmequelle ist der Tourismus, daneben der Export von Fischen, Kokos und Zimt.

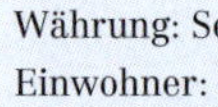

Fläche: 454 km²
Regierungsform: Präsidialrepublik
Währung: Seychellen-Rupie
Einwohner: 84 000
Bevölkerungsdichte: 185,8 je km²
Amtssprache: Kreolisch
Religionen: 98% christlich, 2% andere Religionen

MAURITIUS

Die afrikanische Insel Mauritius liegt rund 2 000 km vor der afrikanischen Küste im Indischen Ozean. Die wichtigsten Ausfuhrprodukte sind neben Textilien Zuckerrohr, Tee und Aloe, aus der medizinische und kosmetische Produkte hergestellt werden.

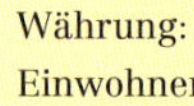

Fläche: 2 040 km²
Regierungsform: Präsidialrepublik
Währung: Mauritius-Rupie
Einwohner: 1,2 Mio.
Bevölkerungsdichte: 612,1 je km²
Amtssprache: Englisch
Religionen: 50% hinduistisch, 30% christlich, 17% muslimisch, 3% andere Religionen

THAILAND

Thailand ist der größte Reisexporteur der Welt. Überall im Land wurden weite, überschwemmte Reisfelder angelegt. Die meisten Thais sind Buddhisten; im Land stehen mehr als 30 000 buddhistische Tempel.

Fläche: 513 115 km²

Regierungsform: Parlamentarische Monarchie

Staatsgründung: 1782; Thailand war niemals von einer Kolonialmacht besetzt

Währung: Baht

Einwohner: 63,7 Mio.

Bevölkerungsdichte: 124,1 je km²

Amtssprache: Thai

Religionen: 94,6% buddhistisch, 4,6% muslimisch, 0,7% christlich, 0,1% hinduistisch

REGIONALE WETTERDATEN

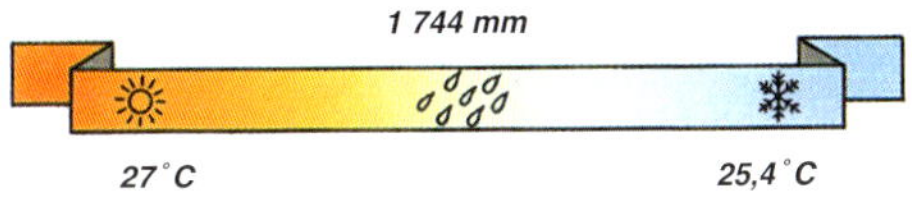

SPRACHE
Ein typischer Gruß auf Thai lautet: »Swatdee!«.

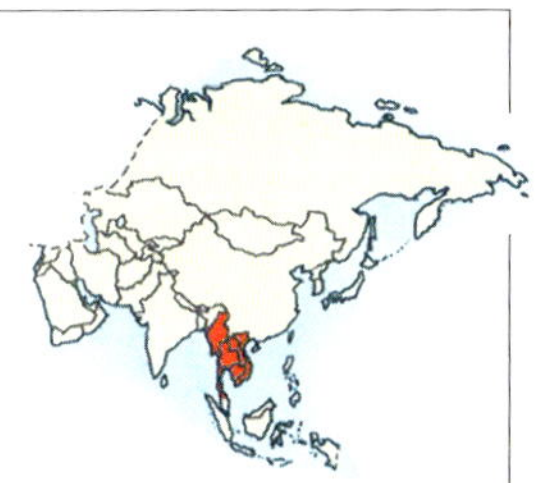

MONSUN
Fast ganz Südostasien steht unter dem Einfluss der Monsunwinde, die jedes Jahr von Mai bis Oktober schwere Regenfälle mitbringen. Monsun stammt aus dem Arabischen und bedeutet »Jahreszeit«. Obwohl die Niederschläge lebenswichtig für den Anbau von Reis sind, können sie auch verheerende Flutkatastrophen hervorrufen.

THAIBOXEN
Thaiboxer kämpfen mit Füßen, Knien, Ellenbogen und Fäusten.

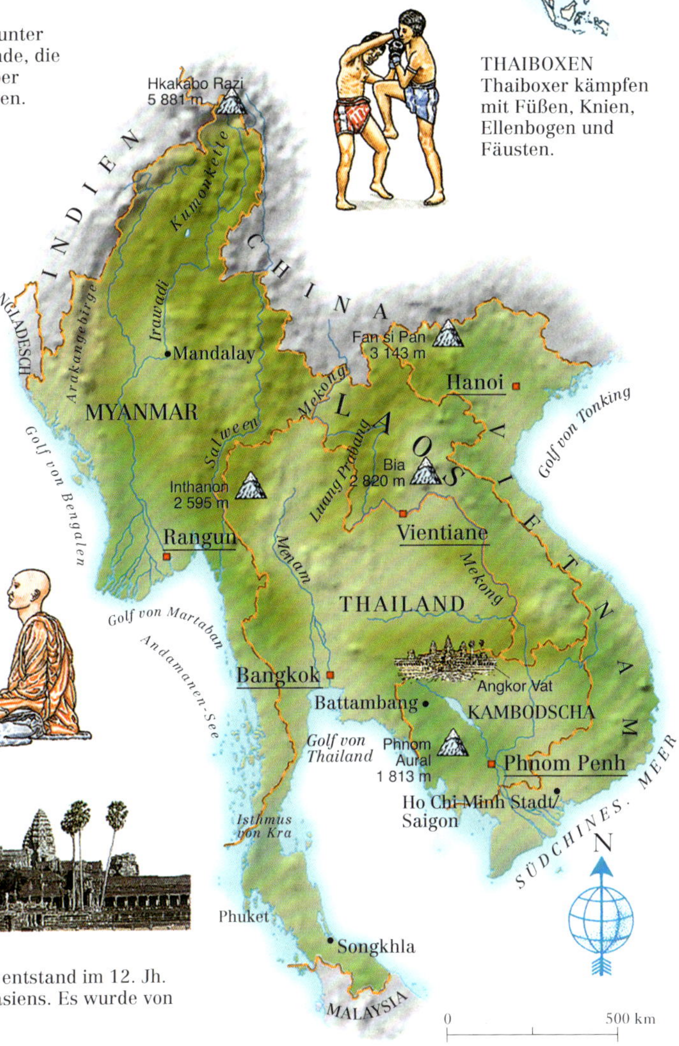

MYANMAR

Der Norden des früheren Birma ist flach. Dort bauen Landwirte Erdnüsse, Hirse und Baumwolle an. Der Süden ist von Urwäldern mit Teakholzbäumen bedeckt. Das Holz wird von Elefanten bis zu den Flüssen geschleppt und dann zu den Sägewerken geflößt.

WISSENSWERTES
Die Rubine aus Birma gelten als die besten der Welt. Im Osten glaubt man, dass Rubine ihren Träger vor Unheil bewahren.

Von allen jungen Männern Thailands wird erwartet, dass sie sich für mindestens drei Monate ihres Lebens in ein Mönchskloster zurückziehen und auf alle weltlichen Dinge verzichten.

Fläche: 676 552 km²

Regierungsform: Militärdiktatur

Unabhängigkeit: 1948 von Großbritannien

Währung: Kyat

Einwohner: 50 Mio.

Bevölkerungsdichte: 73,9 je km²

Amtssprache: Birmanisch

Religionen: 87,2% buddhistisch, 5,6% christlich, 3,6% muslimisch, 1% hinduistisch, 2,6% andere Religionen

ANGKOR VAT
Mit dem Kloster Angkor Vat entstand im 12. Jh. das größte Bauwerk Südostasiens. Es wurde von den Khmer errichtet.

KAMBODSCHA

Kambodscha hat seinen Ursprung im Reich der Khmer, das 802 gegründet worden war. Die heutigen Landwirte bauen Reis, Bananen, Kokosnüsse und Baumwolle an.

Fläche: 181 035 km²

Regierungsform: Parlamentarische Monarchie

Unabhängigkeit: 1945 von Frankreich

Währung: Riel

Einwohner: 13,8 Mio.

Bevölkerungsdichte: 76,2 je km²

Amtssprache: Khmer

Religionen: Unter der Herrschaft der Roten Khmer wurden 1975 alle Religionen verboten. Seit 1990 sind der Buddhismus, der Islam und das Christentum wieder erlaubt. 90% buddhistisch, 10% andere Religionen

LAOS

Laos hat hohe Berge und dichte Wälder, und die meisten seiner Bewohner leben im Tal des Mekong. Nur 4% des Landes sind für die Landwirtschaft geeignet. Zinn wird für den Export gefördert.

Fläche: 236 800 km²

Regierungsform: Volksrepublik

Unabhängigkeit: 1953 von Frankreich; volle staatliche Souveränität seit 1954

Währung: Kip

Einwohner: 5,8 Mio.

Bevölkerungsdichte: 24,5 je km²

Amtssprache: Lao

Religionen: 58% buddhistisch, 39% Stammes- und andere Religionen, 2% Christen, 1% Muslime

VIETNAM

Vietnam ist ein warmes Land mit Monsunklima, starken Niederschlägen und dichten Wäldern. Während des Vietnamkriegs wurden viele Wälder zerstört. Heute sind Reis, Mais und Süßkartoffeln die wichtigsten Anbaufrüchte.

Fläche: 331 114 km²

Regierungsform: Volksrepublik

Vereinigung: 1976 wurde die Sozialistische Republik Vietnam ausgerufen

Währung: Dong

Einwohner: 82,2 Mio.

Bevölkerungsdichte: 248,1 je km²

Amtssprache: Vietnamesisch

Religionen: 55% buddhistisch, 7% christlich, 38% andere Religionen

CHINA

China ist das drittgrößte Land der Erde. Hier lebt fast ein Viertel der gesamten Weltbevölkerung. Die Landschaften Chinas unterscheiden sich je nach Region sehr stark: Im Norden liegen trockene Wüsten, im Westen und Süden Gebirge, und Mittelchina ist eine riesige Schwemmlandebene. Das warme, feuchte Klima Mittel- und Südchinas ist ideal für den Reisanbau.

Fläche: 9 572 419 km²

Regierungsform: Volksrepublik

Staatsgründung: 221 v.Chr. vereinigte der erste Kaiser von China getrennte Staaten zum Chinesischen Reich

Währung: Renminbi Yuan

Einwohner: 1 303,5 Mio.

Bevölkerungsdichte: 136,2 je km²

Amtssprache: Chinesisch (Mandarin)

Religionen: 6% buddhistisch, 2% muslimisch, 59% ohne Religion, 20% überlieferter Glauben, 13% andere Religionen

WETTERDATEN

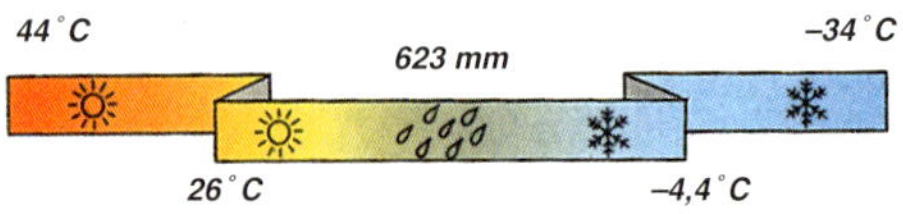

DIE GROSSE MAUER
Die große Chinesische Mauer ist das längste von Menschen errichtete Bauwerk. Im Jahr 214 v.Chr. ordnete der erste Kaiser von China ihren Bau an. Diese etwa 2 350 km lange Mauer sollte das Reich vor Eindringlingen aus dem Norden schützen.

LANDSCHAFTEN
Die Mehrzahl aller Chinesen lebt auf nur 15% der Landesfläche.

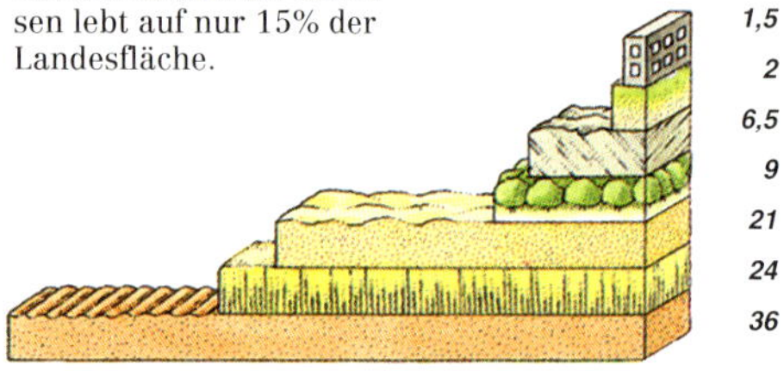

10 Yuan

SPRACHE
Ein typischer Gruß auf Chinesisch lautet: »Nin hao!«.

WISSENSWERTES
Jedes Jahr nimmt die Einwohnerzahl Chinas um 11 Mio. Menschen zu. Um den Bevölkerungszuwachs zu kontrollieren, werden Familien mit nur einem Kind bei der Wohnungssuche und der medizinischen Vorsorge bevorzugt.

Einer von vier Chinesen lebt in einer Großstadt, der Rest auf dem Land. Jedes Jahr stellen chinesische Fabriken 17 500 000 Fahrräder her. Sie sind für die meisten Menschen das einzige Transportmittel.

KAISERPALAST, BEIJING
Der Kaiserpalast in Beijing wurde für Zhu Di erbaut, einen Kaiser der Ming-Dynastie (1368–1644). Zum Palast gehören fast 1 000 verschiedene Gebäude. In den inneren Palastgebäuden durften sich nur der Kaiser, seine Familie und die Bediensteten des Hofes aufhalten. Daher trug der Palast den Namen »Die verbotene Stadt«.

CHINESISCHES ESSEN
Zu einem typischen Essen aus Peking (heute Beijing) gehören Ente und süßsaure Soßen. Gerichte aus Sichuan sind in der Regel sehr würzig. Sie werden mit Knoblauch, Chilischoten und Ingwer zubereitet.

In Schanghai gehören gedämpfte Teigtaschen zu einer typischen Mahlzeit, außerdem eine Vogelnestsuppe. Sie wird aus den Nestern bestimmter Schwalben (Salanganen) hergestellt, die in südostchinesischen Höhlen brüten.

ARBEITSPLÄTZE IN CHINA

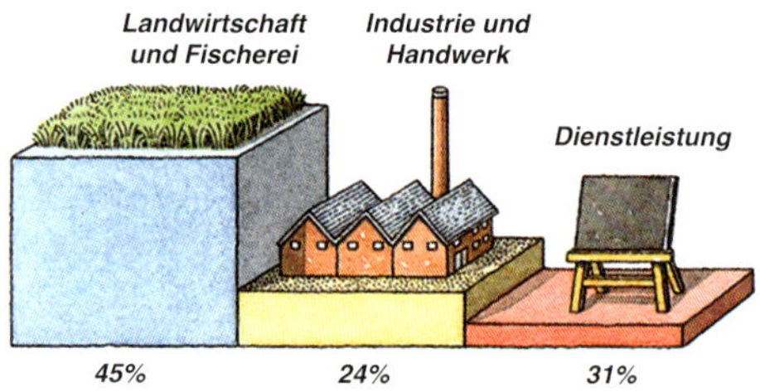

TIBET
Tibet ist ein Hochland im Südwesten Chinas. Mit einer durchschnittlichen Höhe von 4 500 m liegt es höher als die meisten europäischen Berge.

Das ehemalige Königreich gehört seit 1951 (Vertrag von Peking) zu China, nachdem die Chinesen 1950/51 einmarschiert waren. Unabhängigkeitsbewegungen wurden und werden niedergeschlagen; Menschen verschwinden für Jahrzehnte in Gefängnissen.

Tibetanische Gebetsfahnen

Der Dalai Lama ist das Oberhaupt der tibetanischen Buddhisten. Einige Jahre nachdem die Chinesen Tibet besetzt hatten, floh er nach Indien ins Exil. »Dalai Lama« ist ein Wort aus der mongolischen Sprache und bedeutet »Großer Ozean«.

Nach tibetanischem Aberglauben bringt Schnee während einer Hochzeit dem Paar Unglück. Es bedeutet aber Glück, einem Leichenzug oder einem Menschen zu begegnen, der einen Krug mit Wasser trägt.

Gebetsfahnen symbolisieren nach alter tibetanischer Vorstellung den buddhistischen Glauben. Vor der chinesischen Besetzung flatterten sie über jedem Haus als Zeichen von Glück.

MONGOLEI

Das Klima der Mongolei ist von extremen Temperaturunterschieden gekennzeichnet. Das Land ist eines der am dünnsten besiedelten der ganzen Welt. Die meisten seiner Einwohner lebten als Nomaden. Insgesamt gibt es zehn verschiedene ethnische Gruppen im Land.

Fläche: 1 564 100 km²

Regierungsform: Parlamentarische Republik, Unabhängigkeit: 1921 von China

Republik: seit 1924 zur Mongolischen Volksrepublik erklärt

Währung: Tugrik

Einwohner: 2,5 Mio.

Bevölkerungsdichte: 1,6 je km²

Amtssprache: Mongolisch

Religionen: 90% tibetanische Buddhisten, 6% Naturreligionen, 4% Muslime und Christen

WISSENSWERTES
Ein Drittel der Mongolei wird von der Wüste Gobi eingenommen. »Gobi« ist ein mongolisches Wort und bedeutet »Ort ohne Wasser«.

Mongolen sind hervorragende Reiter. Im Juli findet das Fest »Drei Spiele« statt. Dazu gehören ein Pferderennen über 32 km, an dem Kinder zwischen sieben und zwölf Jahren teilnehmen, Ringen und Bogenschießen.

In der Mongolei lagern Bodenschätze wie Kohle, Erdöl und Gold. Die größten Kohlebergwerke liegen in der Nähe der Hauptstadt Ulan Bator.

MACAO

Dieses winzige Territorium liegt an der Südküste Chinas. Die wichtigsten Ausfuhrprodukte sind Textilien, Räucherstäbchen, Feuerwerk und Spielzeug.

Fläche: 23,8 km²

Von 1557 bis 1999 portugiesische Kolonie. Jetzt als Sonderverwaltungszone zu China gehörend.

Währung: Pataca

Einwohner: 444 000

Bevölkerungsdichte: 18 655,5 je km²

Amtssprachen: Chinesisch (Kantonesisch), Portugiesisch

SÜDKOREA

Wälder bedecken 70% des Landes. Die wichtigsten Nutzpflanzen Südkoreas sind Reis und Tabak, auch der Fischfang ist ein bedeutender Industriezweig.

Fläche: 99 313 km²

Regierungsform: Präsidialrepublik

Währung: Südkoreanischer Won

Einwohner: 48,1 Mio.

Bevölkerungsdichte: 484,1 je km²

Amtssprache: Koreanisch

Religionen: 47% Mahayana-Buddhisten, 38% protestantisch, 11% römisch-katholisch, 3% konfuzianistisch, 1% andere Religionen

NORDKOREA

Nordkorea ist ein Gebirgsland; der Großteil der Bevölkerung lebt auf den Küstenebenen des Ostens. Im Land wird nach Bodenschätzen wie Kupfer und Zink geschürft.

Fläche: 122 762 km²

Regierungsform: Volksrepublik

Republik: 1948 wurde die Demokratische Volksrepublik Korea gegründet.

Währung: Nordkoreanischer Won

Einwohner: 22,4 Mio.

Bevölkerungsdichte: 182,3 je km²

Amtssprache: Koreanisch

Religionen: Der Staat erlaubt keine organisierte Ausübung von Religion

WISSENSWERTES

1945 besetzten russische Truppen Nordkorea, Südkorea wurde von amerikanischen Truppen besetzt. Zwischen den beiden Teilen des Landes entstand eine Grenze. Während im Süden eine Republik entstand, wurde aus dem Norden eine Volksrepublik nach sowjetischem Vorbild. Die Teilung hält bis heute an.

In Korea wird die Ginsengwurzel gefunden. Sie wird hoch geschätzt als Heilpflanze, um das Gedächtnis und die Gesundheit zu verbessern. Es dauert sieben Jahre, bis eine Ginsengpflanze reif ist.

Seit Jahrhunderten tauchen Frauen vor der Küste der Insel Cheju nach Tang und Seegurken. Diese Haenyo genannten Taucherinnen tauchen 18 m tief und können bis zu 4 Min. die Luft anhalten.

PANDAS

Pandas ernähren sich nur von Bambus, der in den Bergen von Sichuan wächst.

TAIWAN

Taiwan, bzw. die Republik China, ist eine Insel genau auf dem nördlichen Wendekreis. Dort herrscht ein warmes, feuchtes Klima. Die modernen Fabriken des Landes führen ihre Produkte in alle Welt aus.

Fläche: 36 006 km²

Regierungsform: Präsidialrepublik

Staat: gegründet 1949

Währung: Neuer Taiwan-Dollar

Einwohner: 22,7 Mio.

Bevölkerungsdichte: 630,1 je km²

Amtssprache: Chinesisch (Mandarin)

Religionen: 93% buddhistisch, taoistisch und konfuzianistisch, 7% christlich, muslimisch und andere Religionen

TAIWANS WICHTIGSTE EXPORTPARTNER

Taiwan exportierte im Jahr 2005 Waren im Wert von über 198 Mrd. Dollar. Diese Tabelle listet die wichtigsten Handelspartner auf.

Republik China	22,5 %
Hongkong	15,7 %
USA	15 %
Japan	7,3 %

HONGKONG

Hongkong ist ein kleines, dicht besiedeltes Gebiet, in dem über 6 500 Menschen je km² leben.

Im Vertrag von Nanking (1842) übernahm Großbritannien die Kontrolle über Hongkong. 1898 erklärten sich die Briten bereit, Hongkong und einen Teil des Festlandes für 99 Jahre von China zu pachten. 1997 fiel Hongkong zurück an China. Es ist jetzt wie Macao eine Sonderverwaltungszone mit einem eigenen Parlament und entsendet Abgeordnete in den Volkskongress der Volksrepublik China. Währung ist weiterhin der Hongkong-Dollar.

JAPAN

Japan besteht aus 3 900 Inseln einer vulkanischen Inselkette. Die vier Hauptinseln heißen Hokkaido, Honshu (Hondo), Shikoku und Kyushu. Tokio, die Hauptstadt Japans, gehört zu den am dichtesten besiedelten Städten der Welt.

WETTERDATEN

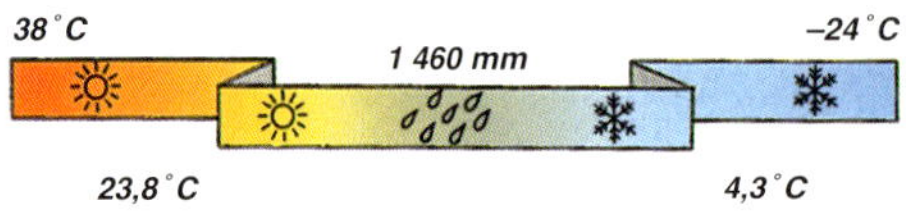

1 000 Yen

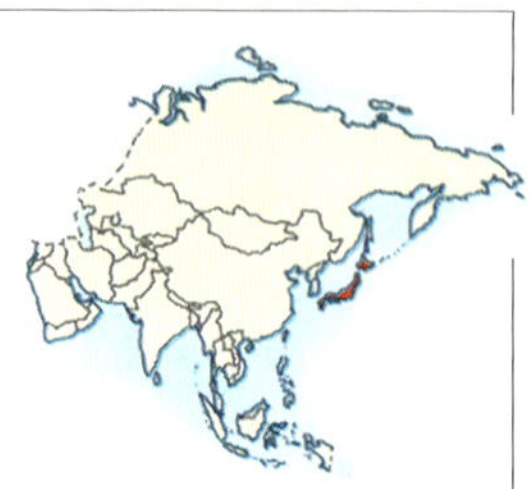

SPRACHE

Ein typischer Gruß auf Japanisch lautet: »Konnichiwa!«.

Fläche: 377 837 km²

Regierungsform: Parlamentarische Monarchie

Unabhängigkeit: 1952 erneuert, nach der Besetzung im 2. Weltkrieg

Territorien: Bonin-Inseln

Währung: Yen

Einwohner: 127,6 Mio.

Bevölkerungsdichte: 338,1 je km²

Amtssprache: Japanisch

Religionen: 92% schintoistisch, 6% buddhistisch, 2% andere Religionen; viele Japaner gehören sowohl dem schintoistischen als auch dem buddhistischen Glauben an.

KIRSCHBLÜTE

Die Kirschblüte ist die Staatsblume Japans. Jedes Frühjahr feiern die Japaner das Kirschblütenfest.

HORYU-JI-TEMPEL

Der Buddhismus gelangte im Jahr 538 nach Japan. Der Horyu-ji-Tempel in Nara – erstmals 607 erbaut – ist das älteste Holzgebäude der Welt.

FASAN

Der Fasan spielt eine große Rolle in der japanischen Folklore; er ist der Nationalvogel des Landes.

WISSENSWERTES

Ein japanischer Angestellter arbeitet mit jährlich 2 100 Stunden viel länger als ein Angestellter in den USA (1 900 Stunden) bzw. in Frankreich oder der Bundesrepublik Deutschland (je 1 600 Stunden).

In Japan gibt es, bezogen auf die Landesfläche, mehr Golfplätze als sonstwo auf der Welt. Da nicht genügend Platz vorhanden ist, üben die Japaner ihre Abschläge in mehrstöckigen Sportanlagen.

Die Ainu, die Ureinwohner Japans, haben eine eigenständige Kultur, Sprache und Religion. Sie leben auf der Insel Hokkaido.

Aus Japan kommt die Kunst, Blumen zu Gestecken zu arrangieren. Dieses »Ikebana« beruht auf drei Grundlinien, die symbolisch für Himmel, Erde und Menschen stehen.

KAISERPALAST

Der japanische Kaiserpalast steht genau dort, wo früher die Burg von Tokio stand. Er ist die offizielle Residenz für den japanischen Kaiser (Tenno) und seine Familie. Der augenblickliche Tenno, Akihito, stammt in direkter Linie von dem legendären ersten Kaiser Jimmu (660–585 v. Chr.) ab.

NAHRUNG AUS DEM MEER

Japan hat die größte Fischereiflotte der Welt. Jedes Jahr werden 10 Mio. t Fisch gefangen, was zu einer Überfischung der Meere geführt hat.

Fisch ist der Hauptlieferant für Protein. Jeder Japaner isst jährlich rund 30 kg Fisch.

SUMO-RINGER

Ein Sumo-Ringer kann bis zu 280 kg wiegen. Um sein enormes Gewicht zu halten, verzehrt ein Sumo-Ringer täglich einen speziellen Eintopf, genannt »chankonabe«, aus Meeresfrüchten, Fleisch, Gemüse und Tofu.

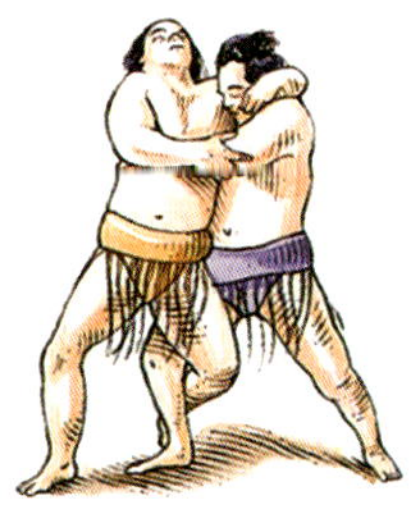

LANDSCHAFTEN

Der größte Teil Japans ist Bergland. Nur 15% eignen sich für die Landwirtschaft.

DER FUDSCHIJAMA

Der Fudschijama oder Fujisan gehört zu den 60 noch aktiven Vulkanen Japans. Das letzte Mal brach er 1707 aus.

Für die Japaner ist der Fudschijama ein heiliger Berg. Im Sommer klettern viele bis zum Gipfel empor, wo ein Schrein steht.

JAPANISCHES WIRTSCHAFTSWUNDER

Japan ging aus dem Zweiten Weltkrieg als verarmtes Land hervor. Obwohl Japan nur über geringe Bodenschätze verfügt, ist es seit den 1970er-Jahren eine der führenden Wirtschaftsmächte, z.B. im Bereich der Unterhaltungselektronik oder in der Stahl- und Eisenerzeugung.
Nach Investitionen in die Entwicklung des Mikrochips stellt die japanische Elektronikbranche Computer, Fernseher und elektronische Geräte in großer Stückzahl her.

WETTERDATEN DER REGION

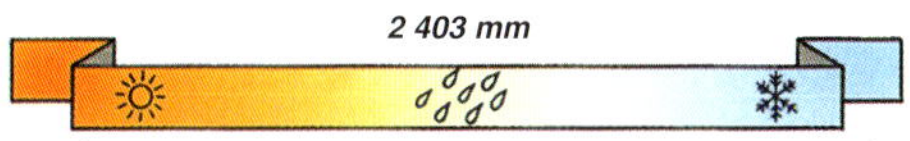

INDONESIEN

Indonesien ist mit mehr als 13 600 Inseln die größte Inselgruppe der Welt und geht über drei Zeitzonen. Wegen der Lage am Äquator herrscht dort ein heißes, feuchtes Klima. Die wichtigste Nutzpflanze für die Ernährung ist der Reis.

Fläche: 1 912 988 km²

Regierungsform: Präsidialrepublik

Unabhängigkeit: 1945 wurde die Republik der Vereinigten Staaten von Indonesien ausgerufen.

Währung: Indonesische Rupiah

Einwohner: 217,6 Mio.

Bevölkerungsdichte: 113,7 je km²

Amtssprache: Bahasa Indonesia

Religionen: 88% muslimisch, 8% christlich, 2% hinduistisch, 1% buddhistisch, 1% Stammesreligionen

Timor-Leste (14 604 km², 925 000 Einw.) erlangte 2002 die Unabhängigkeit von Indonesien.

WISSENSWERTES

In Malaysia wird der Milchsaft von Kautschukbäumen gewonnen. Die Baumrinde wird schräg eingeschnitten. Der weiße Milchsaft oder Kautschuk, der aus der Verletzung austritt, wird aufgefangen. Aus Kautschuk wird Gummi hergestellt.

Auf Java werden die wertvollsten Batikstoffe der Erde hergestellt. Mit Hilfe von Wachs und Farbstoffen färbt man Stoffe für die traditionelle Kleidung ein.

Indonesien ist das größte islamische Land der Erde.

SPRACHE

Ein typischer Gruß auf Bahasa lautet: »Selamat pagi«.

PHILIPPINEN

Die Philippinen bestehen aus mehr als 7 000 Inseln. Dort können schwere Niederschläge fallen, und vor allem die Inseln des Nordens werden regelmäßig von verheerenden Taifunen heimgesucht.

Fläche: 300 000 km²

Regierungsform: Präsidialrepublik

Unabhängigkeit: 1946 von den USA

Währung: Philippinischer Peso

Einwohner: 81,6 Mio.

Bevölkerungsdichte: 272,1 je km²

Amtssprachen: Englisch, Philipino

Religionen: 83% römisch-katholisch, 5,4% protestantisch, 4,6% muslimisch, 4,4% buddhistisch und andere Religionen, 2,6% Anhänger der Unabhängigen Philippinischen Kirche

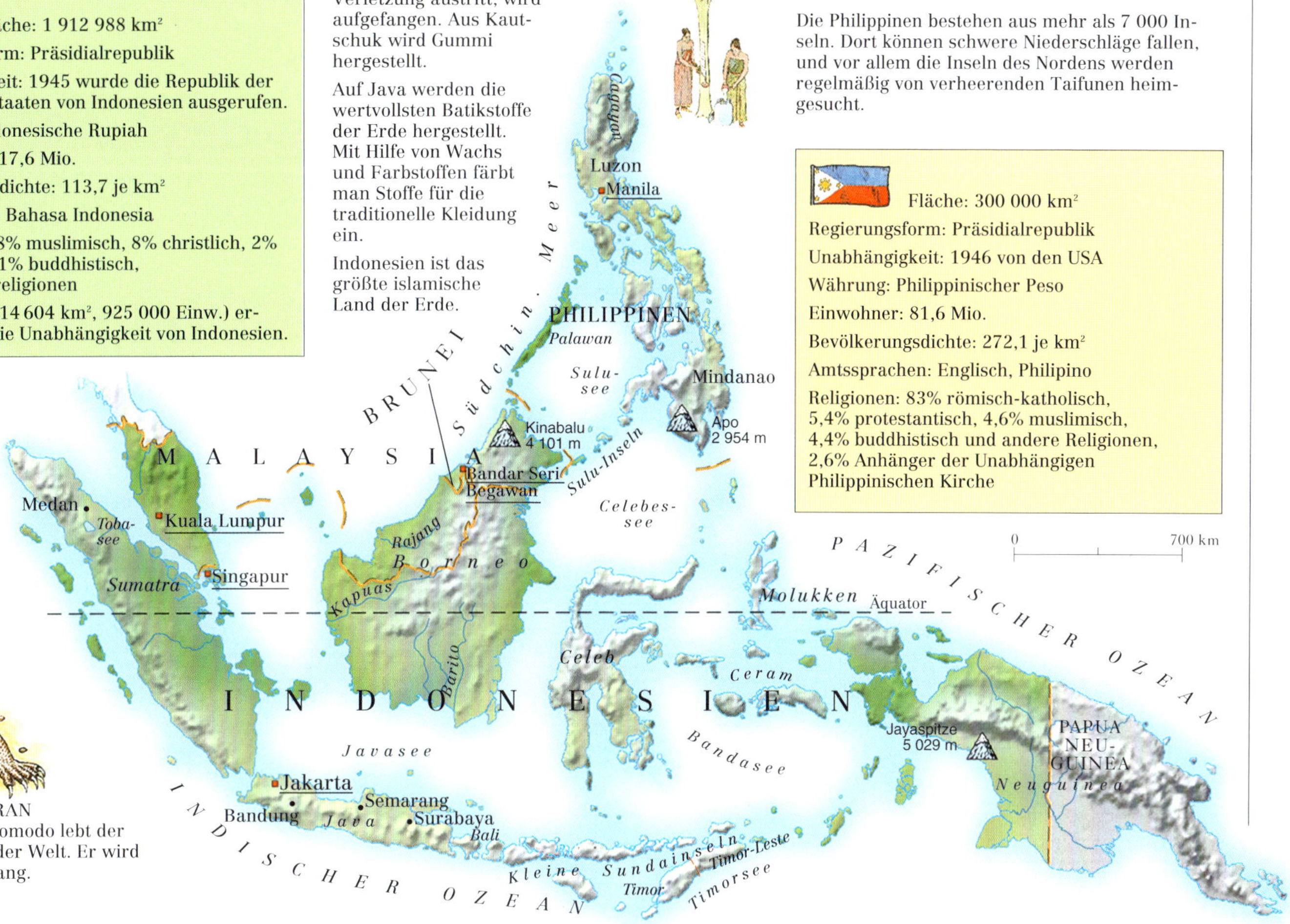

KOMODO-WARAN

Auf der Insel Komodo lebt der größte Waran der Welt. Er wird bis zu 3,50 m lang.

MALAYSIA

Malaysia besteht aus der Malaiischen Halbinsel und Nordborneo. Der Staat steht in der Herstellung von natürlichem Gummi (Kautschuk) nach Indonesien und Thailand an dritter Stelle.

Fläche: 329 733 km²

Regierungsform: Parlamentarische Monarchie

Unabhängigkeit: 1957 von Großbritannien

Währung: Ringgit

Einwohner: 24,9 Mio.

Bevölkerungsdichte: 75,5 je km²

Amtssprache: Malaiisch

Religionen: 60,5% muslimisch, 19% buddhistisch, 9,1% christlich, 6,3% hinduistisch, 2,6% chinesische Glaubensrichtungen, 2% Stammesreligionen, 0,5% Sikhs und andere Religionen

SINGAPUR

Der kleine Staat Singapur ist wirtschaftlich äußerst erfolgreich. Die meisten Einwohner sind in der Industrie beschäftigt. Dort werden Elektrogeräte, Kleidung und Transportausrüstungen hergestellt.

Fläche: 682,7 km²

Regierungsform: Parlamentarische Republik

Unabhängigkeit: 1965 Lossagung von Malaysia

Währung: Singapur-Dollar

Einwohner: 4,2 Mio.

Bevölkerungsdichte: 6 210,6 je km²

Amtssprachen: Malaiisch, Englisch, Chinesisch, Tamilisch

Religionen: 42,5% buddhistisch-taoistisch, 15% muslimisch, 4% hinduistisch, 14,6% christlich, 23,9% andere Religionen oder ohne Religion

BRUNEI

Brunei ist ein kleiner, aber außerordentlich reicher Staat im Norden der Insel Borneo. Der Reichtum kommt vom Erdöl, und die Einwohner brauchen keine Steuern zu zahlen.

Fläche: 5 765 km²

Regierungsform: Absolute Monarchie

Unabhängigkeit: 1984 von Großbritannien

Währung: Brunei-Dollar

Einwohner: 356 000

Bevölkerungsdichte: 61,8 je km²

Amtssprachen: Malaiisch, Englisch, Chinesisch

Religionen: 67% muslimisch (vorwiegend Sunniten), 15% buddhistisch, 10% christlich, 8% andere Religionen

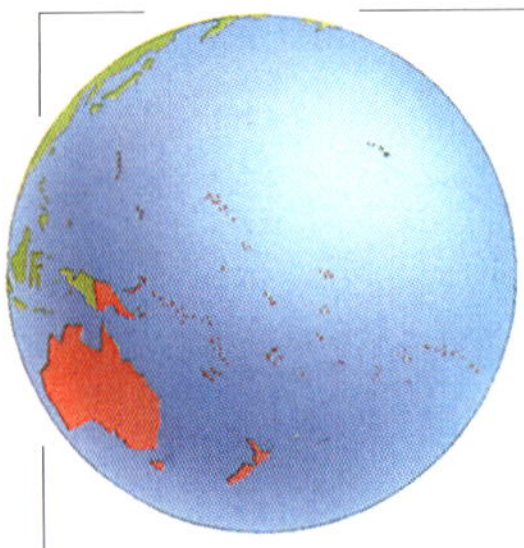

AUSTRALIEN, OZEANIEN

Zu dieser Region gehören der Kontinent Australien, Neuseeland und zahlreiche Inselgruppen im Pazifischen Ozean. Innerhalb des Gebiets kommen sehr unterschiedliche Klimate vor. Dazu gehört das feuchte Tropenklima der pazifischen Inseln ebenso wie das Klima der heißen, trockenen Wüsten Inneraustraliens.

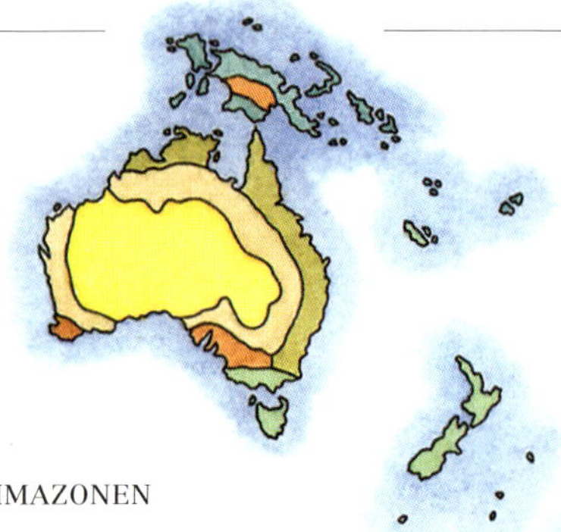

KLIMAZONEN

- Gebirge
- Hitzewüste
- Trockenes Grasland (Steppe)
- Mittelmeerklima
- Mischwald
- Tropisches Grasland
- Regenwald

Fläche: 8 482 504 km²
Länder: 14
Größtes Land: Australien 7 686 850 km²
Kleinstes Land: Nauru 21 km²
Einwohner: 29,7 Mio.
Bevölkerungsdichte: 3,7 je km²
Wichtigste Sprachen: Englisch, Italienisch (Australien), Fidschianisch, Hindi (Fidschi), Griechisch (Australien)

Höchster Berg: Mt. Wilhelm, Papua-Neuguinea 4 508 m
Tiefster Punkt: Eyresee, Australien –12 m
Höchste Temperatur: 53 °C, Cloncurry, Queensland
Tiefste Temperatur: –22 °C, Charlotte

LÄNDER, TERRITORIEN UND HAUPTSTÄDTE	
Land	Hauptstadt
Australien	Canberra
Fidschi	Suva
Kiribati	Bairiki
Marshall-Inseln	Dalap-Uliga-Darrit
Mikronesien (Föderierte Staaten)	Palikir
Nauru	Yaren
Neuseeland	Wellington
Papua-Neuguinea	Port Moresby
Salomonen	Honiara
Tonga	Nukualofa
Tuvalu	Vaiaku
Vanuatu	Port Vila
Samoa	Apia

ZEITZONEN

DATUMSGRENZE
Die Datumsgrenze ist eine gedachte Linie, die von Nord nach Süd durch den Pazifischen Ozean verläuft. Überschreitet man diese Linie von Ost nach West, wird ein Datum übersprungen. Westlich der Datumsgrenze ist man immer einen Tag voraus.

EINWOHNER DER GRÖSSTEN STÄDTE

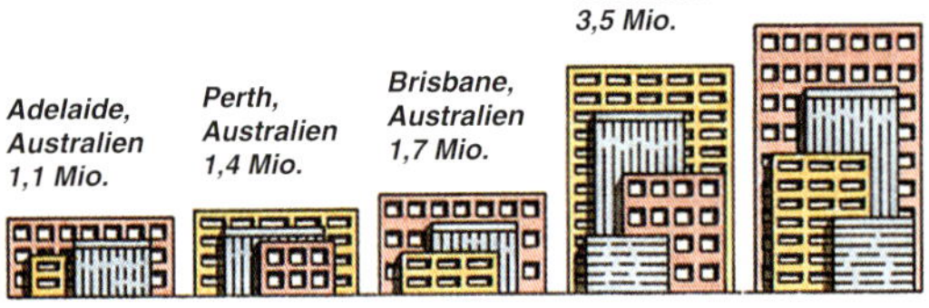

MILFORD-SUND
Der Milford-Sund auf Neuseeland gehört zu den bekanntesten Naturerscheinungen der Insel. Der Fjord entstand, als das Meer in eine von Gletschern ausgeschürfte Schlucht eindrang.

WISSENSWERTES
In Australien liegen viele Farmen weitab von den nächsten Städten oder Dörfern. »Fliegende Ärzte« besuchen die Patienten mit dem Flugzeug.

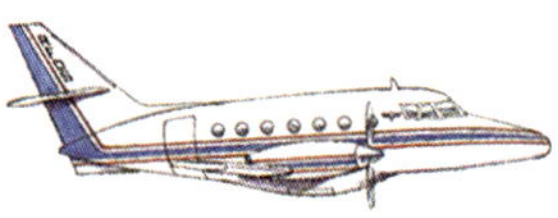

Die Nordinsel Neuseelands ist eine Region mit großer vulkanischer Aktivität. Dort gibt es drei aktive Vulkane, heiße Quellen, Geysire und kochende Schlammlöcher.

Im Pazifischen Ozean liegen ungefähr 25 000 Inseln, davon sind aber nur einige tausend bewohnt. Die Inseln verteilen sich über ein Gebiet, das größer ist als der asiatische Kontinent.

DIE GRÖSSTEN WÜSTEN

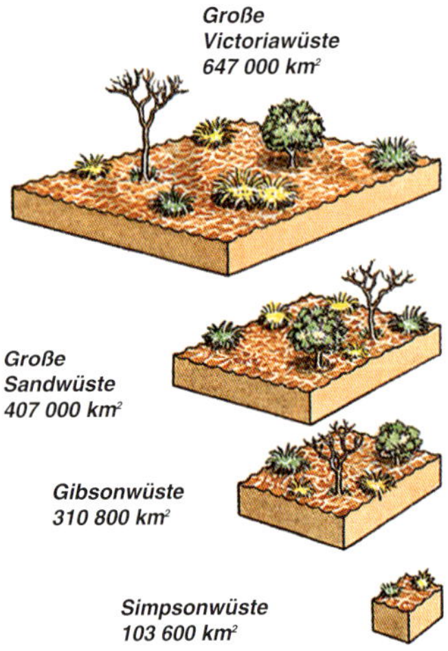

ALTERSVERTEILUNG

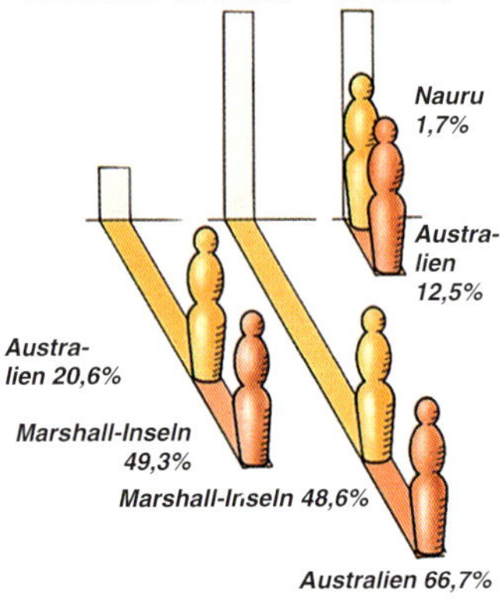

DIE WENIGSTEN ÄRZTE	
Papua-Neuguinea	1 auf 13 699 Menschen
Vanuatu	1 auf 8 333 Menschen
Salomonen	1 auf 7 143 Menschen
Kiribati, Tuvalu	1 auf 3 333 Menschen
Samoa	1 auf 2 907 Menschen

DIE HÖCHSTE LEBENSERWARTUNG

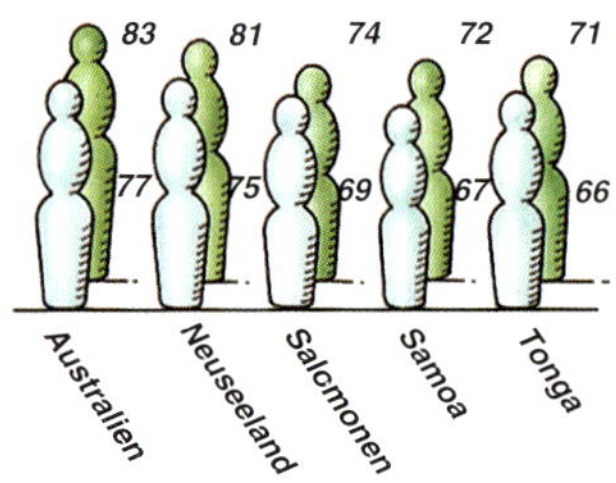

QUERSCHNITT

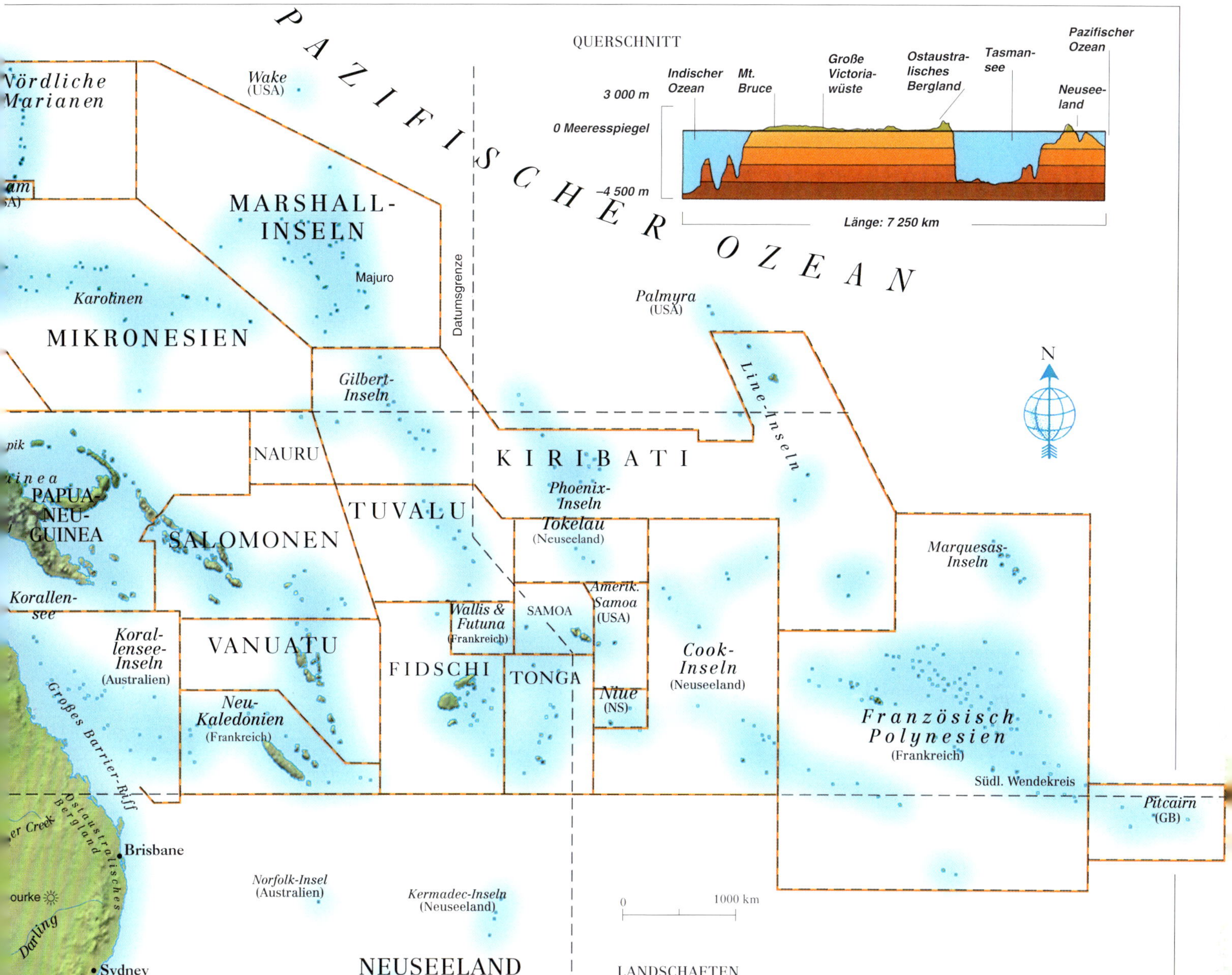

LANDSCHAFTEN
Fast die Hälfte des australischen Kontinents ist von Wüste bedeckt.

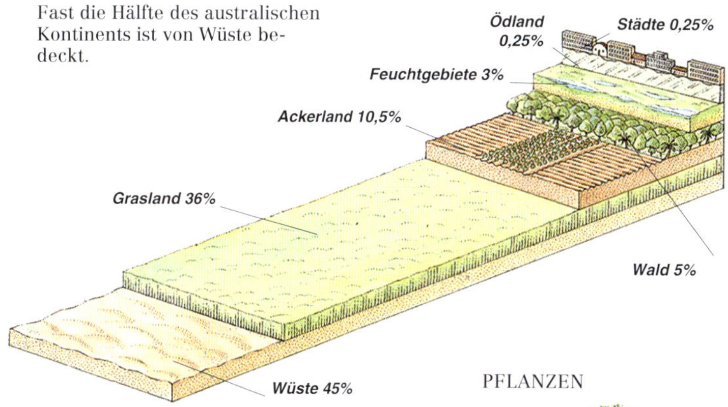

NATUR
Die hier abgebildeten Tiere und Pflanzen kommen nur in Australasien und Ozeanien vor.

TIERE

Der Tasmanische Beutelteufel lebt nur auf Tasmanien. Er verschlingt seine Beute mit Knochen, Fell und Federn – nichts bleibt übrig.

Der Alexandra-Vogelfalter ist der größte Schmetterling der Welt. Seine Flügelspannweite kann bis zu 28 cm betragen.

Das Rote Riesenkänguru ist das größte Beuteltier der Welt. Mit einem einzigen Sprung legt ein ausgewachsenes Männchen 8 m zurück.

PFLANZEN

Die Australier nennen ihre Eukalyptusbäume »gum« (Gummibäume), weil sie bei Verletzungen zähes, farbiges Harz abscheiden.

NEUSEELAND

Neuseeland besteht aus zwei Haupt- und mehreren kleineren Inseln. Dank seiner üppigen Weiden ist Neuseeland einer der größten Erzeuger von Schaffleisch, Milchprodukten und Wolle in der Welt. Die Inseln liegen in einem erdbebenreichen Gebiet, und jedes Jahr sind Erdstöße zu spüren.

Fläche: 270 534 km²

Regierungsform: Parlamentarische Monarchie im Commonwealth

Unabhängigkeit: 1907 von Großbritannien

Territorien: Cook-Inseln, Niue, Tokelau

Währung: Neuseeland-Dollar

Einwohner: 4,1 Mio.

Bevölkerungsdichte: 15 je km²

Amtssprachen: Englisch, Maori

Religionen: 15,6% anglikanisch, 11,2% presbyterianisch, 3,1% methodistisch, 1,3% römisch-katholisch, 68,8% ohne Religion oder andere Religionen

BIENENKORBHAUS

Dieses runde Gebäude steht in Wellington, der Hauptstadt Neuseelands. Es ist eines der drei Parlamentsgebäude und wurde 1977 eröffnet. Gebaut hat es der britische Architekt Sir Basil Spence (1907–1976).

SCHAFFARMEN

Das milde Klima von Neuseeland lässt Gras für rund 52,6 Mio. Schafe wachsen. Jedes Jahr werden etwa 340 000 t Wolle geschoren. Der Großteil davon wird zu Strickwolle verarbeitet und exportiert.

UREINWOHNER

Die Maori waren die Ersten, die Neuseeland besiedelten. Diese Polynesier kamen etwa im Jahr 950 auf die Inseln, die sie »Aotearoa« nannten, »das Land der langen weißen Wolke«.

Bei der Volkszählung von 1991 gab es 434 847 Maori auf Neuseeland, von denen 89% auf der Nordinsel wohnten. Fast ein Drittel aller Maori ist jünger als 10 Jahre.

Die Kultur der Maori wird »Maoritanga« genannt. In Holzschnitzereien und Steinbildhauerei lebt die alte Kunst der Maori weiter.

WETTERDATEN

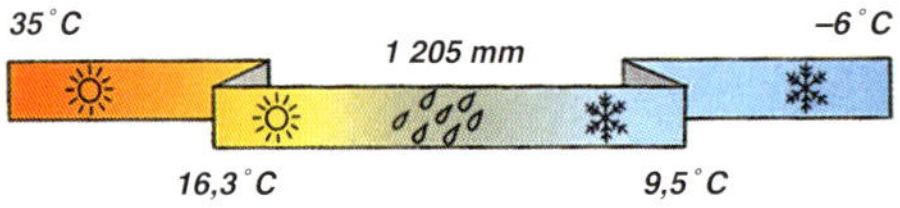

WISSENSWERTES

Sport spielt im Leben der Neuseeländer eine wichtige Rolle. Die beliebtesten Sportarten bei Leuten über 15 Jahren sind: Schwimmen, Tauchen, Wasserpolo, Radfahren, Billard und Pool-Billard, Tennis und Aerobic.

Im Jahr 1893 erhielten neuseeländische Frauen das nationale Wahlrecht – als Erste der Welt.

In Obstplantagen bauen die Landwirte eine Vielfalt von Früchten an. Das reicht von Äpfeln bis Strauchtomaten, von Avocados bis Kiwis.

Kiwi

In Neuseeland ist Wandern eine beliebte Freizeitbeschäftigung. 13% der Landesfläche wurden in Nationalparks umgewandelt.

PAPUA-NEUGUINEA

Papua-Neuguinea liegt im Ostteil der großen Insel Neuguinea. Das Land ist sehr gebirgig, doch gibt es dort große Lagerstätten von Gold, Erdöl und Kupfer.

Fläche: 462 840 km²

Regierungsform: Parlamentarische Monarchie im Commonwealth

Unabhängigkeit: 1975 von der australischen Verwaltung

Währung: Kina

Einwohner: 5,8 Mio.

Bevölkerungsdichte: 12,5 je km²

Amtssprache: Englisch

10 Neuseeland-Dollar

LANDSCHAFTEN

Mehr als zwei Drittel des Landes dienen als Weideland für Vieh.

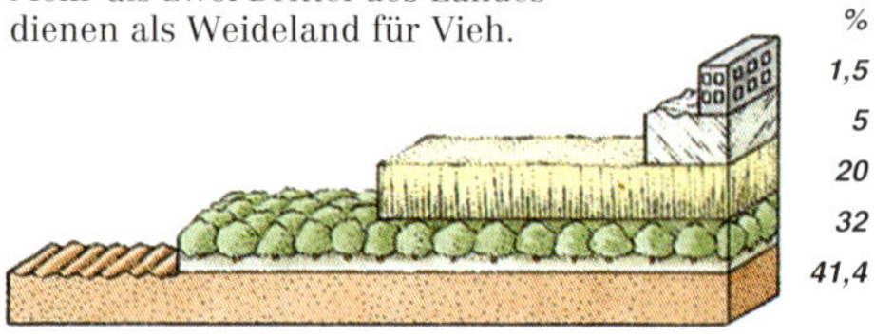

MIKRONESIEN

Die Föderierten Staaten von Mikronesien bestehen aus mehr als 600 Inseln und Inselchen. Dort wächst auch der Pfefferstrauch, und schwarzer Pfeffer wird exportiert.

Fläche: 700 km²

Unabhängigkeit: endgültig 1990; Aufhebung der UN-Aufsicht unter US-Treuhandschaft

Währung: US-Dollar

Einwohner: 110 000

Bevölkerungsdichte: 157,1 je km²

Amtssprache: Englisch

NAURU

Die kleine Insel Nauru wird von einem Korallenriff umgeben. Wegen des unfruchtbaren Bodens ist auf Nauru kaum Ackerbau möglich.

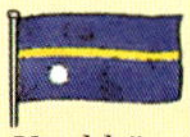

Fläche: 21,3 km²

Unabhängigkeit: 1968 von der UN-Aufsicht

Währung: Australischer Dollar

Einwohner: 13 000

Bevölkerungsdichte: 610,3 je km²

Amtssprachen: Nauruisch, Englisch

SALOMONEN

Die meisten der acht Hauptinseln der Salomonen sind dicht bewaldet. Dort herrscht ein feuchtes, heißes Klima. Die Inselbewohner fangen Tunfische für den Export.

Fläche: 27 556 km²

Unabhängigkeit: 1978 von Großbritannien

Währung: Salomonen-Dollar

Einwohner: 466 000

Bevölkerungsdichte: 16,9 je km²

Amtssprache: Englisch

MARSHALL-INSELN

Die Marshall-Inseln bestehen aus zwei parallelen Ketten von Atollen (Korallenriffe). Landwirtschaft, Fischerei und Schweinezucht sind die Hauptwirtschaftszweige.

Fläche: 181 km²

Unabhängigkeit: 1990 von der UN-Aufsicht unter US-Treuhandschaft

Währung: US-Dollar

Einwohner: 61 000

Bevölkerungsdichte: 337 je km²

Amtssprache: Englisch

SAMOA

Die Einwohner des früheren Westsamoa sind vorwiegend Polynesier, Abkömmlinge der Maori. Regelmäßig suchen Taifune die Inseln heim und richten große Zerstörungen an.

Fläche: 2 831 km²

Unabhängigkeit: 1962 von der UN-Aufsicht unter neuseeländischer Treuhandschaft

Währung: Tala

Einwohner: 184 000

Bevölkerungsdichte: 65 je km²

Amtssprachen: Samoanisch, Englisch

KIRIBATI

Auf den Inselgruppen von Kiribati gibt es nur sehr arme Böden, deshalb sind die Bewohner auf den Fischfang angewiesen. Ihre traditionellen Hütten decken sie mit den Blättern der Pandanusspalme.

Fläche: 811 km²

Unabhängigkeit: 1979 von Großbritannien

Währung: Australischer Dollar/Kiribati

Einwohner: 98 000

Bevölkerungsdichte: 120,8 je km²

Amtssprachen: Englisch, Kiribati

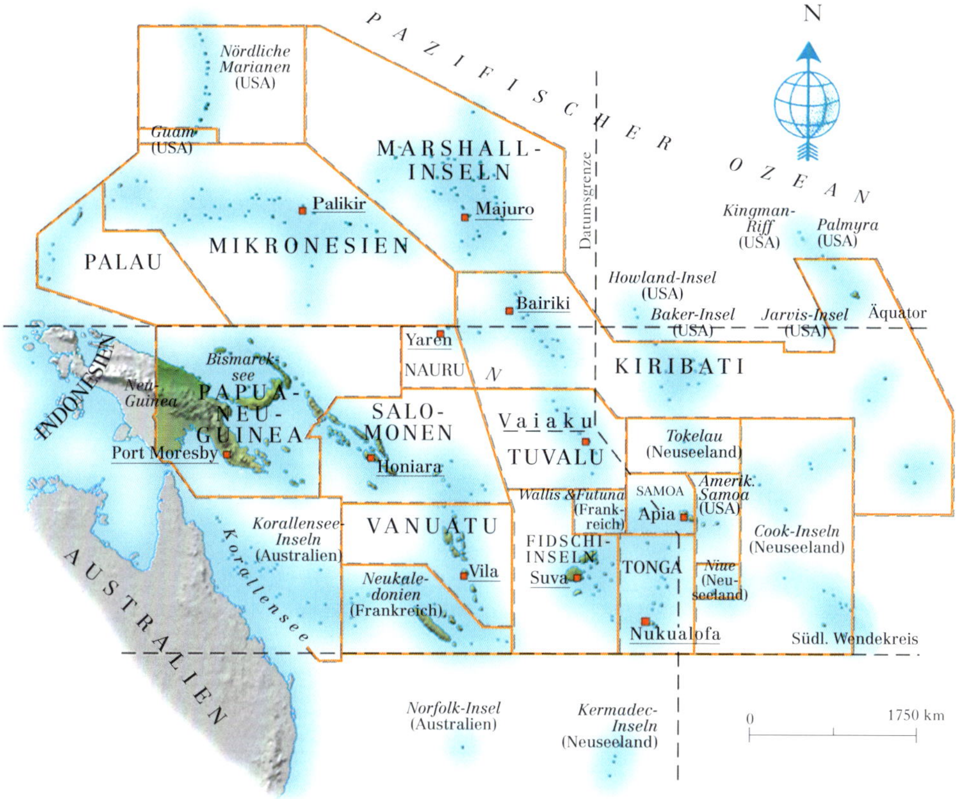

KIRIBATI-KANU
Der Fischfang von einem Kanu aus hat eine lange Tradition auf den Inseln des Pazifischen Ozeans. Dieser Fischer sitzt in einem Kanu mit einem Ausleger. Auf diese Weise behält das Kanu auch bei rauer See eine stabile Lage.

TUVALU

Tuvalu, bis 1978 auch Ellice-Inseln genannt, besteht aus neun kleinen Atollen. Ein wichtiger Einkommenszweig ist der Verkauf von Briefmarken.

Fläche: 26 km²

Unabhängigkeit: 1978 von Großbritannien

Währung: Australischer Dollar und Tuvalu-Dollar

Einwohner: 12 000

Bevölkerungsdichte: 461,5 je km²

Amtssprachen: Englisch, Tuvaluisch

FIDSCHI-INSELN

Rund die Hälfte der Fläche dieser 322 Inseln ist von Wäldern bedeckt. Entlang den Küsten werden Kokosnusspalmen in Plantagen angebaut.

Fläche: 18 376 km²

Unabhängigkeit: 1970 von Großbritannien

Währung: Fidschi-Dollar

Einwohner: 841 000

Bevölkerungsdichte: 45,8 je km²

Amtssprachen: Englisch, Fidschianisch

ZUCKERROHR
Zuckerrohr trägt maßgeblich zum Nationaleinkommen der Fidschis bei. Frauen schneiden das Zuckerrohr mit Macheten.

VANUATU

Die Inselgruppe Vanuatu besteht aus einer 800 km langen Inselkette. Auf den fruchtbaren vulkanischen Böden werden Bananen, Apfelsinen und Ananas angebaut.

Fläche: 12 190 km²

Unabhängigkeit: 1980 von Frankreich und Großbritannien

Währung: Vatu

Einwohner: 207 000

Bevölkerungsdichte: 17 je km²

Amtssprachen: Bislama, Englisch, Französisch

TONGA

Tonga besteht aus 172 Inseln. Einige sind aus Korallenriffen, andere durch vulkanische Tätigkeit entstanden. Tonga ist das letzte noch bestehende Königreich in Polynesien.

Fläche: 748 km²

Unabhängigkeit: 1970 von Großbritannien

Währung: Pa'anga

Einwohner: 102 000

Bevölkerungsdichte: 136,4 je km²

Amtssprache: Tonga

AUSTRALIEN

Australien ist eine der ältesten Landmassen der Erde und der flachste aller Kontinente. Weite Teile des Landes sind wüstenhaft heiß und trocken. Wo Gras wächst, lassen die Farmer Rinder und vor allem Schafe weiden. Ackerbau ist nur an Stellen möglich, die sich bewässern lassen. Die meisten Australier leben in den kühleren Städten an den Küsten.

Fläche: 7 692 030 km²

Regierungsform: Parlamentarische Monarchie im Commonwealth

Unabhängigkeit: 1901 wurde das Commonwealth of Australia ausgerufen

Territorien: Australisches Antarktis-Territorium, Weihnachtsinseln, Kokos-Keeling-Inseln, Norfolkinseln, Heard- und McDonald-insel, Ashmore- und Cartierinseln, Korallenmeerinseln

Währung: Australischer Dollar

Einwohner: 20,1 Mio.

Bevölkerungsdichte: 2,6 je km²

Amtssprache: Englisch

Religionen: 27% römisch-katholisch, 21% anglikanisch, 21% verschiedene protestantische Kirchen, 31% andere Religionen

Felszeichnung der Aborigines

ABORIGINES

Die dunkelhäutigen Aborigines sind die Ureinwohner Australiens. Sie glauben, dass ihre Ahnen in der so genannten »Traumzeit« Land und Menschen geschaffen haben.

WETTERDATEN

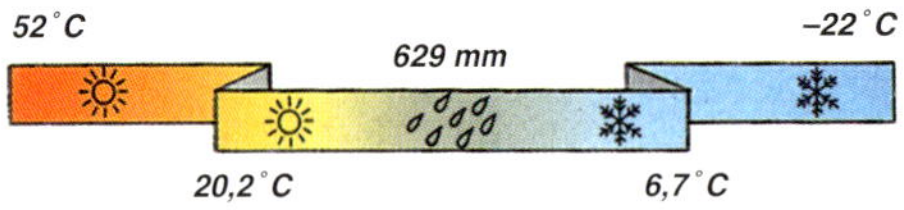

LANDSCHAFTEN

Nur 5,5% des Landes sind von Wäldern bedeckt.

WISSENSWERTES

In Australien herrscht Wahlpflicht. Wer nicht wählen geht, hat mit einer Geldstrafe zu rechnen.

Australien ist weltweit führend in der Produktion von Wolle (30%). Auf jeden Einwohner Australiens kommen rund sieben Schafe.

Melbourne, die Hauptstadt von Victoria, ist die Stadt mit der fünftgrößten griechischen Bevölkerung in der Welt.

20 Australische Dollar

GROSSES BARRIERRIFF

Dieses Riff erstreckt sich über 2 000 km entlang der Küste von Queensland. Dort leben mehr als 400 Korallen- und 1 500 Fischarten.

AUSTRALISCHE NATIONALBLUME

Eine Akazienblüte ist die Staatsblume von Australien.

INSELSTAAT

Tasmanien ist der kleinste australische Bundesstaat. Der Süden der Insel ist noch immer eine natürliche Wildnis und wurde von der UNESCO in die Liste des »Weltkulturerbe der Menschheit« aufgenommen.

BERGBAU UND BODENSCHÄTZE

Aus Australien stammen wichtige Bodenschätze, die in die ganze Welt exportiert werden. Das Land ist ein wichtiger Kohleexporteur und fördert vor Russland und Zaire die meisten Diamanten.

DIE WICHTIGSTEN BODENSCHÄTZE (FÖRDERUNG PRO JAHR)	
Diamanten	30,7 Mio. Karat
Eisenerz	220 Mio. t
Gold	249 t
Silber	1 576 t
Steinkohle	398 Mio. t
Zink	457 000 t

DIE BELIEBTESTEN SPORTARTEN

Australier sind begeisterte Sportler. Im Jahr 2 000 fanden in Sydney die Olympischen Spiele statt.

Sport	Vereinsmitglieder
Tennis	560 000
Kricket	559 600
Golf	487 765
Bowling	408 367
Netzballspiel	350 552
Football	342 745
Fußball	272 520

Koala

BEUTELTIERE

Zu den Beuteltieren gehören Kängurus, Koalas und Wombats. Sie leben nur in Australien, auf Tasmanien und den umliegenden Inseln. Beuteltiere tragen ihre Jungen in einem Beutel am Bauch. Darin werden sie auch gesäugt.

Koalas ernähren sich von den Blättern von Eukalyptusbäumen, die in Ostaustralien wachsen.

Das Rote Riesenkänguru hat kräftige Hinterbeine und legt mit einem einzigen Satz 8 m zurück.

Der Streifenbeutler ernährt sich in den Regenwäldern von Queensland von Ameisen, Bienen und Termiten.

DAS OPERNHAUS IN SYDNEY

Das Opernhaus in Sydney hat der dänische Architekt Jörn Utzon (geb. 1918) entworfen. Es wurde 1973 fertig gestellt. Die muschelähnliche Dachkonstruktion ist mit mehr als 1 Mio. Keramikziegeln aus Schweden gedeckt.

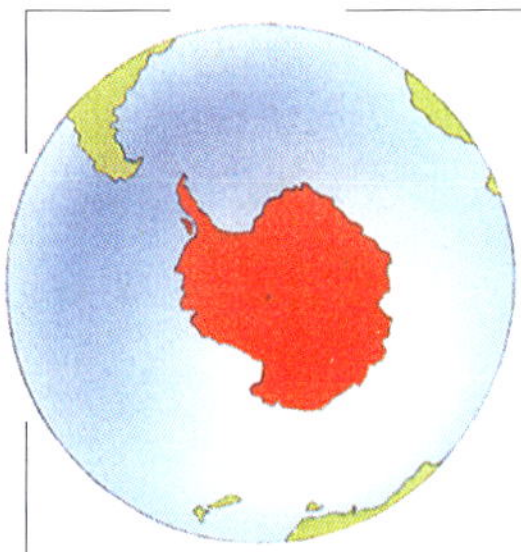

ANTARKTIS

Die Antarktis ist die kälteste, stürmischste Region der Erde. Wegen der harten klimatischen Bedingungen lebt dort niemand dauerhaft. Nur Wissenschaftler bleiben in Forschungsstationen für eine Zeit lang in der Antarktis. In der Antarktis gibt es große Vorräte an Erdöl und Bodenschätzen, der Antarktisvertrag von 1959 verbietet jedoch ihre Ausbeutung.

WETTERDATEN

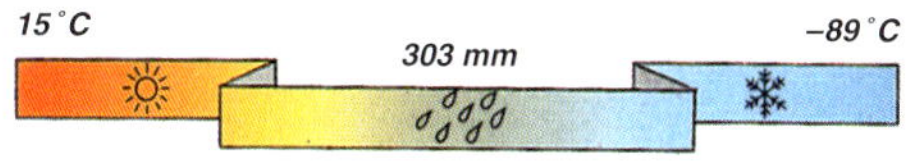

Fläche: 13 900 000 km²

Inlandeisdecke: durchschnittlich 1720 m dick, z.T. bis zu 4 km

Fläche des eisfreien Gebiets: 200 000 km²

Transarktisches Gebirge: 4 100 km lang

Höchster Punkt: Mount Vinson, 5 140 m

DER ANTARKTISVERTRAG

Die Antarktis gehört zu keinem Staat. 1959 beschlossen einige Länder, diesen Landstrich zu schützen, nur friedliche Nutzungen zuzulassen und keine territorialen Rechte zu beanspruchen. Die ursprünglichen Unterzeichner des Antarktisvertrages waren Argentinien, Australien, Belgien, Chile, Frankreich, Großbritannien, Japan, Neuseeland, Norwegen, Südafrika, Russland und die USA. Inzwischen haben 28 weitere Länder diesen Vertrag unterzeichnet.

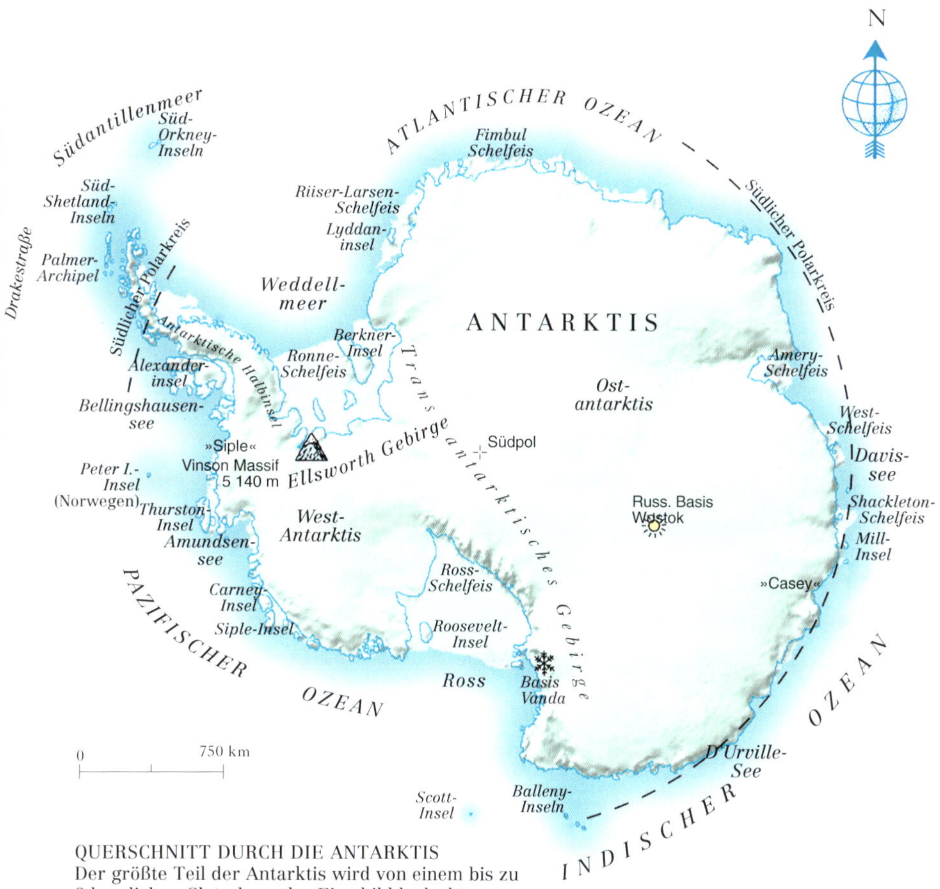

WISSENSWERTES

Jedes Jahr bewundern rund 2 000 bis 3 000 Touristen die herbe Schönheit der Landschaft vom sicheren Komfort ihrer Kreuzfahrtschiffe aus.

Die Wissenschaftler machen in der Antarktis viele Beobachtungen und Experimente. Sie studieren die Auswirkungen des antarktischen Eisschildes auf das Weltklima oder untersuchen das Leben im Meer.

In der Kälte müssen die Menschen ihren Körper, vor allem Finger und Zehen, gut vor Wärmeverlust bewahren. Sie tragen Schutzbrillen, um ihre Augen vor dem blendenden Weiß des Eises zu schützen.

QUERSCHNITT DURCH DIE ANTARKTIS

Der größte Teil der Antarktis wird von einem bis zu 2 km dicken Gletscher oder Eisschild bedeckt.

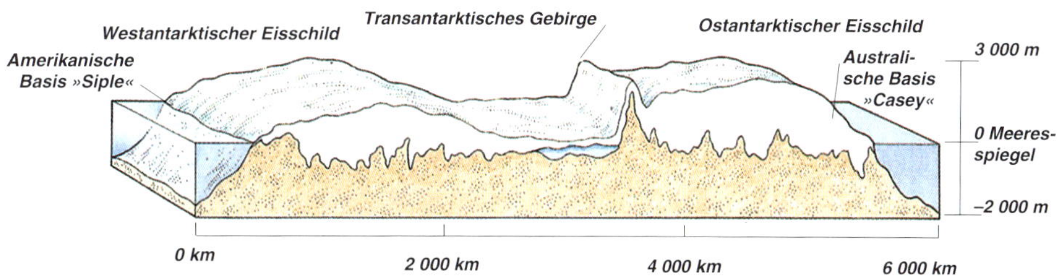

SCHUTZ DES LANDES

Im Jahr 1985 wurde ein Loch in der Ozonschicht über der Antarktis entdeckt. Die Umweltschutzorganisation »Greenpeace« möchte in der Antarktis einen Weltnaturpark einrichten, um das Land für die Zukunft zu schützen.

Ein »Greenpeace«-Schiff kreuzt durch das Eismeer.

ROSS-SCHELFEIS

Vor der Antarktis liegt die größte schwimmende Eismasse der Erde, das Ross-Schelfeis (links), das so groß ist wie Frankreich. An manchen Stellen ist das Eis 60 m dick. Seine flache Oberfläche eignet sich gut als Zugang ins Innere der Antarktis.

SÜDPOL

Zu Beginn unseres Jahrhunderts versuchten Forscher aus vielen Nationen, bis zum Südpol vorzudringen. Am 14. Dezember 1911 erreichte der Norweger Roald Amundsen als erster Mensch den Südpol.

NATUR

In der Antarktis ist es zu kalt für Landtiere, nur ein paar winzige Insekten leben dort. Das Eismeer ist jedoch sehr reich an Nahrung, und viele Meeresvögel und -säugetiere leben auf den umliegenden Inseln.

Der Blauwal ist das größte Säugetier, das jemals gelebt hat. Er wird bis zu 30 m lang und verbringt den Sommer in den Gewässern vor der Antarktis.

Der Kaiserpinguin ist mit 1,20 m Körpergröße der größte Pinguin der Welt. Das Weibchen legt nur ein Ei, das vom Männchen so lange auf den Füßen getragen wird, bis das Junge ausschlüpft.

FLAGGEN

Diese Nationalflaggen repräsentieren die 198 wichtigsten Länder oder Territorien der Welt. Muster und Farben der Flaggen gehen auf Geschichte oder Religion eines Landes zurück.

NORD- UND MITTELAMERIKA

In vielen Flaggen wird die Farbe Blau verwendet.

Kanada
Grönland
USA
Mexiko
Nicaragua
Panama
El Salvador
Costa Rica
Guatemala
Honduras
Belize
Kuba
Haiti
Jamaika
Trinidad und Tobago
Dominikanische Republik
Barbados
Bahamas
Antigua und Barbuda
Dominica
Grenada
St. Kitts und Nevis
St. Lucia
St. Vincent und die Grenadinen

SÜDAMERIKA

Diese Länder verwenden oft die Trikolore, eine Flagge mit drei Streifen.

Kolumbien
Peru
Venezuela
Bolivien
Ecuador
Guyana
Suriname
Brasilien
Argentinien
Chile
Uruguay
Paraguay

EUROPA

Viele europäische Flaggen benutzen als Grundform ein Kreuz.

Schweden
Dänemark
Norwegen
Island
Großbritannien
Schottland
England
Wales
Nordirland
Republik Irland
Spanien
Portugal
Andorra
Niederlande
Belgien
Luxemburg
Frankreich
Monaco
Deutschland
Österreich
Schweiz
Liechtenstein
Italien
Vatikanstadt
Malta
San Marino
Finnland
Litauen
Lettland
Estland
Ukraine
Polen
Tschechische Republik
Ungarn
Rumänien
Moldavien
Weißrussland
Slowakei
Türkei
Griechenland
Bulgarien
Albanien
Zypern
Serbien
Montenegro
Bosnien-Herzegowina
Slowenien
Mazedonien
Armenien
Aserbaidschan
Georgien
Russland
Kroatien

AFRIKA

Viele afrikanische Flaggen tragen die Farben Grün, Gelb und Rot.

Ägypten
Äthiopien
Kenia
Tansania
Uganda
Somalia
Sudan
Eritrea
Dschibuti
Algerien

WISSENSWERTES ZU FLAGGEN

Die Lehre von den Flaggen heißt »Vexillogie«. Der Name bezieht sich auf das lateinische Wort »vexillum«, ein Banner, das von den römischen Legionären getragen wurde.

Die Antarktis hat keine eigene Flagge. Das Land gehört niemandem und darf nur für friedliche Forschung genutzt werden.

AFRIKA

(WEITERE AFRIKANISCHE FLAGGEN)

Marokko | Libyen | Tunesien

DIE »STARS AND STRIPES« Die US-amerikanische Flagge hat 50 Sterne – einen für jeden heutigen Bundesstaat. Die waagerechten Streifen symbolisieren die 13 Gründerstaaten der USA.

Mali | Mauretanien | Niger | Tschad | Kap Verde

Westsahara | Nigeria | Ghana | Elfenbeinküste | Senegal

Guinea | Liberia | Burkina Faso | Benin | Sierra Leone

Togo | Gambia | Guinea-Bissau | Demokr. Republik Kongo | Sambia | Angola | Kamerun | Zentralafrikanische Republik

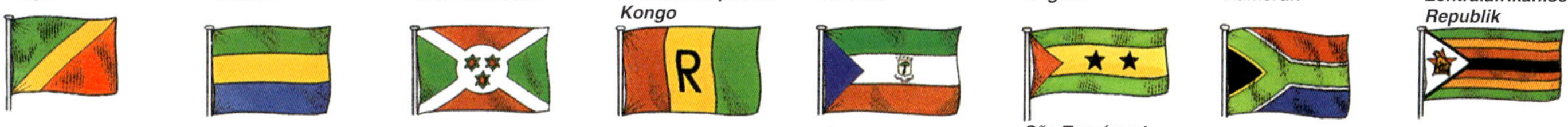

Kongo | Gabun | Burundi | Ruanda | Äquatorialguinea | São Tomé und Príncipe | Südafrika | Simbabwe

Mosambik | Madagaskar | Namibia | Malawi | Botsuana | Lesotho | Swasiland | Komoren

ASIEN

Hier tauchen häufig Sonnensymbole und der islamische Halbmond auf.

Israel | Syrien | Libanon | Jordanien | Irak | Saudi-Arabien

Kuwait | Jemen | Vereinigte Arabische Emirate | Oman | Katar | Bahrain | Iran | Afghanistan

Kasachstan | Usbekistan | Kirgisistan | Tadschikistan | Turkmenistan | Indien | Pakistan | Bangladesch

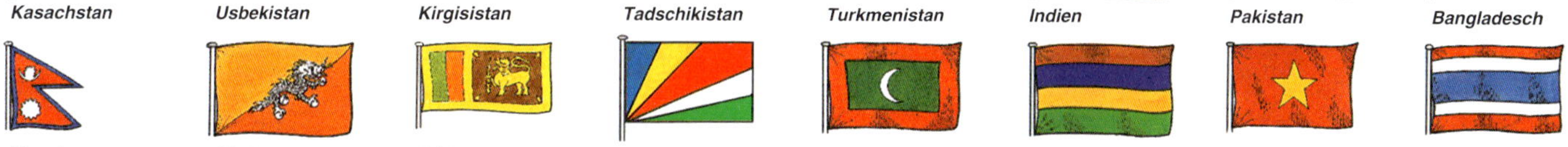

Nepal | Bhutan | Sri Lanka | Seychellen | Malediven | Mauritius | Vietnam | Thailand

Myanmar | Kambodscha | Laos | China | Südkorea | Taiwan | Nordkorea | Mongolei

Japan | Indonesien | Malaysia | Philippinen | Singapur | Brunei | Timor-Leste

AUSTRALASIEN UND OZEANIEN

Hier werden häufig Sternbilder dargestellt, die zur Navigation benutzt wurden.

Australien | Papua-Neuguinea | Fidschi | Salomonen | Vanuatu | Neuseeland

Samoa | Marshall-Inseln | Tonga | Kiribati | Mikronesien | Tuvalu | Nauru

WELTBEVÖLKERUNG

Zur Zeit leben rund 6,2 Mrd. Menschen auf der Erde. In einigen Kontinenten herrscht noch eine Bevölkerungsexplosion, andere beginnen, ihr Bevölkerungswachstum zu stabilisieren. Wissenschaftler und Politiker sind der Ansicht, dass die zunehmende Weltbevölkerung das größte Problem unserer Erde ist.

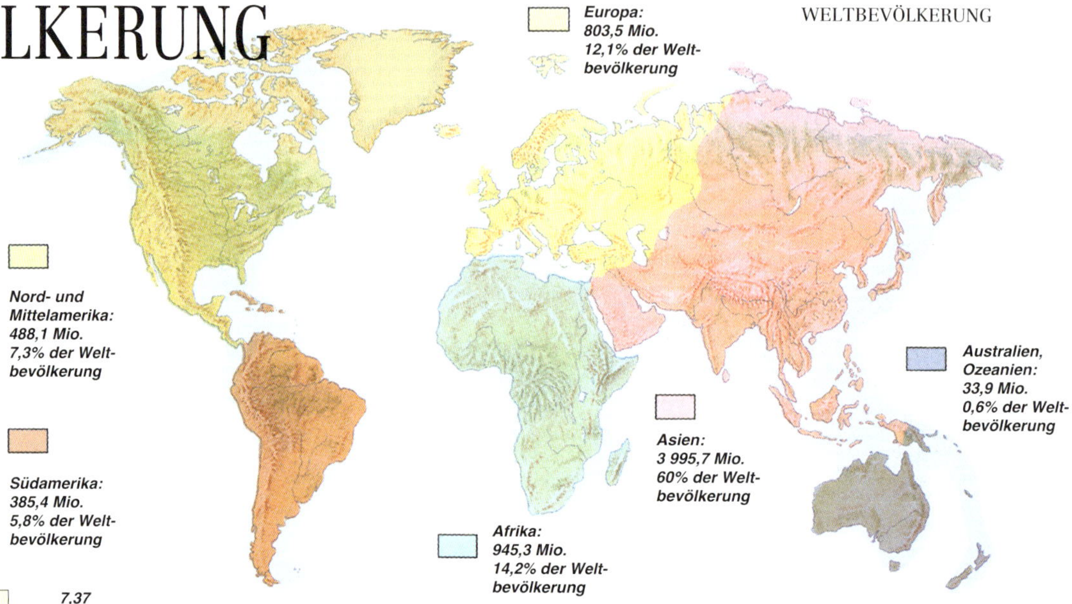

DIE BEVÖLKERUNGSREICHSTEN LÄNDER	
Land	Einwohner (in Mio.)
China	1 304
Indien	1 080
USA	301
Indonesien	218
Brasilien	184
Pakistan	152
Russland	144
Bangladesch	139
Nigeria	129
Japan	128
Mexiko	104
Deutschland	83
Philippinen	82
Vietnam	82

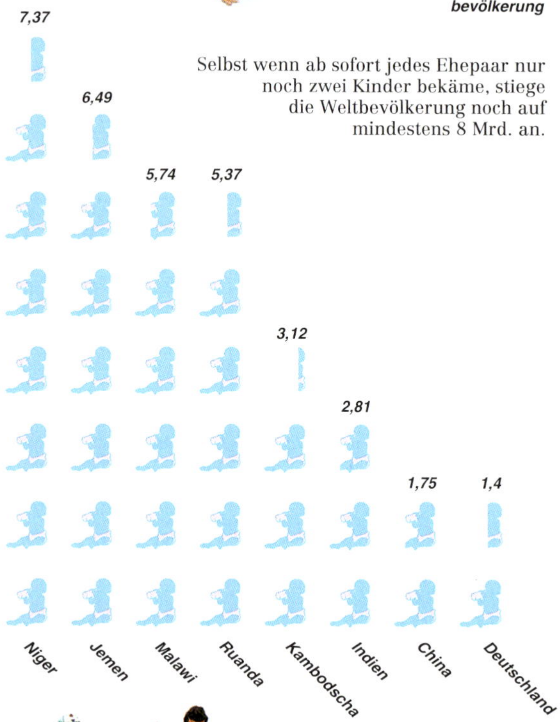

Selbst wenn ab sofort jedes Ehepaar nur noch zwei Kinder bekäme, stiege die Weltbevölkerung noch auf mindestens 8 Mrd. an.

WACHSTUMSRATEN DER BEVÖLKERUNG
Diese Tabelle gibt an, mit welcher Rate die Bevölkerung zunimmt und wie lange es dauert, bis sich die Einwohnerzahl einer Region verdoppelt.

Region	Zunahme (pro Jahr in %)	Verdoppelung (in Jahren)
Welt	1,1	65
Industrienationen	0,2	348
Entwicklungsländer	1,3	55
Am wenigsten entwickelte Länder	2,3	32
Höchste Rate: Timor-Leste	4,7	17
Niedrigste Rate: Ukraine	−1,1	–
Deutschland	0,0	–
China	0,6	117
USA	0,9	79
Indien	1,3	55

Rund 97% des Wachstums der Weltbevölkerung werden in Afrika, Asien und Lateinamerika stattfinden – gerade in jenen Ländern, die am wenigsten mit dieser Belastung fertig werden.

BEVÖLKERUNGSEXPLOSION
Jede Sekunde werden auf der Erde drei Babys geboren. Das macht fast 11 000 jede Stunde und rund 260 000 jeden Tag.

ALTERNDE BEVÖLKERUNG
In den Industrieländern altert die Bevölkerung. Die Menschen hier entscheiden sich dafür, weniger Kinder zu bekommen. Die moderne Medizin erhöht die Lebenserwartung, sodass die bestehende Bevölkerung zunehmend älter wird.

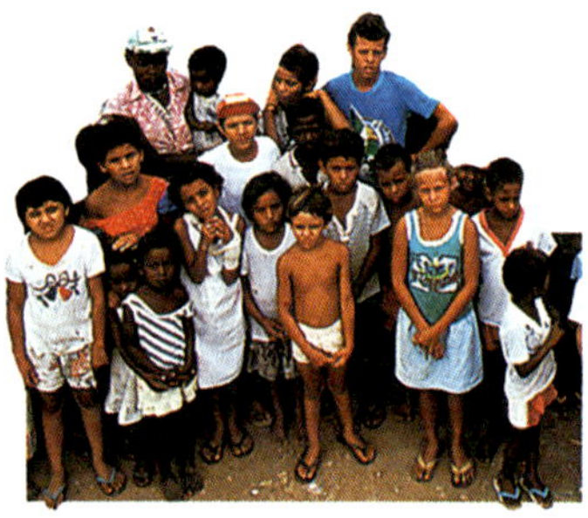

JUNGE BEVÖLKERUNG
Die Menschen in den Entwicklungsländern bekommen mehr Kinder. Zum einen werden Verhütungsmethoden kaum angewendet, zum anderen sind Kinder die Altersversorgung für die Eltern, denn die Kinder werden sie später unterstützen. In diesen Ländern hat die Zahl der jungen Menschen zugenommen: So ist in Afrika fast die Hälfte aller Einwohner jünger als 15 Jahre alt.

WISSENSWERTES
Ein Drittel der Weltbevölkerung ist jünger als 15 Jahre.

Im Jahr 2 025 wird die Zahl der Menschen, die 60 Jahre und älter sind, auf 1,2 Mrd. (14% der Weltbevölkerung) ansteigen. Die meisten davon, fast 71%, leben in den Industrieländern.

75% der Menschen unserer Erde haben eine Lebenserwartung von unter 60 Jahren.

LÄNDER MIT DER GERINGSTEN BEVÖLKERUNGSDICHTE		
Land	Einwohner	Bevölkerungsdichte
Westsahara	252 000	1,0
Mongolei	2 515 000	1,6
Namibia	2 009 000	2,4
Australien	20 111 000	2,6

VERSTÄDTERUNG

Die moderne Technik macht es möglich, dass immer mehr Menschen auf engem Raum zusammenleben. Heute leben fast 50% der Weltbevölkerung, rund 2,6 Mrd. Menschen, in Städten. Von diesen Stadtbewohnern lebt etwa die Hälfte in Städten mit mehr als 500 000 Einwohnern.

Rasant anwachsende Vororte von Mexiko-Stadt

WACHSTUM DER STÄDTE

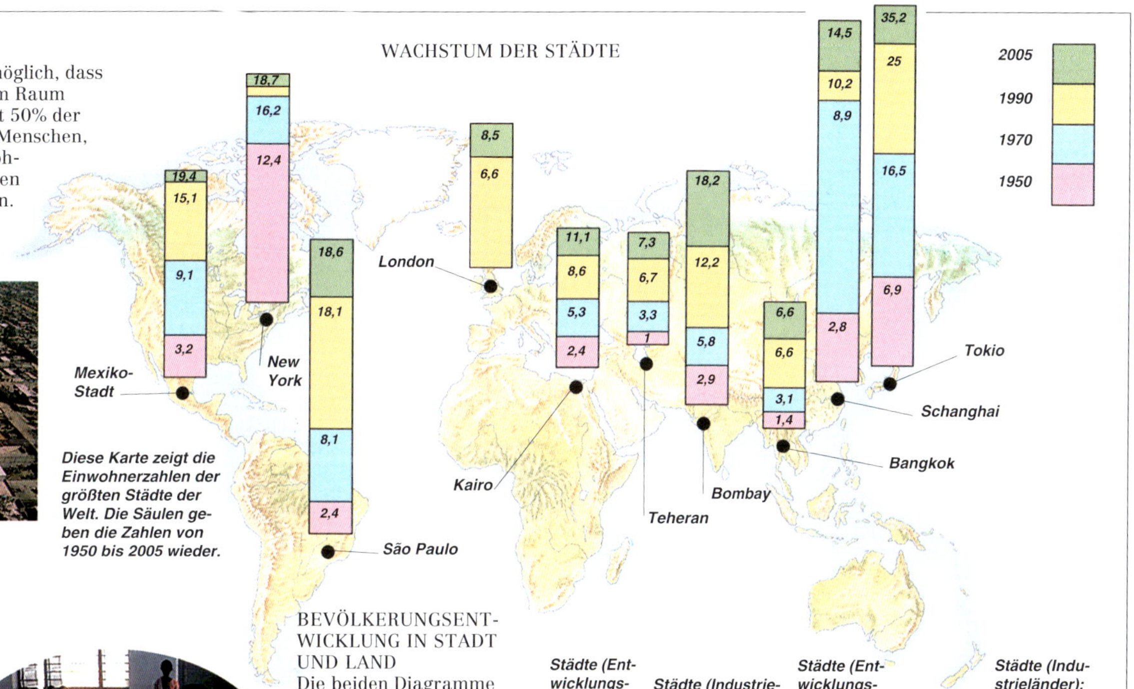

Diese Karte zeigt die Einwohnerzahlen der größten Städte der Welt. Die Säulen geben die Zahlen von 1950 bis 2005 wieder.

BEVÖLKERUNGSPLANUNG

Als wichtigstes Ziel der Bevölkerungsplanung gilt heute die Aufklärung der Frauen über Familienplanung. Daher werden überall in der Welt Programme ins Leben gerufen, die es Frauen ermöglichen, Methoden zur Empfängnisverhütung kennen zu lernen.

BEVÖLKERUNGSENTWICKLUNG IN STADT UND LAND

Die beiden Diagramme zeigen, wie sich das Verhältnis der Weltbevölkerung in Stadt und Land entwickeln wird. Die Schätzung für 2025 geht davon aus, dass die Einwohner in den Entwicklungsländern mehrheitlich in Städten leben werden.

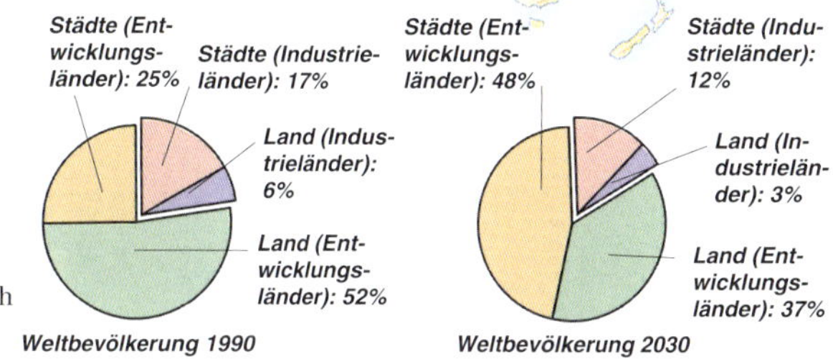

BEVÖLKERUNGSKONFERENZ VON KAIRO

Die Delegierten der Bevölkerungskonferenz von Kairo (1994) haben sich auf ein 20-Jahre-Programm geeinigt. Darin wird betont, dass Frauen selbst darüber bestimmen sollen, wie sie ihre Familie planen. Die UN hat errechnet, dass im Jahr 2015 die Weltbevölkerung auf 7,27 Mrd. ansteigen wird – sollte das Programm erfolgreich sein. Scheitern die Bemühungen, wird die Weltbevölkerung 2015 auf 7,92 Mrd. und 2050 auf 12,5 Mrd. Menschen ansteigen.

Delegierte auf der Weltbevölkerungskonferenz von Kairo

WISSENSWERTES

Die Regierungen der Entwicklungsländer stellen weniger als 2% ihrer Ausgaben für Familienplanung zur Verfügung. Der Anteil der internationalen Entwicklungshilfe ist mit weniger als 2% ebenso gering.

China hat 1980 verordnet, dass jede Familie nur ein Kind haben darf.

DIE GRÖSSTEN STÄDTE DER WELT

Städte mit Umland	Einwohner (in Mio.)
Tokyo, Japan	35,5
Mexico City, Mexico	19,4
New York, USA	18,7
São Paulo, Brazil	18,6
Mumbai (Bombay), Indien	18,2
Delhi, Indien	15,0
Shanghai, China	14,5
Kalkutta, Indien	14,3
Jakarta, Indonesien	13,2
Dhaka, Bangladesh	13,1
Buenos Aires, Argentinien	12,6

FLÜCHTLINGSSTRÖME

Herkunftsland	Zahl der Flüchtlinge
Afghanistan	1 908 100
Sudan	693 300
Burundi	438 700
Demokrat. Republik Kongo	430 600
Somalia	394 800
Vietnam	358 200
Palästina	349 700
Irak	262 100
Aserbaidschan	233 700
Liberia	231 100

In vielen Städten der armen Länder herrschen Wohnungsnot und Elend. Oft müssen sich kinderreiche Familien kleinste Wohnungen teilen. Die Ärmsten der Armen leben auf den Müllbergen der Vororte in einfachen Hütten. Dort suchen sie nach Essensresten oder wieder verwertbarem Material, das sie verkaufen können.

FLÜCHTLINGSSTRÖME

Flüchtlinge sind Menschen, die ihr Heimatland verlassen müssen. Ihre Zahl wird weltweit auf 20 Mio. geschätzt. Gründe für Flucht sind Kriege, politische, religiöse oder ethnische Verfolgung. Viele Flüchtlingsgruppen, z.B. die vietnamesischen »Boat-People«, müssen sich auf eine schwierige und gefährliche Reise machen.

MASSENWANDERUNGEN

Während der gesamten Geschichte der Menschheit haben immer wieder Menschen ihre Heimat freiwillig oder gegen ihren Willen verlassen.

Von 1600 bis 1810 wurden 10 Mio. Afrikaner als Sklaven nach Amerika verschleppt, um dort auf Plantagen zu arbeiten.

Nordamerika hat seine Bevölkerung durch massive Einwanderung vermehrt: Von 1860 bis 1910 nahmen die Einwohner von 31 auf 92 Mio. zu.

BESIEDELUNG DES WELTRAUMS

Schon heute untersuchen Wissenschaftler die Möglichkeit, auf anderen Planeten zu siedeln. Im Biosphäre-II-Experiment in Texas lebten einige Menschen völlig abgeschlossen von der Umwelt unter Glas. Obwohl das Experiment scheiterte, besteht immer noch das Ziel, eines Tages in künstlicher Atmosphäre auf dem Mond zu leben.

LEBENSSTANDARD

Eine gute Gesundheitsvorsorge, Ernährung und Ausbildung sind die wichtigsten Merkmale für einen hoch entwickelten Staat. Grundsätzlich gilt, dass die Einwohner eines reichen Staates einen hohen Lebensstandard haben. Die Einwohner armer Länder müssen oft hungern, ihnen fehlen Ärzte, Krankenhäuser und Schulen. Armut gibt es aber auch in Industrieländern: Neben Menschen, die sich einen hohen Lebensstandard leisten können, gibt es andere, die kaum Geld für die nötigsten Dinge des täglichen Lebens haben.

Weltgesundheitsorganisation

KRANKHEITEN

In tropischen Ländern breiten sich Infektionen durch Tiere aus: Sie übertragen Krankheiten von einem Menschen auf andere. In Entwicklungsländern werden Krankheitserreger auch über verschmutztes Wasser weitergegeben. Kinder sind besonders gefährdet: Die Lebenserwartung ist gering, und viele Krankheiten führen zu Verkrüppelungen. In den Industrieländern sind andere Krankheiten, wie Krebs oder Herzinfarkte, von Bedeutung. Falsche Ernährung und zu wenig Bewegung können dazu führen.

GESUNDHEIT UND KRANKHEIT

Die Weltgesundheitsorganisation (WHO) versteht unter »Gesundheit« körperliches, geistiges und soziales Wohlbefinden. Nahrungsmangel und schlechte hygienische Bedingungen haben weltweit viele Krankheiten zur Folge. Zur Gesundheitsvorsorge einer Nation gehören ausreichend Ärzte und Krankenhäuser.

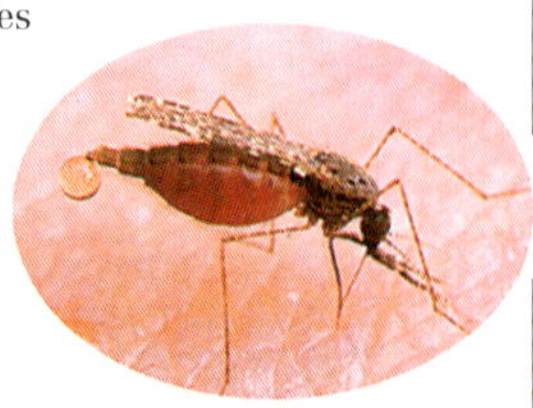

Malaria hat mehr Menschen getötet als jede andere Krankheit der Weltgeschichte. Jedes Jahr fallen ihr 2 Mio. Menschen zum Opfer, vor allem Kinder in Afrika, und 10 Mio. Menschen werden neu angesteckt. Der Erreger der Malaria, der immer widerstandsfähiger gegen westliche Medikamente wird, wird von Stechmücken übertragen.

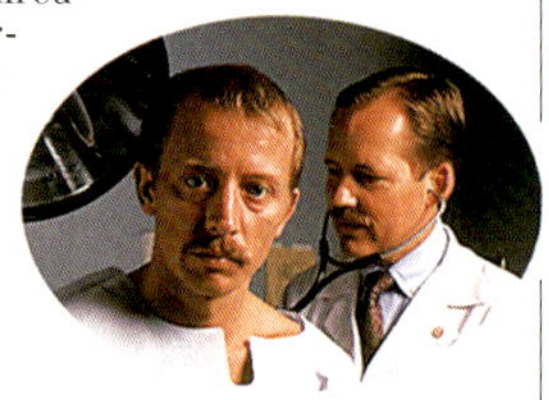

»Aids« ist die Abkürzung für »Aquired Immune Deficiency Syndrome« (erworbene Immunschwäche). Allein im Jahr 2004 haben sich 4,9 Mio. Menschen neu infiziert. Damit ist die Zahl der Infizierten weltweit auf über 36 Mio. angestiegen. Davon leben allein 25,3 Mio. in Afrika südlich der Sahara und 5,8 Mio. in Süd- und Südostasien.

KINDERSTERBLICHKEIT Diese Tabelle gibt an, wie viele Kinder unter 5 Jahren (pro 1 000 Geburten) jedes Jahr sterben.	
Land	Tote Kinder
Sierra Leone	283
Angola	260
Niger	259
Mali	219
u.a. Australien, Niederlande, Israel	6
u.a. Deutschland, Dänemark, Österreich	5
u.a. Norwegen, Schweden, Japan	4
Singapur	3

WISSENSWERTES

An Masern, Ruhr und Lungenentzündung sterben jährlich mehr als 7 Mio. Kinder.

Trotz möglicher Schutzimpfung fallen jedes Jahr 600 000 Babys dem Wundstarrkrampf zum Opfer.

Jährlich werden 140 000 Kinder nach einer Kinderlähmung zu Krüppeln.

Zwischen 1918 und 1920 hat eine weltweite Virusgrippe-Epidemie wahrscheinlich fast 22 Mio. Menschen getötet.

25% aller Todesfälle in den Entwicklungländern – in Industrieländern nur 1,4% – gehen auf Infektionskrankheiten zurück.

GEBURTS- UND TODESRATEN DER BEVÖLKERUNGSREICHSTEN LÄNDER (jeweils pro 1000 Einwohner)		
Land	Geburten	Todesfälle
China	12	7
Indien	24	8
USA	14	8
Indonesien	20	6
Brasilien	21	6
Russland	10	16
Pakistan	33	9

SICHERES WASSER

Die UNICEF (United Nations Children's Fund) hat festgelegt, dass »sicheres Wasser« zur Verfügung steht, wenn »pro Person 20 l Wasser in einer Entfernung von höchstens 1 km von der Wohnung« zu finden ist. Viele Krankheiten in Entwicklungsländern werden über verseuchtes Wasser verbreitet. Viele Menschen sterben auch an Wassermangel. Ein Ziel der WHO ist es, möglichst viele Menschen mit sauberem Wasser und ausreichenden sanitären Einrichtungen zu versorgen.

Kinder in Afrika holen Wasser.

WISSENSWERTES

Nur 26% der Landbewohner von Mosambik haben »sicheres Wasser«.

Zwei Drittel der Weltbevölkerung haben kein fließendes Wasser in ihren Häusern.

Wäre es möglich, die Weltbevölkerung mit sicherem Wasser zu versorgen, gäbe es 80% weniger Krankheiten und Leiden.

Fast 2 Mrd. Menschen, meist in den Entwicklungsländern, haben nicht genügend Trinkwasser.

LEBENSERWARTUNG

Die Grafik zeigt die Lebenserwartung, d.h. das durchschnittliche Alter, von Männern und Frauen.

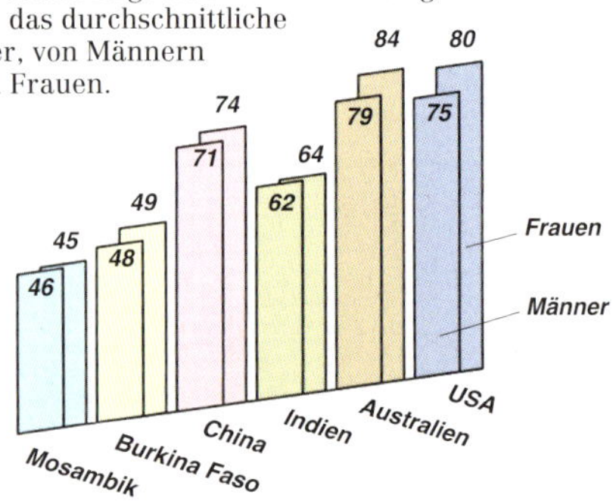

Jedes Jahr sterben schätzungsweise 13 Mio. Kinder. Das entspricht ungefähr der Gesamtbevölkerung von Buenos Aires.

ÄRZTE JE EINWOHNER

Die Grafik zeigt, wie viele Menschen ein einziger Arzt pro Land versorgen muss.

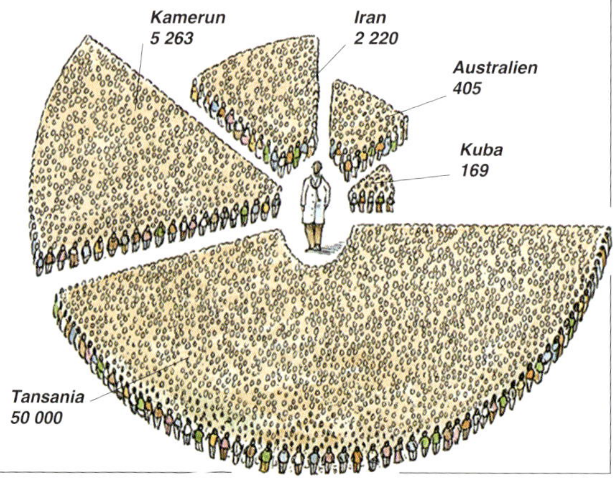

NAHRUNG UND ERNÄHRUNG

Etwa 800 Mio. Menschen leiden an Unterernährung. Die meisten von ihnen leben in Afrika und Südamerika. Um alle Menschen ausreichend zu ernähren, müssen in diesen Ländern die Anbauflächen neu verteilt werden und diese mit traditionellen Methoden für den Anbau vorbereitet werden. Dazu zählen z. B. die Bewässerung der Felder und der Schutz vor Erosion (Verlust der fruchtbaren Bodenkrume). In einigen Teilen Afrikas haben sich Kooperativen gebildet, die gemeinsam Landwirtschaft betreiben und die ganze Dorfgemeinschaft mit Nahrung versorgen.

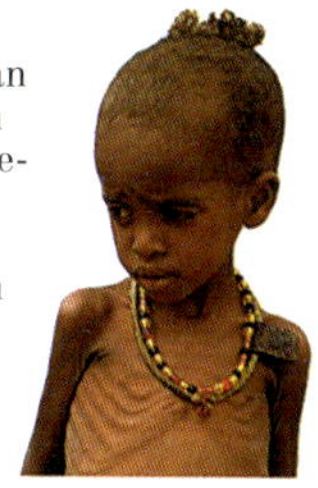

Ein unterernährtes Kind

NAHRUNGSMITTEL-PRODUKTION

1945 wurde die FAO (Food and Agriculture Organization; Ernährungs- und Landwirtschaftsorganisation) gegründet. Ihr Ziel ist es, Unterernährung zu vermindern, Anbau und Verteilung von Nahrungsmitteln zu steigern und das Leben in ländlichen Regionen zu verbessern.

Food and Agriculture Organization

AUSBILDUNG

Wurden Frauen vernünftig aufgeklärt und ausgebildet, zeigte sich, dass die Gesundheitsvorsorge verbessert und die Säuglingssterblichkeit vermindert wurden. Außerdem konnte die Überbevölkerung besser kontrolliert werden.

Familienplanung in Afrika

Im Jahr 1993 durften fast 130 Mio. Kinder in der Welt nicht zur Grundschule gehen.

Etwa 1 Mrd. Erwachsene können weder lesen noch schreiben.

VERSORGUNG MIT NAHRUNGSMITTELN

Die »Energieversorgung mit den Grundnahrungsmitteln« (Dietary energy supply; DES) entspricht der Nahrungsmenge, die ein Mensch täglich erhält. Sie wird in Kalorien angegeben. Die Graphik zeigt den relativen DES in einigen Industrie- und Entwicklungsländern.

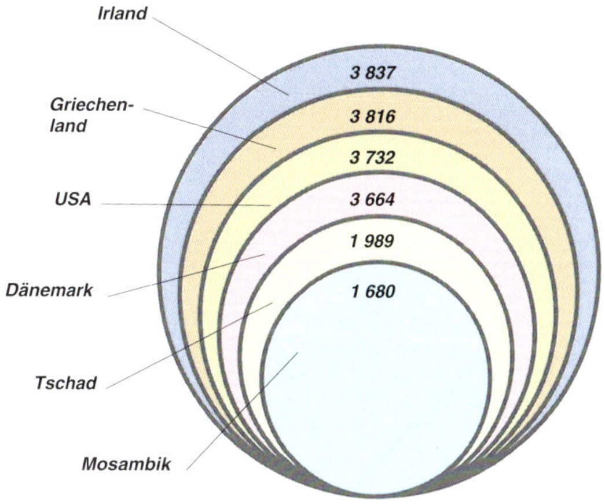

LESEN UND SCHREIBEN

Diese Graphik gibt an (in %), wie viele Männer und Frauen über 15 Jahren einer Region lesen und schreiben können.

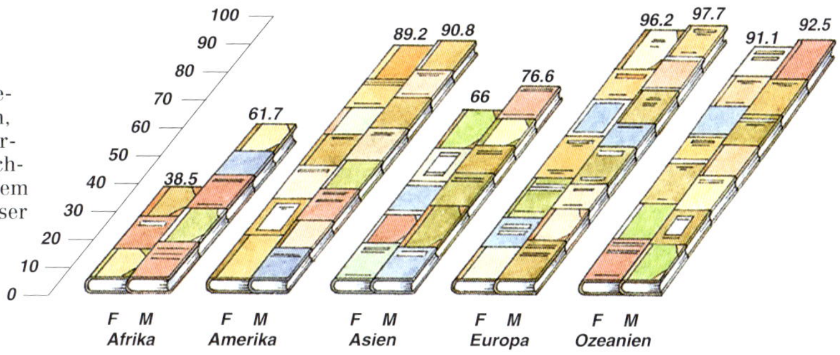

TATSACHEN ZUR ERNÄHRUNG

Ungefähr ein Drittel der Kinder in Entwicklungsländern ist unterernährt.

80% der Nahrung für den täglichen Bedarf wird in Afrika von den Frauen erzeugt.

KEINE SCHULE

Fast 80 Mio. Kinder in den Entwicklungsländern gehen noch nicht einmal zur Grundschule.

DIE WENIGSTEN SCHÜLER PRO LEHRER

Land	Schüler je Lehrer
San Marino	5
Katar	9
Schweden	11
Österreich	12

DIE HÖCHSTEN AUSGABEN FÜR DIE BILDUNG

Diese Tabelle zeigt den Anteil des Bruttoeinkommens (Bruttosozialprodukt; BSP), der für Bildung ausgegeben wird.

Land	% des BSP
Saint Vincent and the Grenadines	11,1
Vanuatu	9,6
Lesotho	9,0
Dänemark	8,6
Kuwait	8,2

DIE NIEDRIGSTEN AUSGABEN FÜR DIE BILDUNG

Diese Tabelle zeigt den Anteil des BSP, der für Bildung ausgegeben wird.

Land	% des BSP
Äquatorialguinea	0,6
Indonesien	0,9
Dominik. Republik	1,1
Gambia	1,9
Pakistan	2,0

DIE MEISTEN SCHÜLER PRO LEHRER

Land	Schüler je Lehrer
Zentralafrikanische Republik	90
Tschad	67
Burundi	50
Äquatorial-Guinea	49

NORD-SÜD-GEGENSATZ

Fast alle Industrieländer liegen auf der Nord-, die meisten Entwicklungsländer auf der Südhalbkugel. Zu den Entwicklungsländern zählen viele Staaten Afrikas, einige Südamerikas und Teile Asiens.

GEGENSÄTZE

Ein Einwohner aus einem Industrieland verbraucht 20- bis 30-mal mehr natürliche Rohstoffe als ein Einwohner aus einem Entwicklungsland.

Ein durchschnittlicher Einwohner von Ghana gibt pro Jahr rund 4 Euro in Geschäften aus, ein Japaner dagegen 7 000 Euro.

DER »HUMAN INDEX«

Die Vereinten Nationen veröffentlichen den »Human Development Index« (Index des Entwicklungsstands). Er zeigt den wirtschaftlichen Fortschritt eines Landes an. Darin werden verschiedene Kennzeichen des Lebensstandards erfasst, z.B. Ausbildung, Lebenserwartung, Ernährung und Zugang zu Wasser. Der »Human Development Index« ist ein Gradmesser für den Entwicklungsstand eines Landes. Die rechts aufgeführten Tabellen beruhen auf diesem Index.

LÄNDER MIT DEM HÖCHSTEN LEBENSSTANDARD

Land	Rang	Bewertung
Norwegen	1	Hoher Gesundheitsstandard und Sozialleistungen
Island	2	Hohe Lebenserwartung, gutes Bildungswesen
Australien	3	Hohes BSP, gutes Bildungswesen
Irland	4	Hohes BSP, geringe Arbeitslosigkeit

LÄNDER MIT DEM NIEDRIGSTEN LEBENSSTANDARD

Land	Rang	Bewertung
Niger	177	Sehr schlechtes Bildungswesen
Sierra Leone	176	Niedriges BSP und niedrige Lebenserwartung
Mali	175	Niedriges BSP und niedrige Lebenserwartung
Burkina Faso	174	Schlechtes Bildungssystem

ARME UND REICHE

Mit jedem Tag wird die Kluft zwischen den armen und den reichen Ländern der Welt größer. Mehr Menschen als je zuvor leiden an Hunger oder sind obdachlos.

Dieser südamerikanische Slum (Armensiedlung) liegt am Rand einer Großstadt.

WOHLSTAND AUF KOSTEN DER UMWELT

Der wirtschaftliche und technische Fortschritt hat zahlreiche ökologische Probleme mit sich gebracht. Abfälle und Abwässer aus Industriebetrieben belasten die Gewässer mit Schadstoffen; giftige Emissionen aus Fabrikschornsteinen und Autoabgasen gelangen in die Atmosphäre. Das Ozonloch, der saure Regen und mögliche Klimaveränderungen sind die Folge.

IMPORT UND EXPORT

Importe sind das, was ein Land von anderen Ländern kauft, Exporte das, was es an andere Länder verkauft. Mit dem Geld werden Dinge gekauft, die das Land nicht selber herstellt. Arme Länder müssen Geld leihen, um Importe zu bezahlen.

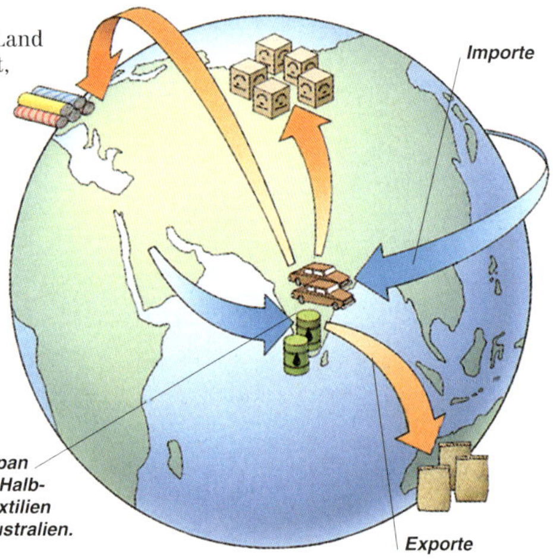

Indien importiert Autos aus Japan und Erdöl von der Arabischen Halbinsel. Es exportiert Tee und Textilien nach Europa und Reis nach Australien.

EINE UNGLEICHE WELT

Seit 1950 ist der Wohlstand der Welt außerordentlich gewachsen. Grund dafür war die verbesserte Technik, mit deren Hilfe die Produktion gesteigert wurde. Viele Länder, vor allem die der südlichen Halbkugel, hatten kaum Anteil an diesem Wachstum. Sie werden als »Entwicklungsländer« bezeichnet. Das daraus entstandene Ungleichgewicht nennt man »Nord-Süd-Gegensatz«.

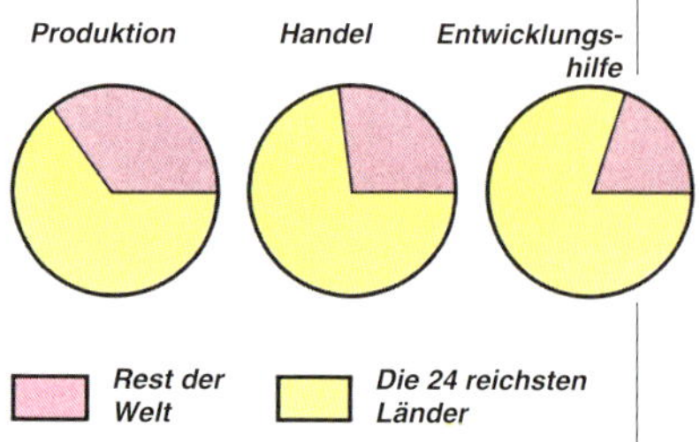

DIE SCHULDENKRISE

Einige Entwicklungsländer haben sich Geld von großen Banken, wie der Weltbank, geliehen. Für dieses Geld verlangen die Banken Zinsen. Je länger es dauert, bis ein Land seine Schulden bezahlt, desto höher wird die Zinsbelastung. Daher verbrauchen viele Länder einen großen Teil ihres Einkommens oder der Entwicklungshilfe für die Zinszahlungen, statt das Geld in die Entwicklung des Landes zu stecken.

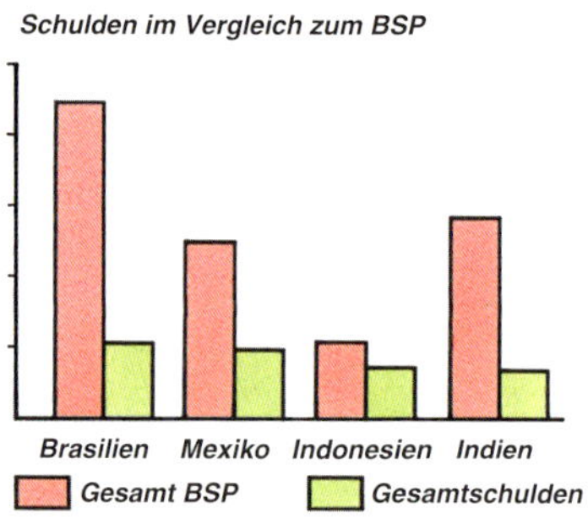

DIE REICHSTEN UND DIE ÄRMSTEN			
Wirtschaftswissenschaftler bewerten den Reichtum eines Landes mit Hilfe des Bruttosozialprodukts (BSP) oder Bruttonationaleinkommens (BNP), d.h. der Summe aller erwirtschafteten Waren und Leistungen eines Landes innerhalb eines Jahres.			
Land	BSP je Einwohner (Dollar)	Land	BSP je Einwohner (Dollar)
Luxemburg	69 961	Sierra Leone	561
USA	39 676	Malawi	646
Irland	38 827	Tansania	674
Norwegen	38 454	Burundi	677
Island	33 051	Dem. Rep. Kongo	705
Schweiz	33 040	Guinea-Bissau	722
Österreich	32 276	Äthiopien	756
Dänemark	31 914	Niger	779
Kanada	31 263	Madagaskar	857
Äquatorialguinea	20 510	Sambia	943

IWF UND WELTBANK

Der Internationale Währungsfond (IWF) und die Weltbank wurden nach dem Zweiten Weltkrieg gegründet, um den Wiederaufbau von Europa zu ermöglichen. Wurden Entwicklungsländer politisch unabhängig, wendeten sie sich ebenfalls mit der Bitte um Hilfe an diese Banken.

Internationaler Währungsfond

Weltbank

KEIN GOLDENER HÄNDEDRUCK

Drei Viertel aller Armen leben in nur 10 Ländern der Erde. Sie erhalten von der gesamten Entwicklungshilfe aller Länder jedoch nur einen Anteil von knapp einem Viertel.

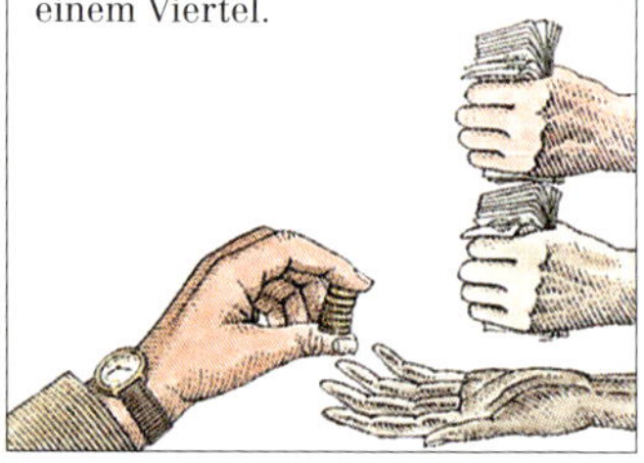

ÖLREICHTUM

Die Erzeuger von bestimmten Produkten haben sich oft zu Vereinigungen zusammengeschlossen, um ihre Interessen zu wahren. Die OPEC (Organization of Petroleum Exporting Countries) ist eine Organisation der erdölproduzierenden Staaten. Sie soll die Interessen der Ölstaaten vertreten. Der Ölpreis hat von allen anderen Produkten auf der Welt den größten Einfluss auf die internationale Wirtschaft.

Vertreter auf einer OPEC-Konferenz

ÖLKRISE

Im Jahr 1973 senkte die OPEC die Ölmenge, die exportiert wurde. Als Folge des knappen Angebots stieg der Ölpreis weltweit stark an. In den USA, deren Industrie große Mengen an Erdöl verbraucht, führte man ein Tempolimit von 50 km/h für Autos ein. In Deutschland galt ein sonntägliches Fahrverbot für Autos.

Autos bildeten während der Ölkrise lange Schlangen vor amerikanischen Tankstellen.

WER ZAHLT AM MEISTEN?	
Land	Entwicklungshilfe als Anteil (%) am BSP
Norwegen	0,87
Dänemark	0,85
Luxemburg	0,83
Niederlande	0,73
Zum Vergleich:	
Deutschland	0,28
USA	0,17

GESCHICHTE

Von der Entstehung des Lebens bis zur Gegenwart – eine abwechslungsreiche Reise in die Vergangenheit und ein Überblick über die wichtigsten Ereignisse der Geschichte in den verschiedenen Kulturen der Welt von den ersten Menschen bis zur Gegenwart.

Das Auftreten des Jetztmenschen • Die ersten Bauern und Städte • Ägypten und Mesopotamien
Neue Reiche und der Handel im Mittelmeerraum • Das alte Griechenland und der Aufstieg Roms
Das Rom der Kaiserzeit und die Ausbreitung des Christentums • Der Islam und die Wikinger
Mongolen und Kreuzritter • Marco Polo und der schwarze Tod
Die Renaissance und der amerikanische Erdteil • Religion in Europa und Akbar der Große
Mandschu-China, absolute Herrscher und Sklaverei • Aufklärung, Revolution und Napoleon
Europa in Aufruhr und das Britische Weltreich • Der amerikanische Bürgerkrieg und die Ausbeutung Afrikas
Der Erste Weltkrieg und die Russische Revolution • Zwischen den Weltkriegen und die Revolution in China
Der Zweite Weltkrieg • Der Kalte Krieg und der Nahe Osten
Afrikanische Unabhängigkeitsbewegungen und soziale Revolution
Der Nahe und Mittlere Osten und das Ende des Kalten Krieges • Hochkulturen
Forscher und Entdecker • Archäologie und Geschichte

40 000 v. Chr.

AFRIKA

30 000 Verschwinden der Neandertaler

ASIEN 40 000 Cromagnon-Menschen leben bei Skuhl und Kafzeh (Israel)

27 000–19 000 Herstellung kleiner Frauenfiguren

EUROPA 40 000 In Mitteleuropa leben Neandertaler bei La Chapelle-Aux-Saints, La Ferassie, La Quina und im Neandertal bei Düsseldorf. Der Cromagnon-Mensch taucht verstärkt in Europa auf

35 000 Beginn der Jüngeren Altsteinzeit (Werkzeuge und Geräte aus Stein, Knochen und Horn)

30 000 Erste künstlerische Darstellungen in der Dordogne (Frankreich). Verschwinden der Neandertaler

27 000–19 000 Herstellung kleiner Frauenfiguren

AMERIKA

35 000 Die ersten Menschen wandern von Asien nach Nordamerika über die während der Eiszeit vorhandene Landbrücke zwischen Ostsibirien und Alaska, der heutigen Beringstraße

OZEANIEN 40 000 Vermutlich erstmaliges Erscheinen der Ureinwohner (Aborigines) in Australien

ERSTE WERKZEUGE

Homo habilis (»geschickter Mensch«) lebte vor etwa 1,8 bis 2,3 Mio. Jahren in Süd- und Ostafrika. Sein größeres Gehirn befähigte ihn, erste einfache Werkzeuge aus Stein herzustellen. Der ihm folgende Homo erectus (»aufrechter Mensch«) stellte bereits besser gearbeitete Steinklingen und Faustkeile her und kannte den Nutzen des Feuers.

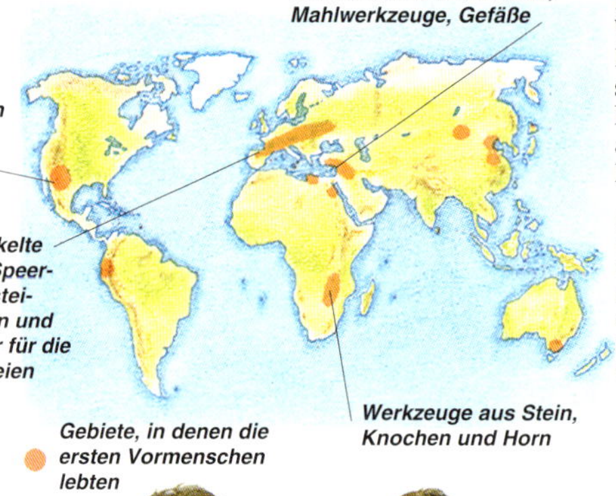

BEDEUTENDE FUNDORTE

Wichtige Fundorte von Werkzeugen aus Stein, Knochen, Horn und Elfenbein liegen in Mittel- und Südeuropa, im südlichen Afrika, im Iran und auf dem ganzen amerikanischen Kontinent. Die Olduwai-Schlucht in der ostafrikanischen Serengetisteppe gilt als bedeutendster Fundort von Vor- und Frühmenschen.

Faustkeil

1. DER FAUSTKEIL

Das am häufigsten gebrauchte Werkzeug der Frühmenschen war der Faustkeil aus Stein. Diese birnenförmigen Steingeräte wurden durch zweiseitiges Behauen gefertigt, sodass scharfe Kanten und Schneiden entstanden. Faustkeile wurden zum Spalten und Schaben von Knochen, Fleisch, Holz und Tierhäuten verwendet.

Meißel

2. STEINMEISSEL

Nach dem Faustkeil entwickelten die Werkzeugmacher den Meißel. Dieser war ein kleineres und schmaleres Steinwerkzeug, mit dem Materialien bearbeitet wurden, die nicht aus Stein waren, wie Horn und Knochen. Es entstanden Gebrauchsgegenstände, z.B. Nadeln, Angelhaken und Speerschleudern.

Axt

3. MATERIALVERBINDUNGEN

Einen weiteren Fortschritt bedeutete die Erkenntnis der Frühmenschen, dass sie verschiedene Materialien miteinander verbinden konnten, z.B. Stein und Holz oder Knochen.

ERFINDUNGEN

SPEERSCHLEUDER

Die Speerschleuder wirkte als eine Verlängerung des Arms und konnte mit größerer Wucht geworfen werden.

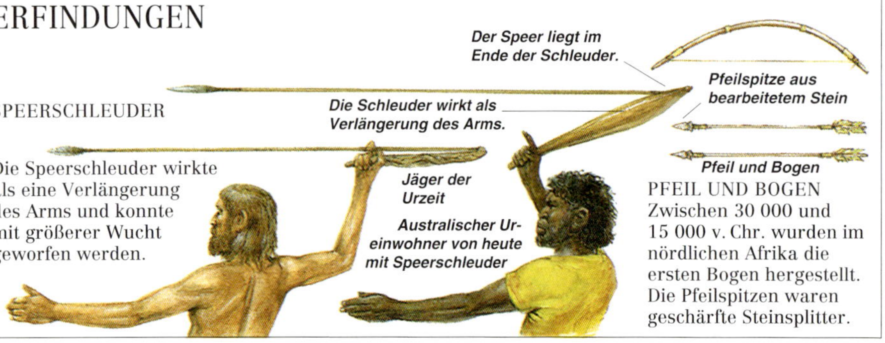

PFEIL UND BOGEN

Zwischen 30 000 und 15 000 v. Chr. wurden im nördlichen Afrika die ersten Bogen hergestellt. Die Pfeilspitzen waren geschärfte Steinsplitter.

GERÄTSCHAFTEN DER URZEIT

Gegenstand	Funktion	Fundort
	Kamm	Mesopotamien
	Nadel	Östlicher Mittelmeerraum
	Harpune	Mitteleuropa
	Angelhaken	Mitteleuropa
	Perlenschnur	Östlicher Mittelmeerraum

25 000 v. Chr. **10 000 v. Chr.**

15 000 Letzte Feuchtperiode in Nordafrika

16 000 Kälteste Periode der Eiszeit

14 000–11 000 El-Kebareh-Kultur (Palästina), mit frei stehenden Rundhütten

10 500 Früheste Töpferarbeiten; Fukui-Höhle (Japan)

15 000 Höhlenmalereien, Lascaux (Frankreich)

15 000–10 000 Kunstgegenstände aus Knochen, Geweihen, Elfenbein und Stein

12 500 Harpunen aus Knochen und Horn

11 000 Höhlenmalereien in Altamira (Spanien)

25 000 Die ersten Höhlenmenschen in Brasilien

15 000 Beginn der Höhlenkunst in Brasilien (Felsschutzdach von Toca do Boqueirao de Pedra Furada)

24 000 Erste bekannte Feuerbestattung von Toten, Mungo-See (Australien)

16 000 Felsbilder, Nordküste Australiens

DIE ERSTEN KÜNSTLER

Die ersten Jetztmenschen besaßen bereits künstlerisches Geschick. Sie malten Bilder an Höhlenwände, die Urrinder, Bisons, Hirsche oder Pferde zeigen. Neben Felsbildern entstanden kleine Mensch- und Tierfiguren aus Holz, Stein und Elfenbein.

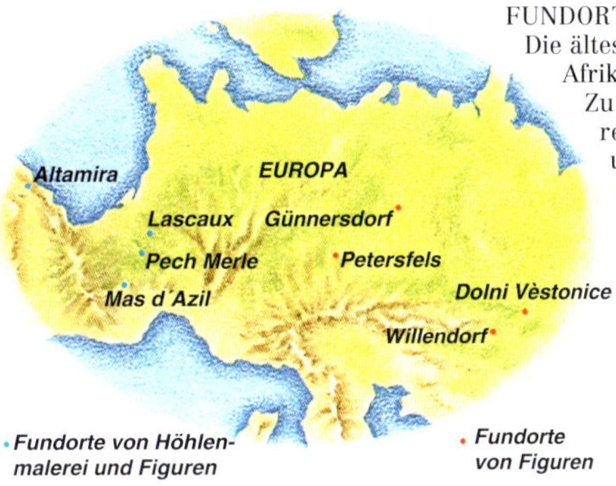

DIE HÖHLE VON LASCAUX
In der Höhle von Lascaux sind etwa 800 Darstellungen von Tieren erhalten. Die Felsbilder wurden erst 1940 entdeckt.

MAL- UND ZEICHENTECHNIKEN
Die frühen Künstler benutzten für ihre mehrfarbigen Bilder natürliche Materialien. Sie malten mit Pinseln aus Tierhaaren, mit Stöcken oder mit Tupfern aus Moos oder Tierfell.

FARBEN
Farben für die Höhlenmalerei wurden aus Erdpigmenten und Metalloxiden hergestellt. Rote Farbe wurde aus Hämatit (Eisenoxid) oder Rotem Ocker gewonnen, Weiß aus Kaolin oder Kreide, Schwarz aus Manganerzen oder Holzkohle. Durch Erhitzen der Farbpigmente konnten neue Farben gewonnen werden. Ocker wurde abgebaut. Die ältesten Ockergruben sind etwa 40 000 Jahre alt und befinden sich in Afrika.

FUNDORTE URZEITLICHER KUNST
Die ältesten Höhlenmalereien fand man in Afrika, Asien, Australien und Europa. Zu den berühmtesten Höhlenmalereien zählen Lascaux, Altamira und die erst 1994 entdeckte Höhle bei Vallon-Pont-d'Arc im Ardèche-Gebiet.

VENUS-FIGUREN
Die ältesten figürlichen Kunstwerke sind mindestens 30 000 Jahre alt. Üppige Frauenfiguren werden als »Urmutter« oder »Venus« bezeichnet. Ihre großen Brüste und die breiten Hüften sollen wohl auf die Fruchtbarkeit hinweisen.

ENTDECKUNG EINER HÖHLE
1940 führte der Franzose Marcel Ravidat Freunde zu einem Erdloch bei Lascaux, in das sein Hund gefallen war. Bei seiner Rettung erblickte er im Licht von Streichhölzern eine Höhle mit prächtigen Bildern, die Tausende von Jahren alt waren.

EISZEIT

Mehrmals im Lauf der Erdgeschichte war die nördliche Erdhalbkugel von Eismassen bedeckt. Eiszeiten wechselten mit Warmzeiten ab. Die letzte Eiszeit begann vor etwa 100 000 Jahren und endete vor ca. 13 000 Jahren.

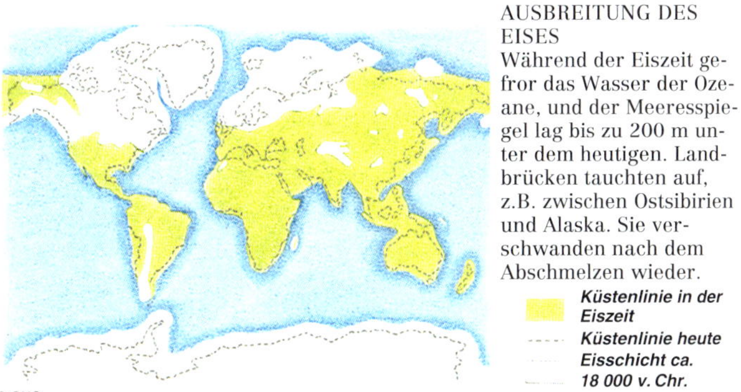

AUSBREITUNG DES EISES
Während der Eiszeit gefror das Wasser der Ozeane, und der Meeresspiegel lag bis zu 200 m unter dem heutigen. Landbrücken tauchten auf, z.B. zwischen Ostsibirien und Alaska. Sie verschwanden nach dem Abschmelzen wieder.

Eiszeitjäger mit einer Mammutfalle

EISZEITLICHE JÄGER
Viele Teile der erlegten Tiere wurden von den Eiszeitmenschen verwertet: Felle und Häute lieferten Kleidung; aus den Knochen eines Mammuts wurden Gerüste für Hütten errichtet und mit Fellen bedeckt.

FLUSSPFERDE IN LONDON
Kälteperioden wechselten mit Warmzeiten. Unter dem Trafalgar Square in London fand man Knochen, die beweisen, dass in jenen Wärmeperioden in der Themse einst Flusspferde schwammen.

DER MENSCH WIRD SESSHAFT
Nach dem Ende der Eiszeit veränderte sich das Klima. Wüsten wurden fruchtbar, und die Menschen lernten Felder zu bestellen und Tiere zu halten (um 8000 v. Chr.).

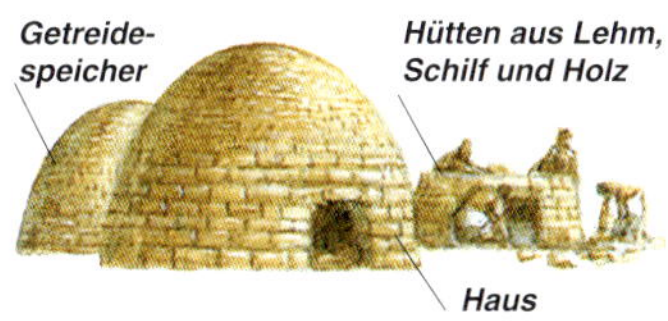

Korn wurde zu Mehl gemahlen und daraus grobkörniges Brot gebacken.

BESTATTUNGSRITUALE
Den Toten wurden persönliche Beigaben mit ins Grab gegeben, wie Armreife oder Halsschmuck aus Knochen oder Perlen.

10 000 v. Chr.				
AFRIKA	**10 000** Nach Ende der Eiszeit siedeln sich in der Sahara Jäger an	**8 500** Erste Felsmalereien, Sahara	 **8000** Töpferarbeit in der Sahara	
ASIEN	**10 000** Die Eisschicht schmilzt allmählich	 **9000–8000** Getreideanbau (Weizen und Gerste) im »Fruchtbaren Halbmond«; Domestizierung von Ziegen und Schafen	**8000** Die erste Stadt entsteht: Jericho. In ganz Ostasien endet die Eiszeit	**7500** Auf der Halbinsel Krim werden Schweine domestiziert
EUROPA	**10 000** Die Eisschicht schmilzt allmählich	**8300** Die Gletscher bilden sich zurück		
AMERIKA	**10 000** Die ersten Menschen erreichen die Südspitze Südamerikas	**8500** In Peru werden Weiden angelegt und Bohnen angebaut	**8000** Siedlungen halb sesshafter Gruppen entstehen in Nordamerika 	
OZEANIEN				

DIE ERSTEN BAUERN

Der »Fruchtbare Halbmond«, ein Gebiet zwischen der Ostküste des Mittelmeers über Anatolien und Mesopotamien und dem Zagrosgebirge im Iran, war das Siedlungsgebiet der ersten Bauern. Sie bauten Getreide und Hülsenfrüchte an. Einkorn ist eine Vorstufe unseres heutigen Weizens.

ERSTE ZÜCHTUNGEN

Die Bauern züchteten verschiedene Weizensorten durch Kreuzung der Samen. Diese wurden auf bewässerten Feldern ausgebracht für die nächste Ernte.

Wilde Kornfruchtsorten und Kreuzzüchtungen

DOLMEN *Chûn Quoit, Cornwall (England)*

Dolmen sind die ersten großen Steingrabmäler in Europa und gehen bis auf 4500 v. Chr. zurück. Sie gehörten zu urzeitlichen Grabkammern und bestehen aus einem großen, flachen Stein, der von anderen, senkrechten Steinen getragen wird.

Weizen: Ernte der ersten Getreidesorten

Gerste: Zu Mehl gemahlen, aber auch zum Bierbrauen verwendet

Linsen: Hülsenfrucht, getrocknet oder frisch verzehrt

Jams: Große Knollen, hoher Stärkegehalt

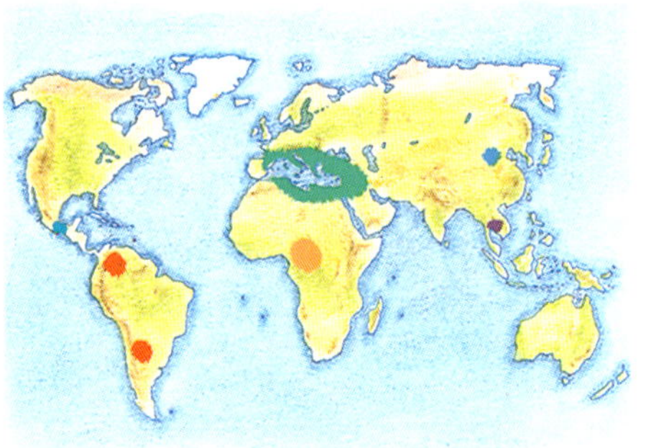

Hirse: Asiatische Kornfrucht mit hohem Eiweißgehalt

Reis: Kornfrucht mit sehr hohem Eiweißgehalt

Mais: Kolbenfrucht, stärkehaltig

Tapioka: Stärkemehl aus den Knollen des Maniokstrauches

DIE VERBREITUNG DES ACKERBAUS

Ackerbautechniken verbreiteten sich in Europa und Vorderasien. In Südostasien entwickelten die Bauern ihre Getreidesorten unabhängig davon. Auf dem amerikanischen Kontinent gibt es erst später Zeugnisse für Landbestellung, etwa um 7000 v. Chr.

ANFÄNGE DES BROTBACKENS

Samenkörner von wildem Weizen wurden gesammelt und mit einer Handmühle aus Stein gemahlen. Danach wurden die Spelzen (Hülsen) von dem groben Mehl getrennt, dieses mit Wasser vermischt und zu ungesäuertem Brot verbacken.

ZÄHMUNG WILDER TIERE

Als die Bauern mit dem Ackerbau begannen, zähmten sie auch wild lebende Tiere. Die Domestizierung veränderte oft das Aussehen einer Tierart.

GRÜNE SAHARA

Die Wüste Sahara war früher einmal ein fruchtbares Gebiet. Die 8 000 Jahre alten Bilder an den Felswänden bei Tassili zeigen viele Tierarten, Jäger, eine Frau, die Körner zerstampft, eine Hochzeit und eine Familie mit Haushund.

TEXTILIEN AUS FELDFRÜCHTEN

Bis 5000 v. Chr. bauten die Ägypter Flachs an, um ihn zu Stoff zu verarbeiten. Sie ernteten den Flachs zu unterschiedlichen Zeiten für unterschiedliche Stoffqualitäten. Junge grüne Stängel ergaben feines Tuch. Die zähen Fasern des ausgereiften Flachses wurden für Seile oder Matten verwendet.

7000 v. Chr. – **4000 v. Chr.**

6500 Rinder werden domestiziert

7000–6500 Domestizierung von Ochsen im östlichen Mittelmeerraum

6500–5700 Çatal Hüyük (Türkei) ist eine sehr alte bekannte Stadt.

6200 Kupferschmelze in der Türkei

5000 In Mesopotamien wird die Bewässerung der Felder entwickelt. In China wird Reis angebaut

4500 Landwirtschaft entlang des Ganges in Indien

4400 Domestizierung von Pferden in Russland

6500 In Südosteuropa entstehen die ersten bäuerlichen Gemeinschaften

5000 Beginn der Landwirtschaft im Westen Europas; Gold- und Kupferverarbeitung auf dem Balkan

4500 Erste vorgeschichtliche Großsteingräber in der Bretagne und in Portugal

6500 In Peru werden Kartoffeln angebaut

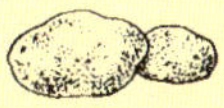

5000 Mexiko: Erste Siedlungen auf dem Hochland von Anáhuac, Maisanbau. Domestizierung von Lamas und Alpakas in den Anden

5000 Der Anstieg des Meeresspiegels trennt Neuguinea und Tasmanien von Australien ab

DIE ERSTEN STÄDTE

Die Bewohner der ersten dauerhaften Siedlungen errichteten Häuser aus Stein oder Lehmziegeln. Die ersten Städte entstanden. Die ältesten bekannten Städte sind Jericho und Çatal Hüyük in der Türkei. Die Menschen lebten von Ackerbau, Viehzucht und Handel.

JERICHO

Die erste Stadt der Geschichte war vermutlich Jericho im Nahen Osten. Sie wurde im 8. oder 9. Jt. von Bauern angelegt. Jericho hatte eine der bedeutendsten Befestigungsanlagen: Eine etwa 3 m dicke und 4 m hohe Steinmauer, an der ein 9 m hoher und 9 m dicker Rundturm lehnte. Die Stadt bestand aus Lehmhäusern auf festen Sockeln.

Rundturm von Jericho

Querschnitt des Turms von Jericho, 9 m Durchmesser

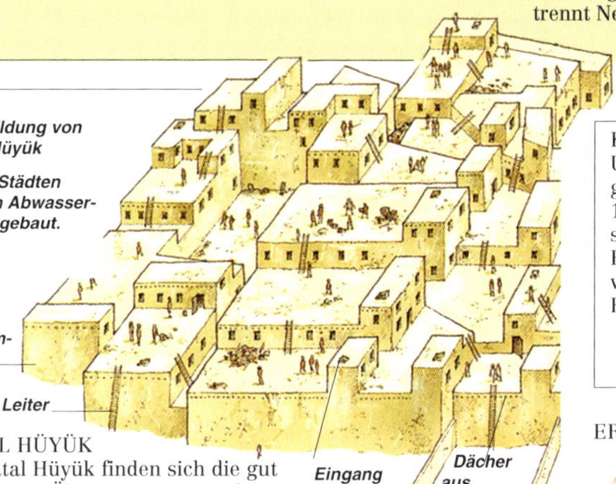

Nachbildung von Çatal Hüyük

In den Städten wurden Abwasserrinnen gebaut.

Die Lehmziegelhäuser standen dicht gedrängt.

ÇATAL HÜYÜK

Bei Çatal Hüyük finden sich die gut erhaltenen Überreste einer türkischen Stadt von 6 500 v. Chr. Die Häuser aus Lehmziegelsteinen wurden einfach aneinander gebaut. In die Häuser gelangte man nur über die Flachdächer.

HÄNDLER

In den Ruinen von Çatal Hüyük fand man Waren aus entfernten Ländern: Obsidian (glasartiges Vulkangestein) aus der Türkei, Kaurimuscheln vom Mittelmeer und Türkise vom Sinai.

Türkischer Obsidian

Türkis

Kaurimuscheln

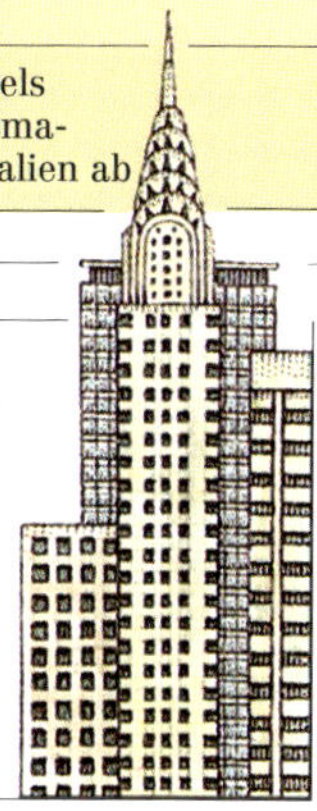

KLEINE WELT

Um 10 000 v. Chr. gab es nur etwa 12 Mio. Menschen auf der Erde, so viele wie heute in Bayern leben.

ERSTE RELIGIÖSE RITUALE

Die Toten wurden in Jericho manchmal unter den Häusern bestattet. Schädel (ohne Unterkiefer) wurden später entfernt und geschmückt.

Einige Räume in Çatal Hüyük waren mit religiösen Bildern verziert. Hier greifen Geier mit menschlichen Beinen (möglicherweise maskierte Priester) eine Figur ohne Schädel an.

Frühzeitliche Tonstempel

Von etwa 6000 v. Chr. an kennzeichneten Stadtbewohner im Nahen Osten ihr Eigentum mit Stempeln aus Ton. Händler markierten damit ihre Waren.

WICHTIGE STÄDTE DER FRÜHZEIT

Stadt	Gegend	Zeit	Handwerk
Jericho	Östliches Mittelmeer	8000 v. Chr.	Töpferei
Çatal Hüyük	Türkei	6500 v. Chr.	Obsidianwerkzeuge
Dscharmo	Qualat Irak	ca. 7000 v. Chr.	Textilweberei
Khirokitia	Zypern	ca. 6000 v. Chr.	Stein- und Holzartikel

WISSENSWERTES

Die Entwicklung des Ackerbaus führte dazu, dass sich immer mehr Menschen in Siedlungen niederließen.

In Çatal Hüyük lebten um 6500 v. Chr. wahrscheinlich mehr als 2 000 Menschen.

Ausgrabungen bei Dscharmo Qualat legten elf übereinander liegende Stadtfundamente frei. Im Lauf der Zeit war immer eine Stadt auf den Resten der anderen gebaut worden.

ANFÄNGE DER TÖPFERKUNST

Von etwa 10 000 bis 3000 v. Chr. entstand in Japan während der Jomon-Kultur Keramik, die reich mit Ornamenten verziert war. Sie ist die älteste Keramik, die man weltweit gefunden hat.

Verzierter Topf der Jomon-Kultur

ANFÄNGE DER METALLBEARBEITUNG

Die Hethiter waren um 1500 v. Chr. die erste Hochkultur, die Eisen nutzte.

Speerspitze

4000 v. Chr.

AFRIKA **4000** Erste Tonwaren aus Ghana (Afrika)

3300 Erste Segelboote befahren den Nil

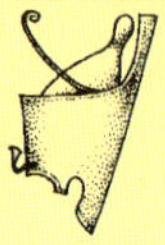

Um 3000 Erste Hieroglyphenschrift in Ägypten

Um 3000 Das oberägyptische und das unterägyptische Reich werden vereinigt

Um 2550 Bau der Pyramiden von Giseh

Um 2625 Stufenpyramide des Königs Djoser bei Sakkara

ASIEN **Um 3100** Versuche mit Bronzeguss in Mesopotamien

3500 Älteste chinesische Stadt: Liang-ch´eng chen; Gründung der Stadt Ur in Mesopotamien

Um 3100 In Sumer kommt die Keilschrift in Gebrauch

Um 2500 Entstehung der Indus-Kultur im heutigen Pakistan

EUROPA **4000** Erste Ganggräber in Carnac

3000 Beginn der Bronzezeit auf Kreta

Um 2500 Die Glockenbecher-Kultur entsteht in Frankreich

AMERIKA

3500 Anfänge der Haida-Kultur in Kanada

2500 Baumwolle wird in Pen angebaut

OZEANIEN

3000 Hunde gelangen nach Australien

DAS ALTE ÄGYPTEN

Um 3 500 v. Chr. entstand in Ägypten Afrikas erste Hochkultur entlang des Nils und im Nildelta. An der Spitze des Staats stand der Pharao. Der Aufbau einer Verwaltung, die Entwicklung einer Hieroglyphenschrift und gewaltige Bauten wie die Pyramiden zeugen von den großen Leistungen des alten Ägypten.

Sakkara: Älteste Stufenpyramide und erstes bekanntes Steinbauwerk der Welt

Dahschur: Knickpyramide des Königs Snofru, ca. 100 m hoch

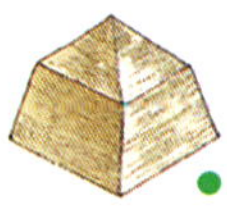

Giseh: Größtes Bauwerk: 146,5 m hoch, 2,3 Mio. Kalksteine

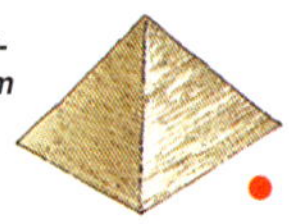

STEINERNE WAHRZEICHEN

Vom Nildelta bis hinab zum heutigen Sudan bauten die Ägypter Tempel für ihre Götter und Gräber für ihre Könige. Viele dieser Denkmäler stehen noch heute.

Abu Simbel: Tempel von Ramses II.

Sphinx: Chephrens Wächter, 73 m lang

PYRAMIDENBAU

Pyramiden wurden als große Grabbauten für die Pharaonen errichtet. Die weltberühmten Pyramiden von Giseh wurden für die Herrscher Cheops, Chephren und Mykerinos errichtet.

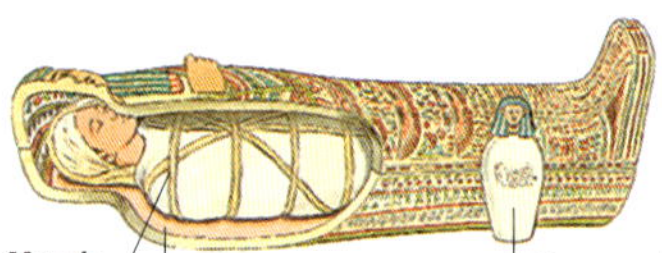

Mumie *Mumiensarg* *Kanope, Krug für die Eingeweide des Toten*

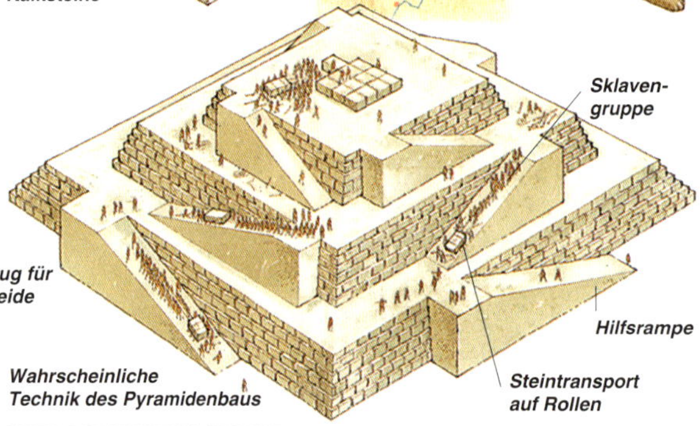

Wahrscheinliche Technik des Pyramidenbaus

TOTENKULT

Die Ägypter glaubten an ein Leben nach dem Tod. Der Körper des Verstorbenen wurde gleich nach seinem Tod für das Jenseits vorbereitet. Nach der Entfernung der inneren Organe wurde der Körper gereinigt und in Natronsalz eingelegt, um ihn auszutrocknen. Dann wurde er ausgestopft, einbalsamiert und mit Binden umwickelt, bevor man ihn in den Sarkophag bettete.

HIEROGLYPHENSCHRIFT

Die Ägypter benutzten Hieroglyphen für Tempelinschriften und religiöse Texte. Eine Hieroglyphe kann einen Gegenstand symbolisieren, eine Idee oder einen Laut. Nur Schreiber und Priester beherrschten die Schrift und wurden immer einflussreicher, weil man ihr Können für die Verwaltung brauchte.

Namensschild des Tutenchamun

ERFINDUNGEN

SEGEL

Seit etwa 3300 v. Chr. bauten die Ägypter Segelschiffe, anfangs aus Nilschilf, später aus ausländischen Hölzern.

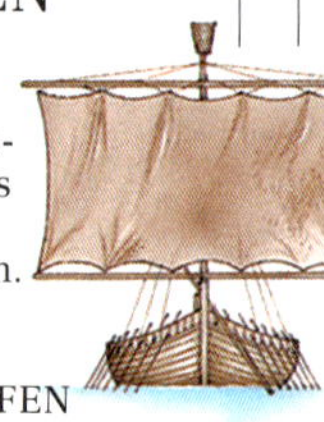

BRENNOFEN

Er wurde gleichzeitig in Ägypten und Mesopotamien erfunden. Durch das Brennen des Tons ließ sich die Qualität der Töpferwaren verbessern.

BEDEUTENDE PHARAONEN

Djoser (ca. 2700 v. Chr.), erster Pyramidenbauer

Hatschepsut (ca. 1490–1468 v. Chr.), erste bekannte Herrscherin

Thutmosis III. (1490–1436 v. Chr.), größte Ausdehnung des Reiches

Echnaton (1364–1347 v. Chr.), gründete neue Religion

Tutenchamun (1347–1338 v. Chr.), König mit neun Jahren

Ramses II. (1290–1224 v. Chr.), letzter der großen Pharaonen

STONEHENGE

Stonehenge ist eine Steinkreisanlage bei Salisbury (England). Sie stammt vermutlich aus dem 3./2. Jt. v. Chr. Einige der riesigen Steine wurden 216 km weit aus Wales herbeigeschafft. Am Tag der Sommersonnenwende geht die Sonne direkt über der Mittelachse des Denkmals auf.

Vermutliche Bautechnik von Stonehenge

INDUS-KULTUR

In das 3. Jt. v. Chr. reichen die Wurzeln einer Hochkultur am Ufer des Flusses Indus im heutigen Pakistan. Ihre größten Siedlungen waren Harappa, Mohenjo-Daros und Lothal. Die Städte besaßen ausgezeichnete Kanalisationssysteme, Backhäuser, Bäder und Kornspeicher.

Großes Bad, Mohenjo-Daros

Skulptur aus Mohenjo-Daros (ca. 2100 v. Chr.), vermutlich Gott oder Priesterkönig

GROSSES BAD

Das Große Bad von Mohenjo-Daros war eine der öffentlichen Einrichtungen der Stadt, die eine der wirtschaftlichen Zentren der Indus-Kultur darstellte.

500 v. Chr. — 1500 v. Chr.

500 Sahararegion rocknet aus

2155 Ende des Alten Reiches in Ägypten

2048 Beginn des Mittleren Reiches in Ägypten

1785 Ende des Mittleren Reiches in Ägypten

1650 Einfall der asiatischen Hyksos in Ägypten

1551 Beginn des Neuen Reiches in Ägypten

500 Beginn der Indus-Kultur

2371 Semiten unter Sargon von Akkad besetzen die Ebene von Shinar

2000 Einfall der Hethiter in Anatolien

1050 Anfänge des Assyrischen Reiches

1729 Geburt Hammurabis, Gründer des Babylonischen Reiches

1500 Chinesische Priester benutzen Zeichenschrift

1500 Niedergang der Indus-Kultur

500 Erste Hügelgräber in roßbritannien; Dolmen in kandinavien

2200 Stonehenge entsteht

2000 Blütezeit der minoischen Palastkultur auf Kreta

1580 Aufstieg Mykenes

500 Älteste Großsiedlungen mit 'empelbergen im Anden-Gebiet

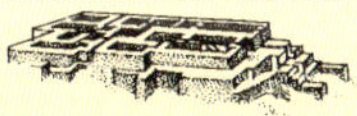

2000 Anfänge der Metallbearbeitung in Peru. Die Inuit wandern in die Arktis ein

2000 Beginn der Besiedlung Melanesiens im Südpazifik

MESOPOTAMIEN (ZWEISTROMLAND)

In der fruchtbaren Region zwischen den Flüssen Euphrat und Tigris entstanden einige der einflussreichsten Kulturen der Welt: die Sumer, die Babylonier, die Hethiter. An der Küste bildeten sich Handelszentren.

Die künstliche Bewässerung für die Landwirtschaft veränderte oft die Flussläufe von Euphrat und Tigris.

Jahrhunderte der Schlickablagerung vergrößerten die Küste.

Alter Flusslauf

Alte Küstenlinie

MESOPOTAMISCHE STADTSTAATEN
Mesopotamien liegt im heutigen Irak. Zu unterschiedlichen Zeiten beherrschten unterschiedliche Städte das Gebiet: Akkad um 2300 v. Chr., Ur von 2112 bis 2095 v. Chr., Babylon nach 1750 v. Chr. Manchmal herrschten auch mehrere Städte gemeinsam.

ABSCHIEDSTRUNK
Die Könige wurden oft gemeinsam mit ihrer Dienerschaft im selben Grab aufgefunden. Im Königsgrab von Ur lagen neben den Skeletten der Diener kleine Trinkgefäße. Sie hatten vielleicht Gift enthalten.

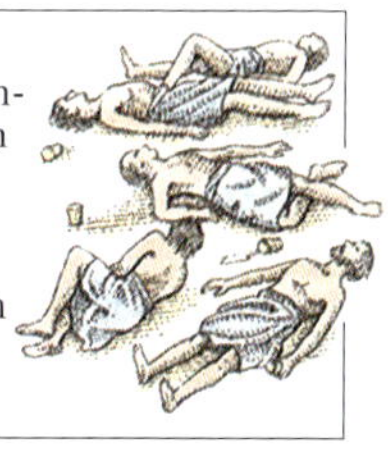

MESOPOTAMISCHE ERFINDUNGEN

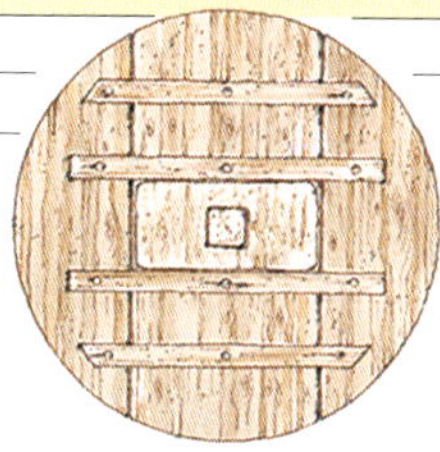

RAD
Zwischen 3500 und 3250 v. Chr. wurde im Zweistromland das Rad erfunden.

PFLUG
Pflüge tauchten erstmals um 3500 v. Chr. auf. Sie wurden von Ochsen gezogen und vereinfachten die Aussaat.

SCHRIFT
Um 3100 v. Chr. kam eine Bilderschrift in Gebrauch, die sich zur Keilschrift entwickelte.

DICHTKUNST
Das Gilgamesch-Epos ist die bedeutendste Dichtung der sumerischen Literatur und erzählt von König Gilgamesch von Uruk.

MOSAIKSTANDARTE VON UR
Ein blaues Holzkästchen in Pyramidenform, verziert mit Edelsteinen und Perlmutt, wurde in den Königsgräbern von Ur gefunden. Es zeigt auf der einen Seite ein Kriegsgeschehen, auf der anderen den König und seinen Hofstaat beim Siegesfest.

BLÜTEZEIT BABYLONS
Unter König Hammurabi (Regierungszeit: 1792–1750) wurde Babylon zum Zentrum von Rechtswissenschaft, Mathematik, Medizin und Literatur. Der »Kodex Hammurabi« ist eine der ältesten Gesetzessammlungen.

ZIKKURAT
Zikkurats sind die stufenförmigen Tempeltürme vieler assyrischer und babylonischer Städte. Sie stellen die Verbindung zwischen Himmel und Erde dar.

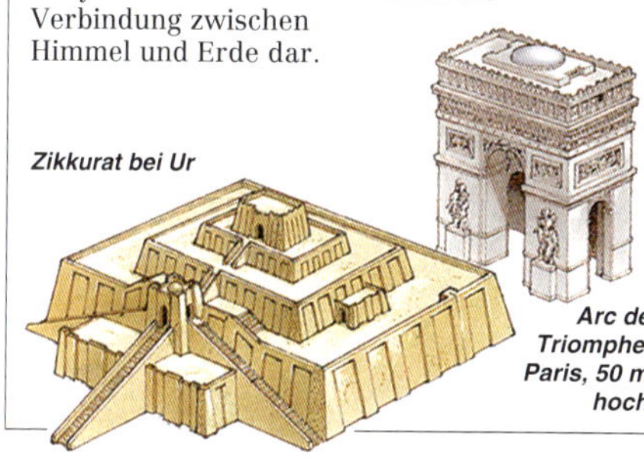

Zikkurat bei Ur

Arc de Triomphe, Paris, 50 m hoch

MINOISCHE KULTUR

Auf der Mittelmeerinsel Kreta entwickelte sich im 3. Jt. v. Chr. die minoische Kultur. Die Minoer gelangten durch den Handel im östlichen Mittelmeer zu großem Reichtum. Im 2. Jt. v. Chr. wurden in Knossos, Phaistos und Mallia große Tempel errichtet.

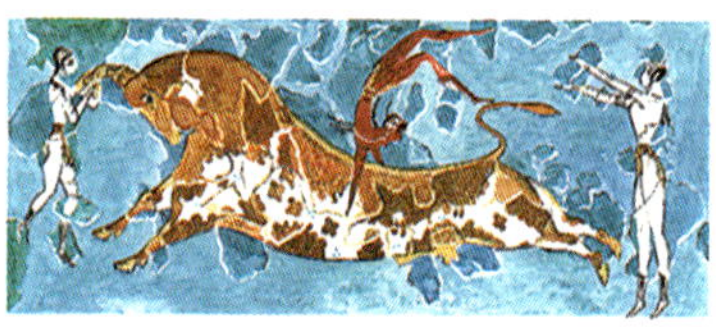

MINOISCHE WANDGEMÄLDE
Die Wände der minoischen Paläste waren mit farbenprächtigen Wandmalereien verziert. Ein berühmtes Bild zeigt eine religiöse Zeremonie, bei der junge Athleten Salti über die Hörner eines Stiers springen.

WISSENSWERTES
Die Minoer entwickelten eine eigene Schrift, die aus einer Bilderschrift hervorging. Die minoische Schrift wurde 1952 entziffert.

Die Paläste waren politische und wirtschaftliche Zentren. Sie dienten auch als landwirtschaftliche Speicher, Werkstätten der Handwerker und Lagerhäuser für den Seehandel.

VORRATSKRÜGE
Archäologen fanden bei Knossos große Tonkrüge, so genannte Pithoi. Manche waren über 1,5 m hoch. Die Minoer bewahrten darin ihre Handelswaren auf: Getreide, Wein und Olivenöl.

1500 v. Chr.

AFRIKA

1300 Ramses II. – Tempelbau in Abu Simbel (Nubien)

1218 Erste Invasion Ägyptens

1182 Zweiter Einfall der sogenannten »Seevölker« in Ägypten

ASIEN **1500** Stämme aus Thrakien (Balkan) ziehen nach Kleinasien und bilden das Phrygische Reich in Anatolien. In Indien werden die »Rigveda« verfasst, die ältesten heiligen Texte der Menschheit

1400 Die chinesische Hauptstadt wird nach Anyang im heutigen Südkorea verlegt. In Kleinasien und Indien kommt Eisen in Gebrauch

1200 Zusammenbruch des Hethiterreichs. Juden lassen sich in Palästina nieder

1100 Ausbreitung der Phönizier vom östlichen Mittelmeer aus

1025 In China wird die Shang-Dynastie gestürzt

EUROPA **1500** Beginn der Bronzezeit in Skandinavien

1450 Ende der Minoischen Kultur auf Kreta

1200 Niedergang der Mykenischen Kultur in Griechenland

AMERIKA

1100 Beginn der Olmeken-Kultur in Mexiko

OZEANIEN

1300 Siedler erreichen die Fidschi-Inseln, dann das westliche Polynesien

NEUE REICHE

Nachdem die ersten Kulturen im Nahen Osten entstanden waren, begannen sie ihre Gebiete auszudehnen, die Grenzen zu sichern und die Handelswege unter ihrer Kontrolle zu bringen. Die kriegerischen Völker benutzten ihre militärische Überlegenheit, um schwächere Stämme zu erobern und von ihnen Steuern und Abgaben zu fordern.

ASSYRISCHES REICH

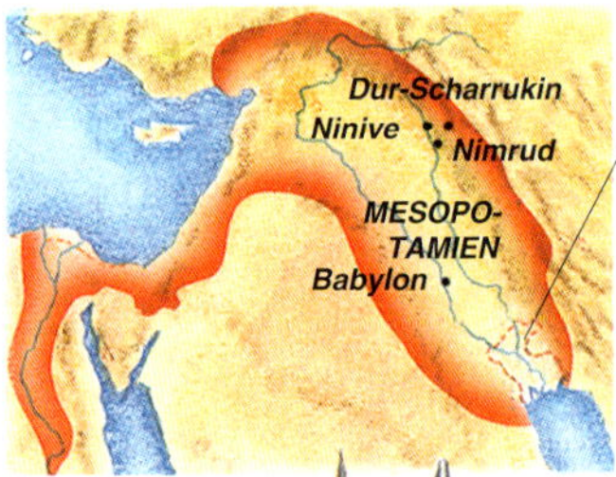

ÄGYPTISCHES NEUES REICH

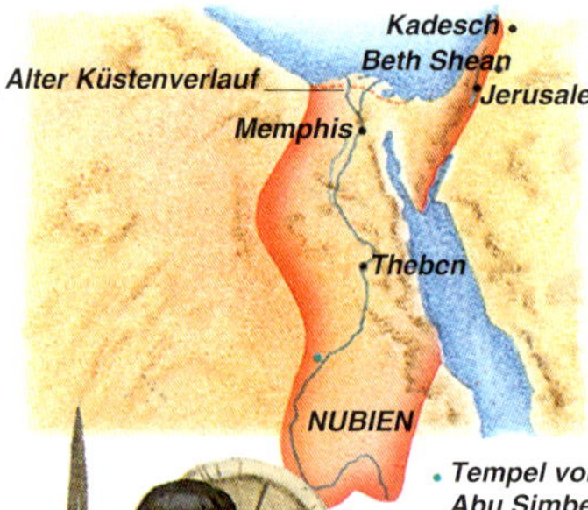

REICHE IM ÜBERBLICK	
Reich	Zeitraum
Hethiter	ca. 1400–1200 v. Chr.
Assyrer	1500–612 v. Chr.
Neues Reich Ägypten	1551–1070 v. Chr.
Neubabylonisches Reich (Chaldäer)	626–535 v. Chr.

HETHITISCHES REICH

Hethitische Festung

Hethitischer Soldat

HETHITER
Die Hethiter siedelten in der heutigen Türkei und vergrößerten unter König Suppiluliuma (ca. 1350 v. Chr.) das Reich bis nach Syrien. Um 1275 kämpften die Hethiter bei Kadesch in einer unentschiedenen Schlacht gegen den ägyptischen König Ramses II.

Assyrischer Soldat

ASSYRER
Seit dem 3. Jt. v. Chr. gab es im Norden Mesopotamiens ein assyrisches Königreich. Es breitete sich von Ägypten bis zum Persischen Golf aus. 612 v. Chr. zerfiel das Reich der Assyrer.

Festung Buhen (Ägypten)

Ägyptischer Soldat

ÄGYPTER
Das ägyptische Neue Reich (1551–1070 v. Chr.) umfasste Palästina (einschließlich Kanaan), Syrien und die südliche Nilgegend (Nubien). Es hatte zu diesem Zeitpunkt seine größte Ausdehnung erreicht.

NEUBABYLONISCHES REICH

Ischtartor in Babylon

Babylonischer Soldat

BABYLON
Nebukadnezar II. regierte das Babylonische Reich 40 Jahre lang. Er baute das Reich zur Großmacht aus.

Auf diesem Relief ist König Assurbanipal I. dargestellt, wie er einen Löwen tötet.

Unter Ramses II. wurden die Kanaaniter versklavt. Moses führte sie durch die Wüste Sinai zurück nach Kanaan.

Etwa 10 000 kleine Keilschrifttafeln sind die Informationsquelle über die Hethiter. Kunsterzeugnisse und Werkzeuge sind kaum erhalten.

Die Assyrer verlangten Abgaben von ihren besiegten Feinden. Die phönizische Elfenbeinschnitzerei (links) stammt aus Nimrud.

In den Resten der ehemaligen Palastanlage Amarna südlich von Kairo wurden 1886 Keilschrifttafeln in babylonischer Sprache gefunden.

Die Babylonier kennzeichneten ihr Eigentum mit Hilfe beschrifteter Zylinder. Sie rollten sie über feuchten Ton oder Wachs.

ERFINDUNGEN

HETHITISCHER STREITWAGEN
Die Hethiter benutzten als erstes Volk Kampfwagen.

SCHWIMMBLASEN
Assyrische Soldaten benutzten aufgeblasene Tierhäute zum Durchqueren von Flüssen.

ÄGYPTISCHE MATHEMATIK
Der Rhind-Papyrus von ca. 1600 v. Chr. beweist, dass die Ägypter Geometrie und Arithmetik kannten.

STERNGUCKER
Die Babylonier zeichneten auf Wachstafeln regelmäßig astronomische Daten auf.

1000 v. Chr. — **600 v. Chr.**

900 Gründung des Königreichs von Kusch in Nubien

814 Phönizier gründen die Kolonie Karthago

600 Phönizier umsegeln Afrika

1000 Königreich Israel unter David

800 Einwanderung der Arier aus dem heutigen Iran in Südindien

771 Zusammenbruch der Chou-Dynastie in China

721–705 Größte Ausdehnung des Assyrischen Reiches

660 Yamato, sagenhafter erster japanischer Kaiser

650 Chinesen benutzen Eisen

612 Niedergang assyrischer Macht nach der Zerstörung von Ninive

604 Nebukadnezar II. ist Herrscher des Babylonischen Reiches

1000 Etrusker erreichen Italien

776 Erster Bericht über olympische Spiele in Griechenland

753 Sagenhafte Gründung Roms

750 Griechische Stadtstaaten errichten Siedlungen rings um das Mittelmeer

700 Beginn der Hallstatt-Kultur (Eisenzeit) in Mittel- und Westeuropa

650 Erste erhaltene lateinische Inschriften

621 Erste niedergeschriebene Gesetzgebung Athens (Drakonische Gesetze)

900 Höhepunkt der Chavín-Kultur in den Anden

800 Zapoteken-Kultur in Mittelamerika bringt die ersten Schriftzeugnisse auf dem amerikanischen Kontinent hervor

1000 Größter Teil der polynesischen Inseln besiedelt

Basaltkopf eines Olmekenkönigs

OLMEKEN

Die Olmeken-Kultur gilt als älteste Hochkultur Nord- und Mittelamerikas. Um 1200 v. Chr. bildeten sich an der südlichen Golfküste Mexikos größere Siedlungen mit kultischen Plätzen.

CHAVIN

Um 1200 v. Chr. entwickelte sich in den Zentralanden in Peru die Chavín-Kultur. Sie wurde nach der Ruine eines Steintempels bei Chavín de Huántar benannt – der religiöse Mittelpunkt dieser Kultur.

Reliefstele der Chavín

Etruskisches Grabfresko (Wandbild) mit Musikern und Tänzern

ETRUSKER

Sie lebten seit ca. 1000 v. Chr. in Norditalien in lose miteinander verbundenen Stadtstaaten. Die Handwerker schufen hochwertige Bronzearbeiten, Töpfereien und Wandgemälde. Die Römer übernahmen von den Etruskern Kunst, Architektur und verschiedene staatliche Einrichtungen.

SEEFAHRER UND HÄNDLER

In ihrer Blütezeit um 1400 v. Chr. beherrschten die Mykener den Süden Griechenlands. Sie gründeten auf Rhodos und Zypern Kolonien und trieben Handel.

MYKENISCHER REICHTUM

Durch den Handel gelangten die Mykener zu Reichtum. Im 12. Jh. wurden ihre Paläste durch Einwanderer aus dem Norden geplündert, das Reich ging unter.

Goldene mykenische Totenmaske

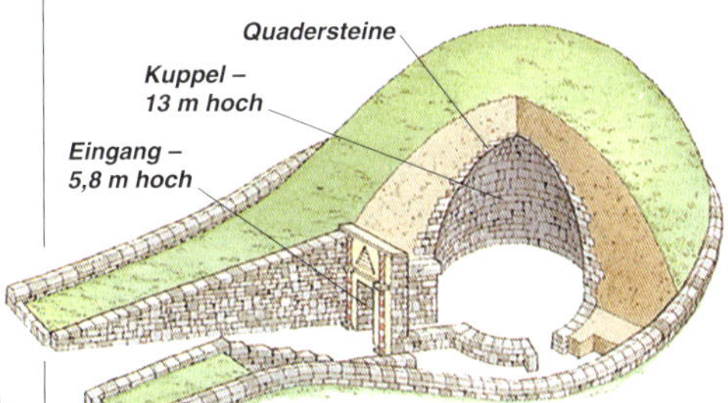

Mykenisches Grab

MYKENISCHE DENKMÄLER

Die Mykener bauten für ihre Könige große Grabmale aus Stein. Das »Schatzhaus des Atreus« (oben) wurde um 1250 v. Chr. aus Quadersteinen errichtet, über die ein Erdhügel aufgeschichtet wurde.

PHÖNIZISCHE HÄNDLER

Phönizische Kaufleute handelten mit Glaswaren, Bauholz, landwirtschaftlichen Produkten und mit Purpurstoffen, die mit dem Farbstoff der Stachelschnecke eingefärbt wurden. Die Kaufleute kennzeichneten ihre Waren mit Siegeln.

MYKENER UND PHÖNIZIER

Die Mykener beherrschten Südgriechenland von ca. 1600 bis 1200 v. Chr. Um 1000 v. Chr. begannen die Phönizier von Tyrus, Sidon und Byblos (heute: Libanon) aus, im Mittelmeerraum Handelskolonien zu gründen.

Phönizische Seeleute tauschen in einem ägyptischen Hafen Stoffe und Glas gegen Elfenbein.

SHANG-DYNASTIE

Könige der Shang-Dynastie herrschten in China von ca. 1700 bis 1025 v. Chr. Errungenschaften: einmalige Bronzearbeiten, gepanzerte Wagen, Schrift, hoch entwickelte Stadtkultur. Als Geld verwendeten sie Kaurimuscheln, und sie handelten weithin mit schönen Jadearbeiten.

Fangyi (Gefäß mit vier Füßen)

Weingefäß

WAHRSAGER

Die Shang weissagten mit Orakelknochen. Sie schnitten Fragen über die Zukunft in Rinderknochen und erhitzten diese. Dann deuteten sie die Form der Risse in den Knochen.

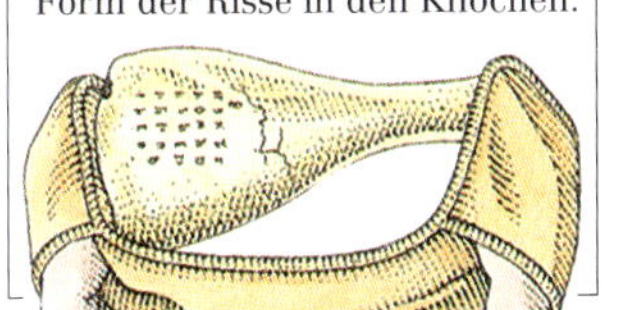

WICHTIGE PERSÖNLICHKEITEN

Name	Zeit	Biographische Einzelheiten
Ramses II.	reg. 1290–1224 v. Chr.	Letzter der großen Pharaonen, kämpfte gegen die Hethiter bei Kadesch
David	gest. 969 v. Chr.	Israelitischer König, einte Israel, machte Jerusalem zur Hauptstadt
Homer	ca. 800 v. Chr.	Angeblich blinder griechischer Dichter, gilt als Verfasser von »Ilias« und »Odyssee«
Nebukadnezar	605–562 v. Chr.	Babylonischer König, baute Babylon zur Residenz aus, erweiterte das Reich
Assurbanipal	gest. 627 v. Chr.	Letzter großer assyrischer König, errichtete die erste Bibliothek in Ninive
Sappho	ca. 600 v. Chr.	Griechische Dichterin von der Insel Lesbos
Kyros	gest. 529 v. Chr.	Persischer König, befreite die Juden aus der Babylonischen Gefangenschaft

600 v. Chr.

AFRIKA
600 Bau des Sonnentempels bei Meroe, Sudan
500 Eisenzeit in der Subsahara. Beginn der Nok-Kultur im Norden Nigerias

304 Unabhängigkeit Ägyptens unter Ptolemäus I.

ASIEN

560 Das Tao-teking erscheint, die heilige Schrift des Taoismus von Laotse
550 Kyros II. von Persien besiegt Meder und gründet das Persische Reich
539 Die Perser erobern Babylonien
521 Blütezeit des Persischen Reiches unter Darius I.
500 Einführung des Kastensystems in Indien
486 Tod Buddhas
479 Tod des Konfuzius
453–221 Zeit der »Streitenden Reiche« in China
336–323 Alexander der Große (geb. 356) erobert Kleinasien, Persien, Teile Indiens
323 Tod Alexanders und Teilung seines Reiches
322 Tschandragupta begründet die Maurjadynastie in Indien

EUROPA

510 Ende des Römischen Königreiches und Beginn der Republik
Um 500 Einführung der Demokratie in Athen
490 Sieg des griechischen Landheeres gegen die Perser bei Marathon
480 Seesieg der Griechen gegen die Perser bei Salamis
478 Erster Attischer Seebund gegen die Perser (Athen und ionische Städte)
450 La-Tène-Kultur (Eisenzeit) in Mittel- und Westeuropa
431–404 Peloponnesischer Krieg: Sparta besiegt Athen
338 Makedonier besiegen Griechen in der Schlacht von Chaironeia

AMERIKA
600 Niedergang der Olmeken-Kultur

OZEANIEN
500 Handelsbeziehungen zwischen den südpazifischen Inseln

ANTIKES GRIECHENLAND

Die Griechen waren im 2. Jt. v. Chr. in mehreren Wanderungsbewegungen von Norden nach Griechenland eingedrungen. Sie gründeten einzelne Städte, die durch Handel und Handwerk rasch aufblühten. Die besondere Bedeutung der griechischen Geschichte liegt in ihren kulturellen Errungenschaften in Philosophie, Politik, Kunst und Wissenschaft.

ATHEN
Athen war die wichtigste Stadt des antiken Griechenlands. Eine gute Ausgangslage für den Seehandel und reichhaltige Silbervorkommen begünstigten den wachsenden Reichtum. Als größte Leistung der griechischen Baukunst gilt die Akropolis von Athen.

Der Parthenon wurde von 447 bis 438 v. Chr. unter dem attischen Staatsmann Perikles erbaut. Der Marmortempel wurde zu Ehren der Göttin Athene, Kriegsgöttin und Herrin der Weisheit, errichtet.

Die Propyläen: beeindruckender Eingang zur Akropolis

Tempel der Siegesgöttin Nike

Heiligtum des Äskulap: medizinisches und religiöses Zentrum, dem Gott der Heilkunst gewidmet

Dionysostheater: Zweimal jährlich gab es festliche Darbietungen mit Siegerpreisen für Autoren, Stücke, Schauspieler und Regisseure

ANTIKES GRIECHENLAND
Griechenland bestand aus vielen Stadtstaaten, also aus unabhängigen, sich selbst regierenden Städten. Ende des 5. Jh. bildeten sich mit Athen und Sparta zwei mächtige Stadtstaaten heraus. Sie führten Kriege um die Vorherrschaft im Mittelmeerraum. 431 begann der Peloponnesische Krieg.

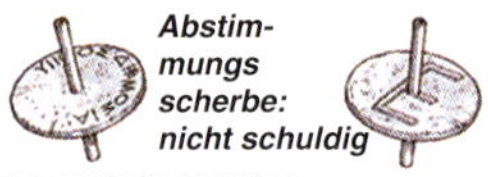

Abstimmungsscherbe: schuldig

Abstimmungsscherbe: nicht schuldig

DAS SCHERBENGERICHT
Durch das Scherbengericht konnten Männer darüber abstimmen, ob sie Bürger, die für die politische Ordnung gefährlich waren, 5 bis 10 Jahre in die Verbannung schicken wollten. Abgestimmt wurde mit Tonscherben.

PERSÖNLICHKEITEN DES ANTIKEN GRIECHENLAND

Name	Zeit	Biographische Einzelheiten
Peisistratos	ca. 600–527	Tyrann von Athen, förderte Handel und Künste
Themistokles	ca. 524–460	Attischer Politiker und Soldat, schlug 480 v. Chr. den Perserkönig Xerxes in der Schlacht von Salamis
Perikles	ca. 495–429	Attischer Führer, entwickelte die Demokratie; machte Athen zum kulturellen Mittelpunkt Griechenlands
Thukydides	460–396	Attischer Geschichtsschreiber, verfasste die Geschichte des Peloponnesischen Krieges

WISSENSWERTES
Griechische Künstler arbeiteten als Erste Kenntnisse des menschlichen Körperbaus in ihre Kunst mit ein. So schufen sie wirklichkeitsgetreue Marmor-, Bronze- und Tonskulpturen.

Spartanischer Läufer

Eine militärische Oberschicht regierte Sparta. Die Bevölkerung wurde zu Staatssklaven (»Heloten«) gemacht, und Jungen erzog man ab dem 7. Lebensjahr zu Kriegern.

Der Staatsmann Solon führte u.a. eine Volksversammlung ein, in der stimmberechtigte Bürger über wichtige Entscheidungen abstimmen konnten.

Sparta besiegte Athen im Peloponnesischen Krieg (431–404 v. Chr.) und beherrschte Griechenland bis 371 v. Chr.

ALEXANDER

In nur 13 Jahren errichtete Alexander der Große (356–323 v. Chr.) ein riesiges Reich, das sich bis nach Indien erstreckte. Er verbreitete die griechische Kultur in ganz Asien. Nach seinem frühen Tod mit 33 Jahren zerfiel das Reich.

Alexander bei Issos

SCHLACHT VON ISSOS
Trotz zahlenmäßiger Unterlegenheit besiegte Alexander den persischen Kaiser Dareios III. 333 v. Chr. (»3-3-3: bei Issos Keilerei«).

ALEXANDERS EROBERUNGEN
Alexander eroberte Ägypten, das Perserreich und drang bis nach Indien vor. Er gründete Städte, u.a. Alexandria in Ägypten. Dort ließ er Griechen ansiedeln, um seine Herrschaft zu festigen.

BRAUTGELD
Alexander förderte Heiraten zwischen Makedoniern und Perserinnen, um die europäischen und persischen Teile seines Reiches zu verbinden. Er versprach den ersten 10 000 makedonischen Soldaten dafür eine Belohnung.

300 v. Chr. — 1 v. Chr.

200 Einrichtung einer Bibliothek in Alexandria (Ägypten)

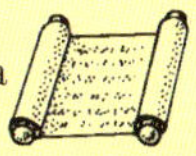

149–146 Rom zerstört Karthago im Dritten Punischen Krieg und gründet eine afrikanische Kolonie

30 Nach dem Tod von Antonius (geb. 82) und Cleopatra (geb. 69) wird Ägypten römische Provinz

262 Aschoka, Gründer des ersten indischen Großreichs, tritt zum Buddhismus über

247 Gründung des Partherreiches in Nordpersien

221 Shi Huang-di, erster chinesischer Kaiser (Qin-Dynastie), vereint China

185 Die Baktrer aus dem heutigen Afghanistan erobern Nordwestindien

202 Gründung der Han-Dynastie

112 Die Öffnung der »Seidenstraße« ermöglicht dem Abendland begrenzten Zugang nach China

64 Der römische General Pompeius (106–28) unterwirft Syrien

53 Die Parther stoppen die römische Ausdehnung nach Osten

290 Rom beherrscht ganz Mittelitalien

264–241 Erster Punischer Krieg Roms gegen Karthago. Rom kontrolliert Sizilien

218–201 Zweiter Punischer Krieg. Der römische General Scipio besiegt Hannibal

49 Julius Caesar fällt in Gallien ein

46 Julius Caesar reformiert den Kalender

45 Nach dem Bürgerkrieg wird Julius Caesar Alleinherrscher über Rom

31 Schlacht bei Actium: Octavian erringt die Macht in Rom

27 Die Republik Rom wird zum Kaiserreich

300 Höhepunkt der nordamerikanischen Erdhügelkulturen

200 Höhepunkt der Nazca-Kultur in Peru

100 Ackerbauvölker bewirtschaften den Südwesten Nordamerikas

DER AUFSTIEG ROMS

Das ehemalige Dorf in Mittelitalien wurde zum Mittelpunkt eines Reiches, das den größten Teil Westeuropas beherrschte. Roms Aufstieg zur Weltmacht beruhte im wesentlichen auf militärischer Tüchtigkeit. Dennoch waren jahrhundertelange Kämpfe nötig, um das Reich zu sichern. Die römische Kultur verbreitete sich in weiten Teilen Europas.

Patrizier — *Soldat und Sklave* — *Plebejer*

RÖMISCHE GESELLSCHAFT

Sie war in Klassen gegliedert: Patrizier (Adel), Plebejer (Volk), Untertanen (in den Provinzen) und Sklaven. Die Reichen bewohnten Häuser mit eigener Wasserversorgung. Die ärmere Bevölkerung lebte in bis zu 20 m hohen Mietshäusern.

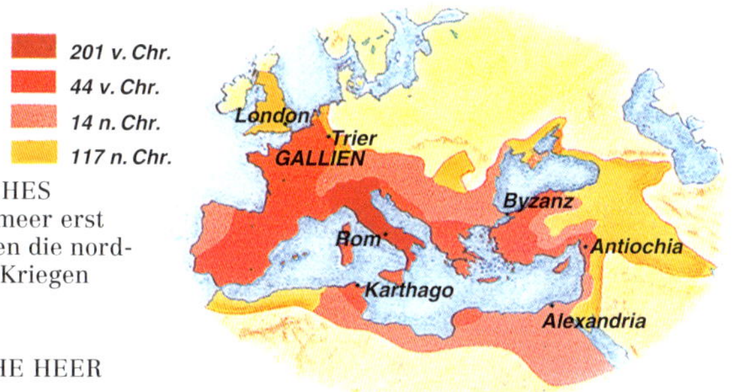

AUSDEHNUNG DES RÖMISCHEN REICHES

Rom errang die Vorherrschaft im Mittelmeer erst nach den drei »Punischen Kriegen« gegen die nordafrikanische Seemacht Karthago und in Kriegen gegen die Makedonen und Griechen.

THERMEN

Unter den auf Säulen aufliegenden Böden zirkulierte Heißluft, die Bäder, Böden und Wände erwärmte.

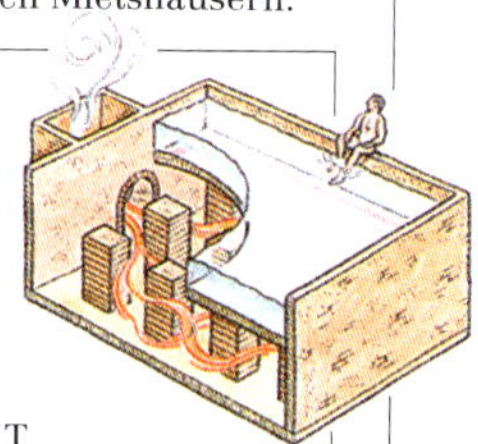

Aquädukt von Nîmes

AQUÄDUKT

Über große steinerne Brücken mit Wasserrinnen wurde die Bevölkerung mit frischem Wasser versorgt.

DAS RÖMISCHE HEER

Zenturio — *Träger eines Feldzeichens*

Trompeter — *Soldat der Hilfstruppen*

FREMDENLEGIONÄRE

Mit zunehmender Ausdehnung des Reiches mussten die Römer in den eroberten Ländern Soldaten rekrutieren, so genannte »Auxilien«. Nach 25 Jahren Zugehörigkeit zu diesen Hilfstruppen konnte man Bürger Roms werden.

AUFBAU UND FÜHRUNG DES HEERES

Das Römische Heer war in etwa 28 Legionen zu je ca. 6 000 Fußsoldaten unterteilt. Eine Legion bestand aus zehn Kohorten. Eine Kohorte umfasste sechs Zenturien à 80 Soldaten und wurde vom Zenturio geführt. Um im Kampf leicht gesichtet zu werden, trug er einen Helmbusch.

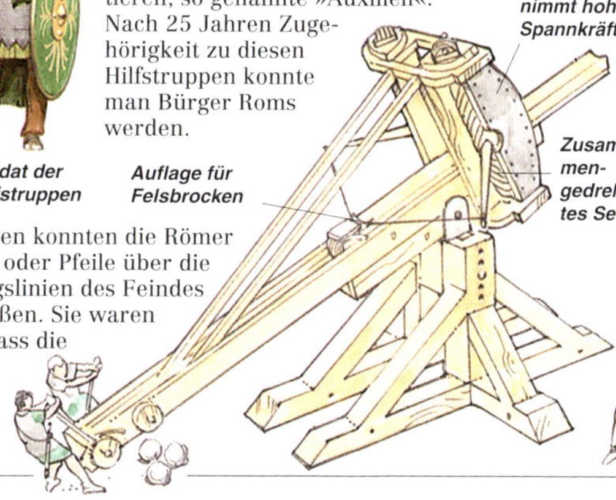

Mit Katapulten konnten die Römer Felsbrocken oder Pfeile über die Verteidigungslinien des Feindes hinwegschießen. Sie waren so gebaut, dass die Soldaten dahinter geschützt wurden.

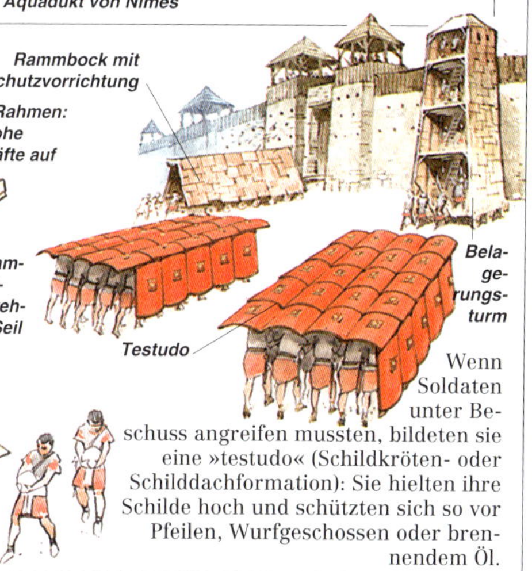

Wenn Soldaten unter Beschuss angreifen mussten, bildeten sie eine »testudo« (Schildkröten- oder Schilddachformation): Sie hielten ihre Schilde hoch und schützten sich so vor Pfeilen, Wurfgeschossen oder brennendem Öl.

MAURJANISCHES REICH

Der maurjanische Herrscher Aschoka eroberte und einte Indien. Er wurde 262 v. Chr. Buddhist und errichtete zu Ehren Buddhas Tausende von Denkmälern (Stupas) im ganzen Reich.

Buddha-Stupa bei Sanchi (Indien), ca. 150 v. Chr.

QIN-DYNASTIE IN CHINA

Der erste chinesische Kaiser, Qin Shi Huang-Di (ca. 259–210 v. Chr.) einte 221 das Reich. Er teilte das Reich in Distrikte ein und schuf eine Zentralgewalt. Er vereinheitlichte die Gesetze, Maße und Gewichte.

Die Chinesische Mauer: eine rund 6 000 km lange Wehranlage gegen Reiternomaden. Das einzige Bauwerk der Erde, das man vom Mond aus sieht.

TERRAKOTTA-ARMEE

Mit dem Kaiser wurden mehr als 6 000 lebensgroße Tonfiguren bestattet. Sie waren bemalt und trugen echte Waffen.

ADENA UND HOPEWELL

Von 700 v. Chr. bis 400 n. Chr. entwickelten sich in Nordamerika im Tal des Flusses Ohio die bäuerlichen Kulturen der Adena und später der Hopewell. Sie errichteten große Erdhügel, die so genannten »Momds«, für die Bestattung der Toten.

Schlangenhügel bei Ohio: 400 m Gesamtlänge

1 n. Chr.

AFRIKA
50 Ausdehnung des Königreichs von Aksum (Äthiopien)
150 Berber und Mandingos bauen Macht in der Sudanregion aus
250 Maurjareich beherrscht Handel am Roten Meer

ASIEN
9 Chinesische Han-Dynastie gestürzt
25 Han-Dynastie wieder eingesetzt
46–57 Missionsreisen des hl. Paulus
60 Beginn des Kuschanreiches in Indien
70 Römer besetzen Jerusalem und zerstören jüdischen Tempel
105 Erste Verwendung von Papier in China
132 Jüdischer Aufstand gegen Rom führt zur Zerstörung Jerusalems und zur Vertreibung der Juden
200 Vollendung der Mischna (jüdisches Religionsgesetz) Niederschrift von Ramajana, Mahabharata (indische Erzählungen) und Bhagawadgita (Hindu-Schriften)
220 Ende der Han-Dynastie; China teilt sich in drei Staaten
224 Sassaniden-Dynastie in Persien gegründet
245 Kontakte zwischen China und Funan (erster südostasiatischer Staat)

EUROPA
43 Römer fallen in Großbritannien ein
79 Ausbruch des Vesuvs in Süditalien

117 Größte Ausdehnung des Römischen Reiches

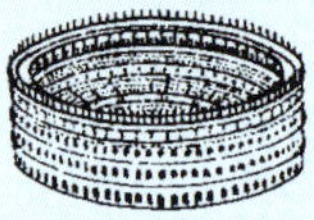

238 Goten gehen gegen das Römische Reich vor
294 Kaiser Diokletian ordnet das Römische Reich neu

AMERIKA
1 Beginn der Moche-Kultur in Nordperu

OZEANIEN
1–100 Hindu-Buddhisten aus Südostasien kolonisieren Sumatra und Java

ROM DER KAISERZEIT

Julius Caesar wurde 44 v. Chr. ermordet. Sein Großneffe und Erbe Oktavian trat 31 v. Chr. an die Spitze des Römischen Reiches. 27 v. Chr. nahm er den Ehrentitel »Augustus« (lateinisch: »der Erhabene«) an. Mit Augustus beginnt die Kaiserzeit in der römischen Geschichte.

Römisches Wagenrennen

AUGUSTUS
Augustus (63 v. Chr.–14 n. Chr.) war erster römischer Kaiser. Unter seiner Herrschaft erlebte das Reich eine Zeit inneren Friedens. In Rom wurden zahlreiche prachtvolle Bauwerke errichtet.

Kaiser Augustus

TRIUMPHZÜGE
Mit Hilfe militärischer Siege konnten die Kaiser ihre Macht festigen. Unter dem Jubel der Menge wurden besiegte Feinde durch Rom geführt.

WICHTIGE PERSÖNLICHKEITEN IM ALTEN ROM

Name	Zeit	Biographische Einzelheiten
Julius Caesar	100–44 v. Chr.	Unterwarf Gallien, Alleinherrscher des Römischen Reiches, leitete eine Reihe von Reformen ein
Augustus	63 v. Chr.–14 n. Chr.	Caesars Großneffe, erster Kaiser, innere Festigung des Reiches
Trajan	98–117 n. Chr.	Erreicht die größte Ausdehnung des Reiches bis nach Osten
Hadrian	117–138	Kaiser, Schutzwälle in Britannien (Hadrianswall) und Germanien angelegt (Limes)
Diokletian	284–305	Teilte das Reich in westliche und östliche Reichshälften

NIEDERGANG DES RÖMISCHEN REICHES
Nach Kaiser Septimus Severus, der 193 zum Kaiser ausgerufen worden war und 18 Jahre lang friedvoll regiert hatte, griffen innerhalb von 40 Jahren mehr als 80 Männer nach der Macht. Sie wurden meist nach kurzer Zeit abgesetzt oder ermordet.

DIE TETRARCHIE
284 wurde Diokletian zum Kaiser erhoben. Er erkannte, dass das Reich zu groß für nur einen Herrscher war, teilte das Reich und ernannte 286 Maximilian zum Mitkaiser. 293 wurden zwei weitere Mitregenten ernannt (»Tetrarchie« oder »Vierherrschaft«).

Westgote

DIE TEILUNG DES REICHES
330 machte Kaiser Konstantin (324–337) Byzanz (später Konstantinopel, heute Istanbul) im östlichen Teil des Reichs zur Hauptstadt. Damit legte er den Grundstein für das Byzantinische Reich, das bis 1453 bestand. Kaiser Theodosius (379–395) vereinigte das Reich zum letzten Mal. Nach seinem Tod wurde das Reich endgültig in eine West- und eine Osthälfte geteilt.

Die vier Tetrarchen – Statue in Venedig

STRASSENBAU
Bis Anfang des 4. Jh. n. Chr. hatten die Römer ein Straßennetz von etwa 85 000 km Länge fertig gestellt. Die Straßen waren Heerstraßen und stellten die direkte Verbindung zwischen zwei Punkten dar.

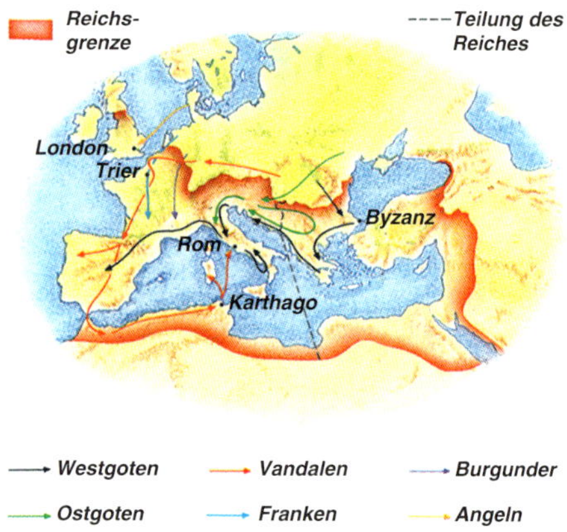

BELAGERTES ROM
Ab dem 4. Jh. n. Chr. führten wirtschaftliche Probleme zu einer Schwächung bei der Verteidigung von Roms Grenzen. Westgoten unter Alarich nahmen Rom ein und plünderten es 410 n. Chr. Attila der Hunnenkönig fiel 451 n. Chr. in Gallien ein.

300 — 600

325 Aksum vernichtet das Königreich Meroe

400 Aksum bekennt sich zum Christentum

439 Vandalen errichten Königreich in Nordafrika

533 Kaiser Justinian gewinnt Nordafrika für Rom zurück

304 China zerfällt weiter nach Hunneneinfall

320 Chandragupta I. gründet Guptareich in Nordindien

480 Ende des Guptareiches

520 In Indien entsteht das Dezimalsystem

531 Blütezeit des Sassanidenreiches

550 Buddhismus gelangt nach Japan

589 China wiedervereint unter der Sui-Dynastie

313 Nach dem Edikt von Mailand werden Christen im Römischen Reich nicht mehr verfolgt

330 Kaiser Konstantin macht Konstantinopel zur Hauptstadt des Römischen Reiches

370 Hunnen dringen nach Europa vor

410 Westgoten fallen in Italien und Spanien ein und plündern Rom

450 Angeln, Jüten und Sachsen lassen sich in Großbritannien nieder

476 Sturz des letzten weströmischen Kaisers Romulus Augustulus

486 Chlodwig errichtet ein fränkisches Königreich im heutigen Nordfrankreich, Belgien und Westdeutschland

493 Ostgoten erobern Italien

552 Kaiser Justinian bringt Italien wieder unter die Herrschaft Roms

568 Lombarden übernehmen die Macht in Norditalien

590 Papst Gregor (ca. 540–604) erweitert päpstliche Macht

300 Große Kulturstaaten in Mexiko (Monte Albán, Teotihuacán)

600 Blüte der Maya-Kultur in Mittelamerika

300 Östliches Polynesien wird besiedelt

DAS CHRISTENTUM

Das jüdische Palästina war eine römische Provinz. In den Jahren 6/7 wurde Jesus in Palästina geboren. Nach etwa 28 Jahren begann er zu predigen. Durch den römischen Statthalter Pontius Pilatus wurde er verurteilt und hingerichtet.

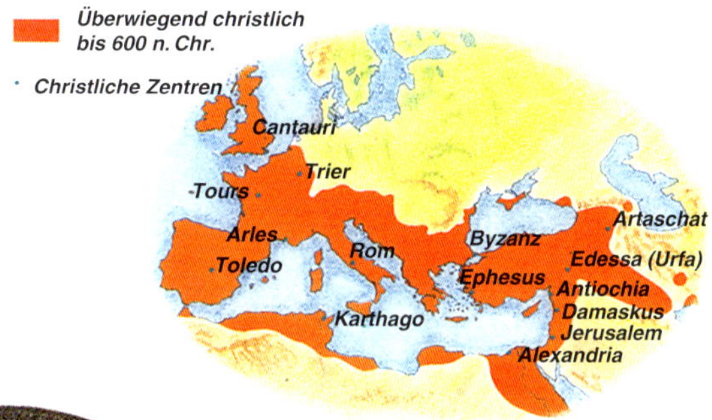

JESUS VON NAZARETH

Jesus verkündete das Kommen eines Reiches, das nicht von dieser Welt sei. Sein Einfluss auf große Teile des Volks ließ die Hohen Priester um ihre Autorität fürchten. Jesus wurde wegen Gotteslästerung angeklagt und gekreuzigt.

VERBREITUNG DES CHRISTENTUMS

Nach Jesu Tod verkündeten seine Jünger die Lehre in Palästina, Kleinasien und den Küstenstädten Griechenlands. Das Christentum breitete sich im Römischen Reich aus und wurde 391 n. Chr. unter Kaiser Theodosius zur Staatsreligion.

DIE APOSTEL

Zu den Aposteln zählten die 12 Jünger Jesu, die ihn begleiteten. Später bezeichnete man andere christliche Missionare, besonders Paulus, so. Die Apostel bekehrten die Heiden zum christlichen Glauben, indem sie verkündeten, dass Jesus von den Toten auferstanden und in den Himmel aufgefahren sei.

Der hl. Paulus in einem Mosaik, Petersdom (Rom)

WISSENSWERTES

Symbol des Fisches

Der Fisch ist ein altes christliches Symbol. Die Buchstaben des griechischen Wortes für Fisch bedeuten »Jesus Christus Gottessohn Erlöser«.

Gefangener Löwe

Im Römischen Reich wurden die Christen verfolgt. Kaiser Nero ließ sie den Löwen vorwerfen, Diokletian foltern.

Teil eines Evangeliumtextes

Die Evangelien der Evangelisten Matthäus, Markus, Lukas und Johannes bilden die Hauptteile des Neuen Testaments.

STAATSRELIGION

Durch das Toleranzedikt von Mailand im Jahr 313 wurde das Christentum mit den anderen Religionen des Römischen Reiches gleichgestellt. 337 ließ sich Kaiser Konstantin der Große taufen.

SASSANIDENREICH

Um 224 n. Chr. gründete Ardaschir in Persien die Dynastie der Sassaniden. Durch Eroberungen wurde das Reich ständig vergrößert; in Vorderasien wurde die Vorherrschaft der Römer bedroht. Nach der Eroberung durch die Araber ging das Reich 641 n. Chr. unter.

Firusabad, eine Gründung durch die Sassaniden

MAYA-KULTUR

Die Blütezeit der Maya-Kultur in Mittelamerika lag zwischen 300–900 n. Chr. In den Tempelpyramiden wurden die Götter verehrt und Opfer dargebracht. Die Maya entwickelten eine Schrift und verfügten über umfangreiche mathematische und astronomische Kenntnisse. Neben den Palästen und Tempeln entstanden Ballspielplätze für eine Art Korbball, wobei es sich teils um ein Spiel, teils um eine religiöse Zeremonie handelte.

Die Spieler durften den Ball nur mit Hüfte, Ellbogen und Fußknöchel berühren.

ROM UND DIE JUDEN

63 v. Chr. marschierten die Römer in Palästina ein und besetzten Jerusalem. Die Juden begehrten gegen die Römer auf, und es kam zu Aufständen. Nach der Zerstörung Jerusalems flohen die Überlebenden auf die Bergfestung Masada.

Plünderung des Tempels von Jerusalem

DIE EINNAHME JERUSALEMS

70 n. Chr. nahm Titus Jerusalem ein. Er ließ den prächtigen Tempel plündern und zerstören. Jahrhundertelang durften die Juden Jerusalem nur einmal im Jahr betreten.

MASADA

Drei Jahre wurden die Juden auf Masada von den Römern belagert. Als die Römer 73 n. Chr. die Festung stürmten, fanden sie nur noch Tote: Alle 960 Juden hatten sich umgebracht, um nicht in die Hände der Römer zu fallen.

Überreste der Belagerungsrampe

Festung von Masada

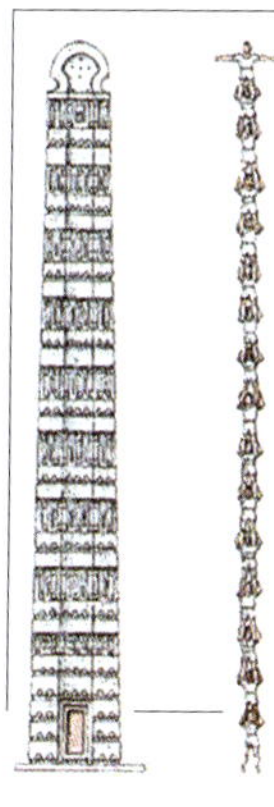

AKSUM

Im 4. Jh. n. Chr. schüttelte das Reich von Aksum in Nordostafrika die Herrschaft von Meroe ab und stieg selbst zu einer bedeutenden Macht auf. Die Ausfuhr afrikanischen Elfenbeins und der Handel über das Rote Meer brachten großen Wohlstand. In Aksum wurden mehr als 100 Steinstelen errichtet, die über 30 m hoch waren. Vermutlich handelt es sich um königliche Grabdenkmäler.

Große Stele bei Aksum

600	
AFRIKA	 **ca. 700** Das Königreich Ghana kommt durch den Goldhandel zu Reichtum. Bantu-Afrikaner stellen Werkzeuge und Waffen aus Eisen her
ASIEN	**618** China unter der Tang-Dynastie wieder vereint **637** Die Muslime erobern Jerusalem **647** Die Hunnen fallen in Indien ein und zerstören das Guptareich **642** Der Islam verbreitet sich in Persien **674** Der Islam erreicht das heutige Pakistan  **751** Die Muslime besiegen die Mongolen bei Samarkand **786** Harun Ar-Rashid wird Kalif von Bagdad **802** Das Reich der Khmer wird gegründet **814** Die Araber übernehmen die indischen Ziffern 0 bis 9
EUROPA	**711** Maureneinfall in Spanien **732** Die Muslime werden bei Tours und Poitiers von Karl Martell (ca. 688–741) besiegt **800** Karl der Große, König der Franken und Langobarden, wird zum ersten Kaiser des Heiligen Römischen Reiches gekrönt
AMERIKA	 **700** Höhepunkt der Maya-Kultur in Mittelamerika
OZEANIEN	

ENTSTEHUNG UND VERBREITUNG DES ISLAM

Um 610 stiftete der aus Mekka stammende Kaufmann Mohammed (ca. 570–632) eine neue Religion: den Islam (»Ergebung in Gottes Willen«). Bis 750 erstreckte sich das arabisch-islamische Reich von Spanien bis Indien, vom Mittelmeer bis zur Sahara. Mit der Ausdehnung des Reiches wurden neue Handelswege erschlossen. Die arabische Kultur durchdrang viele Bereiche des Lebens: in der Medizin, Kunst, in den Wissenschaften und in der Philosophie.

AUSBREITUNG DES ISLAM
Bis zum Tod Mohammeds im Jahr 632 hatte sich der Islam in ganz Arabien verbreitet. Die Nachfolger des Propheten setzten die Eroberungszüge fort. 751 erstreckte sich das arabisch-islamische Weltreich bis nach China.

Große Moschee in Cordoba

CORDOBAS GROSSE MOSCHEE
Cordoba in Andalusien wurde 711 von den Arabern erobert und entwickelte sich zu einem Zentrum des Islam. Dort wurde von den Arabern zwischen 785 und dem 10. Jh. die Moschee »La Mezquita« errichtet. 850 Marmorsäulen stützen das Gebäude.

El Cid

EL CID
Rodrigo Díaz de Vivar (ca. 1043–1099) war der eigentlich Name von »El Cid« (»Der Herr«). Er war ein spanischer Edelmann, der teils für, teils gegen die Muslime kämpfte. 1094 nahm er die in muslimischer Hand befindliche Stadt Valencia ein. El Cid wird in Spanien als Nationalheld verehrt.

Ein Muslim beim Gebet

Gebetsteppich

MOHAMMED
Mohammeds religiöse Ideen stießen zuerst auf Ablehnung, und er musste nach Medina auswandern. Dort gründete er mit seinen Anhängern eine Glaubensgemeinschaft, die den Glauben an einen einzigen Gott in Arabien durchsetzen konnte.

Harun ar-Raschid

HARUN AR-RASHID
Harun ar-Raschid (766–809) war von 786 bis 809 Kalif in Bagdad. Er sicherte das Reich und förderte Kunst und Literatur. Seine prächtige Hofhaltung wird in »Tausendundeine Nacht« beschrieben.

ERFINDUNGEN

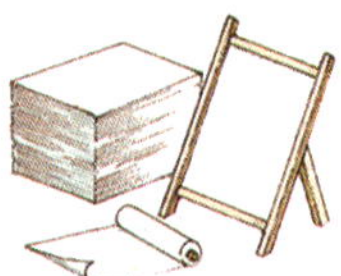

BUCHHERSTELLUNG
Die Buchkunst war hoch entwickelt; reiche Buchmalereien entstanden.

WINDMÜHLE
Die Araber brachten im 10. Jh. die Windmühle zum Mahlen von Mehl aus Persien nach Spanien.

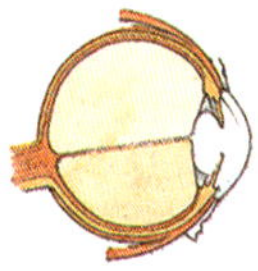

OPTIK
Besonders weit entwickelt war bei den Arabern die Augenheilkunde, über die zahlreiche Werke verfasst wurden.

KARL DER GROSSE
Der Frankenkönig Karl (747–814) eroberte die meisten der Länder Westeuropas und gründete das Heilige Römische Reich. Die Bewohner der unterworfenen Länder wurden zum Christentum bekehrt.

DIE TEILUNG DES FRANKENREICHS
Das große Reich Karls des Großen ging nach seinem Tod im Jahr 814 auf Ludwig den Frommen (814–843) über. Zwischen dem westlichen und dem östlichen Reichsgebiet traten die sprachlichen, kulturellen und wirtschaftlichen Gegensätze immer stärker zutage. Nach dem Tod Ludwigs des Frommen wurde das Reich unter seinen Söhnen in drei Teilreiche geteilt. 879 und 880 wurden die endgültigen Grenzen gezogen, die Deutschland und Frankreich während des Mittelalters trennten. Als im 10. Jh. die Herrschaft der Karolinger in den beiden Reichsteilen erlosch, entstanden ein deutsches und ein französisches Königreich.

PAPST SILVESTER
Papst Silvester II. (940–1003) übernahm die arabischen Ziffern (0–9) und das Astrolabium (ein Beobachtungs- und Messgerät) und führte beides in Europa ein.

Astrolabium

900 | **1100**

900 Gründung des Haussa-Königreichs von Daura in Nordnigeria

920 Beginn eines goldenen Zeitalters in Ghana

980 Arabische Händler lassen sich an der Ostafrikanischen Küste nieder

1056 Die Almoraviden, muslimische Berber aus der Sahara, ergreifen die Macht in Nordafrika; 1076 erobern sie Ghana

960 Die Sung-Dynastie eint das in Kleinstaaten zerfallene China erneut

Um 1040 Die muslimischen Seldschuken erobern Kleinasien

861 Die Wikinger entdecken Island

911 Rollo gründet in der Normandie das erste Staatswesen der Wikinger außerhalb ihrer Heimat

983–986 Erik der Rote besiedelt Grönland

997 Stephan I. (977–1038) wird erster ungarischer König

1000 Leif Eriksson, Sohn Eriks des Roten, segelt nach Nordamerika

1066 Wilhelm der Eroberer (Normanne) fällt in England ein

1096 Beginn des ersten Kreuzzugs

900 Beginn der Mixteken-Kultur in Mexiko

980 Tolteken errichten ihre Hauptstadt in Tula (Mexiko)

1000 Anfänge der Chimú-Kultur in Peru

950 Der polynesische Navigator Kupe entdeckt Neuseeland. Ankunft der ersten Maori-Siedler

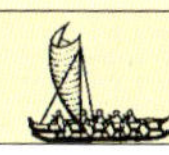

DIE WIKINGER

Um 800 machten sich die Wikinger auf den Weg über das Nordmeer, um nach fruchtbarem Siedlungsland zu suchen. Bis etwa 1050 waren sie erfolgreiche Händler, Entdecker und Gründer von Kolonien.

HANDELSNETZ

Die Wikinger waren erfolgreiche Kaufleute. Sie handelten mit Gold, Waffen, Gewürzen, Sklaven, Pelzen, Holz, Honig, Walrosszähnen und Walöl. Eingetauscht wurden Silber, Seide, Brokat- und Wollstoffe.

Die Wikinger gründeten Handelsniederlassungen, z.B. Haitabu (bei Schleswig in Schleswig-Holstein), Birka in Schweden oder Nowgorod in Russland.

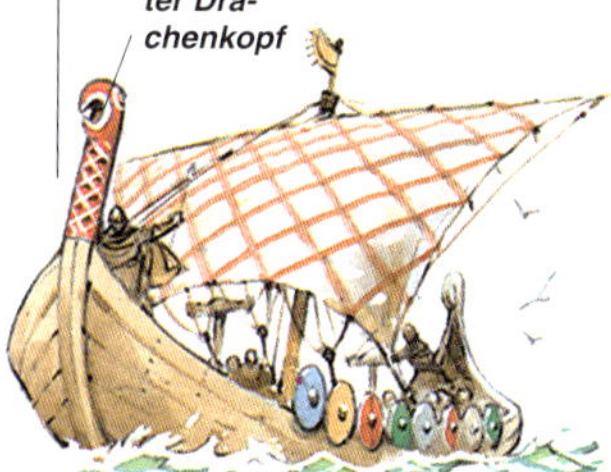

WIKINGERSCHIFFE

Die Wikinger waren erprobte Schiffsbauer und Seefahrer. Ihre Langschiffe waren schnell und wendig. Sie besaßen sowohl Segel als auch Ruder. Wegen des flachen Rumpfs konnte man mit ihnen flache Gewässer befahren.

KRIEGER

Die Wikinger waren gefürchtete Krieger. Sie unternahmen viele Raubzüge an den Küsten Britanniens, Irlands und Frankreichs, plünderten Klöster und Städte und schreckten vor Gewalttaten nicht zurück. Zu den wichtigsten Waffen der Wikinger gehörte das Schwert.

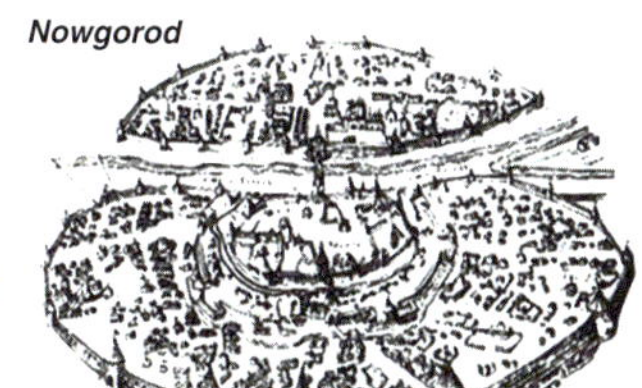

WISSENSWERTES

Die Schriftzeichen der Wikinger werden »Runen« genannt. Das Wort bedeutet »Geheimnis, Zauber«.

Die Wikinger landeten schon um 1000 an der nordamerikanischen Küste – 500 Jahre vor Kolumbus. Sie nannten das Land »Vinland«. Außer in der Normandie gründeten die Wikinger auch in Süditalien und auf Sizilien Reiche.

WOHNEN

In Island und Skandinavien lebten die Wikinger in Langhäusern, die aus einem etwa 12 m langen Raum bestanden. Darin wurde gearbeitet, gekocht und geschlafen.

ROLLO DER NORMANNE

Für die militärische Unterstützung des französischen Königs bekam der Wikinger Rollo 911 ein größeres Stück Land. Das Land wurde nach den »Nordmännern«, den Normannen, »Normandie« genannt. Rollo erhielt den Herzogtitel.

Rollo der Normanne

WILHELM DER EROBERER

Ein Nachkomme von Herzog Rollo war Wilhelm. 1066 überquerten seine Truppen den Ärmelkanal und landeten in Südengland. Bei Hastings kam es zur Schlacht zwischen Normannen und Engländern. Wilhelm eroberte London und wurde König von England.

WENZEL DER HEILIGE

Wenzel (um 910–929) war der erste Herrscher Böhmens. Er trat zum christlichen Glauben über und förderte die Verbreitung des Christentums in Böhmen. Er wurde von seinem heidnischen Bruder ermordet. Wenzel ist der Landespatron von Böhmen, Ungarn und Polen.

ERFINDUNGEN

SCHIESSPULVER

Die Chinesen brachten Schießpulver aus Holzkohle, Schwefel und Salpeter zur Explosion.

BUCHDRUCK

Die »Diamant-Sutra« von 868 ist das älteste gedruckte Buch der Welt. Es handelt sich um einen buddhistischen Text, der mit Holzdruck auf Blätter gedruckt wurde.

ERSTER ROMAN

Die japanische Hofdame Murasaki Shikibu schrieb um 1020 den berühmten Roman »Die Geschichte des Prinzen Gendsch«. Er umfasst mehr als 600 000 Wörter und erzählt von der Suche eines Prinzen nach Klugheit und wahrer Liebe.

1550				
AFRIKA				**1591** Das Reich der Songhai wird vom marokkanischen Heer gestürz
ASIEN		**1566** Tod Suleimans II.; größte Ausdehnung des Osmanischen Reiches 	**1577** Akbar der Große (1542–1605) eint Nordindien	**1590** Schah Abbas von Persien (1571–1629) schließt Frieden mit den Türke[n] **1592–1598** Korea wehrt zwei japanische Eroberungsversuche a[b]
EUROPA	**1555** Augsburger Religionsfriede: Um die Religionskämpfe zu beenden, konnte jeder Fürst seine Religionszugehörigkeit und die seiner Untertanen frei wählen	**1571** Die Schlacht von Lepanto: Das christliche europäische Bündnis besiegt die türkische Flotte **1572** Bartholomäusnacht (»Pariser Bluthochzeit«): In Frankreich werden viele tausend Protestanten (»Hugenotten«) ermordet	**1588** England besiegt die spanische Flotte (»Armada«) **1582** In katholischen Ländern wird der gregorianische Kalender eingeführt	**1598** Das Edikt von Nantes beendet den Bürgerkrieg in Frankreich
AMERIKA		**1567** Die Portugiesen gründen Rio de Janeiro in Brasilien	**1579** Sir Francis Drake (um 1540–1596) beansprucht auf seiner Weltumseglung die Westküste Nordamerikas für Großbritannien	
OZEANIEN		 **1567** Der spanische Entdecker Mendaña (1541–1595) erreicht als erster Europäer die Ellice- und die Salomoninseln		**1595** Mendaña landet auf den Marquesasinseln im Südpazifik

DIE RELIGION SPALTET EUROPA

Nachdem Luther durch sein Aufzeigen der Missstände die Kirchenspaltung hervorgerufen hatte, wurde 1555 im Augsburger Religionsfrieden die lutherische Konfession anerkannt. Mehr als die Hälfte des Reiches gehörte nun der neuen Konfession an, und auch in Skandinavien, Frankreich, Polen und Ungarn fand sie viele Anhänger.

Schlacht von Lepanto

SCHLACHT VON LEPANTO

Die türkische Flotte, die den Mittelmeerraum beherrschte, wurde 1571 bei Lepanto (Griechenland) von einem Verbund europäischer Seemächte geschlagen. Die osmanische Vorherrschaft war damit beendet.

GÖTTLICHES DIKTAT

Die hl. Maria Magdalena dei Pazzi (1566–1607) war für ihre religiösen Erscheinungen berühmt. Man glaubte, dass sie während solcher Trancen heilige Wahrheiten verkündete. Sechs Schreiber notierten Tag und Nacht ihre Worte.

ELISABETH I. VON ENGLAND

Die protestantische Königin Elisabeth I. regierte England von 1558–1603. Sie duldete auch andere Religionen. Um England nicht unter die Regentschaft eines ausländischen Königs fallen zu lassen, heiratete sie nicht.

PHILIPP VON SPANIEN

Philipp II. von Spanien (1527–1598) versuchte, die Reformation in Europa aufzuhalten und die Vorherrschaft des Katholizismus zu sichern. Seine Flotte, die spanische Armada, scheiterte gegen das protestantische England.

Die Spanier hatten 130 Schiffe, die Engländer weniger als 100.

Schlacht gegen die spanische Armada

DIE SPANISCHE ARMADA

Im August 1588 besiegte die englische Flotte die spanische Armada Philipps II., eine große Invasionsstreitmacht. Dieser Sieg wurde auch als ein Triumph des Protestantismus über die katholische Kirche angesehen.

NACHGEBENDE KLINGE

Hexenjäger behaupteten, Hexen empfänden keinen Schmerz bei Messerstichen. Wollte man Andersgläubige als Hexen hinstellen, benutzte man ein Fallmesser mit nachgebender Klinge.

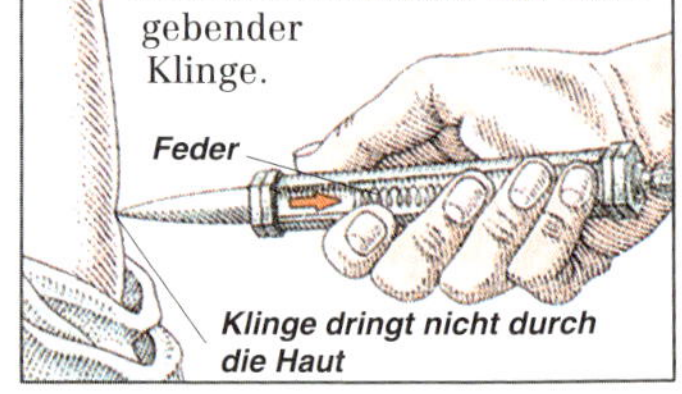

MARKSTEINE RELIGIÖSER AUSEINANDERSETZUNGEN

Bartholomäusnacht

Katharina von Medici mit Hugenotten

MASSAKER DER BARTHOLOMÄUSNACHT

Am 24. August 1572 befahl die katholische Königin Frankreichs, Katharina von Medici, die Ermordung Tausender französischer Protestanten (Hugenotten). Viele Hugenotten-Führer waren nach Paris gekommen, um der Hochzeit Heinrichs von Navarra mit der Tochter Katharinas von Medici beizuwohnen.

EDIKT VON NANTES (1598)

1593 trat der Protestant Heinrich von Navarra zum Katholizismus über. Er wollte dadurch als König Heinrich IV. von Frankreich bestätigt werden. Er erließ ein Gesetz, das Edikt von Nantes, das religiöse Toleranz in ganz Frankreich festlegte. Die Religionskriege in Frankreich waren damit beendet.

NIEDERLÄNDISCHE UNABHÄNGIGKEIT

Wilhelm von Nassau-Oranien führte den Bund der niederländischen Provinzen an, der sich gegen die Herrschaft des spanischen Königshauses und die hohen Abgaben auflehnte. 1572 wurde die Stadt Brielle zurückerobert. 1609 erkannte Spanien die Unabhängigkeit von sieben niederländischen Nordprovinzen an.

JESUITISCHE MISSIONARE

Für die katholische Gegenreformation gründete der spanische Adlige Ignatius von Loyola die »Gesellschaft Jesu«, den Jesuitenorden. Von 1550 an waren Jesuiten als Missionare in ganz Europa unterwegs. Bald bekehrten sie auch die Völker Amerikas zum Christentum. Wo immer Kaufleute hinfuhren, folgten ihnen die Jesuiten.

VERFOLGTE PURITANER

Manchmal bekämpften sich einzelne protestantische Gruppen gegenseitig. 1620 segelte eine Gruppe von Puritanern, die »Pilgerväter«, von Plymouth in Südengland los. Sie wollten nach Nordamerika auswandern, um dort frei nach ihrem Glauben leben zu können.

Die Mayflower

1600 | 1640

Ab 1600 Alle europäischen Großmächte richten an der afrikanischen Küste Handelsniederlassungen ein

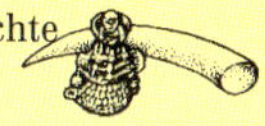

Ca. 1620 Königin Nzinga von Mbundu besiegt die Portugiesen

1600 Beginn des Tokugawa-Schogunats in Japan.
1600–1614 Gründung von Ostindien-Gesellschaften in England, den Niederlanden, Dänemark und Frankreich

1604 Russen besiedeln Sibirien

1609 Spanisch-niederländischer Waffenstillstand

1610 Ermordung des französischen Königs Heinrich IV

1613 Michail Fjodorowitsch wird mit 16 Jahren Zar, Beginn der Romanow-Dynastie

1618 Beginn des Dreißigjährigen Krieges, mit Ausnahme Englands sind fast alle europäischen Staaten daran beteiligt

1631 Plünderung Magdeburgs: schlimmste Greuel des Dreißigjährigen Krieges

1607 Jamestown, die erste dauerhafte Siedlung an der nordamerikanischen Ostküste, wird gegründet

1608 Gründung der Stadt Quebec, Kanada, von französischen Siedlern

1609 Henry Hudson entdeckt 1610 die Hudsonstraße und Hudsonbai

1620 Die Mayflower segelt nach Amerika ab

1625 Franzosen besiedeln die Westindischen Inseln (Karibik)

1625 Holländer gründen Neu-Amsterdam, das heutige New York

1629 Gründung der englischen Kolonie Massachusetts

1630 Die holländische Ostindische Kompanie besetzt Teile Brasiliens

1606 Der portugiesische Seefahrer de Quirós erreicht Tahiti; der Spanier Louis Vaez de Torres befährt das Meer zwischen Australien und Neuguinea

AKBAR DER GROSSE

Der Mogulenherrscher Akbar (1542–1605) regierte sein immer größer werdendes Reich mit viel Diplomatie. Um in seinem Reich für Frieden zu sorgen, bemühte er sich um religiöse Toleranz. Er selbst war Muslim, duldete aber auch den Hinduismus und versuchte sogar, eine neue Religon zu gründen: Din Ilahi, die den Islam und den Hinduismus verbinden sollte.

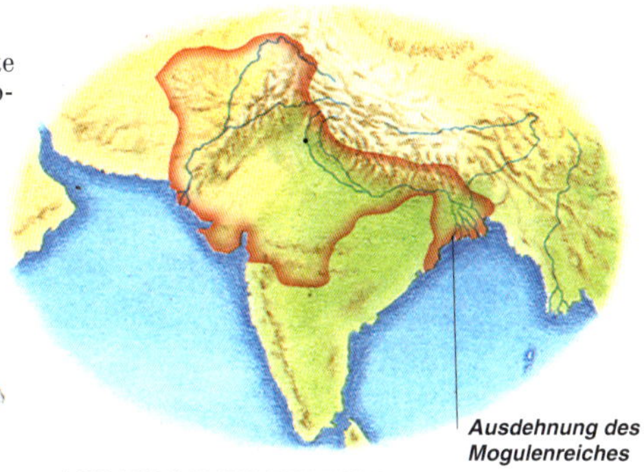

Ausdehnung des Mogulenreiches

AKBARS MOGULENREICH

Als er starb, erstreckte sich Akbars Reich von Afghanistan im Norden bis Bengalen im Osten und bis zum Gujarat im Westen.

HINDU-HOCHZEITEN

1562 und 1570 heiratete Akbar trotz seines islamischen Glaubens Hindu-Prinzessinnen. Damit bewies er seine Achtung vor seinen Hindu-Untertanen.

Moslemherrscher Akbar mit seiner Hindu-Braut

Fest bei der Geburt von Akbars Sohn

Akbar war ein begeisterter Jäger. Er richtete Geparden ab, die seine Beute fingen und töteten. Sein Lieblingstier sprang einmal sogar über eine Schlucht, um eine Antilope zu reißen. Von da an wurde es in einer gepolsterten Sänfte zur Jagd getragen.

KUNST UNTER AKBAR

Unter ihm erlebten die Künste eine Blütezeit. Gegen Ende des 16. Jh. wurde eine Reihe schöner Bilder gemalt, die Annalen Akbars. Sie zeigen Ausschnitte aus seinem Leben.

INABAT-KHANA

1575 baute Akbar das Inabat-Khana (»Haus der Anbetung«). Dort kamen Muslime vieler Glaubensrichtungen zusammen, um über ihre Religionen zu sprechen. Der Versuch, Hindus und Muslime zu versöhnen, scheiterte jedoch.

Akbar in religiöser Diskussion

TOKUGAWA JAPAN

1603 wurde Ieyasu (1543–1616) aus der Tokugawa-Familie Shogun (= Herrscher) von ganz Japan. Er hatte seine Gegner in der Schlacht bei Sekigahara (1600) besiegt. Seinen Regierungssitz richtete er sich in Edo (heute: Tokio) ein. Seine ihm unterlegenen Rivalen mussten ebenfalls dorthin ziehen.

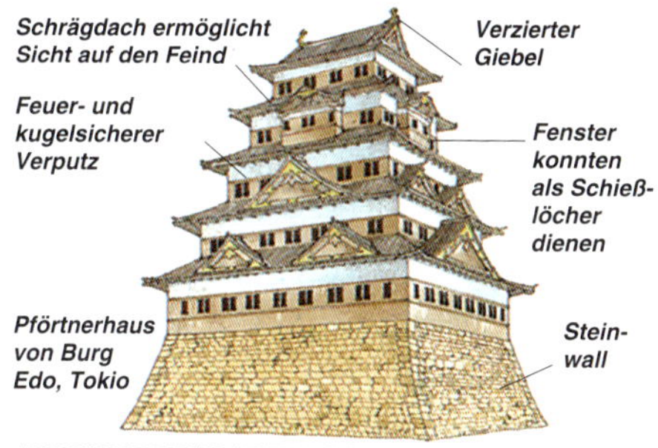

ARBEITSBESCHAFFUNGSMASSNAHME

Ieyasu zwang seinen Rivalen, einen Daimio (= Samurai-Kriegsherr), von 1604 bis 1614 in Edo eine Burg zu bauen und ständig zu vergrößern. Als der Daimio starb, hatte er für Ieyasu die größte Burg der Welt gebaut.

Holländische Handelsniederlassung

JAPAN GRENZT SICH AB

Ab 1636 durften Japaner nicht mehr ins Ausland reisen. 1641 wurden alle Ausländer des Landes verwiesen. Bis 1854 war eine holländische Handelsniederlassung in der Bucht von Nagasaki die einzige Verbindung zur Außenwelt.

WICHTIGE PERSÖNLICHKEITEN

Name	Zeit	Biographische Einzelheiten
Ignatius von Loyola	1491–1556	Baske, nach höfischen und militärischen Diensten gründete er 1534 den Jesuitenorden
Philipp II.	1527–1598	König von Spanien und Portugal, unterstützte die katholische Gegenreformation
Elisabeth I.	1533–1603	Englische Königin; Seeherrschaft, Aufblühen der Künste und des internationalen Handels in ihrer Regierungszeit
Akbar	1542–1605	Mogulenherrscher, berühmt wegen religiöser Toleranz und Förderung der Kunst
Tokugawa Ieyasu	1543–1616	Japanischer Shogun, beendete die Kriege, einte das Land, verbot das Christentum
Heinrich IV.	1552–1610	Französischer König, trat zum Katholizismus über, um Frankreich wieder zu vereinen
William Shakespeare	1564–1616	Englischer Dramatiker und Dichter, schrieb u.a. »Hamlet« und »Romeo und Julia«

ERFINDUNGEN

BLEISTIFTE

Bleistifte wurden zum ersten Mal 1565 in England hergestellt.

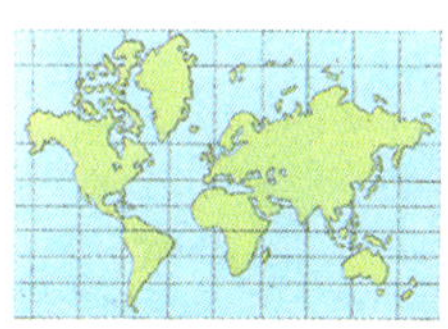

MERCATOR-KARTE

Der Flame Gerhardus Mercator (1512–1594) schuf die ersten modernen Landkarten, die die Krümmung der Erdoberfläche berücksichtigten.

1640

AFRIKA

1652 Die Holländer gründen ihre Kolonie am Kap in Südafrika

ab 1670 Franzosen lassen sich in Senegal nieder

ab 1690 Aufstieg des Aschan Königreichs an der Goldküst (Westafrika)

ASIEN

1644 Mandschu-Dynastie löst in China die Ming-Dynastie ab

1657 Edo (Tokio) wird durch eine Feuersbrunst zerstört

1661 Englische Ostindische Kompanie erwirbt Bombay

1662 Kangxi regiert in China, Gebietsausdehnung

1669 Aurangsib ist der letzte Mogulen-Herrscher, nach ihm zerfällt das Reich

1683 Kangxi erobert Formosa (Taiwan)

1688 (bis 1704) Genrokuzeit: Entstehung einer Kaufmanns schicht in Japan

EUROPA

1643 Ludwig XIV., der »Sonnenkönig«, regiert Frankreich

1648 Ende des Dreißigjährigen Krieges

1649 Hinrichtung von Karl I., König von England und Schottland; Oliver Cromwell ruft das Commonwealth aus

1660 Wiederherstellung des englischen Königtums

1661 Bank von Schweden gibt erste europäische Banknoten aus

1677 Krieg der Türken mit Russland

1682 Zar Peter I., der Große, tritt seine Herrschaft an

1683 Die Belagerung Wiens durch die Türken wird abgewehrt

1688 Wilhelm von Oranien wird König von England

AMERIKA

1642 Der französische Entdecker De Maisonneuve gründet Ville-Marie (heute: Montreal)

1664 Neu-Amsterdam fällt an die Engländer und wird in »New York« umbenannt

1670 Die Kolonie South Carolina wird gegründet

1675 Krieg zwischen neuen Siedlern und Indianern

1683 William Penn schließt einen Vertrag mit den Indianern

1692 Hexenprozesse in Salem (Neuengland)

OZEANIEN

1642 Abel Tasman, ein holländischer Entdecker, erreicht als erster Europäer die Inseln Tasmanien und Neuseeland

MANDSCHU-CHINA

Der Ming-General Wu Sangui bat die Mandschus 1644, in China einzumarschieren, um rebellierende Truppen niederzuschlagen. So wurde die Mandschu- bzw. Qing-Dynastie gegründet. Die Mandschus bemühten sich um ein gutes Auskommen mit den Chinesen, sie übernahmen einige Sitten.

Unter Mandschu-Herrschaft bis:
- *1644*
- *1660*
- *1760*

MANDSCHURISCHES REICH

Die Mandschurei liegt im Nordosten des heutigen China.

MING-MANDARINE

Mandarine waren die höchsten Beamten des chinesischen Kaiserreichs. Während der Eroberung Chinas durch die Mandschu durften sie ihre Arbeit weiter verrichten.

Die Mandschu zwangen die Chinesen, sich ihre Haare zu einem Zopf zu flechten. Es war ein Zeichen der Untertänigkeit.

Mandschu-Herrscher mit Ming-Chinesen

Kunst der Mandschu-Zeit

KUNST UND WISSENSCHAFT

Kaiser Kangxi (1654–1722) erkannte den Wert der Ming-Kultur. Er beauftragte Gelehrte, eine Geschichte der Ming-Dynastie zu verfassen sowie Nachschlagewerke und technische Studien.

ABSOLUTE HERRSCHER

Im Europa des 17. Jh. hatten Könige und Königinnen eine enorme politische Macht. Ludwig XIV. von Frankreich (1638–1715) war der mächtigste von allen. Bei seinen Entscheidungen kümmerte er sich weder um die Ständeversammlung (das Parlament) noch um den Adel.

Ludwig XIV. von Frankreich in römischen Gewändern

ZEITALTER DES SONNENKÖNIGS

Ludwig XIV. regierte Frankreich 62 Jahre lang und machte es zum mächtigsten Staat Europas.

Ludwig ließ das prächtige und große Schloss Versailles bauen, um dort alle Adligen wohnen zu lassen und es damit zum politischen Mittelpunkt Frankreichs zu machen.

Spiegelsaal in Versailles

Ludwig liebte die Kunst. Daher sein Beinamen »Sonnenkönig«, nach Apollo (»Der Strahlende«), dem griechisch-römischen Gott der Künste.

1685 schaffte Ludwig das Edikt von Nantes wieder ab. Darin war Glaubensfreiheit garantiert worden. Viele Protestanten (Hugenotten) wanderten daraufhin nach England und Preußen aus.

SELBSTMORD DES KOCHS

Vatel der Große, berühmter Küchenchef des Fürsten de Condé, beging Selbstmord, weil ein Essen, das er für Ludwig XIV. gekocht hatte, diesem nicht zusagte.

Hinrichtung Karl I.

KARL I.

Der unbeliebte Karl I. (1600–1649) wurde 1649 von seinen englischen Untertanen enthauptet. Der Vorfall verbreitete in ganz Europa Entsetzen.

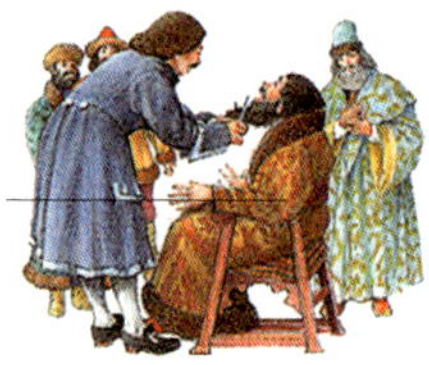

Russischer Bojar (hoher Adliger)

Peter der Große zwingt die altmodischen Bojaren, sich ihre Bärte nach modernem europäischem Geschmack zu stutzen.

PETER DER GROSSE

1682 wurde Peter I., der Große (1672–1725), Zar von Russland. Er gründete eine neue Hauptstadt (St. Petersburg). Sein Ziel war es, Russland an den kulturell und technisch weiter entwickelten Westen Europas anzubinden.

WICHTIGE PERSÖNLICHKEITEN

Name	Zeit	Biographische Einzelheiten
Nzinga von Mbundu	1582–1663	Königin von Mbundu (Angola, Westafrika), bekämpfte portugiesische Sklavenhändler, bot entflohenen Sklaven aus den Nachbarstaaten Schutz
Oliver Cromwell	1599–1658	Siegreicher Befehlshaber der englischen Parlamentstruppen im Bürgerkrieg von 1642–1648, Herrscher Englands (Lord Protector) 1653–1658
Karl I.	1600–1649	Britischer König, hingerichtet nach verlorenem Bürgerkrieg gegen die Parlamentsarmee
Ludwig XIV.	1638–1715	Uneingeschränkter (»absoluter«) Herrscher Frankreichs in dessen politischer und kultureller Blütezeit
Fu-lin	reg. 1638–1661	Erster Mandschu-Kaiser Chinas; beteiligte Chinesen an der Regierung
Peter I., der Große	1672–1725	Russischer Zar, führte westeuropäische Techniken und Ideen ein

700 — 1750

1702 Franzosen erhalten »Assiento« (Monopol des Schiffstransports von afrikanischen Sklaven zu den spanischen Kolonien)

1712 Aufstieg des Königreichs Fouta Djalon in Westafrika

1714 Eroberung der Insel Mauritius (Indischer Ozean) durch die Franzosen

1707 Der Tod Aurangsibs führt zum Untergang des Mogulenreichs und wirkt sich günstig auf den europäischen Handel aus

1708 Jesuitische Kartenzeichner fertigen genaue Landkarten von China an

1721 Grenzvereinbarung zwischen China und Russland

1739 Nadir Schah erobert Delhi mit einer persischen Armee und besiegt Mogulen

ab 1740 Britisch-französischer Konkurrenzkampf in Indien

700 Tod Karls II. von Spanien; er hinterlässt einen ranzösischen Erben; der panische Erbfolgekrieg 1701–1713) beginnt

1703 Ungarn erhebt sich gegen Österreich. Peter der Große gründet St. Petersburg

1707 Vereinigung Englands mit Schottland. Der Begriff »Großbritannien« kommt in Gebrauch

1709 Beginn der industriellen Revolution durch die Entdeckung der Eisenschmelze

1709 Russland erobert schwedische Ostseeprovinzen

1713–1740 König Friedrich Wilhelm I., der »Soldatenkönig«, reformiert den Preußischen Staat; eine Staatsverwaltung mit Beamten und ein gut ausgerüstetes Heer werden eingerichtet

1740 Friedrich II., der Große, wird König von Preußen und folgt seinem Vater als »erster Diener des Staates«

ab 1700 Vermehrte Auswanderungen von Deutschen nach Amerika

1710 Südseegesellschaft weitet britischen Handel mit Südamerika aus

1720–1722 Spanien besetzt Texas. Zusammenbruch der britischen Südseeund der französischen Mississippigesellschaft

1727 Erste Kaffeepflanzungen in Brasilien durch die Europäer

1739 Sklavenaufstand in South Carolina

1722 Der holländische Admiral Roggeveen erreicht Samoa und die Osterinseln

DER SKLAVENHANDEL

Nachdem sich die Europäer auf dem amerikanischen Kontinent niedergelassen hatten, verschleppten sie Sklaven aus Afrika, um sie als billige Arbeitskräfte auf ihren Baumwoll-, Zucker- und Tabakanpflanzungen und in den Silberbergwerken einzusetzen. Die Sklaven mussten meist unter fürchterlichen Bedingungen arbeiten. Viele starben schon auf der Überfahrt.

Grundriss eines Sklavenschiffs der britischen Firma Brooks, Liverpool

SKLAVENSCHIFFE
Das abgebildete Sklavenschiff war so konstruiert, dass es auf engstem Raum mehr als 400 Sklaven von Afrika nach Amerika transportieren konnte. Während des Transportes starben viele der Sklaven an Unterernährung, Durst oder Krankheiten.

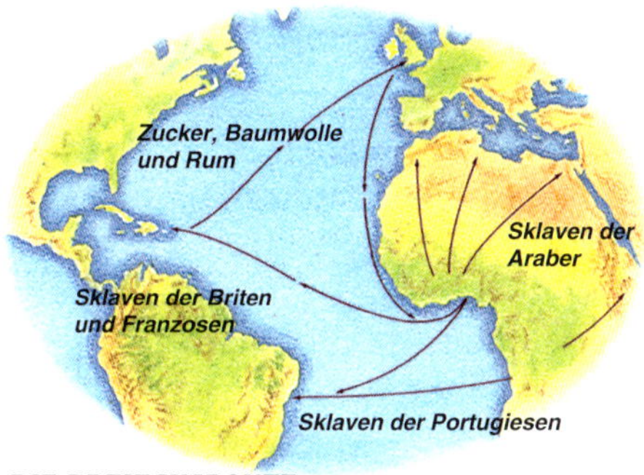

DIE DREIECKSROUTE
Sklavenschiffe segelten einen Dreieckskurs: von Europa nach Afrika zum Sklaveneinkauf; von dort nach Amerika zum Eintausch der Sklaven gegen Zucker, Baumwolle und Rum; von dort wieder nach Europa zum Verkauf dieser Waren.

Königin Nzinga, auf dem Rücken ihres Dieners sitzend, bei einem Treffen mit Portugiesen in Luanda

KÖNIGIN NZINGA
Königin Nzinga von Mbundu (Westafrika) bekämpfte europäische Sklavenhändler. Viele Soldaten ihrer Armee waren entlaufene Sklaven, die zu ihr geflüchtet waren.

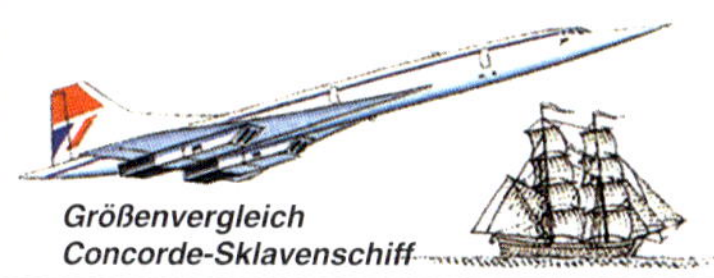

Größenvergleich Concorde-Sklavenschiff

BLÜHENDE HÄFEN
Atlantikhäfen wie Bristol und Bordeaux wurden reich. Sie lagen günstig auf den Strecken zwischen Europa, Afrika und den Westindischen Inseln.

Docks in Bristol

WISSENSWERTES
Zwischen 1500 und 1800 transportierten europäische Schiffe ca. 12 Mio. Menschen von ihrer afrikanischen Heimat in die amerikanischen Kolonien.

Der Sklavenhandel war Gewinn bringender als der Handel mit Ebenholz, Elfenbein oder Gold.

Die Portugiesen nannten ihre Sklavenschiffe »tumbeiros«, d.h. »Särge«, weil schon während der Überfahrt ein Drittel der Sklaven starb.

1781 warf der Kapitän der »Zong« 132 Sklaven über Bord, um so die Versicherungsprämie für die Fracht zu kassieren.

KÖNIG AGADJA
König Agadja (1673–1740) von Dahome überfiel und versklavte seine schwächeren Nachbarstaaten. Europäische und arabische Händler kauften seine Gefangenen als Sklaven.

Brandzeichen, das in die Haut gebrannt wurde

Europäische Sklavenhändler treiben ihre gefangenen Sklaven zum Verkauf zusammen.

MENSCHENHANDEL
Sobald die Sklaven in der Karibik, Südamerika oder in den nordamerikanischen Kolonien eintrafen, wurden sie zum Höchstpreis versteigert. Benutzten verschiedene Händler dasselbe Schiff, brannten sie ihren Sklaven ein Zeichen in die Haut. Damit konnten sie nach der Landung »ihre Ware« aussortieren.

KAFFEE UND HÖRNCHEN
Die Türken gaben 1683 die Belagerung Wiens auf und brachen ihren Eroberungszug in Europa ab. Im Lager der Osmanen fanden die Wiener merkwürdig schmeckende Bohnen: den Kaffee. Wiener Bäcker erfanden zur Feier des Endes der Belagerung ein halbmondförmiges Gebäck: Hörnchen.

ERFINDUNGEN

STRADIVARIS GEIGEN
Der italienische Handwerker Antonio Stradivari (um 1644–1737) vervollkommnete die Kunst des Geigenbaus.

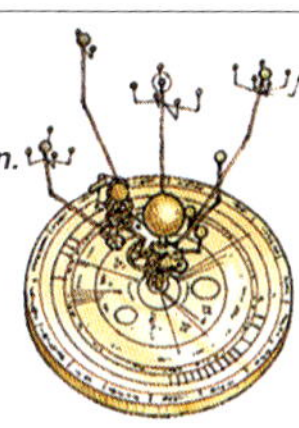

Das Planetarium des 18. Jh. zeigt Sternenbahnen.

NEWTONS GESETZE
Der britische Wissenschaftler Isaac Newton (1643–1727) schrieb als Erster die Gesetze der Schwerkraft nieder.

EISENSCHMELZE
Der Brite Abraham Darby (um 1678–1717) stellte 1709 als Erster Eisen für die Industrie her. Er verwendete Koks für mehr Hitze.

1750

AFRIKA	**1768** Der Mamelukenfürst Ali Bey regiert das unabhängige Ägypten; **1779** Die Buren, eingewanderte bäuerliche Holländer, Deutsche und Franzosen, kämpfen in Südafrika gegen die Xhosa; **1788** Gründung der »African Association« zur Erforschung Afrikas
ASIEN	**1757** Schlacht von Plassey: Die Briten erobern Bengalen; **1761** Schlacht bei Panipat: Die Marathen werden von den Afghanen besiegt; **1763** Großbritannien erhält im »Frieden von Paris« die Kontrolle über Indien
EUROPA	**1755** Ein Erdbeben zerstört halb Lissabon (Portugal): 30 000 Tote; **1756–1763** Siebenjähriger Krieg: Preußen (3. Schlesischer Krieg) und Großbritannien kämpfen gegen Frankreich, Österreich und Russland; **1762** Katharina die Große besteigt russischen Thron; **1771** Russland erobert die Halbinsel Krim; **1772** Erste Aufteilung Polens zwischen Preußen, Russland und Österreich; **1781** Joseph II. schafft Leibeigenschaft der Bauern im habsburgischen Reich ab und beschließt Reformen; **1789** Beginn der Französischen Revolution
AMERIKA	**1754–1763** Britisch-französischer Krieg um die Siedlungsgebiete in Nordamerika; **1763** Häuptling Pontiac (1720–1769) führt den Indianeraufstand gegen die Briten in Nordamerika an; **1775–1783** Amerikanischer Unabhängigkeitskrieg; **1780** Tupac Amaru führt in Peru Inkaaufstand gegen die Spanier an; **1783** Die Unabhängigkeit der Vereinigten Staaten wird anerkannt; **1787–1789** Die Verfassung der Vereinigten Staaten; **1789** George Washington wird Präsident
OZEANIEN	**1768–1771** Der englische Kapitän Cook unternimmt drei Reisen in den Pazifik; **1788** Gründung der britischen Sträflingskolonie Neusüdwales in Australien

DIE AUFKLÄRUNG

Der Begriff Aufklärung wird als Epochenbezeichnung für das 17./18. Jh. und die neuen Erkenntnisse in dieser Zeit verwendet. Man gab den religiösen Zwang auf, die willkürliche Herrschaft von Fürsten und die Unterdrückung der Untertanen. Vernunft und Wissenschaft waren die neuen Richtlinien. Freiheit, Gleichheit und Gerechtigkeit sollten für jeden Menschen gleichermaßen gelten.

DIE ENZYKLOPÄDIE

Die französischen Philosophen Denis Diderot und Jean Le Rond d´Alembert sammelten und veröffentlichten die Ideen der Aufklärung. Zwischen 1751 und 1786 gaben sie das vielbändige Werk »L'Encyclopédie« heraus. Philosophen wie Voltaire und Rousseau hatten Beiträge dazu verfasst.

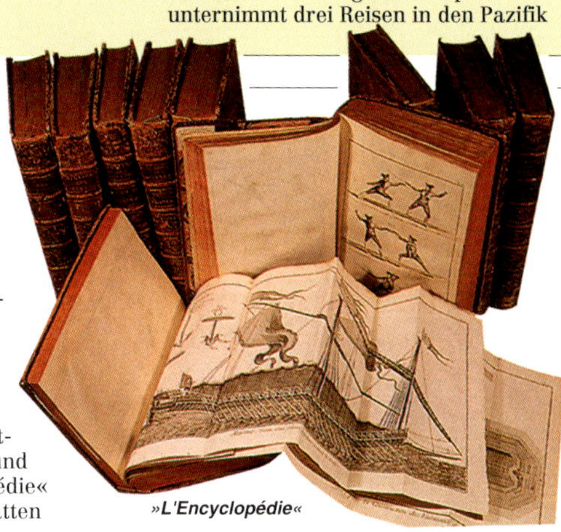

»L'Encyclopédie«

VOLTAIRE

Der französische Denker Voltaire (1694–1778) war eine Schlüsselfigur der Aufklärung. In geistreichen Schriften wandte er sich gegen religiöse Unfreiheit, rückständige Regierungen und Herrscher. Er diskutierte mit vielen Fürsten Europas, die von seinen Ideen beeindruckt waren.

Marmorbüste von Voltaire

BENJAMIN FRANKLIN

Der Amerikaner Benjamin Franklin (1706–1790) war ein typischer Mann der Aufklärung: Wissenschaftler, Philosoph, Staatsmann. Er ging 1776 nach Frankreich und warb um Unterstützung für den amerikanischen Widerstand gegen die britische Herrschaft.

Benjamin Franklin

Cook beim Tauschhandel mit Inselbewohnern

CAPTAIN COOK

Der britische Seefahrer James Cook (1728–1779) erkundete auf seinen drei berühmten Reisen den Südpazifik. Er umsegelte und kartografierte Neuseeland, er fertigte Karten von der Ostküste Australiens an und gelangte bis zur Packeisgrenze in den arktischen Gewässern.

FRIEDRICH II. DER GROSSE

Friedrich II. von Preußen (1712–1786) machte sein Land zu einem der mächtigsten in ganz Europa. Viele Kriege entschied er zu seinen Gunsten. Er stabilisierte den Staat durch seine aufklärerische Haltung mit einem gut organisierten Wirtschafts- und Finanzsystem, das von Beamten verwaltet wurde.

Washington überquert den Delaware River vor der Schlacht

AMERIKANISCHER UNABHÄNGIGKEITSKRIEG 1775–1783

Die amerikanischen Kolonien lehnten es ab, sich vom britischen Mutterland verwalten zu lassen. Die Differenzen führten zum Krieg und 1783 zur Unabhängigkeit der Vereinigten Staaten von Amerika unter George Washington.

FRANZÖSISCHE REVOLUTION 1789–1799

Durch Kriege und schlechte Haushaltsführung war der französische Staat bankrott. Steuern zahlten nur Bauern, Handwerker und Bürger – Adel und Klerus mussten nichts bezahlen. Der Wunsch nach Veränderung wurde immer größer, und am 14. Juli 1789 erreichten die Ausschreitungen ihren Höhepunkt, als eine aufgebrachte Menge die Bastille, das Gefängnis von Paris, stürmte. Damit begann die Französische Revolution.

Guillotine

Hinrichtung Ludwigs XVI.

1792 wurde in Frankreich eine neue Regierung, die Republik, ausgerufen. Die königliche Familie wurde suspendiert und in Haft genommen. Ludwig XVI. wurde im Januar 1793 hingerichtet.

WICHTIGE PERSÖNLICHKEITEN

Name	Zeit	Biographische Einzelheiten
Voltaire	1694–1778	Wichtiger französischer Denker der Aufklärung, Verfasser des Romans »Candide« (1759)
Friedrich II., der Große	1712–1786	Machte Preußen zu einem einflussreichen Staat; förderte die Künste, vor allem Musik und Philosophie
Benjamin Franklin	1706–1790	Amerikanischer Schriftsteller, Verleger, Erfinder, Wissenschaftler, Diplomat. Half beim Entwurf der Unabhängigkeitserklärung
Jean-Jacques Rousseau	1712–1778	Französischer Philosoph, beeinflusste die Führer der Revolution mit politischen Schriften
Katharina die Große	1729–1796	Russische Zarin, machte ihr Land mit der westeuropäischen Kultur vertraut
George Washington	1732–1799	Amerikanischer Oberbefehlshaber (1775–1783) und erster Präsident (1789–1797)
Napoleon Bonaparte	1769–1821	Französischer General, später Kaiser. Verankerte die Grundsätze der Französischen Revolution »Freiheit, Gleichheit, Brüderlichkeit« in Gesetz und Regierung und verbreitete sie international bei militärischen Eroberungen

EUROPÄISCHE KOLONIEN IN OZEANIEN

1788 errichteten die ersten 750 europäischen Siedler ein Lager am Strand von Sydney (Australien). Es waren Sträflinge. Im 18. Jh. waren in Großbritannien die Gefängnisse überfüllt. Man verfrachtete die Gefangenen einfach ans andere Ende der Welt.

Sträflinge gehen in Sydney Cove an Land

790 — 1830

1806 Die Briten kontrollieren das Kap der Guten Hoffnung

1816–1828 Der Zulu-König Chaka festigt sein Reich in Südafrika

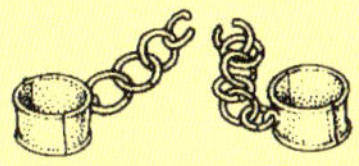

1822 Gründung von Liberia: ein Staat für befreite Sklaven, entsteht

1824–1827 Erster Aschantikrieg zwischen Briten und den Aschanti an der Goldküste (Ghana)

1794 Beginn der Kadscharen-Dynastie in Persien (bis 1925)

1819 Stamford Raffles (1721–1826) gründet Singapur

1816–1819 Großbritannien besiegt die Marathen: Indien unter britischer Herrschaft

1793 Hinrichtung Ludwigs XVI.; zweite Teilung Polens

1795 Eine neue französische Regierung wird eingesetzt: das Direktorium

1796 Napoleons siegreicher Feldzug in Italien. Dr. Jenner findet einen Impfstoff gegen Pocken

1801–1825 Zar Alexander I. regiert Russland

1804 Napoleon krönt sich selbst zum französischen Kaiser

1805 Sieg der englischen Flotte über Spanien in der Schlacht bei Trafalgar

1812 Napoleons Russlandfeldzug scheitert vor Moskau

1813 Niederlage Napoleons in der Völkerschlacht bei Leipzig

1814 Der Wiener Kongress stellt die alte Ordnung der europäischen Monarchien wieder her

1815 Napoleon unterliegt in der Schlacht bei Waterloo

1821–1829 Griechischer Unabhängigkeitskrieg gegen die Türken

1791 Kanada wird unterteilt in Oberkanada (Ontario) und Unterkanada (Quebec). Der ehemalige Sklave Toussaint L'Ouverture (1743–1803) organisiert den Aufstand gegen die französische Herrschaft in Haiti

1810 Unter Miguel Hidalgo beginnen in Mexiko die Revolten gegen die spanische Herrschaft

1811 Paraguay und Venezuela werden unabhängig

1812–1814 Krieg zwischen den USA und Großbritannien

1816 Argentinien wird unabhängig

1818 Chile wird unabhängig

1819 Die USA kaufen Florida von Spanien

1821 Mexiko wird unabhängig

1822 Brasilien wird unabhängig

1823 Monroedoktrin: Die USA beschließen, sich nicht in europäische Kriege einzumischen

1817 Erste europäische Auswanderer besiedeln australisches Grasland

1821 Protestantische Missionare erreichen die Cook-Inseln

ERFINDUNGEN

FEINSPINNMASCHINE

Der britische Weber James Hargreaves erfand 1764 eine Feinspinnmaschine; damit konnte ein Arbeiter mehrere Fäden auf einmal spinnen.

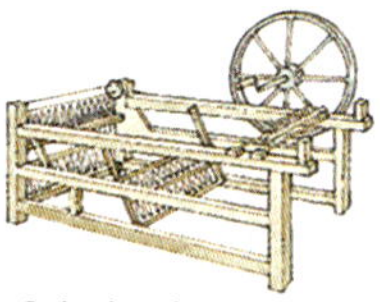

»Spinning Jenny«

BAUMWOLLSPINNEREI

1769 errichtete der britische Geschäftsmann Richard Arkwright die erste Baumwollspinnerei.

ZÜGE

Der britische Ingenieur George Stephenson baute 1825 eine der ersten Dampflokomotiven.

HEISSLUFTBALLON

Die erste Fahrt in einem Heißluftballon unternahmen die Brüder Montgolfier 1783. Sie dauerte 25 Minuten.

SCHWARZES LOCH VON KALKUTTA

Das Schwarze Loch von Kalkutta war eine winzige Gefängniszelle, in die 1756 von einem indischen Regierungsbeamten 64 britische Gefangene gepfercht wurden. 43 von ihnen starben. Die Briten nutzten diesen Vorfall, um ihren Anspruch auf ganz Indien zu begründen.

Zellengröße 5,5 x 4,5 m

Britische Gefangene in Kalkutta

CHAKA: ZULU-KRIEGSHERR

Der große Zulu-Herrscher Chaka (gest. 1828) bildete ein neues, gut ausgerüstetes Heer, das sich in ständiger Kriegsbereitschaft befand. Es gelang ihm, im Norden die Ngoni zu unterwerfen und ein großes Zulu-Reich zu gründen.

Assagai (Wurfspieß mit Eisenspitze)

Gepanzerter Schild aus dickem Leder

Chaka in Kampfausrüstung

DIE BEDEUTUNG NAPOLEONS

Bis 1812 hatte der französische General Napoleon Bonaparte (1769–1821) fast ganz Europa erobert. 1804 krönte er sich selbst zum Kaiser Frankreichs und erließ den »Code Civil«, ein neues Rechtssystem, das zum Teil heute noch Gültigkeit besitzt. Die französische Regierung und Armee machte er leistungsfähig und zugänglich für Nichtadlige.

NAPOLEONS FELDZÜGE

Napoleons Feldzüge führten ihn 1796 nach Italien, Österreich, Preußen und an den Rhein 1806/7. Sein Russlandfeldzug 1812 endete mit einer Katastrophe, nur wenige Soldaten kehrten zurück. Er wurde in der Völkerschlacht bei Leipzig 1813 und endgültig 1815 in Waterloo (Belgien) besiegt.

JOSEPHINE

Josephine de Beauharnais (1763–1814), Napoleons erste Frau, hatte politische Beziehungen, die ihm zu Beginn seiner Karriere sehr nützlich waren.

WISSENSWERTES ÜBER NAPOLEON

Am 5. Oktober 1795 schlug Napoleon einen Aufstand der Royalisten gegen die Revolutionsregierung nieder. Das Militär wurde immer mächtiger, bis Napoleon schließlich die Regierung übernahm. 1799 erklärte Napoleon die Revolution für beendet.

Viele antike Denkmäler, wie beispielsweise die Sphinx, wurden während der ägyptischen Feldzüge Napoleons entdeckt.

1812 kämpfte sich Napoleon mit 30 000 Soldaten bis Moskau durch. Die Russen brannten ihre Stadt nieder, um nicht kapitulieren zu müssen. Sie erzwangen so seinen Rückzug, Napoleon erreichte nur unter großen Verlusten Frankreich, wofür nicht etwa die kalte Witterung, sondern schlechte Planung verantwortlich war.

SIMON BOLÍVAR

Während Napoleon Spanien eroberte, rebellierten die spanischen Kolonien in Südamerika unter Simon Bolívar und José de San Martin. Bis 1825 wurden sie alle unabhängig.

EROICA-SYMPHONIE

Ludwig van Beethoven (1770–1827) widmete seine Dritte Symphonie Napoleon. Der deutsche Komponist sah in ihm einen Verfechter der Demokratie. Nachdem sich Napoleon selbst zum Kaiser gekrönt hatte, strich Beethoven die Widmung auf dem Manuskript.

Ludwig van Beethoven

Simón Bolívar

TÖDLICHER LUXUS

Napoleon wurde auf die Atlantikinsel St. Helena verbannt. Der Schimmel im grünen Farbstoff (Arsenoxyd) seiner Schlafzimmertapete soll eine Ursache für sein langsames Dahinsterben gewesen sein.

1830					
AFRIKA	**1830** Franzosen besetzen Algerien. Zusammenstöße zwischen Briten und Buren in Südafrika		**1836** Großer Treck der Buren zur Gründung eines unabhängigen Transvaal im Landesinneren und an der Ostküste	**1838** Die Buren besiegen die Zulus in der Schlacht am Blood River	**1843** Natal (eine Grür dung der Buren) wird britische Kolonie
ASIEN				**1839–1842** China beschlagnahmt Opiumimporte aus Indien, Beginn des Ersten Opiumkriegs	**1842** Der Vertrag von Nanking öffnet chinesische Häfen für britisch Handel, Hongkong geht an Großbritannien
EUROPA	**1830** Die Juli-Revolution in Frankreich breitet sich in vielen Staaten Europas aus. Belgien erklärt seine Unabhängigkeit von den Niederlanden	**1832** Das erste Reformgesetz erweitert das Wahlrecht in Großbritannien	**1837** Königin Viktoria besteigt den englischen Thron	**1841** Lajos Kossuth, Führer der Nationalisten in Ungarn, gründet die ungarische Reformzeitung	
AMERIKA		**1832** Samuel Morse (1791–1872) erfindet den elektrischen Telegrafen —●●—●—	**1836** Texas erreicht seine Unabhängigkeit von Mexiko und wird Republik	**1838** Tausende von Indianern müssen von der Ostküste nach Westen ziehen; viele von ihnen sterben unterwegs	**1842** Erster Gebrauch eines Narkosemittels durch den Amerikane C. W. Long (1815–78)
OZEANIEN				 **1840** Neuseeland wird britische Kronkolonie (Vertrag von Waitangi). Letzte Sträflingssiedler landen in Australien	**1842** Die Franzosen besetzen die Marquesas-Inseln

EUROPA IN AUFRUHR

1848 protestierten Menschen in vielen Ländern Europas gegen die Unterdrückung durch die Monarchen. Man forderte nationale Freiheit und politisches Mitspracherecht. Trotz anfänglicher Erfolge scheiterte die Revolution fast überall und wurde mit Militärgewalt niedergeworfen, die alte Ordnung kehrte zurück.

Karl Marx

BRANDHERDE DER REVOLUTION

In den ersten vier Monaten des Jahres 1848 wurde Europa von fast 50 verschiedenen Revolutionen erschüttert: in Frankreich, Preußen, Österreich, Ungarn und in fast allen deutschen und italienischen Kleinstaaten.

Zentren des Aufruhrs

KONZENTRATION DER MACHT

1830 durften in keinem europäischen Land mehr als 5% der Bevölkerung wählen. Das bedeutete, nur jeder 20. konnte seinen politischen Willen äußern.

KARL MARX

Karl Marx (1818– 1883) und Friedrich Engels (1820–1895) veröffentlichten 1848 das »Kommunistische Manifest«. Darin entwarfen sie einen gerechten Staat ohne soziale Klassen und Privateigentum: eine kommunistische Gesellschaft.

GARIBALDI UND »RISORGIMENTO«

Zwar scheiterten die italienischen Aufstände, aber das »Risorgimento« (»Wiederauferstehung« der italienischen Nation) von 1860 war ein Triumph. Der Anführer der »Rothemden«, Giuseppe Garibaldi, eroberte Sizilien, das er zugunsten der Einigung mit Sardinien wieder freigab.

Garibaldi

CHOLERA

Die Cholera, verursacht durch verseuchtes Wasser, verbreitete sich rasch in den übervölkerten Industriestädten Europas. Die allgemeine Panik wegen der Seuche beschleunigte Revolutionen.

DER LETZTE KÖNIG FRANKREICHS

König Louis Philippe von Frankreich dankte 1848 ab. Louis Napoleon (ein Neffe Napoleons) wurde Präsident der neuen Republik. 1852 ließ er sich jedoch zum Kaiser Napoleon III. krönen.

FRANKFURTER NATIONALVERSAMMLUNG

Die Deutschen eröffneten 1848 in Frankfurt ihr erstes gesamtdeutsches Parlament. Es löste sich ein Jahr später wieder auf, aber die Hoffnung auf ein vereintes Deutschland blieb.

JUNGER KAISER

1848 wurde der 18-jährige Franz Joseph Herrscher über das Reich der Habsburger in Mitteleuropa. Sein Onkel Ferdinand I. hatte während der Wiener Revolution abgedankt.

Kaiser Franz Joseph

HUNGER UND AUSWANDERUNG

In den 40er Jahren des 19. Jh., den »hungrigen Vierzigern«, herrschten in vielen Teilen Europas Hungersnöte. Allein in Irland starben über 1 Mio. Menschen. Viele Europäer wanderten aus, meist nach Amerika.

ERFINDUNGEN

FARADAYS SPULE

Mit seiner Kupferspule bewies der Wissenschaftler Michael Faraday den Zusammenhang zwischen Elektrizität und Magnetismus.

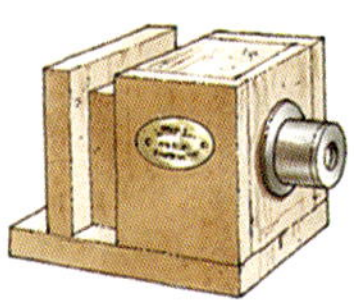

FOTOGRAFIE

Der französische Künstler und Physiker Daguerre entwickelte 1839 sein erstaunliches fotografisches Verfahren: die Daguerreotypie.

BRIEFMARKEN

Briefmarken wurden 1840 in Großbritannien und 1847 in den USA eingeführt. Die erste Marke war die »Schwarze Penny«.

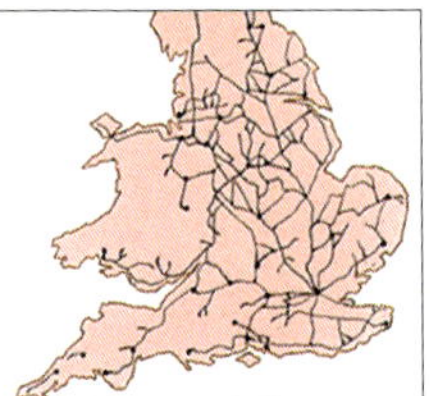

SCHIENENNETZ

Bis 1847 fuhren Züge mit Dampflokomotiven in alle Teile Großbritanniens. Der Rest der Welt folgte rasch nach.

DER LOCKRUF DES GOLDES

Der amerikanische Zimmermann John Marshall entdeckte 1848 Goldkörner in kalifornischem Boden. Er wollte seinen Fund geheim halten, dennoch verbreitete sich die Nachricht schnell. Menschen aus Europa und dem Osten der USA strömten herbei, um ihr Glück zu suchen. Einen ähnlichen Goldrausch gab es 1851 in Neusüdwales, Australien.

Goldklumpen (Nugget)

845 | 1860

1847 Die Bantu werden in Südafrika von den Briten besiegt

1854 Ein unabhängiger Oranjefreistaat wird von den Buren in Südafrika errichtet

1855 Livingstone entdeckt die Victoriafälle. Beginn der europäischen Erforschung des Inneren Afrikas

1856 Der Bau des Suezkanals wird begonnen

845–1849 Krieg zwischen Briten und Sikhs. Die Niederlage der Sikhs führt zur britischen Herrschaft über deren Heimat, das Pandschab

1848 Nasir-ud-din wird Schah von Persien

1850–1864 Taiping-Aufstand in China

1852–1853 Zweiter Krieg zwischen Großbritannien und Birma

1853–1854 Die USA zwingen Japan zur Öffnung der Häfen für westliche Handelswaren

1856 Persiens Besetzung von Herat (Afghanistan) führt zum Krieg mit Großbritannien bis 1857

1857 Nach Aufständen wird Indien direkt von Großbritannien regiert

1858 Vertrag von Tientsin zwingt China zum Handel mit dem Westen

845–1846 Die Kartoffelmissernte führt in Irland zu einer schlimmen Hungersnot

1848 Jahr der Revolutionen in ganz Europa

1849 Scheitern der revolutionären Bewegungen

1851 Die erste Weltausstellung in London

1852 Louis Napoleon Bonaparte wird Kaiser Napoleon III.

1853–1856 Krimkrieg zwischen Russland, Großbritannien und Frankreich

1856 Bessemer erfindet das Stahlkochen

1859–1870 Italienischer Einigungskrieg

845 Texas und Florida werden US-Bundesstaaten

1846–1848 Krieg zwischen den USA und Mexiko; Kalifornien und Neumexiko fallen an die Vereinigten Staaten

1849 Der Goldrausch in Kalifornien erschließt den amerikanischen Westen. Erster Kongress zur Gleichberechtigung der Frauen im Staat New York

1850 Selbstverwaltung für die Kolonien Neusüdwales, Tasmanien und Südaustralien

1851 Das Goldfieber in Australien beginnt

Chinesische Opiumraucher

DAS BRITISCHE WELTREICH

Zwischen 1830 und 1860 zwangen die Westmächte, vor allem Großbritannien, die Länder, die sich dem Handel verschlossen, zur Öffnung ihrer Häfen für Westwaren. Betroffen waren die Türkei, Ägypten, Persien, China, später Japan. Die Briten hatten damals die stärkste Marine und die fortschrittlichste Industrie der Welt. Sie konnten mit Diplomatie oder durch Gewalt jene reichen asiatischen Märkte beherrschen. Der Aufbau eines großen Weltreichs begann.

KÖNIGIN VIKTORIA

Sie regierte von 1837–1901, die längste Amtszeit britischer Monarchen überhaupt. Unter ihrer Regentschaft erreichte die industrielle Revolution in Großbritannien ihren Höhepunkt und das Weltreich mit seinen Kolonien seine größte Ausdehnung.

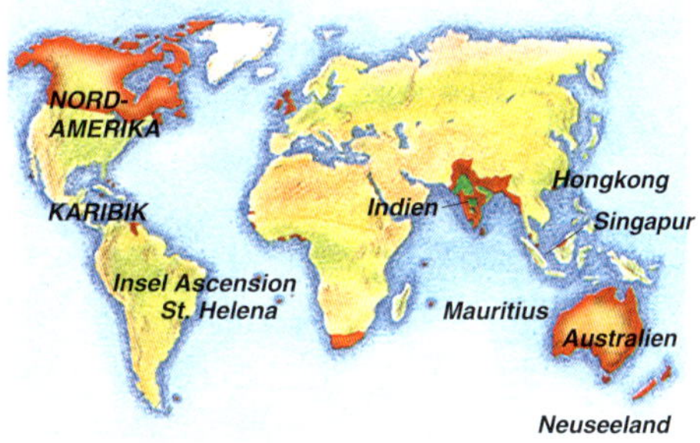

Britisches Weltreich *Unter britischem Einfluss*

Bis 1860 herrschten die Briten über Gebiete in der ganzen Welt, entweder direkt, oder sie übten starken Einfluss aus. Wichtige Inselgruppen fielen unter ihren Einflussbereich, sodass sie auch die großen Schiffsrouten kontrollieren und sich dadurch Handelsvorteile verschaffen konnten.

DER ERSTE OPIUMKRIEG

Die Briten kauften in Indien angebautes Opium und verkauften es gegen Seide, Gewürze und Tee nach China. Sie schlugen 1839 in Kanton einen Aufstand gegen den Opiumhandel nieder. Mit ihrer überlegenen Flotte zwangen sie die Chinesen, den Westmächten Handelsfreiheit und Landrechte zu gewähren.

VERTRAG VON WAITANGI

Großbritannien und die Maori der Nordinsel von Neuseeland trafen 1840 ein Abkommen. Die Briten wurden die rechtlichen Besitzer der Insel, erkannten aber die alten Landrechte der Maori an.

Festkleidung eines Maorihäuptlings

Briten und Maori bei Waitangi

DIE FRAU MIT DER LAMPE

Florence Nightingale (1820–1910) gilt als Begründerin der modernen Krankenpflege. Im Krimkrieg organisierte sie 1854 die Pflege verwundeter britischer Soldaten.

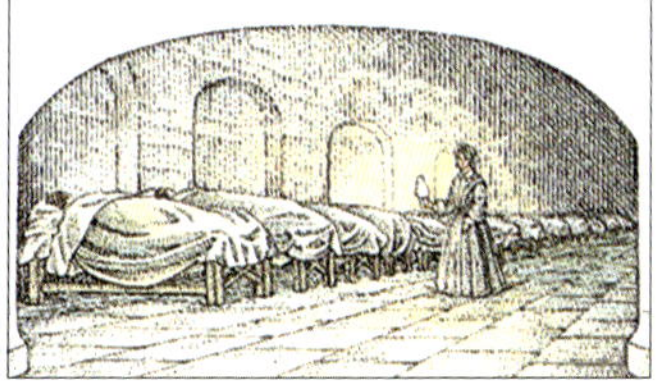

DIE GROSSE WELTAUSSTELLUNG

Besucher in der Weltausstellung

1851 war London Gastgeber der ersten internationalen Ausstellung. Mit 14 000 Gegenständen wurden die Leistungen des Industriezeitalters gefeiert.

Die Weltausstellung entstand aufgrund einer Idee Prinz Alberts, dem deutschen Ehemann der Königin Viktoria.
Die Errungenschaften von Industrie und Technik aus der ganzen Welt sollten auf der Messe gezeigt werden.
Die Ausstellung fand im Hyde Park im »Kristallpalast« statt, einem Gebäude aus vorgefertigten Glas- und Gusseisenteilen mit einer Grundfläche von 70 000 m².

INDISCHER AUFSTAND

Die »indische Meuterei« von 1857 begann mit der Gehorsamsverweigerung indischer Soldaten. Viele Gebräuche der indischen Bevölkerung wurden von den Briten verboten. Man hatte Angst, die eigene Kultur aufgeben und eine fremde dafür annehmen zu müssen.

DIE USA ÖFFNEN JAPANISCHE HÄFEN

1854 wurde ein Freundschafts- und Handelsvertrag zwischen Japan und den USA unterzeichnet, der die Öffnung zweier Häfen für Amerika zusicherte.

WICHTIGE PERSÖNLICHKEITEN

Name	Zeit	Biographische Einzelheiten
Michael Faraday	1791–1867	Britischer Wissenschaftler, entdeckte den Zusammenhang zwischen Elektrizität und Magnetismus
Samuel Morse	1791–1872	Amerikanischer Erfinder des Telegraphen und des Morsealphabets
Giuseppe Garibaldi	1807–1882	Führer der italienischen Einigungsbewegung, des »Risorgimento«
David Livingstone	1813–1873	Schottischer Missionar und Entdecker, der als Erster Afrika von Westen nach Osten durchquerte
Karl Marx	1818–1883	Philosoph und Wirtschaftswissenschaftler, schrieb das »Kommunistische Manifest« (zusammen mit Friedrich Engels) und »Das Kapital«
Viktoria	1819–1901	Königin von Großbritannien und Irland, Kaiserin von Indien ab 1876, gab einem Zeitalter ihren Namen durch ihre stabile Regierung
Florence Nightingale	1820–1910	Britin, verschaffte als Erste der Krankenpflege die Anerkennung als Beruf

1860

AFRIKA
Ab 1860 Großbritannien, Frankreich, Belgien, Deutschland und Portugal beginnen mit der Erforschung und Kolonisierung Innerafrikas
1869 Eröffnung des Suezkanals für den Schiffsverkehr
1873 Krieg der Aschanti gegen die Briten
1879 Krieg der Zulu gegen die Briten

ASIEN
1861 Beginn der 41-jährigen Regentschaft von Kaiserinwitwe Tz'u Hsi in China
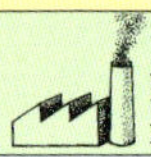
1868 Beginn der Industrialisierung in Japan
1872 Ende der Samurai-Herrschaft in Japan. Die Franzosen erobern Indochina
1876–1878 Mehr als 5 Mio. Menschen sterben bei der Hungerkatastrophe in Indien

EUROPA
1862 Otto von Bismarck wird preußischer Ministerpräsident
1864 Der Schweizer Henri Dunant gründet das Internationale Rote Kreuz. Preußen besiegt Dänemark im Deutsch-Dänischen Krieg
1866 Der schwedische Chemiker Alfred Nobel erfindet das Dynamit. Deutscher Krieg: Preußen unter Bismarck besiegt Österreich – Auflösung des Deutschen Bunds; unter der Führung Preußens, des größten deutschen Staats, entsteht der Norddeutsche Bund
1870–1871 Deutsch-Französischer Krieg: Deutschland besiegt und besetzt Frankreich
1871 König Wilhelm I. von Preußen wird deutscher Kaiser; Gründung des Deutschen Reiches. Großbritannien erlaubt Gewerkschaften
1878 Das Sozialistengesetz verbietet die SPD in Deutschland (bis 1890)
1879 Zweibund zwischen Deutschland und Österreic

AMERIKA
1861 Beginn des amerikanischen Bürgerkriegs (»Sezessionskrieg«) zwischen den Nord- und Südstaaten
1865 Sieg der Union im US-Bürgerkrieg. Verbot der Sklaverei in den USA

1867 Mexikanische Truppen erzwingen den Abzug der Franzosen aus Mexiko. Kanada wird britisches Dominion (sich selbst regierendes Land des britischen Staatenbundes). USA kaufen Alaska von Russland
1869 Erste Eisenbahnlinie quer durch die USA fertig gestellt
1876 Schlacht am Little Bighorn: Sioux und Cheyenne besiegen General Custer
1877–1911 Porfirio Diáz regiert Mexiko
1879 Chile besiegt Peru und Bolivie im Krieg um Salpetervorkommen. Elektrische Glühbirne wird erfunde

OZEANIEN
1860–1870 Die Maori in Neuseeland kämpfen gegen weiße Siedler
1876 Unterseeische Kabelverbindung zwischen Neuseeland und Australien

AMERIKANISCHER BÜRGERKRIEG

Die unterschiedliche wirtschaftliche und soziale Situation der Nord- und Südstaaten Amerikas war Ursache des Sezessionskrieges: Im Norden Amerikas blühten die Industriestaaten, es gab keine Sklaverei mehr. Der Süden war auf die Sklaven, z.B. bei der Baumwollproduktion, angewiesen. Als Abraham Lincoln 1860 Präsident der USA wurde, setzte er sich für die Abschaffung der Sklaverei ein.

General der Union *General der Konföderierten*

KRÄFTEVERHÄLTNISSE
Die Nordstaaten der Union waren mit besseren Waffen, mehr Soldaten und Geld ausgestattet. Ihre Marine blockierte die Häfen der Südstaaten und schnitt die Konföderierten vom Nachschub ab. Taktisch waren die Südstaaten überlegen.

NORD- GEGEN SÜDSTAATEN
Die 11 Südstaaten der Konföderation bestimmten Richmond in Virginia zu ihrer Hauptstadt. Washington war die Zentrale für die 23 Staaten der Union des Nordens. Die Konföderierten waren zunächst siegreich, aber der Norden verfügte über bessere Waffen und mehr Soldaten. Im April 1865 mussten die Konföderierten unter General Lee kapitulieren.

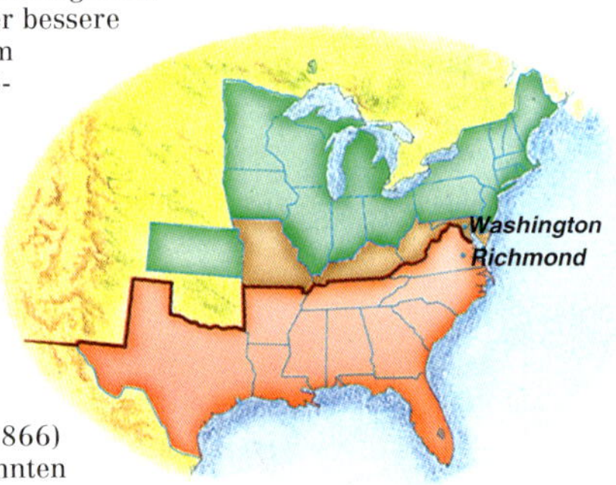

DER SUEZKANAL
Der französische Diplomat Ferdinand de Lesseps erhielt 1854 vom ägyptischen Vizekönig Sa'id Pascha die Genehmigung, einen Kanal zu bauen, der das Mittelmeer mit dem Roten Meer verbinden sollte. Die Bauzeit dauerte zehn Jahre, und im November 1869 konnte die Wasserstraße für den Schiffsverkehr freigegeben werden.

DER DEUTSCHE KRIEG (1866)
Preußen und Österreich konnten 1864 die Annektion Schleswigs und Holsteins durch Dänemark abwenden. Es entstand ein Streit, wer die Länder verwalten dürfe. Preußen besetzte Holstein und provozierte damit 1866 einen Krieg gegen Österreich. Nach dem Sieg Preußens über Österreich wurde der Deutsche Bund aufgelöst. Österreich verlor damit seine Bindung an die deutschen Bundesstaaten.

KRIEGE BIS ZUR GRÜNDUNG DES DEUTSCHEN REICHES

Länder	Datum	Fakten
Preußen, Österreich/Dänemark	1864	Schleswig und Holstein vor dänischer Annektion geschützt
Preußen/Österreich	1866	Preußen besetzt Holstein; Österreich muss aus deutschen Verhältnissen ausscheiden
Frankreich/Preußen	1870/71	Frankreich erklärt Preußen den Krieg aus Angst um seine Vormachtstellung, Preußen siegt

LEVIS-JEANS

Um 1860 stellte der amerikanische Schneider Levi Strauss das erste Paar Jeans aus Denim her. Das strapazierfähige Baumwollgewebe wurde nur im französischen Nîmes hergestellt. Der grobe Stoff war ideal für die Goldgräber. Später trugen Arbeiter, Farmer und Cowboys Jeans.

WEIBLICHE WÄHLER

Neuseeland wurde 1893 der erste Staat, der das Wahlrecht für Frauen einführte. Fast ein Viertel der weiblichen Bevölkerung hatte ein Volksbegehren unterschrieben.

BOXERAUFSTAND

Ende des 19. Jh. brachten wirtschaftliche Misserfolge die chinesische Regierung in Schwierigkeiten. Dies stärkte den Einfluss westlicher Mächte. Der Boxeraufstand (»Boxer« = chinesischer Geheimbund) 1899 versuchte, alle Fremden aus dem Land zu vertreiben. Der Aufstand wurde niedergeschlagen.

Otto von Bismarck

BISMARCK
Otto von Bismarck (1815–1898) wurde von König Wilhelm I. 1862 zum preußischen Ministerpräsidenten und Außenminister ernannt. Er gründete 1866, nach dem Deutschen Krieg, den Norddeutschen Bund. Nach der Gründung des Deutschen Reiches 1871 wurde Bismarck Reichskanzler.

REICHSGRÜNDUNG
Nach dem deutschen Sieg über die Franzosen 1871 wurde Wilhelm I. von Preußen in Versailles zum Kaiser des deutschen Reiches ausgerufen. Die süddeutschen Länder traten dem Norddeutschen Bund bei, und das gesamte Staatengebilde wurde dem Kaiser unterstellt. Im März 1871 trat der erste gewählte Deutsche Reichstag zusammen. Die Verfassung wurde beschlossen: Deutschland war ein Bundesstaat mit 25 Einzelstaaten.

WICHTIGE PERSÖNLICHKEITEN

Name	Zeit	Biographische Einzelheiten
Abraham Lincoln	1809–1865	US-Präsident, gewann amerikanischen Bürgerkrieg, befreite die Sklaven, im Theater erschossen
Otto von Bismarck	1815–1898	Gründer und erster Kanzler des Deutschen Reiches
Susan B. Anthony	1820–1906	Kämpferin für amerikanisches Frauenwahlrecht
Harriet Tubman	1821–1913	Entflohene Sklavin, verhalf 300 Sklaven zur Flucht nach Norden
Alfred Nobel	1833–1896	Schwedischer Chemiker, erfand 1866 das Dynamit
Carl Benz	1844–1929	Deutscher Ingenieur, baute das erste alltagstaugliche Auto
Sigmund Freud	1856–1939	Österreichischer Arzt, Begründer der Psychoanalyse

1880 — **1900**

1881 1. Burenkrieg: Weiße Südafrikaner rebellieren gegen britische Herrschaft

1882 Britische Herrschaft in Ägypten beginnt

1886 Goldfunde in Transvaal (Südafrika)

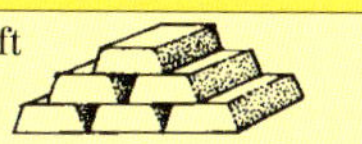

1895/96 Äthiopien unter Herrscher Menelik II. besiegt die italienischen Truppen

1899 Beginn des 2. Burenkrieges

ab 1880 Großbritannien und Frankreich besetzen Birma und Vietnam

1894/95 Chinesisch-Japanischer Krieg, Sieg Japans, das nun in Korea herrscht

1885 Gründung der Indischen Kongreßpartei, Beginn der indischen Unabhängigkeitsbewegung

1897 Abschaffung der Sklaverei auf Sansibar

1899 Boxeraufstand chinesischer Bauern

1882 Dreibund zwischen Deutschland, Österreich und Italien

1884 Konferenz in Berlin teilt Afrika in Kolonien auf. Erste U-Bahn in London

1885 Carl Benz baut das erste Auto mit Verbrennungsmotor

1887 Geheimvertrag zwischen England, Italien und Österreich. Geheimvertrag (»Rückversicherung«) zwischen Deutschland und Russland

1888 Beginn der Regierung Kaiser Wilhelms II. in Deutschland

1896 Erste moderne Olympiade in Griechenland

1897 Krieg zwischen Griechenland und Türkei

1882 Thomas Edison entwirft das erste Wasserkraftwerk

1884 Erster Wolkenkratzer in Chicago gebaut

1888 Die Sklaven in Brasilien werden freigelassen

1889 Pedro II. dankt ab, Brasilien wird Republik

1890 Schlacht am Wounded Knee: letztes Massaker an amerikanischen Indianern. Erste Filmvorführungen in New York

1895 Kubanischer Aufstand gegen die Spanier

1896 Goldfunde in Klondike, Kanada

1898 USA gewinnen den Krieg gegen Spanien und besetzen die Philippinen. Spanien gewährt Kuba Unabhängigkeit

1883 Vulkanausbruch auf Krakatau

1885 Großbritannien und Deutschland teilen Neuguinea auf

1893 In Neuseeland erhalten Frauen das Wahlrecht; Premierminister Seddon führt umfassende Sozialreformen durch

INDUSTRIALISIERUNG

Ende des 19. Jh. gab es sprunghafte Fortschritte in Industrie und Technik. Fabriken entstanden, die Städte wurden größer. Verbesserte Transportbedingungen (Eisenbahn) und viele neue Erfindungen trugen dazu bei.

SOZIALISMUS

Viele Arbeiter lebten und arbeiteten in menschenunwürdigen Verhältnissen. Sie schlossen sich zu Gewerkschaften und sozialistischen Organisationen zusammen.

WISSENSWERTES

Mit der Industrie wuchsen auch die Städte. Noch 1871 gab es in Deutschland hauptsächlich Kleinstädte. 1914 hatten schon 30 Städte mehr als 100 000 Einwohner.

Nach 1870 kamen zu den alten Kohle-, Eisen- und Textilindustrien neue hinzu. Chemie- und Elektroindustrie erlebten aufgrund wissenschaftlicher Entdeckungen einen Aufschwung.

ERFINDUNGEN

WOLKENKRATZER

Die Massenproduktion von Stahl ermöglichte es Architekten, Gebäude um »Stahlskelette« herum zu bauen. 1884 wurde in Chicago für eine Versicherungsgesellschaft der erste Wolkenkratzer gebaut.

GLÜHBIRNE

Joseph Swan und Thomas Edison erfanden um 1880 die Glühbirne.

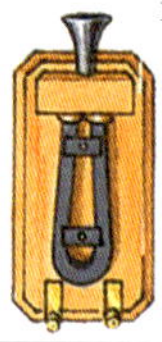

AUTOMOBIL

Der deutsche Ingenieur Carl Benz baute 1885 das erste Auto mit Verbrennungsmotor. Diesen montierte er auf ein zweisitziges Dreirad und meldete seine Erfindung ein Jahr später zum Patent an.

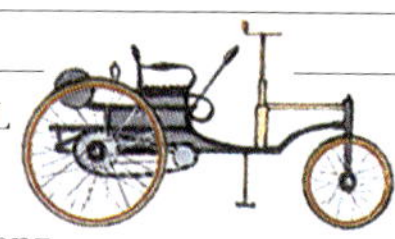

TELEFON

Alexander Graham Bell erfand 1876 das Telefon.

AUSBEUTUNG AFRIKAS

Vor 1870 beschränkte sich das europäische Interesse an Afrika auf Küstenstädte, die für den Seehandel wichtig waren. Danach folgten europäische Soldaten den Missionaren und Forschern ins Innere Afrikas. Bis 1914 war fast ganz Afrika von europäischen Mächten kolonisiert.

ZERSTÜCKELUNG AFRIKAS

Frankreich und Großbritannien sicherten sich den größten Anteil an afrikanischen Ländern. Auch Deutschland, Italien, Portugal und Belgien kolonisierten Afrika. Die meisten der heutigen Grenzen stammen von 1884, wo sie in einer Konferenz in Berlin ohne Mitsprache der Afrikaner festgelegt wurden.

IMPERIALISMUS

In den europäischen Ländern war gegen Ende des 19. Jh. das Nationalgefühl sehr stark. Unter dem Deckmantel, Fortschritt und Zivilisation in alle Gebiete der Erde zu bringen, ging es den europäischen Mächten eigentlich darum, neue Rohstoffquellen und Absatzmärkte zu finden. Die Kolonien in Afrika und Asien wurden beherrscht, ausgebeutet und kulturell beeinflusst.

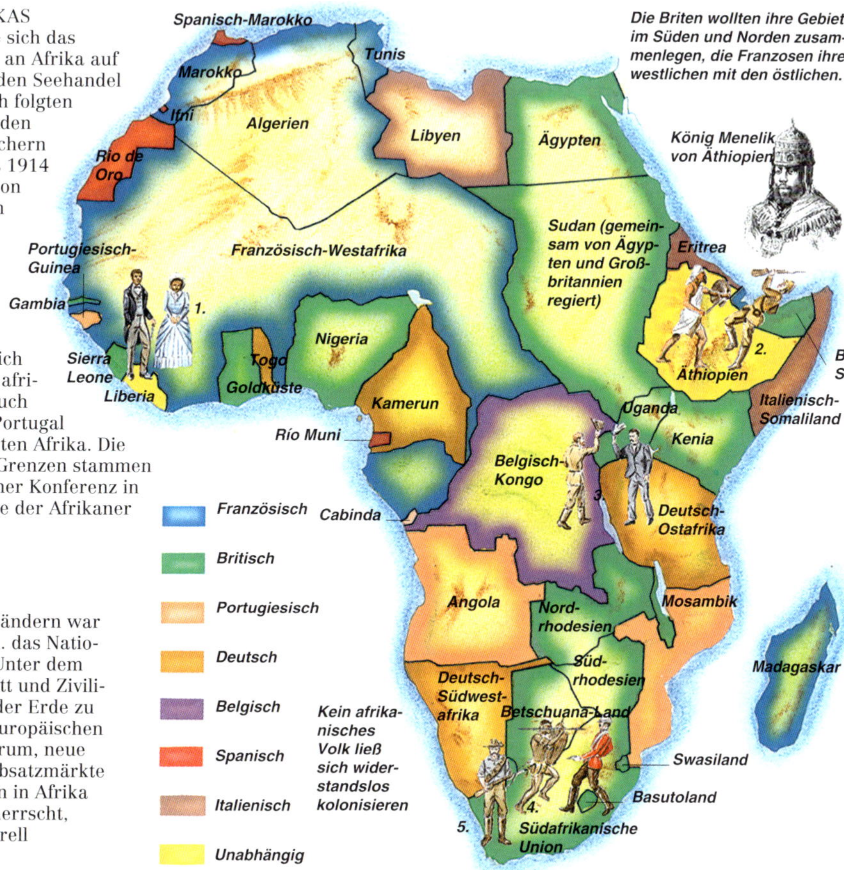

1. Unabhängiges Liberia

Liberia wurde als erster afrikanischer Staat 1847 unabhängig. Es war von befreiten amerikanischen Sklaven gegründet worden (»liber« = frei).

2. Meneliks Sieg

Obwohl die Europäer bessere Waffen besaßen, leisteten die Afrikaner oft heftigen Widerstand. 1896 besiegte Kaiser Menelik II. von Äthiopien die Italiener in der berühmten Schlacht von Adua. Damit sicherte er Äthiopiens Unabhängigkeit.

3. Kühne Forscher

Ab 1850 erforschten Europäer das Innere des afrikanischen Kontinents. Unter ihnen waren Richard Burton, Henry Speke, Mary Kingsley, David Livingstone und Henry Stanley.

4. Kampf um Südafrika

In Südafrika mussten die Einheimischen gegen Briten und Buren kämpfen. Die Zulu unter König Cetshwayo konnten sich lange verteidigen. Erst 1879 wurden sie von den Briten besiegt.

Zulu-Schild

5. Die Buren

Von 1899 bis 1902 dauerte der zweite Burenkrieg. Die Briten annektierten (besetzten) die Burenstaaten Transvaal und Oranjefreistaat. Zehn Jahre später jedoch traten die Briten die Macht in Südafrika wieder an die Buren ab.

1900

AFRIKA

1902 Die Ovimbundu in Angola erheben sich gegen die Portugiesen

1904 Die Franzosen gründen Französisch-Westafrika

1905 Maji-Maji-Aufstand gegen die Deutschen in Tansania mit 75 000 Toten. Von Großbritannien wird die unabhängige Südafrikanische Union gegründet

ASIEN

1901 Frieden von Peking beendet chinesischen Boxeraufstand

1905 Japan siegt im Krieg gegen Russland

1907 Ein britisches Unternehmen findet Öl in Persien. Großbritannien räumt Tibet; China gewinnt seinen Einfluss zurück

EUROPA

1900 Das deutsche Flottengesetz wird zum Ausbau der Seestreitkräfte verabschiedet. Großbritannien reagiert mit Aufrüstung. Beginn des Wettrüstens

1904 »Entente cordiale« (Freundschaftsvertrag) zwischen Großbritannien und Frankreich

1905 Oktobermanifest: Der Zar von Russland muss nach ersten Revolten demokratische Rechte gewähren. Einstein formuliert seine Spezielle Relativitätstheorie

1908 Bildung der Triple-Entente zwischen Frankreich, Großbritannien und Russland. Erstes Stahl-Glas-Gebäude: AEG-Turbinenfabrik in Berlin

AMERIKA

1900 Coca Cola wird zum ersten Mal hergestellt

1901–1909 Theodore Roosevelt wird US-Präsident und setzt vielfältige Reformen durch: beschränkte Kontrolle der Großunternehmen, Arbeitsschutz (vor allem im Bereich Kinderarbeit), Naturschutzmaßnahmen

1902 Britische und deutsche Marineeinheiten beschlagnahmen die Flotte Venezuelas. Plastik wird in den USA erfunden

1903 Panama wird selbstständig. US-Fahrradhersteller Orville und Wilbur Wright bauen das erste Flugzeug mit Antrieb. Erfolgreicher Flugversuch

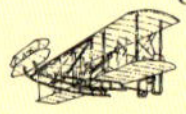

1906 US-Truppen besetzen Kuba. Erdbeben in San Franzisko (USA)

1907 Erste Comic-Heftchen erscheinen in USA

1909 Die Republik Panama genehmigt den weiteren Bau des Panama-Kanals

OZEANIEN

1901 Das Commonwealth von Australien wird gebildet. Neuseeland übernimmt die Cook-Inseln

1905 Britisch-Neuguinea fällt an Australien und wird jetzt Papua-Neuguinea genannt

1907 Neuseeland wird britisches Dominion im Commonwealth. Australien setzt einen Grundlohn für alle fest

ERSTER WELTKRIEG 1914–1918

Der Erste Weltkrieg wurde durch die immer größer werdenden Spannungen zwischen den Großmächten ausgelöst. Die Zeit war bestimmt durch übersteigerte Nationalgefühle und Streit um die Vormachtstellung (wirtschaftlich und territorial). Am 28.6.1914 wurden Erzherzog Franz Ferdinand von Österreich und seine Frau von einem südslawischen Nationalisten in Sarajevo erschossen. Österreich-Ungarn erklärte, mit der Unterstützung Deutschlands, Serbien den Krieg. Das internationale Bündnissystem, das zuvor den Frieden gesichert hatte, veranlasste nun ein Land nach dem anderen, in den Krieg einzutreten.

BÜNDNISSE		
Mittelmächte	Alliierte	Neutrale
Deutschland	Großbritannien	Schweiz
Österreich-Ungarn	Frankreich	Niederlande
Türkei	Russland	Dänemark
Bulgarien	Serbien	Schweden
	Belgien	Norwegen
	Japan	Spanien u.a.
	Italien	
	Rumänien	
	USA	
	Griechenland	
	China	
	Brasilien u.a.	

ZWEIFRONTENKRIEG

Die Bündnisse hatten zwei feindliche Lager entstehen lassen: Die Mittelmächte (Deutschland, Österreich-Ungarn, Türkei) kämpften gegen die Alliierten (Frankreich, Großbritannien, Russland, Serbien, Belgien u.a.). Deutschland versuchte, nach dem Plan des Generalstabschefs von Schlieffen (»Schlieffen-Plan«) vorzugehen und die französischen Streitkräfte zu zerschlagen. An der Marne wurden die deutschen Truppen gestoppt, und keine Seite konnte an der erstarrenden Westfront (vom Ärmelkanal bis Basel) einen Durchbruch erzielen. Die in Ostpreußen eingedrungene russische Armee wurde zurückgeschlagen; der Verlauf der Ostfront (von der Memel bis zu den Karpaten) wurde nicht entscheidend verändert.

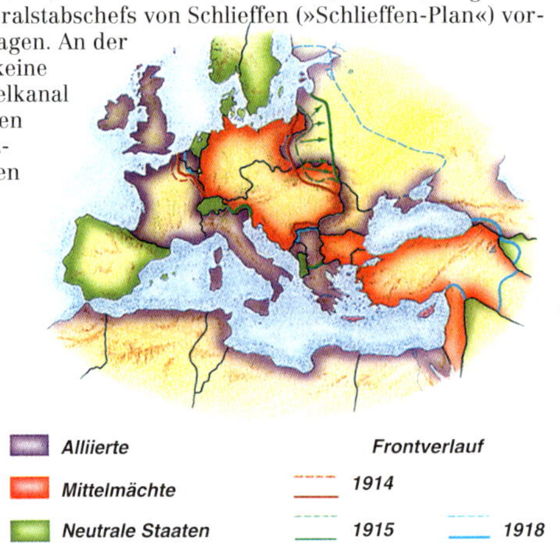

Die Soldaten lebten und starben in Schützengräben. Vor einem Angriff wurde der feindliche Graben sturmreif geschossen.

Britischer Schützengraben

GRABENKRIEG

Der Erste Weltkrieg fand hauptsächlich in den Schützengräben statt. Es war ein Stellungskrieg, in dem nur wenige Entscheidungsschlachten geführt wurden. Die Frontlinien bestanden aus zwei gegenüberliegenden Schützengräben. Bei den Sturmangriffen starben viele Soldaten durch Maschinengewehrsalven oder Granaten.

Deutscher Schützengraben

KRIEGSENDE

Nach dem Kriegseintritt der USA 1917 waren die Alliierten den Mittelmächten überlegen. Als Österreich-Ungarn und das Osmanische Reich kapituliert hatten, unterzeichnete auch Deutschland am 11.11.1918 den Waffenstillstand. Der Friedenvertrag von Versailles war für Deutschland, das seit dem 9.11.1918 Republik war, eine schwere Belastung.

WISSENSWERTES

Zum ersten Mal wurde die gesamte erwachsene Bevölkerung im Krieg eingesetzt. Die Männer mussten als Soldaten dienen, die Frauen in Rüstungsbetrieben oder auf Bauernhöfen arbeiten. Die Art der Kriegführung hatte sich verändert.

Giftgas (Chlor) wurde von den Deutschen zum ersten Mal in einem Krieg eingesetzt, in der Schlacht von Ypern 1915.

Alle Regierungen gaben falsche Zahlen bekannt, um das wahre Ausmaß des Gemetzels zu verschleiern.

Die Deutschen kapitulierten am 11. 11. 1918 um 11 Uhr.

ERFINDUNGEN

MASCHINENGEWEHR

Maschinengewehre machten aus dem Bewegungskrieg einen Stellungskrieg. Wenige Maschinengewehre töteten viele Soldaten.

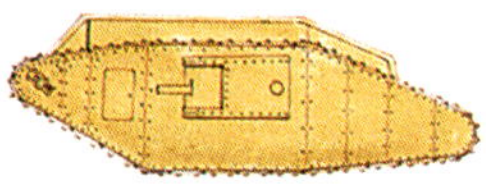

PANZER

Der erste kriegstüchtige Panzer wurde 1916 von den Briten gebaut.

ERSTE KAMPFFLUGZEUGE

Zunächst wurden Flugzeuge nur dazu benutzt, um feindliche Gräben auszuspionieren. Später wurden sie mit Bomben und Maschinengewehren ausgerüstet. Die erfolgreichsten Jagdflieger nannte man »Fliegerasse«. Der deutsche Freiherr von Richthofen (»Der Rote Baron«) schoss 80 feindliche Flieger ab.

1910 — **1918**

1912 Gründung des »African National Congress« in Südafrika für die Rechte der Schwarzen

1914 Frankreich und Großbritannien erobern deutsche Kolonien

1917 Rebellion gegen die französische Herrschaft im Tschad erzwingt den Abzug der Franzosen

1910 Japan besetzt Korea

1911 Die chinesische Revolution stürzt die Mandschu-Dynastie; China wird Republik

1914 Mahatma Gandhi (1869–1948) kehrt aus dem südafrikanischen Exil nach Indien zurück und organisiert den gewaltlosen Widerstand gegen Großbritannien

1917–1925 Sun Yat-sen kämpft um den Bestand der chinesischen Republik

1911 Der norwegische Forscher Roald Amundsen (1872–1928) erreicht den Südpol

1912 Untergang der »Titanic«

1912–1913 Balkankriege: Griechenland, Serbien, Bulgarien und Montenegro erobern europäisches Gebiet der Tükei

1914 Ausbruch des Ersten Weltkriegs

1915 Bulgarien schließt sich den Mittelmächten (Deutschland, Österreich-Ungarn) an, Italien den Alliierten (Frankreich, Großbritannien, Russland, Serbien). Deutscher U-Booteinsatz gegen England

1916 Kampf um Verdun (Frankreich). Irischer Aufstand gegen britische Herrschaft

1917 Russische Revolution: Kommunisten entmachten den Zaren. Ausbruch des Bürgerkriegs

1918 Ende des Ersten Weltkriegs

1911 Revolution stürzt mexikanischen Diktator Diáz

1912 Arizona und Neu-Mexiko treten den Vereinigten Staaten von Amerika bei

1912–1933 US-Truppen besetzen Nicaragua

1914 Eröffnung des Panamakanals

1915–1916 US-Truppen unterdrücken Unruhen in Haiti und der Dominikanischen Republik

1917 Kriegseintritt der USA

1914 Australien und Neuseeland schließen sich gleich nach Kriegsbeginn den Alliierten an

RUSSISCHE REVOLUTION

Militärische Niederlagen im Ersten Weltkrieg und Hungersnöte führten 1917 zur Februarrevolution, die den Zaren stürzte. Eine »Provisorische Regierung« wurde gebildet, um Russland zu einem demokratischen Rechtsstaat umzuformen. Wladimir Iljitsch Uljajow (genannt Lenin, Anführer der Bolschewiken) übernahm die Führung der Arbeiterräte (»Sowjets«) und ließ am 25.10.1917 den Sitz der Regierung im Winterpalast stürmen. Die Regierungsmitglieder wurden festgenommen und ein »Rat der Volkskommissare« unter dem Vorsitz Lenins gebildet.

Die Bolschewiken hatten auch Anhänger in der Marine. Bei der Oktoberrevolution fuhr der Kreuzer »Aurora« flussaufwärts nach St. Petersburg. Während der Belagerung der Übergangsregierung im Winterpalast feuerte die Besatzung Warnschüsse über das Dach.

ENTWICKLUNG DER RUSSISCHEN REVOLUTION

Nach der bürgerlichen Revolution im Februar 1917 und der Gründung der »Provisorischen Regierung« wollte Lenin die Revolution fortsetzen, um den Kapitalismus zu verhindern. Die sozialistische Revolution mit der »Diktatur des Proletariats« sollte zur klassenlosen Gesellschaft führen. Lenin schleuste seine Parteimitglieder, die Bolschewiken, in die Sowjets (Arbeiterräte), um die »Große Sozialistische Oktoberrevolution«, wie sie später genannt wurde, vorzubereiten. Er setzte die Alleinherrschaft der Bolschewiken durch und enteignete die Großgrundbesitzer. In der Bevölkerung formierte sich 1918 ein Widerstand gegen die neue Regierung, dem sich auch die westlichen Länder des Reiches (Polen, Litauen, Estland, Lettland und Finnland) anschlossen. Grundbesitzer, Generäle und das Bürgertum (Weiße Armee) kämpften für ihre Rechte, und auch viele Arbeiter wehrten sich gegen die Diktatur einer Partei. Die Bolschewiken (Rote Armee) erschossen im Juli 1918 Zar Nikolaus II. und seine Familie. Die militärischen Aktionen der Gegenrevolution waren nicht gut organisiert, deshalb endete der Bürgerkrieg 1920 und festigte die Macht der Bolschewiken. Am 30.12.1922 wurde die Union der Sozialistischen Sowjetrepubliken (UdSSR) gegründet.

PLOMBIERTER ZUG

Bis April 1917 war Lenin in der Schweiz im Exil gewesen. Die russischen Kommunisten erwirkten seine Rückkehr. Die deutsche Regierung ließ ihn in einem verschlossenen Zug durch Deutschland reisen.

PERSÖNLICHKEITEN DER REVOLUTION

Zar Nikolaus II. (1868–1918) musste nach den Revolten von 1905 der Einrichtung einer Verfassung und Volksvertretung zustimmen. Beim Ausbruch der Februarrevolution dankte er ab.

Lew (Leo) Trotzkij (1879–1940): 1917 stürmten die Rotgardisten unter seiner Führung den Winterpalast. 1918 gründete er die »Rote Armee«.

Wladimir Iljitsch Uljanow (genannt Lenin) (1870–1924) führte die sozialistische Revolution an und gründete 1922 die Sowjetunion.

Josef Stalin (eigentlich Jossif Dschugaschwili) (1879–1953) war seit 1922 Generalsekretär der bolschewistischen Partei und brachte den Parteiapparat der KPdSU unter seine Kontrolle.

RUSSISCH-JAPANISCHER KRIEG 1904–1905

Die Japaner wollten die Mandschurei erobern und starteten 1904 einen Überraschungsangriff auf dort stationierte russische Truppen. Japan siegte und zerstörte die russische Flotte. Zum ersten Mal siegte eine asiatische über eine europäische Macht.

Schlacht von Liao-Yang, 1904

UNTERGANG DER »TITANIC«

Um Mitternacht am 15. April 1912 rammte der größte Ozeandampfer der Welt, die »Titanic«, auf seiner Jungfernfahrt einen Eisberg. 1513 Menschen ertranken.

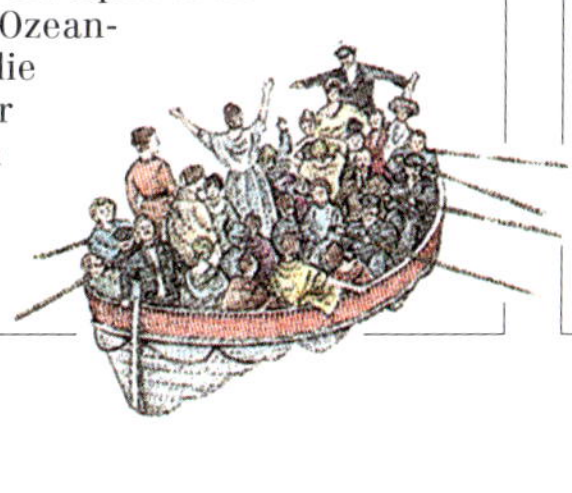

IRLAND UND DER OSTERAUFSTAND

Großbritannien stimmte 1912 einem Selbstbestimmungsrecht der Iren zu. Als der Erste Weltkrieg ausbrach, wurde das Vorhaben verschoben. Jene Iren, die auf Unabhängigkeit bestanden, besetzten Dublin und riefen Ostern 1916 die Republik aus. Der Aufstand wurde blutig niedergeschlagen.

Barrikaden in Dublin

1919

AFRIKA

1922 Ägypten unter König Fuad erreicht begrenzte Unabhängigkeit von Großbritannien

1923 Äthiopien tritt dem Völkerbund bei

ASIEN

1919 Massaker von Amritsar: Briten feuern in friedliche indische Protestversammlung und töten 379 Menschen

1923 Ende des Osmanischen Reiches; Mustafa Kemal wird Präsident der Republik Türkei

EUROPA

1919 Versailler Vertrag. Eröffnung der Nationalversammlung von Weimar

1920 Die Rote Armee gewinnt den russischen Bürgerkrieg. Polen nutzt die unruhige russische Lage aus und fordert große Gebiete zurück

1922 Benito Mussolini (1883–1945) bildet die italienische Regierung

1923 Einmarsch der Franzosen ins Ruhrgebiet wegen Nichteinhaltung deutscher Holz- und Kohlelieferungen (Reparationszahlung). Irland erreicht teilweise Unabhängigkeit von Großbritannien

1924 Lenin (geb. 1870) stirbt. Stalin (1879–1953) wird Führer der UdSSR

1926 Generalstreik in Großbritannien

AMERIKA

1920 Die Herstellung und der Verkauf von Alkohol werden in den USA verboten (»Prohibition«). US-Frauen erhalten das Wahlrecht

1924 Ein US-Militärflugzeug fliegt zum ersten Mal nonstop um die Welt

1927 Erster Tonfilm mit Sprache und Gesang: »The Jazz Singer«

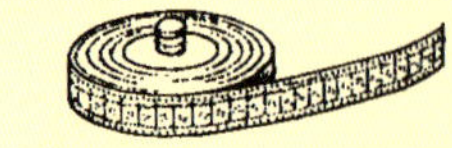

OZEANIEN

1919 Australien erhält die früheren deutschen Kolonien im Pazifik

1920 Neuseeland erhält Samoa als Mandatsgebiet und wird Mitglied im Völkerbund

1927 Canberra wird Hauptstadt Australiens

KRIEGSNACHWIRKUNGEN

Nach dem Ersten Weltkrieg wollten die Siegermächte durch eine neue Ordnung den Frieden sichern. Deutschland wurde durch die Versailler Verträge in eine große wirtschaftliche Krise gestürzt, was sich auch negativ auf die innenpolitische Entwicklung auswirkte.

PARISER FRIEDENSKONFERENZ

In Versailles wurde 1919 von den Siegermächten eine Konferenz abgehalten, um in Zukunft Kriege zu vermeiden und neue Bündnisse zu schließen. Der Versailler Vertrag verlangte von Deutschland, die Alleinschuld am Krieg anzuerkennen, Reparationen zu zahlen, Gebietsverluste hinzunehmen und das Heer zu verkleinern.

Unterzeichnung des Friedensvertrags zwischen den Alliierten und Deutschland

DIE WEIMARER REPUBLIK

Nach der Abdankung des Kaisers wurde am 9. November 1918 die deutsche Republik ausgerufen. Arbeiter- und Soldatenräte wurden aufgelöst. Die SPD setzte sich für eine parlamentarische Demokratie ein; die radikalen Linken des Spartakusbundes wollten eine sozialistische Räterepublik nach sowjetischem Vorbild erreichen. Die am 12. Januar 1919 gewählte Nationalversammlung verabschiedete in Weimar die neue Verfassung. Friedrich Ebert wurde Reichspräsident. Die zerrüttete Wirtschaft wurde durch die Reparationen belastet, was schließlich zur Inflation führte. 1923 wurde die Inflation durch eine Währungsreform beendet. Gustav Stresemann (erst Reichskanzler, dann Außenminister) erreichte die internationale Anerkennung Deutschlands; 1926 wurde Deutschland in den Völkerbund aufgenommen.

NACHKRIEGSLAGE

Die Niederlage Deutschlands, die Auflösung Österreich-Ungarns und die bolschewistische Revolution veränderten die Landkarte Europas völlig. Mehrere Staaten, wie Polen, die Ostsee- und jugoslawischen Staaten, erhielten ihre Unabhängigkeit.

REPARATIONEN

Durch die Wiedergutmachungsleistungen (»Reparationen«), die die Alliierten den Deutschen aufzwangen, konnte sich die deutsche Wirtschaft nach dem Krieg nicht erholen. Es kam zu einer immensen Geldentwertung.

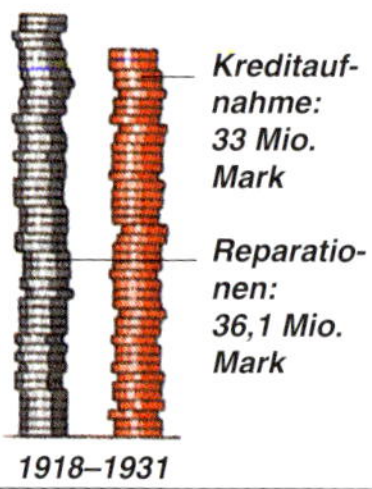

WICHTIGE PERSÖNLICHKEITEN		
Name	Zeit	Biographische Einzelheiten
Friedrich Ebert	1871–1925	Erster Reichskanzler der Weimarer Republik
Mahatma Gandhi	1869–1948	Vorkämpfer der indischen Unabhängigkeit, Gründer des modernen Indien
Adolf Hitler	1889–1945	Führer der Nationalsozialistischen Deutschen Arbeiterpartei NSDAP, Diktator seit 1933
Francisco Franco	1892–1975	Spanischer General und Diktator (1939–1975)
Haile Selassie	1892–1975	Fortschrittlicher Kaiser von Äthiopien
Paul v. Hindenburg und v. Beneckendorff	1847–1934	Deutscher Generalfeldmarschall (seit 1914) und Heeresleitung im 1. Weltkrieg; seit 1925 Reichspräsident, der das parlamentarische System zum Präsidialregime führte

GANGSTER

Der Verkauf von Alkohol war seit 1920 in den USA verboten. In den Großstädten entstand ein ungesetzlicher Schwarzmarkt, der von Verbrecherbanden (»gangs«) kontrolliert wurde. Bandenführer wie Al »Narbengesicht« Capone wurden unglaublich mächtig. Al Capone wurde 1930 wegen Steuerhinterziehung eingesperrt.

Al Capone (Mitte)

WELTWIRTSCHAFTSKRISE

Im Oktober 1929 kam es zum New Yorker »Börsenkrach«. Aktienhändler, die zuvor die Kurse weit über den tatsächlichen Wert nach oben getrieben hatten, gerieten plötzlich in Panik. An einem einzigen Tag verkauften sie 13 Mio. Aktien. Damit lösten sie eine Weltwirtschaftskrise aus. Millionen Menschen verloren Arbeitsplätze und Ersparnisse und mussten ihren Besitz verkaufen. Unternehmen gingen bankrott.

»DUST BOWL«

Gleichzeitig mit dem Börsenkrach wurde der mittlere Westen der USA von einer Dürre heimgesucht. Starke Winde bliesen den Ackerboden weg. Da ihr Land zur Wüste geworden war, zogen viele Farmer nach Westen. Die Gegend hieß von da an »Dust Bowl« (=Staubloch).

Obdachlose Opfer der Weltwirtschaftskrise

DIE WELTWIRTSCHAFTSKRISE

Bis 1933 hatten die USA 14 Mio. Arbeitslose. Präsident Franklin D. Roosevelt legte seine »New Deal«-Politik vor. Er wollte Arbeitsplätze durch Staatsaufträge schaffen.

Die deutsche Industrieproduktion sank zwischen 1929 und 1932 um die Hälfte. Die Nationalsozialisten nutzten dieses Argument, um die Alleinherrschaft an sich zu reißen.

Die britische Labour-(sozialistische) Regierung bekam die Wirtschaftskrise nicht in den Griff. 1931 übernahm eine Allparteienregierung die Macht.

Japans Reis- und Textilmärkte gingen schlecht. Das Militär nutzte die schlechte Lage und entmachtete die gewählte Regierung.

FÜR EINE HAND VOLL HOLZ

Eine Knappheit an Bargeld veranlasste 1932 die Behörden von Tenino, Washington (USA), »Geldscheine« aus Holz auszugeben. So gab es hölzerne 10$-, 5$-, 1$-, 50-Cent- und 25-Cent-»Scheine«.

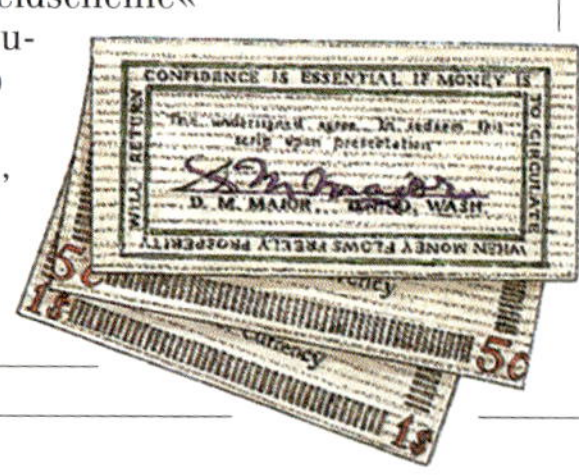

1929 – **1938**

1930 Haile Selassie I. wird in Äthiopien zum Kaiser gekrönt

1934 Lagos-Jugendbewegung wird gegründet: Sie fordert Selbstbestimmung für Nigeria

1935 Italien besetzt Äthiopien

ab 1930 Gandhi führt den gewaltlosen Widerstand gegen die britische Herrschaft in Indien an

1934–1935 »Langer Marsch« der Roten Armee in China

1936 Bündnisvertrag zwischen Japan und Deutschland

1937 Krieg zwischen Japan und China. Japan besetzt große Teile der chinesischen Küste

1933 Adolf Hitler (1889–1945), Parteiführer der NSDAP, wird deutscher Reichskanzler

1936 Olympische Spiele in Berlin

1936–1939 Der spanische Bürgerkrieg zwischen Kommunisten und Faschisten endet mit faschistischem Sieg

1938 Münchner Abkommen: Abtretung des Sudetenlands (Tschechoslowakei) an Deutschland. Anschluss Österreichs an das Deutsche Reich. Reichskristallnacht

1929 Börsenkrach: Kurse an der New Yorker Börse stürzen ab, eine Weltwirtschaftskrise folgt

1931 Das britische Parlament gewährt Kanada die Unabhängigkeit

1933 Franklin D. Roosevelt wird US-Präsident. Das Alkoholverbot wird aufgehoben

1934 Wiederaufnahme politischer Beziehungen zwischen den USA und der UdSSR

1936 Die USA versprechen Panama, sich nicht in innere Angelegenheiten einzumischen

1931 Erster Einmannflug nach Tasmanien

1933 Australien eignet sich große Teile der Antarktis an

1935 Erste Labour-Regierung in Neuseeland; Beginn sozialer Reformen

1937 Aufnahme eigener diplomatischer Beziehungen Australiens mit dem Ausland

REVOLUTION IN CHINA

Nach dem Sturz des 2 000 Jahre alten Kaiserreichs konnte auch die neu gegründete chinesische Republik die Verelendung der Bevölkerung nicht abwenden. Viele Chinesen waren ohne Landrechte oder andere Einkommensquellen. Die Kommunisten gewannen viele Anhänger. Seit 1927 versuchten die Kommunisten unter Mao Tse-tung, die Regierung in einem Bürgerkrieg zu stürzen. Der japanische Einmarsch schwächte die Macht der Nationalisten zusätzlich. Der Kommunismus unter der Führung Maos nahm 1949 ganz China ein.

UNRUHIGER OSTEN

Zwar trieben Chiang Kai-sheks Kuomintang-Truppen die Kommunisten vor sich her und kontrollierten den größten Teil Chinas; dafür beherrschten die Kommunisten die entlegenen ländlichen Gebiete.

Ursprünglich kommunistisch beherrscht
Strecke des Langen Marsches
Unter japanischer Herrschaft bis 1938
Unter kommunistischer Herrschaft bis 1945
Kommunistische Stützpunkte

DIE MÄNNER AN DER SPITZE

Chiang Kai-shek (1887–1975) befreite Mittel- und Nordchina von der Regierung örtlicher Militärmachthaber und wurde 1928 Vorsitzender der Nationalregierung.

Mao Tse-tung (1893–1976) war 1929 Mitbegründer der Kommunistischen Partei. Auf dem »Langen Marsch« konnte er sich zuletzt gegen die Nationalisten durchsetzen. Von 1935 bis 1976 führte er die Kommunistische Partei an.

Der Lange Marsch war 10 000 km lang. Mehr als drei Viertel der 90 000 Menschen starben unterwegs an Hunger, Kälte oder bei Angriffen durch die Truppen Chiangs oder örtlicher Militärmachthaber.

DER LANGE MARSCH

Im Oktober 1934 flohen 90 000 Kommunisten aus Jiangxi vor den Angriffen der Kuomintang. Nach 10 000 km gelangte die Rote Armee in die Provinz Shaanxi, wo sie auf Kommunistische Freischärler traf. Sie konnten später von dort aus ganz China einnehmen.

DER AUFSTIEG JAPANS

Ende der 30er Jahre übernahmen in Japan die Militärs die Macht. Sie strebten sozialistische Reformen an. China wurde besetzt, um neuen Lebensraum und Rohstoffe zu gewinnen. Nach seiner Niederlage im Zweiten Weltkrieg zog Japan wieder ab. Chiangs Truppen waren während der Besatzungszeit geschwächt worden, sodass Mao China einnehmen konnte.

WISSENSWERTES

Im April 1927 brach Chiang Kai-shek mit den verbündeten Kommunisten. Das dadurch verursachte Durcheinander in der Kommunistischen Partei nutzte er zur Machtübernahme.

1931 gründeten Mao und Zhu De in der Südprovinz Jiangxi die erste Chinesische Sowjetrepublik. Kommunistische Truppen aus ganz China flohen dorthin, nachdem Chiang sein Bündnis mit ihnen beendet hatte.

Auf dem Langen Marsch musste Mao seine beiden Kinder zurücklassen. Er hat sie nach dem Krieg nie wieder gefunden.

GACKERSIGNAL

Auf dem überfüllten Schanghaifluss dienten Hühner in Käfigen als Signalgeber, die nachts andere Boote warnten.

JAPANISCHE AUFRÜSTUNG

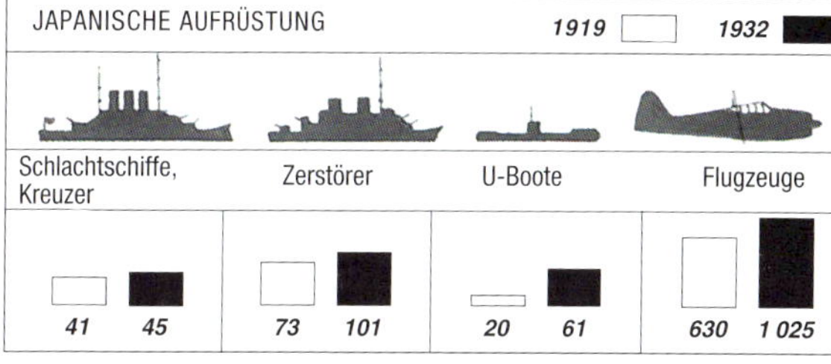

	Schlachtschiffe, Kreuzer	Zerstörer	U-Boote	Flugzeuge
1919	41	73	20	630
1932	45	101	61	1 025

1939

AFRIKA

1940 Die britische Marine versenkt die französische Flotte bei Oran, damit sie nicht in deutsche Hände fällt

1941 Alliierte Truppen nehmen die afrikanischen Kolonien Italiens ein. Die Deutschen unter General Rommel landen in Libyen, um Italien zu unterstützen

ASIEN **1939** Siam wird in Thailand umbenannt

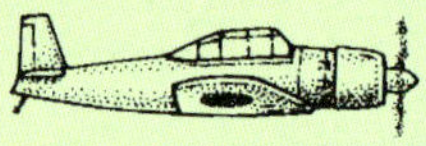

1941 Japan besetzt große Teile Südostasiens. Angriff auf US-Marine in Pearl Harbor

1941–1942 Japan besetzt Hongkong, die Philippinen, Malaysia, Singapur, Birma und Indonesien

EUROPA **1939** Deutschland überfällt Polen. Großbritannien und Frankreich erklären Deutschland den Krieg. Hitler und Stalin: Einigung über die Aufteilung Polens; deutsch-sowjetischer Nichtangriffspakt

1940 Deutschland besetzt Dänemark, Norwegen, Frankreich, Belgien und die Niederlande. Dreimächtepakt zwischen Deutschland, Italien und Japan. Churchill wird britischer Premierminister. »Schlacht um Großbritannien«: Britische Luftwaffe wehrt deutsche Luftangriffe ab und verhindert deutsche Invasion der Insel

1941 Deutschland besetzt in Osteuropa Ungarn, Bulgarien, Griechenland und Teile von Jugoslawien und der UdSSR

AMERIKA

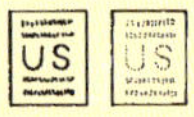

1940 Fotokopiermaschine (Xerox) erfunden. Entwicklung von Antibiotika (z.B. Penicillin)

1941 Japaner greifen US-Marine in Pearl Harbor (Hawaii) an. Kriegseintritt der USA gegen Deutschland und Japan

OZEANIEN **1939** Australien und Neuseeland schließen sich den Alliierten an

ZWEITER WELTKRIEG

Tiefere Ursache für den Zweiten Weltkrieg war vor allem die schwierige Friedensregelung des Ersten Weltkriegs, die in Deutschland, Italien und Japan nicht akzeptiert werden konnte. Der Wunsch nach wirtschaftlicher Verbesserung und internationaler Einflussnahme durch Machtvergrößerung führte zu neuen Kriegshandlungen. Hitlers Einmarsch in Polen 1939, zur Rückeroberung der östlichen Gebiete, war der Beginn des Zweiten Weltkriegs.

DIE FÜHRER DER ACHSENMÄCHTE

Adolf Hitler (1889–1945) gründet 1920 die Nationalsozialistische Deutsche Arbeiterpartei (NSDAP). 1933 wurde er zum deutschen Reichskanzler gewählt.

Benito Mussolini (1883–1945) gründete 1919 in Italien die faschistische Bewegung, die auch in der Mittel- und Oberschicht Unterstützung fand. Ab 1922 herrschte er als Diktator. Bei Kriegsende wurde er ermordet.

Kaiser Hirohito (1901–1989) konnte die Kriegspolitik Japans nur beschränkt beeinflussen. In Japan war die Armee politikbestimmend.

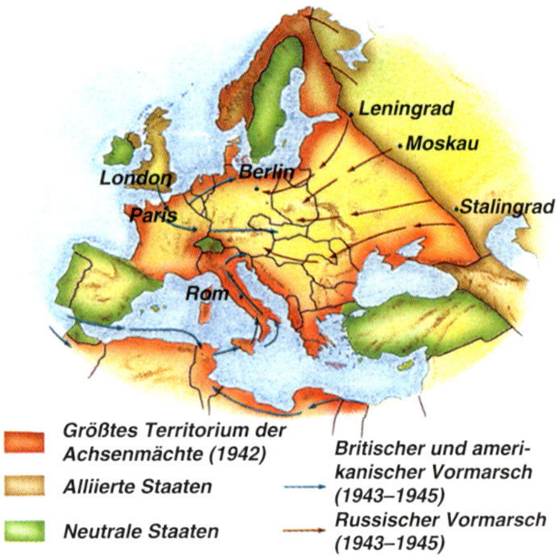

DIE BESETZUNG EUROPAS

Bis 1942 hatte Deutschland den größten Teil Europas und weite Gebiete der UdSSR besetzt. Erst 1943 trat mit dem Kriegseintritt der USA die Wende ein. Im Juni 1944 landeten die Alliierten in der Normandie (Frankreich). Die UdSSR konnte vom Osten immer weiter nach Deutschland vordringen.

WISSENSWERTES ZUM ZWEITEN WELTKRIEG

Deutschland ging in den besetzten Gebieten gezielt und unnachgiebig gegen jeden Widerstand der einheimischen Bevölkerung vor. Die Gestapo (»Geheime Staatspolizei«) und die SS (»Schutzstaffel«) sollten in Deutschland und den besetzten Ländern Widerständler aufspüren. In den besetzten Ländern organisierten sich dennoch viele Widerstandsgruppen.

Im August 1939 unterschrieben Deutschland und die UdSSR einen Nichtangriffspakt. Polen und die Ostseestaaten wurden zwischen beiden Ländern aufgeteilt. Mit dem Einmarsch nach Russland 1941, der »Operation Barbarossa«, brachen die Deutschen den Vertrag.

Deutscher Soldat *Italienischer Soldat* *Japanischer Soldat*

Die Nationalsozialisten verfolgten Juden, Zigeuner und Gegner des Regimes. In Konzentrationslagern wurden über 6 Mio. Menschen ermordet.

KZ Bergen-Belsen

BOMBENKRIEG

Im Zweiten Weltkrieg kam es zum ersten Mal zu »Flächenbombardements«. Die feindliche Industrie sollte vernichtet und der Durchhaltewillen der Bevölkerung gebrochen werden. Der britische Bombenangriff auf die Stadt Dresden 1945, in die viele Menschen aus dem Osten geflohen waren, tötete mehr als 30 000 Menschen.

Der 1940 begonnene »Blitzangriff« auf London war das erste große, lang anhaltende Bombardement aus der Luft.

GENERÄLE DES ZWEITEN WELTKRIEGS

Name	Zeit	Biographische Einzelheiten
D. MacArthur	1880–1964	US-General, eroberte den Südpazifik von den Japanern zurück, nahm die japanische Kapitulation auf dem US-Kriegsschiff »Missouri« entgegen
B. L. Montgomery	1887–1976	Britischer General, besiegte General Rommel in Afrika, führte alliierte Invasion in der Normandie an
Erwin Rommel	1891–1944	Deutscher Panzergeneral (»Der Wüstenfuchs«), errang Siege in Nordafrika
G. K. Schukow	1896–1974	General der Roten Armee, eroberte russische Gebiete zurück, marschierte mit seinen Truppen als Erster in Berlin ein

1942			1945
1942 Alliierte landen in Marokko und zwingen Rommels Truppen zum Rückzug aus El-Alamein			
1942 US-Marine besiegt Japan vor Neuguinea und den Midway Inseln	**1943–1944** »Inselhüpfen«, eine Siegesserie der USA bei der Rückeroberung pazifischer Inseln, zwingt Japaner zum Rückzug 	**1944** Japan greift Indien an, wird aber bei Kohima geschlagen	**1945** Die USA werfen die ersten Atombomben auf Hiroschima (6.8.) und Nagasaki (9.8.), Japan: 152 000 Tote, 150 000 Verletzte. Kaiser Hirohito spricht daraufhin die Kapitulation aus
	1943 Alliierte besetzen Italien **1943–1944** Deutsche Truppen werden aus der UdSSR vertrieben	**1944** Die westlichen Alliierten landen in der Normandie (Frankreich) und treiben die Deutschen zurück	**1945** Kapitulation der Deutschen am 7. Mai gegenüber den Westmächten und am 8. Mai gegenüber der Sowjetunion 
1942 Enrico Fermi baut den ersten Atomreaktor. USA, Mexiko, Brasilien schließen sich Alliierten an	**1943** Die argentinische Revolution bringt Juan Perón als Diktator an die Macht		**1945** USA testen erste Atombombe im Bundesstaat New Mexico
1942 Japaner bombardieren Darwin (Australien) und besetzen Neuguinea und Teile von Papua		**1944** Massenausbruch japanischer Kriegsgefangener in Australien	**1945** Australien erobert Neuguinea und Papua zurück

FÜHRER DER ALLIIERTEN

Josef Stalin (1879–1953) wurde vom deutschen Überfall überrascht. Hitlers Truppen gelangten bis dicht vor Moskau. Der eisige Winter, Hunger und harte Kämpfe führten in die Niederlage.

Winston Churchill (1874–1965) wurde 1940 Premier- und Verteidigungsminister Englands. Er begründete die Allianz gegen Hitler mit den USA und der Sowjetunion.

Franklin D. Roosevelt (1882–1945), US-Präsident, zunächst neutral, unterstützte später aber die Westmächte mit Kriegsmaterial und Lebensmitteln.

ERFINDUNGEN

RADAR

Großbritannien entwickelte das erste Radar und stoppte damit die deutsche Luftüberlegenheit.

NYLON

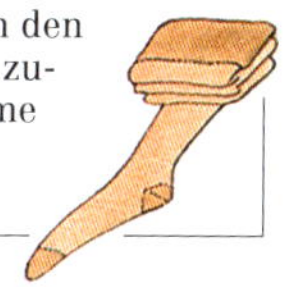

Nylon wurde 1942 in den USA hergestellt und zunächst für Fallschirme und Strümpfe verwendet.

Russischer Soldat

Britischer Soldat

Amerikanischer Soldat

ZWEITER WELTKRIEG IN ASIEN UND IM PAZIFIK

Im Dezember 1941 griff Japan den US-Marinestützpunkt auf Pearl Harbor (Hawaii) an. 18 Schiffe wurden versenkt oder beschädigt, 200 Flugzeuge zerstört. Die USA erklärten Japan den Krieg. Innerhalb eines halben Jahres eroberten die Japaner amerikanische, britische und holländische Kolonien im Indischen und Pazifischen Ozean.

KRIEGSALLTAG

In Europa wurden Kinder aus den Städten aufs Land gebracht. Wegen der Luftangriffe schliefen die Städter oft in U-Bahnschächten oder Luftschutzkellern.

Weil nachts auch der winzigste Lichtschimmer aus der Luft zu erkennen ist, ordneten die Städte Verdunkelungen an, um den Bomberpiloten die Zielsuche zu erschweren.

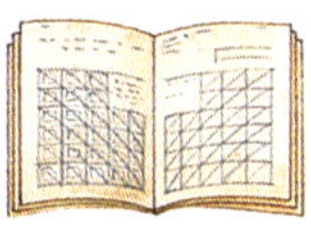

Manche Lebensmittel (Fleisch, Eier, Brot) waren so knapp, dass sie »rationiert« werden mussten. Jede Familie erhielt ein Heft mit Lebensmittelmarken. Damit konnte sie die ihr zustehenden Mengen an Nahrungsmitteln kaufen. In manchen Ländern gab es die Marken noch lange nach dem Krieg.

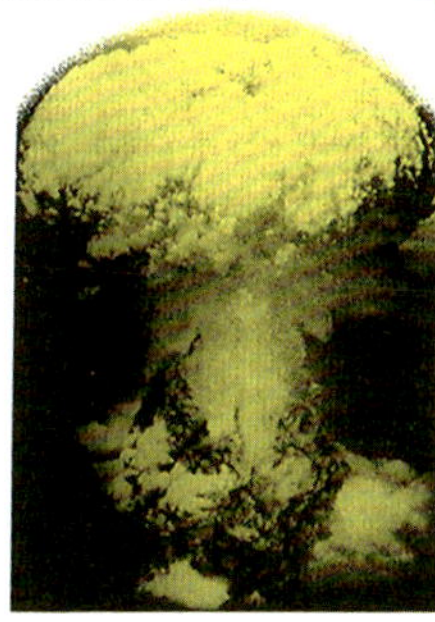

DIE ATOMBOMBE

Am 6. August 1945 befahl US-Präsident Harry Truman den Abwurf einer Atombombe auf Hiroschima (Japan). Sie tötete 80 000 Menschen auf der Stelle. Drei Tage später wurde eine zweite auf Nagasaki geworfen. Das Ende des Ostasienkriegs wurde so erzwungen. Noch Jahrzehnte später starben Menschen an radioaktiver Verseuchung.

Pilzwolke nach Bombenabwurf auf Nagasaki

SCHLACHTEN

Schlacht	Zeit	Sieger
Moselüberquerung	1940	Deutschland durchbricht französische Maginot-Linie
Schlacht um Großbritannien	1941	Großbritanniens Luftverteidigung verhindert deutsche Invasion von See
Midway	1942	USA vernichten Großteil der japanischen Flotte
El-Alamein	1942	Briten erzwingen Rückzug Rommels
Normandie (»D-Day«)	1944	Größte Landeoperation aller Zeiten: Alliierte erzwingen deutschen Rückzug

DER PREIS DES KRIEGES

Ungefähr 55 Mio. Menschen starben im Zweiten Weltkrieg. Es starben mehr Zivilisten als Soldaten, meist an Hunger, Krankheit, bei Luftangriffen oder durch den Terror der Besatzungstruppen. Während des Krieges starben über 4 Mio. Deutsche, nach dem Krieg noch einmal über 2 Mio. als Folge von Flucht, Vertreibung und Verschleppung.

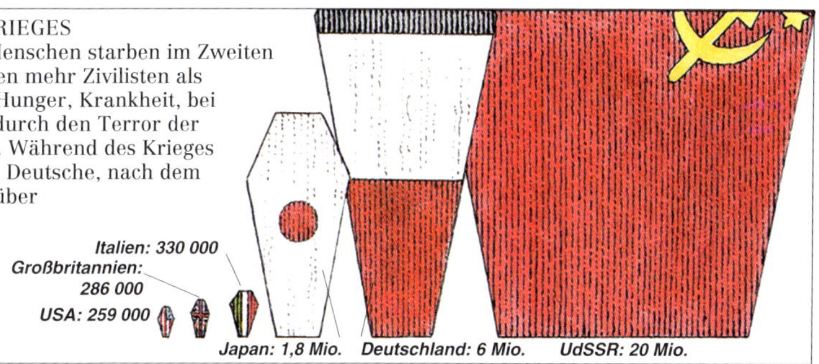

1946	
AFRIKA	**1950** Die Regierung in Südafrika ordnet Trennung nach Rassen und Wohngebieten (»Apartheid«) an **1951** Libyen wird unabhängig
ASIEN	**1947** Indien erkämpft Unabhängigkeit von Großbritannien; Aufstände kosten 500 000 Menschenleben **1948** Gandhi wird in Indien ermordet; Nehru wird sein Nachfolger. Gründung des Staates Israel; Beginn des arabisch-israelischen Krieges **1949** Mao Tse-tung ruft die kommunistische Volksrepublik China aus. Vietnam kämpft mit chinesischer Hilfe gegen französische Besatzung **1950** China besetzt Tibet. Koreakrieg zwischen dem Norden (von China unterstützt) und dem Süden (von Vereinten Nationen, UN unterstützt); endet 1953 mit der Teilung des Landes
EUROPA	**1947** »Marshallplan«: Amerikanisches Hilfsprogramm zum schnellen Wiederaufbau Europas nach dem Zweiten Weltkrieg **1948** Berlin Blockade: Alliierte Luftbrücke überwindet sowjetische Absperrung aller Zugänge Westberlins. Kommunistischer Staatsstreich in der Tschechoslowakei **1949** Deutsche Teilung in West- und Ostzone; Gründung der Bundesrepublik Deutschland und der Deutschen Demokratischen Republik. Gründung der NATO
AMERIKA	**1947** Die Truman-Doktrin verspricht allen von der Sowjetunion bedrohten Staaten US-amerikanische Hilfe. Beginn des Kalten Krieges **1948** Harry Truman (1884–1972), US-Präsident seit dem Tod Roosevelts, wird wieder gewählt **1950** Senator McCarthy beginnt antikommunistische »Hexenjagd« in den USA
OZEANIEN	**1947** Südpazifik-Kommission gebildet für Wirtschafts- und Gesundheitspolitik **1951** Australien, Neuseeland und USA schließen Sicherheitspakt

DER KALTE KRIEG

Nach dem Zweiten Weltkrieg war Europa geteilt durch die Zugehörigkeit der einzelnen Staaten zu einer der beiden »Supermächte«: Der Osten geriet unter sowjetischen Einfluss (Ostblock); der Westen wurde von den USA unterstützt. Jede Seite misstraute der anderen und rechnete beständig mit einem militärischen Angriff. Man nennt diese Zeit den »Kalten Krieg«. Beide Blöcke begannen ein Wettrüsten, vor allem an Atomwaffen und Raketen. Rüstungsbefürworter waren der Ansicht, dass durch das große beiderseitige Waffenpotential ein Krieg verhindert würde.

Die Berliner Mauer

DIE NATO

Der Nordatlantik-Pakt (NATO) war ein Verteidigungsbündnis, das 1949 von den westeuropäischen Staaten, den USA und Kanada abgeschlossen wurde. Die militärische Zusammenarbeit im Kriegsfall war vereinbart.

DIE BUNDESREPUBLIK DEUTSCHLAND

Die Besatzungsmächte der deutschen Westzonen (England, Frankreich und USA) schlossen sich zu einer Trizone zusammen, um den wirtschaftlichen Wiederaufstieg Deutschlands einzuleiten. Ein von den Westmächten einberufener parlamentarischer Rat verabschiedete am 23. Mai 1949 das Grundgesetz. Aus den drei Westzonen wurde die Bundesrepublik Deutschland. Im Herbst 1949 wurde der erste Bundestag gewählt. Konrad Adenauer (1876–1967) war der erste Bundeskanzler. Der Wirtschaftsminister Ludwig Erhard (1897–1977) erreichte auf der Basis der sozialen Marktwirtschaft einen unglaublichen Wirtschaftsaufschwung. Adenauers Außenpolitik führte zur Anerkennung der Souveränität der Bundesrepublik.

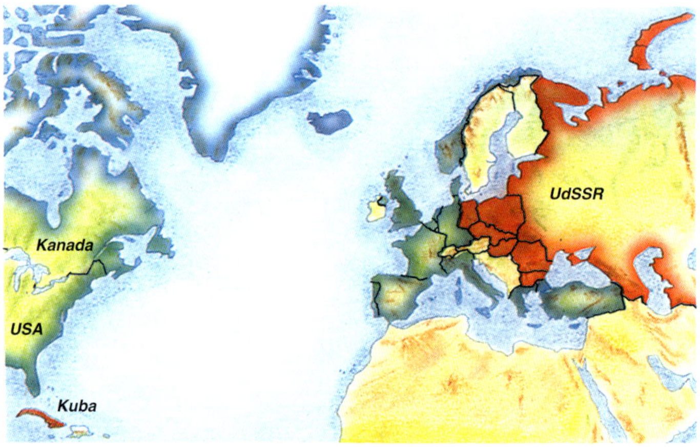

UdSSR und verbündete kommunistische Staaten

NATO-Länder und Verbündete

DER WESTEN

Stalin wollte nach dem Krieg die Position der Sowjetunion als Weltmacht festigen und ausbauen. Um der Bedrohung durch den Kommunismus entgegenzuwirken, boten die USA allen betroffenen Ländern wirtschaftliche, finanzielle und militärische Hilfe an.

DER OSTEN

Gleich nach dem Krieg schloss Stalin die osteuropäischen Grenzen. Die Staaten, die an die UdSSR angrenzten, stellte er unter sowjetische Kontrolle. Die Einflussnahme der USA auf den europäischen Kontinent wollte er eingrenzen.

GETEILTES DEUTSCHLAND

Nach dem Krieg wurde Deutschland von den Siegermächten in vier Besatzungszonen unterteilt. Ausnahme war Berlin, das alle vier Mächte gemeinsam verwalteten. Im Gebiet der »Trizone« wurde 1949 die Bundesrepublik Deutschland gegründet. Die »Ostzone« wurde zur DDR. 1961 errichtete die DDR eine Mauer zwischen Ost- und Westberlin, die bis 1989 stand.

DER WARSCHAUER PAKT

Seine Gründung 1955 war eine Antwort auf das Bestehen der NATO. Der Vertrag sah die Stationierung sowjetischer Truppen in jedem Land des Ostblocks vor. Die sowjetische Vorherrschaft in diesem Bündnis ermöglichte eine militärische Kontrolle der kleineren Mitgliedstaaten.

UNGARNAUFSTAND

Viele Ungarn erhoben sich 1956 gegen die sowjetische Herrschaft und die kommunistische Regierung ihres Landes. Sie wollten aus dem Warschauer Pakt austreten. Sowjetische Panzer und Soldaten schlugen den Aufstand schnell nieder. Die Anführer wurden hingerichtet.

Ungarischer Aufständler

LUFTBRÜCKE

Die UdSSR blockierte 1948 alle Zugänge nach Berlin. Der Westen organisierte eine Luftbrücke, um die Stadt zu versorgen. Elf Monate lang landete alle 30 Sekunden ein Flugzeug.

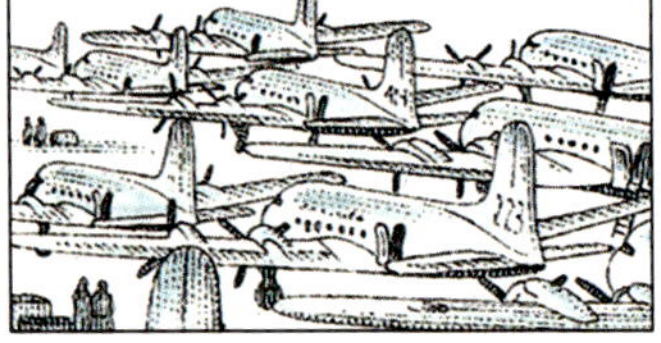

RÜSTUNGSVERGLEICH (1960) — USA / UdSSR

USA	UdSSR	USA	UdSSR	USA	UdSSR	USA	UdSSR
2,514 Mio.	3,623 Mio.	450	190	18	35	32	–
Soldaten		Langstreckenbomber mit Raketen		Raketen in Bombenabschussrampen		U-Boote	

DER DRITTE WEG

USA und die UdSSR beeinflussten viele Länder, sich einer der beiden Weltmächte anzuschließen. Einige jedoch, wie Indien, Ägypten und Jugoslawien, wählten den »dritten Weg« und blieben neutral.

Nasser (Ägypten), Nehru (Indien) und Tito (Jugoslawien)

1953 — **1959**

1953 Ein Militärputsch beendet die Monarchie in Ägypten und errichtet eine Republik

1954 Beginn des Befreiungskriegs in Algerien gegen die französische Herrschaft

1955 Der ANC in Südafrika organisiert passiven Widerstand gegen weiße Rassengesetze

1956 Suezkrise: Französische, britische und israelische Truppen müssen abziehen; die UN besetzen Kanalzone. Marokko, Tunesien und der Sudan werden unabhängig

1958 Die Vereinigte Arabische Republik wird von Ägypten, Syrien und Jemen gegründet

1954 Französische Niederlage bei Dien Bien Phu (Nordvietnam). Teilung Vietnams in kommunistischen Norden und US-unterstützten Süden

1956 Suez-Krieg: Israel überfällt die Sinai-Halbinsel und siegt in nur acht Tagen

1958 Militärputsch im Irak stürzt König Feisal II; die Republik wird ausgerufen

1959 Tibetischer Aufstand von Chinesen niedergeschlagen; der Dalai Lama muss fliehen

1955 Warschauer Pakt von Ostblockstaaten unterzeichnet. Bundesrepublik Deutschland tritt der NATO bei, die DDR dem Warschauer Pakt 1957

1956 Sowjettruppen schlagen Ungarnaufstand nieder

1957 Europäische Wirschaftsgemeinschaft (EWG); UdSSR schießt ersten Satelliten in den Weltraum (»Sputnik 1«)

seit 1950 USA: Kampf der Afroamerikaner für Gleichberechtigung unter Martin Luther King

1954 Höchstes US-Gericht verbietet Rassentrennung in Schulen

1955 Militärputsch in Argentinien stürzt Präsident Juan Péron (1895–1974)

1958 Erstes Atom-U-Boot »USS Nautilus« unterquert den Nordpol

1959 Revolution in Kuba: Der kommunistische Guerillaführer Fidel Castro stürzt Diktator Batista

1956 Olympiade in Melbourne (Australien). Britische Atombombentests in Maralinga, Australien

1959 Antarktis-Vertrag soll den Südpol für Forschungszwecke schützen

NAHER OSTEN

1947 beschlossen die Vereinten Nationen die Teilung Palästinas in einen jüdischen und einen arabischen Staat. Die jüdische Bevölkerung beanspruchte das Gebiet nach dem Zweiten Weltkrieg als ihre biblische Heimat und verkündete die Unabhängigkeit des Staates Israel. Die benachbarten arabischen Staaten lehnten die Teilung ab. Ein bis heute andauernder Konflikt zwischen Arabern und Israelis um die Gebiete begann.

Arabische Frau beim gescheiterten britisch-französischen Versuch, den Suezkanal zurückzuerobern

NASSER

Der ägyptische Führer Gamal Abd el Nasser (1918–1970) wollte die arabischen Länder gegen Israel vereinen. 1956 konnte er den Suezkanal verstaatlichen und gegen die Rückeroberung des britisch-französischen Bündnisses verteidigen.

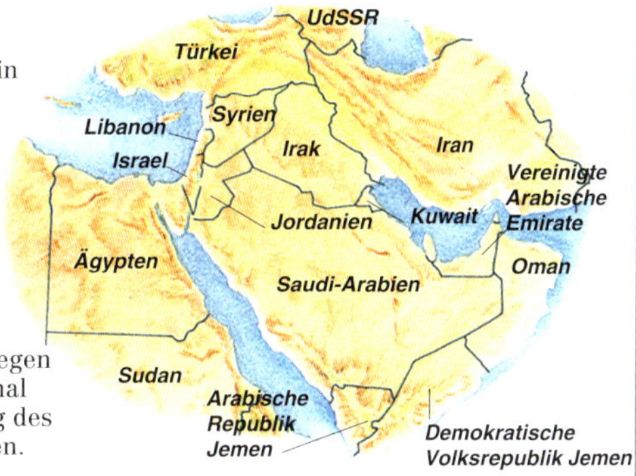

KARTE DES NAHEN OSTENS

Zwischen den beiden Weltkriegen wurde der Nahe Osten von Großbritannien und Frankreich beherrscht. Die Briten hatten 1917 zugesagt, eine Heimat für die Juden zu schaffen. 1948 wurde Palästina zwischen Jordanien und jüdischen Siedlern aufgeteilt. An die Stelle von Palästina trat der Staat Israel.

ALGERIENKRIEG

Um Algerien von den französischen Besatzern zu befreien, organisierte die Nationale Befreiungsfront (FLN) 1954 einen Aufstand. Der Guerillakrieg zwischen FLN und französischen Siedlern endete 1962 mit dem französischen Rückzug.

Französische Soldaten prüfen algerische Ausweise.

ARABISCH-ISRAELISCHER KONFLIKT

UNABHÄNGIGKEITSKRIEG 1948

Als Israel am 14. Mai 1948 seine Unabhängigkeit erklärte, griffen die benachbarten arabischen Länder sofort an. Nach 15-monatigen Kämpfen hatte Jordanien einen Großteil Ostisraels besetzt und Ägypten den Gazastreifen.

Unter jordanischer Herrschaft

Unter ägyptischer Herrschaft

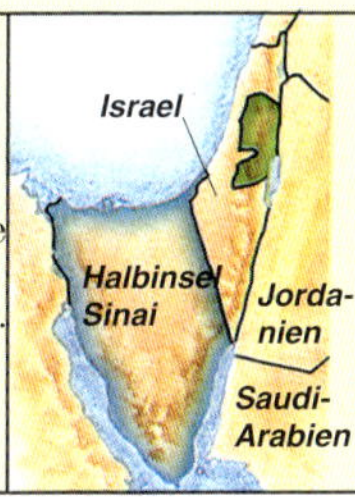

SUEZKRISE 1956

Arabische Wirtschaftsblockaden veranlassten Israel im Oktober 1956, im Sinai einzumarschieren. In acht Tagen hatten die Israelis das ganze Gebiet erobert.

Von Israel 1956 besetztes und 1957 wieder zurückgegebenes Gebiet

Unter jordanischer Herrschaft

VEREINTE NATIONEN

Die Vereinten Nationen (UN) wurden 1945 gegründet. Als Weltparlament versuchen die UN den Frieden zu sichern und Konfliktezu lösen.

UN-Friedenswächter

ERDÖLQUELLEN

1908 wurde im Nahen Osten Erdöl endeckt. Die Förderung begann in den 40er Jahren. 1945 wurden 101 156 Barrel (1 Barrel = 159 l) gefördert. Bis 1959 hatte sich die Leistung auf 1 055 986 Barrel erhöht.

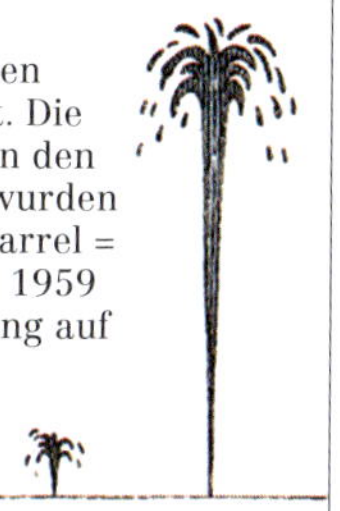

DER DALAI LAMA

Das religiöse Oberhaupt der Tibeter, der Dalai Lama, wurde 1959 nach einer gescheiterten Revolte gegen die chinesische Besatzung gezwungen zu fliehen. Seitdem lebt er im Ausland im Exil und wirbt um Unterstützung für die Unabhängigkeit seines Volkes. Er erhielt 1989 den Friedensnobelpreis.

WICHTIGE PERSÖNLICHKEITEN		
Name	Zeit	Biographische Einzelheiten
Ho Tschi Minh	1890–1969	Führer Nordvietnams (1945–1969), kämpfte gegen französische Kolonialherrschaft
Charles de Gaulle	1890–1970	Präsident der 5. Französischen Republik (1958–1969). Gewährte nach Druck von außen Algerien die Unabhängigkeit
Nikita Chruschtschow	1894–1971	Sowjetführer, der sich für die Entstalinisierung und neue Rechtssicherheit einsetzte
Konrad Adenauer	1876–1967	Erster Kanzler der Bundesrepublik Deutschland und Wegbereiter der Aussöhnung mit Frankreich
Dalai Lama	geb. 1935	Religiöses Oberhaupt Tibets, floh nach gescheiterter Revolte gegen chinesische Besatzung 1959 nach Indien. Lebt seitdem im Exil

ERFINDUNGEN

HERZSCHRITTMACHER

1951 wurde der erste Herzschrittmacher erfunden. Er sorgt mit kleinen Elektroschocks für regelmäßigen Puls.

Herzschrittmacher

TEFLONPFANNE

Die erste Bratpfanne, die mit einem Anbrennschutz aus Kunststoff (»Teflon«) beschichtet war, wurde 1956 hergestellt.

SATELLIT

1957 schossen die Russen »Sputnik 1« in den Weltraum, den ersten Satelliten. 1958 verglühte er in der Atmosphäre.

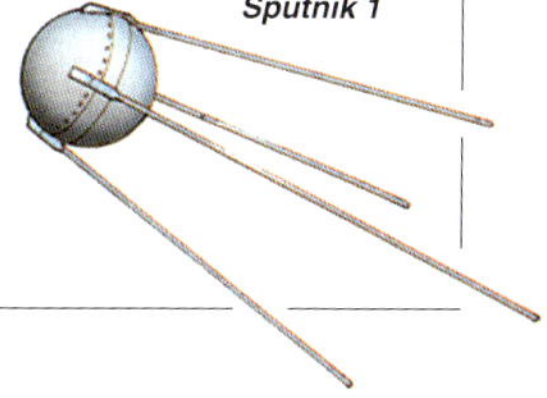

Sputnik 1

1960

AFRIKA **1960** Unabhängigkeit für 17 afrikanische Kolonien. Blutiges Ende einer friedlichen Demonstration gegen die weiße Herrschaft in Südafrika: 69 Demonstranten getötet, ANC verboten

1961 Patrice Lumumba, erster Premierminister des Kongo, wird ermordet

1962 UN-Sanktionen gegen Südafrika wegen Apartheid

1963 Gründung der Organisation der Afrikanischen Einheit (OAU): Unterstützung aller Befreiungsbewegungen gegen Kolonialmächte

1964 ANC-Führer Nelson Mandela in Südafrika zu lebenslänglicher Haft verurteilt

ASIEN **1963** Ngo Dinh Diem, Führer Südvietnams, bei Militärputsch ermordet

1964/65 Krieg zwischen Indonesien und Malaysia

1965 USA bombardieren Nordvietnam

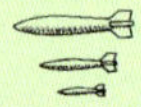

1966 Beginn der Kulturrevolution in China; Gründung der Roten Garden

EUROPA **1961** Bau der Berliner Mauer. Russischer Kosmonaut Juri Gagarin als erster Mensch im Weltraum

1963 Russin Valentina Tereschkowa als erste Frau im Weltraum

1964 Kämpfe zwischen Griechen und Türken auf Zypern

AMERIKA **1961** John F. Kennedy (1917–1963) wird jüngster US–Präsident

1962 Kuba-Krise

1963 Ermordung Präsident Kennedys

1964 Der »Civil Rights Act« garantiert allen Amerikanern Gleichberechtigung

1965 Schwarzer Bürgerrechtler Malcolm X ermordet. Rassenunruhen in Chicago und Los Angeles

OZEANIEN **1960** Australische Ureinwohner werden Staatsbürger; 1962 erhalten sie volles Wahlrecht

1965 Ferdinand Marcos (1917–1989) wird Präsident der Philippinen

UNABHÄNGIGKEIT

Nach dem Zweiten Weltkrieg wurden alle afrikanischen Länder unabhängig, mit Ausnahme Südafrikas, das de facto bereits seit 1910 unabhängig ist. Die neu gegründeten Staaten hatten große Probleme: An die Stelle der autoritären Führung der Kolonialherren traten Diktaturen und Einparteienstaaten. Die von den Kolonialmächten willkürlich gezogenen Landesgrenzen trennten ethnisch zusammengehörige Volksgruppen. Naturkatastrophen, Hungersnöte und die Bevölkerungsexplosion konnten vom Wirtschaftswachstum nicht aufgefangen werden.

NELSON MANDELA
Der African National Congress (ANC), eine politische Partei, wurde 1960 in Südafrika verboten. Ihr Vorsitzender Nelson Mandela wurde zu einer lebenslangen Gefängnisstrafe verurteilt. 1990 wurde er freigelassen und 1994 südafrikanischer Präsident.

Ian Smith

RHODESIEN
Die weiße Regierung Rhodesiens unter Ian Smith erklärte 1965 ihre Unabhängigkeit von Großbritannien. Nach langem Guerillakrieg kam die schwarze Mehrheit schließlich 1980 an die Macht, aus Rhodesien wurde Simbabwe.

AFRIKANISCHE UNABHÄNGIGKEITSTABELLE

	Ghana	1957, von Großbritannien	Der erste Staatschef Kwame Nkrumah (1909–1972) wurde einer der einflussreichsten Politiker Afrikas, ein Armeeputsch führte 1966 zu seinem Rücktritt
	Dem. Rep. Kongo	1960, von Belgien	Die Unabhängigkeit führte zum Bürgerkrieg. Der erste Staatschef Patrice Lumumba (geb. 1925) wurde 1961 ermordet
	Senegal	1960, von Frankreich	Léopold Senghor (geb. 1906), ein fähiger Staatsmann und ausgezeichneter Dichter, regierte 20 Jahre lang nach der Unabhängigkeit
	Nigeria	1960, von Großbritannien	Nach mehreren Militärputschen ist die Armee 25 Jahre lang an der Macht
	Mauretanien	1960, von Frankreich	Mokhtar Ould Daddah (geb. 1924), erster mauretanischer Staatschef bis zum Militärputsch 1978
	Uganda	1962, von Großbritannien	Nach der Unabhängigkeit gab es sieben verschiedene Regierungen mit vier gewaltsamen Umstürzen und zwei Bürgerkriegen
	Kenia	1963, von Großbritannien	Jomo Kenyatta (ca.1894–1978) kämpfte in den 50er Jahren gegen die britische Herrschaft und wurde erster Staatschef
	Mosambik	1975, von Portugal	Samora Machel (1933–1986), Führer der Unabhängigkeitsbewegung, führte trotz der Schulden seines Landes Schulbildung und Gesundheitsfürsorge für alle ein
	Angola	1975, von Portugal	Unabhängigkeit führte zum noch andauernden Bürgerkrieg

FLUCHT IM KOFFER
Ein Franzose schmuggelte 1971 seine ostdeutsche Verlobte in den Westen. Sie musste sich während einer 70-minütigen Bahnfahrt in zwei aneinander gestellten Koffern verstecken.

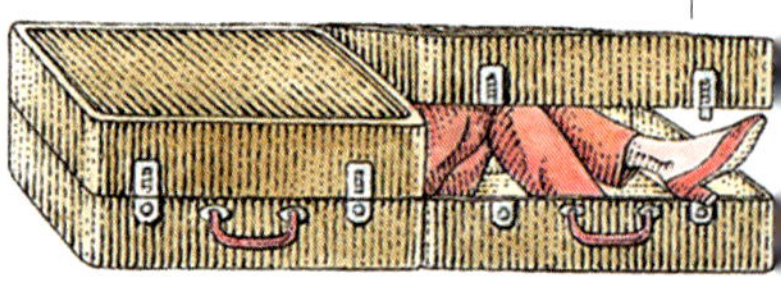

ERFINDUNGEN

LASER
Der amerikanische Physiker T. H. Maiman stellte 1960 den ersten Laser her. Laser verwendet man in Industrie, Medizin und beim Militär.

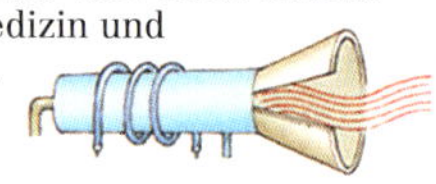

CONCORDE
Die Concorde, das erste Passagierflugzeug für Überschallflug, überquerte 1969 den Atlantik in drei Stunden bei 1 600 km/h Reisegeschwindigkeit.

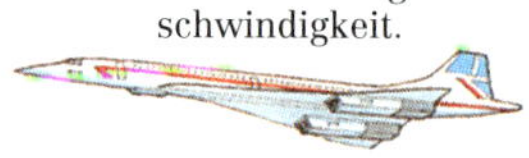

TASCHENRECHNER
Seit 1972 werden Taschenrechner hergestellt. Diese Kleincomputer konnten erst nach der Entwicklung winziger elektronischer Schaltkreise, der Mikrochips, gebaut werden.

WICHTIGE PERSÖNLICHKEITEN

Name	Zeit	Biographische Einzelheiten
Willy Brandt	1913–1992	Deutscher Bundeskanzler (1969–1974), versuchte die Beziehungen zu den Ostblockländern zu verbessern und schloss die sog. »Ostverträge« mit Polen, der Sowjetunion und der DDR.
Walter Ulbricht	1893–1973	Seit 1960 Vorsitzender des Staatsrates der DDR, bestimmte bis 1971 die Entwicklung der DDR und der SED (Sozialistische Einheitspartei Deutschlands)
Kwame Nkrumah	1909–1972	Unabhängigkeitsführer und erster Präsident Ghanas
Richard Nixon	1913–1994	US-Präsident 1969–1974. Befahl die Bombardierung Kambodschas. Rücktritt wegen des Watergate-Skandals
Juri Gagarin	1934–1968	Russischer Kosmonaut. Erster Mensch im Weltraum im Raumschiff »Wostok 1«. Umkreiste die Erde in 89 Minuten

CASTRO UND KUBA
Fidel Castro (geb. 1926) erlaubte 1962 der UdSSR, auf Kuba Raketenbasen zu bauen. Die USA fühlten sich bedroht. Präsident Kennedy befahl eine Seeblockade Kubas, woraufhin sich die Russen zurückzogen. Die Kuba-Krise löste weltweite Angst vor einem dritten Weltkrieg aus.

Fidel Castro

MONDLANDUNG
Die Amerikaner bauten das Raumschiff »Apollo 11«, mit dem im Juli 1969 die ersten Astronauten zum Mond flogen. 600 Mio. Fernsehzuschauer sahen live, wie Neil Armstrong als erster Mensch den Mond betrat.

Neil Armstrong

1967 – **1975**

1967 Bürgerkrieg in Nigeria: Die Provinz Biafra tritt aus der Nigerianischen Föderation aus

1970 Nigerianischer Bürgerkrieg endet mit der Niederlage Biafras. Resolution der OAU gegen Rassendiskriminierung und Kolonialpolitik

1975 Portugal entlässt seine afrikanischen Kolonien in die Unabhängigkeit

1967 Sechstagekrieg zwischen Israel und Arabern

1968 US-Soldaten töten über hundert unbewaffnete Zivilisten im vietnamesischen Dorf My Lai

1970 USA bombardieren Kambodscha

1971 Indische Truppen besiegen Westpakistan in Kaschmir. Aus dem gerade unabhängig gewordenen Ostpakistan entsteht Bangladesch

1972 Ceylon wird Republik und nennt sich Sri Lanka

1973 Oktoberkrieg: Araber greifen Israel an, drosseln die Ölförderung und führen so eine Weltwirtschaftskrise herbei. Vier autofreie Sonntage in Deutschland

1967 Gründung der Europäischen Gemeinschaft (EG). Militärputsch in Griechenland; Errichtung einer Militärdiktatur

1968 Studenten- und Arbeiterunruhen in Paris. »Prager Frühling«: Antikommunistischer Aufstand in Prag

1969 Briten stationieren Truppen in Nordirland

1972 »Blutsonntag« in Nordirland

1973 Dänemark, Großbritannien und Irland treten der EG bei

1975 Spanischer Diktator Franco stirbt; Juan Carlos wird König

1968 Amerikanischer Bürgerrechtsführer Martin Luther King wird in Memphis ermordet; zahlreiche Proteste in den USA gegen den Vietnamkrieg

1969 Amerikaner Neil Armstrong als erster Mensch auf dem Mond

1973 Der chilenische Präsident Salvador Allende wird bei einem Militärputsch getötet

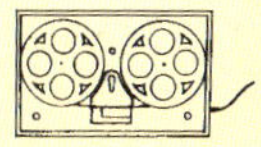

1974 US-Präsident Nixon tritt wegen Watergate-Skandals zurück

1970 Tonga und Fidschi werden von Großbritannien unabhängig

1975 Papua-Neuguinea wird unabhängig

SOZIALE REVOLUTION

In den 60er und 70er Jahren wünschten sich viele Menschen soziale und gesellschaftliche Veränderungen in der bestehenden Ordnung. Die Proteste richteten sich gegen Benachteiligungen wegen Hautfarbe und Geschlecht oder gegen den Krieg. Durch Musik, Film und Literatur versuchte man, ein anderes Lebensgefühl auszudrücken. Alte Traditionen wurden in Frage gestellt und neue Lebensformen ausprobiert.

MUSIK
Die Popmusik wurde zu einem Mittel der Kritik am Krieg. Das Freiluftkonzert bei Woodstock (New York) zog 400 000 Zuhörer an, die z.B. Joan Baez und Jimmi Hendrix hören wollten. Die Beatles und die Rolling Stones (links) verkauften schon damals Millionen Schallplatten jährlich.

BÜRGERRECHTE
Als Folge der Unabhängigkeitsbewegungen in Afrika forderten auch viele schwarze Amerikaner mehr Rechte. Martin Luther King und Malcolm X waren populäre Anführer im Kampf um Gleichheit.

BÜRGERRECHTE
Bis zum Bürgerrechtsgesetz von 1964 konnten in den USA Geschäfte, Kinos und Büchereien in getrennte Bereiche für Schwarze und Weiße geteilt werden. Im August 1965 führten Rassenunruhen zu einem fünftägigen Aufstand in den Straßen von Los Angeles. 35 Menschen wurden getötet und ein Schaden von 175 Mio. Dollar angerichtet.

HIPPIES
Die Hippies der 1960er-Jahre suchten eine neue Lebensform. Geld, Beruf und gesellschaftliche Unterordnung spielten eine untergeordnete Rolle. Einige lebten in Kommunen zusammen und bauten ihre Nahrungsmittel selbst an. LSD als halluzinogene Droge kommt in Mode.

FRAUENBEWEGUNG
In der ganzen Welt forderten Frauen Anerkennung und Gleichbehandlung. Die Pille zur Empfängnisverhütung ließ Frauen selbst darüber entscheiden, ob sie Kinder bekommen wollten.

PROTESTE GEGEN DIE REGIERUNGEN
Während des Kalten Krieges kam es zu Protesten in einigen Ländern beiderseits des Eisernen Vorhangs. In Paris besetzten 1968 Studenten ihre Universitäten. Im selben Jahr marschierten Sowjettruppen in Prag ein und erstickten die Reformen Alexander Dubceks. In den USA fanden im ganzen Land Massendemonstrationen gegen den Vietnamkrieg statt.

DER VIETNAMKRIEG

Das republikanische Südvietnam kämpfte gegen die Einnahme durch das kommunistische Nordvietnam. Die USA unterstützten Südvietnam offensiv seit 1964. Nach schlimmen Bombardierungen begannen die USA 1969 den Rückzug. 1976 war ganz Vietnam unter kommunistischer Regierung.

LEIDEN DER ZIVILISTEN
Brandbomben (»Napalm«) und Flächenbombardements töteten und verwundeten Hunderttausende oder machten sie obdachlos.

DER VIETNAMKRIEG

Kosten: Der Krieg kostete die USA insgesamt 150 Mrd. Dollar.

Tote: 2 Mio. Vietnamesen, 58 000 alliierte Soldaten und Krankenschwestern

Bäume: Die Amerikaner sprühten Entlaubungsgifte (»Agent Orange«) über dem Dschungel. Vielerorts wächst noch heute kein Wald.

ATTENTATE

John F. Kennedy (1917–1963) war der jüngste gewählte US-Präsident. Während er im verdecklosen Auto durch Dallas (Texas) fuhr, wurde er erschossen.

Malcolm X (1925–1965) war ein Führer der Schwarzen Moslems. Er wurde bei einer Kundgebung in Harlem (New York) erschossen.

Martin Luther King jr. (1929–1968), ein schwarzer Baptisten-Geistlicher, war ein engagierter Redner der Bürgerrechtsbewegung. Er wurde in Memphis (Tennessee) erschossen.

Robert Kennedy (1925–1968), US-Justizminister, Senator und Bruder von John F. Kennedy, wurde während einer Wahlkampfveranstaltung erschossen.

DIE CHINESISCHE KULTURREVOLUTION
Zwischen 1966 und 1977 brachte Mao Tse-tung Industrie und Landwirtschaft unter staatliche Kontrolle. Er ließ Schulen und Universitäten schließen; Lehrer und Studenten mussten zur Arbeit aufs Land. Widerstand wurde von den Roten Garden, einer Parteipolizei, brutal bekämpft.

Kinder sagen Textstellen aus dem »Roten Buch« auf.

1976

AFRIKA

1976 Auf einer Demonstration schwarzer Schüler werden zwei Kinder von Polizisten erschossen, viele verletzt, dies löst Unruhen in Soweto, Südafrika, aus

1979 Ugandas Diktator Idi Amin (geb.1925) von eigenen Truppen des Landes vertrieben

1980 Robert Mugabe (geb. 1924) wird erster Staatschef des unabhängigen Simbabwe

1983 Hungersnot in Äthiopien. Bürgerkrieg im Sudan

ASIEN

1976 Nach 22-jähriger Teilung Wiedervereinigung von Nord- und Südvietnam unter kommunistischer Regierung

1978 UN-Truppen im Libanon. Vietnam marschiert in Kambodscha ein

1979 Die UdSSR besetzt Afghanistan (bis 1988). Friedensvertrag von Camp David, USA, zwischen Ägypten und Israel

1980–1988 Iranisch-irakischer Krieg

1982 Israelische Soldaten besetzen Südlibanon; Ende der Besetzung der Sinai-Halbinsel

1985 Michail Gorbatschow wird in der Sowjetunion Generalsekretär der KPdSU und beginnt seine Reformen

EUROPA

Solidarność

1980 Präsident Tito (geb.1892) von Jugoslawien stirbt. Späterer polnischer Staatspräsident Lech Walesa wird Führer der Gewerkschaft »Solidarität«

1984 Französische und US-Wissenschaftler entdecken unabhängig voneinander das Aids-Virus

AMERIKA

1977 Jimmy Carter (geb.1924) wird US-Präsident

1979 Marxistische »Sandinistas« kommen in Nicaragua an die Macht

1981 Ronald Reagan (geb. 1911) wird US-Präsident

1982 Krieg um die Falklandinseln zwischen Argentinien und Großbritannien. Kanada gibt sich unabhängig vom Vereinigten Königreich eigene Verfassung

OZEANIEN

1978 Salomon Inseln, Tuvalu und Dominica werden unabhängige Staaten

1984 Neuseeland wird zur atomwaffenfreien Zone erklärt

MITTLERER OSTEN

In den 1970er- und 1980er-Jahren brachen in der Region immer wieder blutige Konflikte und Kriege aus. Gründe für Auseinandersetzungen waren religiöse oder territoriale Streitigkeiten. Öl brachte den Staaten großen Wohlstand.

Iranische Anhänger Ajatollah Khomeinis

Ölfelder in Libyen

ÖLKRISE

Die »Organisation der Erdöl exportierenden Länder« (OPEC), von 13 arabischen Staaten gegründet, verringerte 1973 ihre Lieferungen an Europa und die USA, da diese im Krieg Israel unterstützten. Die erhöhten Rohölpreise führten zu einer Weltwirtschaftskrise.

PLO-Angehörige

IRANISCHE REVOLUTION

Eine Revolution stürzte 1979 den Schah von Persien und brachte Ajatollah Khomeini an die Macht. Die islamische Republik Iran wurde ausgerufen. Der Ajatollah, ein fundamentalistischer (= strenggläubiger) Moslem, verbot alle westlichen Einflüsse im Land.

DIE PLO UND ISRAEL

Die Palästinensische Befreiungsorganisation (PLO) vertritt die Interessen der im ehemaligen Palästina ansässigen Menschen. Sie betrachtet die Gründung des Staates Israel als illegal. Seit 1988 versuchen Israelis und Palästinenser, ihre Konflikte ohne Waffen zu lösen. Beide Seiten entschlossen sich 1993 zum Frieden. 1995 erhielten die Palästinenser Teilautonomie.

KONFLIKTE IN NAH- UND MITTELOST

Region/Konflikt	Zeit	Einzelheiten
Krieg Iran–Irak	1980–1988	Irakischer Angriff auf die weltgrößte Ölraffinerie bei Abadan, Iran. Irak erzielt kleine Geländegewinne. Über 1 Mio. Tote
Libanon	1982	Israelischer Einfall im Libanon, Zerstörung des PLO-Hauptquartiers; PLO muss fliehen
West Bank, Gazastreifen (vgl. S.332)	1987/88/ ab 2001	Palästinenser-Aufstand (»Intifada») sowie Selbstmordattentate führen zu gewalttätigen Auseinandersetzungen in israelisch besetzten Gebieten.
Golfkrieg	1990/91	Irak überfällt Kuwait wegen seiner Ölquellen.
Afghanistan	2001	US-geführte Truppen besetzen Afghanistan und stürzen das Taliban-Regime.
Irakkrieg	2003	US-geführte Truppen besetzen den Irak und stürzen Saddam Hussein.

KRIEGE IM MITTLEREN OSTEN

Krieg in Afghanistan

Der Einmarsch der US-geführten Truppen in Afghanistan 2001 war eine Folge der Terroranschläge in New York und Washington am 11. September 2001. Die USA machten Osama bin Laden und die Terror-Organisation Al Quaida als Drahtzieher der Anschläge verantwortlich. Bin Laden wurde in Afghanistan vermutet. Der Afghanistan-Feldzug führte zum Sturz des Taliban-Regimes. Die Taliban (nach dem persischen Wort für »Schüler«) hatten das Land unter eine Gewaltherrschaft gestellt. Afghanistan ist seit 2004 eine Präsidialrepublik mit einer Verfassung. Der Präsident wird direkt vom Volk gewählt. Wirtschaftlich und politisch befindet sich das Land im Aufbau.

Osama bin Laden (geb. 1957) wird seit den Terroranschlägen vom 11.September 2001 weltweit gesucht. Er bekannte sich in Videobotschaften zu den Terrorakten.

Irakkrieg

Saddam Hussein (geb. 1937) regierte den Irak von 1968 bis 2003 als Diktator. Er wurde von den USA als Hauptfeind im Kampf gegen den Terrorismus angesehen. Am 20. März 2003 wurde Bagdad bombardiert; alliierte Truppenverbände marschierten ein. Der entmachtete Saddam Hussein wurde aufgespürt und festgenommen. Seit Ende der Kampfhandlungen im Mai 2003 befindet sich der Irak in einer schwierigen politischen und wirtschaftlichen Neuorientierung. Die Terroranschläge von Al Quaida wurden nach Beendigung des Irakkrieges fortgesetzt. Dazu zählen die Bombenanschläge von 2004 in Istanbul (Türkei) und Madrid (Spanien).

ERFINDUNGEN

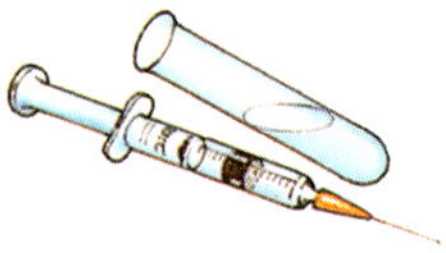

RETORTENBABY

Lesley Brown, der erste Mensch, der außerhalb des Mutterleibs gezeugt wurde, kam 1978 auf die Welt.

VIDEOREKORDER

Die japanische Firma Sony brachte 1975 das erste Bildaufzeichnungssystem für alle auf den Markt.

PERSONALCOMPUTER

Die amerikanische Firma IBM stellte 1981 den ersten PC für den Schreibtisch her.

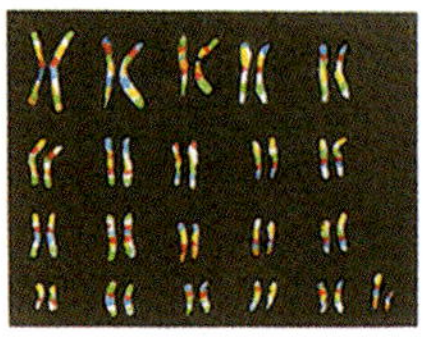

GENOMPROJEKT

1991 begann das Genomprojekt, in dem Wissenschaftler das Erbmaterial des Menschen (die Genome) entschlüsselten (siehe S. 243).

WIRTSCHAFTSERFOLGE ASIATISCHER STAATEN

Seit den 1960er-Jahren sind auch viele Staaten aus Fernost auf dem Weltmarkt vertreten. Stabile Regierungen, moderne Fabriken und billige Arbeitskräfte in der Überzahl haben den Lebensstandard in Japan, Hongkong, Singapur, Südkorea und Taiwan (»Tigerstaaten») sprunghaft angehoben.

Japanische Manager in einem Trainingslager für Wirtschaftsführer

1986 | **1990** | **2001** | **2006**

1990 Namibia wird unabhängig. Ein dreijähriger Bürgerkrieg in Liberia beginnt

1991 Zusammenbruch der Regierungsautorität in Somalia

1992 UN-Truppen unter US-Führung landen in Somalia

1993 Eritrea wird unabhängig

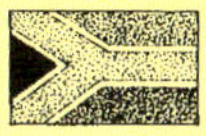

1994 Der ANC gewinnt die ersten freien Wahlen in Südafrika

1986 Präsident Marcos (1917–1989) flüchtet von den Philippinen. Corazon Aquino (geb.1933) wird Präsidentin

1987 Blutiger palästinensischer Aufstand (»Intifada«)

1989 Auf dem »Platz des Himmlischen Friedens« (Peking) töten chinesische Sicherheitskräfte friedliche Demonstranten, die Demokratie fordern. Nach antichinesischen Protesten in Lhasa (Tibet) Kriegsrecht verhängt

1990 Irakischer Angriff auf Kuwait

1991 Golfkrieg: Irakische Truppen aus Kuwait vertrieben.

1992 Moslemisch-hinduistische Unruhen in ganz Indien

1994 Die PLO erreicht Teil-Autonomie im Gazastreifen

2003 US-geführte Truppen besetzen den Irak

2006 Im besetzten Irak herrschen bürgerkriegsähnliche Zustände.

1989 Sturz kommunistischer Regierungen in der DDR, Rumänien, Ungarn und der Tschechoslowakei

1990 Wiedervereinigung der beiden deutschen Staaten

1991 Sowjetunion zerfällt

1992 Bürgerkrieg im ehemaligen Jugoslawien

1998/99 Kosovo wird unter UN-Übergangsverwaltung gestellt.

2002 Einführung des Euro

1986 »Irangate«-Skandal: US-Präsident Reagan gibt geheime Rüstungsverträge mit Iran zu

1989 USA besetzen Panama

1993 Kanada ruft Nunavut ins Leben: ein Gebiet für Ureinwohner von 2,2 Mio. qkm.

2001 Arabische Terroristen zerstören die beiden Türme des World Trade Centers in New York

ENDE DES KALTEN KRIEGES

Der sowjetische Präsident Michail Gorbatschow verbesserte die außenpolitischen Beziehungen der UdSSR zu den europäischen Staaten und den USA. Er setzte sich für die Abrüstung atomarer und anderer Waffen ein. Der Ost-West-Konflikt wurde beendet. Die Demokratisierung des Ostblocks und die deutsche Wiedervereinigung hielt er nicht auf.

GLASNOST UND PERESTROIKA

Michail Gorbatschow führte wirtschaftliche Reformen durch. Seine Politik der Glasnost (»Offenheit«) informierte die Menschen über die Ziele der Regierung. Er leitete einen Umbau der Gesellschaft ein (»Perestroika«).

Schlangen vor Lebensmittelgeschäften in Sowjetrussland

TAUWETTER

Nach Gorbatschows Amtsübernahme verbesserte sich das Verhältnis zwischen den Supermächten USA und UdSSR grundlegend. Der Ost-West-Konflikt war mit den Abrüstungsverhandlungen beider Staaten beendet.

Treffen zwischen Gorbatschow und Reagan

Antikommunisten entfernen Statue von Felix Dserschinski, Gründer der UdSSR-Geheimpolizei

DIE UDSSR ZERBRICHT

Gorbatschows demokratische Haltung führte zur Absetzung sämtlicher kommunistischer Regierungen. Die ehemaligen Sowjetstaaten wurden unter demokratischen Regierungen eigenständig.

BÜRGERFLUCHT DER DDR

Gorbatschows Reformpolitik führte zur Öffnung des Ostblocks und seiner Grenzen. Nachdem Ungarn seine Grenze zu Österreich geöffnet hatte, flohen viele DDR-Bürger auf diesem Weg in die Bundesrepublik. In den Großstädten der DDR kam es zu Massendemonstrationen für die Demokratie, Reise- und Meinungfreiheit.

WIEDERVEREINIGUNG

Die führenden SED-Politiker in der DDR lehnten die Reformpolitik Gorbatschows ab. Von der Bevölkerung wurde als Reaktion darauf immer offener Kritik an der Regierung und der schlechten Wirtschaftslage geäußert. Nach der Massenflucht und den Demonstrationen ostdeutscher Bürger festigte sich die Opposition zur Regierung. 1989 trat Staatschef Erich Honecker zurück, die Grenze nach Westdeutschland wurde geöffnet. Im März 1990 stimmte die Mehrheit der DDR Bürger für den Beitritt zur Bundesrepublik; am 31. August wurde der Einigungsvertrag beschlossen. Auch die Siegermächte des Zweiten Weltkriegs akzeptierten nach längeren Verhandlungen die Einheit, womit alle Siegerrechte erloschen und Deutschland seine volle Souveränität wieder erlangte.

EUROPA WÄCHST ZUSAMMEN

Das Ende des Kalten Krieges führte nicht nur zur Wiedervereinigung Deutschlands, sondern ermöglichte auch eine Annäherung der ehemaligen Ostblockstaaten an den Westen. 2004 wurden die Staaten Estland, Lettland, Litauen, Malta, Polen, Tschechien, Slowakei, Slowenien, Ungarn und Zypern Mitglieder der Europäischen Union (s. Seite 152). Seither umfasst die EU 25 Mitgliedsstaaten. Für 2007 sind die Beitritte weiterer Staaten geplant. Jedes neue Beitrittsland muss bestimmte Voraussetzungen erfüllen, z.B. Rechtsstaatlichkeit (s. Seite 152).

Die europäische Flagge ist das offizielle Zeichen der Europäischen Union und aller europäischen Einrichtungen. Die Flagge trägt einen Kreis aus 12 Sternen. Der Kreis symbolisiert die Einheit und Gemeinschaft der europäischen Länder. Die Anzahl der Sterne entspricht nicht der Zahl der Mitgliedsstaaten.

DIE ENTSTEHUNG DER EUROPÄISCHEN UNION

1951 Belgien, Deutschland, Luxemburg, Frankreich, Italien und die Niederlande gründen die Europäische Gemeinschaft für Kohle und Stahl (EGKS).

1957 In Rom unterzeichnen die sechs Gründungsmitglieder der EGKS die Verträge zur Europäischen Wirtschaftsgemeinschaft (EWG) und zur Europäischen Atomgemeinschaft (EURATOM). Die gemeinsame Politik im Bereich Kohle und Stahl wird auf weitere Bereiche übertragen, z.B. Landwirtschaft, Verkehrswesen oder Außenhandel.

1967 Rat und Kommission der drei Gemeinschaften EGKS, EWG und EURATOM werden zusammengelegt. Die neue Bezeichnung für die Gemeinschaften ist Europäische Gemeinschaft (EG).

1973–1995 Die EG wird um neue Mitgliedsstaaten erweitert: Dänemark, Irland, Großbritannien (1973), Griechenland (1981), Spanien und Portugal (1986), Österreich, Finnland und Schweden (1995).

1979 Erste Wahl zum Europäischen Parlament

1990 Im Übereinkommen von Schengen wird die Aufhebung von Personenkontrollen an den gemeinsamen Grenzen beschlossen.

1992 In Maastricht wird der Vertrag über die Europäische Union unterzeichnet. Die Gründung der EU und die Einführung einer einheitlichen europäischen Währung werden beschlossen.

1999 Beginn der Europäischen Währungsunion

2002 Der Euro wird in 12 der damals 15 Mitgliedsstaaten eingeführt. Dazu zählen Belgien, Deutschland, Griechenland, Spanien, Frankreich, Irland, Italien, Luxemburg, Niederlande, Österreich, Portugal und Finnland.

2004 EU-Erweiterung um 10 neue Mitgliedsstaaten

2007 Am 1. Januar 2002 wurde in 12 EU-Staaten der Euro als gemeinsame Währung eingeführt. Am 1.1.2007 tritt Slowenien der Eurozone bei, seit 1.1.2008 ist der Euro auch in Zypern und Malta offizielles Zahlungsmittel.

HOCHKULTUREN

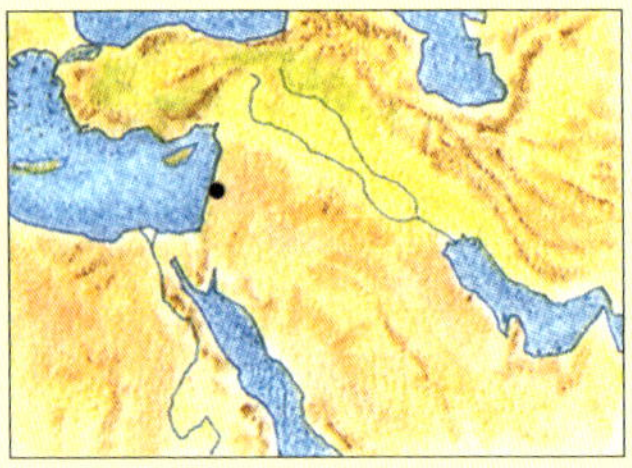

7000–1580 v. Chr.
Jericho
Region Jordan
Größere Städte Jericho
Kulturelle Besonderheiten Erste echte Stadtansiedlung; Befestigungsmauern mit massivem Rundturm; Menschenfiguren aus Stein oder Knochen

1500–1025 v. Chr.
Shang-China
Region China
Größere Städte Tschengtschou, Yin
Kulturelle Besonderheiten Bildzeichenschrift; Bronzeguss; Knochenorakel

ca. 3400 v. Chr.
Sumerer
Region Unteres Mesopotamien
Größere Städte Ur, Eridu, Lagasch, Uruk
Kulturelle Besonderheiten Frühe Stadtgründungen; fortschrittliche Architektur (Zikkurats) und Bildhauerei; Erfindung der ältesten Schrift; Gesetzessammlungen; Geldhandel; Arbeitsteilung

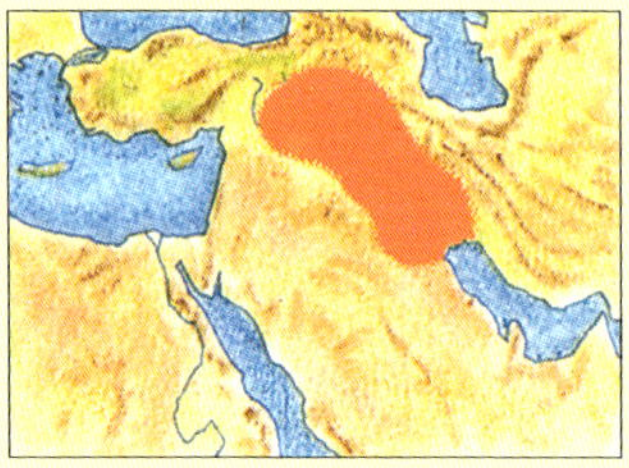

ca. 1500–1300 v. Chr.
Mykener
Region Südgriechisches Festland, Insel Kreta
Größere Städte Mykene, Tiryns, Pylos
Kulturelle Besonderheiten Architektur (befestigte Städte, Megaronhäuser, Tholosgräber); Elfenbein-, Gold- und Bronzearbeiten; Linear B-Schrift

3050–322 v. Chr.
Ägypter
Region Nildelta
Größere Städte Sakkara, Giseh, Luxor, Theben
Kulturelle Besonderheiten Steinbauwerke; Pyramiden; Hieroglyphenschrift (demotisch und hieratisch); Grabkunst; Segelboote; Landwirtschaft

1025–256 v. Chr.
Zhou-China
Region China (eine Zeit lang in östliche und westliche Gebiete geteilt)
Größere Städte Loyang
Kulturelle Besonderheiten Jadearbeiten, Gusseisen; zusammengesetzter (Komposit-)Bogen; Konfuzianismus, Taoismus

ca. 2500–1400 v. Chr.
Minoer
Region Kreta
Größere Städte Knossos, Mallia, Phaistos
Kulturelle Besonderheiten Palastarchitektur und -innenausstattung; Linearschrift; Verzierte Töpferwaren; Bronze- und Goldarbeiten

ca. 1000–574 v. Chr.
Phönizier
Region Küstenebene des Libanon und Syriens; später Handelsstationen und Kolonien im Mittelmeerraum
Größere Städte Tyrus, Sidon, Byblos, Karthago
Kulturelle Besonderheiten Schiffbau und Handel; Purpurfarbstoff aus der Stachelschnecke; Alphabet

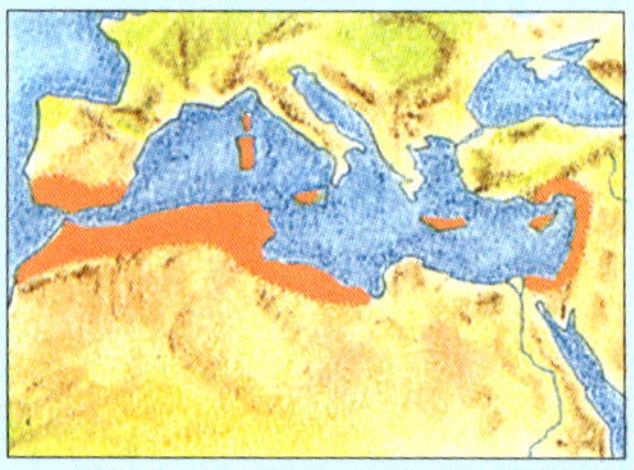

ca. 2500–1500 v. Chr.
Indus
Region Industal, Pakistan
Größere Städte Mohenjo Daro, Harappa
Kulturelle Besonderheiten Stadtplanung (Gitternetzplan, Kanalisation, Kornspeicher); Siegelstempel mit noch nicht entzifferter Schrift; Kupfer-Bronze-Technik; einheitliches Gewichts- und Maßsystem

1100–600 v. Chr.
Olmeken
Region Mexiko
Größere Städte San Lorenzo, La Venta
Kulturelle Besonderheiten Steinmetzarbeiten (Masken); Jadeschnitzereien

ca. 1750–1200 v. Chr.
Hethiter
Region Anatolien (Türkei) und Vorposten in Nordsyrien
Größere Städte Hattusas
Kulturelle Besonderheiten Festungsbauten; Eisenschmelze; Kriegswagen; humanes Strafrecht

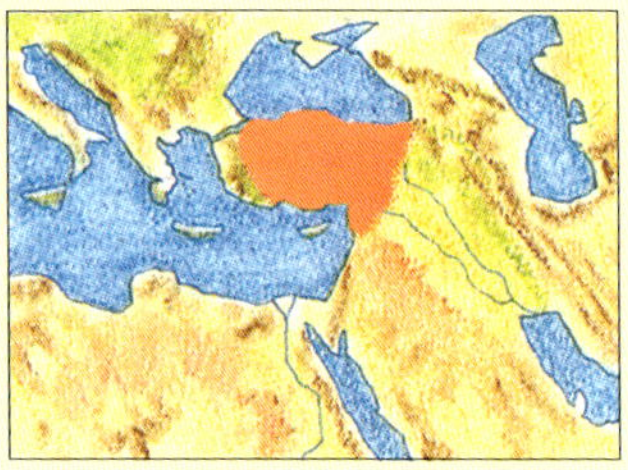

ca. 1200–400 v. Chr.
Chavín
Region Peru, Anden
Größere Städte Chavín de Huàntar
Kulturelle Besonderheiten Töpferei; Metallarbeiten; Skulpturen (Menschen- und Jaguarköpfe)

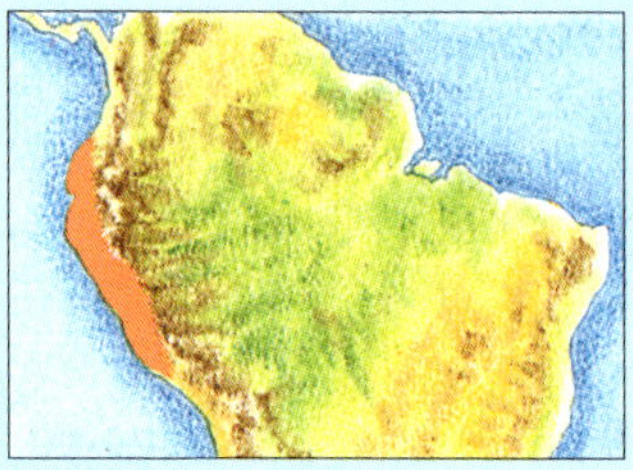

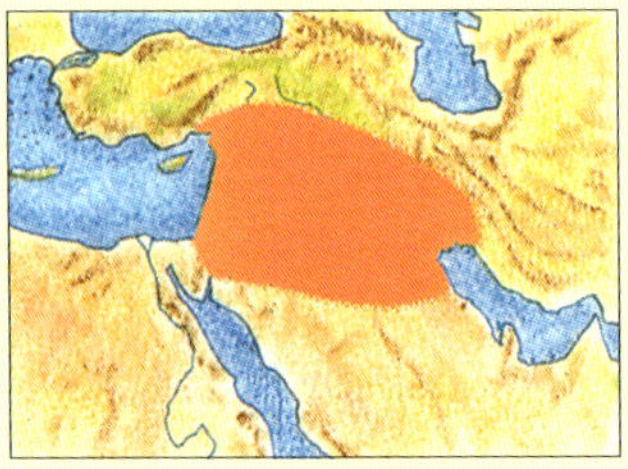

ca. 1792–ca. 1595 v. Chr.
Babylon
Später: Neubabylonische Kultur, 626–539 v.Chr.
Region Mesopotamien
Größere Städte Babylon
Kulturelle Besonderheiten Festungsbauten (Ischtar-Tor und große, befestigte Stadtmauern); Astronomie und Mathematik; Gesetzgebung; berühmte »Hängende Gärten«

ca. 900–100 v. Chr.
Etrusker
Region Norditalien
Größere Städte Populonia, Tarquinia, Caere (heutige Toskana)
Kulturelle Besonderheiten Bronzearbeiten; Skulpturen

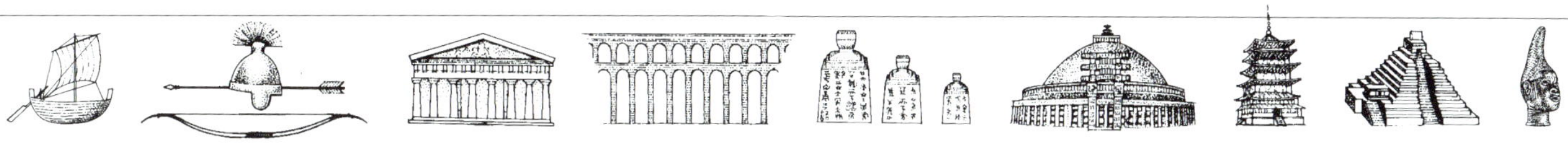

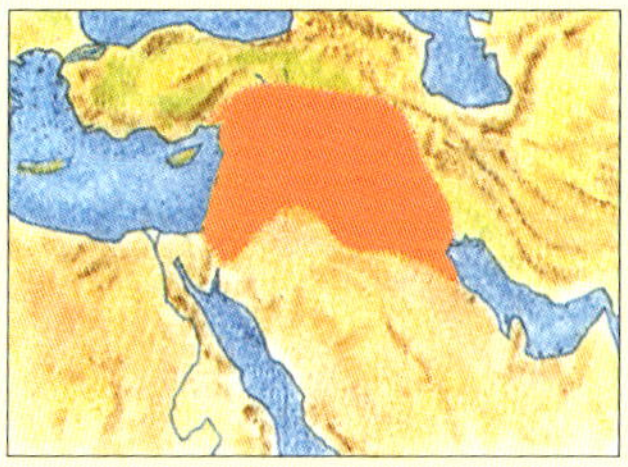

883–612 v. Chr. (Blütezeit)
Assyrer
Region Mesopotamien, Iran, Türkei, Syrien
Größere Städte Assur, Ninive, Nimrud, Dur-Scharrukin
Kulturelle Besonderheiten Palast- und Tempelanlagen; Skulpturen, besonders gemeißelte Reliefs; militärische Eroberungen

330–1453 n. Chr.
Byzanz
Region Oströmisches Reich
Größere Städte Konstantinopel
Kulturelle Besonderheiten
Mosaikkunst und Wandmalereien; Schmuck und Metallarbeiten; Festungsanlagen; Gesetzgebung; Philosophie; Geschichtswissenschaft; Literatur

750 v. Chr.–350 n. Chr.
Meroe
Region Sudan (Nubien)
Größere Städte Meroe
Kulturelle Besonderheiten
Eisenverarbeitung; Handel mit Gold, Elfenbein und Rohstoffen; Tempelarchitektur

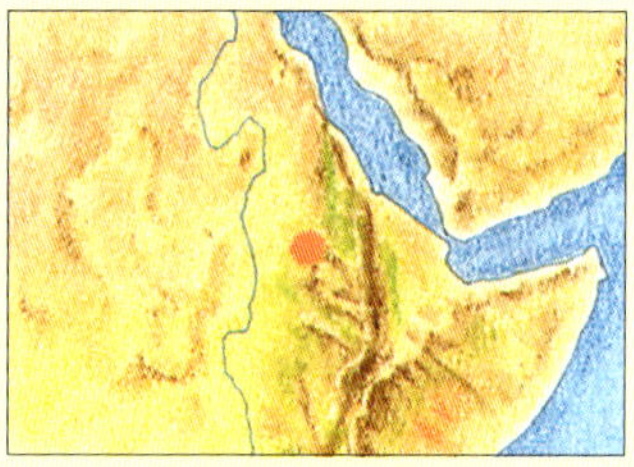

600–794 n. Chr.
Nara
Region Japan
Größere Städte Nara
Kulturelle Besonderheiten
Buddhistische Lebensformen, Pagodentempel

ca. 800–300 v. Chr.
Griechische Klassik
Region Griechenland, Ägäis
Größere Städte Athen, Sparta, Delphi
Kulturelle Besonderheiten Klassische Architektur; Blütezeit der Literatur (Drama, Lyrik, Philosophie, Geschichtsschreibung); Töpferkunst (Vasenmalerei) und Skulpturen; Politik (Demokratie)

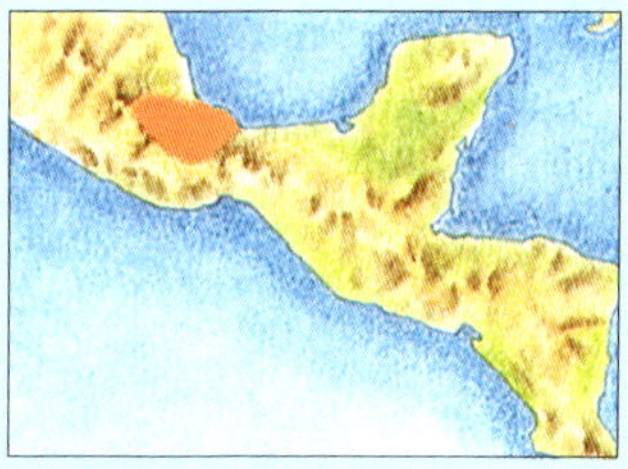

900–1168 n. Chr.
Tolteken
Region Zentralmexiko
Größere Städte Tula, Chichen Itza
Kulturelle Besonderheiten
Fortsetzung der Mayakultur; Gebrauch von Metallen

509 v.Chr.–410 n. Chr.
Rom
Region Mittelmeer, Naher Osten, Italien, Spanien, Frankreich, Großbritannien
Größere Städte Rom
Kulturelle Besonderheiten Hoch- und Tiefbau, Bogen- und Gewölbekonstruktionen, Verwendung von Beton: Tempel, Mauern, Straßen, Aquädukte, Amphitheater; Militärwesen und -technik

900–1400 n. Chr.
Khmer
Region Kambodscha
Größere Städte Angkor
Kulturelle Besonderheiten
Tempelarchitektur; Reliefskulpturen; künstliche Bewässerungssysteme

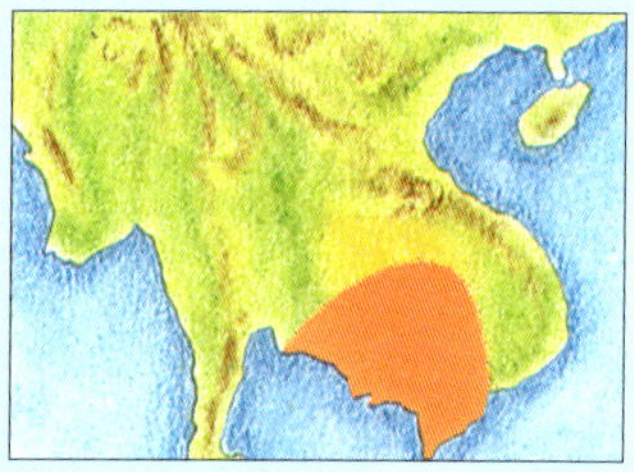

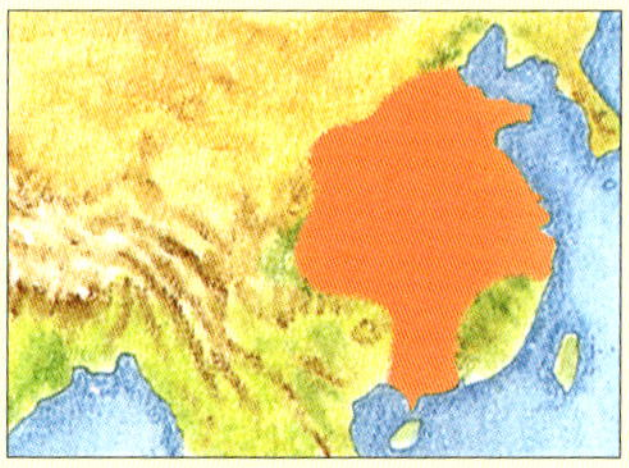

221–207 v. Chr.
Qin
Region China
Größere Städte Hsien-yang, Loyang, Chiuyuan, Lingling
Kulturelle Besonderheiten
Chinesische Mauer; Kaisergräber; Vereinheitlichung von Schrift, Maßen, Gewichten und Währung; Einigung Chinas

1100–1350 n. Chr.
Ife
Region Südwestnigeria
Größere Städte Ife
Kulturelle Besonderheiten Skulpturen aus Terrakotta (Menschenköpfe) oder aus Kupfer- oder Bronzeguss

321–187 v. Chr.
Maurja
Region Indien
Größere Städte Pataliputra, Santschi
Kulturelle Besonderheiten Übernahme des Buddhismus, Kuppeltempel; Straßennetz; Einigung Indiens

1200–1572 n. Chr.
Inka
Region Peru
Größere Städte Cuzco, Machu Picchu
Kulturelle Besonderheiten Steinbauten: Straßen, Paläste, Festungen und Tempel; Knotenschrift (Quipu); Textilien

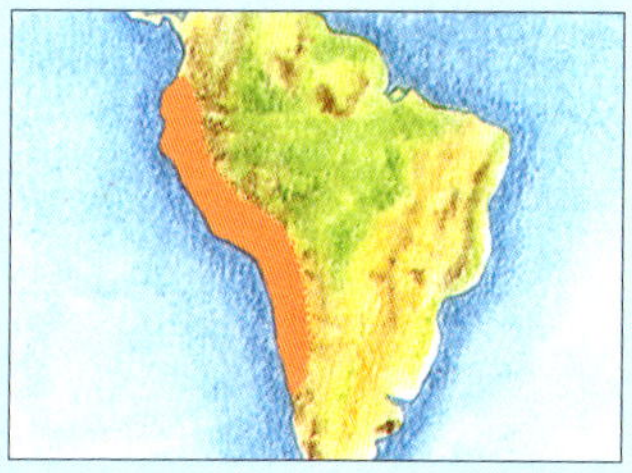

300–900 n. Chr.
Maya (Neues Reich)
Region Mexiko, Guatemala
Größere Städte Tikal, Copan, Chichen Itza
Kulturelle Besonderheiten
Bilderschrift; Astronomie, Mathematik, Kalenderberechnung; Steintempel auf Stufenpyramiden; Ornamentkunst

1345–1521 n. Chr.
Azteken
Region Mexiko
Größere Städte Tenochtitlán
Kulturelle Besonderheiten Schmuck und Federarbeiten; religiöse und magische Schriften; Militärwesen; religiöse Architektur

FORSCHER UND ENTDECKER

Schon immer wollten Menschen weit entfernte, unbekannte Regionen erkunden. In der Vergangenheit war man hauptsächlich an Handel, Eroberungen und Besiedlung interessiert. Die heutigen Forscher sind oft Wissenschaftler oder einfach Abenteurer. Über manche Entdecker wie die Polynesier, die quer über den Pazifik segelten, wissen wir wenig. Sie hinterließen keine schriftlichen Aufzeichnungen.

NORDATLANTIK UND NORDAMERIKA

ca. 330 v. Chr. Pytheas, ein griechischer Seefahrer und Geograph, segelte im Nordatlantik nach Großbritannien und »Thule« (Island oder Norwegen).

800–1100 Wikinger (Leif Eriksson, Erik der Rote) überquerten den Nordatlantik, gründeten Siedlungen in Neufundland und Grönland und entdeckten »Vinland« (heutige USA).

1527–1528 Pánfilo de Narváez, Spanier, erreichte Florida, USA.

1534–1542 Jacques Cartier, Franzose, segelte durch den St.-Lorenz-Golf und den St.-Lorenz-Strom, Kanada, hinauf. Aus den Siedlungen der Huronen-Indianer, die er entdeckte, entstanden später die Städte Quebec und Montreal.

1615/16 Samuel de Champlain, Franzose, gründete Französisch-Kanada und wurde 1633 erster Gouverneur.

NORDMEERDURCHFAHRTEN

NORDWESTPASSAGE (NWP)

1497 John Cabot, Italiener, suchte im Auftrag britischer Kaufleute einen Seeweg nach Asien. Dabei erreichte er Neufundland, Kanada, glaubte aber China entdeckt zu haben. Eine zweite Seereise 1498 endete rätselhaft; Cabot kehrte nie zurück.

Cabots Männer konnten bei den Neufundlandbänken Kabeljau aus dem Wasser schöpfen.

1576 Martin Frobisher, Brite, erreichte auf der Suche nach der NWP Baffin Island und Frobisher Bay.

1610/11 Henry Hudson, Brite, gelangte im Auftrag der Holländer zur Hudson Bay. Nach einer Meuterei seiner Mannschaft wurde er ausgesetzt und starb.

1845–1847 John Franklin, englischer Admiral, starb bei seiner Suche nach der NWP westlich der King William Insel. Sein Schiff steckte im Eis.

NORDOSTPASSAGE (NOP)

1596–1598 Willem Barents, Holländer, erreichte bei der Suche nach der NOP die Karasee.

1878–1879 Nils Nordenskjöld, Schwede, bereiste als Erster die NOP. Zugleich wissenschaftliche Expedition.

NORD- UND MITTELAMERIKA

1492/93 Christoph Kolumbus, Italiener in spanischen Diensten, überquerte den Atlantik. Bei seiner Landung auf den Westindischen Inseln glaubte er, die westliche Schifffahrtsroute nach Asien gefunden zu haben. Spätere Reisen führten ihn zu den Küsten Mittel- und Südamerikas.

1519–1521 Hernán Cortés, Spanier, eroberte Mexiko für Spanien. Mit Hilfe Tausender einheimischer Rebellen besiegte er das riesige Aztekenreich.

1528–1536 Álvar Núñez Cabeza de Vaca, Spanier, segelte mit dem Spanier Pánfilo de Narváez nach Florida. Hunger, Krankheit und Feindseligkeiten brachten die meisten Reisegefährten um. De Vaca wurde von Yaqui-Indianern gerettet und zog weiter nach Mexiko.

1678–1680 Robert Cavelier de la Salle, Franzose, erforschte die Großen Seen und fuhr den Mississippi hinab bis zum Golf von Mexiko. 1687, beim Versuch, das Mississippi-Delta vom Meer aus zu finden, fand er den Tod.

Nachdem sich Cortés entschlossen hatte, mit einer Streitmacht von nur 508 Soldaten und 100 Seeleuten das Aztekenreich zu erobern, ließ er alle seine Schiffe verbrennen. Damit blieb seinen Soldaten nur der Sieg oder der Tod.

1804–1806 Meriwether Lewis und William Clark, Amerikaner, wurden von US-Präsident Thomas Jefferson ausgesandt, einen Wasserweg von St. Louis zum Pazifik zu suchen. Mit dem Kanu befuhren sie den Missouri, den Yellowstone und den Columbia River.

SÜDAMERIKA

1531–1533 Francisco Pizarro, Spanier, eroberte das Inkareich.

1735–1744 Charles de la Condamine, Franzose, erforschte den Amazonas und die Nordwestküste Südamerikas.

1799–1804 Alexander von Humboldt, deutscher Naturforscher, führte in Südamerika geographische Messungen durch.

1831–1835 Charles Darwin, Brite, erforschte Südamerika und die Galapagosinseln.

WELTUMSEGLER

1519–1522 Ferdinand Magellan, Portugiese, brach zu einer Weltumseglung auf. Nur eines seiner fünf Schiffe und 18 der 260 Seeleute überlebten. Er selbst wurde 1521 von Einheimischen auf den Philippinen umgebracht.

1577–1580 Francis Drake, Engländer, umsegelte die Welt und raubte im Auftrag der englischen Königin spanische Schiffe aus.

Ferdinand Magellan

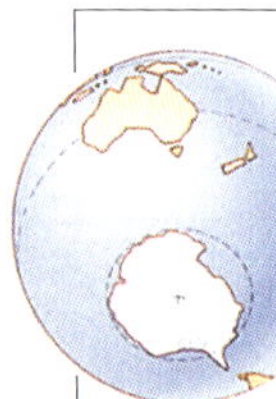

SÜDPOL

1839 James Clark Ross, Brite, erforschte mit seinen Schiffen »Erebus« und »Terror« am Südpol Küste und Inlandeis.

1910–1912 Roald Amundsen, Norweger, erreichte als Erster den Südpol. Er benutzte Hundeschlitten.

1910–1913 Robert Falcon Scott, Brite, wurde beim Wettlauf zum Pol knapp von Amundsen geschlagen. Ponys und Hunde gingen unter den schwierigen Bedingungen zugrunde. Bei der Rückreise starben die letzten vier Mitglieder der Expedition.

Amundsens Mannschaft

NORDPOL

1871 Charles Hall, Amerikaner, gelangte bei drei Expeditionen fast bis zum Nordpol. Kurz nach der dritten Expedition starb er.

1893–1896 Fridtjof Nansen, Norweger, versuchte vergeblich, den Nordpol per Schiff und Schlitten zu erreichen. Ein britisches Schiff nahm ihn beim Franz-Joseph-Land an Bord.

1908/9 Robert Peary, Amerikaner, behauptete nach der letzten von acht Expeditionen, den Pol erreicht zu haben.

Nansens Schiff »Fram« war so konstruiert, dass es sich im Treibeis bewegen konnte, ohne zerquetscht zu werden

EURASIEN

138–116 v.Chr. Chang Ch'ien, Chinese, reiste westwärts durch Asien bis über Samarkand hinaus. Er suchte nach Verbündeten für Kaiser Wu-Ti.

Chang Ch'ien am Hof Wu-Tis

399–414 n.Chr. Fa-hsien, Chinese, durchquerte Asien entlang der Seidenstraße bis nach Khotan. Anschließend reiste er durch Indien und über das Meer nach Sri Lanka. Er war buddhistischer Mönch und wollte mehr über Ursprünge und Schriften des Buddhismus erfahren.

629–649 Hsüan Tang, Chinese, folgte Fa-hsiens Route bis Indien und bereiste das Land ausgiebig.

800–1100 Wikinger fuhren den Dnjepr und die Wolga hinab und erreichten Konstantinopel und Bagdad.

1260–1271 Niccolò, Maffeo und **Marco Polo,** Venezianer, unternahmen zwei lange Asienreisen bis China. Marco blieb 20 Jahre dort und war Statthalter unter Kublai-Khan.

1541–1552 Francis Xavier, spanischer Jesuit, segelte nach Japan. Er war der erste Europäer dort.

1602–1607 Bento de Goes, Portugiese, schloss sich in Indien den Jesuiten an. Er durchquerte Asien von Agra bis Suchow.

1661–1664 Johannes Grueber, Österreicher, und **Albert d'Orville,** Belgier, kamen von China aus als erste Europäer nach Lhasa, Tibet.

1725–1729 und 1734–1741 Vitus Bering, Däne, durchquerte im Auftrag des russischen Zaren Asien zuerst auf dem Landweg. Danach untersuchte er zur See, ob Russland und Amerika miteinander verbunden waren.

AUSTRALIEN

1828–1830 und 1844–1845 Charles Sturt, Brite, vermaß die Flüsse Murray und Darling und erkundete Mittelaustralien.

1840–1841 Edward Eyre, Brite, fand einen Landweg entlang der Südküste von Adelaide nach Albany.

1860–1861 Robert Burke, Ire und **William Wills,** Engländer, reisten von Melbourne aus nach Norden quer durch Australien.

1861–1862 John Stuart, Schotte, durchquerte Australien von Adelaide nach Darwin.

Burke and Wills, die bei ihrer Rückreise nach Melbourne starben

PAZIFIK

1567–1607 Mendaña, Quirós und **Torres,** Spanier, überquerten mehrfach den Pazifik von Südamerika aus, an den Pazifischen Inseln bei Japan vorbei, sogar bis Manila.

1642–1643 Abel Janszoon Tasman, Holländer, segelte von Mauritius nach Tasmanien, Neuseeland, Fidschi, Neuguinea, Java.

1766–1769 Louis Bougainville, Franzose, segelte von den Falkland-Inseln quer über den Pazifik zum Großen Barriereriff, Australien, und weiter nach Neuguinea und Java.

1768–1779 James Cook, Brite, machte drei Seereisen im Pazifik, erforschte die Küsten Neuseelands und Australiens. Ausführliche Vermessungen des Südpazifiks und seiner Inseln.

Cooks Schiff »Endeavour«

AFRIKA

ca. 1500 v.Chr. Königin Hatschepsut, Ägypterin, schickte Forscher in das Land »Punt« (möglicherweise die Somaliküste).

ca. 500 v.Chr. Hanno, Phönizier, segelte von Karthago aus die westafrikanische Küste hinab, den Senegal-Fluss hinauf, auf der Suche nach Gebieten für Kolonien.

1324–1353 Ibn Battuta, aus Tanger, Nordafrika, durchquerte die Sahara, gelangte nach Mali und Timbuktu. Auch ausgedehnte Reisen im Nahen Osten und Arabien.

1795–1797, 1805/06 Mungo Park, Schotte, erreichte den Niger in Westafrika und folgte seinem Lauf flussaufwärts.

Livingstone auf dem Sambesi, Afrika

1841–1873 David Livingstone, Schotte, vier Expeditionen, durchquerte das südliche Afrika und kam bis Kapstadt und Port Elizabeth.

1844–1845, 1850–1855 Heinrich Barth, Deutscher, reiste durch die Sahara und Westafrika.

1857–1863 Richard Burton und **John Hanning Speke,** Briten, unternahmen drei Expeditionen nach Afrika.

1871–1889 Henry Morton Stanley, Amerikaner, drei Expeditionen durch Afrika und den Kongo hinauf.

SÜDATLANTIK UND AFRIKA

1485–1486 Diogo Cão, Portugiese, segelte die westafrikanische Küste bis zum Kap Cross hinab.

1487–1488 Bartolemeu Días, Portugiese, segelte die westafrikanische Küste hinab, vorbei am südlichsten Punkt, dem Kap der Guten Hoffnung, dann in den Indischen Ozean und wieder zurück.

1497/98 Vasco da Gama, Portugiese, segelte die westafrikanische Küste hinab, um das Kap der Guten Hoffnung, die ostafrikanische Küste hinauf und quer über den Indischen Ozean bis Calicut, Indien. Er erreichte Indien als erster Europäer auf dem Seeweg.

ARCHÄOLOGIE UND GESCHICHTE

Archäologen helfen uns beim Verständnis der Vergangenheit. Sie machen Ausgrabungen an alten, geschichtlichen Stätten und untersuchen die Fundstücke. Früher forschten sie hauptsächlich nach Schätzen. Heute sind Archäologen Wissenschaftler, die aus vielen Fundstücken ein möglichst vollständiges Bild früherer Kulturen zusammensetzen wollen.

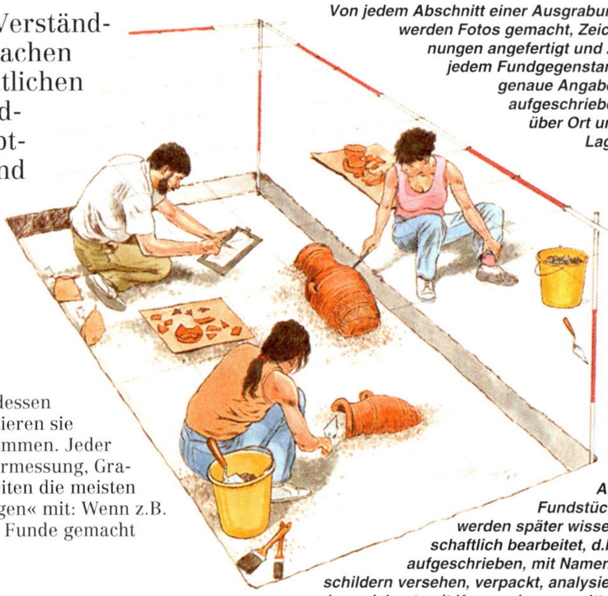

Von jedem Abschnitt einer Ausgrabung werden Fotos gemacht, Zeichnungen angefertigt und zu jedem Fundgegenstand genaue Angaben aufgeschrieben über Ort und Lage.

Alle Fundstücke werden später wissenschaftlich bearbeitet, d.h.: aufgeschrieben, mit Namensschildern versehen, verpackt, analysiert, abgezeichnet, mit Konservierungsmitteln behandelt. Untersuchungsergebnisse werden veröffentlicht.

AUSGRABUNG

Wenn Archäologen einen Ort entdecken, über dessen Vergangenheit sie mehr wissen wollen, organisieren sie eine Ausgrabung. Sie arbeiten in Gruppen zusammen. Jeder ist Fachmann für ein besonderes Gebiet wie Vermessung, Grabung, Zeichnen oder Fotografieren. Heute arbeiten die meisten Archäologen an »Rettungs-/ Erhaltungsgrabungen« mit: Wenn z.B. bei Bauarbeiten in Innenstädten geschichtliche Funde gemacht werden, nehmen sie diese auf.

ANALYSEMETHODEN

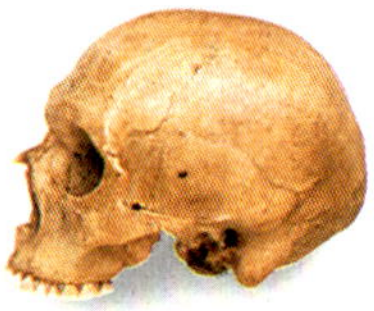

Schädelvergleiche können etwas über den Zeitpunkt der Evolution aussagen.

Knochenfunde verraten den Wissenschaftlern etwas über Ernährung, Gesundheit und die Lebensbedingungen früherer Völker, auch über Begräbnisriten.

Analysen von Samen, Pollen und tierischen Überresten vermitteln ein Bild der frühgeschichtlichen Umwelt. Man kann herausfinden, welche Nahrungsmittel angebaut wurden und wie die Menschen lebten.

Dendrochronologie befasst sich mit der Untersuchung der Jahresringe bei Bäumen. Dadurch kann man das Alter von Holzgegenständen bestimmen. In guten Jahren wachsen Bäume besser und haben größere Ringe als in schlechten. Man kann die Ringe in Holzobjekten mit anderen Hölzern vergleichen, deren Entstehungszeit schon herausgefunden wurde.

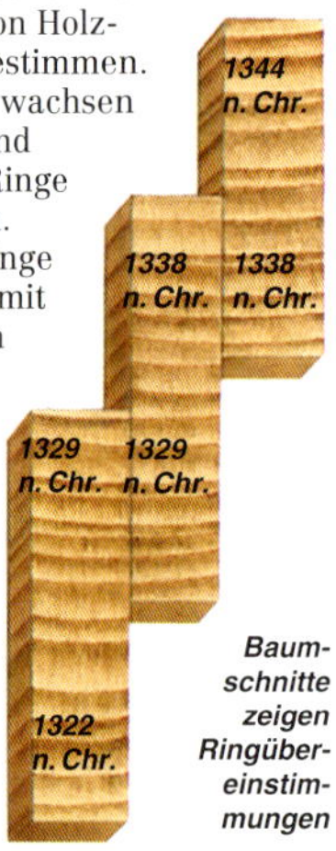

Baumschnitte zeigen Ringübereinstimmungen

An vielen Stellen lebten zu verschiedenen Zeiten andere Menschen. Die Archäologen machen dann einen senkrechten »Schnitt« durch den Boden in die Tiefe. So kann man die einzelnen Zeit-»Schichten« erkennen, wobei die oberste Schicht die jüngste Vergangenheit darstellt.

Mit der Radiokarbonmethode kann man sehr genaue Zeitbestimmungen vornehmen. In allen Lebewesen findet sich radioaktiver Kohlenstoff (Karbon, C14), der konstant bleibt, solange man lebt. Nach dem Tod/Absterben entfällt die ständige Ergänzung, daher kann man mit Hilfe der Halbwertszeit von C14 das Alter eines organischen Fundes bestimmen.

SUCHMETHODEN

Mit Hilfe der Geophysik kann man ohne Ausgrabungen zeigen, was unter der Erde liegt. Eine Methode benutzt den unterschiedlichen elektrischen Widerstand: Zwei Sonden werden an verschiedenen Stellen in den Erdboden getrieben. Am Widerstand des Bodens gegenüber dem elektrischen Strom kann man erkennen, ob unterirdische Objekte vorliegen.

Mit Röntgenstrahlen kann man Einzelheiten von Objekten erkennen, die zu zerbrechlich für andere Analysen oder mit Gestein verkrustet sind.

LUFTBILDER

Sonne am Mittag

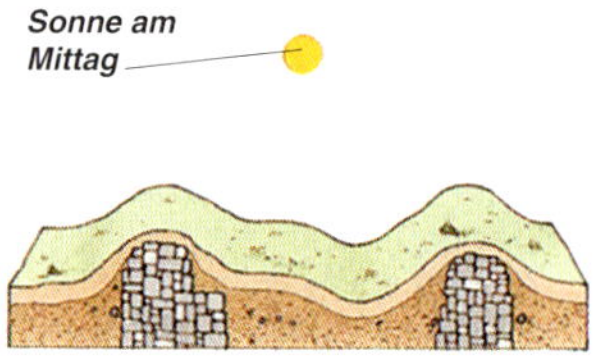

Tagsüber kann man die kleinen Erhebungen nicht klar erkennen, die von Objekten unter der Erde verursacht werden.

Schräger Sonnenstand morgens oder abends

Schattenbildung

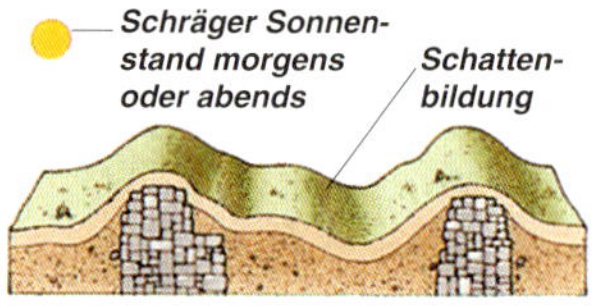

Bei Sonnenauf- oder -untergang werfen Erhebungen von oben sichtbare Schatten.

Getreidewachstum kann von alten Mauern oder Gräben beeinflusst werden, was aus der Luft leicht zu sehen ist.

EPOCHEN DER GESCHICHTSSCHREIBUNG UND IHRE HISTORIKER

Epoche		Historiker	Kennzeichen
Hochkulturen Kleinasien:		Ägyptische/Mesopotamische Chronisten	Berichteten und priesen die Taten von Königen und Kaisern ohne große Genauigkeit
Antike:	Griechenland	Herodot (ca. 484–ca. 425 v. Chr.)	Berichtete über bedeutsame militärische oder politische Vorgänge
		Thukydides (455–400 v. Chr.)	Studierte kriegerische Ereignisse seiner Zeit und deren politische Auswirkungen genau
	Rom	Livius (ca. 60 v. Chr.–17 n. Chr.)	Interessierte sich für wichtige Persönlichkeiten und Moral; versuchte, objektiv zu sein
		Tacitus (ca. 56–120 n. Chr.)	Schrieb anschauliche, genaue, meist wahrheitsgetreue Berichte
Mittelalter:	Europa	Orosius (ca. 417)	Erster christlicher Historiker; betonte christliche Weltanschauung gegenüber heidnischer
		Beda (ca. 672–735)	Der »Vater der englischen Geschichtsschreibung«, überprüfte seine Quellen sorgfältig
		Villehardouin (ca. 1150–ca. 1213)	Seine Berichte enthalten Aussagen von Augenzeugen kriegerischer Ereignisse
		Froissart (ca. 1333–1401)	Sorgfältig überprüfte Berichte, stellen Leben und Kämpfe der Ritter heraus
	Islamische Welt	Al-Tabari (ca. 923)	Schrieb religiöse Geschichten von Konflikten und vom Alltag der Moslems
		Ibn Khaldun (1332–1406)	Schrieb politische, wirtschaftliche und soziale Geschichte
Renaissance		Biondo (1392–1463)	Benutzte viele genaue Quellen in seiner chronologischen Geschichte Italiens
		Guicciardini (1483–1540)	Beschrieb geschichtliche Ereignisse übersichtlich und systematisch
Aufklärung	18. Jh.	Gibbon (1737–1794)	Er untersuchte Entwicklung und Geschehensabläufe historischer Ereignisse
	19. Jh.	Ranke (1795–1886)	Versuchte ein Verständnis der Vergangenheit mit wissenschaftlichen Methoden
	20. Jh.	Febvre (1878–1956) Braudel (1902–1985)	Sie erweiterten das Feld der Geschichtsschreibung durch Betonung sozialer und wirtschaftlicher Einflüsse. Außerdem berichteten sie über militärische, politische und geographische Begebenheiten

INTERNET-ADRESSEN

Astronomie

http://www.kinder-hd-uni.de/astro/astro7.html
(Seite der Kinder-Universität Heidelberg, auch sonst sehr interessant)

Raumfahrt und Raketen

http://www.esa.int/esaKIDSde/
(Kinderseite der European Space Agency)
http://www.esa.int/SPECIALS/Mission_Possible_de/
(Kinderseite der European Space Agency mit mehreren Unterthemen)
http://www.astronews.com/kalender/startrampe/index.html
(Informationen über Raketenstarts und laufende Weltraummissionen)

Sonnensystem, Planeten, Monde, Kometen

http://www.astronomie.de/sonnensystem/
(Vielseitige Seite mit vielen Links)
http://sunearth.gsfc.nasa.gov/eclipse/eclipse.html
(Informationen der NASA über Sonnenfinsternisse, in englischer Sprache)
http://linpop.zdf.de/ZDFxt/module/space/start.html
(Spannende virtuelle Raumfahrt durch das Sonnensystem)
http://www.quarks.de/themendossiers/weltraum/html-version/unser-sonnensystem/index.html
(Thema: Universum. Seite des WDR)
http://www.quarks.de/themendossiers/weltraum/html-version/das-universum-und-der-ganze-rest/kleine-meteoritenkunde/index.html
(Thema: Meteoriten. Seite des WDR)
http://www.quarks.de/themendossiers/weltraum/html-version/das-universum-und-der-ganze-rest/kometen-schmutzige-schneebaelle/index.html
(Thema: Meteoriten. Seite des WDR)

Universum und Sterne

http://www.3sat.de/3sat.php?http://www.3sat.de/nano/astuecke/44148/index.html
(Was ist das Universum? Die Suche nach der Weltformel)
http://www.astronews.com/index.html
(Der deutschsprachige Online-Dienst für Astronomie, Astrophysik und Raumfahrt)
http://www.quarks.de/themendossiers/weltraum/html-version/das-universum-und-der-ganze-rest/sterne/index.html
(Thema: Sterne. Seite des WDR)
http://www.astronews.com/kalender/sternenhimmel/index.html
(Sternenkarten und Himmelsvorschauen)

Vulkane

http://www.br-online.de/wissen-bildung/thema/vulkane/
(„Feuerspucker und rauchende Riesen"; Seite des Bayerischen Rundfunks)
http://www.kinder-hd-uni.de/vulkane/vulkane0.html
(Seite der Kinder-Universität Heidelberg)
http://www.vulkane.net/
(aktuelle und Hintergrund-informationen)

Mineralien

http://www.mineralienatlas.de/
(Private, gut gemachte Seite zu denThemen Mineralogie, Paläobiologie, Geologie, Bergbau sowie Lagerstätten (Fundstellen))
http://www.minmax.net/index.php?SID=5aopd2k3tstrf1v6fvcllr45uh96spbl
(Community für Mineraliensammler mit vielen Informationen)

Klima und Wetter

http://www.dwd.de/de/de.htm
(Homepage des Deutschen Wetterdienstes)
http://www.deutsches-museum.de/dmznt/klima/index.html
(Informationen des Deutschen Museums zum Thema Klima)
http://www.ipcc.ch/
(Homepage des Intergovernmental Panel on Climate Change, Herausgeber des Klimaberichts; in englischer Sprache)
http://www.kinder-hd-uni.de/natur/nat23.html
(Seite der Kinder-Universität Heidelberg)
http://www.unwetterzentrale.de/uwz/index.html
(Seite mit Informationen über Unwetter und aktuellen Unwetterwarnungen)
http://www.zeit.de/online/2007/09/klimawandel
(Seite der ZEIT zum Thema Klima)

Erdbeben

http://www.sueddeutsche.de/wissen/schwerpunkt/197/95102/
(Hintergrundinformationen über Erdbeben)
http://www.seismo.uni-koeln.de/edu/index.htm
(Informationen der Erdbebenstation Bensberg)
http://lbs.hh.schule.de/welcome.phtml?unten=/themen/erdbeben/beben-150.html
(Kommentierte Linkliste des Hamburger Bildungsservers)

Staaten der Erde

https://www.cia.gov/library/publications/the-world-factbook/
(Faktbuch des CIA zu den Staaten der Erde; in englischer Sprache)
http://www.auswaertiges-amt.de/diplo/de/LaenderReiseinformationen.jsp
(Reise- und Länderinformationen des Deutschen Auswärtigen Amtes)

Sport

http://www.dfb.de/
(Homepage des Deutschen Fußballbundes)
http://www.iaaf.org/worldrankings/index.html
(Weltbestenliste des Internationalen Leichtathletik-Verbands)
http://www.deutscherhandballbund.de/
(Homepage des Deutschen Handballbundes)
http://www.formel1.de/
(Informationen rund um die Formel 1)

Die schönen Künste

http://www.deutsches-museum.de/ausstellungen/kommunikation/drucktechnik/?0
(Information zur Sammlung „Drucktechnik" des Deutschen Museums München)
http://www.rundfunkmuseum.fuerth.de/german/index.htm
(Virtuelle Tour des Rundfunkmuseums Fürth)
http://www.tet.uni-hannover.de/sp/geschichte/rundfunk.htm
(Viele Informationen zu Geschichte und Technik des Rundfunks)
http://theater-info.de/theatergeschichte.html
(Informationen über die Epochen der Theatergeschichte)
http://www.theaterheute.de/
(Online-Ausgabe der Zeitschrift „Theater Heute")
http://www.wga.hu/index1.html
(Online-Kunstmuseum mit sehr guten Abbildungen und Kommentaren; in englischer Sprache)
http://witcombe.sbc.edu/ARTHLinks.html
(Umfangreiche Linksammlung zur Kunstgeschichte; in englischer Sprache)
http://mfm.uni-leipzig.de/
(Museum für Musikinstrumente)
http://www.lehrer.uni-karlsruhe.de/~za874/homepage/
(Daten der deutschen Literatur)
http://www.dradio.de/portale/literatur/
(Literaturportal des Deutschlandfunks)
http://www.epd.de/film/film_index.html
(Filmseiten des Evangelischen Pressedienstes)
http://www.filmmuseum-berlin.de/
(Filmmuseum)

Fossilien, Dinosaurier

http://www.dinosaurier-interesse.de/
(Informationen zu Dinosauriern)
http://www.kinder-hd-uni.de/fossilien.html
(Seite der Kinder-Universität Heidelberg)
http://www.berthold-weber.de/fosslk.htm
(Umfangreiche Linksammlung)

http://www.sfk-oberfranken.de/dinos/frm_dino.htm
(Informationen zu Dinosauriern)
http://www.palaeontologische-gesellschaft.de/palges/schule/schlagwort/main2.html
(Seite der Paläontologischen Gesellschaft mit vielen guten Abbildungen)

Tiere

http://www.pferde-rassen.de/rasseverzeichnis.htm
(Übersicht über Pferderassen)
http://www.nabu.de/m01/m01_05/
(Seite des Naturschutzbundes zum Thema »Vogel des Jahres«)
http://www.vogelstimmen-wehr.de/
(Seite mit Tonaufnahmen von Vogelstimmen)
http://www.naturlexikon.com/
(Information zu vielen Tierarten)

Bedrohte Arten

http://www.iucnredlist.org/search/search-basic
(Rote Liste der bedrohten Arten; in englischer Sprache)
http://www.wwf.de/unsere-themen/artenschutz/bedrohte-tiere-und-pflanzen/
(Seite des World Wide Fund for Nature)
http://www.bpb.de/wissen/MSPOUG,0,0,Bedrohte_Arten.html
(Informationen der Bundeszentrale für politische Bildung)

Gesellschaft und Politik

http://www.wdr.de/online/wirtschaft/euro/geldgeschichte.phtml
(Thema: Geldgeschichte. Seite des WDR.)
http://www.geldgeschichte.de/EinfuehrungGGS.aspx
(Geldgeschichtliches Museum der Stadtsparkasse Köln)
http://www.kindernetz.de/infonetz/thema/geld/-/id=32930/b5fptv/index.html
(Thema: Unser Geld. Kinderseiten des SWR)
http://www.europarl.de/
(Homepage des Europaparlaments)
http://www.bundespraesident.de/static/KidsQuiz/faq05.htm
(Kinderseite des deutschen Bundespräsidialamts)
http://www.bundestag.de/
(Homepage des deutschen Bundestags)
http://www.admin.ch/br/index.html?lang=de
(Webseite der schweizerischen Regierung)
http://www.parlament.at/
(Homepage des österreichischen Parlaments)
http://www.unser-parlament.de/aktuelle_themen/themaderwoche.html
(Bundestag und Schule)
http://hdr.undp.org/hdr2006/statistics/
(Human Development Report 2006 der Vereinten Nationen; in englischer Sprache)
http://www.unfpa.org/swp/2007/english/introduction.html
(Weltbevölkerungsbericht 2007; in englischer Sprache)

Wissenschaft und Technik

http://www.wissenschaft.de/wissenschaft/home.html
(Umfangreiche Sammlung aktueller wissenschaftlicher Themen)
http://www.learn-line.nrw.de/angebote/gssachunterricht/BU_strom.htm
(Information zum Thema Elektrizität)
http://www.ieap.uni-kiel.de/plasma/ag-piel/vorl/kap30/kap30.html
(Kleine Geschichte der Elektrizität)
http://www.swm.de/de/service/schule/wie-funktioniert.html
(Seite der Stadtwerke München zum Thema Energie, mit Lernspielen und Animationen)
http://www.ipsi.fraunhofer.de/~crueger/farbe/links.html
(Informationen der Fraunhofer-Gesellschaft zum Thema Farben)
http://www.deutsches-museum.de/sammlungen/maschinen/
(Übersicht über die Maschinensammlung des Deutschen Museums)
http://www.wissen.swr.de/sf/03_wis01.php
(Begleitmaterial, Hintergrundinformationen und methodisch-didaktische Hinweise zu den Sendereihen über »Naturwissenschaft und Technik« des SWR Schulfernsehens)
http://www.physikfuerkids.de/
(Seite mit Experimenten und vielen Informationen)
http://www.weltderphysik.de/index.php
(Vielseitige Seite zu verschiedenen Physik-Themen)
http://www.wissenschaft-online.de/
(Wissenschaftsthemen)

Geschichte

http://www.geo.de/GEO/kultur/geschichte/
(Diverse geschichtliche Themen)
http://www.dhm.de/lemo/
(Seite des Deutschen Historischen Museums mit Biografien, Statistiken und vieles mehr)
http://www.lernen-aus-der-geschichte.de/
(Dieses Webportal publiziert fortlaufend von einer Fachkommission ausgewählte Projekte aus Schulen, Gedenkstätten und Einrichtungen der historisch-politischen Bildung zu den Themen Nationalsozialismus, Holocaust, Zweiter Weltkrieg, Menschenrechte sowie zur Auseinandersetzung damit heute)
http://www.blinde-kuh.de/ritter/
(Informationen zum Rittertum)
http://www.br-online.de/kinder/fragen-verstehen/wissen/2003/00320/
(Mittelalter – Musik, Ritter, Speisen)
http://www.dhm.de/lemo/html/wk1/index.html
(Seite des Deutschen Historischen Museums zum Ersten Weltkrieg)
http://www.dhm.de/lemo/html/wk2/index.html
(Seite des Deutschen Historischen Museums zum Zweiten Weltkrieg)

REGISTER UND ANHANG

REGISTER

B

I

J

Q

R

T

U

X

Y

Z

ABBILDUNGSNACHWEIS

ABKÜRZUNGEN
o = oben
u = unten
l = links
r = rechts
ol = oben links
or = oben rechts
olM = oben links Mitte
orM = oben rechts Mitte
Ml = Mitte links
Mr = Mitte rechts
ulM = unten links Mitte
urM = unten rechts Mitte
ul = unten links
ur = unten rechts
M = Mitte
oM = oben Mitte
uM = unten Mitte
guM = ganz unten Mitte
goM = ganz oben Mitte

A
©Aardman Animations 186M. Action Plus 199ulM/Chris Barry 213M; R. Francis 197uM, 199ul; Tony Henshaw 193M, 199M, 215Mr; Mike Hewitt 212ur; Glyn Kirk 212urM, 215goM; Robert Lewis 190ur. Lorna Ainger 162u, 178goM. AKG, London 132uM, 133urM, 144uM, 145M, 172ul, 188or, l, 242urM. Allsport/David Klutho 201guM. Ampex 187ul. Ancient Art and Architecture Collection 32Ml, 135guM, 142Mr, 166ol, olM, 382Ml, 384ol, 385Ml/Ronald Sheridan 373ur. Animals Unlimited 105Ml. Directed and Produced by Animation City/AC Live 184guM. Archiv für Kunst und Geschichte, Berlin 182goM, 184or, 380M, 381M, ul, 390ul. Ardea/Liz Bomford 97goM. Art Directors/Carl Young 152M. Aviation Photographers International 265uM.

B
B & U International Picture Service 279M. BFI Still, Posters & Designs 164orM, 186or. Barnaby's Picture Library/Georg Sturm 142M. Michael Barrett Levy 182ul, 187Mr. Norman Barratt 190. Basketball Hall of Fame, Springfield, Massachusetts 190urM. ©Bayreuther Festspiele GmbH/Wilhelm Rauh 314guM. Bibliothäque de L'AssemblÇe Nationale, Paris 190orM. Biofotos/Heather Angel 92urM. ©1993 Boeing Commercial Airplane Group 265ur. Bridgeman Art Library/Bodleian Library, Oxford 386ol; British Museum, London 160Mr; Christie's, London 162Mr; City of Bristol Museum & Art Gallery 393Mr; British Library, London 350oM, 392ul; Department of the Environment, London 385goM; Egyptian National Museum, Cairo 374oM; Fervers Gallery, London 169Mr; Giraudon 69Mr, 161Ml; Greater London Council 132Ml; Hermitage, St. Petersburg 160Ml; Historisches Museum der Stadt Wien 169Mr; Institute of Directors, London 397M; Sir Godfrey Kneller 145orM; Louvre, Paris 374guM; MusÇe de L'ArmÇe, Paris/Giraudon 395M; Museum of Mankind 138goM; Nationalgalerie, Berlin 161uM; Prado, Madrid 390Ml; Private Collection 133ulM, 190oM, 390ol, 397ol; Salvator Rosa 145ol; Royal College of Physicians, London 133orM; Tretyakov Gallery, Moscow 324M; Trinity College, Dublin 310ur; Courtesy of the Board of Trustees of the V & A, London 391Ml, 169M. British Library 141orM. British Red Cross 132urM. Brothers Quay 186Ml. Bureau International des Poids et Mesure Sevres 240ulM.

C
Camera Press/Curtis/RBO 409ulM; Karsh of Ottawa 409ul; Herbie Knott 410M; Ian Stone 409ur; Eli Weinberg 408ol. California Institute of Technology 44ul. J. Allan Cash Ltd. 140guM, 340ur, 342Ml, 348uM, 379ul, 390ur. Casio Electronics Co. Ltd. 182uM, guM. Jean-Loup Charmet 166urM, 173ur, 239ur. Lester Cheeseman 143Ml. Chicago Historical Institute 157Ml. Christies Colour Library 47ur. Bruce Coleman Ltd./Fred Bruemmer 291Mr; Jane Burton 86Mr, 93urM; Alain Compost 95uM; Gerald Cubitt 336Ml, 354ul; Peter Davey 101uM; Andrew Davies 272ul; Jack Dermid 93urM; Keith Gunnar 43goM; David C. Houston 288ulM; Stephen J. Krasemann 63urM, 106ul; S. Nielsen 23Mr; Dieter & Mary Plage 335Mr; Dr. Eckart Pott 108guM, 101guM, 291or; Andy Price 354ur; Mr. Jens Rydell 235M; John Shaw 50ulM; Austin James Steven 93or, 95ol; Kim Taylor 95or, 236urM; Barrie Wilkins 106M; Gunter Ziesler 112Ml; Christian Zuber 329M. Colorsport 194guM, 196Mr, 197M, Mr, 199guM, 200Ml, 210ul, guM, 213Mr, 214M, Mr, 215ul/ ©duomo-David Madison 191orM, William R. Sallaz 214Ml/Olympia, Roberto Bettini 217uM/Sipa Sport, Pascal Huit 216uM, Lacombe 217M, R. Martin 215guM. Comstock 379ur, 381or. Michael Copsey 46uM, 53or, orM, 56olM, Ml, 75ol, 138Mr, 141ol, 242M, 326ur, 344Ml, 352M.

D
Daihatsu 253Mr. James Davis Travel Photography 142ul, 143Mr, 171ul, 303oM, 350guM. Dessau/Peter Kuhn 156uM. ©The Walt Disney Company 186ol, Ml, uM. C. M. Dixon 161goM, or, 373orM, 377goM, 378guM. Courtesy of Anthony d'Offay Gallery, London 161ul. Dominic Photography/Catherine Ashmore 174M. Dr. Peter Dorrell 373ol. Dulciana/J.D. Sharp 184Ml.

E
E. T. Archive 139uM, 169or, 374ur, 377Ml, 395guM, 398ur, 401ul, 402ol/Biblioteca Marciana, Venice 190olM; Metropolitan Museum of Art 176ur; Plymouth City Art Gallery 176guM. Mary Evans Picture Library 18olM, 18orM, 32or, ol, olM, M, orM, ulM, 68Mr, 69Ml, 71or, olM, 132orM, 133or, 140orM, 143or, ul, 144Mr, orM, urM, 145oM, orM, 152goM, Mr, 167Ml, Mr, 169olM, 176uM, 178oM, Ml, ulM, 190M, Mr, 239Mr, uM, 247or, orM, Ml, ulM, 248goM, 249ol, Mr, uM, 264oM, 265orM, Ml, Mr, 357urM, 380Ml, 386M, 388goM, 389ur, 393Ml, 394orM, 396ulM, M, 397oM, 398ul, 399or, Mr, 402or, 415Mr, 416, 417ol, Ml, M; Elenore Plaisted Abbott 178Mr; Carrey, Le Petit Parisien 264orM; A. W. Diggelmann in La Conquete du Ciel 264Mr; Explorer 133olM, 169oM; G. W. Lambert 419M; Alexander Meledin Collection 402ul, 420ur; J. K. Stieler 395urM; Steve Rumney 169 Ml; N. C. Wyeth 138or.

F
Werner Forman Archive/Anthropology Museum, Veracruz University, Jalapa 377ol; British Museum, London 190or; J. Paul Getty Museum, Malibu, USA 190olM; Private Collection, Prague 354Ml; Tanzania National Museum, Dar es Salaam 169goM. Fotomas Index 395ul. John Frost Historical Newspaper Service 188olM, Ml, M uM. Fuji 164guM.

G
Genesis 34ul. Geoscience Features 51 ulM. Courtesy of Andy Goldsworthy 161guM. Ronald Grant Archive 169urM, 184oM, ulM, 185ul. Greenpeace/ Gleizes 153goM; Morgan 357ul.

H
Sonia Halliday Photographs 135goM, 157oM, 160goM, 188goM, 381ol, l, Laura Lushington 381guM; James Wellard 33or. Robert Harding Picture Library 42Ml, 71ol, 171or, 290ul, 309ur, 330or, 331ul, 340goM, urM, 345or, 366guM, 371ol, 374M, orM, uM, urM, 377ulM, 385ul, 392or, Mohamed Amin 31guM; Bildagentur Schuster/Kim Hart 309ul/Layda 348orM; C. Bowman 293ul; Cordier/Explorer 336guM; K. Gillham 317Mr; Ian Griffiths 334M; Kosel 51Ml; J. Desmarteau 394goM; FPG International 398ulM, 400ul; Robert Francis 46M; Robert Frerck/Odyssey/Chicago 278guM; David Hughes 157olM; F. Jackson 342Mr, 343ul; Krafft 43goM; Robert McLeod 62ul, 410ur; Geoff Renner 55ul; Christopher Rennie 383ul; Rolf Richardson 320Ml, 379guM; Paul van Riel 411Ml; Sackim 315Mr; Andy Williams 279ol; JHC Wilson 184orM; Adam Woolfitt 319ur, 342olM; Earl Young 152or, 293goM. The Hindu
Newspaper 188ulM. Michael Holford 89ulM, 154ol, 160ol, 374Mr, 375M, orM, 376ulM, uM, Ml, urM, 377ul, 380uM, 394Ml, 378Mr. Rebecca Hossack Gallery 146or. Hulton-Deutsch Collection 18oM, 34or, 45M, 132ur, 144ulM, 145ulM, 151Mr, 153M, 156urM, 160urM, ul, 165M, 166, 169ul, 170ulM, urM, 174orM, Mr, 176ul, 178ur, guM, 181goM, or, ol, oM, 182ol, 188Mr, 190M, ul, 193urM, 194urM, 245olM, 261ul, 264Ml, M, ulM, urM, 396ol, 398orM, 400urM, 401ur, 406goM, Ml, ur, 407or, 408goM, 417or, guM, 422urM/Bettmann Archive 182orM; Terry Fincher 407ol. Robert Hunt Library 404goM. Henry E. Huntington Library & Art Gallery 18ulM. Hutchinson Library 171M, 337ur/H. R. Dorig 377olM; Sarah Errington 148oM, 363or; Melanie Friend 141ul; Julia Highet 171orM; Michael McIntyre 139Mr, 146uM, 171Ml, 347M; Christine Pemberton 141or; Pern 146guM; Bernard Regent 143ol; John Ryle 148ol; Liba Taylor 142orM; Anna Tully 171ol.

I
The Image Bank/Charles S. Allen 272Ml; Alan Becker 314M; A. Boccaccio 274ol; Lionel F. Brown 236Mr; Gary Cralle 53urM; Fotoworld 308guM; Chris Hackett 294Mr; G. Heisler 276or; Lionel Isy-Schwart 171o, 354orM; Ronald Johnson 272ulM; Tadao Kimura 379orM; Kim Keitt/Stockphotos Inc. 169guM; Romilly Lockyer 310ul; Michael Melford 109ulM; Arhur Meyerson 363or; Co. Rentmeester 274olM; Guido Alberto Rossi 53ur, 320ur, 346Mr, 363urM; Steve Satushek 321M; Michael Skott 376ul; Harold Sund 293ol, 324oM; A. T. Willett 245ur; Trevor Wood 43Ml. Image Select 132ulM, 172guM, ur, ul, 178uM, urM, 392Ml. ©Imax Corporation 184ur. Impact Photos/Steve Benbow 297goM; John Cole 293Mr. A. J. Deane 319ulM; Paul Forster 354Ml; Alan Keohane 147guM; Peter Menzel 149goM; Tony Page 156orM. Institut Pasteur 133Ml. International Coffee Organization 301or. Courtesy of the Israel Antiquities Authority 371ur.

JKL
Japan Archive 169orM. Robert Jones 355ul. A. F. Kersting 378orM. Keymed Ltd. 127goM, ulM. David King Collection 144urM, 152guM, 166. Kobal Collection 31Mr, 184olM, ul, 236M. Konica 164M. Frank Lane Picture Agency 79Ml/Silvestris 62ulM, 63ur, 87goM; T & P Gardner 109ul; R. Wilmshurst 106Mr. Leica 164Ml. Eleni Leoussi 169ur. Mike Linley 93ulM.

M
Magnum Photos Ltd. 165uM, 334or/Abbas 342M, 365ol; Collection Astier 401urM; Bruno Barbey 143ur; Ian Berry 18urM; Cagnoni 408guM; Bruce Davidson 409ol; Stuart Franklin 365ulM; Ernst Haas 364ul; Philippe Halsman 169uM; David Hurn 148Mr, 365ur; S. Meiselas 152ol; Wayne Miller 403ol; Michael K. Nichols 364guM; Pinkhassov 411goM; Raghu Rai 365Ml; Marc Riboud 409M; David Scherman 165Mr; Nicolas Tikhomiroff 407M. Mander & Mitcheson 166M, Mr, ul, 168Ml, 169ulM, 170olM, M. ©Moroccan Embassy/Philippe Ploquin 330oM.

N
NASA 21or, 27ul, 29Mr, 34orM, M, Mr, uM, 35M, Mr, ur, 36uM, ur, 45ur, 60ur, 182M, Mr, 245ul, 275M, 408ur, 411Mr/JPL 35oM, orM. NHPA/Stephen Dalton 95ulM; Manfred Danegger 101ur; Douglas Dickens 109M, uM; George Gainsburgh 75olM; Peter Parks 87ol; John Shaw 79or; Martin Wendler 95goM, 109ol, Ml. Edmund Nagele, FRPS 296orM. National Film Board of Canada 186olM. National Maritime Museum 390goM. National Motor Museum, Beaulieu 253ol, olM, Ml, oM, M, Mr, ur, 255. Nationwide Building Society 274Ml. Natural History Museum Publication 105ulM. Nature Photographers Ltd./J. F. Reynolds 101urM. Network Photographers/Roger Hutchings 322guM. ©Nobel Foundation/Svensk Reportaget Janst 309M. Northern Ireland Tourist Board 46olM. Novosti 34ol, 35ol, 323oM, 383Mr.

O
The Open University 32guM. Oxford Scientific Films/Animals, Animals/Raymond A. Mendex 95oM/Breck P. Kent 85M; Fred Bavendam 87or, orM; G. I. Bernard 91Ml; Fredrik Ehrenstrom 85ur; Michael Fogden 92oM, orM; Rudie Kuiter 97ol; London Scientific Films 85olM; Root Okapia 102urM; Kjell Sandved 86orM.

P
Panos Pictures/Rob Cousins 367Ml; Jean-Leo Dugast 346Ml; Ron Giling 367or; Trevor Page 367ol; Nick Robinson 366Mr; Liba Taylor 337goM; Penny Tweedie 146ul. Ann & Bury Peerless 139Ml, ul, ur, 140or, 141Mr, 142or, goM. Chris Pellant 46guM. Planet Earth Pictures/Peter David 97ul; Robert Hessler 43ol; A. Kerstitch 87olM; Ken Lucas 97oM, olM; Paulo de Oliviera 97. Philips 187oM. Photostage/Donald Cooper 166ulM, ur, 174urM, ur. Pictor International 340orM, 345M, 346goM/Leo Aarons 376Mr. Pictorial Press Ltd. 409goM. Richard Platt 368goM. Polish Cultural Institute 318orM. Popperfoto 190Ml, 247ul, 298Mr, 401oM, uM, orM, 402guM, 404M, 405ol, goM, or, urM, 407urM, 409Ml, guM, urM, 411uM, ur. Press Association 152uM. Q & A Pictures 280M.

R
Range 145urM, 160ur/Bettmann 132guM, 133Mr, 159ul, 244oM, or, 248ulM, 253goM, 255urM, 265guM/Bettmann/UPI 165urM, 188urM, 245orM, 246guM. Redferns/David Redfern 173guM. Retna Pictures Ltd./ Adrian Boot 299oM. Reuters/Visnwes Library 365Mr. Rex Features Ltd. 152oM, 265uM, urM, 273uM, 409or, 411ul/ Collection Privee/Sipa 292M, 404or; D. Turner Givens 350Mr; Dave Hogan 305ul; Peter Lomas 120ul; Mark Sherman 368guM; Sipa Press 292M, 403ul, 409Mr, 410ol, goM, or, Mr/Cheryl Hatch 410uM/ F. Mitri 410Ml/Robert 411ulM/Setboun 410urM; Ian Waldie 149ur; Markus Zeffler 153Ml. Michael Roaf 156oM. Roger-Viollet 245goM. Ann Ronan at Image Select 32goM, 115Ml, Mr, 132ol, olM, oM, Mr, M, 133goM, 135ulM, 144goM, M, olM, Ml, 145olM, or, 164guM, 172ulM, 173ulM, 224orM, 242ur, 243ulM, 244goM, olM, 248or, M, 249goM, 259urM, 396Mr, 418ul/WHO Jean Mohr 132ul. Royal Britannic Gardens, Kew 77ur.

S
SanDisk www.sandisk.com 187ulM. ©Fotograf H. J. Schuffenhauer 314Ml. The Science Museum/Science and Society Picture Library 239guM. Science Photo Library 123olM, 128urM, 249M/Bill van Aken/CSIRO 65Mr; Argonne National Laboratory 248guM; Alex Bartel 245Mr; Biofoto Associates 117goM; Martin Bond 65guM, 272urM, 273Ml; Dr. Goran Bredberg 119M; Dr. Jeremy Burgess 120urM, 248oM; CNRI 83urM, 115oM, orM, uM, 120ur, 127uM, ur, 237Mr/Prof. C. Ferlaud 121/Secchi, Lecaque, Roussel, Uclaf 115Mr; Jean-Loup Charmet 32oM; Martin Dohrn 366or; Ralph Eagle 118Ml; Prof. Harold Edgerton 164Mr; Fred Espenak 24or; Simon Fraser 272M; Stevie Grand 227orM; Hale Observatories 24urM; Adam Hart-Davis 118ul; Anthony Howarth 247ur, 64ur; Dr. William Hsin-Min Ku 19uM; Manfred Kage 123ol; John Mead 272oM; Astrid & Hans-Frieder Michler

115or, 129Ml; Laurence Migdale 366orM; Hank Morgan 128guM; Prof. P. Motta, Dept. of Anatomy, University „La Sapienza“, Rome 122goM; NASA 34urM, 35olM, Ml, urM, 36Mr, 51Mr; NIBSC 125Ml; National Library of Medicine 117guM; Novosti Press Agency 31urM, 34Ml, 35goM, or; Omikron 121; David Parker 45ul; Pekka Parviainen 30ur; Alfred Pasieka 126ulM; Petit Format/CSI 84urM; Petit Format, Institut Pasteur, Charles Dauguet 125ur; Phillipe Plailly 225ul; Chris Priest & Mark Clarke 125uM; J. C. Revy 133ul; Royal Observatory, Edinburgh 30oM; Gregory Sams 238ur, 249ur; John Sanford 31Ml; Tom van Sant/Geosphere Project, Santa Monica 368ur; Francoise Sauze 135Mr; Dr. Klaus Schiller 121, 127Ml; Science Source 123Ml; Sinclair Stammers 85Ml, urM; James Stevenson 126uM, 131Mr; Prof. Yoshiaki Sofoe 19ulM; Andrew Syred 85guM; Gianni Tortoli 227or; Alexander Tsiaras 240Ml; U. S. Dept. of Energy 272ur; Dr. E. Walker 128uM; M. I. Walker 247oM; John Walsh 84uM, 115M; SPL 186ur. Scala/Biblioteca Nazionale, Firenze 389ul. Mark Shearman 195/Mr. Harry Smith/Polunin Collection 75M. Sony UK Ltd. 187ol, M, guM. Sotheby's 242ul. South American Pictures/Marion Morrison 302ur; Tony Morrison 303uM, urM. Frank Spooner Pictures/Gamma/Novosti 324or; Daniel Simon 368ul. Sporting Pictures (UK) Ltd. 183ol, 191M, 192ur, 193Ml, 195urM, 201ul, 208Ml, ul, 211Mr, 213ur, ul, 217ur. Stadelsches Kunstinstitut, Frankfurt a. M./Ursula Edelmann, Frankfurt a. M. 160uM. Starland Picture Library/AT & T Bell Laboratories 32ul. Dr. F. Richard Stephenson 22ul. Still Pictures 332or; Andy Crump 355or; Mark Edwards 147uM, 305Mr; Julio Etchart/ Reportage 300Mr; John Maier 368or. Tony Stone Images 296ul, 296uM; Oliver Benn 315Ml; 382olM; Jon Bradley 157M; Julian Calder 312M; John Callahan 349ur; Tony Craddock 51Mr, 312ul; John Edwards 290or; David H. Endersbee 278ul; Robert Everts 309or; Robert Frerck 311Ml; Jon Gray 56ol; Michael Harris 141M; David Hiser 291ul; John Lamb 315orM; Ian Murphy 171guM; Hugh Sitton 338uM; Nabeel Turner 139ol, 140ul, 341M. Sygma 114uM/David Gomle 146ulM; Bill Nation 147goM. Syndication International/Macdonald, Aldus Archive 182ulM, 390guM.

T

Telegraph Colour Library 365ul/Colorific!/ Jaakko Avikainen 324ul; John de Visser/ Black Star 324ol. Telesat, Canada 182Ml. Time UK 243ul. Toyota 253ulM. TRH Pictures/DOD 262M; U.S.A.F. 266ur.

UWZ

UPI, Bettmann 18uM, 32uM, urM. Vireo/Academy of Natural Sciences, Philadelphia 99or. Wedgwood 276Mr. Straker Welds 181ul. Wellcome Institute Library, London 133orM. West Africa 166guM. Wiedenfeld & Nicolson Archives/British Museum 393ol. Rodney Wilson 156M, ulM, 318M, 372or. ©The Wimbledon Lawn Tennis Museum 190uM. ZEFA 135uM, 147ur, 148or, 151ol, Ml, 271uM, 275orM, 375uM/Damm 171Ml; W. F. Davidson 278goM; J. Distler 302orM; A. Edgeworth 146ur; Goebel 305orM; Hackenberg 157uM; Harlicek 331Ml;
K. Lehnartz 147M; G. Mebbs 243urM; Resea 150ur; S. Velberg 149or. ZEON 181guM. Zoological Society of London 95M. Sam Zwemmer 340guM.

ILLUSTRATOREN

Evi Antoniou: 61r, uM, 71orM, 85Mr, 98Ml, M, Mr, 102Ml, M, 103uM, 107ur, 301Mr, M
David Ashby: 140ol, Ml, 141ol, Ml, 142ol, Ml, 143olM, Mr, ul, ur, 158r, 191u, 287l, 291uM, 302guM, 305uM, 310M, Mr, 311goM, uM, M, 312Mr, 313goM, 315, 316Ml, 320M, 329ol, 340l, 343Ml, 344M, 347Mr, 349M, 370-1o, 372-3o, 374-5o, 376-7o, 378-9o, 380-1o, 382-3o, 384-5o, 386-7o, 388-9o, 390-1o, 392-3o, 394-5o, 396-7o, 398-9o, 400-1o, 402-3o, 404-5o, 406o, Mr, 407o, 408-9o, 410-1o, 412-3o, 414-5o, 416Ml, 417ur, 420-1, 422-3
Rick Blakeley: 21ur, 26-7o, M, 30ul, 31olM, 183ul, 222Ml, or, 223ol, 224M, Mr, guM, ur, 225olM, M, urM, u, 226ul, 227u, 228or, 230o, Ml, M, u, 233o, ul, ur
Cathy Brear: 263 olM
Peter Bull Art Studio: 41or, ulM, 46oM, Mr, 52M, ul, 54oM, Mr, 55, 56Mr, 82Mr, 221uM, ur, 222ur, 231Ml, 258l, u, 259o, u, 260M, u, 261o, u, 262l, ur, 264olM, ulM, u, 265o, or, Mr, Ml, 266M
Mike Courtney: 122Ml, ur, 124ol, Mr, 125ol, or, M, Mr, 126ol, M, 127Mr, 128goM, 129goM, M, 130goM, ur, Ml
Jane Craddock-Watson: 81u
William Donohoe: 42u, 43u, 53goM, 54M, Mr, ul, 55ol, M, ur, 56o, 77ul, 82guM, 147M, 149M, 370guM, ur, 372ul, 373M, Ml, Mr, 374M, olM, Ml, 375M, olM, 376u, 377M, 381M, 382M, 383ur, 384M, 385or, guM, 386urM, 387ol, guM, 388goM, Ml, 391or, Mr, urM, 393ur, 395ol, 396ul, 405M, 407ur, 408Mr, 410u, 424Mr
Angelika Elsebach: 63u, 85orM, 86goM, 88goM, 90goM, 91goM, 92goM, 94goM, 96oM, 98or, 102goM, 110or, Mr, 111Ml, Mr, orM, 112o, orM
Simone End: 74ol, oM, uM, 78ol, 80urM, 82orM, 86M, 88M, Mr, 90M, 91M, 92M, 94oM, 96M, Mr, 99ol
John Crawford Fraser: 148M, 149Mr, 166o, Ml, 168ol, M, l, 305u, 317u, 318ulM, 322orM, 320oM, 321goM, guM, 341Ml
Eugene Fleury: 40M, urM, u, 42o, 44o, 48or, 50or, 52o, 56o, 78u, 107goM, 139o, 140o, orM, ulM, M, 141goM, M, Mr, ur, 142ol, M, ur, 143goM
Shirley Gwillym: 78or, ol, 138guM, 178or, olM, 243Ml, 332olM
Mike Grey: 20Ml, 21orM, 28M, 29ol, or, 300M, Mr, 306uM, ur, 326M, Mr, 338M, Mr, 352u, ur
Nicholas Hall: 38o, ul, 39o, 48Ml, 52u
Nick Hewetson: 18-9u, 33goM, 142ol, 220ur, 221Ml, 325urM
Bruce Hogarth: 252u
Christian Hook: 173Ml
Richard Hook/Linden Artists: 370M, ul, 371ul, urM, 372Mr, 374ul, 377ur, 378ol, ur, 380or, 381Mr, 383or, 384M, 387Ml, 388ul, 389ol, guM, urM, 391guM, 393M, 394ur, 395Ml, 396urM, 397or, ur
Aziz Khan: 268M, 269o, 370oM, 371goM, M, 372Ml, 374goM, 375ol, 376olM, ol, goM, or, 377or, 378or, ul, 379oM, 380ur, 381goM, 382M, 384oM, 385M, 386M, 387oM, 389M, 391goM, 392ol, 393goM, 395or, 396goM, 397goM, 398Ml, 399guM, 400M, 402goM, 403goM, 404l, 405Mr, 406M, 407goM, Ml, 412-3
David Lewis Agency
Jason Lewis: 135goM, 136ur, 154M, u, l, 179l, 188orM, 324Ml, ur, 290Ml, 291goM, Mr, 292M, Mr, u, 293M, ur, 296M, 297M, 300or, ul, 305M, 306or, M, Mr, 310ulM, goM, Mr, M, 316Mr, 318Mr, 319Ml, ul, 326or, 327ulM, M, ul, ur, 328oM, uM, Mr, 329Mr, 330ol, goM, Ml, 331or, 332guM, 333or, 335ulM, uM, 336Ml, M, orM, 337Ml, guM, 338or, oM, ur, 343Ml, ul, M, 346Ml, 347or, M, 347M, or, 348Ml, M, Mr, 350Ml, Mr, 351Ml, 352or, M, guM, 354Mr, 356ul, olM, 357Ml
Richard Lewis: 50oM, 51ul
Angus McBride/Linden Artists: 373ul, ur, 376Ml, M, Mr, 379goM, Ml, M, Mr, 380ul, 383ol, Ml, 384ul, ur, ol, 385uM, urM, 388ol, or, 391ol, 392M, 394ul, 397ul, orM, 398goM, 404Mr, 405Ml
Ruth Lindsay: 76ol, 77ol, 298Ml, 349Mr, 348guM, 349or
Sean Milne: 82goM, 86ul, 87ul, 90ul
Tony Morris/Linda Ragcas: 404ur
Gilly Newman: 160or, 161or
Alex Pang: 191goM, u
Roger Payne/Linden Artists: 114ur, 382ol, 383urM, 388guM, 389or, 394M, urM, 395orM
Pond and Giles: 22ur, 23u, 31orM, 46u, 49Ml, 62M, 86Ml, 88Ml, 90l, 91ol, 92Ml, 96Ml, 290olM, 291ul, 296Ml, 302M, ulM, 303goM, M, 305goM, 308goM, ul, ur, 309goM, 310Ml, 311M, uM, 312goM, guM, 313goM, 314goM, 315goM, M, 316goM, 317or, 318goM, 320or, ul, 324goM, 328goM, 329ur, 330Ml, 332goM, 336oM, 340goM, 342goM, 344goM, 345guM, ur, 349goM, 350ul, 354goM
Daniel Pyne: 18l, 19ol, Mr, 23urM, 33ol, u, 83goM, or, ulM, ur
Sebastian Quigley/Linden Artists: 41or, u, 191oM, 192Ml, Mr, 193Mr, urM, 194o, 198goM, Ml, 199Ml, ulM, 200or, 201ol, oM, 202or, urM, 203l, 204or, 205l, u, Ml, 206M, urM, 207goM, 208goM, ur, 209or, M, 210or, ulM, 211Mr, 212or, ul, 213or, 214M, 215or, M, 216ol, Ml, Mr, 217ul, 218orM, ul, ur, 242or, Mr, 268uM, 269Ml
Mike Saunders: 115Ml, 116, 117ol, 118olM, M, ur, 121o, Mr
Pete Serjeant: 18o, 25o, M, ul, guM, ur, 170Mr
Rodney Shackell: 36ol, 44ur, 45ol, goM, or, orM, 56ul, 75orM, guM, 79orM, guM, u, 107Ml, Mr, 110M, 122ul, 123ul, 124ul, 125ul, 126or, ul, 127or, 128ul, 129Mr, 130ul, 132o, or, guM, 133ur, 138M, Ml, 144ur, 145r, 152ul, 153ur, 157Mr, 163or, 169olM, 179or, 188ur, 190Ml, 193ul, 196ur, 199ur, 209ur, 211ur, 214ur, 220ul, u, guM, 221or, 222ul, 223ur, 225, 226uM, 227Mr, 228Ml, 229M, 230Ml, ul, 233or, 234ul, 235Ml, 236M, 237ur, 238guM, 240ur, 241ur, 242urM, 243o, 245M, 246Ml, 250ur, 254M, 255Ml, 256uM, 257, 258Mr, 262uM, 265ul, 266orM, 268Ml, urM, 269Mr, 273ul, 274u, 279ul, 371Mr, guM, 361or, 368ur, 372guM, 373or, 375Ml, ur, 377guM, 378ur, 380guM, 381ur, 383orM, 384or, olM, 385Mr, 386or, Ml, 387Mr, ul, 388ur, 389M, 390or, Mr, 391M, 392Mr, 393or, orM, ul, 394guM, 395ur, 396or, 397Ml, 398M, 399ul, 400or, 401Ml, guM, 402ur, 403guM, 405ur, 406ul, guM, 407Mr, 408or, 416Ml, 418Ml
Rob Shone: 41ur, 147or, ul, 181ur
Clive Spong/Linden Artists: 191Mr, u, 192o, uM, u, 193o, u, 194Mr, urM, uM, 195o, u, 196o, M, u, 197or, orM, ulM, u, 198Mr, r, ur, 199o, Ml, 201o, Mr, urM, 202goM, Ml, ur, 203or, Ml, Mr, u, ur, 204ol, 205Ml, M, 206ol, Mr, M, u, 207ol, M, Ml, 208ol, 209olM, 210goM, ol, M, Ml, 211M, ul, guM, ur, 212M, 213Ml, 214ol, ul, 215or, Ml, M, ulM, 216M, ul, 218ol, M, ulM, u, 252Ml, urM, M, oM
Roger Stewart: 226o, M, 232o, Ml, uM
Eric Thomas: 162o, 171guM, 256l, u, 257l, u
George Thomson: 101or
Gill Tomblin: 86ur, guM, 87oM, 91u, 298Ml
Raymond Turvey: 30o
Peter Visscher: 52Ml
Richard Ward: 22Ml, urM, 23ulM, 28ul, 33M, 38ur, 40o, 44Ml, 47ul, 49M, 50Ml, ur, 51ol, goM, 74guM, urM, 75Mr, 76Ml, 79goM, M, 159ur, 183M, 185o, 187Mr, 234M, urM, 237ul, guM, 255o, 290or, 299Ml, 302or, 308or, 311goM, or, uM, 313goM, 324or, 390or, 340or, 354or
Steve Western
Paul Williams: 399or, ur, 402M, 403ur, 405or, Ml, M
John Woodcock: 19, 20ul, 24ul, 25ulM, 26oM, 27guM, 30uM, 31ur, 39M, guM, 43or, 47ul, 49urM, 51or, 53ul, guM, 55guM, 56ul, l, 59M, 60ul, 63Ml, 64urM, 65urM, 71M, uM, 75ul, 76urM, ur, 77goM, 80ul, 81ur, 82ur, ul, 85M, 86urM, 87guM, 89ul, 90Ml, ulM, 91ur, 92uM, ur, 93oM, 94ur, 96urM, 100goM, ul, 101Ml, 102ol, 103urM, 104ur, 105ur, 107uM, 111Ml, 112ul, 115Mr, 116ul, 117ur, 118ulM, 119ul, 120Mr, 121ul, 150ul, 151or, 157guM, ur, 170ur, 171Mr, 174Mr, 176Mr, 182ur, 183ur, 261Mr, 273olM, 298M, u, urM, 299o, Mr, u, 300guM, ur, u, 301ur, 302goM, ol, Ml, Mr, 303l, or, u, 304goM, M, l, 307ur, 308M, oM, uM, 309M, uM, 311Mr, ulM, urM, ur, 312 Ml, guM, ulM, 313ol, oM, 314Mr, 315urM, M, guM, 320Mr, 321ul, ur, 323goM, ul, u, 322or, 327M, Ml, ur, 328Mr, 335Ml, uM, 339ul, uM, 340oM, ur, 341, 344ur, M, Mr, 345M, guM, Ml, 350ur, 353ur, 357 M, 364ur, 366ur, 367ur.
Martin Woodward: 58ur, 167o, u, 325u.
Dan Wright: 48–9u, 49ol, 56r, ur, 64ul, 66o, M, u, 83ol, M, Ml, Mr, 88ol, 97ur, M, urM, 114o, Mr,
ul, uM, 116M, guM, ur, 117ul, M, 119uM, ur, 120Ml, 170or, orM, 226 Ml, 230ur, 231Mr, 233M, 244ul.